Rafael Dolis
Blue Jays
ラファエル・ドリス
ブルージェイズ

Ryan Mountcastle
Orioles
ライアン・マウントキャッスル
オリオールズ

Alex Verdugo
Red Sox
アレックス・ヴァードゥーゴ
レッドソックス

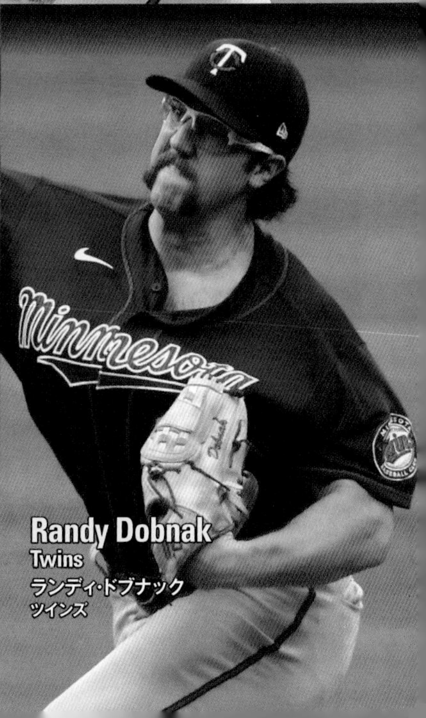

Randy Dobnak
Twins
ランディ・ドブナック
ツインズ

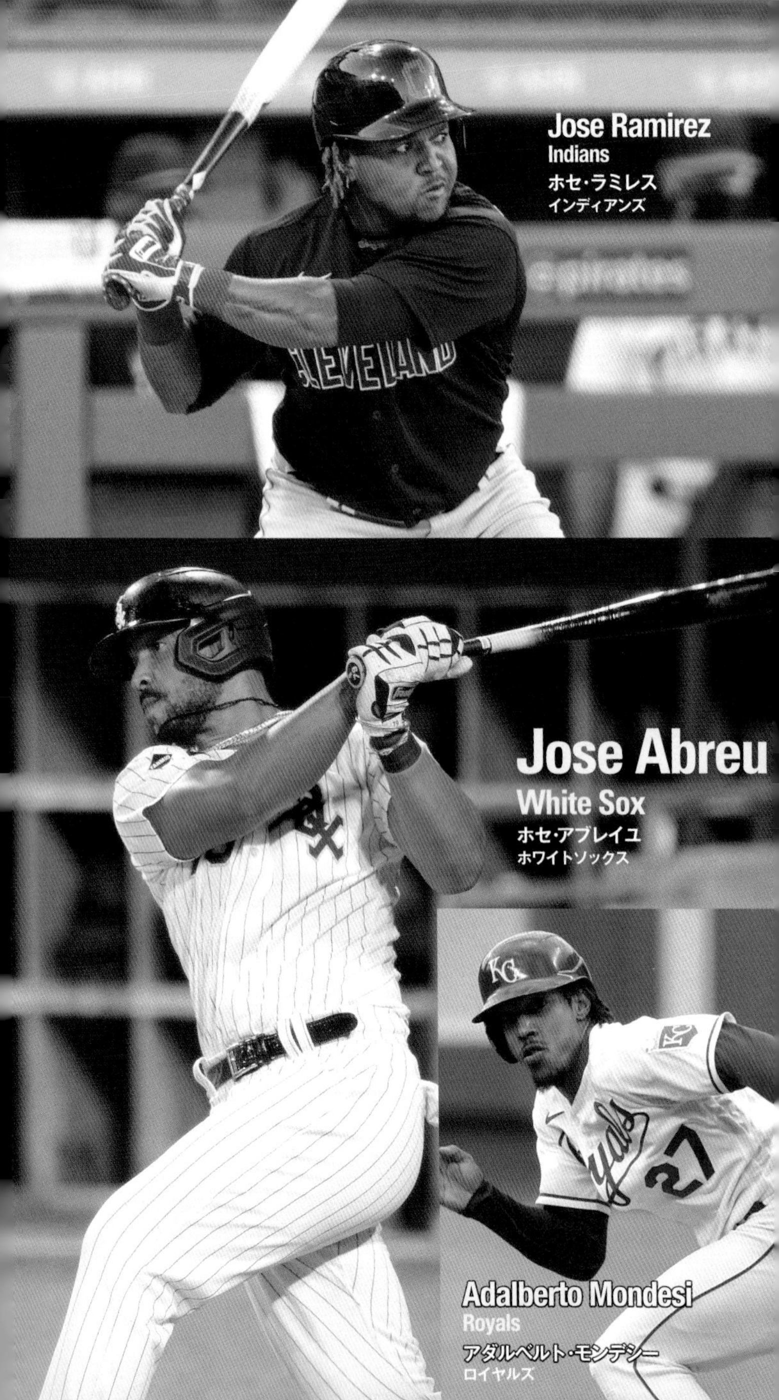
Jose Ramirez
Indians
ホセ・ラミレス
インディアンズ
Jose Abreu
White Sox
ホセ・アブレイユ
ホワイトソックス
Adalberto Mondesi
Royals
アダルベルト・モンデシー
ロイヤルズ

Casey Mize
Tigers
ケイシー・マイズ
タイガース
Sean Murphy
Athletics
ショーン・マーフィー
アスレティックス
Zack Greinke
Astros
ザック・グリンキー
アストロズ
REMARKABLE PLAYERS OF 30 TEAMS
Kyle Lewis
Mariners
カイル・ルイス
マリナーズ

Anthony Rendon
Angels
アンソニー・レンドーン
エンジェルス

Joely Rodriguez
Rangers
ジョエリー・ロドリゲス
レンジャーズ

Freddie Freeman
Braves
フレディ・フリーマン
ブレーブス

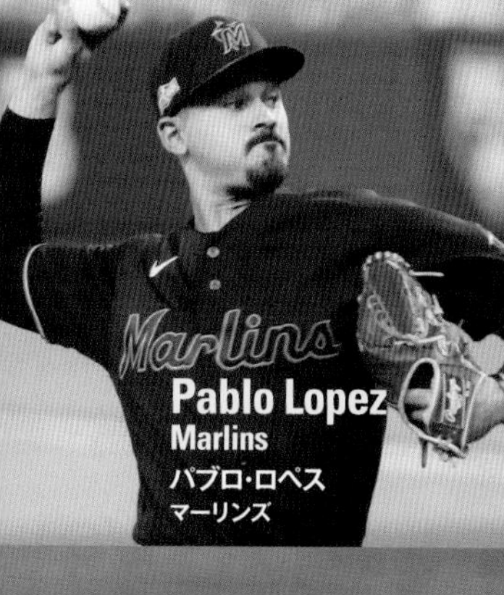

Pablo Lopez
Marlins
パブロ・ロペス
マーリンズ

Alec Bohm
Phillies
アレック・ボーム
フィリーズ

Jacob deGrom
Mets
ジェイコブ・デグローム
メッツ

Alec Mills
Cubs
アレック・ミルズ
カブス

Kwang Hyun Kim
Cardinals
金廣鉉（キム・グァンヒョン）
カーディナルス

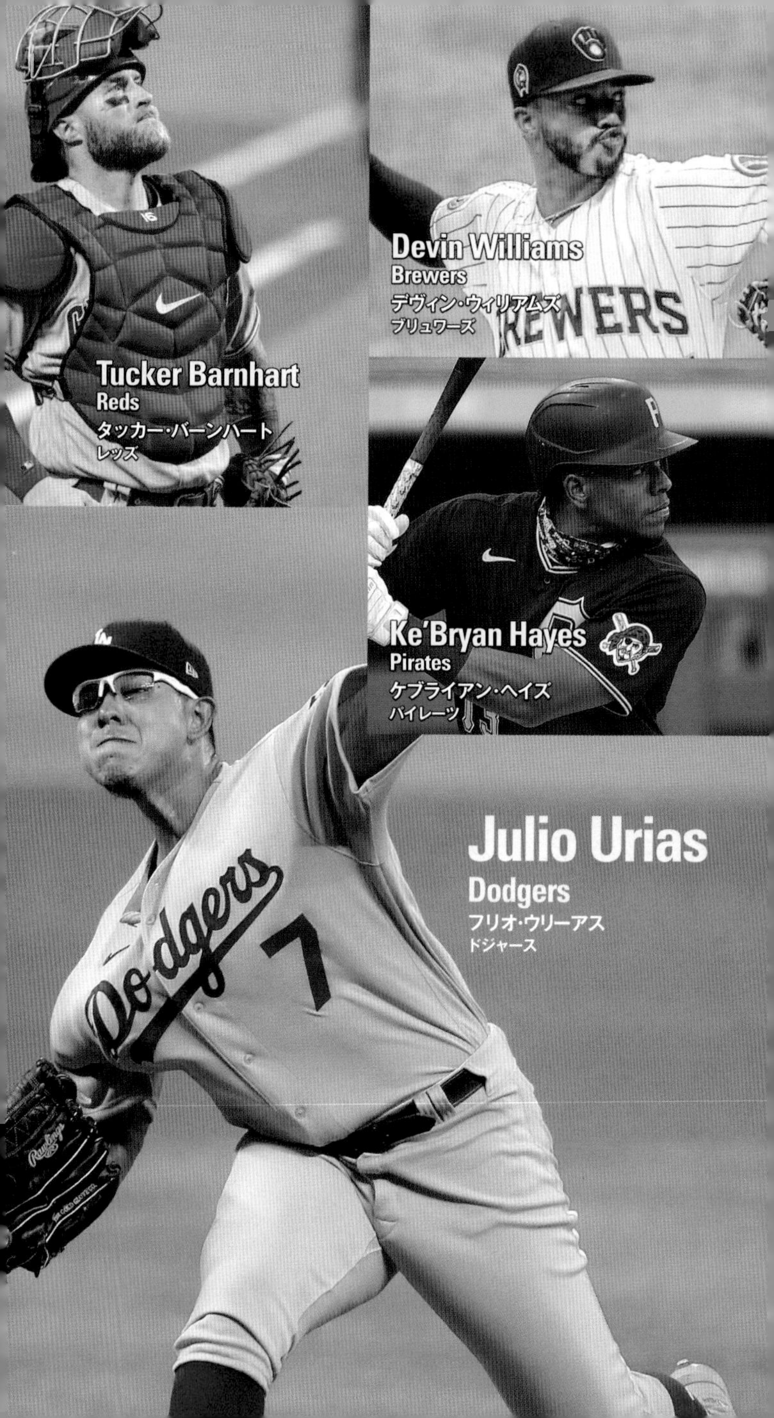
Tucker Barnhart
Reds
タッカー・バーンハート
レッズ
Devin Williams
Brewers
デヴィン・ウィリアムズ
ブリュワーズ
Ke'Bryan Hayes
Pirates
ケブライアン・ヘイズ
パイレーツ
Julio Urias
Dodgers
フリオ・ウリーアス
ドジャース

Manny Machado
Padres
マニー・マチャード
パドレス

Tyler Rogers
Giants
タイラー・ロジャーズ
ジャイアンツ

Daniel Bard
Rockies
ダニエル・バード
ロッキーズ

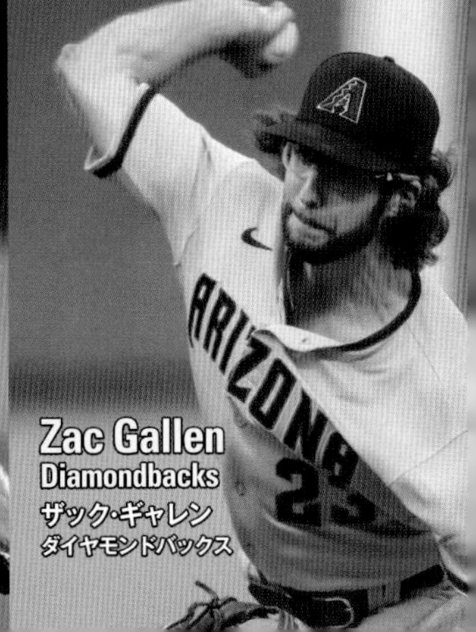

Zac Gallen
Diamondbacks
ザック・ギャレン
ダイヤモンドバックス

メジャーリーグ・完全データ選手名鑑 2021

監修 村上雅則　編著 友成那智

Major League Perfect Data Players Directory 2021

廣済堂出版

ドジャースに牙をむくダルビッシュに注目

今季私が最も注目しているのは、昨年サイ・ヤング賞の次点になったダルビッシュ有と前田健太のピッチングです。とくにダルビッシュはパドレスに移籍して、ドジャース・ストッパーの役割を担うことになります。2017年の７月末に彼はドジャースに請われて移籍したのに、シーズン終了後、再契約のオファーが来ませんでした。意地でも負けたくないところでしょう。マエケンは、ミネソタの寒い４月を無事に乗り切れるか心配です。

さて今季からは、日本ハムの後輩である有原航平がレンジャーズで投げます。何を武器にメジャーの打者を抑えるか注目しています。もう一人の日本ハムの後輩・大谷翔平に関しては、投手大谷のほうに期待しています。昨季開幕早々にIL（故障者リスト）入りし、結果的に肩やヒジを十分休ませることができたからです。菊池雄星については、過去２年間の失敗を３年目の投球にどう反映させるか注目しています。昨季終盤に調子を上げた秋山には、ズバリ２割８分と30盗塁を期待しています。筒香嘉智は相手に癖を見破られ昨季後半はバットを振れなくなっていましたが、オフにそれを乗り越える練習に励んだので、今季は25本打ってほしいです。また、山口俊には今季の巻き返しを、レッドソックス入団の澤村拓一には、上原浩治のような活躍を期待しています。

このページに田中将大と菅野智之への期待を記せないことは残念でなりません。２人ともコロナ禍による球団収入の激減という事態が引き起こしたFA市場の氷河期化により、望む契約を得られなかったのですから、同情を禁じ得ません。

最後に、1964年と65年に私がメジャーで対戦した名選手が次々に他界したので、弔意を表して締めくくりたいと思います。ディック・アレン、ジョー・モーガン、ルー・ブロック、ハンク・アーロンです。アレンと対戦したのは、まだ彼が「リッチー」と呼ばれていた頃で、7打数3安打3打点とカモにされた記憶があります。モーガンはのちにレッズでスターになりますが、当時はアストロズの前身コルト45にいました。アーロンもまだミルウォーキー・ブレーブスにいた頃、対戦しました。知り合いのフィル・ニークロ、トミー・ラソーダ、トム・シーバーも帰らぬ人に。皆さんのご冥福を心からお祈り申し上げます。

村上雅則

新型コロナ関連の情報を詳述することに注力

2021年度版では841人の選手を紹介しています。今回最も力を入れたのは、新型コロナ関連の情報です。

昨季は新型コロナの感染拡大で、開幕が約4カ月遅れただけでなく、7月の一斉PCR検査や開幕後にマーリンズとカーディナルスで発生した集団感染で、数十名の陽性者が出ました。陽性と判定された選手は、隔離状態に置かれるので、通常の練習ができなくなります。また、陰性に転じてもすぐに復帰できず、トレーニング施設で、実戦で使える体に戻してからでないと復帰できません。そのため大半の選手は、陽性になってから復帰するまで3週間からひと月くらいかかります。さらに復帰後も調整不十分のまま復帰するケースが多いため、別人のように本塁打を打たれまくる投手や、異様に三振が多くなる打者が出ます。そんな現象はコロナに感染したことを知って初めて納得がいくことなので、こうした事実をお伝えすることはきわめて重要なのです。

また、選手によっては、コロナ感染が引き起こす後遺症で長期欠場を強いられるケースもあります。レッドソックスの左腕エドゥアルド・ロドリゲスは一昨年19勝したのに、昨年は一球も投げていません。このような場合、コロナ感染が引き起こした心筋症で安静を強いられたことが原因であることを、しっかり書いておかないとトミー・ジョン手術だと推測されてしまいます。そのため重篤な後遺症が出た選手に関しては、現実に即してなるべく詳しく説明しました。

それ以外で注力したのは、独立リーグでのプレー歴です。メジャーリーグにはエリートコースと非エリートコースがあり、独立リーグ経験者は後者の代表格です。彼らの多くはマイナーリーグをクビになって行き場がなくなった者か、大学野球である程度活躍したのにドラフト指名されなかった者たちです。メジャーリーグへの夢をあきらめ切れないので、格安の給料で食いつなぎながら、メジャー球団のスカウトの目に留まるのを待っているのです。独立リーグから遠回りしてメジャーにたどり着いた選手の魅力は、それぞれの人生に波乱万丈の物語があることです。また、大学4年ドラフト指名選手も非エリート組の一つで、物語のある選手が多いので、なるべくそのことを書くようにしました。

友成那智

Contents

ナショナル・リーグ NATIONAL LEAGUE 253

本書の見方

投手

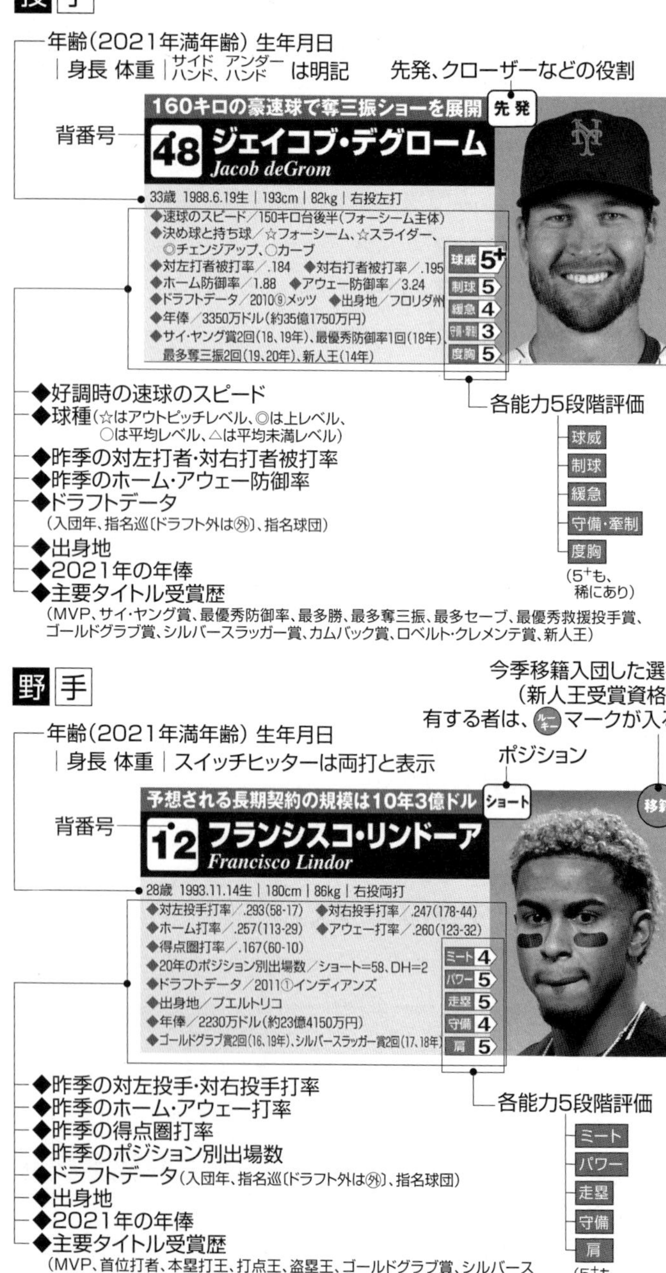

年齢(2021年満年齢) 生年月日
｜身長 体重｜サイド ハンド、アンダー ハンド は明記
先発、クローザーなどの役割
背番号
160キロの豪速球で奪三振ショーを展開
先発
48
ジェイコブ・デグローム
Jacob deGrom
33歳 1988.6.19生｜193cm｜82kg｜右投左打
◆速球のスピード／150キロ台後半(フォーシーム主体)
◆決め球と持ち球／☆フォーシーム、☆スライダー、◎チェンジアップ、○カーブ
◆対左打者被打率／.184 ◆対右打者被打率／.195
◆ホーム防御率／1.88 ◆アウェー防御率／3.24
◆ドラフトデータ／2010⑨メッツ ◆出身地／フロリダ州
◆年俸／3350万ドル(約35億1750万円)
◆サイ・ヤング賞2回(18、19年)、最優秀防御率1回(18年)、最多奪三振2回(19、20年)、新人王(14年)
球威 5+
制球 5
緩急 4
守備・牽制 3
度胸 5
◆好調時の速球のスピード
◆球種(☆はアウトピッチレベル、◎は上レベル、○は平均レベル、△は平均未満レベル)
◆昨季の対左打者・対右打者被打率
◆昨季のホーム・アウェー防御率
◆ドラフトデータ
(入団年、指名巡〔ドラフト外は㊕〕、指名球団)
◆出身地
◆2021年の年俸
◆主要タイトル受賞歴
(MVP、サイ・ヤング賞、最優秀防御率、最多勝、最多奪三振、最多セーブ、最優秀救援投手賞、ゴールドグラブ賞、シルバースラッガー賞、カムバック賞、ロベルト・クレメンテ賞、新人王)
各能力5段階評価
球威
制球
緩急
守備・牽制
度胸
(5+も、稀にあり)
野手
今季移籍入団した選手(新人王受賞資格を有する者は、ルーキーマークが入る)
年齢(2021年満年齢) 生年月日
｜身長 体重｜スイッチヒッターは両打と表示
ポジション
予想される長期契約の規模は10年3億ドル
ショート
移籍
背番号
12
フランシスコ・リンドーア
Francisco Lindor
28歳 1993.11.14生｜180cm｜86kg｜右投両打
◆対左投手打率／.293(58-17) ◆対右投手打率／.247(178-44)
◆ホーム打率／.257(113-29) ◆アウェー打率／.260(123-32)
◆得点圏打率／.167(60-10)
◆20年のポジション別出場数／ショート=58、DH=2
◆ドラフトデータ／2011①インディアンズ
◆出身地／プエルトリコ
◆年俸／2230万ドル(約23億4150万円)
◆ゴールドグラブ賞2回(16、19年)、シルバースラッガー賞2回(17、18年)
ミート 4
パワー 5
走塁 5
守備 4
肩 5
◆昨季の対左投手・対右投手打率
◆昨季のホーム・アウェー打率
◆昨季の得点圏打率
◆昨季のポジション別出場数
◆ドラフトデータ(入団年、指名巡〔ドラフト外は㊕〕、指名球団)
◆出身地
◆2021年の年俸
◆主要タイトル受賞歴
(MVP、首位打者、本塁打王、打点王、盗塁王、ゴールドグラブ賞、シルバースラッガー賞、ハンク・アーロン賞、カムバック賞、ロベルト・クレメンテ賞、新人王)
各能力5段階評価
ミート
パワー
走塁
守備
肩
(5+も、稀にあり)

メジャー用語解説

主な球種と代表的投手

■フォーシームの速球
日本における「直球」「ストレート」。J・デグロームやG・コールは、160キロにせまるフォーシームを連発し、多くの三振を奪っている。

■ツーシームの速球
動く速球で、日本における「シュート」もこれに含まれる。J・ヒックス、L・カスティーヨらはツーシームを主体にピッチングを組み立てる。

■シンカー
ゴロを打たせるのに最適な沈む速球。ツーシームに含める場合もある。代表的な使い手には、B・ウッドラフ、S・アルカンタラなどがいる。

■カッター(カットファストボール)
速球に近いスピードで来て、打者の手元で小さく鋭く変化する球種。昨季、ダルビッシュ有はカッターの割合を増やして好投し、最多勝を獲得。

■チェンジアップ
打者の近くで沈むスピードの遅い変化球で、握り方によって変化は異なる。代表的な使い手には、D・ウィリアムズ、柳賢振(リュ・ヒョンジン)などがいる。

■スライダー
ヨコやタテに鋭く曲がる変化球。メジャーの多くの投手が持ち球にしている。代表的な使い手には、M・シャーザー、J・ヘイダーなどがいる。

■カーブ
大きく曲がりながら落ちる変化球。昨季、S・ビーバーは落差の大きなナックルカーブを武器に三振を量産し、サイ・ヤング賞を獲得した。

■スプリッター
打者の近くでストンと落ちる変化球。日本における「フォークボール」もこれに含まれる。大谷翔平や山口俊の勝負球となっている。

■ナックルボール
揺れながら来て、打者の近くで予測のつかない沈みを見せる変化球。最近のメジャーでは、この球種を武器にする投手がほぼいなくなった。

投手に関する用語

■ブルペン
もとの意味は、投球練習場。転じて、「リリーフ」の意。

■クオリティ・スタート(QS)
先発して6回以上を投げ、自責点3以下に抑えた試合数。ダルビッシュ有、S・ビーバー、L・リンのQS10が、昨季のメジャー最多。

■WHIP(Walks & Hits per Inning Pitched)
1イニングあたりに許した走者(安打+四球)の数。前田健太の0.75が昨季、規定投球回に達した投手の中でベストの数字。

■サイ・ヤング賞
その年、最も活躍した投手に贈られる賞。両リーグから一人ずつ選ばれる。昨季はS・ビーバーとT・バウアーが受賞した。
■スターター
先発投手のこと。メジャーでは100球を目途に交代するケースが多い。
■クローザー
リードしている試合の9回、ないし8回の途中から登板する抑え投手。
■セットアップ
7回、8回から登板し、クローザーへつなぐ役割を担う投手。
■スイングマン
チーム事情によって、先発にリリーフにと様々な使い方をされる投手。
■オープナー
本来はリリーフの投手が先発し、1、2回の短いイニング投げる戦術。

野手に関する用語

■5(ファイブ)ツール
野手を評価する際によく用いられる、重要な5つの能力。「高打率を出す能力」「長打力」「走塁技術」「守備力」「肩の強さ」を指す。
■クラッチヒッター
チャンスや大事な場面でしっかり結果を出す勝負強い打者。
■フリースインガー
狙い球をしぼらず、なんでもかんでも打ちにいく打者。出塁率が低い。
■ユーティリティ・プレーヤー
複数のポジションを守ることのできる選手。投手と捕手以外ならどこでも守れる、内外野兼用のユーティリティ・プレーヤーもいる。
■プラトーン・プレーヤー
左投手（右投手）が先発する際に、先発で出場する右打者（左打者）。
■OPS(On-base Plus Slugging)
出塁率と長打率を合わせた、強打者度を示す数値。昨季のメジャートップは、ナショナル・リーグの首位打者にもなったJ・ソトの1.185。
■DRS(Defensive Runs Saved)
守備力を測る数値。ある選手がそのポジションの平均と比べ、シーズンを通して守備でどれだけ失点を防いだ（与えた）かを示す。
■アシスト
補殺のこと。打球を捕球後、打者や走者をアウトにした送球など。
■ゴールドグラブ賞・シルバースラッガー賞
ゴールドグラブ賞はその年、とくに優れた守備を見せた選手に贈られる賞。シルバースラッガー賞は、とくに優れた打撃を見せた選手に贈られる賞。両リーグから各ポジション1人ずつ選ばれる。
■ハンク・アーロン賞
その年、最も活躍した打者に贈られる賞。両リーグから1人ずつ選ばれる。昨年はJ・アブレイユとF・フリーマンがともにMVPと同時受賞。

その他の用語

■ゼネラル・マネージャー(GM)

トレードやドラフトなど、チーム編成業務の統括的役職。最近ではさらなる編成上の責任者を、GMの上に置く球団も増えている。

■ベンチコーチ

監督の補佐的役割を担うコーチ。日本の「ヘッドコーチ」にあたる。

■フリー・エージェント(FA)

所属先が確定しておらず、どのチームとも契約を結べる自由契約選手。

■ドラフト

7月に開催。指名対象地域はアメリカ、カナダ、プエルトリコ。

■ルール5(ファイブ)ドラフト

毎年12月に行われる。各チームのメジャー登録選手枠に入っていない選手を他球団が獲得できる、選手の飼い殺しを防ぐ制度。獲得した選手の起用法や相手球団への補償など、細かな制約がいくつもある。

■オプトアウト

選手が契約を途中で破棄すること。選手が球団と長期契約を結ぶ際、途中で有利な条件に乗り換えられるよう、オプトアウトの権利を盛り込む場合も多い。コロナ禍の昨季は「出場辞退」の意味でもよく使われた。

■故障者リスト(IL=Injured List)

故障選手の登録制度。リストに登録された選手は、メジャー選手の資格を持ったまま、申請期日満了となるまでベンチ入り枠から除外される。

■トミー・ジョン手術

ヒジの腱(けん)の移植手術。数多くの選手がこの手術を受け、復活している。

■スモールボール

犠打、盗塁、ヒットエンドランなど、小技や機動力を駆使する戦術。

■カムバック賞

病気やケガを乗り越え、活躍した選手に贈られる賞。

■ロベルト・クレメンテ賞

慈善活動に積極的に取り組んでいる選手に贈られる名誉ある賞。

MLB英語略記

G=試合、AB=打数、H=安打、HR=本塁打、RBI=打点、AVG=打率、BB=四球、SO=三振、SB=盗塁、CS=盗塁死、OBP=出塁率、GS=先発試合数、W=勝利、L=敗戦、SV=セーブ、IP=投球回、ER=自責点、E=失策、FPCT=守備率、WS=ワールドシリーズ、ALCS=アメリカン・リーグ・チャンピオンシップシリーズ、NLCS=ナショナル・リーグ・チャンピオンシップシリーズ、ALDS=アメリカン・リーグ・ディヴィジョンシリーズ、NLDS=ナショナル・リーグ・ディヴィジョンシリーズ

Roster(出場選手登録)略記

R=右投げ(右打ち)、L=左投げ(左打ち)、S=両打ち、SP=先発投手、RP=リリーフ投手、1B=ファースト、2B=セカンド、3B=サード、SS=ショート、LF=レフト、CF=センター、RF=ライト、OF=外野手、UT=ユーティリティ、DH=指名打者

特集 1

2021年 日本人・新メジャーリーガー大予測！

海外FA権を行使した澤村拓一と、ポスティングシステムを利用した有原航平の２選手が、今シーズンからメジャーリーグでプレーすることになった。彼らの活躍を予測してみよう。

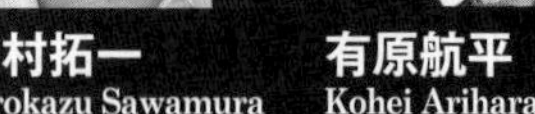

澤村拓一
Hirokazu Sawamura

有原航平
Kohei Arihara

澤村拓一（レッドソックス）〜目標は第2のコージになること〜

千葉ロッテで復活した澤村拓一が、キャンプ直前に名門ボストン・レッドソックスと契約し、白地に赤文字のクラシックなユニフォームでフェンウェイ・パークのマウンドに立つことになった。レッドソックスが澤村の獲得に動いたのは、クローザーとして輝かしい実績を残した上原浩治と同じ、フォーシームとスプリッターを高低に投げ分けるリリーバーだからだ。

＋プラス要因 1：日本の打者に比べてメジャーリーグの打者は積極的にスイングしてくるので、奪三振率が大幅にアップする。

2：レッドソックスでは、これまで巨人の先輩である上原浩治と岡島秀樹が大活躍している。澤村はこの２人と親しいので、チームに上手に溶け込む方法から、滑るボールや固いマウンドへの対処法まで、様々な事柄について経験に基づいた助言を受けられる。

3：女房役になる捕手のクリスチャン・ヴァスケスは、上原浩治や田澤純一のボールも受けていたので、スプリッターの使い方を心得ている。

4：レッドソックスはリリーフ陣にめぼしい人材が少なくなり、クローザーのバーンズやセットアッパーのウェーバーは防御率が４点台。中継ぎ陣には５点台以上が大勢いる。そのためクローザーのバーンズに赤信号が点滅した場合、すぐにとって代わる人材がいないのが実情だ。そのため澤村は、２点台前半の防御率と10.00以上の奪三振率をキープしていれば、クローザーの座が転がり込んでくる可能性がある。

▲澤村のスプリッターは、メジャーでも通用するはずだ。1年目から上原級の活躍を期待。

ーマイナス要因　1：本拠地フェンウェイ・パークは、高めに速球を多投する投手にとって厄介な球場。レフトが極端に浅い形状をしているため、失投が即、一発になる危険性がある。

2：レッドソックスが所属するアメリカン・リーグ東部地区は、ヤンキースも所属しており、強打者がひしめくピッチャー泣かせのディヴィジョン。

3：巨人でクローザーをしていたときは、先頭打者に安易にストライクを取りにいって痛打されピンチを招きながら、そこからエンジンがかかってしのぎ切るハラハラドキドキの登板が多かった。打者のパワーレベルが格段に高いメジャーでは、そのような綱渡りピッチングは惨事につながる。

このようなマイナス面もあるが、プラス面のほうがずっと多いので、澤村が1年目、岡島、上原級の活躍を見せる可能性は十分ある。

有原航平(レンジャーズ)～新球場は一発の出にくい投手天国～

かつての先輩ダルビッシュ有も在籍したレンジャーズに、2年660万ドルの契約で入団した北海道日本ハムの元エース。2、3年先を見据(みす)えて再建中のレンジャーズが有原を獲得したのは、チームの戦力が整うまでの間、先発の3、4番手に置いて、イニング数をかせいでくれる投手として使うのにうってつけという判断があったからだ。

＋プラス要因　1：昨年オープンした新球場は、旧球場とは正反対の、ホームランが出にくいピッチャーズパーク。30球場の平均値を100とすると、新球場の本塁打の出やすさは57なので、制球のいい有原は被本塁打を最小限に抑えられる。
2：日本ハムの先輩で、レンジャーズの元エースでもあるダルビッシュ有から、レンジャーズで活躍するのに不可欠な情報や知識を授けてもらえる。
3：球団から求められる役割は、故障せずにイニングをかせぐことなので、制球がいいことと球種が豊富にあることが大きなプラスになる。

－マイナス要因　1：審判の判定に対する不満が顔に出るタイプ。生意気と思われて、不利な判定をされる恐れがある。
2：再建中で大きく負け越している中で投げるケースが多くなるため、高いモチベーションを保ち続けることは至難の業。
3：名刺代わりになる必殺変化球がないので、過小評価されがち。

有原の場合は、以上のようなプラスとマイナスが考えられる。ピッチャーズパークで投げられることは大きな追い風になるかもしれない。

▼有原航平は、2019年に24試合15勝8敗の好成績で、パ・リーグの最多勝に輝いた。

特集 2

球団経営を支える テレビ局から来る 巨大マネー

コロナ禍の大幅減収を理由に、どの球団も資金不足におちいっているとの報道が目立つ。だが、実際は違う。各球団には、テレビ局からの莫大な放映権料があるのだ。

▲テレビ局との契約で、大幅減収もへっちゃら!?

人気球団が大ダメージを受けた理由

2020年シーズンはコロナ禍によって入場料収入がなくなったことで、オフのFA市場では各球団が収入減を理由に買い控えた。その最大の被害者が田中将大と菅野智之であったため、日本ではメジャーリーグの球団経営が冬の時代に入ったというトーンの論調が多くなっている。

しかし、すべての球団が深刻なダメージを受けているわけではない。まず、知っておくべきことは、コロナ禍で受けたダメージは球団によってかなり差があるということだ。ダメージが大きかったのは、入場料収入の比率が高い人気球団である。レッドソックス、カブス、ヤンキース、アストロズは入場料収入の比率が全収入の４割前後を占めるため、大きなダメージを受けた。カブスは入場料収入の減少分だけで200億円くらいあるので、高額年俸のダルビッシュを放出せざるを得なかった。毎年FA市場で大きな買い物をす

▲田中将大は本来なら、好条件の契約を得られるはずだったが、それがかなわず、今季は東北楽天に。

るのはこれらの人気球団であるため、FA市場は氷河期の様相を呈したのである。

逆にダメージが比較的小さかったのは、入場料収入が25%以下の不人気球団や地方球団で、ホワイトソックス、パドレス、ロイヤルズなどは入場料収入を失ったことによる減収は25～50億円程度だった。これらの球団の中には、2022年からMLBより分配される全国放映権料が大幅に引き上げられるのを当て込んで、積極的な補強を行ったところもある。

上昇が止まらないテレビ放映権料

メジャーリーグのテレビ放映権は2本立てになっていて、レギュラーシーズンのゲームは、各球団が独自に地元局に年21億円から330億円で販売している。一方、視聴率をかせげるポストシーズンの試合は別建てになっていて、週2、3試合のレギュラーシーズンの放映権と抱き合わせで、MLBがFOXスポーツ、TBS(ターナー)、ESPNの3局に計1620億円で販売。これは30球団に均等に分配されるため、各球団が受け取る分配金は年54億円に達する。この全国放映権料は6年から7年おきに改訂されており、現在の契約は2021年までで、2022年から新しいものになる。すでにFOXスポーツ、TBSとは45%アップすることで合意しており、ESPNも追随すると思われるので、これだけで分配金の額は年24億円増える。しかもストリーミング系のBAMT(ディズニー)とダゾーンに2022年から年270億円と105億円で放映権を販売する契約を交わしているため、分配金は2022年から90億円くらいに増えることがほぼ確定している。

オフにパドレスやホワイトソックスが積極的に補強を行ったが、2022年以降はこの金を使えるという安心感があったので、ダメージを顧みず補強に走ることができたのだ。

◀パドレスは、オフに各球団が様子見を続ける中、カブスからダルビッシュ有を獲得するなど、積極的な戦力補強を敢行。

AMERICAN LEAGUE

アメリカン・リーグ

東部地区

タンパベイ・レイズ
ニューヨーク・ヤンキース
トロント・ブルージェイズ
ボルティモア・オリオールズ
ボストン・レッドソックス

中部地区

ミネソタ・ツインズ
クリーブランド・インディアンズ
シカゴ・ホワイトソックス
カンザスシティ・ロイヤルズ
デトロイト・タイガース

西部地区

オークランド・アスレティックス
ヒューストン・アストロズ
シアトル・マリナーズ
ロサンジェルス・エンジェルス
テキサス・レンジャーズ

AMERICAN LEAGUE

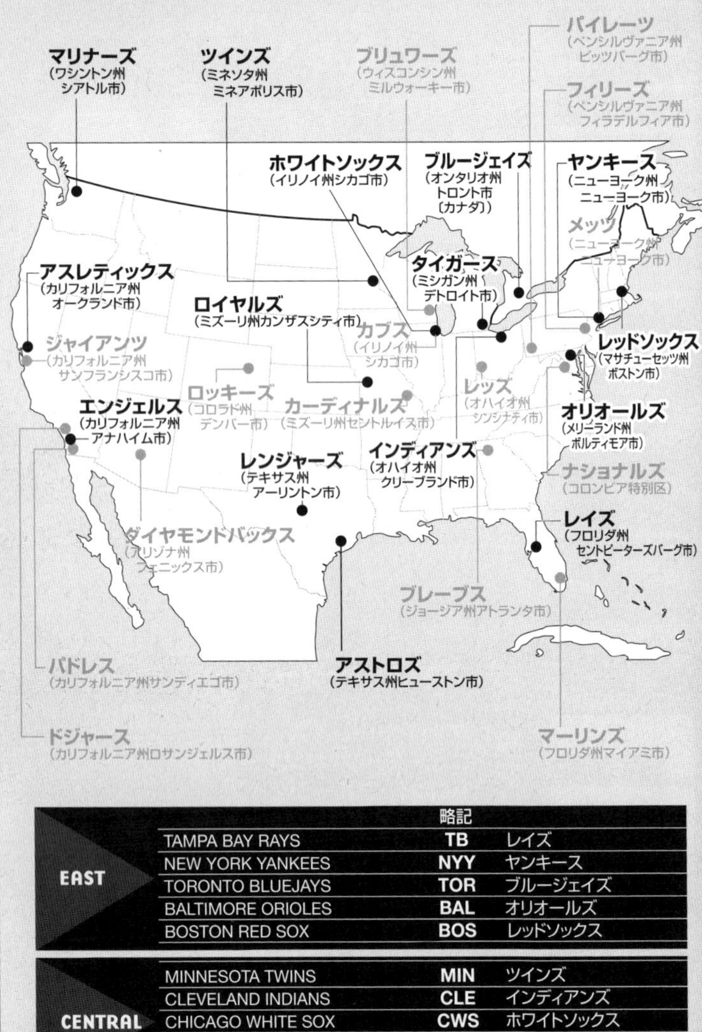

		略記	
EAST	TAMPA BAY RAYS	TB	レイズ
	NEW YORK YANKEES	NYY	ヤンキース
	TORONTO BLUEJAYS	TOR	ブルージェイズ
	BALTIMORE ORIOLES	BAL	オリオールズ
	BOSTON RED SOX	BOS	レッドソックス

CENTRAL	MINNESOTA TWINS	MIN	ツインズ
	CLEVELAND INDIANS	CLE	インディアンズ
	CHICAGO WHITE SOX	CWS	ホワイトソックス
	KANSAS CITY ROYALS	KC	ロイヤルズ
	DETROIT TIGERS	DET	タイガース

WEST	OAKLAND ATHLETICS	OAK	アスレティックス
	HOUSTON ASTROS	HOU	アストロズ
	SEATTLE MARINERS	SEA	マリナーズ
	LOS ANGELES ANGELS	LAA	エンジェルス
	TEXAS RANGERS	TEX	レンジャーズ

アメリカン・リーグ……東部地区　*TAMPA BAY RAYS*

タンパベイ・レイズ

◆創　立：1998年
◆本拠地：フロリダ州セントピーターズバーグ市
◆ワールドシリーズ制覇：0回／◆リーグ優勝：2回
◆地区優勝：3回／◆ワイルドカード獲得：3回

主要オーナー　ステュワート・スターンバーグ（投資家）

過去5年成績

年度	勝	負	勝率	ゲーム差	地区順位	ポストシーズン成績
2016	68	94	.420	25.0	⑤	—
2017	80	82	.494	13.0	③	—
2018	90	72	.556	18.0	③	—
2019	96	66	.593	7.0	②	地区シリーズ敗退
2020	**40**	**20**	**.667**	**(7.0)**	①	**ワールドシリーズ敗退**

監督　16 ケヴィン・キャッシュ *Kevin Cash*

◆年　　齢…………44歳（フロリダ州出身）
◆現役時代の経歴…8シーズン　ブルージェイズ（2002～04）、
（キャッチャー）　デビルレイズ（2005）、レッドソックス（2007～08）、ヤンキース（2009）、アストロズ（2010）、レッドソックス（2010）
◆現役通算成績……246試合　.183　12本　58打点
◆監督経歴…………6シーズン　レイズ（2015～）
◆通算成績…………454勝416敗（勝率.522）最優秀監督賞1回（20年）

昨季のアメリカン・リーグ最優秀監督。2015年から再建期のチームを任され、「オープナー」「４人制ローテーション」など革新的な手法を取り入れながら、低年俸の選手が集まるチームを、優勝争いができる集団に育て上げた。議論が巻き起こったのは、ドジャースとのワールドシリーズ第６戦。好投していたスネルをデータに基づいてマウンドから下ろしたが、結果的にその継投は失敗に終わり、「目の前の事実より、データを優先するのか」と非難の声があがった。

注目コーチ　30 オジー・ティモンズ *Ozzie Timmons*

一塁ベースコーチ。51歳。現役時代は外野手。来日して１シーズン、中日でプレーした経験もある。昨季はメジャー１年目の筒香を、プレー面、精神面からサポート。

編成責任者　エリック・ニアンダー *Erik Neander*

38歳。チーム総年俸はメジャー最低クラス。にもかかわらずレイズが優勝を争えるチームなのは、ニアンダーが金をかけず、的確な補強やトレードを行っているからだ。

スタジアム　トロピカーナ・フィールド *Tropicana Field*

◆開 場 年…………1990年
◆仕　　様…………人工芝、ドーム球場
◆収容能力…………25,000人
◆フェンスの高さ …2.7～3.4m
◆特　　徴…………メジャーで唯一の密閉式ドーム球場。ホームランがやや出にくい。バックスクリーン前の右翼寄り外野席に、巨大水槽（レイズ・タッチ・タンク）が設置され、チーム名の由来であるイトマキエイ（デビルレイ）が泳いでいる。

ピッチャーズパーク

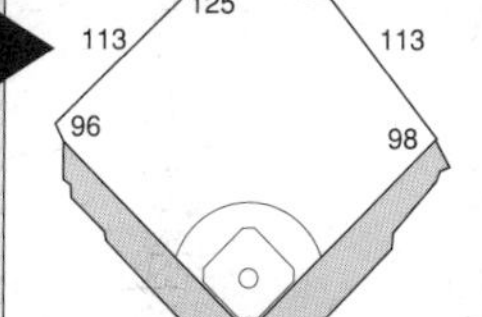

Best Order

［ベストオーダー］

①オースティン・メドウズ……DH
②ブランドン・ラウ……セカンド
③ランディ・アロザレーナ……ライト
④崔志萬(チェ・ジマン)……ファースト
⑤ウィリー・アダメス……ショート
⑥ジョーイ・ウェンドル／マイク・ブラソー……サード
⑦筒香嘉智／マニュエル・マーゴ……レフト
⑧ケヴィン・キアマイア……センター
⑨マイク・ズニーノ……キャッチャー

Depth Chart

［ポジション別選手層・メンバーリスト］

※2021年2月12日時点の候補選手。数字は背番号(開幕前に変更する場合もあり)、右・左等は投・打の順。

センター

39 **ケヴィン・キアマイア［右・左］**
13 マニュエル・マーゴ［右・右］
35 ブレット・フィリップス［右・左］

レフト

25 **筒香嘉智［右・左］**
13 マニュエル・マーゴ［右・右］
17 オースティン・メドウズ［左・左］
8 ブランドン・ラウ［右・左］

ライト

56 **ランディ・アロザレーナ［右・右］**
13 マニュエル・マーゴ［右・右］
17 オースティン・メドウズ［左・左］

ショート

1 **ウィリー・アダメス［右・右］**
18 ジョーイ・ウェンドル［右・左］

セカンド

8 **ブランドン・ラウ［右・左］**
18 ジョーイ・ウェンドル［右・左］
43 マイク・ブラソー［右・右］

ローテーション

20 タイラー・グラスナウ［右・左］
48 ライアン・ヤーブロウ［左・右］
52 マイケル・ワカ［右・右］
31 ジョシュ・フレミング［左・右］
62 シェイン・マクラナハン［左・左］
61 ルイス・パティーニョ［右・右］
– クリス・アーチャー［右・右］

サード

18 **ジョーイ・ウェンドル［右・左］**
43 マイク・ブラソー［右・右］
25 筒香嘉智［右・左］

ファースト

26 **崔志萬(チェ・ジマン)［右・左］**
2 ヤンディ・ディアス［右・右］
43 マイク・ブラソー［右・右］

キャッチャー

10 **マイク・ズニーノ［右・右］**
28 フランシスコ・メヒーア［右・両］
44 ケヴァン・スミス［右・右］

DH

17 **オースティン・メドウズ［左・左］**
25 筒香嘉智［右・左］

ブルペン

70 ニック・アンダーソン［右・右］CL
63 ディエゴ・カスティーヨ［右・右］
81 ライアン・トンプソン［右・右］
29 ピート・フェアバンクス［右・右］
84 ジョン・カーティス［右・右］
71 ライアン・シェリフ［左・左］
21 コーディ・リード［左・左］
34 トレヴァー・リチャーズ［右・右］
47 デイヴィッド・ヘス［右・右］
36 アンドルー・キトレッジ［右・右］
49 ブレンダン・マッケイ［左・左］

※CL=クローザー

4月1.2.3	マーリンズ＊	3・4・5・6	エンジェルス＊	4・5・6	レンジャーズ＊
5・6・7	レッドソックス＊	7・8・9	アスレティックス＊	8・9	ナショナルズ
9・10・11	ヤンキース	11・12・13	ヤンキース	11・12・13	オリオールズ
12・13・14・15	レンジャーズ	14・15・16	メッツ	14・15・16	ホワイトソックス＊
16・17・18	ヤンキース＊	18・19・20	オリオールズ＊	17・18・19・20	マリナーズ＊
19・20・21	ロイヤルズ＊	21・22・23・24	ブルージェイズ＊	22・23・24	レッドソックス
23・24・25	ブルージェイズ	25・26・27	ロイヤルズ	25・26・27	エンジェルス
26・27・28・29	アスレティックス	29・30	フィリーズ	29・30	ナショナルズ＊
30・5月1・2	アストロズ	31・6月1・2・3	ヤンキース＊	7月2・3・4	ブルージェイズ＊

球団メモ　2012年以降、開幕時の年俸総額がメジャー30球団中28〜30番目。地区優勝を果たした昨季も、開幕時の年俸総額は28位で、1位ヤンキースの約4分の1だった。

Analysis　矢印⬆↗➡↘⬇は、昨季終了時との比較　[戦力分析]

■投手力↘…★★★☆☆【昨年度チーム防御率3.56、リーグ2位】

昨季のリーグ優勝は投手力で勝ち取ったものだ。その中核をなしたスネル、グラスナウ、モートンの先発３本柱のうち、スネルとモートンが抜け、ワカとアーチャーが入る。これで昨年トップレベルだった先発ローテーションは、平均以下のレベルに落ちるかもしれない。リリーフ陣は依然最強レベル。クローザーで使えそうなパワーピッチャーが３人（アンダーソン、カスティーヨ、フェアバンクス）いるのは他球団にはない強みだ。

■攻撃力➡…★★★☆☆【昨年度チーム得点289、リーグ6位】

スター選手や高額年俸選手は一人もいないが、伸びしろの大きい若手が顔をそろえるイキのいい打線。特徴は毎年ブレイクする打者が出ることで、昨年のアロザレーナのように大化けする打者が出ると、チーム得点はリーグの平均以上になる。今季は筒香とメドウズにブレイクの期待がかかる。

■守備力➡…★★★★☆【昨年度チーム失策数33、リーグ9位】

センターラインに守備力の高いプレーヤーをそろえているのが強みだ。昨年はDRS（守備で防いだ失点）が24あり、アメリカン・リーグではインディアンズに次いで多かった。内野のレギュラー陣に守備範囲の広い者が多いため、アシスト数（補殺数）もリーグ２位だった。

■機動力➡…★★★★☆【昨年度チーム盗塁数48、リーグ4位】

昨年は盗塁数が多かっただけでなく、成功率が84％でトップレベルだった。ただ送りバントには消極的で、昨季は一度もやらなかった。

先発の柱だったスネルとモートンが去ったことは大きなマイナス。しかし、チームの中核をなす若い選手たちが、昨年、リーグ優勝したことで自信をつけており、それによるプラスがスネル、モートンを失ったマイナスを吸収してしまう可能性がある。

IN　主な入団選手

投手
- マイケル・ワカ⬅メッツ
- クリス・アーチャー⬅パイレーツ
- ルイス・パティーニョ⬅パドレス

野手
- フランシスコ・メヒーア⬅パドレス

OUT　主な退団選手

投手
- ブレイク・スネル➡パドレス
- チャーリー・モートン➡ブレーブス
- ホセ・アルヴァラード➡フィリーズ

野手
- ハンター・レンフロー➡レッドソックス
- ネイト・ロウ➡レンジャーズ
- ブライアン・オグレイディ➡パドレス

5・6・7	インディアンズ	6・7・8	オリオールズ＊	6・7・8	レッドソックス＊
9・10・11	ブルージェイズ	10・11・12	レッドソックス＊	10・11・12	タイガース＊
13	オールスターゲーム	13・14・15	ツインズ＊	13・14・15	ブルージェイズ＊
16・17・18	ブレーブス＊	16・17・18・19	オリオールズ	16・17・18・19	タイガース
19・20・21	オリオールズ	20・21・22	ホワイトソックス	20・21・22	ブルージェイズ
22・23・24・25	インディアンズ＊	24・25	フィリーズ＊	24・25・26	マーリンズ
27・28・29	ヤンキース	27・28・29	オリオールズ＊	28・29・30	アストロズ＊
30・31・**8**月1	レッドソックス	30・31・**9**月1・2	レッドソックス	**10**月1・2・3	ヤンキース＊
2・3・4	マリナーズ	3・4・5	ツインズ		

球団メモ 2007年から09年まで、岩村明憲（現福島レッドホープス監督兼球団社長）が在籍。08年には球団初のポストシーズン進出、そしてワールドシリーズ進出に貢献した。

投手

10年前は悪ガキだった、昨年のヒーロー

クローザー セットアップ

70 ニック・アンダーソン
Nick Anderson

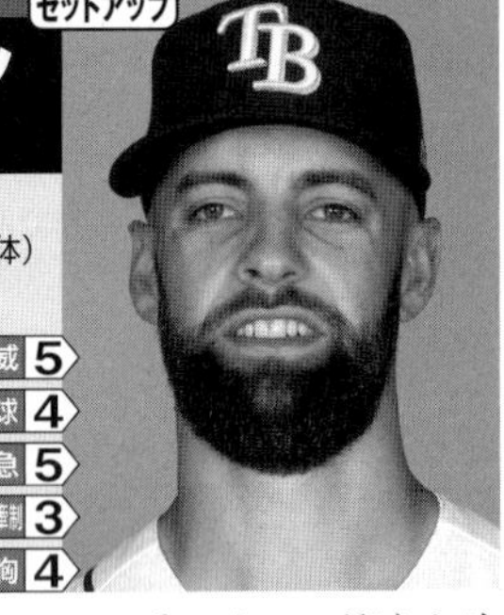

31歳 1990.7.5生 | 193cm | 93kg | 右投右打
◆速球のスピード／150キロ台前半〜中頃(フォーシーム主体)
◆決め球と持ち球／☆フォーシーム、◎カーブ
◆対左打者被打率／.154 ◆対右打者被打率／.034
◆ホーム防御率／1.13 ◆アウェー防御率／0.00
◆ドラフトデータ／2015㊙ツインズ
◆出身地／ミネソタ州
◆年俸／57万500ドル(約5990万円)+α

球威 5
制球 4
緩急 5
守備・牽制 3
度胸 4

波乱万丈の投手人生を歩んできたリリーバー。30歳になって迎えた昨シーズン、クローザー、セットアッパーとして驚異的な活躍を見せた。球種はフォーシームとカーブだけで、この2つを高低に投げ分けて打者の目線を狂わせ、三振か凡フライにしとめることが多い。一昨年は奪三振率がメジャーのリリーフ投手で1位だったが、昨年は打球がフライになる比率とボール球を振らせた比率が、メジャーのリリーフ投手でトップだった。シーズン終了後には、一昨年から行われている、レギュラーシーズンの成績を評価対象とした「オールMLBチーム」の投票で、救援投手ではリアム・ヘンドリックスとともにファーストチームに選出された。

レイズは昨季、クローザーを固定しない方針だったので、クローザーで登板したのは7試合。それ以外はセットアッパーでの登板だったが、どちらで使われても失点どころかヒットすら許さないことが多く、突然現れた30歳のリリーバーの素性に関心が集まった。

これだけ威力のあるボールを投げるのに、メジャーデビューが28歳まで遅れたのは、大学3年までは野球より、悪友たちとバカ騒ぎすることに夢中になっていたからだ。大学2年生のとき、酔っ払い運転で逮捕されたことがあるが、それも懲りず、翌年には派手なケンカをやって、相手の頭をバットで殴り、重傷を負わせて留置場に8日間ぶち込まれた。

その後、アルコール依存症改善プログラムを受けてまともになると、無性に野球がしたくなった。身を入れて練習に打ち込み、結果も出したので、ドラフトでブリュワーズから32巡目に指名された。しかし、入団交渉には至らなかったため、独立リーグに入団。3年目の2015年8月に、ツインズの独立リーグ担当スカウトの目に留まったことで、ツインズにマイナー契約で入団。そこからメジャーへの道が開けていった。

カモ X・ボーガーツ(レッドソックス).000(3-0)0本　F・フリーマン(ブレーブス).200(5-1)0本
苦手 O・オルビーズ(ブレーブス).600(5-3)1本　――――

年度	所属チーム	勝利	敗戦	防御率	試合数	先発	セーブ	投球イニング	被安打	失点	自責点	被本塁打	与四球	奪三振	WHIP
2019	マーリンズ	2	4	3.92	45	0	1	43.2	40	19	19	5	16	69	1.28
2019	レイズ	3	0	2.11	23	0	0	21.1	12	5	5	3	2	41	0.66
2019	2チーム計	5	4	3.32	68	0	1	65.0	52	24	24	8	18	110	1.08
2020	レイズ	2	1	0.55	19	0	6	16.1	5	2	1	1	3	26	0.49
通算成績		7	5	2.77	87	0	7	81.1	57	26	25	9	21	136	0.96

投手

今シーズンの課題は一発病の克服

先発

20 タイラー・グラスナウ
Tyler Glasnow

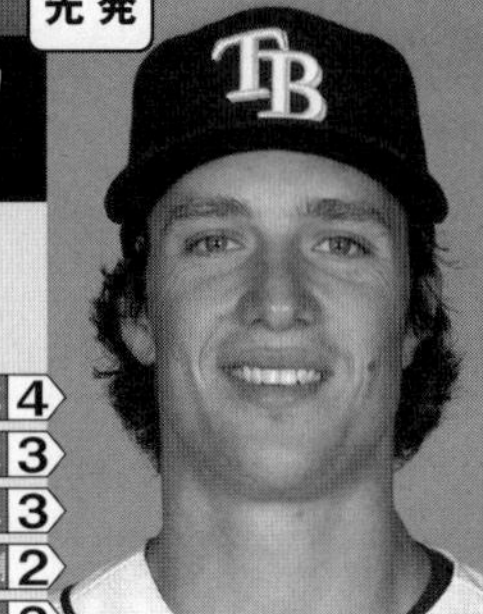

28歳 1993.8.23生 | 203cm | 102kg | 右投左打
◆速球のスピード／150キロ台後半(フォーシーム主体)
◆決め球と持ち球／☆カーブ、◎フォーシーム
◆対左打者被打率／.200 ◆対右打者被打率／.200
◆ホーム防御率／4.85 ◆アウェー防御率／3.45
◆ドラフトデータ／2011⑤パイレーツ
◆出身地／カリフォルニア州
◆年俸／400万ドル(約4億2000万円)

球威 4
制球 3
緩急 3
守備・牽制 2
度胸 3

故障の連続で、これまで14試合以上に先発したシーズンが一度もなく、今季はフルシーズン投げることを期待されている長身の右腕。2019年にミニブレイクしたため、昨季は期待が大きかった。だが、7月初旬に行われたPCR検査で陽性反応が出て隔離生活を強いられたため、調整不足のままシーズンに入ることになり、序盤は苦しいピッチングが続いた。8月下旬になるとリズムが出てきて与四球が減り、6回終了まで投げ切れるケースが多くなるが、速球を狙い打ちされて一発を食うケースが増えた。そのため、防御率は4点台にとどまったままシーズンが終了した。

ポストシーズンに入ると、ブルージェイズとのワイルドカード第2戦で勝利投手になり、さらにヤンキースとの地区シリーズ第5戦では中2日で登板し、ショート先発を成功させて男を上げた。しかし一発病が改善されないため、リーグ優勝決定シリーズとワールドシリーズでは、15イニングで自責点14の荒れようで、いったん上がった評価が急落した。

ほぼフォーシームとカーブだけで投げるツーピッチ・ピッチャー。フォーシームは平均球速が156.7キロあるため、一番の武器と見られがちだが、定規で引いたようなストレートな軌道になりがちで、実際にはよく打たれており、昨年の被打率は平均レベルの2割4分6厘。それに対し、カーブはプレート付近に来てからタテに鋭く変化する一級品で、昨年は被打率が1割2分1厘。メジャー最高のカーブの一つと称賛されることが多い。

パイレーツ時代から、ブルック・レジスターさんという長身のブロンド美人と行動をともにしている。彼女は大手のモデル事務所に所属する一流モデルで、様々な広告、CM、雑誌の表紙などに登場した実績がある。

カモ X・ボーガーツ(レッドソックス).100(10-1)0本 D・ラメイヒュー(ヤンキース).111(9-1)0本
苦手 M・チャヴィス(レッドソックス).375(8-3)2本 K・ブライアント(カブス).667(6-4)1本

年度	所属チーム	勝利	敗戦	防御率	試合数	先発	セーブ	投球イニング	被安打	失点	自責点	被本塁打	与四球	奪三振	WHIP
2016	パイレーツ	0	2	4.24	7	4	0	23.1	22	13	11	2	13	24	1.50
2017	パイレーツ	2	7	7.69	15	13	0	62.0	81	61	53	13	44	56	2.02
2018	パイレーツ	1	2	4.34	34	0	0	56.0	47	28	27	5	34	72	1.45
2018	レイズ	1	5	4.20	11	11	0	55.2	42	27	26	10	19	64	1.10
2018	2チーム計	2	7	4.27	45	11	0	111.2	89	55	53	15	53	136	1.27
2019	レイズ	6	1	1.78	12	12	0	60.2	40	13	12	4	14	76	0.89
2020	レイズ	5	1	4.08	11	11	0	57.1	43	26	26	11	22	91	1.13
通算成績		15	18	4.43	90	51	0	315.0	275	168	155	45	146	383	1.34

投手

52 マイケル・ワカ *Michael Wacha*

レイズ再生工場で復活なるか!? 先発 移籍

30歳 1991.7.1生 | 198cm | 98kg | 右投右打
◆速球のスピード／150キロ前後（フォーシーム主体）
◆決め球と持ち球／○チェンジアップ、△フォーシーム、△カッター
◆対左.275 ◆対右.346 ◆ホ防7.20 ◆ア防6.16
◆ド2012①カーディナルス ◆出アイオワ州
◆年300万ドル（約3億1500万円）

球威2 制球3 緩急3 守備・牽制4 度胸3

レイズが再生のきざしが見えると判断し、1年300万ドルで契約した右腕。ルーキーイヤーにプレーオフで華々しい活躍をしたことで知られるが、その後は故障続きで球威が低下。昨季はメッツに移籍し、先発5番手でシーズンに入ったが、追い込んでも決め球がないため球数が多くなり、6回終了まで投げ切れた試合は1度だけ。「ケガのデパート」も改善されず、8月に肩の炎症でIL（故障者リスト）入りした。それでもピッチャーの再生に自信を持つレイズは、球速がややアップしていることに注目し、リスクのない金額で獲得。

カモ J·マルティネス（レッドソックス）.000(5-0)0本 苦手 E·インシアーテ（ブレーブス）.545(11-6)0本

年度	所属チーム	勝利	敗戦	防御率	試合数	先発	セーブ	投球イニング	被安打	失点	自責点	被本塁打	与四球	奪三振	WHIP
2013	カーディナルス	4	1	2.78	15	9	0	64.2	52	20	20	5	19	65	1.10
2014	カーディナルス	5	6	3.20	19	19	0	107.0	95	41	38	6	33	94	1.20
2015	カーディナルス	17	7	3.38	30	30	0	181.1	162	74	68	19	58	153	1.21
2016	カーディナルス	7	7	5.09	27	24	0	138.0	159	86	78	15	45	114	1.48
2017	カーディナルス	12	9	4.13	30	30	0	165.2	170	82	76	17	55	158	1.36
2018	カーディナルス	8	2	3.20	15	15	0	84.1	68	36	30	9	36	71	1.23
2019	カーディナルス	6	7	4.76	29	24	0	126.2	143	71	67	26	55	104	1.56
2020	メッツ	1	4	6.62	8	7	0	34.0	46	26	25	9	7	37	1.56
通算成績		60	43	4.01	173	158	0	901.2	895	436	402	106	308	796	1.33

48 ライアン・ヤーブロウ *Ryan Yarbrough*

バルクガイでようやく1勝 先発

30歳 1991.12.31生 | 196cm | 93kg | 左投右打
◆速球のスピード／140キロ前後（フォーシーム主体）
◆決め球と持ち球／◎チェンジアップ、○カッター、○フォーシーム、○スライダー
◆対左.259 ◆対右.255 ◆ホ防3.51 ◆ア防3.60
◆ド2014④マリナーズ ◆出フロリダ州
◆年57万500ドル（約5990万円）＋α

球威2 制球4 緩急5 守備・牽制4 度胸4

タイミングを外すことと、ストライクゾーンを拡げることに長けた技巧派サウスポー。2018年と19年は、もっぱらオープナーの2番手で登板するロングリリーフ役（バルクガイ）で使われ、勝ち星を荒稼ぎしていた。しかし通常の先発投手として使われた昨シーズンは、好投したときに限って味方の得点援護がないパターンにはまり、防御率が3点台にもかかわらず、9月中旬まで勝ち星が一つもなかった。そこでキャッシュ監督が、9月15日のゲームでオープナーのバルクガイとして使ったところ、ヤーブロウが5回を1失点に抑えている間に味方が6点も取ってくれて、待望の初勝利をゲットした。

カモ D·ジャンセン（ブルージェイズ）.000(9-0)0本 苦手 J·マルティネス（レッドソックス）.600(15-9)2本

年度	所属チーム	勝利	敗戦	防御率	試合数	先発	セーブ	投球イニング	被安打	失点	自責点	被本塁打	与四球	奪三振	WHIP
2018	レイズ	16	6	3.91	38	6	0	147.1	140	70	64	18	50	128	1.29
2019	レイズ	11	6	4.13	28	14	0	141.2	121	69	65	15	20	117	1.00
2020	レイズ	1	4	3.56	11	9	0	55.2	54	22	22	5	12	44	1.19
通算成績		28	16	3.94	77	29	0	344.2	315	161	151	38	82	289	1.15

対左＝対左打者被打率 対右＝対右打者被打率 ホ防＝ホーム防御率 ア防＝アウェー防御率
ド＝ドラフトデータ 出＝出身地 年＝年俸 カモ 苦手 は通算成績

投手

29 ピート・フェアバンクス *Pete Fairbanks*

2度のトミー・ジョン手術を乗り越えて大化け

セットアップ／クローザー

28歳 1993.12.16生 | 198cm | 102kg | 右投右打
◆速球のスピード／150キロ台後半(フォーシーム)
◆決め球と持ち球／☆スライダー、◎フォーシーム、△チェンジアップ
◆対左.191 ◆対右.259 ◆ホ防3.14 ◆ア防2.19
◆ド2015⑨レンジャーズ ◆出ミズーリ州
◆年57万500ドル(約5990万円)+α

球威5 制球3 緩急3 守備・牽制2 度胸3

今シーズンはクローザーで起用される可能性もある、昨年ブレイクした豪腕リリーバー。特徴はキャッチャー投げのようなテイクバックの小さい投球モーションから、160キロの豪速球を投げ込んでくること。以前はテイクバックを大きく取って投げていたが、2017年の2度目のトミー・ジョン手術後、現在のフォームに変えた。同手術は3度目になると、復帰の可能性がほとんどなくなるからだ。一番の武器は、145キロくらいの球速がある高速スライダー。ぜんそくが持病。そのため新型コロナが猛威を振るい出すと、ハイリスクグループに分類され、シーズン中は妻や生後半年になる娘と会うこともできず、ホテルと球場を往復するだけのストイックな生活を強いられた。

カモ J・マルティネス(レッドソックス).000(7-0)0本　苦手 ——

年度	所属チーム	勝利	敗戦	防御率	試合数	先発	セーブ	投球イニング	被安打	失点	自責点	被本塁打	与四球	奪三振	WHIP
2019	レンジャーズ	0	2	9.35	8	0	0	8.2	8	10	9	4	7	15	1.73
2019	レイズ	2	1	5.11	13	0	2	12.1	17	10	7	1	3	13	1.62
2019	2チーム計	2	3	6.86	21	0	2	21.0	25	20	16	5	10	28	1.67
2020	レイズ	6	3	2.70	27	2	0	26.2	23	9	8	2	14	39	1.39
通算成績		8	6	4.53	48	2	2	47.2	48	29	24	7	24	67	1.51

31 ジョシュ・フレミング *Josh Fleming*

打球がゴロになる比率はメジャー全体で1位!

先発／ロングリリーフ

ルーキー

25歳 1996.5.18生 | 188cm | 100kg | 左投右打
◆速球のスピード／140キロ台後半(シンカー主体)
◆決め球と持ち球／☆シンカー、◎チェンジアップ、△カッター
◆対左.270 ◆対右.212 ◆ホ防3.38 ◆ア防1.08
◆ド2017⑤レイズ ◆出ミズーリ州
◆年57万500ドル(約5990万円)+α

球威3 制球5 緩急3 守備・牽制3 度胸4

8月23日にメジャーデビューし、ひと月足らずの間に5勝して注目されたサウスポー。NCAA(全米大学体育協会)3部校(ウエブスター大学)出身の稀有(けう)な存在。スリークォーターからシンカー、カッター、チェンジアップを投げ込んでくる技巧派で、一番の長所はストライクゾーンの四隅に、きちんと投げ分ける制球力があること。とくにアウトローのコントロールが良く、右打者を追い込むと、そこにチェンジアップを投げ込んでゴロを引っかけさせる。最大の特徴は、ゴロ打球の比率が際立って高いこと。これはメインの球種であるシンカーとカッターが、どちらもかなり沈む軌道になるからだ。昨季のゴロ打球比率62.5%は、30イニング以上投げたメジャーの投手の中で、最も高い数字だった。課題は、カッターの精度が低いこと。昨年打たれた5本の本塁打のうち4本は、甘く入ったカッターを叩かれたものだった。

カモ G・クーパー(マーリンズ).000(5-0)0本　苦手 L・ブリンソン(マーリンズ).750(4-3)0本

年度	所属チーム	勝利	敗戦	防御率	試合数	先発	セーブ	投球イニング	被安打	失点	自責点	被本塁打	与四球	奪三振	WHIP
2020	レイズ	5	0	2.78	7	5	0	32.1	28	10	10	5	7	25	1.08
通算成績		5	0	2.78	7	5	0	32.1	28	10	10	5	7	25	1.08

63 ディィエゴ・カスティーヨ *Diego Castillo*

クローザーでも十分使えるレベルに成長　セットアップ

27歳 1994.1.18生 | 191cm | 113kg | 右投右打
◆速球のスピード／150キロ台中頃(シンカー)
◆決め球と持ち球／◎シンカー、◎スライダー
◆対左.136 ◆対右.164 ◆ホ防1.69 ◆ア防1.64
◆ド2014㊕レイズ ◆出ドミニカ
◆年57万500ドル(約5990万円)+α

球威5 制球3 緩急2 守備・牽制2 度胸4

昨季は途切れることなくハイレベルな活躍を続けた、プロレスラー体型のリリーフ右腕。圧巻はヤンキース相手の地区シリーズ最終戦。この負けられない試合に、1対1で迎えた8回から登板。怖いラメイヒュー、スタントン、ヴォイトを三振に切って取り、2回を無安打に抑えて勝ち投手になった。以前は160キロの超高速シンカーばかり注目されていたが、昨年は効率良くアウトを取ることに集中。その結果、平均球速は3キロ落ちたが、防御率は格段に良くなった。ドミニカ出身。10人兄弟の末っ子で、野球を本格的に始めたのが遅かったため、通常より3、4年遅い20歳のときに、プロ入りしている。契約金も、最近の基準では安い6万4000ドル（約670万円）だった。

カモ R·グリチック(ブルージェイズ).100(10-1)0本　苦手 R·デヴァース(レッドソックス)1.000(3-3)0本

年度	所属チーム	勝利	敗戦	防御率	試合数	先発	セーブ	投球イニング	被安打	失点	自責点	被本塁打	与四球	奪三振	WHIP
2018	レイズ	4	2	3.18	43	11	0	56.2	36	21	20	6	18	65	0.95
2019	レイズ	5	8	3.41	65	6	8	68.2	59	32	26	8	26	81	1.24
2020	レイズ	3	0	1.66	22	0	4	21.2	12	4	4	3	11	23	1.06
通算成績		12	10	3.06	130	17	12	147.0	107	57	50	17	55	169	1.10

84 ジョン・カーティス *John Curtiss*

失業状態のあと昨年レイズに来て大化け　ミドルリリーフ

28歳 1993.4.5生 | 196cm | 100kg | 右投右打
◆速球のスピード／150キロ前後(フォーシーム主体)
◆決め球と持ち球／◎フォーシーム、◎スライダー
◆対左.184 ◆対右.250 ◆ホ防0.00 ◆ア防3.14
◆ド2014㊎ツインズ ◆出テキサス州
◆年57万500ドル(約5990万円)+α

球威3 制球4 緩急3 守備・牽制5 度胸4

ジャーニーマンのリリーフ右腕。一昨年は6月にエンジェルスを解雇されたあと、フィリーズとマイナー契約したが、ここも9月にクビ。その後マイナー契約ですら雇ってくれるところがなく、失業状態が続いた。しかし昨年1月に、レイズにマイナー契約で入団。スナイダー投手コーチにアドバイスされて球種にカーブを加え、ピッチングもどんどんストライクゾーンに投げ込むスタイルに変えた。それが功を奏し、8月9日にメジャーに呼ばれたあとは、打者を早めに追い込んで効率良くアウトを取るピッチングが冴えを見せた。昨年のストライク率は68%という高率で、前年より14%も上昇。守備と牽制がうまく、昨年のリーグ優勝決定シリーズでは、牽制刺と超美技を1つずつ決めている。

カモ G·トーレス(ヤンキース).000(3-0)0本　苦手 ——

年度	所属チーム	勝利	敗戦	防御率	試合数	先発	セーブ	投球イニング	被安打	失点	自責点	被本塁打	与四球	奪三振	WHIP
2017	ツインズ	0	0	8.31	9	0	0	8.2	9	8	8	2	2	10	1.27
2018	ツインズ	0	1	5.68	8	0	0	6.1	8	4	4	0	4	7	1.89
2019	エンジェルス	0	0	3.86	1	0	0	2.1	2	1	1	0	3	1	2.14
2020	レイズ	3	0	1.80	17	3	2	25.0	21	7	5	3	3	25	0.96
通算成績		3	1	3.83	35	3	2	42.1	40	20	18	5	12	43	1.23

対左=対左打者被打率　対右=対右打者被打率　ホ防=ホーム防御率　ア防=アウェー防御率
ド=ドラフトデータ　出=出身地　年=年俸　カモ 苦手は通算成績

81 ライアン・トンプソン *Ryan Thompson*

ルール5で獲得した、横手投げの掘り出し物

ミドルリリーフ

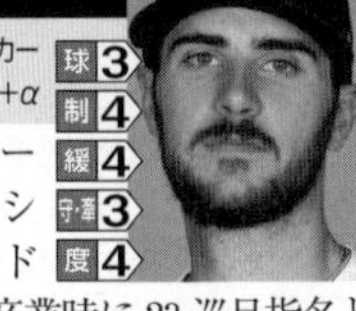

29歳 1992.6.26生 | 196cm | 95kg | 右投サイドハンド右打 速150キロ前後(シンカー主体) 決◎シンカー
対左.250 対右.284 ド2014㉓アストロズ 出オレゴン州 年57万500ドル(約5990万円)+α

球3 制4 緩4 守3 度4

昨年の開幕時に28歳でメジャーデビューし、ポストシーズンで大活躍したサイドハンドのリリーフ右腕。変則モーションからシンカーとスライダーを投げ込んでくるグラウンドボールピッチャー。苦労人で、通常より1年遅い大学4年卒業時に23巡目指名という低評価でアストロズに入団。3Aまで来た2017年にヒジを壊し、トミー・ジョン手術を受けた。その後、18年12月に行われたマイナーのルール5ドラフトで、レイズ傘下の3A球団から指名され、移籍。トミー・ジョン手術後、以前より球速が増し、昨年の2度のキャンプで好成績を残して、メジャーへの切符を手にした。

年度	所属チーム	勝利	敗戦	防御率	試合数	先発	セーブ	投球イニング	被安打	失点	自責点	被本塁打	与四球	奪三振	WHIP
2020	レイズ	1	2	4.44	25	1	1	26.1	29	15	13	4	8	23	1.41
通算成績		1	2	4.44	25	1	1	26.1	29	15	13	4	8	23	1.41

71 ライアン・シェリフ *Ryan Sherriff*

ロー・スリークォーターのシンカーボーラー

ミドルリリーフ

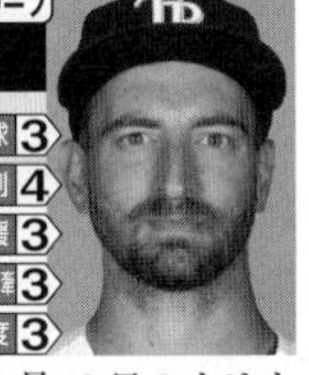

31歳 1990.5.25生 | 185cm | 86kg | 左投左打 速140キロ台後半(シンカー) 決◎スライダー
対左.154 対右.211 ド2011㉘カーディナルス 出カリフォルニア州 年57万500ドル(約5990万円)+α

球3 制4 緩3 守3 度3

左打者に抜群の強さを発揮する、変則のリリーフ左腕。シンカーとスライダーを低めに集めて、ゴロを打たせてアウトを取るピッチングが持ち味。昨季は8月下旬にメジャー昇格。9回2/3（10試合）を投げて、自責点は1つも付かなかった。9月18日のオリオールズ戦ではメジャー初セーブもマーク。ドジャースとのワールドシリーズでは2イニング（2試合）を無安打に抑え、首脳陣のさらなる信頼をゲットした。マイナー時代の2016年、実際に移動しながら遊ぶ位置情報ゲームアプリ『ポケモンGO』にハマり、それに興じる姿が「YouTube」にアップされている。ユダヤ系米国人で、17年のWBC予選では、イスラエル代表チームの一員としてプレーした。

年度	所属チーム	勝利	敗戦	防御率	試合数	先発	セーブ	投球イニング	被安打	失点	自責点	被本塁打	与四球	奪三振	WHIP
2020	レイズ	1	0	0.00	10	0	1	9.2	6	0	0	0	2	2	0.83
通算成績		3	1	2.73	28	0	1	29.2	27	9	9	3	8	20	1.18

62 シェイン・マクラナハン *Shane McClanahan*

160キロの豪速球を過大評価するのは禁物

先発 ミドルリリーフ

ルーキー

24歳 1997.4.28生 | 185cm | 91kg | 左投左打 速150キロ台中頃～後半(フォーシーム主体) 決◎スライダー
◆メジャーでのプレー経験なし(レギュラーシーズン) ド2018①レイズ 出メリーランド州 年57万500ドル(約5990万円)+α

球3 制4 緩3 守3 度4

昨年のポストシーズンでメジャーデビューした、今季はローテーション入りを期待されているサウスポー。ポストシーズンでのメジャーデビューは、ピッチャーではMLB史上初のことだった。球種は速球とスライダーが主体で、右打者には時折チェンジアップを交える。典型的なパワーピッチャーで、昨年の速球の平均球速は157キロ、最速は161キロだった。しかしストレートな軌道になりやすいため、速球の被打率は5割（14-7）で、一発を2本食っている。スライダーはプレート付近で鋭く変化する一級品で、三振を奪う強力な武器。速球の打たれやすさを考えれば、先発よりセットアッパー向きという声もあり、球団は今季の投球を見て判断することになる。

49 7月にコロナ陽性、8月に肩の手術
ブレンダン・マッケイ *Brendan McKay*

先発 ロングリリーフ　ルーキー

26歳 1995.12.18生 | 188cm | 100kg | 左投左打 速150キロ前後(フォーシーム主体) 決○フォーシーム
◆昨季メジャー出場なし ド2017①レイズ 出ペンシルヴァニア州 年57万500ドル(約5990万円)+α

球3 制4 緩2 守備3 度3

一昨年、二刀流選手としてデビューし話題になったが、昨年は1試合も出場がなかった不運なプレーヤー。不運その1は、PCR検査で陽性反応が出て隔離されたこと。おかげで7月のキャンプに参加できず、出遅れた。不運その2は、8月初旬から投球練習を始めたところ肩が痛み出し、肩関節唇(かんせつしん)損傷と診断され、手術を受ける羽目になったこと。この手術は復帰まで時間がかかるため、今季は出遅れる可能性が高い。復帰後は先発向きの優秀な若手がひしめく中でローテーション入りを目指すことになるので、打者としては時々代打で使われる程度で、投手に集中することになるだろう。

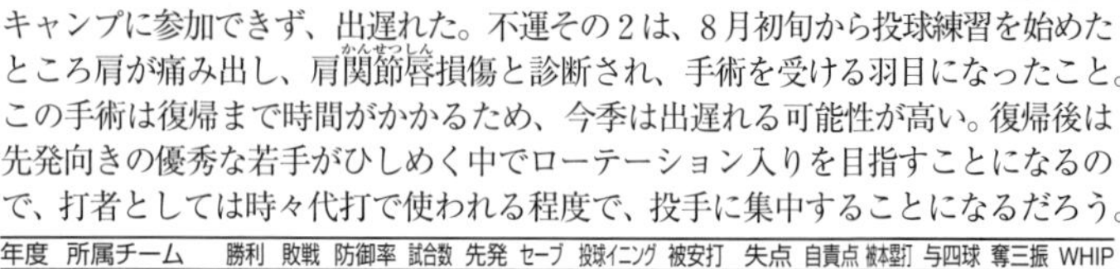

年度	所属チーム	勝利	敗戦	防御率	試合数	先発	セーブ	投球イニング	被安打	失点	自責点	被本塁打	与四球	奪三振	WHIP
2019	レイズ	2	4	5.14	13	11	0	49.0	53	32	28	8	16	56	1.41
通算成績		2	4	5.14	13	11	0	49.0	53	32	28	8	16	56	1.41

― 古巣復帰を果たしたイニングイーター
クリス・アーチャー *Chris Archer*

先発　移籍

33歳 1988.9.26生 | 188cm | 88kg | 右投右打 速150キロ台前半(フォーシーム主体) 決◎スライダー
◆昨季メジャー出場なし 対右 ド2006⑤インディアンズ 出ノースカロライナ州

球4 制3 緩3 守備4 度4

パイレーツから2年半ぶりに古巣復帰したレイズの元エース格。フォーシームとスライダーを軸に三振を量産する先発投手で、レイズ時代には3度の2ケタ勝利、3度の200投球回を達成している。ただ、2018年夏のパイレーツ移籍後はヘルニア手術、右手親指や右肩などの故障に苦しみ、下降線をたどっている。昨季はシーズン短縮が決まると、6月に胸郭出口(きょうかくでぐち)症候群の手術に踏み切り、1試合も投げずにシーズンを終えた。万全でも防御率4点台中盤に落ち着くだろう。19年にはベルトの内側に怪しい物体が付着しているのがクローズアップされ、「松ヤニ疑惑」が持たれている。

年度	所属チーム	勝利	敗戦	防御率	試合数	先発	セーブ	投球イニング	被安打	失点	自責点	被本塁打	与四球	奪三振	WHIP
2019	パイレーツ	3	9	5.19	23	23	0	119.2	114	73	69	25	55	143	1.41
通算成績		60	80	3.86	212	210	0	1235.0	1127	587	530	150	420	1349	1.25

― ジョー・ライアン *Joe Ryan*

先発　期待度 B　ルーキー

25歳 1996.6.5生 | 188cm | 93kg | 右投右打 ◆一昨年は1A、1A+、2Aでプレー ド2018⑦レイズ 出カリフォルニア州

NCAA2部校出身の投のホープ。長所は、奪三振率が際立って高いこと。これは速球がスピン量の多いライジングボールで、高い確率で空振りを取れるからだ。高校時代は、野球より水球で活躍。それによって背筋を鍛えられ、威力満点の速球を生み出す土台になった。昨年、スライダーがレベルアップ。

― シェイン・バズ *Shane Baz*

先発 リリーフ　期待度 B⁻　ルーキー

22歳 1999.6.17生 | 188cm | 86kg | 右投右打 ◆一昨年は1Aでプレー ド2017①パイレーツ 出テキサス州

速球とスライダーの威力は、すでにメジャーリーグレベルになっている逸材。下半身をあまり使わない投球フォームであるため、コントロールに難があり、それを克服できれば先発投手として、できない場合はリリーフ投手としてメジャーに昇格する可能性が高い。カーブとチェンジアップはイマイチ。

速=速球のスピード　決=決め球　対左=対左打者被打率　対右=対右打者被打率
ド=ドラフトデータ　出=出身地　年=年俸　※昨季、マイナーリーグは中止
※メジャー経験がない投手の「先発」「リリーフ」はマイナーでの役割

野手

コロナ陽性がその後の打撃爆発の伏線に　レフト ライト　ルーキー

56 ランディ・アロザレーナ
Randy Arozarena

26歳 1995.2.28生｜180cm｜84kg｜右投右打
◆対左投手打率／.400(20-8)　◆対右投手打率／.227(44-10)
◆ホーム打率／.333(27-9)　◆アウェー打率／.243(37-9)
◆得点圏打率／.182(11-2)
◆20年のポジション別出場数／レフト=14、DH=5、ライト=3、センター=2
◆ドラフトデータ／2016㊕カーディナルス
◆出身地／キューバ
◆年俸／57万500ドル(約5990万円)＋α

ミート 4
パワー 5
走塁 4
守備 3
肩 3

昨年のポストシーズンで、数々の記録を打ち立ててヒーローになったキューバ亡命組の外野手。カーディナルスから移籍して迎えた昨季は、開幕前のPCR検査で陽性反応が出たため、隔離生活を強いられた。食事はチキンと米を使った料理しか知らないので、毎日それをたらふく食べ、腕立て伏せを300回やった。それで体重が7キロ増えてしまったが、結果的にこれが打球の飛距離を伸ばすことになる。

復帰は8月30日になったが、その後はハイペースで一発が出たため、連日スタメンで使われるようになった。ポストシーズンでは、初戦から5戦目となる地区シリーズ第3戦まで、20打数12安打（打率6割）、本塁打3、二塁打2、三塁打1と打ちまくった。アストロズとのリーグ優勝決定シリーズでは、4本外野席に叩き込んで計7本とし、ロンゴリアの持つルーキーのポストシーズン本塁打記録を更新。同シリーズのMVPにも選出された。さらにワールドシリーズでも第3戦、4戦、6戦で一発が出て計10本とし、ネルソン・クルーズ、バリー・ボンズ、カルロス・ベルトランが持つポストシーズンの最多本塁打記録（8本）を塗り替え、シーズン終了後、ポストシーズンのMVPに贈られるベーブ・ルース賞を受賞した。

昨年のポストシーズンでこれだけ派手な活躍を見せたが、レギュラーシーズンでの通算打席数はまだ99で、ルーキーリミットの130に達していない。そのため、今季は新人王の有力候補と目されている。

キューバを脱出後、メキシカンリーグでプレーしていたときに同棲していた女性との間に、リアちゃんという娘がいる。昨年11月上旬、別のコロンビア人の女性と結婚したが、それによって娘を自分のもとに置きたいという気持ちが強くなり、無理やり取り戻そうとして、元の同棲相手とその父親に暴力を振るい、警察に逮捕された。MLBはDV事件として調査に乗り出したが、悪質なケースではないとして、不問にする決定を下した。

カモ　T・ロジャーズ(マーリンズ).667(3-2)2本　――

苦手　A・カップ(オリオールズ).000(3-0)0本　S・ルーゴ(メッツ).000(3-0)0本

年度	所属チーム	試合数	打数	得点	安打	二塁打	三塁打	本塁打	打点	四球	三振	盗塁	盗塁死	出塁率	OPS	打率
2019	カーディナルス	19	20	4	6	1	0	1	2	2	4	2	1	.391	.891	.300
2020	レイズ	23	64	15	18	2	0	7	11	6	22	4	0	.382	1.022	.281
通算成績		42	84	19	24	3	0	8	13	8	26	6	1	.384	.991	.286

カモ 苦手 は通算成績

野手

栄養源は奥さんが作るパンとクッキー

セカンド
レフト
ライト

8 ブランドン・ラウ
Brandon Lowe

27歳 1994.7.6生 | 178cm | 84kg | 右投左打
◆対左投手打率／.300(50-15) ◆対右投手打率／.259(143-37)
◆ホーム打率／.261(88-23) ◆アウェー打率／.276(105-29)
◆得点圏打率／.250(40-10)
◆20年のポジション別出場数／セカンド=44、ライト=7、レフト=5、DH=4、ファースト=1
◆ドラフトデータ／2015③レイズ
◆出身地／ヴァージニア州
◆年俸／250万ドル(約2億6250万円)

ミート 4
パワー 5
走塁 3
守備 3
肩 3

昨シーズン、本塁打（14）、得点（36）、打点（37）がいずれもチームトップだった好打の内野手。打撃成績が向上したのは、左投手を苦にしなくなったことが大きい。とくに左投手の速球にめっぽう強く、速球を3割7分5厘という高率で打っていた。打撃好調のもう一つの要因は、ボール球に手を出す比率が31%から21%に減少したことだ。とくに、左投手の投じる外側のスライダーにバットが出てしまうケースが、大幅に減った。

ポストシーズンでは深刻なスランプにおちいり、68打数7安打（打率1割0分3厘）だった。これは、微妙にタイミングが合わなくなったのが原因。ただ7安打のうち4本は本塁打で、それなりの存在感を示すことはできた。シーズン終了後に行われた「オールMLBチーム」の投票では、セカンドチームの二塁手に選出された。ファーストチームの二塁手は、首位打者のラメイヒュー（ヤンキース）なので、彼に次ぐメジャーで2番目にいい二塁手と評価されたことになる。

プロ入りした当初は、パワーに欠ける打者と見なされていた。それが長打をよく打つ好打者に成長したのは、マイナー時代の2017年に、グリップを体から離して構えるスタイルに変えたことが大きい。それによってスイングスピードが増し、160キロの速球にも差し込まれなくなった。

昨季はコロナ禍でキャンプが中断したあと、自宅でみっちりトレーニングを積んで、最良の状態でシーズンに臨むことができた。これは大学時代、競技ソフトボールで鳴らした奥さんのマディソンさんが、トレーニングパートナーとなって支えてくれたことが大きかったようだ。マディソンさんは、パンとクッキーの店を持つことが小さい頃からの夢だったそうで、昨年6月に「スウィート&ラウ・ベイカリー」という名の店をオープン。その宣伝のため、夫婦でいろんなメディアに登場していた。

カモ E・ロドリゲス(レッドソックス).500(6-3)2本 T・ソーントン(ブルージェイズ).500(6-3)1本
苦手 N・セッサ(ヤンキース).143(7-1)0本 G・コール(ヤンキース).167(6-1)0本

年度	所属チーム	試合数	打数	得点	安打	二塁打	三塁打	本塁打	打点	四球	三振	盗塁	盗塁死	出塁率	OPS	打率
2018	レイズ	43	129	16	30	6	2	6	25	16	38	2	1	.324	.774	.233
2019	レイズ	82	296	42	80	17	2	17	51	25	113	5	0	.336	.850	.270
2020	レイズ	56	193	36	52	9	2	14	37	25	58	3	0	.362	.916	.269
通算成績		181	618	94	162	32	6	37	113	66	209	10	1	.342	.855	.262

野手

速球攻めを克服できれば、大化けの可能性も レフト DH ファースト

25 筒香嘉智 *Yoshi Tsutsugo*

30歳 1991.11.26生 | 185cm | 102kg | 右投左打
◆対左投手打率／.243(37-9) ◆対右投手打率／.183(120-22)
◆ホーム打率／.173(75-13) ◆アウェー打率／.220(82-18)
◆得点圏打率／.244(41-10)
◆20年のポジション別出場数／レフト=16、サード=14
◆ドラフトデータ／2010①横浜、2020㊊レイズ
◆出身地／和歌山県
◆年俸／700万ドル(約7億3500万円)

ミート 2
パワー 5
走塁 2
守備 3
肩 3

昨年のポストシーズンでまったくチームに貢献できなかった屈辱を胸に秘め、2シーズン目に臨むベイスターズの元主砲。昨季はブルージェイズとの開幕戦で、左腕エースの柳賢振（リュ・ヒョンジン）から左中間にツーランホーマーを叩き込み、最高のスタートを切った。しかし、その後は速球系（フォーシーム、ツーシーム）にうまく対応できないことが多く、シーズンを通して打率が2割前後を低空飛行する状態が続いた。とくに右投手のフォーシームに対しては、打率1割3分5厘（44打数6安打）、ツーシームに対しては打率0割9分1厘で、快音が聞かれることはほとんどなかった。

相手チームは、データで90マイル台後半（153キロ以上）の速球系が苦手であることを知るようになると、速球系を多用するようになった。このことは数字にもはっきり出ていて、7月は速球系の比率が49.6%だったが、8月には63.0%、9月には66.3%に増え、10月には70.0%になった。10月の最後の4度の打席は、すべて速球系で攻められていた。

守備では昨季、レフトで16試合（先発では12試合）、サードで14試合（先発では11試合）に起用された。野球データサイト「ファングラフス」に掲載されているデータを見ると、レフトではエラーがゼロで、DRS（守備で防いだ失点）が2つあり、守備範囲の広さも平均以上になっている。それに対し、不慣れなサードの守備ではエラーが4つもあり、守備率は8割4分6厘という、あり得ないレベルの悪い数字だった。今年は、「DH」+「レフト」+「ファースト」で使われる可能性がある。

2019年12月にレイズと交わした契約は、2年1200万ドル。それに付随して、レイズから元の所属球団であるベイスターズに、移籍金240万ドルが支払われた。2年契約は今季で終了するので、来季以降もメジャーでDH兼レフトとしてやっていくには、今季130試合以上に出場して、本塁打25本、打点80レベルの数字を出す必要がある。

カモ P·ロペス(マーリンズ).1.000(2-2)1本 ———
苦手 J·ミーンズ(オリオールズ).000(3-0)0本 J·デグローム(メッツ).000(3-0)0本

年度	所属チーム	試合数	打数	得点	安打	二塁打	三塁打	本塁打	打点	四球	三振	盗塁	盗塁死	出塁率	OPS	打率
2020	レイズ	51	157	27	31	5	1	8	24	26	50	0	0	.314	.708	.197
通算成績		51	157	27	31	5	1	8	24	26	50	0	0	.314	.708	.197

26 脚を一直線に伸ばす捕球がトレードマーク ファースト
崔志萬（チェ・ジマン） *Ji-Man Choi*

30歳 1991.5.19生 | 185cm | 118kg | 右投左打

◆対左投手打率／.118 ◆対右投手打率／.248
◆ホーム打率／.241 ◆アウェー打率／.221 ◆得点圏打率／.235
◆20年のポジション別出場数／ファースト=38、DH=1
◆Ⓓ2009㊕マリナーズ ◆㊐韓国
◆㊎245万ドル（約2億5725万円）

ミート 3
パワー 4
走塁 2
守備 4
肩 3

相手先発が右投手の際、4番打者でよく使われる韓国出身のプラトーン・プレーヤー。一昨年19本塁打を放ってミニブレイクしたため、昨季は一発の上乗せを期待された。しかし、いい角度で上がるケースがほとんどなく、3本しか打てなかった。ただ7月26日のブルージェイズ戦で記録した第1号は注目された。メジャー生活5年目で、初めて右打席で打った本塁打だからだ。崔はスイッチヒッター願望があり、以前から打撃練習で右打席に入ることがあった。昨年7月のキャンプで久々にやってみたところ、打球がよく飛んだので、意を決して実戦でやってみたのだ。一塁の守備では、バレリーナのように脚を一直線に伸ばし、内野手からの送球をミットに収めるプレーが光る。

カモ G・コール（ヤンキース）.667（12-8）3本 苦手 A・オタヴィーノ（レッドソックス）.000（5-0）0本

年度	所属チーム	試合数	打数	得点	安打	二塁打	三塁打	本塁打	打点	四球	三振	盗塁	盗塁死	出塁率	OPS	打率
2016	エンジェルス	54	112	9	19	4	0	5	12	16	27	2	4	.271	.611	.170
2017	ヤンキース	6	15	2	4	1	0	2	5	2	5	0	0	.333	1.067	.267
2018	ブリュワーズ	12	30	4	7	2	0	2	5	2	14	0	0	.281	.781	.233
2018	レイズ	49	160	21	43	12	1	8	27	24	41	2	0	.370	.877	.269
2018	2チーム計	61	190	25	50	14	1	10	32	26	55	2	0	.357	.863	.263
2019	レイズ	127	410	54	107	20	2	19	63	64	108	2	3	.363	.822	.261
2020	レイズ	42	122	16	28	13	0	3	16	20	36	0	0	.331	.741	.230
通算成績		290	849	106	208	52	3	39	128	128	231	6	7	.345	.796	.245

43 恐るべき伏兵に成長した契約金1000ドルの男 ユーティリティ
マイク・ブラソー *Mike Brosseau*

27歳 1994.3.15生 | 178cm | 93kg | 右投右打

◆対左投手打率／.333 ◆対右投手打率／.273
◆ホーム打率／.239 ◆アウェー打率／.375 ◆得点圏打率／.188
◆20年のポジション別出場数／ファースト=12、サード=11、セカンド=9、レフト=2、ライト=1、DH=1、ピッチャー=1 ◆Ⓓ2016㊕レイズ
◆㊐インディアナ州 ◆㊎57万500ドル（約5990万円）+α

ミート 4
パワー 4
走塁 3
守備 4
肩 5

昨年の地区シリーズ最終戦で、ヤンキースの豪腕チャップマンから9回に勝ち越しアーチを放ち、ヒーローになったシンデレラボーイ。大学時代はイリノイ州の弱小校でプレー。大学3年終了時の2015年ドラフトでは、どこからも指名されず。翌年のドラフトに希望を託したが、このときも指名されず、企業に就職する準備を始めた。すると、ルーキーリーグで内野のユーティリティとして使う人材を指名し忘れたレイズから、突然電話が来て入団を勧誘された。夢のような話なのですぐに承諾し、契約金1000ドルで入団。このような経緯だったためほとんど期待されず、初めからユーティリティとして育成された。だが、とんとん拍子に出世して、実質3年でメジャーデビュー。昨年は失投をじっくり待てるようになり、長打がよく出るようになった。

カモ J・ミーンズ（オリオールズ）.444（9-4）3本 苦手 ——

年度	所属チーム	試合数	打数	得点	安打	二塁打	三塁打	本塁打	打点	四球	三振	盗塁	盗塁死	出塁率	OPS	打率
2019	レイズ	50	132	17	36	7	0	6	16	7	39	1	0	.319	.781	.273
2020	レイズ	36	86	12	26	5	1	5	12	8	31	2	0	.378	.936	.302
通算成績		86	218	29	62	12	1	11	28	15	70	3	0	.343	.843	.284

1 数字に表れない貢献も大きいイケメン遊撃手 ショート
ウィリー・アダメス *Willy Adames*

26歳 1995.9.2生 | 183cm | 95kg | 右投右打
◆対左投手打率/.319 ◆対右投手打率/.239
◆ホーム打率/.165 ◆アウェー打率/.330 ◆得点圏打率/.308
◆20年のポジション別出場数/ショート=53
◆(ド)2012(外)タイガース ◆(出)ドミニカ
◆(年)57万500ドル(約5990万円)+α

ミート 3 / パワー 4 / 走塁 3 / 守備 4 / 肩 4

打者としては下位打線の主砲、守備では内野の司令塔として機能するようになった遊撃手。昨季は20本塁打を放った一昨年をしのぐペースで長打が出たため、強打者度を測る指標OPSが、初めて.800の大台に乗った。ショートの守備は打球への反応が早く、グラブさばきもうまいが、依然として悪送球が多い。チームリーダー、ムードメーカーとしての資質も備えており、新加入の選手に対しては真っ先に友人になり、チームに溶け込む手助けをする。そうした数字に表れない貢献は、各方面から称賛されている。筒香が本塁打を打って戻ってくると、アダメスが日本式のお辞儀をして迎えるユーモラスなシーンが見られるが、あのような配慮を自然にできるのがアダメスなのだ。

カモ M・ストローマン(メッツ).750(4-3)0本 **苦手** L・セッサ(ヤンキース).000(10-0)0本

年度	所属チーム	試合数	打数	得点	安打	二塁打	三塁打	本塁打	打点	四球	三振	盗塁	盗塁死	出塁率	OPS	打率
2018	レイズ	85	288	43	80	7	0	10	34	31	95	6	5	.348	.754	.278
2019	レイズ	152	531	69	135	25	1	20	52	46	153	4	2	.317	.735	.254
2020	レイズ	54	185	29	48	15	1	8	23	20	74	2	1	.332	.813	.259
通算成績		291	1004	141	263	47	2	38	109	97	322	12	8	.329	.755	.262

2 一番の楽しみはキューバにいる母との会話 サード ファースト DH
ヤンディ・ディアス *Yandy Diaz*

30歳 1991.8.8生 | 188cm | 98kg | 右投右打
◆対左投手打率/.265 ◆対右投手打率/.325
◆ホーム打率/.304 ◆アウェー打率/.309 ◆得点圏打率/.320
◆20年のポジション別出場数/サード=25、DH=7、ファースト=2
◆(ド)2013(外)インディアンズ ◆(出)キューバ

ミート 5 / パワー 3 / 走塁 3 / 守備 2 / 肩 5

昨季もハムストリング痛で8月末から3週間ほどIL入りしたが、ポストシーズンはフル出場したキューバ産の三塁手。キューバ亡命組の打者には、早打ち、速球に強い、四球が少ない、ボール球に手を出す、といった共通の傾向があるが、そういう特徴がすべて当てはまらない稀有(けう)な存在。キューバでは、12歳の頃までウエイトリフティングをやっていた。そのため筋トレ・マニアに成長し、現在も多くの時間を割く。ボディビル雑誌に登場し、筋骨隆々のボディを披露したこともある。キューバ脱出は単独で決行したので、最愛の母エルサさんは、現在もキューバのヴィヤクララにある家で暮らしている。その母に電話をかけて話し込むことが、一番の楽しみになっている。

カモ G・コール(ヤンキース).417(12-5)1本 **苦手** C・グリーン(ヤンキース).000(5-0)0本

年度	所属チーム	試合数	打数	得点	安打	二塁打	三塁打	本塁打	打点	四球	三振	盗塁	盗塁死	出塁率	OPS	打率
2017	インディアンズ	49	156	25	41	8	1	0	13	21	35	2	0	.352	.679	.263
2018	インディアンズ	39	109	15	34	5	2	1	15	11	19	0	0	.375	.797	.312
2019	レイズ	79	307	53	82	20	1	14	38	35	61	2	2	.340	.816	.267
2020	レイズ	34	114	16	35	3	0	2	11	23	17	0	0	.428	.814	.307
通算成績		201	686	109	192	36	4	17	77	90	132	4	2	.364	.782	.280

39 ゴールドグラブ候補にもなれず、怒り心頭 センター
ケヴィン・キアマイア *Kevin Kiermaier*

31歳 1990.4.22生 | 185cm | 95kg | 右投左打
◆対左投手打率／.158 ◆対右投手打率／.227
◆ホーム打率／.156 ◆アウェー打率／.270 ◆得点圏打率／.245
◆20年のポジション別出場数／センター=46
◆ⓓ2010㉛レイズ ◆出インディアナ州
◆年1150万ドル(約12億750万円) ◆ゴールドグラブ賞3回(15、16、19年)

ミート 2
パワー 4
走塁 5
守備 5
肩 5

今季はゴールドグラブ賞の獲得を狙うホームランキャッチの名人。伝説化した守備の名手キアマイアが、わざわざゴールドグラブ賞を目標に掲げたのは、昨年の同賞の選考で、最終候補の3人にすら入れないという屈辱を味わったからだ。打撃面では打率こそ低いものの、チャンスに値千金の長打が何度も出てヒーローになった。一番カモにしていたピッチャーは田中将大で、ポストシーズンを含めると8打数5安打（6割2分5厘）。5安打の内訳は本塁打2本、三塁打1本、二塁打2本と長打ばかりで、5打点ゲットしている。

カモ T·ソーントン(ブルージェイズ).571(7-4)0本 苦手 L·セヴェリーノ(ヤンキース).120(25-3)0本

年度	所属チーム	試合数	打数	得点	安打	二塁打	三塁打	本塁打	打点	四球	三振	盗塁	盗塁死	出塁率	OPS	打率
2013	レイズ	1	0	0	0	0	0	0	0	0	0	0	0	.—	.000	.—
2014	レイズ	108	331	35	87	16	8	10	35	23	71	5	4	.315	.765	.263
2015	レイズ	151	505	62	133	25	12	10	40	24	95	18	5	.298	.718	.263
2016	レイズ	105	366	55	90	20	2	12	37	40	74	21	3	.331	.741	.246
2017	レイズ	98	380	56	105	15	3	15	39	31	99	16	7	.338	.788	.276
2018	レイズ	88	332	44	72	12	9	7	29	25	91	10	5	.282	.653	.217
2019	レイズ	129	447	60	102	20	7	14	55	26	104	19	5	.278	.676	.228
2020	レイズ	49	138	16	30	5	3	3	22	20	42	8	1	.321	.683	.217
通算成績		729	2499	328	619	113	44	71	257	189	576	97	30	.307	.720	.248

10 経験豊富な現場監督タイプのキャッチャー キャッチャー
マイク・ズニーノ *Mike Zunino*

30歳 1991.3.25生 | 188cm | 107kg | 右投右打 盗塁阻止率／.267(15-4)
◆対左投手打率／.045 ◆対右投手打率／.189
◆ホーム打率／.241 ◆アウェー打率／.087 ◆得点圏打率／.158
◆20年のポジション別出場数／キャッチャー=28
◆ⓓ2012①マリナーズ ◆出フロリダ州
◆年300万ドル(約3億1500万円)

ミート 1
パワー 5
走塁 2
守備 4
肩 4

いったんFAになってチームを出たあと、1年300万ドルの契約で戻ってきたベテラン捕手。ズニーノはマリナーズから移籍後、打率1割台が常態化し、打者としての価値はほとんどなくなった。にもかかわらず正捕手として呼び戻したのは、守りの司令塔、およびピッチャーの統率者として優秀だからだ。盗塁阻止能力も高く、昨年の26.7%という阻止率は「上」レベルの数字だ。ボールブロックはイマイチで、ワイルドピッチを出す頻度は平均よりかなり高い。リード面では、ヤーブロウと相性が良く、度々好投を引き出していた。

カモ G·リチャーズ(レッドソックス).636(11-7)1本 苦手 C·セイル(レッドソックス).000(14-0)

年度	所属チーム	試合数	打数	得点	安打	二塁打	三塁打	本塁打	打点	四球	三振	盗塁	盗塁死	出塁率	OPS	打率
2013	マリナーズ	52	173	22	37	5	0	5	14	16	49	1	0	.290	.620	.214
2014	マリナーズ	131	438	51	87	20	2	22	60	17	158	0	3	.254	.658	.199
2015	マリナーズ	112	350	28	61	11	0	11	28	21	132	0	1	.230	.530	.174
2016	マリナーズ	55	164	16	34	7	0	12	31	21	65	0	0	.318	.787	.207
2017	マリナーズ	124	387	52	97	25	0	25	64	39	160	1	0	.331	.840	.251
2018	マリナーズ	113	373	37	75	18	0	20	44	24	150	0	0	.259	.669	.201
2019	レイズ	90	266	30	44	10	1	9	32	20	98	0	0	.232	.544	.165
2020	レイズ	28	75	8	11	4	0	4	10	6	37	0	0	.238	.598	.147
通算成績		705	2226	244	446	100	3	108	283	164	849	2	4	.270	.663	.200

18 ジョーイ・ウェンドル *Joey Wendle*

レギュラーより役に立つ、守備力の高いサブ

ユーティリティ

31歳 1990.4.26生 | 185cm | 88kg | 右投左打 対左.294 対右.284 ホ.277 ア.294 得.229 ド2012⑥インディアンズ 出デラウェア州 年225万ドル(約2億3625万円)

ミ3 バ2 走4 守4 肩3

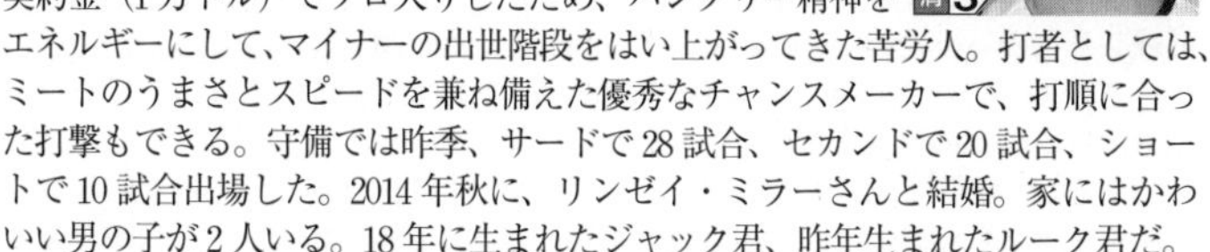

使い勝手の良さと耐久性では誰にも負けない、セカンド、サード、ショートをカバーするユーティリティ。タダ同然の契約金（1万ドル）でプロ入りしたため、ハングリー精神をエネルギーにして、マイナーの出世階段をはい上がってきた苦労人。打者としては、ミートのうまさとスピードを兼ね備えた優秀なチャンスメーカーで、打順に合った打撃もできる。守備では昨季、サードで28試合、セカンドで20試合、ショートで10試合出場した。2014年秋に、リンゼイ・ミラーさんと結婚。家にはかわいい男の子が2人いる。18年に生まれたジャック君、昨年生まれたルーク君だ。

年度 所属チーム	試合数	打数	得点	安打	二塁打	三塁打	本塁打	打点	四球	三振	盗塁	盗塁死	出塁率	OPS	打率
2020 レイズ	50	168	24	48	9	2	4	17	10	35	8	2	.342	.777	.286
通算成績	300	1002	132	278	57	10	16	113	68	197	34	9	.332	.734	.277

13 マニュエル・マーゴ *Manuel Margot*

イチかバチかの本盗を敢行した千両役者

外野手

27歳 1994.9.28生 | 180cm | 82kg | 右投右打 対左.222 対右.284 ホ.233 ア.294 得.237 ド2011㊞レッドソックス 出ドミニカ 年340万ドル(約3億5700万円)

ミ3 バ3 走5 守4 肩4

昨年2月のトレードでパドレスから移籍した、スピードが魅力の外野手。レギュラーシーズンではタイミングが合わず、本塁打を1本しか打てなかったが、ポストシーズンではドンピシャのタイミングで叩けるようになり、5本叩き込んでヒーローになった。もう一つ注目されたのは、ドジャースとのワールドシリーズ第5戦で、イチかバチかのホームスチールを敢行したことだ。ドジャースの守備陣がすぐに気づいて声を上げたため、投手のカーショウが間髪を入れず、捕手スミスに送球。結果的にアウトにはなったが、大舞台で行ったその大胆なチャレンジをファンは称賛した。

年度 所属チーム	試合数	打数	得点	安打	二塁打	三塁打	本塁打	打点	四球	三振	盗塁	盗塁死	出塁率	OPS	打率
2020 レイズ	47	145	19	39	9	0	1	11	13	25	12	4	.327	.679	.269
通算成績	475	1544	185	386	76	19	34	141	118	314	62	25	.304	.693	.250

17 オースティン・メドウズ *Austin Meadows*

PCR陽性となって、すべての歯車が狂う

DH レフト

26歳 1995.5.3生 | 191cm | 102kg | 左投左打 対左.143 対右.227 ホ.200 ア.210 得.174 ド2013①パイレーツ 出ジョージア州 年57万500ドル(約5990万円)+α

ミ3 バ5 走4 守2 肩2

一昨年、チーム最多の33本塁打を放った強打者。だが、さらなる成長を期待された昨季は、7月上旬に受けたPCR検査で陽性になったことで、すべての歯車が狂ってしまった。しばし隔離生活を強いられた末、8月4日に復帰したが、調整不足のため低打率にあえぎ、立ち直れないままレギュラーシーズンが終了。ポストシーズンでは、ヤンキースとの地区シリーズでハップとコールからソロアーチを放ったが、リーグ優勝決定シリーズとワールドシリーズでは不発に終わった。ポストシーズンの成績は51打数7安打（打率1割3分7厘）、本塁打2、打点2というみじめなものになった。

年度 所属チーム	試合数	打数	得点	安打	二塁打	三塁打	本塁打	打点	四球	三振	盗塁	盗塁死	出塁率	OPS	打率
2020 レイズ	36	132	19	27	8	1	4	13	17	50	2	1	.296	.667	.205
通算成績	233	840	121	232	46	10	43	119	81	221	19	9	.345	.853	.276

対左=対左投手打率 対右=対右投手打率 ホ=ホーム打率 ア=アウェー打率 得=得点圏打率

35 レジェンダリーモーメント賞に輝く ブレット・フィリップス *Brett Phillips*

外野手

27歳 1994.5.30生 | 183cm | 88kg | 右投左打 対左.429 対右.159 ホ.250 ア.148 得.100 ド2012⑥アストロズ 出フロリダ州 年57万500ドル(約5990万円)+α

ミ2 パ3 走3 守3 肩5

昨年のワールドシリーズ第4戦、9回裏2死1、2塁の場面で代打に出て、劇的なサヨナラ安打を放った強心臓の外野手。このときは、ドジャースの中堅手クリス・テイラーが打球を捕球しそこなったため、一塁走者のアロザレーナが一気に本塁を狙ったが、三塁ベースを回ったときに足がもつれて転倒したため、記憶に残るシーンになった。MLBはその年の最も忘れがたいシーンに、レジェンダリーモーメント賞を授与しているが、昨年は、このフィリップスの劇的なサヨナラ安打だった。昨年8月、ロイヤルズから移籍。妻の父親は、元北海道日本ハム監督のトレイ・ヒルマン。

年度	所属チーム	試合数	打数	得点	安打	二塁打	三塁打	本塁打	打点	四球	三振	盗塁	盗塁死	出塁率	OPS	打率
2020	ロイヤルズ	18	31	8	7	0	1	1	2	3	8	3	1	.294	.681	.226
2020	レイズ	17	20	2	3	0	1	1	3	5	7	3	0	.320	.720	.150
2020	2チーム計	35	51	10	10	0	2	2	5	8	15	6	1	.305	.697	.196
通算成績		153	337	41	68	9	5	10	34	38	133	15	2	.284	.631	.202

28 このままでは終われない、埋蔵資源の多い捕手 フランシスコ・メヒーア *Francisco Mejia*

キャッチャー 移籍

26歳 1995.10.27生 | 173cm | 85kg | 右投両打 盗塁阻止率／.000(2-0) 対左.083 対右.074 ホ.063 ア.087 得0.00 ド2012外インディアンズ 出ドミニカ 年57万500ドル(約5990万円)+α

ミ2 パ4 走2 守2 肩3

新天地で正捕手奪取を狙うドミニカ出身の捕手。インディアンズのマイナーで育成されたあと、2017年にトレードでパドレスに来て、その年の9月に21歳の若さでメジャーデビュー。19年に打撃開眼し、長打がよく出たため、昨季はパドレスの正捕手としてシーズンを迎えた。しかし一番の強みだったバッティングが不振を極め、打率が1割を切る状態が続いたため、開幕からわずか3週間で待機キャンプに送られ、正捕手の座を失った。昨年12月末、レイズがブレイク・スネルらを放出したトレードにからみ、移籍。守備ではボールブロックにやや難があり、盗塁阻止力もイマイチ。

年度	所属チーム	試合数	打数	得点	安打	二塁打	三塁打	本塁打	打点	四球	三振	盗塁	盗塁死	出塁率	OPS	打率
2020	パドレス	17	39	5	3	1	0	1	2	1	9	0	0	.143	.322	.077
通算成績		128	334	39	75	14	2	12	33	20	87	1	1	.282	.668	.225

― ワンダー・フランコ *Wander Franco*

ショート 期待度 A ルーキー

20歳 2001.3.1生 | 178cm | 86kg | 右投両打 ◆一昨年は1A、1A+でプレー ド2017外レイズ 出ドミニカ

昨年、メジャー全体の有望新人ランキングで、トップにランクされていた天性の打撃センスを備えた内野手。球団は今季マイナーでスタートさせ、早い時期にメジャーに引き上げる方針。本来の守備位置はショートだが、メジャーではサードの可能性が高い。元エンジェルス、エリック・アイバーの甥(おい)。

22 ヴィダル・ブルハーン *Vidal Brujan*

セカンド ショート 期待度 B⁻ ルーキー

23歳 1998.2.9生 | 178cm | 82kg | 右投両打 ◆一昨年は1A+、2Aでプレー ド2014外レイズ 出ドミニカ

盗塁を量産するスピードを備えた、敏捷性(びんしょうせい)に富む内野手。守備では打球への反応が早く、グラブさばきもうまい。打者としてはミート力が高く、三振が少ないのが特長。追い込まれてもカットで逃げて四球をもぎ取ることが多く、出塁率が高い。両打ちだが、左打席では一流打者、右打席では四流打者だ。

対左=対左投手打率 対右=対右投手打率 ホ=ホーム打率 ア=アウェー打率 得=得点圏打率 ド=ドラフトデータ 出=出身地 年=年俸
※昨季、マイナーリーグは中止

アメリカン・リーグ……東部地区　NEW YORK YANKEES

ニューヨーク・ヤンキース

◆創　立:1901年
◆本拠地:ニューヨーク州ニューヨーク市
◆ワールドシリーズ制覇:27回／◆リーグ優勝:40回
◆地区優勝:19回／◆ワイルドカード獲得:8回

主要オーナー　ハル・スタインブレナー(スポーツ企業家)

過去5年成績

年度	勝	負	勝率	ゲーム差	地区順位	ポストシーズン成績
2016	84	78	.519	9.0	④	―
2017	91	71	.562	2.0	②	リーグ優勝決定シリーズ敗退
2018	100	62	.617	8.0	②	地区シリーズ敗退
2019	103	59	.636	7.0	①	リーグ優勝決定シリーズ敗退
2020	**33**	**27**	**.550**	**7.0**	②	**地区シリーズ敗退**

監　督　**17 アーロン・ブーン** *Aaron Boone*

◆年　　齢…………48歳(カリフォルニア州出身)
◆現役時代の経歴…12シーズン　レッズ(1997～2003)、
(サード)　ヤンキース(2003)、インディアンズ(2005～06)、マーリンズ(2007)、ナショナルズ(2008)、アストロズ(2009)
◆現役通算成績……1152試合　.263　126本　555打点
◆監督経歴…………3シーズン　ヤンキース(2018～)
◆通算成績…………236勝148敗(勝率.615)

メジャー史上初めて、就任初年度から２年連続で100勝をマークした監督。３年目の昨季は地区優勝を逃したが、球団の評価は依然高く、キャッシュマンGMは「(前々任の)ジョー・トーリ、(前任の)ジョー・ジラーディのように、10年以上監督をやってもらいたい」と述べている。現役引退後、スポーツ専門局「ESPN」で解説者を務め、指導者経験のないままヤンキースの監督に就任。選手だけでなく、メディアの扱いもうまい。祖父、父、兄も元メジャーリーガー。

注目コーチ　**67 マット・ブレイク** *Matt Blake*

投手コーチ。36歳。インディアンズの育成部門で多大な実績を残し、昨季、ヤンキースの投手コーチに就任。最新のデータ分析を基にしたピッチング理論に定評あり。

編成責任者　**ブライアン・キャッシュマン** *Brian Cashman*

54歳。1998年からヤンキースのGMを務める。球団の補強予算は豊富だが、常に優勝争いが求めらる重圧と戦っている。オフはローテーションの再整備に取り組んだ。

スタジアム　**ヤンキー・スタジアム** *Yankee Stadium*

◆開 場 年…………2009年
◆仕　　様…………天然芝
◆収容能力…………47,309人
◆フェンスの高さ …2.4～2.6m
◆特　　徴…………ホームランのよく出る球場。とくにホームからライトフェンスまでの距離が短く、フェンスのふくらみも小さいため、左の強打者により有利な造りとなっている。ホームランの出やすい要因として、風の影響も指摘されている。

ヒッターズパーク

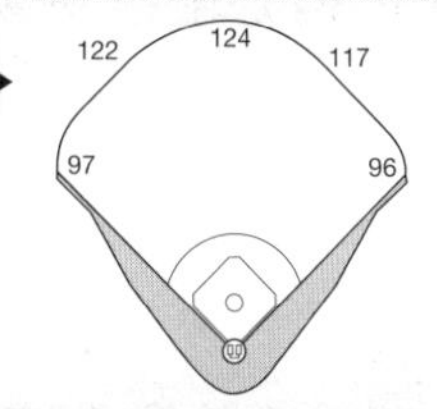

Best Order

[ベストオーダー]

①DJラメイヒュー……セカンド
②アーロン・ジャッジ……ライト
③ルーク・ヴォイト……ファースト
④ジャンカルロ・スタントン……DH
⑤アーロン・ヒックス……センター
⑥クリント・フレイジャー……レフト
⑦ジオ・アーシェラ……サード
⑧グレイバー・トーレス……ショート
⑨ゲーリー・サンチェス……キャッチャー

Depth Chart

[ポジション別選手層・メンバーリスト]

※2021年2月12日時点の候補選手。数字は背番号(開幕前に変更する場合もあり)、右・左等は投・打の順。

センター

31 **アーロン・ヒックス [右・両]**
39 マイク・トークマン [左・左]
14 タイラー・ウェイド [右・左]
— グレッグ・アレン [右・両]

レフト

77 **クリント・フレイジャー [右・右]**
39 マイク・トークマン [左・左]
14 タイラー・ウェイド [右・左]
— グレッグ・アレン [右・両]

ライト

99 **アーロン・ジャッジ [右・右]**
39 マイク・トークマン [左・左]
77 クリント・フレイジャー [右・右]
14 タイラー・ウェイド [右・左]

ショート

25 **グレイバー・トーレス [右・右]**
14 タイラー・ウェイド [右・左]
71 タイロ・エストラーダ [右・右]

セカンド

26 **DJラメイヒュー [右・右]**
14 タイラー・ウェイド [右・左]
71 タイロ・エストラーダ [右・右]

ローテーション

45 ゲリット・コール [右・右]
28 コーリー・クルーバー [右・右]
50 ジェイムソン・タイヨン [右・右]
47 ジョーダン・モンゴメリー [左・左]
83 デイヴィ・ガルシア [右・右]
55 ドミンゴ・ヘルマン [右・右]
73 マイケル・キング [右・右]

サード

29 **ジオ・アーシェラ [右・右]**
26 DJラメイヒュー [右・右]
14 タイラー・ウェイド [右・左]
25 ミゲール・アンドゥハー [右・右]

ファースト

59 **ルーク・ヴォイト [右・右]**
36 マイク・フォード [右・左]
26 DJラメイヒュー [右・右]

キャッチャー

24 **ゲーリー・サンチェス [右・右]**
66 カイル・ヒガシオカ [右・右]

DH

27 **ジャンカルロ・スタントン [右・右]**
36 マイク・フォード [右・左]
25 ミゲール・アンドゥハー [右・右]

ブルペン

54 アロルディス・チャップマン [左・左] CL
53 ザック・ブリットン [左・左]
57 チャド・グリーン [右・左]
85 ルイス・セッサ [右・右]
— ダレン・オデイ [右・右]
43 ジョナサン・ロアイシガ [右・右]
84 アルバート・アブレイユ [右・右]
79 ニック・ネルソン [右・右]
61 ベン・ヘラー [右・右]

※CL=クローザー

ヤンキース試合日程……＊はアウェーでの開催

4月1・3・4	ブルージェイズ
5・6・7	オリオールズ
9・10・11	レイズ＊
12・13・14	ブルージェイズ＊
16・17・18	レイズ
20・21	ブレーブス
22・23・24 25	インディアンズ＊
26・27・28・29	オリオールズ＊
30・**5**月1・2	タイガース
4・5・6	アストロズ
7・8・9	ナショナルズ
11・12・13	レイズ＊
14・15・16	オリオールズ＊
17・18・19・20	レンジャーズ＊
21・22・23	ホワイトソックス
25・26・27	ブルージェイズ
28・29・30	タイガース＊
31・**6**月1・2・3	レイズ
4・5・6	レッドソックス
8・9・10	ツインズ＊
12・13	フィリーズ＊
15・16・17	ブルージェイズ＊
18・19・20	アスレティックス
22・23・24	ロイヤルズ
25・26・27	レッドソックス＊
28・29・30・**7**月1	エンジェルス
2・3・4	メッツ

球団メモ 田中将大が球団と結んだ7年契約は昨季で終了。7シーズンの通算成績は、174試合（先発173）で78勝46敗、防御率3.74。今季、田中は東北楽天でプレーする。

Analysis

矢印は、昨季終了時との比較　**[戦力分析]**

■投手力…★★½【昨年度チーム防御率4.35、リーグ8位】

高年俸のビッグネームが多いが、見かけ倒しで機能していない。昨季はコールを莫大な金をつぎ込んで獲得したにもかかわらず、先発防御率が4.24で「中の上」レベル。ローテーションは田中将大とパクストンが抜け、サイ・ヤング賞を2度受賞したクルーバーと、癌を克服したタイヨンがローテーションに入り、4番手5番手をモンゴメリー、ガルシアとDVで出場停止になっていたヘルマンが争う図式だが、コール以外は多くを期待できない。ブルペンはクローザーのチャップマンが終わりに近づきつつあるが、有事の際はブリットンにスイッチすればいいので、危機的状況を招くことはないだろう。

■攻撃力…★★★★½【昨年度チーム得点315、リーグ1位】

主力打者に故障者が出ても、チーム得点はリーグ1位という底力のある打線。昨年故障したスタントン、ジャッジ、サンチェスのうち2人がフル稼働すれば、得点力はさらにアップするだろう。本塁打生産力だけでなく、選球眼のいい打者の多さも強み。昨季の四球数はリーグ最多、三振は2番目に少ない。

■守備力…★★【昨年度チーム失策数48、リーグ15位】

昨季はエラー数が47で、リーグ最多だった。捕手サンチェスは守備力が危険水域に低下しており、もう、あとがないところに来ている。

■機動力…★★½【昨年度チーム盗塁数27、リーグ7位】

同点で終盤を迎えても、一発のある打者がそろっているため、スモールボールで1点を取りにいく野球をやる必要のないチーム。

投手力は、「中の下」レベルに落ちている可能性がある。だが、打線の破壊力は依然としてトップレベルだ。昨シーズン並みに故障者が出たとしても、ウェイド、アーシェラ、ヒガシオカらに代表される優秀な脇役が多いので、90勝はクリアできるだろう。

IN　主な入団選手

投手
- コーリー・クルーバー←レンジャーズ
- ジェイムソン・タイヨン←パイレーツ
- ダレン・オデイ←ブレーブス

野手
- とくになし

OUT　主な退団選手

投手
- 田中将大→東北楽天
- ジェイ・ハップ→ツインズ
- アダム・オタヴィーノ→レッドソックス
- ジョナサン・ホルダー→カブス
- ジェイムズ・パクストン→所属先未定

野手
- ブレット・ガードナー→所属先未定

6・7・8	マリナーズ*	5・6・7・8	マリナーズ	6・7・8・9	ブルージェイズ
9・10・11	アストロズ*	9・10・11	ロイヤルズ*	10・11・12	メッツ*
13	オールスターゲーム	12・14・15	ホワイトソックス*	14・15・16	オリオールズ*
15・16・17・18	レッドソックス	17・18	レッドソックス	17・18・19	インディアンズ
20・21	フィリーズ	19・20・21・22	ツインズ	20・21・22	レンジャーズ
22・23・24・25	レッドソックス*	23・24	ブレーブス*	24・25・26	レッドソックス*
27・28・29	レイズ*	26・27・28・29	アスレティックス*	28・29・30	ブルージェイズ*
30・31・**8**月1	マーリンズ*	30・31・**9**月1	エンジェルス*	**10**月1・2・3	レイズ
2・3・4	オリオールズ	3・4・5	オリオールズ		

球団メモ 昨年10月、ヤンキース一筋でプレーし、球団最多の通算236勝をあげたホワイティ・フォードが死去。享年91。背番号「16」は、ヤンキースの永久欠番になっている。

投 手

ヒガシオカと組んだ7試合は防御率1.78

先発

45 ゲリット・コール
Gerrit Cole

31歳 1990.9.8生｜193cm｜100kg｜右投右打
◆速球のスピード／150キロ台中頃(フォーシーム主体)
◆決め球と持ち球／☆フォーシーム、☆スライダー、○チェンジアップ、○カーブ
◆対左打者被打率／.191 ◆対右打者被打率／.201
◆ホーム防御率／2.09 ◆アウェー防御率／3.67
◆ドラフトデータ／2011①パイレーツ
◆出身地／カリフォルニア州
◆年俸／3億2400万ドル(約340億円)※9年総額
◆最優秀防御率1回(19年)、最多奪三振1回(19年)

球威 5
制球 5
緩急 5
守備・牽制 3
度胸 5

9年契約の2年目に入る豪腕エース。昨季はヤンキース1年目ということで気合を入れてキャンプに臨んだのに、コロナ禍で3月12日に中断。開幕が4カ月延びた。しかしその間も体調管理に気を配り、トレーニングも十二分に行っていたので、7月24日のシーズン開幕戦には万全の状態で臨むことができた。その後、8月14日の5試合目までは、走者を出しても失点を最小限に抑えるピッチングで4勝し、負けがなかった。しかしその後、一発病にかかって失点が多くなったため、3試合連続で黒星が付き、チームも貯金がほとんどなくなった。ここで救世主になったのが、日系4世のバックアップ捕手カイル・ヒガシオカだ。

ヒガシオカは守備力が高いだけでなく、テンポ良くリードするため、コールのピッチングは見違えるように良くなり、ヒガシオカと組んだ9月の4試合の防御率は1.00だった。これが評価されて、ポストシーズンでもコールが先発した3試合はすべてヒガシオカが女房役を務め、好投を支えた。結局コールがヒガシオカとバッテリーを組んだ試合は、ポストシーズンを含めて7試合あり、トータルの防御率は1.78だった。

一方、守備に難のある正捕手サンチェスと組んだ8試合では、防御率が3.91という冴えない数字だった。そのため今季は頭から、ヒガシオカがコールのパーソナル捕手として起用される可能性がある。

ヤンキースに骨を埋めるつもりでいるので、昨年2月に、ヤンキー・スタジアムから車で30分くらいのところにあるコネティカット州グリニッジに6億円の豪邸を購入し、家族で住んでいる。

カモ A・メドウズ(レイズ).111(9-1)0本 L・グリエル・ジュニア(ブルージェイズ).111(9-1)0本
苦手 崔志萬(チェ・ジ マン)(レイズ).667(12-8)3本 Y・ディアス(レイズ).417(12-5)1本

年度	所属チーム	勝利	敗戦	防御率	試合数	先発	セーブ	投球イニング	被安打	失点	自責点	被本塁打	与四球	奪三振	WHIP
2013	パイレーツ	10	7	3.22	19	19	0	117.1	109	43	42	7	28	100	1.17
2014	パイレーツ	11	5	3.65	22	22	0	138.0	127	58	56	11	40	138	1.21
2015	パイレーツ	19	8	2.60	32	32	0	208.0	183	71	60	11	44	202	1.09
2016	パイレーツ	7	10	3.88	21	21	0	116.0	131	57	50	7	36	98	1.44
2017	パイレーツ	12	12	4.26	33	33	0	203.0	199	98	96	31	55	196	1.25
2018	アストロズ	15	5	2.88	32	32	0	200.1	143	68	64	19	64	276	1.03
2019	アストロズ	20	5	2.50	33	33	0	212.1	142	66	59	29	48	326	0.89
2020	ヤンキース	7	3	2.84	12	12	0	73.0	53	27	23	14	17	94	0.96
通算成績		101	55	3.19	204	204	0	1268.0	1087	488	450	129	332	1430	1.12

投手

遺恨を生んだ161キロのビーンボール

クローザー

54 アロルディス・チャップマン
Aroldis Chapman

33歳 1988.2.28生 | 193cm | 99kg | 左投左打
◆速球のスピード／150キロ台後半（フォーシーム主体）
◆決め球と持ち球／◎フォーシーム、◎スライダー
◆対左打者被打率／.077 ◆対右打者被打率／.185
◆ホーム防御率／4.05 ◆アウェー防御率／1.80
◆ドラフトデータ／2010㊕レッズ
◆出身地／キューバ
◆年俸／1600万ドル（約16億8000万円）
◆最優秀救援投手賞1回（19年）

球威 5
制球 2
緩急 3
守備・牽制 2
度胸 3

ヤンキーの守護神ではなく、ありがた迷惑な疫病神（やくびょうがみ）になってしまった感があるキューバ産の豪腕リリーバー。昨季は7月に行われたPCR検査で陽性反応が出たため、隔離生活を強いられた。復帰できたのは8月17日で、それ以降は持ち前の攻撃的なピッチングを展開。ライバルチームの打者には、ビーンボールを繰り出すシーンも見られた。とくに悪質だったのは、9月2日のレイズ戦で、前の打席で本塁打を放ったブラソーの頭をめがけて投じた球速161キロのビーンボール。ブラソーが間一髪、のけぞって倒れたので惨事にはならなかったが、両軍総出の乱闘に発展。激高したレイズのキャッシュ監督は、ブーン監督に「お粗末な教育だ。コーチは何やってんだ」とかみついた。翌日、コミッショナーは危険球を投じたチャップマンに3試合出場停止と罰金を科し、幕引きを図った。しかしブラソーの遺恨は簡単には消えず、仕返しの機会をうかがっていた。そしてポストシーズンの地区シリーズ第5戦で、千載一遇のチャンスが巡ってきた。場面は1対1で迎えた9回表。マウンドにいるのはチャップマンである。速球のタイミングで待っていると、真ん中に来たのでコンパクトに振り抜いたところ、打球はレフト席に飛び込む値千金のソロアーチとなった。

チャップマンはこれに限らず、ガラの悪いピッチングをやって恨みを買うことが多い。昨季はセーブ成功率が60%で、防御率も3点台である。一方、ザック・ブリットンは防御率が2年連続1点台で、セーブ成功率は100%だった。交代の時期が来ているのかもしれない。

カモ X・ボーガーツ（レッドソックス）.100（10-1）0本　T・マンシーニ（オリオールズ）.000（10-0）0本
苦手 M・ベッツ（ドジャース）.500（8-4）1本　A・ロザリオ（インディアンズ）1.000（3-3）2本

年度	所属チーム	勝利	敗戦	防御率	試合数	先発	セーブ	投球イニング	被安打	失点	自責点	被本塁打	与四球	奪三振	WHIP
2010	レッズ	2	2	2.03	15	0	0	13.1	9	4	3	0	5	19	1.05
2011	レッズ	4	1	3.60	54	0	1	50.0	24	21	20	2	41	71	1.30
2012	レッズ	5	5	1.51	68	0	38	71.2	35	13	12	4	23	122	0.81
2013	レッズ	4	5	2.54	68	0	38	63.2	37	18	18	7	29	112	1.04
2014	レッズ	0	3	2.00	54	0	36	54.0	21	12	12	1	24	106	0.83
2015	レッズ	4	4	1.63	65	0	33	66.1	43	13	12	3	33	116	1.15
2016	ヤンキース	3	0	2.01	31	0	20	31.1	20	8	7	2	8	44	0.89
2016	カブス	1	1	1.01	28	0	16	26.2	12	4	3	0	10	46	0.82
2016	2チーム計	4	1	1.55	59	0	36	58.0	32	12	10	2	18	90	0.86
2017	ヤンキース	4	3	3.22	52	0	22	50.1	37	20	18	3	20	69	1.13
2018	ヤンキース	3	0	2.45	55	0	32	51.1	24	15	14	2	30	93	1.05
2019	ヤンキース	3	2	2.21	60	0	37	57.0	38	18	14	3	25	85	1.11
2020	ヤンキース	1	1	3.09	13	0	3	11.2	6	4	4	2	4	22	0.86
通算成績		34	27	2.25	563	0	276	547.1	306	150	137	29	252	905	1.02

投手

土壇場の知恵で公開投球練習を実施して成功

先発

移籍

28 コーリー・クルーバー
Corey Kluber

35歳 1986.4.10生 | 193cm | 98kg | 右投右打

◆速球のスピード／140キロ台後半(ツーシーム、フォーシーム)
◆決め球と持ち球／◎カッター、◎カーブ、○ツーシーム、△フォーシーム、△チェンジアップ
◆対左打者被打率／.000 ◆対右打者被打率／.000
◆ホーム防御率／0.00 ◆アウェー防御率／——
◆ドラフトデータ／2007④パドレス ◆出身地／アラバマ州
◆年俸／1100万ドル(約11億5500万円)

◆サイ・ヤング賞2回(14、17年)、最優秀防御率1回(17年)、最多勝2回(14、17年)

球威 3
制球 5
緩急 4
守備・牽制 4
度胸 4

投手人生の崖っぷちで踏みとどまり、ヤンキースに1年1100万ドルの契約で入団した元インディアンズの大エース。インディアンズ在籍時の2017年に2度目のサイ・ヤング賞、18年には20勝をあげる華々しい活躍を見せた。しかし19年は、5月1日に打球が右腕を直撃して骨折。それ以降は全休した。資金力に乏しいインディアンズは、稼働率の悪くなった高額年俸のクルーバーを、同年オフのトレードでレンジャーズに放出。昨年レンジャーズは、新球場でのワールドシリーズ制覇を目標に掲げていたため、クルーバーへの期待は大きかった。だが最初の登板となった7月26日のロッキーズ戦で、1回を投げだけで肩の不調を訴えて降板。検査で広背筋を痛めていることがわかり、IL(故障者リスト)入り。そのままシーズンを終えた。

シーズン終了後にFAになったが、いくらサイ・ヤング賞を2度受賞した大投手でも、故障続きで稼働率が極端に低くなれば、手を出す球団はない。クルーバーは、このままでは投手人生が終わってしまうという危機感でいっぱいになった。そこで、故障が完治して2、3年前のレベルで投げられることを知らしめるため、各球団のプロスカウトたちを呼んで、本格的な公開投球練習をやることに決め、年明けに実施した。結果は上々で、彼らは速球の球速が以前とほとんど変わらないことや、ピンポイントのコントロールが健在であることを確認。クルーバーに対する評価は急上昇した。結局、クルーバーがポストシーズンに強いことも評価していたヤンキースが獲得に成功。今季は田中将大に代わる先発2番手で使われるだろう。

カモ X・ボーガーツ(レッドソックス).118(17-2)0本 C・ヴァスケス(レッドソックス).000(6-0)0本
苦手 M・カブレラ(タイガース).379(66-25)6本 G・スプリンガー(ブルージェイズ).353(17-6)0本

年度	所属チーム	勝利	敗戦	防御率	試合数	先発	セーブ	投球イニング	被安打	失点	自責点	被本塁打	与四球	奪三振	WHIP
2011	インディアンズ	0	0	8.31	3	0	0	4.1	6	4	4	0	3	5	2.08
2012	インディアンズ	2	5	5.14	12	12	0	63.0	76	44	36	9	18	54	1.49
2013	インディアンズ	11	5	3.85	26	24	0	147.1	153	67	63	15	33	136	1.26
2014	インディアンズ	18	9	2.44	34	34	0	235.2	207	72	64	14	51	269	1.09
2015	インディアンズ	9	16	3.49	32	32	0	222.0	189	92	86	22	45	245	1.05
2016	インディアンズ	18	9	3.14	32	32	0	215.0	170	82	75	22	57	227	1.06
2017	インディアンズ	18	4	2.25	29	29	0	203.2	141	56	51	21	36	265	0.87
2018	インディアンズ	20	7	2.89	33	33	0	215.0	179	75	69	25	34	222	0.99
2019	インディアンズ	2	3	5.80	7	7	0	35.2	44	26	23	4	15	38	1.65
2020	レンジャーズ	0	0	0.00	1	1	0	1.0	0	0	0	0	1	1	1.00
通算成績		98	58	3.16	209	204	0	1342.2	1165	518	471	132	293	1462	1.09

投手

53 安定感抜群の「ゴロ打たせの熟練工」 セットアップ クローザー
ザック・ブリットン *Zack Britton*

34歳 1987.12.22生 | 185cm | 91kg | 左投左打
◆速球のスピード／150キロ台中頃(シンカー主体)
◆決め球と持ち球／☆シンカー、◎カーブ
◆対左.077 ◆対右.196 ◆ホ防0.96 ◆ア防2.79
◆ド2006③オリオールズ ◆出テキサス州 ◆年1300万ドル(約13億6500万円)
◆最多セーブ1回(16年)、最優秀救援投手賞1回(16年)

球威5 制球3 緩急3 守備・牽制4 度胸4

昨季はチャップマンがコロナ陽性で出遅れたため、9試合クローザーとして登板し、セーブ失敗が一度もなかった。メディアからはクローザー交代を求める声が出始めているが、本人にはその気がない。リスクの高いクローザーをやって投手寿命を縮めるより、プレッシャーの少ないセットアッパーを続けるほうが長く現役を続けられ、トータルで見ると収入も多くなる、と考えているのだ。これは弁護士の妻コートニーさんの分析に基づいた考えだ。

カモ X・ボーガーツ(レッドソックス).091(11-1)0本　苦手 M・カブレラ(タイガース).667(6-4)0本

年度	所属チーム	勝利	敗戦	防御率	試合数	先発	セーブ	投球イニング	被安打	失点	自責点	被本塁打	与四球	奪三振	WHIP
2011	オリオールズ	11	11	4.61	28	28	0	154.1	162	93	79	12	62	97	1.45
2012	オリオールズ	5	3	5.07	12	11	0	60.1	61	37	34	6	32	53	1.54
2013	オリオールズ	2	3	4.95	8	7	0	40.0	52	23	22	4	17	18	1.73
2014	オリオールズ	3	2	1.65	71	0	37	76.1	46	17	14	4	23	62	0.90
2015	オリオールズ	4	1	1.92	64	0	36	65.2	51	16	14	3	14	79	0.99
2016	オリオールズ	2	1	0.54	69	0	47	67.0	38	7	4	1	18	74	0.84
2017	オリオールズ	2	1	2.89	38	0	15	37.1	39	12	12	1	18	29	1.53
2018	オリオールズ	1	0	3.45	16	0	4	15.2	11	6	6	1	10	13	1.34
2018	ヤンキース	1	0	2.88	25	0	3	25.0	18	10	8	2	11	21	1.16
2018	2チーム計	2	0	3.10	41	0	7	40.2	29	16	14	3	21	34	1.23
2019	ヤンキース	3	1	1.91	66	0	3	61.1	38	13	13	3	32	53	1.14
2020	ヤンキース	1	2	1.89	20	0	8	19.0	12	6	4	0	7	16	1.00
通算成績		35	25	3.04	417	46	153	622.0	528	240	210	37	244	515	1.24

57 ブーン監督の信頼厚い、便利なリリーバー ミドル リリーフ
チャド・グリーン *Chad Green*

30歳 1991.5.24生 | 191cm | 98kg | 右投左打
◆速球のスピード／150キロ台前半～中頃(フォーシーム主体)
◆決め球と持ち球／☆フォーシーム
◆対左.075 ◆対右.200 ◆ホ防2.19 ◆ア防4.73
◆ド2013⑪タイガース ◆出サウスカロライナ州
◆年215万ドル(約2億2575万円)

球威5 制球4 緩急3 守備・牽制3 度胸3

酷使に耐えるワークホース。ミドルリリーフでも重要度の高い場面で使われているほか、セットアッパー、ピンチの火消し役、ロングリリーフ、稀にクローザーで使われることもある。昨季、ピンチの火消し役としては、引き継いだ走者11人のうち、9人の生還を阻止した。ウリはスピン量の多い威力満点のフォーシーム。スライダーを高低に投げ分ける制球力もあるので、奪三振率が高い。短所は一発を食いすぎること。フライボール・ピッチャーなので、ある程度出ることはやむを得ないが、25イニングで5本は多すぎる。

カモ C・ビジオ(ブルージェイズ).000(7-0)0本　苦手 T・マンシーニ(オリオールズ).500(6-3)0本

年度	所属チーム	勝利	敗戦	防御率	試合数	先発	セーブ	投球イニング	被安打	失点	自責点	被本塁打	与四球	奪三振	WHIP
2016	ヤンキース	2	4	4.73	12	8	1	45.2	49	26	24	12	15	52	1.40
2017	ヤンキース	5	0	1.83	40	1	0	69.0	34	14	14	4	17	103	0.74
2018	ヤンキース	8	3	2.50	63	0	0	75.2	64	22	21	9	15	94	1.04
2019	ヤンキース	4	4	4.17	54	15	2	69.0	66	35	32	10	19	98	1.23
2020	ヤンキース	3	3	3.51	22	0	1	25.2	13	13	10	5	8	32	0.82
通算成績		22	14	3.19	191	24	4	285.0	226	110	101	40	74	379	1.05

対左＝対左打者被打率　対右＝対右打者被打率　ホ防＝ホーム防御率　ア防＝アウェー防御率
ド＝ドラフトデータ　出＝出身地　年＝年俸

83 デイヴィ・ガルシア *Deivi Garcia*

今季は開幕からローテーション入り

ルーキー

22歳 1999.5.19生 | 175cm | 74kg | 右投右打
◆速球のスピード／150キロ前後（フォーシーム主体）
◆決め球と持ち球／◎フォーシーム、◎チェンジアップ、○カーブ、△スライダー
◆対左.226 ◆対右.276 ◆ホ防3.20 ◆ア防7.36
◆ド2015㊙ヤンキース ◆出ドミニカ
◆年57万500ドル（約5990万円）+α

守備・牽制3
度胸4

体は小さいが、将来性は大きい注目の右腕。昨年8月30日のデビュー戦では、メッツを相手に6回1失点（自責点0）。その後もブルージェイズ相手に、2試合連続で7回まで投げきる好投を見せたため、ポストシーズンのメンバーにも抜擢（ばってき）され、地区シリーズ第2戦に先発した。ドミニカ出身。プロ入り前は内野手だったが、契約時に強肩を見込まれて投手にコンバートされた。この判断は正しかったようで、マイナーのどのレベルでも好成績を出してとんとん拍子に出世。今季は開幕から先発4番手ないし5番手として、ローテーション入りして投げる。懸念されるのは、スタミナだ。フルシーズン、ローテーションで投げると180イニングくらいになるが、マイナーで最もイニングを投げた年でも112イニングなので、何かひと工夫必要になりそうだ。

カモ R·グリチック（ブルージェイズ）.000(6-0)0本　苦手 M·チェイヴィス（レッドソックス）1.000(2-2)2本

年度	所属チーム	勝利	敗戦	防御率	試合数	先発	セーブ	投球イニング	被安打	失点	自責点	被本塁打	与四球	奪三振	WHIP
2020	ヤンキース	3	2	4.98	6	6	0	34.1	35	20	19	6	6	33	1.19
通算成績		3	2	4.98	6	6	0	34.1	35	20	19	6	6	33	1.19

47 ジョーダン・モンゴメリー *Jordan Montgomery*

サンチェスだと防御率6.23、ヒガシオカだと3.77

先発 ロングリリーフ

29歳 1992.12.27生 | 198cm | 103kg | 左投左打
◆速球のスピード／150キロ前後（シンカー、フォーシーム）
◆決め球と持ち球／◎チェンジアップ、◎カーブ、◎カッター、○シンカー
◆対左.229 ◆対右.278 ◆ホ防3.71 ◆ア防7.27
◆ド2014④ヤンキース ◆出サウスカロライナ州
◆年213万ドル（約2億2365万円）

球威3
制球4
緩急4
守備・牽制2
度胸3

昨季は3年ぶりにフルシーズン、ローテーションに入って投げた。だが、2017年は防御率が3点台だったのに、昨年は5点台。QSも17年は10あったが、昨年は1つだった。ピッチングは三振よりゴロを引っかけさせることを狙ったもので、シンカーとカッターを低めに集めてくる。ワンバウンドの投球も多くなるため、守備力の低いサンチェスとバッテリーを組むと防御率が悪くなる。昨年はサンチェスと組んだ6試合は防御率が6.23だったが、敏捷（びんしょう）でボールブロックがうまいヒカガシオカと組んだ3試合は3.77だった。こうなるとヒガシオカをパーソナル捕手にしたいところだが、今季ヒガシオカはエースのコール専属になりそうなので、実現の可能性はほとんどない。

カモ T·ヘルナンデス（ブルージェイズ）.000(10-0)0本　苦手 C·ヴァスケス（レッドソックス）.500(10-5)1本

年度	所属チーム	勝利	敗戦	防御率	試合数	先発	セーブ	投球イニング	被安打	失点	自責点	被本塁打	与四球	奪三振	WHIP
2017	ヤンキース	9	7	3.88	29	29	0	155.1	140	72	67	21	51	144	1.23
2018	ヤンキース	2	0	3.62	6	6	0	27.1	25	11	11	3	12	23	1.35
2019	ヤンキース	0	0	6.75	2	1	0	4.0	7	3	3	1	0	5	1.75
2020	ヤンキース	2	3	5.11	10	10	0	44.0	48	27	25	7	9	47	1.30
通算成績		13	10	4.14	47	46	0	230.2	220	113	106	32	72	219	1.27

対左=対左打者被打率　対右=対右打者被打率　ホ防=ホーム防御率　ア防=アウェー防御率
ド=ドラフトデータ　出=出身地　年=年俸　カモ 苦手は通算成績

50 2度目のトミー・ジョン手術から復活を期す ジェイムソン・タイヨン *Jameson Taillon*

先発 移籍

30歳 1991.11.18生 | 196cm | 104kg | 右投右打 速150キロ台前半(フォーシーム、ツーシーム) 決◎スライダー
◆昨季メジャー出場なし Ⓓ2010①パイレーツ 出フロリダ州 年225万ドル(約2億3625万円)

球4 制4 緩4 守備3 度4

今年1月下旬のトレードで、パイレーツから移籍の右腕。一昨年8月に2度目のトミー・ジョン手術を受け、昨季は全休。開幕が大幅に遅れたため、本人は昨季中の復帰も模索したようだが、チームからストップがかかった。2017年には精巣癌の手術も経験するなど、ケガ、病気に泣かされているが、本人は常に前向きで、その精神的タフさも大きな武器。10年のドラフトで、パイレーツが1巡目（全体2位）に指名した逸材。翌11年ドラフトで1巡目（全体1位）だったゲリット・コールとともに、元パイレーツの有望株コンビがヤンキースで競演する。（5段階評価は手術前のもの）

年度 所属チーム	勝利	敗戦	防御率	試合数	先発	セーブ	投球イニング	被安打	失点	自責点	被本塁打	与四球	奪三振	WHIP
2019 パイレーツ	2	3	4.10	7	7	0	37.1	34	24	17	4	8	30	1.13
通算成績	29	24	3.67	82	82	0	466.0	464	202	190	48	117	419	1.25

55 暴力による出場停止で、昨季は全休 ドミンゴ・ヘルマン *Domingo German*

先発

29歳 1992.8.4生 | 188cm | 82kg | 右投右打 速150キロ台前半(フォーシーム、ツーシーム) 決☆カーブ
◆昨季メジャー出場なし Ⓓ2010外マーリンズ 出ドミニカ 年57万500ドル(約5990万円)+α

球4 制3 緩5 守備2 度3

昨年は、DV更生プログラムに取り組んでいたドミニカ出身の右腕。チームの勝ち頭として、18勝をマークしていた一昨年9月中旬、事実婚状態にあった恋人に暴力を振るったことが発覚。同月19日、MLBのDV規定違反により、81試合の出場停止処分が科せられた。本来なら昨季途中に復帰できるはずだったが、短縮シーズンになったため、結局1試合も投げられず。オフにドミニカのウインターリーグに参加しているが、防御率は7点台とブランクの影響を感じさせた。ただ大きな故障はないので、球団は今季開幕から、先発ローテーションに加わって投げることを期待している。

年度 所属チーム	勝利	敗戦	防御率	試合数	先発	セーブ	投球イニング	被安打	失点	自責点	被本塁打	与四球	奪三振	WHIP
2019 ヤンキース	18	4	4.03	27	24	0	143.0	125	69	64	30	39	153	1.15
通算成績	20	11	4.52	55	38	0	243.0	217	130	122	46	81	273	1.23

40 トミー・ジョン手術の影響で、昨季は全休 ルイス・セヴェリーノ *Luis Severino*

先発

27歳 1994.2.20生 | 188cm | 99kg | 右投右打 速150キロ台中頃(フォーシーム主体) 決◎フォーシーム
◆昨季メジャー出場なし Ⓓ2011外ヤンキース 出ドミニカ 年1025万ドル(約10億7625万円)

球5 制4 緩4 守備4 度4

2018年に、アメリカン・リーグ3位となる19勝をマークしたドミニカ出身の右腕。だが最近は故障に悩まされており、19年は肩や広背筋を痛めてわずか1勝。同年のポストシーズンには出場したものの、昨年は2月に右ヒジのトミー・ジョン手術を受けたためシーズンを全休し、リハビリに励んでいた。回復は順調だが、今季のメジャー復帰は夏頃になる見込みだ。故障が続く前は、先発投手でありながら速球の平均球速が158キロもあり、メジャーの先発投手で最速の部類に属していた。球威がどの程度回復しているかが、今季復帰後のカギとなる。（5段階評価は手術前のもの）

年度 所属チーム	勝利	敗戦	防御率	試合数	先発	セーブ	投球イニング	被安打	失点	自責点	被本塁打	与四球	奪三振	WHIP
2019 ヤンキース	1	1	1.50	3	3	0	12.0	6	2	2	0	6	17	1.00
通算成績	42	26	3.46	99	88	0	530.0	460	220	204	60	150	589	1.15

速=速球のスピード 決=決め球

85 ルイス・セッサ *Luis Cessa*

重要度の高い場面で使えるレベルに成長

29歳 1992.4.25生 | 183cm | 94kg | 右投右打 速150キロ前後(シンカー、フォーシーム) 決◎スライダー 対左.237 対右.234 ド2008外メッツ 出メキシコ 年105万ドル(約1億1025万円)

球2 制3 緩3 守備3 度3

スライダー依存傾向が顕著になっている、メキシコ出身のリリーフ右腕。スライダーの比率は2019年の段階で49.9%になっていたが、昨年は54.4%に上昇。17奪三振のうち、16個はスライダーで決めたものだった。昨シーズンは7月4日に行われたPCR検査で陽性になったため、開幕に間に合わず、8月5日からプレーを開始した。セッサは、エミー賞受賞歴のあるナンシー・アレオーラさんという女性ジャーナリストと行動をともにすることが多いので、彼女の感染を心配したが、こちらは無事で胸をなでおろした。ナンシーさんは、ゲーリー・サンチェス夫妻とも親しいようだ。

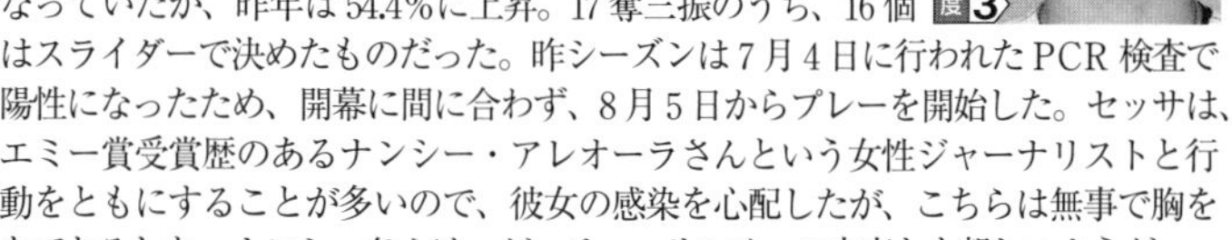

年度	所属チーム	勝利	敗戦	防御率	試合数	先発	セーブ	投球イニング	被安打	失点	自責点	被本塁打	与四球	奪三振	WHIP
2020	ヤンキース	0	0	3.32	16	0	1	21.2	20	10	8	2	7	17	1.25
通算成績		7	12	4.40	102	19	4	253.2	246	136	124	44	82	207	1.29

86 クラーク・シュミット *Clarke Schmidt*

昨年9月にデビュー。先発5番手候補の一人

先発 ルーキー

25歳 1996.2.20生 | 185cm | 91kg | 右投右打 速150キロ台前半(ツーシーム、フォーシーム) 決◎カーブ 対左.231 対右.308 ド2017①ヤンキース 出ジョージア州 年57万500ドル(約5990万円)+α

球3 制2 緩3 守備2 度2

ヤンキースが、2017年ドラフトの1カ月前にトミー・ジョン手術を受けたことを百も承知で、1巡目(全体の16番目)で指名した逸材。球種はツーシーム、フォーシーム、カーブ、チェンジアップの4つで、フォーシームは148~153キロのスピードがあり、こころもちカッター軌道になるのが特徴だ。カーブはタテに変化するタイプで、135キロ前後のスピードがある。また、チェンジアップは145キロ前後のスピードがあり、小さく落ちる。昨年9月にメジャーデビューし、3試合に登板。ツーシームを打たれて失点するケースが多かったが、フォーシームとカーブは一定の評価を得た。

年度	所属チーム	勝利	敗戦	防御率	試合数	先発	セーブ	投球イニング	被安打	失点	自責点	被本塁打	与四球	奪三振	WHIP
2020	ヤンキース	0	1	7.11	3	1	0	6.1	7	5	5	0	5	7	1.89
通算成績		0	1	7.11	3	1	0	6.1	7	5	5	0	5	7	1.89

81 ルイス・ギル *Luis Gil*

先発 期待度B⁻ ルーキー

23歳 1998.6.3生 | 188cm | 84kg | 右投右打 ◆一昨年は1A、1A+でプレー ド2015外ツインズ 出ドミニカ

ヤンキース傘下のマイナーで、速球の威力に関しては一番の折り紙が付くパワーピッチャー。この速球はスピードが153~158キロあるうえ、浮き上がる軌道になるためバットでとらえることが困難だ。課題は変化球のコントロール。メジャーでは、チャップマンのあとのクローザーで使われる可能性も。

ー アレグザンダー・ヴィスカイーノ *Alexander Vizcaino*

先発 期待度B⁺ ルーキー

24歳 1997.5.22生 | 188cm | 73kg | 右投右打 ◆一昨年は1A、1A+でプレー ド2016外ヤンキース 出ドミニカ

ドミニカ人選手ではかなり遅い19歳でプロ入り。契約金も1万4000ドルしかもらえなかったが、プロ入り後は150キロ台中盤の快速球と、よく落ちるチェンジアップを武器に着実に出世。昨年11月には40人枠に入った。課題はスライダーのレベルアップ。それができれば、メジャーがグンと近づく。

速=速球のスピード 決=決め球 対左=対左打者被打率 対右=対右打者被打率
ド=ドラフトデータ 出=出身地 年=年俸 ※昨季、マイナーリーグは中止
※メジャー経験がない投手の「先発」「リリーフ」はマイナーでの役割

野 手

ドラフト22巡目指名から本塁打王に

ファースト

59 ルーク・ヴォイト
Luke Voit

30歳 1991.2.13生 | 191cm | 116kg | 右投右打

◆対左投手打率／.229(48-11) ◆対右投手打率／.291(165-48)
◆ホーム打率／.319(116-37) ◆アウェー打率／.227(97-22)
◆得点圏打率／.315(54-17)
◆20年のポジション別出場数／ファースト=48、DH=8
◆ドラフトデータ／2013㉒カーディナルス
◆出身地／ミズーリ州
◆年俸／470万ドル(約4億9350万円)
◆本塁打王1回(20年)

ミート 3
パワー 5+
走塁 2
守備 3
肩 2

2年連続のホームラン王を狙う、とてつもないパワーを備えたカントリーボーイ。昨季はフルシーズン、途切れることなく一発が出たため、50試合目に早くも20号が出た。50試合目までに20号に到達したのは、ヤンキースの球団史上3人目で、それ以前に記録したのは、球史にその名を刻むベーブ・ルースとミッキー・マントルである。

通常より1年遅い大学4年終了時に、ドラフト22巡目指名という低い評価でプロ入りした選手が、ホームラン王のタイトルを手にしたのは奇跡に近いことだ。大学時代は、弱体なミズーリ州立大学のチームでプレー。しかも4年間の在籍で打率3割は一度もなく、本塁打も毎年5、6本しか打てなかった。ポジションはキャッチャーだが、敏捷性(びんしょうせい)に欠けるため守備のほうの評価も低かった。大学時代の打撃成績が低レベルだったのは、高校時代は野球とアメリカンフットボールの二刀流で、大学に入って初めて野球に集中するようになったからだ。ゲリット・コールのヤンキース入団が決まった際、それまでの背番号「45」をコールに譲って「59」に変えたが、これは弟のジョンがウエストポイントの陸軍士官学校で、アメフトチームのディフェンシブ・タックルとして活躍していたときの番号だ。

2018年12月に、高校時代から交際していた小学校教員のヴィクトリア(トリー)・リグマンさんと結婚。昨年11月はトリーさんが妊娠していることがわかり、大はしゃぎだった。ミズーリ州の郡部で育ったカントリーボーイ。ニューヨークに来た当初は、地下鉄の乗り継ぎがわからず、ヤンキー・スタジアムからアパートまで30分で行けるはずなのに、あらぬ方向に行ってしまい、1時間以上かかってもたどり着けないので途方に暮れた。

カモ E·ロドリゲス(レッドソックス).500(10-5)1本 柳賢振(リュ・ヒョンジン)(ブルージェイズ).500(6-3)1本
苦手 T·ロアーク(ブルージェイズ).000(6-0)0本 D·カスティーヨ(レイズ).000(6-0)0本

年度	所属チーム	試合数	打数	得点	安打	二塁打	三塁打	本塁打	打点	四球	三振	盗塁	盗塁死	出塁率	OPS	打率
2017	カーディナルス	62	114	18	28	9	0	4	18	7	31	0	0	.306	.736	.246
2018	カーディナルス	8	11	2	2	0	0	1	3	2	4	0	0	.308	.762	.182
2018	ヤンキース	39	132	28	44	5	0	14	33	15	39	0	0	.405	1.095	.333
2018	2チーム計	47	143	30	46	5	0	15	36	17	43	0	0	.398	1.069	.322
2019	ヤンキース	118	429	72	113	21	1	21	62	71	142	0	0	.378	.842	.263
2020	ヤンキース	56	213	41	59	5	0	22	52	17	54	0	0	.338	.948	.277
通算成績		283	899	161	246	40	1	62	168	112	270	0	0	.363	.891	.274

カモ 苦手 は通算成績

野手

コロナ感染の2カ月後に首位打者の栄冠

セカンド サード ファースト

26 DJラメイヒュー
DJ LeMahieu

33歳 1988.7.13生 | 193cm | 100kg | 右投右打

◆対左投手打率／.400(40-16) ◆対右投手打率／.355(155-55)
◆ホーム打率／.423(97-41) ◆アウェー打率／.306(98-30)
◆得点圏打率／.364(33-12)
◆20年のポジション別出場数／セカンド=37、サード=11、ファースト=11、DH=1
◆ドラフトデータ／2009②カブス ◆出身地／カリフォルニア州
◆年俸／9000万ドル(約94億5000万円)※6年契約

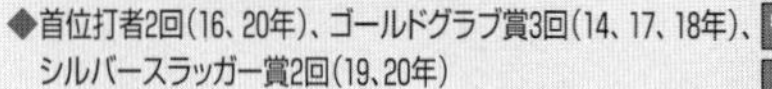

◆首位打者2回(16、20年)、ゴールドグラブ賞3回(14、17、18年)、シルバースラッガー賞2回(19、20年)

ミート 5
パワー 4
走塁 3
守備 4
肩 3

昨年リードオフマンとしてフルに機能し、2度目の首位打者に輝いた頭脳派内野手。シーズン終了後、いったんFAになり、ブルージェイズから熱心な勧誘があった。遊撃手のビシェットからは「一緒に（二遊間を）やるのを楽しみにしている」というラブコールも来たが、退けて結局ヤンキースと6年9000万ドル（約94億円）で契約、残留した形になった。

昨季は、普通ならできないことを2つやっている。まず、7月7日にコロナ陽性であることが判明し、調整が不十分であったにもかかわらず、開幕前日の7月23日に復帰。ものすごいペースでヒットを打って、ひと月以上4割台の打率をキープしたこと。もう一つは、ライトが浅いヤンキー・スタジアムの形状をとことん利用していたことだ。ラメイヒューの大きな長所は、カウントを考えたバッティングができる点。右打者が逆方向（ライト方向）に長打を打つには、外角の高めの速球を叩く必要がある。それが来る確率が高いカウントになり、実際に来たのを認めると、彼は持ち前のコンパクトなアッパー軌道のスイングでとらえる。昨季の10本塁打のうち7本は、ライト席の浅いところに運んでいるが、パワーではなく技によって生まれた一発という点で、この7本は大きな意義がある。

守備面の最大の特徴は、セカンドでゴールドグラブ賞に3回輝いた名手であるにもかかわらず、サード、ファーストも兼務するサブとして使われることに、自分の存在価値を見いだしている点だ。これはロッキーズで5人目の内野手として育成されたため、その役目を誰よりもうまくできるのは自分だという誇りがあるからだろう。

カモ C・セイル(レッドソックス).667(9-6)3本 M・ワカ(レイズ).455(11-5)0本
苦手 K・イェーツ(ブルージェイズ).000(9-0)0本 T・グラスナウ(レイズ).111(9-1)0本

年度	所属チーム	試合数	打数	得点	安打	二塁打	三塁打	本塁打	打点	四球	三振	盗塁	盗塁死	出塁率	OPS	打率
2011	カブス	37	60	3	15	2	0	0	4	1	12	0	0	.262	.546	.250
2012	ロッキーズ	81	229	26	68	12	4	2	22	13	42	1	2	.332	.742	.297
2013	ロッキーズ	109	404	39	113	21	3	2	28	19	67	18	7	.311	.673	.280
2014	ロッキーズ	149	494	59	132	15	5	5	42	33	97	10	10	.315	.663	.267
2015	ロッキーズ	150	564	85	170	21	5	6	61	50	107	23	3	.358	.746	.301
2016	ロッキーズ	146	552	104	192	32	8	11	66	66	80	11	7	.416	.911	.348
2017	ロッキーズ	155	609	95	189	28	4	8	64	59	90	6	5	.374	.783	.310
2018	ロッキーズ	128	533	90	147	32	2	15	62	37	82	6	5	.321	.749	.276
2019	ヤンキース	145	602	109	197	33	2	26	102	46	90	5	2	.375	.893	.327
2020	ヤンキース	50	195	41	71	10	2	10	27	18	21	3	0	.421	1.011	.364
通算成績		1150	4242	651	1294	206	35	85	478	342	688	83	41	.357	.787	.305

 カモ 苦手 は通算成績

99 アーロン・ジャッジ *Aaron Judge*

稼働率100%なら、MVPの最有力候補　ライト

29歳 1992.4.26生 | 201cm | 128kg | 右投右打
◆対左投手打率／.240 ◆対右投手打率／.263
◆ホーム打率／.290 ◆アウェー打率／.243 ◆得点圏打率／.261
◆20年のポジション別出場数／ライト=25、DH=3
◆Ⓓ2013①ヤンキース ◆㊥カリフォルニア州 ◆㊎1017.5万ドル(約10億6838万円)
◆本塁打王1回(17年)、シルバースラッガー賞1回(17年)、新人王(17年)

ミート 4 / パワー 5 / 走塁 3 / 守備 4 / 肩 4

最強の打者というだけでなく、優秀なチームリーダーという顔も持つようになったヤンキースの看板選手。最大のネックは、稼働率の低下に歯止めがかからないこと。昨季は出だし好調で17試合目が終了した時点で9本塁打、20打点を叩き出し、MVP争いに加わることが予想された。しかし昨年も、ふくらはぎの肉離れという伏兵に足をすくわれ、IL入り。ポストシーズンを見据えて早めに復帰したことが裏目に出て、シーズン終了までの10試合は不振にあえぎ、終わってみると、打率と出塁率はメジャーの平均値に近いところまで落ちていた。ポストシーズンでも7試合で4本しか安打が出なかったが、そのうちの3本は本塁打だったので、パワー健在をアピールすることはできた。

カモ M・ストローマン(メッツ).444(18-8)4本　**苦手** J・ミーンズ(オリオールズ).200(10-2)0本

年度	所属チーム	試合数	打数	得点	安打	二塁打	三塁打	本塁打	打点	四球	三振	盗塁	盗塁死	出塁率	OPS	打率
2016	ヤンキース	27	84	10	15	2	0	4	10	9	42	0	1	.263	.608	.179
2017	ヤンキース	155	542	128	154	24	3	52	114	127	208	9	4	.422	1.049	.284
2018	ヤンキース	112	413	77	115	22	0	27	67	76	152	6	3	.392	.919	.278
2019	ヤンキース	102	378	75	103	18	1	27	55	64	141	3	2	.381	.921	.272
2020	ヤンキース	28	101	23	26	3	0	9	22	10	32	0	1	.336	.891	.257
通算成績		424	1518	313	413	69	4	119	268	286	575	18	11	.390	.948	.272

25 グレイバー・トーレス *Gleyber Torres*

体重管理でつまずいたジーター2世　ショート

25歳 1996.12.13生 | 185cm | 93kg | 右投右打
◆対左投手打率／.235 ◆対右投手打率／.245
◆ホーム打率／.311 ◆アウェー打率／.187 ◆得点圏打率／.250
◆20年のポジション別出場数／ショート=40
◆Ⓓ2013㊕カブス ◆㊥ベネズエラ
◆㊎400万ドル(約4億2000万円)

ミート 4 / パワー 4 / 走塁 3 / 守備 2 / 肩 4

昨年は打撃と守備の両面で不振を極めた内野手。別人のように働きが悪くなったのは、開幕が4カ月延びている間、体重管理を怠ったのが原因。7月のキャンプにはシェイプアップしない体で現れ、開幕後は体にキレがないため長打がわずかしか出なくなった。ショートの守備でも動きに軽快さがなくなり、ルーティンプレーでエラーを連発。守備率はワーストレベルの9割3分台に落ちた。DRS(守備で防いだ失点)も前年のマイナス1からマイナス8に低下した。この不振が体重管理の失敗に端を発していることを知ると、一部のファンから「トレードしてグレゴリアスを連れ戻せ」という声が上がったが、すぐに鎮静化した。キャッシュマンGMはどこも悪いところはないので、体重管理をしっかりやれば、一昨年並の数字を期待できると見ている。

カモ T・ロアーク(ブルージェイズ).667(9-6)2本　**苦手** C・セイル(レッドソックス).000(14-0)0本)

年度	所属チーム	試合数	打数	得点	安打	二塁打	三塁打	本塁打	打点	四球	三振	盗塁	盗塁死	出塁率	OPS	打率
2018	ヤンキース	123	431	54	117	16	1	24	77	42	122	6	2	.340	.820	.271
2019	ヤンキース	144	546	96	152	26	0	38	90	48	129	5	2	.337	.871	.278
2020	ヤンキース	42	136	17	33	8	0	3	16	22	28	1	0	.356	.724	.243
通算成績		309	1113	167	302	50	1	65	183	112	279	12	4	.340	.834	.271

29 ジオ・アーシェラ *Gio Urshela*

2年連続でブレイクしたクラッチヒッター　サード

30歳 1991.10.11生 | 183cm | 98kg | 右投右打
◆対左投手打率／.233 ◆対右投手打率／.314
◆ホーム打率／.273 ◆アウェー打率／.333 ◆得点圏打率／.341
◆20年のポジション別出場数／サード=43
◆ド2008外インディアンズ ◆出コロンビア
◆年465万ドル（約4億8825万円）

ミート4 パワー4 走塁3 守備5 肩5

ゲームの流れを変える価値ある一打や、チームに勝利を呼び込む超美技をよく見せる千両役者。2019年に大化けしたが、フロックと見る向きもあった。しかし昨年大舞台で見せたクラッチヒッターぶりは、そうしたうがった見方を完全に黙らせるものだった。とくにインパクトが大きかったのは、ワイルドカードシリーズ第2戦で放った逆転満塁アーチだ。相手は古巣インディアンズで、相手投手は球速160キロの豪腕カリンチャック。その豪速球に的をしぼって、飛距離132メートルの大アーチにしたのだから、まさに値千金の一打だった。守備ではゴールドグラブ賞の最終候補になり本命視されたが、伏兵のカイナーファレーファ（レンジャーズ）に持っていかれ、ホゾをかんだ。

カモ 柳賢振（リュ・ヒョンジン）（ブルージェイズ）.500(6-3)0本　苦手 M・バーンズ（レッドソックス）.125(8-1)0本

年度	所属チーム	試合数	打数	得点	安打	二塁打	三塁打	本塁打	打点	四球	三振	盗塁	盗塁死	出塁率	OPS	打率
2015	インディアンズ	81	267	25	60	8	1	6	21	18	58	0	1	.279	.608	.225
2017	インディアンズ	67	156	14	35	7	0	1	15	8	22	0	0	.262	.551	.224
2018	ブルージェイズ	19	43	7	10	1	0	1	3	2	10	0	0	.283	.608	.233
2019	ヤンキース	132	442	73	139	34	0	21	74	25	87	1	1	.355	.889	.314
2020	ヤンキース	43	151	24	45	11	0	6	30	18	25	1	0	.368	.858	.298
通算成績		342	1059	143	289	61	1	35	143	71	202	2	2	.322	.753	.273

66 カイル・ヒガシオカ *Kyle Higashioka*

コールのパーソナル捕手を務める可能性も　キャッチャー

31歳 1990.4.20生 | 185cm | 92kg | 右投右打　盗塁阻止率／.375(8-3)
◆対左投手打率／.125 ◆対右投手打率／.313
◆ホーム打率／.222 ◆アウェー打率／.267 ◆得点圏打率／.273
◆20年のポジション別出場数／キャッチャー=14、DH=1
◆ド2008⑦ヤンキース ◆出カリフォルニア州
◆年57万500ドル（約5990万円）＋α

ミート3 パワー4 走塁2 守備4 肩4

昨季、守備とリードの能力が大幅に進化したため、今季は出場機会を増やすと思われる日系4世の捕手。盗塁阻止率はこれまで毎年平均以下だったが、昨年はトップレベルの37.5％（8-3）。ボールブロックやキャッチングも 向上し、ワイルドピッチを出す頻度（ひんど）は最少レベル。リード面でも、正捕手のサンチェスが捕手防御率4.53であるのに対し、ヒガシオカは3.79で、とくにエースのコールと相性が良く、組んだ4試合は防御率が1.00。ポストシーズンでは打撃、守備の両面で精彩を欠くサンチェスに代わって、7試合のうち5試合に先発出場。今季はコールのパーソナル捕手を務める可能性が高い。

カモ ———　苦手 柳賢振（リュ・ヒョンジン）（ブルージェイズ）.000(5-0)0本

年度	所属チーム	試合数	打数	得点	安打	二塁打	三塁打	本塁打	打点	四球	三振	盗塁	盗塁死	出塁率	OPS	打率
2017	ヤンキース	9	18	2	0	0	0	0	0	2	6	0	0	.100	.100	.000
2018	ヤンキース	29	72	6	12	2	0	3	6	6	16	0	0	.241	.560	.167
2019	ヤンキース	18	56	8	12	5	0	3	11	0	26	0	0	.211	.675	.214
2020	ヤンキース	16	48	7	12	1	0	4	10	0	11	0	0	.250	.771	.250
通算成績		72	194	23	36	8	0	10	27	8	59	0	0	.221	.602	.186

野手

27 残り7年間の年俸総額は250億円!

ジャンカルロ・スタントン *Giancarlo Stanton*

DH レフト

32歳 1989.11.8生 | 198cm | 111kg | 右投右打
◆対左投手打率／.176 ◆対右投手打率／.271
◆ホーム打率／.185 ◆アウェー打率／.286 ◆得点圏打率／.313
◆20年のポジション別出場数／DH=23 ◆Ⓓ2007②マーリンズ
◆㊥カリフォルニア州 ◆㊎2900万ドル(約30億4500万円)
◆MVP1回(17年)、本塁打王2回(14、17年)、打点王1回(17年)、シルバースラッガー賞2回(14、17年)、ハンク・アーロン賞2回(14、17年)

ミート 3
パワー 5
走塁 3
守備 2
肩 3

ちょっと出場して、どこかを痛めて長く休み、またちょっと出場して、どこかを痛めて長く休む、のパターンを繰り返している主砲。2019年は稼働率が11%、昨年も38%しかなく、ポストシーズンも欠場すれば口うるさいニューヨークのファンから、史上最大の不良資産選手というレッテルを貼られかねない情勢だった。しかし昨年のポストシーズンでは、5試合連続アーチなど主砲らしい働きを久々に見せ、ケガがなければまだやれることをアピール。

カモ J・デグローム(メッツ).333(27-9)4本 苦手 山口俊(ブルージェイズ).000(3-0)0本

年度	所属チーム	試合数	打数	得点	安打	二塁打	三塁打	本塁打	打点	四球	三振	盗塁	盗塁死	出塁率	OPS	打率
2010	マーリンズ	100	359	45	93	21	1	22	59	34	123	5	2	.326	.833	.259
2011	マーリンズ	150	516	79	135	30	5	34	87	70	166	5	5	.356	.893	.262
2012	マーリンズ	123	449	75	130	30	1	37	86	46	143	6	2	.361	.969	.290
2013	マーリンズ	116	425	62	106	26	0	24	62	74	140	1	0	.365	.845	.249
2014	マーリンズ	145	539	89	155	31	1	37	105	94	170	13	1	.395	.950	.288
2015	マーリンズ	74	279	47	74	12	1	27	67	34	95	4	2	.346	.952	.265
2016	マーリンズ	119	413	56	99	20	1	27	74	50	140	0	0	.326	.815	.240
2017	マーリンズ	159	597	123	168	32	0	59	132	85	163	2	2	.376	1.007	.281
2018	ヤンキース	158	617	102	164	34	1	38	100	70	211	5	0	.343	.852	.266
2019	ヤンキース	18	59	8	17	3	0	3	13	12	24	0	0	.403	.894	.288
2020	ヤンキース	23	76	12	19	7	0	4	11	15	27	1	1	.387	.887	.250
通算成績		1185	4329	698	1160	246	11	312	796	584	1402	42	15	.359	.905	.268

77 レジー・ジャクソンのお気に入り

クリント・フレイジャー *Clint Frazier*

レフト ライト

27歳 1994.9.6生 | 180cm | 96kg | 右投右打
◆対左投手打率／.273 ◆対右投手打率／.265
◆ホーム打率／.286 ◆アウェー打率／.241 ◆得点圏打率／.310
◆20年のポジション別出場数／ライト=28、レフト=8、DH=5
◆Ⓓ2013①インディアンズ ◆㊥ジョージア州
◆㊎210万ドル(約2億2050万円)

ミート 3
パワー 4
走塁 3
守備 3
肩 4

今季はレフトのレギュラー格で使われる可能性が高い、本塁打と二塁打を各15〜20本期待できるレベルに成長した好打の外野手。打席では早打ちせず、失投をじっくり待つタイプ。追い込まれても当てるのがうまいため、粘って四球で出塁することが多くなった。以前からレジェンドのレジー・ジャクソンにかわいがられており、何か問題が生じると、電話をかけて助言を求めている。髪の毛が明るい人参色をしているため遊び人のように見えるが、実際は敬虔(けいけん)なクリスチャンで、生活態度はきわめて真面目。左の手首のところには、新約聖書ピリピ人への手紙4-13にある「私を強めてくださるお方のおかげで、私はすべてが可能です」というフレーズをタトゥーしている。

カモ N・イヴォルディ(レッドソックス)1.000(4-4)1本 苦手 T・グラスナウ(レイズ).125(8-1)0本

年度	所属チーム	試合数	打数	得点	安打	二塁打	三塁打	本塁打	打点	四球	三振	盗塁	盗塁死	出塁率	OPS	打率
2017	ヤンキース	39	134	16	31	9	4	4	17	7	43	1	0	.268	.715	.231
2018	ヤンキース	15	34	9	9	3	0	0	1	5	13	0	0	.390	.743	.265
2019	ヤンキース	69	225	31	60	14	0	12	38	16	70	1	2	.317	.806	.267
2020	ヤンキース	39	131	24	35	6	1	8	26	25	44	3	0	.394	.905	.267
通算成績		162	524	80	135	32	5	24	82	53	170	5	2	.331	.806	.258

31 外野の守備の要としても重要ないぶし銀 センター
アーロン・ヒックス *Aaron Hicks*

32歳 1989.10.2生 | 185cm | 93kg | 右投両打
◆対左投手打率／.244 ◆対右投手打率／.218
◆ホーム打率／.236 ◆アウェー打率／.213 ◆得点圏打率／.267
◆20年のポジション別出場数／センター=50、DH=1
◆ⓓ2008①ツインズ ◆ⓢカリフォルニア州
◆ⓝ1050万ドル(約11億250万円)

ミート3 パワー4 走塁4 守備3 肩5

7年契約の3年目に入る外野手。昨季はカットする技術を駆使して大量に四球をゲット。初めて四球の数が三振の数を上回った。打撃面では、打率は低いが、走者が塁にいる場面ではよく打っていた。メジャーきってのゴルフ狂。今年1月18日、303ヤード、パー4のミドルホールで、ティーショットをスプーン（3番ウッド）で打ったところ直接カップイン。ホールインワンを達成した。イーグル（-2）ではなくアルバトロス（-3）のホールインワンだったので、スポーツメディアやローカルメディアでニュースになった。

カモ J・デグローム(メッツ).364(11-4)0本　苦手 M・バーンズ(レッドソックス).000(8-0)0本

年度	所属チーム	試合数	打数	得点	安打	二塁打	三塁打	本塁打	打点	四球	三振	盗塁	盗塁死	出塁率	OPS	打率
2013	ツインズ	81	281	37	54	11	3	8	27	24	84	9	3	.259	.597	.192
2014	ツインズ	69	186	22	40	8	0	1	18	36	56	4	3	.341	.615	.215
2015	ツインズ	97	352	48	90	11	3	11	33	34	66	13	3	.323	.721	.256
2016	ヤンキース	123	327	32	71	13	1	8	31	30	68	3	4	.281	.617	.217
2017	ヤンキース	88	301	54	80	18	0	15	52	51	67	10	5	.372	.847	.266
2018	ヤンキース	137	480	90	119	18	3	27	79	90	111	11	2	.366	.833	.248
2019	ヤンキース	59	221	41	52	10	0	12	36	31	72	1	2	.325	.769	.235
2020	ヤンキース	54	169	28	38	10	2	6	21	41	38	4	1	.379	.793	.225
通算成績		708	2317	352	544	99	12	88	297	337	562	55	23	.332	.734	.235

24 GMは今季も正捕手で使うと明言 キャッチャー
ゲーリー・サンチェス *Gary Sanchez*

29歳 1992.12.2生 | 188cm | 104kg | 右投右打　盗塁阻止率／.263(19-5)
◆対左投手打率／.094 ◆対右投手打率／.161
◆ホーム打率／.187 ◆アウェー打率／.092 ◆得点圏打率／.122
◆20年のポジション別出場数／キャッチャー=41、DH=7
◆ⓓ2009㊥ヤンキース ◆ⓢドミニカ
◆ⓝ635万ドル(約6億6675万円) ◆シルバースラッガー賞1回(17年)

ミート3 パワー5 走塁2 守備2 肩4

守備と打撃の両面で、出口の見えないスランプにおちいった正捕手。打撃面では打率が1割台前半を低空飛行し、シーズン終了まで浮上できなかった。守備面ではリードが雑になり、どの先発投手もサンチェスと組むと、控え捕手のヒガシオカと組んだときより防御率が悪くなった。また体の動きにキレがないため、ワンバウンドの投球をブロックできず、後ろにそらすケースが多くなった。コールはサンチェスの拙守を嫌って、途中からヒガシオカとばかりバッテリーを組むようになり、ポストシーズンでもヒガシオカと組むことを希望したため、ポストシーズンではヒガシオカが正捕手格で使われた。

カモ D・プライス(ドジャース).467(15-7)5本　苦手 N・イヴォルディ(レッドソックス).125(8-1)1本

年度	所属チーム	試合数	打数	得点	安打	二塁打	三塁打	本塁打	打点	四球	三振	盗塁	盗塁死	出塁率	OPS	打率
2015	ヤンキース	2	2	0	0	0	0	0	0	0	1	0	0	.000	.000	.000
2016	ヤンキース	53	201	34	60	12	0	20	42	24	57	1	0	.376	1.032	.299
2017	ヤンキース	122	471	79	131	20	0	33	90	40	120	2	1	.345	.876	.278
2018	ヤンキース	89	323	51	60	17	0	18	53	46	94	1	0	.291	.697	.186
2019	ヤンキース	106	396	62	92	12	1	34	77	40	125	0	1	.316	.841	.232
2020	ヤンキース	49	156	19	23	4	0	10	24	18	64	0	0	.253	.618	.147
通算成績		421	1549	245	366	65	1	115	286	168	461	4	2	.320	.823	.236

ユーティリティ

14 セカンドとショートの守備は平均以上
タイラー・ウェイド *Tyler Wade*

27歳 1994.11.23生 | 185cm | 85kg | 右投左打 対左.043 対右.215 ホ.170 ア.171 得.235 ド2013④ヤンキース 出カリフォルニア州 年57万500ドル(約5990万円)+α

ミ2 パ3 走3 守4 肩3

見かけの数字だけではわからない価値がたくさんある選手。長所その1は、内外野守れるユーティリティで、使い勝手がいいこと。しかも高い守備力が要求されるセカンド、ショートで、平均以上の守備を期待できるのが強みだ。長所その2は、俊足ではないものの走塁技術が高く、スモールボールをやりたいときに不可欠なスキルを備えていること。長所その3は、状況判断が良く、その場に応じたプレーができること。長所その4は、ヒットで出塁できない分、打席で四球を多く選ぶこと。長所その5は、笑顔のさわやかな好青年で、ベンチの雰囲気を良くする明るさがあること。

年度	所属チーム	試合数	打数	得点	安打	二塁打	三塁打	本塁打	打点	四球	三振	盗塁	盗塁死	出塁率	OPS	打率
2020	ヤンキース	52	88	19	15	3	0	3	10	12	22	4	1	.288	.595	.170
通算成績		161	306	50	58	14	1	6	28	32	92	13	2	.274	.575	.190

外野手

39 速球に振り遅れて打撃成績が低迷
マイク・トークマン *Mike Tauchman*

31歳 1990.12.3生 | 188cm | 100kg | 左投左打 対左.100 対右.280 ホ.281 ア.184 得.304 ド2013⑩ロッキーズ 出イリノイ州 年57万500ドル(約5990万円)+α

ミ2 パ3 走4 守4 肩4

「知的」と形容されることの多い、研究熱心な外野手。2019年の開幕直前にロッキーズから移籍。同年のシーズン後半、45試合の出場で打率3割1分2厘、9本塁打と活躍したため、昨季は期待が大きかった。だが、得意としていた速球に振り遅れることが多く、111打席でホームランを1本も打てなかった。打撃面の長所は、選球眼と勝負強さ。昨季も打率のわりに出塁率が高く、チャンスでもよく打った。外野守備もうまく、好守で投手を助ける場面も多い。相手投手の映像やデータを誰よりも熱心に研究するほか、コーチや味方選手にもよく質問して、それをバッティングに生かしている。

年度	所属チーム	試合数	打数	得点	安打	二塁打	三塁打	本塁打	打点	四球	三振	盗塁	盗塁死	出塁率	OPS	打率
2020	ヤンキース	43	95	18	23	6	0	0	14	14	26	6	0	.342	.648	.242
通算成績		182	414	71	104	25	2	13	63	57	122	14	2	.343	.759	.251

ファースト DH

36 ウリは30本級のパワーと選球眼
マイク・フォード *Mike Ford*

29歳 1992.7.4生 | 183cm | 102kg | 右投左打 対左.000 対右.152 ホ.205 ア.057 得.105 ド2012外ヤンキース 出ニュージャージー州 年57万500ドル(約5990万円)+α

ミ2 パ5 走2 守3 肩5

飼い殺しにされている感がある左打ちの一塁手。一昨年4月にメジャーデビューしてハイペースで本塁打を生産したため、昨季はファーストに右打者のヴォイトとプラトーン起用

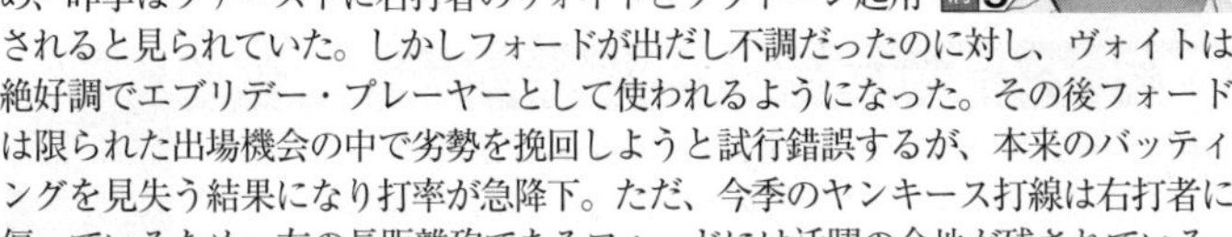

されると見られていた。しかしフォードが出だし不調だったのに対し、ヴォイトは絶好調でエブリデー・プレーヤーとして使われるようになった。その後フォードは限られた出場機会の中で劣勢を挽回しようと試行錯誤するが、本来のバッティングを見失う結果になり打率が急降下。ただ、今季のヤンキース打線は右打者に偏っているため、左の長距離砲であるフォードには活躍の余地が残されている。

年度	所属チーム	試合数	打数	得点	安打	二塁打	三塁打	本塁打	打点	四球	三振	盗塁	盗塁死	出塁率	OPS	打率
2020	ヤンキース	29	74	5	10	4	0	2	11	7	16	0	0	.226	.496	.135
通算成績		79	217	35	47	11	0	14	36	24	44	0	0	.308	.769	.217

対左=対左投手打率　対右=対右投手打率　ホ=ホーム打率　ア=アウェー打率　得=得点圏打率

野手

41 ミゲール・アンドゥハー *Miguel Andujar*

守備のひどさは改善されず

DH サード レフト

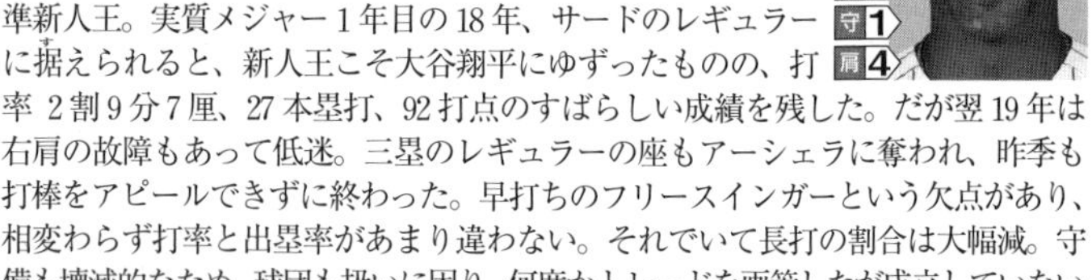

26歳 1995.3.2生 | 183cm | 96kg | 右投右打 対左.308 対右.194 ホ.174 ア.282 得.125 ド2011外ヤンキース 出ドミニカ 年57万500ドル(約5990万円)+α

ミ2 パ4 走2 守1 肩4

ヤンキースでの居場所を完全に失った感のある、2018年の準新人王。実質メジャー1年目の18年、サードのレギュラーに据えられると、新人王こそ大谷翔平にゆずったものの、打率2割9分7厘、27本塁打、92打点のすばらしい成績を残した。だが翌19年は右肩の故障もあって低迷。三塁のレギュラーの座もアーシェラに奪われ、昨季も打棒をアピールできずに終わった。早打ちのフリースインガーという欠点があり、相変わらず打率と出塁率があまり違わない。それでいて長打の割合は大幅減。守備も壊滅的なため、球団も扱いに困り、何度かトレードを画策したが成立していない。

年度	所属チーム	試合数	打数	得点	安打	二塁打	三塁打	本塁打	打点	四球	三振	盗塁	盗塁死	出塁率	OPS	打率
2020	ヤンキース	21	62	5	15	2	1	1	5	3	9	0	0	.277	.632	.242
通算成績		187	689	89	195	51	3	28	102	30	117	3	1	.315	.802	.283

71 タイロ・エストラーダ *Thairo Estrada*

強盗団に撃たれた弾丸のキズが勲章

ユーティリティ

25歳 1996.2.22生 | 178cm | 84kg | 右投右打 対左.286 対右.074 ホ.138 ア.211 得.083 ド2012外ヤンキース 出ベネズエラ 年57万500ドル(約5990万円)+α

ミ2 パ2 走3 守3 肩3

今年こそメジャー定着を目指す、バットで貢献するタイプのユーティリティ。昨季は開幕時の出場登録枠が26人から30人に増えたため、その恩恵で開幕前日にメジャーに呼ばれた。その後、代打に使われて2度ともヒットを打ったが、まったく注目されないまま、8月6日に待機キャンプに戻された。その後8月14日に再昇格したときは、ひと月ほどメジャーにとどまって、故障者の穴埋めと代打で使われている。17年オフ、ベネズエラに帰省中、武装強盗団に右臀部をピストルで撃たれ、初めはベネズエラの病院で摘出手術を受けたが、失敗。翌年、米国の病院で手術を受け、成功した。

年度	所属チーム	試合数	打数	得点	安打	二塁打	三塁打	本塁打	打点	四球	三振	盗塁	盗塁死	出塁率	OPS	打率
2020	ヤンキース	26	48	8	8	0	0	1	3	1	19	1	0	.231	.460	.167
通算成績		61	112	20	24	3	0	4	15	4	34	5	0	.267	.615	.214

90 エステヴァン・フロリアル *Estevan Florial*

外野手 期待度 C ルーキー

24歳 1997.11.25生 | 185cm | 88kg | 右投左打 ◆昨季はメジャーで1試合出場 ド2015外ヤンキース 出ドミニカ

入団時に書類面で不正があり、1年間活動停止になったが、あり余る才能を惜しんでヤンキースが契約金20万ドルで入団させたホープ。少し前までは早打ちのフリースインガーで、空振りが多く、球種の見極めもお粗末と評価されていたが、徐々に改善され、パワーとスピードを兼ね備えた中堅手に成長。

― アンソニー・シーグラー *Anthony Seigler*

キャッチャー 期待度 C ルーキー

22歳 1999.6.20生 | 183cm | 91kg | 両投両打 ◆一昨年は1Aでプレー ド2018①ヤンキース 出ジョージア州

ジャコビー・エルズベリーと同じ米国先住民のナバホ族出身。高校時代は投手兼捕手で、打席では左右両打ち、マウンドでは左右両投げのスイッチピッチャーとして活躍した。プロ入り後はキャッチャーとして育成され、守備力がオールラウンドに高い捕手に成長しつつある。ケガが多いのが泣き所だ。

対左=対左投手打率 対右=対右投手打率 ホ=ホーム打率 ア=アウェー打率 得=得点圏打率 ド=ドラフトデータ 出=出身地 年=年俸
※昨季、マイナーリーグは中止

アメリカン・リーグ……東部地区 *TORONTO BLUEJAYS*

トロント・ブルージェイズ

◆創　立:1977年
◆本拠地:オンタリオ州トロント市(カナダ)
◆ワールドシリーズ制覇:2回／◆リーグ優勝:2回
◆地区優勝:6回／◆ワイルドカード獲得:2回

主要オーナー　ロジャーズ・コミュニケーションズ社(総合メディア企業)

過去5年成績

年度	勝	負	勝率	ゲーム差	地区順位	ポストシーズン成績
2016	89	73	.549	4.0	②(同率)	リーグ優勝決定シリーズ敗退
2017	76	86	.469	17.0	④	—
2018	73	89	.451	35.0	④	—
2019	67	95	.414	36.0	④	—
2020	**32**	**28**	**.533**	**8.0**	③	**ワイルドカードシリーズ敗退**

監督　25 チャーリー・モントーヨ *Charlie Montoyo*

◆年　　齢…………56歳(プエルトリコ出身)
◆現役時代の経歴…1シーズン　エクスポズ(1993)(セカンド)
◆現役通算成績……4試合　.400　0本　3打点
◆監督経歴…………2シーズン　ブルージェイズ(2019〜)
◆通算成績…………99勝123敗(勝率.446)

選手の士気を高めることに長けた監督。就任2年目の昨季は本拠地球場を使えない不利を乗り越え、チームをポストシーズンに導いた。最優秀監督賞の投票では3位に入っている。チームには若い選手が多く、ミスも多いが、「It's fine（大丈夫！心配ない！）」をモットーに、選手たちを盛り立てている。試合中、ジャンパーやパーカーを着用する監督も多いが、モントーヨはユニフォーム姿のまま、ストッキングを見せた「クラシックスタイル」でいることが多い。

注目コーチ　40 ピート・ウォーカー *Pete Walker*

投手コーチ。現役時代は、メッツやブルージェイズでプレー。2004年に来日し、横浜（現横浜DeNA）に入団。期待されたが、腰の故障もあって、活躍できずに終わった。

編成責任者　ロス・アトキンス *Ross Atkins*

48歳。シャパイロ球団社長と連携し、積極的な補強を繰り返しながら若手主体のチーム作りを展開。昨季は久しぶりのプレーオフ進出を果たした。元マイナーリーガー。

スタジアム　ロジャーズ・センター *Rogers Centre*

◆開 場 年…………1989年
◆仕　　様…………人工芝､開閉式屋根付き
◆収容能力…………49,282人
◆フェンスの高さ …2.4m
◆特　　徴…………カナダのトロントにある開閉式ドーム球場。メジャーの球場では珍しく、左右対称な形状。昨季は新型コロナの影響で、カナダとアメリカの行き来に制限がかけられたため、ブルージェイズはこの本拠地球場を使用できなかった。

ヒッターズパーク

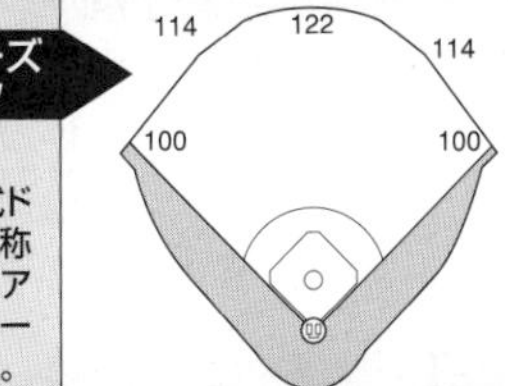

Best Order

[ベストオーダー]

①ジョージ・スプリンガー……センター
②マーカス・シミエン……セカンド
③ボー・ビシェット……ショート
④テオスカー・ヘルナンデス……ライト
⑤ヴラディミール・ゲレーロ・ジュニア……ファースト
⑥キャヴァン・ビジオ……サード
⑦ラウディ・テレーズ……DH
⑧ルルデス・グリエル・ジュニア……レフト
⑨ダニー・ジャンセン……キャッチャー

Depth Chart

[ポジション別選手層・メンバーリスト]

※2021年2月12日時点の候補選手。数字は背番号(開幕前に変更する場合もあり)、右・左等は投・打の順。

センター

4 **ジョージ・スプリンガー [右・右]**
15 ランドール・グリチック [右・右]
49 ジョナサン・デイヴィス [右・右]

レフト

13 **ルルデス・グリエル・ジュニア [右・右]**

ライト

37 **テオスカー・ヘルナンデス [右・右]**
8 キャヴァン・ビジオ [右・左]
23 デレク・フィッシャー [右・左]

ショート

11 **ボー・ビシェット [右・右]**
10 マーカス・シミエン [右・右]

セカンド

10 **マーカス・シミエン [右・右]**
8 キャヴァン・ビジオ [右・左]

ローテーション

99 柳賢振(リュ・ヒョンジン) [左・右]
24 ネイト・ピアソン [右・右]
14 タナー・ロアーク [右・右]
38 ロビー・レイ [左・左]
57 トレント・ソーントン [右・右]
32 タイラー・チャトウッド [右・右]
22 スティーヴン・マッツ [左・右]
48 ロス・ストリップリング [右・右]

サード

8 **キャヴァン・ビジオ [右・左]**
5 サンティアーゴ・エスピナル [右・右]

ファースト

27 **ヴラディミール・ゲレーロ・ジュニア [右・右]**
44 ラウディ・テレーズ [左・左]
8 キャヴァン・ビジオ [右・左]

キャッチャー

9 **ダニー・ジャンセン [右・右]**
85 アレハンドロ・カーク [右・右]
7 リース・マグワイア [右・左]

DH

44 **ラウディ・テレーズ [左・左]**
27 ヴラディミール・ゲレーロ・ジュニア [右・右]
85 アレハンドロ・カーク [右・右]

ブルペン

39 カービー・イェーツ [右・左] CL
68 ジョーダン・ロマーノ [右・右]
47 アンソニー・ケイ [左・左]
41 ラファエル・ドリス [右・右]
67 ジュリアン・メリーウェザー [右・右]
62 ジェイコブ・ワーゲスパック [右・右]
48 ロス・ストリップリング [右・右]
56 ライアン・ボラッキー [左・左]
31 トーマス・ハッチ [右・右]
66 パトリック・マーフィー [右・右]
— A.J.コール [右・右]
32 タイラー・チャトウッド [右・右]

※CL=クローザー

ブルージェイズ試合日程……＊はアウェーでの開催

4月1・3・4	ヤンキース＊	3・4・5・6	アスレティックス＊	4・5・6	アストロズ
5・6・7	レンジャーズ＊	7・8・9	アストロズ＊	8・9・10	ホワイトソックス＊
8・9・10・11	エンジェルス	11・12・13	ブレーブス＊	11・12・13・14	レッドソックス＊
12・13・14	ヤンキース	14・15・16	フィリーズ	15・16・17	ヤンキース
15・16・17・18	ロイヤルズ＊	18・19・20	レッドソックス	18・19・20	オリオールズ＊
20・21	レッドソックス＊	21・22・23・24	レイズ	22・23	マーリンズ＊
23・24・25	レイズ＊	25・26・27	ヤンキース＊	24・25・26・27	オリオールズ
27・28	ナショナルズ	28・29・30	インディアンズ＊	29・30・**7**月1	マリナーズ
30・**5**月1・2	ブレーブス	**6**月1・2	マーリンズ	2・3・4	レイズ

球団メモ　本拠地球場がカナダにある。昨季は新型コロナの影響で入国制限がかかり、カナダで試合ができず、ニューヨーク州バッファローにある３Ａの球場を本拠地とした。

Analysis 矢印⬆↗➡↘⬇は、昨季終了時との比較 [戦力分析]

■投手力↗…★★★★☆☆【昨年度チーム防御率4.60、リーグ10位】

昨季は先発防御率がリーグ８位の4.55だった。今季はこの平均レベルのローテーションにマッツとチャトウッドが加わる。これはさほどプラスにはならないが、昨年クローザーが不在だったリリーフ陣に、イェーツが加わるのは大きなプラスだ。万が一イェーツが機能しない場合は、元阪神の守護神ドリスが控えているので、ブルペンのレベルが急に落ちることは考えにくい。

■攻撃力↗…★★★★★☆【昨年度チーム得点302、リーグ3位】

昨年チーム得点がリーグ３位だった打線に最強のトップバッター・スプリンガーと長打力がウリのシミエンが加わり、得点力は大幅に強化された。この２人の加入は、２世軍団のモチベーションを上げる効果も期待できる。

■守備力↗…★★★★☆【昨年度チーム失策数39、リーグ10位タイ】

昨年は、DRS（守備で防いだ失点）がマイナス39でリーグワーストだった。これはショートが22歳のビシェットで、内野守備の要として機能していなかったのが原因。今季はリーダーシップを取れるシミエンが入り、内野の守備力は大幅にレベルアップするはず。同様にハッスルプレーを連発するスプリンガーがセンターに入ることで、外野の守備力も向上する可能性が高い。

■機動力↗…★★★★☆【昨年度チーム盗塁数33、リーグ5位】

盗塁能力の高いシミエンの加入で、トップレベルの脚力を持つビジオとビシェットが刺激を受け、盗塁に積極的になる可能性がある。頻繁にトライするようになればビシェットは30盗塁、ビジオは20盗塁に届く可能性がある。

カナダのチームなのに昨年は新型コロナ拡大の影響で、フルシーズン米国でプレーすることを強いられた。そんな悪条件の中でポストシーズンに進出したため、チーム内に自信がみなぎっている。補強の成功でヤンキースと互角に戦える戦力が整った。

IN 主な入団選手

投手
- カービー・イェーツ⬅パドレス
- タイラー・チャトウッド⬅カブス
- マイケル・カストロ⬅タイガース
- スティーヴン・マッツ⬅メッツ

野手
- ジョージ・スプリンガー⬅アストロズ
- マーカス・シミエン⬅アスレティックス

OUT 主な退団選手

投手
- アンソニー・バース➡マーリンズ
- タイワン・ウォーカー➡所属先未定
- ケン・ジャイルズ➡所属先未定

野手
- ジョナサン・ヴィアー➡メッツ
- ジョー・パニック➡所属先未定
- トラヴィス・ショウ➡所属先未定

6・7・8	オリオールズ*	6・7・8	レッドソックス	6・7・8・9	ヤンキース*
9・10・11	レイズ*	10・11・12	エンジェルス*	10・11・12	オリオールズ*
13	オールスターゲーム	13・14・15	マリナーズ*	13・14・15	レイズ
16・17・18	レンジャーズ	17・18	ナショナルズ*	17・18・19	ツインズ
19・20・21	レッドソックス	20・21・22	タイガース	20・21・22	レイズ*
23・24・25	メッツ*	23・24・25・26	ホワイトソックス	23・24・25・26	ツインズ*
26・27・28・29	レッドソックス*	27・28・29	タイガース*	28・29・30	ヤンキース
30・31・**8**月1	ロイヤルズ	30・31・**9**月1	オリオールズ	**10**月1・2・3	オリオールズ
2・3・4・5	インディアンズ	3・4・5	アスレティックス		

球団メモ 昨季は山口俊がプレー。これまで在籍した日本人選手には、マイケル中村、大家友和、五十嵐亮太、川﨑宗則、青木宣親がいる。この中で複数年プレーしたのは川﨑のみ。

投手

ホームレス球団のエースとして大奮闘

先発

99 柳賢振(リュ・ヒョンジン)
Hyun Jin Ryu

34歳 1987.3.25生 | 191cm | 116kg | 左投右打
◆速球のスピード／140キロ台後半(フォーシーム、ツーシーム)
◆決め球と持ち球／☆チェンジアップ、◎カーブ、◎カッター、○フォーシーム、○ツーシーム
◆対左打者被打率／.220 ◆対右打者被打率／.238
◆ホーム防御率／2.10 ◆アウェー防御率／3.16
◆ドラフトデータ／2012㊕ドジャース
◆出身地／韓国 ◆年俸／2000万ドル(約21億円)
◆最優秀防御率1回(19年)

球威 3
制球 5
緩急 5
守備・牽制 5
度胸 5

2019年はドジャースで、昨年はブルージェイズでサイ・ヤング賞の最終候補にノミネートされた韓国出身の技巧派サウスポー。昨年、ブルージェイズは大混乱の中で開幕を迎えることになった。開幕の5日前になって、カナダ政府が米国でのコロナ感染拡大を憂慮し、入国する野球選手にも例外なく、14日間の隔離措置を取ると発表したからだ。これによって米国から来るチームは事実上、トロントで試合ができなくなり、ブルージェイズは全60試合を米国で戦わねばならなくなった。

悪いことばかり続いていたため、開幕投手の栄誉を担った柳(リュ)は、何としても勝ちたかった。しかし、あと1つアウトを取れば勝ち投手という場面で筒香嘉智にツーランを浴び、KOされてしまった。次のナショナルズ戦では、一番の武器であるチェンジアップが浮いて、テイラーにツーランを食った。そんな不安定な状態にピリオドを打ってくれたのが、8月11日から新たな本拠地になったセーレン・フィールド(3Aバッファロー・バイソンズの本拠地)だ。事前の練習でマウンドのクセを把握した柳は、生命線であるインサイドの制球力がよみがえり、ホーム開幕戦でマーリンズ打線を6回まで2安打1失点に抑える快投を見せた。そのあとは投球のリズムも良くなって、4試合連続で相手を1失点以内に抑え、チームの快進撃を支えた。さらに公式戦最後の登板となった9月24日のヤンキース戦で、7回を4安打無失点に封じたことで防御率が2.69という見事な数字になり、サイ・ヤング賞の最終候補3人の枠に滑り込むことができた。

美人妻のペ・ジヒョンさんは、元韓国文化放送のスポーツアナ。昨年春に第一子が誕生。毎年オフの間は、韓国の仁川(インチョン)にある自宅で過ごしている。

カモ G・トーレス(ヤンキース).000(7-0)0本 M・マーゴ(レイズ).083(12-1)0本
苦手 L・ヴォイト(ヤンキース).500(6-3)1本 P・ヴァライカ(オリオールズ).364(11-4)1本

年度	所属チーム	勝利	敗戦	防御率	試合数	先発	セーブ	投球イニング	被安打	失点	自責点	被本塁打	与四球	奪三振	WHIP
2013	ドジャース	14	8	3.00	30	30	0	192.0	182	67	64	15	49	154	1.20
2014	ドジャース	14	7	3.38	26	26	0	152.0	152	60	57	8	29	139	1.19
2016	ドジャース	0	1	11.57	1	1	0	4.2	8	6	6	1	2	4	2.14
2017	ドジャース	5	9	3.77	25	24	1	126.2	128	58	53	22	45	116	1.37
2018	ドジャース	7	3	1.97	15	15	0	82.1	68	23	18	9	15	89	1.01
2019	ドジャース	14	5	2.32	29	29	0	182.2	160	53	47	17	24	163	1.01
2020	ブルージェイズ	5	2	2.69	12	12	0	67.0	60	22	20	6	17	72	1.15
通算成績		59	35	2.95	138	137	1	807.1	758	289	265	78	181	737	1.16

投手

ロング リリーフ

1 MLBの滑るボールに悪戦苦闘
山口俊 *Shun Yamaguchi*

34歳 1987.7.11生 | 188cm | 102kg | 右投右打
◆速球のスピード／140キロ台後半(フォーシーム主体)
◆決め球と持ち球／◎スプリッター、○カーブ、△フォーシーム、△スライダー
◆対左.238 ◆対右.316 ◆ホ防5.65 ◆ア防11.12
◆ド2006①横浜、2020外ブルージェイズ ◆出大分県
◆年317.5万ドル(約3億3338万円)

球威3 制球2 緩急4 守備・牽制3 度胸3

1年目は試行錯誤しているうちに終わってしまった、力士のDNAを持つ右腕（父は元幕内の谷嵐）。昨季は初め、重要度の高い場面で使われた。最初の登板となった7月26日のレイズ戦では、延長10回裏に登板。いきなり四球を出したあと、次打者に三塁打を打たれて2失点し、サヨナラ負け。2度目の登板は29日のナショナルズ戦で、このときも延長10回表に登板。いきなり2人を歩かせてから三塁打を打たれ、敗戦投手になった。このような展開になったのは、MLBの滑るボールに不慣れで、指の抑えが利かなかったのが原因。メジャーの投手が自分に合った滑り止めを見つけて上手に使っていることを知り、自分でもやってみたところうまくいき、その後はしばらく好投が続いた。キャンプ直前の今年2月10日、メジャーの登録枠から外されたため、今季開幕はブルージェイズ傘下のマイナーか、他球団へ移籍して迎えることになる。

カモ G・スタントン(ヤンキース).000(3-0)0本　苦手 R・ルイーズ(オリオールズ)1.000(2-2)0本

年度	所属チーム	勝利	敗戦	防御率	試合数	先発	セーブ	投球イニング	被安打	失点	自責点	被本塁打	与四球	奪三振	WHIP
2020	ブルージェイズ	2	4	8.06	17	0	0	25.2	28	25	23	6	17	26	1.75
通算成績		2	4	8.06	17	0	0	25.2	28	25	23	6	17	26	1.75

セットアップ クローザー

41 日本で緩急のつけ方をマスター
ラファエル・ドリス *Rafael Dolis*

33歳 1988.1.10生 | 193cm | 107kg | 右投右打
◆速球のスピード／150キロ台前半(シンカー主体)
◆決め球と持ち球／☆スプリッター、◎シンカー、◎スライダー
◆対左.162 ◆対右.217 ◆ホ防1.74 ◆ア防1.32
◆ド2009外カブス ◆出ドミニカ
◆年150万ドル(約1億5750万円)

球威4 制球2 緩急5 守備・牽制4 度胸4

今季はクローザーで使われる可能性もある阪神タイガースの元守護神。メジャーでは2013年を最後に投げていなかったが、これはマイナーで2年投げたあと、日本の阪神で4年間クローザーを務めていたからだ。阪神では4年間で208試合に登板し、96セーブをマーク。17年にはセーブ王になった。その実績を評価したブルージェイズが、1年100万ドルのバーゲン価格で獲得。昨季はクローザーのジャイルズが、2試合に投げただけでヒジを痛めてIL（故障者リスト）入り。その後はバース、ロマーノ、ドリスらが交代で務めたが、狙って三振を取れることが評価され、9月7日以降はもっぱらドリスが9回の抑えに使われた。日本で覚えたスプリッターが一番の武器だ。

カモ H・レンフロー(レッドソックス).000(3-0)0本　苦手 ―――

年度	所属チーム	勝利	敗戦	防御率	試合数	先発	セーブ	投球イニング	被安打	失点	自責点	被本塁打	与四球	奪三振	WHIP
2011	カブス	0	0	0.00	1	0	0	1.1	0	0	0	0	1	1	0.75
2012	カブス	2	4	6.39	34	0	4	38.0	40	29	27	5	23	24	1.66
2013	カブス	0	0	0.00	5	0	0	5.0	3	2	0	0	2	0	1.00
2020	ブルージェイズ	2	2	1.50	24	0	5	24.0	16	9	4	1	14	31	1.25
通算成績		4	6	4.08	64	0	9	68.1	59	40	31	6	40	56	1.45

対左=対左打者被打率　対右=対右打者被打率　ホ防=ホーム防御率　ア防=アウェー防御率
ド=ドラフトデータ　出=出身地　年=年俸

38 ロビー・レイ *Robbie Ray*

再生に自信を持つGMがギャンブル契約　先発

30歳 1991.10.1生 | 188cm | 98kg | 左投左打
◆速球のスピード／150キロ前後（フォーシーム主体）
◆決め球と持ち球／◎スライダー、○フォーシーム、△カーブ
◆対左.207 ◆対右.283 ◆ホ防4.88 ◆ア防8.63
◆ド2010⑫ナショナルズ ◆出テネシー州
◆年800万ドル（約8億4000万円）

球威5　制球2　緩急3　守備・牽制5　度胸4

昨年8月末のトレードでダイヤモンドバックスから移籍したが、制球難のためほとんど貢献できなかった左腕。それなのにブルージェイズが、新たに1年800万ドルを提示して残留させたのは、いくつか復調のきざしが見えてきたので、使い続けていれば以前のリズムを取り戻し、強力な先発2番手になると読んだからだ。ギャンブル契約なので、メディアの評価は懐疑的だった。短所はコントロールがアバウトで、与四球が多いこと。その一方で、狙って三振を取れるので、与四球の多さが致命的なマイナス要因にはなっていない。

カモ A・ヒックス（ヤンキース）.000(5-0)0本　苦手 A・ヴァドゥーゴ（レッドソックス）.500(6-3)0本

年度	所属チーム	勝利	敗戦	防御率	試合数	先発	セーブ	投球イニング	被安打	失点	自責点	被本塁打	与四球	奪三振	WHIP
2014	タイガース	1	4	8.16	9	6	0	28.2	43	26	26	5	11	19	1.88
2015	ダイヤモンドバックス	5	12	3.52	23	23	0	127.2	121	56	50	9	49	119	1.33
2016	ダイヤモンドバックス	8	15	4.90	32	32	0	174.1	185	105	95	24	71	218	1.47
2017	ダイヤモンドバックス	15	5	2.89	28	28	0	162.0	116	57	52	23	71	218	1.15
2018	ダイヤモンドバックス	6	2	3.93	24	24	0	123.2	97	55	54	19	70	165	1.35
2019	ダイヤモンドバックス	12	8	4.34	33	33	0	174.1	150	91	84	30	84	235	1.34
2020	ダイヤモンドバックス	1	4	7.84	7	7	0	31.0	31	27	27	9	31	43	2.00
2020	ブルージェイズ	1	1	4.79	5	4	0	20.2	22	13	11	4	14	25	1.74
2020	2チーム計	2	5	6.62	12	11	0	51.2	53	40	38	13	45	68	1.90
通算成績		49	51	4.26	161	157	0	842.1	765	430	399	123	401	1042	1.38

48 ロス・ストリップリング *Ross Stripling*

先発兼業から専業になって、投球内容が劣化　先発

32歳 1989.11.23生 | 191cm | 100kg | 右投右打
◆速球のスピード／140キロ台後半（フォーシーム主体）
◆決め球と持ち球／◎チェンジアップ、◎カーブ、○スライダー、△フォーシーム
◆対左.220 ◆対右.343 ◆ホ防5.40 ◆ア防6.35
◆ド2012⑤ドジャース ◆出テキサス州
◆年300万ドル（約3億1500万円）

球威3　制球4　緩急4　守備・牽制5　度胸4

昨年8月末のトレードでドジャースから移籍した、メジャーで最も優秀なスイングマンと評価されていた投手。スイングマンとは、先発6番手とロングリリーフを兼ねる便利屋投手のこと。ストリップリングはローテーションに欠員が生じると先発に回り、カーショウ顔負けの好投をよくするので人気があった。以前から先発専業での起用を希望し、昨年その夢がかなったが、投球内容は兼業の頃よりずっと悪かった。恵まれた環境より恵まれない環境のほうが、気が張って力を出せるタイプなのだろうが、せっかく手にした先発4番手の座なので、メジャーで最も役に立つ4番手になってほしいものだ。

カモ G・サンチェス（ヤンキース）.000(4-0)0本　苦手 M・マーゴ（レイズ）.462(13-6)2本

年度	所属チーム	勝利	敗戦	防御率	試合数	先発	セーブ	投球イニング	被安打	失点	自責点	被本塁打	与四球	奪三振	WHIP
2016	ドジャース	5	9	3.96	22	14	0	100.0	96	46	44	10	30	74	1.26
2017	ドジャース	3	5	3.75	49	2	2	74.1	69	31	31	10	19	74	1.18
2018	ドジャース	8	6	3.02	33	21	0	122.0	123	42	41	18	22	136	1.19
2019	ドジャース	4	4	3.47	32	15	0	90.2	84	40	35	11	20	93	1.15
2020	ドジャース	3	1	5.61	7	7	0	33.2	38	26	21	12	11	27	1.46
2020	ブルージェイズ	0	2	6.32	5	2	1	15.2	18	11	11	1	7	13	1.60
2020	2チーム計	3	3	5.84	12	9	1	49.1	56	37	32	13	18	40	1.50
通算成績		23	27	3.77	148	61	3	436.1	428	196	183	62	109	417	1.23

対左=対左打者被打率　対右=対右打者被打率　ホ防=ホーム防御率　ア防=アウェー防御率
ド=ドラフトデータ　出=出身地　年=年俸　カモ 苦手 は通算成績

39 カービー・イェーツ *Kirby Yates*

スプリッターの精度が戻れば、不動の守護神に　クローザー セットアップ　移籍

34歳 1987.3.25生｜178cm｜93kg｜右投左打
◆速球のスピード／150キロ前後(フォーシーム)
◆決め球と持ち球／☆スプリッター
◆対左.417 ◆対右.250 ◆ホ防7.36 ◆ア防40.50
◆ド2005㉖レッドソックス ◆出ハワイ州
◆年550万ドル(約5億7750万円) ◆最多セーブ1回(19年)

球威4 制球4 緩急4 守備・牽制3 度胸4

1年550万ドルで入団した2019年のナショナル・リーグ最多セーブ王。17年途中から昨季までパドレスで投げ、伝家の宝刀スプリッターを武器に、19年にはリーグ最多の41セーブをマーク。このスプリッターはヤンキース時代、田中将大やネイサン・イヴォルディらに刺激を受けて磨いたものだ。昨季は右ヒジ骨片除去手術の影響で満足に投げられなかったが、すでにヒジの状態は問題ないという。14年にレイズでメジャーデビュー。昇格をイェーツに伝えに来た当時の3A監督が、現ブルージェイズ監督のモントーヨだった。

カモ J.マルティネス(レッドソックス).000(5-0)0本　苦手 C.デイヴィス(オリオールズ).667(3-2)2本

年度	所属チーム	勝利	敗戦	防御率	試合数	先発	セーブ	投球イニング	被安打	失点	自責点	被本塁打	与四球	奪三振	WHIP
2014	レイズ	0	2	3.75	37	0	1	36.0	33	16	15	4	15	42	1.33
2015	レイズ	1	0	7.97	20	0	0	20.1	23	18	18	10	7	21	1.48
2016	ヤンキース	2	1	5.23	41	0	0	41.1	41	24	24	5	19	50	1.45
2017	エンジェルス	0	0	18.00	1	0	0	1.0	2	2	2	2	0	1	2.00
2017	パドレス	4	5	3.72	61	0	1	55.2	42	26	23	10	19	87	1.10
2017	2チーム計	4	5	3.97	62	0	1	56.2	44	28	25	12	19	88	1.11
2018	パドレス	5	3	2.14	65	0	12	63.0	41	15	15	6	17	90	0.92
2019	パドレス	0	5	1.19	60	0	41	60.2	41	14	8	2	13	101	0.89
2020	パドレス	0	1	12.46	6	0	2	4.1	7	6	6	1	4	8	2.54
通算成績		12	17	3.54	291	0	57	282.1	230	121	111	40	94	400	1.15

32 タイラー・チャトウッド *Tyler Chatwood*

2度のトミー・ジョン手術を乗り越えて活躍　スイングマン　移籍

32歳 1989.12.16生｜180cm｜91kg｜右投右打
◆速球のスピード／150キロ前後(シンカー主体)
◆決め球と持ち球／◎カッター、○シンカー、△カーブ、△チェンジアップ、△フォーシーム
◆対左.265 ◆対右.333 ◆ホ防0.71 ◆ア防15.0
◆ド2008②エンジェルス ◆出カリフォルニア州
◆年300万ドル(約3億1500万円)

球威2 制球2 緩急3 守備・牽制3 度胸3

先発で投げてもリリーフで投げても、しっかり仕事をこなす右腕。カブスとの3年契約最終年だった昨季は、開幕から先発ローテーションに入って投げ、2試合連続で好投。カッターの割合を増やしたことで、以前より奪三振率がアップした。しかし3戦目で大炎上し、その後、IL入り。結局5試合の登板にとどまった。今季、ブルージェイズでは、ブルペンに回って投げる予定だ。高校時代とロッキーズ時代の2014年に、トミー・ジョン手術を経験。

カモ J.ヘイワード(カブス).000(9-0)0本　苦手 J.マルティネス(レッドソックス).600(5-3)0本

年度	所属チーム	勝利	敗戦	防御率	試合数	先発	セーブ	投球イニング	被安打	失点	自責点	被本塁打	与四球	奪三振	WHIP
2011	エンジェルス	6	11	4.75	27	25	0	142.0	166	81	75	14	71	74	1.67
2012	ロッキーズ	5	6	5.43	19	12	1	64.2	74	43	39	9	33	41	1.65
2013	ロッキーズ	8	5	3.15	20	20	0	111.1	118	44	39	5	41	66	1.43
2014	ロッキーズ	1	0	4.50	4	4	0	24.0	21	13	12	4	8	20	1.21
2016	ロッキーズ	12	9	3.87	27	27	0	158.0	147	75	68	15	70	117	1.37
2017	ロッキーズ	8	15	4.69	33	25	1	147.2	136	79	77	20	77	120	1.44
2018	カブス	4	6	5.30	24	20	0	103.2	92	62	61	9	95	85	1.80
2019	カブス	5	3	3.76	38	5	2	76.2	65	33	32	8	37	74	1.33
2020	カブス	2	2	5.30	5	5	0	18.2	22	11	11	2	9	25	1.66
通算成績		51	57	4.40	197	143	4	846.2	841	441	414	86	441	622	1.51

投手

24 ネイト・ピアソン Nate Pearson

短大への転学が功を奏し、ドラフト1巡目指名　先発　ルーキー

25歳 1996.8.20生 | 198cm | 113kg | 右投右打
◆速球のスピード／150キロ台中頃～後半(フォーシーム主体)
◆決め球と持ち球／☆スライダー、◎フォーシーム、○チェンジアップ、○カーブ
◆対左.313 ◆対右.114 ◆ホ防9.00 ◆ア防5.14
◆ド2017①ブルージェイズ ◆出フロリダ州
◆年57万500ドル(約5990万円)+α

球威5 制球2 緩急3 守備・牽制3 度胸3

チームを背負って立つエースに成長する可能性が高い注目の右腕。大学1年のときは、4年制のフロリダ国際大学でリリーフ投手をしていた。だが、先発投手として活躍し、ドラフト上位指名されることを夢見ていたため、2年時はフロリダ・セントラル短大に転学。ここではエースとして使われ、好成績を出すこともできた。その結果、2017年のドラフトでブルージェイズから1巡目、全体の28番目に指名されプロ入り。その後はルーキーリーグから始めて、実質2年で3Aに到達。21年からフル稼働させるには、20年に数試合慣らし登板をさせる必要があるということで、昨年7月31日にメジャーデビューし5試合に登板（うち4試合は先発)、防御率は6.00だった。想定内の数字だったので、今季は開幕から先発2番手で使われることになりそうだ。通常、フォーシームを155キロ前後の球速で投げているが、160キロも出せる。

カモ ―――　苦手 A・サンタンダー(オリオールズ)1.000(2-2)2本

年度	所属チーム	勝利	敗戦	防御率	試合数	先発	セーブ	投球イニング	被安打	失点	自責点	被本塁打	与四球	奪三振	WHIP
2020	ブルージェイズ	1	0	6.00	5	4	0	18.0	14	15	12	5	13	16	1.50
通算成績		1	0	6.00	5	4	0	18.0	14	15	12	5	13	16	1.50

68 ジョーダン・ロマーノ Jordan Romano

自分のピッチングを根底から改造して成功　セットアップ クローザー

28歳 1993.4.21生 | 196cm | 102kg | 右投右打
◆速球のスピード／150キロ台中頃(フォーシーム)
◆決め球と持ち球／◎フォーシーム、◎スライダー
◆対左.083 ◆対右.214 ◆ホ防3.86 ◆ア防0.00
◆ド2014⑩ブルージェイズ ◆出カナダ
◆年57万500ドル(約5990万円)+α

球威5 制球4 緩急4 守備・牽制3 度胸4

クローザー候補の一人になっている、昨年ミニブレイクしたリリーフ右腕。フォーシームとスライダーだけで投げるツーピッチ・ピッチャー。昨季はオフに筋トレに励(はげ)んだ成果が出て、フォーシームの球速が平均3キロ増加。高めの速球で、三振を取れるようになった。スライダーは130キロ台中盤の通常タイプから、平均球速143.5キロの高速スライダーに変え、使用比率も35%から60%に増やした。こうした変更は効率良くアウトを取ることに寄与し、防御率が7点台から一挙に1点台になった。カナダのチーム（=ブルージェイズ）で、ただ一人のカナダ人選手。トロントに近いマーカムで生まれ育った地元産選手でもあるため、声援が格段に多く、メディアからの取材も絶えない。ルール5ドラフトで指名された経験のある、数少ない現役選手の一人。

カモ R・ルイーズ(オリオールズ).000(4-0)0本　苦手 A・ヘイズ(オリオールズ).667(3-2)1本

年度	所属チーム	勝利	敗戦	防御率	試合数	先発	セーブ	投球イニング	被安打	失点	自責点	被本塁打	与四球	奪三振	WHIP
2019	ブルージェイズ	0	2	7.63	17	0	0	15.1	17	14	13	4	9	21	1.70
2020	ブルージェイズ	2	1	1.23	15	0	2	14.2	8	3	2	2	5	21	0.89
通算成績		2	3	4.50	32	0	2	30.0	25	17	15	6	14	42	1.30

対左=対左打者被打率　対右=対右打者被打率　ホ防=ホーム防御率　ア防=アウェー防御率
ド=ドラフトデータ　出=出身地　年=年俸　カモ 苦手は通算成績

投手

47 攻めのピッチングが身上 アンソニー・ケイ *Anthony Kay*

ロングリリーフ

26歳 1995.3.21生 | 183cm | 102kg | 左投左打 速150キロ前後(フォーシーム主体) 決○チェンジアップ
対左.341 対右.195 ド2016①メッツ 出ニューヨーク州 年57万500ドル(約5990万円)+α

球4 制2 緩4 守・牽4 度4

効率良くアウトを取ることより、打者と対決して三振にしとめることに意義を感じるブルドッグ・メンタリティのサウスポー。昨季はゲーム中盤に登板して、複数イニングを投げる役目を担ったほか、セットアッパーやピンチの火消し役でも登板し、チームのポストシーズン進出に貢献した。ケガのデパートで、プロ入りする際、身体検査でヒジに異常が見つかり、契約金が大幅に減額された。さらにトミー・ジョン手術を受けたため、ゲームに出られるようになったのは入団3年目からだ。昨年9月下旬には、原因不明の腰痛に悩まされ、ポストシーズンのメンバーに入れなかった。

年度	所属チーム	勝利	敗戦	防御率	試合数	先発	セーブ	投球イニング	被安打	失点	自責点	被本塁打	与四球	奪三振	WHIP
2020	ブルージェイズ	2	0	5.14	13	0	0	21.0	22	13	12	3	14	22	1.71
通算成績		3	0	5.40	16	2	0	35.0	37	22	21	3	19	35	1.60

14 リーグで2番目に多い被本塁打14 タナー・ロアーク *Tanner Roark*

先発

35歳 1986.10.5生 | 188cm | 108kg | 右投右打 速140キロ台中頃(フォーシーム、シンカー) 決○カーブ
対左.218 対右.383 ド2008㉕レンジャーズ 出イリノイ州 年1200万ドル(約12億6000万円)

球2 制2 緩3 守・牽2 度3

昨季は年俸に見合う働きができなかったベテラン右腕。2019年オフ、安定感を高く評価され、2年2400万ドルでブルージェイズに迎え入れられた。だが、1年目の昨季は序盤から失点を重ねる試合が多く、6点台の防御率でシーズンを終えている。全盛期に比べてシンカーが落ちなくなり、それを痛打されるシーンが目立った。昨季打たれた14本塁打は、アメリカン・リーグで2番目に悪い数字だ。17年の第4回WBCに、アメリカ代表チームの一員として参加。準決勝の日本戦に先発し（日本の先発は菅野智之)、4回を無失点に抑える好投を見せ、勝利に貢献。優勝への道を切り開いた。

年度	所属チーム	勝利	敗戦	防御率	試合数	先発	セーブ	投球イニング	被安打	失点	自責点	被本塁打	与四球	奪三振	WHIP
2020	ブルージェイズ	2	3	6.80	11	11	0	47.2	60	39	36	14	23	41	1.74
通算成績		76	67	3.83	224	183	1	1148.0	1107	520	489	140	337	931	1.26

22 ストライクは入るが、昨季は猛烈に被弾 スティーヴン・マッツ *Steven Matz*

先発 移籍

30歳 1991.5.29生 | 188cm | 91kg | 左投右打 速150キロ台前半(ツーシーム) 決○カーブ
対左.333 対右.320 ド2009②メッツ 出ニューヨーク州 年520万ドル(約5億4600万円)

球2 制4 緩3 守・牽4 度3

今年1月のトレードでメッツから加入した、先発4～5番手格の左腕。ツーシームを中心にチェンジアップ、カーブ、スライダーの変化球をバランス良く投げる。どの球種も突出はしていないが、ストライクを取る能力があり、2019年には11勝10敗、防御率4.21で初の2ケタ勝利を達成したほか、初の完封勝利を99球の「マダックス」(100球以下での完封）で達成。昨季は平均球速をキャリアハイまで上げたが、勝負球がことごとくド真ん中に集まり、14被弾の大乱調で炎上もする試合も多かった。新天地で捕手が変わり、新味が出てこなければ厳しい。子供の頃の夢は消防士。

年度	所属チーム	勝利	敗戦	防御率	試合数	先発	セーブ	投球イニング	被安打	失点	自責点	被本塁打	与四球	奪三振	WHIP
2020	メッツ	0	5	9.68	9	6	0	30.2	42	33	33	14	10	36	1.70
通算成績		31	41	4.35	112	107	0	579.2	585	301	280	96	180	552	1.32

31 トーマス・ハッチ Thomas Hatch

チェンジアップは来るようで来ない一級品

ミドルリリーフ

27歳 1994.9.29生 | 185cm | 93kg | 右投右打 速150キロ台前半(フォーシーム) 決◎チェンジアップ 対左.200 対右.185 ド2016③カブス 出オクラホマ州 年57万500ドル(約5990万円)+α

球3 制4 緩5 守備3 度3

昨年の開幕前日に出場登録枠に加えられ、7月26日にメジャーデビューしたリリーフ右腕。その後は主に、ゲーム中盤に複数のイニングを投げるリリーフで使われ、安定感のある活躍を見せた。一番の武器は、来るようで来ないチェンジアップ。速球と同じ腕の振りで投げ込んでくるため、早く反応してしまう打者が多く、腰の入らないゴロを打つ羽目になる。レギュラーシーズンの好投が評価されて、ポストシーズンのメンバーにも選ばれ、2試合に登板してヒットを1本も許さなかった。カブスのマイナーで育成されていた投手で、2019年7月末のトレードでブルージェイズに移籍。

年度	所属チーム	勝利	敗戦	防御率	試合数	先発	セーブ	投球イニング	被安打	失点	自責点	被本塁打	与四球	奪三振	WHIP
2020	ブルージェイズ	3	1	2.73	17	1	0	26.1	18	11	8	2	13	23	1.18
通算成績		3	1	2.73	17	1	0	26.1	18	11	8	2	13	23	1.18

56 ライアン・ボラッキー Ryan Borucki

改良したスライダーで奪三振率大幅アップ

ミドルリリーフ

27歳 1994.3.31生 | 193cm | 98kg | 左投左打 速150キロ台前半(シンカー主体) 決◎スライダー(カッター) 対左.125 対右.286 ド2012⑮ブルージェイズ 出イリノイ州 年57万500ドル(約5990万円)+α

球4 制2 緩3 守備3 度3

新たな投球スタイルを確立中の左腕。2018年にメジャーデビュー。ローテーションに入って投げ、その年のアメリカン・リーグの新人で最多となる11のQSをマーク。翌19年はヒジの故障でほとんど投げられなかったが、昨季はブルペンに回り、まずまずのピッチングを披露した。以前は130キロ台中盤の曲がりの大きなスライダーを武器にしていたが、昨季から140キロ前後の曲がりのやや小さなものに変更。右打者からも三振を奪えるようになり、本人も確かな手ごたえを感じているようだ。なおボラッキー自身は、この新しく使い始めたスライダーを「カッター」とも呼んでいる。

年度	所属チーム	勝利	敗戦	防御率	試合数	先発	セーブ	投球イニング	被安打	失点	自責点	被本塁打	与四球	奪三振	WHIP
2020	ブルージェイズ	1	1	2.70	21	0	0	16.2	12	5	5	1	12	21	1.44
通算成績		5	8	4.09	40	19	0	121.0	123	63	55	10	51	94	1.44

66 パトリック・マーフィー Patrick Murphy

リリーフ 先発 期待度 C+ ルーキー

26歳 1995.6.10生 | 196cm | 107kg | 右投右打 ◆昨季はメジャーで4試合出場 ド2013③ブルージェイズ 出アリゾナ州

昨年9月18日にメジャーデビューした、ロングリリーフ向きの右腕。150キロ台中盤のシンカーと、130キロ台前半のパワーカーブを主体に投げるパワーピッチャー。メジャー昇格まで8年かかったのは、トミー・ジョン手術、胸郭出口症候群(きょうかくでぐちしょうこうぐん)の手術などで、投げられない時期が何度もあったからだ。

ー アンソニー・カストロ Anthony Castro

リリーフ 先発 期待度 C+ 移籍 ルーキー

26歳 1995.4.13生 | 188cm | 83kg | 右投右打 ◆昨季はメジャーで1試合出場 ド2011外タイガース 出ベネズエラ

昨年12月7日に、ウエーバー経由でタイガースから獲得した奪三振マシン。ブルージェイズは昨年、中継ぎ陣を中盤の複数イニングのリリーフに使って好結果を得ているが、カストロを獲得したのも、その役目で使うのが目的。ややカッター軌道になるフォーシームとカーブは威力があるが、制球がイマイチ。

速=速球のスピード 決=決め球 対左=対左打者被打率 対右=対右打者被打率
ド=ドラフトデータ 出=出身地 年=年俸 ※昨季、マイナーリーグは中止
※メジャー経験がない投手の「先発」「リリーフ」はマイナーでの役割

野手

特大アーチをよく打つ、地味な主砲

ライト

37 テオスカー・ヘルナンデス
Teoscar Hernandez

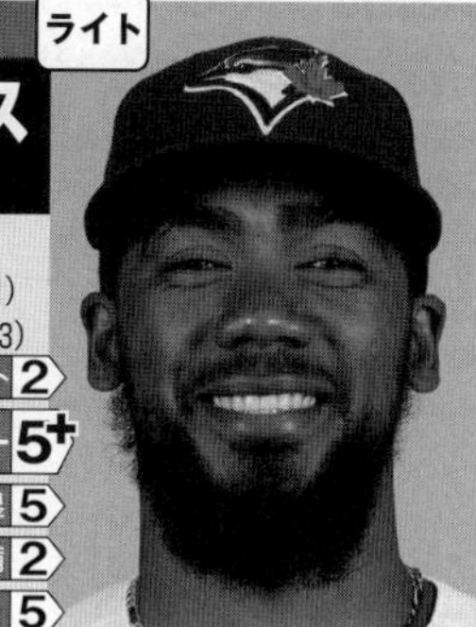

29歳 1992.10.15生 | 188cm | 93kg | 右投右打
◆対左投手打率／.275(51-14) ◆対右投手打率／.295(139-41)
◆ホーム打率／.282(78-22) ◆アウェー打率／.295(112-33)
◆得点圏打率／.238(42-10)
◆20年のポジション別出場数／ライト=40、センター=9、DH=4
◆ドラフトデータ／2011㊥アストロズ
◆出身地／ドミニカ
◆年俸／432.5万ドル(約4億5413万円)
◆シルバースラッガー賞1回(20年)

ミート 2
パワー 5+
走塁 5
守備 2
肩 5

初めてシルバースラッガー賞に輝いた、過小評価されてきたドミニカ産の強打者。昨季の16本塁打、34打点という数字は、162試合に補正すると40本塁打、100打点になる見事な数字だ。この好調は昨年の開幕時に突発的に始まったものではなく、一昨年6月にマイナーから復帰したときが出発点だ。一昨年は5月にスランプとなり、レフトの守備でもフライの軌道を読み間違えるような凡ミスがあった。そこで球団はショック療法が必要と判断し、5月中旬にマイナーへ落とした。危機感でいっぱいになった彼は、3週間ほど弱点の矯正(きょうせい)に取り組んでメジャーに復帰。それからは12.6打数に1本というハイペースで、アーチを生産するようになった。

プレーヤーとしての特徴は、長所と短所がハッキリしていることだ。一番の長所は飛距離が出ること。昨年8月12日のマーリンズ戦で打った本塁打の飛距離は142.3メートルあり、昨年度のトップ5に入るロングアーチだった。もう一つの長所は、快速球にめっぽう強いファストボール・ヒッターであることだ。昨季の16本塁打のうち12本は速球系（フォーシーム、ツーシーム）を叩いたもので、フォーシームのハードヒット率（強い打球が出る割合）は、78.1%という高さだった。短所は三振が多く、四球が少ないこと。三振が多くなる最大の原因は、追い込まれても常にフルスイングでいく器用さに欠ける打者だからだ。ただ、追い込まれてからスライダーを追いかけ振りするシーンは少なくなった。

英語が下手でシャイな性格のため、プライベートなことはほとんど知られていなかったが、同じドミニカ人のジェニファーさんという奥さんがいて、昨年9月にパパになったことだけはわかっている。

カモ E・ロドリゲス(レッドソックス).357(14-5)3本　P・ヴァルデス(レッドソックス).750(4-3)1本
苦手 J・モンゴメリー(ヤンキース).000(10-0)0本　C・セイル(レッドソックス).154(13-2)1本

年度	所属チーム	試合数	打数	得点	安打	二塁打	三塁打	本塁打	打点	四球	三振	盗塁	盗塁死	出塁率	OPS	打率
2016	アストロズ	41	100	15	23	7	0	4	11	11	28	0	2	.304	.724	.230
2017	アストロズ	1	0	0	0	0	0	0	0	0	0	0	0	.—	.000	.—
2017	ブルージェイズ	26	88	16	23	6	0	8	20	6	36	0	1	.305	.908	.261
2017	2チーム計	27	88	16	23	6	0	8	20	6	36	0	1	.305	.908	.261
2018	ブルージェイズ	134	476	67	114	29	7	22	57	41	163	5	5	.302	.771	.239
2019	ブルージェイズ	125	417	58	96	19	2	26	65	45	153	6	3	.306	.778	.230
2020	ブルージェイズ	50	190	33	55	7	0	16	34	14	63	6	1	.340	.919	.289
通算成績		377	1271	189	311	68	9	76	187	117	443	17	12	.309	.801	.245

4 ジョージ・スプリンガー *George Springer*

大一番で結果を出す元ワールドシリーズMVP　センター　移籍

32歳 1989.9.19生 | 191cm | 100kg | 右投右打
◆対左投手打率／.229 ◆対右投手打率／.277
◆ホーム打率／.217 ◆アウェー打率／.302 ◆得点圏打率／.324
◆20年のポジション別出場数／センター=42、ライト=9、DH=4
◆ドラフトデータ2011①アストロズ ◆出身地コネティカット州
◆年俸2200万ドル(約23億1000万円) ◆シルバースラッガー賞2回(17、19年)

ミート4　パワー5　走塁3　守備4　肩5

6年1億5000万ドルの大型契約で加入した、今回のFA市場で最も評価が高かった野手。アストロズでは強打の1番打者として活躍し、メジャー歴代8位の39本の先頭打者本塁打を放っている。アストロズのサイン盗み騒動では、球種を伝える「ゴミ箱」が鳴る回数が多かった選手の一人と言われていたが、昨季も変わらず快音を連発し、実力を証明した。2017年のワールドシリーズでは、史上最多タイの5本塁打を放ちMVPに輝いたが、昨季もポストシーズン8試合で4本塁打と勝負強さを発揮している。今は身長190センチ台の大男だが、高校入学時には160センチにも満たない小柄な少年だった。

カモ 菊池雄星(マリナーズ).545(11-6)0本　苦手 L·セヴェリーノ(ヤンキース).091(11-1)0本

年度	所属チーム	試合数	打数	得点	安打	二塁打	三塁打	本塁打	打点	四球	三振	盗塁	盗塁死	出塁率	OPS	打率
2014	アストロズ	78	295	45	68	8	1	20	51	39	114	5	2	.336	.804	.231
2015	アストロズ	102	388	59	107	19	2	16	41	50	109	16	4	.367	.826	.276
2016	アストロズ	162	644	116	168	29	5	29	82	88	178	9	10	.359	.815	.261
2017	アストロズ	140	548	112	155	29	0	34	85	64	111	5	7	.367	.889	.283
2018	アストロズ	140	544	102	144	26	0	22	71	64	122	6	4	.346	.780	.265
2019	アストロズ	122	479	96	140	20	3	39	96	67	113	6	2	.383	.974	.292
2020	アストロズ	51	189	37	50	6	2	14	32	24	38	1	2	.359	.899	.265
通算成績		795	3087	567	832	137	13	174	458	396	785	48	31	.361	.852	.270

10 マーカス・シミエン *Marcus Semien*

2019年にはMVP投票で3位　ショート セカンド　移籍

31歳 1990.9.17生 | 183cm | 88kg | 右投右打
◆対左投手打率／.224 ◆対右投手打率／.222
◆ホーム打率／.181 ◆アウェー打率／.264 ◆得点圏打率／.220
◆20年のポジション別出場数／ショート=53
◆ドラフトデータ2011⑥ホワイトソックス ◆出身地カリフォルニア州
◆年俸1800万ドル(約18億9000万円)

ミート3　パワー5　走塁3　守備5　肩5

アスレティックスをFAで出て加入した、パワーと守備力がウリの遊撃手。2019年には一皮むけて選球眼が良化し、33本塁打をマーク。アメリカン・リーグのMVP投票で3位にランクインしたほか、ゴールドグラブ賞の最終投票にもノミネートされた。しかし、FAを控えた大事なシーズンだった昨季は例年並みに出塁率が戻ってしまった。ブルージェイズのショートにはボー・ビシェットがいるため、今季はセカンドでの出場が多くなるかもしれない。

カモ M·ストローマン(メッツ).538(13-7)0本　苦手 G·コール(ヤンキース).133(15-2)1本

年度	所属チーム	試合数	打数	得点	安打	二塁打	三塁打	本塁打	打点	四球	三振	盗塁	盗塁死	出塁率	OPS	打率
2013	ホワイトソックス	21	69	7	18	4	0	2	7	1	22	2	2	.268	.673	.261
2014	ホワイトソックス	64	231	30	54	10	2	6	28	21	70	3	0	.300	.673	.234
2015	アスレティックス	155	556	65	143	23	7	15	45	42	132	11	5	.310	.715	.257
2016	アスレティックス	159	568	72	135	27	2	27	75	51	139	10	2	.300	.735	.238
2017	アスレティックス	85	342	53	85	19	1	10	40	38	85	12	1	.325	.722	.249
2018	アスレティックス	159	632	89	161	35	2	15	70	61	131	14	6	.318	.706	.255
2019	アスレティックス	162	657	123	187	43	7	33	92	87	102	10	8	.369	.892	.285
2020	アスレティックス	53	211	28	47	9	1	7	23	25	50	4	0	.305	.679	.223
通算成績		858	3266	467	830	170	22	115	380	326	731	66	24	.322	.747	.254

13 「主砲」の一歩手前まで進化した逸材 レフト

ルルデス・グリエル・ジュニア *Lourdes Gurriel Jr.*

28歳 1993.10.10生 | 193cm | 98kg | 右投右打
◆対左投手打率／.286 ◆対右投手打率／.317
◆ホーム打率／.247 ◆アウェー打率／.350 ◆得点圏打率／.306
◆20年のポジション別出場数／レフト=53、DH=3、ファースト=1
◆Ⓓ2016㊕ブルージェイズ ◆㊗キューバ
◆㊎350万ドル（約3億6750万円）

ミート 5　パワー 4　走塁 3　守備 4　肩 4

静かに進化し続けている、血統書付きのスラッガー。打撃面での進化を象徴するのは、昨季、初めて3割打者になったことだ。しかも8月末時点では2割5分7厘、4本塁打というパッとしない数字だったのに、チームにポストシーズン進出の可能性が出てきた9月にエンジン全開。この月は打率3割6分8厘、7本塁打、16打点と打ちまくったので、貢献度が高い印象を受けた。守備面での快挙は、初めてゴールドグラブ賞の最終候補になったこと。受賞はならなかったが、2017年までは主に遊撃手、二塁手としてプレーし、外野手専業になったのは一昨年からだ。そのことを考えると、ゴールドグラブ賞候補になったことは、称賛に値する。昨年は兄のユリ・グリエル（アストロズ）も一塁手の最終候補になり、キューバにいる偉大な父を喜ばせた。

カモ K·エイキン(オリオールズ).750(4-3)1本　苦手 G·コール(ヤンキース).111(9-1)0本

年度	所属チーム	試合数	打数	得点	安打	二塁打	三塁打	本塁打	打点	四球	三振	盗塁	盗塁死	出塁率	OPS	打率
2018	ブルージェイズ	65	249	30	70	8	0	11	35	9	59	1	2	.309	.755	.281
2019	ブルージェイズ	84	314	52	87	19	2	20	50	20	86	6	4	.327	.869	.277
2020	ブルージェイズ	57	208	28	64	14	0	11	33	14	48	3	1	.348	.882	.308
通算成績		206	771	110	221	41	2	42	118	43	193	10	7	.327	.836	.287

15 数字に表れない貢献が大きいベテラン センター

ランドール・グリチック *Randal Grichuk*

30歳 1991.8.13生 | 188cm | 98kg | 右投右打
◆対左投手打率／.328 ◆対右投手打率／.252
◆ホーム打率／.304 ◆アウェー打率／.246 ◆得点圏打率／.306
◆20年のポジション別出場数／センター=48、DH=7
◆Ⓓ2009①エンジェルス ◆㊗テキサス州
◆㊎933万ドル（約9億7965万円）

ミート 2　パワー 5　走塁 3　守備 2　肩 4

昨年、チーム最多の35打点を叩き出したスラッガー。打者としての欠点は出塁率が低いこと。名のある打者で出塁率が3割に届かない年が何度もあるのは、このグリチックぐらいだ。好不調の波が大きく、スランプから抜け出すまで時間がかかるのも大きなマイナス点。その一方でプラス面もたくさんあり、チャンスに強いクラッチヒッターで、毎年本塁打を20～25本期待できるパワーもある。若い選手がひしめくチームにあって、リーダーシップを発揮できる点も見逃せない。チームの野手で、最も年俸が高いのも納得がいく。

カモ A·カッブ(エンジェルス).571(14-8)1本　苦手 M·バーンズ(レッドソックス).091(11-1)0本

年度	所属チーム	試合数	打数	得点	安打	二塁打	三塁打	本塁打	打点	四球	三振	盗塁	盗塁死	出塁率	OPS	打率
2014	カーディナルス	47	110	11	27	6	1	3	8	5	31	0	2	.278	.678	.245
2015	カーディナルス	103	323	49	89	23	7	17	47	22	110	4	2	.329	.877	.276
2016	カーディナルス	132	446	66	107	29	3	24	68	28	141	5	4	.289	.769	.240
2017	カーディナルス	122	412	53	98	25	3	22	59	26	133	6	1	.285	.758	.238
2018	ブルージェイズ	124	424	60	104	32	1	25	61	27	122	3	2	.301	.803	.245
2019	ブルージェイズ	151	586	75	136	29	5	31	80	35	163	2	1	.280	.738	.232
2020	ブルージェイズ	55	216	38	59	9	0	12	35	13	49	1	1	.312	.793	.273
通算成績		734	2517	352	620	153	20	134	358	156	749	21	13	.295	.778	.246

8 ポジション日替わりの優秀なトップバッター ユーティリティ

キャヴァン・ビジオ *Cavan Biggio*

26歳 1995.4.11生 | 188cm | 91kg | 右投左打

◆対左投手打率／.299 ◆対右投手打率／.229
◆ホーム打率／.250 ◆アウェー打率／.250 ◆得点圏打率／.326
◆20年のポジション別出場数／セカンド=37、ライト=14、サード=10、センター=3、レフト=1、DH=1 ◆Ⓓ2016⑤ブルージェイズ
◆㊤テキサス州 ◆㊥57万500ドル(約5990万円)+α

ミート3 パワー5 走塁5 守備4 肩4

殿堂入りしたアストロズのスター選手クレイグ・ビジオを父に持つ、野球IQの高いリードオフマン。長所その1は、出塁率が際だって高い優秀なチャンスメーカーであること。チャンスメーカーの実力は得点数で推し量ることができるが、昨年の得点41はアメリカン・リーグ4位タイで、出塁率の高いリードオフマンの代表格だった父に酷似してきた。長所その2は、クレバーな若手リーダーという顔も持つようになったことだ。昨年、コロナ禍の影響で3Aのセーレン・フィールドが仮の本拠地に決まると、3A時代の仲間を2人呼んで、芝の状態、ポジションごとの風の影響、バントの転がり方の特徴、ポション別の打球の切れ方の特徴などを詳しく記した「セーレン・フィールド・スカウティングレポート」を作成。球団に提出して、高く評価された。

カモ N·イオヴォルディ(レッドソックス).400(5-2)2本 **苦手** C·グリーン(ヤンキース).000(7-0)0本

年度	所属チーム	試合数	打数	得点	安打	二塁打	三塁打	本塁打	打点	四球	三振	盗塁	盗塁死	出塁率	OPS	打率
2019	ブルージェイズ	100	354	66	83	17	2	16	48	71	123	14	0	.364	.793	.234
2020	ブルージェイズ	59	220	41	55	16	0	8	28	41	61	6	0	.375	.807	.250
通算成績		159	574	107	138	33	2	24	76	112	184	20	0	.368	.798	.240

11 ケガがなければ、首位打者の有力候補 ショート

ボー・ビシェット *Bo Bichette*

23歳 1998.3.5生 | 183cm | 84kg | 右投右打

◆対左投手打率／.333 ◆対右投手打率／.290
◆ホーム打率／.347 ◆アウェー打率／.270 ◆得点圏打率／.429
◆20年のポジション別出場数／ショート=26、DH=3
◆Ⓓ2016②ブルージェイズ ◆㊤フロリダ州
◆㊥57万500ドル(約5990万円)+α

ミート5 パワー4 走塁5 守備4 肩4

2年目も3割超の打率をマークした、父ダンテ（1995年の本塁打王）譲りの打撃センスを備えた好打の遊撃手。昨季は8月に入ってヒットラッシュになり、8月15日には打率が3割6分1厘まで上昇。ブレイクイヤーになるのは確実と思われた。しかし、レイズ戦で右ヒザを負傷。はれがひどく、受診したところ、外側側副靭帯の損傷と診断されIL入り。復帰まで4週間かかったため、ブレイクの夢はついえた。九頭身、甘いマスクのイケメンで、スタイリッシュな雰囲気をただよわせているスター選手。ファンは幅広い層に広がっており、球団を代表してコメントを出すことも多くなった。球団がオフに、DJラメイヒューの獲得に乗り出したときは、「ぼくの価値基準では、ラメイヒューは野球界のベストヒッターですよ」とラブコールを送っていた。

カモ C·カーショウ(ドジャース).667(3-2)2本 **苦手** G·コール(ヤンキース).000(6-0)0本

年度	所属チーム	試合数	打数	得点	安打	二塁打	三塁打	本塁打	打点	四球	三振	盗塁	盗塁死	出塁率	OPS	打率
2019	ブルージェイズ	46	196	32	61	18	0	11	21	14	50	4	4	.358	.930	.311
2020	ブルージェイズ	29	123	18	37	9	1	5	23	5	27	4	1	.328	.840	.301
通算成績		75	319	50	98	27	1	16	44	19	77	8	5	.347	.896	.307

27 ヴラディミール・ゲレーロ・ジュニア *Vladimir Guerrero Jr.*

意識が変わったため、大ブレイクの可能性も

ファースト DH

22歳 1999.3.16生 | 188cm | 113kg | 右投右打 対左.224 対右.276 ホ.323 ア.213 得.269 ド2015外ブルージェイズ 出カナダ 年57万500ドル(約5990万円)+α

ミ4 バ5 走2 守2 肩4

昨年3月12日のキャンプ中断後、慢心して体重管理を怠(おこた)り、7月にキャンプが再開された際、春より14.5キロ増えた体重で現れた。これではサードで使えないため、球団は一塁手のショウをサードに回して、ゲレーロをDH兼ファーストで使うことに。開幕後は、体重の増え過ぎで体にキレがなく精彩を欠き、期待を裏切る低レベルな成績に終わった。これではダメだと気づかせてくれたのは、同年代のタティースJr.やソトの華々しい活躍だった。体重を落とすことが先決だと悟った彼は、シーズンが終了するとすぐに減量トレーニングを開始し、14.5キロ落とすことに成功した。

年度	所属チーム	試合数	打数	得点	安打	二塁打	三塁打	本塁打	打点	四球	三振	盗塁	盗塁死	出塁率	OPS	打率
2020	ブルージェイズ	60	221	34	58	13	2	9	33	20	38	1	0	.329	.791	.262
通算成績		183	685	86	184	39	4	24	102	66	129	1	1	.336	.778	.269

44 ラウディ・テレーズ *Rowdy Tellez*

本塁打を天国の母にささげる心優しい息子

ファースト DH

26歳 1995.3.16生 | 193cm | 116kg | 左投左打 対左.333 対右.267 ホ.348 ア.239 得.321 ド2013㉚ブルージェイズ 出カリフォルニア州 年57万500ドル(約5990万円)+α

ミ3 バ5 走2 守2 肩2

完成度の高い打者に進化した巨漢一塁手。昨季はDHか一塁手として、大半の試合に先発出場。8月末までは調子が出なかったが、9月に入ると猛烈な勢いで打ち出し、チームの快進撃に貢献した。注目されだした9月8日のゲームでヒザを痛めIL入りしたが、ポストシーズンの初戦で復帰し、代打で1本ヒットを打った。見かけはいかついが、繊細なハートの持ち主。2018年に最愛の母ロリさんを癌(がん)で亡くした際は、葬儀に出たあとショックで何もする気がせず、球団に引退届を出して家にこもった。その後、説得されて思い直し、プレーを再開。同年9月にメジャーデビューを果たした。

年度	所属チーム	試合数	打数	得点	安打	二塁打	三塁打	本塁打	打点	四球	三振	盗塁	盗塁死	出塁率	OPS	打率
2020	ブルージェイズ	35	113	20	32	5	0	8	23	11	20	0	1	.346	.886	.283
通算成績		169	553	79	138	33	0	33	91	42	157	1	2	.309	.797	.250

9 ダニー・ジャンセン *Danny Jansen*

リード面に疑問符が付くキャッチャー

キャッチャー

26歳 1995.4.15生 | 188cm | 102kg | 右投右打 盗塁阻止率/.167(24-4) 対左.103 対右.222 ホ.255 ア.123 得.259 ド2013⑯ブルージェイズ 出イリノイ州 年57万500ドル(約5990万円)+α

ミ2 バ4 走2 守3 肩3

打撃だけでなく、守備成績も低下している正捕手。打撃面では、変化球にはうまく対応するが、155キロ以上の快速球には差し込まれることが多く、打率が危険水域に落ち込んでいる。ただ、早打ちをせず失投をじっくり待つタイプなので、出塁率は平均レベルに近い。守備では、ワイルドピッチを出す頻度(ひんど)は最少レベルだが、盗塁阻止率は平均以下の16.7%(24-4)。気になるのは捕手防御率の悪さだ。昨年はこれが4.81で、バックアップ捕手リース・マグワイアの2.35と好対照をなした。相性のいい投手は柳賢振(リュ・ヒョンジン)だけで、ほかの投手はジャンセンと組むと失点が多くなった。

年度	所属チーム	試合数	打数	得点	安打	二塁打	三塁打	本塁打	打点	四球	三振	盗塁	盗塁死	出塁率	OPS	打率
2020	ブルージェイズ	43	120	18	22	3	0	6	20	21	31	0	0	.313	.671	.183
通算成績		181	548	71	114	21	1	22	71	61	127	0	1	.297	.668	.208

対左=対左投手打率 対右=対右投手打率 ホ=ホーム打率 ア=アウェー打率 得=得点圏打率

23 デレク・フィッシャー *Derek Fisher*

かつて青木宣親を追いやった男

外野手

28歳 1993.8.21生 | 191cm | 98kg | 右投左打 対左.400 対右.192 ホ.143 ア.250 得.286 ド2014①アストロズ 出ペンシルヴァニア州 年57万500ドル(約5990万円)+α

ミ2 パ3 走3 守2 肩3

3Aでは結果を残すが、メジャーでは結果を出せない外野手。打者としては、ボールをじっくり見ていくタイプ。そのため四球も多いが、三振もかなり多い。メジャーデビューは、アストロズに在籍していた2017年6月。最初は打棒好調で、もともと期待値も高かったことから、アストロズはレギュラーで使う方針を決定。同じ左打ちの外野手・青木宣親（現東京ヤクルト）を、トレードでブルージェイズへ放出した。だがそのとたん打てなくなり、フィッシャー自身も19年途中、トレードでブルージェイズへ送られた。その後はケガも重なり、メジャーで打席に立つチャンスが減少中。

年度	所属チーム	試合数	打数	得点	安打	二塁打	三塁打	本塁打	打点	四球	三振	盗塁	盗塁死	出塁率	OPS	打率
2020	ブルージェイズ	16	31	5	7	2	1	1	7	7	11	0	1	.359	.811	.226
通算成績		168	402	62	78	12	5	17	52	50	164	10	5	.286	.662	.194

10 リース・マグワイア *Reese McGuire*

守備は一流、打撃は四流の控え捕手

キャッチャー

26歳 1995.3.2生 | 183cm | 98kg | 右投左打 盗塁阻止率／.333(6-2) 対左.000 対右.125 ホ.100 ア.065 得.111 ド2013①パイレーツ 出ワシントン州 年57万500ドル(約5990万円)+α

ミ1 パ2 走2 守5 肩5

打撃成績が悲惨なレベルに低下し、マイナー落ちの危機に瀕（ひん）するキャッチャー。ディフェンス面の能力はオールラウンドに高い。肩は強いほうで、ワイルドピッチを出す頻度（ひんど）も最少レベル。そして昨季、何よりも光ったのは、捕手防御率2.35という数字だ。これは昨季、50イニング以上マスクをかぶったメジャーの捕手の中で、トップの数字だった。昨年不振を極めたロアークも、マグワイアとバッテリーを組んだときは防御率が3.60で、一度も早い回にKOされることがなかった。シューメイカーも、マグワイアと組んだ2試合はいずれも6回終了まで投げ切っており、QSが付いた。

年度	所属チーム	試合数	打数	得点	安打	二塁打	三塁打	本塁打	打点	四球	三振	盗塁	盗塁死	出塁率	OPS	打率
2020	ブルージェイズ	19	41	2	3	0	0	1	1	0	11	0	0	.073	.220	.073
通算成績		63	169	21	41	10	0	8	16	9	38	1	0	.281	.725	.243

85 アレハンドロ・カーク *Alejandro Kirk*

キャッチャー DH　期待度 B+　ルーキー

23歳 1998.11.6生 | 173cm | 120kg | 右投右打 ◆昨季はメジャーで9試合出場 ド2016㊙ブルージェイズ 出メキシコ

体重管理が課題のメキシコ・ティフアナ産のドカベン。天性の打撃センスを備えた打者で、広角にライナーを弾き返すため二塁打が多い。選球眼も良く、マイナーでは毎年四球数が三振数を上回り、通算出塁率は4割1分8厘という驚異的な数字だった。守備も見た目によらず敏捷（びんしょう）。肩は平均レベルだ。

― ジョーダン・グローシャンス *Jordan Groshans*

ショート　期待度 B　ルーキー

22歳 1999.11.10生 | 191cm | 93kg | 右投右打 ◆一昨年は1Aでプレー ド2018①ブルージェイズ 出テキサス州

昨年はマイナーリーグが開催されなかったため、球団施設での紅白戦やシミュレーションゲームで3Aレベルの投手たちと対戦し、打撃面で長足の進歩を遂げた。レベルスイングで痛烈なライナーを打つタイプだが、打球を上げられるようになれば、年間15～20本期待できる打者になる可能性が高い。

対左=対左投手打率　対右=対右投手打率　ホ=ホーム打率　ア=アウェー打率　得=得点圏打率　ド=ドラフトデータ　出=出身地　年=年俸
※昨季、マイナーリーグは中止

アメリカン・リーグ……東部地区 *BALTIMORE ORIOLES*

ボルティモア・オリオールズ

◆創　立:1901年
◆本拠地:メリーランド州ボルティモア市
◆ワールドシリーズ制覇:3回／◆リーグ優勝:7回
◆地区優勝:9回／◆ワイルドカード獲得:3回

主要オーナー　ピーター・アンジェロス(弁護士)

過去5年成績

年度	勝	負	勝率	ゲーム差	地区順位	ポストシーズン成績
2016	89	73	.549	4.0	②(同率)	ワイルドカードゲーム敗退
2017	75	87	.463	18.0	⑤	—
2018	47	115	.290	61.0	⑤	—
2019	54	108	.333	49.0	⑤	—
2020	**25**	**35**	**.417**	**15.0**	④	**—**

監督　18 ブランドン・ハイド *Brandon Hyde*

◆年　　齢…………48歳(カリフォルニア州出身)
◆現役時代の経歴…メジャーでのプレー経験なし
(キャッチャー、ファースト)
◆監督経歴…………2シーズン　オリオールズ(2019～)
◆通算成績…………79勝143敗(勝率.356)

再建期のチームでもがきながらも、前を向き続けるオリオールズ第20代監督。「近道のない長期的な再建期にふさわしい人物」(イライアスGM)として白羽の矢が立ち、2019年からチームを指揮している。就任2年目の昨季は負け越したものの、「この戦力でよくやった」との声が多く聞かれた。若手も育ってきており、ハイド自身、オリオールズの明るい未来を信じて疑わない。1年目はリーダーシップの欠如も指摘されたが、昨季は多くの選手から信頼を得ていた。

注目コーチ　— クリス・ホルト *Chris Holt*

新投手コーチ。42歳。2018年11月からオリオールズのマイナー組織で働き、手腕を発揮してきた。今季以降も引き続き、マイナー投手の育成にもかかわっていく予定。

編成責任者　マイク・イライアス *Mike Elias*

39歳。クリス・デイヴィスの高年俸という前任者の負の遺産と戦いながら、チームの再建を進めている。以前はアストロズの組織で働いていた。名門イェール大学卒。

スタジアム　オリオールパーク・アット・キャムデンヤーズ *Oriole Park at Camden Yards*

◆開 場 年…………1992年
◆仕　　様…………天然芝
◆収容能力…………45,971人
◆フェンスの高さ …2.1～6.4m
◆特　　徴…………左中間が浅めで、フェンスも低くくなっているため、右打者にややホームランが出やすい傾向がある。レンガと鉄骨を基調としたレトロな外観が人気で、ライトスタンド後方にそびえるレンガ造りの古い巨大倉庫がシンボル。

ヒッターズパーク

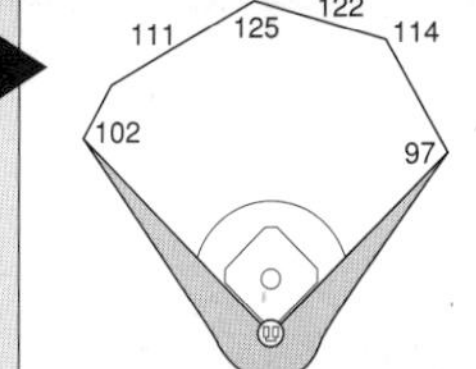

Best Order

［ベストオーダー］

①セドリック・マリンズ……センター
②アンソニー・サンタンダー……ライト
③トレイ・マンシーニ……ファースト
④ライアン・マウントキャッスル……レフト
⑤DJステュワート……DH
⑥リオ・ルイーズ……サード
⑦ペドロ・セヴェリーノ……キャッチャー
⑧フレディ・ガルヴィス……ショート
⑨ヨルマー・サンチェス……セカンド

Depth Chart

［ポジション別選手層・メンバーリスト］

※2021年2月12日時点の候補選手。数字は背番号（開幕前に変更する場合もあり）、右・左等は投・打の順。

センター
31 **セドリック・マリンズ［左・両］**
21 オースティン・ヘイズ［右・右］

レフト
6 **ライアン・マウントキャッスル［右・右］**
21 オースティン・ヘイズ［右・右］
24 DJステュワート［右・左］

ライト
25 **アンソニー・サンタンダー［右・両］**
24 DJステュワート［右・左］
16 トレイ・マンシーニ［右・右］

ショート
3 **フレディ・ガルヴィス［右・両］**
74 パット・ヴァライカ［右・右］
1 リッチー・マーティン［右・右］

セカンド
－ **ヨルマー・サンチェス［右・両］**
1 リッチー・マーティン［右・右］
74 パット・ヴァライカ［右・右］

ローテーション
47 ジョン・ミーンズ［左・左］
64 ディーン・クレイマー［右・右］
45 キーガン・エイキン［左・左］
48 ホルヘ・ロペス［右・右］
85 ブルース・ジマーマン［左・左］

サード
2 **リオ・ルイーズ［右・左］**
－ ヨルマー・サンチェス［右・両］

ファースト
16 **トレイ・マンシーニ［右・右］**
19 クリス・デイヴィス［右・左］
6 ライアン・マウントキャッスル［右・右］

キャッチャー
28 **ペドロ・セヴェリーノ［右・右］**
15 チャンス・シスコ［右・左］

DH
24 **DJステュワート［右・左］**
16 トレイ・マンシーニ［右・右］
15 チャンス・シスコ［右・左］

ブルペン
56 ハンター・ハーヴィー［右・右］CL
66 タナー・スコット［左・右］
62 シーザー・ヴァルデス［右・右］
54 コール・サルサー［右・右］
51 ポール・フライ［左・左］
43 ショーン・アームストロング［右・右］
55 ディロン・テイト［右・右］
70 トラヴィス・ラーキンス・シニア［右・右］
85 ブルース・ジマーマン［左・左］

※CL＝クローザー

オリオールズ試合日程……＊はアウェーでの開催

4月1・3・4	レッドソックス＊	3・4・5	マリナーズ＊	4・5・6	インディアンズ
5・6・7	ヤンキース＊	7・8・9・10	レッドソックス	8・9	メッツ
8・10・11	レッドソックス	11・12	メッツ＊	11・12・13	レイズ＊
12・13・14・15	マリナーズ	14・15・16	ヤンキース	14・15・16・17	インディアンズ＊
16・17・18	レンジャーズ＊	18・19・20	レイズ	18・19・20	ブルージェイズ
20・21	マーリンズ＊	21・22・23	ナショナルズ＊	21・22・23	アストロズ
23・24・25	アスレティックス	24・25・26	ツインズ＊	24・25・26・27	ブルージェイズ＊
26・27・28・29	ヤンキース	27・28・29・30	ホワイトソックス＊	28・29・30	アストロズ＊
30・**5**月1・2	アスレティックス＊	31・**6**月1・2	ツインズ	**7**月2・3・4	エンジェルス＊

球団メモ 球団オーナーのピーター・アンジェロス（91歳）は、タバコやアスベスト（石綿）など、企業を相手取った訴訟で勝利を収め、莫大（ばくだい）な財産を築き上げた弁護士だ。

Analysis

矢印⬆↗➡↘⬇は、昨季終了時との比較 **[戦力分析]**

■投手力➡…★★☆☆☆【昨年度チーム防御率4.51、リーグ9位】

オフにカップが抜け、先発ローテーションの1～4番手は、ミーンズ、若手のクレイマーとエイキン、昨季途中に加わったロペスといった陣容。高額年俸分の働きができていなかったカップの退団は大きなマイナスにはならず、絶望感しかなかった昨季開幕前よりは希望が持てる。だが、若手2人に過度のブレイクを期待するのは禁物だ。リリーフ陣も先発同様、オフに大きな補強はなされていない。スコットやテイトが昨季同様の活躍を見せ、ハーヴィーがクローザーとして機能してくれることを祈るしかない。

■攻撃力➡…★★☆☆☆【昨年度チーム得点274、リーグ8位タイ】

期待のホープであるマウントキャッスル、昨季前半の好調を支えたサンタンダー、俊足好打のサンチェス、長打力と勝負強さが光るルイーズらが中心となる打線は、強力とまでは言えないが、ある程度の得点力は備えている。癌（がん）からの復活を期すマンシーニが、35本塁打を放った2019年当時の力を取り戻せるか否かも、攻撃力アップのための大きなカギとなってくる。

■守備力↗…★★☆☆☆【昨年度チーム失策数43、リーグ13位】

ゴールドグラブ賞経験者サンチェス、レッズから移籍のガルヴィスが組む二遊間、守備範囲が広いセンターのマリンズと、センターラインは整ってきた。弱点となるのはキャッチングに難がある、扇の要セヴェリーノの守備力。

■機動力➡…★★☆☆☆【昨年度チーム盗塁数19、リーグ13位タイ】

マリンズを筆頭に、俊足だが、盗塁技術はイマイチというタイプが多い。

現在、再建期の真っただ中。球団総年俸の大部分を占めるデイヴィスの存在も重くのしかかり、2020-21年のオフも大きな補強はなしに終わった。マイナーの若手も順調に育っているとは言えず、今季も苦戦必至で、指定席（最下位）に逆戻りか。

IN 主な入団選手

投手
とくになし

野手
ヨルマー・サンチェス⬅ホワイトソックス
フレディ・ガルヴィス⬅レッズ

OUT 主な退団選手

投手
アレックス・カップ➡エンジェルス

野手
ホセ・イグレシアス➡エンジェルス
アンドルー・ヴェラスケス➡ヤンキース
ハンサー・アルベルト➡ロイヤルズ
レナート・ヌニェス➡タイガース

日程	対戦	日程	対戦	日程	対戦
6・7・8	ブルージェイズ	6・7・8	レイズ	6・7・8・9	ロイヤルズ
9・10・11	ホワイトソックス	10・11・12	タイガース	10・11・12	ブルージェイズ
13	オールスターゲーム	13・14・15	レッドソックス*	14・15・16	ヤンキース
16・17・18	ロイヤルズ*	16・17・18・19	レイズ*	17・18・19	レッドソックス*
19・20・21	レイズ*	20・21・22	ブレーブス	20・21・22	フィリーズ*
23・24・25	ナショナルズ	24・25・26	エンジェルス	23・24・25・26	レンジャーズ
27・28	マーリンズ	27・28・29	レイズ	28・29・30	レッドソックス
29・30・31・**8**月1	タイガース*	30・31・**9**月1	ブルージェイズ*	**10**月1・2・3	ブルージェイズ*
2・3・4	ヤンキース*	3・4・5	ヤンキース*		

球団メモ チーム名にもなっている「オリオール（Oriole）」は、メリーランド州の「州の鳥」。オレンジと黒のカラーリングが特徴的な鳥だ。和名は「ボルチモアムクドリモドキ」。

投 手

47 ジョン・ミーンズ *John Means*

9月は防御率2.48と復調

先発

28歳 1993.4.24生 | 191cm | 104kg | 左投左打
◆速球のスピード／150キロ台前半(フォーシーム)
◆決め球と持ち球／◎フォーシーム、◎チェンジアップ、◎カーブ、◎スライダー
◆対左.244 ◆対右.210 ◆ホ防7.06 ◆ア防2.05
◆ド2014⑪オリオールズ ◆出カンザス州
◆年57万500ドル(約5990万円)+α

球威 4
制球 5
緩急 4
守備・牽制 5
度胸 4

一昨年ブレイクした大型先発左腕。昨季は左肩の状態が万全でない状態でシーズン入り。8月に入ってすぐには、最愛の父アランさんが癌で亡くなり、そのショックを引きずったままの登板が続いた。だが9月に入って復調し、最後の4試合中3試合でQSを記録している。一昨年より、速球の平均スピードが2マイル(3キロ強)ほどアップしたのは、好材料。ただし、決め球としていたチェンジアップを打ち込まれる場面も目立った。妻キャロラインさんは、サッカー20歳以下アメリカ代表にも選出された名ゴールキーパーで、現在は癌を患う子供たちへのサポート活動に、熱心に取り組んでいる。

カモ L・グリエル・ジュニア(ブルージェイズ).000(7-0)0本　苦手 M・ブラソー(レイズ).444(9-4)3本

年度	所属チーム	勝利	敗戦	防御率	試合数	先発	セーブ	投球イニング	被安打	失点	自責点	被本塁打	与四球	奪三振	WHIP
2018	オリオールズ	0	0	13.50	1	0	0	3.1	6	5	5	1	0	4	1.80
2019	オリオールズ	12	11	3.60	31	27	0	155.0	138	68	62	23	38	121	1.14
2020	オリオールズ	2	4	4.53	10	10	0	43.2	36	22	22	12	7	42	0.98
通算成績		14	15	3.97	42	37	0	202.0	180	95	89	36	45	167	1.11

48 ホルヘ・ロペス *Jorge Lopez*

難病の息子のためにもブレイクを誓う

先発

28歳 1993.2.10生 | 188cm | 93kg | 右投右打
◆速球のスピード／150キロ台前半(フォーシーム、シンカー)
◆決め球と持ち球／◎シンカー、○フォーシーム、○カーブ、△チェンジアップ
◆対左.286 ◆対右.308 ◆ホ防3.81 ◆ア防12.46
◆ド2011②ブリュワーズ ◆出プエルトリコ
◆年57万500ドル(約5990万円)+α

球威 4
制球 3
緩急 3
守備・牽制 3
度胸 3

昨年8月に加入したプエルトリコ出身の長身右腕。8月末から先発に回り、9月に入り2勝をマークした。なかでも7回を被安打5、1失点に抑えた14日のブレーブス戦では、シンカー、フォーシーム、カーブのコンビネーションでアウトを重ねていく、理想的なピッチングが展開できた。遺伝性の難病である家族性地中海熱を患う息子マイケル君のために、野球で大金をかせぐことを最大のモチベーションとして、プレーしている。かつて指摘された精神的弱さを克服し、今季はローテーションの核となれるような大ブレイクを目指す。

カモ L・ヴォイト(ヤンキース).125(8-1)0本　苦手 Y・モンカダ(ホワイトソックス).545(11-6)2本

年度	所属チーム	勝利	敗戦	防御率	試合数	先発	セーブ	投球イニング	被安打	失点	自責点	被本塁打	与四球	奪三振	WHIP
2015	ブリュワーズ	1	1	5.40	2	2	0	10.0	14	6	6	0	5	10	1.90
2017	ブリュワーズ	0	0	4.50	1	0	0	2.0	4	1	1	0	1	0	2.50
2018	ブリュワーズ	0	1	2.75	10	0	0	19.2	16	6	6	1	13	15	1.47
2018	ロイヤルズ	2	4	6.35	7	7	0	34.0	41	24	24	5	9	23	1.47
2018	2チーム計	2	5	5.03	17	7	0	53.2	57	30	30	6	22	38	1.47
2019	ロイヤルズ	4	9	6.33	39	18	1	123.2	140	94	87	27	42	109	1.47
2020	ロイヤルズ	0	0	27.00	1	0	0	0.2	3	2	2	0	0	0	4.50
2020	オリオールズ	2	2	6.34	9	6	0	38.1	43	30	27	7	12	28	1.43
2020	2チーム計	2	2	6.69	10	6	0	39.0	46	32	29	7	12	28	1.49
通算成績		9	17	6.03	69	33	1	228.1	261	163	153	40	82	185	1.50

対左=対左打者被打率　対右=対右打者被打率　ホ防=ホーム防御率　ア防=アウェー防御率
ド=ドラフトデータ　出=出身地　年=年俸　カモ 苦手 は通算成績

45 キーガン・エイキン *Keegan Akin*

ファンだった球団からメジャー初勝利

先発　ルーキー

26歳 1995.4.1生 | 183cm | 102kg | 左投左打 速150キロ前後(フォーシーム) 決◎フォーシーム 対左.240 対右.269 ド2016②オリオールズ 出ミシガン州 年57万500ドル(約5990万円)+α

球4 制2 緩3 守・牽3 度3

今季は開幕から先発ローテーションに入って投げる、期待の若手サウスポー。昨年8月14日にメジャーデビュー。8月末からシーズン終了まで、6試合連続してスターターを務めた。9月16日の試合では、強打のブレーブス打線を相手に5回を3安打無失点、9奪三振の好投。メジャー初勝利をマークしている。ブレーブスは、エイキンが少年時代に応援していたチーム。とくにチッパー・ジョーンズがお気に入りだった。ピッチングは、伸びのあるフォーシームの速球に、チェンジアップ、カーブ、スライダーを織り交ぜるスタイル。今後の課題は変化球の精度をもっと高めること。

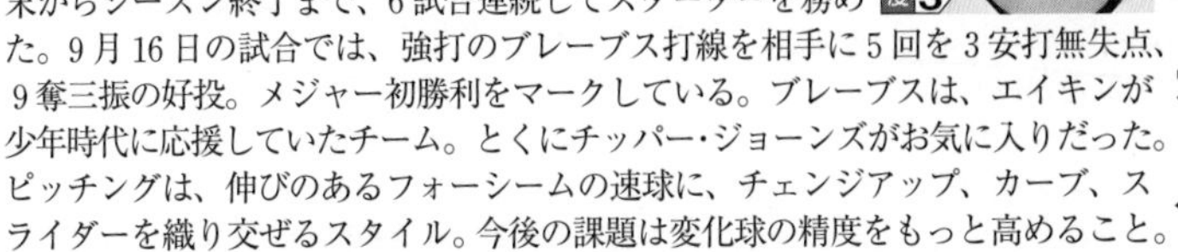

年度	所属チーム	勝利	敗戦	防御率	試合数	先発	セーブ	投球イニング	被安打	失点	自責点	被本塁打	与四球	奪三振	WHIP
2020	オリオールズ	1	2	4.56	8	6	0	25.2	27	17	13	3	10	35	1.44
通算成績		1	2	4.56	8	6	0	25.2	27	17	13	3	10	35	1.44

56 ハンター・ハーヴィー *Hunter Harvey*

親子2代でメジャーリーガーに

セットアップ クローザー

27歳 1994.12.9生 | 191cm | 95kg | 右投右打 速150キロ台後半(フォーシーム) 決◎フォーシーム 対左.182 対右.273 ド2013①オリオールズ 出ノースカロライナ州 年57万500ドル(約5990万円)+α

球5 制3 緩3 守・牽3 度3

今季クローザーを務める可能性もある、最速160キロ超の本格派右腕。一昨年8月にメジャーデビューして迎えた昨季は、右前腕を痛め。開幕後の1カ月強をIL(故障者リスト)で過ごしたが、8月末のブルージェイズ戦を皮切りに、残り1カ月間で計10試合に登板した。打者からはホップしてくるようにも見える高めの速球で、空振りを奪えるのが最大の魅力。20キロ以上の球速差があるカーブに磨きがかかれば、さらに三振が奪えるピッチャーとなるはずだ。父ブライアンはエンジェルス、マーリンズでプレーした名投手で、1991年にアメリカン・リーグ最多の46セーブを記録。

年度	所属チーム	勝利	敗戦	防御率	試合数	先発	セーブ	投球イニング	被安打	失点	自責点	被本塁打	与四球	奪三振	WHIP
2020	オリオールズ	0	2	4.15	10	0	0	8.2	8	6	4	2	2	6	1.15
通算成績		1	2	3.00	17	0	0	15.0	11	7	5	3	6	17	1.13

64 ディーン・クレイマー *Dean Kremer*

田中将大に投げ勝ち、メジャー初白星

先発　ルーキー

25歳 1996.1.7生 | 191cm | 84kg | 右投右打 速150キロ前後(フォーシーム、シンカー) 決◎フォーシーム 対左.152 対右.270 ド2016⑭ドジャース 出カリフォルニア州 年57万500ドル(約5990万円)+α

球4 制3 緩4 守・牽4 度3

2018年夏に行われたマニー・マチャードとの1対5のトレードで、ドジャースからやって来た若手右腕。昨年9月6日のヤンキース戦でメジャーデビュー。田中将大と投げ合い、6回を被安打1、1失点に抑える快投で、あざやかな初勝利をマークした。その後の2試合でも、勝ち星に恵まれなかったものの、好投を続け、今季への期待を高めている。長髪をなびかせながら投げ込んでくる、伸びのある速球が最大の武器だ。アメリカで生まれたが、両親はともにイスラエル出身で、クレイマー自身もヘブライ語が堪能(たんのう)。17年のWBCには、イスラエル代表チームの一員として参加している。

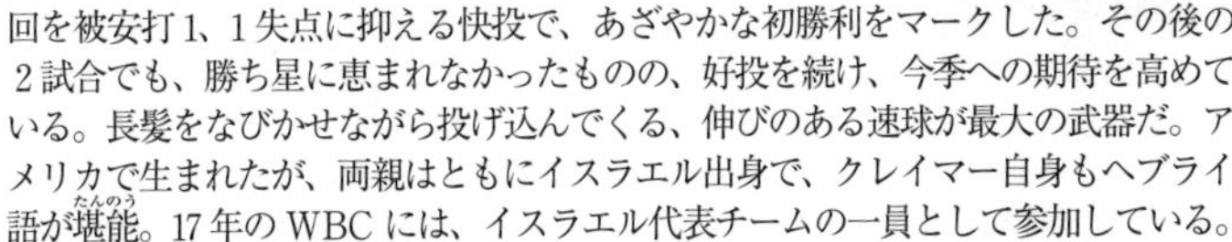

年度	所属チーム	勝利	敗戦	防御率	試合数	先発	セーブ	投球イニング	被安打	失点	自責点	被本塁打	与四球	奪三振	WHIP
2020	オリオールズ	1	1	4.82	4	4	0	18.2	15	10	10	0	12	22	1.45
通算成績		1	1	4.82	4	4	0	18.2	15	10	10	0	12	22	1.45

速=速球のスピード　決=決め球

66 成長を示した速球派サウスポー タナー・スコット *Tanner Scott*

セットアップ

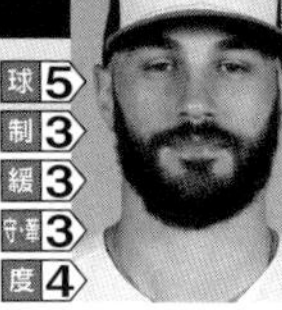

27歳 1994.7.22生 | 188cm | 100kg | 左投右打 [速]150キロ台中頃(フォーシーム、シンカー) [決]◎スライダー
[対左].154 [対右].176 [ド]2014⑥オリオールズ [出]オハイオ州 [年]57万500ドル(約5990万円)+α

球5 制3 緩3 守・牽3 度4

昨季はチーム最多の25試合に登板したリリーフサウスポー。150キロ台中盤のスピンが効いた速球、鋭い変化を見せる140キロ台前半のスライダーは一級品で、バッターを力で抑え込むピッチングを得意としている。昨季は、課題だったコントロールが進歩。無駄な四球が減ったことと、苦手にしていた右打者を抑えられたことが、防御率の大幅な良化につながった。ただ、引き継いだ走者の生還阻止率は、一昨年からダウンしている。安定感には欠けるが、セットアップ、クローザーとして大成できる能力の持ち主。将来を占う意味でも、今季の成績が極めて重要となるはずだ。

年度	所属チーム	勝利	敗戦	防御率	試合数	先発	セーブ	投球イニング	被安打	失点	自責点	被本塁打	与四球	奪三振	WHIP
2020	オリオールズ	0	0	1.31	25	0	1	20.2	12	5	3	1	10	23	1.06
通算成績		4	4	4.50	108	0	1	102.0	97	57	51	11	59	138	1.53

62 紆余曲折を経て輝いたドミニカン投手 シーザー・ヴァルデス *Cesar Valdez*

セットアップ クローザー

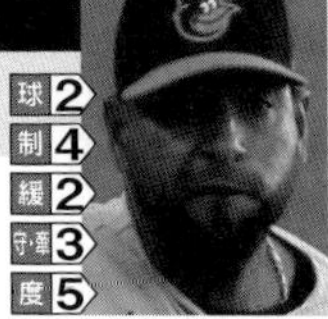

36歳 1985.3.17生 | 188cm | 91kg | 右投右打 [速]140キロ前後(フォーシーム、シンカー) [決]◎チェンジアップ
[対左].190 [対右].107 [ド]2009(外)ダイヤモンドバックス [出]ドミニカ [年]57万500ドル(約5990万円)+α

球2 制4 緩2 守・牽3 度5

昨季3シーズンぶりのメジャー登板を果たし、初セーブもマークしたドミニカ出身右腕。2010年にダイヤモンドバックスでメジャーデビューを果たしたが、オフに戦力外となり、その後マイナー、メキシカンリーグ、台湾プロ野球と渡り歩いた。17年にアスレティックスでメジャー復帰をかなえたが、ブルージェイズへ移籍後、自由契約に。メキシコに舞い戻り、虎視眈々(こしたんたん)とメジャー再復帰の道を模索し、昨年1月にオリオールズとマイナー契約を結んだ。投球の8割を占める120キロ台のチェンジアップは、打者の手元で様々な変化を起こすことで、魔球のような効果を発揮している。

年度	所属チーム	勝利	敗戦	防御率	試合数	先発	セーブ	投球イニング	被安打	失点	自責点	被本塁打	与四球	奪三振	WHIP
2020	オリオールズ	1	1	1.26	9	0	3	14.1	7	3	2	0	3	12	0.70
通算成績		3	4	6.23	29	6	3	65.0	77	51	45	9	24	46	1.55

51 右打者を苦にしないサウスポー ポール・フライ *Paul Fry*

ミドルリリーフ

29歳 1992.7.26生 | 183cm | 93kg | 左投左打 [速]150キロ前後(フォーシーム主体) [決]◎スライダー
[対左].273 [対右].227 [ド]2013⑰マリナーズ [出]ミシガン州 [年]57万500ドル(約5990万円)+α

球2 制3 緩4 守・牽3 度3

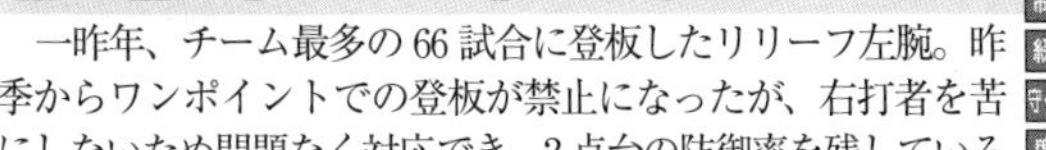

一昨年、チーム最多の66試合に登板したリリーフ左腕。昨季からワンポイントでの登板が禁止になったが、右打者を苦にしないため問題なく対応でき、2点台の防御率を残している。

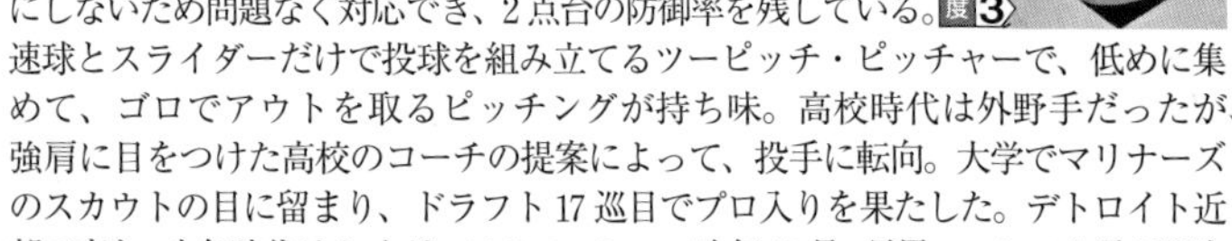

速球とスライダーだけで投球を組み立てるツーピッチ・ピッチャーで、低めに集めて、ゴロでアウトを取るピッチングが持ち味。高校時代は外野手だったが、強肩に目をつけた高校のコーチの提案によって、投手に転向。大学でマリナーズのスカウトの目に留まり、ドラフト17巡目でプロ入りを果たした。デトロイト近郊で育ち、少年時代はタイガースのファン。一昨年10月、長男フォレスト君が誕生。

年度	所属チーム	勝利	敗戦	防御率	試合数	先発	セーブ	投球イニング	被安打	失点	自責点	被本塁打	与四球	奪三振	WHIP
2020	オリオールズ	1	0	2.45	22	0	0	22.0	22	7	6	3	9	29	1.41
通算成績		3	11	4.15	123	0	5	117.0	109	66	54	11	53	120	1.38

[速]=速球のスピード [決]=決め球 [対左]=対左打者被打率 [対右]=対右打者被打率
[ド]=ドラフトデータ [出]=出身地 [年]=年俸

投 手

55 ディロン・テイト *Dillon Tate*

大学時代に体を作り上げた速球派右腕

ミドルリリーフ

27歳 1994.5.1生 | 188cm | 88kg | 右投右打 ㊥150キロ台前半(シンカー、フォーシーム) ㊋◎スライダー ㊧.294 ㊨.105 Ⓓ2015①レンジャーズ ㊞カリフォルニア州 ㊒57万500ドル(約5990万円)+α

球4 制3 緩3 守・牽3 度3

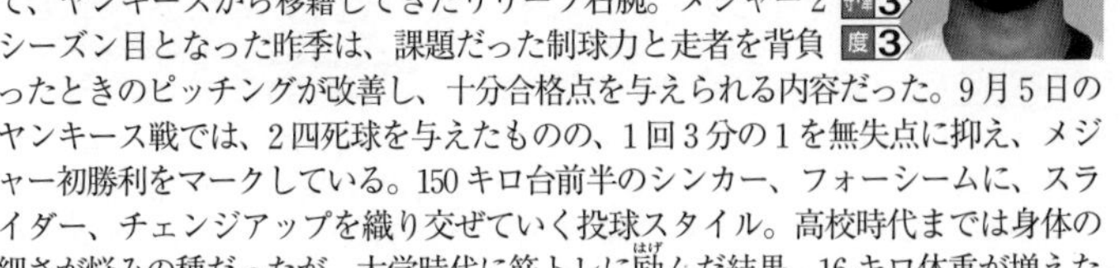

2018年7月にザック・ブリットンとの交換要員の一人として、ヤンキースから移籍してきたリリーフ右腕。メジャー2シーズン目となった昨季は、課題だった制球力と走者を背負ったときのピッチングが改善し、十分合格点を与えられる内容だった。9月5日のヤンキース戦では、2四死球を与えたものの、1回3分の1を無失点に抑え、メジャー初勝利をマークしている。150キロ台前半のシンカー、フォーシームに、スライダー、チェンジアップを織り交ぜていく投球スタイル。高校時代までは身体の細さが悩みの種だったが、大学時代に筋トレに励(はげ)んだ結果、16キロ体重が増えた。

年度	所属チーム	勝利	敗戦	防御率	試合数	先発	セーブ	投球イニング	被安打	失点	自責点	被本塁打	与四球	奪三振	WHIP
2020	オリオールズ	1	1	3.24	12	0	0	16.2	9	7	6	1	5	14	0.84
通算成績		1	3	5.02	28	0	0	37.2	27	22	21	4	14	34	1.09

43 ショーン・アームストロング *Shawn Armstrong*

速球のスピン量と変化球の落差は優秀

ミドルリリーフ

31歳 1990.9.11生 | 188cm | 102kg | 右投右打 ㊥150キロ台前半(フォーシーム) ㊋◎フォーシーム ㊧.176 ㊨.167 Ⓓ2011⑱インディアンズ ㊞ノースカロライナ州 ㊒82.5万ドル(約8663万円)

球4 制3 緩3 守・牽3 度3

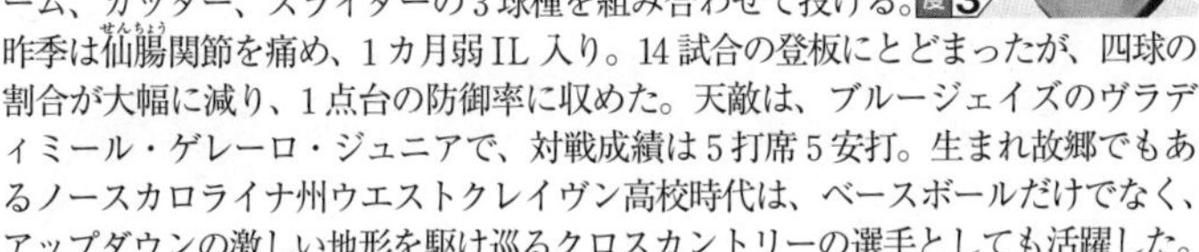

一昨年4月末にマリナーズから加入したリリーフ右腕。ピッチングは、それぞれに8キロほどの球速差があるフォーシーム、カッター、スライダーの3球種を組み合わせて投げる。昨季は仙腸(せんちょう)関節を痛め、1カ月弱IL入り。14試合の登板にとどまったが、四球の割合が大幅に減り、1点台の防御率に収めた。天敵は、ブルージェイズのヴラディミール・ゲレーロ・ジュニアで、対戦成績は5打席5安打。生まれ故郷でもあるノースカロライナ州ウエストクレイヴン高校時代は、ベースボールだけでなく、アップダウンの激しい地形を駆け巡るクロスカントリーの選手としても活躍した。

年度	所属チーム	勝利	敗戦	防御率	試合数	先発	セーブ	投球イニング	被安打	失点	自責点	被本塁打	与四球	奪三振	WHIP
2020	オリオールズ	2	0	1.80	14	0	0	15.0	9	6	3	1	3	14	0.80
通算成績		4	2	4.05	122	0	5	131.0	121	63	59	17	52	130	1.32

― ザック・ラウザー *Zac Lowther*

先発 期待度 B⁻ ルーキー

25歳 1996.4.30生 | 188cm | 107kg | 左投左打 ◆一昨年は2Aでプレー Ⓓ2017②オリオールズ ㊞オハイオ州

ロー・スリークォーターから投げ込まれる速球は、フォーシームの握りで投げてもツーシームのように動くのが特徴。球速は140キロ台中盤だが表示以上に威力があり、マイナーではこの速球にカーブとチェンジアップを交え、三振を量産していた。マウンド上では感情を表に出さないようにしている。

85 ブルース・ジマーマン *Bruce Zimmermann*

先発 リリーフ 期待度 C ルーキー

26歳 1995.2.9生 | 188cm | 98kg | 左投左打 ◆昨季はメジャーで2試合出場 Ⓓ2017⑤ブレーブス ㊞メリーランド州

2018年のトレードで、ブレーブスから移籍した左腕。オリオールズでホルト投手コーチの指導を受け、大きく素質が開花した。メジャー初出場、初先発となった昨年9月17日のレイズ戦では、2本の本塁打を喫し、3回5失点とホロ苦い船出に。制球力は悪くないが、その分、打者には狙われやすい。

※昨季、マイナーリーグは中止
※メジャー経験がない投手の「先発」「リリーフ」はマイナーでの役割

野 手

6 期待に応えるプレーを示した若手強打者 レフト ファースト

ライアン・マウントキャッスル *Ryan Mountcastle*

ルーキー

24歳 1997.2.18生 | 191cm | 95kg | 右投右打
◆対左投手打率／.267 ◆対右投手打率／.354
◆ホーム打率／.309 ◆アウェー打率／.352 ◆得点圏打率／.343
◆20年のポジション別出場数／レフト=25、ファースト=10、DH=2
◆ド2015①オリオールズ ◆出フロリダ州
◆年57万500ドル（約5990万円）+α

ミート 4 パワー 4 走塁 4 守備 3 肩 3

昨年8月21日にメジャーデビューを果たした、打撃力がウリのホープ。一昨年、3AインターナショナルリーグのMVPに選出され、昨季のブレイクが期待されていたが、メジャーの檜舞台（ひのきぶたい）でも長打力をともなうシュアな打撃を披露。得点圏打率3割4分3厘と、チャンスでの強さもアピールした。足は特別速いわけではないが、積極的な走塁を見せる点も、プレーヤーとしての魅力になっている。選球眼、守備力の向上など課題は残るが、若返りを図るチームにとって、大黒柱となり得る能力の持ち主であることは間違いない。今季はまだ新人王の資格を有しているため、同賞の有力候補の一人となっている。フロリダ州オビエドに所在する公立高校の出身。2015年ドラフトで、オリオールズから追補の1巡目指名（全体36位）を受け、プロ入りした。

カモ 山口俊（ブルージェイズ）.667（3-2）0本　苦手 G・コール（ヤンキース）.200（5-1）0本

年度	所属チーム	試合数	打数	得点	安打	二塁打	三塁打	本塁打	打点	四球	三振	盗塁	盗塁死	出塁率	OPS	打率
2020	オリオールズ	35	126	12	42	5	0	5	23	11	30	0	1	.386	.878	.333
通算成績		35	126	12	42	5	0	5	23	11	30	0	1	.386	.878	.333

— ゴールドグラブ受賞直後に流転の二塁手 セカンド サード

ヨルマー・サンチェス *Yolmer Sanchez*

移籍

29歳 1992.6.29生 | 173cm | 93kg | 右投両打
◆対左投手打率／.000 ◆対右投手打率／.333
◆ホーム打率／.500 ◆アウェー打率／.286 ◆得点圏打率／.000
◆20年のポジション別出場数／サード=5、ショート=3、DH=3、セカンド=1、ピッチャー=1
◆ド2009外ホワイトソックス ◆出ベネズエラ
◆年100万ドル（約1億500万円） ◆ゴールドグラブ賞1回（19年）

ミート 3 パワー 3 走塁 4 守備 4 肩 4

ウエーバー公示を経てホワイトソックスから移籍の、守備力の高さに定評がある内野手。一昨年、ホワイトソックスで二塁手として149試合に出場し、ゴールドグラブ賞の栄誉に浴した。ところが、オフに契約を見送られ、昨年1月にジャイアンツとマイナー契約。結局、出場機会がないまま自由契約となり、8月末、ホワイトソックスに舞い戻った。その後、メジャーで計11試合に出たが、打席数は21にとどまり、今回の移籍となった。昨年9月25日のカブス戦では、大量リードされていた場面で急造投手としてマウンドに上がり、最初の対戦打者ウィルトン・コントレラスにホームランを打たれている。

カモ M・バーンズ（レッドソックス）.600（5-3）0本　苦手 R・ヤーブロウ（レイズ）.000（5-0）0本

年度	所属チーム	試合数	打数	得点	安打	二塁打	三塁打	本塁打	打点	四球	三振	盗塁	盗塁死	出塁率	OPS	打率
2014	ホワイトソックス	28	100	6	25	5	0	0	5	3	25	1	1	.269	.569	.250
2015	ホワイトソックス	120	389	40	87	23	1	5	31	19	81	2	2	.268	.595	.224
2016	ホワイトソックス	53	154	15	32	9	1	4	21	5	42	0	1	.236	.593	.208
2017	ホワイトソックス	141	484	63	129	19	8	12	59	35	111	8	9	.319	.732	.267
2018	ホワイトソックス	155	600	62	145	34	10	8	55	49	138	14	6	.306	.678	.242
2019	ホワイトソックス	149	496	59	125	20	4	2	43	44	117	5	4	.318	.638	.252
2020	ホワイトソックス	11	16	7	5	3	0	1	1	5	5	0	0	.476	1.164	.313
通算成績		657	2239	252	548	113	24	32	215	160	519	30	23	.300	.660	.245

25 アンソニー・サンタンダー Anthony Santander

昨季前半のチームの好調を支える　ライト

27歳 1994.10.19生 | 188cm | 102kg | 右投両打
◆対左投手打率／.167 ◆対右投手打率／.285
◆ホーム打率／.256 ◆アウェー打率／.270 ◆得点圏打率／.275
◆20年のポジション別出場数／ライト=35、レフト=2、DH=1
◆ⓓ2011㊕インディアンズ ◆㊓ベネズエラ
◆㊎57万500ドル(約5990万円)+α

ミート3 パワー4 走塁3 守備3 肩4

7月下旬の開幕から9月上旬までプレーした昨季、チーム2位の本塁打（11本）を放ったベネズエラ出身のスイッチヒッター。8月16日のナショナルズ戦では、サイ・ヤング賞右腕のシャーザーから2本の本塁打を放っている。同日終了時点で21試合に出場し、8本塁打、22打点と、前半戦好調だったチームの牽引役となった。9月5日に右腹斜筋(ふくしゃきん)を痛めてIL入りし、そのままシーズンを終えたが、今季開幕時26歳とまだ若く、さらなる飛躍が期待されている。守備では昨季、4補殺を記録。「真珠島」の別名を持つ、カリブ海に浮かぶ有名観光地マルガリータ島の生まれ。16歳のとき、インディアンズと契約してプロ入り。2016年のルール5ドラフトで、オリオールズから指名された。

カモ D・ハーマン(ヤンキース).400(5-2)2本　苦手 T・リチャーズ(レイズ).111(9-1)0本

年度	所属チーム	試合数	打数	得点	安打	二塁打	三塁打	本塁打	打点	四球	三振	盗塁	盗塁死	出塁率	OPS	打率
2017	オリオールズ	13	30	1	8	3	0	0	2	0	8	0	0	.258	.625	.267
2018	オリオールズ	33	101	8	20	5	1	1	6	6	21	1	0	.250	.547	.198
2019	オリオールズ	93	380	46	99	20	1	20	59	19	86	1	2	.297	.773	.261
2020	オリオールズ	37	153	24	40	13	1	11	32	10	25	0	1	.315	.890	.261
通算成績		176	664	79	167	41	3	32	99	35	140	2	3	.292	.759	.252

28 ペドロ・セヴェリーノ Pedro Severino

キャッチングに課題を抱える正捕手　キャッチャー

28歳 1993.7.20生 | 185cm | 100kg | 右投右打 盗塁阻止率／.250(12-3)
◆対左投手打率／.162 ◆対右投手打率／.276
◆ホーム打率／.266 ◆アウェー打率／.227 ◆得点圏打率／.224
◆20年のポジション別出場数／キャッチャー=35、DH=10
◆ⓓ2010㊕ナショナルズ ◆㊓ドミニカ
◆㊎182.5万ドル(約1億9163万円)

ミート3 パワー3 走塁2 守備2 肩4

昨季も安定した打撃力を発揮したドミニカ出身の捕手。打率、打点、出塁率、長打率のいずれでも、及第点の数字を残している。しかし守備面の不安も相変わらずで、昨季も捕手として35試合に出場し、リーグワーストタイとなる5つのパスボールを記録してしまった。ただ、捕手防御率は控え捕手のシスコよりも、ずっと良かった。少年時代は投手、外野手、三塁手としてプレーしていて、キャッチャーとなったのは15歳のとき。コーチからの勧めを一度は固辞したものの、父親の励(はげ)ましもあり、捕手となることを決意した。

カモ M・シャーザー(ナショナルズ)1.000(3-3)1本　苦手 G・コール(ヤンキース).125(8-1)0本

年度	所属チーム	試合数	打数	得点	安打	二塁打	三塁打	本塁打	打点	四球	三振	盗塁	盗塁死	出塁率	OPS	打率
2015	ナショナルズ	2	4	1	1	1	0	0	0	0	1	0	0	.250	.750	.250
2016	ナショナルズ	16	28	6	9	2	0	2	4	5	3	0	0	.441	1.048	.321
2017	ナショナルズ	17	29	0	5	1	0	0	3	2	10	0	0	.226	.433	.172
2018	ナショナルズ	70	190	14	32	9	0	2	15	18	47	1	0	.254	.501	.168
2019	オリオールズ	96	305	37	76	13	0	13	44	29	73	3	1	.321	.740	.249
2020	オリオールズ	48	160	17	40	5	1	5	21	16	40	1	0	.322	.710	.250
通算成績		249	716	75	163	31	1	22	87	70	174	5	1	.304	.670	.228

野手

3 フレディ・ガルヴィス *Freddy Galvis*

華のあるプレーで球場を沸かせる

ショート セカンド　移籍

32歳 1989.11.14生 | 178cm | 88kg | 右投両打 対左.229 対右.217 ホ.262 ア.184 得.217 ド2006外フィリーズ 出ベネズエラ 年150万ドル(約1億5750万円)

ミ2 パ4 走3 守4 肩4

直近6年、フィリーズ、パドレス、ブルージェイズ、レッズの4球団でスタメンを張ってきた実力派の遊撃手。フリースインガーだがそこそこのパンチ力がある打撃、ゆるいショートゴロへの猛チャージ、時折見せる小粋なノールックトスなどでスタジアムを沸かせてきた。守備範囲は「中の中」だが、エラーが少なく、2016~18年は遊撃手としてリーグ最高の守備率をマークしている。過去にはセカンド、サード、外野も守った経験があり、年齢的にはそろそろユーティリティにシフトしていきそうな頃合だ。好戦的な面があり、相手投手とのにらみ合いをしばしば起こしている。

年度 所属チーム	試合数	打数	得点	安打	二塁打	三塁打	本塁打	打点	四球	三振	盗塁	盗塁死	出塁率	OPS	打率
2020 レッズ	47	141	18	31	5	0	7	16	13	30	1	1	.308	.712	.220
通算成績	998	3565	383	880	156	26	95	386	214	776	56	21	.291	.677	.247

31 セドリック・マリンズ *Cedric Mullins*

レギュラーを確保したスイッチヒッター

センター

27歳 1994.10.1生 | 173cm | 79kg | 左投両打 対左.171 対右.305 ホ.307 ア.231 得.208 ド2015⑬オリオールズ 出ノースカロライナ州 年57万5500ドル(約5990万円)+α

ミ3 パ3 走5 守5 肩3

昨季センターのレギュラーポジションを確保した生え抜き外野手。課題だったバッティングが進歩し、鋭いライナーが飛ばせるようになった。普通の打者なら二塁打となる当たりを、三塁打にしてしまう俊足が強力な武器。昨季はアメリカン・リーグ2位となる3本の三塁打を放ったが、外野手が少しでももたつくと、躊躇なく三塁をおとしいれる積極性が光った。ただし、盗塁技術に関しては、改善の余地がある。スタートのタイミングがイマイチで、大事な場面での盗塁死も目立つ。守備力は高く、長打となりそうなライナー、大飛球を好捕し、何度もピッチャーを救っていた。

年度 所属チーム	試合数	打数	得点	安打	二塁打	三塁打	本塁打	打点	四球	三振	盗塁	盗塁死	出塁率	OPS	打率
2020 オリオールズ	48	140	16	38	4	3	3	12	8	37	7	2	.315	.723	.271
通算成績	115	374	46	84	13	5	7	27	29	88	10	5	.290	.632	.225

74 パット・ヴァライカ *Pat Valaika*

苦難の道を経て、欠かせないプレーヤーに

ユーティリティ

29歳 1992.9.9生 | 180cm | 95kg | 右投右打 対左.279 対右.276 ホ.277 ア.276 得.273 ド2013⑨ロッキーズ 出カリフォルニア州 年87.5万ドル(約9188万円)

ミ3 パ4 走3 守4 肩4

昨季はショートを主体に、バッテリー以外の全守備位置に就いたユーティリティ。一昨年オフにロッキーズからウエーバー公示され、オリオールズに移籍したものの、球団がリチャード・ウレイニャと契約したことで登録枠から外れ、ダイヤモンドバックスへ移る。ところが、今度はスターリング・マーテイの加入でまたもウエーバーにかかり、結局、マイナー契約でオリオールズに舞い戻ることになった。開幕直前にメジャーへ昇格した昨季は、低迷していたバッティングが復活。8月21~23日のレッドソックス戦では、すべてソロながら、3試合連続でホームランを放っている。

年度 所属チーム	試合数	打数	得点	安打	二塁打	三塁打	本塁打	打点	四球	三振	盗塁	盗塁死	出塁率	OPS	打率
2020 オリオールズ	52	141	24	39	4	0	8	16	8	34	0	2	.315	.791	.277
通算成績	283	543	74	125	26	1	25	67	31	159	0	2	.271	.691	.230

対左=対左投手打率　対右=対右投手打率　ホ=ホーム打率　ア=アウェー打率　得=得点圏打率
ド=ドラフトデータ　出=出身地　年=年俸

2 リオ・ルイーズ *Rio Ruiz*

このままだとレギュラーの座は危ういか

サード

27歳 1994.5.22生 | 185cm | 98kg | 右投左打 対左.289 対右.204 ホ.233 ア.212 得.226 ド2012④アストロズ 出カリフォルニア州 年57万500ドル(約5990万円)+α

ミ2 パ4 走3 守4 肩3

打率は低いが、チャンスでの長打も目立つ三塁手。計54試合に出場した昨季は9本のホームランを放ったものの、出塁率が低く、OPSもレギュラー三塁手としては物足りない数字だった。ブルージェイズの山口俊とは2度対戦し、2本の二塁打。守備は、強肩ではないが、軽快なフットワークを駆使し、難しいゴロを上手にさばく。ブレーブスでメジャー初昇格を果たした翌日にあたる、2016年 9月18日のナショナルズ戦で、ピンチヒッターを告げられバッターボックスに立ったものの、その瞬間に雨天コールドゲームのコール。打撃記録が残らないデビュー戦となった。

年度	所属チーム	試合数	打数	得点	安打	二塁打	三塁打	本塁打	打点	四球	三振	盗塁	盗塁死	出塁率	OPS	打率
2020	オリオールズ	54	185	25	41	11	0	9	32	17	46	1	2	.286	.713	.222
通算成績		253	724	84	159	29	3	25	99	78	182	3	3	.295	.667	.220

21 オースティン・ヘイズ *Austin Hays*

走攻守で魅力を発揮する若手外野手

センター レフト

26歳 1995.7.5生 | 183cm | 93kg | 右投右打 対左.250 対右.287 ホ.233 ア.323 得.174 ド2016③オリオールズ 出フロリダ州 年57万500ドル(約5990万円)+α

ミ3 パ4 走4 守4 肩4

今季がメジャー4年目となる、生え抜き外野手。昨季は肋骨骨折で、約1カ月間IL入りしながら、自己最多となる33試合に出場した。魅力は、走攻守のいずれにおいても、スピード感にあふれた元気なプレーを見せること。守備では、難しい飛球をキャッチし、自軍投手を歓喜させるシーンが目立った。課題だった変化球への対応にも進歩を示し、バッティングに安定感が増したことも、さらなる飛躍への心強い材料となっている。8月11日のフィリーズ戦では、センター前へのライナーを、突っ込みすぎた相手中堅手が後逸。決勝2点ランニングホームランとなる幸運に恵まれた。

年度	所属チーム	試合数	打数	得点	安打	二塁打	三塁打	本塁打	打点	四球	三振	盗塁	盗塁死	出塁率	OPS	打率
2020	オリオールズ	33	122	20	34	2	0	4	9	8	25	2	3	.328	.722	.279
通算成績		74	250	36	68	11	0	9	30	17	54	4	3	.320	.744	.272

24 DJステュワート *DJ Stewart*

昨季はヒットの4割強が本塁打

レフト ライト DH

28歳 1993.11.30生 | 183cm | 104kg | 右投左打 対左.125 対右.208 ホ.163 ア.222 得.278 ド2015①オリオールズ 出フロリダ州 年57万500ドル(約5990万円)+α

ミ2 パ4 走3 守3 肩3

フロリダ州立大学時代に、全米大学代表チームに選出されたエリート外野手。2015年ドラフトで、オリオールズの1巡目（全体25位）指名を受けてプロ入り。メジャー3シーズン目となった昨季は、放った17安打中7本がホームラン。一方、打席の43%強では三振を喫していて、まさに「当たればデカイ」を実践する打撃成績となった。四球も多く、選球眼が悪いわけでもないが、オーバースイング傾向が強いことは確かだろう。高校時代にベースボールとアメフトの双方をプレーしていたこともあり、自身のツイッターには、NFLや大学フットボールの話題が頻繁に投稿されている。

年度	所属チーム	試合数	打数	得点	安打	二塁打	三塁打	本塁打	打点	四球	三振	盗塁	盗塁死	出塁率	OPS	打率
2020	オリオールズ	31	88	13	17	2	0	7	15	20	38	0	0	.355	.809	.193
通算成績		92	254	36	57	11	0	14	40	38	76	3	3	.334	.768	.224

19 さらに不良債権化が進んだ元本塁打王 クリス・デイヴィス *Chris Davis*

ファースト

35歳 1986.3.17生 | 191cm | 111kg | 右投左打 対左.000 対右.128 ホ.048 ア.161 得.000 ド2005⑤レンジャーズ 出テキサス州 年2300万ドル(約24億1500万円)
◆本塁打王2回(13、15年)、打点王1回(13年)、シルバースラッガー賞1回(13年)

ミ1 パ4 走2 守2 肩3

2016年1月に、7年総額1億6100万ドルの超大型契約を結んだスラッガー。47本塁打を放って、2度目のホームラン王に輝いた15年当時の面影は完全に失せ、昨季はわずか16試合の出場にとどまり、本塁打0というみじめな成績に終わってしまった。左ヒザ故障の影響もあるのだろうが、スイングが波打ち、バットにボールを当てることすら、ままならない状態だった。故障箇所をしっかりと治療し、フィジカル面が戻れば復活の可能性もゼロではないが、そのためには、モチベーションの立て直しが急務だろう。契約は2022年まで続く。家族は妻ジルさんと2人の娘。趣味はバス釣り。

年度	所属チーム	試合数	打数	得点	安打	二塁打	三塁打	本塁打	打点	四球	三振	盗塁	盗塁死	出塁率	OPS	打率
2020	オリオールズ	16	52	3	6	3	0	0	1	3	17	0	0	.164	.337	.115
通算成績		1417	4978	707	1160	228	5	295	780	555	1852	19	11	.315	.774	.233

16 大手術からの復活を期すスラッガー トレイ・マンシーニ *Trey Mancini*

ファースト ライト

29歳 1992.3.18生 | 193cm | 104kg | 右投右打 ◆昨季メジャー出場なし
ド2013⑧オリオールズ 出フロリダ州 年475万ドル(約4億9875万円)

ミ4 パ5 走2 守3 肩4

一昨年、35本塁打を放っているチームの看板打者。昨年の春季キャンプ中、結腸癌(けっちょうがん)の手術を受けたことが発表された。そのため昨季は全休を余儀なくされたが、9月にステージ3だった癌の治療が終了。11月には自身のインスタグラムに、トスされたボールをフルスイングする打撃練習の動画がアップされた。この動画公開に先駆け、イライアスGMから「マンシーニは少しずつ野球に関する活動を再開している。信じられないくらいにすばらしいことだ」というコメントも出ていた。明確な復帰時期はまだ不透明だが、復活に向け、明るい材料がそろってきたことは間違いない。

年度	所属チーム	試合数	打数	得点	安打	二塁打	三塁打	本塁打	打点	四球	三振	盗塁	盗塁死	出塁率	OPS	打率
2019	オリオールズ	154	602	106	175	38	2	35	97	63	143	1	0	.364	.899	.291
通算成績		462	1741	243	480	88	9	86	238	140	439	2	1	.335	.819	.276

— アドリー・ラッチマン *Adley Rutschman*

キャッチャー 期待度A ルーキー

23歳 1998.2.6生 | 188cm | 100kg | 右投両打 ◆一昨年はルーキー級、1A−、1Aでプレー ド2019①オリオールズ 出オレゴン州

2019年のドラフトで、全体1位指名を受けた期待のホープ。契約金810万ドルは、11年ドラフト全体1位だったゲリット・コールを上回る、史上最高額(当時)だった。バッティングが自慢のスイッチヒッターで、守備も堅実。オレゴン州立大学時代には、ゴールデンスパイク賞など数々の栄誉に輝いている。

— ライラン・バノン *Rylan Bannon*

ユーティリティ 期待度C ルーキー

25歳 1996.4.22生 | 173cm | 82kg | 右投右打 ◆一昨年は2A、3Aでプレー ド2017⑧ドジャース 出イリノイ州

打撃がウリの内野手。一昨年、3Aで20試合に出場し、打率3割1分7厘、3本塁打。昨年の春季キャンプでも高い評価を得ている。一方、守備はイマイチ。肩は強いほうだが、送球が少し不安定。球団は今後、マイナーで守っていたセカンド、サードのほか、ショートも守らせ、鍛えていく方針のようだ。

対左=対左投手打率 対右=対右投手打率 ホ=ホーム打率 ア=アウェー打率 得=得点圏打率
ド=ドラフトデータ 出=出身地 年=年俸
※昨季、マイナーリーグは中止

アメリカン・リーグ……東部地区 BOSTON RED SOX

ボストン・レッドソックス

◆創　立：1901年
◆本拠地：マサチューセッツ州ボストン市
◆ワールドシリーズ制覇：9回／◆リーグ優勝：14回
◆地区優勝：10回／◆ワイルドカード獲得：7回

主要オーナー　ジョン・ヘンリー（投資会社J.W.ヘンリー社会長）

過去5年成績

年度	勝	負	勝率	ゲーム差	地区順位	ポストシーズン成績
2016	93	69	.574	(4.0)	①	地区シリーズ敗退
2017	93	69	.574	(2.0)	①	地区シリーズ敗退
2018	108	54	.667	(8.0)	①	ワールドシリーズ制覇
2019	84	78	.519	19.0	③	—
2020	**24**	**36**	**.400**	**16.0**	⑤	—

監督　13 アレックス・コーラ *Alex Cora*

新

◆年　　齢…………46歳（プエルトリコ出身）
◆現役時代の経歴…14シーズン　ドジャース（1998～2004）、
（ショート、セカンド）インディアンズ（2005）、レッドソックス（2005～08）、メッツ（2009～10）、レンジャーズ（2010）、ナショナルズ（2011）
◆現役通算成績……1273試合　.243　35本　286打点
◆監督経歴…………2シーズン　レッドソックス（2018～19）
◆通算成績…………192勝132敗（勝率.593）

1年間の出場停止を経て、監督の座に戻って来たプエルトリコ出身の指揮官。就任1年目の2018年に、いきなりワールドシリーズを制覇。その手腕が高く評価された。だが昨年1月、アストロズの過去の不正なサイン盗みが明らかになり、当時アストロズのベンチコーチだったコーラも、深く関与していたことが発覚。メジャーリーグ機構より1年間の出場停止処分が科せられ、監督の座も失った。だが球団はコーラのマネジメント能力を高く評価しており、今回の復職となった。

注目コーチ　– ウィル・ヴェナブル *Will Venable*

新ベンチコーチ。39歳。昨季はカブスで三塁ベースコーチを務めていた。現役時代は外野手。パドレス時代の2013年に、22本塁打を記録。名門プリンストン大学出身。

編成責任者　ハイム・ブルーム *Chaim Bloom*

38歳。昨年11月、選手に人望が厚いコーラを監督に復帰させたが、ブルームの本命は別人物だったとの噂あり。2年前まではレイズの編成部門で活躍。イェール大学卒。

スタジアム　フェンウェイ・パーク *Fenway Park*

◆開 場 年…………1912年
◆仕　　様…………天然芝
◆収容能力…………37,755人
◆フェンスの高さ…0.9～11.3m
◆特　　徴…………米国の国定歴史建造物にも指定されている、メジャー最古の球場。レフトにそびえ立つ、高さ11.3メートルの巨大フェンス（グリーンモンスター）がシンボル。浅めのフライがこのフェンスに当たり、長打になるケースが多い。

ヒッターズパーク

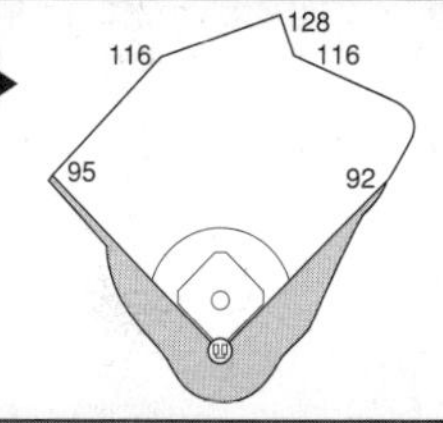

Best Order

[ベストオーダー]

①アレックス・ヴァドゥーゴ……センター
②ザンダー・ボーガーツ……ショート
③ラファエル・デヴァース……サード
④J.D.マルティネス……DH
⑤ボビー・ドルベック……ファースト
⑥クリスチャン・ヴァスケス……キャッチャー
⑦フランチー・コデーロ……レフト
⑧ハンター・レンフロー……ライト
⑨エンリケ・ヘルナンデス……セカンド

Depth Chart

[ポジション別選手層・メンバーリスト]

※2021年2月12日時点の候補選手。数字は背番号(開幕前に変更する場合もあり)、右・左等は投・打の順。

センター

99 **アレックス・ヴァドゥーゴ [左・左]**
― シーザー・プエロ [右・右]

レフト

― **フランチー・コデーロ [右・左]**
― ハンター・レンフロー [右・右]
28 J.D.マルティネス [右・右]
23 マイケル・チェイヴィス [右・右]

ライト

― **ハンター・レンフロー [右・右]**
― フランチー・コデーロ [右・左]
28 J.D.マルティネス [右・右]

ショート

2 **ザンダー・ボーガーツ [右・右]**
3 ジョナサン・アラウズ [右・両]

セカンド

5 **エンリケ・ヘルナンデス [右・右]**
39 クリスチャン・アローヨ [右・右]
23 マイケル・チェイヴィス [右・右]

ローテーション

57 エドゥアルド・ロドリゲス [左・左]
17 ネイサン・イヴォルディ [右・右]
― ギャレット・リチャーズ [右・右]
― タナー・ハウク [右・右]
37 ニック・ピヴェッタ [右・右]
― マーティン・ペレス [左・左]
― マット・アンドリース [右・右]
41 クリス・セイル [左・左]

サード

11 **ラファエル・デヴァース [右・左]**
29 ボビー・ドルベック [右・右]
3 ジョナサン・アラウズ [右・両]
23 マイケル・チェイヴィス [右・右]

ファースト

29 **ボビー・ドルベック [右・右]**
23 マイケル・チェイヴィス [右・右]

キャッチャー

7 **クリスチャン・ヴァスケス [右・右]**
25 ケヴィン・プラウェッキー [右・右]

DH

28 **J.D.マルティネス [右・右]**

ブルペン

32 マット・バーンズ [右・右] CL
70 ライアン・ブレイジャー [右・右]
0 アダム・オタヴィーノ [右・両]
63 ダーウィンゾン・ヘルナンデス [左・左]
38 ジョシュ・テイラー [左・左]
71 フィリップ・ヴァルデス [右・右]
22 クリス・マッツァ [右・右]
54 コルテン・ブルワー [右・右]
31 オースティン・ブライス [右・右]
― ジョエル・パヤンプス [右・右]

※CL=クローザー

レッドソックス試合日程……＊はアウェーでの開催

4月1・3・4	オリオールズ	4・5・6	タイガース	4・5・6	ヤンキース＊
5・6・7	レイズ	7・8・9・10	オリオールズ＊	8・9・10	アストロズ
8・10・11	オリオールズ＊	11・12・13	アスレティックス	11・12・13・14	ブルージェイズ
12・13・14・15	ツインズ＊	14・15・16	エンジェルス	15・16	ブレーブス＊
16・17・18・19	ホワイトソックス	18・19・20	ブルージェイズ＊	18・19・20	ロイヤルズ＊
20・21	ブルージェイズ	21・22・23	フィリーズ＊	22・23・24	レイズ＊
22・23・24・25	マリナーズ	25・26	ブレーブス	25・26・27	ヤンキース
27・28	メッツ＊	28・29・30	マーリンズ	28・29・30・7月1	ロイヤルズ
29・30・5月1・2	レンジャーズ＊	31・6月1・2・3	アストロズ＊	2・3・4	アスレティックス＊

球団メモ 1903年に、初代ワールドチャンピオンの座についている。1918年には5度目のワールドシリーズ制覇を果たしたが、その後86年間、チャンピオンになれなかった。

Analysis

矢印⬆↗➡↘⬇は、昨季終了時との比較 [戦力分析]

■投手力↗…★★★☆☆【昨年度チーム防御率5.58、リーグ14位】

今季のローテーションはイヴォルディ、リチャーズ（新加入）、ロドリゲス（昨季全休）、ハウク（先発のホープ）、ピヴェッタの5人でスタートし、シーズン後半からセイルが復帰することになるだろう。昨季はエースのセイルと2番手のロドリゲスが全休したため、先発防御率はリーグ13位の5.34だったが、今季のローテーションは防御率3点台は無理でも、4点台半ばなら十分出せる陣容に見える。ブルペンのほうは、昨年はリリーフ防御率がリーグワースト2位の5.79だったのに、目立った補強を行わなかった。

■攻撃力➡…★★★★☆【昨年度チーム得点292、リーグ5位】

打線の顔ぶれに大きな変更はない。勝負強いエンリケ・ヘルナンデスが加わるのは多少プラスになるが、プルヒッターで打球がフライになりやすいレンフローを獲得して、グリーンモンスター越えの一発を量産させようというアイディアはマンガ的な発想のように思えてならない。

■守備力↘…★★★☆☆【昨年度チーム失策数45、リーグ14位】

外野守備の要として君臨していたブラッドリー・ジュニアがチームを去ったことは大きなマイナス。セカンドに専任内野手ではないヘルナンデスが入るのも、マイナスに作用するだろう。併殺ゴロ達成数がかなり減る可能性がある。

■機動力↘…★★★☆☆【昨年度チーム盗塁数31、リーグ6位】

ブラッドリー・ジュニアとベニンテンディがいなくなったため、2ケタ盗塁を期待できるのはボーガーツだけになった。機動力ダウンは否めない。

総合評価➡ ★★★☆☆

レッドソックスは最下位の翌年強くなる習性があり、2012年と15年に最下位になったときは、翌年地区優勝している。コーラ監督はこのチームの選手起用を心得ているので、チームのマインドセットをうまくやって化けさせる可能性は十分ある。

IN 主な入団選手

投手
アダム・オタヴィーノ←ヤンキース
マット・アンドリース←エンジェルス
ギャレット・リチャーズ←パドレス

野手
エンリケ・ヘルナンデス←ドジャース
フランチー・コデーロ←ロイヤルズ
ハンター・レンフロー←レイズ

OUT 主な退団選手

投手
とくになし

野手
アンドルー・ベニンテンディ➡ロイヤルズ
ジャッキー・ブラッドリー・ジュニア➡所属先未定
ダスティン・ペドロイア➡引退

5・6・7	エンジェルス*	6・7・8	ブルージェイズ*	6・7・8	レイズ
9・10・11	フィリーズ	10・11・12	レイズ	10・11・12	ホワイトソックス*
13	オールスターゲーム	13・14・15	オリオールズ	13・14・15	マリナーズ*
15・16・17・18	ヤンキース*	17・18	ヤンキース*	17・18・19	オリオールズ
19・20・21	ブルージェイズ*	20・21・22	レンジャーズ	21・22	メッツ
22・23・24・25	ヤンキース	24・25・26	ツインズ	24・25・26	ヤンキース
26・27・28・29	ブルージェイズ	27・28・29	インディアンズ*	28・29・30	オリオールズ*
30・31・**8**月1	レイズ*	30・31・**9**月1・2	レイズ*	**10**月1・2・3	ナショナルズ*
3・4・5	タイガース*	3・4・5	インディアンズ		

球団メモ　レッドソックス一筋でプレー（実働14年）したダスティン・ペドロイアが今年2月1日に引退を発表。ここ数年はヒザの故障に苦しんだ。2007年新人王、08年MVP。

ー 彗星のごとく現れ、17イニングで自責点1 先発 ルーキー

タナー・ハウク *Tanner Houck*

25歳 1996.6.29生 | 196cm | 104kg | 右投右打

◆速球のスピード／150キロ前後(フォーシーム主体)
◆決め球と持ち球／◎フォーシーム、◎スライダー、○シンカー、△スプリッター
◆対左.111 ◆対右.114 ◆ホ防0.00 ◆ア防0.82
◆ド2017①レッドソックス ◆出イリノイ州
◆年57万500ドル(約5990万円)+α

球威 4
制球 3
緩急 5
守備・牽制 3
度胸 4

マイナーの投手育成能力に疑問符が付いていたレッドソックスから、久々に現れた自前のエース候補。昨年9月15日のマーリンズ戦でメジャーデビュー。ポストシーズン進出に向けて勢いづくマーリンズ打線を、5回まで2安打無失点に抑えて初勝利をゲット。次のヤンキース戦でも強力打線を6回まで1安打に抑え、2勝目。さらに26日のブレーブス戦でも6回をソロアーチによる1点に抑え、3連勝した。ロー・スリークォーターからクロスステップして投げ込み、ヨコの変化で勝負するタイプ。長所はスライダーの軌道とスピードを一球一球変えながら投げられることと、ハイ・ファストボールで空振りさせるコツを心得ていることだ。オフはメジャーの有名選手が集まるフロリダの「クレッシー・スポーツ・パフォーマンス」でトレーニングを積み、フルシーズン、ローテーションに入って投げきる体力作りに励んでいた。

カモ A・ヒックス(ヤンキース).000(3-0)0本　苦手 ―――

年度	所属チーム	勝利	敗戦	防御率	試合数	先発	セーブ	投球イニング	被安打	失点	自責点	被本塁打	与四球	奪三振	WHIP
2020	レッドソックス	3	0	0.53	3	3	0	17.0	6	2	1	1	9	21	0.88
通算成績		3	0	0.53	3	3	0	17.0	6	2	1	1	9	21	0.88

43 故障リスクが高いが、球威はトップクラス 先発 移籍

ギャレット・リチャーズ *Garrett Richards*

33歳 1988.5.27生 | 188cm | 95kg | 右投右打

◆速球のスピード／150キロ台前半(フォーシーム、ツーシーム)
◆決め球と持ち球／☆スライダー、◎フォーシーム、△ツーシーム、△カーブ
◆対左.296 ◆対右.189 ◆ホ防5.85 ◆ア防2.87
◆ド2009①エンジェルス ◆出カリフォルニア州
◆年1000万ドル(約10億5000万円)

球威 5
制球 3
緩急 3
守備・牽制 2
度胸 3

昨年パドレスでよみがえったあと、1年1000万ドルの契約でレッドソックスに来たエンジェルスの元エース。ケガのデパートとして知られ、2014年にヒザの膝蓋腱、16年にヒザの前十字靭帯、17年には前腕二頭筋、18年にはトミー・ジョン手術と、ピッチングよりケガとの戦いにエネルギーを費やしてきた。しかし昨年久々に万全の状態で投げられるようになり、速球とスライダーの威力が全盛期に近い状態に戻った。スライダーは昨年被打率が1割5分9厘だった威力満点のボールだが、時々抜けて一発を食うのが玉に瑕。

カモ A・ポロック(ダイヤモンドバックス).000(9-0)0本　苦手 M・ズニーノ(レイズ).636(11-7)1本

年度	所属チーム	勝利	敗戦	防御率	試合数	先発	セーブ	投球イニング	被安打	失点	自責点	被本塁打	与四球	奪三振	WHIP
2011	エンジェルス	0	2	5.79	7	3	0	14.0	16	11	9	4	7	9	1.64
2012	エンジェルス	4	3	4.69	30	9	1	71.0	77	46	37	7	34	47	1.56
2013	エンジェルス	7	8	4.16	47	17	1	145.0	151	73	67	12	44	101	1.34
2014	エンジェルス	13	4	2.61	26	26	0	168.2	124	51	49	5	51	164	1.04
2015	エンジェルス	15	12	3.65	32	32	0	207.1	181	94	84	20	76	176	1.24
2016	エンジェルス	1	3	2.34	6	6	0	34.2	31	16	9	2	15	34	1.33
2017	エンジェルス	0	2	2.28	6	6	0	27.2	18	8	7	1	7	27	0.90
2018	エンジェルス	5	4	3.66	16	16	0	76.1	64	43	31	11	34	87	1.28
2019	パドレス	0	1	8.31	3	3	0	8.2	10	8	8	2	6	11	1.85
2020	パドレス	2	2	4.03	14	10	0	51.1	47	23	23	7	17	46	1.25
通算成績		47	41	3.62	187	128	2	804.2	719	373	324	71	291	702	1.26

対左=対左打者被打率　対右=対右打者被打率　ホ防=ホーム防御率　ア防=アウェー防御率
ド=ドラフトデータ　出=出身地　年=年俸　カモ 苦手は通算成績

32 ナックルカーブの威力が落ち、奪三振率が低下

クローザー セットアップ

マット・バーンズ *Matt Barnes*

31歳 1990.6.17生 | 193cm | 94kg | 右投右打 速150キロ台前半～中頃(フォーシーム主体) 決◎フォーシーム
対左.167 対右.250 ド2011①レッドソックス 出コネティカット州 年450万ドル(約4億7250万円)

球5 制3 緩4 守・牽3 度3

今季も引き続きクローザーを務める可能性がある、生え抜きの豪腕リリーバー。2016年から4シーズン、トップセットアッパーとして起用され、昨季も前半は同じ役回りで投げていた。だがワークマンがトレードされたため、後継のクローザーとして投げることに。昨季前半は乱調で、8月21日にクローザーに回るまでは防御率が5.59だったが、クローザーになってからは制球が安定し、8月21日以降の防御率は3.38だった。気がかりなのは、伝家の宝刀ナックルカーブの威力が落ちていること。勝負どころではフォーシームを使うケースが多くなり、奪三振率が落ちている。

年度 所属チーム	勝利	敗戦	防御率	試合数	先発	セーブ	投球イニング	被安打	失点	自責点	被本塁打	与四球	奪三振	WHIP
2020 レッドソックス	1	3	4.30	24	0	9	23.0	18	13	11	4	14	31	1.39
通算成績	26	21	4.08	325	2	15	337.1	302	162	153	40	159	438	1.37

17 復調の気配見せた昨季の開幕投手

先発

ネイサン・イヴォルディ *Nathan Eovaldi*

31歳 1990.2.13生 | 188cm | 98kg | 右投右打 速150キロ台後半(フォーシーム主体) 決◎フォーシーム
対左.191 対右.355 ド2008⑪ドジャース 出テキサス州 年1700万ドル(約17億8500万円)

球5 制4 緩4 守・牽5 度4

走者を出すと制球が良くなる豪腕投手。昨季は先発3番手に予定されていたが、セイルとエドゥアルド・ロドリゲスの故障で、エース格に繰り上がった。8月にスネの肉離れでIL(故障者リスト)入りし、先発したのは9試合。そのうちの5試合を1失点以内に抑えたため、評価が再上昇している。典型的なパワーピッチャーながら、球種が豊富で、平均球速157キロのフォーシームのほかにカッター、カーブ、スプリッター、スライダーをすべて使って投げることが多い。昨季は初球ストライク率が増し、早めに追い込んで、ボール球を振らせるパターンに持ち込むケースが増えた。

年度 所属チーム	勝利	敗戦	防御率	試合数	先発	セーブ	投球イニング	被安打	失点	自責点	被本塁打	与四球	奪三振	WHIP
2020 レッドソックス	4	2	3.72	9	9	0	48.1	51	20	20	8	7	52	1.20
通算成績	50	56	4.27	188	169	0	966.0	1010	483	458	104	301	762	1.36

57 今季は開幕からフル回転できる模様

先発

エドゥアルド・ロドリゲス *Eduardo Rodriguez*

28歳 1993.4.7生 | 188cm | 105kg | 左投左打 速150キロ前後(フォーシーム、ツーシーム) 決◎フォーシーム
◆昨季メジャー出場なし ド2010外オリオールズ 出ベネズエラ 年830万ドル(約8億7150万円)

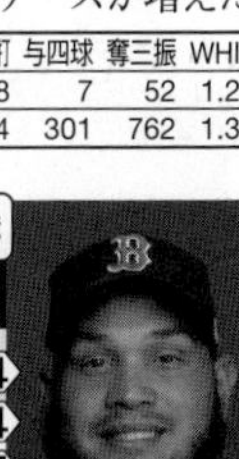

球4 制4 緩5 守・牽4 度4

一昨年19勝したので昨年も同レベルの活躍を期待されたが、コロナ感染が心筋症(しんきんしょう)を引き起こし、1球も投げられなかったツキのない左腕。コロナに感染したのは6月下旬か7月上旬で、発熱、悪寒、疲労などの症状が出たことで感染が判明した。それらは治療を受けて治まった。しかしコロナ感染が心臓の筋肉の炎症(心筋症)を引き起こしていたため、練習厳禁となり、安静にしているように求められた。心筋症は心房性不整脈(しんぼうせいふせいみゃく)などの重篤(じゅうとく)な疾患(しっかん)につながるため、心臓に負担がかかる行為を避けなければならないのだ。そんな状態がしばらく続き、昨季は何もできずに終わった。

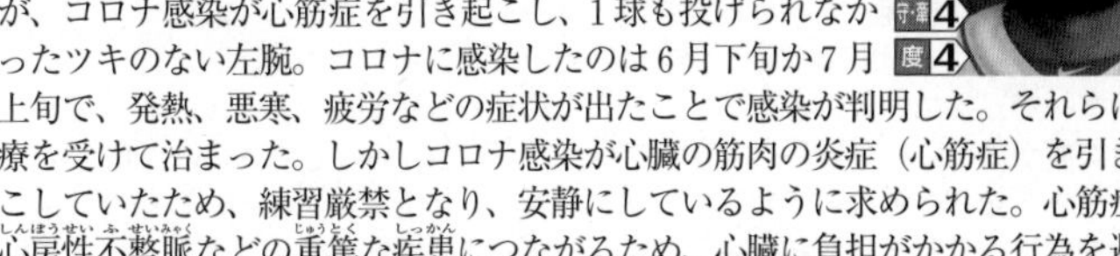

年度 所属チーム	勝利	敗戦	防御率	試合数	先発	セーブ	投球イニング	被安打	失点	自責点	被本塁打	与四球	奪三振	WHIP
2019 レッドソックス	19	6	3.81	34	34	0	203.1	195	88	86	24	75	213	1.33
通算成績	51	31	4.03	127	122	0	699.0	659	323	313	88	247	707	1.30

速=速球のスピード 決=決め球

ミドル リリーフ

71 苦労の多かったチェンジアップのアーチスト フィリップ・ヴァルデス *Phillips Valdez*

30歳 1991.11.16生 | 188cm | 73kg | 右投右打 速140キロ台後半(シンカー主体) 決◎チェンジアップ 対左.175 対右.338 ド2009外インディアンズ 出ドミニカ 年57万500ドル(約5990万円)+α

球3 制2 緩5 守・牽3 度5

一昨年プロ入り11年目でメジャーデビューを果たし、レッドソックスに来た昨季、12年目でブレイクしたドミニカ出身のリリーフ右腕。ロー・スリークォーターからシュートしながら沈む速球（シンカー）とチェンジアップを投げ込んでくる技巧派。ウリは、シンカーと同じ腕の振りでチェンジアップを投げられること。チェンジアップはシンカーと同じ軌道で、10キロ遅れて入ってくるため、打者はタイミング外され当てるのが精いっぱいになる。このチェンジアップは、同国人の英雄ペドロ・マルティネスのビデオを繰り返し見て習得したもので、ペドロを心の師と仰いでいる。

年度	所属チーム	勝利	敗戦	防御率	試合数	先発	セーブ	投球イニング	被安打	失点	自責点	被本塁打	与四球	奪三振	WHIP
2020	レッドソックス	1	1	3.26	24	0	0	30.1	33	16	11	3	16	30	1.62
通算成績		1	1	3.50	35	0	0	46.1	50	23	18	6	25	48	1.62

ミドル リリーフ

63 昨季はコロナ陽性と胸の関節痛のダブルパンチ ダーウィンゾン・ヘルナンデス *Darwinzon Hernandez*

25歳 1996.12.17生 | 188cm | 116kg | 左投左打 速150キロ台前半(フォーシーム主体) 決◎フォーシーム 対左.143 対右.167 ド2013外レッドソックス 出ベネズエラ 年57万500ドル(約5990万円)+α

球4 制2 緩4 守・牽4 度3

昨年は登板機会が7試合しかなかったため、今季、巻き返しを図るリリーフ左腕。一昨年の後半、豪速球で三振ショーを繰り広げたため、昨季は大いに期待された。しかし7月のPCR検査で陽性と判定され、隔離生活を強いられたため出遅れ、復帰したのは8月20日だった。さらに8月31日、胸鎖(きょうさ)関節を痛めてIL入り。9月18日まで復帰できなかった。ベネズエラ出身。16歳のときにプロ入りしているが、制球に難があるため買い叩かれ、契約金はたったの7500ドルしかもらえなかった。一番の武器はフォーシーム。握りを頻繁(ひんぱん)に変えて投げているので、様々な方向に動く。

年度	所属チーム	勝利	敗戦	防御率	試合数	先発	セーブ	投球イニング	被安打	失点	自責点	被本塁打	与四球	奪三振	WHIP
2020	レッドソックス	1	0	2.16	7	0	0	8.1	5	2	2	0	8	13	1.56
通算成績		1	1	3.96	36	1	0	38.2	32	20	17	1	34	70	1.71

セット アップ　移籍

0 ヤンキースから来たニューヨーカー アダム・オタヴィーノ *Adam Ottavino*

36歳 1985.11.22生 | 196cm | 112kg | 右投両打 速150キロ前後(シンカー主体) 決☆スライダー 対左.294 対右.263 ド2006①カーディナルス 出ニューヨーク州 年800万ドル(約8億4000万円)

球4 制2 緩3 守・牽2 度3

同地区のライバル球団ヤンキースから、トレードで移籍してきたリリーフ右腕。シンカーとスライダーを多投する投手だが、ゴロ打たせ屋ではなく、シンカーを見せ球に使い、スライダーで三振にしとめるタイプ。そのため奪三振率が高い。スライダーはヨコに鋭く曲がる。「フリスビー・スライダー」と形容されることもある。2018年オフ、ロッキーズをFAとなってヤンキースに入団し、2年所属。ニューヨークの下町ブルックリンで生まれ育った生粋(きっすい)のニューヨーカーであるため、ヤンキースではファンから絶大な人気があった。父ジョンさんは俳優、母イヴさんは学校の先生。

年度	所属チーム	勝利	敗戦	防御率	試合数	先発	セーブ	投球イニング	被安打	失点	自責点	被本塁打	与四球	奪三振	WHIP
2020	ヤンキース	2	3	5.89	24	0	0	18.1	20	12	12	2	9	25	1.58
通算成績		25	28	3.53	463	3	19	497.2	430	209	195	48	223	577	1.31

速=速球のスピード　決=決め球　対左=対左打者被打率　対右=対右打者被打率
ド=ドラフトデータ　出=出身地　年=年俸

70 日本からの逆輸入でメジャーに定着
ライアン・ブレイジャー *Ryan Brasier*

ミドルリリーフ

34歳 1987.8.26生 | 183cm | 103kg | 右投右打 速150キロ台中頃(フォーシーム主体) 決☆スライダー
対左.270 対右.230 ド2007⑥エンジェルス 出テキサス州 年125万ドル(約1億3125万円)

球4 制3 緩3 守備3 度2

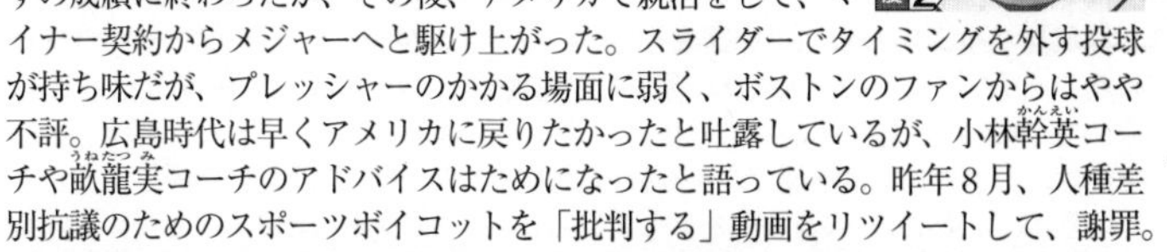

2017年には広島でプレーしたリリーバー（日本での登録名は「ブレイシア」）。広島では26試合で防御率3.00とまずまずの成績に終わったが、その後、アメリカで就活をして、マイナー契約からメジャーへと駆け上がった。スライダーでタイミングを外す投球が持ち味だが、プレッシャーのかかる場面に弱く、ボストンのファンからはやや不評。広島時代は早くアメリカに戻りたかったと吐露しているが、小林幹英（かんえい）コーチや畝龍実（うねたつみ）コーチのアドバイスはためになったと語っている。昨年8月、人種差別抗議のためのスポーツボイコットを「批判する」動画をリツイートして、謝罪。

年度	所属チーム	勝利	敗戦	防御率	試合数	先発	セーブ	投球イニング	被安打	失点	自責点	被本塁打	与四球	奪三振	WHIP
2020	レッドソックス	1	0	3.96	25	1	0	25.0	24	12	11	2	11	30	1.40
通算成績		5	4	3.58	128	1	7	123.1	101	53	49	14	43	127	1.17

37 リリーフもこなせるが、炎上癖が怖い
ニック・ピヴェッタ *Nick Pivetta*

先発

28歳 1993.2.14生 | 196cm | 97kg | 右投右打 速150キロ前後(フォーシーム主体) 決○カーブ
対左.333 対右.250 ド2013④ナショナルズ 出カナダ 年57万500ドル(約5990万円)+α

球3 制3 緩3 守備3 度3

昨年8月のトレードで加入したカナダ出身の右腕。キレのいいフォーシームと大きなカーブのコンビネーションで三振を量産する。フィリーズ時代は先発ローテーションに入って投げていたこともあるが、最終的に「先発失格」の烙印（らくいん）が押されたのは、度重なる炎上のせい。悪い日はコースが甘くなり、簡単に5～6失点してしまう。レッドソックスでは2先発で2連勝の顔見世を果たしたが、実力は先発5番手当落線上といったところか。ただし、これまで第3球種だったスライダーに手ごたえを感じているようで、投球配分を変える可能性が高い。一皮むけてくれれば儲けモノだ。

年度	所属チーム	勝利	敗戦	防御率	試合数	先発	セーブ	投球イニング	被安打	失点	自責点	被本塁打	与四球	奪三振	WHIP
2020	フィリーズ	0	0	15.88	3	0	0	5.2	10	10	10	3	1	4	1.94
2020	レッドソックス	2	0	1.80	2	2	0	10.0	8	2	2	1	5	13	1.30
2020	2チーム計	2	0	6.89	5	2	0	15.2	18	12	12	4	6	17	1.53
通算成績		21	30	5.40	94	73	1	406.1	428	258	244	73	153	434	1.43

― 良くも悪くも安定している、便利な右腕
マット・アンドリース *Matt Andriese*

先発 ロングリリーフ　移籍

32歳 1989.8.28生 | 188cm | 98kg | 右投右打 速140キロ台後半(フォーシーム主体) 決◎チェンジアップ
対左.204 対右.169 ド2011③パドレス 出カリフォルニア州 年210万ドル(約2億2050万円)

球3 制4 緩3 守備3 度3

オフにエンジェルスをFAとなり、1年契約で加入した右腕。フォーシームとチェンジアップのコンビネーションが持ち味。イニング数と同等の三振を奪え、与四球も少なめで安定しているが、これといった強烈な決め球もないため、結局、防御率4点台中盤に収まってしまう。ブルペンでは「中の下」ぐらいの位置付けになってしまうが、レイズ時代の2016、17年には先発ローテーションに入って、同じく防御率4点台中盤の成績を残しており、昨季、エンジェルスでも先発起用の構想があった。本人も「今季は先発で勝負するつもり」と語り、開幕ローテーション入りを目指す。

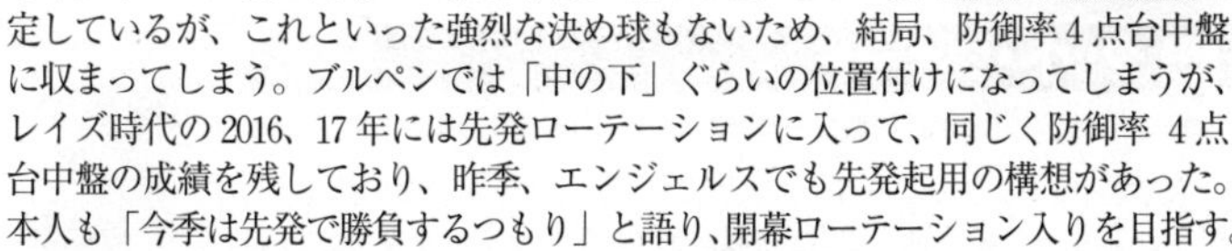

年度	所属チーム	勝利	敗戦	防御率	試合数	先発	セーブ	投球イニング	被安打	失点	自責点	被本塁打	与四球	奪三振	WHIP
2020	エンジェルス	2	4	4.50	16	1	2	32.0	21	17	16	5	11	33	1.00
通算成績		26	34	4.57	183	50	7	460.2	467	249	234	69	134	424	1.30

41 クリス・セイル *Chris Sale*

今季の復帰は早くても6月以降か

先発

32歳 1989.3.30生 | 198cm | 83kg | 左投左打 速150キロ前後(フォーシーム、ツーシーム) 決☆スライダー ◆昨季メジャー出場なし ド2010①ホワイトソックス 出フロリダ州 年3000万ドル(約31億5000万円) ◆最多奪三振2回(15、17年)

球5 制4 緩4 守・牽4 度5

復帰が待たれる奪三振モンスター。長身細身の体型から、長い腕を豪快に横振りして鋭利なスライダーを投げ、これまで多くの三振を奪ってきた。2019年8月には、史上最も少ない投球回で通算2000奪三振を達成している。ケガが少なく「ラバーアーム」(ゴムの腕)と言われていたが、2000奪三振達成直後、ついに左ヒジ痛を発症。PRP療法での復帰を目指すも、状態は思わしくなく、昨年3月末にトミー・ジョン手術を受けた。実戦復帰は最速で今年6月の見込み。リハビリの経過は順調と伝えられているが、24年までの長期契約を残しているため、フロントは無理をさせない意向だ。

年度	所属チーム	勝利	敗戦	防御率	試合数	先発	セーブ	投球イニング	被安打	失点	自責点	被本塁打	与四球	奪三振	WHIP
2019	レッドソックス	6	11	4.40	25	25	0	147.1	123	80	72	24	37	218	1.09
通算成績		109	73	3.03	312	232	12	1629.2	1312	590	548	172	374	2007	1.03

ー 澤村拓一 *Hirokazu Sawamura*

成功例の多い「速球+スプリッター」タイプ

ミドルリリーフ　ルーキー

33歳 1988.4.3生 | 183cm | 96kg | 右投右打 速150キロ台前半~中頃(フォーシーム主体) 決☆スプリッター ◆メジャーでのプレー経験なし 対右 ド2011①巨人 出栃木県

球4 制3 緩4 守・牽3 度3

昨年9月7日に巨人から千葉ロッテにトレードされて大化けしたあと、海外FA権を取得して、活躍の場をメジャーに移すことになったリリーフ右腕。ロッテ移籍後、好投が続いたのは、速球のスピードが増して156~158キロが出るようになったため。そして、組み合わせて投げるスプリッター(フォークボール)の効果もアップしたからだ。澤村のように、フォーシームとスプリッターを組み合わせて投げるピッチャーは、これまでメジャーに挑戦してきた日本人投手の成功例が、最も多いタイプ。それだけに、活躍が期待できる。(2月12日現在、球団から正式な入団発表はなし)

年度	所属チーム	勝利	敗戦	防御率	試合数	先発	セーブ	投球イニング	被安打	失点	自責点	被本塁打	与四球	奪三振	WHIP
2020	巨人	1	1	6.08	13	1	0	13.1	14	9	9	1	8	11	1.65
2020	千葉ロッテ	0	2	1.71	22	0	1	21	10	4	4	2	10	29	0.95
2020	2チーム計	1	3	3.41	35	1	1	34.1	24	13	13	3	18	40	1.29
通算成績		48	52	2.77	352	91	75	868.1	765	286	267	66	261	790	1.18

ー ブライアン・マータ *Bryan Mata*

先発　期待度 B　ルーキー

22歳 1999.5.3生 | 191cm | 109kg | 右投右打 ◆一昨年は1A+、2Aでプレー ド2016外レッドソックス 出ベネズエラ

昨年11月に40人枠に入った、ホームランリスクの低い先発向きの右腕。150キロ台中頃のシンカーと140キロ台前半のスライダーを低目に集めて、ゴロを量産するタイプ。打者を追い込むと、高めにフォーシームを叩き込んで空振りを誘うことに長けているので、奪三振率も全体の平均よりかなり高い。

ー タッド・ウォード *Thad Ward*

先発　期待度 B+　ルーキー

24歳 1997.1.16生 | 191cm | 83kg | 右投右打 ◆一昨年は1A、1A+でプレー ド2018⑤レッドソックス 出フロリダ州

大学時代はほとんどリリーフで使われていた目立たない投手だったが、シンカーがよく動くことと制球の良さをレッドソックスが評価し、5巡目で指名。故障リスクが低いコンパクトな投球フォームで投げるため、先発投手として育成。2019年には球速が大幅にアップし、将来を嘱望(しょくぼう)されるようになった。

速=速球のスピード　決=決め球　対左=対左打者被打率　対右=対右打者被打率
ド=ドラフトデータ　出=出身地　年=年俸　※昨季、マイナーリーグは中止
※メジャー経験がない投手の「先発」「リリーフ」はマイナーでの役割

首位打者も夢ではない二塁打製造マシン 外野手

99 アレックス・ヴァドゥーゴ
Alex Verdugo

25歳 1996.5.15生｜183cm｜87kg｜左投左打
◆対左投手打率／.320(75-24) ◆対右投手打率／.302(126-38)
◆ホーム打率／.314(105-33) ◆アウェー打率／.302(96-29)
◆得点圏打率／.219(32-7)
◆20年のポジション別出場数／ライト=31、レフト=22、センター=1、DH=1
◆ドラフトデータ／2014②ドジャース
◆出身地／アリゾナ州
◆年俸／57万500ドル(約5990万円)+α

ミート5 パワー4 走塁3 守備3 肩5

レッドソックス1年目はアメリカン・リーグ5位の打率3割0分8厘をマークし、チャンスメーカーとしてフルに機能した外野手。昨年2月の大型トレードで移籍してきた。4カ月遅れで始まった公式戦では、ライトかレフトで連日先発出場。主力に故障者が続出し、士気が上がらないチームにあって気迫あふれるプレーを続けたため、またたく間に人気者になった。打者としては二塁打を量産するタイプで、スイングスピードの速いレベルスイングから、痛烈なライナーが広角に飛ぶ。昨年の二塁打16はチーム最多タイの数字だ。守備ではライトに31試合、レフトに22試合に使われたが、目立つ活躍をしたのは、フェンウェイ・パークのグリーンモンスターを背にするレフトで使われたとき。高校時代、ピッチャーで鳴らした強肩にものを言わせて、塁を欲張った打者6人を二塁で刺した。

アリゾナ州出身で、父ジョーさんはメキシコ人、母シェリーさんは北欧やドイツ系移民の子孫が多いミネソタ州出身の米国白人。ヴァドゥーゴは色白で目の色も碧眼(へきがん)なので、外見は母親に近いが、メキシコ系米国人であることに強い帰属意識を持ち、2017年のWBCにはメキシコ代表チームの一員として参加した。その前年（16年）に東京で行われた侍ジャパンとメキシコ代表の親善試合にも、メキシコチームの一員として参加。エキシビションなのに、3万人もの観客が熱心に応援するのを見て、世界にはまったく違う野球文化が存在することを痛感している。

一番大切な人は母シェリーさん。米国ではハイレベルな選手を目指す場合、個人コーチの実技レッスン代、メンタル面の強化レッスン代、夏休み中のトラベルチームやショーケースリーグ参加費などが必要になり、親は莫大(ばくだい)な支出を強いられる。母シェリーさんはそれらを自分の給料から支払い、試合のある週末は、朝4時半に起きて送り迎えをしてくれていた。

カモ T・ロアーク(ブルージェイズ).571(7-4)1本 M・フリード(ブレーブス)1.000(4-4)0本
苦手 山口俊(ブルージェイズ).000(3-0)0本 J・デグローム(メッツ).000(6-0)0本

年度	所属チーム	試合数	打数	得点	安打	二塁打	三塁打	本塁打	打点	四球	三振	盗塁	盗塁死	出塁率	OPS	打率
2017	ドジャース	15	23	1	4	0	0	1	1	2	4	0	1	.240	.544	.174
2018	ドジャース	37	77	11	20	6	0	1	4	8	14	0	0	.329	.706	.260
2019	ドジャース	106	343	43	101	22	2	12	44	26	49	4	1	.342	.817	.294
2020	レッドソックス	53	201	36	62	16	0	6	15	17	45	4	0	.367	.844	.308
通算成績		211	644	91	187	44	2	20	64	53	112	8	2	.345	.803	.290

カモ 苦手 は通算成績

野手

大舞台ほど力を発揮する千両役者

セカンド
レフト
センター

移籍

5 エンリケ・ヘルナンデス
Enrique Hernandez

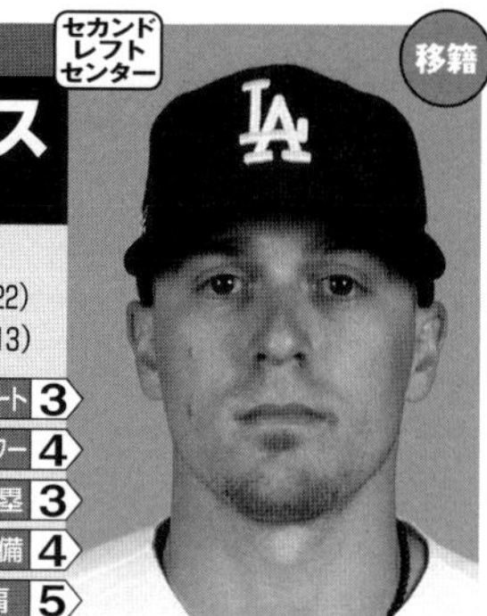

30歳 1991.8.24生 | 180cm | 86kg | 右投右打
◆対左投手打率/.217(46-10) ◆対右投手打率/.237(93-22)
◆ホーム打率/.260(73-19) ◆アウェー打率/.197(66-13)
◆得点圏打率/.344(32-11)
◆20年のポジション別出場数/セカンド=30、ライト=9、レフト=5、センター=3、ショート=2、ファースト=2、DH=2
◆ドラフトデータ/2009⑥アストロズ
◆出身地/プエルトリコ
◆年俸/1400万ドル(約14億7000万円)※2年総額

ミート 3
パワー 4
走塁 3
守備 4
肩 5

ドジャースをFAで出て、2年1400万ドルの契約で入団したメジャーリーグきってのスーパーサブ。打者としての特徴は、チャンスにめっぽう強いこと。昨季は走者のいない場面では打率2割1分8厘だったが、得点圏打率は3割4分4厘で、クラッチヒッターぶりを随所に見せていた。

過去には伝説をいくつか作っている。ドジャース時代の2017年リーグ優勝決定シリーズでは、満塁アーチ1本を含む3本塁打、7打点を記録。チームをワールドシリーズに押し上げた。昨年のブレーブスとのリーグ優勝決定シリーズ第7戦では、1点ビハインドの場面で代打に出て、同点に追いつく値千金のアーチを左中間スタンドに叩き込み、「10月男」健在をアピールした。レッドソックスはヘルナンデスがフライボール・ヒッターで、かつ打球を引っ張る傾向があるので、グリーンモンスター越えの一発や、グリーンモンスター直撃の二塁打がたくさん出ると期待している。

守備面での長所は、身体能力が抜群に高いため、投手と捕手以外の全ポジションに対応可能であること。とくに本職であるセカンドと、レフトでは平均以上のパフォーマンスを期待できる。その点が評価され昨年、フィールディング・バイブル賞のマルチポジション部門の受賞者に選出された。レッドソックスはもう一つ、ハッスルプレーを連発してチームにイケイケの空気を生むムードメーカーであることも高く評価し、2年契約での獲得となった。プエルトリコ出身。高校時代は下士官養成機関であるプエルトリコ・ミリタリーアカデミーで学び、そこの野球チームで活躍。メジャーのスカウトたちから注目される存在になった。

カモ M・ワカ(レイズ).444(9-4)1本 M・バムガーナー(ジャイアンツ).500(42-21)3本
苦手 J・グレイ(ロッキーズ).000(7-0)0本 P・ジョンソン(パドレス).000(6-0)0本

年度	所属チーム	試合数	打数	得点	安打	二塁打	三塁打	本塁打	打点	四球	三振	盗塁	盗塁死	出塁率	OPS	打率
2014	アストロズ	24	81	10	23	4	2	1	8	8	11	0	0	.348	.768	.284
2014	マーリンズ	18	40	3	7	2	1	2	6	4	10	0	0	.267	.692	.175
2014	2チーム計	42	121	13	30	6	3	3	14	12	21	0	0	.321	.742	.248
2015	ドジャース	76	202	24	62	12	2	7	22	11	46	0	2	.346	.836	.307
2016	ドジャース	109	216	25	41	8	0	7	18	28	64	2	0	.283	.607	.190
2017	ドジャース	140	297	46	64	24	2	11	37	41	80	3	0	.308	.729	.215
2018	ドジャース	145	402	67	103	17	3	21	52	50	78	3	0	.336	.806	.256
2019	ドジャース	130	414	57	98	19	1	17	64	36	97	4	0	.304	.715	.237
2020	ドジャース	48	139	20	32	8	1	5	20	6	31	0	1	.270	.680	.230
通算成績		690	1791	252	430	94	12	71	227	184	417	12	3	.313	.738	.240

11 レジェンド化も夢じゃない若き打撃職人 サード
ラファエル・デヴァース *Rafael Devers*

25歳 1996.10.24生 | 183cm | 109kg | 右投左打
◆対左投手打率／.222 ◆対右投手打率／.285
◆ホーム打率／.243 ◆アウェー打率／.282 ◆得点圏打率／.317
◆20年のポジション別出場数／サード=57
◆ド2013外レッドソックス ◆出ドミニカ
◆年457.5万ドル（約4億8038万円）

ミート3 パワー5 走塁2 守備1 肩4

2019年にはリーグ最多の54二塁打、計359塁打を放った若きバットマン。同年には32本塁打を記録したが、長打一辺倒の飛ばし屋ではなく、柔軟な打撃で率も残せる自在派。昨季、フォーシームの打率が1割4分3厘に落ちたのは懸念材料だが、本来、豪速球打ちは得意。足首の痛みがあったのに、強行出場を続けていた影響もあるのかもしれない。打撃では穴らしい穴もなく、メジャーを代表する大打者になれる素材だが、三塁守備はザル。強肩の持ち主でまったく動けないわけではないが、細かいミスが多く、昨季もメジャーワーストの13失策を献上した。ただ首脳陣は「集中力の問題」と前時代的。

カモ R·ヤーブロウ（レイズ）.385（13-5）1本　苦手 L·セヴェリーノ（ヤンキース）.000（12-0）0本

年度	所属チーム	試合数	打数	得点	安打	二塁打	三塁打	本塁打	打点	四球	三振	盗塁	盗塁死	出塁率	OPS	打率
2017	レッドソックス	58	222	34	63	14	0	10	30	18	57	3	1	.338	.819	.284
2018	レッドソックス	121	450	59	108	24	0	21	66	38	121	5	2	.298	.731	.240
2019	レッドソックス	156	647	129	201	54	4	32	115	48	119	8	8	.361	.916	.311
2020	レッドソックス	57	232	32	61	16	1	11	43	13	67	0	0	.310	.793	.263
通算成績		392	1551	254	433	108	5	74	254	117	364	16	11	.332	.830	.279

28 サイン盗み騒動の余波でルーティンが崩れる DH レフト
J.D.マルティネス *J.D. Martinez*

34歳 1987.8.21生 | 191cm | 104kg | 右投右打
◆対左投手打率／.214 ◆対右投手打率／.213
◆ホーム打率／.262 ◆アウェー打率／.163 ◆得点圏打率／.212
◆20年のポジション別出場数／DH=48、ライト=4、レフト=3
◆ド2009⑳アストロズ ◆出フロリダ州 ◆年1937.5万ドル（約20億3438万円）
◆打点王1回（18年）、シルバースラッガー賞3回（15、18年）※18年は外野とDHで受賞、ハンク・アーロン賞1回（18年）

ミート4 パワー5 走塁2 守備2 肩3

2017年から3年連続で3割30本100打点を記録した強打者。昨季はキャリア初の不振におちいったが、これはサイン盗み騒動の余波で、試合中のビデオ使用が禁止されたことが大きい。指名打者がメインのマルティネスは、打席間にリプレイルームで動画を確認しながらスイングを修正するのがルーティンで、「これじゃ30年前の野球に逆戻りだ！」と憤慨。昨季は新型コロナウイルス感染防止の名目で、MLB選手会もリプレイルーム使用禁止に暫定的に合意したが、規制緩和がなければ、マルティネスにとっては死活問題だ。

カモ R·ヤーブロウ（レイズ）.600（15-9）2本　苦手 D·ヘルマン（ヤンキース）.091（11-1）0本

年度	所属チーム	試合数	打数	得点	安打	二塁打	三塁打	本塁打	打点	四球	三振	盗塁	盗塁死	出塁率	OPS	打率
2011	アストロズ	53	208	29	57	13	0	6	35	13	48	0	1	.319	.742	.274
2012	アストロズ	113	395	34	95	14	3	11	55	40	96	0	2	.311	.685	.241
2013	アストロズ	86	296	24	74	17	0	7	36	10	82	2	0	.272	.650	.250
2014	タイガース	123	441	57	139	30	3	23	76	30	126	6	3	.358	.912	.315
2015	タイガース	158	596	93	168	33	2	38	102	53	178	3	2	.344	.879	.282
2016	タイガース	120	460	69	141	35	2	22	68	49	128	1	2	.373	.908	.307
2017	タイガース	57	200	38	61	13	2	16	39	29	54	2	0	.388	1.018	.305
2017	ダイヤモンドバックス	62	232	47	70	13	1	29	65	24	74	2	0	.366	1.107	.302
2017	2チーム計	119	432	85	131	26	3	45	104	53	128	4	0	.376	1.066	.303
2018	レッドソックス	150	569	111	188	37	2	43	130	69	146	6	1	.402	1.031	.330
2019	レッドソックス	146	575	98	175	33	2	36	105	72	138	2	0	.383	.939	.304
2020	レッドソックス	54	211	22	45	16	0	7	27	22	59	1	0	.291	.680	.213
通算成績		1122	4183	622	1213	254	17	238	738	411	1129	25	11	.354	.883	.290

ド=ドラフトデータ　出=出身地　年=年俸

2 ザンダー・ボーガーツ *Xander Bogaerts*

打撃成績は立派だが、数字に表れない貢献は希薄 ショート

29歳 1992.10.1生 | 188cm | 99kg | 右投右打
◆対左投手打率／.375 ◆対右投手打率／.266
◆ホーム打率／.275 ◆アウェー打率／.327 ◆得点圏打率／.204
◆20年のポジション別出場数／ショート=53、DH=1
◆(ド)2009(外)レッドソックス ◆(出)オランダ領アルバ島
◆(年)2000万ドル(約21億円) ◆シルバースラッガー賞3回(15、16、19年)

ミート 5 / パワー 5 / 走塁 5 / 守備 2 / 肩 5

昨季は中心選手のベッツが去り、ほかの主力もスランプにあえぐ中で、ハイアベレージをキープし続けた。ただ、6年1億2000万ドル（約125億円）の長期契約を交わしている「幹部選手」なのだから、チームが最下位に沈んでいる中で、何か数字に表れない部分で貢献できなかったのだろうか、という疑問は残る。元来シャイでリーダーシップを発揮するようなタイプではないとはいえ、それを求められる立場になっていることは自覚する必要がある。

カモ J・ミーンズ(オリオールズ).429(14-6)2本　苦手 L・セヴェリーノ(ヤンキース).083(24-2)0本

年度	所属チーム	試合数	打数	得点	安打	二塁打	三塁打	本塁打	打点	四球	三振	盗塁	盗塁死	出塁率	OPS	打率
2013	レッドソックス	18	44	7	11	2	0	1	5	5	13	1	0	.320	.684	.250
2014	レッドソックス	144	538	60	129	28	1	12	46	39	138	2	3	.297	.660	.240
2015	レッドソックス	156	613	84	196	35	3	7	81	32	101	10	2	.355	.776	.320
2016	レッドソックス	157	652	115	192	34	1	21	89	58	123	13	4	.356	.802	.294
2017	レッドソックス	148	571	94	156	32	6	10	62	56	116	15	1	.343	.746	.273
2018	レッドソックス	136	513	72	148	45	3	23	103	55	102	8	2	.360	.883	.288
2019	レッドソックス	155	614	110	190	52	0	33	117	76	122	4	2	.384	.939	.309
2020	レッドソックス	56	203	36	61	8	0	11	28	21	41	8	0	.364	.867	.300
通算成績		970	3748	578	1083	236	14	118	531	342	756	61	14	.351	.805	.289

7 クリスチャン・ヴァスケス *Christian Vazquez*

打撃面でも継続した結果を残し、正捕手定着 キャッチャー

31歳 1990.8.21生 | 175cm | 93kg | 右投右打 盗塁阻止率／.250(28-7)
◆対左投手打率／.236 ◆対右投手打率／.305
◆ホーム打率／.253 ◆アウェー打率／.309 ◆得点圏打率／.262
◆20年のポジション別出場数／キャッチャー=42、DH=4、セカンド=1
◆(ド)2008⑨レッドソックス ◆(出)プエルトリコ
◆(年)625万ドル(約6億5625万円)

ミート 3 / パワー 4 / 走塁 2 / 守備 4 / 肩 5

捕手王国プエルトリコが生んだ超強肩捕手。通算40%にせまる盗塁阻止率を誇り、大きなリードも見逃さずにしとめるハンターだ。きわどい球をストライクにするフレーミング技術も高く、巧みなリードも持ち合わせる。唯一、低めのワンバウンドに弱く、パスボールとワイルドピッチが多いのが欠点だが、昨季はセイバーメトリクスの専門家が選ぶフィールディング・バイブル賞でも4位に入っていて、総合点は非常に高い。2019年に23本塁打を放った打撃も、引き続き好調だった。日本でプレーしているネフタリ・ソト（横浜DeNA）とは同郷の親友。18年に結婚した際は、ソトが介添人を務めた。

カモ G・コール(ヤンキース).500(8-4)0本　苦手 C・グリーン(ヤンキース).182(11-2)0本

年度	所属チーム	試合数	打数	得点	安打	二塁打	三塁打	本塁打	打点	四球	三振	盗塁	盗塁死	出塁率	OPS	打率
2014	レッドソックス	55	175	15	42	9	0	1	20	19	33	0	0	.308	.617	.240
2016	レッドソックス	57	172	21	39	9	1	1	12	10	39	0	0	.277	.585	.227
2017	レッドソックス	99	324	43	94	18	2	5	32	17	64	7	2	.330	.735	.290
2018	レッドソックス	80	251	24	52	10	0	3	16	13	41	4	1	.257	.540	.207
2019	レッドソックス	138	482	66	133	26	1	23	72	33	101	4	2	.320	.798	.276
2020	レッドソックス	47	173	22	49	9	0	7	23	16	43	4	3	.344	.801	.283
通算成績		476	1577	191	409	81	4	40	175	108	321	19	8	.309	.701	.259

29 いきなり5試合連続本塁打の鮮烈デビュー
ボビー・ドルベック Bobby Dalbec

ファースト サード　ルーキー

26歳 1995.6.29生 | 193cm | 103kg | 右投右打 対左.296 対右.245 ホ.262 ア.263 得.214 ド2016④レッドソックス 出ワシントン州 年57万500ドル(約5990万円)+α

ミ2 パ5 走2 守3 肩3

昨季8月30日にメジャーデビューを果たすと、メジャー史上初の「デビュー戦10試合以内での5試合連発」を達成した一塁手兼三塁手。昨年放った8本塁打のうち4本は右方向に運んでおり、多彩な本塁打パターンがある。前評判通り三振はかなり多いが、四球も選べるので出塁率は悪くない。父ティムさんは、老舗レコードレーベル「アトランティック・レコーズ」の副社長。その影響もあってクラシックロックをはじめ、音楽全般が大好き。クイーンの伝記映画『ボヘミアン・ラプソディ』を、6回も見たほど。2019年のプレミア12には米国代表で参加し、ベストナインに選出。

年度	所属チーム	試合数	打数	得点	安打	二塁打	三塁打	本塁打	打点	四球	三振	盗塁	盗塁死	出塁率	OPS	打率
2020	レッドソックス	23	80	13	21	3	0	8	16	10	39	0	0	.359	.959	.263
通算成績		23	80	13	21	3	0	8	16	10	39	0	0	.359	.959	.263

23 壁が大きく立ちはだかっている主砲候補
マイケル・チェイヴィス Michael Chavis

ファースト レフト セカンド

26歳 1995.8.11生 | 178cm | 95kg | 右投右打 対左.212 対右.213 ホ.217 ア.206 得.205 ド2014①レッドソックス 出ジョージア州 年57万500ドル(約5990万円)+α

ミ2 パ4 走2 守3 肩3

奮起しなければ立場が危うくなる可能性が高まった2014年ドラフト1巡目（全体26位）選手。2019年4月のデビュー後に、1カ月間で7本塁打をマークするなど鮮烈な印象を与え、将来チームの中心打者になると楽観視されていた。だが、その後あまりにも粗い打撃が目立つようになり、昨季は成績も悪化した。モアランドが去ったファーストが、最もレギュラーとなるチャンスがありそうだが、このままではドルベックが優先されるはず。レフトで、新規加入のコデーロとのプラトーン起用という可能性もあるが、パワフルな打撃をどこで生かすべきか、首脳陣も頭を悩ませている。

年度	所属チーム	試合数	打数	得点	安打	二塁打	三塁打	本塁打	打点	四球	三振	盗塁	盗塁死	出塁率	OPS	打率
2020	レッドソックス	42	146	16	31	5	2	5	19	8	50	3	0	.259	.636	.212
通算成績		137	493	62	119	15	3	23	77	39	177	5	1	.304	.728	.241

― 新天地で打撃開花が望まれるスラッガー候補
フランチー・コデーロ Franchy Cordero

レフト ライト　移籍

27歳 1994.9.2生 | 191cm | 103kg | 右投左打 対左.000 対右.250 ホ.250 ア.167 得.400 ド2011外パドレス 出ドミニカ 年80万ドル(約8400万円)

ミ2 パ4 走4 守3 肩3

今年2月のトレードでロイヤルズから移籍の外野手。パドレスでプレーしていた2018年には40試合で7本塁打を放ったほか、150メートル級の特大本塁打を連発し、上昇ムードだった。だが、その後は故障やパドレスの厚い外野選手層に阻まれ、メジャー定着はかなわなかった。ロイヤルズに移った昨季は16試合の出場に終わったが、ヒザ元のボールをすくい上げてスタンドに運んだ「技アリ」の一発もあり、実績以上の技術を持っていることは確か。脚力もあるが、センターの守備は打球判断がやや遅く平均レベル。得意な打撃で結果を示し、「未完の大器」から早く卒業したい。

年度	所属チーム	試合数	打数	得点	安打	二塁打	三塁打	本塁打	打点	四球	三振	盗塁	盗塁死	出塁率	OPS	打率
2020	ロイヤルズ	16	38	7	8	3	0	2	7	4	4	1	0	.286	.733	.211
通算成績		95	284	43	67	12	4	12	36	28	110	8	3	.304	.737	.236

野手

一 ハンター・レンフロー *Hunter Renfroe*

新たに加入したフェンウェイ向きの長距離砲

ライト レフト　移籍

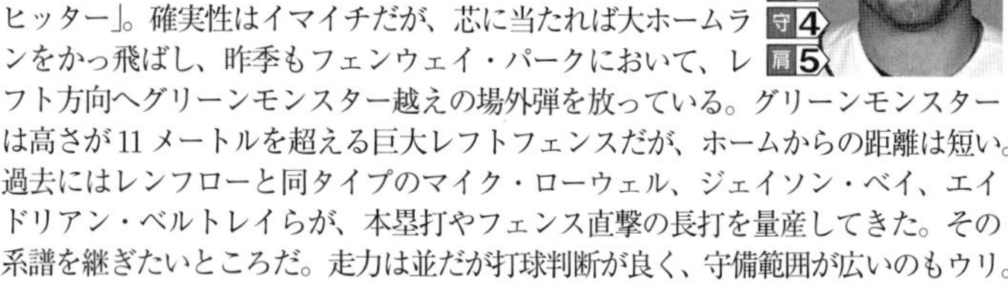

29歳 1992.1.28生 | 185cm | 104kg | 右投右打 対左.146 対右.160 ホ.150 ア.161 得.212 ド2013①パドレス 出ミシシッピ州 年310万ドル(約3億2550万円)

ミ2 パ5 走3 守4 肩5

レッドソックス好みの右の「プルヒッター＋フライボール・ヒッター」。確実性はイマイチだが、芯に当たれば大ホームランをかっ飛ばし、昨季もフェンウェイ・パークにおいて、レフト方向へグリーンモンスター越えの場外弾を放っている。グリーンモンスターは高さが11メートルを超える巨大レフトフェンスだが、ホームからの距離は短い。過去にはレンフローと同タイプのマイク・ローウェル、ジェイソン・ベイ、エイドリアン・ベルトレイらが、本塁打やフェンス直撃の長打を量産してきた。その系譜を継ぎたいところだ。走力は並だが打球判断が良く、守備範囲が広いのもウリ。

年度	所属チーム	試合数	打数	得点	安打	二塁打	三塁打	本塁打	打点	四球	三振	盗塁	盗塁死	出塁率	OPS	打率
2020	レイズ	42	122	18	19	5	0	8	22	14	37	2	0	.252	.645	.156
通算成績		432	1445	194	330	75	3	97	226	118	445	12	1	.290	.776	.228

3 ジョナサン・アラウズ *Jonathan Arauz*

打撃は波があるが、守備は安定

ユーティリティ

23歳 1998.8.3生 | 183cm | 88kg | 右投両打 対左.290 対右.220 ホ.289 ア.206 得.429 ド2014外フィリーズ 出パナマ 年57万500ドル(約5990万円)＋α

ミ2 パ2 走3 守4 肩4

ドレッドヘアをなびかせプレーするパナマ出身の内野手。一昨年12月に、ルール5ドラフトでアストロズからやって来た。昨年7月24日の開幕戦でメジャーデビューを果たしたが、初打席から10打席連続でヒットなし。しかし、8月10日のレイズ戦でようやく初安打を放つと、その後は継続してヒットが出るようになった。ウリはセカンドとショートで、平均以上の守備を期待できること。送球も正確なほうだ。今季も好守のユーティリティとして、メジャー定着を狙う。マイナー時代の2017年に、使用禁止薬物の検査で陽性反応が出たため、50試合の出場停止処分を受けている。

年度	所属チーム	試合数	打数	得点	安打	二塁打	三塁打	本塁打	打点	四球	三振	盗塁	盗塁死	出塁率	OPS	打率
2020	レッドソックス	25	72	8	18	2	0	1	9	8	21	0	0	.325	.644	.250
通算成績		25	72	8	18	2	0	1	9	8	21	0	0	.325	.644	.250

一 ジーター・ダウンズ *Jeter Downs*

セカンド ショート　期待度 A⁻　ルーキー

23歳 1998.7.27生 | 180cm | 88kg | 右投右打 ◆一昨年は1A+、2Aでプレー ド2017①レッズ 出コロンビア

期待の大きな将来の正二塁手候補。二塁打の多い中距離ヒッターで、打撃面が高く評価されているが、守備や走塁面にも大きなマイナス点は見当たらない。「ジーター」の名は、お母さんがデレク・ジーターのファンだったことによる。兄ジェリーは一塁手で、同じレッドソックス傘下のマイナーでプレー。

一 ジャレン・デュラン *Jarren Duran*

外野手　期待度 B⁻　ルーキー

25歳 1996.9.5生 | 188cm | 85kg | 右投左打 ◆一昨年は1A+、2Aでプレー ド2018⑦レッドソックス 出カリフォルニア州

ドラフト7巡目ながら、プロ入り後に打撃が急成長し、首脳陣を驚かせている俊足の外野手。オフにはプエルトリコのウインターリーグに参加。決勝リーグで打棒を爆発させ、チームを優勝に導くとともに、自らもMVPに輝いた。大学時代は二塁手だったこともあり、外野の守備にはまだ課題が多い。

対左＝対左投手打率　対右＝対右投手打率　ホ＝ホーム打率　ア＝アウェー打率　得＝得点圏打率
ド＝ドラフトデータ　出＝出身地　年＝年俸
※昨季、マイナーリーグは中止

アメリカン・リーグ……中部地区　*MINNESOTA TWINS*

ミネソタ・ツインズ

◆創　立：1901年
◆本拠地：ミネソタ州ミネアポリス市

◆ワールドシリーズ制覇：3回／◆リーグ優勝：6回
◆地区優勝：12回／◆ワイルドカード獲得：1回

主要オーナー　ジム・ポーラッド（スポーツ企業家）

過去5年成績

年度	勝	負	勝率	ゲーム差	地区順位	ポストシーズン成績
2016	59	103	.364	35.5	⑤	—
2017	85	77	.525	17.0	②	ワイルドカードゲーム敗退
2018	78	84	.481	13.0	②	—
2019	101	61	.623	(8.0)	①	地区シリーズ敗退
2020	**36**	**24**	**.600**	**(1.0)**	①	**ワイルドカードシリーズ敗退**

監　督　5 ロッコ・バルデッリ *Rocco Baldelli*

◆年　　齢…………40歳（ロードアイランド州出身）
◆現役時代の経歴…7シーズン
（外野手）　デビルレイズ[現レイズ]（2003～04、06～08）、レッドソックス（2009）、レイズ（2010）
◆現役通算成績……519試合　.278　60本　262打点
◆監督経歴…………2シーズン　ツインズ（2019～）
◆通算成績…………137勝85敗（勝率.617）　最優秀監督賞1回（19年）

コミュニケーション能力の高い、今季開幕時はまだ39歳の若き指揮官。就任1年目の一昨年、打者に強い打球を打つことを徹底させて、チーム本塁打数は大幅にアップ。最優秀監督賞も受賞した。昨季は早めの継投でチーム防御率の改善に成功。2年連続となるポストシーズン進出を果たしている。盗塁はあまりやらず、シーズンのチーム盗塁数は2年連続でリーグ最少。身長が193センチあり、現役監督の中ではアスレティックスのメルヴィン監督と並んで、最も背が高い。

注目コーチ　47 ウェス・ジョンソン *Wes Johnson*

投手コーチ。50歳。最新テクノロジーを駆使し、指導に生かす理論派。以前は大学野球の指導者で、ヤンキースのブレイク投手コーチ同様、選手としてプロ経験なし。

編成責任者　デレク・ファルヴィー *Derek Falvey*

38歳。2019年シーズンは、打力アップの補強が大成功。昨季は前田健太が活躍するなど、投手力アップの補強が大成功だった。16年10月まではインディアンズのGM補佐。

スタジアム　ターゲット・フィールド *Target Field*

◆開 場 年…………2010年
◆仕　　様…………天然芝
◆収容能力…………38,544人
◆フェンスの高さ …2.4～7.0m
◆特　　徴…………気候の影響を受けやすく、春先はホームランが出にくいが、夏場以降はボールが飛び、ホームランが増える。2019年にセンターフェンス後方に造られた、約200平方メートルもある巨大な植物（セイヨウネズ）の壁が新名物。

ニュートラルパーク

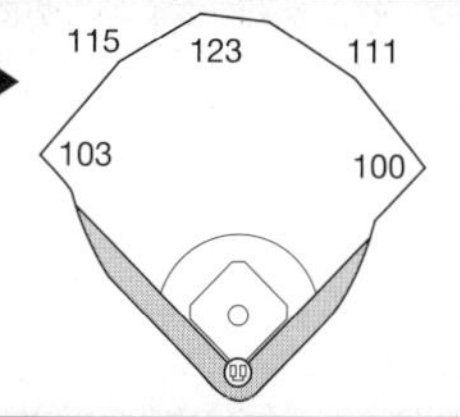

Best Order

［ベストオーダー］

①マックス・ケプラー……ライト
②ルイス・アラエズ……セカンド
③ジョシュ・ドナルドソン……サード
④ネルソン・クルーズ……DH
⑤ミゲール・サノー……ファースト
⑥バイロン・バクストン……センター
⑦アンデルトン・シモンズ／ホルヘ・ポランコ……ショート
⑧ライアン・ジェファーズ……キャッチャー
⑨アレックス・キリロフ……レフト

Depth Chart

［ポジション別選手層・メンバーリスト］

※2021年2月12日時点の候補選手。数字は背番号（開幕前に変更する場合もあり）、右・左等は投・打の順。

センター
25 **バイロン・バクストン［右・右］**
60 ジェイク・ケイヴ［左・左］

レフト
19 **アレックス・キリロフ［左・左］**
60 ジェイク・ケイヴ［左・左］
74 トラヴィス・ブランケンホーン［右・左］

ライト
26 **マックス・ケプラー［左・左］**
60 ジェイク・ケイヴ［左・左］

ショート
9 **アンデルトン・シモンズ［右・右］**
11 ホルヘ・ポランコ［右・両］

セカンド
11 **ルイス・アラエズ［右・左］**
2 ホルヘ・ポランコ［右・両］
74 トラヴィス・ブランケンホーン［右・左］

ローテーション
18 前田健太［右・右］
17 ホセ・ベリオス［右・右］
35 マイケル・ピネダ［右・右］
33 ジェイ・ハップ［左・左］
68 ランディ・ドブナック［右・右］
31 デヴィン・スメルツァー［左・右］
43 ルイス・ソープ［左・右］

サード
20 **ジョシュ・ドナルドソン［右・右］**
74 トラヴィス・ブランケンホーン［右・左］

ファースト
22 **ミゲール・サノー［右・右］**

キャッチャー
27 **ライアン・ジェファーズ［右・右］**
8 ミッチ・ガーヴァー［右・右］
64 ウィリアンズ・アストゥディーヨ［右・右］

DH
－ **ネルソン・クルーズ［右・右］**
50 ブレント・ルッカー［右・右］

ブルペン
－ アレックス・コロメ［右・右］CL
55 テイラー・ロジャーズ［左・左］CL
21 タイラー・ダフィー［右・右］
66 ホルヘ・アルカラ［右・右］
72 ケイレブ・スィールバー［左・右］
61 コーディ・ステイシェク［右・右］
67 ハンセル・ロブレス［右・右］
31 デヴィン・スメルツァー［左・右］
43 ルイス・ソープ［左・右］
86 エドワー・コリーナ［右・右］
－ ブランドン・ワデル［左・左］

※CL＝クローザー

ツインズ試合日程……＊はアウェーでの開催

4月1・3・4	ブリュワーズ＊	3・4・5・6	レンジャーズ	3・4・5・6	ロイヤルズ＊
5・6・7	タイガース＊	7・8・9	タイガース＊	8・9・10	ヤンキース
8・10・11	マリナーズ	11・12・13	ホワイトソックス＊	11・12・13	アストロズ
12・13・14・15	レッドソックス	14・15・16	アスレティックス	14・15・16	マリナーズ＊
16・17・18	エンジェルス＊	17・18・19	ホワイトソックス	18・19・20	レンジャーズ＊
19・20・21	アスレティックス＊	21・22・23	インディアンズ＊	21・22	レッズ
23・24・25	パイレーツ	24・25・26	オリオールズ	24・25・26・27	インディアンズ
26・27・28	インディアンズ＊	28・29・30	ロイヤルズ	28・29・30・7月1	ホワイトソックス＊
30・5月1・2	ロイヤルズ	31・6月1・2	オリオールズ＊	2・3・4	ロイヤルズ＊

球団メモ 昨年もポストシーズンで１勝もできず、アストロズに２連敗。これでポストシーズン18連敗となり、北米４大スポーツのポストシーズン連敗記録を更新してしまった。

Analysis　矢印⬆↗➡↘⬇は、昨季終了時との比較　[戦力分析]

■投手力↗…★★★★½ 【昨年度チーム防御率3.58、リーグ3位】

ツインズの先発ローテーションは、昨年先発防御率が3.54でアメリカン・リーグ2位だった。前田健太、ベリオス、ピネダと続く三本柱は、メジャー屈指のレベル。それに続く4番手にハップが入るが、優秀なイニングイーターになる可能性が高い。5番手で使われると思われるドブナックも昨年急成長し、防御率3点台を出せるレベルになっている。ツインズはリリーフ防御率もリーグ2位で、今季も強力な布陣だ。セットアッパーのメイが去ったが、トップレベルのクローザーであるアレックス・コロメが加入するので、ブルペンは多少レベルアップしているように見える。

■攻撃力➡…★★★½ 【昨年度チーム得点269、リーグ10位】

一昨年は、メジャーリーグ記録となるシーズン307本塁打を記録。しかし昨年は、一発はよく出るものの、打線がつながらないためチーム得点が伸びず、269得点はリーグ10位の数字だった。昨シーズン終了後、打線の柱であるネルソン・クルーズがFAになったが、引き留めに成功したので、今季はチーム得点の順位が、昨季よりも下がることはないだろう。

■守備力↗…★★★★ 【昨年度チーム失策数20、リーグ1位タイ】

ツインズは昨年、エラー数がリーグ最少タイ。この優秀な守備陣に名手シモンズが加わるので、さらにレベルアップする可能性がある。

■機動力➡…★ 【昨年度チーム盗塁数14、リーグ15位】

バルデッリ監督は長打志向で盗塁に消極的。昨季の盗塁14はリーグ最少。

★★★★

バルデッリ監督のもとで、攻守に強みがいくつもあるチームに成長した。昨季は得点力が大幅低下したにもかかわらず、投手力で接戦をものにして、地区優勝してしまった。今季の課題は、連敗が続いているポストシーズンで、どう勝ち上がるかだ。

IN　主な入団選手

投手
- ハンセル・ロブレス←エンジェルス
- ジェイ・ハップ←ヤンキース
- アレックス・コロメ←ホワイトソックス

野手
- アンデルトン・シモンズ←エンジェルス

OUT　主な退団選手

投手
- トレヴァー・メイ→メッツ
- マット・ウィスラー→ジャイアンツ
- タイラー・クリッパード→所属先未定
- リッチ・ヒル→所属先未定

野手
- マーウィン・ゴンザレス→所属先未定

5·6·7	ホワイトソックス	5·6·7·8	アストロズ*	6·7·8·9	インディアンズ*
8·9·10·11	タイガース	9·10·11	ホワイトソックス	10·11·12	ロイヤルズ
13	オールスターゲーム	13·14·15	レイズ	14·15	インディアンズ
16·17·18	タイガース*	16·17·18	インディアンズ	17·18·19	ブルージェイズ*
19·20·21	ホワイトソックス*	19·20·21·22	ヤンキース*	21·22	カブス*
22·23·24·25	エンジェルス	24·25·26	レッドソックス*	23·24·25·26	ブルージェイズ
26·27·28	タイガース	27·28·29	ブリュワーズ	28·29·30	タイガース
30·31·**8**月1	カーディナルス*	31·**9**月1	カブス	**10**月1·2·3	ロイヤルズ*
3·4	レッズ*	3·4·5	レイズ*		

球団メモ 昨年、本拠地球場前にあった元オーナー（故人）の銅像が撤去された。「黒人が少ないからミネソタに移転した」など、生前の人種差別的な発言が問題視されたため。

投手

トレード要求が実り、ツインズで大ブレイク 先発

18 前田健太
Kenta Maeda

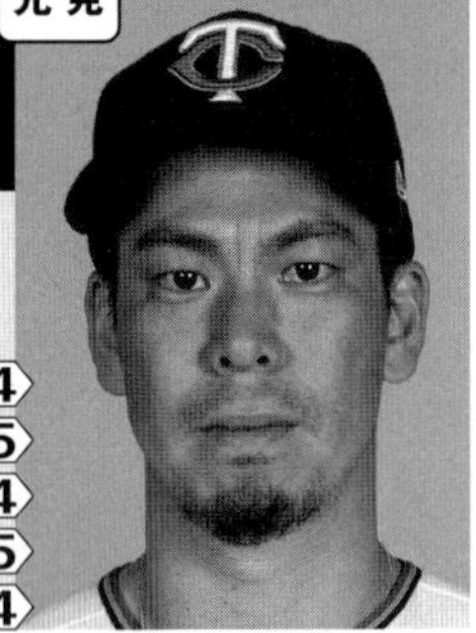

33歳 1988.4.11生 | 185cm | 84kg | 右投右打
◆速球のスピード／140キロ台後半(フォーシーム、ツーシーム)
◆決め球と持ち球／☆スライダー、☆スプリットチェンジ、◎フォーシーム、◎ツーシーム、○カッター、○カーブ
◆対左打者被打率／.182 ◆対右打者被打率／.149
◆ホーム防御率／1.91 ◆アウェー防御率／3.48
◆ドラフトデータ／2007①広島、2016㊙ドジャース
◆出身地／大阪府
◆年俸／300万ドル(約3億1500万円)

球威 4
制球 5
緩急 4
守備・牽制 5
度胸 4

ドジャースから移籍して迎えた昨シーズン、好投を続けて、アメリカン・リーグのサイ・ヤング賞投票で次点になった広島カープの元エース。昨季はコロナ禍により、レギュラーシーズンの開幕が7月下旬になったが、調整がうまくいったマエケンは、出だしから2つの伝家の宝刀（スライダーとスプリットチェンジ）を極限まで多投するピッチングで打者を翻弄(ほんろう)。先発した11試合のうち、8試合はQSが付く好投で、残る3試合も、5回終了まで自責点2以内に抑えた危なげのないピッチングだった。

昨季マエケンが、防御率（2.70）ではリーグ5位だったのに、サイ・ヤング賞の最終候補3人に入ることができたのは、WHIPが0.75でダントツであったことと、向かうところ敵なしだったシェイン・ビーバーと投げ合って完勝したことが、大きなプラスになったようだ。

昨季は好投した試合ほど、スライダーとスプリットチェンジの比率が高かった。9回に入ってから初安打を打たれ、ノーヒットノーランを逃した8月18日のブリュワーズ戦では、この2つの比率が8割を占め、速球系の比率は2割しかなかった。通年で見ると、速球系の比率は25.9%で、先発投手では24.2%のダルビッシュに次いで低かった。

昨年の活躍でツインズのエースにのし上がったため、地元ファンのマエケンに対する関心は増す一方だ。「MLB.com」は、『とんねるずのスポーツ王は俺だ!!』（1月2日放映）に出演したマエケンが、「リアル野球BAN対決」というコーナーで左中間席に特大アーチを叩き込んだシーンを、動画とスチール写真をふんだんに使って紹介している。

2016年のメジャー挑戦の際、ドジャースと交わした8年契約はツインズに引き継がれており、今年は6年目に入る。

カモ T·アンダーソン(ホワイトソックス).000(8-0)0本　J·ラミレス(インディアンズ).000(9-1)0本
苦手 M·カブレラ(タイガース).417(12-5)1本　C·イェリッチ(ブリュワーズ).385(13-5)0本

年度	所属チーム	勝利	敗戦	防御率	試合数	先発	セーブ	投球イニング	被安打	失点	自責点	被本塁打	与四球	奪三振	WHIP
2016	ドジャース	16	11	3.48	32	32	0	175.2	150	72	68	20	50	179	1.14
2017	ドジャース	13	6	4.22	29	25	1	134.1	121	68	63	22	34	140	1.15
2018	ドジャース	8	10	3.81	39	20	2	125.1	115	58	53	13	43	153	1.26
2019	ドジャース	10	8	4.04	37	26	3	153.2	114	70	69	22	51	169	1.07
2020	ツインズ	6	1	2.70	11	11	0	66.2	40	20	20	9	10	80	0.75
通算成績		53	36	3.75	148	114	6	655.2	540	288	273	86	188	721	1.11

投 手

35 舌を出しながら投げることもある奇人投手 先発
マイケル・ピネダ *Michael Pineda*

32歳 1989.1.18生 | 201cm | 127kg | 右投右打
◆速球のスピード／150キロ前後（フォーシーム主体）
◆決め球と持ち球／☆スライダー、◎チェンジアップ、○フォーシーム
◆対左.308 ◆対右.184 ◆ホ防3.74 ◆ア防1.80
◆ド2009外マリナーズ ◆出ドミニカ
◆年1000万ドル（約10億5000万円）

球威4 制球4 緩急3 守備・牽制2 度胸3

ツインズ

様々な故障に苦しめられ幾度も長期欠場を余儀なくされたが、サバイバルして現役生活を続けている巨漢右腕。2019年9月に違法薬物の使用が発覚して、60試合出場停止になった。そのため昨年は8月末まで出場できず、9月1日から登板。その後は走者を出しても、要所を締めて失点を最小限に抑え、存在感を示している。本塁打を食いやすい投手の代表格だったが、昨季は1本も食わなかった。未婚だが一児の父で、エミリアちゃんという娘がいる。

カモ J・アブレイユ（ホワイトソックス）.118(17-2)1本　苦手 T・アンダーソン（ホワイトソックス）.583(12-7)2本

年度	所属チーム	勝利	敗戦	防御率	試合数	先発	セーブ	投球イニング	被安打	失点	自責点	被本塁打	与四球	奪三振	WHIP
2011	マリナーズ	9	10	3.74	28	28	0	171.0	133	76	71	18	55	173	1.10
2014	ヤンキース	5	5	1.89	13	13	0	76.1	56	18	16	5	7	59	0.83
2015	ヤンキース	12	10	4.37	27	27	0	160.2	176	83	78	21	21	156	1.23
2016	ヤンキース	6	12	4.82	32	32	0	175.2	184	98	94	27	53	207	1.35
2017	ヤンキース	8	4	4.39	17	17	0	96.1	103	55	47	20	21	92	1.29
2019	ツインズ	11	5	4.01	26	26	0	146.0	141	68	65	23	28	140	1.16
2020	ツインズ	2	0	3.38	5	5	0	26.2	25	10	10	0	7	25	1.20
通算成績		53	46	4.02	148	148	0	852.2	818	408	381	114	192	852	1.18

55 お詫びの手紙にお米券を添えてマエケンに謝罪 クローザー
テイラー・ロジャーズ *Taylor Rogers*

31歳 1990.12.17生 | 191cm | 86kg | 左投左打
◆速球のスピード／150キロ台前半（シンカー主体）
◆決め球と持ち球／◎スライダー、△シンカー、△カーブ
◆対左.250 ◆対右.311 ◆ホ防1.26 ◆ア防11.12
◆ド2012⑪ツインズ ◆出コロラド州
◆年600万ドル（約6億3000万円）

球威4 制球3 緩急4 守備・牽制4 度胸3

守護神としての役目を果たせなくなってきた左腕のクローザー。シンカーとスライダーだけで組み立てることが多いが、昨季はシンカーが甘く入って痛打されるケースが頻発（ひんぱつ）した。そうなると、好投した先発投手の勝ち星を消すケースが多くなる。前田健太がノーヒットノーランを逃した8月18日のブリュワーズ戦でも、3点差のついた無死1塁の場面で登板して連打を食い、3点を失ってマエケンの勝ち星を消した。通常メジャーのクローザーはこのようなヘマをしても謝罪しないが、律儀な性格の彼は、翌日お詫びの手紙に「お米券」を添えてマエケンのロッカーに置き、謝罪した。初めは高級酒を添えるつもりだったが、通訳からマエケンが下戸（げこ）だと聞き、お米券にしたのだ。

カモ J・ラミレス（インディアンズ）.083(12-1)1本　苦手 T・アンダーソン（ホワイトソックス）.714(7-5)0本

年度	所属チーム	勝利	敗戦	防御率	試合数	先発	セーブ	投球イニング	被安打	失点	自責点	被本塁打	与四球	奪三振	WHIP
2016	ツインズ	3	1	3.96	57	0	0	61.1	63	29	27	7	16	64	1.29
2017	ツインズ	7	3	3.07	69	0	0	55.2	52	20	19	6	21	49	1.31
2018	ツインズ	1	2	2.63	72	0	2	68.1	49	20	20	3	16	75	0.95
2019	ツインズ	2	4	2.61	60	0	30	69.0	58	20	20	8	11	90	1.00
2020	ツインズ	2	4	4.05	21	0	9	20.0	26	14	9	2	4	24	1.50
通算成績		15	14	3.12	279	0	41	274.1	248	103	95	26	68	302	1.15

対左＝対左打者被打率　対右＝対右打者被打率　ホ防＝ホーム防御率　ア防＝アウェー防御率
ド＝ドラフトデータ　出＝出身地　年＝年俸

68 ランディ・ドブナック *Randy Dobnak*

独立リーグからはい上がった異色のホープ 先発

26歳 1995.1.17生 | 185cm | 104kg | 右投右打
◆速球のスピード／150キロ前後（ツーシーム、フォーシーム）
◆決め球と持ち球／☆スライダー、◎チェンジアップ、○フォーシーム、○ツーシーム
◆対左.296 ◆対右.263 ◆ホ防1.17 ◆ア防5.46
◆ド2017外ツインズ ◆出ペンシルヴァニア州
◆年57万500ドル（約5990万円）＋α

球威4 制球3 緩急3 守備・牽制3 度胸4

内野手投げに近いショートアームの変則フォームで投げる個性派右腕。速球のスピードは並だが、球の出どころが見えにくいうえ巧みに緩急をつけてくるので、打てるようで打てない厄介な投手だ。トレードマークは、白いフレームのオシャレなゴーグルと古風なフーマンチューひげ。昨季は開幕前日に先発2番手のオドリッジが故障したため、急遽そのスポットに入って投げることになったが、タナボタでつかんだ僥倖に気を良くし、出だしから絶好調。4度目の先発登板が終わった時点の防御率が0.90で、ミニブレイクした感があった。その後にわかに失点が多くなり、防御率が4点台に跳ね上がったためローテーションを外されたが、球団は今季も先発で使う方針だ。

カモ C・サンタナ（ロイヤルズ）.000（8-0）0本　苦手 J・アブレイユ（ホワイトソックス）.714（7-5）0本

年度	所属チーム	勝利	敗戦	防御率	試合数	先発	セーブ	投球イニング	被安打	失点	自責点	被本塁打	与四球	奪三振	WHIP
2019	ツインズ	2	1	1.59	9	5	1	28.1	27	9	5	1	5	23	1.13
2020	ツインズ	6	4	4.05	10	10	0	46.2	50	21	21	3	13	27	1.35
通算成績		8	5	3.12	19	15	1	75.0	77	30	26	4	18	50	1.27

17 ホセ・ベリオス *Jose Berrios*

ジェファーズとバッテリーを組んで好投 先発

27歳 1994.5.27生 | 183cm | 93kg | 右投右打
◆速球のスピード／150キロ台前半～中頃（シンカー、フォーシーム）
◆決め球と持ち球／☆カーブ、○シンカー、○チェンジアップ、△フォーシーム
◆対左.180 ◆対右.287 ◆ホ防3.38 ◆ア防4.65
◆ド2012①ツインズ ◆出プエルトリコ
◆年610万ドル（約6億4050万円）

球威4 制球3 緩急4 守備・牽制4 度胸4

昨季は制球難で冴えない成績に終わったプエルトリコ出身の右腕。4つの球種のうち、とくに制球に苦しんだフォーシームは被打率が3割7分5厘で、前年（2019年）より1割3分も高くなった。ただこの制球難は、8月20日のブリュワーズ戦で、6回を1安打に抑える好投をしたのを機にかなり改善され、それ以降、四球を3つ以上出す試合は一度もなかった。この8月20日の試合では、メジャーに上がりたてのジェファーズとバッテリーを組んで最高の結果を出した。ジェファーズと組んだほかの試合でも好結果が出ているので、今シーズンはジェファーズが、ベリオスのパーソナル捕手に指名される可能性がある。武器のカーブはさらに進化し、魔球レベルのボールになった。

カモ R・ペレス（インディアンズ）.091（11-1）1本　苦手 W・メリフィールド（ロイヤルズ）.359（39-14）1本

年度	所属チーム	勝利	敗戦	防御率	試合数	先発	セーブ	投球イニング	被安打	失点	自責点	被本塁打	与四球	奪三振	WHIP
2016	ツインズ	3	7	8.02	14	14	0	58.1	74	56	52	12	35	49	1.87
2017	ツインズ	14	8	3.89	26	25	0	145.2	131	71	63	15	48	139	1.23
2018	ツインズ	12	11	3.84	32	32	0	192.1	159	83	82	25	61	202	1.14
2019	ツインズ	14	8	3.68	32	32	0	200.1	194	94	82	26	51	195	1.22
2020	ツインズ	5	4	4.00	12	12	0	63.0	57	28	28	8	26	68	1.32
通算成績		48	38	4.19	116	115	0	659.2	615	332	307	86	221	653	1.27

対左＝対左打者被打率　対右＝対右打者被打率　ホ防＝ホーム防御率　ア防＝アウェー防御率
ド＝ドラフトデータ　出＝出身地　年＝年俸　カモ 苦手 は通算成績

21 タイラー・ダフィー *Tyler Duffey*

クローザーにも転用できる投手に進化

セットアップ

31歳 1990.12.27生 | 191cm | 100kg | 右投右打
◆速球のスピード／150キロ前後(フォーシーム主体)
◆決め球と持ち球／☆カーブ、◎フォーシーム
◆対左.171 ◆対右.136 ◆ホ防2.03 ◆ア防1.69
◆ド2012⑤ツインズ ◆出テキサス州
◆年220万ドル(約2億3100万円)

球威4 制球4 緩急4 守備・牽制4 度胸4

トレヴァー・メイがチームを去ったため、今季はトップセットアッパーとして使われる、ツインズ生え抜きのリリーフ右腕。昨季は主に7回を担当するセットアッパーとして使われ、メジャー全体で2番目に多い12ホールドをマーク。フォーシームとカーブだけで投げるツーピッチ・ピッチャーで、年々カーブ依存傾向が強くなり、昨季は全投球の56.3%がカーブだった。ヒューストン近郊で育ったテキサス人で、敬虔なクリスチャン。歯科衛生士の資格を持つ奥さんのサラーさんとは高校時代に交際が始まり、24歳の誕生日に婚約。25歳のとき、ヒューストンのメソジスト派の教会で結婚式を執り行った。

カモ V·レイエス(タイガース).000(8-0)0本　苦手 W·メリフィールド(ロイヤルズ).455(11-5)0本

年度	所属チーム	勝利	敗戦	防御率	試合数	先発	セーブ	投球イニング	被安打	失点	自責点	被本塁打	与四球	奪三振	WHIP
2015	ツインズ	5	1	3.10	10	10	0	58.0	56	20	20	4	20	53	1.31
2016	ツインズ	9	12	6.43	26	26	0	133.0	167	103	95	25	32	114	1.50
2017	ツインズ	2	3	4.94	56	0	1	71.0	79	41	39	9	18	67	1.37
2018	ツインズ	2	2	7.20	19	1	0	25.0	26	22	20	6	4	19	1.20
2019	ツインズ	5	1	2.50	58	0	0	57.2	44	23	16	8	14	82	1.01
2020	ツインズ	1	1	1.88	22	0	0	24.0	13	6	5	2	6	31	0.79
通算成績		24	20	4.76	191	37	1	368.2	385	215	195	54	94	366	1.30

67 ハンセル・ロブレス *Hansel Robles*

球速低下で大量失点し、守護神陥落

ミドルリリーフ　移籍

31歳 1990.8.13生 | 183cm | 100kg | 右投右打
◆速球のスピード／150キロ台前半(フォーシーム主体)
◆決め球と持ち球／○フォーシーム、○スプリッター、△スライダー
◆対左.360 ◆対右.238 ◆ホ防18.00 ◆ア防6.94
◆ド2008㊕メッツ ◆出ドミニカ
◆年200万ドル(約2億1000万円)

球威3 制球3 緩急4 守備・牽制3 度胸3

1年200万ドルでツインズに来た、エンジェルスの元クローザー。昨季はエンジェルスのクローザーとして開幕を迎えたが、最初の登板で3失点、3度目の登板で4失点、4度目の登板で3失点してクローザー失格となった。めった打ちされた最大の原因は、速球の平均球速が155.9キロから151.9キロに低下したこと。球速低下の理由を、エンジェルスのキャロウェイ投手コーチは「ロブレスは観客の声援を受けるとアドレナリンが全開になり、豪速球を投げられるようになるんだ。でも今年（2020年）はスタンドに人がいないから、アドレナリンを上げてくれるものがないんだろう」と分析していた。

カモ E·インシアーテ(ブレーブス).000(5-0)0本　苦手 P·ゴールドシュミット(カーディナルス).571(7-4)0本

年度	所属チーム	勝利	敗戦	防御率	試合数	先発	セーブ	投球イニング	被安打	失点	自責点	被本塁打	与四球	奪三振	WHIP
2015	メッツ	4	3	3.67	57	0	0	54.0	37	27	22	8	18	61	1.02
2016	メッツ	6	4	3.48	68	0	1	77.2	69	32	30	7	36	85	1.35
2017	メッツ	7	5	4.92	46	0	0	56.2	47	31	31	10	29	60	1.34
2018	メッツ	2	2	5.03	16	0	0	19.2	21	11	11	7	10	23	1.58
2018	エンジェルス	0	1	2.97	37	0	2	36.1	32	15	12	2	15	36	1.29
2018	2チーム計	2	3	3.70	53	0	2	56.0	53	26	23	9	25	59	1.39
2019	エンジェルス	5	1	2.48	71	1	23	72.2	58	20	20	6	16	75	1.02
2020	エンジェルス	0	2	10.26	18	0	1	16.2	19	20	19	4	10	20	1.74
通算成績		24	18	3.91	313	1	27	333.2	283	156	145	44	134	360	1.25

33 ジェイ・ハップ J.A. Happ

現役左腕では6番目に多い通算123勝

先発　移籍

39歳 1982.10.19生 | 196cm | 93kg | 左投左打 速140キロ台後半(フォーシーム主体) 決◎スライダー
対左.204 対右.209 ド2004③フィリーズ 出イリノイ州 年800万ドル(約8億4000万円)

球2 制3 緩4 守備4 度4

今年1月、1年800万ドルでツインズ入りしたベテラン左腕。2014年から19年まで、6年連続で2ケタの勝ち星をマーク。ヤンキースで投げていた昨季は、短縮シーズンだったことや序盤の不調もあって2勝に終わったが、チームではゲリット・コールに次ぐ投球イニングを投げ、3点台前半の防御率を残した。球速はさほどでもないが、速球と変化球を高低に投げ分け、打者の目線を狂わす技術に長けている。長所は故障離脱が少ないこと。今年で39歳になるが、耐久性に自信を持っている。ツインズはクラブハウスのリーダーとしての役割も期待しているようだ。一男二女のパパ。

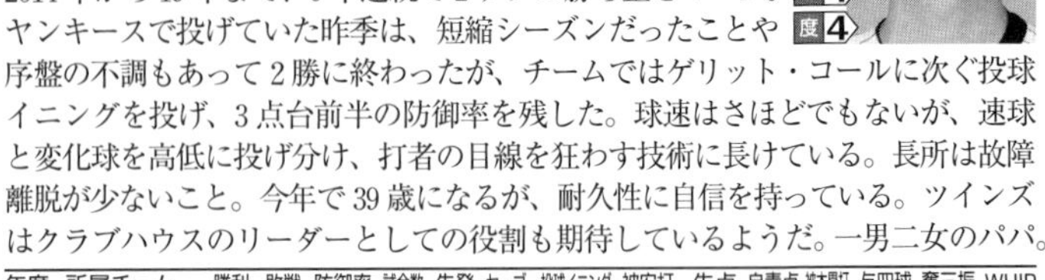

年度	所属チーム	勝利	敗戦	防御率	試合数	先発	セーブ	投球イニング	被安打	失点	自責点	被本塁打	与四球	奪三振	WHIP
2020	ヤンキース	2	2	3.47	9	9	0	49.1	37	19	19	8	15	42	1.05
通算成績		123	92	3.98	324	298	0	1741.1	1645	819	770	231	620	1539	1.30

66 ホルヘ・アルカラ Jorge Alcala

フォーム改造により、大きく飛躍

セットアップ

26歳 1995.7.28生 | 191cm | 93kg | 右投右打 速150キロ台中頃(フォーシーム) 決◎スライダー
対左.364 対右.170 ド2014(外)アストロズ 出ドミニカ 年57万500ドル(約5990万円)+α

球5 制2 緩3 守備2 度3

今季はより重要な場面で使われる、昨年急成長したリリーフ右腕。昨季は一昨年に比べて速球の平均球速が5キロ増し、それにともない、スライダーの威力も増した。これは2019-20年のオフに、ウェス・ジョンソン投手コーチに勧められて投球フォームの改造に取り組んだ成果が出たものだ。球種はフォーシームとスライダーがメインだが、左打者には時折チェンジアップを交える。アストロズが見過ごされている18歳以上の選手に目を向けた際、ドミニカで発掘。その後、ライアン・プレスリーがツインズからアストロズにトレードされた際、その見返りの一人としてツインズに来た。

年度	所属チーム	勝利	敗戦	防御率	試合数	先発	セーブ	投球イニング	被安打	失点	自責点	被本塁打	与四球	奪三振	WHIP
2020	ツインズ	2	1	2.63	16	0	0	24.0	21	8	7	3	8	27	1.21
通算成績		2	1	2.45	18	0	0	25.2	22	8	7	3	9	28	1.21

56 ケイレブ・スィールバー Caleb Thielbar

5年ぶりに戻ってきた永遠の夢追い人

ミドルリリーフ

34歳 1987.1.31生 | 183cm | 93kg | 左投右打 速140キロ台中頃(フォーシーム) 決◎フォーシーム
対左.136 対右.216 ド2009⑱ブリュワーズ 出ミネソタ州 年65万ドル(約6825万円)

球3 制3 緩5 守備3 度3

昨年8月3日、5年ぶりにメジャーに復帰したハングリーな世界で生き延びてきたリリーフ右腕。2013年と14年はほとんどメジャーで過ごしたが、15年4月に6試合出場したあとマイナー落ち。その後の5年間はツインズ3A、パドレス3A、独立リーグ（セインツ）、マーリンズ3A、独立リーグ（セインツ）、タイガース3A、ブレーブス3Aの順に所属先が目まぐるしく変わったが、19年12月にツインズとマイナー契約したことから、メジャー復帰の道が開けた。タイミングを外すことに長けた技巧派で、やや変則的な投球フォームから速球、スライダー、カーブを投げ込んでくる。

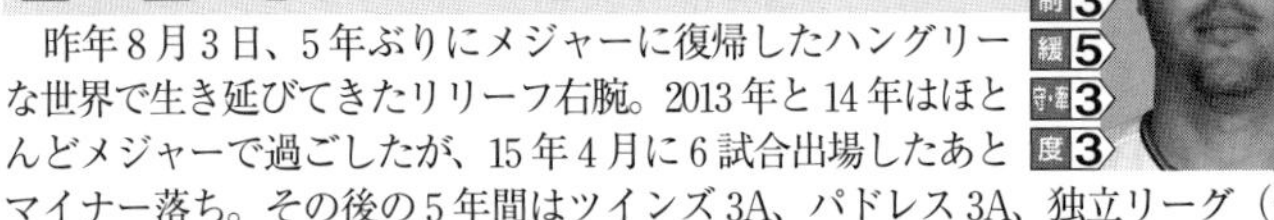

年度	所属チーム	勝利	敗戦	防御率	試合数	先発	セーブ	投球イニング	被安打	失点	自責点	被本塁打	与四球	奪三振	WHIP
2020	ツインズ	2	1	2.25	17	0	0	20.0	14	6	5	0	9	22	1.15
通算成績		7	4	2.65	126	0	0	118.2	94	39	35	7	39	101	1.12

速=速球のスピード　決=決め球　対左=対左打者被打率　対右=対右打者被打率
ド=ドラフトデータ　出=出身地　年=年俸

投手

31 病に打ち勝ってメジャーリーガーに出世
デヴィン・スメルツァー *Devin Smeltzer*

先発 ロングリリーフ

26歳 1995.9.7生 | 191cm | 88kg | 左投右打 速140キロ台後半(フォーシーム主体) 決◎スライダー
対左.385 対右.269 ド2016⑤ドジャース 出ニュージャージー州 年57万500ドル(約5990万円)+α

球3 制5 緩3 守備5 度3

今季、先発5番手の有力候補と目されている、ボール球を振らせることに長けたサウスポー。ウリは制球力。見せ球を効果的に使って変化球の効果を高める技術、速球と変化球を高低に投げ分けて打者の目線を狂わす技術もあるので、マウンド上では一筋縄ではいかないタフなピッチングを見せる。少年時代、癌になったが、それを乗り越えてメジャーリーガーになった稀有な存在。スメルツァー少年が罹患したのは、骨盤横紋筋肉腫という癌だった。これを治すには、抗癌剤を投与する必要があるので彼も受けることになり、一時は激やせしたが、癌を封じ込めることができた。

年度	所属チーム	勝利	敗戦	防御率	試合数	先発	セーブ	投球イニング	被安打	失点	自責点	被本塁打	与四球	奪三振	WHIP
2020	ツインズ	2	0	6.75	7	1	0	16.0	19	12	12	2	5	15	1.50
通算成績		4	2	4.57	18	7	1	65.0	69	35	33	10	17	53	1.32

ー イニングまたぎもいとわないタフネス守護神
アレックス・コロメ *Alex Colome*

クローザー 移籍

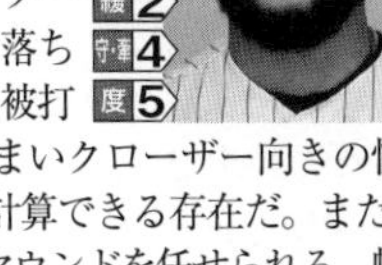

33歳 1988.12.31生 | 185cm | 102kg | 右投右打 速150キロ台前半(フォーシーム主体) 決☆カッター
対左.098 対右.231 ド2007外レイズ 出ドミニカ ◆最多セーブ1回(17年)

球5 制3 緩2 守備4 度5

カッター7割、フォーシーム3割で投球を組み立てるツーピッチ・ピッチャー。スプリッターのようなタテ割れで落ちるカッターは威力抜群。昨季はフォーシームも好調で、被打率1割7分6厘はキャリアハイ。気持ちの切り替えがうまいクローザー向きの性格で、不調らしい不調におちいったシーズンもない、計算できる存在だ。また、イニングまたぎも得意で、打順によっては8回途中からマウンドを任せられる。帽子を右斜めにかぶるのがトレードマークだが、これは同郷のレジェンドクローザーであるフェルナンド・ロドニーのオマージュ。ロドニーは左斜めに帽子をかぶる。

年度	所属チーム	勝利	敗戦	防御率	試合数	先発	セーブ	投球イニング	被安打	失点	自責点	被本塁打	与四球	奪三振	WHIP
2020	ホワイトソックス	2	0	0.81	21	0	12	22.1	13	3	2	0	8	16	0.94
通算成績		28	23	2.95	326	19	138	424.0	359	161	139	36	140	385	1.18

59 ジョアン・デュラン *Jhoan Duran*

先発 期待度B ルーキー

23歳 1998.1.8生 | 196cm | 104kg | 右投右打 ◆一昨年は1A+、2Aでプレー ド2015外ダイヤモンドバックス 出ドミニカ

カーブの制球が良くなれば、メジャー昇格がかなうと見られている注目のパワーピッチャー。昨季は待機キャンプにとどめ置かれたが、投手の中では最も高い評価を受けた。ウリは奪三振率が高いこと。決め球は「スプリンカー」。これは、スプリッターとシンカーの中間の性質を持つ落ちる系の変化球だ。

81 ジョーダン・バラゾヴィック *Jordan Balazovic*

先発 期待度B+ ルーキー

23歳 1998.9.17生 | 196cm | 98kg | 右投右打 ◆一昨年は1A、1A+でプレー ド2016⑤ツインズ 出カナダ

着実に成長し、メジャーのひと駅手前まで来た豪腕投手。1Aに在籍していた頃、リハビリ出場するため1Aに来たジャンカルロ・スタントンと対戦。三球三振にしとめて注目されるようになった。速球はスピード、キレとも申し分ないが、スライダーは低レベル。曲がりをもっとタイトにする必要がある。

※昨季、マイナーリーグは中止
※メジャー経験がない投手の「先発」「リリーフ」はマイナーでの役割

野 手

スライダー打ちの名手に変身し、アーチ量産 センター

25 バイロン・バクストン
Byron Buxton

28歳 1993.12.18生 | 188cm | 86kg | 右投右打
◆対左投手打率／.250(28-7) ◆対右投手打率／.255(102-26)
◆ホーム打率／.162(74-12) ◆アウェー打率／.375(56-21)
◆得点圏打率／.219(32-7)
◆20年のポジション別出場数／センター=39
◆ドラフトデータ／2012①ツインズ
◆出身地／ジョージア州
◆年俸／512.5万ドル(約5億3813万円)
◆ゴールドグラブ賞1回(17年)

ミート 2
パワー 5
走塁 5
守備 5
肩 5

欠点がいくつもあるが、それ以上に大きな魅力がたくさんあるエキサイティングなプレーヤー。ホームランキャッチが得意な守備の名手として知られるが、昨シーズンは打者として長足の進歩を遂げ、本塁打の生産ペース（10.0打数に1本）はメジャー全体でトップだった。その要因は、ウエイトトレーニングの効果が出て、格段にパワーアップしたこと。それに加え、抜けたスライダーを、高い確率で外野席に叩き込めるようになったことも大きい。昨年の13本塁打のうち、7本は甘く入ったスライダーを叩いたものだった。その一方で早打ちする傾向がさらにひどくなっており、昨季は四球が2つしかなかった。これは100打数以上の打者ではメジャー最少の数字で、出塁率を低くする最大の原因になった。

守備では、ツインズの外野の要としてフルに機能。身体能力の高さにものを言わせてピンチに度々スーパープレーを見せ、投手たちから感謝された。昨年のDRS（守備で防いだ失点）は11で、メジャーの中堅手では最多の数字だ。そのためゴールドグラブ賞の最終候補にもなったが、昨年は監督・コーチの投票ではなく、サイバー系の守備データの優劣で受賞者を決めたため、3年ぶりの受賞とはならなかった。

プライベートでは、昨年7月4日に奥さんのリンゼイさんが第二子となる男児を出産。ブレイズ・ジェットと命名した。長男のブリクストン君はバクストンが19歳のとき授かった子で、生まれてからリンゼイさんと結婚した。親族や親類に身体能力の高い者がよく出る家系で、いとこのデクスター・カーターは、NFLのフォーティーナイナーズとジェッツでランニングバックとして活躍。スーパーボウルにも出場した実績がある。

カモ D・ノリス(タイガース).556(9-5)0本 D・バンディ(エンジェルス).417(12-5)1本
苦手 M・ボイド(タイガース).048(21-1)0本 L・ジオリート(ホワイトソックス).167(12-2)1本

年度	所属チーム	試合数	打数	得点	安打	二塁打	三塁打	本塁打	打点	四球	三振	盗塁	盗塁死	出塁率	OPS	打率
2015	ツインズ	46	129	16	27	7	1	2	6	6	44	2	2	.250	.576	.209
2016	ツインズ	92	298	44	67	19	6	10	38	23	118	10	2	.284	.714	.225
2017	ツインズ	140	462	69	117	14	6	16	51	38	150	29	1	.314	.728	.253
2018	ツインズ	28	90	8	14	4	0	0	4	3	28	5	0	.183	.383	.156
2019	ツインズ	87	271	48	71	30	4	10	46	19	68	14	3	.314	.827	.262
2020	ツインズ	39	130	19	33	3	0	13	27	2	36	2	1	.267	.844	.254
通算成績		432	1380	204	329	77	17	51	172	91	444	62	9	.289	.719	.238

野 手

メジャー経験わずか40日で正捕手に

キャッチャー

ルーキー

27 ライアン・ジェファーズ *Ryan Jeffers*

24歳 1997.6.3生 | 193cm | 107kg | 右投右打 盗塁阻止率/.067(15-1)
◆対左投手打率/.300(20-6) ◆対右投手打率/.257(35-9)
◆ホーム打率/.286(35-10) ◆アウェー打率/.250(20-5)
◆得点圏打率/.200(10-2)
◆20年のポジション別出場数/キャッチャー=25、DH=1
◆ドラフトデータ/2018②ツインズ
◆出身地/ノースカロライナ州
◆年俸/57万500ドル(約5990万円)+α

ミート 3
パワー 5
走塁 2
守備 2
肩 3

ツインズ

昨年8月22日にメジャーデビューしたキャッチャーの逸材。今季は開幕から正捕手としてマスクをかぶる。ツインズがジェファーズを昇格させたのは、肋間筋(ろっかんきん)を痛めてIL(故障者リスト)入りしたミッチ・ガーヴァーの穴埋めに使うのが目的だったが、打撃面で一定の貢献を期待できることがわかったため、ガーヴァーの復帰後も頻繁(ひんぱん)に出場機会を与えられた。

さらにポストシーズンでは、ほかの2人の捕手(ガーヴァーとアヴィーラ)がともに打率1割台で、打者としての貢献を期待できないことから、バッティングのいいジェファーズが連日先発で起用された。

打者としての一番のウリはパワー。昨季はレギュラーシーズンで本塁打を3本打っているが、そのうちの2本は、飛距離133メートルの特大アーチだった。もう一つのウリは、変化球に強いこと。とくにカーブとスライダーにうまく対応する。昨年9月11日のインディアンズ戦では、シェイン・ビーバーのカーブをドンピシャのタイミングで振り抜き、レフト2階席に運んだ。このゲームでは前田健太の女房役として、7回を4安打無失点に抑える好投を支えたため、評価が一気に上昇した。

この試合に限らず、ジェファーズは投手と密にコミュニケーションを取ってゲームに臨むため、リード面で度々いい働きを見せた。とくに薬物違反による出場停止が終わって、9月1日に復帰したピネダから何度も好投を引き出し、問題児を貴重な戦力に化けさせた。

課題が多いのは守備面。肩は決して弱いほうではないのに、15回走られて1回しか刺せなかった(盗塁阻止率6.7%)。フットワークにも難があり、ボールブロックもイマイチ。ただプロ入りしたのが2018年6月で、実戦経験に乏しいことを考えると、年を経るごとに守備力が向上するのは確実。目標にしているバスター・ポージーのような、本塁打を量産する守備力の高い捕手に成長する可能性は十分ある。

カモ B・ウッドラフ(ブリュワーズ)1.000(2-2)0本 ———
苦手 T・スクーバル(タイガース).000(4-0)0本 ———

年度	所属チーム	試合数	打数	得点	安打	二塁打	三塁打	本塁打	打点	四球	三振	盗塁	盗塁死	出塁率	OPS	打率
2020	ツインズ	26	55	5	15	0	0	3	7	5	19	0	0	.355	.791	.273
通算成績		26	55	5	15	0	0	3	7	5	19	0	0	.355	.791	.273

2 ルイス・アラエズ *Luis Arraez*

動体視力が抜群にいい安打製造機

セカンド

24歳 1997.4.9生 | 178cm | 79kg | 右投左打
◆対左投手打率／.231 ◆対右投手打率／.349
◆ホーム打率／.339 ◆アウェー打率／.304 ◆得点圏打率／.579
◆20年のポジション別出場数／セカンド=31
◆ド2013外ツインズ ◆出ベネズエラ
◆年57万500ドル(約5990万円)+α

ミート5 パワー3 走塁3 守備4 肩3

天性の打撃センスを備えた逸材。2、3年のうちに、首位打者争いに加わるレベルのバッターに成長する可能性が高い。16歳でプロ入り後、マイナーのルーキー級、1A, 1A +、2A、3Aの各レベルで、毎年3割台の打率をマークしてきた安打製造機。メジャー1年目の2019年も3割3分4厘を記録したため、年間打率3割の継続はメジャーに上がってからも続くことになり、昨年も期待された。しかし8月にスランプにおちいる局面があり、さらに9月にはヒザの故障で15日間IL入りしたため、3割は絶望的な状況に。だが、3割にこだわりを持つアラエズは、シーズン終了直前に復帰し2試合に出場。8打数6安打の固め打ちをして、打率を3割2分1厘まで押し上げた。セカンドの守備は1年目に比べて守備範囲が広くなり、平均以上のレベルになった。

カモ S・ターンブル(タイガース).500(6-3)0本 苦手 L・ジオリート(ホワイトソックス).182(11-2)0本

年度	所属チーム	試合数	打数	得点	安打	二塁打	三塁打	本塁打	打点	四球	三振	盗塁	盗塁死	出塁率	OPS	打率
2019	ツインズ	92	326	54	109	20	1	4	28	36	29	2	2	.399	.838	.334
2020	ツインズ	32	112	16	36	9	0	0	13	8	11	0	0	.364	.765	.321
通算成績		124	438	70	145	29	1	4	41	44	40	2	2	.390	.819	.331

26 マックス・ケプラー *Max Kepler*

巻き返しを図るMLBの欧州人最強打者

ライト

28歳 1993.2.10生 | 193cm | 102kg | 左投左打
◆対左投手打率／.128 ◆対右投手打率／.266
◆ホーム打率／.270 ◆アウェー打率／.196 ◆得点圏打率／.273
◆20年のポジション別出場数／ライト=44、センター=2、DH=1
◆ド2009外ツインズ ◆出ドイツ
◆年650万ドル(約6億8250万円)

ミート3 パワー5 走塁5 守備4 肩5

一昨年36本塁打を放ってブレイクし、昨季は大いに期待された。それに応えるようにホワイトソックスとの開幕戦では、初回と2回に連続本塁打を放ちヒーローになった。しかしあとが続かなかった。その後は変化球にタイミングが合わなくなり、打率が低迷。さらに9月に入ると、内ももの内転筋(ないてんきん)を痛めてIL入り。そのためチームのポストシーズン進出にほとんど貢献できなかった。国籍はドイツだが、父親は亡命ポーランド人の舞踏家、母親は米国人の舞踏家。家はベルリンにあり、学校はドイツのアメリカンスクールというインターナショナルな環境で成長。小学生の頃はテニスでも才能を認められ、ベルリンの「シュテフィ・グラフ財団」から奨学金を支給されていた。

カモ D・バンディ(エンジェルス).462(13-6)2本 苦手 S・ターンブル(タイガース).000(9-0)0本

年度	所属チーム	試合数	打数	得点	安打	二塁打	三塁打	本塁打	打点	四球	三振	盗塁	盗塁死	出塁率	OPS	打率
2015	ツインズ	3	7	0	1	0	0	0	0	0	3	0	0	.143	.286	.143
2016	ツインズ	113	396	52	93	20	2	17	63	42	93	6	2	.309	.734	.235
2017	ツインズ	147	511	67	124	32	2	19	69	47	114	6	1	.312	.737	.243
2018	ツインズ	156	532	80	119	30	4	20	58	71	96	4	5	.319	.727	.224
2019	ツインズ	134	524	98	132	32	0	36	90	60	99	1	5	.336	.855	.252
2020	ツインズ	48	171	27	39	9	0	9	23	22	36	3	0	.321	.760	.228
通算成績		601	2141	324	508	123	8	101	303	242	441	20	13	.319	.763	.237

20 乱闘の発火点になることが多い武闘派 サード
ジョシュ・ドナルドソン *Josh Donaldson*

36歳 1985.12.8生 | 185cm | 95kg | 右投右打
◆対左投手打率／.067 ◆対右投手打率／.258
◆ホーム打率／.182 ◆アウェー打率／.270 ◆得点圏打率／.250
◆20年のポジション別出場数／サード=26 ◆㊦2007①カブス ◆㊞フロリダ州
◆㊎2100万ドル(約22億500万円) ◆MVP1回(15年)、打点王1回(15年)、シルバースラッガー賞2回(15、16年)、ハンク・アーロン賞1回(15年)、カムバック賞1回(19年)

ミート 3 / パワー 5 / 走塁 5 / 守備 4 / 肩 5

4年契約の2年目に入る、ケンカ早いことで知られる三塁手。闘争心旺盛で、試合中に相手の選手を挑発する、主審に毒づく、マウンド上の投手にガンを飛ばす、といった行為を平気でやるので、一部のファンに人気がある。昨年9月17日のホワイトソックス戦では、本塁打を打ってダイヤモンドを一周したあと、スパイクでまわりの土を蹴って、ホームプレートの上を土だらけにして主審から退場を命じられた。本塁打を打つ前、2球続けてボール球をストライクと判定されたため、「お前みたいないい加減な判定をする審判には、ホームプレートなんてまったく必要ないよ」と言いたかったのだ。

カモ K・ギブソン(レンジャーズ).462(13-6)3本 **苦手** L・ヘンドリックス(ホワイトソックス).154(13-2)0本

年度	所属チーム	試合数	打数	得点	安打	二塁打	三塁打	本塁打	打点	四球	三振	盗塁	盗塁死	出塁率	OPS	打率
2010	アスレティックス	14	32	1	5	1	0	1	4	2	12	0	0	.206	.487	.156
2012	アスレティックス	75	274	34	66	16	0	9	33	14	61	4	1	.289	.687	.241
2013	アスレティックス	158	579	89	174	37	3	24	93	76	110	5	2	.384	.883	.301
2014	アスレティックス	158	608	93	155	31	2	29	98	76	130	8	0	.342	.798	.255
2015	ブルージェイズ	158	620	122	184	41	2	41	123	73	133	6	0	.371	.939	.297
2016	ブルージェイズ	155	577	122	164	32	5	37	99	109	119	7	1	.404	.953	.284
2017	ブルージェイズ	113	415	65	112	21	0	33	78	76	111	2	2	.385	.944	.270
2018	ブルージェイズ	36	137	22	32	11	0	5	16	21	44	2	0	.333	.757	.234
2018	インディアンズ	16	50	8	14	3	0	3	7	10	10	0	0	.400	.920	.280
2018	2チーム計	52	187	30	46	14	0	8	23	31	54	2	0	.352	.801	.246
2019	ブレーブス	155	549	96	142	33	0	37	94	100	155	4	2	.379	.900	.259
2020	ツインズ	28	81	14	18	2	0	6	11	18	24	0	0	.373	.842	.222
通算成績		1066	3922	666	1066	228	12	225	656	575	909	38	8	.369	.877	.272

22 今季の目標は三振王の返上と30本塁打 ファースト
ミゲール・サノー *Miguel Sano*

28歳 1993.5.11生 | 193cm | 123kg | 右投右打
◆対左投手打率／.159 ◆対右投手打率／.218
◆ホーム打率／.219 ◆アウェー打率／.189 ◆得点圏打率／.219
◆20年のポジション別出場数／ファースト=52、DH=1
◆㊦2009㊕ツインズ ◆㊞ドミニカ
◆㊎1100万ドル(約11億5500万円)

ミート 2 / パワー 5 / 走塁 2 / 守備 2 / 肩 2

昨季は、PCR検査で陽性→隔離生活による調整不足→シーズン序盤のスランプ、という流れになってしまったスラッガー。典型的なバットを持つと一流、グラブを持つと三流というタイプ。打者としての長所は、並外れたパワーと、速球にめっぽう強いこと。その一方で三振が異常に多い、四球をかせげない、出塁率が低い、といった短所もある。ドミニカにおける野球のメッカ、サンペドロ出身。ドミニカでもとりわけ貧しいハイチ移民の家庭で育ったため、グラブを買えず、牛乳の紙パックで作ったグラブで野球を始めた。

カモ W・マイリー(レッズ)1.000(3-3)2本 **苦手** A・プルトコ(インディアンズ).000(9-0)0本

年度	所属チーム	試合数	打数	得点	安打	二塁打	三塁打	本塁打	打点	四球	三振	盗塁	盗塁死	出塁率	OPS	打率
2015	ツインズ	80	279	46	75	17	1	18	52	53	119	1	1	.385	.916	.269
2016	ツインズ	116	437	57	103	22	1	25	66	54	178	1	0	.319	.781	.236
2017	ツインズ	114	424	75	112	15	2	28	77	54	173	0	0	.352	.859	.264
2018	ツインズ	71	266	32	53	14	0	13	41	31	115	0	0	.281	.679	.199
2019	ツインズ	105	380	76	94	19	2	34	79	55	159	0	1	.346	.923	.247
2020	ツインズ	53	186	31	38	12	0	13	25	18	90	0	0	.278	.757	.204
通算成績		539	1972	317	475	99	6	131	340	265	834	2	2	.332	.829	.241

23 衰えを感じさせない不惑の鉄人大砲 DH
ネルソン・クルーズ *Nelson Cruz*

41歳 1980.7.1生 | 188cm | 104kg | 右投右打
◆対左投手打率／.465 ◆対右投手打率／.254
◆ホーム打率／.305 ◆アウェー打率／.300 ◆得点圏打率／.333
◆20年のポジション別出場数／DH=52 ◆Ⓓ1998㊇メッツ
◆㊐ドミニカ ◆㊎1300万ドル（約13億6500万円） ◆本塁打王1回（14年）、打点王1回（17年）、シルバースラッガー賞4回（15、17、19、20年）

ミート5 パワー5 走塁2 守備1 肩2

30歳頃から本格化し、2010年代にメジャー最多の374本塁打を放った遅咲きの大砲。昨年7月に40歳になったがバットに衰えはなく、アメリカン・リーグ5位の16本塁打、キャリアハイの出塁率3割9分7厘をマーク。2年連続でシルバースラッガー賞（指名打者）に輝いた。オフにFAとなったが、ツインズと再契約。3A時代の08年頃、阪神が調査に乗り出し、契約目前と言われていたが、実際に獲得したのはヘッポコのケヴィン・メンチだった。

カモ D・ダフィー（ロイヤルズ）.370(27-10)5本　苦手 S・ビーバー（インディアンズ）.063(16-1)0本

年度	所属チーム	試合数	打数	得点	安打	二塁打	三塁打	本塁打	打点	四球	三振	盗塁	盗塁死	出塁率	OPS	打率
2005	ブリュワーズ	8	5	1	1	1	0	0	0	2	0	0	0	.429	.829	.200
2006	レンジャーズ	41	130	15	29	3	0	6	22	7	32	1	0	.261	.645	.223
2007	レンジャーズ	96	307	35	72	15	2	9	34	21	87	2	4	.287	.671	.235
2008	レンジャーズ	31	115	19	38	9	1	7	26	17	28	3	1	.421	1.030	.330
2009	レンジャーズ	128	462	75	120	21	1	33	76	49	118	20	4	.332	.856	.260
2010	レンジャーズ	108	399	60	127	31	3	22	78	38	81	17	4	.374	.950	.318
2011	レンジャーズ	124	475	64	125	28	1	29	87	33	116	9	5	.312	.821	.263
2012	レンジャーズ	159	585	86	152	45	0	24	90	48	140	8	4	.319	.779	.260
2013	レンジャーズ	109	413	49	110	18	0	27	76	35	109	5	1	.327	.833	.266
2014	オリオールズ	159	613	87	166	32	2	40	108	55	140	4	5	.333	.859	.271
2015	マリナーズ	152	590	90	178	22	1	44	93	59	164	3	2	.369	.936	.302
2016	マリナーズ	155	589	96	169	27	1	43	105	62	159	2	0	.360	.915	.287
2017	マリナーズ	155	556	91	160	28	0	39	119	70	140	1	1	.375	.924	.288
2018	マリナーズ	144	519	70	133	18	1	37	97	55	122	1	0	.342	.850	.256
2019	ツインズ	120	454	81	141	26	0	41	108	56	131	0	1	.392	1.031	.311
2020	ツインズ	53	185	33	56	6	0	16	33	25	58	0	0	.397	.992	.303
通算成績		1742	6397	952	1777	330	13	417	1152	632	1625	76	32	.347	.876	.278

11 5年契約の3年目に入る両打ちの好打者 ショート
ホルヘ・ポランコ *Jorge Polanco*

28歳 1993.7.5生 | 180cm | 94kg | 右投両打
◆対左投手打率／.345 ◆対右投手打率／.227
◆ホーム打率／.255 ◆アウェー打率／.263 ◆得点圏打率／.297
◆20年のポジション別出場数／ショート=53
◆Ⓓ2009㊇ツインズ ◆㊐ドミニカ
◆㊎433万ドル（約4億5465万円）

ミート3 パワー4 走塁4 守備3 肩4

オールスターゲームで先発出場したこともある、打者としての価値が高い遊撃手。一昨年ブレイクしたため昨季は期待が大きく、開幕時3番打者で起用されたが、コロナ禍による調整不足でひどい打撃不振となり、試行錯誤しているうちに短いシーズンが終わってしまった。ドミニカ出身。中学生のとき学校をドロップアウトして、有望選手育成業者（ブスコン）のキャンプで野球漬けの生活に入った。急成長したため、14歳の頃から現地駐在スカウトたちの目を引きつけるようになり、16歳の誕生日の翌日、ツインズと契約。

カモ Z・デイヴィース（カブス）.667(6-4)0本　苦手 J・フライ（ホワイトソックス）.100(10-1)0本

年度	所属チーム	試合数	打数	得点	安打	二塁打	三塁打	本塁打	打点	四球	三振	盗塁	盗塁死	出塁率	OPS	打率
2014	ツインズ	5	6	2	2	1	1	0	3	2	2	0	0	.500	1.333	.333
2015	ツインズ	4	10	1	3	0	0	0	1	2	1	1	0	.417	.717	.300
2016	ツインズ	69	245	24	69	15	4	4	27	17	46	4	3	.332	.757	.282
2017	ツインズ	133	488	60	125	30	3	13	74	41	78	13	5	.313	.723	.256
2018	ツインズ	77	302	38	87	18	3	6	42	25	62	7	7	.345	.773	.288
2019	ツインズ	153	631	107	186	40	7	22	79	60	116	4	3	.356	.841	.295
2020	ツインズ	55	209	22	54	8	0	4	19	13	35	4	2	.304	.658	.258
通算成績		496	1891	254	526	112	18	49	245	160	340	33	20	.335	.770	.278

野手

9 守備の魔術師も、左足首のケガで曲がり角?
アンデルトン・シモンズ Andrelton Simmons

ショート　移籍

32歳 1989.9.4生｜188cm｜88kg｜右投右打 対左.270 対右.309 ホ.367 ア.224 得.300 ド2010②ブレーブス 出オランダ領キュラソー島 年1050万ドル(約11億250万円)

ミ4 パ2 走4 守5 肩5

FAでエンジェルスを出て、ツインズに加入した遊撃手。ゴールドグラブ賞4度に加え、2013年から6年連続でフィールディング・バイブル賞を獲得した守備の達人。安定感のあるシュアな打撃も魅力だが、2019年5月に左足首を痛めて離脱すると、同年8月と、昨季の開幕直後にも痛みが再発し、IL入り。出場すれば好守で投手陣をアシストしていたが、フルシーズンでの出場は微妙なコンディションになってきている。人口14万人のキュラソー島の出身で、石ころだらけのグラウンドで守備を鍛えた。14年からミズノ社製のメイド・イン・ジャパンのグラブを愛用している。

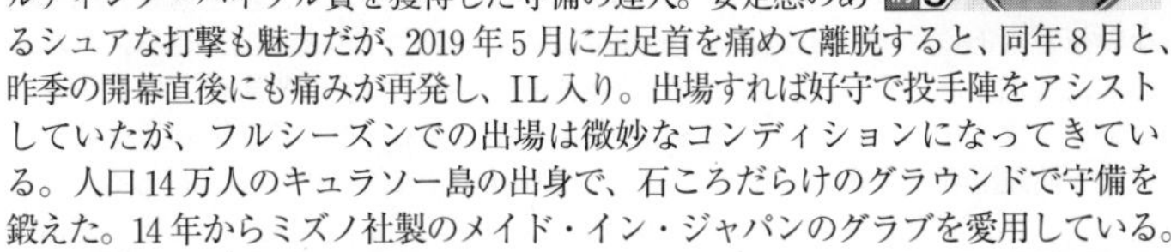

年度	所属チーム	試合数	打数	得点	安打	二塁打	三塁打	本塁打	打点	四球	三振	盗塁	盗塁死	出塁率	OPS	打率
2020	エンジェルス	30	118	19	35	7	0	0	10	8	16	2	0	.346	.702	.297
通算成績		1060	3954	456	1064	188	23	67	406	265	386	67	24	.317	.696	.269

64 アイドル的な人気がある第3のキャッチャー
ウィリアンズ・アストゥディーヨ Willians Astudillo

キャッチャー DH

30歳 1991.10.14生｜175cm｜102kg｜右投右打 盗塁阻止率/.000(1-0) 対左.000 対右.267 ホ.286 ア.222 得.143 ド2008外フィリーズ 出ベネズエラ 年57万500ドル(約5990万円)+α

ミ3 パ5 走2 守2 肩2

金太郎のような四角いベビーフェイスがトレードマークのキャッチャー。昨シーズンは役回りが、スーパーサブから第3捕手に変わり、ガーヴァーが肋間筋(ろっかんきん)を痛めて戦列を離れている間の7試合、メジャーに呼ばれてマスクをかぶった。体が重いため、ボールブロックにかなり難があり、ワイルドピッチを出す頻度(ひんど)が平均の2倍くらいある。母アナさんが2019年5月12日の母の日に、ツインズの本拠地ターゲット・フィールドに来て、始球式をやったことがあった。アナさんはソフトボールの選手だっただけあって立派な体格をしていたが、肥満体ではなかった。それに比べるとお父さんはかなり肥満していた。彼の体型は、どうやら父譲りのようだ。

年度	所属チーム	試合数	打数	得点	安打	二塁打	三塁打	本塁打	打点	四球	三振	盗塁	盗塁死	出塁率	OPS	打率
2020	ツインズ	8	16	4	4	1	0	1	3	0	2	0	0	.250	.750	.250
通算成績		95	299	41	88	14	1	8	45	7	13	0	0	.319	.747	.294

19 3割20本を期待できる完成度の高い新人
アレックス・キリロフ Alex Kirilloff

レフト ライト　ルーキー

24歳 1997.11.9生｜188cm｜88kg｜左投左打 ◆メジャーでのプレー経験なし(レギュラーシーズン) ド2016①ツインズ 出ペンシルヴァニア州 年57万500ドル(約5990万円)+α

ミ4 パ4 走3 守3 肩3

ツインズが中心選手の一人だったエディー・ロザリオとの契約更新を見送って、今季レフトのレギュラーに据(す)える注目の外野手。レギュラーシーズンでの出場経験はなく、昨年9月30日、アストロズとのワイルドカードシリーズ第2戦でメジャーデビュー。さっそくライトに痛烈なライナーの安打を放ち、大器の片鱗(へんりん)をうかがわせた。パワーとうまさを併せ持つ好打者。2016年ドラフトで、ツインズが1巡目に指名した高校生選手で、育成力に自信のあるツインズがマイナーでじっくり育成。2年目の17年にトミー・ジョン手術、19年には手首の故障に苦しんだが、それらを乗り越えて、入団から4年4カ月でメジャーに到達した。守備力と脚力は平均レベル。

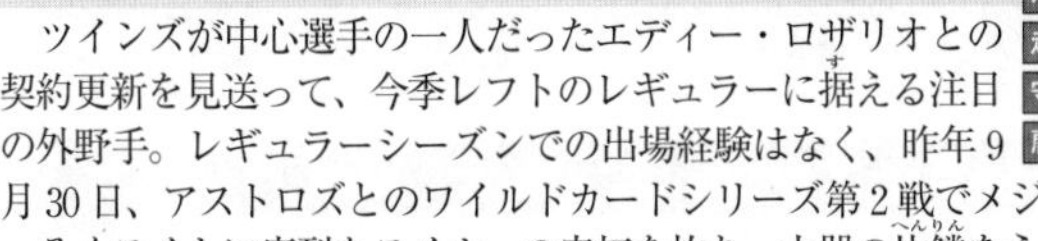

60 長所がたくさんある優れ者
ジェイク・ケイヴ *Jake Cave*

外野手

29歳 1992.12.4生 | 183cm | 91kg | 左投左打 対左.188 対右.235 ホ.226 ア.217 得.300 ド2011⑥ヤンキース 出ヴァージニア州 年57万500ドル(約5990万円)+α

ミ3 パ4 走4 守4 肩3

ほかの選手よりとくに優れた部分はないが、努力を重ねてトップレベルのパワーとスイングスピードを持つに至った外野手。それ以外の長所としては、①死球出塁が多い抜け目のない打者である、②1点が欲しい場面ではスモールボールを展開できるスキルがある、などをあげられる。また、外野守備面での長所は、①外野のどのポジションで使っても平均以上のパフォーマンスを期待できる、②フライの軌道を的確に読んで最短距離で落下点に入る、③ピンチのときほどビッグプレーが出るクラッチディフェンダーである、④フェンスを恐れない果敢な守備を見せる、などである。

年度	所属チーム	試合数	打数	得点	安打	二塁打	三塁打	本塁打	打点	四球	三振	盗塁	盗塁死	出塁率	OPS	打率
2020	ツインズ	42	113	17	25	3	2	4	15	5	44	0	2	.285	.674	.221
通算成績		205	594	99	151	30	6	25	85	44	217	2	3	.321	.772	.254

8 本塁打が31本から2本に激減し、正捕手陥落
ミッチ・ガーヴァー *Mitch Garver*

キャッチャー

30歳 1991.1.15生 | 185cm | 100kg | 右投右打 盗塁阻止率/.231(13-3) 対左.304 対右.102 ホ.139 ア.194 得.091 ド2013⑨ツインズ 出ニューメキシコ州 年187.5万ドル(約1億9688万円) ◆シルバースラッガー賞1回(19年)

ミ3 パ5 走2 守3 肩3

一昨年彗星のごとく現れ、31本のアーチを外野席に叩き込んでセンセーションを巻き起こした捕手。この活躍で昨季は正捕手格で使われたが、速球系（フォーシーム、ツーシーム）の投球に微妙にタイミングが合わず、本塁打がほとんど出なくなった。さらに8月20に肋間筋を痛めてIL入りした際、穴埋めに使われたジェファーズがいい働きをしたため、復帰後は出番が減った。今季はバックアップ捕手として、50～70試合に先発出場すると思われる。守備力は進化しており、昨シーズンの盗塁阻止率は23.1%で「中の上」レベル。ワイルドピッチを出す頻度も平均より低かった。

年度	所属チーム	試合数	打数	得点	安打	二塁打	三塁打	本塁打	打点	四球	三振	盗塁	盗塁死	出塁率	OPS	打率
2020	ツインズ	23	72	8	12	1	0	2	5	7	37	0	0	.247	.511	.167
通算成績		241	731	121	187	37	6	40	120	83	211	0	0	.337	.824	.256

― ロイス・ルイス *Royce Lewis*

ショート サード 期待度 B⁻ ルーキー

22歳 1999.6.5生 | 188cm | 91kg | 右投右打 ◆一昨年は1A+、2Aでプレー ド2017①ツインズ 出カリフォルニア州

2017年のドラフトで、イの一番に指名された身体能力の高い内野手。打撃面のウリは、スイングスピードが速いことと修正力が高いこと。ただ緩急をうまくつけられるとタイミングが合わなくなり、もろさをさらけ出す。守備は打球への反応が速く、守備範囲が広い。肩も強いが、送球の正確さはイマイチ。

― トレヴァー・ラーナック *Trevor Larnach*

外野手 期待度 A⁻ ルーキー

24歳 1997.2.26生 | 193cm | 101kg | 右投左打 ◆一昨年は1A+、2Aでプレー ド2018①ツインズ 出カリフォルニア州

バットで貢献するタイプの右翼手。マイナーでの2年間の通算打率が3割0分7厘という好打者で、二塁打の生産力が高い。一番のウリは逆方向に飛距離が出ること。一昨年の前半に出た本塁打は、逆方向に飛んだものばかりだった。ライトの守備は「中の下」レベルだが、飛球の軌道は的確に読める。

対左=対左投手打率 対右=対右投手打率 ホ=ホーム打率 ア=アウェー打率 得=得点圏打率
ド=ドラフトデータ 出=出身地 年=年俸
※昨季、マイナーリーグは中止

アメリカン・リーグ……中部地区　*CLEVELAND INDIANS*

クリーブランド・インディアンズ

◆創　立：1894年
◆本拠地：オハイオ州クリーブランド市
◆ワールドシリーズ制覇：2回／◆リーグ優勝：6回
◆地区優勝：10回／◆ワイルドカード獲得：2回

主要オーナー　ローレンス・ドーラン（弁護士）

過去5年成績

年度	勝	負	勝率	ゲーム差	地区順位	ポストシーズン成績
2016	94	67	.584	(8.0)	①	ワールドシリーズ敗退
2017	102	60	.630	(17.0)	①	地区シリーズ敗退
2018	91	71	.562	(13.0)	①	地区シリーズ敗退
2019	93	69	.574	8.0	②	—
2020	**35**	**25**	**.583**	**1.0**	**②（同率）**	**ワイルドカードシリーズ敗退**

監督　77 テリー・フランコーナ *Terry Francona*

◆年　　齢…………62歳（サウスダコタ州出身）
◆現役時代の経歴…10シーズン　エクスポズ（1981〜85）、
（ファースト、外野手）カブス（1986）、レッズ（1987）、インディアンズ（1988）、ブリュワーズ（1989〜90）
◆現役通算成績……707試合　.274　16本　143打点
◆監督経歴…………20シーズン　フィリーズ（1997〜2000）、レッドソックス（2004〜11）、インディアンズ（2013〜）
◆通算成績…………1702勝1434敗（勝率.543）　最優秀監督賞2回（13、16年）

レッドソックス監督時代に、2度のワールドシリーズ制覇を成し遂げた名監督。選手とのコミュニケーションをとにかく大事にし、ときにはジョークで場をなごませる。2017年に不整脈で一時戦列を離れたが、昨年も8月に胃腸を悪くして一時休養するなど、体調面にいささかの不安が残る。現役時代の1988年にインディアンズでプレー。2018年に亡くなった父ティトも、オールスター選出歴のある元メジャーリーガーで、インディアンズでも6シーズン、プレーしている。

注目コーチ　85 ブライアン・スウィーニー *Brian Sweeney*

ブルペンコーチ。47歳。ブルペンの管理を任され、投手陣が昨季、リーグトップのチーム防御率を叩き出すのに貢献。現役時代、北海道日本ハムで3シーズンプレー。

編成責任者　クリス・アントネッティ *Chris Antonetti*

45歳。補強やトレードの成功率が高く、好成績を維持。予算が限られているため、昨季終了後、セーブ王ハンドとの再契約を見送り、中心選手リンドーアも放出した。

スタジアム　プログレッシブ・フィールド *Progressive Field*

◆開 場 年…………1994年
◆仕　　様…………天然芝
◆収容能力…………35,041人
◆フェンスの高さ …2.7〜5.8m
◆特　　徴…………センターからレフトポール際まで続くフェンスが、5.8メートルと高く造られていて、「リトル・グリーンモンスター」と呼ばれている。大手自動車保険会社の「プログレッシブ社」が、2024年まで球場の命名権を持っている。

ニュートラルパーク

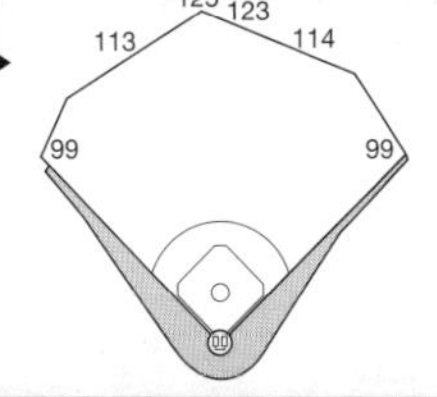

Best Order

[ベストオーダー]

①アーメド・ロザリオ……ショート
②ホセ・ラミレス……サード
③フランミル・レイエス……DH
④エディ・ロザリオ……レフト
⑤シーザー・ヘルナンデス……セカンド
⑥ジョシュ・ネイラー……ライト
⑦ロベルト・ペレス……キャッチャー
⑧ジェイク・バウアーズ……ファースト
⑨オスカー・メルカド……センター

Depth Chart

[ポジション別選手層・メンバーリスト]

※2021年2月12日時点の候補選手。数字は背番号(開幕前に変更する場合もあり)、右・左等は投・打の順。

センター

35 **オスカー・メルカド [右・右]**

レフト

9 **エディ・ロザリオ [右・左]**
32 フランミル・レイエス [右・右]
22 ジョシュ・ネイラー [左・左]
8 ジョーダン・ルプロウ [右・右]

ライト

22 **ジョシュ・ネイラー [左・左]**
8 ジョーダン・ルプロウ [右・右]

ショート

1 **アーメド・ロザリオ [右・右]**
— アンドレス・ヒメネス [右・左]
2 ユー・チャン [右・右]

セカンド

7 **シーザー・ヘルナンデス [右・両]**
— アンドレス・ヒメネス [右・左]
1 アーメド・ロザリオ [右・右]

ローテーション

57 シェイン・ビーバー [右・右]
43 アーロン・シヴァーリ [右・右]
34 ザック・プリーサック [右・右]
24 トリスタン・マッケンジー [右・右]
54 ローガン・アレン [左・右]
74 スコット・モス [左・左]

サード

11 **ホセ・ラミレス [右・両]**
2 ユー・チャン [右・右]

ファースト

10 **ジェイク・バウアーズ [左・左]**
22 ジョシュ・ネイラー [左・左]

キャッチャー

55 **ロベルト・ペレス [右・右]**
17 オースティン・ヘッジス [右・右]

DH

32 **フランミル・レイエス [右・右]**

ブルペン

99 ジェイムズ・カリンチャック [右・右] CL
62 ニック・ウィットグレン [右・右]
48 エマヌエル・クラセ [右・右]
45 アダム・プルトコ [右・右]
88 フィル・メイトン [右・右]
38 キャル・クワントリル [右・左]
27 キャム・ヒル [右・右]
63 カイル・ネルソン [左・左]
54 ローガン・アレン [左・右]
74 スコット・モス [左・左]

※CL=クローザー

インディアンズ試合日程……＊はアウェーでの開催

4月1・3・4	タイガース＊	3・4・5・6	ロイヤルズ＊	4・5・6	オリオールズ＊
5・7	ロイヤルズ	7・8・9	レッズ	8・9	カーディナルス＊
9・10・11	タイガース	11・12	カブス	11・12・13	マリナーズ
12・13・14・15	ホワイトソックス＊	13・14・15・16	マリナーズ＊	14・15・16・17	オリオールズ
16・17・18	レッズ＊	17・18・19	エンジェルス＊	18・19・20	パイレーツ＊
20・21	ホワイトソックス	21・22・23	ツインズ	21・22	カブス＊
22・23・24・25	ヤンキース	24・25・26・27	タイガース＊	24・25・26・27	ツインズ＊
26・27・28	ツインズ	28・29・30	ブルージェイズ	28・29・30	タイガース
30・**5**月1・2	ホワイトソックス＊	31・**6**月1・2	ホワイトソックス	**7**月1・2・3・4	アストロズ

球団メモ 先住民族への配慮や社会情勢を考慮し、「インディアンズ」の球団名称は今季が最後になる。メディアやファンの間では、すでに新チーム名の予測が始まっている。

Analysis　矢印は、昨季終了時との比較　[戦力分析]

インディアンズ

■投手力…★★★★☆【昨年度チーム防御率3.29、リーグ1位】

補強に頼らず、自前の育成力だけで、最高レベルのローテーションを築き上げげたすごいチーム。昨年は先発防御率が3.17で、メジャー30球団の中でダントツの1位だった。ただ、昨年8月末にクレヴィンジャーがトレードされたあと、その穴が埋まっていないので、ローテーションのレベルは若干落ちている。ブルペンは、昨年最多セーブ王に輝いたクローザーのハンドが、FAでチームを出たため、若いカリンチャックを後任に据えることが決まっている。これはギャンブルの要素が強く、大きな戦力ダウンになる可能性がある。

■攻撃力…★★★☆☆【昨年度チーム得点248、リーグ13位タイ】

打線は、昨季のチーム得点が248で15球団中13位。その貧弱な打線から最も価値ある打者であるリンドーアがトレードで抜けたので、得点力がワーストレベルに落ちていてもおかしくない。唯一のプラス要素は、ツインズの中心打者だったエディ・ロザリオの獲得に成功したことだ。

■守備力…★★★★☆【昨年度チーム失策数30、リーグ6位】

昨年は内野、外野とも守備力が高く、DRS（守備で防いだ失点）27はアメリカン・リーグ最多の数字だった。トレードでリンドーアが出たが、その見返りに獲得したアーメド・ロザリオとアンドレス・ヒメネスはともに守備力が高いので、チームの守備力が落ちることはない。

■機動力…★★★☆☆【昨年度チーム盗塁数25、リーグ9位】

フランコーナ監督が送りバントのサインを出すことは稀。成功率も低い。

総合評価 ★★★☆☆

監督の能力が際立って高いチーム。インディアンズの最大の強みは、自前で育てた逸材たちが、若手の扱いに長けたフランコーナ監督にその気にさせられて、次々にブレイクすることだ。今年も3、4人ブレイクすれば、90勝前後する可能性がある。

IN 主な入団選手

投手
とくになし

野手
エディ・ロザリオ←ツインズ
アーメド・ロザリオ←メッツ
アンドレス・ヒメネス←メッツ

OUT 主な退団選手

投手
ブラッド・ハンド➡ナショナルズ
カルロス・カラスコ➡メッツ
アダム・シンバー➡マーリンズ

野手
フランシスコ・リンドーア➡メッツ
カルロス・サンタナ➡ロイヤルズ

5・6・7	レイズ＊	6・7・8	タイガース	6・7・8・9	ツインズ
8・9・10・11	ロイヤルズ	10・11・12	アスレティックス	10・11・12	ブリュワーズ
13	オールスターゲーム	13・14・15	タイガース＊	14・15	ツインズ＊
16・17・18	アスレティックス＊	16・17・18	ツインズ＊	17・18・19	ヤンキース＊
19・20・21	アストロズ＊	20・21・22	エンジェルス	20・21・22	ロイヤルズ
22・23・24・25	レイズ	24・25・26	レンジャーズ	23・24・25・26	ホワイトソックス
27・28	カーディナルス	27・28・29	レッドソックス	28・29・30	ロイヤルズ＊
30・31・**8**月1	ホワイトソックス＊	31・**9**月1・2	ロイヤルズ＊	**10**月1・2・3	レンジャーズ＊
2・3・4・5	ブルージェイズ＊	3・4・5	レッドソックス＊		

球団メモ　1916年、ユニフォームの袖に、メジャーの球団で初めて番号を入れた。しかし、選手に不評で定着せず。なお、各球団が背番号を入れるようになったのは1930年代。

投手

控え選手入部試験から始まったメジャーへの道 先発

57 シェイン・ビーバー
Shane Bieber

26歳 1995.5.31生 | 191cm | 91kg | 右投右打
◆速球のスピード／150キロ台前半(フォーシーム主体)
◆決め球と持ち球／☆フォーシーム、☆ナックルカーブ、◎カッター、◎チェンジアップ、○スライダー
◆対左打者被打率／.153 ◆対右打者被打率／.181
◆ホーム防御率／1.23 ◆アウェー防御率／1.79
◆ドラフトデータ／2016④インディアンズ
◆出身地／カリフォルニア州 ◆年俸／57万500ドル(約5990万円)+α
◆サイ・ヤング賞1回(20年)、最優秀防御率1回(20年)、最多勝1回(20年)、最多奪三振1回(20年)

球威 5
制球 5
緩急 5
守備・牽制 4
度胸 5

アメリカン・リーグのサイ・ヤング賞に、満票で選出された奪三振マシン。昨季は開幕投手に指名されてシーズンに入り、いきなり2試合連続で無失点ピッチングをやってのけた。しかも最初の登板で14三振、2度目の登板でも13三振を記録。奪三振マシンの顔を見せ始めた。

その後は制球が安定している日は無失点、安定しない日は2失点ないし3失点というパターンになり、8月末時点で、8回の登板のうち5回が無失点。防御率は1.20というすごい数字で、早くもサイ・ヤング賞レースを独走している感があった。昨年の奪三振率14.20は、メジャーの先発投手ではダントツの数字。このように三振を驚異的なペースで奪えるようになったのは、打者を早めに追い込めるようになり、あとはナックルカーブかハイ・ファストボールを使って空振りを誘えばいい、というパターンに持っていけるケースが多くなったからだ。これにより最多奪三振のタイトルを獲得したほか、最優秀防御率、最多勝も獲得。「投手三冠」を達成した。

昨季、サイ・ヤング賞投手になったことで、ビーバーに関する記事が氾濫(はんらん)するようになったが、それらに必ず出てくるのが「WALK ON(ウォークオン)」という言葉だ。この「ウォークオン」という言葉は、スポーツチームの控え選手やセリフのない映画のエキストラのことを指すが、大学スポーツで使われるときは、一般学生を集めて行われる控え選手の選抜テストを指す。レギュラー組は、奨学金付きで集めた実績のある選手たちで固めるが、控え選手は一般学生から選ぶのが米国流なのだ。ビーバーは高校時代、三流投手だったので、野球を続けるにはウォークオンに応募するしかなく、合格して控え選手になることができた。そこから急成長して、2年時には奨学金付きの選手になり、3年時にはメジャー球団のスカウトから注目される存在にステップアップしていったのだった。

カモ N・グットラム(タイガース).077(13-1)0本 J・ソレア(ロイヤルズ).083(12-1)0本
苦手 J・アブレイユ(ホワイトソックス).350(20-7)3本 J・ケイヴ(ツインズ).400(15-6)0本

年度	所属チーム	勝利	敗戦	防御率	試合数	先発	セーブ	投球イニング	被安打	失点	自責点	被本塁打	与四球	奪三振	WHIP
2018	インディアンズ	11	5	4.55	20	19	0	114.2	130	60	58	13	23	118	1.33
2019	インディアンズ	15	8	3.28	34	33	0	214.1	186	86	78	31	40	259	1.05
2020	インディアンズ	8	1	1.63	12	12	0	77.1	46	15	14	7	21	122	0.87
通算成績		34	14	3.32	66	64	0	406.1	362	161	150	51	84	499	1.10

投手

99 ジェイムズ・カリンチャック James Karinchak

変則フォームから160キロの豪速球

クローザー セットアップ

26歳 1995.9.22生 | 191cm | 98kg | 右投右打
◆速球のスピード／150キロ台中頃（フォーシーム主体）
◆決め球と持ち球／◎カーブ、◎フォーシーム
◆対左.179 ◆対右.143 ◆ホ防2.70 ◆ア防2.63
◆ド2017⑨インディアンズ ◆出ニューヨーク州
◆年57万500ドル（約5990万円）＋α

球威5 制球2 緩急3 守備・牽制3 度胸3

クローザーのブラッド・ハンドがチームを去ったため、その後任に抜擢される豪腕リリーバー。フォーシームとパワーカーブだけで投げるツーピッチ・ピッチャーで、フォーシームとカーブを高低に投げ分けて、打者の目線を狂わすことに長けている。投手としての特徴は、お辞儀をするような変則モーションを入れてから投げ込んでくること。そのため打者は、タイミングを合わせにくい。一番のウリは奪三振率（9イニングあたりの奪三振）の高さ。昨季の17.67という数字は、ブリュワーズのデヴィン・ウィリアムズと並ぶメジャー1位タイの数字だ。メジャー1年目（19年）はフォーシームの平均スピードが156キロあり、160キロに届くこともあった。だが昨年は、154.5キロに落ちている。これは、ストライクを取ることを優先しているからだ。

カモ M・ケプラー（ツインズ）.000(4-0)0本　苦手 ――

年度	所属チーム	勝利	敗戦	防御率	試合数	先発	セーブ	投球イニング	被安打	失点	自責点	被本塁打	与四球	奪三振	WHIP
2019	インディアンズ	0	0	1.69	5	0	0	5.1	3	1	1	0	1	8	0.75
2020	インディアンズ	1	2	2.67	27	0	1	27.0	14	9	8	1	16	53	1.11
通算成績		1	2	2.51	32	0	1	32.1	17	10	9	1	17	61	1.05

34 ザック・プリーサック Zach Plesac

コロナ規定違反で球団からペナルティ

先発

26歳 1995.1.21生 | 191cm | 100kg | 右投右打
◆速球のスピード／150キロ前後（フォーシーム主体）
◆決め球と持ち球／☆スライダー、☆チェンジアップ、△フォーシーム、△カーブ
◆対左.205 ◆対右.180 ◆ホ防2.08 ◆ア防2.41
◆ド2016⑫インディアンズ ◆出インディアナ州
◆年57万500ドル（約5990万円）＋α

球威4 制球5 緩急4 守備・牽制5 度胸4

魔球レベルのスライダーとチェンジアップを武器に、エース級に成長した先発右腕。昨季は出だしから好調で、初登板の試合で8回を無失点、3度目の登板でも6回を無失点に抑える上々の滑り出しを見せた。しかし8月7日、MLBのコロナ規定を無視して、遠征先のシカゴのホテルを抜け出し、クレヴィンジャーとともに友人たちと食事会をしていたことが発覚。チームメートの厳しい批判にさらされた。弁明と謝罪もしたが、その場しのぎのウソが多かったため球団はペナルティを科すことに決め、出場登録枠から外して待機キャンプに送った。この懲罰は20日ほどで解除され、9月1日に復帰。その後は5試合に登板し、3勝した。昨季は懲罰を受けた関係で規定投球回に届かなかったが、もし届いていれば、防御率2.28はリーグ3位の数字だった。

カモ Y・グランダル（ホワイトソックス）.111(9-1)0本　苦手 C・ギャラガー（ロイヤルズ）.444(9-4)0本

年度	所属チーム	勝利	敗戦	防御率	試合数	先発	セーブ	投球イニング	被安打	失点	自責点	被本塁打	与四球	奪三振	WHIP
2019	インディアンズ	8	6	3.81	21	21	0	115.2	102	52	49	19	40	88	1.23
2020	インディアンズ	4	2	2.28	8	8	0	55.1	38	14	14	8	6	57	0.80
通算成績		12	8	3.32	29	29	0	171.0	140	66	63	27	46	145	1.09

対左=対左打者被打率　対右=対右打者被打率　ホ防=ホーム防御率　ア防=アウェー防御率
ド=ドラフトデータ　出=出身地　年=年俸

24 メジャーデビュー戦でいきなり2ケタ奪三振
トリスタン・マッケンジー Triston McKenzie

先発

24歳 1997.8.2生 | 196cm | 75kg | 右投右打 速150キロ前後(フォーシーム主体) 決☆フォーシーム、◎スライダー、◎カーブ、△チェンジアップ
対左.222 対右.143 ド2015①インディアンズ 出ニューヨーク州 年57万500ドル(約5990万円)+α

球4 制4 緩4 守・牽3 度3

新人王の有力候補と見なされているスリムな体型の奪三振マシン。昨年8月22日のタイガース戦でメジャーデビュー。6回を2安打1失点に抑え、10個の三振を奪う圧巻の投球を見せた。インディアンズの球団史上、デビュー戦での2ケタ奪三振は、1964年のルイス・ティアント以来56年ぶりの快挙だった。球種はフォーシーム、スライダー、チェンジアップ、カーブ。フォーシームは、スピードは平均レベルだが、浮き上がる軌道になる威力満点のボールだ。スライダーはプレート付近に来てから鋭く変化するため、昨年の空振り率は44.2%という高率だった。課題はスタミナ。

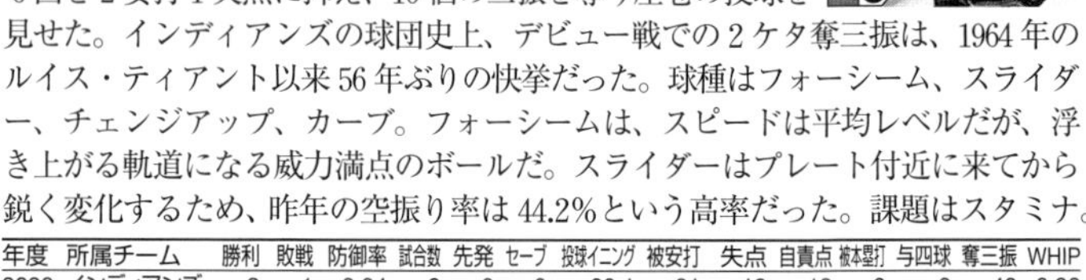

年度	所属チーム	勝利	敗戦	防御率	試合数	先発	セーブ	投球イニング	被安打	失点	自責点	被本塁打	与四球	奪三振	WHIP
2020	インディアンズ	2	1	3.24	8	6	0	33.1	21	12	12	6	9	42	0.90
通算成績		2	1	3.24	8	6	0	33.1	21	12	12	6	9	42	0.90

62 4歳の息子に野球の基礎を教え始める
ニック・ウィットグレン Nick Wittgren

セットアップ

30歳 1991.5.29生 | 188cm | 98kg | 右投右打 速150キロ前後(フォーシーム主体) 決◎フォーシーム、◎チェンジアップ、△スライダー
対左.178 対右.244 ド2012⑨マーリンズ 出カリフォルニア州 年200万ドル(約2億1000万円)

球4 制4 緩3 守・牽4 度4

トップセットアッパーとして使われている、酷使に耐えるワークホース。昨季はフォーシームの球速がアップし、スピン量も増えたため、空振り率が上昇。ピンチを三振で切り抜けるケースが多くなった。以前からピンチの火消し屋として登板すると好投する傾向があったが、昨季も引き継いだ走者の89%を生還させなかった。引き継いだ走者の生還阻止率は、85%以上が「上」レベルなので、89%はトップレベルの数字だ。フロリダの自宅にはジャクソン君という4歳になる男の子がいるが、早くもこの息子に野球の基礎を教え始めている。まず始めに、投げ方からレクチャー。

年度	所属チーム	勝利	敗戦	防御率	試合数	先発	セーブ	投球イニング	被安打	失点	自責点	被本塁打	与四球	奪三振	WHIP
2020	インディアンズ	2	0	3.42	25	0	0	23.2	18	9	9	4	6	28	1.01
通算成績		16	6	3.36	198	0	4	209.0	190	84	78	26	59	204	1.19

43 打者に的をしぼらせない頭脳的なピッチング
アーロン・シヴァーリ Aaron Civale

先発

26歳 1995.6.12生 | 188cm | 98kg | 右投右打 速140キロ台後半(ツーシーム主体) 決◎カッター
対左.231 対右.333 ド2016③インディアンズ 出コネティカット州 年57万500ドル(約5990万円)+α

球2 制4 緩4 守・牽3 度4

地味だが、着実に成長している右腕。昨季、アメリカン・リーグの投手では3番目に多い74イニングを投げた。ピッチングは、打者のタイミングを外すことと効率良くアウトを取ることに主眼を置き、ストライクゾーンに多彩な球種をどんどん投げ込んでくる。一番のウリは制球力。第2のウリは、悪ければ悪いなりの投球ができること。そのため、早いイニングに大量失点してKOされることがなく、登板するたびに6回を2～4失点に抑えることが多い。もう1つのウリは、登板するたびに100球以上投げても使い減りしないこと。今季の課題は、被本塁打をどこまで減らせるか、だ。

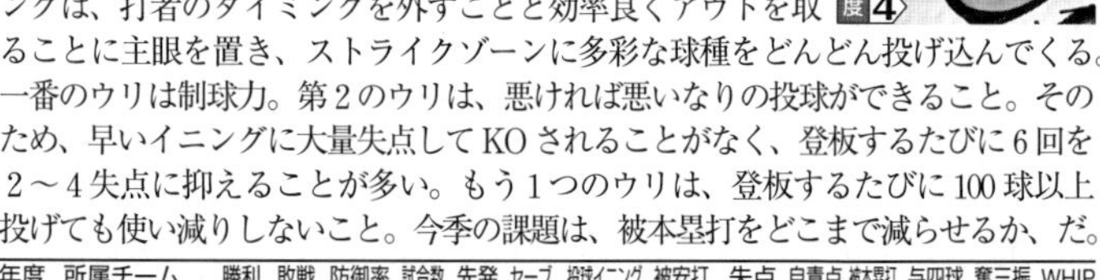

年度	所属チーム	勝利	敗戦	防御率	試合数	先発	セーブ	投球イニング	被安打	失点	自責点	被本塁打	与四球	奪三振	WHIP
2020	インディアンズ	4	6	4.74	12	12	0	74.0	82	39	39	11	16	69	1.32
通算成績		7	10	3.69	22	22	0	131.2	126	57	54	15	32	115	1.20

速=速球のスピード 決=決め球 対左=対左打者被打率 対右=対右打者被打率
ド=ドラフトデータ 出=出身地 年=年俸

88 3つの球種はどれもトップレベルのスピン量
フィル・メイトン *Phil Maton*

ミドルリリーフ

28歳 1993.3.25生 | 188cm | 93kg | 右投右打 速150キロ前後(フォーシーム主体) 決◎カッター 対左.267 対右.268 ド2015⑳パドレス 出ケンタッキー州 年97.5万ドル(約1024万円)

球4 制4 緩3 守.着3 度3

三振をハイペースで奪えるようになったリリーフ右腕。球種はフォーシーム、カッター、カーブの3つ。ウリは、どの球種もスピン量が平均よりずっと多いこと。フォーシームは強烈なバックスピンがかかっているため浮き上がる軌道になり、打ちにいくと38.9%という高率で空振りする。カッターは強烈なヨコのスピンがきいていて、カッターのスピードでスライダーの曲がりをする一級品。空振り率は33.8%に達する。4歳下の弟ニックは、フィリーズの2Aに所属する遊撃手。プロスペクト・ランキングの上位にランクされており、今季中のメジャーデビューの可能性が高い。

年度	所属チーム	勝利	敗戦	防御率	試合数	先発	セーブ	投球イニング	被安打	失点	自責点	被本塁打	与四球	奪三振	WHIP
2020	インディアンズ	3	3	4.57	23	0	0	21.2	23	14	11	1	6	32	1.34
通算成績		6	7	4.78	144	0	1	148.2	152	89	79	21	55	166	1.39

45 チーム・ファーストの精神が強いタフガイ
アダム・プルトコ *Adam Plutko*

スイングマン

30歳 1991.10.3生 | 191cm | 98kg | 右投右打 速140キロ台後半(フォーシーム主体) 決◎フォーシーム 対左.239 対右.311 ド2013⑪インディアンズ 出カリフォルニア州 年57万500ドル(約5990万円)+α

球4 制3 緩2 守.着3 度3

故障者が多くなったとき役に立つ、先発でもリリーフでも使える投手。昨季から新たにカッターを使い始め、通常はフォーシーム、カッター、カーブのコンビネーションで投げるようになった。一番の武器はフォーシーム。スピードは150キロに届かないが、浮き上がるライジングボールになるため空振り率が高い。最近はチームリーダー的存在になった感がある。昨年8月7日に、クレヴィンジャーとプリーサックが遠征先のシカゴで、MLBのコロナ規定を無視してホテルを抜け出し、友人たちと食事に行ったときは、チームメートを代表して2人を批判。球団に相応の処罰を求めた。

年度	所属チーム	勝利	敗戦	防御率	試合数	先発	セーブ	投球イニング	被安打	失点	自責点	被本塁打	与四球	奪三振	WHIP
2020	インディアンズ	2	2	4.88	10	4	1	27.2	30	15	15	5	7	15	1.34
通算成績		13	12	5.05	50	36	2	217.1	228	124	122	49	58	156	1.32

38 先発で投げたときは防御率1.69
キャル・クワントリル *Cal Quantrill*

ロングリリーフ 先発

26歳 1995.2.10生 | 191cm | 88kg | 右投左打 速150キロ台前半(シンカー、フォーシーム) 決◎シンカー 対左.204 対右.294 ド2016①パドレス 出カナダ 年57万500ドル(約5990万円)+α

球3 制4 緩3 守.着2 度3

先発で投げることにこだわりがある、昨年8月末のトレードでパドレスから移籍した右腕。昨年はパドレスとインディアンズで、計18試合に登板。先発で投げた3試合は防御率が1.69、リリーフで投げた15試合は2.53で、先発で投げたときのほうがずっといい数字だった。昨季はフォーシームとチェンジアップを大幅に減らす一方で、シンカーとスライダーの比率を増やし、効率良くアウトを取ることに主眼を置いた投球を見せるようになった。ピッチャーのDNAを持って生まれた2世選手。父ポールは、メジャーで14シーズン投げた、オールスター出場経験もあるリリーバーだ。

年度	所属チーム	勝利	敗戦	防御率	試合数	先発	セーブ	投球イニング	被安打	失点	自責点	被本塁打	与四球	奪三振	WHIP
2020	パドレス	2	0	2.60	10	1	1	17.1	17	6	5	2	6	18	1.33
2020	インディアンズ	0	0	1.84	8	2	0	14.2	14	6	3	2	2	13	1.09
2020	2チーム計	2	0	2.25	18	3	1	32.0	31	12	8	4	8	31	1.22
通算成績		8	8	4.47	41	21	1	135.0	137	73	67	19	36	120	1.28

54 ローガン・アレン *Logan Allen*

バルカンチェンジとスライダーが武器

スイングマン

24歳 1997.5.23生 | 191cm | 100kg | 左投右打 速150キロ前後(フォーシーム主体) 決◎バルカンチェンジ 対左.111 対右.344 ド2015⑧レッドソックス 出フロリダ州 年57万500ドル(約5990万円)+α

球3 制2 緩4 守備4 度3

今季は、谷間の先発とロングリリーフを兼ねるスイングマンとして使われる可能性が高いサウスポー。昨季は7月のキャンプで不調だったため、開幕メンバーに入れず、タクシースクワッド(随時補充可能な予備戦力)の一人となってチームに同行。3試合にロングリリーフで登板した。ウリは、質の高い変化球が2つあること(中指と薬指で挟むバルカンチェンジ、スライダー)。弱点はメジャーで通用する制球力がまだないこと。9歳年上の兄フィリップさんは、車いすの生活を送る重度の身障者。この兄は、弟の活躍を心の糧(かて)にしており、そのことはアレンにも、大きなモチベーションを与えている。

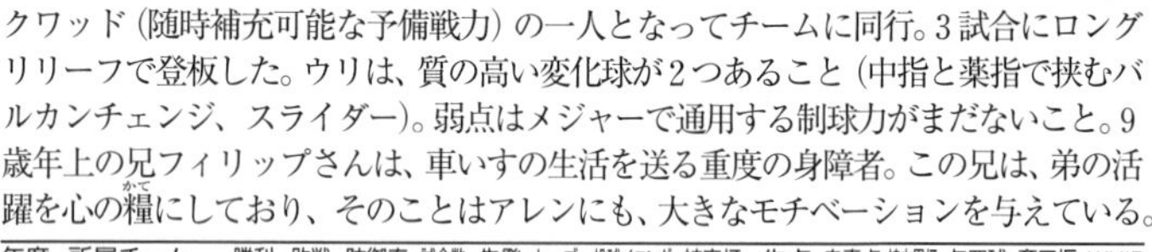

年度	所属チーム	勝利	敗戦	防御率	試合数	先発	セーブ	投球イニング	被安打	失点	自責点	被本塁打	与四球	奪三振	WHIP
2020	インディアンズ	0	0	3.38	3	0	0	10.2	12	4	4	1	7	7	1.78
通算成績		2	3	5.40	12	4	0	38.1	48	24	23	5	20	24	1.77

48 エマヌエル・クラセ *Emmanuel Clase*

出場停止が解けるのは4月下旬

セットアップ　ルーキー

23歳 1998.3.18生 | 188cm | 93kg | 右投右打 速160キロ前後(フォーシーム主体) 決☆フォーシーム ◆昨季メジャー出場なし ド2015外パドレス 出ドミニカ 年57万500ドル(約5990万円)+α

球5 制3 緩2 守備2 度4

昨年春に行われた薬物検査で、筋肉増強剤ボルデノンの成分が検出され、80試合出場停止になった豪腕リリーバー。一昨年12月、インディアンズが大エースのクルーバーをレンジャーズに放出した際、その見返りに獲得。一昨年の速球の平均スピードが159.7キロだったことを評価し、球団は開幕後セットアッパーとして起用する計画だった。昨季は公式戦が60試合しかなかったために、薬物違反による80試合出場停止を消化できず、今季、開幕から20試合が経過した時点で出場可能になる。昨年のキャンプで肩の大円筋(だいえんきん)を痛め、回復に時間がかかった。その再発が懸念される。

年度	所属チーム	勝利	敗戦	防御率	試合数	先発	セーブ	投球イニング	被安打	失点	自責点	被本塁打	与四球	奪三振	WHIP
2019	レンジャーズ	2	3	2.31	21	1	1	23.1	20	8	6	2	6	21	1.11
通算成績		2	3	2.31	21	1	1	23.1	20	8	6	2	6	21	1.11

– イーサン・ハンキンス *Ethan Hankins*

先発　期待度 B⁻　ルーキー

21歳 2000.5.23生 | 198cm | 91kg | 右投右打 ◆一昨年は1A-、1Aでプレー ド2018①インディアンズ 出ジョージア州

2018年のドラフト時、高卒投手で初めて全体の1番指名になるという予想もあった逸材。好調時は緩急をつけながら、速球と変化球を両サイドに投げ分け、ハイペースで三振を奪う。一昨年、試行錯誤しながらスライダーの改良に取り組んで、高速スライダーを、自信を持って投げられるようになった。

– ダニエル・エスピーノ *Daniel Espino*

先発　期待度 B　ルーキー

20歳 2001.1.5生 | 188cm | 93kg | 右投右打 ◆一昨年はルーキー級、1A-でプレー ド2019①インディアンズ 出パナマ

各球団の有望投手の中でも、速球の威力に関しては5本の指に入るレベルと評価されている注目のパワーピッチャー。速球は、フォーシームとツーシームを投げ分けている。フォーシームは時々160キロに届くこともあるが、より威力があるのは、シュートしながら沈む軌道になるツーシームのほうだ。

速=速球のスピード　決=決め球　対左=対左打者被打率　対右=対右打者被打率
ド=ドラフトデータ　出=出身地　年=年俸　※昨季、マイナーリーグは中止
※メジャー経験がない投手の「先発」「リリーフ」はマイナーでの役割

未婚の父になった小さな大打者

サード

11 ホセ・ラミレス *Jose Ramirez*

29歳 1992.9.17生 | 175cm | 86kg | 右投両打
◆対左投手打率／.386(57-22) ◆対右投手打率／.259(162-42)
◆ホーム打率／.317(101-32) ◆アウェー打率／.271(118-32)
◆得点圏打率／.345(55-19)
◆20年のポジション別出場数／サード=57、DH=1
◆ドラフトデータ／2009㊕インディアンズ
◆出身地／ドミニカ
◆年俸／900万ドル(約9億4500万円)
◆シルバースラッガー賞3回(17、18、20年)

ミート 4
パワー 5
走塁 5
守備 3
肩 4

2017年以降の4年間で、3回MVPの最終候補になっている見過ごされがちな大打者。19年はハイ・ファストボールを苦手にしていることを察知され、開幕時から厳しい速球攻めにあい、6月上旬まで打率が1割台に低迷した。これが響いて、後半打ちまくったが不本意な成績に終わった。60試合に短縮された昨シーズンも、前半は快速球に手を焼き、30試合が終了した8月25日時点の成績は、打率2割3分9厘、本塁打5、打点14という冴えないものだった。しかしこの頃から、速球にも変化球にもタイミングが合うようになったため、9月に入るとヒットラッシュ。後半の30試合は打率3割5分3厘、本塁打12、打点28という目を見張る数字になった。

体が小さいため軽く見られる傾向があるが、それは少年時代からだ。中南米でスカウトされる16歳、17歳の選手の契約金は、有望選手なら100万ドル以上、並のレベルでも10万ドル以上支払われることが多いのに、小柄で、やせっぽちだったラミレス少年は、5万ドルだった。インディアンズに入団したのは、有望選手育成業者（ブスコン）が売れ残りの少年たちを集め、ドミニカにあるインディアンズの練習施設に行き、練習試合をやって売り込みをかけたからだ。大半のスカウトはラミレスを無視したが、リノ・ディアスという現地駐在スカウトだけが打撃センスに注目し、国際スカウト部長に獲得を進言したため、待ちに待ったプロ入りが実現した。

一度も結婚したことはないが、オフの間、交際していた女性が妊娠。昨年9月にイザベルちゃんという女児を出産したため、未婚の父になった。

カモ D・カイクル(ホワイトソックス).429(14-6)0本 S・ターンブル(タイガース).438(16-7)0本
苦手 前田健太(ツインズ).111(9-1)0本 T・ロジャーズ(ツインズ).083(12-1)1本

年度	所属チーム	試合数	打数	得点	安打	二塁打	三塁打	本塁打	打点	四球	三振	盗塁	盗塁死	出塁率	OPS	打率
2013	インディアンズ	15	12	5	4	0	1	0	0	2	2	0	1	.429	.929	.333
2014	インディアンズ	68	237	27	62	10	2	2	17	13	35	10	1	.300	.646	.262
2015	インディアンズ	97	315	50	69	14	3	6	27	32	39	10	4	.291	.631	.219
2016	インディアンズ	152	565	84	176	46	3	11	76	44	62	22	7	.363	.825	.312
2017	インディアンズ	152	585	107	186	56	6	29	83	52	69	17	5	.374	.957	.318
2018	インディアンズ	157	578	110	156	38	4	39	105	106	80	34	6	.387	.939	.270
2019	インディアンズ	129	482	68	123	33	3	23	83	52	74	24	4	.327	.806	.255
2020	インディアンズ	58	219	45	64	16	1	17	46	31	43	10	3	.386	.993	.292
通算成績		828	2993	496	840	213	23	127	437	332	404	127	31	.354	.848	.281

カモ 苦手 は通算成績

32 子供を作るペースが速すぎる長距離砲 フランミル・レイエス *Franmil Reyes*

DH レフト

26歳 1995.7.7生 | 196cm | 120kg | 右投右打
◆対左投手打率／.261 ◆対右投手打率／.279
◆ホーム打率／.235 ◆アウェー打率／.312 ◆得点圏打率／.238
◆20年のポジション別出場数／DH=57、レフト=1
◆ドラフトデータ 2011外パドレス ◆出身地 ドミニカ
◆年俸 57万500ドル(約5990万円)+α

ミート3 パワー5 走塁2 守備2 肩3

特大アーチが多い、パワーとうまさを併せ持つ強打者。タメを取るのが上手で、どんな変化球もドンピシャのタイミングで叩く。昨季注目されたのは、マスクをしたまま打席に入り、出塁後も外そうとしなかったこと。これは7月4日の独立記念日のイベントに、マスクを付けずに参加した際、球団からPCR検査で陰性と判定されるまで隔離生活を送るよう命じられ、マスクの重要性を思い知らされたからだ。外見は山賊のようだが、実際は純情な好青年。19歳のとき、マイナーの試合を見に来たマリアン・メンデスさんと恋に落ち、翌年20歳の若さで結婚。それから5年たった今、家には4人の子供がいる。

カモ B·ケラー(ロイヤルズ).600(5-3)0本　苦手 前田健太(ツインズ).071(14-1)1本

年度	所属チーム	試合数	打数	得点	安打	二塁打	三塁打	本塁打	打点	四球	三振	盗塁	盗塁死	出塁率	OPS	打率
2018	パドレス	87	261	36	73	9	0	16	31	24	80	0	0	.340	.838	.280
2019	パドレス	99	321	43	82	9	0	27	46	29	93	0	0	.314	.849	.255
2019	インディアンズ	51	173	26	41	10	0	10	35	18	63	0	0	.304	.772	.237
2019	2チーム計	150	494	69	123	19	0	37	81	47	156	0	0	.310	.822	.249
2020	インディアンズ	59	211	27	58	10	0	9	34	24	69	0	0	.344	.795	.275
通算成績		296	966	132	254	38	0	62	146	95	305	0	0	.326	.821	.263

22 弟のボーと打線の中軸に名を連ねるのが夢 ジョシュ・ネイラー *Josh Naylor*

ライト ファースト レフト

24歳 1997.6.22生 | 180cm | 113kg | 左投左打
◆対左投手打率／.375 ◆対右投手打率／.236
◆ホーム打率／.226 ◆アウェー打率／.273 ◆得点圏打率／.217
◆20年のポジション別出場数／レフト=22、DH=8、ファースト=5、ライト=4
◆ドラフトデータ 2015①マーリンズ ◆出身地 カナダ
◆年俸 57万500ドル(約5990万円)+α

ミート4 パワー5 走塁3 守備3 肩4

今季は打線の中軸を担う、昨年のポストシーズンでブレイクしたスラッガー。一番のウリはパワー、選球眼、動体視力が、どれも二重マルであること。もう一つのウリは、強靭(きょうじん)な下半身のパワーをスイングスピードに変換できる、理想的な打撃フォームで打っていること。パドレスで順調に成長したものの、逸材ひしめくパドレスにはあてがうポジションがなく、昨年8月末のトレードで、弟のボーがいるインディアンズへ移籍となった。9月はいいところがなかったが、ポストシーズンに入るとスイッチがオンになり、ヤンキース相手のワイルドカードシリーズ初戦では、相手の先発ゲリット・コールから二塁打、本塁打、中前打。第2戦では、最初の打席で田中将大の浮いたスプリッターを叩いてセンター奥のスタンドに叩き込み、2打点をゲットした。

カモ ――――　苦手 Z·ギャレン(ダイヤモンドバックス).000(5-0)0本

年度	所属チーム	試合数	打数	得点	安打	二塁打	三塁打	本塁打	打点	四球	三振	盗塁	盗塁死	出塁率	OPS	打率
2019	パドレス	94	253	29	63	15	0	8	32	25	64	1	1	.315	.719	.249
2020	パドレス	18	36	4	10	0	1	1	4	1	4	1	0	.316	.732	.278
2020	インディアンズ	22	61	9	14	3	0	0	2	4	8	0	0	.277	.556	.230
2020	2チーム計	40	97	13	24	3	1	1	6	5	12	1	0	.291	.621	.247
通算成績		134	350	42	87	18	1	9	38	30	76	2	1	.309	.692	.249

野手

7 リーグ最多二塁打を放ち攻守で存在感 セカンド

シーザー・ヘルナンデス *Cesar Hernandez*

31歳 1990.5.23生 | 178cm | 88kg | 右投両打
◆対左投手打率／.246 ◆対右投手打率／.297
◆ホーム打率／.313 ◆アウェー打率／.256 ◆得点圏打率／.386
◆20年のポジション別出場数／セカンド=58
◆ドラフト2006外フィリーズ ◆出身ベネズエラ
◆年俸500万ドル(約5億2500万円) ◆ゴールドグラブ賞1回(20年)

ミート 3 / パワー 4 / 走塁 4 / 守備 5 / 肩 4

好守好打の二塁手。本塁打は2018年の15本が最高だが、野手の間を狙って打てる技術があり、昨季はアメリカン・リーグ最多の20二塁打をマーク。9月5日のブリュワーズ戦、9月25日のパイレーツ戦ではサヨナラ安打を放つなど、勝負強さも発揮した。守備でも波に乗っており、自身初のゴールドグラブ賞を受賞。球足の速いゴロにもフットワーク良く回り込み、流れるようにアウトを奪ってしまう。2018年にはナショナル・リーグ最多の8本のバントヒットも記録しており、小技も兼ね備えた野球巧者。今季はトップバッターを任されそうだが、相手にとってはさらに厄介な存在になりそうだ。

カモ K・ゴーズマン(ジャイアンツ).455(11-5)1本 苦手 C・カーショウ(ドジャース).067(15-1)0本

年度	所属チーム	試合数	打数	得点	安打	二塁打	三塁打	本塁打	打点	四球	三振	盗塁	盗塁死	出塁率	OPS	打率
2013	フィリーズ	34	121	17	35	5	0	0	10	9	26	0	3	.344	.674	.289
2014	フィリーズ	66	114	13	27	2	0	1	4	9	33	1	1	.290	.571	.237
2015	フィリーズ	127	405	57	110	20	4	1	35	40	86	19	5	.339	.687	.272
2016	フィリーズ	155	547	67	161	14	11	6	39	66	116	17	13	.371	.764	.294
2017	フィリーズ	128	511	85	150	26	6	9	34	61	104	15	5	.373	.793	.294
2018	フィリーズ	161	605	91	153	15	3	15	60	95	155	19	6	.356	.718	.253
2019	フィリーズ	161	612	77	171	31	3	14	71	45	100	9	2	.333	.741	.279
2020	インディアンズ	58	233	35	66	20	0	3	20	24	57	0	0	.355	.763	.283
通算成績		890	3148	442	873	133	27	49	273	349	677	80	35	.352	.736	.277

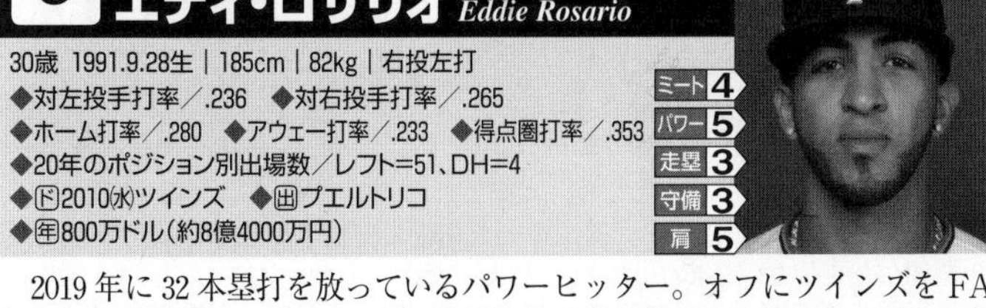

9 無類の勝負強さが光るクラッチヒッター レフト ライト 移籍

エディ・ロザリオ *Eddie Rosario*

30歳 1991.9.28生 | 185cm | 82kg | 右投左打
◆対左投手打率／.236 ◆対右投手打率／.265
◆ホーム打率／.280 ◆アウェー打率／.233 ◆得点圏打率／.353
◆20年のポジション別出場数／レフト=51、DH=4
◆ドラフト2010水ツインズ ◆出身プエルトリコ
◆年俸800万ドル(約8億4000万円)

ミート 4 / パワー 5 / 走塁 3 / 守備 3 / 肩 5

2019年に32本塁打を放っているパワーヒッター。オフにツインズをFAとなり、同地区インディアンズに入団した。早打ちのフリースインガーの点では並み居るレベルだが、並外れた勝負強さの持ち主で付加価値アップ。19年には得点圏打率3割4分0厘、昨シーズンも得点圏打率3割5分3厘と、安心して主軸を任せられる。プエルトリコから家族が観戦に来た試合では、いつも以上に集中力を発揮し、17年、18年と2年連続で1 試合3本塁打を記録。

カモ M・フルマー(タイガース).500(12-6)1本 苦手 M・マイナー(ロイヤルズ).000(11-0)0本

年度	所属チーム	試合数	打数	得点	安打	二塁打	三塁打	本塁打	打点	四球	三振	盗塁	盗塁死	出塁率	OPS	打率
2015	ツインズ	122	453	60	121	18	15	13	50	15	118	11	6	.289	.748	.267
2016	ツインズ	92	335	52	90	17	2	10	32	12	91	5	2	.295	.716	.269
2017	ツインズ	151	542	79	157	33	2	27	78	35	106	9	8	.328	.836	.290
2018	ツインズ	138	559	87	161	31	2	24	77	30	104	8	2	.323	.803	.288
2019	ツインズ	137	562	91	155	28	1	32	109	22	86	3	1	.300	.800	.276
2020	ツインズ	57	210	31	54	7	0	13	42	19	34	3	1	.316	.792	.257
通算成績		697	2661	400	738	134	22	119	388	133	539	39	20	.310	.788	.277

野 手

1 インディアンズはプレーに集中できる環境
アーメド・ロサリオ *Amed Rosario*

ショート　移籍

26歳 1995.11.20生 | 188cm | 86kg | 右投右打
◆対左投手打率／.316 ◆対右投手打率／.209
◆ホーム打率／.194 ◆アウェー打率／.296 ◆得点圏打率／.227
◆20年のポジション別出場数／ショート=44
◆Ⓓ2012㊎メッツ ◆㊍ドミニカ
◆㊎240万ドル(約2億5200万円)

今年1月7日の大型トレードでメッツから移籍し、リンドーアの後釜になる遊撃手。打撃面の長所は、飛距離の出るラインドライブヒッターで脚力もあるため、二塁打と三塁打が多いこと。短所は、早打ちのフリースインガーで四球が少なく、出塁率が低いこと。守備での長所は、身体能力が高く、時々スーパープレーを見せること。短所は捕球ミスが多いことと、ダブルプレーを取る能力が低いこと。今回の移籍は、大きなプラスになる可能性が高い。メッツでは口うるさいニューヨークのメディアから酷評され続けたが、クリーブランドにはそれがないため、プレーに集中できるからだ。ドミニカ出身だが、経済的に恵まれた弁護士の家庭で育ったため、ハングリー精神はない。

カモ D・カイクル(ホワイトソックス).444(9-4)0本　**苦手** M・バムガーバー(ダイヤモンドバックス).000(10-0)0本

年度	所属チーム	試合数	打数	得点	安打	二塁打	三塁打	本塁打	打点	四球	三振	盗塁	盗塁死	出塁率	OPS	打率
2017	メッツ	46	165	16	41	4	4	4	10	3	49	7	3	.271	.665	.248
2018	メッツ	154	554	76	142	26	8	9	51	29	119	24	11	.295	.676	.256
2019	メッツ	157	616	75	177	30	7	15	72	31	124	19	10	.323	.755	.287
2020	メッツ	46	143	20	36	3	1	4	15	4	34	0	1	.272	.643	.252
通算成績		403	1478	187	396	63	20	32	148	67	326	50	25	.302	.705	.268

55 盗塁阻止率69.2%は奇跡の数字
ロベルト・ペレス *Roberto Perez*

キャッチャー

33歳 1988.12.23生 | 180cm | 100kg | 右投右打 盗塁阻止率／.692(13-9)
◆対左投手打率／.154 ◆対右投手打率／.169
◆ホーム打率／.167 ◆アウェー打率／.163 ◆得点圏打率／.125
◆20年のポジション別出場数／キャッチャー=32
◆Ⓓ2008㉝インディアンズ ◆㊍プエルトリコ
◆㊎550万ドル(約5億7750万円) ◆ゴールドグラブ賞2回(19、20年)

2年連続でゴールドグラブ賞に輝いた司令塔型捕手。昨季は肩の不調で約3週間欠場し、32試合の出場にとどまったが、69.2%（13-9）という驚異的な盗塁阻止率をマーク。捕手牽制刺も1つ記録した。リード面ではプリーサックを好リードで支え、大化けに一役買った。一昨年のシーズン終了後に、足首の内視鏡手術を受けた。これは足首の関節にできた骨棘(こっきょく)を切除するのが目的で、捕球やボールブロックをする際の可動域を広げる効果があったようだ。依然、ワイルドピッチを出す頻度(ひんど)が低く、投手たちから感謝されている。

カモ K・ギブソン(レンジャーズ).462(13-6)1本　**苦手** T・ロジャーズ(ツインズ).000(9-0)0本

年度	所属チーム	試合数	打数	得点	安打	二塁打	三塁打	本塁打	打点	四球	三振	盗塁	盗塁死	出塁率	OPS	打率
2014	インディアンズ	29	85	10	23	5	0	1	4	5	26	0	0	.311	.676	.271
2015	インディアンズ	70	184	30	42	9	1	7	21	33	64	0	0	.348	.751	.228
2016	インディアンズ	61	153	14	28	6	1	3	17	23	44	0	0	.285	.579	.183
2017	インディアンズ	73	217	22	45	12	0	8	38	26	71	0	1	.291	.664	.207
2018	インディアンズ	62	179	16	30	9	1	2	19	21	70	1	0	.256	.519	.168
2019	インディアンズ	119	389	46	93	9	1	24	63	45	127	0	0	.321	.774	.239
2020	インディアンズ	32	97	6	16	2	0	1	5	11	38	0	0	.264	.480	.165
通算成績		446	1304	144	277	52	4	46	167	164	440	1	1	.302	.666	.212

― フランコーナ監督のもとで大化けの期待
アンドレス・ヒメネス *Andres Gimenez*

ユーティリティ　移籍

23歳 1998.9.4生 | 180cm | 73kg | 右投左打 対左.261 対右.263 ホ.299 ア.216 得.179 ド2015外メッツ 出ベネズエラ 年57万500ドル(約5990万円)+α

ミ3 パ3 走5 守4 肩3

セカンドのレギュラー第1候補である、今年1月の大型トレードでメッツから移籍した内野手。マイナー時代には、守備力では並ぶ者がない遊撃手と評価されていた逸材。昨年の開幕時にメジャーデビューし、その後8月末までは、内野の3つのポジションを兼ねるユーティリティとしてほぼ連日スタメンで起用された。9月からは右投手用の遊撃手としてプラトーンで使われるようになり、チャンスメーカーとしていい働きをした。才能はアーメド・ロザリオよりずっと上と評価されているので、内野手を育てる名人のフランコーナ監督のもとで、大きく飛躍する可能性がある。

年度	所属チーム	試合数	打数	得点	安打	二塁打	三塁打	本塁打	打点	四球	三振	盗塁	盗塁死	出塁率	OPS	打率
2020	メッツ	49	118	22	31	3	2	3	12	7	28	8	1	.333	.732	.263
通算成績		49	118	22	31	3	2	3	12	7	28	8	1	.333	.732	.263

17 クリーブランドで正捕手返り咲きを狙う
オースティン・ヘッジス *Austin Hedges*

キャッチャー

29歳 1992.8.18生 | 185cm | 101kg | 右投右打 盗塁阻止率/.357(14-5) 対左.130 対右.152 ホ.162 ア.125 得.133 ド2011②パドレス 出カリフォルニア州 年328万ドル(約3億4440万円)

ミ1 パ3 走2 守5 肩4

昨年8月末のトレードでパドレスから移籍した、メジャー屈指の守備力を備えた捕手。2017年にパドレスの正捕手になり、盗塁阻止、フレーミング、ボールブロックなどの能力はトップクラスと評価された。打撃面では、打率と出塁率の低さを長打力でおぎない、正捕手の座を維持していた。しかし一昨年から、打撃面の凋落(ちょうらく)に歯止めがかからなくなり、正捕手の座から滑り落ち、トレードされた。正捕手ロベルト・ペレスが度重なるケガで稼働率が落ちているため、今季は出場機会を大幅に増やす可能性がある。依然守備面での評価が高く、オフの間はトレード説が飛び交っていた。

年度	所属チーム	試合数	打数	得点	安打	二塁打	三塁打	本塁打	打点	四球	三振	盗塁	盗塁死	出塁率	OPS	打率
2020	パドレス	29	57	7	9	1	0	3	6	6	18	1	1	.258	.591	.158
2020	インディアンズ	6	12	0	1	0	0	0	0	0	5	0	0	.083	.167	.083
2020	2チーム計	35	69	7	10	1	0	3	6	6	23	1	1	.231	.521	.145
通算成績		412	1232	115	244	44	2	49	146	85	389	9	3	.255	.612	.198

8 「値千金の一打」が多いクセモノ打者
ジョーダン・ルプロウ *Jordan Luplow*

レフト ライト

28歳 1993.9.26生 | 185cm | 88kg | 右投右打 対左.270 対右.122 ホ.220 ア.162 得.235 ド2014③パイレーツ 出カリフォルニア州 年57万500ドル(約5990万円)+α

ミ3 パ5 走3 守3 肩4

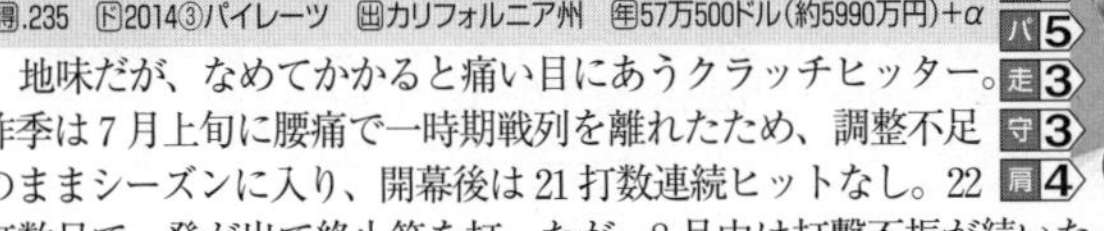

地味だが、なめてかかると痛い目にあうクラッチヒッター。昨季は7月上旬に腰痛で一時期戦列を離れたため、調整不足のままシーズンに入り、開幕後は21打数連続ヒットなし。22打数目で一発が出て終止符を打ったが、8月中は打撃不振が続いた。存在感を示したのは、9月23日のホワイトソックス戦。9回裏1死走者なしの場面で、カウント3ボール0ストライクから4球目をレフト席に叩き込み、チームに2試合連続のサヨナラ勝ちをもたらした。ヤンキースと対戦したワイルドカードシリーズ初戦でも、7回裏に代打で登場すると、同点に追いつく二塁打を打ち、男を上げた。

年度	所属チーム	試合数	打数	得点	安打	二塁打	三塁打	本塁打	打点	四球	三振	盗塁	盗塁死	出塁率	OPS	打率
2020	インディアンズ	29	78	8	15	5	1	2	8	12	19	0	1	.304	.663	.192
通算成績		178	473	72	110	24	6	23	64	61	120	5	6	.326	.781	.233

対左=対左投手打率　対右=対右投手打率　ホ=ホーム打率　ア=アウェー打率　得=得点圏打率

野手

35 クローズド・スタンスにして打撃崩壊
オスカー・メルカド *Oscar Mercado*

センター

27歳 1994.12.16生 | 188cm | 89kg | 右投右打 対左.107 対右.138 ホ.156 ア.098 得.150 ド2013②カーディナルス 出フロリダ州 年57万500ドル(約5990万円)+α

ミ1 パ3 走4 守4 肩3

センターのレギュラー奪還に燃える、昨年スランプにあえいだ外野手。一昨年ブレイクし、センターのレギュラー格になったが、昨季は開幕から凡ゴロばかりでヒットがほとんど出ず、打率が0割台後半から1割台前半で推移。結局8月7日を最後にレギュラー落ちし、デシールズに取って代わられた。その後、待機キャンプに送られて打撃改造に取り組み8月末に復帰したが、バットから快音が聞かれることはほとんどなかった。この打撃不振は、スタンスをクローズドに近い形に変えたのが原因。それによって打球を引っ張ろうとする傾向が強くなり、ゴロの山を築く結果になった。

年度	所属チーム	試合数	打数	得点	安打	二塁打	三塁打	本塁打	打点	四球	三振	盗塁	盗塁死	出塁率	OPS	打率
2020	インディアンズ	36	86	6	11	1	0	1	6	5	27	3	0	.174	.348	.128
通算成績		151	524	76	129	26	3	16	60	33	111	18	4	.295	.693	.246

10 今季がラストチャンス
ジェイク・バウアーズ *Jake Bauers*

ファースト

26歳 1995.10.6生 | 185cm | 88kg | 左投左打 ◆昨季メジャー出場なし ド2013⑦パドレス 出カリフォルニア州 年57万500ドル(約5990万円)+α

ミ2 パ4 走2 守3 肩3

メジャーに定着できないまま、賞味期限切れが近づいている一塁手。ウリはパワーと選球眼を併せ持つことで、レイズ時代はジョーイ・ヴォトのような長打と四球をたくさんかせげる強打者になると期待された。しかし、打撃練習ではよく打つが実戦では結果が出ないため、19年のシーズン終了後、打撃コーチ陣がつきっきりで打撃フォームの改造に取り組み、熱心な指導が行われた。それによって昨年の春のキャンプでは生まれ変わった姿が見られるはずだったが、オープン戦で結果が出ず、すぐに使えるようにはならないと判断され、昨季のメジャーでの出場は0に終わった。

年度	所属チーム	試合数	打数	得点	安打	二塁打	三塁打	本塁打	打点	四球	三振	盗塁	盗塁死	出塁率	OPS	打率
2019	インディアンズ	117	372	46	84	16	1	12	43	45	115	3	3	.312	.683	.226
通算成績		213	695	94	149	38	3	23	91	99	219	9	9	.314	.691	.214

― ノーラン・ジョーンズ *Nolan Jones*

サード 期待度 B+ ルーキー

23歳 1998.5.7生 | 188cm | 84kg | 右投左打 ◆一昨年は1A+、2Aでプレー ド2016②インディアンズ 出ペンシルヴァニア州

パワーと選球眼を併せ持つ、打者としての価値が高い三塁手。打者としての長所は、早打ちをせず、失投をじっくり待てること。逆方向にも飛距離が出るため、メジャーの投手に慣れてくれば打線の中軸を担うと思われる。サードの守備はイマイチのレベル。強肩だが敏捷性に欠け、捕球ミスをよくやる。

― タイラー・フリーマン *Tyler Freeman*

ショート セカンド  期待度 B- ルーキー

22歳 1999.5.21生 | 183cm | 77kg | 右投右打 ◆一昨年は1A、1A+でプレー ド2017②インディアンズ 出カリフォルニア州

天性の打撃センスを備えた遊撃手。今年1月、リンドーアがトレードで出たため、ショートのレギュラー候補に浮上している。打撃面のウリは、打球をいい角度で上げる技術が高いこと。今後パワーがつけば、毎年本塁打15と二塁打30を打つ打者に成長する可能性がある。守備では、グラブさばきが堅実。守備範囲も平均以上。

対左=対左投手打率 対右=対右投手打率 ホ=ホーム打率 ア=アウェー打率 得=得点圏打率
ド=ドラフトデータ 出=出身地 年=年俸
※昨季、マイナーリーグは中止

アメリカン・リーグ……中部地区 *CHICAGO WHITE SOX*

シカゴ・ホワイトソックス

◆創　立:1900年
◆本拠地:イリノイ州シカゴ市
◆ワールドシリーズ制覇:3回／◆リーグ優勝:6回
◆地区優勝:5回／◆ワイルドカード獲得:1回

主要オーナー ジェリー・レインズドーフ(弁護士、公認会計士、シカゴ・ブルズ オーナー)

過去5年成績

年度	勝	負	勝率	ゲーム差	地区順位	ポストシーズン成績
2016	78	84	.481	16.5	④	—
2017	67	95	.414	35.0	④	—
2018	62	100	.383	29.0	④	—
2019	72	89	.447	28.5	③	—
2020	**35**	**25**	**.583**	**1.0**	②(同率)	**ワイルドカードシリーズ敗退**

監督 ー トニー・ラルーサ *Tony La Russa*

新

◆年　　齢…………77歳(フロリダ州出身)
◆現役時代の経歴…6シーズン　アスレティックス(1963、1968~71)、
(セカンド)　ブレーブス(1971)、カブス(1973)
◆現役通算成績……132試合　.199　0本　7打点
◆監督経歴…………33シーズン　ホワイトソックス (1979~86)、アスレティックス(1986~95)、カーディナルス(1996~2011)
◆通算成績…………2728勝2365敗 (勝率.536)
最優秀監督賞4回(83、88、92、02年)

監督通算2728勝(MLB歴代3位)のレジェンド。オーナーのラインズドーフによる強い希望で、今季から監督を務める。今季開幕時76歳は、MLBの監督では史上3番目の年長記録。実績は申し分ない。だが、2011年にカーディナルスの監督を辞してから、実に10年ぶりの現場復帰で、データ分析やフロントとの連携などを重視する現在の潮流に、うまく乗れるのかと不安の声が多いのも事実だ。昨年2月に飲酒運転で逮捕され、罰金、20時間の奉仕活動などが科せられた。

注目コーチ ー ミゲール・カイロ *Miguel Cairo*

新ベンチコーチ。47歳。現役時代はユーティリティとして活躍し、計9球団でプレー。ラルーサ新監督はカーディナルス時代の監督で、「彼から勝ち方を学んだ」と話す。

編成責任者 リック・ハーン *Rick Hahn*

50歳。地道な再建計画が実を結び、最近は勝負モードにシフト。好成績を残している。昨年10月、『スポーティング・ニュース』が毎年授与している最優秀GM賞を受賞。

スタジアム ギャランティード・レート・フィールド *Guaranteed Rate Field*

◆開 場 年…………1991年
◆仕　　様…………天然芝
◆収容能力…………40,615人
◆フェンスの高さ …2.4m
◆特　　徴…………外野フェンスの低さや、風の影響などから、ホームランが比較的出やすくなっている。『メジャーリーグ2』『ベスト・フレンズ・ウェディング』『リトル・ビッグ・フィールド』などの映画で、ロケ地として使われたことがある。

ヒッターズパーク

115 122 113
101 102

Best Order

[ベストオーダー]

①ニック・マドリガル……セカンド
②アダム・イートン……ライト
③ホセ・アブレイユ……ファースト
④エロイ・ヒメネス……DH
⑤ティム・アンダーソン……ショート
⑥ヤスマニ・グランダル……キャッチャー
⑦ルイス・ロバート……センター
⑧ヨアン・モンカダ……サード
⑨アダム・エングル……レフト

Depth Chart

[ポジション別選手層・メンバーリスト]

※2021年2月12日時点の候補選手。数字は背番号(開幕前に変更する場合もあり)、右・左等は投・打の順。

センター
88 **ルイス・ロバート [右・右]**
15 アダム・エングル [右・右]

レフト
15 **アダム・エングル [右・右]**
74 エロイ・ヒメネス [右・右]

ライト
12 **アダム・イートン [左・左]**
15 アダム・エングル [右・右]
28 レウリー・ガルシア [右・両]

ショート
7 **ティム・アンダーソン [右・右]**
28 レウリー・ガルシア [右・両]
20 ダニー・メンディック [右・右]

セカンド
1 **ニック・マドリガル [右・右]**
28 レウリー・ガルシア [右・両]
20 ダニー・メンディック [右・右]

ローテーション
27 ルーカス・ジオリート [右・右]
60 ダラス・カイクル [左・左]
ー ランス・リン [右・両]
84 ディラン・シース [右・右]
40 レイナルド・ロペス [右・右]
55 カルロス・ロドン [左・左]

サード
10 **ヨアン・モンカダ [右・両]**
20 ダニー・メンディック [右・右]

ファースト
79 **ホセ・アブレイユ [右・右]**

キャッチャー
24 **ヤスマニ・グランダル [右・両]**
38 ザック・コリンズ [右・左]

DH
74 **エロイ・ヒメネス [右・右]**
79 ホセ・アブレイユ [右・右]
24 ヤスマニ・グランダル [右・両]

ブルペン
31 リーアム・ヘンドリックス [右・右] CL
43 エヴァン・マーシャル [右・右]
63 マット・フォスター [右・右]
45 ギャレット・クロシェ [左・左]
39 アーロン・バマー [左・左]
57 ジェイス・フライ [左・左]
65 コーディ・ホイヤー [右・右]
50 ジミー・コデーロ [右・右]
66 ホセ・ルイーズ [右・右]
40 レイナルド・ロペス [右・右]

※CL=クローザー

ホワイトソックス試合日程……＊はアウェーでの開催

4月1・2・3・4	エンジェルス＊	4・5	レッズ＊	3・4・5・6	タイガース
5・6・7	マリナーズ＊	7・8・9	ロイヤルズ＊	8・9・10	ブルージェイズ
8・10・11	ロイヤルズ	11・12・13	ツインズ	11・12・13	タイガース＊
12・13・14・15	インディアンズ	14・15・16	ロイヤルズ	14・15・16	レイズ
16・17・18・19	レッドソックス＊	17・18・19	ツインズ＊	17・18・19・20	アストロズ＊
20・21	インディアンズ＊	21・22・23	ヤンキース＊	22・23	パイレーツ＊
23・24・25	レンジャーズ	24・25・26	カーディナルス	25・26・27	マリナーズ
27・28・29	タイガース	27・28・29・30	オリオールズ	28・29・30・**7**月1	ツインズ
30・**5**月1・2	インディアンズ	31・**6**月1・2	インディアンズ＊	2・3・4	タイガース＊

球団メモ シカゴが地元である第44代アメリカ合衆国大統領のバラク・オバマ(任期:2009年1月～17年1月)は、ホワイトソックスの大ファンとして知られていた。

Analysis　矢印⇧⇗⇨⇘⇩は、昨季終了時との比較　[戦力分析]

■投手力⇗…★★★★☆【昨年度チーム防御率3.81、リーグ5位】

昨年は先発防御率が3.85でリーグ4位だった。このハイレベルな先発投手陣に、昨年レンジャーズで大活躍したランス・リンが加わり、ローテーションの実力はトップレベルになっている、ジオリート、カイクル、リンの3人は故障リスクが低いため、合わせて40勝前後を見込めるのも大きな強みだ。リリーフ陣はクローザーのコロメがFAでチームを出たが、ヘンドリックスを獲得したので、ブルペンは多少レベルアップしているように見える。

■攻撃力⇨…★★★★☆【昨年度チーム得点306、リーグ2位】

昨年はチーム得点が306でリーグ2位。本塁打94本はリーグ最多だった。ただ、本拠地球場が典型的なヒッターズ・パークであるため、本当の打線の実力は、もう少し下と見るのが妥当だろう。ホームラン狙いのバッティングをする打者が多いため、三振が多く、四球が少ない。

■守備力⇨…★★★★☆【昨年度チーム失策数39、リーグ10位タイ】

ルーティンプレーでエラーがよく出るが、エングルやロバートのような、ピンチでよく美技を見せるクラッチ・ディフェンダーもいるため、昨年のDRS（守備で防いだ失点）は23で、リーグで3番目に多い数字だった。

■機動力⇘…★★☆☆☆【昨年度チーム盗塁数20、リーグ12位】

昨年のチーム盗塁数20は、リーグで4番目に少ない数字。今季、35年ぶりにホワイトソックスの監督を務めるラルーサ監督は、盗塁をほとんどやらない主義なので、今季はもっと減るかもしれない。

オフには投手を中心に、補強をしっかりやることができたので、チーム力がかなりアップしている。それに加え、選手たちの間で、伝説の大監督のもとでプレーできることへの期待感がふくらんでいる。それが上昇気流を発生させるかもしれない。

IN　主な入団選手

投手

リーアム・ヘンドリックス⇐アスレティックス
ランス・リン⇐レンジャーズ

野手

アダム・イートン⇐ナショナルズ

OUT　主な退団選手

投手

ロス・デトワイラー⇒マーリンズ
アレックス・コロメ⇒ツインズ

野手

ジェイムズ・マッキャン⇒メッツ
ヨルマー・サンチェス⇒オリオールズ
ノマー・マザーラ⇒タイガース
エドウィン・エンカーナシオン⇒所属先未定

5・6・7	ツインズ*
9・10・11	オリオールズ*
13	オールスターゲーム
16・17・18	アストロズ
19・20・21	ツインズ
23・24・25	ブリュワーズ*
26・27・28・29	ロイヤルズ*
30・31・**8**月1	インディアンズ
3・4・5	ロイヤルズ

6・7・8	カブス*
9・10・11	ツインズ*
12・14・15	ヤンキース
16・17・18・19	アスレティックス
20・21・22	レイズ*
23・24・25・26	ブルージェイズ*
27・28・29	カブス
31・**9**月1	パイレーツ
3・4・5	ロイヤルズ*

7・8・9	アスレティックス*
10・11・12	レッドソックス
14・15・16	エンジェルス
17・18・19	レンジャーズ*
20・21・22	タイガース*
23・24・25・26	インディアンズ*
28・29	レッズ
10月1・2・3	タイガース

球団メモ オフに、チームを12年ぶりのプレーオフへ導いたリック・レンテリーア監督を解任した。その後に行われた最優秀監督賞の投票で、レンテリーアは2位に入っている。

投手

昨年8月25日にノーヒットノーランを達成　先発

27 ルーカス・ジオリート
Lucas Giolito

27歳 1994.7.14生 | 198cm | 111kg | 右投右打
◆速球のスピード／150キロ台前半（フォーシーム主体）
◆決め球と持ち球／☆フォーシーム、◎チェンジアップ、○スライダー、△カーブ
◆対左打者被打率／.180 ◆対右打者被打率／.190
◆ホーム防御率／3.95 ◆アウェー防御率／2.79
◆ドラフトデータ／2012①ナショナルズ
◆出身地／カリフォルニア州
◆年俸／415万ドル（約4億3575万円）

球威 4
制球 3
緩急 5
守備・牽制 4
度胸 4

2シーズン連続でハイレベルな活躍を見せ、エースの座を確固たるものにした右腕。2018-19年のオフに球速をアップするトレーニングに励んだことで、速球の平均スピードが3キロ上昇。それによって組み合わせて投げるチェンジアップの効果が倍増し、メジャー屈指の奪三振率の高い投手に変身した。見せ球の使い方がうまく、好調時はハイ・ファストボールで速球を意識させておいてロー・チェンジアップで空振りを誘うパターンと、ロー・チェンジアップで打者の目線を狂わせハイ・ファストボールでしとめるパターンを使い分けて、ハイペースで三振を奪っていく。昨季の奪三振率（9イニングあたりの奪三振）は12.07で、アメリカン・リーグの規定投球回に達した投手では、ビーバーに次いで2位だった。

昨季、正捕手のグランダルと組んだ4試合の防御率は5.66だったが、控え捕手のジェイムズ・マッキャンと組んだ8試合は防御率が2.61で、相性が抜群に良かった。これはマッキャンが、打者の足元に目をやって、狙い球を察知することに長けているからだ。昨年8月25日のタイガース戦で、ノーヒットノーランを達成したときも女房役はマッキャンで、チェンジアップの空振り率は56%という高率だった。今季の懸念材料は、マッキャンがオフにFAになってチームを去ったことだ。その穴を埋める好適な人材を獲得できなかった場合、成績に影響が出る可能性がある。

ロサンジェルスの芸能一家で育った、イケメンのカリフォルニアボーイ。母リンゼイ・フロストさんは数多くのテレビシリーズに出演してきた女優、父リックさんはテレビゲームのプロデューサー。母方の祖父や叔父も俳優や脚本家で、一族にはハリウッド関連の仕事に就いているものが多い。ジオリート本人も、フレンチホルンを上手に吹き、文才にも恵まれている。

カモ F・レイエス（インディアンズ）.000(7-0)0本　M・カブレラ（タイガース）.143(14-2)0本
苦手 J・バエズ（カブス）.455(11-5)1本　M・ケプラー（ツインズ）.333(24-8)3本

年度	所属チーム	勝利	敗戦	防御率	試合数	先発	セーブ	投球イニング	被安打	失点	自責点	被本塁打	与四球	奪三振	WHIP
2016	ナショナルズ	0	1	6.75	6	4	0	21.1	26	18	16	7	12	11	1.78
2017	ホワイトソックス	3	3	2.38	7	7	0	45.1	31	14	12	8	12	34	0.95
2018	ホワイトソックス	10	13	6.13	32	32	0	173.1	166	123	118	27	90	125	1.48
2019	ホワイトソックス	14	9	3.41	29	29	0	176.2	131	69	67	24	57	228	1.06
2020	ホワイトソックス	4	3	3.48	12	12	0	72.1	47	31	28	8	28	97	1.04
通算成績		31	29	4.44	86	84	0	489.0	401	255	241	74	199	495	1.23

メジャーで最も一発を食わない投手

先発

60 ダラス・カイクル

Dallas Keuchel

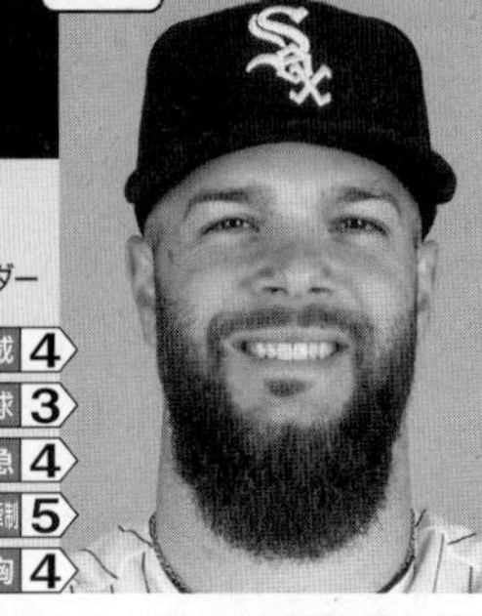

33歳 1988.1.1生 | 188cm | 100kg | 左投左打
◆速球のスピード／140キロ前後（シンカー主体）
◆決め球と持ち球／◎カッター、◎シンカー、◎チェンジアップ、△スライダー
◆対左打者被打率／.171 ◆対右打者被打率／.228
◆ホーム防御率／2.63 ◆アウェー防御率／1.60
◆ドラフトデータ／2009⑦アストロズ
◆出身地／オクラホマ州
◆年俸／1800万ドル（約18億9000万円）
◆サイ・ヤング賞1回（15年）、最多勝1回（15年）、ゴールドグラブ賞4回（14、15、16、18年）

球威 4
制球 3
緩急 4
守備・牽制 5
度胸 4

ホワイトソックスで完全復活した2015年のサイ・ヤング賞投手。昨シーズンは開幕時から慢性的な腰痛に悩まされたが、うまく共存して11試合に先発。1.99という目を見張る防御率をマークした。それなのにサイ・ヤング賞候補3人の中に入れなかったのは、腰に負担がかからないよう球数が制限され、QSが5つしか付かなかったからだ。特徴は、典型的な打たせて取るタイプであるため、奪三振が少ないこと。昨年の奪三振率5.97は、アメリカン・リーグの既定投球回以上投げた投手で最少だった。

トレードマークは、顔の下半分を覆う分厚いヒゲ。ホワイトソックスは選手のヒゲを制限している球団だが、どうしてもカイクルが欲しいため、特例で分厚いヒゲを認め、入団させることに成功した。

昨年目立ったのは、チームメートを見下す発言が頻繁に見られたこと。ホワイトソックスに来てカイクルが真っ先に違和感を覚えたのは、必死さに欠け、あっさりアウトになる打者が多いことだった。8月11日のタイガース戦では、好投したのに味方の得点援護がなく負け投手になったため、いらだちを抑えられず、「このチームには打席で全力を出し切るプロの打者と、形だけで中身がともなわない打者がいる」と発言し、波紋を呼んだ。こんな発言は、必ずブーメランとなって自分にはね返ってくる。ワイルドカード第2戦でカイクルが5失点して4回途中でKOされると、さっそく地元メディアの女性記者が「カイクル、あんた何なの？　何やってんのよ？」という見出しの記事を書き、チームメート批判をやり玉にあげた。

カモ H・ドージャー（ロイヤルズ）.111（9-1）0本 P・ゴールドシュミット（カーディナルス）.150（20-3）0本
苦手 J・キャンデラリオ（タイガース）.600（5-3）0本 J・ラミレス（インディアンズ）.429（14-6）0本

年度	所属チーム	勝利	敗戦	防御率	試合数	先発	セーブ	投球イニング	被安打	失点	自責点	被本塁打	与四球	奪三振	WHIP
2012	アストロズ	3	8	5.27	16	16	0	85.1	93	56	50	14	39	38	1.55
2013	アストロズ	6	10	5.15	31	22	0	153.2	184	96	88	20	52	123	1.54
2014	アストロズ	12	9	2.93	29	29	0	200.0	187	71	65	11	48	146	1.18
2015	アストロズ	20	8	2.48	33	33	0	232.0	185	68	64	17	51	216	1.02
2016	アストロズ	9	12	4.55	26	26	0	168.0	168	88	85	20	48	144	1.29
2017	アストロズ	14	5	2.90	23	23	0	145.2	116	50	47	15	47	125	1.12
2018	アストロズ	12	11	3.74	34	34	0	204.2	211	92	85	18	58	153	1.31
2019	ブレーブス	8	8	3.75	19	19	0	112.2	115	50	47	16	39	91	1.37
2020	ホワイトソックス	6	2	1.99	11	11	0	63.1	52	15	14	2	17	42	1.09
通算成績		90	73	3.59	222	213	0	1365.1	1311	586	545	133	399	1078	1.25

昨季のサイ・ヤング賞投票で6位

先発　移籍

ー ランス・リン *Lance Lynn*

34歳 1987.5.12生 | 196cm | 113kg | 右投両打
◆速球のスピード／150キロ台前半(フォーシーム主体)
◆決め球と持ち球／☆フォーシーム、◎カッター、○ツーシーム、○シンカー、△カーブ
◆対左.182 ◆対右.229 ◆ホ防3.33 ◆ア防3.31
◆ド2008①カーディナルス ◆出インディアナ州
◆年800万ドル(約8億4000万円)

球威5 制球3 緩急4 守備・牽制3 度胸5

レンジャーズから移籍の頼れるベテラン右腕。2012年にカーディナルスで18勝し、その後、コンスタントに2ケタ勝利をマーク。16年にトミー・ジョン手術を受け、やや下がり目になった時期もあったが、19年にレンジャーズに移籍すると再び本来の実力を取り戻した。昨季の投球回84は、メジャー全体で最多。19年の5月21日から、37試合連続で投球数100球を下回っておらず、安定感とタフネスも一流だ。パワフルな巨漢系右腕だが、かなり太りやすい体質で、カーディナルス時代から低炭水化物ダイエットに励んでいる。

カモ R・ペレス(インディアンズ).000(8-0)0本　苦手 大谷翔平(エンジェルス).467(15-7)1本

年度	所属チーム	勝利	敗戦	防御率	試合数	先発	セーブ	投球イニング	被安打	失点	自責点	被本塁打	与四球	奪三振	WHIP
2011	カーディナルス	1	1	3.12	18	2	1	34.2	25	12	12	3	11	40	1.04
2012	カーディナルス	18	7	3.78	35	29	0	176.0	168	76	74	16	64	180	1.32
2013	カーディナルス	15	10	3.97	33	33	0	201.2	189	92	89	14	76	198	1.31
2014	カーディナルス	15	10	2.74	33	33	0	203.2	185	72	62	13	72	181	1.26
2015	カーディナルス	12	11	3.03	31	31	0	175.1	172	66	59	13	68	167	1.37
2017	カーディナルス	11	8	3.43	33	33	0	186.1	151	80	71	27	78	153	1.23
2018	ツインズ	7	8	5.10	20	20	0	102.1	105	61	58	12	62	100	1.63
2018	ヤンキース	3	2	4.14	11	9	0	54.1	58	26	25	2	14	61	1.33
2018	2チーム計	10	10	4.77	31	29	0	156.2	163	87	83	14	76	161	1.53
2019	レンジャーズ	16	11	3.67	33	33	0	208.1	195	89	85	21	59	246	1.22
2020	レンジャーズ	6	3	3.32	13	13	0	84.0	64	34	31	13	25	89	1.06
通算成績		104	71	3.57	260	236	1	1426.2	1312	608	566	134	529	1415	1.29

朝の瞑想が生んだ気負いのないピッチング

先発

84 ディラン・シース *Dylan Cease*

26歳 1995.12.28生 | 188cm | 91kg | 右投右打
◆速球のスピード／150キロ台後半(フォーシーム主体)
◆決め球と持ち球／◎フォーシーム、◎スライダー、◎カーブ、△チェンジアップ
◆対左.256 ◆対右.202 ◆ホ防3.24 ◆ア防4.59
◆ド2014⑥カブス ◆出ジョージア州
◆年57万500ドル(約5990万円)+α

球威5 制球2 緩急3 守備・牽制3 度胸3

武器は、平均球速157キロの快速球。特徴は通常のグリップで握っても、プレート付近でやや沈む軌道になること。そのためときには160キロを超すこともあるのに、空振り率は高くない。第2の武器はスライダーで、全投球の3割を占め、右打者だけでなく左打者にも多投する。長所はマインドセットのうまさ。気負いを排してクリーンな精神状態でマウンドに立てるのは、ヨガを実践し、毎朝20分間瞑想しているからだ。インドの哲人サドグル・ジャッギー・ヴァースデーブの人道向上プロジェクトに賛同しており、オフにテネシーにあるサドグルの施設で4日間、心の鍛錬に励(はげ)んでいる。一昨年、メジャー初勝利を飾った際、サドグルから祝福のメッセージが届き、感激している。

カモ W・メリフィールド(ロイヤルズ).100(10-1)0本　苦手 M・ケプラー(ツインズ).500(6-3)1本

年度	所属チーム	勝利	敗戦	防御率	試合数	先発	セーブ	投球イニング	被安打	失点	自責点	被本塁打	与四球	奪三振	WHIP
2019	ホワイトソックス	4	7	5.79	14	14	0	73.0	78	51	47	15	35	81	1.55
2020	ホワイトソックス	5	4	4.01	12	12	0	58.1	50	30	26	12	34	44	1.44
通算成績		9	11	5.00	26	26	0	131.1	128	81	73	27	69	125	1.50

対左=対左打者被打率　対右=対右打者被打率　ホ防=ホーム防御率　ア防=アウェー防御率
ド=ドラフトデータ　出=出身地　年=年俸　カモ 苦手 は通算成績

31 マリアーノ・リヴェラ賞を受賞 リーアム・ヘンドリックス *Liam Hendriks*

クローザー　移籍

32歳 1989.2.10生 | 183cm | 104kg | 右投右打
◆速球のスピード／150キロ台中頃(フォーシーム)
◆決め球と持ち球／☆スライダー、◎フォーシーム、◎カーブ
◆対左.200 ◆対右.135 ◆ホ防2.70 ◆ア防0.00
◆ド2007外ツインズ ◆出オーストラリア
◆年1100万ドル(約11億5500万円) ◆最優秀救援投手賞1回(20年)

球威5 制球4 緩急4 守備・牽制3 度胸4

アグレッシブな投球スタイルが持ち味となっている、オーストラリア出身の新クローザー。昨季もアスレティックスの守護神として大活躍。開幕戦こそリードを守り切れなかったが、その後はセーブ失敗が一度もなく、アメリカン・リーグ2位の14セーブをマーク。マリアーノ・リヴェラ賞（同リーグの最優秀救援投手賞）にも輝いている。オフにFAとなり、4年5400万ドルの契約でホワイトソックス入り。陽気な性格で、熱いハートの持ち主だ。

カモ J・ドナルドソン(ツインズ).154(13-2)0本　苦手 S・ペレス(ロイヤルズ).667(9-6)0本

年度	所属チーム	勝利	敗戦	防御率	試合数	先発	セーブ	投球イニング	被安打	失点	自責点	被本塁打	与四球	奪三振	WHIP
2011	ツインズ	0	2	6.17	4	4	0	23.1	29	16	16	3	6	16	1.50
2012	ツインズ	1	8	5.59	16	16	0	85.1	106	61	53	17	26	50	1.55
2013	ツインズ	1	3	6.85	10	8	0	47.1	67	39	36	10	14	34	1.71
2014	ブルージェイズ	1	0	6.08	3	3	0	13.1	12	9	9	3	4	8	1.20
2014	ロイヤルズ	0	2	4.66	6	3	0	19.1	26	12	10	0	3	15	1.50
2014	2チーム計	1	2	5.23	9	6	0	32.2	38	21	19	3	7	23	1.38
2015	ブルージェイズ	5	0	2.92	58	0	0	64.2	59	23	21	3	11	71	1.08
2016	アスレティックス	0	4	3.76	53	0	0	64.2	69	31	27	6	14	71	1.28
2017	アスレティックス	4	2	4.22	70	0	1	64.0	57	34	30	7	23	78	1.25
2018	アスレティックス	0	1	4.13	25	8	0	24.0	25	11	11	3	10	22	1.46
2019	アスレティックス	4	4	1.80	75	2	25	85.0	61	18	17	5	21	124	0.96
2020	アスレティックス	3	1	1.78	24	0	14	25.1	14	6	5	1	3	37	0.67
通算成績		19	27	4.10	344	44	40	516.1	525	260	235	58	135	526	1.28

39 多目的に使えるシンカーボーラー アーロン・バマー *Aaron Bummer*

セットアップ クローザー

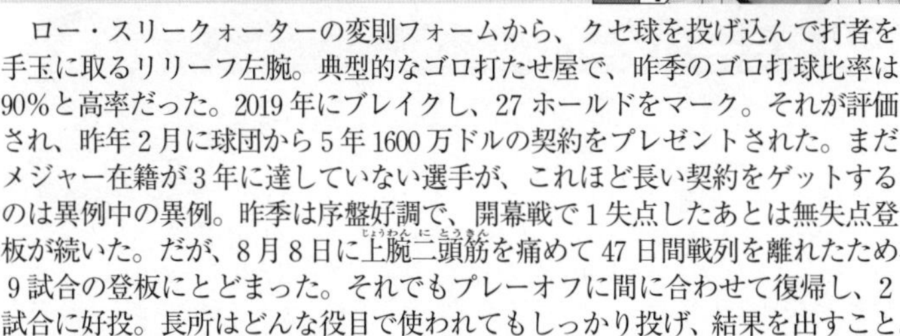

28歳 1993.9.21生 | 191cm | 98kg | 左投左打
◆速球のスピード／150キロ台前半(シンカー主体)
◆決め球と持ち球／☆シンカー、◎チェンジアップ、◎カッター
◆対左.231 ◆対右.100 ◆ホ防2.25 ◆ア防0.00
◆ド2014⑲ホワイトソックス ◆出アリゾナ州
◆年200万ドル(約2億1000万円)

球威5 制球3 緩急4 守備・牽制4 度胸4

ロー・スリークォーターの変則フォームから、クセ球を投げ込んで打者を手玉に取るリリーフ左腕。典型的なゴロ打たせ屋で、昨季のゴロ打球比率は90%と高率だった。2019年にブレイクし、27ホールドをマーク。それが評価され、昨年2月に球団から5年1600万ドルの契約をプレゼントされた。まだメジャー在籍が3年に達していない選手が、これほど長い契約をゲットするのは異例中の異例。昨季は序盤好調で、開幕戦で1失点したあとは無失点登板が続いた。だが、8月8日に上腕二頭筋（じょうわんにとうきん）を痛めて47日間戦列を離れたため、9試合の登板にとどまった。それでもプレーオフに間に合わせて復帰し、2試合に好投。長所はどんな役目で使われてもしっかり投げ、結果を出すこと。

カモ W・メリフィールド(ロイヤルズ).000(5-0)0本　苦手 E・ロザリオ(インディアンズ).625(8-5)0本

年度	所属チーム	勝利	敗戦	防御率	試合数	先発	セーブ	投球イニング	被安打	失点	自責点	被本塁打	与四球	奪三振	WHIP
2017	ホワイトソックス	1	3	4.50	30	0	0	22.0	13	11	11	4	15	17	1.27
2018	ホワイトソックス	0	1	4.26	37	0	0	31.2	40	19	15	1	10	35	1.58
2019	ホワイトソックス	0	0	2.13	58	0	1	67.2	43	17	16	4	24	60	0.99
2020	ホワイトソックス	1	0	0.96	9	0	0	9.1	5	1	1	0	5	14	1.07
通算成績		2	4	2.96	134	0	1	130.2	101	48	43	9	54	126	1.19

投手

43 スライダーが第2の武器になり、さらに進化
エヴァン・マーシャル *Evan Marshall*

セットアップ

31歳 1990.4.18生 | 188cm | 107kg | 右投右打 速140キロ台後半(フォーシーム主体) 決☆チェンジアップ
対左.119 対右.273 ド2011④ダイヤモンドバックス 出カリフォルニア州 年200万ドル(約2億1000万円)

球3 制4 緩5 守備4 度3

ホワイトソックスの勝利の方程式に不可欠な存在になっている、苦労人のリリーフ右腕。2014年にメジャーデビューしたが、いい決め球がないことと制球力不足で、18年までメジャーに定着できず、マイナー契約でチームを渡り歩いた。その間には、ライナーが直撃して頭蓋骨(ずがいこつ)骨折の大ケガを負うアクシデントもあり辛酸をなめたが、19年にホワイトソックスに来てチェンジアップを多投するようになったところ、失点が半減。昨年は、これとスライダーを組み合わせた変幻自在の投球で三振をハイペースで奪い、さらに進化した。チェンジアップはシュート軌道でストンと落ちる一級品。

年度	所属チーム	勝利	敗戦	防御率	試合数	先発	セーブ	投球イニング	被安打	失点	自責点	被本塁打	与四球	奪三振	WHIP
2020	ホワイトソックス	2	1	2.38	23	0	0	22.2	17	6	6	1	7	30	1.06
通算成績		10	10	3.96	179	0	0	166.0	181	80	73	15	70	154	1.51

65 成長の余地がまだまだあるリリーフの逸材
コーディ・ホイヤー *Codi Heuer*

セットアップ クローザー

25歳 1996.7.3生 | 196cm | 86kg | 右投右打 速150キロ台中頃(フォーシーム主体) 決◎フォーシーム
対左.130 対右.162 ド2018⑥ホワイトソックス 出モンタナ州 年57万500ドル(約5990万円)+α

球5 制3 緩3 守備3 度4

昨年の開幕戦でメジャーデビューしたリリーフ右腕。最大の武器は、平均球速157.5キロの速球。通常のグリップで投げてもシュートしながら沈む軌道を描くのが特徴で、打球はゴロになりやすい。これと組み合わせて投げるスライダーは、平均球速が141.5キロある曲がりの小さいタイプ。父ブライアンさんと母ベスさんは、息子の出世を何よりの楽しみにしていて、これまでマイナーで1つ上のレベルに昇格するたびに、コロラドの自宅から遠隔地の球場に駆けつけて応援していた。しかし昨年のメジャー昇格の際はコロナ禍のため、テレビで息子の雄姿を見守るしかなかった。

年度	所属チーム	勝利	敗戦	防御率	試合数	先発	セーブ	投球イニング	被安打	失点	自責点	被本塁打	与四球	奪三振	WHIP
2020	ホワイトソックス	3	0	1.52	21	0	1	23.2	12	4	4	1	9	25	0.89
通算成績		3	0	1.52	21	0	1	23.2	12	4	4	1	9	25	0.89

50 左打者を封じる武器が欲しい豪腕投手
ジミー・コデーロ *Jimmy Cordero*

ミドルリリーフ

30歳 1991.10.19生 | 193cm | 107kg | 右投右打 速150キロ台中頃(シンカー主体) 決◎シンカー
対左.426 対右.179 ド2012㊕ブルージェイズ 出ドミニカ 年57万500ドル(約5990万円)+α

球5 制2 緩3 守備2 度2

昨年、メジャー全体で2番目に多い30試合に登板したリリーフ右腕。平均時速156キロのシンカーを主体に投げるパワーピッチャーで、昨年はセットアッパー、ピンチの火消し屋からモップアップまで多目的に使われた。防御率が6点台になったのは、チェンジアップの制球に苦しみ、浮いて左打者に長打を食うケースが度々あったからだ。闘争心旺盛で、昨年9月26日のカブス戦では、前の打席でスリーラン本塁打を放った際にバットフリップ(相手への侮辱行為)をやったウィルソン・コントレラスに、故意死球をぶつけて制裁。さらに主審とも口論し、3試合出場停止になった。

年度	所属チーム	勝利	敗戦	防御率	試合数	先発	セーブ	投球イニング	被安打	失点	自責点	被本塁打	与四球	奪三振	WHIP
2020	ホワイトソックス	1	2	6.08	30	0	0	26.2	33	21	18	2	9	22	1.58
通算成績		3	5	4.55	83	0	0	83.0	82	46	42	8	32	65	1.37

速=速球のスピード 決=決め球 対左=対左打者被打率 対右=対右打者被打率
ド=ドラフトデータ 出=出身地 年=年俸

63 様々なシチュエーションで使われて6勝
マット・フォスター *Matt Foster*

ロング リリーフ

26歳 1995.1.27生 | 183cm | 95kg | 右投右打 速150キロ前後(フォーシーム主体) 決☆チェンジアップ
対左.188 対右.137 ド2016⑯ホワイトソックス 出アラバマ州 年57万500ドル(約5990万円)+α

球5 制3 緩4 守・牽4 度4

昨年8月1日にメジャーデビューしたリリーフ右腕。ドラフト20巡目指名ということもあって、マイナー時代は一度も有望新人リストに入ったことがなかった。だが、メジャーデビュー後はハイペースで三振を奪って好投を続け、9試合13イニングで失点がなかった。ピッチングは、フォーシームとチェンジアップを高低に投げ分けて打者の目線を狂わせ、三振か凡フライにしとめるのが基本線。フォーシームは球速が148〜153キロの範囲で、強いバックスピンがかかっているライジングボール。チェンジアップはホームベース付近で落ちる一級品で、カッター軌道になることが多い。

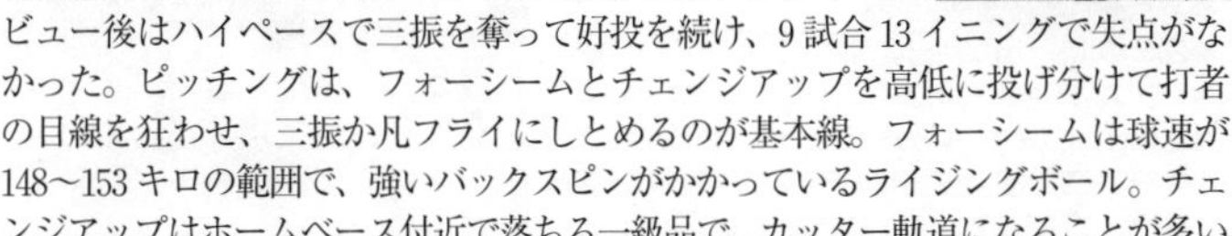

年度	所属チーム	勝利	敗戦	防御率	試合数	先発	セーブ	投球イニング	被安打	失点	自責点	被本塁打	与四球	奪三振	WHIP
2020	ホワイトソックス	6	1	2.20	23	2	0	28.2	16	8	7	2	9	31	0.87
通算成績		6	1	2.20	23	2	0	28.2	16	8	7	2	9	31	0.87

57 スライダー依存から脱却し、レベルアップ
ジェイス・フライ *Jace Fry*

ミドル リリーフ

28歳 1993.7.9生 | 185cm | 100kg | 左投左打 速140キロ台中頃(シンカー、フォーシーム) 決◎シンカー
対左.231 対右.222 ド2014③ホワイトソックス 出オレゴン州 年86.25万ドル(約9056万円)

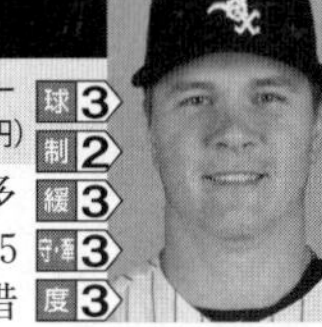

球3 制2 緩3 守・牽3 度3

ゲーム中盤のリードされている場面で起用されることが多いリリーフ左腕。昨季は序盤不安定だったが、8月6日の5度目の登板から制球が安定。9試合連続で失点がなかった。惜しまれるのは、9月6日に腰痛で戦列を離れたこと。これでいい流れが止まり、16日に復帰後はまた失点が多くなってプレーオフのメンバーに入れなかった。ローレン・ワトキンスさんという上品な顔立ちの女性と事実婚状態。ヘイデン君という男の子が2019年に誕生している。18年に前の婚約者と別れたあと、彼女がネット上でフライを「浮気者」「性病を移された」と非難していたが、沈静化したようだ。

年度	所属チーム	勝利	敗戦	防御率	試合数	先発	セーブ	投球イニング	被安打	失点	自責点	被本塁打	与四球	奪三振	WHIP
2020	ホワイトソックス	0	1	3.66	18	0	0	19.2	16	9	8	3	12	24	1.42
通算成績		5	8	4.75	156	1	4	132.2	109	78	70	15	80	165	1.42

45 ギャレット・クロシェ *Garrett Crochet*

リリーフ 期待度 A ルーキー

22歳 1999.6.21生 | 198cm | 99kg | 左投左打 ◆昨季はメジャーで6試合出場 ド2020①ホワイトソックス 出ミシシッピ州

今季新人王の有力候補の一人。昨年はマイナーリーグが全面閉鎖されたため、6月にドラフトで1巡目指名され入団したあと、いきなりメジャーで投げ始めた。速球主体のパワーピッチャーで、公式戦で投げた速球全72球のうち37球が100マイル(161キロ)、8球が101マイル(162.5キロ)だった。

ー マイケル・コペック *Michael Kopech*

先発 期待度 A ルーキー

25歳 1996.4.30生 | 191cm | 102kg | 右投右打 ◆一昨年、昨年ともに全休 ド2014①レッドソックス 出テキサス州

昨年7月の開幕前に、コロナ感染を防ぐため、プレーしないことを選択。2シーズン連続の全休となった。2018年9月にトミー・ジョン手術を受けたが、昨年春の時点で手術前のレベルに戻っており、速球が100マイル(161キロ)を記録したこともあった。今シーズンは、先発5番手に予定されている。

※昨季、マイナーリーグは中止
※メジャー経験がない投手の「先発」「リリーフ」はマイナーでの役割

野手

母デイジーさんに支えられた野球人生

ファースト

79 ホセ・アブレイユ

Jose Abreu

34歳 1987.1.29生 | 191cm | 113kg | 右投右打

◆対左投手打率／.250(52-13) ◆対右投手打率／.335(188-63)
◆ホーム打率／.305(118-36) ◆アウェー打率／.328(122-40)
◆得点圏打率／.329(70-23)
◆20年のポジション別出場数／ファースト=54、DH=6
◆ドラフトデータ／2013㊕ホワイトソックス
◆出身地／キューバ ◆年俸／1600万ドル(約16億8000万円)
◆MVP1回(20年)、打点王2回(19、20年)、シルバースラッガー賞3回(14、18、20年)、ハンク・アーロン賞1回(20年)、新人王(14年)

ミート 4
パワー 5
走塁 2
守備 3
肩 3

アメリカン・リーグMVPに選出された、キューバ亡命組のスラッガー。昨季は序盤長打が思うように出なかったが、8月の後半に入るとにわかに一発と打点のラッシュとなり、チームを連勝街道に導いた。ウリは、インサイドをさばく技術が高いこと。160キロの快速球がインサイドに来ても、コンパクトに振り抜き、レフト席に運んでしまう。もう1つのウリは、驚異的な安定感。ノルマのラインは本塁打30、打点100という高いところに設定されているが、シンプルなスイングに徹するため、スランプにおちいることがない。毎年シーズンが終わってみると、判で押したように本塁打が30前後、打点が100前後の数字になっている。

普段は感情を表に出さないタイプだが、MVP選出を知らされたときは感涙が止まらなくなり、しばしテーブルに顔を伏せて肩をふるわせていた。そのあと顔を上げて笑顔に戻ると、母デイジーさんに繰り返し感謝の言葉を述べた。キューバ脱出を取り仕切ったのはお母さんだし、背番号を「79」にするよう勧めてくれたのも、お母さんだった。アブレイユには、メジャーリーグでの成功は、お母さん抜きでは考えられないという思いが常にあり、それゆえ真っ先にお母さんに感謝したのだ。

ホワイトソックス入団後、豪邸を購入。現在は妻ユスマリー（マリア）さん、息子ダリエル君、両親、妹夫婦と一緒に暮らしている。ダリエル君は、先妻との間にできた子だ。先妻との間にはダリエート君という息子もいるが、キューバに残り、先妻のもとで暮らしている。オバマ政権下でキューバとの雪解けが進んだ2015年12月、MLBの友好訪問団がキューバを訪れたことがあったが、アブレイユはダリエート君に会いたいあまり訪問団に加わって、3年ぶりに再会を果たしている。

カモ S·ビーバー(インディアンズ).350(20-7)3本 R·ドブナック(ツインズ).714(7-5)0本
苦手 B·ケラー(ロイヤルズ).160(25-4)0本 前田健太(ツインズ).167(6-1)1本

年度	所属チーム	試合数	打数	得点	安打	二塁打	三塁打	本塁打	打点	四球	三振	盗塁	盗塁死	出塁率	OPS	打率
2014	ホワイトソックス	145	556	80	176	35	2	36	107	51	131	3	1	.383	.964	.317
2015	ホワイトソックス	154	613	88	178	34	3	30	101	39	140	0	0	.347	.850	.290
2016	ホワイトソックス	159	624	67	183	32	1	25	100	47	125	0	2	.353	.820	.293
2017	ホワイトソックス	156	621	95	189	43	6	33	102	35	119	3	0	.354	.906	.304
2018	ホワイトソックス	128	499	68	132	36	1	22	78	37	109	2	0	.325	.798	.265
2019	ホワイトソックス	159	634	85	180	38	1	33	123	36	152	2	2	.330	.834	.284
2020	ホワイトソックス	60	240	43	76	15	0	19	60	18	59	0	0	.370	.987	.317
通算成績		961	3787	526	1114	233	14	198	671	263	835	10	5	.350	.870	.294

野手

激戦区のセンターでゴールドグラブに輝く　センター

88 ルイス・ロバート
Luis Robert

24歳 1997.8.3生 | 188cm | 95kg | 右投右打
◆対左投手打率／.273(44-12)　◆対右投手打率／.222(158-35)
◆ホーム打率／.277(94-26)　◆アウェー打率／.194(108-21)
◆得点圏打率／.241(54-13)
◆20年のポジション別出場数／センター=56
◆ドラフトデータ／2017㊀ホワイトソックス
◆出身地／キューバ
◆年俸／350万ドル(約3億6750万円)
◆ゴールドグラブ賞1回(20年)

ミート 3
パワー 5
走塁 5
守備 5
肩 5

ホワイトソックス

昨季、アメリカン・リーグの新人王投票で2位に入ったキューバ亡命組の千両役者。キューバ時代は、出身地シエゴ・デ・アヴィラのチームに所属。18歳で迎えた2016-17年のシーズンは開幕からヒットラッシュで、53試合を経過した時点の打率は4割0分1厘だった。

だが、その直後に船でキューバを脱出。翌17年5月、契約金2600万ドル（27.3億円）でホワイトソックスに入団した。その後はマイナーでじっくり育成されたが、19年にマイナーの3つのレベル（1A+、2A、3A）で合わせて32本塁打、92打点をマークしたため、ハーンGMは20年の開幕時にメジャーデビューさせ、センターのレギュラーに据えて活用することにした。同GMは、将来チームを背負って立つ人材になると確信していたため、昨年の2月初旬、まだ一度も打席に入っていないロバートに、6年5000万ドル（53億円）の契約をプレゼントして囲い込んでいる。

打撃面の長所は、広角に飛距離が出ることと、スライダー打ちに長けていること。短所は典型的なフリースインガーで、極端な早打ちであることと、ボール球に手を出す比率がたいへん高いことだ。

昨年、4カ月遅れでシーズンが始まると、予定通りセンターのレギュラーに抜擢（ばってき）され、ヒットが途切れることなく出た。8月中旬からは一発もいいペースで出るようになったが、9月に入るとスランプとなり、打率が急降下した。この突然の不調は、早打ちをやめ、見ていくようになったことが原因。ずっと前からしみついた習性を無理にやめると、リズムが狂って最悪の結果になることが多いが、ロバートのスランプもそのケースだった。

身体能力が際立って高いため、センターの守備力はトップレベル。メジャー1年目から、「本日のハイライト」で取り上げられるようなスーパープレーを連発した。その結果、名手バクストン（ツインズ）とローレアーノ（アスレティックス）を抑え、ルーキーながらゴールドグラブ賞に輝いた。

カモ K·ジマー(ロイヤルズ).667(3-2)0本　S·ブロールト(パイレーツ)1.000(2-2)0本
苦手 J·ベリオス(ツインズ).143(7-1)0本　ダルビッシュ有(パドレス).167(6-1)0本

年度	所属チーム	試合数	打数	得点	安打	二塁打	三塁打	本塁打	打点	四球	三振	盗塁	盗塁死	出塁率	OPS	打率
2020	ホワイトソックス	56	202	33	47	8	0	11	31	20	73	9	2	.302	.738	.233
通算成績		56	202	33	47	8	0	11	31	20	73	9	2	.302	.738	.233

野 手

南部の貧困家庭からはい上がってきた苦労人 ショート

7 ティム・アンダーソン
Tim Anderson

28歳 1993.6.23生 | 185cm | 84kg | 右投右打
◆対左投手打率／.449(49-22) ◆対右投手打率／.283(159-45)
◆ホーム打率／.311(106-33) ◆アウェー打率／.333(102-34)
◆得点圏打率／.220(41-9)
◆20年のポジション別出場数／ショート=49
◆ドラフトデータ／2013①ホワイトソックス
◆出身地／アラバマ州
◆年俸／725万ドル(約7億6125万円)
◆首位打者1回(19年)、シルバースラッガー賞1回(20年)

ミート 5
パワー 4
走塁 4
守備 4
肩 4

昨季もDJラメイヒューと熾烈な首位打者争いを繰り広げた好打の遊撃手。結果的に終盤のスランプが響いて2位に甘んじたが、トップバッター、チャンスメーカーとしての役割はしっかり果たしていたので、MVP投票では予想外の得票をして7位になった。

トレーニングの成果が出て、パワーも着実に向上しており、今シーズンは本塁打25、二塁打35の期待がかかる。その一方で早打ちする習性は改善されていないため、出塁率が伸びない。

深南部アラバマ州の貧困家庭の出身。生まれてくる1カ月前に、父親がコカインの不法取引で15年8カ月の懲役刑を宣告され、服役。産みの母も出奔したため、曾祖父ジョージさんに引き取られ、叔母のルシール・ブラウンさんをママと呼んで日常生活の面倒を見てもらった。こんな境遇の子はドロップアウトしがちだが、秋冬はバスケット、春は野球に打ち込んでスポーツ漬けの生活を送り、クリーンに成長した。高校時代はバスケットが第1のスポーツだったが、試合で2度足を骨折したため、野球メインに変え、地元の短大に奨学金付きで進み、野球チームで活躍。スカウトたちに注目される存在になり、ドラフトで1巡目指名された。

貧困と差別に支配された深南部の黒人社会で育ったため、昨今盛り上がりを見せる、白人警官の暴力に対する抗議活動に深く共鳴している。2017年に結婚した奥さんのブリアさんは、高校の英語教員。修士号を持つ才媛で、人種差別や白人支配の実態についても、幅広い知識を有している。抗議活動を擁護する立場から、討論や集会にも積極的に参加して発言しており、その発言の内容はネットや「YouTube」で見ることができる。

娘が2人いる。上がペイトンちゃん、下がパクストンちゃんだ。

カモ T·ロジャーズ(ツインズ).714(7-5)0本 T·アレグザンダー(タイガース).455(11-5)2本
苦手 前田健太(ツインズ).000(8-0)0本 ダルビッシュ有(パドレス).125(8-1)0本

年度	所属チーム	試合数	打数	得点	安打	二塁打	三塁打	本塁打	打点	四球	三振	盗塁	盗塁死	出塁率	OPS	打率
2016	ホワイトソックス	99	410	57	116	22	6	9	30	13	117	10	2	.306	.738	.283
2017	ホワイトソックス	146	587	72	151	26	4	17	56	13	162	15	1	.276	.679	.257
2018	ホワイトソックス	153	567	77	136	28	3	20	64	30	149	26	8	.281	.687	.240
2019	ホワイトソックス	123	498	81	167	32	0	18	56	15	109	17	5	.357	.865	.335
2020	ホワイトソックス	49	208	45	67	11	1	10	21	10	50	5	2	.357	.886	.322
通算成績		570	2270	332	637	119	14	74	227	81	587	73	18	.308	.751	.281

野手

74 エロイ・ヒメネス *Eloy Jimenez*

早くもメジャー屈指のスラッガーに成長

レフト DH

25歳 1996.11.27生 | 193cm | 107kg | 右投右打
◆対左投手打率／.289 ◆対右投手打率／.298
◆ホーム打率／.313 ◆アウェー打率／.282 ◆得点圏打率／.326
◆20年のポジション別出場数／レフト=54、DH=1
◆ドラフトデータ2013㊕カブス ◆出身地ドミニカ
◆年俸350万ドル(約3億6750万円) ◆シルバースラッガー賞1回(20年)

ミート 5
パワー 5
走塁 2
守備 2
肩 4

ドミニカ産のパワーハウス。昨季は尻上がりに調子を上げ、ケガで5試合欠場しながらも、本塁打(14)と打点(41)がトップ10に入った。マルチヒットゲーム17は、リーグ最多タイ。打者としての特徴は、早打ちで速球にめっぽう強いこと。選球眼はイマイチ。ボール球の変化球にバットが出てしまいがちだが、当てるのがうまいため、大きなマイナスにはならない。レフトの守備は依然低レベル。8月7日のブリュワーズ戦では、イェリッチのライン際のフライを捕球できなかったうえ、フェンスとスタンドの間のネットに逆立ちの状態でからまり、ランニングホーマーにしてしまう珍事があった。昨季は快足ロバートがセンターに入り、レフトの近くに来たフライを先にキャッチするため、ヒメネスは見学者のようなポーズをとり、笑いを取っていた。

カモ J・ベリオス(ツインズ).381(21-8)1本　苦手 Z・プリーサック(インディアンズ).133(15-2)0本

年度	所属チーム	試合数	打数	得点	安打	二塁打	三塁打	本塁打	打点	四球	三振	盗塁	盗塁死	出塁率	OPS	打率
2019	ホワイトソックス	122	468	69	125	18	2	31	79	30	134	0	0	.315	.828	.267
2020	ホワイトソックス	55	213	26	63	14	0	14	41	12	56	0	0	.332	.891	.296
通算成績		177	681	95	188	32	2	45	120	42	190	0	0	.321	.848	.276

24 ヤスマニ・グランダル *Yasmani Grandal*

「捕手防御率4.74」は大きな反省材料

キャッチャー

33歳 1988.11.8生 | 188cm | 104kg | 右投両打 盗塁阻止率／.417(12-5)
◆対左投手打率／.286 ◆対右投手打率／.218
◆ホーム打率／.192 ◆アウェー打率／.261 ◆得点圏打率／.286
◆20年のポジション別出場数／キャッチャー=32、DH=7、ファースト=6
◆ドラフトデータ2010①レッズ ◆出身地キューバ
◆年俸1825万ドル(約19億1625万円)

ミート 2
パワー 5
走塁 2
守備 5
肩 5

4年契約の2年目に入る、トップレベルの長打力を備えたスター捕手。昨季は開幕から4番に据えられ、長打量産を期待された。だが17試合目まで不発だったことが響き、本塁打は2ケタに届かなかった。守備面でのウリは強肩。昨季は12回走られて5回刺し、盗塁阻止率41.7%を記録。捕手牽制刺も1つある。DRS(守備で防いだ失点)も5つあり、ゴールドグラブ賞の最終候補になったが、受賞はならなかった。リード面では課題が多い。カイクルとは相性がいいが、ジオリート、シースと組んだ試合は、防御率が5点台だった。

カモ L・カスティーヨ(レッズ).385(13-5)2本　苦手 J・ベリオス(ツインズ).000(8-0)0本

年度	所属チーム	試合数	打数	得点	安打	二塁打	三塁打	本塁打	打点	四球	三振	盗塁	盗塁死	出塁率	OPS	打率
2012	パドレス	60	192	28	57	7	1	8	36	31	39	0	0	.394	.863	.297
2013	パドレス	28	88	13	19	8	0	1	9	18	18	0	0	.352	.693	.216
2014	パドレス	128	377	47	85	19	1	15	49	58	115	3	0	.327	.728	.225
2015	ドジャース	115	355	43	83	12	0	16	47	65	92	0	1	.353	.756	.234
2016	ドジャース	126	390	49	89	14	1	27	72	64	116	1	3	.339	.816	.228
2017	ドジャース	129	438	50	108	27	0	22	58	40	130	0	1	.308	.767	.247
2018	ドジャース	140	440	65	106	23	2	24	68	72	124	2	1	.349	.815	.241
2019	ブリュワーズ	153	513	79	126	26	2	28	77	109	139	5	1	.380	.848	.246
2020	ホワイトソックス	46	161	27	37	7	0	8	27	30	58	0	0	.351	.773	.230
通算成績		925	2954	401	710	143	7	149	443	487	831	11	7	.348	.793	.240

ド=ドラフトデータ　出=出身地　年=年俸

1 2ストライク後の打率が3割2分1厘

セカンド　ルーキー

ニック・マドリガル *Nick Madrigal*

24歳 1997.3.5生 | 173cm | 79kg | 右投右打
◆対左投手打率／.227 ◆対右投手打率／.370
◆ホーム打率／.308 ◆アウェー打率／.359 ◆得点圏打率／.370
◆20年のポジション別出場数／セカンド=29
◆ド2018①ホワイトソックス ◆出カリフォルニア州
◆年57万500ドル(約5990万円)+α

ミート 5+
パワー 2
走塁 2
守備 3
肩 3

2年目の今季は、首位打者を期待されている「ペドロイア2世」。昨年7月末にメジャーデビューしたが、5試合目に肩を痛め、3週間ほどIL入り。安打製造機の本領発揮は復帰後で、複数安打の試合が頻繁(ひんぱん)にあった。長所は、当てるのが抜群にうまいこと。ボール球に手を出した場合でも、当てる比率が86%もあるため、三振が極端に少ない。第2の長所は、2ストライクからよく打つこと。投手がボールゾーンに誘い球を投げてもことごとくファウルにするため、投手が根負けしてしまう。昨年の2ストライク後打率は、3割2分1厘だった。課題は走塁ミスの多さ。1つ先の塁を狙う気持ちは必要だが、マイナーではセーフになってもメジャーでは悪送球や中継ミスが出にくいため、アウトになる確率が高くなる。昨年肩を痛めたのも、無理な走塁が原因。

カモ B・シンガー(ロイヤルズ).600(5-3)0本　苦手 ——

年度	所属チーム	試合数	打数	得点	安打	二塁打	三塁打	本塁打	打点	四球	三振	盗塁	盗塁死	出塁率	OPS	打率
2020	ホワイトソックス	29	103	8	35	3	0	0	11	4	7	2	1	.376	.745	.340
通算成績		29	103	8	35	3	0	0	11	4	7	2	1	.376	.745	.340

10 現在もキューバにいる父が個人コーチ

サード

ヨアン・モンカダ *Yoan Moncada*

26歳 1995.5.27生 | 188cm | 102kg | 右投両打
◆対左投手打率／.222 ◆対右投手打率／.226
◆ホーム打率／.248 ◆アウェー打率／.202 ◆得点圏打率／.256
◆20年のポジション別出場数／サード=52
◆ド2015㊕レッドソックス ◆出キューバ
◆年600万ドル(約6億3000万円)

ミート 2
パワー 5
走塁 4
守備 4
肩 5

2019年にブレイクしたため、昨季はキャンプ中に球団から5年7000万ドル（74億円）の契約をプレゼントされ、MVPを争うレベルの活躍を期待された。しかし4カ月遅れでシーズンが始まると、序盤はヒットが出ていたが、8月中旬以降はチェンジアップ、スライダーに対応できなくなり、どんどん打率が低下した。キューバ亡命組で、5歳の頃からアマチュア野球経験者の父マヌエルさんから英才教育を受け、オールラウンドプレーヤーに成長。17歳でセリエ・ナシオナールの地元チーム（シエンフエゴス）に入団し、プロ入り。現在もお父さんが個人コーチのような存在で、キューバの自宅で息子の試合をネット中継で見たあと、電話で感想やアドバイスを送っている。

カモ A・シヴァーリ(インディアンズ).455(11-5)0本　苦手 C・カラスコ(メッツ).056(18-1)0本

年度	所属チーム	試合数	打数	得点	安打	二塁打	三塁打	本塁打	打点	四球	三振	盗塁	盗塁死	出塁率	OPS	打率
2016	レッドソックス	8	19	3	4	1	0	0	1	1	12	0	0	.250	.513	.211
2017	ホワイトソックス	54	199	31	46	8	2	8	22	29	74	3	2	.338	.750	.231
2018	ホワイトソックス	149	578	73	136	32	6	17	61	67	217	12	6	.315	.714	.235
2019	ホワイトソックス	132	511	83	161	34	5	25	79	40	154	10	3	.367	.915	.315
2020	ホワイトソックス	52	200	28	45	8	3	6	24	28	72	0	0	.320	.705	.225
通算成績		395	1507	218	392	83	16	56	187	165	529	25	11	.335	.783	.260

15 ポストシーズンで初打席初ホーマー
アダム・エングル *Adam Engel*

外野手

30歳 1991.12.9生 | 188cm | 100kg | 右投右打 対左.303 対右.291 ホ.348 ア.238 得.273 ド2013⑲ホワイトソックス 出オハイオ州 年800万ドル(約8億4000万円)

ミ4 パ3 走4 守4 肩3

「左投手用のプラトーン・プレーヤー」というレッテルは過去のものになった、進境著しい外野手。昨季は左投手用の右翼手としてスタートしたが、右投手からもコンスタントにヒットを打ち、出場機会を増やした。さらにシーズン終了間際に、ヒメネスが故障で離脱したため、その代役でポストシーズンゲームに先発出場。最初の打席で、ルザードの甘く入った速球をレフト席に叩き込んで男を上げた。守備面ではホームランキャッチ男として知られ、2018年8月に、1週間の間に3回もやってのけ、話題になった。スピードもトップレベルだが、昨季は盗塁を1度しか試みなかった。

年度	所属チーム	試合数	打数	得点	安打	二塁打	三塁打	本塁打	打点	四球	三振	盗塁	盗塁死	出塁率	OPS	打率
2020	ホワイトソックス	36	88	11	26	5	1	3	12	3	19	1	0	.333	.811	.295
通算成績		365	1045	120	232	43	10	21	88	54	343	28	12	.276	.618	.222

12 シカゴに帰ってきた野球巧者
アダム・イートン *Adam Eaton*

ライト

移籍

33歳 1988.12.6生 | 175cm | 80kg | 左投左打 対左.103 対右.267 ホ.247 ア.197 得.351 ド2010⑲ダイヤモンドバックス 出オハイオ州 年700万ドル(約7億3500万円)

ミ3 パ2 走4 守2 肩4

5年ぶりの古巣復帰となる外野手。逆方向に打つのがうまく、スモールボールのスキルも高い野球巧者で、一昨年はナショナルズのワールドシリーズ制覇に貢献。だが昨季は8月に入って打率が急落したうえ、9月16日の試合で左手の人差し指を骨折し、シーズン終了となった。ライトの守備は、ホワイトソックス時代の2016年に、ゴールドグラブ賞の最終候補に残ったことがある。しかしナショナルズに移籍後、ヒザなどを故障し、守備範囲は平均以下に落ちてしまった。14年、16年にリーグトップの三塁打数を記録するなど、三塁打の多さでも有名だったが、昨季は1本だけ。

年度	所属チーム	試合数	打数	得点	安打	二塁打	三塁打	本塁打	打点	四球	三振	盗塁	盗塁死	出塁率	OPS	打率
2020	ナショナルズ	41	159	22	36	11	1	4	17	12	32	3	0	.285	.669	.226
通算成績		831	3185	528	899	157	44	60	289	324	608	84	32	.360	.775	.282

28 ホワイトソックス版の田口壮になれるか
レウリー・ガルシア *Leury Garcia*

ユーティリティ

30歳 1991.3.18生 | 173cm | 84kg | 右投両打 対左.500 対右.235 ホ.214 ア.323 得.231 ド2007外レンジャーズ 出ドミニカ 年350万ドル(約3億6750万円)

ミ4 パ3 走5 守3 肩3

セカンド、サード、ショートと外野の3ポジションに対応するうえ、代打、代走としても使える便利なプレーヤー。昨年2月に球団と交わした契約で、2021年は①年俸350万ドルで雇用、②25万ドル支払って雇用見送り、という二者択一になっていた。だが、球団が前者を選択したのは、今季指揮を執るラルーサ監督の戦略性の高い野球に、不可欠な人材と評価したからだ。今季ガルシアに求められるのは、ゲームの山場で監督が期待する役割をきっちりこなすこと。手本になるのは、元カーディナルスの田口壮。田口はラルーサの思考回路に合わせ、ゲームの山場でいい働きをしていた。

年度	所属チーム	試合数	打数	得点	安打	二塁打	三塁打	本塁打	打点	四球	三振	盗塁	盗塁死	出塁率	OPS	打率
2020	ホワイトソックス	16	59	6	16	1	0	3	8	4	9	0	0	.317	.758	.271
通算成績		478	1502	192	386	55	11	26	127	61	388	56	15	.293	.653	.257

対左=対左投手打率 対右=対右投手打率 ホ=ホーム打率 ア=アウェー打率 得=得点圏打率

20 スモールボールで役に立つ便利屋 ダニー・メンディック *Danny Mendick*

ユーティリティ

28歳 1993.9.28生 | 178cm | 88kg | 右投右打 対左.194 対右.263 ホ.267 ア.213 得.048 ド2015㉒ホワイトソックス 出ニューヨーク州 年57万500ドル(約5990万円)+α

ミ3 パ2 走4 守5 肩4

昨年、控え選手ながら、二塁手としてゴールドグラブ賞の最終候補になった守備の名手。22巡目指名という低い評価でプロ入りしたこともあって、マイナーでも初めからレギュラーポジションがない便利屋として使われた。それもマイナーの各レベル共通の便利屋として使われたため、プロ2年目には傘下のマイナー球団を忙しく渡り歩き、16回も所属球団が変わった。メジャーでも役割は内野のユーティリティだが、昨季は8月上旬にマドリガルとガルシアが相次いで故障して戦列を離れたため、連日セカンドで先発出場。好守を連発し、ゴールドグラブ賞の候補にもなった。

年度	所属チーム	試合数	打数	得点	安打	二塁打	三塁打	本塁打	打点	四球	三振	盗塁	盗塁死	出塁率	OPS	打率
2020	ホワイトソックス	33	107	11	26	4	1	3	6	6	25	0	1	.281	.664	.243
通算成績		49	146	17	38	4	1	5	10	7	36	0	1	.292	.696	.260

38 DH、代打の切り札として使えば、生きるタイプ ザック・コリンズ *Zack Collins*

キャッチャー

26歳 1995.2.6生 | 191cm | 104kg | 右投左打 盗塁阻止率/.000(1-0) 対左.000 対右.067 ホ.111 ア.000 得.000 ド2016①ホワイトソックス 出フロリダ州 年57万500ドル(約5990万円)+α

ミ2 パ5 走2 守2 肩2

一塁手にコンバートされる可能性がある、2016年のドラフトで1巡目指名された捕手。打撃面の特徴は、早打ちをせず失投をじっくり待つこと。マイナーでは投手の制球が甘いため、本塁打と二塁打をハイペースで生産できるが、メジャーの投手は失投が少ないので、追い込まれて三振に倒れることが多くなる。それでも打撃面では、逆方向に飛距離が出る、高い出塁率を期待できるという長所がある。問題は守備力。ボールブロックに難があるため、ワイルドピッチを出す頻度(ひんど)が平均の2倍以上ある。盗塁にも的確に対応できず、メジャーでは9回走られて一度も刺せていない。

年度	所属チーム	試合数	打数	得点	安打	二塁打	三塁打	本塁打	打点	四球	三振	盗塁	盗塁死	出塁率	OPS	打率
2020	ホワイトソックス	9	16	1	1	1	0	0	0	2	5	0	0	.167	.292	.063
通算成績		36	102	11	17	4	1	3	12	16	44	0	0	.286	.599	.167

― アンドルー・ヴォーン *Andrew Vaughn*

ファースト 期待度 A⁻ ルーキー

23歳 1998.4.3生 | 183cm | 98kg | 右投右打 ◆一昨年はルーキー級、1A、1A+でプレー ド2019①ホワイトソックス 出カリフォルニア州

今季開幕時ないしはシーズンの早い時期にメジャーデビューし、ホセ・アブレイユと2つのポジション（ファースト、DH）にローテーションで起用されることになる大物ルーキー。カリフォルニア大学時代は、全米大学選抜チームのメンバー。最優秀選手に贈られるゴールデン・スパイク賞にも輝いた。

37 ルイス・ゴンザレス *Luis Gonzalez*

外野手 期待度 C⁺ ルーキー

26歳 1995.9.10生 | 185cm | 82kg | 左投左打 ◆昨季はメジャーで3試合出場 ド2017③ホワイトソックス 出メキシコ

昨年8月17日にメジャーデビューした、スピードと強肩が武器の外野手。今季は6人目の外野手という位置付けなので、ホワイトソックスの外野に故障者が2人出た際、マイナーから呼ばれることになるだろう。打者としては二塁打と三塁打が多いギャップヒッター。課題は盗塁成功率を上げること。

対左=対左投手打率 対右=対右投手打率 ホ=ホーム打率 ア=アウェー打率 得=得点圏打率 ド=ドラフトデータ 出=出身地 年=年俸
※昨季、マイナーリーグは中止

アメリカン・リーグ……中部地区　*KANSAS CITY ROYALS*

カンザスシティ・ロイヤルズ

◆創　立：1969年
◆本拠地：ミズーリ州カンザスシティ市
◆ワールドシリーズ制覇：2回／◆リーグ優勝：4回
◆地区優勝：7回／◆ワイルドカード獲得：1回

主要オーナー　ジョン・シャーマン（実業家）

過去5年成績

年度	勝	負	勝率	ゲーム差	地区順位	ポストシーズン成績
2016	81	81	.500	13.5	③	—
2017	80	82	.494	22.0	③	—
2018	58	104	.358	33.0	⑤	—
2019	59	103	.364	42.0	④	—
2020	**26**	**34**	**.433**	**10.0**	④	—

監督　22 マイク・マシーニー *Mike Matheny*

◆年　　齢…………50歳（オハイオ州）
◆現役時代の経歴…13シーズン　ブリュワーズ（1994～98）、
（キャッチャー）　ブルージェイズ（1999）、カーディナルス（2000～04）、ジャイアンツ（2005～06）
◆現役通算成績……1305試合　.239　67本　443打点
◆監督経歴…………8シーズン　カーディナルス（2012～18）、ロイヤルズ（2020～）
◆通算成績…………617勝508敗（勝率.548）

現在、メジャーで監督を務める30人のうち、10人が捕手出身者だが、マシーニーもその一人で、現役時代にゴールドグラブを4度獲得。昨季は負け越したものの、チーム状態がシーズン終盤に上向き、また、オフに補強もなされたことで、今季は上位争いができると確信している。昨今の極端な守備シフトの流行は、野球をつまらなくしているので制限すべきとの立場。息子のテイトは外野手。2015年ドラフトの4巡目でレッドソックスに指名され、19年に3Aまで昇格。

注目コーチ　25 ヴァンス・ウィルソン *Vance Wilson*

三塁ベースコーチ。48歳。現役時代は主にメッツでプレーした捕手で、マイク・ピアッツァのバックアップを務めた。小宮山悟と10試合でバッテリーを組んでいる。

編成責任者　デイトン・ムーア *Dayton Moore*

54歳。以前の機動力重視など、流行に背を向けたチーム作りは賛否両論。昨年、コロナ禍で各球団がマイナー選手の解雇を行う中、解雇しないと明言し、称賛された。

スタジアム　コーフマン・スタジアム *Kauffman Stadium*

◆開 場 年…………1973年
◆仕　　様…………天然芝
◆収容能力…………37,903人
◆フェンスの高さ …2.7m
◆特　　徴…………外野が広く、ホームランは出にくいが、二塁打や三塁打は例年、他球場に比べて多く出る傾向にある。外野席に、噴水や滝のディスプレイを設置するなど、噴水の街・カンザスシティにふさわしい趣向がこらされている球場だ。

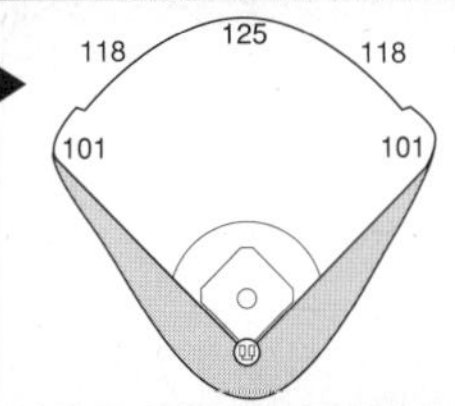

Best Order

[ベストオーダー]

①ウィット・メリフィールド……ライト
②アダルベルト・モンデシー……ショート
③カルロス・サンタナ……ファースト
④ホルヘ・ソレーア……DH
⑤サルヴァドール・ペレス……キャッチャー
⑥アンドルー・ベニンテンディ……レフト
⑦ハンター・ドージャー……サード
⑧ニッキー・ロペス……セカンド
⑨マイケル・A・テイラー……センター

Depth Chart

[ポジション別選手層・メンバーリスト]

※2021年2月12日時点の候補選手。数字は背番号(開幕前に変更する場合もあり)、右・左等は投・打の順。

センター
2 **マイケル・A・テイラー [右・右]**
14 エドワード・オリヴァレス [右・右]
15 ウィット・メリフィールド [右・右]
0 ニック・ヒース [左・左]

レフト
− **アンドルー・ベニンテンディ [左・左]**
14 エドワード・オリヴァレス [右・右]
0 ニック・ヒース [左・左]

ライト
15 **ウィット・メリフィールド [右・右]**
17 ハンター・ドージャー [右・右]
12 ホルヘ・ソレーア [右・右]

ショート
27 **アダルベルト・モンデシー [右・両]**
1 ニッキー・ロペス [右・左]

セカンド
1 **ニッキー・ロペス [右・左]**
15 ウィット・メリフィールド [右・右]

ローテーション
56 ブラッド・ケラー [右・右]
21 ダニー・ダフィー [左・左]
51 ブレイディ・シンガー [右・右]
23 マイク・マイナー [左・右]
50 クリス・ブービッチ [左・左]

サード
17 **ハンター・ドージャー [右・右]**
16 ケルヴィン・グティエレス [右・右]

ファースト
41 **カルロス・サンタナ [右・両]**
17 ハンター・ドージャー [右・右]
9 ライアン・マクブルーム [左・右]

キャッチャー
13 **サルヴァドール・ペレス [右・右]**
36 キャム・ギャラガー [右・右]

DH
12 **ホルヘ・ソレーア [右・右]**
9 ライアン・マクブルーム [左・右]
66 ライアン・オハーン [左・左]

ブルペン
35 グレッグ・ホランド [右・右] CL
63 ジョシュ・ストーモント [右・右]
32 ジェシー・ハーン [右・右]
45 カイル・ジマー [右・右]
53 タイラー・ズーバー [右・右]
58 スコット・バーロウ [右・右]
68 ジェイク・ニューベリー [右・右]
64 スコット・ブルーウェット [右・右]
65 ジェイコブ・ジュニス [右・右]
71 カルロス・ヘルナンデス [右・右]

※CL=クローザー

ロイヤルズ試合日程……＊はアウェーでの開催

4月1・3・4	レンジャーズ	3・4・5・6	インディアンズ	3・4・5・6	ツインズ
5・7	インディアンズ＊	7・8・9	ホワイトソックス	7・8・9	エンジェルス＊
8・10・11	ホワイトソックス＊	11・12・13	タイガース＊	10・11・12・13	アスレティックス＊
12・13・14	エンジェルス	14・15・16	ホワイトソックス＊	14・15・16	タイガース
15・16・17・18	ブルージェイズ	18・19	ブリュワーズ	18・19・20	レッドソックス
19・20・21	レイズ	21・22・23	タイガース	22・23・24	ヤンキース＊
23・24・25・26	タイガース＊	25・26・27	レイズ＊	25・26・27	レンジャーズ＊
27・28	パイレーツ＊	28・29・30	ツインズ＊	28・29・30・7月1	レッドソックス＊
30・5月1・2	ツインズ＊	31・6月1	パイレーツ	2・3・4	ツインズ

球団メモ 本拠地カンザスシティは、畜産業を中心に栄えた都市。「ロイヤルズ」のチーム名は、カンザスシティの伝統ある家畜祭「アメリカン・ロイヤル」に由来している。

Analysis 矢印⬆↗➡↘⬇は、昨季終了時との比較 [戦力分析]

■投手力↗…★★★★☆☆【昨年度チーム防御率4.30、リーグ6位】

チーム防御率は2019年のリーグ13位（5.20）から大きく改善。ケラーがエース級になり、ブービッチやシンガーも防御率4点台前半と成長中。ここに実績のあるマイク・マイナーが加わり、生え抜きのダフィーもいる。打線の出来次第では勝ち越せる先発陣になっている。守護神のケネディを放出したが、昨季不振だったうえ、豪腕のストーモントが育っており、ホランドやハーンも復調の気配が感じられる。ズーバーやニューベリーなどの若手も芽を出しており、人材は豊富。投手陣は希望の光が差し込んでいる。

■攻撃力↗…★★★☆☆☆【昨年度チーム得点248、リーグ13位タイ】

安定感の高いサンタナが打線に加わることで破壊力アップは間違いないが、全体的には機動力を生かすためのアベレージ型の中距離打者や小技職人が不足しており、打線の「線」がつながっていない。昨季はやや不振で故障もあったソレーアが、再び本塁打量産体制に入れるかが今季の焦点。

■守備力↘…★★★★☆☆【昨年度チーム失策数31、リーグ7位】

外野にフィットしていたドージャーが三塁に戻るのはやや懸念材料だが、ロペスとモンデシーの二遊間は安定しており、レベルは高い。昨季もレフトでゴールドグラブ賞を受賞したゴードンの引退がじんわりと響きそうだ。

■機動力➡…★★★★☆【昨年度チーム盗塁数49、リーグ2位タイ】

モンデシーが盗塁王を獲得し、メリフィールドの走力も健在。新加入のテイラーも快足の持ち主で、ロイヤルズの象徴である機動力はキープ。

得点力さえ上がればポストシーズン進出も夢ではないが、機動力野球と「フライボール革命」の狭間でフワフワしているのが現状。投手陣がさらに調子を上げれば、大型補強に乗り出す見込みだが、打線のベクトルは定めておきたいところだ。

IN 主な入団選手

投手

マイク・マイナー←アスレティックス

野手

カルロス・サンタナ←インディアンズ
マイケル・A・テイラー←ナショナルズ
アンドルー・ベニンテンディ←レッドソックス

OUT 主な退団選手

投手

イアン・ケネディ→所属先未定

野手

アレックス・ゴードン→引退
マイケル・フランコ→所属先未定
ババ・スターリング→所属先未定

日付	対戦相手	日付	対戦相手	日付	対戦相手
5・6・7	レッズ	6・7・8	カーディナルス＊	6・7・8・9	オリオールズ＊
8・9・10・11	インディアンズ＊	9・10・11	ヤンキース	10・11・12	ツインズ＊
13	オールスターゲーム	13・14・15	カーディナルス	14・15・16	アスレティックス
16・17・18	オリオールズ	16・17・18・19	アストロズ	17・18・19	マリナーズ
20・21	ブリュワーズ＊	20・21・22	カブス＊	20・21・22	インディアンズ＊
23・24・25	タイガース	23・24・25	アストロズ＊	24・25・26	タイガース＊
26・27・28・29	ホワイトソックス	26・27・28・29	マリナーズ＊	28・29・30	インディアンズ
30・31・**8**月1	ブルージェイズ＊	31・**9**月1・2	インディアンズ	**10**月1・2・3	ツインズ
3・4・5	ホワイトソックス＊	3・4・5	ホワイトソックス		

球団メモ 長い間、チームの看板として活躍してきたアレックス・ゴードンが、昨季限りで引退。外野手守備の名手で、昨季も通算8度目となるゴールドグラブ賞を獲得している。

56 打たせて取る投球でエース争いに名乗り 先発
ブラッド・ケラー *Brad Keller*

26歳 1995.7.27生 | 196cm | 113kg | 右投右打
◆速球のスピード／150キロ前後(フォーシーム主体)
◆決め球と持ち球／◎フォーシーム、◎スライダー、△ワンシーム、△チェンジアップ
◆対左.214 ◆対右.184 ◆ホ防0.27 ◆ア防5.82
◆ド2013⑧ダイヤモンドバックス ◆出ジョージア州
◆年335万ドル(約3億5175万円)

球威 4
制球 4
緩急 3
守備・牽制 3
度胸 3

150キロ前後のフォーシーム、タテに落ちるスライダー、スピードのあるワンシームの三本柱でピッチングをデザインする若手右腕。昨季は7月7日に新型コロナウイルスに感染して出遅れたため、規定投球回到達はならなかったが、8月上旬に始動すると好投に次ぐ好投。9月13日のパイレーツ戦では、打たせて取る投球を全開にし、2奪三振で完封という離れ業も見せた。また、昨季は本塁打をたった2本しか打たれず、これが防御率を4点台から2点台に改善する要因になった。以前はワンシームが最大の武器と言われており、テレビ番組で投げ方を語ったこともあったが、「今季は必要なときには使ったけど、前ほど依存することはなくなった」と投球術の変化を語っている。

カモ T・アンダーソン(ホワイトソックス).118(17-2)1本 苦手 F・レイエス(インディアンズ).600(5-3)0本

年度	所属チーム	勝利	敗戦	防御率	試合数	先発	セーブ	投球イニング	被安打	失点	自責点	被本塁打	与四球	奪三振	WHIP
2018	ロイヤルズ	9	6	3.08	41	20	0	140.1	133	50	48	7	50	96	1.30
2019	ロイヤルズ	7	14	4.19	28	28	0	165.1	154	80	77	15	70	122	1.35
2020	ロイヤルズ	5	3	2.47	9	9	0	54.2	39	16	15	2	17	35	1.02
通算成績		21	23	3.50	78	57	0	360.1	326	146	140	24	137	253	1.28

63 主審が見えないほどの豪速球を投げた男 セットアップ
ジョシュ・ストーモント *Josh Staumont*

28歳 1993.12.21生 | 191cm | 93kg | 右投右打
◆速球のスピード／150キロ台後半(フォーシーム主体)
◆決め球と持ち球／☆フォーシーム、◎カーブ、△シンカー
◆対左.268 ◆対右.173 ◆ホ防3.77 ◆ア防0.79
◆ド2015②ロイヤルズ ◆出カリフォルニア州
◆年57万500ドル(約5990万円)+α

球威 5
制球 2
緩急 5
守備・牽制 3
度胸 2

長身でなで肩の見た目からは想像できないほどの豪速球を投げ込むリリーバー。投球の7割を占めるフォーシームは、高めに浮いても空振りが取れる球威があり、最速は165キロ。これに落差の大きい130キロ台のカーブを交える。ほぼ2球種しか使っていないが、これだけ球速差が激しいと、打者がどちらかにヤマを張って外した場合は、空振りか見逃し確定。8月21日のツインズ戦では、逆球でもないド真ん中の161キロがボール判定され、SNSでは「審判も見えなかったのでは？」との声が上がった。大の犬好きで、妻アンジェリーナさんとともに、動物愛護運動を展開。とくに「凶暴」の風評で行き場を失いつつある「ブリー・ブリード（主にピットブル系の犬種）」の里親探しに力を入れ、ロイヤルズ公式のチャリティ・プロジェクトになっている。

カモ E・ヒメネス(ホワイトソックス).000(4-0)0本 苦手 V・レイエス(タイガース).800(5-4)1本

年度	所属チーム	勝利	敗戦	防御率	試合数	先発	セーブ	投球イニング	被安打	失点	自責点	被本塁打	与四球	奪三振	WHIP
2019	ロイヤルズ	0	0	3.72	16	0	0	19.1	21	13	8	4	10	15	1.60
2020	ロイヤルズ	2	1	2.45	26	0	0	25.2	20	8	7	2	16	37	1.40
通算成績		2	1	3.00	42	0	0	45.0	41	21	15	6	26	52	1.49

対左=対左打者被打率 対右=対右打者被打率 ホ防=ホーム防御率 ア防=アウェー防御率
ド=ドラフトデータ 出=出身地 年=年俸 カモ 苦手 は通算成績

35 球団セーブ記録を持つベテランクローザー

クローザー

グレッグ・ホランド *Greg Holland*

36歳 1985.11.20生 | 178cm | 93kg | 右投右打 速150キロ前後(フォーシーム主体) 決☆スライダー
対左.179 対右.227 ド2007②ロイヤルズ 出ノースカロライナ州 年275万ドル(約2億8875万円)
◆最多セーブ1回(17年)、最優秀救援投手賞1回(14年)、カムバック賞1回(17年)

球5 制2 緩4 守・牽3 度4

2013年に47セーブをあげ、ロイヤルズの球団セーブ記録を樹立した右腕。並の捕手では抑えることができないほどの鋭いスライダーが武器の奪三振派。15年オフにトミー・ジョン手術のために放出されてからは他球団でプレーしていたが、昨年1月にマイナー契約でロイヤルズに復帰。7月にメジャー契約を結ぶとクローザーに返り咲いた。昨季は珍しく四球が少なかったが、基本的には変化量重視のスライダーを投げるため、試合数が増えれば波も出てきそうだ。人望が厚く、ブルペンのリーダー格。マシーニー監督も「若手の成長を加速させる存在」と、全幅の信頼を置いている。

年度	所属チーム	勝利	敗戦	防御率	試合数	先発	セーブ	投球イニング	被安打	失点	自責点	被本塁打	与四球	奪三振	WHIP
2020	ロイヤルズ	3	0	1.91	28	0	6	28.1	20	8	6	1	7	31	0.95
通算成績		27	22	2.90	494	0	212	487.1	362	174	157	31	214	619	1.18

51 早くも頭角を現した大学野球最優秀選手

先発

ブレイディ・シンガー *Brady Singer*

25歳 1996.8.4生 | 196cm | 95kg | 右投右打 速150キロ前後(シンカー主体) 決◎シンカー
対左.217 対右.224 ド2018①ロイヤルズ 出フロリダ州 年57万500ドル(約5990万円)+α

球3 制4 緩3 守・牽4 度4

2018年に、全米大学野球のMVPにあたるディック・ハウザー賞を獲得した右腕。同年のドラフト1巡目(全体18位)でロイヤルズに入団し、昨季メジャーデビュー。9月10日のインディアンズ戦では、8回途中までノーヒットで抑える好投を見せた。手元で鋭く沈むシンカーとスライダーのコンビネーションは秀逸。入団当初は、打たせてアウトを取るグラウンドボーラーとの触れ込みだったが、三振も予想以上に奪っており、先発ローテーションの一角を任せられるレベルに到達している。ドラフトの契約金で、両親の住宅ローンなどの借金を一括返済した親孝行も話題になった。

年度	所属チーム	勝利	敗戦	防御率	試合数	先発	セーブ	投球イニング	被安打	失点	自責点	被本塁打	与四球	奪三振	WHIP
2020	ロイヤルズ	4	5	4.06	12	12	0	64.1	52	29	29	8	23	61	1.17
通算成績		4	5	4.06	12	12	0	64.1	52	29	29	8	23	61	1.17

21 のらりくらりと及第点を取り続ける左腕

先発

ダニー・ダフィー *Danny Duffy*

33歳 1988.12.21生 | 191cm | 84kg | 左投左打 速150キロ前後(フォーシーム主体) 決◎スライダー
対左.219 対右.254 ド2007③ロイヤルズ 出カリフォルニア州 年1550万ドル(約16億2750万円)

球3 制4 緩3 守・牽4 度4

メジャー11年目を迎える生え抜き左腕。スライダー、チェンジアップ、カーブ、ツーシームの配分を毎年のように調整し、的をしぼらせない投球でかわす技巧派。昨季は開幕投手を務め、前半6試合はWHIP0.99の数字を残していたが、後半戦に調子を落とし、多くのファンが予想していた通りの平凡な結果になった。9月には、へこみがあり動かなくなったSUVに乗っているところを地元警察に発見され、くわしく事情を聴かれることに。事件性はないと判断され、釈放されたが、その晩のデトロイトへのチームフライトを逃してしまい、懲罰として先発を1回飛ばされてしまった。

年度	所属チーム	勝利	敗戦	防御率	試合数	先発	セーブ	投球イニング	被安打	失点	自責点	被本塁打	与四球	奪三振	WHIP
2020	ロイヤルズ	4	4	4.95	12	11	0	56.1	53	33	31	10	22	57	1.33
通算成績		64	65	4.02	221	192	1	1111.1	1059	526	497	138	410	983	1.32

23 「保険」として古巣復帰したベテラン
マイク・マイナー *Mike Minor*

先発 移籍

34歳 1987.12.26生 | 193cm | 95kg | 左投右打 速140キロ台中頃(フォーシーム主体) 決◎チェンジアップ
対左.230 対右.231 ド2009①ブレーブス 出テネシー州 年700万ドル(約7億3500万円)

球3 制5 緩4 守備3 度3

過去に4度の2ケタ勝利を記録している先発左腕。2016年にロイヤルズと契約を結んだ際は、左肩の故障に苦しんでいたが、2年目にブルペンの一員に加わると見事に復活。クローザーとしても力を示した。18年からは、レンジャーズで先発投手として活躍。19年には200投球回&200奪三振を達成したが、昨季は要所で長打を浴び、不本意な成績に終わった。昨年12月、ロイヤルズの医療スタッフに信頼を寄せるマイナーと、勝利と育成を両立するための「保険」が欲しいロイヤルズ側の意向が一致し、2年契約を結んだ。独特の軌道のチェンジアップが機能すれば、復活も期待できる。

年度	所属チーム	勝利	敗戦	防御率	試合数	先発	セーブ	投球イニング	被安打	失点	自責点	被本塁打	与四球	奪三振	WHIP
2020	レンジャーズ	0	5	5.60	7	7	0	35.1	35	23	22	7	13	35	1.36
2020	アスレティックス	1	1	5.48	5	4	0	21.1	15	13	13	4	7	27	1.03
2020	2チーム計	1	6	5.56	12	11	0	56.2	50	36	35	11	20	62	1.24
通算成績		71	66	3.98	248	181	6	1152.1	1074	532	510	153	335	1048	1.22

58 キャンピングカーで暮らすブルペンの働き者
スコット・バーロウ *Scott Barlow*

セットアップ

29歳 1992.12.18生 | 191cm | 98kg | 右投右打 速150キロ前後(フォーシーム主体) 決◎スライダー
対左.228 対右.250 ド2011⑥ドジャース 出カリフォルニア州 年57万500ドル(約5990万円)+α

球4 制3 緩3 守備2 度3

メジャー6登板ながら、2018年の日米野球ではアメリカ代表に抜擢(ばってき)された元プロスペクト。タテのスライダー、フォーシーム、カーブのどれでも三振を取れる能力があり、昨季は両リーグ最多の32試合に登板。シーズン終盤にはセットアップの役割が増え、評価をさらに上げつつある。ルーキーリーグ、2A、3A、メジャーを行き来した18年、度重なる引っ越しに嫌気が差し、生活に必要な設備を整えた牽引式の巨大キャンピングカーを購入。19年にはメジャーに定着したが、その暮らしがすっかり気に入り、昨季もシーズン中は、妻と2匹の愛犬とともに、キャンピングカーで生活していた。

年度	所属チーム	勝利	敗戦	防御率	試合数	先発	セーブ	投球イニング	被安打	失点	自責点	被本塁打	与四球	奪三振	WHIP
2020	ロイヤルズ	2	1	4.20	32	0	2	30.0	27	14	14	4	9	39	1.20
通算成績		6	5	4.14	99	0	3	115.1	107	54	53	12	49	146	1.35

32 リリーフで再ブレイクの気配
ジェシー・ハーン *Jesse Hahn*

ミドルリリーフ

32歳 1989.7.30生 | 196cm | 95kg | 右投右打 速150キロ台前半(シンカー主体) 決◎カーブ
対左.000 対右.143 ド2010⑥レイズ 出コネティカット州 年175万ドル(約1億8375万円)

球4 制3 緩4 守備3 度3

2014年にパドレスで7勝4敗、15年にはアスレティックスで6勝6敗、いずれも防御率3点台の数字を残し、大いに期待されていた先発右腕。しかし、その後は不調が続き、18年にロイヤルズにトレードでやって来たが、故障で先発ローテーションに食い込めなかった。だが昨季は、決め球のカーブが冴えを見せ、リリーフ18試合で防御率0.52(自責点1)、WHIP0.69の圧倒的な投球を見せている。サンプルサイズが小さいことは少し気がかりだが、再開花の気配があることは確かだ。本人はリリーフに、やりがいを感じているという。昨年8月、第一子となるハドソン君が誕生した。

年度	所属チーム	勝利	敗戦	防御率	試合数	先発	セーブ	投球イニング	被安打	失点	自責点	被本塁打	与四球	奪三振	WHIP
2020	ロイヤルズ	1	0	0.52	18	0	3	17.1	4	1	1	0	8	19	0.69
通算成績		19	21	4.12	77	50	3	308.0	291	158	141	22	117	238	1.32

速=速球のスピード 決=決め球 対左=対左打者被打率 対右=対右打者被打率
ド=ドラフトデータ 出=出身地 年=年俸

45 ようやく軌道に乗り始めた元ドラ1右腕 カイル・ジマー *Kyle Zimmer*

ミドルリリーフ

30歳 1991.9.13生 | 191cm | 102kg | 右投右打 速150キロ台前半(フォーシーム主体) 決☆スライダー 対左.150 対右.200 ド2012①ロイヤルズ 出カリフォルニア州 年57万500ドル(約5990万円)+α

球4 制3 緩3 守・牽3 度3

2012年にドラフト1巡目（全体5位）でロイヤルズに入団。長身から投げ下ろすフォーシームにスライダー、カーブ、チェンジアップを持ち合わせた本格派右腕で、マイナーで好成績を収めていた。だが、慢性的な右肩違和感に悩まされ、メジャーへの道が開けなかった。しかし、18年に伝説の名投手コーチ、トム・ハウスの指導を受け、フォームを改造すると痛みなく投げられるようになった。高低に伸びるフォーシームを軸に、ミドルリリーフとして、ようやくメジャーで目に見える結果を残している。昨季はオープナーでも起用され、先発で1試合（2イニング）投げている。

年度	所属チーム	勝利	敗戦	防御率	試合数	先発	セーブ	投球イニング	被安打	失点	自責点	被本塁打	与四球	奪三振	WHIP
2020	ロイヤルズ	1	0	1.57	16	1	0	23.0	14	4	4	0	10	26	1.04
通算成績		1	1	5.66	31	1	0	41.1	42	26	26	2	29	44	1.72

50 ポジティブシンキングでメジャー初昇格 クリス・ブービッチ *Kris Bubic*

先発

24歳 1997.8.19生 | 191cm | 100kg | 左投左打 速140キロ台後半(フォーシーム主体) 決◎チェンジアップ 対左.320 対右.254 ド2018①ロイヤルズ 出カリフォルニア州 年57万500ドル(約5990万円)+α

球2 制4 緩4 守・牽3 度3

2018年にロイヤルズに入団した出世頭。19年に1A級で26先発、11勝5敗、防御率2.23、WHIP0.97の好成績を残し、昨季メジャー昇格を果たした。高めに伸びるフォーシームに、チェンジアップとカーブを組み合わせる軟投派。現状は3球種しか使っていないが、変化球のバリエーションを増やし、投球の幅を広げることが当面の課題になりそうだ。映画『インセプション』とラッパーのMGK（マシン・ガン・ケリー）の大ファン。ポジティブシンキングが身上であり、昨年は新型コロナウイルスとアメリカ大統領選挙に関するニュースを、できるだけ見ないようにしていたという。

年度	所属チーム	勝利	敗戦	防御率	試合数	先発	セーブ	投球イニング	被安打	失点	自責点	被本塁打	与四球	奪三振	WHIP
2020	ロイヤルズ	1	6	4.32	10	10	0	50.0	52	29	24	8	22	49	1.48
通算成績		1	6	4.32	10	10	0	50.0	52	29	24	8	22	49	1.48

71 カルロス・ヘルナンデス *Carlos Hernandez*

先発リリーフ 期待度C⁺ ルーキー

24歳 1997.3.11生 | 193cm | 113kg | 右投右打 ◆昨季はメジャーで5試合出場 ド2016外ロイヤルズ 出ベネズエラ

最速160キロ、平均球速155キロの重いフォーシームが光るベネズエラ人右腕。昨年9月1日にロングリリーフでメジャーデビュー。カーブ、チェンジアップのレベルを数段上げ、緩急を磨けば、メジャーに定着できるだろう。19歳でプロ入りしたときは、さほど期待されていなかったが、その後、急成長した。

― ダニエル・リンチ *Daniel Lynch*

先発 期待度A⁻ ルーキー

25歳 1996.11.17生 | 198cm | 86kg | 左投左打 ◆一昨年はルーキー級、1A+でプレー ド2018①ロイヤルズ 出ヴァージニア州

2018年のドラフト1巡目追補（全体34位）で入団した長身サウスポー。大学時代はツーシームが主体だったが、入団後にフォーシームを軸に置き換えると、めきめきと球速を伸ばし、最速160キロにせまるまでに成長。制球や変化球も合わせて即戦力級の評価を受けており、メジャーデビューも近いか。

※昨季、マイナーリーグは中止
※メジャー経験がない投手の「先発」「リリーフ」はマイナーでの役割

13 トミー・ジョン手術を経て、打撃も絶好調に キャッチャー
サルヴァドール・ペレス *Salvador Perez*

31歳 1990.5.10生 | 191cm | 113kg | 右投右打 盗塁阻止率／.273(11-3)
◆対左投手打率／.257 ◆対右投手打率／.357
◆ホーム打率／.360 ◆アウェー打率／.307 ◆得点圏打率／.289
◆20年のポジション別出場数／キャッチャー=34、ファースト=3、DH=3
◆Ⓓ2006㊕ロイヤルズ ◆㊍ベネズエラ ◆㊎1300万ドル(約13億6500万円)
◆ゴールドグラブ賞5回(13～16、18年)、シルバースラッガー賞3回(16、18、20年)、カムバック賞1回(20年)

ミート 4 / パワー 5 / 走塁 1 / 守備 5 / 肩 5

昨年、アメリカン・リーグのカムバック賞を受賞した、「サルヴィ」の愛称で親しまれるベネズエラ人捕手。「ザ・キャノン」の二つ名がついた爆発的強肩、守備力、長打力を持ち合わせたチームの大黒柱。一昨年は右ヒジのトミー・ジョン手術の影響で全休したが、復帰した昨季は元気な姿を披露した。37試合の出場にとどまったが、チームトップの11本塁打を放ち、シルバースラッガー賞を受賞している。ヒーローインタビューでは、チームメートに「サルヴィ・シャワー（ゲータレード・シャワー）」をお見舞いするのが恒例。

カモ M·ピネダ(ツインズ).385(26-10)2本 **苦手** D·カイクル(ホワイトソックス).148(27-4)0本

年度	所属チーム	試合数	打数	得点	安打	二塁打	三塁打	本塁打	打点	四球	三振	盗塁	盗塁死	出塁率	OPS	打率
2011	ロイヤルズ	39	148	20	49	8	2	3	21	7	20	0	0	.361	.834	.331
2012	ロイヤルズ	76	289	38	87	16	0	11	39	12	27	0	0	.328	.798	.301
2013	ロイヤルズ	138	496	48	145	25	3	13	79	21	63	0	0	.323	.757	.292
2014	ロイヤルズ	150	578	57	150	28	2	17	70	22	85	1	0	.289	.692	.260
2015	ロイヤルズ	142	531	52	138	25	0	21	70	13	82	1	0	.280	.706	.260
2016	ロイヤルズ	139	514	57	127	28	2	22	64	22	119	0	0	.288	.725	.247
2017	ロイヤルズ	129	471	57	126	24	1	27	80	17	95	1	0	.297	.792	.268
2018	ロイヤルズ	129	510	52	120	23	0	27	80	17	108	1	1	.274	.713	.235
2020	ロイヤルズ	37	150	22	50	12	0	11	32	3	36	1	0	.353	.986	.333
通算成績		979	3687	403	992	189	10	152	535	134	635	5	1	.300	.749	.269

27 念願の盗塁王を獲得したスピードスター ショート
アダルベルト・モンデシー *Adalberto Mondesi*

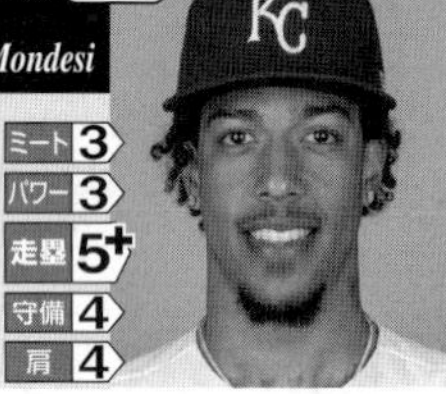

26歳 1995.7.27生 | 185cm | 91kg | 右投両打
◆対左投手打率／.321 ◆対右投手打率／.235
◆ホーム打率／.330 ◆アウェー打率／.190 ◆得点圏打率／.232
◆20年のポジション別出場数／ショート=59
◆Ⓓ2011㊕ロイヤルズ ◆㊍カリフォルニア州
◆㊎252.5万ドル(約2億6513万円) ◆盗塁王1回(20年)

ミート 3 / パワー 3 / 走塁 5+ / 守備 4 / 肩 4

メジャートップクラスの快足を生かした走塁、守備でスタメンに定着した韋駄天(いだてん)。一昨年は鼠径部(そけいぶ)や左肩のケガで盗塁王争いから脱落したが、昨季はシーズンを通して出場を続け、自身初の盗塁王を獲得した。打撃はまだ発展途上だが、ツボに入れば140メートル級の飛距離を飛ばすこともあり、ポテンシャルは認められている。昨季の9月以降は、24試合で打率3割5分6厘をマーク。これがフロックでなければ、走攻守三拍子がそろう。父のラウル・モンデシーは、メジャー通算271本塁打の大物。現役引退後にはドミニカで政界に進出したが、2017年に公金横領の罪で禁固8年の判決を受けている。

カモ S·ターンブル(タイガース).500(14-7)0本 **苦手** L·ジオリート(ホワイトソックス).053(19-1)0本

年度	所属チーム	試合数	打数	得点	安打	二塁打	三塁打	本塁打	打点	四球	三振	盗塁	盗塁死	出塁率	OPS	打率
2016	ロイヤルズ	47	135	16	25	1	3	2	13	6	48	9	1	.231	.512	.185
2017	ロイヤルズ	25	53	4	9	1	0	1	3	3	22	5	2	.214	.460	.170
2018	ロイヤルズ	75	275	47	76	13	3	14	37	11	77	32	7	.306	.804	.276
2019	ロイヤルズ	102	415	58	109	20	10	9	62	19	132	43	7	.291	.715	.263
2020	ロイヤルズ	59	219	33	56	11	3	6	22	11	70	24	8	.294	.710	.256
通算成績		308	1097	158	275	46	19	32	137	50	349	113	25	.284	.699	.251

12 一昨年のアメリカン・リーグ本塁打王 DH ライト
ホルヘ・ソレーア *Jorge Soler*

29歳 1992.2.25生 | 193cm | 107kg | 右投右打
◆対左投手打率／.263 ◆対右投手打率／.223
◆ホーム打率／.236 ◆アウェー打率／.221 ◆得点圏打率／.269
◆20年のポジション別出場数／DH=35、ライト=8
◆ⓓ2012㊋カブス ◆出キューバ
◆年805万ドル(約8億4525万円) ◆本塁打王1回(19年)

ミート3 パワー5 走塁3 守備2 肩4

一昨年、ロイヤルズ史上最多、キューバ出身選手史上最多のシーズン48本塁打を放ち、本塁打王を獲得した右の大砲。圧倒的な長打力を誇るが、強烈な上半身のひねりで打球を飛ばすタイプで故障がち。昨季も9月に右腹斜筋(ふくしゃきん)を痛め、離脱してしまった。2019年のようにフル出場できれば、本塁打王級の破壊力を見せることは確かだが、「万全ならば」の注釈が付くことも事実だ。ガールフレンドとの間に6歳の息子がおり、昨年3月には球団公式ツイッターが、庭で野球をして遊ぶソレーア親子の動画を投稿。父から見事なサク越え本塁打を放ち、父をまねて天を指差すかわいらしい息子の姿が反響を集めた。

カモ C・スタシェック(ツインズ).750(4-3)2本 苦手 S・ビーバー(インディアンズ).083(12-1)0本

年度	所属チーム	試合数	打数	得点	安打	二塁打	三塁打	本塁打	打点	四球	三振	盗塁	盗塁死	出塁率	OPS	打率
2014	カブス	24	89	11	26	8	1	5	20	6	24	1	0	.330	.903	.292
2015	カブス	101	366	39	96	18	1	10	47	32	121	3	1	.324	.723	.262
2016	カブス	86	227	37	54	9	0	12	31	31	66	0	0	.333	.769	.238
2017	ロイヤルズ	35	97	7	14	5	0	2	6	12	36	0	0	.245	.503	.144
2018	ロイヤルズ	61	223	27	59	18	0	9	28	28	69	3	1	.354	.820	.265
2019	ロイヤルズ	162	589	95	156	33	1	48	117	73	178	3	1	.354	.922	.265
2020	ロイヤルズ	43	149	17	34	8	0	8	24	19	60	0	0	.326	.769	.228
通算成績		512	1740	233	439	99	3	94	273	201	554	10	3	.335	.810	.252

15 切り込み隊長を務める野手のリーダー格 ライト センター セカンド
ウィット・メリフィールド *Whit Merrifield*

32歳 1989.1.24生 | 185cm | 88kg | 右投右打
◆対左投手打率／.296 ◆対右投手打率／.278
◆ホーム打率／.236 ◆アウェー打率／.328 ◆得点圏打率／.320
◆20年のポジション別出場数／ライト=34、センター=23、セカンド=15、レフト=6、ファースト=1
◆ⓓ2010⑨ロイヤルズ ◆出サウスカロライナ州
◆年675万ドル(約7億875万円) ◆盗塁王2回(17、18年)

ミート4 パワー3 走塁5 守備4 肩3

2023年までの長期契約を結び、トップバッターを任されている安打製造機。17年から2年連続で盗塁王、18年から2年連続で最多安打。守備ではセカンド、ファースト、サード、外野3ポジションをそつなくこなすユーティリティだ。打撃は四球が少なく、積極的にヒットを狙うタイプで、マルチヒットの常連であることから「ツーヒット・ウィット」の異名を持つ。走力は衰えていないが、もともと盗塁技術がズバ抜けているわけではなく、警戒されればそれなりに刺される。メジャーに昇格した際、「このままではいけない」と肉体改造を敢行。1日7食のハードな食トレで、鋼(はがね)の肉体を作り上げた。

カモ M・ボイド(タイガース).521(48-25)0本 苦手 N・ウィットグレン(インディアンズ).000(11-0)0本

年度	所属チーム	試合数	打数	得点	安打	二塁打	三塁打	本塁打	打点	四球	三振	盗塁	盗塁死	出塁率	OPS	打率
2016	ロイヤルズ	81	311	44	88	22	3	2	29	19	72	8	3	.323	.716	.283
2017	ロイヤルズ	145	587	80	169	32	6	19	78	29	88	34	8	.324	.784	.288
2018	ロイヤルズ	158	632	88	192	43	3	12	60	61	114	45	10	.367	.806	.304
2019	ロイヤルズ	162	681	105	206	41	10	16	74	45	126	20	10	.348	.811	.302
2020	ロイヤルズ	60	248	38	70	12	0	9	30	12	33	12	3	.325	.764	.282
通算成績		606	2459	355	725	150	22	58	271	166	433	119	34	.342	.787	.295

41 稀少価値の高い「選べる」スラッガー
カルロス・サンタナ *Carlos Santana*

ファースト　移籍

35歳 1986.4.8生 | 180cm | 95kg | 右投両打
◆対左投手打率／.246 ◆対右投手打率／.179
◆ホーム打率／.227 ◆アウェー打率／.174 ◆得点圏打率／.283
◆20年のポジション別出場数／ファースト=60
◆ドミニカ2004外ドジャース ◆出ドミニカ
◆年700万ドル(約7億3500万円) ◆シルバースラッガー賞1回(19年)

ミート 4 ／ パワー 5 ／ 走塁 3 ／ 守備 3 ／ 肩 4

昨年12月に2年契約で加入したベテランスラッガー。長年、インディアンズに在籍し、ロイヤルズを苦しめてきた一人。特筆すべきは通算打率2割4分8厘に対し、通算出塁率が3割6分6厘という点。メジャー屈指の選球眼を持ち、当てる技術も高い。昨季も打率1割9分9厘ながら、アメリカン・リーグ最多の47四球を選び、出塁率3割4分9厘をマークしている。フルシーズンで出場すれば、20～30本塁打を見込めるうえに、安定感も抜群。掃いて捨てるほどいるフリースインガーとは一味違う実力者だ。ヒゲ面のコワモテだが、インスタグラムに子供とのショットをよく投稿する子煩悩な一面も。

カモ M・ピネダ(ツインズ).600(10-6)0本　苦手 M・ボイド(タイガース).192(26-5)1本

年度	所属チーム	試合数	打数	得点	安打	二塁打	三塁打	本塁打	打点	四球	三振	盗塁	盗塁死	出塁率	OPS	打率
2010	インディアンズ	46	150	23	39	13	0	6	22	37	29	3	0	.401	.868	.260
2011	インディアンズ	155	552	84	132	35	2	27	79	97	133	5	3	.351	.808	.239
2012	インディアンズ	143	507	72	128	27	2	18	76	91	101	3	5	.365	.785	.252
2013	インディアンズ	154	541	75	145	39	1	20	74	93	110	3	1	.377	.832	.268
2014	インディアンズ	152	541	68	125	25	0	27	85	113	124	5	2	.365	.792	.231
2015	インディアンズ	154	550	72	127	29	2	19	85	108	122	11	3	.357	.752	.231
2016	インディアンズ	158	582	89	151	31	3	34	87	99	99	5	2	.366	.865	.259
2017	インディアンズ	154	571	90	148	37	3	23	79	88	94	5	1	.363	.818	.259
2018	フィリーズ	161	560	82	128	28	2	24	86	110	93	2	1	.352	.766	.229
2019	インディアンズ	158	573	110	161	30	1	34	93	108	108	4	0	.397	.911	.281
2020	インディアンズ	60	206	34	41	7	0	8	30	47	43	0	0	.349	.699	.199
通算成績		1495	5333	799	1325	301	16	240	796	991	1056	46	18	.366	.812	.248

17 長打が魅力の「ブルドーザー」
ハンター・ドージャー *Hunter Dozier*

サード ライト

30歳 1991.8.22生 | 193cm | 100kg | 右投右打
◆対左投手打率／.250 ◆対右投手打率／.224
◆ホーム打率／.291 ◆アウェー打率／.165 ◆得点圏打率／.195
◆20年のポジション別出場数／ファースト=28、ライト=18、レフト=2、サード=1
◆ド2013①ロイヤルズ ◆出テキサス州
◆年272万ドル(約2億8560万円)

ミート 3 ／ パワー 5 ／ 走塁 3 ／ 守備 2 ／ 肩 4

2013年にドラフト1巡目（全体8位）でロイヤルズに入団した強打者。不調や故障でなかなか芽が出なかったが、19年にチーム2位の26本塁打を放ち、ようやくお目覚め。昨季は打率こそ落としたが、落ち着いて四球を選ぶスタイルを確立し、及第点と言える結果を残した。後半戦はファーストも守ったが、カルロス・サンタナが加入した今季はサードとライトを守ることになりそうだ。愛称は名前をもじった「ブルドーザー」。昨季はブルドーザーに乗ったドージャーのボブルヘッドも配られる予定だったが、コロナ禍で中止に。

カモ M・ボイド(タイガース).476(21-10)2本　苦手 S・ビーバー(インディアンズ).133(15-2)0本

年度	所属チーム	試合数	打数	得点	安打	二塁打	三塁打	本塁打	打点	四球	三振	盗塁	盗塁死	出塁率	OPS	打率
2016	ロイヤルズ	8	19	4	4	1	0	0	1	2	8	0	0	.286	.549	.211
2018	ロイヤルズ	102	362	36	83	19	4	11	34	24	109	2	3	.278	.673	.229
2019	ロイヤルズ	139	523	75	146	29	10	26	84	55	148	2	2	.348	.870	.279
2020	ロイヤルズ	44	158	29	36	4	2	6	12	27	48	4	0	.344	.736	.228
通算成績		293	1062	144	269	53	16	43	131	108	313	8	5	.323	.778	.253

野手

2 大一番で力を発揮するポストシーズン男
マイケル・A・テイラー *Michael A. Taylor*

センター　移籍

30歳 1991.3.26生 | 193cm | 98kg | 右投右打 対左.172 対右.206 ホ.184 ア.209 得.226 ド2009⑥ナショナルズ 出フロリダ州 年175万ドル(約1億8375万円)

ミ2 パ3 走5 守5 肩5

ナショナルズを自由契約になり、昨年11月に1年契約で加入したセンターのレギュラー候補。センターの準レギュラー格だった2017年、18年に、それぞれ12点、13点のDRS（守備で防いだ失点）を記録した守備力が最大の武器。打撃は期待できないが、17年の地区シリーズ第4戦でグランドスラム、19年のワールドシリーズ第2戦で代打本塁打を放ったように、ポストシーズンでは別人。これまで16試合に出場し、打率3割1分6厘、3本塁打の成績を収めている。普段は日曜大工や車いじりが好きな青年。マッスルカーの愛好家で、1965年型のマスタングを乗り回している。

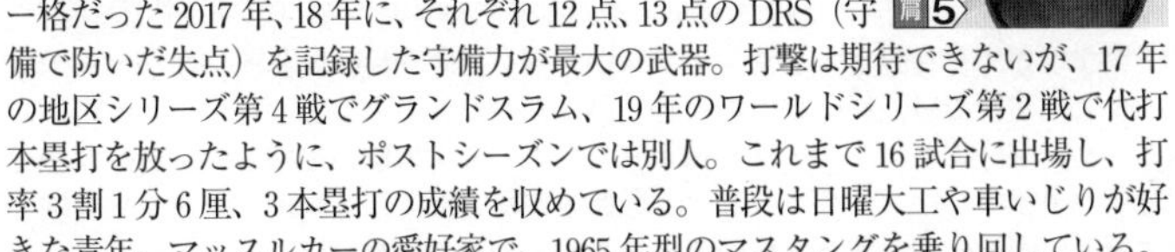

年度	所属チーム	試合数	打数	得点	安打	二塁打	三塁打	本塁打	打点	四球	三振	盗塁	盗塁死	出塁率	OPS	打率
2020	ナショナルズ	38	92	11	18	6	0	5	16	6	27	0	0	.253	.676	.196
通算成績		574	1664	204	395	87	8	53	184	123	566	77	21	.291	.686	.237

ー 早熟の天才打者は2年連続で成績下降中
アンドルー・ベニンテンディ *Andrew Benintendi*

レフト センター　移籍

27歳 1994.7.6生 | 175cm | 82kg | 左投左打 対左.000 対右.125 ホ.115 ア.077 得.000 ド2015①レッドソックス 出オハイオ州 年660万ドル(約6億9300万円)

ミ3 パ4 走4 守4 肩4

今年2月10日のトレードで、レッドソックスから移籍の外野手。一昨年に続き、昨季は開幕から極度のスランプ。悲惨な成績を残したまま、8月上旬に胸筋（きょうきん）の負傷で、わずか14試合のシーズンを終えた。たとえストライクゾーンに来ても空振りが多発するようになり、とくに変化球への対応に苦しんだ。新天地で気分一新し、復活にかける。8歳の頃からプロのインストラクターの指導を受け、2015年のドラフトで、レッドソックスから1巡目（全体7位）に指名された野球エリート。翌16年にデビューし、17年には打率2割7分1厘、20本塁打、90打点で新人王投票の2位に入った。

年度	所属チーム	試合数	打数	得点	安打	二塁打	三塁打	本塁打	打点	四球	三振	盗塁	盗塁死	出塁率	OPS	打率
2020	レッドソックス	14	39	4	4	1	0	0	1	11	17	1	2	.314	.442	.103
通算成績		485	1837	279	502	119	13	51	260	221	400	53	13	.353	.789	.273

1 守備では安定感が光るも、打撃は力不足
ニッキー・ロペス *Nicky Lopez*

セカンド

26歳 1995.3.13生 | 180cm | 79kg | 右投左打 対左.136 対右.224 ホ.206 ア.194 得.179 ド2016⑤ロイヤルズ 出イリノイ州 年57万500ドル(約5990万円)+α

ミ2 パ1 走4 守4 肩3

ロイヤルズに長年在籍し、2020年はヤクルトでプレーしたアルシデス・エスコバーの後継者とも言われた守備型の若手内野手。スムーズな身のこなしで、流れるようにアウトを奪う守備は出色。昨季はゴールドグラブ賞にもノミネートされた。とくにシフトへの適応力が高く、どこを守っていても落ち着いてプレーできるため、首脳陣に安心感はあるだろう。しかし、問題は打撃。2018年には2Aと3Aで合計130試合に出場し、打率3割0分8厘を記録したが、メジャーでは明らかにパワー不足を露呈している。あこがれのアスリートは、デレク・ジーターとレブロン・ジェームズ(NBA)。

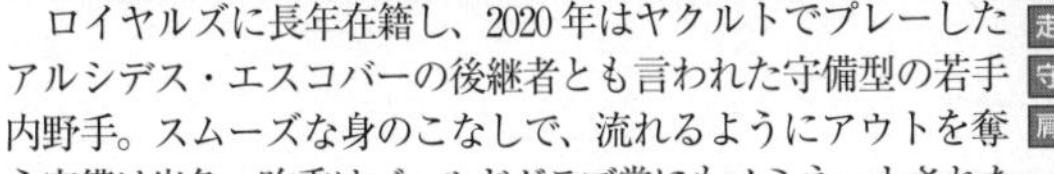

年度	所属チーム	試合数	打数	得点	安打	二塁打	三塁打	本塁打	打点	四球	三振	盗塁	盗塁死	出塁率	OPS	打率
2020	ロイヤルズ	56	169	15	34	8	0	1	13	18	41	0	5	.286	.552	.201
通算成績		159	548	59	125	30	2	3	43	36	92	1	6	.279	.586	.228

対左=対左投手打率　対右=対右投手打率　ホ=ホーム打率　ア=アウェー打率　得=得点圏打率

36 打撃上位で控え捕手戦線では優位に立つ
キャム・ギャラガー Cam Gallagher

キャッチャー

29歳 1992.6.12生 | 191cm | 104kg | 右投右打 盗塁阻止率／.000(4-0) 対左.200 対右.292 ホ.154 ア.407 得.000 ド2011②ロイヤルズ 出ペンシルヴァニア州 年57万500ドル(約5990万円)+α

ミ2 パ2 走2 守3 肩3

2017年にメジャーデビューを果たして以降、2番手を争っているキャッチャー。正捕手のサルヴァドール・ペレスが全休した19年は、球団に代役でマルドナードを獲得されたが、堅実な攻守で存在感を示した。ペレスが復帰した昨季は、開幕前に新型コロナウイルスの検査で陽性反応が出たため、調整が遅れる不運もあったが、シーズンに入ると打撃好調。バックアップ捕手としてまずまずの成績を残している。今季は若手のメイブリース・ヴィロリアとの競争になるが、インサイドワークや経験ではギャラガーに利があり、信頼できる2番手捕手の座をほぼ手中に収めている。

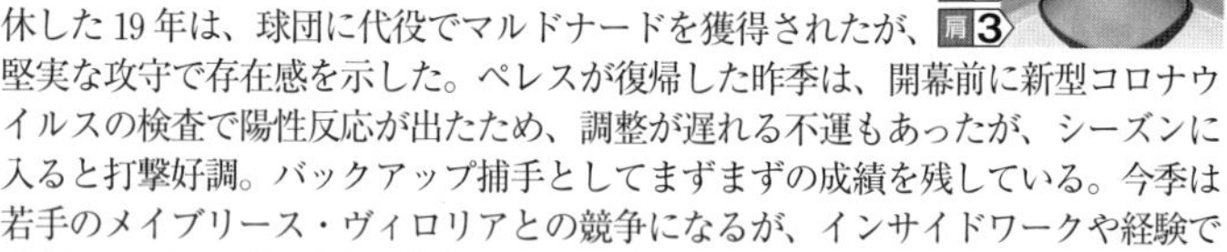

年度	所属チーム	試合数	打数	得点	安打	二塁打	三塁打	本塁打	打点	四球	三振	盗塁	盗塁死	出塁率	OPS	打率
2020	ロイヤルズ	25	53	10	15	5	0	1	3	6	11	0	0	.356	.790	.283
通算成績		105	266	31	64	16	0	6	27	23	58	0	1	.308	.677	.241

14 4人目の外野手からレギュラーを狙う
エドワード・オリヴァレス Edward Olivares

外野手

25歳 1996.3.6生 | 188cm | 85kg | 右投右打 対左.171 対右.279 ホ.279 ア.208 得.182 ド2014外ブルージェイズ 出ベネズエラ 年57万500ドル(約5990万円)+α

ミ3 パ2 走3 守3 肩4

外野手が飽和気味のパドレスから、昨年8月にトレード移籍。一昨年には2Aで127試合に出場し、打率2割8分3厘、18本塁打、35盗塁を記録した走攻守のバランスが良いプレーヤー。昨季も少ないチャンスの中でコンスタントにヒットを放ち、才能の片鱗(へんりん)を示した。パドレスのジェイス・ティングラー監督は「彼は強心臓かつ外野3ポジションで安定感がある」と評しており、オリヴァレス本人も「ここ数年でブレーキングボールに対応できるようになった」と技術の向上を語っている。今季、競争下でビルドアップされるであろうロイヤルズ外野陣に、何としても食い込みたい。

年度	所属チーム	試合数	打数	得点	安打	二塁打	三塁打	本塁打	打点	四球	三振	盗塁	盗塁死	出塁率	OPS	打率
2020	パドレス	13	34	4	6	1	0	1	3	2	14	0	1	.222	.516	.176
2020	ロイヤルズ	18	62	5	17	1	1	2	7	2	11	0	1	.292	.712	.274
2020	2チーム計	31	96	9	23	2	1	3	10	4	25	0	2	.267	.642	.240
通算成績		31	96	9	23	2	1	3	10	4	25	0	2	.267	.642	.240

– ボビー・ウィット・ジュニア Bobby Witt Jr.

ショート 期待度 A ルーキー

21歳 2000.6.14生 | 185cm | 86kg | 右投右打 ◆一昨年はルーキー級でプレー ド2019①ロイヤルズ 出テキサス州

2019年のドラフトで、ロイヤルズが1巡目（全体2位）に指名した逸材中の逸材。5ツールそろった遊撃手で、メジャーを代表するスター選手になることを期待されている。父ボビー・ウィット・シニアは、メジャー通算142勝の元投手で、1995年に野茂英雄がメジャー初ヒットを打ったときの相手投手だ。

– カイル・イズベル Kyle Isbel

外野手 期待度 B⁻ ルーキー

24歳 1997.3.3生 | 180cm | 83kg | 右投左打 ◆一昨年はルーキー級、1A+でプレー ド2018③ロイヤルズ 出カリフォルニア州

成長著しい注目の若手外野手。最も評価されているのはバッティング。広角に打ち分けるスプレーヒッタータイプで、高打率を期待できる。パワーもついてきており、将来的にメジャーで、15本前後の本塁打を打てると首脳陣は期待している。走力と守備力は「中の上」、肩の強さは「中」レベルだ。

対左=対左投手打率 対右=対右投手打率 ホ=ホーム打率 ア=アウェー打率 得=得点圏打率
ド=ドラフトデータ 出=出身地 年=年俸
※昨季、マイナーリーグは中止

アメリカン・リーグ……中部地区　*DETROIT TIGERS*

デトロイト・タイガース

◆創　立：1894年
◆本拠地：ミシガン州デトロイト市

◆ワールドシリーズ制覇：4回／◆リーグ優勝：11回
◆地区優勝：7回／◆ワイルドカード獲得：1回

主要オーナー クリストファー・イーリッチ（スポーツ企業家）

過去5年成績

年度	勝	負	勝率	ゲーム差	地区順位	ポストシーズン成績
2016	86	75	.534	8.0	②	―
2017	64	98	.395	38.0	⑤	―
2018	64	98	.395	27.0	③	―
2019	47	114	.292	53.5	⑤	―
2020	**23**	**35**	**.397**	**12.0**	⑤	―

監督

14 AJヒンチ *AJ Hinch*

新

◆年　　齢…………47歳（アイオワ州出身）
◆現役時代の経歴…7シーズン　アスレティックス（1998〜2000）、
（キャッチャー）　ロイヤルズ（2001〜02）、タイガース（2003）、フィリーズ（2004）
◆現役通算成績……350試合　.219　32本　112打点
◆監督経歴…………7シーズン　ダイヤモンドバックス（2009〜10）、アストロズ（2015〜19）
◆通算成績…………570勝452敗（勝率.558）

2019年までは、アストロズで監督を務めていたタイガースの新監督。17年にワールドシリーズを制覇し、メジャーを代表する名将と見なされるようになった。事態が一変したのは、19年のシーズンオフ。アストロズが過去に行った不正なサイン盗みが、表ざたになったのだ。積極的に関与したわけではなかったが、止められなかったヒンチも当然責任を問われることに。結果、メジャーリーグ機構より1年間の出場停止処分を受け、アストロズからも解任を通告された。

注目コーチ **53 スコット・クールボー** *Scott Coolbaugh*

新打撃コーチ。55歳。昨季はホワイトソックスで、打撃コーチ補佐を務めていた。現役時代は三塁手。1995年から96年の途中まで、日本の「タイガース」でプレーした。

編成責任者 **アル・アヴィーラ** *Al Avila*

63歳。相変わらず効果的な策を打ち出せず、チームは低迷したままだ。マイナーには楽しみな若手も多いが、チームの主力となって活躍するまで、まだ数年かかりそう。

スタジアム **コメリカ・パーク** *Comerica Park*

◆開 場 年…………2000年
◆仕　　様…………天然芝
◆収容能力…………41,083人
◆フェンスの高さ …2.1〜2.7m
◆特　　徴…………他球場に比べ、三塁打が出やすいというデータがある。タイガースの球場らしく、至るところに虎のオブジェがある。タイガースの選手がホームランを打った際には、スコアボードの上に設置された、虎のオブジェの目が光る。

ニュートラル
パーク

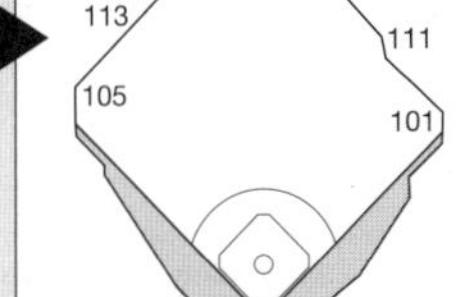

Best Order

[ベストオーダー]

①ヴィクター・レイエス……ライト
②ウィリ・カストロ……ショート
③ジョナサン・スコープ……セカンド
④ミゲール・カブレラ……DH
⑤ジャイマー・キャンデラリオ……ファースト
⑥ジャコビー・ジョーンズ……センター
⑦ロビー・グロスマン……レフト
⑧ウィルソン・ラモス……キャッチャー
⑨ハロルド・カストロ……サード

Depth Chart

[ポジション別選手層・メンバーリスト]

※2021年2月12日時点の候補選手。数字は背番号(開幕前に変更する場合もあり)、右・左等は投・打の順。

センター
21 **ジャコビー・ジョーンズ [右・右]**
41 ダズ・キャメロン [右・右]
54 デレク・ヒル [右・右]

レフト
− **ロビー・グロスマン [左・両]**
20 クリスティン・ステュワート [右・左]

ライト
22 **ヴィクター・レイエス [右・両]**
20 クリスティン・ステュワート [右・左]
− ノマー・マザーラ [左・左]

ショート
49 **ウィリ・カストロ [右・両]**
28 ニコ・グッドラム [右・両]
30 ハロルド・カストロ [右・左]

セカンド
8 **ジョナサン・スコープ [右・右]**
28 ニコ・グッドラム [右・両]
30 ハロルド・カストロ [右・左]

ローテーション
48 マシュー・ボイド [左・左]
56 スペンサー・ターンブル [右・右]
62 ホセ・ウレイニャ [右・右]
29 タリク・スクーバル [左・左]
12 ケイシー・マイズ [右・右]
32 マイケル・フルマー [右・右]

サード
30 **ハロルド・カストロ [右・左]**
19 アイザック・パレデス [右・右]

ファースト
46 **ジャイマー・キャンデラリオ [右・両]**
30 ハロルド・カストロ [右・左]

キャッチャー
40 **ウィルソン・ラモス [右・右]**
17 グリーソン・グライナー [右・右]
34 ジェイク・ロジャーズ [右・右]

DH
24 **ミゲール・カブレラ [右・右]**

ブルペン
33 ブライアン・ガルシア [右・右] CL
65 グレゴリー・ソト [左・左]
45 バック・ファーマー [右・左]
67 ホセ・シスネロ [右・右]
77 ジョー・ヒメネス [右・右]
44 ダニエル・ノリス [左・左]
70 タイラー・アレグザンダー [左・右]
51 ロニー・ガルシア [右・右]
36 カイル・ファンクハウザー [右・右]
71 ジョシュ・シュライバー [右・右]

※CL=クローザー

タイガース試合日程……＊はアウェーでの開催

4月1・3・4	インディアンズ	4・5・6	レッドソックス＊	3・4・5・6	ホワイトソックス＊
5・6・7	ツインズ	7・8・9	ツインズ	8・9・10	マリナーズ
9・10・11	インディアンズ＊	11・12・13	ロイヤルズ	11・12・13	ホワイトソックス
12・13・14	アストロズ＊	14・15・16	カブス	14・15・16	ロイヤルズ＊
15・16・17・18	アスレティックス＊	17・18・19	マリナーズ＊	17・18・19・20	エンジェルス＊
20・21・22	パイレーツ	21・22・23	ロイヤルズ＊	22・23	カーディナルス
23・24・25・26	ロイヤルズ	24・25・26・27	インディアンズ	24・25・26・27	アストロズ
27・28・29	ホワイトソックス＊	28・29・30	ヤンキース	28・29・30	インディアンズ＊
30・5月1・2	ヤンキース＊	31・6月1	ブリュワーズ＊	7月2・3・4	ホワイトソックス

球団メモ 昨年6月、タイガース一筋でプレーし、通算3007安打を放ったアル・ケーラインが死去。享年85。背番号「6」は、タイガース初の永久欠番に指定されている。

Analysis　矢印は、昨季終了時との比較　[戦力分析]

■投手力 ➡ …★★☆☆☆　【昨年度チーム防御率5.63、リーグ15位】

昨季先発陣でマトモな成績を残したのはターンブルのみ。実績のあるボイドやノヴァ、期待の新星マイズもお話にならず、先発防御率6.37はアメリカン・リーグはおろか、30球団ダントツの最下位。先発投手は9勝22敗と大きく負け越した。その状況でノリス、アレグザンダーを第２先発に留め置いたのは理解不能。マーリンズの元エース・ウレイニャを補強したが、すでに劣化が始まっており、焼け石に水だろう。逆にリリーフ陣はガルシア、ファーマー、シスネロ、ソトの４人が奮闘した。ただ、救援防御率4.94はリーグ10位で、守護神ヒメネスも絶不調。きっと今季もどうにもならない。

■攻撃力 ➡ …★★☆☆☆　【昨年度チーム得点249、リーグ12位】

ウィリー・カストロ、キャンデラリオが好調。チーム打率２割４分５厘はリーグ７位と悪くないが、早打ちぞろいでチーム出塁率３割０分３厘はリーグ14位。新加入のグロスマンは高出塁率を期待できるが、スラッガー勢の破壊力が不足しているため、大きなプラスにはならないだろう。

■守備力 ↘ …★★★☆☆　【昨年度チーム失策数29、リーグ5位】

正捕手のローマインが1年で退団し、ラモスを獲得したが、守備力低下は顕著。守備に定評があるグライナーやロジャーズをもっと使って育てるべき。

■機動力 ➡ …★★★☆☆　【昨年度チーム盗塁数19、リーグ13位タイ】

打てる選手は走れず、走れる選手は打てない。2ケタ盗塁を期待できるレイエス、グッドラムが打てるようになれば、少しは勢いがつきそうだが……。

総合評価 ➡
★★☆☆☆

カブレラの年3000万ドルの巨大契約が2023年まで残っており、その先を見据（みす）えたチーム作りが必要だが、有望株を確保できるほどのトレード要員がいないのも痛い。謹慎明けのヒンチ監督を招聘（しょうへい）したが、おそらく安かったのが採用理由。

IN 主な入団選手

投手
ホセ・ウレイニャ←マーリンズ

野手
ロビー・グロスマン←アスレティックス
ウィルソン・ラモス←メッツ
ノマー・マザーラ←ホワイトソックス

OUT 主な退団選手

投手
マイケル・カストロ➡ブルージェイズ
イヴァン・ノヴァ➡フィリーズ

野手
オースティン・ローマイン➡カブス
C.J.クロン➡所属先未定

5・6・7	レンジャーズ*	6・7・8	インディアンズ*	6・7・8	パイレーツ*
8・9・10・11	ツインズ*	10・11・12	オリオールズ*	10・11・12	レイズ
13	オールスターゲーム	13・14・15	インディアンズ	14・15	ブリュワーズ
16・17・18	ツインズ	17・18・19	エンジェルス	16・17・18・19	レイズ*
19・20・21・22	レンジャーズ	20・21・22	ブルージェイズ*	20・21・22	ホワイトソックス
23・24・25	ロイヤルズ*	24・25	カーディナルス*	24・25・26	ロイヤルズ
26・27・28	ツインズ*	27・28・29	ブルージェイズ	28・29・30	ツインズ*
29・30・31・8月1	オリオールズ	31・9月1・2	アスレティックス	10月1・2・3	ホワイトソックス*
3・4・5	レッドソックス	3・4・5	レッズ*		

球団メモ　昨年のドラフトで、アリゾナ州立大学の強打者スペンサー・トーケルソンを１巡目（全体１位）で指名。契約金は、ドラフト史上最高額の841万6300ドル（約9億円）。

タイガース

56 被本塁打2本、ゴロを打たせる名人 スペンサー・ターンブル *Spencer Turnbull*

先発

29歳 1992.9.18生 | 191cm | 96kg | 右投右打
◆速球のスピード／150キロ前後(フォーシーム、シンカー)
◆決め球と持ち球／◎フォーシーム、○スライダー、△シンカー、△チェンジアップ
◆対左.218 ◆対右.236 ◆ホ防2.22 ◆ア防5.72
◆ド2014②タイガース ◆出ミシシッピ州
◆年57万500ドル(約5990万円)+α

球威4 制球3 緩急3 守備・牽制3 度胸4

一発を封じ、ローテーションの柱になった右腕。一昨年はリーグワーストの17敗。だが昨年は夏季キャンプ前、実家に戻った際に父親ジョンさんとピッチング練習を続け、コロナ禍にあって開幕から順調なスタートを切った。7月31日、レッズ戦の初勝利で自身の連敗を13でストップするとともに、デビューからの本拠地連敗も12でピリオドを打った。一昨年も14本に抑えたが、被本塁打が少ないのが特徴。昨年は56イニング以上投げたメジャー61人中、最小タイの2本に抑えた。シンカーは2年連続被打率3割台だったが、フォーシームは、被打率が2割5分5厘から1割9分8厘と向上している。

カモ H・ドージャー(ロイヤルズ).000(10-0)0本　苦手 A・モンデシー(ロイヤルズ).500(14-7)0本

年度	所属チーム	勝利	敗戦	防御率	試合数	先発	セーブ	投球イニング	被安打	失点	自責点	被本塁打	与四球	奪三振	WHIP
2018	タイガース	0	2	6.06	4	3	0	16.1	17	11	11	1	4	15	1.29
2019	タイガース	3	17	4.61	30	30	0	148.1	154	86	76	14	59	146	1.44
2020	タイガース	4	4	3.97	11	11	0	56.2	47	25	25	2	29	51	1.34
通算成績		7	23	4.55	45	44	0	221.1	218	122	112	17	92	212	1.40

48 一発を浴びまくりメジャーワーストの防御率 マシュー・ボイド *Matthew Boyd*

先発

30歳 1991.2.2生 | 191cm | 106kg | 左投左打
◆速球のスピード／140キロ台後半(フォーシーム)
◆決め球と持ち球／◎スライダー、○フォーシーム、○チェンジアップ、△カーブ
◆対左.135 ◆対右.304 ◆ホ防7.36 ◆ア防6.10
◆ド2013⑥ブルージェイズ ◆出ワシントン州
◆年650万ドル(約6億8250万円)

球威3 制球3 緩急3 守備・牽制4 度胸4

3年連続チーム最多投球回のタフネス右腕。選手会のチーム代表として、あわただしい日々を送った影響か、開幕からの最初の4試合で22失点。その後はやや復調したが、2年連続でリーグの本塁打配球王になり、40人いた規定投球回投手最低の防御率を記録してしまった。奪三振率も大幅ダウン。他球団から移籍の申し出が多数あったが、昨季の乱調でその声も聞かれなくなった。アシュリー夫人と、ウガンダの少年少女たちへの支援活動に参加し、一昨年オフは実際に同国へ足を運んだ。昨年は新型コロナの影響で断念したが、子供たちの家の建設も軌道に乗っているとの知らせを聞き、喜んでいる。

カモ M・ケプラー(ツインズ).100(20-2)1本　苦手 H・ドージャー(ロイヤルズ).476(21-10)2本

年度	所属チーム	勝利	敗戦	防御率	試合数	先発	セーブ	投球イニング	被安打	失点	自責点	被本塁打	与四球	奪三振	WHIP
2015	ブルージェイズ	0	2	14.85	2	2	0	6.2	15	11	11	5	1	7	2.40
2015	タイガース	1	4	6.57	11	10	0	50.2	56	39	37	12	19	36	1.48
2015	2チーム計	1	6	7.53	13	12	0	57.1	71	50	48	17	20	43	1.59
2016	タイガース	6	5	4.53	20	18	0	97.1	97	51	49	17	29	82	1.29
2017	タイガース	6	11	5.27	26	25	0	135.0	157	84	79	18	53	110	1.56
2018	タイガース	9	13	4.39	31	31	0	170.1	146	87	83	27	51	159	1.16
2019	タイガース	9	12	4.56	32	32	0	185.1	178	101	94	39	50	238	1.23
2020	タイガース	3	7	6.71	12	12	0	60.1	67	46	45	15	22	60	1.48
通算成績		34	54	5.08	134	130	0	705.2	716	419	398	133	225	692	1.33

対左=対左打者被打率　対右=対右打者被打率　ホ防=ホーム防御率　ア防=アウェー防御率
ド=ドラフトデータ　出=出身地　年=年俸　カモ 苦手は通算成績

32 リハビリも兼ねてオール3イニング登板 マイケル・フルマー *Michael Fulmer*

先発

28歳 1993.3.15生 | 191cm | 112kg | 右投右打 速150キロ台前半(フォーシーム、ツーシーム) 決◎フォーシーム 対左.258 対右.519 ド2011①メッツ 出オクラホマ州 年310万ドル(約3億2550万円)◆新人王(16年)

球3 制3 緩3 守・牽3 度3

一昨年3月に受けたトミー・ジョン手術から復帰した、2016年の新人王。昨季はマイナーでの登板を経て、メジャー昇格の予定だった。だが、新型コロナの影響でマイナーが全試合中止となったため、メジャーの場がリハビリとなり、先発10試合すべて3イニング限定という、前代未聞のオール「オープナー」として登板。手術明けだったこともあり、2年前に比べて速球が5キロほど遅く、とくに右打者によく打たれた。昨年1月に亡くなったタイガースのレジェンド、アル・ケーラインを慕っており、「キャンプで自分と長男マイルズに会って欲しかった」とツイートしていた。

年度	所属チーム	勝利	敗戦	防御率	試合数	先発	セーブ	投球イニング	被安打	失点	自責点	被本塁打	与四球	奪三振	WHIP
2020	タイガース	0	2	8.78	10	10	0	27.2	45	27	27	8	12	20	2.06
通算成績		24	33	4.09	85	85	0	483.2	459	239	220	56	140	376	1.24

62 死球を恐れない武闘派右腕 ホセ・ウレイニャ *Jose Urena*

先発 移籍

30歳 1991.9.12生 | 188cm | 94kg | 右投右打 速150キロ台前半(シンカー主体) 決◎スライダー 対左.406 対右.158 ド2008外マーリンズ 出ドミニカ 年325万ドル(約3億4125万円)

球3 制3 緩3 守・牽3 度5

ここ2シーズン、ケガや調整不足で満足な結果が残せていない元マーリンズのエース。打者の内角を果敢に突く強気のピッチングが持ち味で、2017年、18年はナショナル・リーグ最多の与死球を記録。血の気が多く、ぶつけた打者との間に不穏な空気がただようことも多い。オフにマーリンズをFAとなり、昨年12月、1年325万ドルでタイガースと契約。17年に14勝をマークしたとき、当時の投手コーチだったホアン・ニェヴェスが、昨年11月、タイガースの投手コーチ補佐に就任している。その存在は、新天地での復活にかけるウレイニャにとって大きな助けとなるはずだ。

年度	所属チーム	勝利	敗戦	防御率	試合数	先発	セーブ	投球イニング	被安打	失点	自責点	被本塁打	与四球	奪三振	WHIP
2020	マーリンズ	0	3	5.40	5	5	0	23.1	22	15	14	4	13	15	1.50
通算成績		32	46	4.60	142	98	4	597.0	592	319	305	78	208	406	1.34

29 カッターはメジャー最速の平均95.4マイル タリク・スクーバル *Tarik Skubal*

先発 ルーキー

25歳 1996.11.20生 | 191cm | 98kg | 左投左打 速150キロ台中頃(フォーシーム主体) 決◎カッター 対左.136 対右.258 ド2018⑨タイガース 出カリフォルニア州 年57万500ドル(約5990万円)+α

球4 制3 緩3 守・牽3 度4

下位指名からローテーション入りを目指す左腕。大学時代にトミー・ジョン手術を受け、リハビリ中の2017年にダイヤモンドバックスから29巡指名されたが、拒否。翌年、タイガースの9巡指名でプロ入りし、19年はマイナーで高い奪三振率が称賛された。メジャーデビューした昨季も、フォーシーム、スライダー、チェンジアップ、カーブ、そして平均球速95.4マイル(約153キロ)を誇るメジャー最速のカッターを駆使し、奪三振率は10.41。弱点はフライボール・ピッチャーなので、一発のリスクが高いこと。昨季はわずか7試合の先発で、初回先頭アーチ3本含め9本塁打を浴びた。

年度	所属チーム	勝利	敗戦	防御率	試合数	先発	セーブ	投球イニング	被安打	失点	自責点	被本塁打	与四球	奪三振	WHIP
2020	タイガース	1	4	5.63	8	7	0	32.0	28	21	20	9	11	37	1.22
通算成績		1	4	5.63	8	7	0	32.0	28	21	20	9	11	37	1.22

速=速球のスピード 決=決め球

70 9者連続奪三振の救援新記録を樹立
タイラー・アレグザンダー Tyler Alexander

ミドルリリーフ

27歳 1994.7.14生 | 188cm | 91kg | 左投右打 速140キロ台中頃(フォーシーム) 決◎スライダー
対左.225 対右.306 ド2015②タイガース 出イリノイ州 年57万500ドル(約5990万円)+α

球3 制4 緩4 守・牽4 度4

昨季、チームで最も脚光を浴びた左腕。速球のスピードは速くはないが、スライダーを中心に多彩な変化球を駆使。8月2日のレッズ戦では、4人から見逃しで奪うなど制球も冴え、救援新記録の9連続奪三振。惜しかったのが10人目のムスタカスとの対戦で、カウント0-2からのヒザ元へのカーブをカットされたあとに死球を与えてしまう。次打者スアレスを三振にしとめただけに惜しかった。記録達成の帽子はクーパーズタウンの野球殿堂に展示された。牽制のうまさも出色。一昨年は誰も盗塁を試みることさえできなかったが、昨季は6回中4回刺し、牽制でも2人を刺した。

年度	所属チーム	勝利	敗戦	防御率	試合数	先発	セーブ	投球イニング	被安打	失点	自責点	被本塁打	与四球	奪三振	WHIP
2020	タイガース	2	3	3.96	14	2	0	36.1	39	16	16	8	9	34	1.32
通算成績		3	7	4.50	27	10	0	90.0	107	46	45	17	16	81	1.37

33 シンカーを武器に被本塁打0
ブライアン・ガルシア Bryan Garcia

クローザー

26歳 1995.4.19生 | 185cm | 98kg | 右投右打 速150キロ前後(シンカー主体) 決◎シンカー
対左.225 対右.220 ド2016⑥タイガース 出フロリダ州 年57万500ドル(約5990万円)+α

球4 制3 緩4 守・牽3 度5

昨年9月にクローザーに抜擢(ばってき)された若手右腕。肩口から小気味よく投げ込むファストボールが武器だが、シンカー回転でも伸びる独特の球筋で、スライダーとのコンビネーションは見事。三振も狙えるが、昨季は芯を外す投球に力を注ぎ、投球の幅を広げた。9回のマウンドでも落ち着いて投げられるのは、彼が生粋(きっすい)のクローザーだから。マイアミ大学では1年生のときから守護神を務め、3シーズンで43セーブを記録。アトランティック・コースト・カンファレンスの歴代記録を塗り替え、全米大学野球記者協会が選ぶ「ストッパー・オブ・ザ・イヤー」にも輝いた経歴の持ち主だ。

年度	所属チーム	勝利	敗戦	防御率	試合数	先発	セーブ	投球イニング	被安打	失点	自責点	被本塁打	与四球	奪三振	WHIP
2020	タイガース	2	1	1.66	26	0	4	21.2	18	6	4	0	10	12	1.29
通算成績		2	1	4.13	33	0	4	28.1	27	15	13	1	15	19	1.48

67 流浪の旅を経てメジャーに戻ってきた剛腕
ホセ・シスネロ Jose Cisnero

セットアップ

32歳 1989.4.11生 | 191cm | 111kg | 右投右打 速150キロ台中頃(フォーシーム主体) 決◎スライダー
対左.184 対右.222 ド2007外アストロズ 出ドミニカ 年97万ドル(約1億185万円)

球5 制3 緩2 守・牽3 度3

低めのスリークォーターから、重厚なフォーシームを投げるドミニカ人右腕。2013年、24歳のときにアストロズでデビューしたが、15年のトミー・ジョン手術を機にフェードアウト。マイナー契約すらできず、メキシコ、ベネズエラ、ドミニカ、北米独立リーグなどを転々とし、流浪の生活を送っていた。一昨年、タイガースから春季キャンプの招待を受けると、若手時代の力ないアーム投法から一変、160キロにせまる豪速球を披露し、最後のチャンスをつかみ取った。昨季は31歳にして、ブルペンの中核にランクアップ。チームと愛する家族のため、今季も投げまくる決意だ。

年度	所属チーム	勝利	敗戦	防御率	試合数	先発	セーブ	投球イニング	被安打	失点	自責点	被本塁打	与四球	奪三振	WHIP
2020	タイガース	3	3	3.03	29	0	0	29.2	23	10	10	1	10	34	1.11
通算成績		5	9	4.13	97	0	0	113.1	115	59	52	11	55	120	1.50

速=速球のスピード 決=決め球 対左=対左打者被打率 対右=対右打者被打率
ド=ドラフトデータ 出=出身地 年=年俸

投手

65 グレゴリー・ソト Gregory Soto

粗さが取れてきたパワフルな救援左腕

セットアップ

26歳 1995.2.11生 | 185cm | 107kg | 左投左打 速150キロ台中頃(フォーシーム主体) 決◎スライダー
対左.095 対右.226 ド2012外タイガース 出ドミニカ 年57万500ドル(約5990万円)+α

球4 制2 緩2 守・牽2 度3

最速161キロの豪速球を投げる、ドミニカ出身のパワー型サウスポー。一昨年、先発としてメジャーデビューしたが、防御率8点台と大荒れでリリーバーに転向。26試合で防御率3点台後半の結果を残し、昨季はブルペンの一員として開幕を迎えた。メチャクチャだった制球もストライクが取れる程度には制御できるようになり、一時はクローザー起用も検討されるほどに成長。しかし、クイックやフィールディングはかなり苦手で、勝ちパターンに据えるのは時期尚早かもしれない。昨季はシーズンが進むにつれて球速が上がっており、投げ疲れしないスタミナもウリになりそうだ。

年度	所属チーム	勝利	敗戦	防御率	試合数	先発	セーブ	投球イニング	被安打	失点	自責点	被本塁打	与四球	奪三振	WHIP
2020	タイガース	0	1	4.30	27	0	2	23.0	16	11	11	2	13	29	1.26
通算成績		0	6	5.36	60	7	2	80.2	90	50	48	11	46	74	1.69

44 ダニエル・ノリス Daniel Norris

オフはバンで車上生活をする変わり者

スイングマン

28歳 1993.4.25生 | 188cm | 84kg | 左投左打 速150キロ前後(フォーシーム主体) 決◎チェンジアップ
対左.154 対右.256 ド2011②ブルージェイズ 出テネシー州 年347.5万ドル(約3億6488万円)

球2 制4 緩3 守・牽4 度3

投手陣の事情に合わせ、どこでも投げてくれる頼もしい左腕。昨季はキャリアで初めてロングリリーフに回ったが、久々の防御率3点台を記録し、フレキシブルな投球術を見せた。起用法や個人成績に執着しない性格で、首脳陣としてはありがたい存在だ。若い頃から「シンプルライフ」を実践し、オフシーズンは1976年型フォルクスワーゲンのバンに寝泊まり。趣味のサーフィンやロッククライミング、写真撮影を満喫し、自由気ままな生活を楽しんでいる。SNSの自己紹介によると、追い求めているものは3つ。「(キリスト教における) 永遠のいのち」「ストライク」「良い波」。

年度	所属チーム	勝利	敗戦	防御率	試合数	先発	セーブ	投球イニング	被安打	失点	自責点	被本塁打	与四球	奪三振	WHIP
2020	タイガース	3	1	3.25	14	1	0	27.2	25	10	10	2	7	28	1.16
通算成績		18	31	4.46	111	83	0	454.0	478	242	225	67	154	410	1.39

12 ケイシー・マイズ Casey Mize

先発 期待度 A ルーキー

24歳 1997.5.1生 | 191cm | 100kg | 右投右打 ◆昨季はメジャーで7試合出場 ド2018①タイガース 出アラバマ州

2018年ドラフトの全体1位右腕。昨年メジャーデビューしたが、自慢のスプリッターが打ち込まれ、初勝利は得られなかった。父ジェイソンさんは警察の麻薬取締官で、休みのたびに息子にピッチングを教え込んだ。その父親は「彼は忍耐面だけが心配」と話すも、息子の2年目の成長を期待している。

25 マット・マニング Matt Manning

先発 期待度 A- ルーキー

23歳 1998.1.28生 | 198cm | 88kg | 右投右打 ◆一昨年は2Aでプレー ド2016①タイガース 出カリフォルニア州

元プロバスケットボール選手の父を持つ長身右腕。ピッチングは、150キロ台前半のフォーシームに、カーブ、チェンジアップを交える。一昨年は2Aで打者を圧倒していたが、昨季は右腕の故障もあり、メジャー昇格はならなかった。長身を利して投げるフォーシームの速球ほか、カーブの評価も高い。

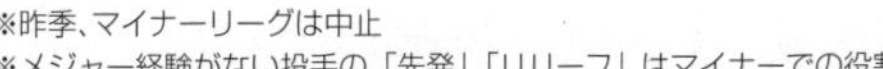
※昨季、マイナーリーグは中止
※メジャー経験がない投手の「先発」「リリーフ」はマイナーでの役割

46 ジャイマー・キャンデラリオ *Jeimer Candelario*

左打席が大幅に良化して、巻き返しに成功　ファースト サード

28歳 1993.11.24生 | 185cm | 100kg | 右投両打
◆対左投手打率／.400　◆対右投手打率／.269
◆ホーム打率／.264　◆アウェー打率／.327　◆得点圏打率／.327
◆20年のポジション別出場数／ファースト=43、サード=10
◆ド2010外カブス　◆出ニューヨーク州
◆年285万ドル(約2億9925万円)

ミート3　パワー3　走塁2　守備3　肩4

2018年に19本塁打を放ち、主力候補に名乗りを上げた中距離打者。一昨年は極度の打撃不振でマイナー落ちも経験。昨季も開幕から17打席ノーヒットと苦しんでいたが、8月に入ると突如打撃開眼。これまで率が残せなかった左打席でも、打率2割6分9厘、出塁率3割4分6厘をマークし、4番打者に返り咲いた。父ロヘリオは元マイナーリーガーで、ロビンソン・カノーの父と旧友。その縁もあって、オフシーズンはカノーと自主トレをしており、弟のようにかわいがってもらっていた。昨年11月、カノーのドーピングが発覚した際には「まったく気づかなかった」と、しんみり語っている。

カモ D・カイクル(ホワイトソックス).600(5-3)0本　苦手 S・ビーバー(インディアンズ).133(15-2)0本

年度	所属チーム	試合数	打数	得点	安打	二塁打	三塁打	本塁打	打点	四球	三振	盗塁	盗塁死	出塁率	OPS	打率
2016	カブス	5	11	0	1	0	0	0	0	2	5	0	0	.286	.377	.091
2017	カブス	11	33	2	5	2	0	1	3	1	12	0	0	.222	.525	.152
2017	タイガース	27	94	16	31	7	0	2	13	12	18	0	0	.406	.874	.330
2017	2チーム計	38	127	18	36	9	0	3	16	13	30	0	0	.359	.784	.283
2018	タイガース	144	539	78	121	28	3	19	54	66	160	3	2	.317	.710	.224
2019	タイガース	94	335	33	68	17	2	8	32	43	99	3	1	.306	.643	.203
2020	タイガース	52	185	30	55	11	3	7	29	20	49	1	1	.369	.872	.297
通算成績		333	1197	159	281	65	8	37	131	144	343	7	4	.326	.721	.235

22 ヴィクター・レイエス *Victor Reyes*

スピードはあるが、底が見えてきた感も……　外野手

27歳 1994.10.5生 | 196cm | 88kg | 右投両打
◆対左投手打率／.342　◆対右投手打率／.262
◆ホーム打率／.245　◆アウェー打率／.306　◆得点圏打率／.216
◆20年のポジション別出場数／センター=30、レフト=22、ライト=18
◆ド2011外ブレーブス　◆出ベネズエラ
◆年57万500ドル(約5990万円)+α

ミート3　パワー2　走塁4　守備3　肩3

2017年12月にルール5ドラフトで加入した外野手。脚力に加え、外野3ポジションをそつなくこなせる器用さもあり、移籍1年目から「4人目の外野手」に定着。一昨年、打率3割0分4厘を記録し、昨季は主にスタメンで起用された。打率2割7分7厘は及第点とも言えるが、相変わらずボール球に手を出してしまう癖が抜けず、出塁率は3割1分5厘。落第とまではいかないが、パワーもないため、打撃の伸びしろはあまり期待できない。本人は長距離砲になりたいようで筋トレにも力を入れているが、ロン・ガーデンハイア前監督は「ヒットを打ってくれればいい」と、遠回しに制止していた。

カモ J・ストーモント(ロイヤルズ).800(5-4)1本　苦手 S・ビーバー(インディアンズ).000(8-0)0本

年度	所属チーム	試合数	打数	得点	安打	二塁打	三塁打	本塁打	打点	四球	三振	盗塁	盗塁死	出塁率	OPS	打率
2018	タイガース	100	212	35	47	5	3	1	12	5	46	9	1	.239	.526	.222
2019	タイガース	69	276	29	84	16	5	3	25	14	64	9	3	.336	.767	.304
2020	タイガース	57	202	30	56	7	2	4	14	9	45	8	2	.315	.706	.277
通算成績		226	690	94	187	28	10	8	51	28	155	26	6	.300	.676	.271

49 ウィリ・カストロ *Willi Castro*

打撃急成長を果たすも、コンバートが濃厚　ショート

24歳 1997.4.24生 | 185cm | 77kg | 右投両打
◆対左投手打率／.391 ◆対右投手打率／.340
◆ホーム打率／.367 ◆アウェー打率／.338 ◆得点圏打率／.400
◆20年のポジション別出場数／ショート=27、サード=8、セカンド=1、DH=1
◆ドラフト2013外インディアンズ ◆出プエルトリコ
◆年57万500ドル（約5990万円）＋α

ミート 4　パワー 4　走塁 3　守備 2　肩 4

昨年、アメリカン・リーグの新人王投票で4位タイに入った若手遊撃手。一昨年は3Aで119試合に出場し、打率3割0分1厘、11本塁打。メジャーでは満足な結果を残せなかったが、昨年8月に再び出番を得ると、力強いスイングでヒットを連発し、雪辱を果たした。ただし守備面はかなりもろく、エラーも連発。サード、セカンドも守れるが、外野の練習もしている。本人はポジションへのこだわりが薄く、「試合に出られるならどこでもいい」と語っており、近い将来、コンバートされるだろう。幼少期はサッカーが大好きだったが、元マイナーリーガーの父が懇願(こんがん)し、10歳のときに野球を始めた。

カモ A・ハウザー（ブリュワーズ）.800(5-4)0本　苦手 A・プルトコ（インディアンズ）.000(6-0)0本

年度	所属チーム	試合数	打数	得点	安打	二塁打	三塁打	本塁打	打点	四球	三振	盗塁	盗塁死	出塁率	OPS	打率
2019	タイガース	30	100	10	23	6	1	1	8	6	34	0	1	.284	.624	.230
2020	タイガース	36	129	21	45	4	2	6	24	7	38	0	1	.381	.932	.349
通算成績		66	229	31	68	10	3	7	32	13	72	0	2	.339	.797	.297

24 ミゲール・カブレラ *Miguel Cabrera*

今度は指名打者での起用に難色を示す　DH

38歳 1983.4.18生 | 193cm | 113kg | 右投右打
◆対左投手打率／.400 ◆対右投手打率／.219
◆ホーム打率／.239 ◆アウェー打率／.259 ◆得点圏打率／.390
◆20年のポジション別出場数／DH=56 ◆ドラフト1999外マーリンズ
◆出ベネズエラ ◆年3000万ドル（約31億5000万円）
◆MVP1回(12、13年)、首位打者4回(11、12、13、15年)、本塁打王2回(08、12年)、打点王2回(10、12年)、シルバースラッガー賞7回(05、06、10、12、13、15、16年)、ハンク・アーロン賞2回(12、13年)

ミート 3　パワー 4　走塁 1　守備 2　肩 2

2012年には三冠王を獲得。通算500本塁打、3000本安打も目前にせまるレジェンド打者。30代後半になっても若手と張り合う実力は残っており、昨季もチームトップの10本塁打をかっ飛ばした。しかし、全盛期に比べると明らかに劣化しているのも事実。一昨年には「オレが打てないのは、後ろの打者がイマイチだからだ」と放言し、波紋を呼んだが、打率が今一つだった昨季は「指名打者だとリズムに乗れない」と発言。年々、気難しさも増している。

カモ 前田健太（ツインズ）.417(12-5)1本　苦手 L・ジオリート（ホワイトソックス）.143(14-2)0本

年度	所属チーム	試合数	打数	得点	安打	二塁打	三塁打	本塁打	打点	四球	三振	盗塁	盗塁死	出塁率	OPS	打率
2003	マーリンズ	87	314	39	84	21	3	12	62	25	84	0	2	.325	.793	.268
2004	マーリンズ	160	603	101	177	31	1	33	112	68	148	5	2	.366	.879	.294
2005	マーリンズ	158	613	106	198	43	2	33	116	64	125	1	0	.385	.947	.323
2006	マーリンズ	158	576	112	195	50	2	26	114	86	108	9	6	.430	.998	.339
2007	マーリンズ	157	588	91	188	38	2	34	119	79	127	2	1	.401	.965	.320
2008	タイガース	160	616	85	180	36	2	37	127	56	126	1	0	.349	.887	.292
2009	タイガース	160	611	96	198	34	0	34	103	68	107	6	2	.396	.942	.324
2010	タイガース	150	548	111	180	45	1	38	126	89	95	3	3	.420	1.042	.328
2011	タイガース	161	572	111	197	48	0	30	105	108	89	2	1	.448	1.033	.344
2012	タイガース	161	622	109	205	40	0	44	139	66	98	4	1	.393	.999	.330
2013	タイガース	148	555	103	193	26	1	44	137	90	94	3	0	.442	1.078	.348
2014	タイガース	159	611	101	191	52	1	25	109	60	117	1	1	.371	.895	.313
2015	タイガース	119	429	64	145	28	1	18	76	77	82	1	1	.440	.974	.338
2016	タイガース	158	595	92	188	31	1	38	108	75	116	0	0	.393	.956	.316
2017	タイガース	130	469	50	117	22	0	16	60	54	110	0	1	.329	.728	.249
2018	タイガース	38	134	17	40	11	0	3	22	22	27	0	0	.395	.843	.299
2019	タイガース	136	493	41	139	21	0	12	59	48	108	0	0	.346	.744	.282
2020	タイガース	57	204	28	51	4	0	10	35	24	51	1	0	.329	.746	.250
通算成績		2457	9153	1457	2866	581	17	487	1729	1159	1812	39	21	.391	.931	.313

一 タイガースが複数年契約を解禁!
ロビー・グロスマン *Robbie Grossman*

レフト　移籍

32歳 1989.9.16生 | 183cm | 98kg | 左投両打 対左.100 対右.260 ホ.268 ア.214 得.205 ド2008⑥パイレーツ 出カリフォルニア州 年500万ドル(約5億2500万円)

ミ3 パ3 走4 守5 肩4

オフにアスレティックスをFAとなり、タイガース入りした両打ちの外野手。チーム再建に向け、緊縮財政に努めてきたタイガースは、2016年オフ以降、FA選手と複数年契約を交わしてこなかった。だが、チームに不足していた「出塁率が高くて、三振が少ない」打者を欲していたタイガースは、今年1月初旬、2年1000万ドルの複数年契約でグロスマンを迎え入れた。ヒンチ新監督とは、15年にアストロズでも監督と選手の間柄。良好な関係を築いている。打撃では昨季、引っ張ることを強く意識した結果、長打の割合がアップした。30歳を超えてなお、進化のきざしを見せている。

年度	所属チーム	試合数	打数	得点	安打	二塁打	三塁打	本塁打	打点	四球	三振	盗塁	盗塁死	出塁率	OPS	打率
2020	アスレティックス	51	166	23	40	12	2	8	23	21	38	8	1	.344	.826	.241
通算成績		726	2362	319	596	131	10	50	254	345	574	37	20	.350	.730	.252

28 内外野全ポジションを守れる器用な男
ニコ・グッドラム *Niko Goodrum*

ユーティリティ

29歳 1992.2.28生 | 191cm | 90kg | 右投両打 対左.333 対右.144 ホ.181 ア.187 得.194 ド2010②ツインズ 出ジョージア州 年210万ドル(約2億2050万円)

ミ2 パ3 走4 守3 肩3

セカンド、ショートを中心に内外野全ポジションをこなすユーティリティ。昨季は打撃が冴えず、ショートのポジションをウィリ・カストロに明け渡したが、シーズン終盤にはセカンドに収まった。悩ましいのは一長一短の打撃。右打席は、通算打率3割2分3厘と確実性があるが、非力。左打席は、パンチ力はあるが、通算打率2割0分6厘。良いとこ取りができれば一流なのだが……。昨年4月にはタイガース代表として、野球ゲーム『MLB The Show』のメジャーリーガー大会に参戦。オリオールズ代表のドワイト・スミス・ジュニアに1対17（3イニング制）で敗れる醜態(しゅうたい)をさらした。

年度	所属チーム	試合数	打数	得点	安打	二塁打	三塁打	本塁打	打点	四球	三振	盗塁	盗塁死	出塁率	OPS	打率
2020	タイガース	43	158	15	29	7	1	5	20	18	69	7	1	.263	.598	.184
通算成績		297	1042	132	244	63	9	33	118	107	349	31	8	.307	.714	.234

21 死球禍でなかなか波に乗れず
ジャコビー・ジョーンズ *JaCoby Jones*

センター

29歳 1992.5.10生 | 188cm | 91kg | 右投右打 対左.286 対右.263 ホ.333 ア.204 得.207 ド2013③パイレーツ 出オクラホマ州 年265万ドル(約2億7825万円)

ミ3 パ3 走4 守4 肩4

守備力を買われ、ここ数年出場機会を確保している中堅手。かつては振り回すだけの打撃でもっぱら守備型の選手だったが、一昨年、マクレンドン打撃コーチ（当時）と二人三脚でスタンスを改造。打率、出塁率ともに上向いていたところに、同年8月に死球で左手首を骨折し、シーズンを終えた。昨季も修業の成果を見せ、右へ左へ長打を飛ばしていたが、9月にまたもや左手に死球を受けて骨折し、ジ・エンド。特段当たりやすいフォームには見えないが、昨年7月にはキャリア2度目の頭部死球を受けており、とにかくアンラッキー。フルシーズンで働けば、20本塁打も射程圏内。

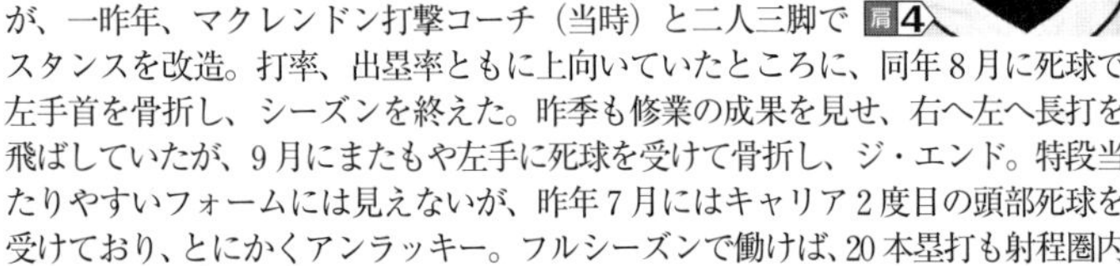

年度	所属チーム	試合数	打数	得点	安打	二塁打	三塁打	本塁打	打点	四球	三振	盗塁	盗塁死	出塁率	OPS	打率
2020	タイガース	30	97	19	26	9	0	5	14	7	34	1	1	.333	.849	.268
通算成績		316	993	129	215	56	10	30	89	67	347	27	10	.281	.665	.217

対左=対左投手打率　対右=対右投手打率　ホ=ホーム打率　ア=アウェー打率　得=得点圏打率
ド=ドラフトデータ　出=出身地　年=年俸

40 経験豊富なリードがウリも、守備は劣化の一途
ウィルソン・ラモス *Wilson Ramos*

キャッチャー 移籍

34歳 1987.8.10生｜185cm｜111kg｜右投右打 盗塁阻止率／.152(33-5) 対左.275 対右.225 ホ.161 ア.300 得.139 ド2004外ツインズ 出ベネズエラ 年200万ドル(約2億1000万円) ◆シルバースラッガー賞1回(16年)

ミ3 パ4 走2 守3 肩2

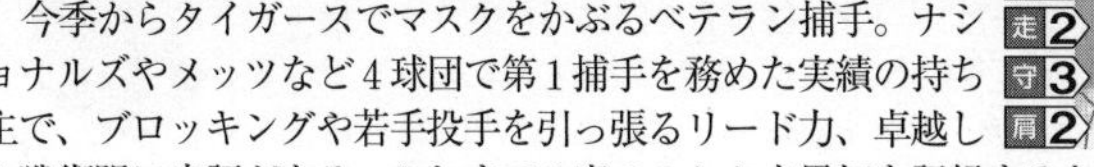

今季からタイガースでマスクをかぶるベテラン捕手。ナショナルズやメッツなど4球団で第1捕手を務めた実績の持ち主で、ブロッキングや若手投手を引っ張るリード力、卓越した戦術眼に定評がある。これまで8度の2ケタ本塁打を記録するなど、打撃での貢献度も高い。しかし、近年はヒザやふくらはぎの故障の影響でフットワークが鈍くなってきており、盗塁阻止率も振るわなくなっている。左腕には「11-11-11」のタトゥーを入れているが、これは2011年に母国ベネズエラで身代金目的の誘拐に遭(あ)い、救出された日。「あの日から第二の人生が始まった」とタフに語っている。

年度	所属チーム	試合数	打数	得点	安打	二塁打	三塁打	本塁打	打点	四球	三振	盗塁	盗塁死	出塁率	OPS	打率
2020	メッツ	45	142	13	34	6	0	5	15	10	31	0	0	.297	.684	.239
通算成績		946	3341	347	915	146	2	128	514	236	602	1	3	.321	.755	.274

34 守備力はメジャーレベルだが……
ジェイク・ロジャーズ *Jake Rogers*

キャッチャー ルーキー

26歳 1995.4.18生｜185cm｜87kg｜右投右打 ◆昨季メジャー出場なし ド2016③アストロズ 出テキサス州 年57万500ドル(約5990万円)＋α

ミ1 パ3 走2 守4 肩5

捕手出身のヒンチ新監督が、期待をかけている正捕手候補。2017年8月、タイガースがジャスティン・ヴァーランダーをアストロズに放出した際、見返り要員の一人として、ダズ・キャメロンらとともにやって来た。このとき、アストロズの監督を務めていたのがヒンチだった。昨季はメジャーでプレーする機会がなかったが、しっかりトレーニングを積み、今季に備えている。長所は強肩。キャッチングや、きわどい球をストライクにするフレーミング技術も高く、アヴィーラGMも「ディフェンス面は心配していない」と語る。問題はバッティング。確実性が低く、三振がやたら多い。

年度	所属チーム	試合数	打数	得点	安打	二塁打	三塁打	本塁打	打点	四球	三振	盗塁	盗塁死	出塁率	OPS	打率
2019	タイガース	35	112	11	14	3	0	4	8	13	51	0	0	.222	.481	.125
通算成績		35	112	11	14	3	0	4	8	13	51	0	0	.222	.481	.125

8 評価を下げつつある打撃型二塁手
ジョナサン・スコープ *Jonathan Schoop*

セカンド

30歳 1991.10.16生｜185cm｜102kg｜右投右打 対左.281 対右.277 ホ.257 ア.293 得.250 ド2008外オリオールズ 出オランダ領キュラソー島 年450万ドル(約4億7250万円)

ミ2 パ5 走3 守3 肩4

万全であれば、年間20～30本塁打を見込める強打の二塁手。2017年にはオリオールズで、32本塁打を放っている。ただ、タイガースに加入した昨季は右手首の故障もあって、大活躍とはいかなかった。オフにFAになったが、今年2月にタイガースと再契約。160万ドルダウンの1年450万ドルの契約は、明らかに買い叩かれた形。評価を覆(くつがえ)すには、本塁打と打点で再度アピールするほか道はない。キュラソー島の出身でオランダ代表の常連。2017年のWBCでは、日本戦で石川歩(あゆむ)（千葉ロッテ）から豪快な一発を放っている。少年時代にはリトルリーグワールドシリーズに2度出場。

年度	所属チーム	試合数	打数	得点	安打	二塁打	三塁打	本塁打	打点	四球	三振	盗塁	盗塁死	出塁率	OPS	打率
2020	タイガース	44	162	26	45	4	2	8	23	8	39	0	0	.324	.799	.278
通算成績		846	3079	409	796	157	5	141	415	126	752	8	4	.297	.747	.259

20 クリスティン・ステュワート *Christin Stewart*

一瞬の輝きで終わりそうな大砲候補

レフト ライト

28歳 1993.12.10生 | 183cm | 100kg | 右投左打 対左.222 対右.160 ホ.205 ア.137 得.150 ド2015①タイガース 出ジョージア州 年57万500ドル(約5990万円)+α

ミ2 パ3 走2 守3 肩3

マックス・シャーザーがFA移籍した際に得たドラフト指名権を行使し、2015年のドラフト1巡目追補（全体34位）で獲得したスラッガー。17年には2Aで28本塁打、18年には3Aで23本塁打を放ち、メジャーに昇格。19年は開幕戦で決勝本塁打を放ち、ブレイク候補に躍り出た。しかし、その後は思うように長打が打てず、マイナーに逆戻り。昨季も開幕から汚名返上のチャンスを与えられたが、打率1割台の体たらくで9月中旬にベンチからも外された。春先からダイエットと腕力強化に励み、破壊的だったレフト守備は改善したが、本当に求められているのはそこではない。

年度	所属チーム	試合数	打数	得点	安打	二塁打	三塁打	本塁打	打点	四球	三振	盗塁	盗塁死	出塁率	OPS	打率
2020	タイガース	36	90	6	15	3	0	3	9	5	30	0	0	.224	.524	.167
通算成績		157	519	45	117	29	2	15	59	49	146	0	1	.300	.676	.225

19 アイザック・パレデス *Isaac Paredes*

メジャーの高い壁に跳ね返される

サード ルーキー

22歳 1999.2.18生 | 180cm | 97kg | 右投右打 対左.438 対右.179 ホ.250 ア.206 得.174 ド2015外カブス 出メキシコ 年57万500ドル(約5990万円)+α

ミ3 パ3 走2 守3 肩4

将来の主砲候補と目されているメキシコ人内野手。昨年8月17日、21歳でメジャーデビュー。以降、サードのレギュラーとして多くの出場機会を与えられたが、メジャー投手の質の高い変化球に対応できず、打率2割2分0厘、1本塁打と壁にぶち当たった。マイナーでは、出塁率の高い中距離ヒッターとして評価されていた選手。守備はもともとショートだったが、守備範囲に難があり、現在はサードがメイン。オフには母国メキシコのウインターリーグに参加し、こちらでは猛打爆発。19歳で結婚。メキシコ在住の妻と娘が、プレーするうえでのモチベーションになっている。

年度	所属チーム	試合数	打数	得点	安打	二塁打	三塁打	本塁打	打点	四球	三振	盗塁	盗塁死	出塁率	OPS	打率
2020	タイガース	34	100	7	22	4	0	1	6	8	24	0	0	.278	.568	.220
通算成績		34	100	7	22	4	0	1	6	8	24	0	0	.278	.568	.220

41 ダズ・キャメロン *Daz Cameron*

外野手 期待度 B⁻ ルーキー

24歳 1997.1.15生 | 188cm | 84kg | 右投右打 ◆昨季はメジャーで14試合出場 ド2015①アストロズ 出ジョージア州

3度のゴールドグラブ賞を受賞した名センター、マイク・キャメロンを父に持つ2世選手。父譲りの身体能力の持ち主で、打撃にやや課題を残すが、外野守備の評判は上々。幼少期はよく父と一緒に球場に来ており、当時を知るコーチや解説者から「おお、あのときのガキか！」とかわいがられている。

― コーディー・クレメンス *Kody Clemens*

セカンド 期待度 C ルーキー

25歳 1996.5.15生 | 185cm | 77kg | 右投左打 ◆一昨年は1A+、2Aでプレー ド2018③タイガース 出テキサス州

7度のサイ・ヤング賞を受賞した大投手、ロジャー・クレメンスを父に持つ2世選手。足は速くはないが走塁技術は悪くなく、パワーも選球眼もまずまずで、肩がやや弱いが守備は堅実。走攻守すべてにおいて大きな穴はないものの、傑出した点もない。メジャー昇格に向け、もうひと伸び欲しいところ。

対左=対左投手打率 対右=対右投手打率 ホ=ホーム打率 ア=アウェー打率 得=得点圏打率 ド=ドラフトデータ 出=出身地 年=年俸
※昨季、マイナーリーグは中止

アメリカン・リーグ……西部地区　*OAKLAND ATHLETICS*

オークランド・アスレティックス

◆創　立：1901年
◆本拠地：カリフォルニア州オークランド市
◆ワールドシリーズ制覇：9回／◆リーグ優勝：15回
◆地区優勝：17回／◆ワイルドカード獲得：4回

主要オーナー ジョン・フィッシャー(スポーツ企業家)

過去5年成績

年度	勝	負	勝率	ゲーム差	地区順位	ポストシーズン成績
2016	69	93	.426	26.0	⑤	—
2017	75	87	.463	26.0	⑤	—
2018	97	65	.599	6.0	②	ワイルドカードゲーム敗退
2019	97	65	.599	10.0	②	ワイルドカードゲーム敗退
2020	**36**	**24**	**.600**	**(7.0)**	①	**地区シリーズ敗退**

監督　6 ボブ・メルヴィン *Bob Melvin*

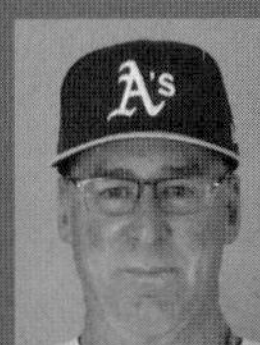

◆年　　齢…………60歳(カリフォルニア州出身)
◆現役時代の経歴…10シーズン　タイガース(1985)、ジャイアンツ(1986～88)、
(キャッチャー)　オリオールズ(1989～91)、ロイヤルズ(1992)、レッドソックス(1993)、ヤンキース(1994)、ホワイトソックス(1994)
◆現役通算成績……692試合　.233　35本　212打点
◆監督経歴…………17シーズン　マリナーズ(2003～04)、ダイヤモンドバックス(2005～09)、アスレティックス(2011～)
◆通算成績…………1260勝1196敗(勝率.513)　最優秀監督3回(07、12、18年)

選手の特性を十分に生かし、好成績を収めている名将。アスレティックスの監督には、2011年6月に就任。長期政権を築き、今季が11シーズン目となる。03～04年はマリナーズの監督、05～09年はダイヤモンドバックスの監督を務めたため、40代前半から現在までのほとんどの時間を、監督として過ごしていることになる。イチローとは、マリナーズ監督時代から厚い信頼関係にある。イチローがシーズン最多安打(262本)を記録したときの監督が、メルヴィンだった。

注目コーチ　51 ダレン・ブッシュ *Darren Bush*

打撃コーチ。47歳。現役時代は捕手兼外野手。メジャー経験はなく、28歳で引退後、指導者の道へ。アスレティックスのマイナー組織で実績を残し、2015年から現職。

編成責任者　ビリー・ビーン *Billy Beane*

59歳。現在では当たり前になった、膨大なデータを基にした統計学的手法を初めて本格的に導入した人物。その人生は映画にもなった(ビーン役はブラッド・ピット)。

スタジアム　オークランド・コロシアム *Oakland Coliseum*

◆開 場 年…………1966年
◆仕　　様…………天然芝
◆収容能力…………46,847人
◆フェンスの高さ …2.4m
◆特　　徴…………アメフトとの兼用球場。投手に有利な球場の一つで、海風の影響などでホームランが出にくく、また、ファウルグラウンドが広いので、他球場なら内野スタンドに入るフライが、ファウルフライになってしまうことも多い。

ピッチャーズパーク

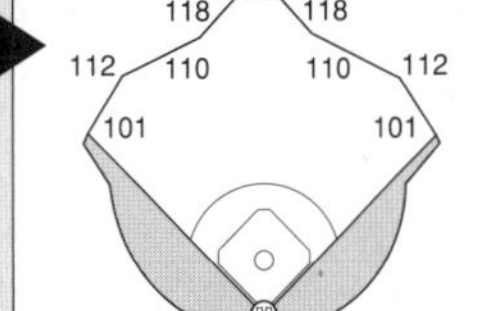

Best Order

[ベストオーダー]

①ラモン・ローリアーノ……センター
②マット・チャップマン……サード
③マット・オルソン……ファースト
④マーク・キャナ……レフト
⑤ショーン・マーフィー……キャッチャー
⑥セス・ブラウン……DH
⑦スティーヴン・ピスコッティ……ライト
⑧チャド・ピンダー……セカンド
⑨エルヴィス・アンドルス……ショート

Depth Chart

[ポジション別選手層・メンバーリスト]

※2021年2月12日時点の候補選手。数字は背番号(開幕前に変更する場合もあり)、右・左等は投・打の順。

センター
22 **ラモン・ローリアーノ [右・右]**
5 トニー・ケンプ [右・左]
20 マーク・キャナ [右・右]
18 チャド・ピンダー [右・右]

レフト
20 **マーク・キャナ [右・右]**
5 トニー・ケンプ [右・左]
18 チャド・ピンダー [右・右]
15 セス・ブラウン [左・左]

ライト
25 **スティーヴン・ピスコッティ [右・右]**
5 トニー・ケンプ [右・左]
18 チャド・ピンダー [右・右]

ショート
1 **エルヴィス・アンドルス [右・右]**
39 ヴィマエル・マシン [右・左]
45 ネイト・オルフ [右・右]

セカンド
18 **チャド・ピンダー [右・右]**
45 ネイト・オルフ [右・右]

ローテーション
40 クリス・バシット [右・右]
55 ショーン・マナイア [左・右]
44 ヘスース・ルザード [左・右]
47 フランキー・モンタス [右・右]
33 A.J.パック [左・左]

サード
26 **マット・チャップマン [右・右]**
18 チャド・ピンダー [右・右]
39 ヴィマエル・マシン [右・左]

ファースト
28 **マット・オルソン [右・左]**
20 マーク・キャナ [右・右]
39 ヴィマエル・マシン [右・左]

キャッチャー
12 **ショーン・マーフィー [右・右]**
30 オースティン・アレン [右・左]
― アラミス・ガルシア [右・右]

DH
15 **セス・ブラウン [左・左]**
20 マーク・キャナ [右・右]

ブルペン
35 ジェイク・ディークマン [左・左] CL
62 ルー・トリヴィーノ [右・右]
57 J.B.ウェンデルケン [右・右]
70 ジョーダン・ウィームス [右・左]
― アダム・コレアレク [左・左]
32 ジェイムズ・キャプリリアン [右・右]
58 ポール・ブラックバーン [右・右]
66 ドールトン・ジェフリーズ [右・左]
41 ダニー・ヒメネス [右・右]
46 バーチ・スミス [右・右]
19 ミゲール・ロメーロ [右・右]
36 ニック・ターリー [左・左]

※CL=クローザー

アスレティックス試合日程……＊はアウェーでの開催

4月1・2・3・4	アストロズ	3・4・5・6	ブルージェイズ	4・5・6	ロッキーズ＊
5・6・7	ドジャース	7・8・9	レイズ	8・9	ダイヤモンドバックス
8・9・10	アストロズ＊	11・12・13	レッドソックス＊	10・11・12・13	ロイヤルズ
12・13	ダイヤモンドバックス＊	14・15・16	ツインズ＊	14・15・16	エンジェルス
15・16・17・18	タイガース	18・19・20	アストロズ	18・19・20	ヤンキース＊
19・20・21	ツインズ	21・22・23	エンジェルス＊	21・22・23・24	レンジャーズ＊
23・24・25	オリオールズ＊	24・25・26	マリナーズ	25・26・27	ジャイアンツ＊
26・27・28・29	レイズ＊	27・28・29・30	エンジェルス	29・30・**7**月1	レンジャーズ
30・**5**月1・2	オリオールズ	31・**6**月1・2	マリナーズ＊	2・3・4	レッドソックス

球団メモ リッキー・ヘンダーソンの背番号「24」が永久欠番になっている。ヘンダーソンは、アスレティックス在籍時の1982年に、歴代記録のシーズン130盗塁をマーク。

Analysis　矢印⬆↗➡↘⬇は、昨季終了時との比較　[戦力分析]

■投手力↘…★★★½☆【昨年度チーム防御率3.77、リーグ4位】

先発陣ではマナイアやモンタスが伸び悩む中で、昨年はバシットがブレイクし、救世主になった。今季はパックにブレイクの期待がかかる。2、3年前はブレイクする投手がよく出たので、アスレティックスの先発防御率はいつも上位にいたが、最近はあまり出なくなったため、昨年は先発防御率がアメリカン・リーグ平均レベルの4.55だった。昨年、リリーフ防御率はリーグトップの2.72だったが、クローザーのヘンドリックスがFAでチームを出たため、ブルペンはレベルダウンしているように見える。

■攻撃力↘…★★★☆☆【昨年度チーム得点274、リーグ8位タイ】

シミエン、グロスマンらがチームを去った。また、レギュラー陣に劣化している選手が多く、それがチーム得点を減少させる原因になっている。オルソンは打率1割台を抜け出せないままシーズンを終えた。かつての本塁打王デイヴィスも去ったが、昨季は2本塁打で大きなマイナスにはならない。

■守備力➡…★★★½☆【昨年度チーム失策数26、リーグ4位】

昨季はサードのチャップマンが3年連続のゴールドグラブ賞を逃し、ファーストのオルソンはマリナーズのルーキーのホワイトに連続受賞を阻まれた。昨年のダブルプレー達成数（32）は、30球団で最少だった。

■機動力➡…★★☆☆☆【昨年度チーム盗塁数26、リーグ8位】

メルヴィン監督は盗塁に以前ほど積極的でなくなった。送りバントのサインを出すことも稀(まれ)で、昨季は3回しか出さなかった。2回成功している。

昨季はチーム得点とチーム防御率が、どちらもリーグの平均レベルだったのに、メルヴィン監督のツボを心得た采配で地区優勝を果たした。とくに延長戦での采配は見事だった。今季も同地区のライバル球団より、一歩先んじているように見える。

IN 主な入団選手

投手
アダム・コレアレク←ドジャース

野手
エルヴィス・アンドルス←レンジャーズ

OUT 主な退団選手

投手
リーアム・ヘンドリックス➡ホワイトソックス
マイク・マイナー➡ロイヤルズ
ダニエル・メングデン➡起亜(キア)(韓国プロ野球)

野手
マーカス・シミエン➡ブルージェイズ
ロビー・グロスマン➡タイガース
クリス・デイヴィス➡レンジャーズ

6・7・8	アストロズ*	6・7・8	レンジャーズ	7・8・9	ホワイトソックス
9・10・11	レンジャーズ*	10・11・12	インディアンズ*	10・11・12	レンジャーズ
13	オールスターゲーム	13・14・15	レンジャーズ*	14・15・16	ロイヤルズ*
16・17・18	インディアンズ	16・17・18・19	ホワイトソックス*	17・18・19	エンジェルス*
19・20	エンジェルス	20・21・22	ジャイアンツ	20・21・22・23	マリナーズ
22・23・24・25	マリナーズ*	23・24	マリナーズ	24・25・26	アストロズ
27・28	パドレス*	26・27・28・29	ヤンキース	27・28・29	マリナーズ*
29・30・31・**8**月1	エンジェルス*	31・**9**月1・2	タイガース*	**10**月1・2・3	アストロズ*
3・4	パドレス	3・4・5	ブルージェイズ*		

球団メモ チーム作りに統計学的手法をいち早く導入し、長年、編成のトップを務めてきたビリー・ビーンだが、今後は野球界からヨーロッパサッカー界へ軸足を移す見込み。

投手

エースにのし上がった大器晩成タイプ

先発

40 クリス・バシット

Chris Bassitt

32歳 1989.2.22生 | 196cm | 98kg | 右投右打
◆速球のスピード／150キロ前後(シンカー、フォーシーム)
◆決め球と持ち球／☆カーブ、◎フォーシーム、◎カッター、○シンカー、△チェンジアップ、△スライダー
◆対左打者被打率／.248 ◆対右打者被打率／.223
◆ホーム防御率／0.72 ◆アウェー防御率／4.56
◆ドラフトデータ／2001⑯ホワイトソックス
◆出身地／オハイオ州
◆年俸／490万ドル(約5億1450万円)

球威 4
制球 4
緩急 5
守備・牽制 4
度胸 4

一昨年、小ブレイクしてメジャーの先発ローテーションに定着し、昨年は大ブレイクしてエースにのし上がった遅咲きの右腕。昨季は先発の4番手としてスタート。序盤は好調だったが、8月中旬以降、シンカーが沈まなくなり失点が多くなった。そこで9月からフォーシームとカッターを増やし、シンカーを減らしたところ、にわかに好調になり、9月は4試合に先発(計26回1/3)して、失点が1という圧巻のピッチングを見せた。9月のアメリカン・リーグ月間最優秀投手にも選出されている。シーズン防御率2.29は、アメリカン・リーグ3位の数字だ。

ドラフト16巡目指名という低い評価でプロ入りしているが、これは、高校時代は地方の小規模校で投げ、大学も弱小校のアクロン大学でプレーしていたため。スカウトたちにほとんど知られない存在だった。30歳になって、初めてメジャーのローテーションに定着できたが、マイナー時代はケガのデパートで、トミー・ジョン手術のほかにも手や肩の故障に苦しみ、まともにプレーできない状態が長かった。

メンターは、カート・ヤング前投手コーチ。2015年にメジャーに上がった当時、バシットは無駄な動きの多い不自然な投球フォームで投げていたが、それを見て「もっとシンプルなフォームに変えないと、メジャーではやっていけないぞ」とアドバイス。無駄な動きを一つひとつ指摘してくれたので、メジャーで通用する投球フォームを身につけることができた。

高校時代はバスケットボールでも活躍したため、現在も大のバスケ好きで、試合前にマナイアらとミニバスケットをやってくつろいでいる。

家族は17年11月に結婚した妻ジェシカさんと、19年9月に生まれた長女のランドリー・ジェーンちゃんの二人だ。

カモ 大谷翔平(エンジェルス).083(12-1)1本　K・ルイス(マリナーズ).000(7-0)0本
苦手 M・トラウト(エンジェルス).412(17-7)1本　J・ギャロ(レンジャーズ).800(5-4)2本

年度	所属チーム	勝利	敗戦	防御率	試合数	先発	セーブ	投球イニング	被安打	失点	自責点	被本塁打	与四球	奪三振	WHIP
2014	ホワイトソックス	1	1	3.94	6	5	0	29.2	34	13	13	0	13	21	1.58
2015	アスレティックス	1	8	3.56	18	13	0	86.0	78	36	34	5	30	64	1.26
2016	アスレティックス	0	2	6.11	5	5	0	28.0	35	20	19	5	14	23	1.75
2018	アスレティックス	2	3	3.02	11	7	0	47.2	40	21	16	4	19	41	1.24
2019	アスレティックス	10	5	3.81	28	25	0	144.0	125	66	61	21	47	141	1.19
2020	アスレティックス	5	2	2.29	11	11	0	63.0	56	18	16	6	17	55	1.16
通算成績		19	21	3.59	79	66	0	398.1	368	174	159	41	140	345	1.28

投手

33歳になってから大化けした変則左腕

クローザー
セットアップ

35 ジェイク・ディークマン *Jake Diekman*

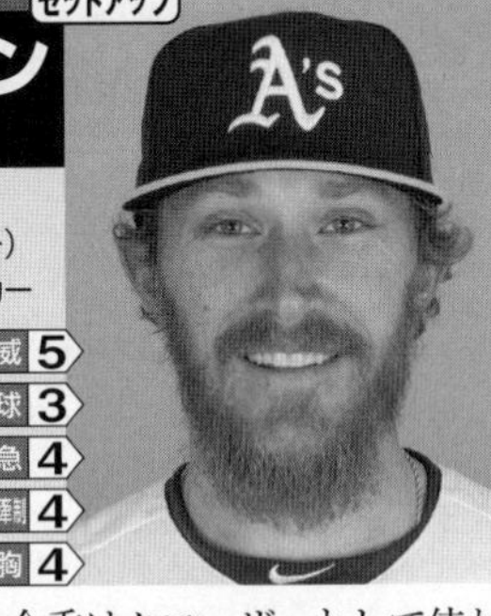

34歳 1987.1.21生 | 193cm | 88kg | 左投サイドハンド左打

◆速球のスピード／150キロ台前半（フォーシーム、シンカー）

◆決め球と持ち球／☆フォーシーム、◎スライダー、○シンカー

◆対左打者被打率／.185 ◆対右打者被打率／.070

◆ホーム防御率／0.00 ◆アウェー防御率／1.42

◆ドラフトデータ／2007㉚フィリーズ

◆出身地／ネブラスカ州

◆年俸／400万ドル（約4億2000万円）

球威 5
制球 3
緩急 4
守備・牽制 4
度胸 4

アスレティックス

チームを出たヘンドリックスに代わって、今季はクローザーとして使われる可能性が高くなったリリーフ左腕。昨季は開幕からセットアッパーとして起用されたが、好投を続けてメジャー最多の13ホールドをマーク。シーズンを通して、失点はジョーイ・ギャロに打たれたソロアーチによる1点だけだったので、防御率は0.42という目を見張る数字になった。

昨季はコロナ禍で、多くの選手が「家族の健康を優先したい」という理由でオプトアウト（出場辞退）したが、ディークマンもプレーするかどうか迷った。なぜなら潰瘍性大腸炎（かいようせいだいちょうえん）が持病で、ハイリスクグループに分類されていたからだ。球団もそれを知って、オプトアウトしても年俸を全額支払うと言ってきたが、それを断ってプレーすることに決めた。奥さんのアマンダさんは、その理由を「彼は野球というゲームが好きなのよ。チームの一員になって試合に出ることが生きがいなの」と語っている。

サイドハンドの変則フォームで投げるようになったのは、フィリーズの1Aに在籍していた2009年のことだ。このときは、ディークマンだけでなく、メジャーに上がれそうもないマイナーの投手が数人集められ、マイナーの投手コーチからサイドハンドの変則フォームで投げるコツを教わった。

ただ左のワンポイントタイプに変身を図っても、ものになるのは10人に一人もいない。ディークマンも初めはいい成績を出せなかったが、改良を加えていくうちに、徐々に左の強打者たちを翻弄（ほんろう）できるようになった。

カモ J・アプトン（エンジェルス）.000（8-0）0本 A・レンドーン（エンジェルス）.143（7-1）0本

苦手 A・イートン（ホワイトソックス）.750（4-3）0本 ———

年度	所属チーム	勝利	敗戦	防御率	試合数	先発	セーブ	投球イニング	被安打	失点	自責点	被本塁打	与四球	奪三振	WHIP
2012	フィリーズ	1	1	3.95	32	0	0	27.1	25	17	12	1	20	35	1.65
2013	フィリーズ	1	4	2.58	45	0	0	38.1	34	15	11	1	16	41	1.30
2014	フィリーズ	5	5	3.80	73	0	0	71.0	66	36	30	4	35	100	1.42
2015	フィリーズ	2	1	5.15	41	0	0	36.2	40	23	21	3	24	49	1.75
2015	レンジャーズ	0	0	2.08	26	0	0	21.2	13	5	5	2	7	20	0.92
2015	2チーム計	2	1	4.01	67	0	0	58.1	53	28	26	5	31	69	1.44
2016	レンジャーズ	4	2	3.40	66	0	4	53.0	36	22	20	4	26	59	1.17
2017	レンジャーズ	0	0	2.53	11	0	1	10.2	4	3	3	1	10	13	1.31
2018	レンジャーズ	1	1	3.69	47	0	2	39.0	31	18	16	2	23	48	1.38
2018	ダイヤモンドバックス	0	1	7.53	24	0	0	14.1	18	15	12	2	8	18	1.81
2018	2チーム計	1	2	4.73	71	0	2	53.1	49	33	28	4	31	66	1.50
2019	ロイヤルズ	0	6	4.75	48	0	0	41.2	33	23	22	3	23	63	1.34
2019	アスレティックス	1	1	4.43	28	0	0	20.1	16	11	10	0	16	21	1.57
2019	2チーム計	1	7	4.65	76	0	0	62.0	49	34	32	3	39	84	1.42
2020	アスレティックス	2	0	0.42	21	0	0	21.1	8	2	1	1	12	31	0.94
通算成績		17	22	3.71	462	0	7	395.1	324	190	163	24	220	498	1.38

55 成果が出なかったランディ・ジョンソンの教え 先発

ショーン・マナイア *Sean Manaea*

29歳 1992.2.1生 | 196cm | 111kg | 左投右打
◆速球のスピード/140キロ台中頃(フォーシーム主体)
◆決め球と持ち球/◎フォーシーム、◎チェンジアップ、△スライダー
◆対左.250 ◆対右.277 ◆ホ防3.91 ◆ア防5.02
◆ド2013①ロイヤルズ ◆出インディアナ州
◆年595万ドル(約6億2475万円)

球威 3 / 制球 4 / 緩急 4 / 守備・牽制 4 / 度胸 3

肩の故障を避けるため、球数を70～90球に制限されているサモア系米国人の左腕。昨年の春のキャンプではレジェンド、ランディ・ジョンソンからスライダーを①どのように動かせばいいか、②打者のバランスを崩すにはどのタイミングで使えばいいか、という点についてアドバイスされ、その効果が出ることを期待された。しかしレギュラーシーズンでは抜けたスライダーを長打にされるケースが頻発(ひんぱつ)、シーズン後半はチェンジアップをメインの変化球として使うようになった。球数を制限されていることもあり、昨季は6回以上を自責点3以内に抑えたQSの付く試合が2回しかなく、エース格とは見なされなくなった。ポストシーズンでは先発4番手として起用された。

カモ A·プーホールス(エンジェルス).045(22-1)0本 苦手 M·トラウト(エンジェルス).429(21-9)3本

年度	所属チーム	勝利	敗戦	防御率	試合数	先発	セーブ	投球イニング	被安打	失点	自責点	被本塁打	与四球	奪三振	WHIP
2016	アスレティックス	7	9	3.86	25	24	0	144.2	135	65	62	20	37	124	1.19
2017	アスレティックス	12	10	4.37	29	29	0	158.2	167	88	77	18	55	140	1.40
2018	アスレティックス	12	9	3.59	27	27	0	160.2	141	67	64	21	32	108	1.08
2019	アスレティックス	4	0	1.21	5	5	0	29.2	16	4	4	3	7	30	0.78
2020	アスレティックス	4	3	4.50	11	11	0	54.0	57	32	27	7	8	45	1.20
通算成績		39	31	3.85	97	96	0	547.2	516	256	234	69	139	447	1.20

44 ヨハン・サンタナを目標にして育った逸材 先発

ヘスース・ルザード *Jesus Luzardo*

24歳 1997.9.30生 | 183cm | 99kg | 左投左打
◆速球のスピード/150キロ台中頃(ツーシーム、フォーシーム)
◆決め球と持ち球/◎フォーシーム、◎チェンジアップ、◎スライダー、○ツーシーム、△カーブ
◆対左.260 ◆対右.256 ◆ホ防2.40 ◆ア防8.15
◆ド2016③ナショナルズ ◆出ペルー
◆年57万500ドル(約5990万円)+α

球威 5 / 制球 3 / 緩急 4 / 守備・牽制 3 / 度胸 5

ルーキーながらポストシーズンの初戦に先発した豪腕サウスポー。昨季はロングリリーフで2試合投げたあとローテーション入りして、先発で9試合に登板。そのうちの3試合は無失点だった。昨季からスライダーを使い出したが、すぐに強力な武器になった。一番の魅力は、インサイドにどんどん投げ込む度胸の良さだ。制球が安定しているときは、相手に付け入る隙を与えぬピッチングを見せる。出生地はペルーだが、1歳のとき家族でフロリダに移住。両親がベネズエラ人であるため、少年時代はベネズエラの英雄ヨハン・サンタナにあこがれ、彼のようなチェンジアップを投げられるサウスポーになることを目標にしていた。サンタナ引退後は、もう一人のベネズエラの英雄フェリックス・ヘルナンデスのピッチングを見て、変化球の使い方を研究。

カモ N·ソラック(レンジャーズ).167(6-1)0本 苦手 Y·グリエル(アストロズ).600(5-3)2本

年度	所属チーム	勝利	敗戦	防御率	試合数	先発	セーブ	投球イニング	被安打	失点	自責点	被本塁打	与四球	奪三振	WHIP
2019	アスレティックス	0	0	1.50	6	0	2	12.0	5	2	2	1	3	16	0.67
2020	アスレティックス	3	2	4.12	12	9	0	59.0	58	27	27	9	17	59	1.27
通算成績		3	2	3.68	18	9	2	71.0	63	29	29	10	20	75	1.17

対左=対左打者被打率 対右=対右打者被打率 ホ防=ホーム防御率 ア防=アウェー防御率
ド=ドラフトデータ 出=出身地 年=年俸 カモ 苦手 は通算成績

投手

57 使い減りしないタフガイ J.B.ウェンデルケン J.B. Wendelken

ミドルリリーフ

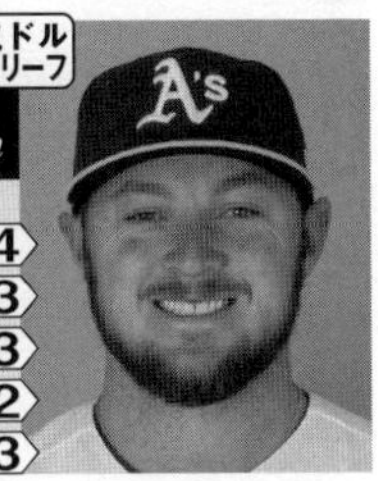

28歳 1993.3.24生 | 185cm | 110kg | 右投右打
◆速球のスピード／150キロ台前半(フォーシーム、ツーシーム)
◆決め球と持ち球／◎フォーシーム、◎スライダー、○チェンジアップ、△ツーシーム、△カーブ
◆対左.194 ◆対右.175 ◆ホ防1.26 ◆ア防2.53
◆ド2012⑬レッドソックス ◆出ジョージア州
◆年57万500ドル(約5990万円)+α

球威4 制球3 緩急3 守備・牽制2 度胸3

酷使に耐えるリリーフ右腕。2016年にメジャーデビュー。17年にトミー・ジョン手術を受けて復帰したあと、平均球速が149.5キロから152.4キロまでアップ。それにともないスライダーとチェンジアップの効果も増したため投球内容が格段に良くなり、メジャーに定着できるようになった。昨年8月7日のアストロズ戦で、ウェンデルケンの投球をコレイアがスイングした際、自打球がコレイアの股間を直撃し、悶絶(もんぜつ)する場面があった。ウェンデルケンはそのときの映像を「ツーボール、ワンストライク(2つのタマをボールが一撃)」というコメントを付けて自身のSNSに掲出し、大いにウケていた。

カモ M・ベッツ(ドジャース).000(5-0)0本　苦手 A・ブレグマン(アストロズ).600(5-3)0本

年度	所属チーム	勝利	敗戦	防御率	試合数	先発	セーブ	投球イニング	被安打	失点	自責点	被本塁打	与四球	奪三振	WHIP
2016	アスレティックス	0	0	9.95	8	0	0	12.2	18	15	14	3	9	12	2.13
2018	アスレティックス	0	0	0.54	13	0	0	16.2	8	1	1	1	5	14	0.78
2019	アスレティックス	3	1	3.58	27	0	0	32.2	21	14	13	2	9	34	0.92
2020	アスレティックス	1	1	1.80	21	0	0	25.0	17	8	5	2	11	31	1.12
通算成績		4	2	3.41	69	0	0	87.0	64	38	33	8	34	91	1.13

47 ジキル博士とハイド氏が同居する二重人格型投手 フランキー・モンタス Frankie Montas

先発

28歳 1993.3.21生 | 188cm | 116kg | 右投右打
◆速球のスピード／150キロ台中頃(シンカー、フォーシーム)
◆決め球と持ち球／◎フォーシーム
◆対左.350 ◆対右.198 ◆ホ防2.56 ◆ア防10.13
◆ド2009㊈レッドソックス ◆出ドミニカ
◆年180万ドル(約1億8900万円)

球威5 制球2 緩急4 守備・牽制2 度胸3

ミステリアスな部分が多い実力エース級の投手。一昨年、薬物検査で筋肉増強剤の成分が検出され80試合出場停止になり、「前科」が付いた形になった。しかし実力はぬきんでているため、メルヴィン監督はモンタスを開幕投手に指名。8月8日の4度目の登板までは被本塁打0、防御率1.57と絶好調だった。ところが、8月中旬に背中に痛みが出て一度先発を回避したのを境に、別人のように打たれ始め、その後は30イニングで被本塁打10、防御率9.04という悲惨な数字になったため、ポストシーズンでは初めロングリリーフで使われた。アストロズ相手の地区シリーズ第4戦で初めて先発で起用されたが、負けられない試合で5失点と乱調。チームの疫病神(やくびょうがみ)になってしまった。

カモ K・ルイス(マリナーズ).000(5-0)0本　苦手 大谷翔平(エンジェルス).500(10-5)2本

年度	所属チーム	勝利	敗戦	防御率	試合数	先発	セーブ	投球イニング	被安打	失点	自責点	被本塁打	与四球	奪三振	WHIP
2015	ホワイトソックス	0	2	4.80	7	2	0	15.0	14	8	8	1	9	20	1.53
2017	アスレティックス	1	1	7.03	23	0	0	32.0	39	25	25	10	20	36	1.84
2018	アスレティックス	5	4	3.88	13	11	0	65.0	74	34	28	5	21	43	1.46
2019	アスレティックス	9	2	2.63	16	16	0	96.0	84	35	28	8	23	103	1.11
2020	アスレティックス	3	5	5.60	11	11	0	53.0	57	35	33	10	23	60	1.51
通算成績		18	14	4.21	70	40	0	261.0	268	137	122	34	96	262	1.39

70 捕手から投手に転向後5年でメジャーに ミドルリリーフ
ジョーダン・ウィームス *Jordan Weems*

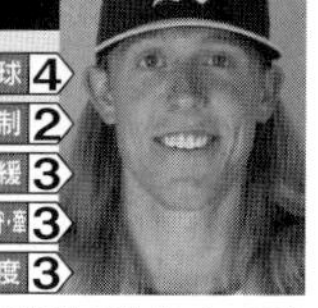

29歳 1992.11.7生 | 191cm | 79kg | 右投左打 [速]150キロ台前半(フォーシーム主体) [決]◎スプリッター
[対左].273 [対右].143 [ド]2011③レッドソックス [出]ジョージア州 [年]57万500ドル(約5990万円)+α

球4 制2 緩3 守・牽3 度3

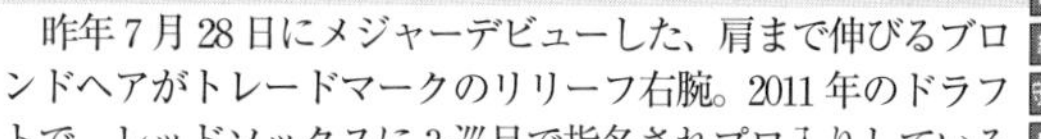

昨年7月28日にメジャーデビューした、肩まで伸びるブロンドヘアがトレードマークのリリーフ右腕。2011年のドラフトで、レッドソックスに3巡目で指名されプロ入りしているので、10シーズン目にようやく夢がかなったわけだが、そこまで出世が遅れたのは、16年にキャッチャーからピッチャーにコンバートされ、ルーキーリーグに戻されて再出発したからだ。その後の出世も順調とは言えず、19年のシーズン終了後に解雇された。その後、アスレティックスとマイナー契約。招待選手として参加した春のキャンプと7月のキャンプで好投を続け、開幕メンバー入りを果たした。

年度	所属チーム	勝利	敗戦	防御率	試合数	先発	セーブ	投球イニング	被安打	失点	自責点	被本塁打	与四球	奪三振	WHIP
2020	アスレティックス	0	0	3.21	9	0	0	14.0	10	5	5	1	7	18	1.21
通算成績		0	0	3.21	9	0	0	14.0	10	5	5	1	7	18	1.21

62 効率良くアウトを取るピッチングに転換 ミドルリリーフ
ルー・トリヴィーノ *Lou Trivino*

30歳 1991.10.1生 | 196cm | 107kg | 右投右打 [速]150キロ台中頃(フォーシーム、ツーシーム) [決]◎カッター
[対左].235 [対右].163 [ド]2013⑪アスレティックス [出]ペンシルヴァニア州 [年]57万500ドル(約5990万円)+α

球4 制2 緩3 守・牽2 度3

2018年にブレイクし、セットアッパーとしていい働きをしたが、その後は重要度の低い場面で使われることが多くなったリリーフ右腕。昨季は7月に入ってから肩の不調で投げられない時期があり、調整不足のままシーズンを迎えた。そして2度目の登板で3失点、4度目の登板で2失点したため、8月10日時点の防御率は9.00だった。これ以上悪くなると使ってもらえなくなるのは自明の理、危機感を抱いたトリヴィーノは速球のスピードにこだわるのをやめて、効率良くアウトを取ることに集中した。それによって速球の平均球速は2.5キロ落ちたが、以前ほど失点しなくなった。

年度	所属チーム	勝利	敗戦	防御率	試合数	先発	セーブ	投球イニング	被安打	失点	自責点	被本塁打	与四球	奪三振	WHIP
2020	アスレティックス	0	0	3.86	20	0	0	23.1	16	10	10	3	10	26	1.11
通算成績		12	9	3.95	150	1	4	157.1	130	74	69	18	72	165	1.28

33 故障リスクが高いため、過剰な期待は禁物 先発
A.J.パック *A.J. Puk*

ルーキー

26歳 1995.4.25生 | 201cm | 112kg | 左投左打 [速]150キロ台中頃(フォーシーム主体) [決]◎フォーシーム
◆昨季メジャー出場なし [ド]2016①アスレティックス [出]アイオワ州 [年]57万500ドル(約5990万円)+α

球5 制3 緩3 守・牽3 度3

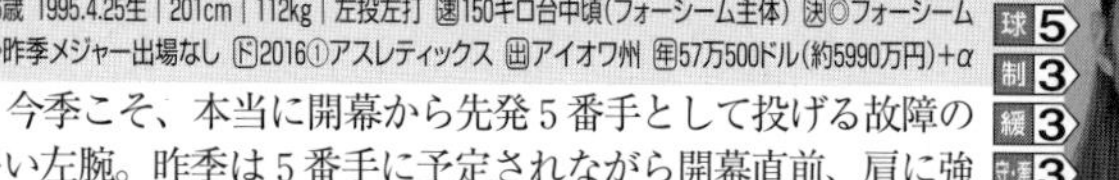

今季こそ、本当に開幕から先発5番手として投げる故障の多い左腕。昨季は5番手に予定されながら開幕直前、肩に強い張りが出てIL(故障者リスト)入り。症状が改善されないため、9月に手術を受けた。「肩の手術=長くかかるもの」というイメージがあるため、今季構想からも除外されたが、12月になって肩の手術はヘビーなものではなく、肩関節の異物を取り除くクリーニング手術であることが判明。そのため今季はキャンプから参加可能で、大きな戦力になると見なされるようになった。ただ球団はパックの故障リスクの高さを熟知しており、過剰な期待はしていない。

年度	所属チーム	勝利	敗戦	防御率	試合数	先発	セーブ	投球イニング	被安打	失点	自責点	被本塁打	与四球	奪三振	WHIP
2019	アスレティックス	2	0	3.18	10	0	0	11.1	10	4	4	1	5	13	1.32
通算成績		2	0	3.18	10	0	0	11.1	10	4	4	1	5	13	1.32

[速]=速球のスピード [決]=決め球 [対左]=対左打者被打率 [対右]=対右打者被打率
[ド]=ドラフトデータ [出]=出身地 [年]=年俸

46 バーチ・スミス *Burch Smith*

波乱万丈の投手人生を送ってきた不屈の男

ミドルリリーフ

31歳 1990.4.12生 | 193cm | 102kg | 右投右打 速150キロ台中頃(フォーシーム主体) 決☆フォーシーム
対左.231 対右.133 ド2011⑭パドレス 出テキサス州 年70.5万ドル(約7403万円)

球5 制3 緩3 守・牽3 度4

昨年30歳で奇跡の復活を遂げたリリーフ右腕。2013年にパドレスでメジャーデビューしたが定着できず、さらに15年にトミー・ジョン手術を受けたため、4年間メジャーでの登板がなかった。その後、ルール5ドラフトで指名されたのをきっかけに、18年にロイヤルズでメジャーに復帰。だがその後も定着できない状態が続き、チームを渡り歩いて、昨年アスレティックスに来た。昨季は速球の球速が平均3キロ上昇したため開幕から好調で、5試合連続無失点に抑えて注目された。8月15日の試合で前腕部に痛みが走り途中降板したが、腱(けん)には異常が見られず今季はキャンプから参加。

年度	所属チーム	勝利	敗戦	防御率	試合数	先発	セーブ	投球イニング	被安打	失点	自責点	被本塁打	与四球	奪三振	WHIP
2020	アスレティックス	2	0	2.25	6	0	1	12.0	7	3	3	1	1	13	0.67
通算成績		4	10	6.22	71	13	1	147.2	162	103	102	28	76	156	1.61

― アダム・コレアレク *Adam Kolarek*

ワンポイント禁止の年に防御率0.95

ミドルリリーフ　移籍

32歳 1989.1.14生 | 191cm | 98kg | 左投サイドハンド左打 速140キロ台後半(シンカー主体) 決◎シンカー
対左.077 対右.286 ド2010⑪メッツ 出メリーランド州 年57万500ドル(約5990万円)+α

球4 制5 緩2 守・牽4 度4

28歳でメジャーデビューした遅咲きだが、その後は年々レベルアップしているサイドハンドの変則左腕。オフのトレードでドジャースから移籍した。2019年までは左のワンポイントで使われることが多かったので、昨年ワンポイント禁止ルールができたことで選手生命に黄信号が点灯。その危機感をバネにして、一発リスクの低いシンカーを8割も使うピッチングを展開。その結果、失点が劇的に減少した。父フランクは元マイナーの捕手で、引退後オリオールズのスカウトとして活躍。現在は「リーグ・オブ・ドリームス」というNPOを運営し、青少年への野球普及活動を行っている。

年度	所属チーム	勝利	敗戦	防御率	試合数	先発	セーブ	投球イニング	被安打	失点	自責点	被本塁打	与四球	奪三振	WHIP
2020	ドジャース	3	0	0.95	20	0	1	19.0	11	2	2	1	4	13	0.79
通算成績		11	3	3.32	143	0	4	116.2	106	45	43	10	29	81	1.16

66 ドールトン・ジェフリーズ *Daulton Jefferies*

先発リリーフ　期待度B　ルーキー

26歳 1995.8.2生 | 183cm | 83kg | 右投左打 ◆昨季はメジャーで1試合出場 ド2016①アスレティックス 出カリフォルニア州

ローテーション入りを狙う、昨年9月12日にメジャーデビューした右腕。球種はフォーシーム、ツーシーム、スライダー、チェンジアップで、一番のウリはこの4つの球種すべてのコントロールがいいこと。もう一つのウリは、奪三振率の高さ。スライダーは、状況に応じて曲がりの大きさを変えている。

― ジェフ・クリスウェル *Jeff Criswell*

リリーフ先発　期待度B⁻　ルーキー

22歳 1999.3.10生 | 193cm | 102kg | 右投右打 ◆昨年は大学でプレー ド2020②アスレティックス 出ミシガン州

昨年のドラフトで2巡目に指名されたミシガン大学のエース。キレのいい速球と高速スライダーがあるため、公式戦で1球も投げていないのに、秋に行われた教育リーグで最も高い評価を受けた。三振をたくさん取れるので、今季の中盤以降、リリーフ投手としてメジャーに呼ばれる可能性がある。

※昨季、マイナーリーグは中止
※メジャー経験がない投手の「先発」「リリーフ」はマイナーでの役割

野手

野球IQが際立って高い捕手の逸材

12 ショーン・マーフィー *Sean Murphy*

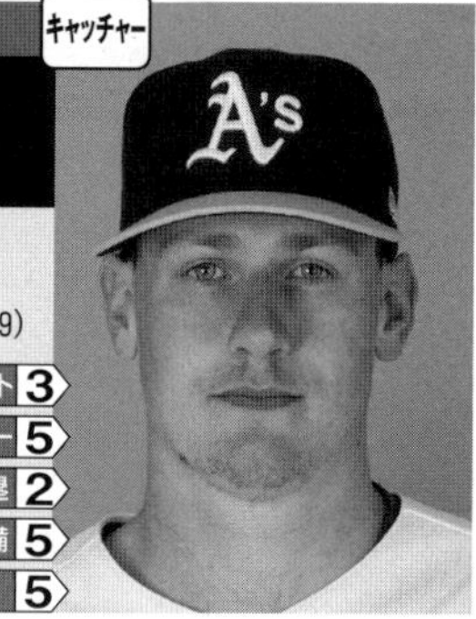

27歳 1994.10.4生 | 191cm | 103kg | 右投右打
◆盗塁阻止率/.286(21-6)
◆対左投手打率/.235(34-8) ◆対右投手打率/.232(82-19)
◆ホーム打率/.222(63-14) ◆アウェー打率/.245(53-13)
◆得点圏打率/.192(26-5)
◆20年のポジション別出場数/キャッチャー=43
◆ドラフトデータ/2016③アスレティックス
◆出身地/ニューヨーク州
◆年俸/57万500ドル(約5990万円)+α

ミート 3
パワー 5
走塁 2
守備 5
肩 5

昨シーズン正捕手に抜擢(ばってき)された、オールラウンドに能力が高いキャッチャー。正捕手1年目は39試合に先発出場。守備面では盗塁阻止率が28.6%(21-6)で「上」レベル。ボールブロックやキャッチングもうまいので、ワイルドピッチを出す頻度(ひんど)は平均よりずっと少なかった。捕手出身のメルヴィン監督は「投手陣と密にコミュニケーションを取っているし、ゲームプランもしっかり立ててくる。データを綿密に見て、敵の弱点を把握している。とてもルーキーとは思えない」と、数字に表れない部分の貢献を称賛している。リード面では、昨年ブレイクしたクリス・バシットを好リードで支えたことが光るが、そのバシットは「マーフィーのリードはよく考え抜かれていて、10年目のベテランのようだよ。必要とあらば、ピッチャーの思考パターンを改めさせることもできるしね。ルーキーでこんな優秀なキャッチャーはいないよ」と絶賛している。

打撃面では一昨年、ハイペースで長打を放って称賛されたが、昨季はシーズン序盤のスランプが響き、8月末時点では打率2割0分3厘、本塁打2、打点5と冴えない数字が並んでいた。だが、9月に入ってハイペースで一発を生産。四球で出塁するケースも増えたため、出塁率とOPSはチームで2番目に高い数字になった。ポストシーズンに入っても、ホワイトソックスとのワイルドカードシリーズ、アストロズとの地区シリーズで、1本ずつ本塁打を放っている。昨季の新人王投票では4位タイだった。

大学野球から来たメジャーリーガーのほとんどは、高校卒業時に複数の強豪大学から奨学金付きで誘われた経験がある。だが、このマーフィーは体が小さすぎる(当時175センチ66キロ)という理由で、どこからも誘われず、自宅から通えるライト州立大学に一般学生として入学し、野球チームにも入団テストを受けて入った。父マイクは、3Aまで行ったマイナーの元投手。少年時代、野球の基礎を叩き込んでくれたのはこの父だった。

カモ J·ライルズ(レンジャーズ).500(4-2)1本 ———
苦手 菊池雄星(マリナーズ).000(4-0)0本 F·ヴァルデス(アストロズ).000(4-0)0本

年度	所属チーム	試合数	打数	得点	安打	二塁打	三塁打	本塁打	打点	四球	三振	盗塁	盗塁死	出塁率	OPS	打率
2019	アスレティックス	20	53	14	13	5	0	4	8	6	16	0	0	.333	.899	.245
2020	アスレティックス	43	116	21	27	5	0	7	14	24	37	0	0	.364	.821	.233
通算成績		63	169	35	40	10	0	11	22	30	53	0	0	.355	.846	.237

野手

母親を侮辱され、アストロズベンチに殴り込み　センター

22 ラモン・ローリアーノ
Ramon Laureano

27歳 1994.7.15生 | 180cm | 92kg | 右投右打
◆対左投手打率／.205(44-9)　◆対右投手打率／.216(139-30)
◆ホーム打率／.202(109-22)　◆アウェー打率／.229(74-17)
◆得点圏打率／.278(36-10)
◆20年のポジション別出場数／センター=53、DH=1
◆ドラフトデータ／2014⑯アストロズ
◆出身地／フロリダ州
◆年俸／57万500ドル(約5990万円)+α

ミート 3
パワー 3
走塁 5
守備 5
肩 5

アスレティックス

守備でスリリングなプレーを連発するスーパーディフェンダー。昨季、打撃面では出だし好調だったが、8月にスランプとなり、再上昇のきっかけをつかめないままシーズンが終わってしまった。センターの守備では、8月12日のエンジェルス戦でお得意のホームランキャッチをやったのを始め、度々味方のピンチを救う超美技を見せ、投手たちに感謝された。

一昨年11月から昨年1月にかけて、同僚のマイク・ファイアーズが古巣アストロズのサイン盗みを告発した際は、アストロズのマイナーで冷遇されていた過去があるため、ファイアーズを支持する発言し、恨みを買った。昨季アスレティックスは乱闘を避けるため、ファイアーズがアストロズ戦に登板しないように配慮したローテーションを組んでいた。そのため、初めての直接対決となった8月7日からの3連戦では、アストロズ投手陣の標的にされ、7日のゲームで1度目、9日のゲームで2度目と3度目の故意死球をぶつけられた。それでもMLBから、コロナ感染回避の目的で乱闘禁止令が発せられていたため、おとなしく一塁に出塁していた。

しかし3度目の故意死球で出塁した際、アストロズのベンチからシントロン打撃コーチが、スペイン語でローリアーノの母親を侮辱する汚いヤジを飛ばしたところ、ローリアーノの堪忍袋の緒が切れ、アストロズのベンチに向けてダッシュし、シントロンに殴りかかろうとした。アストロズの選手たちに押し倒されて目的を達することができなかったが、これによって両軍入り乱れての乱闘に発展。2日後、MLBはローリアーノに6試合の出場停止と罰金、シントロン打撃コーチに20試合出場停止と罰金を科す処分を発表した。量刑が重かったので、両者が不服を申し立てたところ、3日後にローリアーノは4試合に減刑されたが、シントロンに対する減刑はなかった。悪質度がずっと高いと見なされたのだ。

カモ Z・グリンキー(アストロズ).556(9-5)1本　K・ギブソン(レンジャーズ).538(13-7)2本
苦手 F・ペーニャ(エンジェルス).125(8-1)0本　菊池雄星(マリナーズ).231(13-3)0本

年度	所属チーム	試合数	打数	得点	安打	二塁打	三塁打	本塁打	打点	四球	三振	盗塁	盗塁死	出塁率	OPS	打率
2018	アスレティックス	48	156	27	45	12	1	5	19	16	50	7	1	.358	.832	.288
2019	アスレティックス	123	434	79	125	29	0	24	67	27	123	13	2	.340	.860	.288
2020	アスレティックス	54	183	27	39	8	1	6	25	24	58	2	1	.338	.704	.213
通算成績		225	773	133	209	49	2	35	111	67	231	22	4	.343	.818	.270

20 マーク・キャナ *Mark Canha*

値千金の打点が多いクラッチヒッター

レフト DH

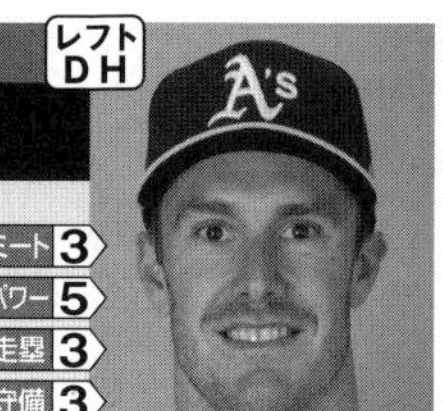

32歳 1989.2.15生 | 188cm | 95kg | 右投右打
◆対左投手打率／.333 ◆対右投手打率／.221
◆ホーム打率／.258 ◆アウェー打率／.234 ◆得点圏打率／.302
◆20年のポジション別出場数／DH=21、ライト=17、レフト=15、センター=9、ファースト=3
◆Ⓓ2010⑦マーリンズ ◆㊥カリフォルニア州
◆㊎692.5万ドル（約7億2713万円）

ミート3 パワー5 走塁3 守備3 肩3

選球眼とパワーを併せ持つ大器晩成型のスラッガー。昨季は早打ちをせずじっくり見ていく傾向がさらに強まったが、結果的に好球を見逃してしまうことが多くなり、打率が低下した。その一方でカウントを考えたバッティングができるクレバーな打者であるため、チャンスにめっぽう強く、昨年は走者なしの場面では2割4分1厘だったが、得点圏打率は3割0分2厘。5本のアーチのうち4本は、走者がいる場面で出ている。60試合に短縮されたシーズンで、2本サヨナラ打を記録していることも特筆すべき働きだ。昨季の四球37は、リーグ5位の数字。押し出しで打点が付いた四球が2つある。

カモ F·ヴァルデス（アストロズ）.600(5-3)0本　苦手 Z·グリンキー（アストロズ）.000(12-0)0本

年度	所属チーム	試合数	打数	得点	安打	二塁打	三塁打	本塁打	打点	四球	三振	盗塁	盗塁死	出塁率	OPS	打率
2015	アスレティックス	124	441	61	112	22	3	16	70	33	96	7	2	.315	.742	.254
2016	アスレティックス	16	41	4	5	0	0	3	6	0	20	0	1	.140	.481	.122
2017	アスレティックス	57	173	16	36	13	1	5	14	7	56	2	0	.262	.644	.208
2018	アスレティックス	122	365	60	91	22	0	17	52	34	88	1	2	.328	.778	.249
2019	アスレティックス	126	410	80	112	16	3	26	58	67	107	3	2	.396	.913	.273
2020	アスレティックス	59	191	32	47	12	2	5	33	37	54	4	0	.387	.795	.246
通算成績		504	1621	253	403	85	9	72	233	178	421	17	7	.340	.785	.249

26 マット・チャップマン *Matt Chapman*

股関節を痛めて9月上旬にシャットダウン

サード

28歳 1993.4.28生 | 183cm | 98kg | 右投右打
◆対左投手打率／.190 ◆対右投手打率／.240
◆ホーム打率／.273 ◆アウェー打率／.185 ◆得点圏打率／.250
◆20年のポジション別出場数／サード=36、ショート=1
◆Ⓓ2014①アスレティックス ◆㊥カリフォルニア州
◆㊎649万ドル（約6億8145万円）◆ゴールドグラブ賞2回（18、19年）

ミート3 パワー5 走塁3 守備5 肩5

バッター、ディフェンダーとして価値があるだけでなく、チームリーダーとしても重要な存在になっている三塁手。昨季は出だし不調だったが、乱闘のあった8月上旬のアストロズ3連戦から長打がよく出るようになった。しかし8月下旬から股関節が痛むようになり、急に三振とエラーが多くなった。股関節の専門家に診断を仰いだところ、右股関節の関節唇（かんせつしん）断裂でただちに修復手術が必要という見解が出たため、IL入りし、手術を受けた。復帰まで4カ月のリハビリが必要ということだったが、その後の経過は順調で、昨年12月15日に代理人のスコット・ボラスから、2021年はキャンプから参加可能という発表があった。このケガで3年連続のゴールドグラブ賞はならなかった。

カモ M·ゴンザレス（マリナーズ）.462(26-12)1本　苦手 K·ギブソン（レンジャーズ）.000(12-0)0本

年度	所属チーム	試合数	打数	得点	安打	二塁打	三塁打	本塁打	打点	四球	三振	盗塁	盗塁死	出塁率	OPS	打率
2017	アスレティックス	84	290	39	68	23	2	14	40	32	92	0	3	.313	.785	.234
2018	アスレティックス	145	547	100	152	42	6	24	68	58	146	1	2	.356	.864	.278
2019	アスレティックス	156	583	102	145	36	3	36	91	73	147	1	1	.342	.848	.249
2020	アスレティックス	37	142	22	33	9	2	10	25	8	54	0	0	.276	.812	.232
通算成績		422	1562	263	398	110	13	84	224	171	439	2	6	.336	.839	.255

野手

28 マット・オルソン *Matt Olson*

打率1割台でも評価は高く、年俸は9倍に

ファースト

27歳 1994.3.29生｜196cm｜102kg｜右投左打

◆対左投手打率／.208 ◆対右投手打率／.191
◆ホーム打率／.231 ◆アウェー打率／.157 ◆得点圏打率／.214
◆20年のポジション別出場数／ファースト=60
◆Ⓓ2012①アスレティックス ◆㊥ジョージア州
◆㊎500万ドル(約5億2500万円) ◆ゴールドグラブ賞2回(18、19年)

ミート 2
パワー 5
走塁 3
守備 5
肩 4

ホームランか三振かという傾向が強くなっている一塁手。昨季はオール・オア・ナッシングの展開になり、満塁アーチが2本ある一方で低打率にあえぎ、2割台に戻せないままシーズンを終えた。ここまで打率が落ちたのは、左投手の速球系（フォーシーム、ツーシーム）と、右投手のブレイキングボール系（スライダー、カッター、カーブ）にうまく対応できないからだ。打率が低すぎることに本人も頭を痛め、無人のサードベース方向にバントを転がして出塁したこともあった。守備は依然ハイレベルだが、昨季のゴールドグラブ賞は監督とコーチの投票ではなく、DRS（守備で防いだ失点）やDEF（守備の総合評価点）をもとに決められたため、3年連続の受賞はならなかった。

カモ K・ギブソン(レンジャーズ).500(14-7)3本 苦手 大谷翔平(エンジェルス).000(6-0)0本

年度	所属チーム	試合数	打数	得点	安打	二塁打	三塁打	本塁打	打点	四球	三振	盗塁	盗塁死	出塁率	OPS	打率
2016	アスレティックス	11	21	3	2	1	0	0	0	7	4	0	0	.321	.464	.095
2017	アスレティックス	59	189	33	49	2	0	24	45	22	60	0	0	.352	1.003	.259
2018	アスレティックス	162	580	85	143	33	0	29	84	70	163	2	1	.335	.788	.247
2019	アスレティックス	127	483	73	129	26	0	36	91	51	138	0	0	.351	.896	.267
2020	アスレティックス	60	210	28	41	4	1	14	42	34	77	1	0	.310	.734	.195
通算成績		419	1483	222	364	66	1	103	262	184	442	3	1	.338	.838	.245

25 スティーヴン・ピスコッティ *Stephen Piscotty*

フリースインガーに変身し、凡打の山

ライト

30歳 1991.1.14生｜193cm｜96kg｜右投右打

◆対左投手打率／.229 ◆対右投手打率／.225
◆ホーム打率／.195 ◆アウェー打率／.256 ◆得点圏打率／.304
◆20年のポジション別出場数／ライト=44
◆Ⓓ2012①カーディナルス ◆㊥カリフォルニア州
◆㊎725万ドル(約7億6125万円)

ミート 2
パワー 3
走塁 3
守備 4
肩 4

不良債権化に歯止めをかけたい、2022年まで契約がある地元産の外野手。昨季は早いカウントからどんどん打ちにいくスタイルに転換したが、ボール球に手を出して凡打の山を築く結果になった。ボール球に手を出した比率は45.3%で、メジャー全体で6番目に高い。トレードに出したくても出せないレベルになっているため、球団は使い続けて復活を待つ方針。打率はメジャー平均（2割4分6厘）を下回っているが、強い打球が出る比率やライナー打球が出る割合は変わっていないので、元の姿を取り戻す可能性は十分ある。

カモ J・スミス(アストロズ).500(8-4)0本 苦手 G・キャニング(エンジェルス).100(10-1)1本

年度	所属チーム	試合数	打数	得点	安打	二塁打	三塁打	本塁打	打点	四球	三振	盗塁	盗塁死	出塁率	OPS	打率
2015	カーディナルス	63	233	29	71	15	4	7	39	20	56	2	1	.359	.853	.305
2016	カーディナルス	153	582	86	159	35	3	22	85	51	133	7	5	.343	.800	.273
2017	カーディナルス	107	341	40	80	16	1	9	39	52	87	3	6	.342	.708	.235
2018	アスレティックス	151	546	78	146	41	0	27	88	42	114	2	0	.331	.821	.267
2019	アスレティックス	93	357	46	89	17	1	13	44	29	84	2	0	.309	.720	.249
2020	アスレティックス	45	159	17	36	6	0	5	29	9	53	4	0	.271	.629	.226
通算成績		612	2218	296	581	130	9	83	324	203	527	20	12	.331	.772	.262

18 たまに予期せぬヒーローになる異能派
チャド・ピンダー *Chad Pinder*

ユーティリティ

29歳 1992.3.29生 | 188cm | 95kg | 右投右打
◆対左投手打率／.160 ◆対右投手打率／.290
◆ホーム打率／.200 ◆アウェー打率／.286 ◆得点圏打率／.267
◆20年のポジション別出場数／セカンド=13、サード=7、レフト=2、ライト=1、DH=1
◆［ド］2013②アスレティックス
◆［年］227.5万ドル（約2億3888万円）

ミート 2 パワー 5 走塁 2 守備 3 肩 4

内野と外野の７つのポジションに対応可能な万能選手。昨季はハムストリング痛と、奥さんの出産による欠場があったため、レギュラーシーズンではほとんどチームに貢献できなかった。しかしポストシーズンではチャップマンの代役としてサードに入り、打率３割１分８厘、本塁打２、打点５とよく打った。２本目の本塁打は、アストロズ相手の地区シリーズ第３戦、８回裏に飛び出した勝ち越しツーラン。これがチームを延命させることになり、救世主扱いされた。昨年、コロナ禍でキャンプが中断したあとは、ノースカロライナ州シャーロットにある自宅に帰り、奥さんが９月に出産を控えていたため、客間を揺りかごのある赤ちゃん部屋へと作り替える作業に時間を割いた。

カモ A・クラウディオ（エンジェルス）.600（5-3）0本　苦手 D・バンディ（エンジェルス）.000（9-0）0本

年度	所属チーム	試合数	打数	得点	安打	二塁打	三塁打	本塁打	打点	四球	三振	盗塁	盗塁死	出塁率	OPS	打率
2016	アスレティックス	22	51	4	12	4	0	1	4	3	14	0	0	.273	.645	.235
2017	アスレティックス	87	282	36	67	15	1	15	42	18	92	2	1	.292	.750	.238
2018	アスレティックス	110	298	43	77	12	1	13	27	27	88	0	2	.332	.769	.258
2019	アスレティックス	124	341	45	82	21	0	13	47	20	88	0	1	.290	.706	.240
2020	アスレティックス	24	56	8	13	3	0	2	8	5	13	0	0	.295	.688	.232
通算成績		367	1028	136	251	55	2	44	128	73	295	2	4	.302	.732	.244

5 忍者スライディングもできるクセモノ
トニー・ケンプ *Tony Kemp*

セカンド レフト

30歳 1991.10.31生 | 168cm | 73kg | 右投左打
◆対左投手打率／.000 ◆対右投手打率／.267
◆ホーム打率／.261 ◆アウェー打率／.234 ◆得点圏打率／.059
◆20年のポジション別出場数／セカンド=43、レフト=3、DH=1
◆［ド］2013⑤アストロズ ◆［出］テネシー州
◆［年］105万ドル（約1億1025万円）

ミート 3 パワー 2 走塁 4 守備 3 肩 2

二塁手でも左翼手でも使える、抜け目のない野球をやるプレーヤー。昨季はセカンドのレギュラー格で使われ、８月末のトミー・ラステーラ加入後はサブに回った。ウリは出塁能力の高さ。追い込まれても三振逃れのカットがうまく、粘って四球をゲットすることも多い。また、敏捷（びんしょう）で状況判断がいいため、時々意表を突くプレーを見せる。９月16日のロッキーズ戦では本塁に突入した際、完全にアウトのタイミングだったが、タッチに来た相手野手のグラブを飛びながら体をひねってかわし、生還。忍者スライディングと称賛された。

カモ M・ゴンザレス（マリナーズ）.571（7-4）0本　苦手 A・ヒーニー（エンジェルス）.000（5-0）0本

年度	所属チーム	試合数	打数	得点	安打	二塁打	三塁打	本塁打	打点	四球	三振	盗塁	盗塁死	出塁率	OPS	打率
2016	アストロズ	59	120	15	26	4	3	1	7	14	27	2	1	.296	.621	.217
2017	アストロズ	17	37	6	8	1	0	0	4	1	5	1	0	.256	.500	.216
2018	アストロズ	97	255	37	67	15	0	6	30	32	44	9	3	.351	.743	.263
2019	アストロズ	66	163	23	37	6	2	7	17	16	29	4	3	.308	.725	.227
2019	カブス	44	82	8	15	3	2	1	12	7	18	0	1	.258	.563	.183
2019	2チーム計	110	245	31	52	9	4	8	29	23	47	4	4	.291	.671	.212
2020	アスレティックス	49	93	15	23	5	0	0	4	15	14	3	1	.363	.664	.247
通算成績		332	750	104	176	34	7	15	74	85	137	19	9	.320	.679	.235

野 手

一 エルヴィス・アンドルス Elvis Andrus

野球人生の正念場を迎えた内野手　ショート　移籍

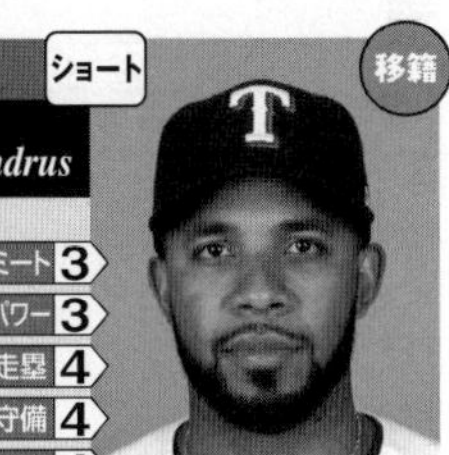

33歳 1988.8.26生｜183cm｜95kg｜右投右打
◆対左投手打率／.206 ◆対右投手打率／.188
◆ホーム打率／.216 ◆アウェー打率／.173 ◆得点圏打率／.167
◆20年のポジション別出場数／ショート=29
◆ⓓ2005㊀ブレーブス ◆㊞ベネズエラ
◆㊎1400万ドル(約14億7000万円)

ミート3 パワー3 走塁4 守備4 肩4

オフのトレードでレンジャーズから移籍の遊撃手。2009 年に 21 歳でショートの定位置を確保し、レンジャーズの顔に成長を遂げた。走攻守のバランスに優れ、若手時代には 3 度のリーグ最多犠打、19 年にはリーグ最多犠飛を記録するなど、しぶとい働きができる仕事人。明るいキャラクターでチームを引っ張るムードメーカーでもある。しかし、昨季は持病の腰痛が悪化し、打率 1 割台とキャリアワーストの結果になってしまった。ベテランに差しかかる年齢だが、「私のタンクにはまだまだ燃料が残っている」とやる気は十分。

カモ L・マッカラーズ・ジュニア(アストロズ).571(14-8)1本　苦手 菊池雄星(マリナーズ).167(6-1)0本

年度	所属チーム	試合数	打数	得点	安打	二塁打	三塁打	本塁打	打点	四球	三振	盗塁	盗塁死	出塁率	OPS	打率
2009	レンジャーズ	145	480	72	128	17	8	6	40	40	77	33	6	.329	.702	.267
2010	レンジャーズ	148	588	88	156	15	3	0	35	64	96	32	15	.342	.643	.265
2011	レンジャーズ	150	587	96	164	27	3	5	60	56	74	37	12	.347	.708	.279
2012	レンジャーズ	158	629	85	180	31	9	3	62	57	96	21	10	.349	.727	.286
2013	レンジャーズ	156	620	91	168	17	4	4	67	52	97	42	8	.328	.659	.271
2014	レンジャーズ	157	619	72	163	35	1	2	41	46	96	27	15	.314	.647	.263
2015	レンジャーズ	160	596	69	154	34	2	7	62	46	78	25	9	.309	.667	.258
2016	レンジャーズ	147	506	75	153	31	7	8	69	47	70	24	8	.362	.800	.302
2017	レンジャーズ	158	643	100	191	44	4	20	88	38	101	25	10	.337	.808	.297
2018	レンジャーズ	97	395	53	101	20	3	6	33	28	66	5	3	.308	.675	.256
2019	レンジャーズ	147	600	81	165	27	4	12	72	34	96	31	8	.313	.707	.275
2020	レンジャーズ	29	103	11	20	5	0	3	7	8	15	3	1	.252	.582	.194
通算成績		1652	6366	893	1743	303	48	76	636	516	962	305	105	.330	.702	.274

30 オースティン・アレン Austin Allen

DHや左の代打の切り札としても使える捕手　キャッチャー

27歳 1994.1.16生｜188cm｜99kg｜右投左打　盗塁阻止率／.000(6-0)
◆対左投手打率／.000 ◆対右投手打率／.194
◆ホーム打率／.211 ◆アウェー打率／.167 ◆得点圏打率／.143
◆20年のポジション別出場数／キャッチャー=14
◆ⓓ2015④パドレス ◆㊞ミズーリ州
◆㊎57万500ドル(約5990万円)+α

ミート2 パワー5 走塁2 守備2 肩2

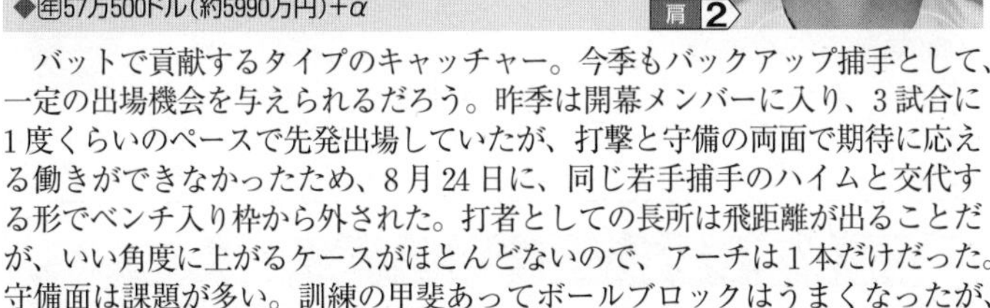

バットで貢献するタイプのキャッチャー。今季もバックアップ捕手として、一定の出場機会を与えられるだろう。昨季は開幕メンバーに入り、3 試合に 1 度くらいのペースで先発出場していたが、打撃と守備の両面で期待に応える働きができなかったため、8 月 24 日に、同じ若手捕手のハイムと交代する形でベンチ入り枠から外された。打者としての長所は飛距離が出ることだが、いい角度に上がるケースがほとんどないので、アーチは 1 本だけだった。守備面は課題が多い。訓練の甲斐あってボールブロックはうまくなったが、盗塁は 6 回走られて一度も刺せなかった。リードもイマイチの感があった。

カモ ――　苦手 S・ストラスバーグ(ナショナルズ).000(3-0)0本

年度	所属チーム	試合数	打数	得点	安打	二塁打	三塁打	本塁打	打点	四球	三振	盗塁	盗塁死	出塁率	OPS	打率
2019	パドレス	34	65	4	14	4	0	0	3	6	21	0	0	.282	.559	.215
2020	アスレティックス	14	31	1	6	1	0	1	3	1	14	0	0	.219	.541	.194
通算成績		48	96	5	20	5	0	1	6	7	35	0	0	.262	.554	.208

39 ルール5で指名されてつかんだビッグチャンス
ヴィマエル・マシン *Vimael Machin*

ユーティリティ

28歳 1993.9.25生 | 180cm | 84kg | 右投左打 対左.143 対右.214 ホ.212 ア.200 得.000 ド2015⑩カブス 出プエルトリコ 年57万500ドル(約5990万円)+α

ミ3 パ1 走3 守4 肩3

昨年の開幕時にメジャーデビューした、出塁能力が高い内野のユーティリティ。一昨年の11月末時点では、カブスの2Aに在籍していたが、12月のルール5ドラフトでフィリーズから指名され、移籍。その直後にフィリーズとアスレティックスの間で金銭トレードが成立し、アスレティックスに来た。ルール5指名選手は、オープン戦の成績が良ければその年ずっとメジャーでプレーできるが、悪いと元のチームに送り返される。マシンはオープン戦で打率3割2分3厘、出塁率4割7分7厘という好成績をマーク。7月のキャンプでもいい働きをし、見事にメジャー行きの切符を手にした。

年度	所属チーム	試合数	打数	得点	安打	二塁打	三塁打	本塁打	打点	四球	三振	盗塁	盗塁死	出塁率	OPS	打率
2020	アスレティックス	24	63	11	13	2	0	0	0	8	10	0	0	.296	.534	.206
通算成績		24	63	11	13	2	0	0	0	8	10	0	0	.296	.534	.206

15 30本を期待できる3A最強の打者
セス・ブラウン *Seth Brown*

DH ファースト ライト

29歳 1992.7.13生 | 185cm | 101kg | 左投左打 対左.000 対右.000 ホ.000 ア.000 得.000 ド2015⑲アスレティックス 出オレゴン州 年57万500ドル(約5990万円)+α

ミ3 パ5 走3 守4 肩3

クリス・デイヴィスがキャンプ直前にトレードされたため、今季はDHの一番手として使われることになる長距離砲。一昨年、3Aで37本塁打を記録したが、いざメジャーに上げると結果を出せない典型的な4A選手。ウリはパワーと技術を併せ持ち、うまくためを作って、どんな変化球にもタイミングを合わせられること。また、打球にバックスピンをかけて、遠くに飛ばすことにも長けている。2017年のオフに、高校の女子バスケットボールチームの監督をしているブリッター・ニーバーガルさんと結婚。以前は生活維持のため、オフになるとアイダホ州の野生動物保護局で働いていた。

年度	所属チーム	試合数	打数	得点	安打	二塁打	三塁打	本塁打	打点	四球	三振	盗塁	盗塁死	出塁率	OPS	打率
2020	アスレティックス	7	5	0	0	0	0	0	0	0	2	0	0	.000	.000	.000
通算成績		33	80	11	22	8	2	0	13	7	25	1	0	.341	.766	.275

13 ルイス・バレーラ *Luis Barrera*

外野手 期待度 B ルーキー

26歳 1995.11.15生 | 183cm | 88kg | 左投左打 ◆一昨年は2Aでプレー ド2012外アスレティックス 出ドミニカ

昨年、サンノゼの待機キャンプで行われた一連の紅白戦で、最も評価が高かった外野のホープ。ウリは天性の打撃センスを備えているため、高打率を期待できること。スピードもあるので、三塁打が多いのも長所だ。守備範囲が広く、飛球の軌道を的確に読めるので、「1番・センター」で使いたいタイプ。

― ニック・アレン *Nick Allen*

ショート 期待度 B+ ルーキー

23歳 1998.10.8生 | 173cm | 75kg | 右投右打 ◆一昨年は1A+でプレー ド2017③アスレティックス 出カリフォルニア州

オフにアンドルスを獲得したアスレティックスが、その後任に見据えている将来の正遊撃手候補。打撃面ではパワーに欠けるため、多くを期待できない。だが、それを補って余りある高い守備力が魅力。足も速い。今季はマイナーで経験を積むことになるが、早ければシーズン終盤の昇格もあり得る。

対左=対左投手打率 対右=対右投手打率 ホ=ホーム打率 ア=アウェー打率 得=得点圏打率 ド=ドラフトデータ 出=出身地 年=年俸

※昨季、マイナーリーグは中止

アメリカン・リーグ……西部地区 *HOUSTON ASTROS*

ヒューストン・アストロズ

◆創　立：1962年
◆本拠地：テキサス州ヒューストン市
◆ワールドシリーズ制覇：1回／◆リーグ優勝：3回
◆地区優勝：10回／◆ワイルドカード獲得：4回

主要オーナー　ジム・クレイン(投資グループ代表)

過去5年成績

年度	勝	負	勝率	ゲーム差	地区順位	ポストシーズン成績
2016	84	78	.519	11.0	③	—
2017	101	61	.623	(21.0)	①	ワールドシリーズ制覇
2018	103	59	.636	(6.0)	①	リーグ優勝決定シリーズ敗退
2019	107	55	.660	(10.0)	①	ワールドシリーズ敗退
2020	**29**	**31**	**.483**	**7.0**	②	**リーグ優勝決定シリーズ敗退**

監督　12 ダスティ・ベイカー *Dusty Baker*

◆年　　齢…………72歳(カリフォルニア州出身)
◆現役時代の経歴…19シーズン　ブレーブス(1968～75)、
(外野手)　ドジャース(1976～83)、ジャイアンツ(1984)、アスレティックス(1985～86)
◆現役通算成績……2039試合　.278　242本　1013打点
◆監督経歴…………23シーズン　ジャイアンツ(1993～2002)、カブス(2003～06)、レッズ(2008～13)、ナショナルズ(2016～17)、アストロズ(2020～)
◆通算成績…………1892勝1667敗(勝率.532)　最優秀監督3回(93、97、00年)

経験豊富な老将。昨年1月、不正なサイン盗み事件で監督のA.J.ヒンチ（今季からタイガース監督）が解任されると、その後任として監督に招かれた。データ重視の先進的な戦術を採用していたアストロズが、経験や直観を重視しがちな、いわゆるオールド・スクール派のベイカーを監督に据えたのは、彼の人間性を高く評価したからだ。どっしりと構え、ときには愛情あふれる言葉を投げてくれるベイカーの存在は、非難に苦しむ選手たちに勇気を与えるものだった。

注目コーチ　8 ゲイリー・ペティス *Gary Pettis*

三塁ベースコーチ。63歳。現役時代は、ゴールドグラブ賞を5度受賞した名センター。エンジェルス、ホワイトソックス、メッツ、レンジャーズでもコーチ経験がある。

編成責任者　ジェイムズ・クリック *James Click*

43歳。昨年2月にGM就任。名門イェール大学卒業後、セイバーメトリクス分析を専門とする「ベースボール・プロスペクタス」や、レイズの組織で活躍してきた。

スタジアム　ミニッツメイド・パーク *Minute Maid Park*

◆開 場 年…………2000年
◆仕　　様…………天然芝、開閉式屋根付き
◆収容能力…………41,168人
◆フェンスの高さ …2.1～6.4m
◆特　　徴…………センター最深部はメジャーの球場で最も深いが、両翼は短く、フェンスのふくらみも小さいので、ホームランが出にくいわけではない。球場名は、命名権を持つ「ザ・コカ・コーラ・カンパニー」の飲料ブランドの名からきている。

ニュートラルパーク

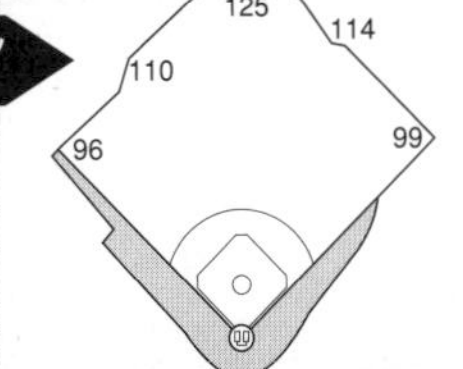

Best Order

[ベストオーダー]

①カイル・タッカー……ライト
②ホセ・アルトゥーヴェ……セカンド
③マイケル・ブラントリー……レフト
④アレックス・ブレグマン……サード
⑤ヨーダン・アルヴァレス……DH
⑥カルロス・コレイア……ショート
⑦ユリ・グリエル……ファースト
⑧マーティン・マルドナード……キャッチャー
⑨マイルズ・ストロウ……センター

Depth Chart

[ポジション別選手層・メンバーリスト]

※2021年2月12日時点の候補選手。数字は背番号(開幕前に変更する場合もあり)、右・左等は投・打の順。

センター
3 **マイルズ・ストロウ [右・右]**

レフト
23 **マイケル・ブラントリー [左・左]**
30 カイル・タッカー [右・左]

ライト
30 **カイル・タッカー [右・左]**
20 チェイス・マコーミック [左・右]

ショート
1 **カルロス・コレイア [右・右]**

セカンド
27 **ホセ・アルトゥーヴェ [右・右]**
16 アレドミス・ディアス [右・右]

ローテーション
21 ザック・グリンキー [右・右]
59 フランバー・ヴァルデス [左・左]
53 クリスチャン・ハヴィエア [右・右]
43 ランス・マッカラーズ・ジュニア [右・右]
65 ホセ・アーキーディ [右・右]
64 ブランドン・ビーラク [右・左]

サード
2 **アレックス・ブレグマン [右・右]**
31 エイブラハム・トロ [右・両]
16 アレドミス・ディアス [右・右]

ファースト
10 **ユリ・グリエル [右・右]**
16 アレドミス・ディアス [右・右]

キャッチャー
15 **マーティン・マルドナード [右・右]**
18 ジェイソン・カストロ [右・左]
11 ギャレット・スタッブス [右・左]

DH
44 **ヨーダン・アルヴァレス [右・左]**
23 マイケル・ブラントリー [左・左]
31 エイブラハム・トロ [右・両]
30 カイル・タッカー [右・左]

ブルペン
55 ライアン・プレスリー [右・右] CL
58 ブルックス・レイリー [左・左]
60 エノリ・パレーデス [右・右]
70 アンドレ・スクラッブ [右・右]
77 ルイス・ガルシア [右・右]
62 ブレイク・テイラー [左・左]
45 ライン・スタネック [右・右]
51 オースティン・プルイット [右・右]
39 ジョシュ・ジェイムズ [右・右]
68 ニヴァルド・ロドリゲス [右・右]
52 ペドロ・バエズ [右・右]
38 ジョー・スミス [右・右]
64 ブランドン・ビーラク [右・左]

※CL=クローザー

アストロズ試合日程……＊はアウェーでの開催

4月1・2・3・4	アスレティックス＊
5・6	エンジェルス＊
8・9・10	アスレティックス
12・13・14	タイガース
16・17・18	マリナーズ＊
20・21	ロッキーズ＊
22・23・24・25	エンジェルス
26・27・28・29	マリナーズ
30・**5**月1・2	レイズ＊
4・5・6	ヤンキース＊
7・8・9	ブルージェイズ
10・11・12	エンジェルス
13・14・15・16	レンジャーズ
18・19・20	アスレティックス＊
21・22・23	レンジャーズ＊
25・26	ドジャース
28・29・30	パドレス
31・**6**月1・2・3	レッドソックス
4・5・6	ブルージェイズ＊
8・9・10	レッドソックス＊
11・12・13	ツインズ＊
15・16	レンジャーズ
17・18・19・20	ホワイトソックス
21・22・23	オリオールズ＊
24・25・26・27	タイガース＊
28・29・30	オリオールズ
7月1・2・3・4	インディアンズ＊

球団メモ 昨年11月、ジェフ・ルーノー前GMが、不当解雇を理由に球団を提訴した。ルーノーは昨年1月、アストロズの不法なサイン盗み騒動が原因で、GM職を解かれている。

Analysis　矢印⬆↗➡↘⬇は、昨季終了時との比較　[戦力分析]

■投手力➡…★★★½【昨年度チーム防御率4.31、リーグ7位】

グリンキー、ヴァルデス、マッカラーズ・ジュニア、アーキーディ、ハヴィエアと続くローテーションは、全員３点台の防御率を出してもおかしくないハイレベルな陣容。しかも今季後半からヴァーランダーがもし復帰できれば、さらにレベルアップする。それに比べると、ブルペンはやや不安を覚える顔ぶれ。クローザーのプレスリーはそこそこ機能するだろうが、ジョー・スミス以下のセットアッパー陣はやや弱体な印象を受ける。

■攻撃力➡…★★★½【昨年度チーム得点279、リーグ7位】

打線からリードオフマンのスプリンガーが抜けたのはダメージが大きい。３人目の外野手に適材を確保できなかったのも、得点力を減少させる可能性がある。その一方で、昨年サイン盗みの恩恵を受けたとして批判され、打撃成績が急落したアルトゥーヴェやブレグマンが復調する可能性が高いので、トータルで見ると得点力は昨年と同レベルに見える。

■守備力➡…★★½【昨年度チーム失策数20、リーグ1位タイ】

昨年はエラー数がリーグ最少タイだった。その一方でチーム全体の守備範囲の広さを示すデータ（UZR）を見ると、昨年のアストロズはアメリカン・リーグでワースト。これは年齢的な衰えが見られる選手が多いため。内野の顔ぶれは変わっていないので、改善される可能性は低い。

■機動力➡…★★【昨年度チーム盗塁数22、リーグ10位】

ストロウがレギュラーになることができれば、30盗塁を期待できる。

昨季はサイン盗みの発覚により、「社会の敵」という目で見られ、逆風の中での戦いとなった。だが、人心掌握に優れたベイカー監督のもとで、リーグ優勝決定シリーズまで勝ち上がっている。4、5年前のイキの良さはなくなったが、底力はあるチームだ。

IN　主な入団選手

投手
- ペドロ・バエズ⬅ドジャース
- ライン・スタネック⬅マーリンズ

野手
- ジェイソン・カストロ⬅パドレス

OUT　主な退団選手

投手
- サイ・スニード➡東京ヤクルト

野手
- ジョージ・スプリンガー➡ブルージェイズ
- ジョシュ・レディック➡所属先未定

日程	対戦	日程	対戦	日程	対戦
6·7·8	アスレティックス	5·6·7·8	ツインズ	6·7·8	マリナーズ
9·10·11	ヤンキース	10·11	ロッキーズ	10·11·12	エンジェルス
13	オールスターゲーム	13·14·15	エンジェルス*	13·14·15·16	レンジャーズ*
16·17·18	ホワイトソックス*	16·17·18·19	ロイヤルズ*	17·18·19	ダイヤモンドバックス
19·20·21	インディアンズ	20·21·22	マリナーズ	20·21·22·23	エンジェルス*
23·24·25	レンジャーズ	23·24·25	ロイヤルズ	24·25·26	アスレティックス*
26·27·28	マリナーズ*	27·28·29	レンジャーズ*	28·29·30	レイズ
30·31·**8**月1	ジャイアンツ*	30·31·**9**月1	マリナーズ*	**10**月1·2·3	アスレティックス
3·4	ドジャース*	3·4·5	パドレス*		

球団メモ 大エースのジャスティン・ヴァーランダーは、昨季は開幕戦の１試合に投げただけ。右ヒジ痛を発症し、９月末にトミー・ジョン手術を受けたため、今季は全休となる。

エキセントリックな行為がファンに大うけ　先発

21 ザック・グリンキー
Zack Greinke

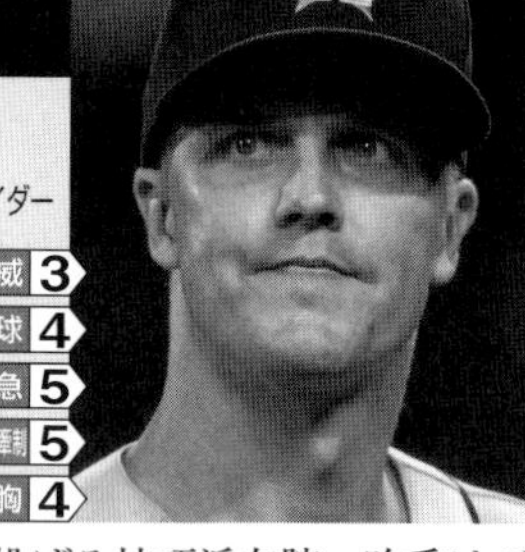

38歳 1983.10.21生 | 188cm | 91kg | 右投右打
◆速球のスピード／140キロ台前半(フォーシーム主体)
◆決め球と持ち球／☆チェンジアップ、○カーブ、○フォーシーム、△スライダー
◆対左打者被打率／.206 ◆対右打者被打率／.305
◆ホーム防御率／3.48 ◆アウェー防御率／4.59
◆ドラフトデータ／2002①ロイヤルズ
◆出身地／フロリダ州
◆年俸／3200万ドル(約33億6000万円)
◆サイ・ヤング賞1回(09年)、最優秀防御率2回(09、15年)、ゴールドグラブ賞6回(14～19年)、シルバースラッガー賞2回(13、19年)

球威 3
制球 4
緩急 5
守備・牽制 5
度胸 4

契約最終年を迎える、気合を発しながら投げる技巧派右腕。昨季はヴァーランダーが開幕早々戦列を離れたため、ローテーションの柱となって登板した。だが、スライダーが頻繁（ひんぱん）に抜けることと、速球の球速が2、3キロ落ちていることが災いして、8月下旬以降は失点が多くなった。

以前からしばしばエキセントリックな行動に出ることがあったが、昨季はゲーム中に、自分から捕手にサインを送るシーンが何度も見られた、8月23日のパドレス戦では、拳を握って軽く振るジェスチャーをしてから、球速86.9キロのイーファスボール（超スローボール）を投げて三振を奪った。また8月12日のジャイアンツ戦では、相手の走者が二塁に出たためサインのコードが変わったが、捕手マルドナードのサインがわからなくなったため、マウンド上から捕手に向かって「セカンドセット、アフター・ワン」「セカンドセット、アフター・ツー」と叫んでから投げた。これだけでは打者は球種を特定できないので、打者デュボンはスライダーに手を出してライトへの小フライに倒れた、しかし、いつもいい結果が出たわけではない。地区シリーズ第4戦では、一塁と二塁に走者がいる場面で、2本の指を2度立ててサインを送ってからスライダーを投げ込むと、打者ローリアーノにドンピシャのタイミングで叩かれ、外野席中段に運ばれた、指2本が2度出たので、「セカンドセット、アフター・ツー」だと見破った可能性がある。

カモ M・キャナ(アスレティックス).000(12-0)0本　A・レンドーン(エンジェルス).071(14-1)1本
苦手 R・ローリアーノ(アスレティックス).556(9-5)1本　K・シーガー(マリナーズ).462(13-6)0本

年度	所属チーム	勝利	敗戦	防御率	試合数	先発	セーブ	投球イニング	被安打	失点	自責点	被本塁打	与四球	奪三振	WHIP
2004	ロイヤルズ	8	11	3.97	24	24	0	145.0	143	64	64	26	26	100	1.17
2005	ロイヤルズ	5	17	5.80	33	33	0	183.0	233	125	118	23	53	114	1.56
2006	ロイヤルズ	1	0	4.26	3	0	0	6.1	7	3	3	1	3	5	1.58
2007	ロイヤルズ	7	7	3.69	52	14	1	122.0	122	52	50	12	36	106	1.30
2008	ロイヤルズ	13	10	3.47	32	32	0	202.1	202	87	78	21	56	183	1.28
2009	ロイヤルズ	16	8	2.16	33	33	0	229.1	195	64	55	11	51	242	1.07
2010	ロイヤルズ	10	14	4.17	33	33	0	220.0	219	114	102	18	55	181	1.25
2011	ブリュワーズ	16	6	3.83	28	28	0	171.2	161	82	73	19	45	201	1.20
2012	ブリュワーズ	9	3	3.44	21	21	0	123.0	120	49	47	7	28	122	1.20
2012	エンジェルス	6	2	3.53	13	13	0	89.1	80	35	35	11	26	78	1.19
2012	2チーム計	15	5	3.48	34	34	0	212.1	200	84	82	18	54	200	1.20
2013	ドジャース	15	4	2.63	28	28	0	177.2	152	54	52	13	46	148	1.11
2014	ドジャース	17	8	2.71	32	32	0	202.1	190	69	61	19	43	207	1.15
2015	ドジャース	19	3	1.66	32	32	0	222.2	148	43	41	14	40	200	0.84
2016	ダイヤモンドバックス	13	7	4.37	26	26	0	158.2	161	80	77	23	41	134	1.27
2017	ダイヤモンドバックス	17	7	3.20	32	32	0	202.1	172	80	72	25	45	215	1.07
2018	ダイヤモンドバックス	15	11	3.21	33	33	0	207.2	181	77	74	28	43	199	1.08
2019	ダイヤモンドバックス	10	4	2.90	23	23	0	146.0	117	48	47	15	21	135	0.95
2019	アストロズ	8	1	3.02	10	10	0	62.2	58	25	21	6	9	52	1.07
2019	2チーム計	18	5	2.93	33	33	0	208.2	175	73	68	21	30	187	0.98
2020	アストロズ	3	3	4.03	12	12	0	67.0	67	30	30	6	9	67	1.13
通算成績		208	126	3.37	500	459	1	2939.0	2728	1181	1100	298	676	2689	1.16

59 フランバー・ヴァルデス *Framber Valdez*

今季はエース格として投げるカーブの魔術師　先発

28歳 1993.11.19生 | 180cm | 108kg | 左投左打
◆速球のスピード／150キロ前後(シンカー主体)
◆決め球と持ち球／☆カーブ、◎シンカー、○チェンジアップ、△フォーシーム
◆対左.243 ◆対右.238 ◆ホ防3.52 ◆ア防3.60
◆ド2015外アストロズ ◆出ドミニカ
◆年57万500ドル(約5990万円)+α

球威5 制球4 緩急4 守備・牽制3 度胸4

昨年ブレイクした筋肉の塊のようなサウスポー。昨季は先発5番手としてスタートしたが制球が安定し、2度目の先発から4試合連続で1失点以内に抑えてチームの救世主になった。ポストシーズンでも好投を見せている。挑発されるとすぐカッとなるタイプ。リーグ優勝決定シリーズ第6戦では、好投のヴァルデスを引きずり下ろそうと、レイズのヤンディ・ディアスが挑発してきたため乗りそうになったが、ショートのコレイアが飛んできて「お前がケンカを買ったら、ウチが負けるぞ。無視しろ」と説教し、ゲームに集中させた。ドミニカ人には珍しく、16歳で初めてピッチングを始めた変わり種。

カモ 大谷翔平(エンジェルス).091(11-1)0本　苦手 A・レンドーン(エンジェルス).500(10-5)1本

年度	所属チーム	勝利	敗戦	防御率	試合数	先発	セーブ	投球イニング	被安打	失点	自責点	被本塁打	与四球	奪三振	WHIP
2018	アストロズ	4	1	2.19	8	5	0	37.0	22	10	9	3	24	34	1.24
2019	アストロズ	4	7	5.86	26	8	0	70.2	74	51	46	9	44	68	1.67
2020	アストロズ	5	3	3.57	11	10	0	70.2	63	32	28	5	16	76	1.12
通算成績		13	11	4.19	45	23	0	178.1	159	93	83	17	84	178	1.36

55 ライアン・プレスリー *Ryan Pressly*

セーブ成功率75%はワーストレベル　クローザー

33歳 1988.12.15生 | 188cm | 93kg | 右投右打
◆速球のスピード／150キロ台前半(フォーシーム主体)
◆決め球と持ち球／◎スライダー、◎フォーシーム、○カーブ
◆対左.227 ◆対右.282 ◆ホ防1.32 ◆ア防7.36
◆ド2007⑪レッドソックス ◆出テキサス州
◆年875万ドル(約9億1875万円)

球威4 制球4 緩急4 守備・牽制4 度胸3

昨季はクローザーとして投げたベテラン右腕。開幕前はトップセットアッパーに予定されていたのに、開幕直前にクローザーに指名されたのは、ロベルト・オスーナが体重オーバーで調整に時間がかかると判断されたからだ。ただ、これですんなり守護神に収まったわけではない。開幕直後からヒジに痛みが出て、登板できない状態が1週間ほど続いた。それでも8月1日に初めて9回の抑えとして登板したが、最初の2試合で3失点したためいきなり崖っぷちに立たされた。だが、3試合目から安定した投球を見せるようになった。ポストシーズンでは、威力が戻った速球を多投して4セーブをマーク。

カモ 大谷翔平(エンジェルス).000(4-0)0本　苦手 ——

年度	所属チーム	勝利	敗戦	防御率	試合数	先発	セーブ	投球イニング	被安打	失点	自責点	被本塁打	与四球	奪三振	WHIP
2013	ツインズ	3	3	3.87	49	0	0	76.2	71	37	33	5	27	49	1.28
2014	ツインズ	2	0	2.86	25	0	0	28.1	30	10	9	3	8	14	1.34
2015	ツインズ	3	2	2.93	27	0	0	27.2	27	9	9	0	12	22	1.41
2016	ツインズ	6	7	3.70	72	0	1	75.1	79	34	31	8	23	67	1.35
2017	ツインズ	2	3	4.70	57	0	0	61.1	52	34	32	10	19	61	1.16
2018	ツインズ	1	1	3.40	51	0	0	47.2	46	19	18	5	19	69	1.36
2018	アストロズ	1	0	0.77	26	0	2	23.1	11	2	2	1	3	32	0.60
2018	2チーム計	2	1	2.54	77	0	2	71.0	57	21	20	6	22	101	1.11
2019	アストロズ	2	3	2.32	55	0	3	54.1	37	15	14	6	12	72	0.90
2020	アストロズ	1	3	3.43	23	0	12	21.0	21	10	8	2	7	29	1.33
通算成績		21	22	3.38	385	0	18	415.2	374	170	156	40	130	415	1.21

対左=対左打者被打率　対右=対右打者被打率　ホ防=ホーム防御率　ア防=アウェー防御率
ド=ドラフトデータ　出=出身地　年=年俸

53 ヴァーランダーの代役で先発に回り、大化け 先発
クリスチャン・ハヴィエア Cristian Javier

24歳 1997.3.26生 | 185cm | 97kg | 右投右打
◆速球のスピード／150キロ前後(フォーシーム主体)
◆決め球と持ち球／◎フォーシーム、◎スライダー、○カーブ、△チェンジアップ
◆対左.248 ◆対右.101 ◆ホ防2.17 ◆ア防4.97
◆ド2015㊇アストロズ ◆出ドミニカ
◆年57万500ドル(約5990万円)+α

球威3 制球4 緩急5 守備・牽制3 度胸4

今季は先発に固定される、アメリカン・リーグ新人王最終候補になったドミニカ出身の右腕。昨年は開幕時のベンチ入り枠が30人に拡大されたため、その恩恵で開幕からベンチ入りし、7月25日のマリナーズ戦にリリーフで起用されメジャーデビュー。さらにヴァーランダーのIL(故障者リスト)入りにともない、そのスポットに入って先発で投げることに。すると初先発のドジャース戦でベッツとベリンジャーから三振を奪い、5回3分の2を1失点に抑える好投を見せて注目された。速球のスピードを1球1球変えて投げており、打者のタイミングを外すことに長けている。また出どころが見えにくい投球フォームで投げているため、速球が球速表示以上に威力がある。弱点は典型的なフライボール・ピッチャーなので、一発を食うリスクが高いこと。

カモ J・ギャロ(レンジャーズ).167(6-1)0本 苦手 ———

年度	所属チーム	勝利	敗戦	防御率	試合数	先発	セーブ	投球イニング	被安打	失点	自責点	被本塁打	与四球	奪三振	WHIP
2020	アストロズ	5	2	3.48	12	10	0	54.1	36	21	21	11	18	54	0.99
通算成績		5	2	3.48	12	10	0	54.1	36	21	21	11	18	54	0.99

43 カーブの不調をチェンジアップでおぎなう 先発
ランス・マッカラーズ・ジュニア Lance McCullers Jr.

28歳 1993.10.2生 | 185cm | 92kg | 右投左打
◆速球のスピード／150キロ台前半(シンカー主体)
◆決め球と持ち球／◎シンカー、◎ナックルカーブ、◎チェンジアップ
◆対左.190 ◆対右.253 ◆ホ防1.42 ◆ア防7.33
◆ド2012①アストロズ ◆出フロリダ州
◆年650万ドル(約6億8250万円)

球威4 制球3 緩急4 守備・牽制3 度胸3

2018年11月にトミー・ジョン手術を受けたが、昨年それを乗り越えて復活した生え抜きの右腕。ただ昨年のピッチングは、全面的に称賛できるものではなかった。最大の武器で、メジャー最強の折り紙が付いたナックルカーブの威力が低下し、頻繁(ひんぱん)に長打を食うようになったからだ。そのため昨季は途中からナックルカーブの使用比率を減らし、チェンジアップを増やした。それだけでなく新たにカッターを使い始めた。こうした取り組みが実を結んでシーズン終盤に好投が続き、8月に6点台だった防御率がシーズン終了時には3.95まで良化。ただ最大の武器が機能しなくなっていることは、投手生命にかかわることなので、ピッチングを再構築する必要にせまられている。

カモ J・ギャロ(レンジャーズ).063(16-1)0本 苦手 E・アンドルス(アスレティックス).571(14-8)1本

年度	所属チーム	勝利	敗戦	防御率	試合数	先発	セーブ	投球イニング	被安打	失点	自責点	被本塁打	与四球	奪三振	WHIP
2015	アストロズ	6	7	3.22	22	22	0	125.2	106	49	45	10	43	129	1.19
2016	アストロズ	6	5	3.22	14	14	0	81.0	80	29	29	5	45	106	1.54
2017	アストロズ	7	4	4.25	22	22	0	118.2	114	61	56	8	40	132	1.30
2018	アストロズ	10	6	3.86	25	22	0	128.1	100	60	55	12	50	142	1.17
2020	アストロズ	3	3	3.93	11	11	0	55.0	44	29	24	5	20	56	1.16
通算成績		32	25	3.70	94	91	0	508.2	444	228	209	40	198	565	1.26

対左=対左打者被打率 対右=対右打者被打率 ホ防=ホーム防御率 ア防=アウェー防御率
ド=ドラフトデータ 出=出身地 年=年俸 カモ 苦手 は通算成績

65 打てそうで打てない投手に成長 ホセ・アーキーディ *Jose Urquidy*

先発

26歳 1995.5.1生 | 183cm | 98kg | 右投右打 速150キロ前後(フォーシーム主体) 決◎カーブ 対左.136 対右.292 ド2015外アストロズ 出メキシコ 年57万500ドル(約5990万円)+α

球3 制4 緩5 守備3 度3

効率的にアウトを取れるようになり、先発4、5番手で使うのにうってつけの投手になったメキシコ出身の右腕。昨年は新型コロナに感染したため、7月中旬にIL入りし、9月5日にようやく復帰した。復帰後は、打者のタイミングを外すことに重点を置いたピッチングを展開。ボール球に手を出させる技術も向上した。走者が二塁に出ると間合いが長くなり、キャップを脱いで中をのぞき込むことがある。これは走者が二塁に出るとサインを盗まれないようコードが変わるため、スペイン語で書いたコード表をキャップの内側に貼り付け、捕手のサインをそれで確認しているのだ。

年度	所属チーム	勝利	敗戦	防御率	試合数	先発	セーブ	投球イニング	被安打	失点	自責点	被本塁打	与四球	奪三振	WHIP
2020	アストロズ	1	1	2.73	5	5	0	29.2	22	9	9	4	8	17	1.01
通算成績		3	2	3.44	14	12	0	70.2	60	27	27	10	15	57	1.06

62 ピンチになると制球が良くなるサウスポー ブレイク・テイラー *Blake Taylor*

ミドルリリーフ

26歳 1995.8.17生 | 191cm | 100kg | 左投左打 速150キロ台前半(フォーシーム主体) 決◎フォーシーム 対左.171 対右.175 ド2013②パイレーツ 出カリフォルニア州 年57万500ドル(約5990万円)+α

球4 制3 緩3 守備5 度5

昨年のポストシーズンで好投を続け、評価が急上昇したリリーフ左腕。速球とスライダーだけで投げるツーピッチ・ピッチャーで、昨年の開幕戦でメジャーデビュー。その後6試合連続で無失点に抑えたため、僅少差のリードしている場面でも使われるようになった。ポストシーズンではチーム最多の8試合に投げたが、失点はブランドン・ラウに打たれたソロアーチによる1点だけ。走者は出しても要所を締め、ベイカー監督を喜ばせている。マイナー時代は見過ごされた存在。特筆すべきことは、2017年のWBC予選ラウンドで、英国代表チームの一員として投げたことくらいだ。

年度	所属チーム	勝利	敗戦	防御率	試合数	先発	セーブ	投球イニング	被安打	失点	自責点	被本塁打	与四球	奪三振	WHIP
2020	アストロズ	2	1	2.18	22	0	1	20.2	13	7	5	2	12	17	1.21
通算成績		2	1	2.18	22	0	1	20.2	13	7	5	2	12	17	1.21

52 「ラバ」と呼ばれる働き者のリリーバー ペドロ・バエズ *Pedro Baez*

セットアップ

移籍

33歳 1988.3.11生 | 183cm | 105kg | 右投右打 速150キロ台前半(フォーシーム) 決◎チェンジアップ 対左.097 対右.219 ド2007外ドジャース 出ドミニカ 年450万ドル(約4億7250万円)

球4 制3 緩4 守備2 度3

ドジャースをFAになり、2年契約でアストロズ入りしたリリーフ右腕。2015年から5年連続で50登板をクリアし、毎年防御率3点前後を記録し続けた安定戦力。昨季は股関節を痛めて8月下旬に一時戦列を離れたが、すぐに復帰し、ポストシーズンでも8試合に登板した。体の丈夫さから「ラ・ムーラ」(スペイン語でラバ)の愛称で親しまれている。2A時代の12年に、三塁手から投手にコンバートされた転向組であり、肩ヒジが使い減りしていないのもタフネスの素。それまで投手経験はなかったが、「ミットに向かって投げるだけだから、意外とイージーだった」と語っている。

年度	所属チーム	勝利	敗戦	防御率	試合数	先発	セーブ	投球イニング	被安打	失点	自責点	被本塁打	与四球	奪三振	WHIP
2020	ドジャース	0	0	3.18	18	0	2	17.0	10	8	6	2	7	13	1.00
通算成績		21	15	3.03	355	0	3	356.0	270	137	120	39	120	369	1.10

速=速球のスピード　決=決め球

58 韓国Uターン組の打たれ強いリリーフ左腕

セットアップ

ブルックス・レイリー *Brooks Raley*

33歳 1988.6.29生 | 191cm | 91kg | 左投左打 速140キロ台中頃(フォーシーム、ツーシーム) 決◎カッター
対左.121 対右.225 ド2009⑥カブス 出テキサス州 年200万ドル(約2億1000万円)

球3 制3 緩3 守・牽3 度5

5年間韓国リーグに在籍後、昨年レッズとマイナー契約し、32歳で米国にカムバックしたリリーフ左腕。昨年はキャンプで好調で開幕メジャー入りを果たしたが、シーズンに入ると肩に力が入って大乱調。そのため不用品の烙印(らくいん)を押され、8月10日にアストロズにトレードされた。だが、結果的にこの移籍によって地に足がついたピッチングができるようになった。ウリはプレッシャーのかかる場面ほど制球が良くなることと、左打者に絶対の自信を持っていること。韓国リーグでは釜山(プサン)のロッテ・ジャイアンツに所属。152試合に登板し、48勝53敗、防御率4.13という成績だった。

年度	所属チーム	勝利	敗戦	防御率	試合数	先発	セーブ	投球イニング	被安打	失点	自責点	被本塁打	与四球	奪三振	WHIP
2020	レッズ	0	0	9.00	4	0	0	4.0	5	4	4	0	2	6	1.75
2020	アストロズ	0	1	3.94	17	0	1	16.0	8	8	7	3	4	21	0.75
2020	2チーム計	0	1	4.95	21	0	1	20.0	13	12	11	3	6	27	0.95
通算成績		1	3	6.33	35	5	1	58.1	57	44	41	12	25	57	1.41

70 1死満塁の場面でメジャーデビュー

ミドルリリーフ

アンドレ・スクラッブ *Andre Scrubb*

26歳 1995.1.13生 | 193cm | 122kg | 右投右打 速150キロ前後(フォーシーム主体) 決◎カーブ
対左.211 対右.171 ド2016⑧ドジャース 出ノースカロライナ州 年57万500ドル(約5990万円)+α

球4 制2 緩4 守・牽3 度5

ルーキーながら強心臓で、昨季はピンチの火消し屋としていい働きをしたプロレスラー体型のリリーフ右腕。球種はフォーシームとカーブだけで、この2つを高低に投げ分けて打者の目線を狂わせる。デビュー戦は、7月28日の古巣ドジャースとのゲーム。1死満塁の場面で起用され、1つ四球を出したが、次打者を併殺ゴロに打ち取った。その日の夜、ドジャースのマイナー時代、仲が良かったダスティン・メイからお祝いのメッセージが届き、胸がいっぱいになった。その後も度々ピンチに火消し役として使われたが、粘りの投球を見せ、生還阻止率は87%という高率だった。

年度	所属チーム	勝利	敗戦	防御率	試合数	先発	セーブ	投球イニング	被安打	失点	自責点	被本塁打	与四球	奪三振	WHIP
2020	アストロズ	1	0	1.90	20	0	1	23.2	15	5	5	1	20	24	1.48
通算成績		1	0	1.90	20	0	1	23.2	15	5	5	1	20	24	1.48

60 3年遅れでプロ入り。契約金はたった1000ドル

セットアップ

エノリ・パレーデス *Enoli Paredes*

26歳 1995.9.28生 | 180cm | 78kg | 右投右打 速150キロ台中頃(フォーシーム、ツーシーム) 決◎スライダー
対左.143 対右.353 ド2014外アストロズ 出ドミニカ 年57万500ドル(約5990万円)+α

球4 制2 緩3 守・牽3 度4

長い腕を大きく振ってオーバーハンドから投げ込んでくる、ドミニカ出身のパワーピッチャー。ピンポイントの制球力はないので、ストライクゾーンでどんどん勝負してくる。昨季開幕戦でメジャーデビュー。セットアッパー、ピンチの火消し役から中盤のリリーフ、ロングリリーフ、モップアップまで様々な役目で起用された。ドミニカ人選手は大半が16歳か17歳でプロ入りするが、パレーデスは体が小さかったことや、球速が足りないことが災いして買い手がつかず、19歳のときにようやくアストロズのスカウトの目に留まり、プロ入り。契約金はたったの1000ドルだった。

年度	所属チーム	勝利	敗戦	防御率	試合数	先発	セーブ	投球イニング	被安打	失点	自責点	被本塁打	与四球	奪三振	WHIP
2020	アストロズ	3	3	3.05	22	0	0	20.2	18	9	7	1	11	20	1.40
通算成績		3	3	3.05	22	0	0	20.2	18	9	7	1	11	20	1.40

速=速球のスピード 決=決め球 対左=対左打者被打率 対右=対右打者被打率
ド=ドラフトデータ 出=出身地 年=年俸

投手

38 ジョー・スミス *Joe Smith*

コロナへの危機感から1シーズン自主休業

ミドルリリーフ

37歳 1984.3.22生 | 188cm | 95kg | 右投サイドハンド右打 (速)140キロ台後半(フォーシーム主体) (決)◎スライダー
◆昨季メジャー出場なし (ド)2006③メッツ (出)オハイオ州 (年)400万ドル(約4億2000万円)

球4 制4 緩3 守・牽4 度4

昨年全休したため、今季は存在感を示そうと気合が入っているサイドハンドのベテランリリーバー。全休したのは「家族の健康を優先するため」という理由で、1シーズンプレーしないこと（オプトアウト）を選択したからだ。奥さんのアリー・ラフォースさんは、「ターナー・スポーツ」でNBA中継のリポーターなどを務める才媛。コロナ感染者が急増していた昨年4月には、アリーさんと一緒にコロナ医療従事者への支援活動を行っており、コロナに対する危機感が人一倍強かったようだ。昨年8月5日には、難病のハンチントン病と8年間戦い続けていた母リーさんが死去している。

年度	所属チーム	勝利	敗戦	防御率	試合数	先発	セーブ	投球イニング	被安打	失点	自責点	被本塁打	与四球	奪三振	WHIP
2019	アストロズ	1	0	1.80	28	0	0	25.0	19	6	5	2	5	22	0.96
通算成績		50	29	2.98	782	0	30	695.1	573	248	230	54	237	615	1.16

64 ブランドン・ビーラク *Brandon Bielak*

スイングマンで使うと、生きるタイプ

先発 ロングリリーフ

25歳 1996.4.2生 | 188cm | 94kg | 右投左打 (速)150キロ前後(フォーシーム主体) (決)◎チェンジアップ
(対左).229 (対右).397 (ド)2017⑪アストロズ (出)ニュージャージー州 (年)57万500ドル(約5990万円)+α

球2 制4 緩3 守・牽3 度2

先発投手としてメジャー定着を目論む、昨年7月27日に初昇格した制球力が生命線の右腕。豊富な球種が特徴で、速球、カッター、スライダー、チェンジアップ、カーブ、スクリューボールの6種類ある。昨季はロングリリーフで2度好投して、8月6日からローテーションに入って投げ、最初の3試合は好投した。だが、あとの3試合は連続で早い回にKOされ、ローテーションから外された。課題は右打者を抑える道具がないこと。左打者にはチェンジアップが強力な武器になるため、対左打者被打率は2割2分9厘。しかし右打者に対しては3割9分7厘と打ち込まれている。

年度	所属チーム	勝利	敗戦	防御率	試合数	先発	セーブ	投球イニング	被安打	失点	自責点	被本塁打	与四球	奪三振	WHIP
2020	アストロズ	3	3	6.75	12	6	0	32.0	39	26	24	9	17	26	1.75
通算成績		3	3	6.75	12	6	0	32.0	39	26	24	9	17	26	1.75

77 ルイス・ガルシア *Luis Garcia*

先発 リリーフ　期待度 A⁻　ルーキー

25歳 1996.12.13生 | 185cm | 111kg | 右投右打 ◆昨季はメジャーで5試合出場 (ド)2017(外)アストロズ (出)ベネズエラ

キレのいい速球とチェンジアップ、カーブの組み合わせで投げるパワーピッチャー。昨年8月末にメジャーデビューし、リリーフで5試合に登板したが、球団は先発投手として育成する方針。ウリは右打者に強いこと。昨シーズンは、対右打者の被打率が0割4分8厘（21-1）だった。課題はコントロール。

68 ニヴァルド・ロドリゲス *Nivaldo Rodriguez*

リリーフ　期待度 B　ルーキー

24歳 1997.4.16生 | 185cm | 97kg | 右投右打 ◆昨季はメジャーで5試合出場 (ド)2016(外)アストロズ (出)ベネズエラ

一昨年は1Aで投げていたが、7月のキャンプで好調だったため3階級特進で、昨年7月29日にメジャーデビュー。マイナーでは制球力を称賛されていたが、メジャーでは力んで投球が浮くことが多く、昨年は8回3分の2を投げ、被本塁打が3本もあった。メジャー定着には、この一発病の克服が不可欠。

※昨季、マイナーリーグは中止
※メジャー経験がない投手の「先発」「リリーフ」はマイナーでの役割

野手

ポストシーズンで2年連続のサヨナラ弾

ショート

1 カルロス・コレイア
Carlos Correa

27歳 1994.9.22生 | 193cm | 100kg | 右投右打
◆対左投手打率／.279(61-17) ◆対右投手打率／.257(140-36)
◆ホーム打率／.241(87-21) ◆アウェー打率／.281(114-32)
◆得点圏打率／.228(57-13)
◆20年のポジション別出場数／ショート=57
◆ドラフトデータ／2012①アストロズ
◆出身地／プエルトリコ
◆年俸／1170万ドル(約12億2850万円)
◆新人王(15年)

ミート 3
パワー 5
走塁 3
守備 5
肩 5

能力は高いが、ケガの多い遊撃手。昨季は4年ぶりにフルシーズン出場した。ウリはパワー。一昨年は13.3打数に1本という驚異的なペースでアーチを生産し、注目された。昨季はレギュラーシーズンでは58試合で5本しか打てなかったが、ポストシーズンではいい角度に上がるようになり、13試合で5本打っている。リーグ優勝決定シリーズ第5戦では、9回裏にサヨナラアーチを放ってヒーローになった。コレイアは一昨年のリーグ優勝決定シリーズでもサヨナラ弾を放っている。ポストシーズンでサヨナラアーチを2本打ったのは、メジャー史上3人目の快挙。また、タイムリーもよく出て、13試合で17打点を記録した。

守備でも進化が見られ、昨季はDRS（守備で防いだ失点）が8個あり、アメリカン・リーグの遊撃手で一番多かった。それによりゴールドグラブ賞の最終候補になったが、受賞はならなかった。

最近は、チームのスポークスマン役を買って出ることが多い。昨年1月にアストロズのサイン盗みスキャンダルが噴出した際は、告発者となった元チームメートのマイク・ファイアーズを牽制するコメントを出す一方で、「アルトゥーヴェはサイン盗みの恩恵にあずかることはなかった」と言葉巧みに弁護し、一部のメディアから非常識な発言と批判された。

内野のリーダーとしても重要な存在。ピンチになるとマウンドに駆け寄って、一言二言アドバイスするシーンが頻繁に見られる。昨年のリーグ優勝決定シリーズ第6戦では、好投を続けるフランバー・ヴァルデスを攪乱しようと、相手打者のヤンディ・ディアスがヴァルデスに罵詈雑言を浴びせてきたことがあったが、コレイアはいち早くマウンドに駆け寄り、厳しい口調で挑発に乗らないよう注意を与え、ピッチングに集中させた。

カモ F・ペーニャ(エンジェルス).500(8-4)1本 M・ピネダ(ツインズ).556(18-10)3本
苦手 L・トリヴィーノ(アスレティックス).000(11-0)0本 J・ルクラーク(レンジャーズ).000(9-0)0本

年度	所属チーム	試合数	打数	得点	安打	二塁打	三塁打	本塁打	打点	四球	三振	盗塁	盗塁死	出塁率	OPS	打率
2015	アストロズ	99	387	52	108	22	1	22	68	40	78	14	4	.345	.857	.279
2016	アストロズ	153	577	76	158	36	3	20	96	75	139	13	3	.361	.811	.274
2017	アストロズ	109	422	82	133	25	1	24	84	53	92	2	1	.391	.941	.315
2018	アストロズ	110	402	60	96	20	1	15	65	53	111	3	0	.323	.728	.239
2019	アストロズ	75	280	42	78	16	1	21	59	35	75	1	0	.358	.926	.279
2020	アストロズ	58	201	22	53	9	0	5	25	16	49	0	0	.326	.709	.264
通算成績		604	2269	334	626	128	7	107	397	272	544	33	8	.353	.833	.276

野手

昨年は心因性の打撃不振とイップスの二重苦　セカンド

27 ホセ・アルトゥーヴェ
Jose Altuve

31歳 1990.5.6生 | 168cm | 75kg | 右投右打

◆対左投手打率／.167(48-8)　◆対右投手打率／.236(144-34)
◆ホーム打率／.182(99-18)　◆アウェー打率／.258(93-24)
◆得点圏打率／.149(47-7)
◆20年のポジション別出場数／セカンド=48
◆ドラフトデータ／2007㊕アストロズ
◆出身地／ベネズエラ　◆年俸／2600万ドル(約27億3000万円)
◆MVP1回(17年)、首位打者3回(14、16、17年)、盗塁王2回(14、15年)、ゴールドグラブ賞1回(15年)、シルバースラッガー賞5回(14〜18年)

ミート 5　パワー 4　走塁 4　守備 2　肩 3

アストロズ

7年契約の4年目に入るアストロズの看板選手。昨年1月に、チームぐるみで電子機器を使ってサイン盗みをしていたことが事実と判明。アストロズの主力打者は、最大の受益者であるのに何らペナルティーを科せられなかったことで、メディアやファンから厳しい批判にさらされた。

しかし3月以降は社会の関心が新型コロナに移ったため、昨季の開幕時にはサイン盗みスキャンダルは過去のものになった感があった。それでも負い目は消えることがなかったようで、シーズン開始後は極端な打撃不振が続いた。とくに目についたのは、スライダーにうまく対応できないことと、高めのボール球をフルスイングして本塁打にする名物シーンが見られなくなったことだ。結局立ち直りのきっかけがつかめないまま、60試合に短縮されたシーズンが終わってしまった。そのためレギュラーシーズンの打率は、2割1分9厘という低い数字になった。ただ、アルトゥーヴェは修正力が高いため、ポストシーズンでは一発とタイムリーがよく出て11打点を叩き出し、打率はチームで最も高い3割7分5厘だった。

問題は守備のほうだ。レギュラーシーズンでは悪送球を1度しかやっていないのに、レイズとのリーグ優勝決定シリーズで2度やってしまい、それがどちらも大量失点の元凶になってしまったのだ。メディアはこれを、イップスであると書きたてた。もしイップスなら長引く恐れがあるので、今シーズン、どのような守備を見せるか注目したい。

カモ　J·スアレス(エンジェルス).556(9-5)1本　M·ゴンザレス(マリナーズ).429(21-9)1本
苦手　大谷翔平(エンジェルス).000(6-0)0本　S·マナイア(アスレティックス).172(29-5)1本

年度	所属チーム	試合数	打数	得点	安打	二塁打	三塁打	本塁打	打点	四球	三振	盗塁	盗塁死	出塁率	OPS	打率
2011	アストロズ	57	221	26	61	10	1	2	12	5	29	7	3	.297	.654	.276
2012	アストロズ	147	576	80	167	34	4	7	37	40	74	33	11	.340	.740	.290
2013	アストロズ	152	626	64	177	31	2	5	52	32	85	35	13	.316	.678	.283
2014	アストロズ	158	660	85	225	47	3	7	59	36	53	56	9	.377	.830	.341
2015	アストロズ	154	638	86	200	40	4	15	66	33	67	38	13	.353	.812	.313
2016	アストロズ	161	640	108	216	42	5	24	96	60	70	30	10	.396	.928	.338
2017	アストロズ	153	590	112	204	39	4	24	81	58	84	32	6	.410	.957	.346
2018	アストロズ	137	534	84	169	29	2	13	61	55	79	17	4	.386	.837	.316
2019	アストロズ	124	500	89	149	27	3	31	74	41	82	6	5	.353	.903	.298
2020	アストロズ	48	192	32	42	9	0	5	18	17	39	2	3	.286	.629	.219
通算成績		1291	5177	766	1610	308	28	133	556	377	662	256	77	.361	.819	.311

野 手

2 昨年の屈辱をバネに、巻き返しを図る サード
アレックス・ブレグマン *Alex Bregman*

27歳 1994.3.30生 | 183cm | 87kg | 右投右打
◆対左投手打率／.319 ◆対右投手打率／.208
◆ホーム打率／.269 ◆アウェー打率／.221 ◆得点圏打率／.278
◆20年のポジション別出場数／サード=42
◆Ⓓ2015①アストロズ ◆㊥ニューメキシコ州
◆㊎1100万ドル(約11億5500万円) ◆シルバースラッガー賞1回(19年)

ミート 5 パワー 5 走塁 4 守備 3 肩 4

メジャー5年目で初めて挫折を味わったスター三塁手。昨年1月、コロラドの雪原でリーガン・ハワードさんにプロポーズして正式に婚約。充実した気分で、新たなシーズンに臨むはずだった。ところがサイン盗みスキャンダルの発生で状況は一変。受益者の一人と見なされたため、アルトゥーヴェとともに批判の矢面に立たされ、記者会見で苦しい釈明をする羽目になった。コロナ禍により4カ月遅れで始まった昨シーズンは、そのダメージを断ち切れないままゲームに臨んだため、開幕から不調。さらに8月下旬にハムストリングを痛め、守備力も低下した。最後の望みの綱はポストシーズンだったが、ここでも51打数11安打と不振を極め、2020年は悪夢の年になった。

カモ 菊池雄星(マリナーズ).455(11-5)1本 苦手 D·バンディ(エンジェルス).100(10-1)0本

年度	所属チーム	試合数	打数	得点	安打	二塁打	三塁打	本塁打	打点	四球	三振	盗塁	盗塁死	出塁率	OPS	打率
2016	アストロズ	49	201	31	53	13	3	8	34	15	52	2	0	.313	.791	.264
2017	アストロズ	155	556	88	158	39	5	19	71	55	97	17	5	.352	.827	.284
2018	アストロズ	157	594	105	170	51	1	31	103	96	85	10	4	.394	.926	.286
2019	アストロズ	156	554	122	164	37	2	41	112	119	83	5	1	.423	1.015	.296
2020	アストロズ	42	153	19	37	12	1	6	22	24	26	0	0	.350	.801	.242
通算成績		559	2058	365	582	152	12	105	342	309	343	34	10	.381	.902	.283

10 メジャーでプレーするのは今季限りか ファースト
ユリ・グリエル *Yuli Gurriel*

37歳 1984.6.9生 | 183cm | 98kg | 右投右打
◆対左投手打率／.290 ◆対右投手打率／.208
◆ホーム打率／.265 ◆アウェー打率／.204 ◆得点圏打率／.200
◆20年のポジション別出場数／ファースト=55、DH=2
◆Ⓓ2016㊕アストロズ ◆㊥キューバ
◆㊎650万ドル(約6億8250万円)

ミート 4 パワー 4 走塁 3 守備 4 肩 3

今年6月に37歳になるキューバ亡命組の内野手。一昨年キャリアハイの31本塁打、104打点を記録したが、昨季は9月に入ってスランプとなり、抜け出せないままシーズンを終えた。球団はポストシーズンに向けて立ち直りのきっかけを与えようと、ポストシーズン直前に年俸800万ドルの1年契約（2021年分）をプレゼント。しかしこれも効果はなく、ポストシーズンでは13試合に出場して打率1割1分4厘、0本塁打、0打点という悲惨な結果になった。ファーストの守備は依然ハイレベル。内野手からの送球がワンバウンドになっても、うまくタイミングを合わせて難なくミットに収めてしまう。

カモ J·ルザード(アスレティックス).600(5-3)2本 苦手 菊池雄星(マリナーズ).143(7-1)0本

年度	所属チーム	試合数	打数	得点	安打	二塁打	三塁打	本塁打	打点	四球	三振	盗塁	盗塁死	出塁率	OPS	打率
2016	アストロズ	36	130	13	34	7	0	3	15	5	12	1	1	.292	.677	.262
2017	アストロズ	139	529	69	158	43	1	18	75	22	62	3	2	.332	.817	.299
2018	アストロズ	136	537	70	156	33	1	13	85	23	63	5	1	.323	.751	.291
2019	アストロズ	144	564	85	168	40	2	31	104	37	65	5	3	.343	.884	.298
2020	アストロズ	57	211	27	49	12	1	6	22	12	27	0	1	.274	.658	.232
通算成績		512	1971	264	565	135	5	71	301	99	229	14	8	.324	.792	.287

野手

30 カイル・タッカー *Kyle Tucker*

テッド・ウィリアムズのスイングで三塁打量産　ライト レフト

24歳 1997.1.17生 | 193cm | 90kg | 右投左打
◆対左投手打率／.217 ◆対右投手打率／.293
◆ホーム打率／.253 ◆アウェー打率／.280 ◆得点圏打率／.333
◆20年のポジション別出場数／レフト=41、DH=10、ライト=7
◆ド2015①アストロズ
◆出フロリダ州 ◆年57万500ドル(約5990万円)

ミート4 パワー4 走塁3 守備3 肩4

昨年レフトのレギュラーに成長し、ポストシーズンでも3割超の打率を出した注目の外野手。あだ名は「テッド」。最後の4割打者テッド・ウィリアムズのスイングを理想とし、そっくりなスイングで打つからだ。打席では、広角に飛距離の出るライナーを弾き返すことが多く、昨季の三塁打6本はメジャー最多の数字。一番の長所はチャンスに強いこと。昨季は走者なしの場面では打率が2割0分4厘なのに、走者がいる場面では3割4分4厘で、42打点を叩き出した。これはリーグで6番目に多い数字だ。兄プレストンは2015年と16年、アストロズに在籍。現在は韓国リーグの起亜(キア)タイガースでプレーし、2年連続で活躍しているので、日本球団が獲得に動く可能性がある。

カモ M・ゴンザレス(マリナーズ).500(6-3)1本　苦手 K・アラード(レンジャーズ).000(6-0)0本

年度	所属チーム	試合数	打数	得点	安打	二塁打	三塁打	本塁打	打点	四球	三振	盗塁	盗塁死	出塁率	OPS	打率
2018	アストロズ	28	64	10	9	2	1	0	4	6	13	1	1	.236	.439	.141
2019	アストロズ	22	67	15	18	6	0	4	11	4	20	5	0	.319	.857	.269
2020	アストロズ	58	209	33	56	12	6	9	42	18	46	8	1	.325	.837	.268
通算成績		108	340	58	83	20	7	13	57	28	79	14	2	.306	.765	.244

23 マイケル・ブラントリー *Michael Brantley*

父は巨人でプレーしたが、誰も覚えておらず　レフト DH

34歳 1987.5.15生 | 188cm | 95kg | 左投左打
◆対左投手打率／.231 ◆対右投手打率／.331
◆ホーム打率／.354 ◆アウェー打率／.253 ◆得点圏打率／.214
◆20年のポジション別出場数／DH=26、レフト=19
◆ド2005⑦ブリュワーズ ◆出ワシントン州
◆年1500万ドル(約15億7500万円) ◆シルバースラッガー賞1回(14年)

ミート5 パワー4 走塁3 守備4 肩2

スムーズなスイングと卓越した打撃理論で、「ドクター・スムーズ」の異名を持つベテラン外野手。ギリギリまでボールを見極め、鋭くバットを振り抜くスタイルで出塁率も高い。若手の面倒見や練習姿勢も良く、ロールモデルとしても秀逸だ。昨季終了後FAになったが、2年契約を結び直して残留。父ミッキーも元メジャーリーガー。現役晩年の1993年、巨人に入団したが、13試合で打率1割8分2厘、0本塁打。日本のファンの記憶には残らなかったが、帰国後に息子を大打者に育て上げた。親子ともに、ヒラメ釣りには自信アリ。

カモ F・ペーニャ(エンジェルス).625(8-5)2本　苦手 菊池雄星(マリナーズ).100(10-1)0本

年度	所属チーム	試合数	打数	得点	安打	二塁打	三塁打	本塁打	打点	四球	三振	盗塁	盗塁死	出塁率	OPS	打率
2009	インディアンズ	28	112	10	35	4	0	0	11	8	19	4	4	.358	.707	.313
2010	インディアンズ	72	297	38	73	9	3	3	22	22	38	10	2	.296	.623	.246
2011	インディアンズ	114	451	63	120	24	4	7	46	34	76	13	5	.318	.702	.266
2012	インディアンズ	149	552	63	159	37	4	6	60	53	56	12	9	.348	.750	.288
2013	インディアンズ	151	556	66	158	26	3	10	73	40	67	17	4	.332	.728	.284
2014	インディアンズ	156	611	94	200	45	2	20	97	52	56	23	1	.385	.890	.327
2015	インディアンズ	137	529	68	164	45	0	15	84	60	51	15	1	.379	.859	.310
2016	インディアンズ	11	39	5	9	2	0	0	7	3	6	1	0	.279	.561	.231
2017	インディアンズ	90	338	47	101	20	1	9	52	31	50	11	1	.357	.801	.299
2018	インディアンズ	143	570	89	176	36	2	17	76	48	60	12	3	.364	.832	.309
2019	アストロズ	148	575	88	179	40	2	22	90	51	66	3	2	.372	.875	.311
2020	アストロズ	46	170	24	51	15	0	5	22	17	28	2	0	.364	.840	.300
通算成績		1245	4800	655	1425	303	21	114	640	419	573	123	32	.354	.794	.297

44 ヒザが良くなればカムバック賞の有力候補
ヨーダン・アルヴァレス *Yordan Alvarez*

DH レフト

24歳 1997.6.27生 | 196cm | 102kg | 右投左打
◆対左投手打率／.400 ◆対右投手打率／.000
◆ホーム打率／.250 ◆アウェー打率／── ◆得点圏打率／.333
◆20年のポジション別出場数／ ◆Ⓓ2016㉄ドジャース
◆㊂キューバ
◆㊍57万500ドル(約5990万円)＋α ◆新人王(19年)

ミート3 パワー5 走塁2 守備2 肩3

メジャー2年目の昨季は2試合しか出場がなかった、一昨年のアメリカン・リーグ新人王。昨年は開幕前の7月12日にIL入り。しかも球団から理由が公表されなかったため、様々な憶測を呼んだ。それでも8月14日に復帰がかない、初打席で逆方向にスリーランアーチを放って豪打健在をアピールしたため、1年目と同様の働きを期待された。しかし2試合に出ただけでヒザに激痛が走るようになり、8月18日にヒザの膝蓋腱(しつがいけん)の部分断裂を理由に再度IL入りし、関節鏡による再建手術を受けた。今季はキャンプから参加可能だ。

カモ 菊池雄星(マリナーズ).500(8-4)1本 苦手 A・ヒーニー(エンジェルス).167(6-1)0本

年度	所属チーム	試合数	打数	得点	安打	二塁打	三塁打	本塁打	打点	四球	三振	盗塁	盗塁死	出塁率	OPS	打率
2019	アストロズ	87	313	58	98	26	0	27	78	52	94	0	0	.412	1.067	.313
2020	アストロズ	2	8	2	2	0	0	1	4	0	1	0	0	.333	.958	.250
通算成績		89	321	60	100	26	0	28	82	52	95	0	0	.410	1.064	.312

15 ベイカー監督が高く評価する現場指揮官
マーティン・マルドナード *Martin Maldonado*

キャッチャー

35歳 1986.8.16生 | 183cm | 104kg | 右投右打 盗塁阻止率／.316(19-6)
◆対左投手打率／.279 ◆対右投手打率／.185
◆ホーム打率／.288 ◆アウェー打率／.145 ◆得点圏打率／.375
◆20年のポジション別出場数／キャッチャー＝47
◆Ⓓ2004㉗エンジェルス ◆㊂プエルトリコ
◆㊍350万ドル(約3億6750万円) ◆ゴールデングラブ賞1回(17年)

ミート2 パワー4 走塁2 守備4 肩5

昨季の一番の功績は、ルーキーのハヴィエアと2年目のアーキーディを好リードで支え、ローテーションに定着させたことだ。それによりコールとヴァーランダーが抜けたにもかかわらず、ローテーションが機能し続けた。盗塁阻止とホームベースまわりの守備も依然ハイレベルで、守備で貢献する捕手という評判は揺らいでいない。名将ベイカー監督は「彼は投手をどうリードすればいいか知っているし、ゲームプランをどう遂行すればいいか、よくわかっている。僕にとって彼は優秀な現場指揮官みたいな存在」と称賛。

カモ S・マナイア(アスレティックス).500(10-5)0本 苦手 J・ライルズ(レンジャーズ).000(11-0)0本

年度	所属チーム	試合数	打数	得点	安打	二塁打	三塁打	本塁打	打点	四球	三振	盗塁	盗塁死	出塁率	OPS	打率
2011	ブリュワーズ	3	1	0	0	0	0	0	0	0	1	0	0	.000	.000	.000
2012	ブリュワーズ	78	233	22	62	9	0	8	30	17	56	1	1	.321	.729	.266
2013	ブリュワーズ	67	183	13	31	7	1	4	22	13	53	0	0	.236	.520	.169
2014	ブリュワーズ	52	111	14	26	5	0	4	16	11	32	0	0	.320	.707	.234
2015	ブリュワーズ	79	229	19	48	7	0	4	22	23	65	0	1	.282	.575	.210
2016	ブリュワーズ	76	208	21	42	7	0	8	21	35	56	1	0	.332	.683	.202
2017	エンジェルス	138	429	43	95	19	1	14	38	15	119	0	2	.276	.645	.221
2018	エンジェルス	78	265	24	59	14	0	5	32	13	73	0	1	.284	.616	.223
2018	アストロズ	41	108	15	25	4	1	4	12	3	25	0	0	.257	.655	.231
2018	2チーム計	119	373	39	84	18	1	9	44	16	98	0	1	.276	.627	.225
2019	ロイヤルズ	74	238	26	54	15	0	6	17	17	55	0	0	.291	.657	.227
2019	カブス	4	11	0	0	0	0	0	0	2	5	0	0	.154	.154	.000
2019	アストロズ	27	84	20	17	4	0	6	10	13	26	0	0	.316	.781	.202
2019	3チーム計	105	333	46	71	19	0	12	27	32	86	0	0	.293	.671	.213
2020	アストロズ	47	135	19	29	4	0	6	24	27	51	1	0	.350	.727	.215
通算成績		764	2235	236	488	95	3	69	244	189	617	3	5	.293	.649	.218

18 ジェイソン・カストロ *Jason Castro*

大谷の復帰戦でマスクをかぶったインテリ捕手

キャッチャー　移籍

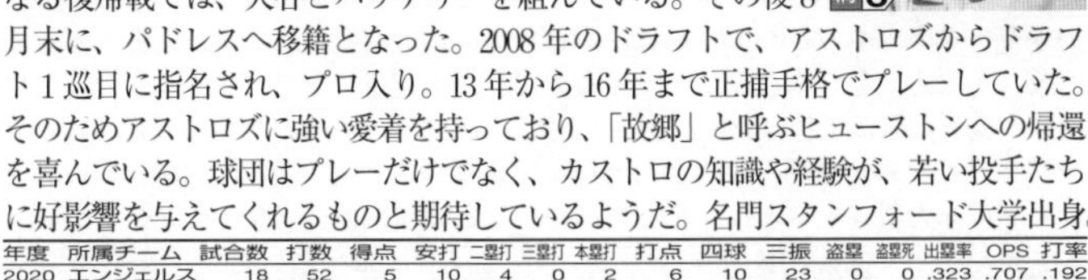

34歳 1987.6.18生 | 191cm | 98kg | 右投左打 盗塁阻止率／.214(14-3) 対左.167 対右.194 ホ.194 ア.182 得.316 ド2008①アストロズ 出カリフォルニア州 年250万ドル(約2億6250万円)

ミ2 パ3 走2 守3 肩3

5年ぶりにヒューストンに帰ってきたベテラン捕手。昨季開幕はエンジェルスで迎え、投手・大谷翔平の693日ぶりとなる復帰戦では、大谷とバッテリーを組んでいる。その後8月末に、パドレスへ移籍となった。2008年のドラフトで、アストロズからドラフト1巡目に指名され、プロ入り。13年から16年まで正捕手格でプレーしていた。そのためアストロズに強い愛着を持っており、「故郷」と呼ぶヒューストンへの帰還を喜んでいる。球団はプレーだけでなく、カストロの知識や経験が、若い投手たちに好影響を与えてくれるものと期待しているようだ。名門スタンフォード大学出身。

年度	所属チーム	試合数	打数	得点	安打	二塁打	三塁打	本塁打	打点	四球	三振	盗塁	盗塁死	出塁率	OPS	打率
2020	エンジェルス	18	52	5	10	4	0	2	6	10	23	0	0	.323	.707	.192
2020	パドレス	9	28	3	5	5	0	0	3	2	10	0	0	.233	.590	.179
2020	2チーム計	27	80	8	15	9	0	2	9	12	33	0	0	.293	.668	.188
通算成績		852	2754	340	634	157	9	88	301	314	876	5	2	.312	.702	.230

16 アレドミス・ディアス *Aledmys Diaz*

ポストシーズンでの活躍でクビを回避

ユーティリティ

31歳 1990.8.1生 | 185cm | 88kg | 右投右打 対左.200 対右.263 ホ.133 ア.279 得.133 ド2014外カーディナルス 出キューバ 年300万ドル(約3億1500万円)

ミ3 パ4 走2 守2 肩3

バットで貢献するタイプのスーパーサブ。昨季は開幕戦に出場後、股関節を痛めてIL入り。1カ月以上戦列を離れたあと8月29日に復帰したが、長い欠場が響いてその後も思うようにヒットが出ず、レギュラーシーズンは打率2割4分1厘、出塁率2割5分4厘に終わった。それでもクビにならなかったのは、ポストシーズンで17打数6安打（打率3割5分3厘）と好調で、とくにレイズとのリーグ優勝決定シリーズでいい働きをしたからだ。打者としては、キューバ亡命組に多い早打ちのフリースインガーで、出塁率が低い。左投手にめっぽう強く、はまり役は左投手用のDH。

年度	所属チーム	試合数	打数	得点	安打	二塁打	三塁打	本塁打	打点	四球	三振	盗塁	盗塁死	出塁率	OPS	打率
2020	アストロズ	17	58	8	14	5	0	3	6	1	12	0	0	.254	.737	.241
通算成績		406	1380	201	377	88	4	54	186	104	204	13	9	.327	.787	.273

3 マイルズ・ストロウ *Myles Straw*

昨年の変化球に対する打率は0割6分3厘

センター

27歳 1994.10.17生 | 178cm | 81kg | 右投右打 対左.033 対右.308 ホ.189 ア.222 得.350 ド2015⑫アストロズ 出カリフォルニア州 年57万500ドル(約5990万円)+α

ミ3 パ1 走4 守3 肩4

打撃面で伸び悩んでいるスモールボールのスキルが高い外野手。ウリはメジャー屈指のスピードを備えていること。一昨年メジャーで56試合に出場し、3割7分8厘という高出塁率を残したため、球団はマリズニクをメッツに放出し、昨季はストロウを「出番の多い4人目の外野手」として使う決断をした。オープン戦が始まるといきなりランニングホーマーを放ったため、期待はさらにふくらんだ。しかし4カ月遅れでシーズンが開幕すると、変化球（カッター、スライダー、カーブ、チェンジアップ）にうまく対応できず、打率が1割台を低空飛行。次第に出場機会が減った。

年度	所属チーム	試合数	打数	得点	安打	二塁打	三塁打	本塁打	打点	四球	三振	盗塁	盗塁死	出塁率	OPS	打率
2020	アストロズ	33	82	8	17	4	0	0	8	4	22	6	2	.244	.500	.207
通算成績		98	199	39	49	8	2	1	16	24	46	16	3	.327	.649	.246

11 魅力は鉄砲肩と捕手らしからぬ俊足
ギャレット・スタッブス Garrett Stubbs

キャッチャー

28歳 1993.5.26生 | 178cm | 77kg | 右投左打 盗塁阻止率/.000(1-0) 対左.000 対右.143 ホ.000 ア.143 得.000 ド2015⑧アストロズ 出カリフォルニア州 年57万500ドル(約5990万円)+α

ミ3 パ2 走4 守3 肩4

昨季は第3捕手だったが、今季はメジャーに固定され、第2捕手として使われる可能性もあるキャッチャー。守備面でのウリは、敏捷(びんしょう)でボールブロックがうまいことと、盗塁阻止力が高いこと。もう一つのウリは、身体能力が高いため、二塁手、外野手としても使えること。しかもキャッチャーなのに、足の速さはトップレベル。今後、出塁率が高くなれば1番打者、2番打者で使える可能性もある。打撃面の短所はパワーに欠けるため、本塁打をほとんど期待できないことだ。守備面では、ボーダーラインに来た投球をストライクとコールさせる捕球技術(フレーミング)が未熟。

年度	所属チーム	試合数	打数	得点	安打	二塁打	三塁打	本塁打	打点	四球	三振	盗塁	盗塁死	出塁率	OPS	打率
2020	アストロズ	14	8	1	1	0	0	0	1	0	0	0	1	.111	.236	.125
通算成績		33	43	9	8	3	0	0	3	4	7	1	1	.250	.506	.186

31 ぶつけられる技術が高い当たり屋
エイブラハム・トロ Abraham Toro

ユーティリティ

25歳 1996.12.20生 | 183cm | 93kg | 右投両打 対左.174 対右.141 ホ.167 ア.140 得.154 ド2016⑤アストロズ 出カナダ 年57万500ドル(約5990万円)+α

ミ1 パ3 走4 守2 肩4

昨年は打撃不振が続き、打率が1割4分9厘に終わったため、巻き返しを図るベネズエラ系カナダ人の内野手。打撃不振の原因は、変化球にうまくタイミングを合わせられなくなったことが大きい。とくにカッターには7打数0安打、チェンジアップには19打数2安打で、ゴロの山を築いていた。シーズンを通して打率が極端に低かったのに使われ続けたのは、一発の魅力があることに加え、バットでダメなら当たり屋になって出塁する根性が評価されたからだ。昨季は97打席で死球が7個もあった。これらはインサイドに来た投球に、よけたふりをして当たり、死球にしたものだ。

年度	所属チーム	試合数	打数	得点	安打	二塁打	三塁打	本塁打	打点	四球	三振	盗塁	盗塁死	出塁率	OPS	打率
2020	アストロズ	33	87	13	13	2	0	3	9	3	23	1	1	.237	.513	.149
通算成績		58	165	26	30	5	2	5	18	12	42	2	2	.269	.596	.182

― ジェレミー・ペーニャ Jeremy Pena

ショート 期待度 C+ ルーキー

24歳 1997.9.22生 | 183cm | 92kg | 右投右打 ◆一昨年は1A、1A+でプレー ド2018③アストロズ 出ドミニカ

カルロス・コレイアが今シーズン終了後、FAでチームを出る可能性が高いため、その後継者になりうると見られているショートの有望株の一人。守備ではグラブさばきがうまく、守備範囲が広い。打撃面も急速に進化しており、オフに参加したドミニカのウインターリーグで、高打率をマークしている。

― グレイ・ケシンジャー Grae Kessinger

ショート 期待度 C ルーキー

24歳 1997.8.25生 | 188cm | 91kg | 右投右打 ◆一昨年は1A-、1Aでプレー ド2019②アストロズ 出ミシシッピ州

コレイアの後継候補の一人。祖父ドンはオールスター出場6回の偉大な遊撃手。父ケヴィンは元マイナーの遊撃手、叔父キースは元レッズの遊撃手、という遊撃手一家の出身。打球に対する反応の速さはイマイチだが、ポジショニングが良く、球際にも強い。状況判断も良く、そつのないプレーを見せる。

対左=対左投手打率 対右=対右投手打率 ホ=ホーム打率 ア=アウェー打率 得=得点圏打率
ド=ドラフトデータ 出=出身地 年=年俸
※昨季、マイナーリーグは中止

アメリカン・リーグ……西部地区 *SEATTLE MARINERS*

シアトル・マリナーズ

◆創　立：1977年
◆本拠地：ワシントン州シアトル市
◆ワールドシリーズ制覇：0回／◆リーグ優勝：0回
◆地区優勝：3回／◆ワイルドカード獲得：1回

主要オーナー　ジョン・スタントン（投資グループ代表）

過去5年成績

年度	勝	負	勝率	ゲーム差	地区順位	ポストシーズン成績
2016	86	76	.531	9.0	②	―
2017	78	84	.481	23.0	③(同率)	―
2018	89	73	.549	14.0	③	―
2019	68	94	.420	39.0	⑤	―
2020	**27**	**33**	**.450**	**9.0**	③	**―**

監督　9 スコット・サーヴィス *Scott Servais*

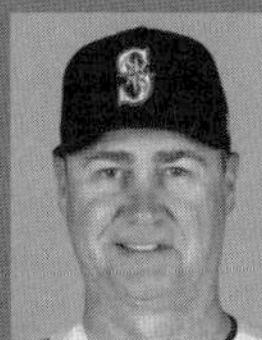

◆年　　齢…………54歳（ウィスコンシン州出身）
◆現役時代の経歴…11シーズン
（キャッチャー）　アストロズ（1991～95）、カブス（1995～98）、ジャイアンツ（1999～2000）、ロッキーズ（2000）、アストロズ（2001）
◆現役通算成績……820試合　.245　63本　319打点
◆監督経歴…………5シーズン　マリナーズ（2016～）
◆通算成績…………348勝360敗（勝率.492）

データ分析に長けた理論派監督。就任から5シーズンで、一度もポストシーズンに進めていないが、若手の成長に確かな手ごたえを感じており、今季の躍進に自信を持っているようだ。現役時代は捕手。GMのディポートはロッキーズ時代のチームメートで、引退後、エンジェルスのGMになったディポートを、GM補佐としてサポートしていた。1988年ソウル五輪で、野茂英雄や古田敦也のいた日本代表を下し、金メダルを獲得した全米代表チームのメンバー（控え捕手）。

注目コーチ　14 マニー・アクタ *Manny Acta*

三塁ベースコーチ。52歳。ナショナルズとインディアンズで3シーズンずつ監督経験があるが、一度も勝ち越せず。ドミニカ出身で、第1回WBCで代表監督を務めた。

編成責任者　ジェリー・ディポート *Jerry Dipoto*

53歳。積極的な補強やトレードを行っているが、ポストシーズンにはなかなかたどりつけない。ダイヤモンドバックス、エンジェルスでもGMを務めていたことがある。

スタジアム　T-モバイル・パーク *T-Mobile Park*

◆開 場 年…………1999年
◆仕　　様…………天然芝、開閉式屋根付き
◆収容能力…………47,929人
◆フェンスの高さ …2.1～4.6m
◆特　　徴…………球場に流れ込む湿った空気の影響で、ボールが飛びにくく、投手に有利な球場となっている。とくにシーズン序盤は、この湿った空気の影響を受けやすい。球場名は、命名権を持つ携帯電話会社「T-モバイルUS」の名から。

ピッチャーズパーク

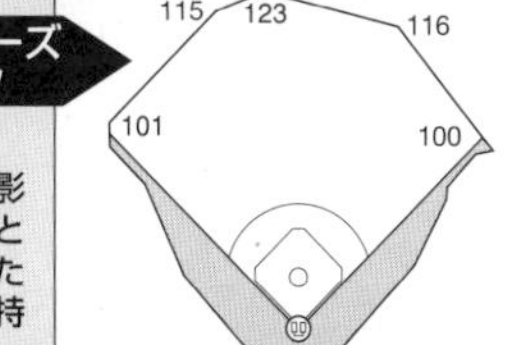

Best Order

[ベストオーダー]

①J.P.クロフォード……ショート
②ミッチ・ハニガー……ライト
③カイル・ルイス……センター
④カイル・シーガー……サード
⑤タイ・フランス……DH
⑥ディラン・ムーア……セカンド
⑦エヴァン・ホワイト……ファースト
⑧ホセ・マーモレイホス……レフト
⑨トム・マーフィー……キャッチャー

Depth Chart

[ポジション別選手層・メンバーリスト]

※2021年2月12日時点の候補選手。数字は背番号(開幕前に変更する場合もあり)、右・左等は投・打の順。

センター
1 **カイル・ルイス [右・右]**
5 ブレイデン・ビショップ [右・右]
— サム・ハガティ [右・両]

レフト
26 **ホセ・マーモレイホス [左・左]**
28 ジェイク・フレイリー [左・左]

ライト
17 **ミッチ・ハニガー [右・右]**
25 ディラン・ムーア [右・右]

ショート
3 **J.P.クロフォード [右・左]**
31 ドノヴァン・ウォルトン [右・左]
— サム・ハガティ [右・両]

セカンド
25 **ディラン・ムーア [右・右]**
4 シェド・ロング・ジュニア [右・左]
23 タイ・フランス [右・右]

ローテーション
7 マルコ・ゴンザレス [左・左]
33 ジャスタス・シェフィールド [左・左]
18 菊池雄星 [左・左]
35 ジャスティン・ダン [右・右]
52 ニック・マーガヴィチュス [左・左]
77 クリス・フレクセン [右・右]

サード
15 **カイル・シーガー [右・左]**
23 タイ・フランス [右・右]
31 ドノヴァン・ウォルトン [右・左]

ファースト
12 **エヴァン・ホワイト [左・右]**
23 タイ・フランス [右・右]
26 ホセ・マーモレイホス [左・左]

キャッチャー
2 **トム・マーフィー [右・右]**
22 ルイス・トーレンス [右・右]

DH
23 **タイ・フランス [右・右]**
26 ホセ・マーモレイホス [左・左]

ブルペン
47 ラファエル・モンテーロ [右・右] CL
49 ケンドール・グレイヴマン [右・右]
99 キーナン・ミドルトン [右・右]
55 ヨハン・ラミレス [右・右]
59 ジョーイ・ガーバー [右・右]
38 アンソニー・ミセイヴィチ [左・右]
50 エリック・スワンソン [右・右]
65 ケイシー・サドラー [右・右]
60 ブランドン・ブレナン [右・右]
45 ドミンゴ・タピア [右・右]
41 アーロン・フレッチャー [左・左]
54 アンドレス・ムニョス [右・右]
53 ウィル・ヴェスト [右・右]
74 ルジェイ・ニューサム [右・右]

※CL=クローザー

マリナーズ試合日程……＊はアウェーでの開催

4月1・2・3	ジャイアンツ	3・4・5	オリオールズ	3・4・5・6	エンジェルス＊
5・6・7	ホワイトソックス	7・8・9	レンジャーズ＊	8・9・10	タイガース＊
8・10・11	ツインズ＊	11・12	ドジャース＊	11・12・13	インディアンズ＊
12・13・14・15	オリオールズ＊	13・14・15・16	インディアンズ	14・15・16	ツインズ
16・17・18	アストロズ	17・18・19	タイガース	17・18・19・20	レイズ
19・20	ドジャース	21・22・23	パドレス＊	22・23	ロッキーズ
22・23・24・25	レッドソックス＊	24・25・26	アスレティックス＊	25・26・27	ホワイトソックス＊
26・27・28・29	アストロズ＊	27・28・29・30	レンジャーズ	29・30・7月1	ブルージェイズ＊
30・5月1・2	エンジェルス	31・6月1・2	アスレティックス	2・3・4	レンジャーズ

球団メモ 1996年にメジャーデビューしたマック鈴木が、マリナーズでプレーした最初の日本人選手。98年以降は20シーズン以上途切れることなく、日本人選手が在籍中だ。

Analysis

矢印⬆↗➡↘⬇は、昨季終了時との比較　　[戦力分析]

■投手力↗…★★★★☆☆【昨年度チーム防御率4.98、リーグ11位】

昨年は育成してきた若手のうち、シェフィールドが開花期に入った。ほかの若手も防御率５点台から４点台レベルの投手に成長したため、先発防御率は平均よりいい4.41だった。菊池雄星も個々の球種の威力は増しているので、今季は４点台前半の防御率を出せるだろう。一方でブルペンは、昨年のリリーフ防御率が、アメリカン・リーグ・ワーストの5.92と崩壊状態だった。オフにトレードで、クローザー候補としてモンテーロを確保してはいるが、６月には聞いたこともない若手がクローザーをやっているのではないだろうか。

■攻撃力↗…★★★☆☆【昨年度チーム得点251、リーグ11位】

ディポートGMは自前で育てた選手で第2のアストロズを作るつもり。安易な補強は行わなかった。今季は我慢して使ってきた若手がブレイク期に入るので、それが何人出るかでチーム得点は大きく変わってくる。３人出れば、昨年リーグ11位だったチーム得点は、５、６位まで上昇するだろう。だが、ゼロの場合はワーストレベルまで落ちてもおかしくない。

■守備力➡…★★★★☆☆【昨年度チーム失策数23、リーグ3位】

一塁手ホワイトのゴールドグラブ賞獲得は、ほかの若手のいい刺激になる。昨季全休したハニガーの復帰も、外野の守備力をアップさせるだろう。

■機動力➡…★★★★☆【昨年度チーム盗塁数50、リーグ1位】

昨季はリーグ最多の50盗塁をマーク。成功率76％も悪くない数字だ。２ケタ盗塁を期待できる選手が、７人もいるのは強い。

昨シーズンは、投手ではシェフィールドが、野手ではルイスがブレイクした。今季も、同様に投打からブレイクする選手が一人ずつ出れば、勝率が５割に届く可能性がある。ただ、磨けば大化けするピカイチの素材は多くないので、過大な期待は禁物だ。

IN 主な入団選手

投手
- ラファエル・モンテーロ⬅レンジャーズ
- キーナン・ミドルトン⬅エンジェルス

野手
- とくになし

OUT 主な退団選手

投手
- 平野佳寿➡オリックス

野手
- フィリップ・アーヴィン➡カブス
- ティム・ロープス➡ブリュワーズ
- マレックス・スミス➡メッツ

6·7·8	ヤンキース	5·6·7·8	ヤンキース*	6·7·8	アストロズ*
9·10·11	エンジェルス	10·11·12	レンジャーズ	10·11·12	ダイヤモンドバックス
13	オールスターゲーム	13·14·15	ブルージェイズ	13·14·15	レッドソックス
16·17·18	エンジェルス*	17·18·19	レンジャーズ*	17·18·19	ロイヤルズ*
20·21	ロッキーズ*	20·21·22	アストロズ*	20·21·22·23	アスレティックス*
22·23·24·25	アスレティックス	23·24	アスレティックス*	24·25·26	エンジェルス*
26·27·28	アストロズ	26·27·28·29	ロイヤルズ	27·28·29	アスレティックス
30·31·**8**月1	レンジャーズ*	30·31·**9**月1	アストロズ	**10**月1·2·3	エンジェルス
2·3·4	レイズ*	3·4·5	ダイヤモンドバックス*		

球団メモ 昨季、カイル・ルイスが新人王を受賞。球団では、2001年にイチローが打率３割５分０厘（首位打者）、56盗塁（盗塁王）をマークし、新人王を受賞して以来のこと。

投手

質の高いストライクを追い続ける求道者　先発

7 マルコ・ゴンザレス
Marco Gonzales

29歳　1992.2.16生｜185cm｜89kg｜左投左打
◆速球のスピード／140キロ台前半(フォーシーム、シンカー)
◆決め球と持ち球／◎シンカー、◎カッター、◎フォーシーム、○チェンジアップ、○カーブ
◆対左打者被打率／.274　◆対右打者被打率／.202
◆ホーム防御率／3.21　◆アウェー防御率／3.02
◆ドラフトデータ／2013①カーディナルス
◆出身地／コロラド州
◆年俸／500万ドル(約5億2500万円)

球威 3
制球 5
緩急 5
守備・牽制 4
度胸 5

サイ・ヤング賞を狙えるレベルのエースに成長した頭脳派サウスポー。昨季は序盤、チェンジアップの制球が不安定で失点がやや多かったが、中盤以降は速球系とチェンジアップ、カーブを高低に投げ分けて打者の目線を狂わすことに比重を置き、好投を続けた。

ウリは制球力と投球頭脳。昨季は四球を出す頻度(ひんど)がアメリカン・リーグで最少、出塁させない能力を示すWHIPもリーグ2位だった。まだ年齢が20代なのに、速球の平均球速は142キロしかない。だが、遅い球を速く見せる投球術を身につけているので、マイナスになっていない。

最近は、ゲームプランを立てる能力の高さを称賛されている。メジャーリーグでは試合前、当日の先発投手と投手コーチ、正捕手、バックアップ捕手が集まって、ゲームプランを立てるミーティングを行うが、彼は先乗りスコアラーから提出されたリポートやデータを精査し、緻密(ちみつ)なプランを立ててミーティングに臨む。そのため話し合いはハイレベルなものになり、凡打の山を築くピッチングを生む源泉になっている。マリナーズの先発陣は若手が多いため、サーヴィス監督は彼らを順番にゴンザレスが投げる日のミーティングに同席させ、ゲームプランの立て方、打者一人ひとりに対する深い理解、ゲームに臨む心構え、などを学ばせている。シェフィールドは「彼のミーティングに同席していると、学ぶことがたくさんあるだ。マルコは我々のお手本で、偉大なリーダーなんだよ」と語っている。

昨季はチームがフルシーズン、6人ローテーションを採用したため、中5日か6日で投げたが、本人は中4日を希望している。エースなら、30試合と200イニングをクリアして当たり前という思いがあるからだ。

カモ　大谷翔平(エンジェルス).091(11-1)0本　A·プーホールス(エンジェルス)105(38-4)1本
苦手　M·チャップマン(アスレティックス).462(26-12)1本　J·アルトゥーヴェ(アストロズ).429(21-9)1本

年度	所属チーム	勝利	敗戦	防御率	試合数	先発	セーブ	投球イニング	被安打	失点	自責点	被本塁打	与四球	奪三振	WHIP
2014	カーディナルス	4	2	4.15	10	5	0	34.2	32	16	16	4	21	31	1.53
2015	カーディナルス	0	0	13.50	1	1	0	2.2	7	4	4	1	1	1	3.00
2017	カーディナルス	0	0	13.50	1	1	0	3.1	6	5	5	3	0	2	1.80
2017	マリナーズ	1	1	5.40	10	7	0	36.2	53	22	22	5	11	30	1.75
2017	2チーム計	1	1	6.08	11	8	0	40.0	59	27	27	8	11	32	1.75
2018	マリナーズ	13	9	4.00	29	29	0	166.2	172	76	74	17	32	145	1.22
2019	マリナーズ	16	13	3.99	34	34	0	203.0	210	106	90	23	56	147	1.31
2020	マリナーズ	7	2	3.10	11	11	0	69.2	59	27	24	8	7	64	0.95
通算成績		41	27	4.09	96	88	0	516.2	539	256	235	61	128	420	1.29

速球をツーシームに変えて大化け

先発

33 ジャスタス・シェフィールド
Justus Sheffield

25歳 1996.5.13生 | 178cm | 88kg | 左投左打
◆速球のスピード／150キロ前後(ツーシーム主体)
◆決め球と持ち球／◎スライダー、○ツーシーム、○チェンジアップ
◆対左打者被打率／.154 ◆対右打者被打率／.284
◆ホーム防御率／2.66 ◆アウェー防御率／4.26
◆ドラフトデータ／2014①インディアンズ
◆出身地／テネシー州
◆年俸／57万500ドル(約5990万円)+α

球威 4
制球 3
緩急 3
守備・牽制 4
度胸 4

今季は先発2番手として大勝ちすることを期待されている、昨年ブレイクしたサウスポー。ヤンキースから鳴り物入りで移籍したものの、1年目（2019年）は制球難にあえぎ、メジャーでは1勝もできなかった。それでもGMの高い評価は変わらず、昨季は開幕から先発5番手として起用され、3度目の登板から別人のようなピッチングを見せるようになった。この大化けは、速球をフォーシームから、ツーシーム（シンカー）に変えたことによって実現したものだ。シェフィールドはハイレベルなスライダーがあるので、ツーシームにこれを組み合わせてゴロを引っかけさせ、効率良くアウトを取った。速球をフォーシームからツーシームに変えたことで、一発を食うこともなくなり、これも失点を減らす大きな要因になった。

シェフィールドは昨年のブレイクに満足しておらず、さらなる成長を遂げるには、タイミングを外す技術に磨きをかける必要があると考え、オフの間、チェンジアップの精度を上げることに取り組んでいた。

叔父のゲーリー・シェフィールドは、ヤンキース打線の中軸を担った長距離離砲で、身体能力の高いことで知られた。1歳上の兄ジョーダンは、ドジャースの2Aに所属する右投手。昨年コロナ禍で選手が自宅待機になった際は、2人でハードなトレーニングに励(はげ)んだため、万全の状態で4カ月遅れの開幕に臨むことができた。ヤンチャなタイプで、プロ入り1年目のオフに、まだ18歳なのに高校時代のチームメートや女友達と酒を飲んで泥酔。深夜に恋敵の家に侵入して大声でわめき散らし、警察に逮捕された。それがニュースになったため、悪ガキのレッテルを貼られることになるが、以後は行動を慎しんでおり、最近はインタビューでオフの楽しみは何かと聞かれると、「おばあちゃんが作るスクワッシュ（ひょうたん型のカボチャ）のキャセロール（重ね焼き）を食べること」と語っている。

カモ 大谷翔平(エンジェルス).000(5-0)0本　J・ギャロ(レンジャーズ).000(4-0)0本
苦手 N・ソラック(レンジャーズ).667(6-4)0本　M・マルドナード(アストロズ)1.000(2-2)0本

年度	所属チーム	勝利	敗戦	防御率	試合数	先発	セーブ	投球イニング	被安打	失点	自責点	被本塁打	与四球	奪三振	WHIP
2018	ヤンキース	0	0	10.13	3	0	0	2.2	4	3	3	1	3	0	2.63
2019	マリナーズ	0	1	5.50	8	7	0	36.0	44	22	22	5	18	37	1.72
2020	マリナーズ	4	3	3.58	10	10	0	55.1	52	23	22	2	20	48	1.30
通算成績		4	4	4.50	21	17	0	94.0	100	48	47	8	41	85	1.50

試行錯誤を続ける、埼玉西武の元エース　先発

18 菊池雄星
Yusei Kikuchi

30歳 1991.6.17生 | 183cm | 91kg | 左投左打
◆速球のスピード／150キロ台前半（フォーシーム主体）
◆決め球と持ち球／◎カッター、○フォーシーム、○スライダー、△チェンジアップ
◆対左打者被打率／.265　◆対右打者被打率／.228
◆ホーム防御率／4.03　◆アウェー防御率／6.20
◆ドラフトデータ／2010①埼玉西武、2019㊕マリナーズ
◆出身地／岩手県
◆年俸／1500万ドル（約15億7500万円）

球威 4
制球 3
緩急 3
守備・牽制 3
度胸 3

昨季も防御率は5点台になったが、3年目の飛躍に向けて好材料も多々見られる大器晩成型の左腕。1年目の2019年シーズンが終わった時点で、菊池には克服すべき問題が4つもあった。①深刻な一発病（被本塁打36本はアメリカン・リーグ・ワースト2位）、②速球のスピード不足、③奪三振が少ない、④右打者を封じる武器がない、の4つだ。

しかし、オフの間の努力が実って、菊池はこの4つの問題をすべて克服することに成功した。昨シーズン、被本塁打は36から3に激減（被本塁打率2.0→0.6）。速球の平均スピードは、時速149.5キロから153.2キロにアップ。奪三振率も、速球の威力向上とカッターの多投で、「下」レベルの6.5から「上」レベルの9.0にアップした。さらに右打者を封じる武器として、高速カッターをマスターしたため、右打者に対する被打率は3割0分7厘から、一気に2割2分8厘に下がった。

解せないのは、4つの大きな課題をこれだけ見事に克服したのに、防御率が5点台にとどまっていること。最大の原因は、ピンチに踏ん張れないからだ。昨季は走者なしの場面では被打率が1割9分8厘だったのに、得点圏に走者がいる場面では、3割2分4厘という高率で打たれている。ピンチに連打を食うことも多く、相手にビッグイニングを献上することが度々あった。それが防御率を悪化させる元凶になっていたのだが、努力家の菊池はオフに、この問題にも取り組んで解決策を見つけるだろう。これが片付けば、飛躍を妨げる障害物はなくなる。

盛岡出身の菊池は少年時代、農業を営む祖父母から「桃栗三年柿八年」という格言を度々聞かされ、好きになったという。果樹は促成栽培できないので、実をつけるまで時間がかかる。菊池も促成栽培が効かないタイプなので、メジャーでの最初の2年間を土台作りに費やした。その土台の上に、今年どんな実をつけるか注目したい。

カモ　Y・グリエル（アストロズ）.143（7-1）0本　J・アルトゥーヴェ（アストロズ）.200（10-2）1本
苦手　大谷翔平（エンジェルス）.429（7-3）1本　A・ブレグマン（アストロズ）.455（11-5）1本

年度	所属チーム	勝利	敗戦	防御率	試合数	先発	セーブ	投球イニング	被安打	失点	自責点	被本塁打	与四球	奪三振	WHIP
2019	マリナーズ	6	11	5.46	32	32	0	161.2	195	109	98	36	50	116	1.52
2020	マリナーズ	2	4	5.17	9	9	0	47.0	41	27	27	3	20	47	1.30
通算成績		8	15	5.39	41	41	0	208.2	236	136	125	39	70	163	1.47

35 2試合連続で1安打ピッチング

ジャスティン・ダン *Justin Dunn*

先発

26歳 1995.9.22生 | 188cm | 84kg | 右投右打 速140キロ台後半(フォーシーム主体) 決◎フォーシーム
対左.193 対右.185 ド2016①メッツ 出ニューヨーク州 年57万500ドル(約5990万円)+α

球4 制2 緩4 守備1 度4

一発病、四球病に加え、スタミナ欠乏症という持病もあるが、それを乗り越えてローテーションに定着した技巧派のホープ。昨季は6人ローテーションの6番手に滑り込んで開幕を迎えたが、シーズン序盤は早い回にKOされるケースが多かった。しかし中盤になると一発を食わなくなり、2試合連続で1安打ピッチングをやってのけ、注目された。中学生の頃から野球一筋でやって来た、米国では珍しいタイプ。大学時代は、強豪ボストン・カレッジでクローザーとして活躍。ドラフト2カ月前に先発に転向して好投を続け、2016年のドラフトで、メッツから1巡目に指名されてプロ入り。

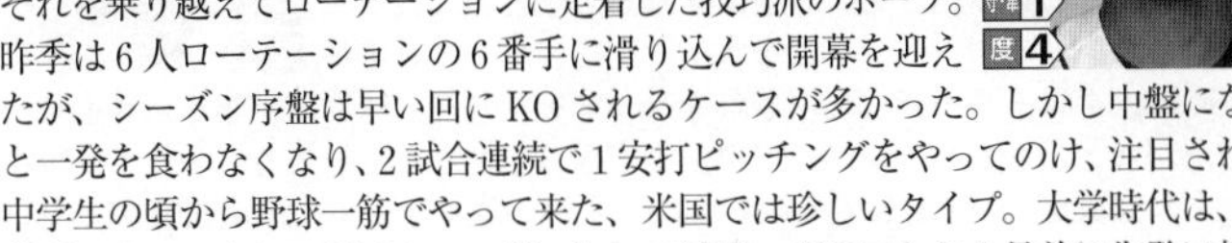

年度	所属チーム	勝利	敗戦	防御率	試合数	先発	セーブ	投球イニング	被安打	失点	自責点	被本塁打	与四球	奪三振	WHIP
2020	マリナーズ	4	1	4.34	10	10	0	45.2	31	23	22	10	31	38	1.36
通算成績		4	1	4.13	14	14	0	52.1	33	25	24	10	40	43	1.39

52 有望株扱いされたことがないダークホース

ニック・マーガヴィチュス *Nick Margevicius*

先発 ロングリリーフ

25歳 1996.6.18生 | 196cm | 100kg | 左投左打 速140キロ台中頃(フォーシーム) 決◎スライダー
対左.205 対右.259 ド2017⑦パドレス 出オハイオ州 年57万500ドル(約5990万円)+α

球2 制4 緩3 守備4 度3

2019年開幕時に、パドレスでメジャーデビューを果たすが定着できず、昨年1月にマリナーズがウエーバー経由で獲得。7月のミニキャンプで制球力を評価され、ロングリリーフ要員として開幕メンバー入り。その後、グレイヴマンが首を痛めた際、7試合に先発。まだプレーオフ進出の可能性が残っていた9月23日のアストロズ戦では、6回を無失点に抑えた。制球力があり、ストライクゾーンを広げることに長けている。速球のスピードはないが、球速が増すトレーニングに励(はげ)み、平均球速が142キロから145キロにアップ。リトアニア移民の家系で姓は「マーガヴィチュス」と発音。

年度	所属チーム	勝利	敗戦	防御率	試合数	先発	セーブ	投球イニング	被安打	失点	自責点	被本塁打	与四球	奪三振	WHIP
2020	マリナーズ	2	3	4.57	10	7	0	41.1	38	21	21	6	14	36	1.26
通算成績		4	9	5.86	27	19	0	98.1	111	67	64	18	33	78	1.46

47 レンジャーズでリリーフの才能開花

ラファエル・モンテーロ *Rafael Montero*

クローザー 移籍

31歳 1990.10.17生 | 183cm | 86kg | 右投右打 速150キロ台中頃(フォーシーム主体) 決◎フォーシーム
対左.188 対右.194 ド2011外メッツ 出ドミニカ 年225万ドル(約2億3625万円)

球4 制4 緩4 守備4 度3

オフのトレードで、レンジャーズからやって来た守護神候補。2017年までメッツで投げていたが、ヒジを故障してトミー・ジョン手術を受けたため、18年は全休。翌19年はレンジャーズとマイナー契約を結び、一からの出直しになった。だが同年7月にメジャー契約を結ぶと好投を続け、終盤にはセットアッパーを任されるまでに。さらに昨季はクローザーの大役も与えられた。強靭(きょうじん)なお尻の筋肉が生み出すフォーシーム、ツーシームと、チェンジアップの緩急で相手を翻弄(ほんろう)するタイプ。高い奪三振率を示しているが、昨季も右ヒジ痛で出遅れており、依然ヒジの状態は懸念材料だ。

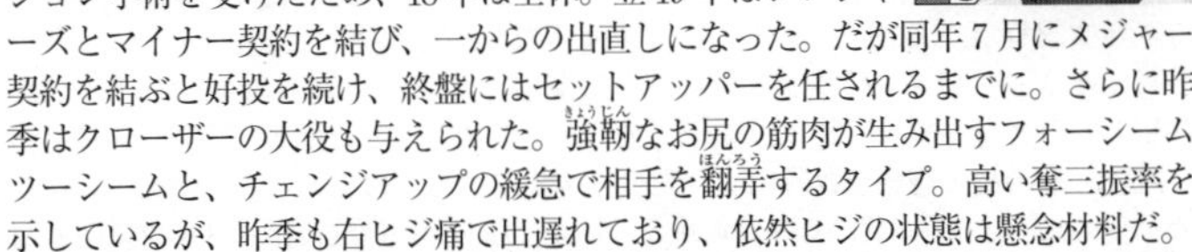

年度	所属チーム	勝利	敗戦	防御率	試合数	先発	セーブ	投球イニング	被安打	失点	自責点	被本塁打	与四球	奪三振	WHIP
2020	レンジャーズ	0	1	4.08	17	0	8	17.2	12	11	8	2	6	19	1.02
通算成績		8	17	4.93	97	30	8	239.0	252	138	131	31	122	242	1.56

速=速球のスピード 決=決め球 対左=対左打者被打率 対右=対右打者被打率
ド=ドラフトデータ 出=出身地 年=年俸

55 5年遅れてスタート台に立った変わり種
ヨハン・ラミレス *Yohan Ramirez*

ミドルリリーフ

26歳 1995.5.6生 | 193cm | 86kg | 右投右打 速150キロ台中頃(フォーシーム主体) 決◎スライダー
対左.222 対右.071 ド2016㉁アストロズ 出ドミニカ 年57万500ドル(約5990万円)+α

球4 制1 緩3 守・牽3 度4

マリナーズが一昨年12月のルール5ドラフトで、アストロズから獲得した掘り出し物。昨季は開幕から中継ぎ要員として起用され、ハイペースで三振を奪ったため、シーズン後半の一時期、クローザーでも起用され3セーブをマーク。球種は速球とスライダーだけだが、どちらもハイレベルで狙って空振りを取れる。耐久力もあり、複数イニングの登板が続いても摩耗しない。これだけの逸材なのに、24歳までアストロズのマイナーで塩漬けになっていたのは、21歳のとき、初めてプロの世界でプレーを開始したスロースターターであるうえ、極端な荒れ球で、与四球が多いからだ。

年度	所属チーム	勝利	敗戦	防御率	試合数	先発	セーブ	投球イニング	被安打	失点	自責点	被本塁打	与四球	奪三振	WHIP
2020	マリナーズ	0	0	2.61	16	0	3	20.2	9	6	6	3	20	26	1.40
通算成績		0	0	2.61	16	0	3	20.2	9	6	6	3	20	26	1.40

38 全投球の5割強が高速カッター
アンソニー・ミセイヴィチ *Anthony Misiewicz*

ミドルリリーフ

27歳 1994.11.1生 | 185cm | 91kg | 左投右打 速150キロ前後(カッター主体) 決○カッター
対左.216 対右.308 ド2015⑱マリナーズ 出ミシガン州 年57万500ドル(約5990万円)+α

球3 制3 緩4 守・牽4 度2

多目的に使えることと、奪三振率の高さがウリの左腕。昨年の開幕戦でメジャーデビュー。大打者アルトゥーヴェから最初の三振を奪った。マイナーでは先発だったがスタミナに問題があり、メジャーではリリーフ専業。セットアッパーで使うと好投することが多く、ホールド8はチーム最多だった。ただ、ピンチの火消し屋として使うといい結果が出ず、昨季は引き継いだ走者の生還阻止率が平均以下の50%だった。ポーランド系米国人で、「MISIEWICZ」という姓はポーランド風に発音すると「ミシエヴィチ」だが、米国人には言いにくいので「ミセイヴィチ」と読ませている。

年度	所属チーム	勝利	敗戦	防御率	試合数	先発	セーブ	投球イニング	被安打	失点	自責点	被本塁打	与四球	奪三振	WHIP
2020	マリナーズ	0	2	4.05	21	0	0	20.0	20	9	9	2	6	25	1.30
通算成績		0	2	4.05	21	0	0	20.0	20	9	9	2	6	25	1.30

49 首の激痛のため、リリーフに転向
ケンドール・グレイヴマン *Kendall Graveman*

ロングリリーフ

31歳 1990.12.21生 | 188cm | 91kg | 右投右打 速150キロ台前半(シンカー主体) 決◎シンカー
対左.115 対右.286 ド2013⑧ブルージェイズ 出アラバマ州 年1250万ドル(約13億1250万円)

球3 制3 緩3 守・牽4 度3

ディポートGMが、先発ではなくゲーム中盤のイニングイーター(複数イニングをまあまあのレベルで抑えてくれる投手)として使う目的で再契約したシンカーボーラー。アスレティックス時代(2015～18年)には2度開幕投手を務めた実績があるが、18年7月にトミー・ジョン手術を受けたあと、解雇された。19年11月にマリナーズが再生できると見て契約。昨季は先発4番手としてスタートしたが、首痛で8月上旬に離脱。その後、首痛が背骨にできた良性腫瘍(しゅよう)によるものであることが判明したため、球団は先発で使い続けるのは無理と判断。8月下旬に復帰後はリリーフに回った。

年度	所属チーム	勝利	敗戦	防御率	試合数	先発	セーブ	投球イニング	被安打	失点	自責点	被本塁打	与四球	奪三振	WHIP
2020	マリナーズ	1	3	5.79	11	2	0	18.2	15	13	12	2	8	15	1.23
通算成績		24	32	4.44	94	80	0	464.2	499	241	229	60	138	301	1.37

速=速球のスピード 決=決め球 対左=対左打者被打率 対右=対右打者被打率
ド=ドラフトデータ 出=出身地 年=年俸

74 ルジェイ・ニューサム Ljay Newsome

ウリはど真ん中にどんどん投げ込む強心臓

先発 ロングリリーフ　ルーキー

25歳 1996.11.8生 | 180cm | 95kg | 右投右打 (速)140キロ台後半(フォーシーム主体) (決)○チェンジアップ (対左).379 (対右).243 (ド)2015㉖マリナーズ (出)メリーランド州 (年)57万500ドル(約5990万円)+α

球2 制4 緩2 守・牽3 度4

今季はリリーフがメインになる、昨年8月にメジャー入りした右腕。その試合でリリーフ登板し、3回を1失点に抑えたため、その後は先発で使われた。ただ故障回避のため球数が60球前後に制限されたため、一度も5回終了まで投げ切れず、未勝利に終わった。メジャーに上がる確率が数パーセントしかないドラフト26巡目指名でプロ入りしたが、努力を重ねてマイナーの出世階段を一段ずつ上がり、6年目に到達。結果を恐れずストライクゾーンにどんどん投げ込むため、昨季は四球を1つしか出さなかった。高校時代は文武両道で、通信簿の平均点（GPA）は4点満点の3.57。

年度 所属チーム	勝利	敗戦	防御率	試合数	先発	セーブ	投球イニング	被安打	失点	自責点	被本塁打	与四球	奪三振	WHIP
2020 マリナーズ	0	1	5.17	5	4	0	15.2	20	9	9	4	1	9	1.34
通算成績	0	1	5.17	5	4	0	15.2	20	9	9	4	1	9	1.34

59 ジョーイ・ガーバー Joey Gerber

課題は制球力の向上とピンチ時のピッチング

セットアップ

24歳 1997.5.3生 | 193cm | 98kg | 右投右打 (速)150キロ台前半(フォーシーム、シンカー) (決)◎スライダー (対左).278 (対右).222 (ド)2018⑧マリナーズ (出)ミネソタ州 (年)57万500ドル(約5990万円)+α

球4 制2 緩3 守・牽4 度3

速球とスライダーだけで投げるツーピッチ・ピッチャー。昨年8月4日、マイナーを2年で卒業してメジャーデビュー。8月16日から9月17日まで、10試合連続で無失点登板を続けて注目された。最大の特徴は、いやらしい投球フォーム。腰を落とした状態でセットしたあと、クロスステップしてサイドハンドに近いアングルから投げ込んでくる。しかも早くセットし、小さなテイクバックで早く投げこんでくるため、右打者は球の出どころが見えにくく、慣れないうちは、ぶつけられそうな錯覚におちいる。ピンチになると失投が多くなり、昨シーズンの得点圏被打率は4割2分1厘だった。

年度 所属チーム	勝利	敗戦	防御率	試合数	先発	セーブ	投球イニング	被安打	失点	自責点	被本塁打	与四球	奪三振	WHIP
2020 マリナーズ	1	1	4.02	17	0	0	15.2	13	8	7	1	5	6	1.15
通算成績	1	1	4.02	17	0	0	15.2	13	8	7	1	5	6	1.15

― ジョージ・カービー George Kirby

先発　期待度 B+　ルーキー

23歳 1998.2.4生 | 193cm | 98kg | 右投右打 ◆一昨年は1A－でプレー (ド)2019①マリナーズ (出)ニューヨーク州

今季ローテーション入りを期待される、一昨年のドラフト1巡目指名選手。ウリは制球力。契約金324万ドル（約3億5000万円）で入団後、1Aでキャリアをスタートさせたが、23イニングを投げ、四球を1つも出さなかった。速球はフォーシームが主体で平均153キロ。力を入れて投げると、157キロまで出る。

― ローガン・ギルバート Logan Gilbert

先発　期待度 B－　ルーキー

24歳 1997.5.5生 | 198cm | 102kg | 右投右打 ◆一昨年は1A、1A+、2Aでプレー (ド)2018①マリナーズ (出)フロリダ州

ディポートGMが「よほどのことがない限り、今シーズンのしかるべき時期にメジャーに引き上げ、ローテーション入りさせる」と明言している将来のエース候補。昨季はキャンプ再開後の調整がうまくいかず、GMの判断で、シーズン中のメジャー昇格が見送られた。課題は、速球のコントロール。

※昨季、マイナーリーグは中止
※メジャー経験がない投手の「先発」「リリーフ」はマイナーでの役割

野手

わくわくする要素がいっぱいある異能派 センター

1 カイル・ルイス
Kyle Lewis

26歳 1995.7.13生 | 193cm | 93kg | 右投右打
◆対左投手打率／.224(58-13) ◆対右投手打率／.277(148-41)
◆ホーム打率／.299(77-23) ◆アウェー打率／.240(129-31)
◆得点圏打率／.192(52-10)
◆20年のポジション別出場数／センター=57、DH=1
◆ドラフトデータ／2016①マリナーズ
◆出身地／ジョージア州
◆年俸／57万500ドル(約5990万円)+α
◆新人王(20年)

ミート 3
パワー 5
走塁 3
守備 4
肩 5

昨シーズン、打撃と守備の両面で華々しい活躍を見せ、アメリカン・リーグの新人王に輝いたマリナーズのニュースター。大学3年のとき、全米大学野球のトッププレーヤーに贈られるゴールデンスパイク賞に輝いた野球エリートだが、プロの世界では苦労の連続だった。

マイナーでプレーを開始した直後に、ヒザに大ケガを負い（前十字靱帯断裂と半月板損傷）、それがもとで長期欠場を強いられた。復帰後も、パワフルなスイングが戻らない状態が続いて出世が遅れたが、2019年シーズンの後半になって長打がコンスタントに出るようになり、その年の9月中旬にメジャーデビュー。いきなり3試合連続でアーチを叩き込み、その名を知られるようになった。昨季は7月のキャンプ中に行われた紅白戦で長打がよく出て、公式戦が始まると、ほとんどの試合で3番打者として起用された。ウリは、身体能力が際立って高いこと。得意技はホームランキャッチ。昨季はジャンプ力にものを言わせ、3回ホームランキャッチをやってのけ、「本日のハイライト」のコーナーで取り上げられた。

身体能力が抜群に高く、ホームランキャッチを得意にしている中堅手と言えばロレンゾ・ケイン（ブリュワーズ）の名がすぐに浮かぶが、ルイスとケインにはもう一つ共通点がある。それは高校2年生になって、初めて本格的に野球をやり始めたことだ。ルイスはそれまでバスケットボールがメインで、野球は春の2、3カ月、学校のチームでレクリエーションとしてやる程度だった。しかし、テレビ中継で、当時ロイヤルズのロレンゾ・ケインが高2から本格的に始めて大選手になったことを知り、バスケットボールを捨てて野球に打ち込むことを決意した。身体能力と動体視力に恵まれたルイスはすぐに上達し、プロと大学のスカウトたちが集う巡回リーグで好成績をマーク。フル奨学金付きでマーサー大学から勧誘され進学し、3年生のとき、大学野球の最優秀選手になった。

カモ K・ギブソン(レンジャーズ).667(6-4)1本 J・ライルズ(レンジャーズ).500(8-4)1本
苦手 C・バシット(アスレティックス).000(7-0)0本 D・バンディ(エンジェルス).000(6-0)0本

年度	所属チーム	試合数	打数	得点	安打	二塁打	三塁打	本塁打	打点	四球	三振	盗塁	盗塁死	出塁率	OPS	打率
2019	マリナーズ	18	71	10	19	5	0	6	13	3	29	0	0	.293	.885	.268
2020	マリナーズ	58	206	37	54	3	0	11	28	34	71	5	1	.364	.801	.262
通算成績		76	277	47	73	8	0	17	41	37	100	5	1	.347	.824	.264

3 内野の要として重要な存在に
J.P.クロフォード J.P. Crawford

ショート

26歳 1995.1.11生 | 188cm | 90kg | 右投左打
◆対左投手打率／.242 ◆対右投手打率／.261
◆ホーム打率／.188 ◆アウェー打率／.298 ◆得点圏打率／.289
◆20年のポジション別出場数／ショート=53 ◆Ⓓ2013①フィリーズ
◆Ⓢカリフォルニア州
◆Ⓝ57万500ドル(約5990万円)+α ◆ゴールドグラブ賞1回(20年)

ミート3 パワー2 走塁3 守備5 肩5

昨年守備面で大きな進化を遂げ、初のゴールドグラブ賞に輝いた遊撃手。決め手になったのは、DRS（守備で防いだ失点）が6つあったことだ。クロフォードは、守備範囲が広い選手というイメージを持たれていたが、実際は平均以下で、マリナーズ1年目（2019年）はDRSが-5だった。しかし19-20年のオフに、アリゾナでクリフトン・コンディショニングコーチの指導を受けながら守備力が増す様々なトレーニングをこなした結果、捕球できる範囲が広がり、DRSがプラスに転じたのだ。打撃面の最大の進化は、左投手を苦にしなくなったこと。対左投手打率が、1割6分0厘から2割4分2厘に跳ね上がったのは、逆方向にライナーで弾き返せるようになったことが大きい。

カモ K・ギブソン(レンジャーズ).444(9-4)0本　苦手 L・マッカラーズ・ジュニア(アストロズ).125(8-1)0本

年度	所属チーム	試合数	打数	得点	安打	二塁打	三塁打	本塁打	打点	四球	三振	盗塁	盗塁死	出塁率	OPS	打率
2017	フィリーズ	23	70	8	15	4	1	0	6	16	22	1	0	.356	.656	.214
2018	フィリーズ	49	117	17	25	6	3	3	12	13	37	2	0	.319	.712	.214
2019	マリナーズ	93	345	43	78	21	4	7	46	43	83	5	3	.313	.684	.226
2020	マリナーズ	53	204	33	52	7	2	2	24	23	39	6	3	.336	.674	.255
通算成績		218	736	101	170	38	10	12	88	95	181	14	6	.325	.683	.231

25 コロナ感染から復帰後、ヒットラッシュ
ディラン・ムーア Dylan Moore

ユーティリティ

29歳 1992.8.2生 | 183cm | 84kg | 右投右打
◆対左投手打率／.234 ◆対右投手打率／.267
◆ホーム打率／.238 ◆アウェー打率／.270 ◆得点圏打率／.154
◆20年のポジション別出場数／レフト=13、ライト=13、セカンド=10、ファースト=3、ショート=3、サード=2、センター=1 ◆Ⓓ2015⑦レンジャーズ
◆Ⓢカリフォルニア州 ◆Ⓝ57万500ドル(約5990万円)+α

ミート3 パワー4 走塁5 守備3 肩3

今シーズンはセカンドのレギュラーに固定される可能性がある、急成長した好打者。昨シーズンは開幕前のPCR検査で、「症状の出ない陽性」と診断され、出遅れた。しかし、7月28日に復帰後は長打がよく出て、評価が急上昇。8月5日以降は守備位置日替わりで、連日2番打者として起用された。以前は並のパワーだったが、筋トレの成果が出て、昨年かなりパワーアップ。「スタットキャスト」によると、昨季の打球の平均初速は90.2マイル（145.1キロ）で、強打者の目安とされる90マイルを超えている。2014年にプロ入りしたあと、大学時代から交際していたパオラさんと同棲（どうせい）を始め、16年12月に女児ピアちゃんが誕生した。メジャー入りして経済的に楽になったので、2020年1月に、パオラさんの故郷プエルトリコで挙式し、正式に夫婦になった。

カモ K・ギブソン(レンジャーズ).500(4-2)0本　苦手 F・ヴァルデス(アストロズ).143(7-1)0本

年度	所属チーム	試合数	打数	得点	安打	二塁打	三塁打	本塁打	打点	四球	三振	盗塁	盗塁死	出塁率	OPS	打率
2019	マリナーズ	113	247	31	51	14	2	9	28	25	93	11	9	.302	.691	.206
2020	マリナーズ	38	137	26	35	9	0	8	17	14	43	12	5	.358	.855	.255
通算成績		151	384	57	86	23	2	17	45	39	136	23	14	.323	.750	.224

Ⓓ=ドラフトデータ　Ⓢ=出身地　Ⓝ=年俸

野 手

15 あだ名は「コーリーのお兄さん」 カイル・シーガー *Kyle Seager*

サード

34歳 1987.11.3生 | 183cm | 98kg | 右投左打
◆対左投手打率／.185 ◆対右投手打率／.268
◆ホーム打率／.297 ◆アウェー打率／.209 ◆得点圏打率／.245
◆20年のポジション別出場数／サード=53、DH=6
◆Ⓓ2009③マリナーズ ◆㊥ノースカロライナ州
◆㊍1800万ドル(約18億9000万円) ◆ゴールドグラブ賞1回(14年)

ミート2 パワー5 走塁3 守備3 肩5

再建中のチームの価値あるベテラン。昨季は4番打者で起用され、走者がいる場面でよく長打が出て、打点マシンとして機能していた。犠牲フライ6はリーグでは最多で、いぶし銀の打者らしい記録と言っていい。ドジャースのコーリー・シーガーは7歳下の弟。昨年8月17日に、初めて兄弟対決が実現。兄と弟が1本ずつ本塁打を打って、19年ぶりの「兄弟ホームラン」となった。今季、7年契約の最終年に入るため、シーズン中のトレードもあり得る。

カモ Z・グリンキー(アストロズ).462(13-6)0本 苦手 D・バンディ(エンジェルス).125(16-2)0本

年度	所属チーム	試合数	打数	得点	安打	二塁打	三塁打	本塁打	打点	四球	三振	盗塁	盗塁死	出塁率	OPS	打率
2011	マリナーズ	53	182	22	47	13	0	3	13	13	36	3	1	.312	.691	.258
2012	マリナーズ	155	594	62	154	35	1	20	86	46	110	13	5	.316	.738	.259
2013	マリナーズ	160	615	79	160	32	2	22	69	68	122	9	3	.338	.764	.260
2014	マリナーズ	159	590	71	158	27	4	25	96	52	118	7	5	.334	.788	.268
2015	マリナーズ	161	623	85	166	37	0	26	74	54	98	6	6	.328	.779	.266
2016	マリナーズ	158	597	89	166	36	3	30	99	69	108	3	1	.359	.859	.278
2017	マリナーズ	154	578	72	144	33	1	27	88	58	110	2	1	.323	.773	.249
2018	マリナーズ	155	583	62	129	36	1	22	78	38	138	2	2	.273	.673	.221
2019	マリナーズ	106	393	55	94	19	1	23	63	44	86	2	2	.321	.789	.239
2020	マリナーズ	60	203	35	49	12	0	9	40	32	33	5	0	.355	.788	.241
通算成績		1321	4958	632	1267	280	13	207	706	474	959	52	26	.326	.768	.256

23 打率3割と出塁率4割を期待できる好打者 タイ・フランス *Ty France*

DH サード セカンド

27歳 1994.7.13生 | 180cm | 98kg | 右投右打
◆対左投手打率／.211 ◆対右投手打率／.369
◆ホーム打率／.293 ◆アウェー打率／.313 ◆得点圏打率／.442
◆20年のポジション別出場数／DH=19、セカンド=10、サード=6、ファースト=5
◆Ⓓ2015㉞パドレス ◆㊥カリフォルニア州
◆㊍57万500ドル(約5990万円)+α

ミート5 パワー4 走塁2 守備3 肩4

今季は打線の中軸を担うことを期待されている未完の大器。昨年8月末まで、パドレスに在籍。才能の宝庫と化したチームにいたため、出場機会に恵まれなかったが、伸び悩む若手が多いマリナーズに移籍後は、連日スタメンで起用された。抜群の打撃センスを持つ好打者で、逆方向にライナーで弾き返す器用さと、失投をレフト席の中段まで運ぶパワーを併せ持つ。ドラフトで上位指名を予想されながら、直前のケガで34巡目になった屈辱をバネにして打撃に磨きをかけてきた努力家。プロ入り4年目に3Aで、79試合で3割9分9厘、27本塁打、89打点という驚異的な数字をマークし、注目された。

カモ Z・ギャレン(ダイヤモンドバックス).600(5-3)1本 苦手 C・カーショウ(ドジャース).000(7-0)0本

年度	所属チーム	試合数	打数	得点	安打	二塁打	三塁打	本塁打	打点	四球	三振	盗塁	盗塁死	出塁率	OPS	打率
2019	パドレス	69	184	20	43	8	1	7	24	9	49	0	2	.294	.696	.234
2020	パドレス	20	55	9	17	4	0	2	10	5	15	0	0	.377	.868	.309
2020	マリナーズ	23	86	10	26	5	1	2	13	6	22	0	0	.362	.815	.302
2020	2チーム計	43	141	19	43	9	1	4	23	11	37	0	0	.368	.836	.305
通算成績		112	325	39	86	17	2	11	47	20	86	0	2	.326	.757	.265

野 手

12 弱点はスライダーとシンカー

エヴァン・ホワイト *Evan White*

ファースト

25歳 1996.4.26生 | 191cm | 100kg | 左投右打
◆対左投手打率／.140 ◆対右投手打率／.192
◆ホーム打率／.130 ◆アウェー打率／.204 ◆得点圏打率／.310
◆20年のポジション別出場数／ファースト=54
◆ドラフト2017①マリナーズ ◆出身オハイオ州
◆年俸130万ドル(約1億3650万円) ◆ゴールドグラブ賞1回(20年)

ミート1 パワー4 走塁4 守備5 肩5

1年目はルーキーながらゴールドグラブ賞に輝き、みじめな打撃成績の穴埋めをした将来のスター候補。再建モードに入っているのに人材が育たないチームのGMは、マイナーのホープを大抜擢(だいばってき)してメジャーに引き上げ、高い潜在力を早期に開花させようとする。ホワイトも2019年に2Aで好成績（打率2割9分3厘、18本塁打）を出すと、ディポートGMから過大評価され、6年2400万ドルの大型契約をプレゼントされたうえで引き上げられ、ファーストのレギュラーに抜擢された。しかしまだ技術レベルが発展途上であるため、メジャーの投手の巧みな投球術に翻弄(ほんろう)され、ヒットは時々出る程度で三振の山を築いた。とくに変化球が苦手で、空振り率は47%という高率だった。一塁の守備はゴロに対する反応が早いうえ、ワンバウンドの送球に対するグラブさばきも申し分なく、ゴールドグラブを数年連続で受賞する可能性がある。

カモ K・ギブソン(レンジャーズ).400(5-2)1本 苦手 F・モンタス(アスレティックス).000(6-0)0本

年度	所属チーム	試合数	打数	得点	安打	二塁打	三塁打	本塁打	打点	四球	三振	盗塁	盗塁死	出塁率	OPS	打率
2020	マリナーズ	54	182	19	32	7	0	8	26	18	84	1	2	.252	.599	.176
通算成績		54	182	19	32	7	0	8	26	18	84	1	2	.252	.599	.176

26 28人枠の29人目の男として奇跡の活躍

ホセ・マーモレイホス *Jose Marmolejos*

レフト ファースト

28歳 1993.1.2生 | 188cm | 108kg | 左投左打
◆対左投手打率／.167 ◆対右投手打率／.217
◆ホーム打率／.133 ◆アウェー打率／.234 ◆得点圏打率／.280
◆20年のポジション別出場数／レフト=18、DH=10、ファースト=5、ライト=2
◆ドラフト2011外ナショナルズ ◆出身ドミニカ
◆年俸57万500ドル(約5990万円)+α

ミート3 パワー5 走塁2 守備3 肩3

27歳でメジャーデビューし、値千金の一発を何本も打った苦労人。ナショナルズの3Aにいた2019年に、打率3割1分5厘、18本塁打という見事な数字を出したが、メジャー昇格を見送られたため、FA権を行使してマリナーズとマイナー契約。昨年は春のキャンプで不調だったが、7月のキャンプでは好調で、開幕戦でレフトに起用されてメジャーデビューを果たした。ただこのときは力んで低打率にあえぎ、8月6日にロースターから外されたが、3週間後の8月27日にチャンスが巡ってきた。その日はパドレスとのダブルヘッダーで、登録枠が1人増えるため彼が呼ばれ、第1試合で絶好調のラメットからツーラン、第2試合ではリチャーズから満塁アーチを放った。28人枠の29人目の選手が、奇跡的な活躍をしたということで、この日の2本塁打は様々なメディアで報じられ、マーモレイホスは時ならぬヒーローとなった。

カモ Z・ギャレン(ダイヤモンドバックス).667(3-2)1本 苦手 F・モンタス(アスレティックス).000(5-0)0本

年度	所属チーム	試合数	打数	得点	安打	二塁打	三塁打	本塁打	打点	四球	三振	盗塁	盗塁死	出塁率	OPS	打率
2020	マリナーズ	35	107	12	22	4	0	6	18	7	32	0	1	.261	.672	.206
通算成績		35	107	12	22	4	0	6	18	7	32	0	1	.261	.672	.206

2 昨季は足の骨折で全休 トム・マーフィー *Tom Murphy*

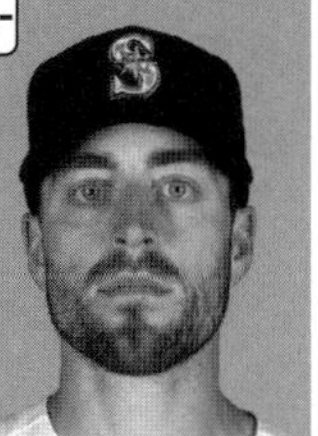

キャッチャー

30歳 1991.4.3生｜185cm｜99kg｜右投右打

◆昨季メジャー出場なし

◆ドラフト2010⑮ロッキーズ ◆出身地ニューヨーク州

◆年俸87.5万ドル(約9188万円)

ミート3 パワー5 走塁2 守備4 肩5

今季はキャンプからフル稼働できる強肩強打のキャッチャー。一昨年ブレイクしたため、昨季はメジャーデビューしてから6年目で、初めて正捕手としてシーズンを迎えるはずだった。開幕10日前のインタビューでも、正捕手として各投手の仕上がり具合をポジティブな口調で語っていたが、その翌日（7月14日）の紅白戦で自打球が足を直撃。中足骨（ちゅうそくこつ）（足の中程から足指に伸びる細長い骨）の骨折と診断され、万事休すとなった。シーズン中の復帰が絶望的となったので、肩の手術も受けている。一番のウリはパワー。一昨年は、フル出場すれば本塁打王を狙えるペースで、外野席に叩き込んでいた。

カモ C・モートン(ブレーブス).600(5-3)1本　苦手 Z・グリンキー(アストロズ).000(6-0)0本

年度	所属チーム	試合数	打数	得点	安打	二塁打	三塁打	本塁打	打点	四球	三振	盗塁	盗塁死	出塁率	OPS	打率
2015	ロッキーズ	11	35	5	9	1	0	3	9	4	10	0	0	.333	.876	.257
2016	ロッキーズ	21	44	8	12	2	0	5	13	4	19	1	0	.347	1.006	.273
2017	ロッキーズ	12	24	1	1	1	0	0	1	2	9	0	0	.115	.199	.042
2018	ロッキーズ	37	93	5	21	7	1	2	11	3	44	0	1	.250	.637	.226
2019	マリナーズ	75	260	32	71	12	1	18	40	19	87	2	0	.324	.858	.273
通算成績		156	456	51	114	23	2	28	74	32	169	3	1	.301	.795	.250

22 正捕手で使われる可能性もある逸材 ルイス・トーレンス *Luis Torrens*

キャッチャー

25歳 1996.5.2生｜183cm｜94kg｜右投右打　盗塁阻止率／.063(16-1)

◆対左投手打率／.207 ◆対右投手打率／.293

◆ホーム打率／.226 ◆アウェー打率／.282 ◆得点圏打率／.176

◆20年のポジション別出場数／キャッチャー＝24、DH＝1

◆ドラフト2012㊡ヤンキース ◆出身地ベネズエラ

◆年俸57万500ドル(約5990万円)＋α

ミート3 パワー3 走塁2 守備4 肩3

昨年8月末のトレードでパドレスから移籍した捕手。ベネズエラ出身で、16歳でヤンキースに入団。1A在籍時の2016年12月のルール5ドラフトで指名され、レッズ経由でパドレスに移籍。翌17年にメジャーデビューし、その年は51試合に出場したが、打撃がお粗末で翌18年はマイナーの1A+級まで落とされて再スタート。翌19年は8月にメジャーに呼ばれたが、フランシスコ・メヒーアの台頭で出番には恵まれなかった。若い投手から好投を引き出すことに長け、シェフィールドと相性がいい。マリナーズに来てからはワンバウンドの投球を巧みにブロックし、ワイルドピッチを一度も出さなかった。

カモ J・ルザード(アスレティックス)1.000(2-2)1本　苦手 L・マッカラーズ・ジュニア(アストロズ).000(3-0)0本

年度	所属チーム	試合数	打数	得点	安打	二塁打	三塁打	本塁打	打点	四球	三振	盗塁	盗塁死	出塁率	OPS	打率
2017	パドレス	56	123	7	20	3	1	0	7	12	30	0	0	.243	.446	.163
2019	パドレス	7	14	2	3	1	0	0	0	2	6	0	0	.313	.598	.214
2020	パドレス	7	11	0	3	1	0	0	0	1	2	0	0	.333	.697	.273
2020	マリナーズ	18	59	5	15	4	0	1	6	6	13	0	0	.323	.696	.254
2020	2チーム計	25	70	5	18	5	0	1	6	7	15	0	0	.325	.696	.257
通算成績		88	207	14	41	9	1	1	13	21	51	0	0	.275	.541	.198

17 アクシデントに泣き続ける ミッチ・ハニガー *Mitch Haniger*

ライト

31歳 1990.12.23生 | 188cm | 90kg | 右投右打 ◆昨季メジャー出場なし
Ⓓ2012①ブリュワーズ Ⓢカリフォルニア州 Ⓝ301万ドル(約3億1605万円)

ミ3 パ5 走4 守5 肩5

復帰が待たれる悲運の5ツールプレーヤー。2019年6月6日のアストロズ戦で、自打球が股間を直撃。睾丸損傷と診断されて戦列を離れた。その年の8月には椎間板ヘルニアの手術も受けたが、ディポートGMは「20年シーズンの開幕に間に合う」と明言していた。しかし4カ月遅れでシーズンが始まっても、40人ロースターにハニガーの名はなく、チームから離れてシアトルの施設で軽めのトレーニングを行っていた。復帰後、以前のレベルでプレーできれば、強力な戦力になるのだが……。18年には26本塁打を放ち、オールスターにも選出されている(5段階評価は手術前のもの)

年度	所属チーム	試合数	打数	得点	安打	二塁打	三塁打	本塁打	打点	四球	三振	盗塁	盗塁死	出塁率	OPS	打率
2019	マリナーズ	63	246	46	54	13	1	15	32	30	81	4	0	.314	.778	.220
通算成績		350	1320	203	353	78	8	62	189	143	349	17	6	.348	.827	.267

4 セカンドのレギュラーに再挑戦 シェド・ロング・ジュニア *Shed Long Jr.*

セカンド

26歳 1995.8.22生 | 173cm | 83kg | 右投左打 対左.063 対右.212 ホ.160 ア.179 得.217
Ⓓ2013⑫レッズ Ⓢアラバマ州 Ⓝ57万500ドル(約5990万円)+α

ミ2 パ4 走4 守3 肩3

身長173センチの小兵ながら、フル出場すれば20本塁打以上打てるパワーを秘めた内野手。昨季は開幕から正二塁手として起用された。だが、8月中旬からスネの痛みが激しくなり、それに耐えながら打席に入っていたため、打率がどんどん落ちてレギュラー落ちした。痛みの原因が疲労骨折と判明したため、9月初旬に戦列を離れ、そのままシャットダウンしている。2013年にキャッチャーとしてレッズに入団したが、3年目に内野手にコンバートされ、それがきっかけで成長が始まった。今季はディラン・ムーア、タイ・フランスと、セカンドのレギュラーの座を争うことになる。

年度	所属チーム	試合数	打数	得点	安打	二塁打	三塁打	本塁打	打点	四球	三振	盗塁	盗塁死	出塁率	OPS	打率
2020	マリナーズ	34	117	10	20	5	0	3	9	11	37	4	0	.242	.533	.171
通算成績		76	269	31	60	17	1	8	24	27	77	7	3	.294	.677	.223

5 引退するイチローの代役で使われてデビュー ブレイデン・ビショップ *Braden Bishop*

外野手 ルーキー

28歳 1993.8.22生 | 185cm | 81kg | 右投右打 対左.235 対右.077 ホ.154 ア.176 得.286
Ⓓ2015③マリナーズ Ⓢカリフォルニア州 Ⓝ57万500ドル(約5990万円)+α

ミ3 パ2 走5 守5 肩4

マイナーとの行き来に終止符を打ちたい外野のユーティリティ。メジャーデビューは2019年3月21日。場所は東京ドーム。8回にイチローがベンチに退いた際、交代でライトの守備に就いたのが初仕事になった。ウリは守備範囲の広さと、フライ打球の軌道を的確に読めること。そのため落下点に最短距離で入ることができ、長打性の当たりを難なくグラブに収めてしまう。大学3年のとき、母スージーさんが若年性アルツハイマー病と診断され、5歳下の弟ハンターと4MOM基金を設立して支援を呼びかけた。弟も野球選手で、19年のドラフトでジャイアンツに1巡目指名され、プロ入り。

年度	所属チーム	試合数	打数	得点	安打	二塁打	三塁打	本塁打	打点	四球	三振	盗塁	盗塁死	出塁率	OPS	打率
2020	マリナーズ	12	30	2	5	2	0	0	4	2	10	1	0	.242	.476	.167
通算成績		39	86	5	11	2	0	0	8	5	31	1	0	.185	.336	.128

28 スピードと打力を兼備したプロスペクト ジェイク・フレイリー *Jake Fraley*

外野手 ルーキー

26歳 1995.5.25生 | 183cm | 88kg | 左投左打 対左.000 対右.200 ホ.143 ア.158 得.000 ド2016②レイズ 出メリーランド州 年57万500ドル(約5990万円)+α

ミ2 パ3 走4 守3 肩2

2018年11月に、マレックス・スミスとともにレイズからトレードでやって来た左のスラッガー。19年に2Aと3Aで99試合に出場し、打率2割9分8厘、19本塁打、22盗塁、出塁率3割6分5厘を記録し、同年8月にメジャーデビューを果たしたが、すぐに故障で離脱。昨季もメジャーレベルの変化球に対応できず、アピールのチャンスを逃している。大学時代は強豪ルイジアナ州立大学でプレー。同校伝統のスターナンバーである背番号「8」を、アレックス・ブレグマン（アストロズ）から受け継いだ。敬虔(けいけん)なクリスチャンで、手首に「信仰」「強さ」とタトゥーを入れている。

年度	所属チーム	試合数	打数	得点	安打	二塁打	三塁打	本塁打	打点	四球	三振	盗塁	盗塁死	出塁率	OPS	打率
2020	マリナーズ	7	26	3	4	1	1	0	0	2	11	2	1	.241	.511	.154
通算成績		19	66	6	10	3	1	0	1	2	25	2	1	.200	.427	.152

ー 9番打者にうってつけのタイプ サム・ハガティ *Sam Haggerty*

ユーティリティ ルーキー

27歳 1994.5.26生 | 180cm | 79kg | 右投両打 対左.333 対右.219 ホ.261 ア.259 得.385 ド2015㉔インディアンズ 出アリゾナ州 年57万500ドル(約5990万円)+α

ミ3 パ1 走5 守3 肩3

1点が欲しい場面で役に立つユーティリティ。一昨年末にメッツの40人枠から外されたため、マリナーズがウエーバー経由で獲得。昨季は開幕メンバー入りはかなわなかったが、8月19日にメジャーに呼ばれ、主に2番打者で起用された。パワーに欠けるが当てるのがうまい典型的なスプレーヒッター。スイッチヒッターで、右打席に入るとよく打つ。最大の武器はスピード。マイナー時代には、シーズン49盗塁を記録したこともある。昨季もわずか13試合の出場で、盗塁を4つ決めている。非力で本塁打とは無縁と思われていたが、8月22日のレンジャーズ戦でメジャー第1号を記録。

年度	所属チーム	試合数	打数	得点	安打	二塁打	三塁打	本塁打	打点	四球	三振	盗塁	盗塁死	出塁率	OPS	打率
2020	マリナーズ	13	50	7	13	4	0	1	6	4	16	4	0	.315	.715	.260
通算成績		24	54	9	13	4	0	1	6	4	19	4	0	.293	.663	.241

ー ジャレッド・ケレニック *Jarred Kelenic*

外野手 期待度 A ルーキー

22歳 1999.7.16生 | 185cm | 86kg | 左投左打 ◆一昨年は1A、1A+、2Aでプレー ド2018①メッツ 出ウィスコンシン州

開幕時ないしはシーズンの早い時期に、センターかレフトのレギュラーに抜擢(ばってき)されるパワー、打撃センス、スピードを兼ね備えた大型新人。チームの計画では、2020年は3Aで経験を積ませることになっていた。そのため昨年7月の紅白戦で本塁打を連発していたにもかかわらず、昇格させなかった。

ー フリオ・ロドリゲス *Julio Rodriguez*

外野手 期待度 B⁻ ルーキー

21歳 2000.12.9生 | 191cm | 82kg | 右投右打 ◆一昨年は1A、1A+でプレー ド2017㊉マリナーズ 出ドミニカ

パワーと強肩がウリの外野手。16歳のとき、契約金175万ドル（約1億8000万円）で入団。昨年は2Aでプレーする予定だったが、コロナ禍で6月まで実戦練習ができず、さらに7月初旬に左手首を骨折し、6週間プレーができなかった。しかし10月に始まった教育リーグで、健在をアピールしている。

対左=対左投手打率 対右=対右投手打率 ホ=ホーム打率 ア=アウェー打率 得=得点圏打率
ド=ドラフトデータ 出=出身地 年=年俸
※昨季、マイナーリーグは中止

アメリカン・リーグ……西部地区 *LOS ANGELES ANGELS*

ロサンジェルス・エンジェルス

◆創　立:1961年
◆本拠地:カリフォルニア州アナハイム市
◆ワールドシリーズ制覇:1回／◆リーグ優勝:1回
◆地区優勝:9回／◆ワイルドカード獲得:1回

主要オーナー　アーティ・モレーノ(広告会社アウトドア・システムズ社オーナー)

過去5年成績

年度	勝	負	勝率	ゲーム差	地区順位	ポストシーズン成績
2016	74	88	.457	21.0	④	—
2017	80	82	.494	21.0	②	—
2018	80	82	.494	23.0	④	—
2019	72	90	.444	35.0	④	—
2020	**26**	**34**	**.433**	**10.0**	④	—

監　督　70 ジョー・マドン *Joe Maddon*

◆年　　齢…………67歳(ペンシルヴァニア州出身)
◆現役時代の経歴…メジャーでのプレー経験なし(キャッチャー)
◆監督経歴…………17シーズン　エンジェルス(1996、99)、デビルレイズ・レイズ(2006~14)、カブス(2015~19)エンジェルス(2020~)
◆通算成績…………1278勝1102敗(勝率.537)
最優秀監督賞3回(08、11、15年)

3度の最優秀監督賞を受賞している、メジャーを代表する名将。レイズ監督時代は弱小チームを4度のプレーオフに導き、カブス監督時代は108年ぶりのワールドシリーズ制覇をチームにもたらした。データに基づいた大胆な守備シフトや、内外野守れるスーパーユーティリティの育成など、革新的な手法で結果を残し続けている。レイズ監督以前は、エンジェルスのコーチを12年間務めた。1996年と99年には二十数試合、暫定監督としてチームの指揮を執っている。

注目コーチ　82 ホセ・モリナ *Jose Molina*

捕手コーチ。46歳。モリナ捕手三兄弟の2番目。現在、兄ベンジーはカーディナルスの試合のラジオ解説者。弟ヤディアーは現役で、今シーズンもカーディナルスでプレー。

編成責任者　ペリー・ミナシアン *Perry Minasian*

41歳。昨年11月に就任したエンジェルス第13代GM。それまでブレーブスでGM補佐を務めていた。少年時代、レンジャーズのバットボーイをやっていたことがある。

スタジアム　エンジェル・スタジアム *Angel Stadium*

◆開 場 年…………1966年
◆仕　　様…………天然芝
◆収容能力…………45,517人
◆フェンスの高さ …1.5~2.4m
◆特　　徴…………アメリカン・リーグでは、フェンウェイ・パークに次いで古い球場。屋根はないが、雨がほとんど降らない地域にあるため、試合が雨天順延になることはまずない。大谷翔平は、通算47本塁打中30本をこの球場で打っている。

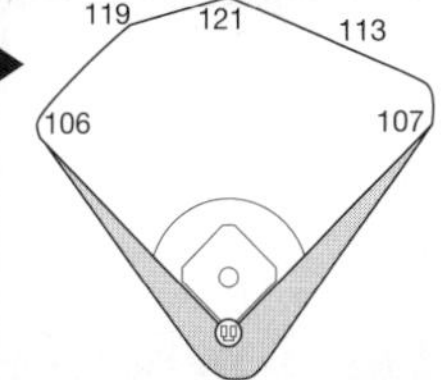

Best Order

[ベストオーダー]

①デイヴィッド・フレッチャー……セカンド
②ジャレッド・ウォルシュ……ファースト
③マイク・トラウト……センター
④アンソニー・レンドーン……サード
⑤大谷翔平／アルバート・プーホールス……DH
⑥ジャスティン・アプトン……レフト
⑦デクスター・ファウラー……ライト
⑧ホセ・イグレシアス……ショート
⑨マックス・スタッシー……キャッチャー

Depth Chart

[ポジション別選手層・メンバーリスト]

※2021年2月12日時点の候補選手。数字は背番号(開幕前に変更する場合もあり)、右・左等は投・打の順。

センター

27 **マイク・トラウト [右・右]**
7 ジョー・アデル [右・右]

レフト

10 **ジャスティン・アプトン [右・右]**
3 テイラー・ウォード [右・右]

ライト

— **デクスター・ファウラー [右・両]**
7 ジョー・アデル [右・右]
3 テイラー・ウォード [右・右]

ショート

4 **ホセ・イグレシアス [右・右]**
22 デイヴィッドフレッチャー [右・右]
2 ルイス・レンヒーフォ [右・両]

セカンド

22 **デイヴィッド・フレッチャー [右・右]**
2 ルイス・レンヒーフォ [右・両]
8 フランクリン・バレット [右・右]

ローテーション

37 ディラン・バンディ [右・両]
28 アンドルー・ヒーニー [左・左]
62 ホセ・キンターナ [左・右]
47 グリフィン・キャニング [右・右]
38 アレックス・カッブ [右・右]
17 大谷翔平 [右・左]

サード

6 **アンソニー・レンドーン [右・右]**
22 デイヴィッドフレッチャー [右・右]

ファースト

5 **アルバート・プーホールス [右・右]**
25 ジャレッド・ウォルシュ [左・左]

キャッチャー

33 **マックス・スタッシー [右・右]**
24 カート・スズキ [右・右]
12 アンソニー・ベンブーム [右・左]

DH

17 **大谷翔平 [右・左]**
5 アルバート・プーホールス [右・右]

ブルペン

32 ライセル・イグレシアス [右・右] CL
31 タイ・バトリー [右・左]
58 アレックス・クラウディオ [左・左]
21 マイク・メイヤーズ [右・右]
64 フェリックス・ペーニャ [右・右]
43 パトリック・サンドヴァル [左・左]
39 ルーク・バード [右・右]
61 ホセ・アルバート・リヴェラ [右・右]
51 ハイメ・バリア [右・右]
68 カイル・ケラー [右・右]

※CL=クローザー

エンジェルス試合日程……＊はアウェーでの開催

4月1・2・3・4	ホワイトソックス	3・4・5・6	レイズ	3・4・5・6	マリナーズ
5・6	アストロズ	7・8・9	ドジャース	7・8・9	ロイヤルズ
8・9・10・11	ブルージェイズ＊	10・11・12	アストロズ＊	11・12・13	ダイヤモンドバックス＊
12・13・14	ロイヤルズ＊	14・15・16	レッドソックス＊	14・15・16	アスレティックス＊
16・17・18	ツインズ	17・18・19	インディアンズ	17・18・19・20	タイガース
19・20・21	レンジャーズ	21・22・23	アスレティックス	22・23	ジャイアンツ
22・23・24・25	アストロズ＊	25・26	レンジャーズ	25・26・27	レイズ＊
26・27・28	レンジャーズ＊	27・28・29・30	アスレティックス＊	28・29・30・7月1	ヤンキース＊
30・5月1・2	マリナーズ＊	31・6月1	ジャイアンツ＊	2・3・4	オリオールズ

球団メモ 日本人野手では、ヤンキースを離れた松井秀喜が、2010年に1シーズンだけプレー。主にDHで計145試合に出場し、打率2割7分4厘、21本塁打、84打点を記録。

Analysis　矢印⬆↗➡↘⬇は、昨季終了時との比較　[戦力分析]

■投手力↗…★★★☆☆【昨年度チーム防御率5.09、リーグ13位】

昨年はバンディの大化けがあったにもかかわらず、先発防御率がリーグで下から２番目の5.52だった。今季のローテーションは、バンディ、ヒーニー、キャニング、大谷翔平に、新加入のキンターナ、カップを加えた６人。大谷は二刀流でやるので、スポット的に20試合くらいに登板することになるだろう。キンターナとカップはイニングイーターとして機能する可能性が高いので、全体で見ると平均レベルと評価できるローテーションだ。ブルペンは昨年、リリーフ防御率が4.63でリーグ10位。クローザーにライセル・イグレシアスを獲得したので、ブルペンの実力は平均以上になっている。

■攻撃力↗…★★★★½【昨年度チーム得点294、リーグ4位】

昨年はアプトン、大谷、アデルがスランプだったのに、チーム得点はリーグ4位だった。打線の最大の強みは、トラウトとレンドーンの２人で70本塁打、200打点を見込めることだ。今季は大谷とアプトンが復調すると思われるので、チーム得点はトップレベルになりそうだ。

■守備力➡…★½☆☆☆【昨年度チーム失策数32、リーグ8位】

昨季はDRS（守備で防いだ失点）がマイナス26で、リーグのワースト２位。併殺ゴロを取った数はリーグ最少だった。新加入のホセ・イグレシアス、ファウラーは守備力が低下し、守備力向上には寄与しないだろう。

■機動力➡…★½☆☆☆【昨年度チーム盗塁数21、リーグ11位】

マドン監督は攻撃型のチームに来ると、スモールボールを使わなくなる。

マドン監督はミナシアンGMに、自分と縁の深いカップ、キンターナ、ファウラーの獲得を進言し、エンジェルスの補強ポイントだったローテーションとライトに配した。大谷が投手と打者の両方で機能してくれれば、90勝に届く可能性も十分ある。

IN　主な入団選手

投手
- ライセル・イグレシアス←レッズ
- ホセ・キンターナ←カブス
- アレックス・カッブ←オリオールズ
- アレックス・クラウディオ←ブリュワーズ

野手
- カート・スズキ←ナショナルズ
- ホセ・イグレシアス←オリオールズ

OUT　主な退団選手

投手
- ハンセル・ロブレス➡ツインズ
- ノエ・ラミレス➡レッズ
- マット・アンドリース➡レッドソックス
- キーナン・ミドルトン➡マリナーズ
- ジェイコブ・バーンズ➡メッツ

野手
- アンデルトン・シモンズ➡ツインズ

5·6·7	レッドソックス	6·7·8	ドジャース*	7·8	パドレス*
9·10·11	マリナーズ*	10·11·12	ブルージェイズ	10·11·12	アストロズ*
13	オールスターゲーム	13·14·15	アストロズ	14·15·16	ホワイトソックス*
16·17·18	マリナーズ	17·18·19	タイガース*	17·18·19	アスレティックス
19·20	アスレティックス*	20·21·22	インディアンズ*	20·21·22·23	アストロズ
22·23·24·25	ツインズ*	24·25·26	オリオールズ*	24·25·26	マリナーズ
26·27·28	ロッキーズ	27·28	パドレス	28·29·30	レンジャーズ*
29·30·31·**8**月1	アスレティックス	30·31·**9**月1	ヤンキース	**10**月1·2·3	マリナーズ*
2·3·4·5	レンジャーズ*	3·4·5·6	レンジャーズ		

球団メモ 創立は1961年。初代オーナーのジーン・オートリーは歌手、俳優。彼が歌った『赤鼻のトナカイ』（1949年）は大ヒットし、その後、クリスマスソングの定番に。

投手

メジャーの本塁打配給王から脱却して大化け 先発

37 ディラン・バンディ *Dylan Bundy*

29歳 1992.11.15生 | 185cm | 102kg | 右投両打
◆速球のスピード／140キロ台中頃(ファーシーム、ツーシーム)
◆決め球と持ち球／☆スライダー、◎スプリットチェンジ、◎カーブ、○フォーシーム、△ツーシーム
◆対左打者被打率／.217 ◆対右打者被打率／.196
◆ホーム防御率／4.38 ◆アウェー防御率／1.88
◆ドラフトデータ／2011①オリオールズ
◆出身地／オクラホマ州
◆年俸／832.5万ドル(約8億7413万円)

球威 3
制球 4
緩急 5
守備・牽制 3
度胸 3

昨年エンジェルスに来て見事によみがえった技巧派右腕。オリオールズの先発の柱として投げていたバンディが、マイナーのＢ級ホープ４人と交換でエンジェルスに放出されたのは、重度の「一発病」にかかり、治る見込みがないと判断されたからだ。バンディは2018年から投球が浮くようになり、この年アーチを打たれまくった。被本塁打41本はダントツのメジャーワーストだ。先発投手として生き残るためには、これを半減させる必要があった。しかし19年も一発病は改善されず、被本塁打は29本あったので、必要な戦力と見なされなくなったのだ。

このような経緯があるため、エンジェルス１年目の課題は被本塁打を半減させることだった。それにはフライ打球の比率と、ドンピシャのタイミングで叩かれる比率を減らす必要がある。その解決策として選択したのが、スプリットチェンジとスライダーを主体にしたピッチングだった。とくにスプリットチェンジは、ゴロ打球になりやすいだけでなく、タイミングを外す効果も高いため、投球の20%を超す頻度(ひんど)で使われるようになった。それが功を奏して、昨年のシーズン開幕後はめったに一発を食わなくなり、11試合に先発して被本塁打は５本しかなかった。162試合に補正すると13本ということになるので、一昨年の29を半分以下にしたのだ。

バンディ自身はスプリットチェンジを投げ出した経緯を、「チェンジアップはマイナーの1Aの頃から投げているけど、初めはサークルチェンジだった。でも狙った効果を得られないんで、中指と薬指で挟むツーフィンガー（バルカンチェンジ）に変えてみたけど、これもイマイチで、2016年にスプリットに変えてみたらピッタリはまったんだ」と語っている。

カモ C·ピンダー(アスレティックス).000(9-0)0本 M·チャップマン(アスレティックス).125(16-2)0本
苦手 A·プーホールス(エンジェルス).500(12-6)4本 I·カイナーファレファ(レンジャーズ).600(10-6)1本

年度	所属チーム	勝利	敗戦	防御率	試合数	先発	セーブ	投球イニング	被安打	失点	自責点	被本塁打	与四球	奪三振	WHIP
2012	オリオールズ	0	0	0.00	2	0	0	1.2	1	0	0	0	1	0	1.20
2016	オリオールズ	10	6	4.02	36	14	0	109.2	109	52	49	18	42	104	1.38
2017	オリオールズ	13	9	4.24	28	28	0	169.2	152	82	80	26	51	152	1.20
2018	オリオールズ	8	16	5.45	31	31	0	171.2	188	116	104	41	54	184	1.41
2019	オリオールズ	7	14	4.79	30	30	0	161.2	161	95	86	29	58	162	1.35
2020	エンジェルス	6	3	3.29	11	11	0	65.2	51	27	24	5	17	72	1.04
通算成績		44	48	4.54	138	114	0	680.0	662	372	343	119	223	674	1.30

投手

コロナ禍の調整不足で、投手復帰は失敗 先発

17 大谷翔平 *Shohei Ohtani*

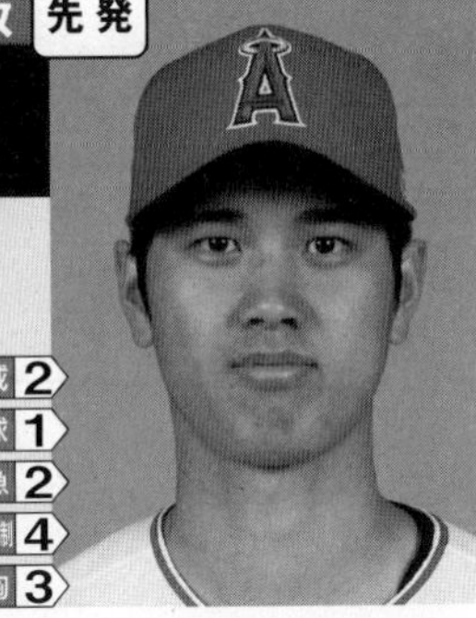

27歳 1994.7.5生 | 193cm | 95kg | 右投左打
◆速球のスピード／150キロ前後（フォーシーム主体）
◆決め球と持ち球／☆スプリッター、◎スライダー、○フォーシーム、○カーブ
◆対左打者被打率／.500 ◆対右打者被打率／.333
◆ホーム防御率／10.80 ◆アウェー防御率／∞
◆ドラフトデータ／2013①北海道日本ハム、2018㊕エンジェルス
◆出身地／岩手県
◆年俸／300万ドル（約3億1500万円）
◆新人王（18年） ※野手の大谷→233ページ

球威 2
制球 1
緩急 2
守備・牽制 4
度胸 3

トミー・ジョン手術明けの復活に失敗したため、今季再度、先発投手として復活を目指すツーウェイ（二刀流）プレーヤー。昨季エンジェルスはリスクのない形で大谷復帰を実現させるため、開幕から大谷をマイナーに送って、しばらく慣らし登板させてから、5月中旬に復帰させる計画だった。ところがコロナ禍で開幕が4カ月延びたため、大谷は調整不十分のまま、開幕からメジャーの先発投手として投げることになった。開幕前、7月のキャンプで行われた紅白戦では四球を連発。速球のスピードも手術前に比べると5キロくらい落ちていたので、不安要素をたくさん抱えていたが、結果を天に託しての見切り発車だった。

その結果は最悪。最初の登板となった7月26日のアスレティックス戦では、先頭打者をヒットで出したあと、3連続四球で5失点KO。次の登板となった8月2日のアストロズ戦では、2回に3連続四球を出し、そのあとタイムリーを2本打たれてKOされた。その後、球団から屈曲回内筋（くっきょくかいないきん）の損傷でIL（故障者リスト）入りするという発表があり、練習再開まで4～6週間必要であるため、シーズン中の投手復帰は絶望的になった。

大谷の復帰失敗に関連して、一部のメディアから、エンジェルスのトレーナーや医療スタッフの能力を疑問視する声も出た。2018年にエンジェルスでは6人の投手がトミー・ジョン手術を受けているのに、2年を経過しても、一人も以前の状態に回復していないからだ。この手術を受けた投手は2年で8割が元に戻るとされているのに、0というのはミステリーだ。

今季も大谷は先発の5番手に予定されており、週1で23～25試合に先発する。大谷の女房役は、正捕手スタッシーとバックアップ捕手として入団したカート・スズキが半々くらいで受け持つことになるだろう。スズキはブレーブス、ナショナルズと投手王国を渡り歩き、リードの技量が向上しているので、大谷の強力な味方になる可能性がある。

カモ J・アルトゥーヴェ（アストロズ）.000（6-0）0本 M・オルソン（アスレティックス）).000（6-0）0本
苦手 G・スプリンガー（ブルージェイズ）.667（6-4）1本 ――

年度	所属チーム	勝利	敗戦	防御率	試合数	先発	セーブ	投球イニング	被安打	失点	自責点	被本塁打	与四球	奪三振	WHIP
2018	エンジェルス	4	2	3.31	10	10	0	51.2	38	19	19	6	22	63	1.16
2020	エンジェルス	0	1	37.80	2	2	0	1.2	3	7	7	0	8	3	6.60
通算成績		4	3	4.39	12	12	0	53.1	41	26	26	6	30	66	1.33

投手

47 グリフィン・キャニング Griffin Canning

ブレイクを期待される地元産の逸材

先発

25歳 1996.5.11生 | 188cm | 82kg | 右投右打
◆速球のスピード／150キロ前後(フォーシーム主体)
◆決め球と持ち球／◎カーブ、◎チェンジアップ、○スライダー、△フォーシーム
◆対左.232 ◆対右.278 ◆ホ防3.98 ◆ア防4.01
◆ド2017②エンジェルス ◆出カリフォルニア州
◆年57万500ドル(約5990万円)+α ◆ゴールドグラブ賞1回(20年)

球威3 制球3 緩急4 守備・牽制5 度胸4

初のゴールドグラブ賞に輝いた、着実に成長している右腕。同賞の最終候補はキャニング、前田健太、プリーサックの3人だったが、昨年はセイバー系のデータを比較して決められたため、DRS（守備で防いだ失点）が最も多いキャニングが受賞した。身体能力が高く、牽制球の名人でもあり、昨季は一塁への牽制球で2人刺した。昨季は先発4番手として5失点以上の大崩れが一度もなく、3点台の防御率でシーズンを終えたが2勝止まりだった。これはキャロウェイ投手コーチのもとで厳格な球数制限が行われ、リードしているのに、4回2/3で交代になったゲームが3回もあったからだ。昨年の2勝は、100球の球数制限を外された最後の2度の登板でゲットしたものだ。

カモ C·コレイア(アストロズ).000(5-0)0本　苦手 R·ローリアーノ(アスレティックス).417(12-5)2本

年度	所属チーム	勝利	敗戦	防御率	試合数	先発	セーブ	投球イニング	被安打	失点	自責点	被本塁打	与四球	奪三振	WHIP
2019	エンジェルス	5	6	4.58	18	17	0	90.1	80	46	46	14	30	96	1.22
2020	エンジェルス	2	3	3.99	11	11	0	56.1	54	29	25	8	23	56	1.37
通算成績		7	9	4.36	29	28	0	146.2	134	75	71	22	53	152	1.28

32 ライセル・イグレシアス Raisel Iglesias

初球ストライクを取ることに注力

クローザー　移籍

31歳 1990.1.4生 | 188cm | 86kg | 右投右打
◆速球のスピード／150キロ台中頃(フォーシーム主体)
◆決め球と持ち球／☆スライダー、◎フォーシーム、◎チェンジアップ、○ツーシーム
◆対左.237 ◆対右.156 ◆ホ防1.86 ◆ア防3.38
◆ド2014㊚レッズ ◆出キューバ
◆年912.5万ドル(約9億5813万円)

球威4 制球4 緩急4 守備・牽制3 度胸3

昨年12月のトレードでレッズから移籍した、通算106セーブのクローザー。2019年は防御率が4点台、セーブ成功率は平均以下の85%、被本塁打が12本、同点や1点リードの場面で使うと踏ん張れないため、負け数も12あった。通常ならお役御免になるが、レッズのリリーフ陣にはとって代わる人材がいないため、首の皮1枚で踏みとどまった。昨季も初登板でいきなりツーランを食って負け投手になりながら、その後は初球ストライクを取ることに注力して、打者を早めに追い込めるようになった。それにより投球内容が見違えるように良くなり、22試合の登板のうち13試合でノーヒットピッチを記録。

カモ W·コントレラス(カブス).000(10-0)0本　苦手 B·ハーパー(フィリーズ).600(5-3)2本

年度	所属チーム	勝利	敗戦	防御率	試合数	先発	セーブ	投球イニング	被安打	失点	自責点	被本塁打	与四球	奪三振	WHIP
2015	レッズ	3	7	4.15	18	16	0	95.1	81	45	44	11	28	104	1.14
2016	レッズ	3	2	2.53	37	5	6	78.1	63	22	22	7	26	83	1.14
2017	レッズ	3	3	2.49	63	0	28	76.0	57	22	21	5	27	92	1.11
2018	レッズ	2	5	2.38	66	0	30	72.0	52	22	19	12	25	80	1.07
2019	レッズ	3	12	4.16	68	0	34	67.0	61	31	31	12	21	89	1.22
2020	レッズ	4	3	2.74	22	0	8	23.0	16	11	7	1	5	31	0.91
通算成績		18	32	3.15	274	21	106	411.2	330	153	144	48	132	479	1.12

対左=対左打者被打率　対右=対右打者被打率　ホ防=ホーム防御率　ア防=アウェー防御率
ド=ドラフトデータ　出=出身地　年=年俸　カモ 苦手は通算成績

62 フルシーズンの稼働を期待できるタフガイ ホセ・キンターナ *Jose Quintana*

先発 移籍

32歳 1989.1.24生 | 185cm | 100kg | 左投右打 速140キロ台後半(フォーシーム、ツーシーム) 決◎フォーシーム
対左.364 対右.222 ド2006外メッツ 出コロンビア 年800万ドル(約8億4000万円)

球3 制4 緩4 守4 度4

今年1月、1年800万ドルで入団したメジャーきってのラバーアーム（ゴムの腕＝故障知らず）。エンジェルスがマドン監督の推薦で獲得した。最大のウリは耐久性。2013年から19年までは一度もIL入りがなく、年平均192イニングを投げてきた。昨年は親指のケガと広背筋痛で4試合しか登板がなかったが、親指のケガは食器を洗っているときに不注意でできたもので、投球に関連する部位を痛めたものではない。17年以降、150イニング以上投げた投手が2人しかいないエンジェルスにとって、何よりも必要なのはフルシーズン稼働できる投手だ。マドン監督に頼りにされそうだ。

年度	所属チーム	勝利	敗戦	防御率	試合数	先発	セーブ	投球イニング	被安打	失点	自責点	被本塁打	与四球	奪三振	WHIP
2020	カブス	0	0	4.50	4	1	0	10.0	10	5	5	1	3	12	1.30
通算成績		83	77	3.73	254	247	0	1495.0	1470	667	619	154	422	1310	1.27

28 監督、投手コーチからシンカー多投指令 アンドルー・ヒーニー *Andrew Heaney*

先発

30歳 1991.6.5生 | 188cm | 91kg | 左投左打 速140キロ台後半(シンカー主体) 決◎シンカー
対左.268 対右.236 ド2012①マーリンズ 出オクラホマ州 年675万ドル(約7億875万円)

球4 制3 緩4 守4 度3

2018年からエースの一歩手前と言われながら、防御率4点台の年が続く左腕。昨季は開幕投手に指名され、ローテーションの柱になることを期待されたが、8月に制球難で失点が多くなった。事態を重く見たマドン監督、キャロウェイ投手コーチがヒーニーと話し合い、「シンカーが一番力があるから、多くしよう」という結論になり、そのスタイルに変えたところ見違えるように投球内容が良くなった。そのあとの4試合は3勝1敗、防御率2.36。しかし相手チームも好調の原因がシンカーの多投だと気づくと、それを狙い打ちするようになったため、自己変革をせまられている。

年度	所属チーム	勝利	敗戦	防御率	試合数	先発	セーブ	投球イニング	被安打	失点	自責点	被本塁打	与四球	奪三振	WHIP
2020	エンジェルス	4	3	4.46	12	12	0	66.2	63	35	33	9	19	70	1.23
通算成績		24	29	4.44	91	89	0	504.2	492	260	249	85	138	500	1.25

― 7年ぶりにマドン監督のもとで投げる技巧派 アレックス・カッブ *Alex Cobb*

先発 移籍

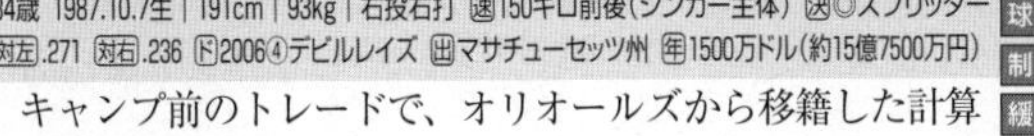

34歳 1987.10.7生 | 191cm | 93kg | 右投右打 速150キロ前後(シンカー主体) 決◎スプリッター
対左.271 対右.236 ド2006④デビルレイズ 出マサチューセッツ州 年1500万ドル(約15億7500万円)

球3 制3 緩5 守2 度3

キャンプ前のトレードで、オリオールズから移籍した計算できるベテラン。ウリは、タイミングを外す技術と芯を外す技術が高いこと。昨年エンジェルスはオリオールズからバンディを獲得して大化けさせたので、2匹目のドジョウを狙ったように見えるが、獲得はマドン監督の進言によるものだ。カッブはレイズ時代、マドン監督のもとで防御率2点台の技巧派に成長。FAでオリオールズに移ってからは、故障続きで苦しい投球が続いていたが、昨年、持ち前の緩急自在の投球がよみがえった。マドン監督に使われているときは好成績を出す投手なので、大きな戦力になる可能性がある。

年度	所属チーム	勝利	敗戦	防御率	試合数	先発	セーブ	投球イニング	被安打	失点	自責点	被本塁打	与四球	奪三振	WHIP
2020	オリオールズ	2	5	4.30	10	10	0	52.1	52	27	25	8	18	38	1.34
通算成績		55	57	3.88	156	156	0	917.0	893	426	395	106	267	718	1.26

58 打者を幻惑するクセモノ左腕 アレックス・クラウディオ *Alex Claudio*

セットアップ　移籍

29歳 1992.1.31生 | 191cm | 85kg | 左投サイドハンド左打 速130キロ台後半(シンカー主体) 決◎チェンジアップ
対左.212 対右.268 ド2010㉗レンジャーズ 出プエルトリコ 年112.5万ドル(約1億1813万円)

球2 制3 緩4 守・牽5 度4

タイミングを外すことに長けた変則サウスポー。エンジェルスのミナシアンGMが、クラウディオを獲得した理由を「打者のスイングを読めるのがいい」と語っているように、打者のスイングを見てどの球種を狙っているか読み取る能力が高い。シンカーを狙っていると察知すれば、同じ軌道で10キロ遅いチェンジアップを投げ込んでスイングを誘い、タイミングを狂わせてボテボテのゴロにしとめる。一見すると左のワンポイントのようだが、右打者にも強いので、セットアッパーで使うと生きるタイプ。打者を早めに追い込み、ボール球を振らせるパターンに持っていく技術も高い。

年度	所属チーム	勝利	敗戦	防御率	試合数	先発	セーブ	投球イニング	被安打	失点	自責点	被本塁打	与四球	奪三振	WHIP
2020	ブリュワーズ	0	0	4.26	20	0	1	19.0	18	10	9	2	6	15	1.26
通算成績		15	8	3.44	311	2	13	311.2	318	129	119	25	78	217	1.27

21 新魔球カッターはマリアーノ・リヴェラ流 マイク・メイヤーズ *Mike Mayers*

セットアップ

30歳 1991.12.6生 | 188cm | 100kg | 右投右打 速150キロ台前半(フォーシーム) 決☆カッター
対左.100 対右.235 ド2013③カーディナルス 出オハイオ州 年120万ドル(約1億2600万円)

球5 制3 緩4 守・牽3 度4

カーディナルスから移籍して、昨年クローザーでも使えるレベルに大化けしたリリーフ右腕。急成長を可能にしたのは、昨年から新たに投げ始めたカッターだった。カッターの投げ方を習得する際、参考にしたのは、マリアーノ・リヴェラがネット上で公開している、カッターの投げ方を説明する動画だった。リヴェラはグリップの指の位置もはっきり示してくれていたので、メイヤーズはそれを繰り返し見て、カッターの投げ方を覚えた。開幕後は、このカッターが三振を奪う道具としてフルに機能したため、奪三振率は平均以下の7.58からトップレベルの12.90に急上昇。

年度	所属チーム	勝利	敗戦	防御率	試合数	先発	セーブ	投球イニング	被安打	失点	自責点	被本塁打	与四球	奪三振	WHIP
2020	エンジェルス	2	0	2.10	29	0	2	30.0	18	10	7	2	9	43	0.90
通算成績		5	3	5.69	102	1	3	110.2	122	76	70	17	42	113	1.48

64 リリーフ専任になり、球速が4.4キロ上昇 フェリックス・ペーニャ *Felix Pena*

セットアップ

31歳 1990.2.25生 | 188cm | 100kg | 右投右打 速150キロ台前半(ツーシーム、フォーシーム) 決◎スライダー
対左.225 対右.273 ド2009㊕カブス 出ドミニカ 年110万ドル(約1億1550万円)

球4 制3 緩4 守・牽3 度3

一昨年はオープナーの2番手で登板して、長いイニングを投げるバルクガイとして使われ、その役だけで8勝した投手。しかしマドン監督はオープナーをやらない主義なので、昨季はリリーフ専任になって、重要度の高い場面で使われることになった。リリーフ専任になって変わった点は、シンカーの平均球速が148.0キロから152.4キロに上昇したことだ。それにともない変化球の効果も増し、昨季は開幕から9月初旬までは、失点を最小限に抑えて安定したピッチングを見せた。しかし9月5日以降はシンカーが浮いて痛打されるケースが多くなり、防御率が4点台まで悪化した。

年度	所属チーム	勝利	敗戦	防御率	試合数	先発	セーブ	投球イニング	被安打	失点	自責点	被本塁打	与四球	奪三振	WHIP
2020	エンジェルス	3	0	4.05	25	0	2	26.2	27	12	12	2	8	29	1.31
通算成績		15	8	4.45	102	24	3	259.0	234	138	128	39	91	265	1.25

速=速球のスピード　決=決め球　対左=対左打者被打率　対右=対右打者被打率
ド=ドラフトデータ　出=出身地　年=年俸

ミドルリリーフ

31 決め球のスライダーを見切られて下降気味
タイ・バトリー *Ty Buttrey*

28歳 1993.3.31生 | 198cm | 109kg | 右投左打 速150キロ台中頃(フォーシーム主体) 決◎チェンジアップ
対左.273 対右.291 ド2012④レッドソックス 出ノースカロライナ州 年57万500ドル(約5990万円)+α

球4 制3 緩3 守・牽3 度3

2018年にイアン・キンズラーとのトレードでレッドソックスから加入し、翌19年に72登板を果たしてブレイクしたパワーピッチャー。タテのスライダーが武器で、18年には24.7%のスイングストライク率があった。だが19年には13.7%、昨年は10.2%と確実に見切られ始めており、ダメージは深刻。スライダーに偽装したチェンジアップの割合を増やして急場をしのいでいるものの、何か武器を増やさなければ、ジリジリと成績が下がってしまうことは自明の理だ。昨春には人気野球ゲーム『MLB The Show』のメジャーリーガー大会に参戦し、大谷翔平をスターターとして重用。

年度	所属チーム	勝利	敗戦	防御率	試合数	先発	セーブ	投球イニング	被安打	失点	自責点	被本塁打	与四球	奪三振	WHIP
2020	エンジェルス	2	3	5.81	27	0	5	26.1	28	18	17	4	9	18	1.41
通算成績		8	11	4.30	115	0	11	115.0	112	59	55	12	37	122	1.30

ロングリリーフ 先発

43 緩急に光るものがある若手サウスポー
パトリック・サンドヴァル *Patrick Sandoval*

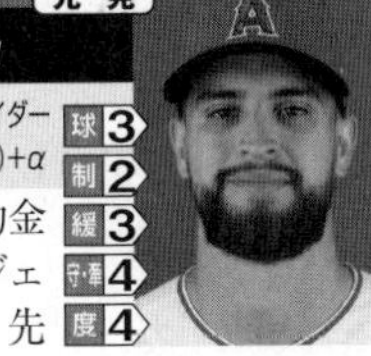

25歳 1996.10.18生 | 191cm | 86kg | 左投左打 速150キロ台前半(フォーシーム主体) 決◎スライダー
対左.233 対右.264 ド2015⑪アストロズ 出カリフォルニア州 年57万500ドル(約5990万円)+α

球3 制2 緩3 守・牽4 度4

ドラフト11巡目ながら、アストロズが90万ドルの契約金を積んで獲得した左腕。2018年7月に、トレードでエンジェルスに加入した。まだ3Aで結果を残せていなかったが、先発不足もあって19年にメジャーデビュー。2年間で1勝9敗にとどまっているが、チェンジアップの被打率は低く、昨季はチューニングしたスライダーが決め球になるなど、変化球は着実に仕上がってきた。フォーシームの質が上がれば、強気の性格も功を奏するはずだ。マイナー時代にゲリラ豪雨で球場が浸水し、ビショビショになったのがトラウマで、二度とマイナーには戻りたくないと語っている。

年度	所属チーム	勝利	敗戦	防御率	試合数	先発	セーブ	投球イニング	被安打	失点	自責点	被本塁打	与四球	奪三振	WHIP
2020	エンジェルス	1	5	5.65	9	6	0	36.2	37	26	23	10	12	33	1.34
通算成績		1	9	5.33	19	15	0	76.0	72	48	45	16	31	75	1.36

― オリヴァー・オルテガ *Oliver Ortega*

先発 リリーフ　期待度 B⁻　ルーキー

25歳 1996.10.2生 | 183cm | 75kg | 右投右打 ◆一昨年は1A+、2Aでプレー ド2015㊕エンジェルス 出ドミニカ

浮き上がる軌道のフォーシームと落差のあるカーブ、チェンジアップを高低に投げ分け、ハイペースで三振を奪うドミニカ出身の右腕。制球に難があり、四球を連発するため、メジャーの先発で使うのは無理と見られており、昇格後はセットアッパーで使われる可能性が高い。リリーフで投げると速球の球速が3、4キロ上がる。

73 クリス・ロドリゲス *Chris Rodriguez*

先発　期待度 A⁻　ルーキー

23歳 1998.7.20生 | 188cm | 84kg | 右投右打 ◆一昨年は1A+でプレー ド2016④エンジェルス 出フロリダ州

昨年11月に40人枠に加えられた注目の右腕。マイナーの下のほうにいた頃から将来を嘱望(しょくぼう)されていたが、故障が続いて出世がストップ。しかし一昨年以降は故障から解放され、本来のパワフルな投球ができるようになったため、評価が急上昇。早い時期のメジャー昇格が取り沙汰される存在にまで浮上。

※昨季、マイナーリーグは中止
※メジャー経験がない投手の「先発」「リリーフ」はマイナーでの役割

野手

出産立ち会い休暇後、バットが火を噴く

センター

27 マイク・トラウト *Mike Trout*

30歳 1991.8.7生 | 188cm | 107kg | 右投右打
◆対左投手打率／.245(53-13) ◆対右投手打率／.295(146-43)
◆ホーム打率／.344(96-33) ◆アウェー打率／.223(103-23)
◆得点圏打率／.283(46-13)
◆20年のポジション別出場数／センター＝52、DH＝1
◆ドラフトデータ／2009①エンジェルス ◆出身地／ニュージャージー州
◆年俸／3545万ドル(約37億2225万円) ◆MVP3回(14、16、19年)、打点王1回(14年)、盗塁王1回(12年)、シルバースラッガー賞8回(12～16、18～20年)、ハンク・アーロン賞2回(14、19年)、新人王(12年)

ミート 5
パワー 5
走塁 4
守備 3
肩 5

チームがどのような状況にあっても高いモチベーションを維持し、ハイレベルな数字を出し続けるMLB最高のプレーヤー。昨季は出だしスロースタートで、最初の1週間はアーチが1本しか出なかった。その後、奥さんのジェシカさんが産気づいたのでチームを離れ、待望の第一子誕生に立ち会った。赤ちゃんは男の子で、「ベッカム・アーロン」と命名された。ファーストネームは、メジャーリーグサッカーのロサンジェルス・ギャラクシーでもプレーしたスーパースターにあやかったものと思われるが、アーロンのほうは、2018年に自ら命を絶った奥さんの弟アーロン・コックスから来ている。アーロンはエンジェルスにドラフト指名されたこともある野球選手で、トラウトと仲良しだったが、精神を病んで自死した。

8月4日に出産立会い休暇から復帰すると、トラウトはものすごい勢いで打ち出す。それからの10日間は、一発とタイムリーのラッシュになり、9試合で本塁打7、打点12を記録し、強打者度を示すOPSは1.115に跳ね上がった。この活躍は「DAD STRENGTH（パパになって力がみなぎっている状態）」によるものとされたが、その後も本塁打と打点が途切れることなく出て、9月11日に16号が出た時点で、本塁打数でヴォイトに3本、ホセ・アブレイユに2本差をつけてトップだった。

しかしそれから2週間ほど1本も出ず、本塁打、打点ともリーグ3位に終わっている。また、昨年は守備成績が悪かったこともあり、MVPの最終候補3人の中に入ることすらできなかった。子供ができたことでコロナ禍から家族を守るため、2021年シーズンをオプトアウト（出場辞退）する可能性があったが、1月下旬に今季もプレーすることを公表している。

カモ S・マナイア(アスレティックス).429(21-9)3本 M・ゴンザレス(マリナーズ).371(35-13)3本
苦手 R・プレスリー(アストロズ).111(9-1)0本 F・ヴァルデス(アストロズ).000(7-0)0本

年度	所属チーム	試合数	打数	得点	安打	二塁打	三塁打	本塁打	打点	四球	三振	盗塁	盗塁死	出塁率	OPS	打率
2011	エンジェルス	40	123	20	27	6	0	5	16	9	30	4	0	.281	.672	.220
2012	エンジェルス	139	559	129	182	27	8	30	83	67	139	49	5	.399	.963	.326
2013	エンジェルス	157	589	109	190	39	9	27	97	110	136	33	7	.432	.988	.323
2014	エンジェルス	157	602	115	173	39	9	36	111	83	184	16	2	.377	.939	.287
2015	エンジェルス	159	575	104	172	32	6	41	90	92	158	11	7	.402	.991	.299
2016	エンジェルス	159	549	123	173	32	5	29	100	116	137	30	7	.441	.991	.315
2017	エンジェルス	114	402	92	123	25	3	33	72	94	90	22	4	.442	1.071	.306
2018	エンジェルス	140	471	101	147	24	4	39	79	122	124	24	2	.460	1.088	.312
2019	エンジェルス	134	470	110	137	27	2	45	104	110	120	11	2	.438	1.083	.291
2020	エンジェルス	53	199	41	56	9	2	17	46	35	56	1	1	.390	.993	.281
通算成績		1252	4539	944	1380	260	48	302	798	838	1174	201	37	.418	1.000	.304

野手

期待されるのは80試合出場と20本塁打　DH

17 大谷翔平
Shohei Ohtani

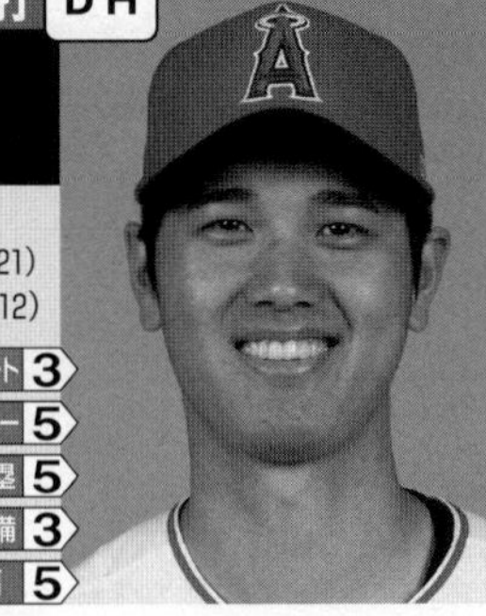

27歳 1994.7.5生 | 193cm | 95kg | 右投左打
◆対左投手打率／.182(44-8)　◆対右投手打率／.193(109-21)
◆ホーム打率／.213(80-17)　◆アウェー打率／.164(73-12)
◆得点圏打率／.143(42-6)
◆20年のポジション別出場数／DH=40、ピッチャー=2
◆ドラフトデータ／2013①北海道日本ハム、2018㊇エンジェルス
◆出身地／岩手県
◆年俸／300万ドル(約3億1500万円)
◆新人王(18年)　※投手の大谷→227ページ

ミート 3
パワー 5
走塁 5
守備 3
肩 5

投手として完全復活した場合、今季はDHで70～80試合に出場することになる和製ベーブ・ルース。昨季は、投手としては2試合の登板に終わったが、打者としてはDHのレギュラーとして起用され、投手として投げられなくなったあとは、打者に専念することになった。それまで2年連続で主砲級の活躍をしていたため、期待されたのは長打を量産して、打点マシンになること。しかし序盤から速球にも変化球にも微妙にタイミングが合わず、強い打球が以前ほど出なくなり、打撃成績が低迷した。

以前に比べるとフォーシームを空振りするシーンが大幅に増えていて、快速球に対応できなくなっている印象を受けた。しかし「ブルックス・ベースボール」の球種別の打率を見ると、チェンジアップは2割3分0厘から0割6分7厘に、カーブは2割8分2厘から0割7分1厘に、カッターは2割4分1厘から0割8分3厘に落ちているので、変化球は速球よりも、もっと打てなくなっていた。

それでもチャンスに結果を出せれば問題はないのだが、得点圏打率1割4分3厘（42打数6安打）、満塁時打率0割0分0厘（7打数0安打）が示すように、チャンスほど打てていない。

9月に入るとベンチスタートになる日が増えたが、これはウォルシュがブレイクして、ファーストのレギュラー格で使われるようになったため、プーホールスがDHに回り、大谷がはみ出す形になったからだ。

ウォルシュは今季も、開幕からファーストのレギュラー格で使われることが決まっている。そのためプーホールスと大谷が、DHで併用されることになる。衰えたとはいえ、プーホールスはまだ平均以上のペースで長打を生産する力はある。大谷が出場機会を確保するには、プーホールスを上回るペースで長打を生産する必要がある。

カモ F·モンタス(アスレティックス).500(10-5)2本　菊池雄星(マリナーズ).429(7-3)1本
苦手 M·ゴンザレス(マリナーズ).091(11-1)0本　F·ヴァルデス(アストロズ).091(11-1)0本

年度	所属チーム	試合数	打数	得点	安打	二塁打	三塁打	本塁打	打点	四球	三振	盗塁	盗塁死	出塁率	OPS	打率
2018	エンジェルス	104	326	59	93	21	2	22	61	37	102	10	4	.361	.925	.285
2019	エンジェルス	106	384	51	110	20	5	18	62	33	110	12	3	.343	.848	.286
2020	エンジェルス	44	153	23	29	6	0	7	24	22	50	7	1	.291	.657	.190
通算成績		254	863	133	232	47	7	47	147	92	262	29	8	.340	.843	.269

6 パワーと選球眼を併せ持つ第2の主砲 サード
アンソニー・レンドーン *Anthony Rendon*

31歳 1990.6.6生 | 185cm | 91kg | 右投右打
◆対左投手打率／.288 ◆対右投手打率／.285
◆ホーム打率／.278 ◆アウェー打率／.296 ◆得点圏打率／.269
◆20年のポジション別出場数／サード=52 ◆〔ド〕2011①ナショナルズ
◆〔出〕テキサス州 ◆〔年〕2750万ドル(約28億8750万円)
◆打点王1回(19年)、シルバースラッガー賞2回(14、19年)、カムバック賞1回(16年)

ミート 5
パワー 5
走塁 3
守備 4
肩 4

昨季は7月キャンプで脇腹の筋肉を痛めていたが、7年2億4500万ドルの超大型契約で入団したため、完治しないまま7月28日のホーム開幕戦から出場。それがあだとなっていきなりひどいスランプになり、打率が1割台前半に落ちた。しかし故障が完治すると怒涛の勢いで長打とタイムリーが出始め、最終的に打撃成績は期待されるレベルの数字になった。称賛されたのは、バットで貢献できない時期は四球をかせいでいたこと。打率1割台のときでも出塁率は4割台で、できる部分でチームに貢献する姿勢が評価された。

カモ K・ギブソン(レンジャーズ).625(8-5)1本　苦手 Z・グリンキー(アストロズ).071(14-1)1本

年度	所属チーム	試合数	打数	得点	安打	二塁打	三塁打	本塁打	打点	四球	三振	盗塁	盗塁死	出塁率	OPS	打率
2013	ナショナルズ	98	351	40	93	23	1	7	35	31	69	1	1	.329	.725	.265
2014	ナショナルズ	153	613	111	176	39	6	21	83	58	104	17	3	.351	.824	.287
2015	ナショナルズ	80	311	43	82	16	0	5	25	36	70	1	2	.344	.707	.264
2016	ナショナルズ	156	567	91	153	38	2	20	85	65	117	12	6	.348	.797	.270
2017	ナショナルズ	147	508	81	153	41	1	25	100	84	82	7	2	.403	.937	.301
2018	ナショナルズ	136	529	88	163	44	2	24	92	55	82	2	1	.374	.909	.308
2019	ナショナルズ	146	545	117	174	44	3	34	126	80	86	5	1	.412	1.010	.319
2020	エンジェルス	52	189	29	54	11	1	9	31	38	31	0	0	.418	.915	.286
通算成績		968	3613	600	1048	256	16	145	577	447	641	45	16	.372	.862	.290

22 首位打者を狙えるレベルに成長した野球巧者 ユーティリティ
デイヴィッド・フレッチャー *David Fletcher*

27歳 1994.5.31生 | 175cm | 84kg | 右投右打
◆対左投手打率／.348 ◆対右投手打率／.304
◆ホーム打率／.293 ◆アウェー打率／.343 ◆得点圏打率／.400
◆20年のポジション別出場数／ショート=27、セカンド=15、サード=8、ライト=1
◆〔ド〕2015⑥エンジェルス ◆〔出〕カリフォルニア州
◆〔年〕57万500ドル(約5990万円)+α

ミート 5
パワー 2
走塁 5
守備 4
肩 4

昨年リーグ3位の打率をマークした巧打の内野手。打者としての特徴は、ストライクゾーンの外側半分に来た投球を打つ比率が際立って高いことと、当てるのがうまく三振が少ないこと。高めのボール球に強く、顔の高さへの投球を二塁打にしたこともある。守備面ではマドン監督の尖兵となってセカンド、ショート、サードを兼務する形で使われており、同監督から「どのポジションをやらせても平均以上のディフェンダーになる」と称賛されている。昨年はセカンド、ショート、サードでそれぞれ1つ以上のDRS(守備で防いだ失点)がある。9月のドジャース戦では、ベッツの三遊間の強いゴロを好捕し、ジャンピングスローでアウトにして、「奇跡のプレー」と絶賛された。

カモ J・アーキーディ(アストロズ).714(7-5)0本　苦手 J・ダン(マリナーズ).000(6-0)0本

年度	所属チーム	試合数	打数	得点	安打	二塁打	三塁打	本塁打	打点	四球	三振	盗塁	盗塁死	出塁率	OPS	打率
2018	エンジェルス	80	284	35	78	18	2	1	25	15	34	3	0	.316	.678	.275
2019	エンジェルス	154	596	83	173	30	4	6	49	55	64	8	3	.350	.734	.290
2020	エンジェルス	49	207	31	66	13	0	3	18	20	25	2	1	.376	.801	.319
通算成績		283	1087	149	317	61	6	10	92	90	123	13	4	.346	.732	.292

25 ラストチャンスでバットが火を噴く ジャレッド・ウォルシュ *Jared Walsh*

ファースト

28歳 1993.7.30生 | 183cm | 95kg | 左投左打
◆対左投手打率／.324 ◆対右投手打率／.277
◆ホーム打率／.294 ◆アウェー打率／.292 ◆得点圏打率／.355
◆20年のポジション別出場数／ファースト=29、ライト=2、DH=1
◆Ⓓ2015㉙エンジェルス ◆Ⓗジョージア州
◆㊎57万500ドル（約5990万円）+α

ミート3 パワー5 走塁3 守備4 肩5

昨年9月に奇跡的な猛打を披露し、ファーストのレギュラーの座を手にしたパワーヒッター。一昨年までは二刀流でプレー。メジャーに呼ばれた際も、野手で31試合に、投手として5試合に出場した。しかし一昨年3Aで本塁打を36本打ったことを評価され、昨季は野手専業でいくことになった。昨季は開幕メンバーに入ってシーズンを迎えたが、このときは10打数無安打で出場登録枠から外された。その後、8月28日に復帰。すでに27歳になっていたので、最後のチャンスになる可能性があった。この崖っぷちの状況で奇跡が起きた。9月2日以降タイムリーと本塁打のラッシュになり、9月は22試合の出場で9本塁打、26打点を記録したのだ。ラッシュが始まると球団は衰えが目立つプーホールスをDHに回し、ウォルシュをレギュラーに抜擢した。

カモ K・ギブソン(レンジャーズ).500(6-3)2本　苦手 F・モンタス(アスレティックス).000(4-0)0本

年度	所属チーム	試合数	打数	得点	安打	二塁打	三塁打	本塁打	打点	四球	三振	盗塁	盗塁死	出塁率	OPS	打率
2019	エンジェルス	31	79	6	16	5	1	1	5	6	35	0	0	.276	.605	.203
2020	エンジェルス	32	99	19	29	4	2	9	26	5	15	0	0	.324	.971	.293
通算成績		63	178	25	45	9	3	10	31	11	50	0	0	.303	.808	.253

4 安打製造機に変身した守備の名手 ホセ・イグレシアス *Jose Iglesias*

ショート　移籍

31歳 1990.1.5生 | 180cm | 88kg | 右投右打
◆対左投手打率／.375 ◆対右投手打率／.373
◆ホーム打率／.411 ◆アウェー打率／.349 ◆得点圏打率／.421
◆20年のポジション別出場数／ショート=24、DH=15
◆Ⓓ2009㊐レッドソックス ◆Ⓗキューバ
◆㊎350万ドル（約3億6750万円）

ミート5 パワー3 走塁3 守備3 肩5

アンデルトン・シモンズの後任としてショートに入る、オリオールズから移籍したキューバ亡命組の遊撃手。「守備の人」のイメージだったが、昨年打撃に開眼し、開幕からヒットを量産。シーズンを通して3割台後半のハイアベレージをキープし、メディアやファンを驚かせた。オリオールズのドン・ロング打撃コーチは「スイングは変えていない。ボールになる変化球に手を出さなくなり、強いゴロを打つことに集中したのが良かった」と語っている。守備力は平均レベルに低下しているが、手抜きプレーは見られなくなった。

カモ L・マッカラーズ・ジュニア(アストロズ).667(6-4)0本　苦手 K・ギブソン(レンジャーズ).100(20-2)0本

年度	所属チーム	試合数	打数	得点	安打	二塁打	三塁打	本塁打	打点	四球	三振	盗塁	盗塁死	出塁率	OPS	打率
2011	レッドソックス	10	6	3	2	0	0	0	0	0	2	0	0	.333	.667	.333
2012	レッドソックス	25	68	5	8	2	0	1	2	4	16	1	0	.200	.391	.118
2013	レッドソックス	63	215	27	71	10	2	1	19	11	30	3	1	.376	.785	.330
2013	タイガース	46	135	12	35	6	0	2	10	4	30	2	1	.306	.654	.259
2013	2チーム計	109	350	39	106	16	2	3	29	15	60	5	2	.349	.735	.303
2015	タイガース	120	416	44	125	17	3	2	23	25	44	11	8	.347	.717	.300
2016	タイガース	137	467	57	119	26	0	4	32	28	50	7	4	.306	.643	.255
2017	タイガース	130	463	56	118	33	1	6	54	21	65	7	4	.288	.657	.255
2018	タイガース	125	432	43	116	31	3	5	48	19	47	15	6	.310	.699	.269
2019	レッズ	146	504	62	145	21	3	11	59	20	70	6	6	.318	.724	.288
2020	オリオールズ	39	142	16	53	17	0	3	24	3	17	0	0	.400	.956	.373
通算成績		841	2848	325	792	163	12	35	271	135	371	52	30	.319	.700	.278

33 今季30歳で正捕手に抜擢
マックス・スタッシー *Max Stassi*

キャッチャー

30歳 1991.3.15生 | 178cm | 91kg | 右投右打 盗塁阻止率／.135(37-5) 対左.295 対右.261 ホ.265 ア.293 得.273 ド2009④アスレティックス 出カリフォルニア州 年160万ドル(約1億6800万円)

ミ3 パ5 走2 守3 肩3

メジャー9年目で初めて正捕手としてシーズンに入る、長打力がウリのキャッチャー。昨季の開幕時は第2捕手だったが、打撃好調でタイムリーと一発がよく出たため出場機会を増やした。8月半ばから大腿四頭筋の肉離れとヒザの痛みに悩まされ、打撃成績が急落したあげく、15日間IL入りしたが、復帰後はまたチャンスにタイムリーがよく出て盛り返し、再度評価が高くなった。守備ではキャッチングとボールブロックがうまいため、ワイルドピッチを出す頻度は低い。昨年の盗塁阻止率は平均以下の13.5%（37-5）。ただ通算の阻止率は19.4（103-20）で、平均レベルに近い。

年度	所属チーム	試合数	打数	得点	安打	二塁打	三塁打	本塁打	打点	四球	三振	盗塁	盗塁死	出塁率	OPS	打率
2020	エンジェルス	31	90	12	25	2	0	7	20	11	21	0	0	.352	.886	.278
通算成績		214	522	59	113	19	0	19	63	53	166	0	0	.297	.659	.216

24 若い投手の教育係としても優秀なベテラン
カート・スズキ *Kurt Suzuki*

キャッチャー 移籍

38歳 1983.10.4生 | 180cm | 95kg | 右投右打 盗塁阻止率／.152(33-5) 対左.345 対右.244 ホ.246 ア.300 得.171 ド2004②アスレティックス 出ハワイ州 年150万ドル(約1億5750万円)

ミ4 パ4 走2 守3 肩2

1年150万ドルの契約で入団した、輝かしいキャリアを持つベテラン捕手。2年間ナショナルズで正捕手を務め、2019年のワールドシリーズ制覇にも大きく貢献したが、37歳で開幕を迎える今季は、スタッシーのバックアップに回る。一般的にバックアップ捕手は、先発の3～5番手が登板する試合を中心に、50～70試合マスクをかぶることが多い。大谷翔平は今季4、5番手で投げる予定なので、先発する試合の半分くらいは、スズキが受けることになるかもしれない。投手の特徴や性格をしっかり把握して緻密なリードをするので、大谷にとって大きなプラスになる可能性がある。

年度	所属チーム	試合数	打数	得点	安打	二塁打	三塁打	本塁打	打点	四球	三振	盗塁	盗塁死	出塁率	OPS	打率
2020	ナショナルズ	33	111	15	30	8	0	2	17	11	19	1	0	.349	.745	.270
通算成績		1512	5205	567	1347	283	6	133	699	360	678	20	11	.316	.708	.259

― マドン監督の下で再び輝けるか!?
デクスター・ファウラー *Dexter Fowler*

ライト 移籍

35歳 1986.3.22生 | 196cm | 93kg | 右投両打 対左.118 対右.260 ホ.192 ア.289 得.259 ド2004⑭ロッキーズ 出ジョージア州 年1450万ドル(約15億2250万円)

ミ2 パ4 走2 守2 肩3

今年2月4日に、トレードでカーディナルスから移籍したベテラン外野手。衰えが顕著で、打撃面では変化球に対応できないことが多くなり、ライトの守備力はワーストレベルまで落ちている。そのためカーディナルスは、契約最終年を迎えたこの高額年俸選手（1450万ドル）の扱いに困っていた。そんなとき、エンジェルスから渡りに船の申し出があった。これはマドン監督の強い意向があってのもの。マドンがカブスで監督を務め、ワールドシリーズに輝いた2016年、大活躍したのがファウラーだった。なお、今季年俸の大部分は、カーディナルスが負担することになっている。

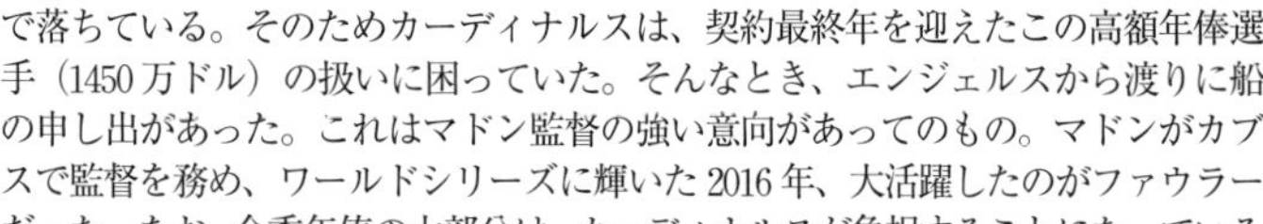

年度	所属チーム	試合数	打数	得点	安打	二塁打	三塁打	本塁打	打点	四球	三振	盗塁	盗塁死	出塁率	OPS	打率
2020	カーディナルス	31	90	14	21	2	0	4	15	10	28	1	1	.317	.706	.233
通算成績		1453	5020	814	1301	253	82	127	516	739	1320	148	68	.358	.776	.259

対左=対左投手打率 対右=対右投手打率 ホ=ホーム打率 ア=アウェー打率 得=得点圏打率 ド=ドラフトデータ 出=出身地 年=年俸

5 アルバート・プーホールス *Albert Pujols*

10年契約完走もまだまだやる気満々?

DH ファースト

41歳 1980.1.16生 | 191cm | 107kg | 右投右打 対左.231 対右.218 ホ.238 ア.206 得.214
ド1999⑬カーディナルス 出ドミニカ 年3000万ドル(約31億5000万円) ◆MVP3回(05、08、09年)、首位打者1回(03年)、本塁打王2回(09、10年)、打点王1回(10年)、ゴールドグラブ賞2回(06、10年)、シルバースラッガー賞6回(01、03、04、08、09、10年)、ハンク・アーロン賞2回(03、09年)、ロベルト・クレメンテ賞1回(08年)

ミ2 パ4 走1 守2 肩2

現役1位の通算662本塁打を放っているレジェンド。今年が10年契約の最終年。カーディナルス時代のような圧倒的な成績は残せず、「エンジェルス史上最大の不良債権」とも言われたが、シーズン100打点を4度達成するなど、打線の中軸として存在感を示し続けた。今季限りでの引退がささやかれているが、本人は「契約最終年だからといって、最後の年になるわけではない」と現役続行を匂わせており、過去には「50歳になるまでプレーしたい」とも語っている。ただ、19年には23本塁打を放っているものの、衰えは明らか。昨季の打率、出塁率はともに自己ワーストだった。

年度	所属チーム	試合数	打数	得点	安打	二塁打	三塁打	本塁打	打点	四球	三振	盗塁	盗塁死	出塁率	OPS	打率
2020	エンジェルス	39	152	15	34	8	0	6	25	9	25	0	0	.270	.665	.224
通算成績		2862	10839	1843	3236	669	16	662	2100	1331	1304	114	41	.377	.924	.299

10 ジャスティン・アプトン *Justin Upton*

トレードしたくてもできない超高給取り

レフト

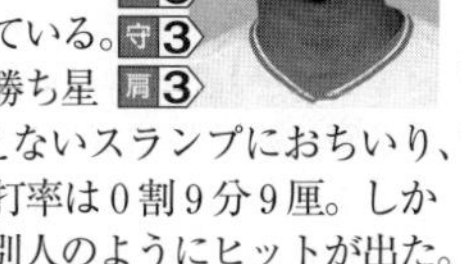

34歳 1987.8.25生 | 185cm | 98kg | 右投右打 対左.219 対右.193 ホ.256 ア.138 得.263
ド2005①ダイヤモンドバックス 出ヴァージニア州 年2300万ドル(約24億1500万円) ◆シルバースラッガー賞3回(11、14、17年)

ミ2 パ4 走3 守3 肩3

メジャーきっての不良資産選手。よくなる見通しが立たないのに、契約が2年4600万ドル(約48億円)分も残っている。昨年は、チーム全体がマドン監督1年目の滑り出しを勝ち星先行で行きたいと願っている中で、いきなり底の見えないスランプにおちいり、チームの足を引っ張った。20試合目が終了した時点の打率は0割9分9厘。しかしここまで落ちたことで危機感が出たのか、後半戦は別人のようにヒットが出た。だが前半が悪すぎたので、打率をぎりぎり2割台に戻すのが精いっぱい。問題なのは、昨季は目立ったケガや故障がないのにみじめな数字に終わったことだ。

年度	所属チーム	試合数	打数	得点	安打	二塁打	三塁打	本塁打	打点	四球	三振	盗塁	盗塁死	出塁率	OPS	打率
2020	エンジェルス	42	147	20	30	5	0	9	22	11	43	0	2	.289	.711	.204
通算成績		1739	6355	1009	1681	337	38	307	959	740	1841	147	58	.345	.820	.265

3 テイラー・ウォード *Taylor Ward*

逆方向に打つスイングで、9月は打率3割5分

レフト ライト

28歳 1993.12.14生 | 185cm | 91kg | 右投右打 対左.256 対右.291 ホ.306 ア.244 得.375 ド2015①エンジェルス 出フロリダ州 年57万500ドル(約5990万円)+α

ミ5 パ3 走3 守2 肩4

今季は出番が増えそうな、打撃に開眼した外野手。昨年の春のキャンプで、マドン監督から「アッパースイングで打球を上げるのをやめろ。あれは君のスイングじゃない。逆方向にライナーや強いゴロがいくスイングを身につけろ」とアドバイスされた。それを受けて打撃コーチとともにスイングの修正に取り組んだところ、ヘッドがやや遅れて入るレベルスイングで、逆方向に強い当たりを打てるようになった。開幕後、7月下旬から8月にメジャーでプレーしたときは結果が出なかったが、9月の昇格後からは面白いようにヒットが出て、大きな戦力と見なされるようになった。

年度	所属チーム	試合数	打数	得点	安打	二塁打	三塁打	本塁打	打点	四球	三振	盗塁	盗塁死	出塁率	OPS	打率
2020	エンジェルス	34	94	16	26	6	2	0	5	8	28	2	0	.333	.716	.277
通算成績		94	271	34	58	12	2	7	22	23	96	4	0	.283	.633	.214

2 ルイス・レンヒーフォ *Luis Rengifo*

セカンドのレギュラーを狙える潜在能力

セカンド ショート

24歳 1997.2.26生 | 178cm | 88kg | 右投両打 対左.111 対右.185 ホ.174 ア.136 得.048 ド2013外マリナーズ 出ベネズエラ 年57万500ドル(約5990万円)+α

ミ2 パ2 走4 守4 肩3

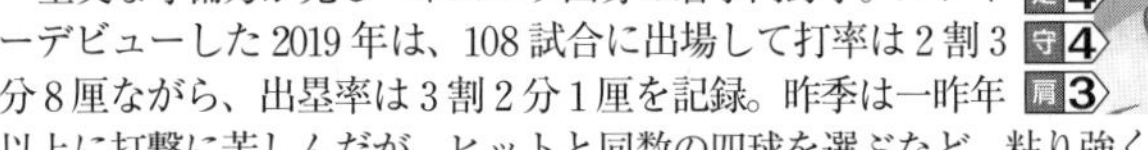

堅実な守備力が光るベネズエラ出身の若手内野手。メジャーデビューした2019年は、108試合に出場して打率は2割3分8厘ながら、出塁率は3割2分1厘を記録。昨季は一昨年以上に打撃に苦しんだが、ヒットと同数の四球を選ぶなど、粘り強く自分の仕事をこなした。現状ユーティリティ枠での起用が濃厚だが、使って育てていけば、今後、正二塁手として大成するかもしれない。昨年2月、ドジャースへのトレードがほぼ決まりかけていながら、ドジャース、ツインズ、レッドソックス間の三角トレードが成立直前でご破算となり、その余波でレンヒーフォの移籍も流れた。

年度	所属チーム	試合数	打数	得点	安打	二塁打	三塁打	本塁打	打点	四球	三振	盗塁	盗塁死	出塁率	OPS	打率
2020	エンジェルス	33	90	12	14	1	0	1	3	14	26	3	1	.269	.469	.156
通算成績		141	447	56	99	19	3	8	36	54	119	5	6	.310	.642	.221

7 ジョー・アデル *Jo Adell*

まだ原石状態の未完の大器

ライト センター

22歳 1999.4.8生 | 191cm | 98kg | 右投右打 対左.171 対右.157 ホ.207 ア.121 得.071 ド2017①エンジェルス 出ノースカロライナ州 年57万500ドル(約5990万円)+α

ミ2 パ5 走4 守3 肩4

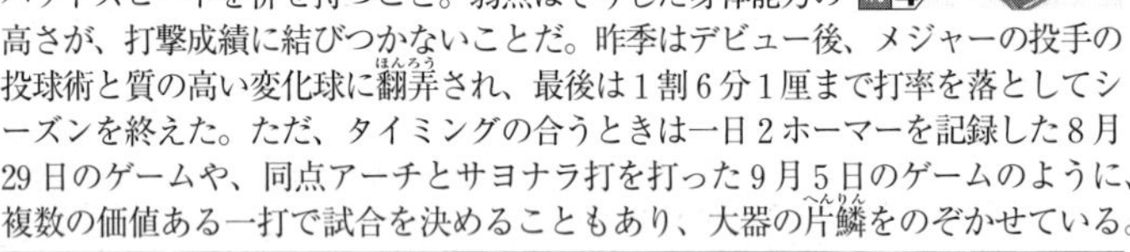

昨年8月4日にメジャーデビューし、ライトのレギュラーに抜擢(ばってき)されたホープ中のホープ。ウリはパワー、強靭(きょうじん)な手首、バットスピードを併せ持つこと。弱点はそうした身体能力の高さが、打撃成績に結びつかないことだ。昨季はデビュー後、メジャーの投手の投球術と質の高い変化球に翻弄(ほんろう)され、最後は1割6分1厘まで打率を落としてシーズンを終えた。ただ、タイミングの合うときは一日2ホーマーを記録した8月29日のゲームや、同点アーチとサヨナラ打を打った9月5日のゲームのように、複数の価値ある一打で試合を決めることもあり、大器の片鱗(へんりん)をのぞかせている。

年度	所属チーム	試合数	打数	得点	安打	二塁打	三塁打	本塁打	打点	四球	三振	盗塁	盗塁死	出塁率	OPS	打率
2020	エンジェルス	38	124	9	20	4	0	3	7	7	55	0	1	.212	.478	.161
通算成績		38	124	9	20	4	0	3	7	7	55	0	1	.212	.478	.161

89 ブランドン・マーシュ *Brandon Marsh*

外野手 期待度 B+ ルーキー

24歳 1997.12.18生 | 193cm | 98kg | 右投左打 ◆一昨年はルーキー級、2Aでプレー ド2016②エンジェルス 出ジョージア州

今シーズンの最有望新人。ヒザを曲げ、腰を落として構えるクラウチング・スタンスに変えたことをきっかけに打撃が開眼。頻繁(ひんぱん)に長打が出るようになった。走塁、守備、肩はどれも平均以上のレベルなので、メジャー昇格後は、ライトのレギュラーを担うアデルの強力なライバルになる可能性がある。

ー ジョーディン・アダムズ *Jordyn Adams*

外野手 期待度 C+ ルーキー

22歳 1999.10.18生 | 188cm | 82kg | 右投右打 ◆一昨年はルーキー級、1A、1A+でプレー ド2018①エンジェルス 出ノースカロライナ州

並外れた俊足がウリの外野のホープ。高校時代はアメフトでも活躍していたので、野球に専念するようになって日が浅い。そのため凡ミスがよく出るが、変化球を追いかけ振りするシーンはほとんどなくなった。かなりパワーアップもしており、トップバッターよりも、5番打者で使いたいタイプだ。

対左=対左投手打率 対右=対右投手打率 ホ=ホーム打率 ア=アウェー打率 得=得点圏打率
ド=ドラフトデータ 出=出身地 年=年俸
※昨季、マイナーリーグは中止

アメリカン・リーグ……西部地区 *TEXAS RANGERS*

テキサス・レンジャーズ

◆創　立:1961年
◆本拠地:テキサス州アーリントン市
◆ワールドシリーズ制覇:0回／◆リーグ優勝:2回
◆地区優勝:7回／◆ワイルドカード獲得:1回

主要オーナー レイ・デイヴィス(投資グループ代表)

過去5年成績

年度	勝	負	勝率	ゲーム差	地区順位	ポストシーズン成績
2016	95	67	.586	(9.0)	①	地区シリーズ敗退
2017	78	84	.481	23.0	③(同率)	—
2018	67	95	.414	36.0	⑤	—
2019	78	84	.481	29.0	③	—
2020	**22**	**38**	**.367**	**14.0**	⑤	—

監督 8 クリス・ウッドワード *Chris Woodward*

◆年　　齢…………45歳(カリフォルニア州出身)
◆現役時代の経歴…12シーズン　ブルージェイズ(1999～2004)、
(ユーティリティ)　メッツ(2005～06)、ブレーブス(2007)、
マリナーズ(2009)、レッドソックス(2009)、
マリナーズ(2010)、ブルージェイズ(2011)
◆現役通算成績……659試合　.239　33本　191打点
◆監督経歴…………2シーズン　レンジャーズ(2019～)
◆通算成績…………100勝122敗(勝率.450)

昨年8月17日のパドレス戦、7点のリードを許した8回1死満塁の場面で、相手チームのフェルナンド・タティース・ジュニアが3ボールから、点差をさらに広げる一発を放った。これに対して試合後、「不文律に反する。正しいことではない」と非難し、物議をかもした。現役時代は内野のユーティリティとしてプレー。メッツ時代の2005年には、内外野7つのポジションを守った。当時のチームメートに石井一久、松井稼頭央、高津臣吾がいる。今季契約最終年。

注目コーチ 22 ドン・ワカマツ *Don Wakamatsu*

ベンチコーチ。58歳。日系4世。元マリナーズ監督で、当時、イチローがチームにいた。息子のルークは内野手で、昨年12月、中日ドラゴンズと育成契約を交わした。

編成責任者 ジョン・ダニエルズ *Jon Daniels*

44歳。レンジャーズの編成トップに就いたのは、2005年のこと。MLB史上最年少となる、28歳でのGM就任だった。19年オフ、新球場開場前の積極的な補強は空振りに。

スタジアム グロ一ブライフ・フィールド *Globe Life Field*

◆開 場 年…………2020年
◆仕　　様…………人工芝、開閉式屋根付き
◆収容能力…………40,300人
◆フェンスの高さ …2.4～4.3m
◆特　　徴…………昨年オープンしたばかりの新しい球場。ホームからバックネットまでの距離は42フィート(12.8メートル)あるが、この距離は、MLB初の黒人選手ジャッキー・ロビンソンの背番号で、全球団の永久欠番でもある「42」に由来している。

ピッチャーズパーク

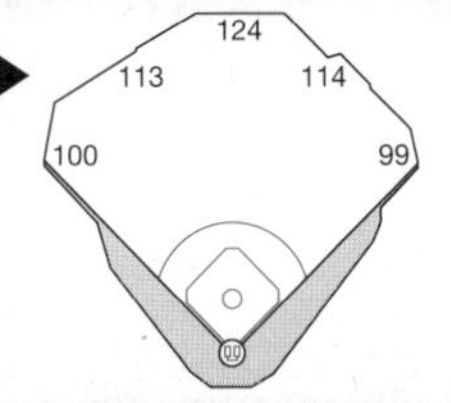

Best Order

[ベストオーダー]

①レオディ・タヴェラス……センター
②アイザイア・カイナーファレファ……ショート
③ウィリー・カルフーン……DH
④ジョーイ・ギャロ……ライト
⑤ニック・ソラック……セカンド
⑥クリス・デイヴィス……レフト
⑦ロウグネッド・オドーア……サード
⑧ネイト・ロウ……ファースト
⑨ホセ・トレヴィーノ……キャッチャー

Depth Chart

[ポジション別選手層・メンバーリスト]

※2021年2月12日時点の候補選手。数字は背番号(開幕前に変更する場合もあり)、右・左等は投・打の順。

センター

3 **レオディ・タヴェラス [右・両]**
21 デイヴィッド・ダール [右・左]
41 イーライ・ホワイト [右・右]

レフト

21 **クリス・デイヴィス [右・右]**
5 ウィリー・カルフーン [右・左]
41 イーライ・ホワイト [右・右]

ライト

13 **ジョーイ・ギャロ [右・左]**
41 イーライ・ホワイト [右・右]

ショート

9 **アイザイア・カイナーファレファ [右・右]**
82 アンダーソン・テヘーダ [右・両]

セカンド

15 **ニック・ソラック [右・右]**
12 ロウグネッド・オドーア [右・左]
71 アンダーソン・テヘーダ [右・両]
2 チャーリー・カルバーソン [右・右]

ローテーション

44 カイル・ギブソン [右・右]
35 有原航平 [右・右]
54 カイル・コーディ [右・右]
63 ウェス・ベンジャミン [左・右]
24 ジョーダン・ライルズ [右・右]
39 コルビー・アラード [左・左]
33 デイン・ダニング [右・右]
— マイク・フォルティネヴィッチ [右・右]

サード

12 **ロウグネット・オドーア [右・左]**
9 アイザイア・カイナーファレファ [右・右]
82 シャーテン・アポステル [右・右]

ファースト

30 **ネイト・ロウ [右・左]**
11 ロナルド・グーズマン [左・左]

キャッチャー

23 **ホセ・トレヴィーノ [右・右]**
55 サム・ハフ [右・右]

DH

5 **ウィリー・カルフーン [右・左]**
4 クリス・デイヴィス [右・右]
15 ニック・ソラック [右・右]

ブルペン

25 ホセ・ルクラーク [右・右] CL
57 ジョエリー・ロドリゲス [左・左]
72 ジョナサン・ヘルナンデス [右・右]
52 テイラー・ハーン [左・左]
39 コルビー・アラード [左・左]
49 ジミー・ハーゲット [右・右]
59 ブレット・マーティン [左・左]
60 ジョン・キング [左・左]
67 ダマーカス・エヴァンス [右・右]
24 ジョーダン・ライルズ [右・右]

※CL=クローザー

レンジャーズ試合日程……＊はアウェーでの開催

4月1・3・4	ロイヤルズ＊	3・4・5・6	ツインズ＊	4・5・6	レイズ
5・6・7	ブルージェイズ	7・8・9	マリナーズ	8・9	ジャイアンツ
9・10・11	パドレス	10・11	ジャイアンツ＊	11・12・13	ドジャース＊
12・13・14・15	レイズ＊	13・14・15・16	アストロズ＊	15・16	アストロズ＊
16・17・18	オリオールズ	17・18・19・20	ヤンキース	18・19・20	ツインズ
19・20・21	エンジェルス＊	21・22・23	アストロズ	21・22・23・24	アスレティックス
23・24・25	ホワイトソックス＊	25・26	エンジェルス＊	25・26・27	ロイヤルズ
26・27・28	エンジェルス	27・28・29・30	マリナーズ＊	29・30・**7**月1	アスレティックス＊
29・30・**5**月1・2	レッドソックス	**6**月1・2・3	ロッキーズ＊	2・3・4	マリナーズ＊

球団メモ 第43代アメリカ合衆国大統領（任期：2001年1月～09年1月）のジョージ・W・ブッシュが、1989年から94年までレンジャーズの共同オーナーを務めていた。

■投手力↘…★★☆☆☆【昨年度チーム防御率5.02、リーグ12位】

再建モードに入ったレンジャーズは、2、3年後を見据えて、先発で唯一まともだったランス・リンを、トレードでホワイトソックスに放出。2、3年後に主力投手に成長しそうな2投手を獲得した。中程度の力はあるものの、昨年調整に失敗してひどい成績になったギブソン、ライルズと、優秀なイニングイーターになりそうな有原航平の3人を柱にしたローテーションで、今季と来季は乗り切る方針だ。リリーフ陣も、守護神のモンテーロを放出して、若いリリーバー2人と交換。今季はルクラーク、元中日のロドリゲスらで乗り切る腹積もりだ。今季は再建1年目なので、多くを期待できない。

■攻撃力➡…★★☆☆☆【昨年度チーム得点224、リーグ15位】

昨季は主力のギャロ、オドーア、サンタナ、アンドルス、カルフーンが打率1割台の大低迷。そのため昨季終盤から、若手をレギュラーにして世代交代に着手した。今季は再建の前半なので、チーム得点は伸びないだろう。

■守備力➡…★★½☆☆【昨年度チーム失策数40、リーグ12位】

昨季、カイナーファレファが三塁に定着し、ゴールドグラブ賞を獲得。これはチームの若手にいい刺激になりそうだ。カイナーファレファは今季、ショートがメインになる。昨年、ライトのギャロもゴールドグラブ賞を受賞。

■機動力➡…★★★½☆【昨年度チーム盗塁数40、リーグ2位タイ】

ソラックやタヴェラスのスピードは魅力的。昨季はチーム盗塁数がリーグ2位タイだった。カイナーファレファも足は速いが、盗塁成功率が低い。

新球場元年の大型補強が空振りに終わり、あてにしていた入場料収入もなし。そこで世代交代をはかり、チームを再建することに。2、3年は、我慢の日々が続きそうだ。それでも地力があるので、中堅どころの活躍次第で、勝率5割に届くかも。

IN 主な入団選手

投手
有原航平←北海道日本ハム
デイン・ダニング←ホワイトソックス

野手
クリス・デイヴィス←アスレティックス
デイヴィッド・ダール←ロッキーズ
ネイト・ロウ←レイズ

OUT 主な退団選手

投手
ランス・リン➡ホワイトソックス
ラファエル・モンテーロ➡マリナーズ
コーリー・クルーバー➡ヤンキース

野手
スコット・ハイネマン➡レッズ
秋信守(チュ・シンス)➡所属先未定
ダニー・サンタナ➡所属先未定

日程	対戦相手	日程	対戦相手	日程	対戦相手
5·6·7	タイガース	6·7·8	アスレティックス*	7·8	ダイヤモンドバックス*
9·10·11	アスレティックス	10·11·12	マリナーズ*	10·11·12	アスレティックス*
13	オールスターゲーム	13·14·15	アスレティックス	13·14·15·16	アストロズ
16·17·18	ブルージェイズ*	17·18·19	マリナーズ	17·18·19	ホワイトソックス
19·20·21·22	タイガース*	20·21·22	レッドソックス*	20·21·22	ヤンキース*
23·24·25	アストロズ*	24·25·26	インディアンズ*	23·24·25·26	オリオールズ*
27·28	ダイヤモンドバックス	27·28·29	アストロズ	28·29·30	エンジェルス
30·31·**8**月1	マリナーズ	30·31·**9**月1	ロッキーズ	**10**月1·2·3	インディアンズ
2·3·4·5	エンジェルス	3·4·5·6	エンジェルス*		

球団メモ 昨年12月、レンジャーズでも投げた経験のあるクリス・ヤング(メジャー通算79勝)がGMに就任。編成トップのジョン・ダニエルズとともに、チーム作りに取り組む。

投手

球団は優秀なイニングイーターになると期待 先発 ルーキー

35 有原航平
Kohei Arihara

29歳 1992.11.8生｜191cm｜101kg｜右投右打
◆速球のスピード／140キロ台後半(フォーシーム、ツーシーム)
◆決め球と持ち球／◎フォーシーム、◎チェンジアップ、◎フォークボール、○カッター、△スライダー、△ツーシーム、△カーブ
◆メジャーでのプレー経験なし
◆ドラフトデータ／2015①北海道日本ハム、2020㊕レンジャーズ
◆出身地／広島県
◆年俸／260万ドル(約2億7300万円)

球威 3
制球 5
緩急 4
守備・牽制 4
度胸 3

レンジャーズに2年620万ドル（約6億5000万円）の契約で入団した北海道日本ハムの元エース。内訳は1年目の年俸が260万ドル、2年目の年俸が360万ドルで、これに付随してレンジャーズから日本ハムに124万ドル（約1億3000万円）の譲渡金が支払われる。

有原は155キロの豪速球も必殺変化球もない。しかし球種が7つあり、そのすべてで、どんなカウントからでもストライクを取れる点が最大の長所だ。落ちる系の球種が2つ（チェンジアップとフォークボール）あることは、メジャーで大きな武器のなる可能性がある。

レンジャーズが有原を獲得した背景には、次のような事情がある。昨年レンジャーズは新球場グローブライフ・フィールドが完成し、地区優勝が至上命令になっていた。しかし打線も投手陣も高額年俸の主力選手がケガやスランプでまったく機能せず、22勝38敗と惨敗した。そこで大がかりな世代交代を断行してチームを再建し、3、4年後に地区優勝するチームになるという目標を掲げた。それに沿って12月にエースのランス・リンをホワイトソックスに放出し、その見返りに3、4年後に主力投手に成長しそうな有望株を2人獲得した。しかしエースを出して若手を登用すれば、チームは2，3年苦戦が続く。ファンにそっぽを向かれるような大負けは避けたい。そんなとき必要になるのは、イニングイーター・タイプの投手だ。イニングイーターというのは155キロの豪速球も必殺変化球もないが、平均以上の制球力はあって、早い回にKOされることもなく、5回か6回を2～4点に抑える投手のことだ。レンジャーズは、このイニングイーターとして使うのにうってつけの人材と評価して、有原獲得に動いたのだ。

有原にとって朗報なのは、本拠地球場がかつてのような本塁打の乱れ飛ぶ球場ではないことだ。旧球場はオープンエアだったため、夏場になると高温と乾燥でボールがよく飛んだが、新球場は夏場になると屋根を閉めてエアコンがきいた中でゲームを行う。そのため打球が伸びなくなり、メジャーで最も本塁打が出にくい球場になった。

年度	所属チーム	勝利	敗戦	防御率	試合数	先発	セーブ	投球イニング	被安打	失点	自責点	被本塁打	与四球	奪三振	WHIP
2020	北海道日本ハム	8	9	3.46	20	20	0	132.2	125	56	51	11	30	106	1.17
通算成績		60	50	3.74	129	125	2	836.0	817	374	347	89	194	626	1.21

44 病を押して投げたイニングイーター カイル・ギブソン *Kyle Gibson*

先発

34歳 1987.10.23生 | 198cm | 98kg | 右投右打
◆速球のスピード／150キロ前後(ツーシーム、フォーシーム)
◆決め球と持ち球／◎スライダー、◎チェンジアップ、○ツーシーム、○フォーシーム、○カーブ
◆対左.265 ◆対右.283 ◆ホ防5.85 ◆ア防4.89
◆ド2009①ツインズ ◆出インディアナ州
◆年900万ドル(約9億4500万円)

球威4 制球4 緩急4 守備・牽制4 度胸3

昨季、レンジャーズに3年2800万ドルで加入したベテラン右腕。ツインズ時代から規定投球回到達の常連。突出した成績こそないが、打線の出来次第では、2ケタ勝利を常に狙える投手だ。2019年に潰瘍性大腸炎(かいようせいだいちょうえん)を発症しており、昨季は新型コロナウイルスに感染した際の「ハイリスク」に該当。シーズン参加が危ぶまれたが、最終的には投げることを決断した。慈善活動にも熱心なナイスガイだが、同僚選手とカートでおしゃべりする球団公式のYouTube企画「カート・ウィズ・カイル」は、再生数が伸び悩んでいる。

カモ M・チャップマン(アスレティックス).000(12-0)0本 苦手 A・レンドーン(エンジェルス).625(8-5)1本

年度	所属チーム	勝利	敗戦	防御率	試合数	先発	セーブ	投球イニング	被安打	失点	自責点	被本塁打	与四球	奪三振	WHIP
2013	ツインズ	2	4	6.53	10	10	0	51.0	69	38	37	7	20	29	1.75
2014	ツインズ	13	12	4.47	31	31	0	179.1	178	91	89	12	57	107	1.31
2015	ツインズ	11	11	3.84	32	32	0	194.2	186	88	83	18	65	145	1.29
2016	ツインズ	6	11	5.07	25	25	0	147.1	175	89	83	20	55	104	1.56
2017	ツインズ	12	10	5.07	29	29	0	158.0	182	93	89	24	60	121	1.53
2018	ツインズ	10	13	3.62	32	32	0	196.2	177	88	79	23	79	179	1.30
2019	ツインズ	13	7	4.84	34	29	0	160.0	175	99	86	23	56	160	1.44
2020	レンジャーズ	2	6	5.35	12	12	0	67.1	73	44	40	12	30	58	1.53
通算成績		69	74	4.57	205	200	0	1154.1	1215	630	586	139	422	903	1.42

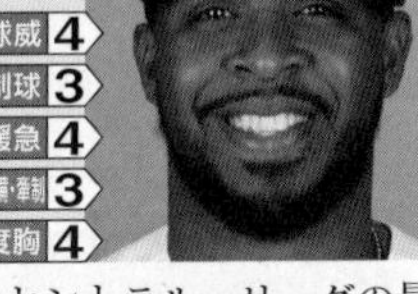

57 中日でスケールアップした剛球左腕 ジョエリー・ロドリゲス *Joely Rodriguez*

セットアップ

30歳 1991.11.14生 | 185cm | 91kg | 左投左打
◆速球のスピード／150キロ台前半(フォーシーム、ツーシーム)
◆決め球と持ち球／☆チェンジアップ、◎ツーシーム、○フォーシーム、△スライダー
◆対左.188 ◆対右.167 ◆ホ防1.93 ◆ア防2.70
◆ド2009外パイレーツ ◆出ドミニカ
◆年250万ドル(約2億6250万円)

球威4 制球3 緩急4 守備・牽制3 度胸4

2018年7月に中日ドラゴンズに入団し、19年にはセントラル・リーグの最優秀中継ぎ投手に輝いたリリーフ左腕。日本では計90試合に登板し、防御率は1.85。来日前はツーシーム一辺倒の投球だったが、日本でパワフルな投球スタイルを開花させ、20年から2年契約でメジャーに復帰した。高めへのフォーシーム、低めへのツーシーム、そして日本でマスターしたチェンジアップの三本柱で投球を組み立てる。メジャー復帰1年目の昨季は、投球の約30%を占めたチェンジアップが冴えを見せ、この球種ではヒットを1本も打たれなかった。自粛期間中の4月に広背筋(こうはいきん)を負傷、9月にも左太もも裏を痛めたため十分な稼働はできなかったが、日本での成長を感じさせた好内容だった。

カモ M・トラウト(エンジェルス).000(2-0) 苦手 C・シーガー(ドジャース).667(3-2)0本

年度	所属チーム	勝利	敗戦	防御率	試合数	先発	セーブ	投球イニング	被安打	失点	自責点	被本塁打	与四球	奪三振	WHIP
2016	フィリーズ	0	0	2.79	12	0	0	9.2	8	3	3	0	4	7	1.24
2017	フィリーズ	1	2	6.33	26	0	0	27.0	37	26	19	4	15	18	1.93
2020	レンジャーズ	0	0	2.13	12	0	0	12.2	8	3	3	0	5	17	1.03
通算成績		1	2	4.56	50	0	0	49.1	53	32	25	4	24	42	1.56

速=速球のスピード 決=決め球 対左=対左打者被打率 対右=対右打者被打率
ド=ドラフトデータ 出=出身地 年=年俸

25 ブルペンの柱になるはずが、右肩痛でダウン

クローザー

ホセ・ルクラーク *Jose Leclerc*

28歳 1993.12.19生 | 183cm | 88kg | 右投右打 速150キロ台後半(フォーシーム主体) 決☆フォーシーム
対左.286 対右.000 ド2010外レンジャーズ 出ドミニカ 年400万ドル(約4億2000万円)

球5 制3 緩3 守備3 度4

高い奪三振性能を誇るドミニカン。バズーカのような豪速球で三振を奪える一方で、クローザーとしては出塁を許す場面が多い、いわゆる「劇場型」。それでも着実に経験を積み、昨シーズンは正守護神のポジションを狙えるブルペン陣の構成だったが、開幕からわずか2試合で右肩を痛め、そのままシーズンを終えてしまった。実績的にも年齢的にも、ブルペンの中心になることを望まれているが、今シーズンも右肩の調子次第か。幼少期には、ドミニカで履く靴も食べるものもない極貧生活を経験した苦労人。それでも兄弟4人を立派に育ててくれた母への恩返しを誓う孝行息子でもある。

年度	所属チーム	勝利	敗戦	防御率	試合数	先発	セーブ	投球イニング	被安打	失点	自責点	被本塁打	与四球	奪三振	WHIP
2020	レンジャーズ	0	0	4.50	2	0	1	2.0	2	1	1	0	2	3	2.00
通算成績		6	10	3.19	190	3	29	189.0	112	76	67	12	119	263	1.22

63 緩急を磨けば、ローテーション入りも可能

先発 ルーキー

ウェス・ベンジャミン *Wes Benjamin*

28歳 1993.7.26生 | 188cm | 95kg | 左投右打 速140キロ台後半(フォーシーム主体) 決◎フォーシーム
対左.200 対右.288 ド2014⑤レンジャーズ 出イリノイ州 年57万500ドル(約5990万円)+α

球3 制4 緩3 守備4 度3

昨季メジャーデビューした正統派左腕。2019年は3Aで135回1/3を投げ、防御率5.52と結果を残し切れていなかったが、チームの立て直しに向けて、バルクガイ(コマ切れリレーで2番目に登場し、3～5イニング投げる役目)としてテストされた。フォーシームはスピードこそあまりないが、球筋が良く、被打率1割9分1厘。しかし、スライダーが被打率3割8分5厘と打ち込まれた。試投数はわずかだったが、ドロンと落ちるカーブもあり、緩急の「緩」を磨くことで前進が期待できる。父はカレッジフットボールで活躍、母は大学ラクロス界の名選手というアスリート一家で育った。

年度	所属チーム	勝利	敗戦	防御率	試合数	先発	セーブ	投球イニング	被安打	失点	自責点	被本塁打	与四球	奪三振	WHIP
2020	レンジャーズ	2	1	4.84	8	1	0	22.1	24	12	12	4	7	21	1.39
通算成績		2	1	4.84	8	1	0	22.1	24	12	12	4	7	21	1.39

72 秘蔵っ子が「ターボシンカー」でブレイク

セットアップ

ジョナサン・ヘルナンデス *Jonathan Hernandez*

25歳 1996.7.6生 | 191cm | 86kg | 右投右打 速150キロ台後半(シンカー主体) 決◎スライダー
対左.244 対右.200 ド2013外レンジャーズ 出テネシー州 年57万500ドル(約5990万円)+α

球4 制4 緩3 守備4 度4

テネシー州で生まれ、ドミニカで育ち、16歳でレンジャーズとマイナー契約を結んだ生え抜きの秘蔵っ子。2019年にメジャーデビューし、才能の片鱗(へんりん)を見せると、昨シーズンはフォーシームに代えてシンカーを投球の主体に置き換え、リリーフでブレイクを果たした。ロー・スリークォーターから繰り出す150キロ台後半のシンカーは、ポテンシャルの塊。ウッドワード監督は「ターボシンカー」と命名した。ツイッターではチームメートの誕生日を祝うのを忘れず、筆マメな一面を見せている。父フェルナンドもメジャー経験のある元投手で、97年にタイガースで2試合登板。

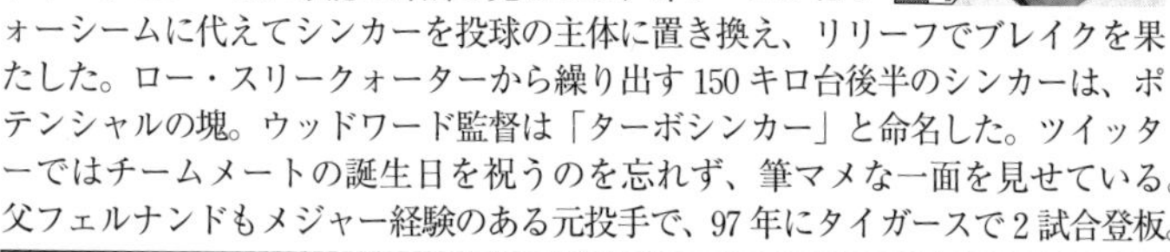

年度	所属チーム	勝利	敗戦	防御率	試合数	先発	セーブ	投球イニング	被安打	失点	自責点	被本塁打	与四球	奪三振	WHIP
2020	レンジャーズ	5	1	2.90	27	0	0	31.0	24	10	10	2	8	31	1.03
通算成績		7	2	3.40	36	2	0	47.2	38	20	18	5	21	50	1.24

速=速球のスピード 決=決め球 対左=対左打者被打率 対右=対右打者被打率
ド=ドラフトデータ 出=出身地 年=年俸

投 手

39 高校時代から注目されていた左腕
コルビー・アラード *Kolby Allard*

先 発

24歳 1997.8.13生 | 185cm | 88kg | 左投左打 速140キロ台後半(フォーシーム主体) 決○カッター
対左.263 対右.228 ド2015①ブレーブス 出カリフォルニア州 年57万500ドル(約5990万円)+α

球4 制2 緩3 守・牽2 度3

U-18アメリカ代表に選出されるなど、高校時代から大いに期待されていた若手サウスポー。2019年7月、元北海道日本ハムのクリス・マーティンとのトレードで、ブレーブスからやって来た。移籍後すぐに4勝をあげ、昨季はブレイク候補の一人として開幕を迎えた。しかし序盤に打ち込まれる試合が続き、まったく勝ち星をあげられないまま、先発のチャンスを失ってしまった。それでもフォーシームの被打率は、19年は3割1分7厘だったが、昨季は2割ちょうどに低下。制球力や緩急に課題は残るものの、まだ若く、伸びしろはありそうだ。NBAのレブロン・ジェームズの大ファン。

年度 所属チーム	勝利	敗戦	防御率	試合数	先発	セーブ	投球イニング	被安打	失点	自責点	被本塁打	与四球	奪三振	WHIP
2020 レンジャーズ	0	6	7.75	11	8	0	33.2	31	29	29	4	20	32	1.51
通算成績	5	9	6.72	23	18	0	87.0	102	67	65	10	43	68	1.67

33 課題はピンチになると制球が甘くなること
デイン・ダニング *Dane Dunning*

先 発 移籍 ルーキー

27歳 1994.12.20生 | 193cm | 102kg | 右投右打 速140キロ台後半(シンカー、フォーシーム) 決◎シンカー
対左.246 対右.152 ド2016①ナショナルズ 出フロリダ州 年57万500ドル(約5990万円)+α

球4 制3 緩4 守・牽3 度2

オフのトレードで、ホワイトソックスからやって来た投のホープ。2019年にトミー・ジョン手術を受けたが、回復が早かったため、術後8カ月が経過した頃に、マウンドからの投球練習を開始。昨年7月にはすべての球種が手術前のレベルに戻り、8月19日に待望のメジャーデビューを果たした。シンカーとスライダーでゴロを量産するグラウンドボール・ピッチャーだが、打者を追い込むと、斜めに鋭く変化するスライダーで空振りを誘うことに長けている。右打者はこれにバットが出てしまうため、奪三振率が高く、昨年の右打者に対する被打率は、1割5分2厘という低さだった。

年度 所属チーム	勝利	敗戦	防御率	試合数	先発	セーブ	投球イニング	被安打	失点	自責点	被本塁打	与四球	奪三振	WHIP
2020 ホワイトソックス	2	0	3.97	7	7	0	34.0	25	17	15	4	13	35	1.12
通算成績	2	0	3.97	7	7	0	34.0	25	17	15	4	13	35	1.12

54 低めへのフォーシームを武器に飛び級
カイル・コーディ *Kyle Cody*

先 発 ルーキー

27歳 1994.8.9生 | 201cm | 102kg | 右投右打 速150キロ台後半(フォーシーム主体) 決◎スライダー
対左.133 対右.224 ド2016⑥レンジャーズ 出ウィスコンシン州 年57万500ドル(約5990万円)+α

球3 制4 緩3 守・牽4 度4

高校時代はアメフトやバスケットボールでも活躍し、2016年に入団。主に1Aでプレーし、17年には球団公式の「マイナーリーグ・ピッチャー・オブ・ザ・イヤー」にも選ばれた。18年にトミー・ジョン手術を受けたため、19年は全休となったが、昨季、飛び級でメジャーに昇格すると好投を見せ、今季の希望の光になりつつある。201センチの長身だが、フォーシームは低めから低めへ糸を引く軌道でハイクオリティ。ポーカーフェイスで初登板時も堂々としており、ウッドワード監督も「彼は強心臓だ」とほめていたが、本人は「実際は心臓がバクバクだった」と白状している。

年度 所属チーム	勝利	敗戦	防御率	試合数	先発	セーブ	投球イニング	被安打	失点	自責点	被本塁打	与四球	奪三振	WHIP
2020 レンジャーズ	1	1	1.59	8	5	0	22.2	15	5	4	1	13	18	1.24
通算成績	1	1	1.59	8	5	0	22.2	15	5	4	1	13	18	1.24

52 テイラー・ハーン *Taylor Hearn*

小さな街の期待が注がれる英雄

ミドルリリーフ

27歳 1994.8.30生 | 198cm | 104kg | 左投左打 速150キロ台前半(フォーシーム主体) 決◎スライダー 対左.261 対右.175 ド2015⑤ナショナルズ 出テキサス州 年57万500ドル(約5990万円)+α

球4 制3 緩2 守3 度3

テキサス州北東にある人口1万人強のロイズシティの出身。祖父も父もロデオカウボーイという生粋(きっすい)のテキサス男子。2018年にパイレーツからトレード移籍。19年は左ヒジの骨折で1試合の登板に終わったが、昨季、本格的なメジャーデビューを果たした。浮き上がるフォーシームと、高めでも曲がるスライダーが持ち味。サウスポーだが右打者に強く、ミドルリリーフの適性は高い。チェンジアップやシンカーの精度が増せば、メインウェポンの威力も増しそうだ。出身高校ではハーンが着けた背番号を永久欠番にしており、ロイズシティの期待を背負う「地元の星」となっている。

年度	所属チーム	勝利	敗戦	防御率	試合数	先発	セーブ	投球イニング	被安打	失点	自責点	被本塁打	与四球	奪三振	WHIP
2020	レンジャーズ	0	0	3.63	14	0	0	17.1	13	8	7	2	11	23	1.38
通算成績		0	1	5.60	15	1	0	17.2	16	13	11	2	15	23	1.75

24 ジョーダン・ライルズ *Jordan Lyles*

一皮むけたようでむけていなかった男

スイングマン

31歳 1990.10.19生 | 196cm | 104kg | 右投右打 速150キロ台前半(フォーシーム主体) 決◎カーブ 対左.292 対右.279 ド2008①アストロズ 出サウスカロライナ州 年700万ドル(約7億3500万円)

球3 制3 緩4 守4 度3

ここ数年はシーズン途中の移籍を繰り返していたジャーニーマン。先発でもリリーフでもそこそこの便利屋稼業だったが、2019年7月にパイレーツからブリュワーズに移籍すると、後半戦に7勝1敗の好成績をマークし、評価を上げた。しかし、レンジャーズに移籍すると以前の「数合わせ」に逆戻り。決め球のカーブは機能したが、フォーシームやチェンジアップをことごとく痛打された。高校時代は、アメフトのワイドレシーバーとしても活躍。獲得ヤード数、タッチダウン数など次々と学校記録を塗り替え、地元テレビ番組の「プレーヤー・オブ・ザ・イヤー」に輝いたこともある。

年度	所属チーム	勝利	敗戦	防御率	試合数	先発	セーブ	投球イニング	被安打	失点	自責点	被本塁打	与四球	奪三振	WHIP
2020	レンジャーズ	1	6	7.02	12	9	0	57.2	67	49	45	12	23	36	1.56
通算成績		44	66	5.22	257	152	2	967.1	1058	622	561	134	338	732	1.44

67 ダマーカス・エヴァンス *Demarcus Evans*

リリーフ 期待度 C ルーキー

25歳 1996.10.22生 | 196cm | 120kg | 右投右打 ◆昨季はメジャーで4試合出場 ド2015㉕レンジャーズ 出ミシシッピ州

パワフルなフォーシームが自慢の若手右腕。2019年に2Aで30試合、37回2/3を投げ、60奪三振、防御率0.96と圧倒的なパフォーマンスを見せ、昨年9月メジャー初昇格を果たした。初登板では本塁打を浴び、頭部死球を出すなど散々だったが、その後は立て直して3試合連続無失点。ブレイク候補の一角。

62 ジョー・パルンボ *Joe Palumbo*

リリーフ 期待度 C+ ルーキー

27歳 1994.10.26生 | 183cm | 88kg | 左投左打 ◆昨季はメジャーで2試合出場 ド2013㉚レンジャーズ 出ニューヨーク州

2013年から19年までマイナーで104試合に登板し、防御率2.72と安定した成績を残してきた先発型の左腕。メジャーの壁にぶち当たっている最中だが、弧を描くようなカーブは紛れもなくマネーピッチ。今後、フォーシームやチェンジアップを磨いていけば、ローテーション入りも十分にあり得る。

速=速球のスピード 決=決め球 対左=対左打者被打率 対右=対右打者被打率
ド=ドラフトデータ 出=出身地 年=年俸 ※昨季、マイナーリーグは中止
※メジャー経験がない投手の「先発」「リリーフ」はマイナーでの役割

9 攻守に孤軍奮闘した元ユーティリティ ショート サード
アイザイア・カイナーファレファ *Isiah KinerFalefa*

26歳 1995.3.23生 | 180cm | 86kg | 右投右打
◆対左投手打率／.373 ◆対右投手打率／.243
◆ホーム打率／.296 ◆アウェー打率／.265 ◆得点圏打率／.242
◆20年のポジション別出場数／サード=46、ショート=15
◆ド2013④レンジャーズ ◆出ハワイ州
◆年200万ドル(約2億1000万円) ◆ゴールドグラブ賞1回(20年)

ミート 3 / パワー 2 / 走塁 4 / 守備 5 / 肩 4

日本人の祖母やサモアの血を引くハワイアン。一昨年まではサードに加え、セカンド、ショート、さらにはキャッチャーのリザーブもこなすバイプレーヤー枠だったが、昨季、ようやくサードに固定されると、球際に強い好守備を連発し、ゴールドグラブ賞を受賞した。バッティングにもいい影響が出ており、打率はキャリアハイの2割8分を記録。やや非力ではあるが、左投手との相性が良く、コンパクトなスイングで広角にヒットを放つ。出塁率は決して高いとは言えないが、打線が軒並み低調に沈む中、孤軍奮闘ぶりが目立つシーズンだった。今季はプロ入り時のポジションである、ショートで出場する機会が増えそうだ。昨季はショートでも、無失策と結果を残している。

カモ D・バンディ(エンジェルス).600(10-6)1本　苦手 L・マッカラーズ・ジュニア(アストロズ).000(8-0)0本

年度	所属チーム	試合数	打数	得点	安打	二塁打	三塁打	本塁打	打点	四球	三振	盗塁	盗塁死	出塁率	OPS	打率
2018	レンジャーズ	111	356	43	93	18	2	4	34	28	62	7	5	.325	.682	.261
2019	レンジャーズ	65	202	23	48	12	1	1	21	14	49	3	0	.299	.620	.238
2020	レンジャーズ	58	211	28	59	4	3	3	10	14	32	8	5	.329	.699	.280
通算成績		234	769	94	200	34	6	8	65	56	143	18	10	.319	.670	.260

13 稀代のモンスタースラッガーも、昨季は不発 ライト
ジョーイ・ギャロ *Joey Gallo*

28歳 1993.11.19生 | 196cm | 113kg | 右投左打
◆対左投手打率／.143 ◆対右投手打率／.203
◆ホーム打率／.191 ◆アウェー打率／.173 ◆得点圏打率／.216
◆20年のポジション別出場数／ライト=53、DH=2、センター=1
◆ド2012①レンジャーズ ◆出ネヴァダ州
◆年620万ドル(約6億5100万円) ◆ゴールドグラブ賞1回(20年)

ミート 2 / パワー 5 / 走塁 3 / 守備 4 / 肩 5

三振かホームランかを地で行く漫画のような飛ばし屋。一昨年には「単打100本の前に100本塁打到達」という珍記録を樹立した。極端なアッパー&プルスイングのため、一、二塁間に内野4人という変態的なシフトを敷かれることもある。昨季もモンスターショット連発を期待されていたが、7月頭に新型コロナウイルスの検査で陽性反応が出たため調整がうまくいかず、本調子とはいかなかった。それでも進化を見せたのは外野守備。高校時代は160キロにせまる豪腕としても知られており、その強肩で3補殺を計上。打撃タイトルよりも先にゴールドグラブ賞を獲得する、予想外の展開になった。

カモ C・バシット(アスレティックス).800(5-4)2本　苦手 Z・グリンキー(アストロズ).000(11-0)0本

年度	所属チーム	試合数	打数	得点	安打	二塁打	三塁打	本塁打	打点	四球	三振	盗塁	盗塁死	出塁率	OPS	打率
2015	レンジャーズ	36	108	16	22	3	1	6	14	15	57	3	0	.301	.717	.204
2016	レンジャーズ	17	25	2	1	0	0	1	1	5	19	1	0	.200	.360	.040
2017	レンジャーズ	145	449	85	94	18	3	41	80	75	196	7	2	.333	.869	.209
2018	レンジャーズ	148	500	82	103	24	1	40	92	74	207	3	4	.312	.810	.206
2019	レンジャーズ	70	241	54	61	15	1	22	49	52	114	4	2	.389	.986	.253
2020	レンジャーズ	57	193	23	35	8	0	10	26	29	79	2	0	.301	.679	.181
通算成績		473	1516	262	316	68	6	120	262	250	672	20	8	.327	.825	.208

3 スピードとディフェンスがウリの新進気鋭 センター ルーキー

レオディ・タヴェラス *Leody Taveras*

23歳 1998.9.8生｜188cm｜88kg｜右投両打
◆対左投手打率／.282 ◆対右投手打率／.200
◆ホーム打率／.279 ◆アウェー打率／.172 ◆得点圏打率／.133
◆20年のポジション別出場数／センター=33
◆Ⓓ2015㊕レンジャーズ ◆㊗ドミニカ
◆㊍57万500ドル(約5990万円)+α

ミート 2 パワー 2 走塁 4 守備 4 肩 4

「1番・センター」が指定席になりそうなドミニカ出身の若手外野手。スピードがウリで、センターの守備も平均以上だ。昨年メジャーデビューし、1カ月ほどのプレーだったが、チーム最多タイの8盗塁をマーク（盗塁死は0）。打撃は未完成というのは織り込み済みだったが、対左投手の右打席に限れば2割8分2厘と健闘した。まだポップフライも多いが、将来的には中距離打者になれるパワーを秘めている。まずはシーズンを通してディフェンスで有用性を示し、1日でも早く打撃を開花させたい。いとこに元メジャーリーガーのウィリー・タヴェラス（2008年のナショナル・リーグ盗塁王）がいる。

カモ A·ヒーニー(エンジェルス).429(7-3)1本 苦手 菊池雄星(マリナーズ).000(3-0)0本

年度	所属チーム	試合数	打数	得点	安打	二塁打	三塁打	本塁打	打点	四球	三振	盗塁	盗塁死	出塁率	OPS	打率
2020	レンジャーズ	33	119	20	27	6	1	4	6	14	43	8	0	.308	.703	.227
通算成績		33	119	20	27	6	1	4	6	14	43	8	0	.308	.703	.227

4 左投手限定で使えば、大きな戦力に レフト DH 移籍

クリス・デイヴィス *Khris Davis*

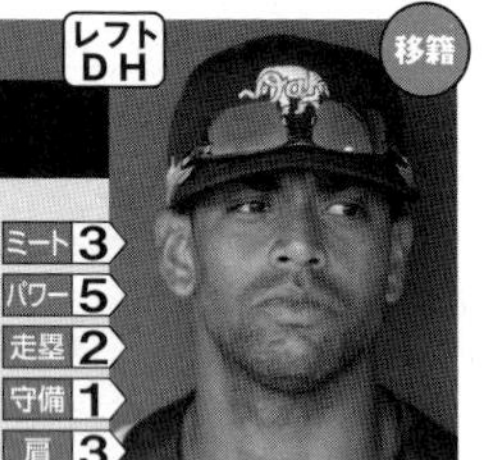

34歳 1987.12.21生｜180cm｜93kg｜右投右打
◆対左投手打率／.303 ◆対右投手打率／.135
◆ホーム打率／.213 ◆アウェー打率／.184 ◆得点圏打率／.107
◆20年のポジション別出場数／DH=27
◆Ⓓ2009⑦ブリュワーズ ◆㊗カリフォルニア州
◆㊍1650万ドル(約17億3250万円) ◆本塁打王1回(18年)

ミート 3 パワー 5 走塁 2 守備 1 肩 3

今年2月のトレードでアスレティックスから移籍した、劣化が進む2018年の本塁打王。昨季は故障を抱えているわけではないのに出だしからひどいスランプで、打率が低空飛行を続けた。不調の要因は、右投手に微妙にタイミングが合わないからだ。右投手のフォーシームには1割2分9厘（31-4）、右投手のスライダーには0割5分9厘（17-1）で、相手の先発が右投手の場合は先発から外されることが多くなった。ただポストシーズンでは気を吐いた。左投手のダラス・カイクルとフランバー・ヴァルデスから本塁打を放っただけでなく、右投手のマッカラーズからも1本叩き込んで、存在感を示した。

カモ Z·グリンキー(アストロズ).455(11-5)2本 苦手 大谷翔平(エンジェルス).000(6-0)0本

年度	所属チーム	試合数	打数	得点	安打	二塁打	三塁打	本塁打	打点	四球	三振	盗塁	盗塁死	出塁率	OPS	打率
2013	ブリュワーズ	56	136	27	38	10	0	11	27	11	34	3	0	.353	.949	.279
2014	ブリュワーズ	144	501	70	122	37	2	22	69	32	122	4	1	.299	.756	.244
2015	ブリュワーズ	121	392	54	97	16	2	27	66	44	122	6	2	.323	.828	.247
2016	アスレティックス	150	555	85	137	24	2	42	102	42	166	1	2	.307	.831	.247
2017	アスレティックス	153	566	91	140	28	1	43	110	73	195	4	0	.336	.864	.247
2018	アスレティックス	151	576	98	142	28	1	48	123	59	175	0	0	.326	.874	.247
2019	アスレティックス	133	481	61	106	11	0	23	73	47	146	0	0	.293	.679	.220
2020	アスレティックス	30	85	9	17	5	0	2	10	10	26	0	0	.303	.632	.200
通算成績		938	3292	495	799	159	8	218	580	318	986	18	5	.316	.810	.243

野手

23 ホセ・トレヴィーノ *Jose Trevino*

第1捕手定着のチャンスが訪れたナイスガイ　キャッチャー

29歳 1992.11.28生 | 180cm | 95kg | 右投右打　盗塁阻止率／.091(11-1)
◆対左投手打率／.273　◆対右投手打率／.233
◆ホーム打率／.176　◆アウェー打率／.310　◆得点圏打率／.214
◆20年のポジション別出場数／キャッチャー=21、DH=3、ファースト=1
◆Ⓓ2014⑥レンジャーズ　◆㊥テキサス州
◆㊎57万500ドル(約5990万円)+α

ミート 2　パワー 2　走塁 2　守備 4　肩 4

マイナー時代に2度のゴールドグラブ受賞経験を持つ、守備力と強肩がウリの捕手。打撃が課題だったが、メジャー昇格以降、捕手としては及第点の数字を残し、ロースターに定着した。昨季は手首のケガもあり、出場機会が限られたが、順調ならば今季は第1捕手候補筆頭として開幕を迎えそうだ。毎年感謝祭からクリスマスシーズンにかけて、チャリティ目的のコメディショーやトイドライブイベントを主催。SNSでも積極的にプレゼント企画をしているナイスガイで、昨年はグラウンド内外での精力的な働きが評価され、全米野球記者協会の地元支部が選ぶ、ハーデストワーキングマン賞を受賞した。2018年6月10日に長男が誕生。その5日後にメジャーデビューしている。

カモ M·ゴンザレス(マリナーズ).500(6-3)0本　苦手 J·ダン(マリナーズ).000(3-0)0本

年度	所属チーム	試合数	打数	得点	安打	二塁打	三塁打	本塁打	打点	四球	三振	盗塁	盗塁死	出塁率	OPS	打率
2018	レンジャーズ	3	8	0	2	0	0	0	3	0	1	0	0	.250	.500	.250
2019	レンジャーズ	40	120	18	31	9	0	2	13	3	27	0	0	.272	.655	.258
2020	レンジャーズ	24	76	10	19	8	0	2	9	3	15	0	0	.280	.715	.250
通算成績		67	204	28	52	17	0	4	25	6	43	0	0	.274	.671	.255

5 ウィリー・カルフーン *Willie Calhoun*

昨季は顔面死球に故障と、踏んだり蹴ったり　DH レフト

27歳 1994.11.4生 | 173cm | 91kg | 右投左打
◆対左投手打率／.368　◆対右投手打率／.148
◆ホーム打率／.239　◆アウェー打率／.148　◆得点圏打率／.250
◆20年のポジション別出場数／DH=21、レフト=8
◆Ⓓ2015④ドジャース　◆㊥カリフォルニア州
◆㊎57万500ドル(約5990万円)+α

ミート 3　パワー 4　走塁 2　守備 2　肩 3

2017年7月に、ダルビッシュ有との1対3のトレードでレンジャーズに移籍した一人。小柄だが体幹が強く、飛距離を生み出せるスラッガータイプ。17年に3Aで31本塁打を放った長打力を開花させると、一昨年、ついにメジャーで21本塁打を放ち、頭角を現した。昨季はさらなる成長を期待されていたが、3月のオープン戦で顔面死球を受けて、あごを骨折手術。以前はフェイスガード付きのヘルメットを着用していたが、「打ちづらい」と外した結果、ピンポイントで不運に見舞われた。開幕後もハムストリングの負傷でIL(故障者リスト)入りするなど、総じてアンラッキーな1年となった。しかし、再建期のチームにおいて期待はなお大きく、今季改めて打の実力を証明したいところだ。

カモ A·ヒーニー(エンジェルス).500(8-4)1本　苦手 J·アーキーディ(アストロズ).000(7-0)0本

年度	所属チーム	試合数	打数	得点	安打	二塁打	三塁打	本塁打	打点	四球	三振	盗塁	盗塁死	出塁率	OPS	打率
2017	レンジャーズ	13	34	3	9	0	0	1	4	2	7	0	0	.324	.677	.265
2018	レンジャーズ	35	99	8	22	5	0	2	11	6	24	0	0	.269	.602	.222
2019	レンジャーズ	83	309	51	83	14	1	21	48	23	53	0	0	.323	.848	.269
2020	レンジャーズ	29	100	3	19	2	1	1	13	5	17	0	0	.231	.491	.190
通算成績		160	542	65	133	21	2	25	76	36	101	0	0	.297	.726	.245

15 打撃覚醒が待ち望まれる ニック・ソラック *Nick Solak*

セカンド

26歳 1995.1.11生 | 180cm | 84kg | 右投右打
◆対左投手打率／.313 ◆対右投手打率／.246
◆ホーム打率／.290 ◆アウェー打率／.248 ◆得点圏打率／.351
◆20年のポジション別出場数／レフト=29、セカンド=17、センター=13、DH=5、ファースト=1
◆ⓓ2016②ヤンキース ◆ⓢイリノイ州
◆ⓝ57万500ドル(約5990万円)+α

ミート 3 パワー 3 走塁 4 守備 3 肩 3

セカンドのレギュラー奪取を目指す、球団の期待が大きい選手。2019年7月にレイズ傘下からトレード移籍。同年、3Aで115試合に出場し、打率2割8分9厘、27本塁打、74打点をマークした打撃が最大の魅力。メジャー1年目に比べると成績が落ち着いた印象もあるが、セカンドに加え、苦手な外野守備に挑戦した影響もあるだろう。19年の「スタットキャスト」の「スプリントランキング」では、DH部門メジャー1位（全体65位）に位置しており、地の脚力はある。昨年8月9日のエンジェルス戦では、ライト最深部に放った打球が、相手のグラブの中で暴れてスタンドインする珍事があった。一度は本塁打と判定されたものの、のちにエラーに訂正され、1本損をした。

カモ Z・グリンキー(アストロズ)(3-3)0本 苦手 J・アーキーディ(アストロズ).167(6-1)0本

年度	所属チーム	試合数	打数	得点	安打	二塁打	三塁打	本塁打	打点	四球	三振	盗塁	盗塁死	出塁率	OPS	打率
2019	レンジャーズ	33	116	19	34	6	1	5	17	15	29	2	0	.393	.884	.293
2020	レンジャーズ	58	209	27	56	10	0	2	23	18	42	7	1	.326	.671	.268
通算成績		91	325	46	90	16	1	7	40	33	71	9	1	.351	.747	.277

12 3度の30本塁打を記録した「ザ・一発屋」 ロウグネッド・オドーア *Rougned Odor*

サード セカンド

27歳 1994.2.3生 | 180cm | 91kg | 右投左打
◆対左投手打率／.104 ◆対右投手打率／.200
◆ホーム打率／.176 ◆アウェー打率／.156 ◆得点圏打率／.238
◆20年のポジション別出場数／セカンド=37、DH=1
◆ⓓ2011㊕レンジャーズ ◆ⓢベネズエラ
◆ⓝ1200万ドル(約12億6000万円)

ミート 2 パワー 5 走塁 4 守備 3 肩 4

同僚のジョーイ・ギャロとともに、三振と本塁打を量産する一発屋。まるでゴルフのドライバーでも握っているかのようなアッパースイングで、驚愕(きょうがく)の本塁打を放つ。一昨年は30本塁打を達成したが、打率、三振ともにメジャーワースト。打撃だけではなく、守備も光と闇を併せ持つ体質で、華麗なバックハンドトスやパワフルなスローイングを見せる一方、これまで4度のリーグ最多失策（二塁手）を記録している。昨季序盤は目の感染症に苦しみ、調子が上がらなかったが、IL入りして治療に専念すると状態は上向きになり、9月には7本塁打を放った。良くも悪くも華のあるプレーヤーではあるが……。

カモ F・モンタス(アスレティックス).455(11-5)1本 苦手 C・バシット(アスレティックス).111(9-1)0本

年度	所属チーム	試合数	打数	得点	安打	二塁打	三塁打	本塁打	打点	四球	三振	盗塁	盗塁死	出塁率	OPS	打率
2014	レンジャーズ	114	386	39	100	14	7	9	48	17	71	4	7	.297	.698	.259
2015	レンジャーズ	120	426	54	111	21	9	16	61	23	79	6	7	.316	.781	.261
2016	レンジャーズ	150	605	89	164	33	4	33	88	19	135	14	7	.296	.798	.271
2017	レンジャーズ	162	607	79	124	21	3	30	75	32	162	15	6	.252	.649	.204
2018	レンジャーズ	129	474	76	120	23	2	18	63	43	127	12	12	.326	.751	.253
2019	レンジャーズ	145	522	77	107	30	1	30	93	52	178	11	9	.283	.721	.205
2020	レンジャーズ	38	138	15	23	4	0	10	30	7	47	0	1	.209	.623	.167
通算成績		858	3158	429	749	146	26	146	458	193	799	62	49	.289	.728	.237

21 ケガさえなければ、オールスター級の資質
デイヴィッド・ダール *David Dahl*

センター　移籍

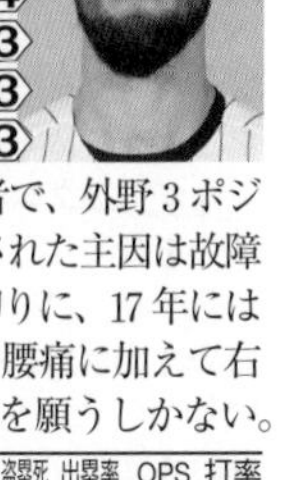

27歳 1994.4.1生 | 188cm | 89kg | 右投左打 対左.156 対右.197 ホ.161 ア.226 得.316 ド2012①ロッキーズ 出アラバマ州 年270万ドル(約2億8350万円)

ミ4 パ4 走3 守3 肩3

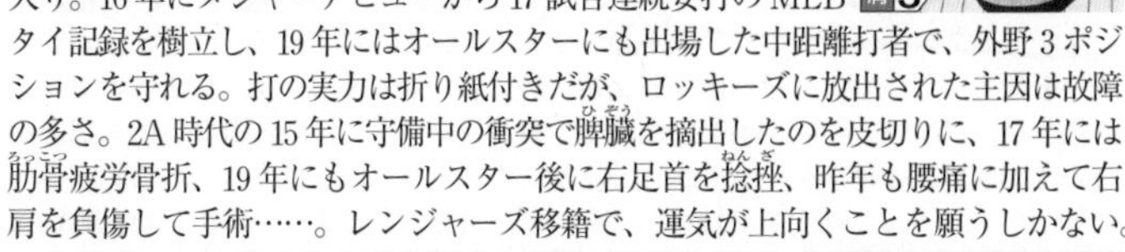

昨季までロッキーズでプレーしていたケガの多い外野手。2012年のドラフトで、ロッキーズから1巡目に指名され、プロ入り。16年にメジャーデビューから17試合連続安打のMLBタイ記録を樹立し、19年にはオールスターにも出場した中距離打者で、外野3ポジションを守れる。打の実力は折り紙付きだが、ロッキーズに放出された主因は故障の多さ。2A時代の15年に守備中の衝突で脾臓(ひぞう)を摘出したのを皮切りに、17年には肋骨(ろっこつ)疲労骨折、19年にもオールスター後に右足首を捻挫(ねんざ)、昨年も腰痛に加えて右肩を負傷して手術……。レンジャーズ移籍で、運気が上向くことを願うしかない。

年度	所属チーム	試合数	打数	得点	安打	二塁打	三塁打	本塁打	打点	四球	三振	盗塁	盗塁死	出塁率	OPS	打率
2020	ロッキーズ	24	93	9	17	2	2	0	9	4	28	1	0	.222	.470	.183
通算成績		264	938	149	268	53	14	38	142	66	265	15	7	.334	.828	.286

30 待ちに待った出番がやって来た一塁手
ネイト・ロウ *Nate Lowe*

ファースト　移籍

26歳 1995.7.7生 | 193cm | 100kg | 右投左打 対左.133 対右.250 ホ.281 ア.171 得.235 ド2016⑬レイズ 出ヴァージニア州 年57万500ドル(約5990万円)+α

ミ3 パ4 走2 守2 肩3

昨年12月にレイズからトレード移籍した一塁手。2019年には3Aで93試合に出場し、打率2割8分9厘、27本塁打、出塁率4割2分1厘を記録し、メジャーでも7本塁打を放ったが、チーム事情もあって、多くの出場機会を得ることはできなかった。コンパクトかつ長打力のあるスイングが持ち味で、出塁率と長打を両立できるタイプ。レンジャーズの選手層ならば、フルシーズンの定位置確保も狙えるだろう。16年のドラフト13巡目でレイズに指名されたが、3歳下の弟ジョシュも同年に同じレイズから、1巡目で指名された将来有望な外野手。今季中のメジャーデビューが濃厚だ。

年度	所属チーム	試合数	打数	得点	安打	二塁打	三塁打	本塁打	打点	四球	三振	盗塁	盗塁死	出塁率	OPS	打率
2020	レイズ	21	67	10	15	2	0	4	11	9	28	1	0	.316	.749	.224
通算成績		71	219	34	55	10	0	11	30	22	78	1	0	.322	.770	.251

11 左投手がまったく打てないが、開脚は見事
ロナルド・グーズマン *Ronald Guzman*

ファースト

27歳 1994.10.20生 | 196cm | 107kg | 左投左打 対左.167 対右.267 ホ.229 ア.267 得.214 ド2011外レンジャーズ 出ドミニカ 年57万500ドル(約5990万円)+α

ミ2 パ4 走2 守4 肩2

2018年にメジャーデビューを果たし、4年目のシーズンを迎える大柄な一塁手。打率は決して高くないものの、じっくりとボールを見るタイプで、出塁率は3年連続の3割台。ある程度、安定したバットマンといえる。ただ、それは対右投手に限定した場合。左投手はかなり苦手としており、キャリアを通して、打率1割7分7厘とまったく使い物にならないことが判明している。現状は辛くも「抑えの戦力」だが、体格的にはもう少し本塁打が出てもいい。際どいタイミングの一塁送球を受ける際の、大開脚キャッチは美技。「マン・オブ・ストレッチ」として喝采(かっさい)を浴びている。

年度	所属チーム	試合数	打数	得点	安打	二塁打	三塁打	本塁打	打点	四球	三振	盗塁	盗塁死	出塁率	OPS	打率
2020	レンジャーズ	26	78	10	19	1	1	4	9	7	24	1	0	.314	.750	.244
通算成績		236	721	90	166	39	3	30	103	72	232	3	2	.308	.725	.230

対左=対左投手打率　対右=対右投手打率　ホ=ホーム打率　ア=アウェー打率　得=得点圏打率

野手

71 アンダーソン・テヘーダ *Anderson Tejeda*

粗さは残るが、一級品のプロスペクト

ユーティリティ　ルーキー

23歳 1998.5.1生 | 183cm | 91kg | 右投両打 対左.190 対右.278 ホ.286 ア.234 得.158 ド2014外レンジャーズ 出ドミニカ 年57万500ドル(約5990万円)+α

ミ3 パ3 走3 守3 肩4

16歳でレンジャーズとマイナー契約を結び、順調に成長してきたプロスペクト（有望株）。昨年8月にメジャーデビュー。マイナーでの成績はそこそこで、本格化はまだ先と思われていたが、アグレッシブかつしなやかなバッティングで3本塁打を放つなど、素質の高さを証明した。9月17日のエンジェルス戦で放った一発は、昨季のチームトップの飛距離（137メートル）。遊撃守備はエラーが目立つが、深い位置からの送球をはじめ、パワフルな動きを見せており、見どころは十分。課題は左投手への対応。一昨年からアマチュア時代の両打ちに戻し、右打席での左投手攻略に取り組んでいる。

年度	所属チーム	試合数	打数	得点	安打	二塁打	三塁打	本塁打	打点	四球	三振	盗塁	盗塁死	出塁率	OPS	打率
2020	レンジャーズ	23	75	7	19	4	1	3	8	2	30	4	1	.273	.726	.253
通算成績		23	75	7	19	4	1	3	8	2	30	4	1	.273	.726	.253

55 サム・ハフ *Sam Huff*

悩ましいほどの打力を持つ若手捕手

キャッチャー　ルーキー

23歳 1998.1.14生 | 196cm | 109kg | 右投右打 盗塁阻止率／.000(2-0) 対左.286 対右.375 ホ.385 ア.333 得.250 ド2016⑦レンジャーズ 出アリゾナ州 年57万500ドル(約5990万円)+α

ミ3 パ3 走2 守2 肩4

2019年に1Aで好記録を残し、同年のフューチャーズ・ゲームでもツーランをかっ飛ばしてMVPを受賞した打てるキャッチャー。昨年、メジャーに昇格すると、10試合の出場ながら、打率3割5分5厘、3本塁打と非凡な打撃を見せ、鮮烈なデビューを果たした。課題はディフェンス面だ。マイナー時代はJ.T.リアルミュートのプレー動画を見て、守備力の向上に励(はげ)んでいたが、まだまだ修業が必要な段階。今後、ファーストやDHで起用し、打力を伸ばす道もあるが、打てる捕手として育てることも可能。どちらにしても、今後、チーム再建の柱になるであろうダイヤモンドの原石だ。

年度	所属チーム	試合数	打数	得点	安打	二塁打	三塁打	本塁打	打点	四球	三振	盗塁	盗塁死	出塁率	OPS	打率
2020	レンジャーズ	10	31	5	11	3	0	3	4	2	11	0	0	.394	1.136	.355
通算成績		10	31	5	11	3	0	3	4	2	11	0	0	.394	1.136	.355

– ジョシュ・ヤング *Josh Jung*

サード　期待度 A⁻　ルーキー

23歳 1998.2.12生 | 188cm | 98kg | 右投右打 ◆一昨年はルーキー級、1Aでプレー ド2019①レンジャーズ 出テキサス州

2019年のドラフト1巡目（全体8位）で指名された、地元テキサス工科大学出身のスター候補。同年、ルーキーリーグでのプロ初打席で、本塁打を放っている。確実性の高いバッティングが評価されている中距離ヒッターで、球団は近い将来、サードのレギュラーとして活躍することを期待している。

– ジョナ・ハイム *Jonah Heim*

キャッチャー　期待度 B⁺　移籍　ルーキー

26歳 1995.6.27生 | 193cm | 100kg | 右投両打 ◆昨季はメジャーで13試合出場 ド2013④オリオールズ 出ニューヨーク州

バックアップ捕手としてメジャー定着を狙う、昨年8月にアスレティックスでメジャーデビューした捕手のホープ。オフのトレードで、レンジャーズに移籍。守備面ではボールブロックと盗塁阻止能力が高く、リードも的確。打者としては本塁打をたくさん打つパワーはないが、二塁打をよく打つ。

対左=対左投手打率　対右=対右投手打率　ホ=ホーム打率　ア=アウェー打率　得=得点圏打率
ド=ドラフトデータ　出=出身地　年=年俸
※昨季、マイナーリーグは中止

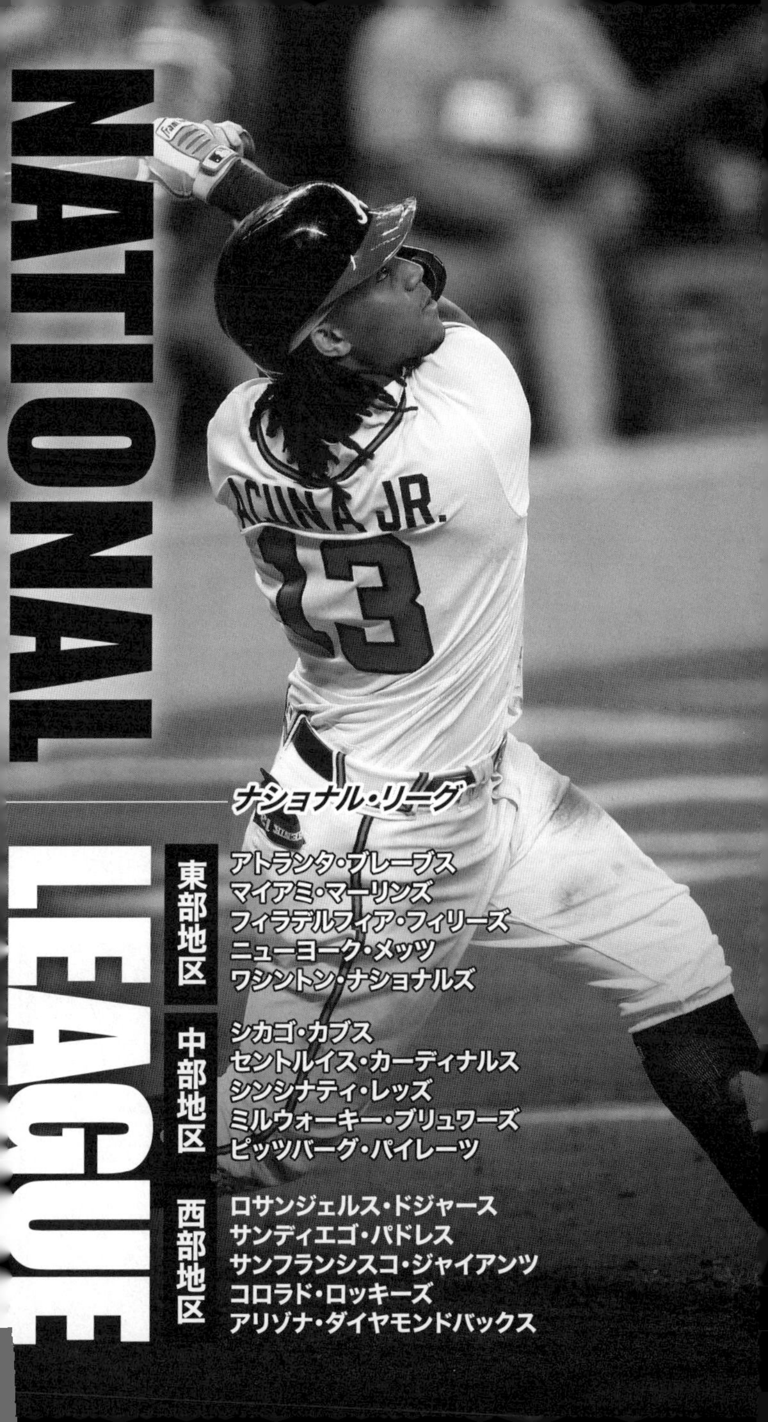

NATIONAL LEAGUE

ナショナル・リーグ

東部地区

アトランタ・ブレーブス
マイアミ・マーリンズ
フィラデルフィア・フィリーズ
ニューヨーク・メッツ
ワシントン・ナショナルズ

中部地区

シカゴ・カブス
セントルイス・カーディナルス
シンシナティ・レッズ
ミルウォーキー・ブリュワーズ
ピッツバーグ・パイレーツ

西部地区

ロサンジェルス・ドジャース
サンディエゴ・パドレス
サンフランシスコ・ジャイアンツ
コロラド・ロッキーズ
アリゾナ・ダイヤモンドバックス

NATIONAL LEAGUE

		略記	
EAST	ATLANTA BRAVES	ATL	ブレーブス
	MIAMI MARLINS	MIA	マーリンズ
	PHILADELPHIA PHILLIES	PHI	フィリーズ
	NEW YORK METS	NYM	メッツ
	WASHINGTON NATIONALS	WSH	ナショナルズ
CENTRAL	CHICAGO CUBS	CHC	カブス
	ST. LOUIS CARDINALS	STL	カーディナルス
	CINCINNATI REDS	CIN	レッズ
	MILWAUKEE BREWERS	MIL	ブリュワーズ
	PITTSBURGH PIRATES	PIT	パイレーツ
WEST	LOS ANGELES DODGERS	LAD	ドジャース
	SAN DIEGO PADRES	SD	パドレス
	SAN FRANCISCO GIANTS	SF	ジャイアンツ
	COLORADO ROCKIES	COL	ロッキーズ
	ARIZONA DIAMONDBACKS	ARI	ダイヤモンドバックス

アトランタ・ブレーブス

◆創　立：1871年
◆本拠地：ジョージア州アトランタ市
◆ワールドシリーズ制覇：3回／◆リーグ優勝：17回
◆地区優勝：20回／◆ワイルドカード獲得：2回

主要オーナー　リバティ・メディア社（総合メディア企業）

過去5年成績

年度	勝	負	勝率	ゲーム差	地区順位	ポストシーズン成績
2016	68	93	.422	26.5	⑤	—
2017	72	90	.444	25.0	③	—
2018	90	72	.556	(8.0)	①	地区シリーズ敗退
2019	97	65	.599	(4.0)	①	地区シリーズ敗退
2020	**35**	**25**	**.583**	**(4.0)**	①	**リーグ優勝決定シリーズ敗退**

監督　43 ブライアン・スニッカー Brian Snitker

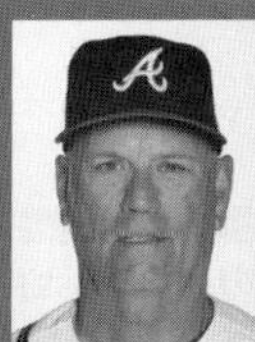

◆年　　齢…………66歳（イリノイ州出身）
◆現役時代の経歴…メジャーでのプレー経験なし（キャッチャー）
◆監督経歴…………5シーズン　ブレーブス（2016～）
◆通算成績…………353勝317敗（勝率.527）最優秀監督1回（18年）

選手たちのやる気を引き出すのが上手な2018年の最優秀監督。昨季も地区優勝を果たし、1999年以来となるワールドシリーズ進出に、あと1勝までせまったが、リーグ優勝決定シリーズでドジャースに敗れた。現役時代は捕手。マイナーでプレーしていた25歳のときに、当時球団幹部だったハンク・アーロンからクビを通告されたが、それと一緒にマイナーのコーチ職も与えられた。そこから指導者としての実績を積み重ね、16年の途中にブレーブスの監督に就任。

注目コーチ　37 ロン・ワシントン Ron Washington

三塁ベースコーチ。69歳。8シーズン（2007～14年）、レンジャーズで監督を務め、チームは2度ワールドシリーズに進出。通算664勝はレンジャーズ歴代監督で1位。

編成責任者　アレックス・アンソポウロス Alex Anthopoulos

44歳。カナダ出身。同国に本拠を置くブルージェイズのGMを務めたあと、ドジャースの組織で働き、2017年11月、ブレーブスのGMに就任。結果を出し続けている。

スタジアム　トゥルーイスト・パーク Truist Park

◆開 場 年…………2017年
◆仕　　様…………天然芝
◆収容能力…………41,084人
◆フェンスの高さ …3.4～4.6m
◆特　　徴…………2017年に開場した、ナショナル・リーグの中では最も新しい球場。右打者に比べ、左打者にホームランが出やすい形状になっている。また、客席とフィールドの距離が近く、その分、ファウルテリトリーが狭くなっている。

ニュートラルパーク

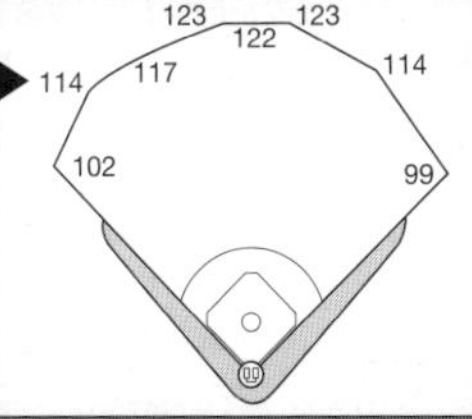

Best Order

［ベストオーダー］

①ロナルド・アクーニャ・ジュニア……ライト
②ダンズビー・スワンソン……ショート
③フレディ・フリーマン……ファースト
④マーセル・オズーナ……DH
⑤トラヴィス・ダーノウ……キャッチャー
⑥オズィー・オルビーズ……セカンド
⑦オースティン・ライリー……レフト
⑧クリスチャン・パチェ……センター
⑨ヨハン・カマーゴ……サード

Depth Chart

［ポジション別選手層・メンバーリスト］

※2021年2月12日時点の候補選手。数字は背番号（開幕前に変更する場合もあり）、右・左等は投・打の順。

※ナショナル・リーグでは今季、DH制が不採用の可能性あり。

センター
14 **クリスチャン・パチェ［右・右］**
13 ロナルド・アクーニャ・ジュニア［右・右］
11 エンダー・インシアーテ［左・左］

レフト
27 **オースティン・ライリー［右・右］**
17 ヨハン・カマーゴ［右・両］

ライト
13 **ロナルド・アクーニャ・ジュニア［右・右］**
11 エンダー・インシアーテ［左・左］

ショート
7 **ダンズビー・スワンソン［右・右］**
17 ヨハン・カマーゴ［右・両］

セカンド
1 **オズィー・オルビーズ［右・両］**
17 ヨハン・カマーゴ［右・両］

ローテーション
54 マックス・フリード［左・左］
50 チャーリー・モートン［右・右］
40 マイク・ソロカ［右・右］
48 イアン・アンダーソン［右・右］
— ドルー・スマイリー［左・左］
30 カイル・ライト［右・右］

サード
17 **ヨハン・カマーゴ［右・両］**
27 オースティン・ライリー［右・右］

ファースト
5 **フレディ・フリーマン［右・左］**
27 オースティン・ライリー［右・右］

キャッチャー
16 **トラヴィス・ダーノウ［右・右］**
12 アレックス・ジャクソン［右・右］
60 ウィリアム・コントレラス［右・右］

DH
20 **マーセル・オズーナ［右・右］**
27 オースティン・ライリー［右・右］

ブルペン
51 ウィル・スミス［左・右］CL
55 クリス・マーティン［右・右］
77 ルーク・ジャクソン［右・右］
33 A.J.ミンター［左・左］
68 タイラー・マツェック［左・左］
75 グラント・デイトン［左・左］
73 ハンサー・イノア［右・右］
46 ブライス・ウィルソン［右・右］
71 ジェイコブ・ウェッブ［右・右］
15 ショーン・ニューカム［左・左］
38 ジョシュ・トムリン［右・右］

※CL＝クローザー

ブレーブス試合日程……＊はアウェーでの開催

4月1・3・4	フィリーズ＊
5・6・7	ナショナルズ＊
9・10・11	フィリーズ
12・13・14・15	マーリンズ
16・17・18	カブス＊
20・21	ヤンキース＊
23・24・25	ダイヤモンドバックス
26・27・28・29	カブス
30・5月1・2	ブルージェイズ＊
4・5・6	ナショナルズ＊
7・8・9	フィリーズ
11・12・13	ブルージェイズ
14・15・16	ブリュワーズ＊
17・18・19	メッツ
20・21・22・23	パイレーツ
25・26	レッドソックス＊
28・29・30	メッツ＊
31・6月1・2・3	ナショナルズ
4・5・6	ドジャース
8・9・10	フィリーズ＊
11・12・13	マーリンズ＊
15・16	レッドソックス
17・18・19・20	カーディナルス
21・22・23	メッツ＊
24・25・26・27	レッズ＊
29・30・7月1	メッツ
2・3・4	マーリンズ

球団メモ　今年1月、チームOBのハンク・アーロンが死去。享年86。755本塁打（MLB歴代2位）、2297打点（同1位）、3771安打（同3位）。背番号「44」はブレーブスの永久欠番。

Analysis 矢印⬆↗➡↘⬇は、昨季終了時との比較 [戦力分析]

■投手力↗…★★★½☆【昨年度チーム防御率4.41、リーグ7位年】

昨季は先発防御率がリーグワーストの5.51。リリーフ防御率がリーグ2位だったブルペンの踏ん張りがなければ、たいへんなことになっていた。そのためオフに、モートン、スマイリーを好待遇で迎え入れ、ローテーションを再整備している。ブルペンからはメランソンが去ったが、マーティン、ミンターらがおり、依然強力。昨季調整に失敗したスミスの復調も期待できる。

■攻撃力➡…★★★★½【昨年度チーム得点348、リーグ2位】

昨季のチーム得点は、トップのドジャースに1点及ばなかったが、堂々のリーグ2位。MVPのフリーマン、天性の打撃センスを備えたアクーニャ・ジュニア、全盛期を迎えつつあるスワンソン、シルバースラッガー賞に輝いたダーノウ、そして残留した二冠王オズーナと、怖いバッターが居並ぶ打線は相手チームにとって脅威だ。チーム2位の本塁打を放ったデュヴォールが抜けたものの、アクーニャ・ジュニアからは、今季さらに覚醒する気配がただよっている。

■守備力➡…★★★½☆【昨年度チーム失策数34、リーグ6位】

オルビーズ、スワンソンの二遊間は堅守。フリーマンの一塁守備も、相変わらず安定感がある。外野ではアクーニャ・ジュニアが、ゴールドグラブ賞を狙える位置にいる。ただ、攻撃型捕手ダーノウの守備には多くを期待できない。

■機動力➡…★★★½☆【昨年度チーム盗塁数23、リーグ9位タイ】

長打がガンガン出る打線で、機動力を使わずとも得点できるが、スピードのある選手は結構多い。昨季の盗塁成功率は85.2%で、リーグトップだった。

先発陣が崩れても、それを取り返す強力打線が最大の魅力。ブルペンも安定している。オフに弱点の先発を補強し、今季も優勝候補の筆頭だ。昨季はリーグ優勝決定シリーズで、ドジャースを3勝1敗まで追い詰めた。すでに頂点に立つ戦力はある。

IN 主な入団選手

投手
チャーリー・モートン⬅レイズ
ドルー・スマイリー⬅ジャイアンツ

野手
ジャック・メイフィールド⬅アストロズ

OUT 主な退団選手

投手
ダレン・オデイ➡ヤンキース
コール・ハメルズ➡所属先未定
マーク・メランソン➡所属先未定

野手
ニック・マーケイキス➡所属先未定
アダム・デュヴォール➡所属先未定
アデイニー・エチェバリア➡千葉ロッテ

5·6·7	パイレーツ*	6·7·8	ナショナルズ	7·8·9	ナショナルズ
9·10·11	マーリンズ*	10·11·12	レッズ	10·11·12	マーリンズ
13	オールスターゲーム	13·14·15	ナショナルズ*	14·15·16	ロッキーズ
16·17·18	レイズ	16·17·18	マーリンズ*	17·18·19	ジャイアンツ*
19·20·21	パドレス	20·21·22	オリオールズ*	20·21·22·23	ダイヤモンドバックス*
22·23·24·25	フィリーズ*	23·24	ヤンキース	24·25·26	パドレス*
26·27·28·29	メッツ*	27·28·29	ジャイアンツ	28·29·30	フィリーズ
30·31·**8**月1	ブリュワーズ	30·31·**9**月1	ドジャース*	**10**月1·2·3	メッツ
3·4·5	カーディナルス*	2·3·4·5	ロッキーズ*		

球団メモ ナックルボーラーとして48歳まで投げ、通算318勝をマークしたフィル・ニークロが、昨年12月に死去した。享年81。背番号「35」はブレーブスの永久欠番。

投手

サイ・ヤング賞を狙える実力

先発

54 マックス・フリード
Max Fried

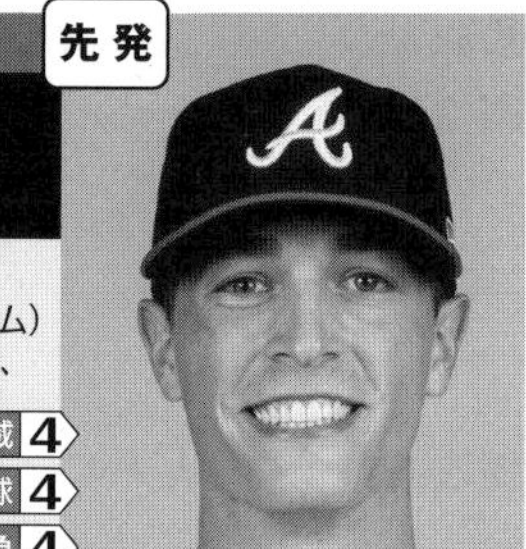

27歳 1994.1.18生 | 193cm | 86kg | 左投左打
◆速球のスピード／150キロ台前半(フォーシーム、ツーシーム)
◆決め球と持ち球／☆カーブ、◎フォーシーム、◎スライダー、○ツーシーム、○チェンジアップ
◆対左打者被打率／.220 ◆対右打者被打率／.209
◆ホーム防御率／2.73 ◆アウェー防御率／1.71
◆ドラフトデータ／2012①パドレス
◆出身地／カリフォルニア州
◆年俸／350万ドル(約3億6750万円)
◆ゴールドグラブ賞1回(20年)

球威 4
制球 4
緩急 4
守備・牽制 5
度胸 5

2年連続でブレイクし、サイ・ヤング賞を争うレベルの投手に成長したサウスポー。右打者をどう封じるかが課題だったが、フォーシームとカーブを高低に投げ分ける攻めのピッチングを見せたことが功を奏して、昨年は右打者に対する被打率が一気に2割0分9厘まで落ちた。

昨季は走者を出すと制球が良くなるため、2度目の登板から6試合連続で相手打線を無失点ないし1失点に抑え、7試合目を終えた8月26日時点の防御率は1.35。サイ・ヤング賞候補の一角に名を連ねた。しかし、9月上旬に腰を痛めて10日間IL（故障者リスト）入り。それが響いて後退を余儀なくされた。復帰後はポストシーズンを見据(みす)えてマインドセット。レッズと対戦したポストシーズンの初戦では、サイ・ヤング賞のバウアーとの投げ合いになったが、持ち前の粘りのピッチングで7回を無失点に抑え、これが延長13回サヨナラ勝ちの礎(いしずえ)となった。昨季は守備でも活躍。守備で防いだ失点（DRS）が5つあったため、初めてゴールドグラブ賞に輝いた。

ホワイトソックスのエース、ルーカス・ジオリートは、高校時代のチームメートで現在も兄弟分の仲。壁に突き当たっていたジオリートが、2018年のオフに自己改造に取り組んでいたときは、乞われてトレーニングパートナーになり、助言し合いながら、レベルアップを図った。その結果、翌年（19年）両者ともに大化けし、2人の仲がクローズアップされた。

ロサンジェルスの経済的に恵まれたユダヤ系の家庭で育ち、早い時期から元ドジャースのレジー・スミス（巨人にも2年在籍）が経営するベースボール・アカデミーに通って、ピッチャーとして成長。高校卒業時のドラフト（12年）でパドレスから1巡目、全体の7番目で指名を受け、プロ入りした。ちなみにジオリートも同じドラフトで、ナショナルズから1巡目、全体の16番目で指名され、プロ入りしている。

カモ P·アロンゾ(メッツ).083(12-1)1本 R·クイン(フィリーズ).000(6-0)0本
苦手 J·リアルミュート(フィリーズ).389(18-7)2本 S·キンガリー(フィリーズ).400(15-6)2本

年度	所属チーム	勝利	敗戦	防御率	試合数	先発	セーブ	投球イニング	被安打	失点	自責点	被本塁打	与四球	奪三振	WHIP
2017	ブレーブス	1	1	3.81	9	4	0	26.0	30	15	11	3	12	22	1.62
2018	ブレーブス	1	4	2.94	14	5	0	33.2	26	12	11	3	20	44	1.37
2019	ブレーブス	17	6	4.02	33	30	0	165.2	174	80	74	21	47	173	1.33
2020	ブレーブス	7	0	2.25	11	11	0	56.0	42	14	14	2	19	50	1.09
通算成績		26	11	3.52	67	50	0	281.1	272	121	110	29	98	289	1.32

投手

若い先発陣のお手本になるベテラン　先発　移籍

50 チャーリー・モートン
Charlie Morton

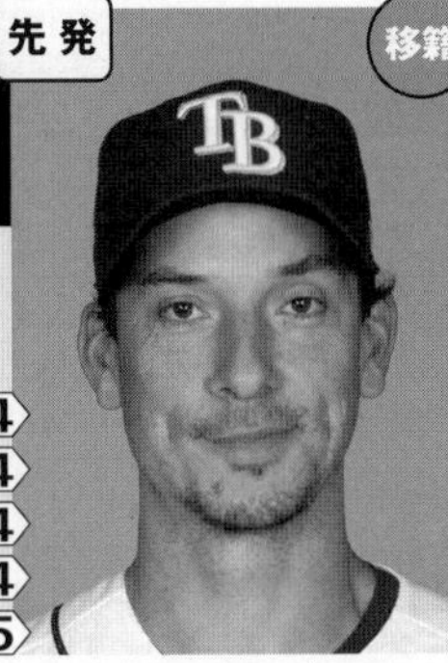

38歳 1983.11.12生 | 196cm | 98kg | 右投右打
◆速球のスピード／150キロ前後（フォーシーム、ツーシーム）
◆決め球と持ち球／◎ナックルカーブ、○フォーシーム、○スライダー、○ツーシーム、△スプリッター
◆対左打者被打率／.242　◆対右打者被打率／.304
◆ホーム防御率／6.00　◆アウェー防御率／3.18
◆ドラフトデータ／2002③ブレーブス
◆出身地／ニュージャージー州
◆年俸／1500万ドル（約15億7500万円）

球威 4
制球 4
緩急 4
守備・牽制 4
度胸 5

ブレーブス

レイズのワールドシリーズ進出に多大な貢献をしたあと、1年1500万ドルの契約で、13年ぶりにブレーブスに復帰したベテラン右腕。30代半ばになってから進化し続けている稀有（けう）な存在。昨季はレイズの開幕投手としてシーズンに入ったが、肩に張りがあり、8月9日に「肩の炎症」を理由にIL入り。8月25日に復帰したが、その後も肩の状態が万全でないため、5回を投げ切るのがやっとという状態が続いた。真価を発揮したのはポストシーズンに入ってからだ。初登板はヤンキースとの地区シリーズ最終戦。肩の状態が良くなっていたため、モートンはこのゲームで相手の強力打線を5回自責点1に抑えると、古巣アストロズとのリーグ優勝決定シリーズでは、2度先発していずれも無失点に抑え、ヒーローになった。

練習熱心で準備も万全。人柄が良く、若手の面倒見もいいため、アストロズでもレイズでも評判が良かった。ブレーブスが開幕時37歳になるモートンを、1年1500万ドルという好待遇で入団させたのも、若い投手が多い先発陣の中でリーダーシップを発揮し、好影響を与えると期待しているからだ。数球団が獲得に動いた中でモートンがブレーブスを選んだのは、自宅がフロリダ州ブラデントンにあり、ブレーブスのキャンプ施設まで55分で行けることが魅力だったようだ。家族はシンディ夫人と4人の子供たち。一番上のキャム君と3番目のベンジー君が男児で、2番目のグレイスちゃんと末っ子のエメリアちゃんが女児。趣味はギター。ギターを弾きながら作曲したオリジナル曲が、10曲以上ある。

カモ G・アーシェラ（ヤンキース）.000(9-0)0本　K・キアマイア（レイズ）.000(9-0)0本
苦手 B・ハーパー（ナショナルズ）.600(10-6)1本　C・ディッカーソン（マーリンズ）.429(14-6)2本

年度	所属チーム	勝利	敗戦	防御率	試合数	先発	セーブ	投球イニング	被安打	失点	自責点	被本塁打	与四球	奪三振	WHIP
2008	ブレーブス	4	8	6.15	16	15	0	74.2	80	56	51	9	41	48	1.62
2009	パイレーツ	5	9	4.55	18	18	0	97.0	102	49	49	7	40	62	1.46
2010	パイレーツ	2	12	7.57	17	17	0	79.2	112	79	67	15	26	59	1.73
2011	パイレーツ	10	10	3.83	29	29	0	171.2	186	82	73	6	77	110	1.53
2012	パイレーツ	2	6	4.65	9	9	0	50.1	62	30	26	5	11	25	1.45
2013	パイレーツ	7	4	3.26	20	20	0	116.0	113	51	42	6	36	85	1.28
2014	パイレーツ	6	12	3.72	26	26	0	157.1	143	76	65	9	57	126	1.27
2015	パイレーツ	9	9	4.81	23	23	0	129.0	137	77	69	13	41	96	1.38
2016	フィリーズ	1	1	4.15	4	4	0	17.1	15	8	8	1	8	19	1.33
2017	アストロズ	14	7	3.62	25	25	0	146.2	125	65	59	14	50	163	1.19
2018	アストロズ	15	3	3.13	30	30	0	167.0	130	63	58	18	64	201	1.16
2019	レイズ	16	6	3.05	33	33	0	194.2	154	71	66	15	57	240	1.08
2020	レイズ	2	2	4.74	9	9	0	38.0	43	21	20	4	10	42	1.39
通算成績		93	89	4.08	259	258	0	1439.1	1402	728	653	122	518	1276	1.33

ポストシーズンで16イニング連続無失点　先発

48 イアン・アンダーソン *Ian Anderson*

23歳 1998.5.2生 | 191cm | 77kg | 右投右打

◆速球のスピード／150キロ台前半（フォーシーム主体）
◆決め球と持ち球／◎フォーシーム、◎チェンジアップ、○カーブ
◆対左.145　◆対右.200　◆ホ防1.23　◆ア防2.55
◆ド2016①ブレーブス　◆出ニューヨーク州
◆年57万500ドル（約5990万円）+α

球威5　制球3　緩急4　守備・牽制3　度胸4

昨年8月にメジャーデビューし、公式戦で1点台の防御率（1.95）、ポストシーズンでは0点台（0.96）の防御率をマークした注目の右腕。オーバーハンドから高めに速球、低めにチェンジアップとカーブを投げ分けてくるパワーピッチャーで、一番のウリは奪三振率が高いこと。公式戦の6試合は奪三振率が11.4、ポストシーズンの4試合では11.6をマークした。中学生のとき、U-14の米国代表メンバーになり、高校卒業時に行われた2016年のドラフトで、全体の3番目に指名された野球エリート。早熟の逸材に育ったのは、父ボブさんが高名な高校野球の指導者で、小さい頃はその父から野球の基礎を叩き込まれたからだ。高校時代は父が監督を務めるシェネンドホワ高校（ニューヨーク州）のチームに入って、実戦を通じて勝つための指導を受けた。

カモ C·ディッカーソン（マーリンズ）.000（5-0）0本　**苦手** J·バーティ（マーリンズ）.800（5-4）0本

年度	所属チーム	勝利	敗戦	防御率	試合数	先発	セーブ	投球イニング	被安打	失点	自責点	被本塁打	与四球	奪三振	WHIP
2020	ブレーブス	3	2	1.95	6	6	0	32.1	21	11	7	1	14	41	1.08
通算成績		3	2	1.95	6	6	0	32.1	21	11	7	1	14	41	1.08

防御率1.00より価値あるWHIP0.62　セットアップ

55 クリス・マーティン *Chris Martin*

35歳 1986.6.2生 | 203cm | 102kg | 右投右打

◆速球のスピード／150キロ台前半（フォーシーム主体）
◆決め球と持ち球／◎フォーシーム、◎カッター、◎スプリッター、◎スライダー
◆対左.107　◆対右.147　◆ホ防1.13　◆ア防0.90
◆ド2011㊥レッドソックス　◆出テキサス州
◆年700万ドル（約7億3500万円）

球威4　制球5　緩急4　守備・牽制3　度胸3

昨年、スライダーの比率を増やして右打者を苦にしなくなり、最強のセットアッパーになった遅咲きのリリーバー。2016～17年は北海道日本ハムに所属。ウリは無駄な走者を出さないこと。昨季は防御率1.00に目が行きがちだが、本当にすごいのはWHIP0.61。これは10イニング以上投げたナショナル・リーグのリリーフ投手でベスト。これだけ出塁させない能力が高いと、本塁打以外でほとんど失点しなくなる。短所は故障の多さ。昨季は8月7日に食道痙攣（けいれん）で、9月27日には股関節痛でIL入り。2カ月弱の間に2回は多すぎ。

カモ A·ブレグマン（アストロズ）.167（6-1）0本　**苦手** G·スタントン（ヤンキース）1.000（2-2）1本

年度	所属チーム	勝利	敗戦	防御率	試合数	先発	セーブ	投球イニング	被安打	失点	自責点	被本塁打	与四球	奪三振	WHIP
2014	ロッキーズ	0	0	6.89	16	0	0	15.2	22	12	12	2	4	14	1.66
2015	ヤンキース	0	2	5.66	24	0	1	20.2	28	13	13	2	6	18	1.65
2018	レンジャーズ	1	5	4.54	46	0	0	41.2	46	21	21	5	5	37	1.22
2019	レンジャーズ	0	2	3.08	38	0	4	38.0	35	13	13	8	4	43	1.03
2019	ブレーブス	1	1	4.08	20	0	0	17.2	17	10	8	1	1	22	1.02
2019	2チーム計	1	3	3.40	58	0	4	55.2	52	23	21	9	5	65	1.02
2020	ブレーブス	1	1	1.00	19	0	1	18.0	8	3	2	1	3	20	0.61
通算成績		3	11	4.09	163	0	6	151.2	156	72	69	19	23	154	1.18

対左=対左打者被打率　対右=対右打者被打率　ホ防=ホーム防御率　ア防=アウェー防御率
ド=ドラフトデータ　出=出身地　年=年俸　カモ 苦手は通算成績

40 マイク・ソロカ *Mike Soroka*

右足首の負傷も治り、エース復帰を目指す　先発

24歳 1997.8.4生 | 196cm | 102kg | 右投右打
◆速球のスピード／150キロ前後（ツーシーム、フォーシーム）
◆決め球と持ち球／☆ツーシーム、◎スライダー、◎チェンジアップ、○フォーシーム
◆対左.308 ◆対右.130 ◆ホ防7.04 ◆ア防0.00
◆ド2015①ブレーブス
◆出カナダ

球威4 制球4 緩急3 守備・牽制4 度胸4

右足のアキレス腱を断裂したため、昨季は3試合の登板にとどまった2019年にブレイクした右腕。昨季は開幕投手に指名され、メッツ打線を6回無失点に抑える好投を見せた。事故が起きたのは3度目の登板のときで、一塁にベースカバーに行こうとマウンドを駆け下りた際、足首に激痛が走って動けなくなった。5日後に修復手術を受け、その後の経過は順調。手術から6カ月後に始まる今年の春季キャンプには、参加できる見込みだ。最近の例では、ザック・ブリットン（当時オリオールズ）が17年12月にアキレス腱を断裂しているが、6カ月で復帰しているので、無理な話ではない。ただ球団は急がない方針なので、4月下旬から5月上旬に、復帰がずれ込む可能性もある。

カモ J・マクニール(メッツ).111(9-1)0本　苦手 J・ソト(ナショナルズ).556(9-5)2本

年度	所属チーム	勝利	敗戦	防御率	試合数	先発	セーブ	投球イニング	被安打	失点	自責点	被本塁打	与四球	奪三振	WHIP
2018	ブレーブス	2	1	3.51	5	5	0	25.2	30	14	10	1	7	21	1.44
2019	ブレーブス	13	4	2.68	29	29	0	174.2	153	56	52	14	41	142	1.11
2020	ブレーブス	0	1	3.95	3	3	0	13.2	11	7	6	0	7	8	1.32
通算成績		15	6	2.86	37	37	0	214.0	194	77	68	15	55	171	1.16

33 A.J.ミンター *A.J. Minter*

先発で起用され、ドジャース打線から三振の山　セットアップ

28歳 1993.9.2生 | 183cm | 98kg | 左投左打
◆速球のスピード／150キロ台中頃（フォーシーム主体）
◆決め球と持ち球／☆スライダー、◎フォーシーム、○チェンジアップ
◆対左.250 ◆対右.176 ◆ホ防0.84 ◆ア防0.82
◆ド2015②ブレーブス ◆出テキサス州
◆年57万500ドル（約5990万円）+α

球威5 制球4 緩急3 守備・牽制4 度胸5

昨年「防御率0.83」が示す驚異的な活躍を見せ、チームの快進撃を支えたリリーフ左腕。一番のウリはピンチにめっぽう強いこと。昨季はセットアッパーだけでなく、ピンチの火消し役としても使われたが、引き継いだ走者15人のうち13人を生還させなかった（生還阻止率87%）。得点圏に走者がいる場面の被打率は1割1分1厘という低さで、満塁時は1本もヒットを許していない。もう一つのウリは、多目的に使えることだ。昨年のリーグ優勝決定シリーズ第5戦では初めて先発で起用され、速球主体のパワーピッチングでドジャースの強力打線を圧倒。3回終了までに、7三振を奪う力投を見せた。ポストシーズンでの初先発は、メジャーリーグ史上初めてのケースだった。

カモ B・ニモ(メッツ).167(6-1)0本　苦手 J・アルファーロ(マーリンズ).800(5-4)1本

年度	所属チーム	勝利	敗戦	防御率	試合数	先発	セーブ	投球イニング	被安打	失点	自責点	被本塁打	与四球	奪三振	WHIP
2017	ブレーブス	0	1	3.00	16	0	0	15.0	13	5	5	1	2	26	1.00
2018	ブレーブス	4	3	3.23	65	0	15	61.1	57	23	22	3	22	69	1.29
2019	ブレーブス	3	4	7.06	36	0	5	29.1	36	23	23	3	23	35	2.01
2020	ブレーブス	1	1	0.83	22	0	0	21.2	15	3	2	1	9	24	1.11
通算成績		8	9	3.68	139	0	20	127.1	121	54	52	8	56	154	1.39

奪三振の65%はカーブで奪ったもの

先発 ミドルリリーフ

移籍

ー ドルー・スマイリー *Drew Smyly*

32歳 1989.6.13生 | 188cm | 85kg | 左投左打 速150キロ前後(フォーシーム主体) 決◎カーブ
対左.083 対右.262 ド2010②タイガース 出アーカンソー州 年1100万ドル(約11億5500万円)

球3 制3 緩4 守・牽3 度4

1年1100万ドルの契約で入団したジャーニーマン(いくつもの球団を渡り歩く選手)の先発左腕。2017年7月にトミー・ジョン手術を受け、その後の回復も順調ではなかったため、メジャー復帰がかなったのは19年7月だった。昨季はジャイアンツで投げたが、指のケガでIL入りし、7試合の登板にとどまった。だが、奪三振率が前年(19年)の9.8から14.4に大幅アップしたこと、速球の平均球速が3キロ上がったこと、一発を食うリスクが低いことなどが評価され、今季の年俸が予想された金額の2倍以上になった。一級品のカーブがあり、昨季もそれで多くの三振を奪っている。

年度	所属チーム	勝利	敗戦	防御率	試合数	先発	セーブ	投球イニング	被安打	失点	自責点	被本塁打	与四球	奪三振	WHIP
2020	ジャイアンツ	0	1	3.42	7	5	0	26.1	20	11	10	2	9	42	1.10
通算成績		35	35	4.13	188	111	3	710.2	669	347	326	111	225	714	1.26

波乱万丈の投手人生を歩んできた苦労人

ミドルリリーフ

68 タイラー・マツェック *Tyler Matzek*

31歳 1990.10.19生 | 191cm | 104kg | 左投左打 速150キロ台前半～中頃(フォーシーム主体) 決☆フォーシーム
対左.190 対右.224 ド2009①ロッキーズ 出カリフォルニア州 年57万500ドル(約5990万円)+α

球5 制3 緩4 守・牽3 度5

5年ぶりにメジャーに復帰し、奪三振ショーを繰り広げたイップスに苦しみ抜いた投手。ロッキーズに1巡目指名され、契約金3億9000万ドル(約4億円)で入団。2014年にメジャーデビューするが、制球難で定着できず、16年に解雇された。その後、独立リーグで投げているうちにイップスが改善し、ロッキーズ時代の監督ウォルト・ワイスがベンチ・コーチを務めるブレーブスとマイナー契約。昨年のキャンプで好成績を残し、開幕メンバー入りした。好調時は、浮き上がる軌道のフォーシームとスライダーを高低に投げ分け、三振の山を築く。ボール球を振らせることに長けている。

年度	所属チーム	勝利	敗戦	防御率	試合数	先発	セーブ	投球イニング	被安打	失点	自責点	被本塁打	与四球	奪三振	WHIP
2020	ブレーブス	4	3	2.79	21	0	0	29.0	23	9	9	1	10	43	1.14
通算成績		12	15	3.84	46	24	0	168.2	164	72	72	12	73	149	1.41

ウィル・スミスがウィル・スミスに本塁打献上

セットアップ クローザー

51 ウィル・スミス *Will Smith*

32歳 1989.7.10生 | 196cm | 116kg | 左投右打 速150キロ前後(フォーシーム主体) 決◎スライダー
対左.200 対右.184 ド2008⑦エンジェルス 出ジョージア州 年1300万ドル(約13億6500万円)

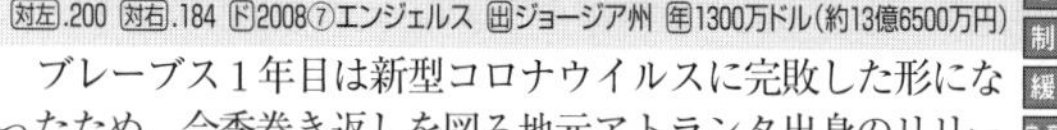

球4 制3 緩3 守・牽3 度4

ブレーブス1年目は新型コロナウイルスに完敗した形になったため、今季巻き返しを図る地元アトランタ出身のリリーフ左腕。昨季は3年3900万ドルという破格の待遇で迎えられ張り切っていたが、開幕前のPCR検査で陽性反応が出たため隔離生活を強いられた。8月9日に復帰したが、調整不足で制球が定まらず、頻繁(ひんぱん)に一発を食った。そのため9月初旬には防御率が6点台になったが、その後持ち直した。ポストシーズンでは最初の5試合を無失点に抑えたが、ドジャースとのリーグ優勝決定シリーズで、同姓同名の捕手ウィル・スミスにスリーランを打たれる屈辱を味わった。

年度	所属チーム	勝利	敗戦	防御率	試合数	先発	セーブ	投球イニング	被安打	失点	自責点	被本塁打	与四球	奪三振	WHIP
2020	ブレーブス	2	2	4.50	18	0	0	16.0	11	8	8	7	4	18	0.94
通算成績		28	24	3.56	377	17	49	426.2	374	189	169	52	153	512	1.24

速=速球のスピード 決=決め球 対左=対左打者被打率 対右=対右打者被打率
ド=ドラフトデータ 出=出身地 年=年俸

投手

46 ブライス・ウィルソン *Bryse Wilson*

魅力はカーショウに投げ勝った強心臓

先発 ロングリリーフ

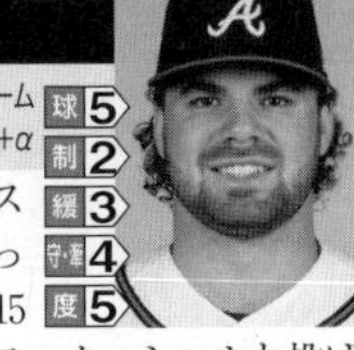

24歳 1997.12.20生 | 188cm | 102kg | 右投右打 速150キロ台前半(フォーシーム主体) 決◎フォーシーム 対左.429 対右.214 ド2016④ブレーブス 出ノースカロライナ州 年57万500ドル(約5990万円)+α

球5 制2 緩3 守・牽4 度5

2年間メジャーの壁に阻まれていたが、昨年公式戦とポストシーズンで好投し、壁を突破したと見なされるようになったピッチャーのホープ。とくに高く評価されたのは、10月15日のリーグ優勝決定シリーズ第4戦でドジャースの大エース、カーショウと投げ合ったときだ。メンタルの強いウィルソンは、ビッグネームの多いドジャース打線相手に攻めのピッチングを貫き、6回を3安打1失点に抑えて勝ち投手になった。武器は速球。通常のグリップで握っても沈む軌道になるナチュラルシンカーで、打ちにいくとゴロになりやすい。弱点は、三振を奪えるいい変化球がないこと。

年度	所属チーム	勝利	敗戦	防御率	試合数	先発	セーブ	投球イニング	被安打	失点	自責点	被本塁打	与四球	奪三振	WHIP
2020	ブレーブス	1	0	4.02	6	2	1	15.2	18	7	7	2	9	15	1.72
通算成績		3	1	5.91	15	7	1	42.2	52	30	28	7	25	37	1.80

75 グラント・デイトン *Grant Dayton*

28歳でメジャーデビューした遅咲き

ミドルリリーフ

34歳 1987.11.25生 | 188cm | 95kg | 左投左打 速140キロ台後半(フォーシーム主体) 決◎フォーシーム 対左.121 対右.257 ド2010⑪マーリンズ 出アラバマ州 年90万ドル(約9450万円)

球3 制4 緩3 守・牽3 度3

リードされている場面で起用されるミドルリリーバーの一人。ウリは左打者に強いことと、奪三振率が高いこと。弱点は一発を食いやすいこと。速球とカーブだけで投げるツーピッチ・ピッチャーで、速球とカーブを高低に投げ分けて打者の目線を狂わすことに長けている。色覚特性であるため、これまではあざやかな色を感じ取ることができなかった。それを気の毒に思っていたコーリー夫人が、エンクローマグラスという色覚補正レンズを使った特殊なメガネを購入してプレゼント。さっそく使用してみたところ、まわりの景色があざやかな色のある世界に変わったので感激していた。

年度	所属チーム	勝利	敗戦	防御率	試合数	先発	セーブ	投球イニング	被安打	失点	自責点	被本塁打	与四球	奪三振	WHIP
2020	ブレーブス	2	1	2.30	18	0	0	27.1	22	9	7	4	11	32	1.21
通算成績		3	4	3.02	86	0	0	89.1	67	34	30	17	33	105	1.12

30 カイル・ライト *Kyle Wright*

メンタル面の強化が必要な伸び悩む逸材

先発 ロングリリーフ

26歳 1995.10.2生 | 193cm | 98kg | 右投右打 速150キロ台前半(シンカー、フォーシーム) 決◎シンカー 対左.288 対右.197 ド2017①ブレーブス 出アラバマ州 年57万500ドル(約5990万円)+α

球4 制2 緩4 守・牽3 度2

3年連続でローテーション定着に失敗しているため、今季がラストチャンスになるピッチャーのホープ。昨季は先発5番手としてシーズンに入った。だが、制球難で最初の4試合は0勝3敗、防御率7.20で、待機キャンプに送り返された。しかし9月8日に復帰後の4試合は2勝1敗、防御率3.91と十分合格点のもらえる内容だった。ポストシーズンでも、10月8日にマーリンズ戦で投げたときは6回を3安打無失点に抑えたのに、10月14日のドジャース戦ではアウトを2つ取っただけで7失点KOされた。いいときと悪いときの差がこれほど極端なのは、メンタル面が弱いからだ。

年度	所属チーム	勝利	敗戦	防御率	試合数	先発	セーブ	投球イニング	被安打	失点	自責点	被本塁打	与四球	奪三振	WHIP
2020	ブレーブス	2	4	5.21	8	8	0	38.0	35	23	22	7	24	30	1.55
通算成績		2	7	6.22	19	12	0	63.2	63	45	44	13	43	53	1.66

71 ジェイコブ・ウェッブ *Jacob Webb*

打ち続く故障に歯止めをかけたい豪腕投手

ミドルリリーフ

28歳 1993.8.15生 | 188cm | 95kg | 右投右打 速150キロ前後(フォーシーム主体) 決◎フォーシーム
対左.000 対右.280 ド2014⑱ブレーブス 出カリフォルニア州 年57万500ドル(約5990万円)+α

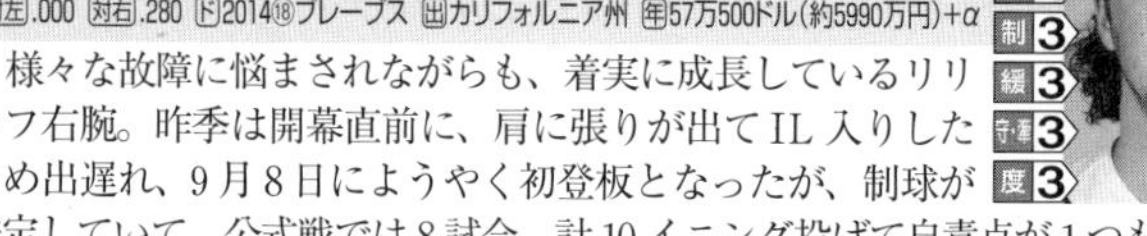

球4 制3 緩3 守・運3 度3

様々な故障に悩まされながらも、着実に成長しているリリーフ右腕。昨季は開幕直前に、肩に張りが出てIL入りしたため出遅れ、9月8日にようやく初登板となったが、制球が安定していて、公式戦では8試合、計10イニング投げて自責点が1つもなかった。ポストシーズンでも最初の2度の登板は無失点だったが、リーグ優勝決定シリーズ第7戦では、ドジャースのシーガーにシリーズ敗退を決定づけるツーランを献上してしまった。以前は速球が一番の武器だったが、ヒジや肩の故障が続いて平均球速が2キロ低下し、スピン量も落ちている。昨年からチェンジアップを多投。

年度	所属チーム	勝利	敗戦	防御率	試合数	先発	セーブ	投球イニング	被安打	失点	自責点	被本塁打	与四球	奪三振	WHIP
2020	ブレーブス	0	0	0.00	8	0	0	10.0	7	2	0	0	5	10	1.20
通算成績		4	0	1.06	44	0	2	42.1	31	12	5	4	17	38	1.13

77 ルーク・ジャクソン *Luke Jackson*

思い切った自己変革が必要な崖っぷちの右腕

ミドルリリーフ

30歳 1991.8.24生 | 188cm | 95kg | 右投右打 速150キロ台前半(フォーシーム主体) 決○カーブ
対左.375 対右.323 ド2010①レンジャーズ 出フロリダ州 年190万ドル(約1億9950万円)

球3 制2 緩2 守・運3 度2

生き残るためには今季、何が何でも好成績を出す必要がある生え抜きのリリーフ右腕。防御率が6.84まで悪くなった原因は3つある。1つは、年々スライダー依存傾向が強まり、全投球の55%を占めるまでになったのに、昨年はこのスライダーの制球に苦しみ、抜けて痛打されるケースが頻発(ひんぱつ)した。2つ目の原因は、許したランナーを返さない残塁率が、77.8%から60.5%に低下したことだ。これはピンチになると制球が甘くなることを示唆(しさ)している。3つ目は初球ストライク率の低下だ。シーズン序盤はこれが55%くらいしかなく、カウントを悪くして長打を打たれるケースが度々あった。

年度	所属チーム	勝利	敗戦	防御率	試合数	先発	セーブ	投球イニング	被安打	失点	自責点	被本塁打	与四球	奪三振	WHIP
2020	ブレーブス	2	0	6.84	19	0	0	26.1	39	23	20	2	13	20	1.97
通算成績		14	4	4.92	182	0	19	208.1	238	122	114	24	89	214	1.57

64 タッカー・デイヴィッドソン *Tucker Davidson*

先発 リリーフ　期待度 B　ルーキー

25歳 1996.3.25生 | 188cm | 98kg | 左投左打 ◆昨季メジャーでは1試合出場 ド2016⑲ブレーブス 出テキサス州

一昨年制球難を解消し、急成長しているサウスポー。以前は150キロ前後の速球とカーブ、チェンジアップのコンビネーションで投げていたが、昨年からスライダーも投げるようになり、投球の幅が広がった。すべてセットポジションから投げるため、メジャーではリリーフで起用される可能性がある。

― カイル・ムラー *Kyle Muller*

先発 リリーフ　期待度 B⁻　ルーキー

24歳 1997.10.7生 | 201cm | 113kg | 左投右打 ◆一昨年は2Aでプレー ド2016②ブレーブス 出テキサス州

高校時代、ゲータレイド全米高校最優秀選手に選ばれた左腕。プロ入り後、速球のスピードが140キロ前後まで落ちたが、トレーニング施設「ドライブライン・ベースボール」で球速回復のトレーニングを受けた結果、以前より速くなった。制球に難があり、メジャーではリリーフで使われる可能性も。

速=速球のスピード 決=決め球 対左=対左打者被打率 対右=対右打者被打率
ド=ドラフトデータ 出=出身地 年=年俸 ※昨季、マイナーリーグは中止
※メジャー経験がない投手の「先発」「リリーフ」はマイナーでの役割

野手

契約最終年の活躍が期待されるチームリーダー　ファースト

5 フレディ・フリーマン
Freddie Freeman

32歳 1989.9.12生 | 196cm | 100kg | 右投左打
◆対左投手打率／.245(53-13) ◆対右投手打率／.373(161-60)
◆ホーム打率／.337(104-35) ◆アウェー打率／.345(110-38)
◆得点圏打率／.423(52-22)
◆20年のポジション別出場数／ファースト=58、DH=2
◆ドラフトデータ／2007②ブレーブス ◆出身地／カリフォルニア州 ◆年俸／2200万ドル(約23億1000万円)
◆MVP1回(20年)、ゴールドグラブ賞1回(18年)、シルバースラッガー賞2回(19、20年)、ハンク・アーロン賞1回(20年)

ミート 5
パワー 5
走塁 3
守備 4
肩 5

ナショナル・リーグMVPに輝いた人望のある看板選手。昨季は序盤長打がほとんど出なかったが、8月中旬からエンジン全開。8月14日から18試合連続安打、1試合無安打の日を挟んで12試合連続安打を記録し、チームの快進撃を支えた。ポストシーズンではドジャースとのリーグ優勝決定シリーズで、29打数9安打（打率3割1分0厘）、本塁打2、打点6といい働きをした。打者としての最大の長所は長いスランプがなく、毎年3割前後の打率、30本塁打、100打点前後の数字を期待できる安定感。打撃の特徴はパワーヒッターなのに、グリップエンドを少し余してバットを握り、広角に弾き返すことに徹していること。そのため二塁打が多く、昨季の二塁打23はメジャー全体で最多の数字だった。

ロサンジェス近郊で生まれ育ったカリフォルニアボーイで、両親はカナダ人。10歳のとき、母ローズマリーさんをメラノーマ（皮膚癌（がん））で亡くし、父と子供3人の父子家庭で育った。高校時代は二刀流プレーヤーで、高校最後のシーズンでは投手として6勝1敗、防御率1.27、打者としては29試合に出場して打率4割1分7厘、本塁打5、打点21を記録。17歳で4割打者に成長したのは、オレンジ・エル・モデナ高校のスティーヴ・バーナード監督が、母を亡くしたトラウマを引きずるフリーマンを励（はげ）ましながら、理想的なスイングを身につけさせ、税理士をしている父フレデリックさんも仕事を抜け出して、息子の打撃練習の投手をやってくれていたからだ。

カモ Z・ウィーラー(フィリーズ).486(35-17)2本　S・ストラスバーグ(ナショナルズ).339(59-20)4本
苦手 P・コービン(ナショナルズ).182(33-6)0本　H・ネリス(フィリーズ).083(12-1)0本

年度	所属チーム	試合数	打数	得点	安打	二塁打	三塁打	本塁打	打点	四球	三振	盗塁	盗塁死	出塁率	OPS	打率
2010	ブレーブス	20	24	3	4	1	0	1	1	0	8	0	0	.167	.500	.167
2011	ブレーブス	157	571	67	161	32	0	21	76	53	142	4	4	.346	.795	.282
2012	ブレーブス	147	540	91	140	33	2	23	94	64	129	2	0	.340	.796	.259
2013	ブレーブス	147	551	89	176	27	2	23	109	66	121	1	0	.396	.897	.319
2014	ブレーブス	162	607	93	175	43	4	18	78	90	145	3	4	.386	.847	.288
2015	ブレーブス	118	416	62	115	27	0	18	66	56	98	3	1	.370	.841	.276
2016	ブレーブス	158	589	102	178	43	6	34	91	89	171	6	1	.400	.968	.302
2017	ブレーブス	117	440	84	135	35	2	28	71	65	95	8	5	.403	.989	.307
2018	ブレーブス	162	618	94	191	44	4	23	98	76	132	10	3	.388	.892	.309
2019	ブレーブス	158	597	113	176	34	2	38	121	87	127	6	3	.389	.938	.295
2020	ブレーブス	60	214	51	73	23	1	13	53	45	37	2	0	.462	1.102	.341
通算成績		1406	5167	849	1524	342	23	240	858	691	1205	45	21	.383	.892	.295

カモ 苦手 は通算成績

投 手

交際中のモデルが昨年9月男児を出産

ライト センター

13 ロナルド・アクーニャ・ジュニア
Ronald Acuna Jr.

24歳 1997.12.18生 | 183cm | 93kg | 右投右打

◆対左投手打率／.226(31-7) ◆対右投手打率／.256(129-33)
◆ホーム打率／.282(85-24) ◆アウェー打率／.213(75-16)
◆得点圏打率／.226(31-7)
◆20年のポジション別出場数／センター=34、ライト=28
◆ドラフトデータ／2014㊇ブレーブス
◆出身地／ベネズエラ
◆年俸／500万ドル(約5億2500万円)
◆盗塁王1回(19年)、シルバースラッガー賞2回(19、20年)、新人王(18年)

ミート 3
パワー 5
走塁 5
守備 5
肩 5

身体能力が抜群に高い天才肌の外野手。昨季も全試合トップバッターで起用されたが、序盤は不調だった。これは手首に痛みがあるのを、隠してプレーしていたからだ。結局8月10日にIL入りし、15日間戦列を離れた。8月26日に復帰後は快調にヒットが出ていたが、9月10日に自打球が足首を直撃。そのダメージでまたヒットが思うように出なくなった。

昨年見られた変化は、早打ちせず、じっくり見ていくことを徹底するようになったこと。その結果、カウントを悪くすることが多くなって打率が2割5分まで下がったが、四球で出塁するケースも大幅に増え、出塁率が4割を超えた（4割0分6厘）。

センターの守備はピカイチで、守備範囲が広く、強肩。ただ昨季はインシアーテが先発出場する場合はライトに回ったため、中堅手としてゴールドグラブ賞の最終候補にはなったが、受賞は逸した

ドレッドヘアがトレードマークのヤンチャなキャラクター。マイナー時代はいつもキャップを斜めにかぶっていたが、メジャーに上がる際、球団から注意され、メジャーでは真っ直ぐかぶっている。メジャーでは本塁打を打ったあとに見せるバットフリップ（バットを放り投げる行為）が、何度か物議をかもした。バットフリップはメジャーリーグの暗黙のルールでは、相手を侮辱する行為とされ、やってはいけないことの一つに数えられているが、アクーニャはそんなことなどどこ吹く風で、よく見せる。ベンチでは、いつも同年代のヒスパニック系の選手たちと固まっていて、チームのベテラン選手たちと言葉を交わすことは滅多にない。

同じベネズエラ出身のモデル、エヴァ・ルシアさんと交際中。ルシアさんは小麦色の肌をした、脚の長いグラマラスな女性。昨年9月に彼女が自身のインスタグラムで、アクーニャとの間に男の子が生まれたことを報告。

カモ S・ストラスバーグ(ナショナルズ).429(14-6)1本 P・ロペス(マーリンズ).357(14-5)2本
苦手 S・アルカンタラ(マーリンズ).000(8-0)0本 H・ネリス(フィリーズ).000(5-0)0本

年度	所属チーム	試合数	打数	得点	安打	二塁打	三塁打	本塁打	打点	四球	三振	盗塁	盗塁死	出塁率	OPS	打率
2018	ブレーブス	111	433	78	127	26	4	26	64	45	123	16	5	.366	.917	.293
2019	ブレーブス	156	626	127	175	22	2	41	101	76	188	37	9	.365	.883	.280
2020	ブレーブス	46	160	46	40	11	0	14	29	38	60	8	1	.406	.987	.250
通算成績		313	1219	251	342	59	6	81	194	159	371	61	15	.371	.909	.281

野手

7 トップ遊撃手の一人に成長 ダンズビー・スワンソン *Dansby Swanson*

ショート

27歳 1994.2.11生 | 185cm | 86kg | 右投右打
◆対左投手打率／.186 ◆対右投手打率／.294
◆ホーム打率／.345 ◆アウェー打打率／.207 ◆得点圏打率／.267
◆20年のポジション別出場数／ショート=60
◆Ⓓ2015①ダイヤモンドバックス
◆㊞ジョージア州

ミート4 パワー4 走塁4 守備5 肩5

女性ファンの多いスター内野手。昨季は開幕から、途切れることなくヒットが出てチャンスメーカーとして機能し、メジャー全体で3番目に多い49得点を記録。本塁打、二塁打もよく出たため、初めてOPSが強打者ラインである.800を超えた。ポストシーズンでは、地区シリーズで2本塁打、5打点の活躍を見せている。守備でもDRS（守備で防いだ失点）が、メジャーの遊撃手で最多の10あった。プライベートでは、2017年のオフから、女子サッカー米国代表メンバーのマローリー・ピュー選手と、行動をともにしている。

カモ Z·エフリン(フィリーズ).429(14-6)1本 苦手 Z·ウィーラー(フィリーズ).059(17-1)0本

年度	所属チーム	試合数	打数	得点	安打	二塁打	三塁打	本塁打	打点	四球	三振	盗塁	盗塁死	出塁率	OPS	打率
2016	ブレーブス	38	129	20	39	7	1	3	17	13	34	3	0	.361	.803	.302
2017	ブレーブス	144	488	59	113	23	2	6	51	59	120	3	3	.312	.636	.232
2018	ブレーブス	136	478	51	114	25	4	14	59	44	122	10	4	.304	.699	.238
2019	ブレーブス	127	483	77	121	26	3	17	65	51	124	10	5	.325	.748	.251
2020	ブレーブス	60	237	49	65	15	0	10	35	22	71	5	0	.345	.809	.274
通算成績		505	1815	256	452	96	10	50	227	189	471	31	12	.321	.717	.249

20 リーグ初のナンバーワン指名打者に輝く マーセル・オズーナ *Marcell Ozuna*

DH レフト

31歳 1990.11.12生 | 185cm | 102kg | 右投右打
◆対左投手打率／.356 ◆対右投手打率／.333
◆ホーム打率／.364 ◆アウェー打率／.314 ◆得点圏打率／.364
◆20年のポジション別出場数／DH=39、レフト=19、ライト=2
◆Ⓓ2008⑨マーリンズ ◆㊞ドミニカ ◆㊎6500万ドル(約68億2500万円)※4年総額 ◆本塁打王1回(20年)、打点王1回(20年)、ゴールドグラブ賞1回(17年)、シルバースラッガー賞2回(17,20年)

ミート4 パワー5+ 走塁3 守備3 肩5

昨季、本塁打王と打点王の二冠に輝いたスラッガー。レフトでブレーブスが獲得したが、ナショナル・リーグで特例採用された指名打者として、60試合中39試合に出場。打席の集中力が増し、同リーグ初のシルバースラッガー賞（指名打者）を受賞した。近年はお腹が出てきたが、2017年にはレフトでゴールドグラブ賞を獲得している。昨年6月、自宅で妻に石鹸置きで顔面をぶん殴られて負傷。怒ったオズーナはそのまま警察署に駆け込み、妻はDV容疑で逮捕された。これといった続報はないので、単なる夫婦ゲンカだろう。

カモ E·ヘルナンデス(マーリンズ).556(9-5)0本 苦手 D·ヘイル(フィリーズ).000(8-0)0本

年度	所属チーム	試合数	打数	得点	安打	二塁打	三塁打	本塁打	打点	四球	三振	盗塁	盗塁死	出塁率	OPS	打率
2013	マーリンズ	70	275	31	73	17	4	3	32	13	57	5	1	.303	.693	.265
2014	マーリンズ	153	565	72	152	26	5	23	85	41	164	3	1	.317	.772	.269
2015	マーリンズ	123	459	47	119	27	0	10	44	30	110	2	3	.308	.691	.259
2016	マーリンズ	148	557	75	148	23	6	23	76	43	115	0	3	.321	.773	.266
2017	マーリンズ	159	613	93	191	30	2	37	124	64	144	1	3	.376	.924	.312
2018	カーディナルス	148	582	69	163	16	2	23	88	38	110	3	0	.325	.758	.280
2019	カーディナルス	130	485	80	117	23	1	29	89	62	114	12	2	.328	.800	.241
2020	ブレーブス	60	228	38	77	14	0	18	56	38	60	0	0	.431	1.067	.338
通算成績		991	3764	505	1040	176	20	166	594	329	874	26	13	.335	.801	.276

Ⓓ=ドラフトデータ ㊞=出身地 ㊎=年俸

16 初めてシルバースラッガー賞に輝く
トラヴィス・ダーノウ *Travis d'Arnaud*

キャッチャー

32歳 1989.2.10生 | 188cm | 95kg | 右投右打 盗塁阻止率／.077(26-2)
◆対左投手打率／.235 ◆対右投手打率／.344
◆ホーム打率／.282 ◆アウェー打率／.356 ◆得点圏打率／.327
◆20年のポジション別出場数／キャッチャー=35、DH=7
◆ドラフト2007①フィリーズ ◆出カリフォルニア州
◆年800万ドル(約8億4000万円) ◆シルバースラッガー賞1回(20年)

ミート4 パワー5 走塁2 守備3 肩2

打者としての価値が高いベテラン捕手。昨季は開幕直前に新型コロナ感染が疑われる症状が出たため、数日戦列を離れた。そのためプレー開始は6試合目からになったが、打者としては打線の中軸を担い、チャンスにタイムリーや長打がよく出て、44試合の出場で34打点をマークした。スイングスピードが速く、時速153キロ以上の速球にめっぽう強い。リード面ではフリードと相性が良く、バッテリーを組んだ6試合の防御率は1.67。ブライス・ウィルソンとも相性が良く、バッテリーを組んだ3試合の防御率は1.80だった。

カモ P·ロペス(マーリンズ).429(7-3)2本 苦手 H·ネリス(フィリーズ).000(9-0)0本

年度	所属チーム	試合数	打数	得点	安打	二塁打	三塁打	本塁打	打点	四球	三振	盗塁	盗塁死	出塁率	OPS	打率
2013	メッツ	31	99	4	20	3	0	1	5	12	21	0	0	.286	.548	.202
2014	メッツ	108	385	48	93	22	3	13	41	32	64	1	0	.302	.718	.242
2015	メッツ	67	239	31	64	14	1	12	41	23	49	0	0	.340	.825	.268
2016	メッツ	75	251	27	62	7	0	4	15	19	50	0	0	.307	.629	.247
2017	メッツ	112	348	39	85	19	1	16	57	23	59	0	0	.293	.735	.244
2018	メッツ	4	15	1	3	0	0	1	3	1	5	0	0	.250	.650	.200
2019	メッツ	10	23	2	2	0	0	0	2	2	5	0	0	.160	.247	.087
2019	ドジャース	1	1	0	0	0	0	0	0	0	0	0	0	.000	.000	.000
2019	レイズ	92	327	50	86	16	0	16	67	30	80	0	1	.323	.782	.263
2019	3チーム計	103	351	52	88	16	0	16	69	32	85	0	1	.312	.745	.251
2020	ブレーブス	44	165	19	53	8	0	9	34	16	50	1	0	.386	.919	.321
通算成績		544	1853	221	468	89	5	72	265	158	383	2	1	.314	.737	.253

27 一番の短所はスイングが大きいこと
オースティン・ライリー *Austin Riley*

レフト サード ファースト

24歳 1997.4.2生 | 191cm | 109kg | 右投右打
◆対左投手打率／.244 ◆対右投手打率／.238
◆ホーム打率／.244 ◆アウェー打率／.236 ◆得点圏打率／.250
◆20年のポジション別出場数／サード=46、ファースト=4、レフト=4
◆ドラフト2015①ブレーブス ◆出テネシー州
◆年57万500ドル(約5990万円)+α ◆

ミート2 パワー5 走塁2 守備2 肩4

メジャー2年目は期待外れに終わった強打の三塁手。ドナルドソンがチームを去ったため、昨季はサードのレギュラーとして起用されたが、1年目に見せた破壊力が影をひそめ、長打の生産力がかなり落ちた。スイングが大きいため、スピードのある速球に対応できないケースが多い。サードの守備もイマイチ。ライナーやライナー性のハーフバウンドの打球には素早く反応するが、守備範囲の広さはワーストレベル。これが改善されないと、レギュラーの維持が難しくなる。打者としての特徴は、ジェットコースターのように好不調の波が大きいこと。波に乗り出すとホームランラッシュに突入する。

カモ S·ストラスバーグ(ナショナルズ).500(6-3)1本 苦手 P·ロペス(マーリンズ).000(5-0)0本

年度	所属チーム	試合数	打数	得点	安打	二塁打	三塁打	本塁打	打点	四球	三振	盗塁	盗塁死	出塁率	OPS	打率
2019	ブレーブス	80	274	41	62	11	1	18	49	16	108	0	2	.279	.750	.226
2020	ブレーブス	51	188	24	45	7	1	8	27	16	49	0	0	.301	.716	.239
通算成績		131	462	65	107	18	2	26	76	32	157	0	2	.288	.736	.232

1 4か国語を話す小さな体の万能選手
オズィー・オルビーズ *Ozzie Albies*

セカンド

24歳 1997.1.7生 | 173cm | 75kg | 右投両打 対左.214 対右.289 ホ.250 ア.290 得.367
ド2013外ブレーブス 出オランダ領キュラソー島 年300万ドル(約3億1500万円) ◆シルバースラッガー賞1回(19年)

ミ4 パ4 走5 守5 肩4

ケガさえなければ、打撃守備の両面でトップレベルの働きができる小兵二塁手。昨季は開幕から不調で、打率が1割5分9厘まで落ちた8月5日にIL入り。これは数週間前から手首に痛みがあったのを気にせずにゲームに出続けていたところ、どんどん痛みが増し、正常な打撃ができなくなったからだ。9月4日に復帰後は、18試合で打率3割3分8厘、本塁打5とよく打ち、リーグ優勝決定シリーズで27打数9安打(打率3割3分3厘)、本塁打2の活躍を見せた。オランダ領キュラソー出身で、英語、オランダ語、スペイン語、パピアメント語(キュラソーの現地語)を流暢に話す。

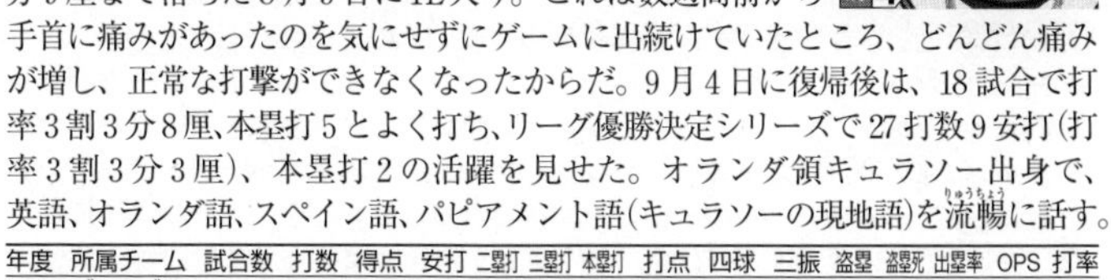

年度	所属チーム	試合数	打数	得点	安打	二塁打	三塁打	本塁打	打点	四球	三振	盗塁	盗塁死	出塁率	OPS	打率
2020	ブレーブス	29	118	21	32	5	0	6	19	5	30	3	1	.306	.773	.271
通算成績		404	1614	262	450	97	18	60	205	116	294	40	9	.330	.803	.279

14 ポストシーズンで目を見張る活躍
クリスチャン・パチェ *Cristian Pache*

センター　ルーキー

23歳 1998.11.19生 | 188cm | 98kg | 右投右打 対左1.000 対右0.00 ホ.250 ア―― 得.000 ド2015外ブレーブス 出ドミニカ 年57万500ドル(約5990万円)+α

ミ2 パ4 走4 守5 肩5

昨年のリーグ優勝決定シリーズで大器の片鱗を見せたため、今季はセンターのレギュラーに抜擢される可能性が高いトップ・プロスペクト(最有望株)。ウリはゴールドグラブ賞レベルの守備力。守備範囲が広いうえ、飛球の軌道を的確に読み、最短ルートで落下点に入る。肩の強さもトップレベルだ。スピードにも恵まれ、右打席から一塁まで4.15秒で到達できる。パワーも長所で、バットスピードが速く、フルシーズン出場すれば本塁打20～25本を期待できるレベルだ。改善点は、引っ張る意識が強すぎる点。快足なのに、投手のモーションを盗めないため、盗塁が少ないのも短所だ。

年度	所属チーム	試合数	打数	得点	安打	二塁打	三塁打	本塁打	打点	四球	三振	盗塁	盗塁死	出塁率	OPS	打率
2020	ブレーブス	2	4	0	1	0	0	0	0	0	2	0	0	.250	.500	.250
通算成績		2	4	0	1	0	0	0	0	0	2	0	0	.250	.500	.250

17 3年前の姿を取り戻せるか注目の異能派
ヨハン・カマーゴ *Johan Camargo*

ユーティリティ

28歳 1993.12.13生 | 183cm | 88kg | 右投両打 対左.233 対右.189 ホ.167 ア.233 得.115 ド2010外ブレーブス 出パナマ 年136万ドル(約1億4280万円)

ミ2 パ3 走3 守4 肩4

今季、平均以上の打率と出塁率を出さなければ、居場所がなくなると思われるスーパーサブ。2018年に内外野兼用のスーパーユーティリティとして目を見張る活躍をしたため、レギュラーより役立つサブと称賛された。しかし、その後は悪くなる一方で、昨季は打率が2割ちょうどまで落ちた。とくにチャンスに弱く、得点圏打率は1割1分5厘という低さだった。ただサードで使うとレギュラーのライリーよりずっといい守備を見せることや、強い打球が出る割合が多少増えていることなどが考慮されて、年俸135万ドル(約1億4000万円)でブレーブスに残留することができた。

年度	所属チーム	試合数	打数	得点	安打	二塁打	三塁打	本塁打	打点	四球	三振	盗塁	盗塁死	出塁率	OPS	打率
2020	ブレーブス	35	120	16	24	8	0	4	9	6	35	0	0	.244	.611	.200
通算成績		349	1057	140	276	68	4	34	144	84	237	2	1	.319	.748	.261

対左=対左投手打率　対右=対右投手打率　ホ=ホーム打率　ア=アウェー打率　得=得点圏打

9 ジャック・メイフィールド *Jack Mayfield*

長打力と守備力もある5人目の内野手

ユーティリティ　移籍

31歳 1990.9.30生 | 180cm | 86kg | 右投右打 対左.111 対右.212 ホ.167 ア.208 得.083 ド2013外アストロズ 出テキサス州 年57万500ドル(約5990万円)+α

ミ2 パ4 走3 守4 肩3

ブレーブスが昨年11月にアストロズからウエーバー経由で獲得したセカンド、ショート、サードに対応するユーティリティ。ドラフト外で入団し、28歳でメジャーデビューを果たした苦労人。毎年マイナーで好成績を出しているのに出世が遅れたのは、アストロズの内野はセカンドがアルトゥーヴェ、ショートがコレイア、サードがブレグマン、ユーティリティがマーウィン・ゴンザレスという最強の布陣だったため、割り込む余地がまったくなかったからだ。ウリはセカンド、ショート、サードなら、どこで使っても平均レベルの守備力を期待できること。打撃面のウリは長打力。

年度	所属チーム	試合数	打数	得点	安打	二塁打	三塁打	本塁打	打点	四球	三振	盗塁	盗塁死	出塁率	OPS	打率
2020	アストロズ	21	42	5	8	1	0	0	3	2	14	0	0	.239	.453	.190
通算成績		47	106	13	18	6	0	2	8	3	30	0	0	.198	.481	.170

11 エンダー・インシアーテ *Ender Inciarte*

選手生命に赤信号が点灯し出した元守備の達人

センター ライト

31歳 1990.10.29生 | 180cm | 86kg | 左投左打 対左.217 対右.183 ホ.200 ア.180 得.208 ド2008外ダイヤモンドバックス 出ベネズエラ 年800万ドル(約8億4000万円) ◆ゴールドグラブ賞3回(16、17、18年)

ミ1 パ1 走2 守2 肩3

5年契約の最終年に入る、故障続きで満足にプレーができなくなっている外野手。打撃面ではスイングが遅くなり、昨年の打球の平均初速は125.8キロでメジャーワーストだった。守備では3年連続ゴールドグラブ賞の実績があり、スーパーキャッチで試合を終わらせる男という意味で「ゲーム・エンダー」(ファーストネームに引っかけている)の異名があった。それほどの名手であるにもかかわらず、昨季は守備範囲の広さが平均以下になり、守備で防いだ失点がマイナスになった。ポストシーズンでデュボールが故障したときも、呼ばれたのは彼ではなくルーキーのパチェだった。

年度	所属チーム	試合数	打数	得点	安打	二塁打	三塁打	本塁打	打点	四球	三振	盗塁	盗塁死	出塁率	OPS	打率
2020	ブレーブス	46	116	17	22	2	1	1	10	12	25	4	1	.262	.512	.190
通算成績		805	3038	435	857	136	28	40	253	232	425	117	45	.335	.720	.282

− ドルー・ウォーターズ *Drew Waters*

外野手　期待度 B+　ルーキー

23歳 1998.12.30生 | 188cm | 84kg | 右投両打 ◆一昨年は2A、3Aでプレー ド2017②ブレーブス 出ジョージア州

二塁打の量産とハイアベレージを期待できるスイッチヒッターの外野手。長所は、打席での修正力の高さ。パワーもアップしており、将来はメジャーで20本塁打、20盗塁を同時達成する可能性を秘めている。課題は左打席では一流打者なのに、右打席では二流打者で、空振りが多くなってしまうこと。

60 ウィリアム・コントレラス *William Contreras*

キャッチャー　期待度 B−　ルーキー

24歳 1997.12.24生 | 183cm | 82kg | 右投右打 ◆昨季はメジャーで4試合出場 ド2015外ブレーブス 出ベネズエラ

昨年の開幕時にメジャーデビューしたキャッチャーのホープ。ベネズエラ出身。カブスの正捕手ウィルソン・コントレラスの弟で、兄と同様身体能力が高くパワーがある。敏捷性(びんしょうせい)にも富んでいて、ボールブロックもうまい。課題は好不調の波が大きいことと、質の高い変化球にバットが出てしまうこと。

対左=対左投手打率　対右=対右投手打率　ホ=ホーム打率　ア=アウェー打率　得=得点圏打率
ド=ドラフトデータ　出=出身地　年=年俸
※昨季、マイナーリーグは中止

マイアミ・マーリンズ

◆創　立：1993年
◆本拠地：フロリダ州マイアミ市
◆ワールドシリーズ制覇：2回／◆リーグ優勝：2回
◆地区優勝：0回／◆ワイルドカード獲得：3回

主要オーナー　ブルース・シャーマン（スポーツ企業家）

過去5年成績

年度	勝	負	勝率	ゲーム差	地区順位	ポストシーズン成績
2016	79	82	.491	15.5	③	—
2017	77	85	.475	20.0	②	—
2018	63	98	.391	26.5	⑤	—
2019	57	105	.352	40.0	⑤	—
2020	**31**	**29**	**.517**	**4.0**	②	**地区シリーズ敗退**

監督　8 ドン・マティングリー *Don Mattingly*

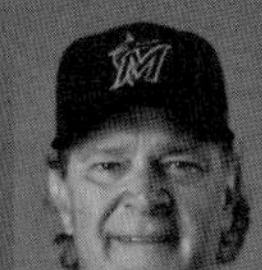

◆年　　齢…………60歳（インディアナ州出身）
◆現役時代の経歴…14シーズン　ヤンキース（1982～95）（ファースト）
◆現役通算成績……1785試合　.307　222本　1099打点
◆監督経歴…………10シーズン　ドジャース（2011～15）、マーリンズ（2016～）
◆通算成績…………753勝762敗（勝率.497）最優秀監督賞1回（20年）

現役時代はヤンキースの主砲だった監督。昨季マーリンズでは、新型コロナ検査で陽性者が続出。その影響もあってベンチ入り選手の入れ替わりが激しく、メジャーデビューした選手は18名にも及んだ。「名前と顔が一致しない選手もいた」と語ったように、あわただしい状況下での采配となったが、開幕前の下馬評を覆し、チームはポストシーズンに進出。マティングリーも、初めて最優秀監督賞の栄誉に浴した。現役時の背番号「23」はヤンキースの永久欠番。

注目コーチ　3 トレイ・ヒルマン *Trey Hillman*

三塁ベースコーチ。58歳。北海道日本ハム（2003～07年）、ロイヤルズ（2008～10年）、ＳＫワイバーンズ（2017～18年）と、日本、米国、韓国の球団で監督を経験している。

編成責任者　キム・アング *Kim Ng*

53歳。デレク・ジーターCEOの肝煎りで、昨年11月にGM就任。MLBのみならず、北米メジャースポーツにおける初の女性GM誕生ということで、大いに話題になった。

スタジアム　マーリンズ・パーク *Marlins Park*

◆開 場 年…………2012年
◆仕　　様…………人工芝、開閉式屋根付き
◆収容能力…………36,742人
◆フェンスの高さ …2.7～3.7m
◆特　　徴…………外野フェンスのふくらみが大きく、高さもあるのでホームランが出にくい。ガラスやはがねが漆喰の白さを際立たせる美しい外観は、前オーナーで、美術商でもあったローリアの「近代的な芸術作品にせよ」との命で造られた。

ピッチャーズ パーク

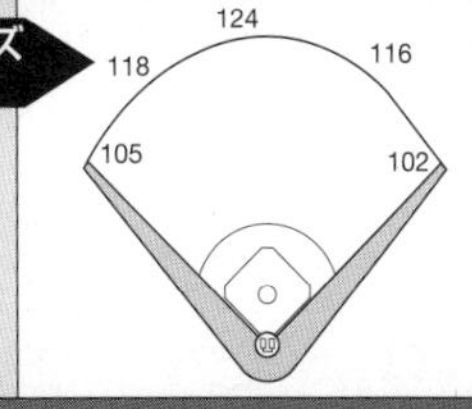

Best Order

［ベストオーダー］

①**コーリー・ディッカーソン**……レフト
②**スターリング・マーテイ**……センター
③**ヘスース・アギラー**……DH
④**ブライアン・アンダーソン**……サード
⑤**ギャレット・クーパー**……ファースト
⑥**ミゲール・ロハス**……ショート
⑦**ホルヘ・アルファーロ**……キャッチャー
⑧**ジョン・バーティ**……セカンド
⑨**ルイス・ブリンソン**……ライト

Depth Chart

［ポジション別選手層・メンバーリスト］

※2021年2月12日時点の候補選手。数字は背番号（開幕前に変更する場合もあり）、右・左等は投・打の順。

※ナショナル・リーグでは今季、DH制が不採用の可能性あり。

センター
6 **スターリング・マーテイ［右・右］**
3 モンテ・ハリソン［右・右］
47 ハロルド・ラミレス［右・右］
34 マグネウリス・シエラ［左・左］

レフト
23 **コーリー・ディッカーソン［右・左］**
25 ルイス・ブリンソン［右・右］
34 マグネウリス・シエラ［左・左］

ライト
25 **ルイス・ブリンソン［右・右］**
34 マグネウリス・シエラ［左・左］

ショート
19 **ミゲール・ロハス［右・右］**
― ジャズ・チゾム［右・左］

セカンド
5 **ジョン・バーティ［右・右］**
― ジャズ・チゾム［右・左］
1 イーサン・ディアス［右・左］

ローテーション
22 サンディ・アルカンタラ［右・右］
49 パブロ・ロペス［右・左］
45 シクスト・サンチェス［右・右］
57 エリエザー・ヘルナンデス［右・右］
― トレヴァー・ロジャーズ［左・左］
60 ブラクストン・ギャレット［左・左］
20 ダニエル・カスターノ［左・左］

サード
15 **ブライアン・アンダーソン［右・右］**
5 ジョン・バーティ［右・右］

ファースト
26 **ギャレット・クーパー［右・右］**
24 ヘスース・アギラー［右・右］
68 レウィン・ディアス［左・左］

キャッチャー
38 **ホルヘ・アルファーロ［右・右］**
17 チャド・ウォーラック［右・右］

DH
24 **ヘスース・アギラー［右・右］**
26 ギャレット・クーパー［右・右］

ブルペン
93 イーミ・ガルシア［右・右］CL
48 リチャード・ブライアー［左・左］
51 ジェイムズ・ホイト［右・右］
52 アンソニー・バース［右・右］
― ディラン・フローロ［右・左］
90 アダム・シンバー［右・右］
― ロス・デトワイラー［左・右］
57 エリエザー・ヘルナンデス［右・右］
― トレヴァー・ロジャーズ［左・左］
20 ダニエル・カスターノ［左・左］
78 ジョーダン・ホロウェイ［右・右］
43 ジェフ・ブリンガム［右・右］
29 ニック・ネイダート［右・右］

※CL＝クローザー

マーリンズ試合日程……＊はアウェーでの開催

4月1・2・3	レイズ	4・5・6	ダイヤモンドバックス	3・4・5・6	パイレーツ＊
5・6・7	カーディナルス	7・8・9	ブリュワーズ	8・9・10	ロッキーズ
8・10・11	メッツ＊	10・11・12・13	ダイヤモンドバックス＊	11・12・13	ブレーブス
12・13・14・15	ブレーブス＊	14・15・16	ドジャース＊	14・15・16	カーディナルス＊
16・17・18	ジャイアンツ	18・19・20	フィリーズ＊	18・19・20	カブス＊
20・21	オリオールズ	21・22・23	メッツ	22・23	ブルージェイズ
22・23・24・25	ジャイアンツ＊	24・25・26・27	フィリーズ	24・25・26・27	ナショナルズ
26・27・28	ブリュワーズ＊	28・29・30	レッドソックス＊	29・30・**7**月1	フィリーズ＊
30・**5**月1・2	ナショナルズ＊	**6**月1・2	ブルージェイズ＊	2・3・4	ブレーブス＊

球団メモ 元ヤンキースのスター選手であるデレク・ジーターが、共同オーナーの一人。ジーターはCEO（最高経営責任者）として、チームの運営にも深くかかわっている。

Analysis　矢印⬆↗➡↘⬇は、昨季終了時との比較　[戦力分析]

■投手力↗…★★★☆☆ 【昨年度チーム防御率4.86、リーグ11位】

アルカンタラ、ロペス、サンチェス、ロジャーズ、ヘルナンデスと続くフレッシュなローテーションは、ネームバリューこそないが、昨シーズンの段階ですでに、ナショナル・リーグ東地区においてフィリーズに次ぐレベルにあった。昨年のポストシーズン進出で自信をつけたので、昨年より多少レベルアップしている可能性がある。ブルペンは昨シーズン、リリーフ防御率が5.50でリーグ13位だったため、バース、フローロ、シンバーらを補強。

■攻撃力➡…★★☆☆☆ 【昨年度チーム得点263、リーグ11位】

昨シーズンはチーム得点がリーグ11位だったが、11月に初の女性GMとなったキム・アングは打線の入れ替えを行わなかった。目論(もくろ)み通り2、3人ブレイクすればリーグ平均以上の得点力になるが、スランプにおちいる選手や故障者が続出した場合は、マイナーに取って代わる人材が乏しいので、今シーズンは得点力がワーストレベルまで落ちる危険がある。

■守備力➡…★★★☆☆ 【昨年度チーム失策数40、リーグ11位タイ】

昨シーズン、チーム全体のエラーはやや多いほうだが、ダブルプレーを取った数はナショナル・リーグで2番目に多い。捕手の守備力も高く、ワイルドピッチを出した数(11)はリーグ最少だったので、今季も期待していいだろう。

■機動力➡…★★★★☆ 【昨年度チーム盗塁数51、リーグ2位】

スモールボールが生きる球場でやっているため、マティングリー監督は盗塁に積極的。昨季の51盗塁はリーグ2位。成功率も高い(78%)。

デレク・ジーターCEOとキム・アングGMの基本的な姿勢は、「自前の選手育成」にある。そのため、オフはほとんど動かなかった。選手たちはポストシーズン進出で自信をつけているので、それが好結果を生み、今季も躍進する可能性は十分ある。

IN 主な入団選手

投手
- アンソニー・バース⬅ブルージェイズ
- ディラン・フローロ⬅ドジャース
- アダム・シンバー⬅インディアンズ
- ロス・デトワイラー⬅ホワイトソックス

野手
- とくになし

OUT 主な退団選手

投手
- ホセ・ウレイニャ➡タイガース
- ライン・スタネック➡アストロズ
- ジョーダン・ヤマモト➡メッツ
- ブランドン・キンツラー➡所属先未定

野手
- フランシスコ・セルヴェッリ➡引退
- マット・ジョイス➡所属先未定

日程	対戦	日程	対戦	日程	対戦
5·6·7·8	ドジャース	6·7·8	ロッキーズ*	7·8·9	メッツ
9·10·11	ブレーブス	9·10·11	パドレス*	10·11·12	ブレーブス*
13	オールスターゲーム	13·14·15	カブス	13·14·15	ナショナルズ*
16·17·18	フィリーズ*	16·17·18	ブレーブス	17·18·19	パイレーツ
19·20·21	ナショナルズ*	19·20·21·22	レッズ*	20·21·22	ナショナルズ
22·23·24·25	パドレス	24·25·26	ナショナルズ	24·25·26	レイズ*
27·28	オリオールズ*	27·28·29	レッズ	28·29·30	メッツ*
30·31·**8**月1	ヤンキース	31·**9**月1·2	メッツ*	**10**月1·2·3	フィリーズ
2·3·4·5	メッツ	3·4·5	フィリーズ		

投手

14歳で学校をドロップアウトし、野球漬けに 先発

22 サンディ・アルカンタラ
Sandy Alcantara

26歳 1995.9.7生 | 196cm | 91kg | 右投右打
◆速球のスピード／150キロ台中頃～後半(シンカー、フォーシーム)
◆決め球と持ち球／☆シンカー、◎スライダー、○フォーシーム、○スライダー、○カーブ
◆対左打者被打率／.268 ◆対右打者被打率／.190
◆ホーム防御率／4.09 ◆アウェー防御率／1.80
◆ドラフトデータ／2013㊎カーディナルス
◆出身地／ドミニカ
◆年俸／57万500ドル(約5990万円)＋α

球威 5
制球 3
緩急 4
守備・牽制 2
度胸 4

マティングリー監督が「登板するたびにステップアップしている」と称賛する、マーリンズの若きエース。昨季は同監督から開幕投手に指名されてシーズンに入り、レイズを7回途中まで1失点に抑える上々の滑り出しを見せた。しかしその後PCR検査で陽性と判明したためIL（故障者リスト）入りし、隔離生活を強いられた。8月15日に練習を再開し、チームに合流したのは8月30日だった。復帰戦では打ち込まれたが、その次の登板からは5試合連続で6イニング以上を最少失点に抑え、チームの17年ぶりのポストシーズン進出に貢献した。

ポストシーズンでは、カブス相手のワイルドカードシリーズ初戦に先発。チェンジアップの制球が悪かったため、初回からフォーシームとシンカー主体のパワーピッチングを展開し、6イニングをハップのソロアーチで失った1点に抑え、チームに値千金の1勝をもたらした。

ドミニカ・アスア市の子供が11人いる貧困家庭の出身。生活が苦しいため、小学校5年生のとき、サントドミンゴにいる姉アリディアさんの家に移って午前は学校、午後は野球という生活に入った。その後、中学2年のときに学校をドロップアウトし、有望選手育成業者のキャンプで野球漬けの毎日を送るようになる。それが功を奏して、17歳のときに契約金12万5000ドルでカーディナルスに入団。順調に出世して、17年にカーディナルスでメジャーデビューを果たしたあと、同年12月、マーセル・オズーナとの交換トレードでマーリンズに移籍した。

左肩に人の名前らしきタトゥーがあるが、これはオートバイ事故で死去した弟アレクサンダーさんを偲(しの)んで、彼のニックネームを彫ったものだ。まだ20代半ばだが、同国人の女性ヨーレニさんと3、4年前に出来ちゃった婚をしている。そのとき生まれたヨーレン君は、今年4歳になる。

カモ R・アクーニャ・ジュニア(ブレーブス).000(8-0)0本 P・アロンゾ(メッツ).091(11-1)1本
苦手 J・ソト(ナショナルズ).412(17-7)2本 J・セグーラ(フィリーズ).385(13-5)0本

年度	所属チーム	勝利	敗戦	防御率	試合数	先発	セーブ	投球イニング	被安打	失点	自責点	被本塁打	与四球	奪三振	WHIP
2017	カーディナルス	0	0	4.32	8	0	0	8.1	9	6	4	2	6	10	1.80
2018	マーリンズ	2	3	3.44	6	6	0	34.0	25	13	13	3	23	30	1.41
2019	マーリンズ	6	14	3.88	32	32	0	197.1	179	94	85	23	81	151	1.32
2020	マーリンズ	3	2	3.00	7	7	0	42.0	35	22	14	4	15	39	1.19
通算成績		11	19	3.71	53	45	0	281.2	248	135	116	32	125	230	1.32

49 パブロ・ロペス Pablo Lopez

医者からメジャーリーガーに進路変更　先発

25歳 1996.3.7生 | 193cm | 102kg | 右投左打
◆速球のスピード／150キロ台前半(シンカー、フォーシーム)
◆決め球と持ち球／☆シンカー、◎チェンジアップ、○フォーシーム、○カッター、△カーブ
◆対左.269 ◆対右.184 ◆ホ防2.56 ◆ア防4.91
◆ド2012外マリナーズ ◆出ベネズエラ
◆年57万500ドル(約5990万円)+α

球威5 制球3 緩急4 守備・牽制2 度胸4

昨季はコロナ陽性者が大量に出て混乱する中、ローテーション通り、中4日で投げ続けた故障知らずの右腕。開幕前、最愛の父を心臓病で失って落ち込んでいたことを思うと、これは称賛に値する。彼が父の死に大きなショックを受けたのは、自分がメジャーで活躍する投手になれたのは父ダニーさんの寛容さがあったからという思いが強いからだ。ロペスの家は両親が医師。ダニーさんはアマチュアリーグでプレーする野球好きで、ロペスは父の手ほどきで野球を覚え、優秀な野球少年になった。しかし16歳のとき、将来は医師になることを誓い、それに向けた勉強を始めた。だがメジャーリーガーになる夢をあきらめきれず、父にそのことを語ったところ許してくれたので、野球に専念できるようになり、メジャーリーガーへの道が開けたのだった。

カモ O·オルビーズ(ブレーブス).000(13-0)0本　苦手 J·ソト(ナショナルズ).471(17-8)2本

年度	所属チーム	勝利	敗戦	防御率	試合数	先発	セーブ	投球イニング	被安打	失点	自責点	被本塁打	与四球	奪三振	WHIP
2018	マーリンズ	2	4	4.14	10	10	0	58.2	56	28	27	8	18	46	1.26
2019	マーリンズ	5	8	5.09	21	21	0	111.1	111	64	63	15	27	95	1.24
2020	マーリンズ	6	4	3.61	11	11	0	57.1	50	27	23	4	18	59	1.19
通算成績		13	16	4.47	42	42	0	227.1	217	119	113	27	63	200	1.23

45 シクスト・サンチェス Sixto Sanchez

埋蔵資源がたくさんある将来のエース候補　先発　ルーキー

23歳 1998.7.29生 | 183cm | 106kg | 右投右打
◆速球のスピード／150キロ台後半(フォーシーム主体)
◆決め球と持ち球／◎フォーシーム、◎チェンジアップ、○スライダー、△カーブ
◆対左.232 ◆対右.267 ◆ホ防2.88 ◆ア防4.50
◆ド2015外フィリーズ ◆出ドミニカ
◆年57万500ドル(約5990万円)+α

球威4 制球4 緩急4 守備・牽制4 度胸3

昨年8月、マーリンズがポストシーズン進出の可能性が出てきた際、メジャーに呼ばれた昨年のトップ・プロスペクト(最有望株)。メジャーでは初めから先発で起用され、初戦で5回を2失点に抑えて初勝利。2度目の登板からは4試合連続でQSをマークし、異次元の実力を見せつけた。ポストシーズンではワイルドカードシリーズ第2戦に先発。カブスのダルビッシュと互角に投げ合い、相手打線を5回まで無失点に抑えてチームを地区シリーズへ導いた。ドミニカのサンクリストバル出身。2015年に、キューバから亡命してきたリカルドという捕手の入団テストがドミニカの野球施設で行われることになり、コーチに言われてバッティング投手を務めた。するとフィリーズのスカウトが、サンチェスの理想的な投球フォームに着目し、その場で契約金3万5000ドルを提示。親にも電話をかけさせて承諾を取り、入団させた。

カモ R·アクーニャ·ジュニア(ブレーブス).000(4-0)0本　苦手 Y·ゴームス(ナショナルズ)1.000(4-4)1本

年度	所属チーム	勝利	敗戦	防御率	試合数	先発	セーブ	投球イニング	被安打	失点	自責点	被本塁打	与四球	奪三振	WHIP
2020	マーリンズ	3	2	3.46	7	7	0	39.0	36	15	15	3	11	33	1.21
通算成績		3	2	3.46	7	7	0	39.0	36	15	15	3	11	33	1.21

対左=対左打者被打率　対右=対右打者被打率　ホ防=ホーム防御率　ア防=アウェー防御率
ド=ドラフトデータ　出=出身地　年=年俸

93 PCR検査で陽性になった19選手の一人
イーミ・ガルシア *Yimi Garcia*

セットアップ クローザー

31歳 1990.8.18生 | 188cm | 103kg | 右投右打 速150キロ台前半(フォーシーム主体) 決◎スライダー
対左.217 対右.125 ド2009外ドジャース 出ドミニカ 年190万ドル(約1億9950万円)

球4 制3 緩4 守・牽3 度4

今季はクローザーで使われる可能性もある、マティングリー監督に頼りにされている右腕。ドジャースからマーリンズに移籍して迎えた昨季は、主に8回を担当するセットアッパーとして起用され、14試合に登板して失点1という完璧な投球を見せた。登板数が少ないのは、開幕後に行われたPCR検査で陽性反応が出たため、ひと月近く戦列を離れたからだ。マーリンズに来てからは三振にこだわらなくなり、強い打球を打たれないことに主眼を置いたピッチングを見せるようになった。ただ速球の威力は健在で、昨年の平均スピン量2569は、メジャー全体で11番目に高い数字。

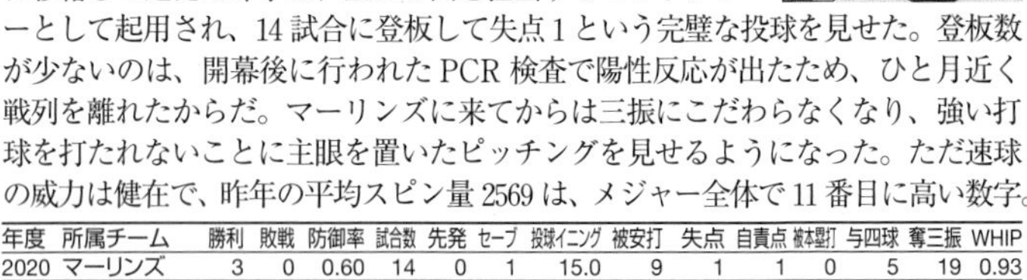

年度	所属チーム	勝利	敗戦	防御率	試合数	先発	セーブ	投球イニング	被安打	失点	自責点	被本塁打	与四球	奪三振	WHIP
2020	マーリンズ	3	0	0.60	14	0	1	15.0	9	1	1	0	5	19	0.93
通算成績		8	11	3.40	179	1	2	174.2	137	75	66	32	35	185	0.98

57 スライダーを武器に着実に進化
エリエザー・ヘルナンデス *Elieser Hernandez*

先発 ロングリリーフ

26歳 1995.5.3生 | 183cm | 97kg | 右投右打 速140キロ台後半(フォーシーム) 決◎スライダー
対左.240 対右.184 ド2011外アストロズ 出ベネズエラ 年57万500ドル(約5990万円)+α

球2 制4 緩4 守・牽3 度3

マティングリー監督が、アルカンタラ、ロペスとともに、今季開幕時のローテーション入りが確実な投手として名をあげている右腕。防御率、WHIP、奪三振率、与四球率など主要な指標が軒並み良くなり、監督から高い評価を受けるようになった。投球内容が良くなったのは、速球と2種類のスライダーを効果的に組み合わせ、打者のタイミングを外すことがうまくなったからだ。スライダーはフリスビーのような軌道になるため、右打者にはほとんど打たれなかった。昨年は悲願のメジャー定着も実現しかけたが、9月5日に広背筋（こうはいきん）を痛めてIL入りし、今季に持ち越された。

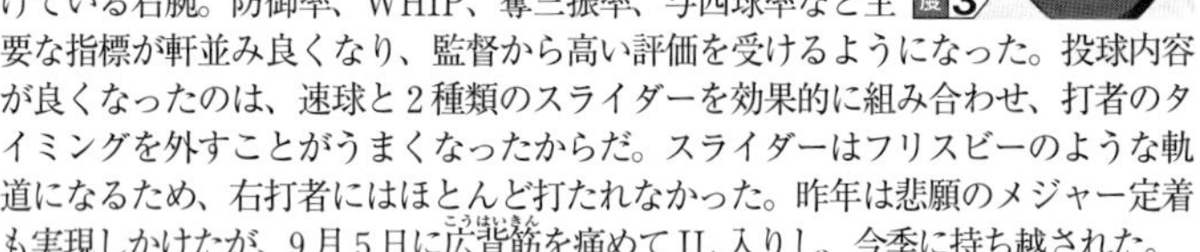

年度	所属チーム	勝利	敗戦	防御率	試合数	先発	セーブ	投球イニング	被安打	失点	自責点	被本塁打	与四球	奪三振	WHIP
2020	マーリンズ	1	0	3.16	6	6	0	25.2	21	10	9	5	5	34	1.01
通算成績		6	12	4.82	59	27	0	173.2	165	97	93	36	58	164	1.28

51 スライダーを多投して大成功
ジェイムズ・ホイト *James Hoyt*

セットアップ

35歳 1986.9.30生 | 198cm | 104kg | 右投右打 速140キロ台前半(フォーシーム、ツーシーム) 決☆スライダー
対左.267 対右.135 ド2012外ブレーブス 出アイダホ州 年57万500ドル(約5990万円)+α

球3 制2 緩3 守・牽3 度4

昨年8月1日にインディアンズから移籍し、チームのポストシーズン進出に貢献した長身のリリーフ右腕。移籍後は24試合に登板し、8月15日からシーズン終了までの19試合は、無失点だった。好調の要因は、スライダー依存のピッチングにしたこと。昨季は全投球の約2/3がスライダーだった。無名大学でプレーしていたため、まったく注目されず、大学卒業後は独立リーグのチームを渡り歩き、プレーを続けていた。2013年に、ブレーブスのスカウトの目に留まり、マイナー契約で入団。15年にアストロズに移り、翌16年、30歳になる直前にメジャーデビューを果たしている。

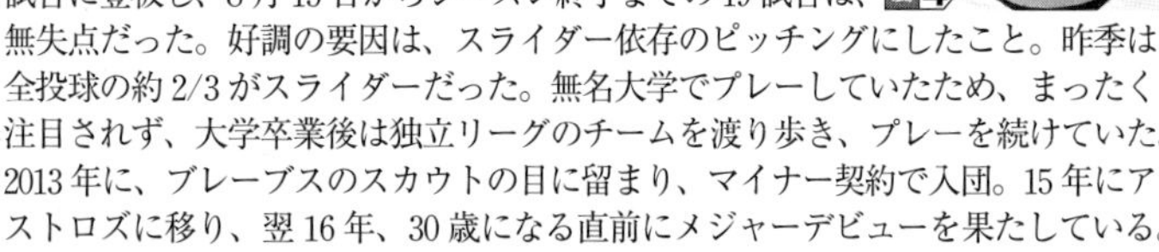

年度	所属チーム	勝利	敗戦	防御率	試合数	先発	セーブ	投球イニング	被安打	失点	自責点	被本塁打	与四球	奪三振	WHIP
2020	マーリンズ	2	0	1.23	24	0	0	14.2	9	2	2	1	8	20	1.16
通算成績		4	1	3.71	98	0	0	94.2	83	40	39	15	34	124	1.24

速=速球のスピード　決=決め球　対左=対左打者被打率　対右=対右打者被打率
ド=ドラフトデータ　出=出身地　年=年俸

52 北海道日本ハムの日本一に貢献した投手
アンソニー・バース *Anthony Bass*

セットアップ　移籍

34歳 1987.11.1生 | 188cm | 91kg | 右投右打 速150キロ前後(シンカー) 決◎シンカー
対左.161 対右.203 ド2008⑸パドレス 出ミシガン州 年100万ドル(約1億500万円)

球2 制4 緩3 守・牽3 度3

155キロの豪速球も必殺変化球もないが、タイミングを外す技術とゴロを引っかけさせる投球術に磨きをかけて生き残っている、いぶし銀の投手。昨季はブルージェイズで投げ、開幕直後にクローザーのジャイルズがIL入りした際は、経験豊富で制球力もあることが評価されて、人材ひしめくリリーフ陣の中で、最初に9回の抑えとして使われた。だが、狙って三振を取れるタイプではないので、ドリスやロマーノが使われることが多くなった。2016年に来日して、北海道日本ハムに1年在籍。日本シリーズで、すべてリリーフで登板して3勝したため、広く知られる存在に。

年度	所属チーム	勝利	敗戦	防御率	試合数	先発	セーブ	投球イニング	被安打	失点	自責点	被本塁打	与四球	奪三振	WHIP
2020	ブルージェイズ	2	3	3.51	26	0	7	25.2	17	13	10	2	9	21	1.01
通算成績		9	16	4.32	217	18	15	373.0	358	195	179	37	136	266	1.32

48 ピンチに強い、ゴロ打たせの熟練工
リチャード・ブライアー *Richard Bleier*

ミドルリリーフ

34歳 1987.4.16生 | 191cm | 98kg | 左投左打 速140キロ台中頃(シンカー主体) 決◎シンカー
対左.158 対右.333 ド2008⑥レンジャーズ 出フロリダ州 年142.5万ドル(約1億4963万円)

球3 制4 緩2 守・牽4 度3

シンカー、カッター、スライダーを低めに集め、ゴロを打たせることに特化したピッチングを見せるリリーフサウスポー。ちなみに昨年のゴロ打球率は72%で、メジャー全体で2番目に高かった。昨年8月1日のトレードでオリオールズから移籍後は、セットアッパー、ピンチの火消し役、ミドルリリーフ、モップアップなど様々な役回りで使われたが、ピンチの火消し役として使われたときは好投することが多く、引き継いだ走者12人のうち11人の生還を阻止した。生還阻止率92%はトップレベルの数字だ。長いマイナー暮らしの末、29歳でメジャーデビューした超遅咲き。

年度	所属チーム	勝利	敗戦	防御率	試合数	先発	セーブ	投球イニング	被安打	失点	自責点	被本塁打	与四球	奪三振	WHIP
2020	オリオールズ	0	0	0.00	2	0	0	3.0	1	0	0	0	0	4	0.33
2020	マーリンズ	1	1	2.63	19	0	0	13.2	13	6	4	0	4	7	1.24
2020	2チーム計	1	1	2.16	21	0	0	16.2	14	6	4	0	4	11	1.08
通算成績		9	2	2.97	185	1	4	191.0	197	76	63	12	33	95	1.20

― 昨年メジャーデビューした先発5番手候補の一人
トレヴァー・ロジャーズ *Trevor Rogers*

先発　ロングリリーフ　ルーキー

24歳 1997.11.13生 | 196cm | 98kg | 左投左打 速150キロ台前半(フォーシーム主体) 決◎チェンジアップ
対左.265 対右.291 ド2017①マーリンズ 出ニューメキシコ州 年57万500ドル(約5990万円)+α

球3 制3 緩4 守・牽3 度3

昨年8月25日にメジャーデビュー。7試合に先発し、大器の片鱗(へんりん)を見せた期待の左腕。球種はロー・スリークォーターから投げ込むフォーシーム、チェンジアップ、スライダーの3つ。ウリは、三振を奪う能力が際立って高いこと。3度目の登板となった9月5日のレイズ戦では、元気者がそろった打線から6回までに10個の三振を奪っている。10個のうち6個はフォーシームで、3個はチェンジアップで、1個はスライダーで奪ったものだった。課題は、制球の波が大きすぎること。いいときは無失点か1失点に抑えるが、制球が定まらないときは一本調子で、失点が増える。

年度	所属チーム	勝利	敗戦	防御率	試合数	先発	セーブ	投球イニング	被安打	失点	自責点	被本塁打	与四球	奪三振	WHIP
2020	マーリンズ	1	2	6.11	7	7	0	28.0	32	20	19	5	13	39	1.61
通算成績		1	2	6.11	7	7	0	28.0	32	20	19	5	13	39	1.61

投手

20 先発で防御率3.03は立派
ダニエル・カスターノ *Daniel Castano*

先発　ルーキー

27歳 1994.9.17生 | 191cm | 105kg | 左投左打 速140キロ台中頃(フォーシーム、ツーシーム) 決◎スライダー
対左.313 対右.244 ド2016⑲カーディナルス 出フロリダ州 年57万500ドル(約5990万円)+α

球2 制4 緩5 守備4 度4

ローテーション定着を目指す注目の左腕。ドラフト19巡目指名という低い評価でプロ入りしたこともあり、一度も有望新人リストに入ったことがなかったが、スライダーとチェンジアップを磨いて出世階段を着実に上がり、昨年8月8日にメジャーデビュー。タイミングを外すことに長けた技巧派で、速球を見せ球に使い、変化球でしとめることが多い。速球は通常の握りで投げても沈む軌道になるナチュラルシンカー。昨年9月27日のシーズン最終戦で、先発のウレイニャがライナーを腕に当てて降板後、急遽(きゅうきょ)リリーフで登板。ヤンキース打線を6回1/3無失点に抑え、初勝利。

年度	所属チーム	勝利	敗戦	防御率	試合数	先発	セーブ	投球イニング	被安打	失点	自責点	被本塁打	与四球	奪三振	WHIP
2020	マーリンズ	1	2	3.03	7	6	0	29.2	30	12	10	3	11	12	1.38
通算成績		1	2	3.03	7	6	0	29.2	30	12	10	3	11	12	1.38

― 中盤のリリーフで中身の濃い働き
ディラン・フローロ *Dylan Floro*

セットアップ　移籍

31歳 1990.12.27生 | 188cm | 92kg | 右投左打 速150キロ前後(シンカー主体) 決☆チェンジアップ
対左.188 対右.283 ド2012⑬レイズ 出カリフォルニア州 年97.5万ドル(約1億238万円)

球3 制4 緩4 守備4 度4

今年2月のトレードでドジャースからやって来た、一昨年まではシンカーが一枚看板だったリリーフ右腕。昨季からチェンジアップを第2の武器にしたところ、投球内容が格段に良くなり、開幕から10試合連続で無失点登板を続けた。制球力も向上し、与四球が激減。安定感が増した。ポストシーズンでは地区シリーズからメンバー登録され、要所要所でいい働きを見せた。とくにワールドシリーズの第6戦で、絶好調のレイズ、ランディ・アロザレーナをシンカーで三振に切って取った気迫の投球は、メディアから絶賛された。2015年に長女が誕生、19年にも次女を授かっている。

年度	所属チーム	勝利	敗戦	防御率	試合数	先発	セーブ	投球イニング	被安打	失点	自責点	被本塁打	与四球	奪三振	WHIP
2020	ドジャース	3	0	2.59	25	0	0	24.1	23	7	7	1	4	19	1.11
通算成績		14	7	3.33	144	0	0	159.2	164	64	59	10	48	139	1.33

― マックス・マイヤー *Max Meyer*

先発 リリーフ　期待度 A　ルーキー

22歳 1999.3.12生 | 183cm | 88kg | 右投左打 ◆昨年は大学でプレー ド2020①マーリンズ 出ミネソタ州

昨年のドラフトでマーリンズが1巡目（全体3番目）で指名した、大学野球屈指の投手。契約金670万ドル（約7億円）は球団記録。一番の武器はスライダー。時計の文字盤の1時から7時の角度に大きく変化するタイプで、メジャーでも十分通用するボールだ。チェンジアップもレベルアップしており、奪三振率が急上昇している。

60 ブラクストン・ギャレット *Braxton Garrett*

先発　期待度 B　ルーキー

24歳 1997.8.5生 | 188cm | 92kg | 左投左打 ◆昨季はメジャーで2試合出場 ド2016①マーリンズ 出アラバマ州

先発5番手候補の一人である、昨年9月13日にメジャーデビューしたサウスポー。タテに大きく変化するカーブを武器にする技巧派で、右打者のヒザ元に決める制球力もあるため、右打者に強い。弱点はサウスポーなのに、左打者によく打たれること。今季の課題は左打者を抑える武器を持つことだ。

速=速球のスピード　決=決め球　対左=対左打者被打率　対右=対右打者被打率
ド=ドラフトデータ　出=出身地　年=年俸　※昨季、マイナーリーグは中止
※メジャー経験がない投手の「先発」「リリーフ」はマイナーでの役割

心の支えは小児科医をしている母ノルマさん　ショート

19 ミゲール・ロハス
Miguel Rojas

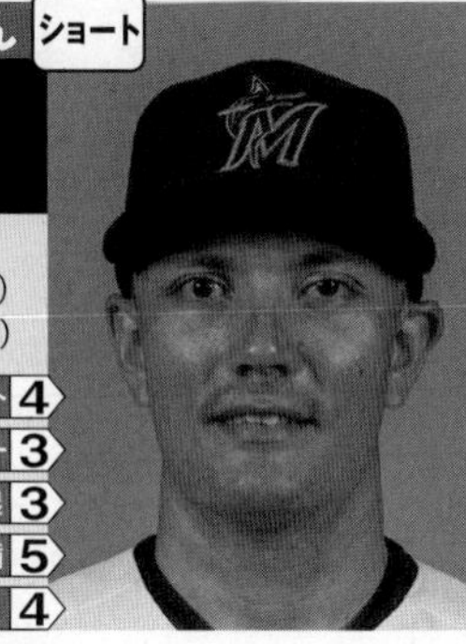

32歳 1989.2.24生 | 183cm | 85kg | 右投右打
◆対左投手打率／.500(36-18)　◆対右投手打率／.225(89-20)
◆ホーム打率／.300(50-15)　◆アウェー打率／.307(75-23)
◆得点圏打率／.393(28-11)
◆20年のポジション別出場数／ショート=39、ファースト=1、サード=1
◆ドラフトデータ／2005㊕レッズ
◆出身地／ベネズエラ
◆年俸／500万ドル(約5億2500万円)

ミート 4
パワー 3
走塁 3
守備 5
肩 4

天性のリーダーの資質を備えた、明晰(めいせき)な頭脳とユーモアのセンスを併せ持つ遊撃手。昨季はフィリーズとの開幕3連戦で10打数7安打5打点を記録し、上々の滑り出しを見せた。だがPCR検査で陽性反応が出たため隔離され、復帰できたのは8月22日だった。その後はチームリーダーとして新顔が大勢いるチームを一つにまとめ、ポストシーズン進出に向け牽引した。2019年に、人気スポーツサイト「ジ・アスレティック」が選手に行ったアンケートで、「最も愉快な人間」の1位になっているように、若い選手たちにジョークを振りまきながら、その気にさせるのがうまいタイプ。普段の面倒見もいいため、チーム内でたいへん人望がある。

打者としての長所は、選球眼がいいことと、カウントを考えたバッティングができること。昨年は初めて打率が3割を超えたが、それ以上に、出塁率が4割近い数字になったことが光る。ショートの守備は、グラブさばきがうまく、守備範囲が広い。シーズン終了後、ゴールドグラブの最終候補にもなったが、受賞はならなかった。

ベネズエラのカラカス南郊にあるロステケス市の出身。6歳のとき両親が離婚し、小児科医をしている母ノルマさんのもとで成長。小さい頃から熱心な野球少年で、練習が定時に終わっても、居残って練習を続けるような野球の虫だった。2014年にメジャーデビューしたあと、ロハスが最も気にかけていたのは、お母さんの健康問題だった。乳癌(にゅうがん)が見つかって摘出手術を受けたが、抗癌剤(こうがんざい)と放射線による治療で髪が抜け落ち、体調もすぐれなかった。しかも再発して、またつらい治療を受けたため気が気ではなかったが、最近は容体が安定し、気をもまなくてもいいようになった。

カモ P·コービン(ナショナルズ).458(24-11)2本　S·ストラスバーグ(ナショナルズ).414(29-12)0本
苦手 J·ファミリア(メッツ).182(11-2)0本　前田健太(ツインズ).000(5-0)0本

年度	所属チーム	試合数	打数	得点	安打	二塁打	三塁打	本塁打	打点	四球	三振	盗塁	盗塁死	出塁率	OPS	打率
2014	ドジャース	85	149	16	27	3	0	1	9	10	28	0	0	.242	.464	.181
2015	マーリンズ	60	142	13	40	7	1	1	17	11	16	0	1	.329	.695	.282
2016	マーリンズ	123	194	27	48	12	0	1	14	11	27	2	1	.288	.613	.247
2017	マーリンズ	90	272	37	79	16	2	1	26	27	32	2	1	.361	.736	.290
2018	マーリンズ	153	488	44	123	13	0	11	53	24	69	6	3	.297	.643	.252
2019	マーリンズ	132	483	52	137	29	1	5	46	32	62	9	5	.331	.710	.284
2020	マーリンズ	40	125	20	38	10	1	4	20	16	18	5	1	.392	.888	.304
通算成績		683	1853	209	492	90	5	24	185	131	252	24	12	.319	.678	.266

カモ 苦手 は通算成績

15 チャンスに強い打点製造マシンに進化 ブライアン・アンダーソン Brian Anderson

サード

28歳 1993.5.19生 | 191cm | 94kg | 右投右打
◆対左投手打率／.286 ◆対右投手打率／.243
◆ホーム打率／.233 ◆アウェー打率／.272 ◆得点圏打率／.395
◆20年のポジション別出場数／サード=56、ファースト=1、セカンド=1、DH=1
◆Ⓓ2014③マーリンズ ◆Ⓢオクラホマ州
◆年380万ドル(約3億9900万円)

ミート3 パワー5 走塁2 守備3 肩4

5番打者として起用されることが多いクラッチヒッターの三塁手。昨シーズンは得点圏打率3割9分5厘が示すように、チャンスに一発やタイムリーがよく出て、チーム最多の本塁打（11）と打点（38）を叩き出した。9月18日のナショナルズ戦では、1試合3本塁打の離れ業をやってのけたが、このうちの2本はスリーランだったため7打点をかせぎ出し、チームに貴重な1勝をもたらした。8月中旬から9月初旬にかけてスランプにおちいったが、これはコロナ感染で欠場している選手たちの分も頑張らねばと、自分にプレッシャーをかけすぎたのが原因。この時期は守備でもエラーが多くなった。

カモ Z・エフリン(フィリーズ).375(16-6)1本 苦手 S・ストラスバーグ(ナショナルズ).071(14-1)0本

年度	所属チーム	試合数	打数	得点	安打	二塁打	三塁打	本塁打	打点	四球	三振	盗塁	盗塁死	出塁率	OPS	打率
2017	マーリンズ	25	84	11	22	7	1	0	8	10	28	0	0	.337	.706	.262
2018	マーリンズ	156	590	87	161	34	4	11	65	62	129	2	4	.357	.757	.273
2019	マーリンズ	126	459	57	120	33	1	20	66	44	114	5	1	.342	.811	.261
2020	マーリンズ	59	200	27	51	7	1	11	38	22	66	0	0	.345	.810	.255
通算成績		366	1333	182	354	81	7	42	177	138	337	7	5	.349	.780	.266

24 2018年にリーグ5位の35本塁打 ヘスース・アギラー Jesus Aguilar

ファースト DH

31歳 1990.6.30生 | 191cm | 126kg | 右投右打
◆対左投手打率／.321 ◆対右投手打率／.259
◆ホーム打率／.219 ◆アウェー打率／.313 ◆得点圏打率／.314
◆20年のポジション別出場数／ファースト=31、DH=20、サード=1
◆Ⓓ2007㊕インディアンズ ◆Ⓢベネズエラ
◆年435万ドル(約4億5675万円)

ミート3 パワー5 走塁2 守備3 肩3

昨年マーリンズに来て、またハイペースで長打を打ち出したスラッガー。ブリュワーズ在籍時の2018年4月、マーリンズ戦で田澤純一と対戦した際、13球も粘ってサヨナラアーチを打ったことで打撃に開眼。その年、大ブレイクして35本塁打を記録。だが翌19年は速球にタイミングが合わなくなり、打撃成績が急落した。昨季はナショナル・リーグでもDH制が採用され、守備位置が重なるクーパーと2人でファーストとDHでの出場機会を分け合った。今季、それができなければ、出場機会が減る可能性もある。太めで、守備が下手なように見えるが、意外に敏捷(びんしょう)で、平均レベルの守備を期待できる。

カモ K・フリーランド(ロッキーズ).500(8-4)3本 苦手 S・ストラスバーグ(ナショナルズ).000(5-0)0本

年度	所属チーム	試合数	打数	得点	安打	二塁打	三塁打	本塁打	打点	四球	三振	盗塁	盗塁死	出塁率	OPS	打率
2014	インディアンズ	19	33	2	4	0	0	0	3	4	13	0	0	.211	.332	.121
2015	インディアンズ	7	19	0	6	1	0	0	2	0	7	0	0	.350	.718	.316
2016	インディアンズ	9	6	0	0	0	0	0	0	0	1	0	0	.000	.000	.000
2017	ブリュワーズ	133	279	40	74	15	2	16	52	25	94	0	0	.331	.837	.265
2018	ブリュワーズ	149	492	80	135	25	0	35	108	58	143	0	0	.352	.890	.274
2019	ブリュワーズ	94	222	26	50	9	0	8	34	31	59	0	0	.320	.694	.225
2019	レイズ	37	92	13	24	3	0	4	16	12	22	0	0	.336	.760	.261
2019	2チーム計	131	314	39	74	12	0	12	50	43	81	0	0	.325	.714	.236
2020	マーリンズ	51	188	31	52	10	0	8	34	23	40	0	1	.352	.809	.277
通算成績		499	1331	192	345	63	2	71	249	153	379	0	1	.336	.806	.259

6 悲しみを乗り越えて、マイアミで復活を期す センター
スターリング・マーテイ *Starling Marte*

33歳 1988.10.9生 | 185cm | 88kg | 右投右打
◆対左投手打率／.290 ◆対右投手打率／.277
◆ホーム打率／.319 ◆アウェー打率／.239 ◆得点圏打率／.263
◆20年のポジション別出場数／センター=61、レフト=1
◆ドラフト2007外パイレーツ ◆出ドミニカ
◆年1250万ドル（約13億1250万円） ◆ゴールドグラブ賞2回（15、16年）

ミート 3 / パワー 4 / 走塁 5 / 守備 4 / 肩 5

ダイヤモンドバックスに在籍していた昨年5月18日、愛妻ノエリアさんを心臓麻痺（まひ）で失うという予期せぬ不幸に見舞われた。ノエリアさんは足首を骨折し、その日手術を受けるため病院で待機していたが、突然、死去したのだ。ショックが大きかったマーテイは、葬儀が終わったあと、幼い3人の子供のことを案じて引退を考えた。だが周囲の説得もあって思い直し、トレーニングを再開。アリゾナに8月末まで在籍後、マーリンズにトレードされた。

カモ V・ヴェラスケス（フィリーズ）.714(7-5)0本　苦手 J・デグローム（メッツ）.111(9-1)0本

年度	所属チーム	試合数	打数	得点	安打	二塁打	三塁打	本塁打	打点	四球	三振	盗塁	盗塁死	出塁率	OPS	打率
2012	パイレーツ	47	167	18	43	3	6	5	17	8	50	12	5	.300	.737	.257
2013	パイレーツ	135	510	83	143	26	10	12	35	25	138	41	15	.343	.784	.280
2014	パイレーツ	135	495	73	144	29	6	13	56	33	131	30	11	.356	.808	.291
2015	パイレーツ	153	579	84	166	30	2	19	81	27	123	30	10	.337	.780	.287
2016	パイレーツ	129	489	71	152	34	5	9	46	23	104	47	12	.362	.818	.311
2017	パイレーツ	77	309	48	85	7	2	7	31	20	63	21	4	.333	.712	.275
2018	パイレーツ	145	559	81	155	32	5	20	72	35	109	33	14	.327	.787	.277
2019	パイレーツ	132	539	97	159	31	6	23	82	25	94	25	6	.342	.845	.295
2020	ダイヤモンドバックス	33	122	23	38	8	1	2	14	10	19	5	2	.384	.827	.311
2020	マーリンズ	28	106	13	26	6	0	4	13	2	22	5	0	.286	.701	.245
2020	2チーム計	61	228	36	64	14	1	6	27	12	41	10	2	.340	.770	.281
通算成績		1014	3875	591	1111	206	43	114	447	208	853	249	79	.341	.791	.287

26 DH制の恩恵により、29歳でレギュラー格に ファースト DH
ギャレット・クーパー *Garrett Cooper*

31歳 1990.12.25生 | 196cm | 107kg | 右投右打
◆対左投手打率／.350 ◆対右投手打率／.250
◆ホーム打率／.308 ◆アウェー打率／.255 ◆得点圏打率／.333
◆20年のポジション別出場数／DH=18、ファースト=15
◆ドラフト2013⑥ブリュワーズ ◆出アラバマ州
◆年190万ドル（約1億9950万円）

ミート 4 / パワー 4 / 走塁 2 / 守備 3 / 肩 3

カブスと対戦した昨年のワイルカードシリーズ第2戦で、7回に0対0の均衡を破るソロアーチをダルビッシュから打った遅咲きのスラッガー。デレク・ジーターが、2017年10月にマーリンズのCEOに就任後、最初のトレードで古巣のヤンキースから獲得したプレーヤー。そのためかなり期待され、18年はファーストのレギュラー格で使われることになった。だが、開幕第2戦で手首に死球を受けて3カ月以上IL入り。19年も開幕戦からファーストに入ったが、すね、手、ヒザを次々に痛めて、レギュラーになるチャンスを逃した。3度目のレギュラー挑戦となった昨季は、開幕早々PCR検査で陽性反応が出たため、ひと月以上戦列を離れた。しかしDH制の採用で復帰後も出場機会に恵まれ、29歳半ばでレギュラー級の選手になることができた。

カモ Z・ウィーラー（フィリーズ）.500(6-3)0本　苦手 A・ノーラ（フィリーズ）.000(7-0)0本

年度	所属チーム	試合数	打数	得点	安打	二塁打	三塁打	本塁打	打点	四球	三振	盗塁	盗塁死	出塁率	OPS	打率
2017	ヤンキース	13	43	3	14	5	1	0	6	1	12	0	0	.333	.822	.326
2018	マーリンズ	14	33	2	7	1	0	0	2	4	12	0	0	.316	.558	.212
2019	マーリンズ	107	381	52	107	16	1	15	50	33	110	0	0	.344	.791	.281
2020	マーリンズ	34	120	20	34	8	0	6	20	11	31	0	0	.353	.853	.283
通算成績		168	577	77	162	30	2	21	78	49	165	0	0	.344	.793	.281

23 キム・アング新GMが復活を確信する打者 レフト

コーリー・ディッカーソン *Corey Dickerson*

32歳 1989.5.22生 | 185cm | 91kg | 右投左打

◆対左投手打率／.212 ◆対右投手打率／.275
◆ホーム打率／.243 ◆アウェー打率／.267 ◆得点圏打率／.186
◆20年のポジション別出場数／レフト=46、DH=6、ライト=1
◆ド2010⑧ロッキーズ ◆出ミシシッピ州
◆年850万ドル（約8億9250万円） ◆ゴールドグラブ賞1回（18年）

ミート4 パワー3 走塁3 守備2 肩3

2019年までは低予算の球団で、ハイレベルな打撃成績を出し続けてきた貴重な存在。同年オフ、マーリンズが2年1750万ドルの好待遇で契約したのも、計算できる打者と評価したからだ。いざシーズンが始まると、フィリーズとの開幕シリーズでは、13打数4安打1本塁打とまずまずの数字を出した。しかしその後、コロナ感染者続出で、7日間のブランクが発生。再開されると、ひどいスランプにおちいり、長打が半月以上1本も出なかった。球団は、コロナ騒動でうまくマインドセットできなかったのが原因と考えている。

カモ M・シャーザー（ナショナルズ）.444(9-4)1本　苦手 P・コービン（ナショナルズ）.111(9-1)0本

年度	所属チーム	試合数	打数	得点	安打	二塁打	三塁打	本塁打	打点	四球	三振	盗塁	盗塁死	出塁率	OPS	打率
2013	ロッキーズ	69	194	32	51	13	5	5	17	16	41	2	2	.316	.775	.263
2014	ロッキーズ	131	436	74	136	27	6	24	76	37	101	8	7	.364	.931	.312
2015	ロッキーズ	65	224	30	68	18	2	10	31	10	56	0	1	.333	.869	.304
2016	レイズ	148	510	57	125	36	3	24	70	33	134	0	2	.293	.761	.245
2017	レイズ	150	588	84	166	33	4	27	62	35	152	4	3	.325	.815	.282
2018	パイレーツ	135	504	65	151	35	7	13	55	21	80	8	3	.330	.804	.300
2019	パイレーツ	44	127	20	40	18	0	4	25	13	23	1	0	.373	.924	.315
2019	フィリーズ	34	133	13	39	10	2	8	34	3	33	0	0	.307	.886	.293
2019	2チーム計	78	260	33	79	28	2	12	59	16	56	1	0	.341	.906	.304
2020	マーリンズ	52	194	25	50	5	1	7	17	15	35	1	1	.311	.713	.258
通算成績		828	2910	400	826	195	30	122	387	183	655	24	19	.327	.824	.284

17 ポストシーズン進出の陰の功労者 キャッチャー

チャド・ウォーラック *Chad Wallach*

30歳 1991.11.4生 | 188cm | 112kg | 右投右打 盗塁阻止率／.333(12-4)

◆対左投手打率／.500 ◆対右投手打率／.147
◆ホーム打率／.231 ◆アウェー打率／.222 ◆得点圏打率／.353
◆20年のポジション別出場数／キャッチャー=15
◆ド2013⑤マーリンズ ◆出カリフォルニア州
◆年57万500ドル（約5990万円）+α

ミート2 パワー3 走塁2 守備4 肩5

オールスター出場5回の名遊撃手ティム・ウォーラックを父に持つ、遅咲きのキャッチャー。2016年にメジャーデビューしたが定着できず、昨季も開幕前の時点ではアルファーロ、セルヴェッリに次ぐ第3捕手だった。だが昨季は、開幕時の出場登録枠が30人に増えたことで、開幕メンバー入り。しかも開幕日にアルファーロがコロナ陽性になったため、第2戦に先発出場した。しかしその翌日、彼自身も陽性反応が出て、IL入り。復帰できたのは8月30日だった。その後は第2捕手のセルヴェッリが脳震盪、正捕手アルファーロが打撃不振のため先発起用が多くなり、適切なリードと堅い守りで若い投手たちの好投を支えた。ポストシーズンでは、5試合すべてに先発出場した。

カモ P・コービン（ナショナルズ）.667(3-2)0本　苦手 J・デグローム（メッツ）.000(3-0)0本

年度	所属チーム	試合数	打数	得点	安打	二塁打	三塁打	本塁打	打点	四球	三振	盗塁	盗塁死	出塁率	OPS	打率
2017	レッズ	6	11	0	1	0	0	0	0	0	5	0	0	.091	.182	.091
2018	マーリンズ	15	45	4	8	1	0	1	5	4	23	0	0	.275	.541	.178
2019	マーリンズ	19	48	4	12	3	0	1	3	6	12	0	0	.333	.708	.250
2020	マーリンズ	15	44	4	10	3	0	1	6	3	12	0	0	.277	.640	.227
通算成績		55	148	12	31	7	0	3	14	13	52	0	0	.282	.600	.209

1 コロナ感染者続出で撤退を選択
イーサン・ディアス *Isan Diaz*

セカンド

25歳 1996.5.27生 | 180cm | 91kg | 右投左打 対左.667 対右.105 ホ.154 ア.222 得.167 ド2014②ダイヤモンドバックス 出プエルトリコ 年57万500ドル(約5990万円)+α

ミ3 パ4 走3 守3 肩3

毎年本塁打20本前後を打つような、大型二塁手に成長する可能性がある逸材。昨季は、スターリン・カストロの後釜としてセカンドのレギュラーに抜擢(ばってき)されてシーズン入り。だがチーム内にコロナ感染者が続出してシーズンが中断した際、過剰に反応してオプトアウト（撤退）を表明し、家に帰った。しかし、8月4日にシーズンが再開され、チームが勢いに乗っているのを見て、8月末に復帰を決意。9月11日に合流したが、5試合に出ただけで股関節を痛めて、IL入り。この故障が長引かなければ、今季はバーティ、チゾムと三つ巴で、セカンドのレギュラーの座を争うことになる。

年度	所属チーム	試合数	打数	得点	安打	二塁打	三塁打	本塁打	打点	四球	三振	盗塁	盗塁死	出塁率	OPS	打率
2020	マーリンズ	7	22	3	4	0	0	0	1	0	7	0	0	.182	.364	.182
通算成績		56	201	20	35	5	2	5	24	19	66	0	3	.251	.545	.174

5 ウリは出塁能力の高さとスピード
ジョン・バーティ *Jon Berti*

セカンド

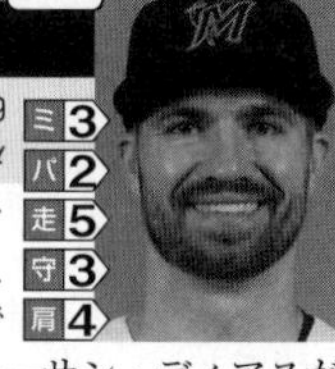

31歳 1990.1.22生 | 178cm | 86kg | 右投右打 対左.220 対右.278 ホ.313 ア.239 得.294 ド2011⑱ブルージェイズ 出ミシガン州 年57万500ドル(約5990万円)+α

ミ3 パ2 走5 守3 肩4

ワンチャンスをものにして、30歳でセカンドのレギュラー格になった遅咲きの内野手。昨年も7つのポジションに使える便利さが監督に気に入られ、開幕から守備位置日替わりでチャンスメーカー役を担っていた。開幕時、セカンドにはイーサン・ディアスが入っていたが、コロナ感染を避けるため8月初旬にオプトアウト。それに代わってセカンドに入ったヴィヤーも8月末にトレードで出たため、バーティにセカンドのレギュラーの座が転がり込んだ。その後は出塁率の鬼と化し、9月の月間出塁率は4割6分4厘。これが評価され、ポストシーズンでも5試合すべてに先発出場。

年度	所属チーム	試合数	打数	得点	安打	二塁打	三塁打	本塁打	打点	四球	三振	盗塁	盗塁死	出塁率	OPS	打率
2020	マーリンズ	39	120	21	31	5	0	2	14	23	37	9	2	.388	.738	.258
通算成績		116	391	75	105	20	2	8	40	47	114	27	5	.359	.750	.269

ー 3年先が楽しみな、まだ原石状態の内野手
ジャズ・チゾム *Jazz Chisholm*

ユーティリティ

ルーキー

23歳 1998.2.1生 | 180cm | 83kg | 右投左打 対左.286 対右.119 ホ.094 ア.250 得.143 ド2015外ダイヤモンド 出バハマ 年57万500ドル(約5990万円)+α

ミ2 パ4 走3 守3 肩3

今季セカンドのレギュラー取りに挑むバハマ出身の内野手。ウリはパワーとスピード。ヴィヤーが8月末にトレードされたのにともない、9月1日にメジャーデビューし、16試合に先発出場した。打者としては、早打ちせず失投をじっくり待つタイプ。欠点は、スイングが大きくなりがちなこと。しかもアッパー軌道になるため、インサイドの速球にうまく対応できないことが多い。特徴は左打者なのに左投手と相性が良く、右投手を極端に苦手にしていること。とくに右投手の速球には0割4分8厘(21-1)、カーブ&スライダーには0割9分1厘(11-1)で、ほとんど打てなかった。

年度	所属チーム	試合数	打数	得点	安打	二塁打	三塁打	本塁打	打点	四球	三振	盗塁	盗塁死	出塁率	OPS	打率
2020	マーリンズ	21	56	8	9	1	1	2	6	5	19	2	2	.242	.563	.161
通算成績		21	56	8	9	1	1	2	6	5	19	2	2	.242	.563	.161

38 ソフト面で進化が見られない捕手
ホルヘ・アルファーロ *Jorge Alfaro*

キャッチャー

28歳 1993.6.11生 | 191cm | 104kg | 右投右打 盗塁阻止率／.200(20-4) 対左.258 対右.210 ホ.189 ア.250 得.400 ド2010外レンジャーズ 出コロンビア 年205万ドル(約2億1525万円)

ミ2 パ4 走4 守2 肩4

正捕手の座が風前の灯になっている、バットで貢献するタイプのキャッチャー。昨季は7月24日のシーズン開幕当日に、コロナ陽性が判明。ただちにIL入りし、隔離された。8月21日に復帰したが、その後はポストシーズン進出の可能性が出てきた中でリーダーシップを発揮できない点や、全般的に守備能力が低い点などが嫌われ、9月中旬以降先発で使われなくなった。ジーターCEOは、2019年シーズンが終わった時点でアルファーロには教育係が必要と判断。ヤンキース時代のチームメートであるセルヴェッリを獲得したが、脳震盪後症候群に苦しみ、十分な働きができなかった。

年度	所属チーム	試合数	打数	得点	安打	二塁打	三塁打	本塁打	打点	四球	三振	盗塁	盗塁死	出塁率	OPS	打率
2020	マーリンズ	31	93	12	21	2	0	3	16	4	36	2	0	.280	.624	.226
通算成績		304	991	103	260	38	3	36	124	48	369	9	4	.316	.732	.262

25 賞味期限が切れつつある崖っぷちの元ホープ
ルイス・ブリンソン *Lewis Brinson*

外野手

27歳 1994.5.8生 | 196cm | 96kg | 右投右打 対左.260 対右.196 ホ.292 ア.286 得.175 ド2012①レンジャーズ 出フロリダ州 年57万500ドル(約5990万円)+α

ミ2 パ2 走4 守4 肩4

4年目の正直で初めて打率が2割台になった、期待ばかりが先行して成績がともなわなかった元有望新人。一番の問題点は、学習能力の低さ。①好不調の波がジェットコースターより激しい、②極端なスロースターターでシーズン序盤は打率が1割台前半、③右投手に対する打率はいまだに1割台、といった問題が4年たっても解決されないのは、失敗から学ぶ能力が低いからだとしか思えない。それでも使われているのは、ピンチにスーパープレーを見せるクラッチディフェンダーだということもあるが、同じ外野のホープであるモンテ・ハリソンも、成長停止状態だからだ。

年度	所属チーム	試合数	打数	得点	安打	二塁打	三塁打	本塁打	打点	四球	三振	盗塁	盗塁死	出塁率	OPS	打率
2020	マーリンズ	47	106	14	24	6	0	3	12	6	30	4	0	.268	.636	.226
通算成績		252	761	62	144	25	7	16	72	43	241	8	2	.242	.546	.189

ー JJブリーデイ *JJ Bleday*

外野手 期待度 B+ ルーキー

24歳 1997.11.10生 | 191cm | 93kg | 左投左打 ◆一昨年は1A+でプレー ド2019①マーリンズ 出ペンシルヴァニア州

パワーと選球眼を兼ね備えた将来の主砲候補。2019年のドラフトで、マーリンズに全体の4番目で指名され、当時の球団記録となる契約金667万ドル（約7億円）で入団。昨年は球団の待機キャンプで過ごしたが、紅白戦ではさらなる打撃力の成長を感じさせたほか、スピードと敏捷性も向上していた。

76 ヘスース・サンチェス *Jesus Sanchez*

外野手 期待度 B− ルーキー

24歳 1997.10.7生 | 191cm | 101kg | 右投左打 ◆昨季はメジャーで10試合出場 ド2014外レイズ 出ドミニカ

スピードと優れた動体視力を持つ外野手。パワーもついてきたが、その一方で、スイングが大きくなりがちで内角に豪速球が来ると対応できない、打ち気にはやって早打ちになる、といった欠点も存在する。昨年8月24日にメジャーデビューを果たしたが、悪い点ばかりが目立ち、25打数1安打に終わった。

対左=対左投手打率 対右=対右投手打率 ホ=ホーム打率 ア=アウェー打率 得=得点圏打率
ド=ドラフトデータ 出=出身地 年=年俸
※昨季、マイナーリーグは中止

ナショナル・リーグ……東部地区　*PHILADELPHIA PHILLIES*

フィラデルフィア・フィリーズ

◆創　立：1883年
◆本拠地：ペンシルヴァニア州フィラデルフィア市
◆ワールドシリーズ制覇：2回／◆リーグ優勝：7回
◆地区優勝：11回／◆ワイルドカード獲得：0回

主要オーナー　ジョン・S・ミドルトン（スポーツ企業家）

過去5年成績

年度	勝	負	勝率	ゲーム差	地区順位	ポストシーズン成績
2016	71	91	.438	24.0	④	―
2017	66	96	.407	31.0	⑤	―
2018	80	82	.494	10.0	③	―
2019	81	81	.500	16.0	④	―
2020	**28**	**32**	**.467**	**7.0**	③	―

監督　25 ジョー・ジラーディ *Joe Girardi*

◆年　　齢…………57歳（イリノイ州出身）
◆現役時代の経歴…15シーズン　カブス（1989～92）、
（キャッチャー）　ロッキーズ（1993～95）、ヤンキース（1996～99）、
カブス（2000～02）、カーディナルス（2003）
◆現役通算成績……1277試合　.267　36本　422打点
◆監督経歴…………12シーズン　マーリンズ（2006）、ヤンキース（2008～17）
◆通算成績…………1016勝826敗（勝率.552）
最優秀監督賞1回（06年）

ヤンキースで長く監督を務めていたため、日本のファンにもおなじみの監督。人気チームで長年指揮を執っただけあり、スター選手の扱いがうまい。メジャーリーグでは、昨季から新たなルールがいくつか導入されたが、その中の「スリーバッター・ミニマム（登板した投手は最低でも3人の打者と対戦すること）」に対し、「これまでの野球の戦略があまりにも変えられてしまった」と、嫌悪を表明した。選手として3回、監督として1回、ワールドシリーズ制覇を経験。

注目コーチ　94 デイヴィッド・ランドクイスト *David Lundquist*

投手コーチ補佐。48歳。マイナーで投手コーチを務め、多くの若手を育て上げた実績がある。現役時代、2004年に広島でプレー。リリーフで6試合投げ、防御率8.22。

編成責任者　デイヴ・ドンブロウスキー *Dave Dombrowski*

65歳。昨年12月、編成本部長に就任。これまで4球団で編成トップの座に就き、レッドソックスでワールドシリーズを制覇。大金や有望株で、有力選手をかき集める。

スタジアム　シティズンズ・バンク・パーク *Citizens Bank Park*

◆開 場 年…………2004年
◆仕　　様…………天然芝
◆収容能力…………42,792人
◆フェンスの高さ …1.8～4.0m
◆特　　徴…………外野フェンスのふくらみが小さく、他球場に比べてホームランが出やすい。開場当初はもっとホームランが出やすく、数年後、センターからレフト側のフェンスを後ろにずらしたが、それでも打者に有利な傾向は続いている。

ヒッターズパーク

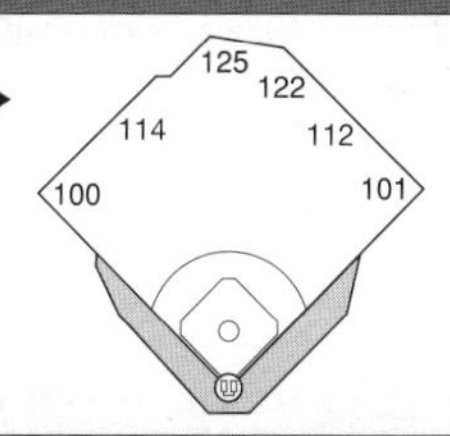

Best Order

[ベストオーダー]

①アンドルー・マカッチェン……レフト
②アレック・ボーム……DH
③ブライス・ハーパー……ライト
④リース・ホスキンス……ファースト
⑤J.T.リアルミュート……キャッチャー
⑥ディディ・グレゴリアス……ショート
⑦ジーン・セグーラ……サード
⑧ロマン・クイン……センター
⑨スコット・キンガリー……セカンド

Depth Chart

[ポジション別選手層・メンバーリスト]

※2021年2月12日時点の候補選手。数字は背番号(開幕前に変更する場合もあり)、右・左等は投・打の順。

※ナショナル・リーグでは今季、DH制が不採用の可能性あり。

センター
24 **ロマン・クイン [右・両]**
40 アダム・ヘイズリー [左・左]
4 スコット・キンガリー [右・右]

レフト
22 **アンドルー・マカッチェン [右・右]**
24 ロマン・クイン [右・両]
40 アダム・ヘイズリー [左・左]

ライト
3 **ブライス・ハーパー [右・左]**
24 ロマン・クイン [右・両]
40 アダム・ヘイズリー [左・左]

ショート
18 **ディディ・グレゴリアス [右・左]**
2 ジーン・セグーラ [右・右]
4 スコット・キンガリー [右・右]

セカンド
4 **スコット・キンガリー [右・右]**
2 ジーン・セグーラ [右・右]

ローテーション
27 アーロン・ノーラ [右・右]
45 ザック・ウィーラー [右・左]
56 ザック・エフリン [右・右]
48 スペンサー・ハワード [右・右]
21 ヴィンス・ヴェラスケス [右・右]
31 マット・ムーア [左・左]

サード
2 **ジーン・セグーラ [右・右]**
28 アレック・ボーム [右・右]

ファースト
17 **リース・ホスキンス [右・右]**
28 アレック・ボーム [右・右]
10 J.T.リアルミュート [右・右]

キャッチャー
10 **J.T.リアルミュート [右・右]**
5 アンドルー・ナップ [右・両]
13 ラファエル・マーチャン [右・両]

DH
28 **アレック・ボーム [右・右]**
22 アンドルー・マカッチェン [右・右]
10 J.T.リアルミュート [右・右]

ブルペン
23 アーチー・ブラッドリー [右・右] CL
50 ヘクター・ネリス [右・右]
− サム・クーンロッド [右・右]
55 レンジャー・スアレス [左・左]
41 デイヴィッド・ヘイル [右・右]
− ホセ・アルヴァラード [左・左]
79 ジョジョ・ロメーロ [左・左]
75 コナー・ブログドン [右・右]
− ラモン・ロッソ [右・右]

※CL=クローザー

フィリーズ試合日程……＊はアウェーでの開催

4月1・3・4	ブレーブス	3・4・5・6	ブリュワーズ	4・5・6	ナショナルズ
5・6・7	メッツ	7・8・9	ブレーブス＊	8・9・10	ブレーブス
9・10・11	ブレーブス＊	11・12・13	ナショナルズ＊	12・13	ヤンキース
12・13・14・15	メッツ＊	14・15・16	ブルージェイズ＊	14・15・16	ドジャース＊
16・17・18	カーディナルス	18・19・20	マーリンズ	18・19・20	ジャイアンツ＊
19・20・21	ジャイアンツ	21・22・23	レッドソックス	22・23	ナショナルズ
23・24・25	ロッキーズ＊	24・25・26・27	マーリンズ＊	25・26・27	メッツ＊
26・27・28・29	カーディナルス＊	29・30	レイズ＊	29・30・**7**月1	マーリンズ
30・**5**月1・2	メッツ	31・**6**月1・2	レッズ＊	2・3・4	パドレス

球団メモ 豊富な資金を背景に補強を続けているが、ここ数年、ポストシーズンから遠ざかっている。オフに、2015年オフからGMを務めていたマット・クレンタックを解任。

Analysis 矢印⬆↗➡↘⬇は、昨季終了時との比較 [戦力分析]

■投手力➡…★★★½☆【昨年度チーム防御率5.14、リーグ14位】

先発陣ではウィーラーがエース級の活躍。ノーラやエフリンも成長しており、3番手までは目途が立つが、若手のテストが進んでおらず、ローテーションの下位は未定。日本帰りのムーアが防御率3～4点台で投げてくれればいいが、おそらく5点台だろう。ネリスが不振で迷走したクローザーには、新加入のブラッドリーを起用するだろうが、守護神経験があるとはいえ、どちらかと言えばタフネス型で防御率は3点台がいいところ。昨季のチーム救援防御率7.06はリーグ最下位。若手の台頭がなければ、絶望的。

■攻撃力➡…★★★★☆【昨年度チーム得点306、リーグ4位】

リアルミュートやグレゴリアスの残留が決まり、強力打線を維持。ハーパー、ボーム、ホスキンスら中軸だけでなく、セグーラ、ヘイズリーなど、下位打線にも水準以上の厚みがあり、得点力には引き続き期待できる。

■守備力➡…★★★★☆【昨年度チーム失策数36、リーグ9位】

セグーラとグレゴリアスの堅守の2人が二遊間を務め、内野守備は安定。新星ボームの三塁守備はあまり信頼できないが、元遊撃手のキンガリーもおり、守備固めに苦労することはない。リアルミュートの残留も、チームへ好影響を与える。扇の要として、末永く力を発揮してくれそうだ。

■機動力➡…★★★☆☆【昨年度チーム盗塁数35、リーグ4位】

マカッチェン、セグーラは脚力が落ちており、脚でかせげるのはクインのみ。もう少し打ってくれれば、盗塁王級なのだが……。

積極的な補強と残留交渉で強力打線を築いているが、そこに力を注ぐあまり、リリーフ陣が無残な状況に。オーナーのミドルトンは「ばかげた金の使い方も辞さない」と語っているが、贅沢税(ぜいたく)にビビった中途半端な補強では勝ち切れないだろう。

IN 主な入団選手

投手
アーチー・ブラッドリー←レッズ
マット・ムーア←福岡ソフトバンク
ホセ・アルヴァラード←レイズ
サム・クーンロッド←ジャイアンツ
イヴァン・ノヴァ←タイガース

野手
とくになし

OUT 主な退団選手

投手
ジェイク・アリエタ➡所属先未定
トミー・ハンター➡所属先未定

野手
ジェイ・ブルース➡所属先未定

5·6·7·8	カブス*	6·7·8	メッツ	6·7·8	ブリュワーズ*
9·10·11	レッドソックス*	10·11·12	ドジャース	9·10·11·12	ロッキーズ
13	オールスターゲーム	13·14·15	レッズ	14·15·16	カブス
16·17·18	マーリンズ	17·18·19	ダイヤモンドバックス*	17·18·19	メッツ*
20·21	ヤンキース*	20·21·22	パドレス*	20·21·22	オリオールズ
22·23·24·25	ブレーブス	24·25	レイズ	23·24·25·26	パイレーツ
26·27·28·29	ナショナルズ	26·27·28·29	ダイヤモンドバックス	28·29·30	ブレーブス*
30·31·**8**月1	パイレーツ*	30·31·**9**月1	ナショナルズ*	**10**月1·2·3	マーリンズ*
2·3·4·5	ナショナルズ*	3·4·5	マーリンズ*		

球団メモ 1960年代から70年代に、フィリーズなどで活躍したディック・アレン（通算351本塁打）が昨年12月に死去。享年78。背番号「15」はフィリーズの永久欠番。

投手

45 200投球回到達が求められる先発陣の柱 先発

ザック・ウィーラー *Zack Wheeler*

31歳 1990.5.30生 | 193cm | 88kg | 右投左打
◆速球のスピード／150キロ台中頃(フォーシーム主体)
◆決め球と持ち球／☆スライダー、◎カーブ、◎チェンジアップ、◎フォーシーム、○スプリッター
◆対左.250 ◆対右.258 ◆ホ防2.38 ◆ア防3.86
◆ド2009①ジャイアンツ ◆出ジョージア州
◆年2250万ドル(約23億6250万円)

球威5 制球5 緩急4 守備・牽制3 度胸4

2019年オフに5年契約でFA加入した先発右腕。最速160キロを超えるフォーシームに、多彩な変化球を組み合わせる本格派。昨季はシーズンを通して安定した働きを見せ、キャリア初の防御率2点台をマークした。フィリーズの財政事情からオフにはトレードの噂が飛び交ったが、オーナーのジョン・ミドルトンは「相手がベーブ・ルースであろうと、テッド・ウィリアムズであろうとトレードしない」と断言。エースの働きを求められている。昨年9月には、着替え中に右手中指の爪をジッパーに引っかけ、先発を1回飛ばしたが、もともと爪が剥(は)がれやすい体質だったため、オフに手術を敢行。メッツ時代からの宿題である「シーズン200投球回」に向けて、準備を整えた。

カモ D・スワンソン(ブレーブス).059(17-1)0本　苦手 F・フリーマン(ブレーブス).486(35-17)2本

年度	所属チーム	勝利	敗戦	防御率	試合数	先発	セーブ	投球イニング	被安打	失点	自責点	被本塁打	与四球	奪三振	WHIP
2013	メッツ	7	5	3.42	17	17	0	100.0	90	42	38	10	46	84	1.36
2014	メッツ	11	11	3.54	32	32	0	185.1	167	84	73	14	79	187	1.33
2017	メッツ	3	7	5.21	17	17	0	86.1	97	53	50	15	40	81	1.59
2018	メッツ	12	7	3.31	29	29	0	182.1	150	69	67	14	55	179	1.12
2019	メッツ	11	8	3.96	31	31	0	195.1	196	93	86	22	50	195	1.26
2020	フィリーズ	4	2	2.92	11	11	0	71.0	67	26	23	3	16	53	1.17
通算成績		48	40	3.70	137	137	0	820.1	767	367	337	78	286	779	1.28

27 投球の配分を変更して奪三振率アップ 先発

アーロン・ノーラ *Aaron Nola*

28歳 1993.6.4生 | 188cm | 91kg | 右投右打
◆速球のスピード／140キロ台後半(フォーシーム、ツーシーム)
◆決め球と持ち球／☆カーブ、◎チェンジアップ、◎フォーシーム、◎ツーシーム
◆対左.210 ◆対右.201 ◆ホ防2.50 ◆ア防4.26
◆ド2014①フィリーズ ◆出ルイジアナ州
◆年1175万ドル(約12億3375万円)

球威4 制球5 緩急5 守備・牽制4 度胸4

2018年に17勝をあげた技巧派右腕。強烈にブレーキがきいたチェンジアップ、カーブを得意の低めに投げ続ける再現性の高いコマンドが光る。19年は終盤に打ち込まれた試合もあったが、昨季は投球の配分を変更。フォーシームとカーブ主体から、持ち球の4球種を4分の1ずつ使うようにしたところ、的をしぼられにくくなり、奪三振率を10.2から12.1まで上昇させた。いじめ撲滅(ぼくめつ)運動や貧困家庭への食糧支援、大学進学支援のほか、様々な慈善活動に取り組んでおり、昨年はロベルト・クレメンテ賞にノミネートされた。

カモ J・ベル(ナショナルズ).000(8-0)0本　苦手 Y・ゴームス(ナショナルズ).375(16-6)2本

年度	所属チーム	勝利	敗戦	防御率	試合数	先発	セーブ	投球イニング	被安打	失点	自責点	被本塁打	与四球	奪三振	WHIP
2015	フィリーズ	6	2	3.59	13	13	0	77.2	74	31	31	11	19	68	1.20
2016	フィリーズ	6	9	4.78	20	20	0	111.0	116	68	59	10	29	121	1.31
2017	フィリーズ	12	11	3.54	27	27	0	168.0	154	67	66	18	49	184	1.21
2018	フィリーズ	17	6	2.37	33	33	0	212.1	149	57	56	17	58	224	0.97
2019	フィリーズ	12	7	3.87	34	34	0	202.1	176	91	87	27	80	229	1.27
2020	フィリーズ	5	5	3.28	12	12	0	71.1	54	31	26	9	23	96	1.08
通算成績		58	40	3.47	139	139	0	842.2	723	345	325	92	258	922	1.16

対左=対左打者被打率　対右=対右打者被打率　ホ防=ホーム防御率　ア防=アウェー防御率
ド=ドラフトデータ　出=出身地　年=年俸　カモ 苦手 は通算成績

56 あと一歩の試行錯誤を続ける成長株 ザック・エフリン *Zach Eflin* 先発

27歳 1994.4.8生 | 198cm | 100kg | 右投右打
◆速球のスピード／150キロ前後（シンカー主体）
◆決め球と持ち球／◎カーブ、○シンカー、○スライダー、○フォーシーム、△チェンジアップ
◆対左.279 ◆対右.250 ◆ホ防3.09 ◆ア防5.25
◆ド2012①パドレス ◆出フロリダ州
◆年445万ドル（約4億6725万円）

球威4 制球4 緩急4 守備・牽制3 度胸3

2018年から2年連続で2ケタ勝利をあげ、先発3番手の地位を確保した右腕。昨季は速球を、フォーシームからシンカー主体に変え、右打者外角へのバックドアとスライダーのコンビネーションを多用。奪三振率を7.1から10.7に伸ばした。もともとシンカー主体の投手だったが、クリス・ヤング投手コーチ（現レンジャーズGM）の指導で、2018～19年はフォーシーム主体に変更。18年に11勝、19年に10勝したが、本人はしっくりきていなかったようで、「体が重い」とこぼしていた。防御率、WHIPなどの各種スタッツも毎年良化中。本来の投球スタイルで、フルシーズンの活躍を見せたい。

カモ B・ニモ（メッツ）.091（11-1）0本　苦手 J・ソト（ナショナルズ）.500（18-9）1本

年度	所属チーム	勝利	敗戦	防御率	試合数	先発	セーブ	投球イニング	被安打	失点	自責点	被本塁打	与四球	奪三振	WHIP
2016	フィリーズ	3	5	5.54	11	11	0	63.1	67	42	39	12	17	31	1.33
2017	フィリーズ	1	5	6.16	11	11	0	64.1	79	45	44	16	12	35	1.41
2018	フィリーズ	11	8	4.36	24	24	0	128.0	130	69	62	16	37	123	1.30
2019	フィリーズ	10	13	4.13	32	28	0	163.1	172	88	75	28	48	129	1.35
2020	フィリーズ	4	2	3.97	11	10	0	59.0	60	28	26	8	15	70	1.27
通算成績		29	33	4.63	89	84	0	478.0	508	272	246	80	129	388	1.33

23 フレンドリーな性格で大人気のヒゲモジャ男 アーチー・ブラッドリー *Archie Bradley* クローザー セットアップ 移籍

29歳 1992.8.10生 | 193cm | 98kg | 右投右打
◆速球のスピード／150キロ台中頃（フォーシーム主体）
◆決め球と持ち球／◎ナックルカーブ、◎チェンジアップ、◎フォーシーム、○ツーシーム
◆対左.176 ◆対右.314 ◆ホ防4.66 ◆ア防1.04
◆ド2011㊐ダイヤモンドバックス ◆出オクラホマ州
◆年600万ドル（約6億3000万円）

球威5 制球3 緩急4 守備・牽制3 度胸4

2017年から19年まで3年連続で60登板を記録したリリーバー。高めのフォーシームとタテ割れのナックルカーブで三振を量産する。昨季は開幕からダイヤモンドバックスでクローザーを務め、8月末にレッズ移籍後はセットアッパーとして好投した。見た目はイカツイが、気さくな性格で笑わせ上手。18年には登板直前にトイレで「小」をしようとしたら、不意に「大」を漏らしてしまい、パンツが少々汚れたままマウンドに上がったと告白。お尻拭きのSNS広告案件をゲットした。本人いわく「誰にでもあることだからね」。ダイヤモンドバックスでは顔がドーンと印刷されたTシャツも売上好調だった。

カモ M・マンシー（ドジャース）.000（6-0）0本　苦手 T・ターナー（ナショナルズ）.455（11-5）0本

年度	所属チーム	勝利	敗戦	防御率	試合数	先発	セーブ	投球イニング	被安打	失点	自責点	被本塁打	与四球	奪三振	WHIP
2015	ダイヤモンドバックス	2	3	5.80	8	8	0	35.2	36	23	23	3	22	23	1.63
2016	ダイヤモンドバックス	8	9	5.02	26	26	0	141.2	154	84	79	16	67	143	1.56
2017	ダイヤモンドバックス	3	3	1.73	63	0	1	73.0	55	14	14	4	21	79	1.04
2018	ダイヤモンドバックス	4	5	3.64	76	0	3	71.2	62	30	29	9	20	75	1.14
2019	ダイヤモンドバックス	4	5	3.52	66	1	18	71.2	67	30	28	5	36	87	1.44
2020	ダイヤモンドバックス	1	0	4.22	10	0	6	10.2	13	5	5	0	3	12	1.50
2020	レッズ	1	0	1.17	6	0	0	7.2	4	1	1	1	0	6	0.52
2020	2チーム計	2	0	2.95	16	0	6	18.1	17	6	6	1	3	18	1.09
通算成績		23	25	3.91	255	35	28	412.0	391	187	179	38	169	425	1.36

31 マット・ムーア *Matt Moore*

日本シリーズで7回無安打の快投乱麻

先発 移籍

32歳 1989.6.18生 | 191cm | 95kg | 左投左打 速150キロ前後(フォーシーム主体) 決◎ナックルカーブ
◆昨季メジャー出場なし ド2007⑧デビルレイズ 出フロリダ州 年300万ドル(約3億1500万円)

球3 制4 緩5 守・牽4 度4

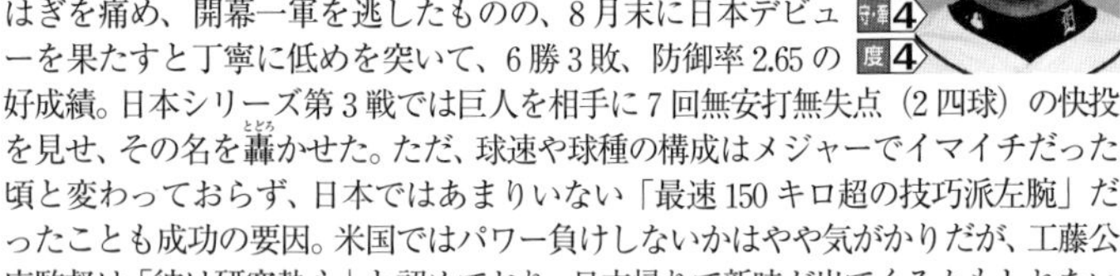

昨季は福岡ソフトバンクでプレーした先発左腕。左ふくらはぎを痛め、開幕一軍を逃したものの、8月末に日本デビューを果たすと丁寧に低めを突いて、6勝3敗、防御率2.65の好成績。日本シリーズ第3戦では巨人を相手に7回無安打無失点（2四球）の快投を見せ、その名を轟(とどろ)かせた。ただ、球速や球種の構成はメジャーでイマイチだった頃と変わっておらず、日本ではあまりいない「最速150キロ超の技巧派左腕」だったことも成功の要因。米国ではパワー負けしないかはやや気がかりだが、工藤公康監督は「彼は研究熱心」と認めており、日本帰りで新味が出てくるかもしれない。

年度	所属チーム	勝利	敗戦	防御率	試合数	先発	セーブ	投球イニング	被安打	失点	自責点	被本塁打	与四球	奪三振	WHIP
2019	タイガース	0	0	0.00	2	2	0	10.0	3	0	0	0	1	9	0.40
通算成績		54	56	4.51	181	151	0	894.2	885	480	448	114	369	806	1.40

48 スペンサー・ハワード *Spencer Howard*

ポテンシャルは高いが、スタミナ不足は明らか

先発

25歳 1996.7.28生 | 191cm | 95kg | 右投右打 速150キロ台前半(フォーシーム主体) 決◎スライダー
対左.333 対右.265 ド2017②フィリーズ 出カリフォルニア州 年57万500ドル(約5990万円)+α

球3 制3 緩3 守・牽3 度3

2018年、1Aでノーヒットノーランを達成。19年には2Aで防御率2.35、WHIP0.95の成績を収め、昨年8月にメジャーデビューを果たしたプロスペクト（有望株）。先発6試合で結果は残せなかったが、長身から投げ下ろす角度のあるフォーシームにブレーキのきいたスライダーやチェンジアップと、見どころはあった。素材は一級品だが、喫緊(きっきん)の課題はスタミナ面。3イニング目あたりから球速が低下し、簡単に打ち込まれてしまう。リリーフ適性があればいいが、先発で起用するには、現状のままでは使い勝手が悪い。3Aでスタミナ改善を示し、メジャーでの「追試」をクリアしたい。

年度	所属チーム	勝利	敗戦	防御率	試合数	先発	セーブ	投球イニング	被安打	失点	自責点	被本塁打	与四球	奪三振	WHIP
2020	フィリーズ	1	2	5.92	6	6	0	24.1	30	17	16	6	10	23	1.64
通算成績		1	2	5.92	6	6	0	24.1	30	17	16	6	10	23	1.64

50 ヘクター・ネリス *Hector Neris*

制球が冴えず、改めて安定感のなさを露呈

セットアップ クローザー

32歳 1989.6.14生 | 188cm | 103kg | 右投右打 速150キロ台前半(フォーシーム主体) 決☆スプリッター
対左.275 対右.260 ド2010外フィリーズ 出ドミニカ 年500万ドル(約5億2500万円)

球5 制2 緩3 守・牽3 度3

スプリッターを武器に三振を量産する生え抜きリリーバー。2019年にはフルシーズンのクローザーを務め、28セーブ。昨季は鉄壁の守護神になるはずだったが、蓋(ふた)を開けてみれば制球が定まらず、苦しいシーズンになってしまった。ただ、三振は取れており、21.2投球回で被本塁打はゼロ。悪いなりにまとめたと言えなくもない。安定感、一貫性がないのは以前からのこと。クローザー起用は球団の「倹約」に付き合わされている面もあり、同情の声もある。高校時代はバレーボールやバスケットボール、そしてチェスを熱心にプレーしており、野球を本格的に始めたのは17歳のときだ。

年度	所属チーム	勝利	敗戦	防御率	試合数	先発	セーブ	投球イニング	被安打	失点	自責点	被本塁打	与四球	奪三振	WHIP
2020	フィリーズ	2	2	4.57	24	0	5	21.2	24	15	11	0	13	27	1.71
通算成績		17	22	3.38	331	0	72	333.1	280	137	125	47	119	422	1.20

速=速球のスピード　決=決め球　対左=対左打者被打率　対右=対右打者被打率
ド=ドラフトデータ　出=出身地　年=年俸

21 ヴィンス・ヴェラスケス *Vince Velasquez*

上質のフォーシームを生かし切れずに瀬戸際

先発 ロングリリーフ

29歳 1992.6.7生 | 191cm | 96kg | 右投右打 速150キロ台前半(フォーシーム主体) 決◎フォーシーム
対左.315 対右.238 ド2010②アストロズ 出カリフォルニア州 年400万ドル(約4億2000万円)

球4 制3 緩2 守・牽3 度3

2015年オフのトレードで加入。16年に8勝6敗の成績を残したが、以降、先発5番手に停滞している。毎秋、首脳陣やファンに渋い表情をされながらもチームに残り続けられるのは、彼が「未完の大器」だから。浮き上がるようなフォーシームは上質で、奪三振数が威力を物語っている。ただ、セールスポイントはその1点。スライダーやナックルカーブもたまに目の覚めるようなボールを投げるが、精度が低く、緩急を生かせていない。夏場に成績が落ちてくる傾向にあるが、7月下旬に開幕した昨季の成績は、例年の後半戦に酷似(こくじ)。スタミナがないというよりは暑さに弱いのかも。

年度	所属チーム	勝利	敗戦	防御率	試合数	先発	セーブ	投球イニング	被安打	失点	自責点	被本塁打	与四球	奪三振	WHIP
2020	フィリーズ	1	1	5.56	9	7	0	34.0	36	21	21	5	17	46	1.56
通算成績		28	35	4.72	131	106	0	556.2	547	309	292	88	219	615	1.38

55 レンジャー・スアレス *Ranger Suarez*

新型コロナウイルスで好機を逃す

ロングリリーフ 先発

26歳 1995.8.26生 | 185cm | 98kg | 左投左打 速140キロ台中頃(ツーシーム、フォーシーム) 決◎ツーシーム
対左.500 対右.462 ド2012外フィリーズ 出ベネズエラ 年57万500ドル(約5990万円)+α

球3 制3 緩2 守・牽2 度3

2019年にリリーフで37試合に登板し、頭角を現した若手左腕。スピードは140キロ台中盤だが、見分けのつきにくいフォーシームとツーシームを投げる軟投派。昨年の春季キャンプでは先発5番手候補になり、ジラーディ監督も太鼓判を押していた。だが、7月上旬に新型コロナウイルスの検査で陽性反応が出てしまった。症状は軽いめまいだけだったが、なかなか2回連続陰性をクリアできず、結局約4週間の隔離生活を余儀なくされた。9月にようやくマウンドに戻ってきたが、運動禁止の影響が強く出て、3戦連続炎上でシーズン終了。チームも貴重な左腕の再起を願っている。

年度	所属チーム	勝利	敗戦	防御率	試合数	先発	セーブ	投球イニング	被安打	失点	自責点	被本塁打	与四球	奪三振	WHIP
2020	フィリーズ	0	1	20.25	3	0	0	4.0	10	9	9	1	4	1	3.50
通算成績		7	3	4.66	44	3	0	67.2	83	41	35	10	22	54	1.55

41 デイヴィッド・ヘイル *David Hale*

投げる場所を探して、アジアでのプレーも模索

ミドルリリーフ

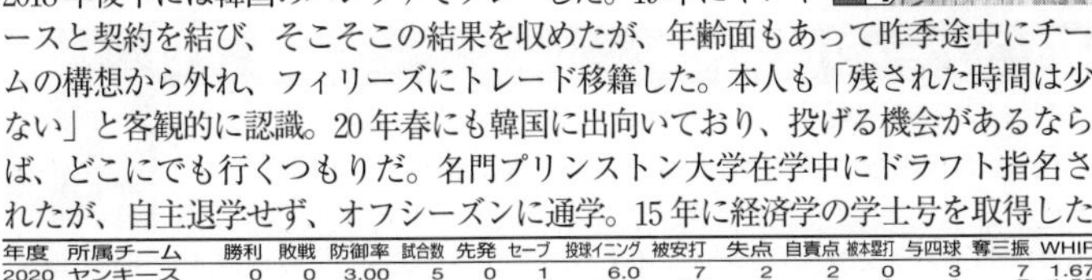

34歳 1987.9.27生 | 188cm | 95kg | 右投右打 速150キロ前後(フォーシーム主体) 決○チェンジアップ
対左.233 対右.390 ド2009③ブレーブス 出ジョージア州 年85万ドル(約8925万円)

球3 制4 緩2 守・牽3 度4

今年で34歳になる、韓国球界でのプレー経験もあるベテラン。先発でもリリーフでも伸び切らず、メジャーと3Aを往復。2018年後半には韓国のハンファでプレーした。19年にヤンキースと契約を結び、そこそこの結果を収めたが、年齢面もあって昨季途中にチームの構想から外れ、フィリーズにトレード移籍した。本人も「残された時間は少ない」と客観的に認識。20年春にも韓国に出向いており、投げる機会があるならば、どこにでも行くつもりだ。名門プリンストン大学在学中にドラフト指名されたが、自主退学せず、オフシーズンに通学。15年に経済学の学士号を取得した。

年度	所属チーム	勝利	敗戦	防御率	試合数	先発	セーブ	投球イニング	被安打	失点	自責点	被本塁打	与四球	奪三振	WHIP
2020	ヤンキース	0	0	3.00	5	0	1	6.0	7	2	2	0	3	7	1.67
2020	フィリーズ	0	0	4.09	6	2	0	11.0	16	5	5	2	1	7	1.55
2020	2チーム計	0	0	3.71	11	2	1	17.0	23	7	7	2	4	14	1.59
通算成績		13	10	4.23	101	22	3	247.0	277	125	116	27	78	165	1.44

悪魔的な高速シンカーを投げるが、肩・ヒジに不安

ミドルリリーフ　移籍

ー ホセ・アルヴァラード *Jose Alvarado*

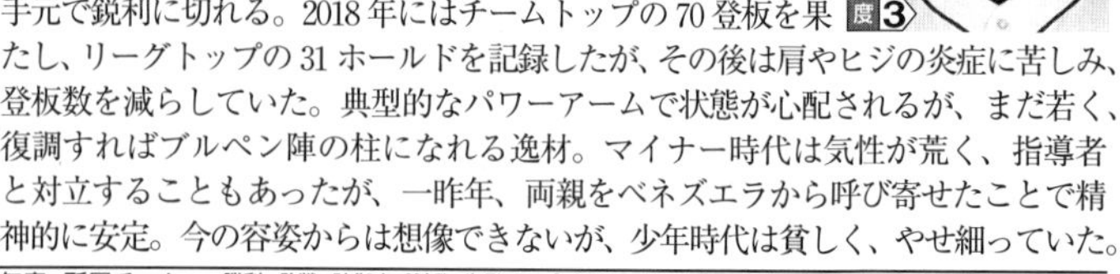

26歳 1995.5.21生 | 188cm | 111kg | 左投左打 速150キロ台後半(シンカー、フォーシーム) 決◎シンカー
対左.000 対右.333 ド2012外レイズ 出ベネズエラ 年100万ドル(約1億500万円)

球5 制2 緩3 守・牽2 度3

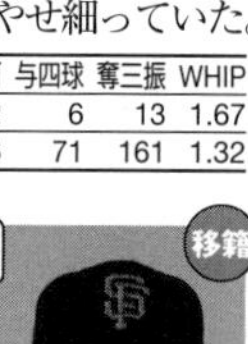

昨年末にレイズからトレードで加入した巨漢左腕。体重をフルに乗せた高速シンカーは最速162キロにせまり、打者の手元で鋭利に切れる。2018年にはチームトップの70登板を果たし、リーグトップの31ホールドを記録したが、その後は肩やヒジの炎症に苦しみ、登板数を減らしていた。典型的なパワーアームで状態が心配されるが、まだ若く、復調すればブルペン陣の柱になれる逸材。マイナー時代は気性が荒く、指導者と対立することもあったが、一昨年、両親をベネズエラから呼び寄せたことで精神的に安定。今の容姿からは想像できないが、少年時代は貧しく、やせ細っていた。

年度 所属チーム	勝利	敗戦	防御率	試合数	先発	セーブ	投球イニング	被安打	失点	自責点	被本塁打	与四球	奪三振	WHIP
2020 レイズ	0	0	6.00	9	0	0	9.0	9	7	6	2	6	13	1.67
通算成績	2	15	3.46	149	1	15	132.2	104	58	51	6	71	161	1.32

人種差別への抗議のポーズを取らず、波紋を広げる

ミドルリリーフ　移籍

ー サム・クーンロッド *Sam Coonrod*

29歳 1992.9.22生 | 185cm | 102kg | 右投右打 速150キロ台後半(フォーシーム)、150キロ台中頃(シンカー) 決○フォーシーム
対左.304 対右.270 ド2014⑤ジャイアンツ 出ミズーリ州 年57万500ドル(約5990万円)+α

球4 制2 緩3 守・牽3 度4

今年1月にジャイアンツからトレード加入したリリーフ右腕。2018年にトミー・ジョン手術を受け、デビューが遅れたが、2年目の昨季は最速163キロを記録。シンカーも150キロ台後半でしっかり動く。ここから旬を迎えそうな豪腕だ。昨季開幕戦では人種差別への抗議のため、両軍が国歌斉唱の際にひざまずいたが、クーンロッドは拒否。「私はクリスチャンであり、神以外のいかなるものにもひざまずかない」と釈明したが、「BLM運動はマルクス主義に傾倒し、核家族に否定的だ」と保守サイドの主張を付け加えた。ジャイアンツは否定しているが、それが遠因で放出されたとも。

年度 所属チーム	勝利	敗戦	防御率	試合数	先発	セーブ	投球イニング	被安打	失点	自責点	被本塁打	与四球	奪三振	WHIP
2020 ジャイアンツ	0	2	9.82	18	0	3	14.2	17	16	16	2	7	15	1.64
通算成績	5	3	5.74	51	0	3	42.1	36	27	27	5	22	35	1.37

79 ジョジョ・ロメーロ *JoJo Romero*

リリーフ　期待度C　ルーキー

25歳 1996.9.9生 | 180cm | 91kg | 左投左打 ◆昨季はメジャーで12試合出場 ド2016④フィリーズ 出カリフォルニア州

昨季メジャーデビューを果たした新進気鋭の左腕。ワイルドな風貌とは裏腹に、低めへのシンカー、チェンジアップなどをウリにしている技巧派。昨年9月にはエナジードリンク「レッドブル」をゴクリと飲み干し、缶を前腕で叩きつぶしてマウンドに向かう様子が中継され、「カッコいい」と話題に。

75 コナー・ブログドン *Connor Brogdon*

リリーフ　期待度C　ルーキー

26歳 1995.1.29生 | 198cm | 93kg | 右投右打 ◆昨季はメジャーで9試合出場 ド2017⑩フィリーズ 出カリフォルニア州

150キロ台中盤のパワフルなフォーシームが魅力。昨年8月のメジャー初登板では、2本塁打を献上するホロ苦デビューだったが、9月に再びチャンスを与えられると、6戦連続無失点を記録。2戦連続3者連続三振の見せ場もあった。カッターやチェンジアップのキレも良く、今季の出世もあり得る。

速=速球のスピード　決=決め球　対左=対左打者被打率　対右=対右打者被打率
ド=ドラフトデータ　出=出身地　年=年俸　※昨季、マイナーリーグは中止
※メジャー経験がない投手の「先発」「リリーフ」はマイナーでの役割

野手

ブーイングと歓声を受ける、華のある風雲児 ライト

3 ブライス・ハーパー
Bryce Harper

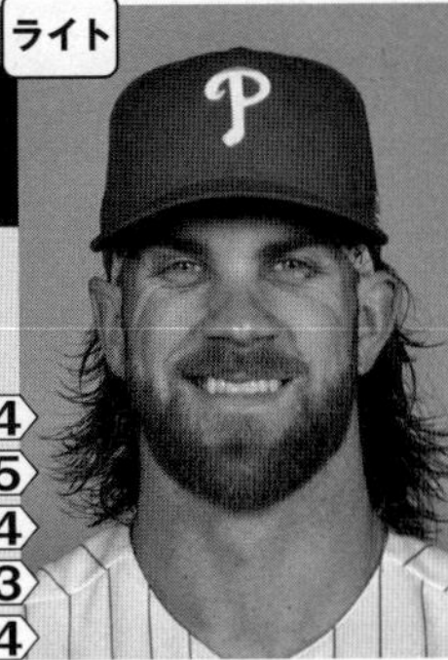

29歳 1992.10.16生 | 191cm | 95kg | 右投左打
◆対左投手打率／.281(57-16) ◆対右投手打率／.263(133-35)
◆ホーム打率／.276(105-29) ◆アウェー打率／.259(85-22)
◆得点圏打率／.233(43-10)
◆20年のポジション別出場数／ライト=48、DH=10、センター=3
◆ドラフトデータ／2010①ナショナルズ
◆出身地／ネヴァダ州 ◆年俸／2600万ドル(約27億3000万円)
◆MVP1回(15年)、本塁打王1回(15年)、シルバースラッガー賞1回(15年)、ハンク・アーロン賞1回(15年)、新人王(12年)

ミート 4
パワー 5
走塁 4
守備 3
肩 4

16歳にして権威ある米スポーツ誌『スポーツ・イラストレイテッド』の表紙に抜擢され、2010年MLBドラフト全体1位、15年には22歳で本塁打王&MVP獲得と、エリート街道を歩んできたスタープレーヤー。19年3月、フィリーズと13年3億3000万ドルの超大型契約を結び、移籍1年目から35本塁打を放った。昨季も58試合で13本塁打をかっ飛ばしたほか、キャリアで3番目に高いOPSをマークし、その実力を証明した。

フィリーズ移籍時には三振率が上がっており、細かい故障も多いことから「overrated（過大評価）」のレッテルが貼られ、論争に発展。マーケティング面での貢献も知られており、昨季の活躍で過大評価の声は薄れつつあるが、こんな論争に巻き込まれてしまうのは、若手時代からハーパーが「Cocky（生意気）」であり、相当な量のアンチも存在するからだ。感情を露にするスタイルでビッグマウスはもちろん、乱闘や退場もしばしば。昨年9月にも際どいファウル判定に対して、一塁塁審に食ってかかり、通算14回目の退場処分を受けた。一方で不文律にもかみつくタブーなき姿勢に賛同するファンもおり、まさに「MLBの風雲児」と呼べる存在だ。

また、ワシントンでの試合はMLB屈指の熱さ。19年には古巣ナショナルズファンが特大のブーイングとヤジを飛ばし、ライトスタンドのフィリーズファンも「We got Harper!!」の大合唱で応戦。ハーパーも打てば過剰なガッツポーズを見せ、ヒール役を演じた。スタンドに観客が戻ってくれば、再び熱いバトルが展開されるだろう。ちなみにフィリーズファンも、ハーパーが結果を出せなかった際には、容赦なくブーイングを送っている。

カモ C・モートン(ブレーブス).600(10-6)1本 S・ルーゴ(メッツ).350(20-7)2本
苦手 W・スミス(ブレーブス).000(10-0)0本 J・ファミリア(メッツ).167(12-2)0本

年度	所属チーム	試合数	打数	得点	安打	二塁打	三塁打	本塁打	打点	四球	三振	盗塁	盗塁死	出塁率	OPS	打率
2012	ナショナルズ	139	533	98	144	26	9	22	59	56	120	18	6	.340	.817	.270
2013	ナショナルズ	118	424	71	116	24	3	20	58	61	94	11	4	.368	.854	.274
2014	ナショナルズ	100	352	41	96	10	2	13	32	38	104	2	2	.344	.768	.273
2015	ナショナルズ	153	521	118	172	38	1	42	99	124	131	6	4	.460	1.109	.330
2016	ナショナルズ	147	506	84	123	24	2	24	86	108	117	21	10	.373	.814	.243
2017	ナショナルズ	111	420	95	134	27	1	29	87	68	99	4	2	.413	1.008	.319
2018	ナショナルズ	159	550	103	137	34	0	34	100	130	169	13	3	.393	.889	.249
2019	フィリーズ	157	573	98	149	36	1	35	114	99	178	15	3	.372	.882	.260
2020	フィリーズ	58	190	41	51	9	2	13	33	49	43	8	2	.420	.962	.268
通算成績		1142	4069	749	1122	228	21	232	668	733	1055	98	36	.387	.900	.276

カモ 苦手 は通算成績

10 J.T.リアルミュート *J.T. Realmuto*

捕手史上最高の評価を勝ち取り、チームに残留　キャッチャー ファースト

30歳 1991.3.18生 | 185cm | 96kg | 右投右打 盗塁阻止率／.211(19-4)

◆対左投手打率／.386 ◆対右投手打率／.225
◆ホーム打率／.247 ◆アウェー打率／.284 ◆得点圏打率／.235
◆20年のポジション別出場数／キャッチャー=36、DH=9、ファースト=6
◆[ド]2010③マーリンズ ◆[出]オクラホマ州
◆[年]2000万ドル(約21億円)

ミート 4 / パワー 4 / 走塁 4 / 守備 4 / 肩 5

現役メジャー最強捕手の呼び声高いスタープレーヤー。走攻守どこを取っても抜け目なく、メジャートップクラスの超強肩に、捕手としては最上位のスプリントスピードを持ち合わせるアスリート型。昨季は自己最高のOPSも記録しており、打撃力を生かすためにファーストで出場することもある。オフにFAになったが、代理人のジェフ・ベリーとともに「捕手の地位&相場向上」を目指して強気な交渉を展開。単年の金額では捕手史上最高となる、5年1億1550万ドル（約121億円）の大型契約をフィリーズから引き出した。

[カモ] S・ストラスバーグ(ナショナルズ).455(22-10)0本 [苦手] E・ヘルナンデス(マーリンズ).000(8-0)0本

年度	所属チーム	試合数	打数	得点	安打	二塁打	三塁打	本塁打	打点	四球	三振	盗塁	盗塁死	出塁率	OPS	打率
2014	マーリンズ	11	29	4	7	1	1	0	9	1	8	0	0	.267	.611	.241
2015	マーリンズ	126	441	49	114	21	7	10	47	19	70	8	4	.290	.696	.259
2016	マーリンズ	137	509	60	154	31	0	11	48	28	100	12	4	.343	.771	.303
2017	マーリンズ	141	532	68	148	31	5	17	65	36	106	8	2	.332	.783	.278
2018	マーリンズ	125	477	74	132	30	3	21	74	38	104	3	2	.340	.825	.277
2019	フィリーズ	145	538	92	148	36	3	25	83	41	123	9	1	.328	.820	.275
2020	フィリーズ	47	173	33	46	6	0	11	32	16	48	4	1	.349	.840	.266
通算成績		732	2699	380	749	156	19	95	358	179	559	44	14	.328	.783	.278

17 リース・ホスキンス *Rhys Hoskins*

昨年10月にトミー・ジョン手術　ファースト

28歳 1993.3.17生 | 193cm | 111kg | 右投右打

◆対左投手打率／.341 ◆対右投手打率／.209
◆ホーム打率／.288 ◆アウェー打率／.197 ◆得点圏打率／.206
◆20年のポジション別出場数／ファースト=40、DH=1
◆[ド]2014⑤フィリーズ ◆[出]カリフォルニア州
◆[年]57万500ドル(約5990万円)+α

ミート 3 / パワー 5 / 走塁 3 / 守備 3 / 肩 3

2017年8月にメジャーデビューを果たすと、破竹の勢いでフィリーズの主力に成長を遂げたスラッガー。打率は2割台前半～中盤ながら、19年にはナショナル・リーグ最多の四球を選んでおり、出塁率、OPSは上々。昨季は4番から配置転換され、2番打者を務めたが、キャリアハイの出塁率を記録し、対応力を示した。しかし、9月12日のマーリンズ戦でランナーと交錯（こうさく）し、左ヒジを負傷。靭帯（じんたい）にズレが見つかったため、10月にトミー・ジョン手術を受けた。幸い右投げのため、復帰まで4～6カ月の見込みだが、バッティングに影響がないことを祈りたい。愛犬の「ルーキー君」を溺愛（できあい）しており、ルーキー君専用のインスタグラムアカウント（thelifeofrookie）も開設している。

[カモ] E・ヘルナンデス(マーリンズ).444(9-4)2本 [苦手] M・シャーザー(ナショナルズ).000(17-0)0本

年度	所属チーム	試合数	打数	得点	安打	二塁打	三塁打	本塁打	打点	四球	三振	盗塁	盗塁死	出塁率	OPS	打率
2017	フィリーズ	50	170	37	44	7	0	18	48	37	46	2	0	.396	1.014	.259
2018	フィリーズ	153	558	89	137	38	0	34	96	87	150	5	3	.354	.850	.246
2019	フィリーズ	160	570	86	129	33	5	29	85	116	173	2	2	.364	.819	.226
2020	フィリーズ	41	151	35	37	9	0	10	26	29	43	1	0	.384	.887	.245
通算成績		404	1449	247	347	87	5	91	255	269	412	10	5	.366	.861	.239

28 アレック・ボーム Alec Bohm

驚異の得点圏打率を叩き出したスラッガー　サード ファースト

25歳 1996.8.3生 | 196cm | 99kg | 右投右打
◆対左投手打率／.270 ◆対右投手打率／.358
◆ホーム打率／.354 ◆アウェー打率／.326 ◆得点圏打率／.452
◆20年のポジション別出場数／サード=38、ファースト=7、DH=1
◆ド2018①フィリーズ ◆出ネブラスカ州
◆年57万500ドル(約5990万円)+α

ミート4 パワー3 走塁2 守備2 肩4

大学野球屈指の打者と評価され、2018年にドラフト1巡目（全体3位）でフィリーズに入団した大型三塁手。プロ入り後、マイナーでさっそく好成績を残し、昨年8月13日にメジャーデビュー。前評判以上のコンタクト能力を発揮し、打率3割3分8厘の高打率をマークした。さらに得点圏打率4割5分2厘は、メジャートップ（得点圏40打席以上）の数字。出塁率の高さも評価され、リーグの新人王レースでは2位（タイ）の票を集めた。ブライス・ハーパーも「彼は将来MVPを獲る器だ」と打撃の才能を高く評価している。

カモ S·ルーゴ(メッツ).750(4-3)1本　苦手 J·デグローム(メッツ).000(4-0)0本

年度	所属チーム	試合数	打数	得点	安打	二塁打	三塁打	本塁打	打点	四球	三振	盗塁	盗塁死	出塁率	OPS	打率
2020	フィリーズ	44	160	24	54	11	0	4	23	16	36	1	1	.400	.881	.338
通算成績		44	160	24	54	11	0	4	23	16	36	1	1	.400	.881	.338

22 アンドルー・マカッチェン Andrew McCutchen

脚力は全盛期を過ぎたが、人気は健在　レフト

35歳 1986.10.10生 | 180cm | 88kg | 右投右打
◆対左投手打率／.283 ◆対右投手打率／.242
◆ホーム打率／.202 ◆アウェー打率／.301 ◆得点圏打率／.292
◆20年のポジション別出場数／レフト=39、DH=16
◆ド2005①パイレーツ ◆出フロリダ州 ◆年2000万ドル(約21億円)
◆MVP1回(13年)、ゴールドグラブ賞1回(12年)、シルバースラッガー賞4回(12、13、14、15年)、ロベルト·クレメンテ賞1回(15年)

ミート3 パワー4 走塁3 守備3 肩4

パイレーツ時代の2013年にはナショナル・リーグMVPに選ばれたほか、2013～14年にはMLB公認のゲームシリーズ『MLB The Show』のパッケージも務めた人気者。ジャイアンツ、ヤンキースを経て、2019年から3年契約でフィリーズに入団。しかし、同年6月に左十字靭帯（じゅうじじんたい）を断裂。昨季復帰を果たしたが、打率、出塁率はいずれもキャリアワースト。10本塁打を放って何とか面目を保ったものの、脚力への影響は隠し切れず、守備範囲も狭まっている。ヤンキース移籍時にはトレードマークのドレッドヘアを切り落としていたが、昨年改めて「ヤンキースの頭髪規定も変わるべきときが来ている」と提言。

カモ W·スミス(ブレーブス).571(7-4)1本　苦手 T·マツェック(ブレーブス).000(9-0)0本

年度	所属チーム	試合数	打数	得点	安打	二塁打	三塁打	本塁打	打点	四球	三振	盗塁	盗塁死	出塁率	OPS	打率
2009	パイレーツ	108	433	74	124	26	9	12	54	54	83	22	5	.365	.836	.286
2010	パイレーツ	154	570	94	163	35	5	16	56	70	89	33	10	.365	.814	.286
2011	パイレーツ	158	572	87	148	34	5	23	89	89	126	23	10	.364	.820	.259
2012	パイレーツ	157	593	107	194	29	6	31	96	70	132	20	12	.400	.953	.327
2013	パイレーツ	157	583	97	185	38	5	21	84	78	101	27	10	.404	.911	.317
2014	パイレーツ	146	548	89	172	38	6	25	83	84	115	18	3	.410	.952	.314
2015	パイレーツ	157	566	91	165	36	3	23	96	98	133	11	5	.401	.889	.292
2016	パイレーツ	153	598	81	153	26	3	24	79	69	143	6	7	.336	.766	.256
2017	パイレーツ	156	570	94	159	30	2	28	88	73	116	11	5	.363	.849	.279
2018	ジャイアンツ	130	482	65	123	28	2	15	55	73	123	13	6	.357	.772	.255
2018	ヤンキース	25	87	18	22	2	1	5	10	22	22	1	3	.421	.892	.253
2018	2チーム計	155	569	83	145	30	3	20	65	95	145	14	9	.368	.792	.255
2019	フィリーズ	59	219	45	56	12	1	10	29	43	55	2	1	.378	.834	.256
2020	フィリーズ	57	217	32	55	9	0	10	34	22	48	4	0	.324	.757	.253
通算成績		1617	6038	974	1719	343	48	243	853	845	1286	191	77	.376	.854	.285

2 厚みをもたらすユーティリティに変身

ジーン・セグーラ *Jean Segura*

サード セカンド

31歳 1990.3.17生 | 178cm | 100kg | 右投右打
◆対左投手打率／.273 ◆対右投手打率／.263
◆ホーム打率／.245 ◆アウェー打率／.289 ◆得点圏打率／.298
◆20年のポジション別出場数／セカンド=32、サード=24、ショート=4、DH=1
◆(ド)2007(外)エンジェルス ◆(出)ドミニカ
◆(年)425万ドル（約14億9625万円）

ミート 3　パワー 3　走塁 4　守備 4　肩 4

移籍1年目の一昨年は、ショートで自己ワーストの20失策と精彩を欠いたが、昨季はグレゴリアスの加入で主にセカンドを守り、239.1イニングで無失策の安定した守備を見せた。サードでも179.2イニングで2失策と、十分な適性を示している。打撃面では打率が落ち込んだが、四球を多く選んで出塁率はまずまず。これまで6.7～7.8度だった平均打球角度も、11.2度に急上昇。「フライボール革命」に取り組んでいるようだが、結果は果たして？

カモ S・ルーゴ(メッツ).538(13-7)0本　苦手 W・スエロ(ナショナルズ).000(5-0)0本

年度	所属チーム	試合数	打数	得点	安打	二塁打	三塁打	本塁打	打点	四球	三振	盗塁	盗塁死	出塁率	OPS	打率
2012	エンジェルス	1	3	0	0	0	0	0	0	0	2	0	0	.000	.000	.000
2012	ブリュワーズ	44	148	19	39	4	3	0	14	13	21	7	1	.321	.652	.264
2012	2チーム計	45	151	19	39	4	3	0	14	13	23	7	1	.315	.640	.258
2013	ブリュワーズ	146	588	74	173	20	10	12	49	25	84	44	13	.329	.752	.294
2014	ブリュワーズ	146	513	61	126	14	6	5	31	28	70	20	9	.289	.614	.246
2015	ブリュワーズ	142	560	57	144	16	5	6	50	13	93	25	6	.281	.616	.257
2016	ダイヤモンドバックス	153	637	102	203	41	7	20	64	39	101	33	10	.368	.867	.319
2017	マリナーズ	125	524	80	157	30	2	11	45	34	83	22	8	.349	.776	.300
2018	マリナーズ	144	586	91	178	29	3	10	63	32	69	20	11	.341	.755	.304
2019	フィリーズ	144	576	79	161	37	4	12	60	30	73	10	2	.323	.743	.280
2020	フィリーズ	54	192	28	51	5	2	7	25	23	45	2	2	.347	.769	.266
通算成績		1099	4327	591	1232	196	42	83	401	237	641	183	62	.327	.734	.285

24 スプリントスピードはメジャー2位

ロマン・クイン *Roman Quinn*

センター

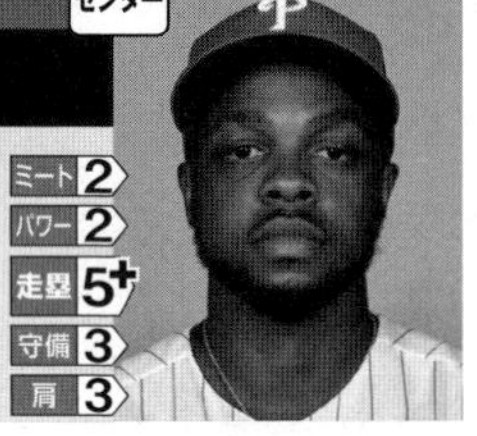

28歳 1993.5.14生 | 178cm | 79kg | 右投両打
◆対左投手打率／.206 ◆対右投手打率／.216
◆ホーム打率／.222 ◆アウェー打率／.194 ◆得点圏打率／.179
◆20年のポジション別出場数／センター=37、ライト=2
◆(ド)2011(月)フィリーズ ◆(出)フロリダ州
◆(年)57万500ドル（約5990万円）+α

ミート 2　パワー 2　走塁 5+　守備 3　肩 3

規格外の走力を誇るスピードスター。メジャー公式統計の「スタットキャスト」によると、昨季のスプリントスピードはメジャー全体2位、平均一塁到達タイム3.94秒は全体トップに位置している。2019年には8盗塁、昨季も12盗塁を失敗なしで決めており、20連続盗塁成功中。惜しむらくはベンチが盗塁を多用しないこと。走るチームに在籍していれば、代走起用を含め、かなりの盗塁数をかせぐだろう。ただ、打撃は形にはなってきたが、いまだにお粗末なレベル。外野守備は広大な守備範囲を誇る猪突猛進型だが、昨年9月には勢い余ってフェンスに激突し、脳震盪特別措置で7日間のILに入った。

カモ ——　苦手 P・コービン(ナショナルズ).125(8-1)0本

年度	所属チーム	試合数	打数	得点	安打	二塁打	三塁打	本塁打	打点	四球	三振	盗塁	盗塁死	出塁率	OPS	打率
2016	フィリーズ	15	57	10	15	4	0	0	6	8	19	5	1	.373	.706	.263
2018	フィリーズ	50	131	13	34	6	4	2	12	10	35	10	4	.317	.729	.260
2019	フィリーズ	44	108	18	23	3	1	4	11	12	34	8	0	.298	.668	.213
2020	フィリーズ	41	108	14	23	3	1	2	7	5	39	12	0	.261	.576	.213
通算成績		150	404	55	95	16	6	8	36	35	127	35	5	.306	.669	.235

18 強打を取り戻して期待以上の活躍 ショート
ディディ・グレゴリアス *Didi Gregorius*

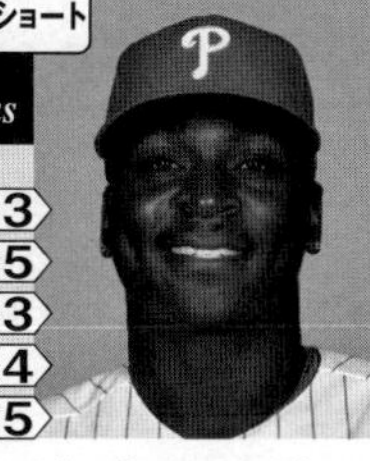

31歳 1990.2.18生 | 191cm | 93kg | 右投左打
◆対左投手打率／.203 ◆対右投手打率／.318
◆ホーム打率／.314 ◆アウェー打率／.247 ◆得点圏打率／.345
◆20年のポジション別出場数／ショート=59
◆ⓓ2007㊕レッズ ◆㊞オランダ
◆㊎2800万ドル（約29億4000万円）※2年総額

ミート3 パワー5 走塁3 守備4 肩5

2年2800万ドルの契約で残留した強打の遊撃手。右ヒジのトミー・ジョン手術明けの2019年は打撃が冴えず、オフにヤンキースからFA。不振の原因は手術からの早すぎる復帰が原因と言われていたが、「そうだ」と言わんばかりに新天地でバットに点火。チーム2位タイの10本塁打を放ったほか、守備でも高い身体能力を生かした好プレーを連発した。11年にオランダのIBAFワールドカップ初優勝に大きく貢献し、「サー」の爵位を与えられたことから、あだ名は「サー・ディディ」。チーム勝利時には試合経過をツイートするのが恒例だが、チームメートを名前ではなく独自の絵文字で表すため、まるで怪文。

カモ M・カストロ（メッツ）.417（12-5）2本　苦手 S・ストラスバーグ（ナショナルズ）.000（8-0）0本

年度	所属チーム	試合数	打数	得点	安打	二塁打	三塁打	本塁打	打点	四球	三振	盗塁	盗塁死	出塁率	OPS	打率
2012	レッズ	8	20	1	6	0	0	0	2	0	5	0	0	.300	.600	.300
2013	ダイヤモンドバックス	103	357	47	90	16	3	7	28	37	65	0	2	.332	.704	.252
2014	ダイヤモンドバックス	80	270	35	61	9	5	6	27	22	52	3	0	.290	.653	.226
2015	ヤンキース	155	525	57	139	24	2	9	56	33	85	5	3	.318	.688	.265
2016	ヤンキース	153	562	68	155	32	2	20	70	19	82	7	1	.304	.751	.276
2017	ヤンキース	136	534	73	153	27	0	25	87	25	70	3	1	.318	.796	.287
2018	ヤンキース	134	504	89	135	23	5	27	86	48	69	10	6	.335	.829	.268
2019	ヤンキース	82	324	47	77	14	2	16	61	17	53	2	1	.276	.718	.238
2020	フィリーズ	60	215	34	61	10	2	10	40	15	28	3	2	.339	.827	.284
通算成績		911	3311	451	877	155	21	120	457	216	509	33	16	.315	.748	.265

4 新型コロナウイルス感染で振り出しに戻る ユーティリティ
スコット・キンガリー *Scott Kingery*

27歳 1994.4.29生 | 178cm | 82kg | 右投右打
◆対左投手打率／.121 ◆対右投手打率／.175
◆ホーム打率／.152 ◆アウェー打率／.170 ◆得点圏打率／.150
◆20年のポジション別出場数／セカンド=29、センター=9、ショート=1
◆ⓓ2015②フィリーズ ◆㊞アリゾナ州
◆㊎400万ドル（約4億2000万円）

ミート2 パワー3 走塁4 守備4 肩3

一昨年19本塁打を放ち、プチブレイクした二塁手。パンチ力、スピード、内外野全ポジションをこなせる器用さを持ち合わせており、昨季は飛躍が期待されていた。だが開幕前の6月、新型コロナウイルスに感染。多くのメジャーリーガーは、検査結果が陽性でも軽症や無症状だったが、キンガリーはひどい悪寒や息切れに見舞われた。7月中旬にようやくチームに合流したものの、疲労感が抜け切らず、打撃は最後まで絶不調。首脳陣も体調不良が不振の原因と推測しており、今季も出場機会を与えられるだろうが、とんだ災難だった。一卵性双生児の兄弟がおり、大学1年まで二遊間を組んでいた。

カモ M・ソロカ（ブレーブス）.500（8-4）0本　苦手 J・キンターナ（エンジェルス）.000（9-0）0本

年度	所属チーム	試合数	打数	得点	安打	二塁打	三塁打	本塁打	打点	四球	三振	盗塁	盗塁死	出塁率	OPS	打率
2018	フィリーズ	147	452	55	102	23	2	8	35	24	126	10	3	.267	.605	.226
2019	フィリーズ	126	458	64	118	34	4	19	55	34	147	15	4	.315	.788	.258
2020	フィリーズ	36	113	12	18	5	0	3	6	9	35	0	0	.228	.511	.159
通算成績		309	1023	131	238	62	6	30	96	67	308	25	7	.284	.677	.233

野 手

外野手

40 確実性を上げた元・二刀流プレーヤー アダム・ヘイズリー *Adam Haseley*

25歳 1996.4.12生 | 185cm | 86kg | 左投左打 対左.400 対右.261 ホ.286 ア.270 得.400 ド2017①フィリーズ 出フロリダ州 年57万500ドル(約5990万円)+α

ミ3 パ2 走4 守3 肩4

高校時代にはU-18アメリカ代表に選出。ヴァージニア大学では大学ナンバーワン巧打者として知られたほか、投手としても35試合で18勝5敗、防御率2.51を記録した。2017年にドラフト1巡目（全体8位）でフィリーズに入団。19年にメジャーデビューすると、確実性のあるコンパクトな打撃と選球眼で評価を高めている。ただ、ルーキーイヤーにはホームランキャッチも披露した外野守備は、昨季、クッションボールに手こずるなど、やや評価を落とした。クインとのセンターの定位置争いを繰り広げており、ファンの間ではどちらが優れているか「プチ論争」が起きている。

年度	所属チーム	試合数	打数	得点	安打	二塁打	三塁打	本塁打	打点	四球	三振	盗塁	盗塁死	出塁率	OPS	打率
2020	フィリーズ	40	79	7	22	5	0	0	13	7	17	0	0	.348	.690	.278
通算成績		107	301	37	81	19	0	5	39	21	77	4	0	.330	.712	.269

キャッチャー

5 打撃良化で「平凡」の評価を維持 アンドルー・ナップ *Andrew Knapp*

30歳 1991.11.9生 | 185cm | 86kg | 右投両打 盗塁阻止率／.222(9-2) 対左.313 対右.268 ホ.343 ア.216 得.409 ド2013②フィリーズ 出カリフォルニア州 年110万ドル(約1億1550万円)

ミ3 パ2 走2 守3 肩3

過去4シーズン、第2捕手を務める生え抜き選手。メジャーデビュー当初は肩、守備にやや難があったが、経験を積んで平均レベルに改善。正捕手のJ.T.リアルミュートが負傷離脱した昨季はスタメンマスクの機会を増やし、キャリアハイの打率、出塁率をマークした。しかし、これまでメジャーワーストクラスの打撃だったこともあり、「マシになった」程度の懐疑的な評価に終わっている。それでも第2捕手の座にとどまっていられたのは、彼にムードメーカーの付加価値があるからだ。味方が打つと大喜び。常にポジティブな姿勢を崩さないため、チームメートから愛されている。

年度	所属チーム	試合数	打数	得点	安打	二塁打	三塁打	本塁打	打点	四球	三振	盗塁	盗塁死	出塁率	OPS	打率
2020	フィリーズ	33	72	9	20	4	1	2	15	15	19	0	0	.404	.849	.278
通算成績		247	566	66	130	27	4	11	51	88	201	2	0	.337	.687	.230

13 ラファエル・マーチャン *Rafael Marchan*

キャッチャー 期待度 B+ ルーキー

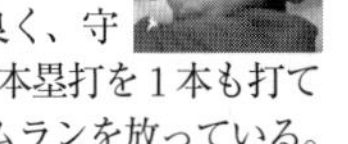

22歳 1999.2.25生 | 175cm | 77kg | 右投両打 ◆昨季はメジャーで3試合出場 ド2015外フィリーズ 出ベネズエラ

2015年に16歳でプロ入りしたベネズエラ人捕手。プロ入り後にショートからキャッチャーにコンバートされたが、身のこなしが良く、守備面での評価が高い。打撃面ではパワーに欠け、マイナーでも本塁打を1本も打てていなかったが、昨季、メジャー2戦目でうれしいプロ初ホームランを放っている。

— ミッキー・モニアック *Mickey Moniak*

センター 期待度 B ルーキー

23歳 1998.5.13生 | 188cm | 88kg | 右投左打 ◆昨季はメジャーで8試合出場 ド2016①フィリーズ 出カリフォルニア州

2016年ドラフトで、栄えある全体1位で入団した外野手。走守では資質を示しているが、打撃が伸び悩んでおり、2Aでも出塁率3割がやっと。ドラフト後には親友が「全体10位以内で指名されたら、尻にモニアックの名前のタトゥーを入れる」という約束を有言実行したが、このままでは彼が気の毒だ。

対左=対左投手打率 対右=対右投手打率 ホ=ホーム打率 ア=アウェー打率 得=得点圏打率
ド=ドラフトデータ 出=出身地 年=年俸
※昨季、マイナーリーグは中止

ナショナル・リーグ……東部地区 *NEW YORK METS*

ニューヨーク・メッツ

◆創　立：1962年
◆本拠地：ニューヨーク州ニューヨーク市
◆ワールドシリーズ制覇：2回／◆リーグ優勝：5回
◆地区優勝：6回／◆ワイルドカード獲得：3回

主要オーナー スティーヴ・コーヘン（投資家）

過去5年成績

年度	勝	負	勝率	ゲーム差	地区順位	ポストシーズン成績
2016	87	75	.537	8.0	②	ワイルドカードゲーム敗退
2017	70	92	.432	27.0	④	—
2018	77	85	.475	13.0	④	—
2019	86	76	.531	11.0	③	—
2020	**26**	**34**	**.433**	**9.0**	**④（同率）**	**—**

監　督　19 ルイス・ロハス *Luis Rojas*

◆年　　齢…………39歳（ドミニカ出身）
◆現役時代の経歴…メジャーでのプレー経験なし（ファースト、外野手）
◆監督経歴…………1シーズン　メッツ（2020～）
◆通算成績…………26勝34敗（勝率.433）

今季開幕時はまだ39歳。ツインズのバルデッリ監督とともに、現役監督では最年少の指揮官。昨年11月、カルロス・ベルトランがメッツの新監督に就任したが、アストロズ選手時代の不正サイン盗み事件が発覚してクビになり、コーチのロハスが監督に昇格した。契約は今季まで（2022年、23年は球団に選択権あり）。オーナーやGMが代わり、また、ロハス自身のリーダーシップ不足も指摘されているため、監督を続けるには今季、何としても結果を出す必要がある。

注目コーチ　― トニー・タラスコ *Tony Tarasco*

新一塁ベースコーチ。51歳。現役時代は外野手。2000年、阪神に入団し、翌年渡米することになる新庄剛志と右中間コンビを形成したが、打率が低迷し、1年で退団。

編成責任者　ザック・スコット *Zack Scott*

44歳。レッドソックスの組織で要職を務め、昨年12月、メッツのGM補佐に採用された。だが、同時期に就任した新GMが過去のセクハラ発覚でクビになり、スコットがGM代理に。

スタジアム　シティ・フィールド *Citi Field*

◆開 場 年…………2009年
◆仕　　様…………天然芝
◆収容能力…………41,922人
◆フェンスの高さ …2.4m
◆特　　徴…………ホームランが出にくく、やや投手に有利な球場。ライトフェンスの一部が、やや奥まった位置にある。メッツの選手がホームランを放つと、バックスクリーン手前から巨大なリンゴのオブジェ（ホームランアップル）が出現する。

ピッチャーズパーク

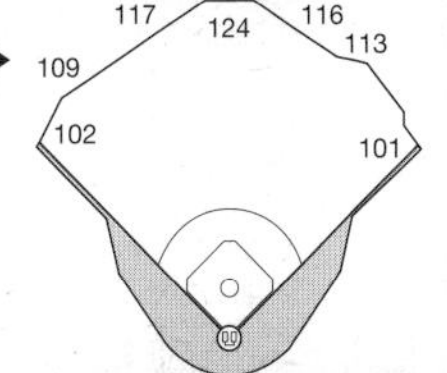

Best Order

[ベストオーダー]

①フランシスコ・リンドーア……ショート
②ジェフ・マクニール……セカンド
③マイケル・コンフォルト……ライト
④ドミニック・スミス……レフト
⑤ピート・アロンゾ……ファースト
⑥ブランドン・ニモ……センター
⑦J.D.デイヴィス……DH
⑧ルイス・ギヨーメ……サード
⑨ジェイムズ・マッキャン……キャッチャー

Depth Chart

[ポジション別選手層・メンバーリスト]

※2021年2月12日時点の候補選手。数字は背番号(開幕前に変更する場合もあり)、右・左等は投・打の順。

※ナショナル・リーグでは今季、DH制が不採用の可能性あり。

センター
- 9 **ブランドン・ニモ [右・左]**
- 15 ギレルモ・ヘレディア [左・右]

レフト
- 2 **ドミニック・スミス [右・右]**
- 53 ホセ・マルティネス [右・右]
- 9 ブランドン・ニモ [右・左]
- 6 ジェフ・マクニール [右・左]

ライト
- 30 **マイケル・コンフォルト [右・左]**
- 9 ブランドン・ニモ [右・左]
- 53 ホセ・マルティネス [右・右]

ショート
- 12 **フランシスコ・リンドーア [右・両]**
- 13 ルイス・ギヨーメ [右・左]

セカンド
- 6 **ジェフ・マクニール [右・左]**
- 13 ルイス・ギヨーメ [右・左]

ローテーション
- 48 ジェイコブ・デグローム [右・左]
- 0 マーカス・ストローマン [右・右]
- 59 カルロス・カラスコ [右・右]
- 23 デイヴィッド・ピーターソン [左・左]
- ― ジョーイ・ルケーシ [左・左]

サード
- 13 **ルイス・ギヨーメ [右・左]**
- 28 J.D.デイヴィス [右・右]

ファースト
- 20 **ピート・アロンゾ [右・右]**
- 2 ドミニック・スミス [左・左]
- 53 ホセ・マルティネス [右・右]

キャッチャー
- 33 **ジェイムズ・マッキャン [右・右]**
- 3 トマス・ニド [右・右]

DH
- 28 **J.D.デイヴィス [右・右]**
- 20 ピート・アロンゾ [右・右]

ブルペン
- 39 エドウィン・ディアス [右・右] CL
- 67 セス・ルーゴ [右・右]
- 65 トレヴァー・メイ [右・右]
- 27 ジェウリス・ファミリア [右・右]
- 50 ミゲール・カストロ [右・右]
- 68 デリン・ベタンセス [右・右]
- 44 ロバート・グセルマン [右・右]
- 62 アーロン・ループ [左・左]
- ― ドルー・スミス [右・右]
- ― ジェイコブ・バーンズ [右・右]
- ― スティーヴン・タープレイ [左・右]

※CL=クローザー

メッツ試合日程……＊はアウェーでの開催

4月1・3・4	ナショナルズ＊	3・4・5・6	カーディナルス＊	3・4・5・6	パドレス＊
5・6・7	フィリーズ＊	7・8・9	ダイヤモンドバックス	8・9	オリオールズ＊
8・10・11	マーリンズ	11・12	オリオールズ	11・12・13	パドレス
12・13・14・15	フィリーズ	14・15・16	レイズ＊	14・15・16・17	カブス
16・17・18	ロッキーズ＊	17・18・19	ブレーブス＊	18・19・20	ナショナルズ＊
20・21・22	カブス＊	21・22・23	マーリンズ＊	21・22・23	ブレーブス
23・24・25	ナショナルズ	24・25・26・27	ロッキーズ	25・26・27	フィリーズ
27・28	レッドソックス	28・29・30	ブレーブス	29・30・7月1	ブレーブス＊
30・5月1・2	フィリーズ＊	31・6月1・2	ダイヤモンドバックス＊	2・3・4	ヤンキース＊

球団メモ　昨年9月、大富豪スティーヴ・コーヘンが、約24億ドル（約2500億円）で球団を買収した。アレックス・ロドリゲスの投資グループも買収を狙っていたが、断念。

Analysis

矢印⬆↗➡↘⬇は、昨季終了時との比較　**[戦力分析]**

■投手力↗…★★★★☆【昨年度チーム防御率4.98、リーグ12位】

ローテーションにカラスコが加わり、1～3番手にデグローム、カラスコ、ストローマンを擁する最強の布陣に。今季は得点力も増すので、3人で40勝前後いくだろう。ブルペンは昨年8月末にカストロが加入、さらにオフにトレヴァー・メイが加入し、セットアッパー陣も強打になっている。

■攻撃力↗…★★★½☆【昨年度チーム得点286、リーグ7位】

昨季はチーム打率が2割7分2厘でリーグ1位だったが、リーグ得点は7位。この打線にリンドーアが加わったことは、明らかなプラス。トップバッターで使っても3番打者で使っても、チーム得点を増やすだろう。マッキャンは打者としても価値のある捕手なので、得点力アップに寄与するはず。

■守備力↗…★★★½☆【昨年度チーム失策数31、リーグ3位】

昨季はエラーの数は少ないほうだが、併殺ゴロを取った数がリーグ最少タイ。DRS（守備で防いだ失点）も、3番目に少なかった。オフに内野の守備力を低下させていたロザリオが去り、ショートにリンドーアが入るのは大きなプラス。正捕手が守備力の高いマッキャンになり、センターラインも強化された。ファーストのアロンゾ、サードのデイヴィスの守備は低レベル。

■機動力↗…★★☆☆☆【昨年度チーム盗塁数20、リーグ11位】

今シーズンはリンドーアの加入でチーム盗塁数が10～20個増える可能性があるが、ロハス監督は基本的にスモールボールを積極的にやるタイプではない。昨シーズンは送りバントのサインを一度しか出さなかった。

総合評価↗ ★★★★☆

2500億円を投じてメッツを買収したコーヘン新オーナーが、積極的な補強を後押しした結果、最強軍団が完成。地区優勝に向け、最大の障害になるのは、前GMや元監督が起こしたセクハラ問題に対するメディアの攻勢だ。これをかわし切る必要がある。

IN　主な入団選手

投手
カルロス・カラスコ⬅インディアンズ
トレヴァー・メイ⬅ツインズ
ジョーイ・ルケーシ⬅パドレス

野手
フランシスコ・リンドーア⬅インディアンズ
ジェイムズ・マッキャン⬅ホワイトソックス
マレックス・スミス⬅マリナーズ

OUT　主な退団選手

投手
マイケル・ワカ➡レイズ
スティーヴン・マッツ➡ブルージェイズ

野手
アーメド・ロザリオ➡インディアンズ
アンドレス・ヒメネス➡インディアンズ
ウィルソン・ラモス➡タイガース
トッド・フレイジャー➡所属先未定

日程	対戦	日程	対戦	日程	対戦
5・6・7	ブリュワーズ	6・7・8	フィリーズ*	7・8・9	マーリンズ*
8・9・10・11	パイレーツ	10・11・12	ナショナルズ	10・11・12	ヤンキース
13	オールスターゲーム	13・14・15	ドジャース	13・14・15	カーディナルス
16・17・18	パイレーツ*	16・17・18	ジャイアンツ*	17・18・19	フィリーズ
19・20・21	レッズ*	19・20・21・22	ドジャース*	21・22	レッドソックス*
23・24・25	ブルージェイズ	24・25・26	ジャイアンツ	24・25・26	ブリュワーズ*
26・27・28・29	ブレーブス	27・28・29	ナショナルズ	28・29・30	マーリンズ
30・31・**8**月1	レッズ	31・**9**月1・2	マーリンズ	**10**月1・2・3	ブレーブス*
2・3・4・5	マーリンズ*	3・4・5・6	ナショナルズ*		

球団メモ 昨年11月、禁止薬物の使用が発覚し、ロビンソン・カノーに今季1シーズンの出場停止処分が下った。昨季の成績は、打率3割1分6厘、10本塁打、30打点。

投手

160キロの豪速球で奪三振ショーを展開 先発

48 ジェイコブ・デグローム
Jacob deGrom

33歳 1988.6.19生 | 193cm | 82kg | 右投左打
◆速球のスピード/150キロ台後半(フォーシーム主体)
◆決め球と持ち球/☆フォーシーム、☆スライダー、◎チェンジアップ、○カーブ
◆対左打者被打率/.184 ◆対右打者被打率/.195
◆ホーム防御率/1.88 ◆アウェー防御率/3.24
◆ドラフトデータ/2010⑨メッツ ◆出身地/フロリダ州
◆年俸/3350万ドル(約35億1750万円)
◆サイ・ヤング賞2回(18、19年)、最優秀防御率1回(18年)、最多奪三振2回(19、20年)、新人王(14年)

球威 5+
制球 5
緩急 4
守備・牽制 3
度胸 5

3年連続のサイ・ヤング賞は逃したが、進化し続けているメジャーリーグを代表する右腕。昨シーズン、顕著な進化が見られたのは速球の威力だ。最初の登板で、フォーシームの平均球速が158.8キロもあった。2度目の先発ではさらに上がって、平均球速は159.7キロになり、163キロが2回も出た。一昨年の平均球速が155.9キロなので、フォーシームの球速は3.4キロ上昇したことになる。これにともない、もう一つの武器であるスライダーの球速もアップし、最初の登板で平均球速150.4キロを記録。2戦目には151.7キロに上がった。デグロームはこの2つを多投して、登板するたびに奪三振ショーを繰り広げた。それでいながらサイ・ヤング賞に手が届かなかったのは、9月16日のフィリーズ戦で、投球中にハムストリング(大腿(だいたい)の裏側にある筋肉)の肉離れが起きたからだ。

最初に症状が出たのは、2回裏のマウンドに立っているとき。軽い痙攣(けいれん)が起きている程度だったので、変化球主体のかわすピッチングをすれば、5回まで投げ切れると思いベンチには何も知らせずに投げ続けた。しかし、相手のフィリーズは、急にフォーシームが少なくなったことを察知。スライダーに的をしぼって、積極的に打ちにきた。これで2回裏に3点を失ったデグロームは、その回限りで降板。ゲーム開始時点の防御率は1.67でナショナル・リーグのトップだったが、5位に落ちてしまった。

これでサイ・ヤング賞は絶望的になったが、デグロームはIL(故障者リスト)入りせず、21日と26日のゲームにも先発することを選択し、最後の踏ん張りを見せた。サイ・ヤング賞の最終候補3人の枠に滑り込めたのは、この最後の踏ん張りのおかげなので、悪い選択ではなかった。

カモ O・オルビーズ(ブレーブス).135(37-5)0本 S・マーテイ(マーリンズ).111(9-1)0本
苦手 A・スティーヴンソン(ナショナルズ).429(7-3)2本 A・ナップ(フィリーズ).444(9-4)1本

年度	所属チーム	勝利	敗戦	防御率	試合数	先発	セーブ	投球イニング	被安打	失点	自責点	被本塁打	与四球	奪三振	WHIP
2014	メッツ	9	6	2.69	22	22	0	140.1	117	44	42	7	43	144	1.14
2015	メッツ	14	8	2.54	30	30	0	191.0	149	59	54	16	38	205	0.98
2016	メッツ	7	8	3.04	24	24	0	148.0	142	53	50	15	36	143	1.20
2017	メッツ	15	10	3.53	31	31	0	201.1	180	87	79	28	59	239	1.19
2018	メッツ	10	9	1.70	32	32	0	217.0	152	48	41	10	46	269	0.91
2019	メッツ	11	8	2.43	32	32	0	204.0	154	59	55	19	44	255	0.97
2020	メッツ	4	2	2.38	12	12	0	68.0	47	21	18	7	18	104	0.96
通算成績		70	51	2.61	183	183	0	1169.2	941	371	339	102	284	1359	1.05

59 カルロス・カラスコ Carlos Carrasco

ローテーション投手として完全復活 先発 移籍

34歳 1987.3.21生 | 193cm | 102kg | 右投右打
◆速球のスピード／150キロ前後（フォーシーム、ツーシーム）
◆決め球と持ち球／☆スライダー、◎チェンジアップ、◎フォーシーム、○カーブ、△ツーシーム
◆対左.224 ◆対右.218 ◆ホ防3.03 ◆ア防2.76
◆ド2003外フィリーズ ◆出ベネズエラ ◆年1200万ドル（約12億6000万円）
◆最多勝1回（17年）、カムバック賞1回（19年）、ロベルト・クレメンテ賞1回（19年）

球威4 制球5 緩急4 守備・牽制4 度胸4

今年1月のトレードでインディアンズから移籍したネバーギブアップの男。一昨年5月に、血液の癌（がん）である白血病を発症。抗癌剤（こうがんざい）による治療を経て、同年9月に復帰し、リリーフで10試合に登板。昨季は開幕からローテーション入り。球威、制球とも以前の状態に戻っているため、序盤の3試合はすべてQSが付いた。その後、失点が多くなるが、8月末に復調し、最後の6試合は好投。昨年のQS9はアメリカン・リーグで3位の数字。防御率2.91は7位だ。

カモ C・ディッカーソン（マーリンズ）.000（10-0）0本 苦手 J・セグーラ（フィリーズ）.385（13-5）1本

年度	所属チーム	勝利	敗戦	防御率	試合数	先発	セーブ	投球イニング	被安打	失点	自責点	被本塁打	与四球	奪三振	WHIP
2009	インディアンズ	0	4	8.87	5	5	0	22.1	40	23	22	6	11	11	2.28
2010	インディアンズ	2	2	3.83	7	7	0	44.2	47	20	19	6	14	38	1.37
2011	インディアンズ	8	9	4.62	21	21	0	124.2	130	68	64	15	40	85	1.36
2013	インディアンズ	1	4	6.75	15	7	0	46.2	64	36	35	4	18	30	1.76
2014	インディアンズ	8	7	2.55	40	14	1	134.0	103	40	38	7	29	140	0.99
2015	インディアンズ	14	12	3.63	30	30	0	183.2	154	75	74	18	43	216	1.07
2016	インディアンズ	11	8	3.32	25	25	0	146.1	134	64	54	21	34	150	1.15
2017	インディアンズ	18	6	3.29	32	32	0	200.0	173	73	73	21	46	226	1.10
2018	インディアンズ	17	10	3.38	32	30	0	192.0	173	78	72	21	43	231	1.13
2019	インディアンズ	6	7	5.29	23	12	1	80.0	92	48	47	18	16	96	1.35
2020	インディアンズ	3	4	2.91	12	12	0	68.0	55	22	22	8	27	82	1.21
通算成績		88	73	3.77	242	195	2	1242.1	1165	547	520	145	321	1305	1.20

0 マーカス・ストローマン Marcus Stroman

効率良くゴロを打たせるピッチングが身上 先発

30歳 1991.5.1生 | 170cm | 82kg | 右投右打
◆速球のスピード／150キロ前後（シンカー主体）
◆決め球と持ち球／☆スライダー、○シンカー、○カッター、△チェンジアップ
◆昨季メジャー出場なし
◆ド2012①ブルージェイズ ◆出ニューヨーク州
◆年1890万ドル（約19億8450万円） ◆ゴールドグラブ賞1回（17年）

球威4 制球4 緩急3 守備・牽制5 度胸4

昨年コロナ感染を避けるため、年俸を返上し、プレーしないことを選択した先発右腕。それでいてシーズン終了後に、1年1890万ドルのクオリファイング・オファーを受け入れて、1年メッツに残る選択をしたのは、各球団の経営環境が悪化する中でFA権を行使しても、希望する規模の契約をゲットできない可能性があると見たからだ。それに加えストローマンの中には、一昨年7月末のトレードで、以前から希望していたメッツ移籍が実現したのに、FAになれば地元に何も残さないままチームを出ることになるという思いもあったようだ。投手としての特徴は、ゴロ打球の比率が際立って高いこと。

カモ R・アクーニャ・ジュニア（ブレーブス）.000（5-0）0本 苦手 C・ディッカーソン（マーリンズ）.424（33-14）2本

年度	所属チーム	勝利	敗戦	防御率	試合数	先発	セーブ	投球イニング	被安打	失点	自責点	被本塁打	与四球	奪三振	WHIP
2014	ブレーブス	11	6	3.65	26	20	1	130.2	125	56	53	7	28	111	1.17
2015	ブレーブス	4	0	1.67	4	4	0	27.0	20	5	5	2	6	18	0.96
2016	ブレーブス	9	10	4.37	32	32	0	204.0	209	104	99	21	54	166	1.29
2017	ブレーブス	13	9	3.09	33	33	0	201.0	201	82	69	21	62	164	1.31
2018	ブレーブス	4	9	5.54	19	19	0	102.1	115	68	63	9	36	77	1.48
2019	ブレーブス	6	11	2.96	21	21	0	124.2	118	50	41	10	35	99	1.23
2019	メッツ	4	2	3.77	11	11	0	59.2	65	27	25	8	23	60	1.47
2019	2チーム計	10	13	3.22	32	32	0	184.1	183	77	66	18	58	159	1.31
通算成績		51	47	3.76	146	140	1	849.1	853	392	355	78	244	695	1.29

対左＝対左投手打率 対右＝対右投手打率 ホ＝ホーム打率 ア＝アウェー打率 得＝得点圏打率
ド＝ドラフトデータ 出＝出身地 年＝年俸

投手

39 エドウィン・ディアス Edwin Diaz

セーブ成功率は最低、セーブ失敗数は最多タイ クローザー

27歳 1994.3.22生 | 191cm | 75kg | 右投右打
◆速球のスピード/150キロ台中頃(フォーシーム主体)
◆決め球と持ち球/◎スライダー、○フォーシーム
◆対左.178 ◆対右.204 ◆ホ防1.23 ◆ア防2.45
◆ド2012③マリナーズ ◆出プエルトリコ ◆年700万ドル(約7億3500万円)
◆最多セーブ1回(18年)、最優秀救援投手賞1回(18年)

球威5 制球2 緩急4 守備・牽制4 度胸2

9回に一発を食うケースは減ったが、相変わらずセーブ失敗が多い不安定なリリーフ右腕。一昨年は大荒れだったにもかかわらず、マリナーズ時代の実績がものを言って、昨季もクローザーとしてシーズンに入った。だが2試合目に早くもセーブ失敗。3度目の登板では、35球投げてアウトを1つしか取れなかったため、メディアから「クローザーを早くルーゴかファミリアに代えろ!」という声が上がった。その後持ち直してクローザーの座を守ったが、昨年のセーブ成功率60%は、セーブ機会10回以上の投手ではワースト。セーブ失敗4はワーストタイの数字だった。ピンチの火消し役で使っても踏ん張れないことが多く、引き継いだ走者の70%を生還させている(平均は32%)。

カモ R・ホスキンス(フィリーズ).000(8-0)0本 苦手 M・マンシー(ドジャース).400(5-2)2本

年度	所属チーム	勝利	敗戦	防御率	試合数	先発	セーブ	投球イニング	被安打	失点	自責点	被本塁打	与四球	奪三振	WHIP
2016	マリナーズ	0	4	2.79	49	0	18	51.2	45	16	16	5	15	88	1.16
2017	マリナーズ	4	6	3.27	66	0	34	66.0	44	28	24	10	32	89	1.15
2018	マリナーズ	0	4	1.96	73	0	57	73.1	41	17	16	5	17	124	0.79
2019	メッツ	2	7	5.59	66	0	26	58.0	58	36	36	15	22	99	1.38
2020	メッツ	2	1	1.75	26	0	6	25.2	18	6	5	2	14	50	1.25
通算成績		8	22	3.18	280	0	141	274.2	206	103	97	37	100	450	1.11

65 トレヴァー・メイ Trevor May

ピンチになるほど抑えるタフガイ セットアップ 移籍

32歳 1989.9.23生 | 196cm | 109kg | 右投右打
◆速球のスピード/150キロ台中頃(フォーシーム主体)
◆決め球と持ち球/◎スライダー、○フォーシーム、○チェンジアップ
◆対左.200 ◆対右.256 ◆ホ防3.55 ◆ア防4.22
◆ド2008④フィリーズ ◆出ワシントン州
◆年775万ドル(約8億1375万円)

球威5 制球3 緩急4 守備・牽制2 度胸4

ツインズを出て、2年1500万ドルの好待遇で入団したリリーフ右腕。昨年11月、コーヘン新オーナーの就任後、メッツが最初にやった戦力補強だったので、メディアの関心が高く、知名度は低いが実力トップクラスのセットアッパーであることが認識されるようになった。ウリは奪三振率の高さ。昨季の14.66は、メジャーのリリーフ投手で5位の数字だ。走者を出すと制球が良くなり、昨季は走者がいない場面では被打率が2割7分1厘だったが、いる場面では1割7分5厘、得点圏に走者がいる場面では1割0分0厘で、ピンチになればなるほど勝負強さを発揮した。弱点は本塁打リスクの高さ。

カモ N・カステヤノス(レッズ).071(14-1)0本 苦手 M・ムスタカス(レッズ).500(10-5)0本

年度	所属チーム	勝利	敗戦	防御率	試合数	先発	セーブ	投球イニング	被安打	失点	自責点	被本塁打	与四球	奪三振	WHIP
2014	ツインズ	3	6	7.88	10	9	0	45.2	59	41	40	7	22	44	1.77
2015	ツインズ	8	9	4.00	48	16	0	114.2	127	53	51	11	26	110	1.33
2016	ツインズ	2	2	5.27	44	0	0	42.2	39	26	25	7	17	60	1.31
2018	ツインズ	4	1	3.20	24	1	3	25.1	21	9	9	4	5	36	1.03
2019	ツインズ	5	3	2.94	65	0	2	64.1	43	24	21	8	26	79	1.07
2020	ツインズ	1	0	3.86	24	0	2	23.1	20	11	10	5	7	38	1.16
通算成績		23	21	4.44	215	26	7	316.0	309	164	156	42	103	367	1.30

対左=対左打者被打率 対右=対右打者被打率 ホ防=ホーム防御率 ア防=アウェー防御率
ド=ドラフトデータ 出=出身地 年=年俸 カモ 苦手 は通算成績

投手

23 デイヴィッド・ピーターソン *David Peterson*

打者との知恵比べでは絶対に負けない逸材　先発

26歳 1995.9.3生 | 198cm | 109kg | 左投左打 速140キロ台後半(フォーシーム、ツーシーム) 決◎スライダー 対左.161 対右.211 ド2017①メッツ 出コロラド州 年57万500ドル(約5990万円)+α

球2 制4 緩5 守牽4 度4

目を見張る豪速球も必殺変化球もないが、打者をあざむく技術はピカイチの左腕。スリークォーターからフォーシーム、シンカー、スライダー、チェンジアップを投げ込んでくる技巧派。タイミングを外すことと、芯を外すことに重点を置いて投げ、1球1球軌道とスピードを微妙に変えてくる。昨シーズンは開幕時に先発5番手に抜擢(ばってき)され、7月28日のレッドソックス戦でメジャーデビュー。5回2/3を2失点に抑えて勝ち投手になった。その後も打者に的をしぼらせない頭脳的なピッチングを展開したため、大量失点がほとんどなく、防御率は3.44という見事な数字になった。

年度	所属チーム	勝利	敗戦	防御率	試合数	先発	セーブ	投球イニング	被安打	失点	自責点	被本塁打	与四球	奪三振	WHIP
2020	メッツ	6	2	3.44	10	9	0	49.2	36	20	19	5	24	40	1.21
通算成績		6	2	3.44	10	9	0	49.2	36	20	19	5	24	40	1.21

50 ミゲール・カストロ *Miguel Castro*

昨年奪三振マシンに変身　ミドルリリーフ

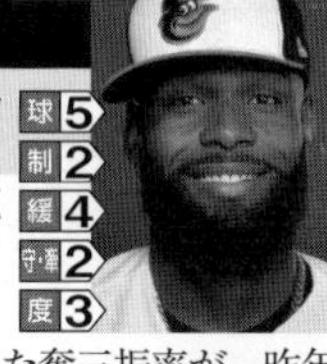

27歳 1994.12.24生 | 201cm | 93kg | 右投右打 速150キロ台後半(シンカー主体) 決○スライダー 対左.303 対右.265 ド2012外ブルージェイズ 出ドミニカ 年169万ドル(約1億7745万円)

球5 制2 緩4 守牽2 度3

昨年8月末のトレードで、オリオールズから移籍した豪腕リリーバー。球種は、ロー・スリークォーターから投げ込まれる平均158.5キロの沈む速球と、スライダー、チェンジアップ。メッツが獲得に動いたのは、それまで平均レベルだった奪三振率が、昨年トップレベルの13.8に急上昇したからだ。いかつい外見をしているが、実際は親孝行な好青年。プロ入りの際、契約金として4万3000ドルを受け取ったが、その大部分を父ミゲール（シニア）さんの前立腺(ぜんりつせん)手術と、母ジェスニアさんの子宮筋腫(しきゅうきんしゅ)の手術費用に充てている。父は元ヘビー級のボクサーで、現在は精肉店を経営。

年度	所属チーム	勝利	敗戦	防御率	試合数	先発	セーブ	投球イニング	被安打	失点	自責点	被本塁打	与四球	奪三振	WHIP
2020	オリオールズ	1	0	4.02	16	0	1	15.2	17	7	7	3	5	24	1.40
2020	メッツ	1	2	4.00	10	0	0	9.0	11	5	4	1	8	14	2.11
2020	2チーム計	2	2	4.01	26	0	1	24.2	28	12	11	4	13	38	1.66
通算成績		8	18	4.29	230	2	7	283.0	258	147	135	38	147	234	1.43

67 セス・ルーゴ *Seth Lugo*

先発で防御率6.15、リリーフで2.65　先発 セットアップ

32歳 1989.11.17生 | 193cm | 102kg | 右投右打 速150キロ前後(フォーシーム、ツーシーム) 決◎カーブ 対左.275 対右.273 ド2011㉞メッツ 出ルイジアナ州 年292.5万ドル(約3億713万円)

球4 制3 緩3 守牽3 度3

8月下旬から先発に回って、7試合に登板した技巧派右腕。先発に回ったのは、ピーターソンがIL入りしたため、その穴埋め要員が必要になったからだ。最初の先発登板で、マーリンズ相手に3イニングを無安打、無四球に抑えたため、にわかに注目されだしたが、あとが続かず、結局先発では2勝2敗、防御率6.15という冴えない成績に終わった。課題は被本塁打が目立つこと。昨年は36イニングで8本打たれた。9イニングあたり2本というのは、いくらなんでも多すぎる。半減させたいところだ。投手としての特徴は、球種が5つもあり、それをフルに使って投げていること。

年度	所属チーム	勝利	敗戦	防御率	試合数	先発	セーブ	投球イニング	被安打	失点	自責点	被本塁打	与四球	奪三振	WHIP
2020	メッツ	3	4	5.15	16	7	3	36.2	40	22	21	8	10	47	1.36
通算成績		25	19	3.45	167	38	12	383.1	340	162	147	45	100	384	1.15

速=速球のスピード　決=決め球

27 劣化が止まらなくなった元守護神
ジェウリス・ファミリア *Jeurys Familia*

セットアップ

32歳 1989.10.10生 | 191cm | 109kg | 右投右打 速150キロ台中頃(シンカー主体) 決◎スライダー
対左.278 対右.161 ド2007㉝メッツ 出ドミニカ 年1100万ドル(約11億5500万円) ◆最多セーブ1回(16年)

球4 制2 緩2 守備3 度3

2015年から4シーズン、メッツのクローザーを務め、124セーブをマークした実績があるリリーフ右腕。18年7月にアスレティックスへトレードされたが、そこに3カ月在籍したあとFAになり、同年オフ、メッツと新たに3年3000万ドルの契約を交わしてセットアッパーとして戻ってきた。クローザーにこだわらなかったのは、クローザーに不可欠とされる必殺変化球がないこと、自分がクローザーには不向きなシンカーとスライダーでゴロを打たせるタイプであることなどを考えると、「待遇がクローザー級のセットアッパー」を選択したほうが得策という判断があったようだ。

年度 所属チーム	勝利	敗戦	防御率	試合数	先発	セーブ	投球イニング	被安打	失点	自責点	被本塁打	与四球	奪三振	WHIP
2020 メッツ	2	0	3.71	25	0	0	26.2	20	11	11	2	19	23	1.46
通算成績	23	21	3.20	434	1	124	439.1	366	170	156	25	204	455	1.30

― 新天地でローテーション返り咲きを狙う
ジョーイ・ルケーシ *Joey Lucchesi*

ロングリリーフ 先発　移籍

28歳 1993.6.6生 | 196cm | 102kg | 左投左打 速140キロ台中頃(シンカー主体) 決◎カーブ
対左.400 対右.500 ド2016④パドレス 出カリフォルニア州 年57万500ドル(約5990万円)+α

球2 制3 緩4 守備2 度3

今年1月の三角トレードで、パドレスから移籍したサウスポー。メジャーデビューは、2018年3月30日。16年のドラフトでプロ入りした投手の中で、最速のメジャーデビューだった。翌19年には10勝をマーク。しかし昨季は、パドレスにおけるローテーション争いの激化や調整不足もあり、わずか3試合の登板に終わっている。ピッチングの基本は、カクカクした機械的なモーションから投げ込んでくる、シンカーとカーブのコンビネーション。球速120キロ台のカーブは、サークルチェンジの握りで投げるチェンジアップとのハイブリッドで、本人は「チャーブ」と呼んでいる。

年度 所属チーム	勝利	敗戦	防御率	試合数	先発	セーブ	投球イニング	被安打	失点	自責点	被本塁打	与四球	奪三振	WHIP
2020 パドレス	0	1	7.94	3	2	0	5.2	13	5	5	0	2	5	2.65
通算成績	18	20	4.21	59	58	0	299.1	282	146	140	46	101	308	1.28

66 フランクリン・キロメ *Franklyn Kilome*

リリーフ　期待度 C+　ルーキー

26歳 1995.6.25生 | 198cm | 79kg | 右投右打 ◆昨季はメジャーで4試合出場 ド2013㉝フィリーズ 出ドミニカ

昨年8月1日にリリーフでメジャーデビューしたパワーピッチャー。2018年10月にトミー・ジョン手術。19年は全休したため、1年11カ月ぶりの公式戦登板となったが、長いブランクの影響で制球が甘く、11イニングで一発を5本も食った。ブランクの影響がなくなる今季は、大いに期待されている。

― ライリー・ギリアム *Ryley Gilliam*

リリーフ　期待度 B+　ルーキー

25歳 1996.8.11生 | 178cm | 77kg | 右投右打 ◆一昨年は1A+、2A、3Aでプレー ド2018⑤メッツ 出ジョージア州

強豪クレムゾン大学でクローザーを務めていた投手。浮き上がる軌道になるフォーシームと、タテに大きく変化するカーブのコンビネーションで投げるツーピッチ・ピッチャー。打者の目線を狂わすことに長け、奪三振率が高い。弱点は、打球がフライになりやすいため、ホームランリスクが高いこと。

速=速球のスピード　決=決め球　対左=対左打者被打率　対右=対右打者被打率
ド=ドラフトデータ　出=出身地　年=年俸　※昨季、マイナーリーグは中止
※メジャー経験がない投手の「先発」「リリーフ」はマイナーでの役割

野手

予想される長期契約の規模は10年3億ドル

ショート

移籍

12 フランシスコ・リンドーア
Francisco Lindor

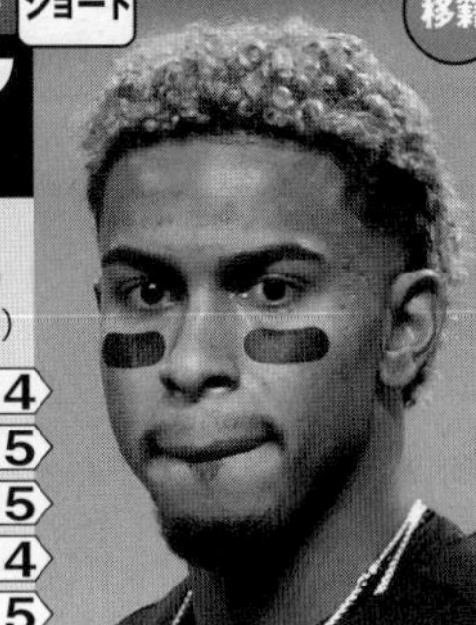

28歳 1993.11.14生 | 180cm | 86kg | 右投両打

◆対左投手打率／.293(58-17) ◆対右投手打率／.247(178-44)
◆ホーム打率／.257(113-29) ◆アウェー打率／.260(123-32)
◆得点圏打率／.167(60-10)
◆20年のポジション別出場数／ショート=58、DH=2
◆ドラフトデータ／2011①インディアンズ
◆出身地／プエルトリコ
◆年俸／2230万ドル(約23億4150万円)
◆ゴールドグラブ賞2回(16、19年)、シルバースラッガー賞2回(17、18年)

ミート 4
パワー 5
走塁 5
守備 4
肩 5

メッツ

今年1月の大型トレードで、インディアンズから移籍したプエルトリコ出身の遊撃手。昨季は打撃が低調だったが、2017年から19年までは、3年連続で30本塁打以上を記録。2度のゴールドグラブ賞獲得歴もある。

インディアンズが、看板選手のリンドーアをトレードで放出する決断を下したのは、もうじきFA権を取得するリンドーアを長期契約でチームにつなぎとめておくことは、インディアンズの予算規模では不可能と判断したからだ。一方、メッツ側の狙いは、スティーヴ・コーヘンのオーナー就任にともない発足した新生メッツの看板選手にすることにある。リンドーアは走攻守すべてにハイレベルなオールラウンドプレーヤーというだけでなく、イケメンでおしゃれ。スター性、カリスマ性も十分ある。「アンバサダー（大使）」のニックネームがあるが、これは誰に対しても社交的で、愛想よく振る舞うことから付いたものだ。こうした付加価値は、大都会のチームの看板選手には不可欠なものだ。近い例を挙げれば、ヤンキースのデレク・ジーターは、長い間チームの看板選手であり続けた。同様に、リンドーアならば向こう10年、メッツの看板選手であり続ける。メッツの新経営陣はそう読んで、リンドーア獲得に注力したのだ。これからメッツはリンドーア側と長期契約の交渉に入るが、評価はベッツやマチャードと同レベルなので、10年3億ドル（約315億円）前後になると予想される。

メッツでの使われ方は、これまでと同様「1番・ショート」になるだろう。インディアンズでは内野の守備の要となって、アイコンタクトや口パクでセカンド、サードに指示を出し、見事に統率していたが、メッツでも同様の役割を求められるはずだ。手抜きプレーの多いカノーが薬物違反で162試合出場停止になるので、リーダーシップを発揮しやすくなっている。

カモ S・アルカンタラ(マーリンズ).500(6-3)0本　M・フルマー(タイガース).391(23-9)3本
苦手 C・モートン(ブレーブス).125(16-2)0本　M・マイナー(ロイヤルズ).091(11-1)0本

年度	所属チーム	試合数	打数	得点	安打	二塁打	三塁打	本塁打	打点	四球	三振	盗塁	盗塁死	出塁率	OPS	打率
2015	インディアンズ	99	390	50	122	22	4	12	51	27	69	12	2	.353	.835	.313
2016	インディアンズ	158	604	99	182	30	3	15	78	57	88	19	5	.358	.794	.301
2017	インディアンズ	159	651	99	178	44	4	33	89	60	93	15	3	.337	.842	.273
2018	インディアンズ	158	661	129	183	42	2	38	92	70	107	25	10	.352	.871	.277
2019	インディアンズ	143	598	101	170	40	2	32	74	46	98	22	5	.335	.854	.284
2020	インディアンズ	60	236	30	61	13	0	8	27	24	41	6	2	.335	.750	.258
通算成績		777	3140	508	896	191	15	138	411	284	496	99	27	.346	.833	.285

カモ 苦手 は通算成績

野手

若い投手を一人前にすることに長けた捕手 キャッチャー 移籍

33 ジェイムズ・マッキャン
James McCann

31歳 1990.6.13生 | 191cm | 100kg | 右投右打　盗塁阻止率／.200(10-2)
◆対左投手打率／.429(28-12)　◆対右投手打率／.232(69-16)
◆ホーム打率／.362(47-17)　◆アウェー打率／.220(50-11)
◆得点圏打率／.217(23-5)
◆20年のポジション別出場数／キャッチャー=30
◆ドラフトデータ／2011②タイガース
◆出身地／カリフォルニア州
◆年俸／800万ドル(約8億4000万円)

ミート 3
パワー 4
走塁 2
守備 5
肩 4

4年4060万ドルの好待遇で入団した、オールスター出場経験もあるキャッチャー。昨季はホワイトソックスでプレー。ピッチャーのリードで見事な働きをしたため、評価が高まった。

投手別に見ると、エースのジオリートはグランダルと組んだ4試合は防御率が5.66であるのに対し、マッキャンと組んだ8試合は2.61と相性が良く、ノーヒットノーランをやった試合も、マッキャンがマスクをかぶっていた。先発3番手のシースも、グランダルと組んだ7試合は防御率5.06、マッキャンと組んだ5試合は2.33。グランダルと組んだほうがいい結果が出ていたのは、先発2番手のカイクルだけだった。昨年の捕手防御率はグランダル4.74に対し、マッキャンは2.82で大差がついた。この2.82という捕手防御率は、昨年200イニング以上マスクをかぶった捕手では、メジャー全体で2番目にいい数字だった。

メッツが破格の条件でマッキャンを獲得したのは、新生メッツの守備の司令塔にするためだ。これは的を射た人選と言っていい。なぜならマッキャンは、内野陣の怠慢プレーやボーンヘッドを許さない厳格な現場監督タイプの捕手だからだ。タイガース時代、ベンチでマッキャンとショートのホセ・イグレシアスが怒鳴り合いを演じ、それが実況中継のテレビカメラにとらえられ、放送されてしまったことがあった。これは捕手のマッキャンが、遊撃手のイグレシアスの怠慢プレーを指摘したところ、イグレシアスが逆切れして口論に発展したものだ。たとえ名手と言われる選手であっても、誤りがあればハッキリ指摘して反省をうながさないと、チームの守備力は高くならない。マッキャンはそう考え、実行に移したのだ。

カモ D・スマイリー(ブレーブス).556(9-5)2本、J・レスター(ナショナルズ).462(13-6)2本
苦手 S・ストラスバーグ(ナショナルズ).167(6-1)0本、C・クルーバー(ヤンキース).000(17-0)0本

年度	所属チーム	試合数	打数	得点	安打	二塁打	三塁打	本塁打	打点	四球	三振	盗塁	盗塁死	出塁率	OPS	打率
2014	タイガース	9	12	2	3	1	0	0	0	0	2	1	0	.250	.583	.250
2015	タイガース	114	401	32	106	18	5	7	41	16	90	0	1	.297	.683	.264
2016	タイガース	105	344	31	76	9	1	12	48	23	109	0	1	.272	.629	.221
2017	タイガース	106	352	39	89	14	2	13	49	26	89	1	0	.318	.733	.253
2018	タイガース	118	427	31	94	16	0	8	39	26	116	0	3	.267	.581	.220
2019	ホワイトソックス	118	439	62	120	26	1	18	60	30	137	4	1	.328	.789	.273
2020	ホワイトソックス	31	97	20	28	3	0	7	15	8	30	1	1	.360	.896	.289
通算成績		601	2072	217	516	87	9	65	252	129	573	7	7	.300	.694	.249

2 抗議する黒人MLB選手の代表格 ドミニック・スミス *Dominic Smith*

レフト ファースト

26歳 1995.6.15生 | 183cm | 108kg | 左投左打
◆対左投手打率／.283 ◆対右投手打率／.331
◆ホーム打率／.282 ◆アウェー打率／.348 ◆得点圏打率／.333
◆20年のポジション別出場数／ファースト=25、レフト=23、DH=5
◆Ⓓ2013①メッツ ◆㊦カリフォルニア州
◆㊎255万ドル(約2億6775万円)

ミート4 パワー5 走塁2 守備2 肩3

昨年ブレイクした、パワーとうまさを兼ね備えたスラッガー。昨季はセスペデスがオプトアウトしたため、出場機会を増やした。序盤は不調だったが、8月中旬に4試合連続本塁打をやったのを皮切りに、タイムリーと長打が途切れることなく出るようになった。そして終わってみると、すごい数字が並んだ。打率3割1分6厘はリーグ10位、打点42は5位、OPS.993は4位、二塁打21は2位で、それ以外の数字も自己ベストだった。人種差別問題に関心があり、昨年、警察官の黒人男性射殺事件に端を発する抗議の波が全米で巻き起こると、メジャーリーグの黒人選手を代表してメディアに登場。涙ながらにいまだに残る差別の実態を告発し、抗議行動への連帯を呼びかけた。

カモ P・コービン(ナショナルズ).750(4-3)0本 苦手 M・シャーザー(ナショナルズ).000(11-0)0本

年度	所属チーム	試合数	打数	得点	安打	二塁打	三塁打	本塁打	打点	四球	三振	盗塁	盗塁死	出塁率	OPS	打率
2017	メッツ	49	167	17	33	6	0	9	26	14	49	0	0	.262	.658	.198
2018	メッツ	56	143	14	32	11	1	5	11	4	47	0	0	.255	.675	.224
2019	メッツ	89	177	35	50	10	0	11	25	19	44	1	2	.355	.881	.282
2020	メッツ	50	177	27	56	21	1	10	42	14	45	0	0	.377	.993	.316
通算成績		244	664	93	171	48	2	35	104	51	185	1	2	.317	.811	.258

20 変化球攻めを克服し、9月は本塁打10本 ピート・アロンゾ *Pete Alonso*

ファースト DH

27歳 1994.12.7生 | 191cm | 111kg | 右投右打
◆対左投手打率／.194 ◆対右投手打率／.248
◆ホーム打率／.263 ◆アウェー打率／.202 ◆得点圏打率／.234
◆20年のポジション別出場数／ファースト=39、DH=17
◆Ⓓ2016②メッツ ◆㊦フロリダ州 ◆㊎57万500ドル(約5990万円)+α
◆本塁打王1回(19年)、新人王(19年)

ミート3 パワー5 走塁2 守備2 肩2

一昨年53本塁打を放って、ルーキーの本塁打記録を塗り替え、ナショナル・リーグの本塁打王にもなった怪物。2年目の昨季もアーチ量産を期待されたが、出だしからスランプにあえぎ、最初の14試合は1本しか打てなかった。その後もポツリポツリ出る程度で、35試合を経過した8月末時点でも6本にとどまった。これは相手チームがアロンゾの弱点を研究し、外側に逃げる、あるいは外側に落ちる変化球がそれであることを知ったからだ。しかし、その対処法を見つけ、9月は10本打っているのはさすがと言うしかない。変化球攻めを乗り越えられた場合、投手はほかに有効な手段がないので、今年はアロンゾのバットが火を噴く年になるかもしれない。ファーストの守備は依然低レベル。敏捷性に欠けるうえ、守備範囲がやや狭く、エラーも多い。

カモ W・ビューラー(ドジャース).400(5-2)2本 苦手 M・フリード(ブレーブス).083(12-1)1本

年度	所属チーム	試合数	打数	得点	安打	二塁打	三塁打	本塁打	打点	四球	三振	盗塁	盗塁死	出塁率	OPS	打率
2019	メッツ	161	597	103	155	30	2	53	120	72	183	1	0	.358	.941	.260
2020	メッツ	57	208	31	48	6	0	16	35	24	61	1	0	.326	.817	.231
通算成績		218	805	134	203	36	2	69	155	96	244	2	0	.350	.909	.252

30 動体視力と選球眼がいい、中身の濃い打者 ライト
マイケル・コンフォルト *Michael Conforto*

28歳 1993.3.1生 | 185cm | 98kg | 右投左打
◆対左投手打率／.284 ◆対右投手打率／.344
◆ホーム打率／.323 ◆アウェー打率／.321 ◆得点圏打率／.277
◆20年のポジション別出場数／ライト=52、DH=1
◆ⓓ2014①メッツ ◆㊥ワシントン州
◆㊎1225万ドル(約12億8625万円)

ミート4 パワー5 走塁3 守備3 肩3

打率が3割台、出塁率が4割台、OPSが9割台のMVPを狙えるレベルの打者に成長した外野手。打者としての最大の長所は、打球のライナー率が際立って高いこと。昨年の30.5%という数字は、規定打席数に達したメジャー142人の打者で、リンドーアの31.1%に次いで高い数字だった。アッパースイングで本塁打倍増を目論む打者が多くなる中で、ライナー志向をキープし続けており、スイングもレベルスイングに近い。今年1月11日、6年ほど前から交際していたカベルネ・バーンズさんに、メキシコ・カンクンの浜辺でプロポーズ。快諾されて婚約が成立した。求婚の場には、フィアンセの名にちなんでカベルネ種で作った赤ワインが置いてあり、2人で乾杯している。

カモ M・シャーザー(ナショナルズ).343(35-12)4本 苦手 M・フリード(ブレーブス).118(17-2)0本

年度	所属チーム	試合数	打数	得点	安打	二塁打	三塁打	本塁打	打点	四球	三振	盗塁	盗塁死	出塁率	OPS	打率
2015	メッツ	56	174	30	47	14	0	9	26	17	39	0	1	.335	.841	.270
2016	メッツ	109	304	38	67	21	1	12	42	36	89	2	1	.310	.725	.220
2017	メッツ	109	373	72	104	20	1	27	68	57	113	2	0	.384	.939	.279
2018	メッツ	153	543	78	132	25	1	28	82	84	159	3	4	.350	.797	.243
2019	メッツ	151	549	90	141	29	1	33	92	84	149	7	2	.363	.856	.257
2020	メッツ	54	202	40	65	12	0	9	31	24	57	3	3	.412	.927	.322
通算成績		632	2145	348	556	121	4	118	341	302	606	17	11	.358	.843	.259

6 通算打率3割1分9厘はイチロー以上 セカンド レフト
ジェフ・マクニール *Jeff McNeil*

29歳 1992.4.8生 | 185cm | 88kg | 右投左打
◆対左投手打率／.303 ◆対右投手打率／.316
◆ホーム打率／.316 ◆アウェー打率／.306 ◆得点圏打率／.308
◆20年のポジション別出場数／レフト=28、セカンド=12、サード=9、ライト=4、DH=2
◆ⓓ2013⑫メッツ ◆㊥カリフォルニア州
◆㊎57万500ドル(約5990万円)+α

ミート5 パワー5 走塁3 守備3 肩3

カノーの162試合出場停止にともない、今季はセカンドのレギュラー格で使われる可能性が高い遅咲きの安打製造機。昨季はスーパーユーティリティとしてレフト、セカンド、サード、ライトで起用され、サードではエラーを5つ記録したが、ほかではエラーを1つも出さなかった。ウリは、毎年3割台の高打率を期待できること。出塁能力も高く、追い込まれても粘って四球で出塁するケースが多いほか、内角球をうまく体に当てる「当たり屋死球」も得意技だ。趣味はゴルフ。シングルの腕前で、オフだけでなく、シーズン中も午前中によくコースに出る。ベストスコアは5アンダー。本人は「引退したらゴルフ関連の仕事をしたい。ゴルフのミニツアーにも挑戦したい」。

カモ E・フェディ(ナショナルズ).714(7-5)0本 苦手 M・ソロカ(ブレーブス).111(9-1)0本

年度	所属チーム	試合数	打数	得点	安打	二塁打	三塁打	本塁打	打点	四球	三振	盗塁	盗塁死	出塁率	OPS	打率
2018	メッツ	63	225	35	74	11	6	3	19	14	24	7	1	.381	.852	.329
2019	メッツ	133	510	83	162	38	1	23	75	35	75	5	6	.384	.916	.318
2020	メッツ	52	183	19	57	14	0	4	23	20	24	0	2	.383	.836	.311
通算成績		248	918	137	293	63	7	30	117	69	123	12	9	.383	.884	.319

28 ウリはパワーと選球眼、それに勝負強さ
J.D.デイヴィス *J.D. Davis*

サード DH

28歳 1993.4.27生 | 191cm | 99kg | 右投右打 対左.235 対右.254 ホ.209 ア.283 得.167 ド2014③アストロズ 出カリフォルニア州 年57万500ドル(約5990万円)+α

ミ3 パ5 走2 守2 肩2

「バット一流、グラブ三流」の代表格。移籍1年目の2019年は、「一流のバット」で長打を45本も生産。メジャー定着がかなっただけでなく、サードのレギュラー格に出世した。しかし昨季は、打撃守備の両面で精彩を欠き、評価が急落。今季もサードのレギュラー格で使われる可能性が高いが、結果を出さないとあとがない状況だ。アストロズのマイナーで将来を嘱望された一塁手兼三塁手だったが、3Aを卒業した状態になってもアストロズの一塁と三塁には強力なレギュラーがいるため、飼い殺しになりかけた。そこでトレードを要求してメッツに移籍し、チャンスをつかんだ。

年度	所属チーム	試合数	打数	得点	安打	二塁打	三塁打	本塁打	打点	四球	三振	盗塁	盗塁死	出塁率	OPS	打率
2020	メッツ	56	190	26	47	9	0	6	19	31	56	0	0	.371	.761	.247
通算成績		262	765	108	205	37	1	33	88	83	202	4	1	.346	.795	.268

9 打順が1番から5番に変わるのはプラス
ブランドン・ニモ *Brandon Nimmo*

センター レフト

28歳 1993.3.27生 | 191cm | 93kg | 右投左打 対左.196 対右.311 ホ.265 ア.291 得.250 ド2011①メッツ 出ワイオミング州 年470万ドル(約4億9350万円)

ミ3 パ4 走3 守3 肩3

様々な故障を乗り越えて、試合でハッスルプレーを連発している、ロッキー山脈のふもとで育ったカントリーボーイ。リンドーアの加入で、努力を重ねて維持してきたリードオフマンの役を明け渡し、打順が5番に変わる可能性が高い。これは彼にとって悪い話ではない。なぜならニモは、チャンスに強い、早打ちしない、ボール球に手を出さない、といった1番打者より5番打者向きの特性が多いからだ。昨年6月に米国で人種差別抗議運動が激化していた際、チェルシー夫人の名で出された抗議参加者を揶揄するツイートがあることが判明。すぐに偽物であると公表し、夫人を守った。

年度	所属チーム	試合数	打数	得点	安打	二塁打	三塁打	本塁打	打点	四球	三振	盗塁	盗塁死	出塁率	OPS	打率
2020	メッツ	55	186	33	52	8	3	8	18	33	43	1	2	.404	.888	.280
通算成績		365	1068	182	276	59	13	39	121	198	334	15	8	.390	.838	.258

3 今季後半はシンダーガードのパーソナル捕手
トマス・ニド *Tomas Nido*

キャッチャー

27歳 1994.4.12生 | 183cm | 96kg | 右投右打 盗塁阻止率/.167(6-1) 対左.500 対右.188 ホ.400 ア.214 得.222 ド2012⑧メッツ 出プエルトリコ 年57万500ドル(約5990万円)+α

ミ2 パ3 走2 守4 肩4

今季は40～60試合に先発出場すると思われるバックアップ捕手。守備力に定評があるが、昨季はバットでいい働きをした。6試合目まで毎試合ヒットが出たほか、8月13日のナショナルズ戦では第2打席、第3打席でホームランを打ち、チームメートから手荒い祝福を受けていた。ノア・シンダーガードは昨年3月にトミー・ジョン手術を受けたので、復帰はオールスター明けになる可能性が高い。女房役は2019年にパーソナル捕手を務めたニドになるだろう。シンダーガードはこれまで24試合ニドとバッテリーを組んでいるが、防御率は2.41という目を見張る数字だ。

年度	所属チーム	試合数	打数	得点	安打	二塁打	三塁打	本塁打	打点	四球	三振	盗塁	盗塁死	出塁率	OPS	打率
2020	メッツ	7	24	4	7	1	0	2	6	2	6	0	0	.346	.929	.292
通算成績		96	254	23	50	10	0	7	32	13	72	0	0	.234	.553	.197

13 ずんぐり体型ながら、守備の動きは軽快
ルイス・ギヨーメ *Luis Guillorme*

ユーティリティ

27歳 1994.9.27生 | 178cm | 86kg | 右投左打 対左.125 対右.367 ホ.350 ア.324 得.389 ド2013⑩メッツ 出ベネズエラ 年57万500ドル(約5990万円)+α

ミ3 パ2 走3 守5 肩4

安定感のある守備がウリの内野のユーティリティ。昨季はセカンドで17試合、サードで4試合、ショートで3試合に出場したが、どのポジションでもエラーは1つもなかった。8月10日のナショナルズ戦では、点差が開いた9回表に投手としてマウンドに上がり、最速111キロの速球（？）で、見事三者凡退に抑えている。「守備の人」のイメージが強いが、打撃力もアップ中。バットでも貢献できるようになってきた。出身はベネズエラのカラカス。12歳のときに一家でアメリカへ移住したため、ドラフト経由でプロ入りしている。少年時代のあこがれは同郷のオマー・ヴィスケル。

年度	所属チーム	試合数	打数	得点	安打	二塁打	三塁打	本塁打	打点	四球	三振	盗塁	盗塁死	出塁率	OPS	打率
2020	メッツ	29	57	6	19	6	0	0	9	10	17	2	0	.426	.865	.333
通算成績		109	185	18	48	12	0	1	17	24	34	3	0	.343	.683	.259

ー いくら快足でも、塁に出なければ意味がない
マレックス・スミス *Mallex Smith*

外野手 移籍

28歳 1993.5.6生 | 178cm | 82kg | 右投左打 対左.000 対右.146 ホ.200 ア.080 得.182 ド2012⑤パドレス 出フロリダ州 ◆盗塁王1回(19年)

ミ1 パ2 走5 守3 肩2

2019年にアメリカン・リーグの盗塁王に輝いたスピードスター。レイズでプレーしていた18年に、リーグ最多タイの三塁打（10）、リーグ2位の盗塁（40）を記録。マリナーズに移った一昨年は、リーグ最多の46盗塁をかせいだ。しかし昨季は、最大の弱点だった出塁率の低さがさらに悪化。8月半ばに見切りをつけられ、オフにマリナーズを去った。だが、今季開幕時まだ27歳で、メッツは十分復調する可能性があると判断。昨年11月にマイナー契約を結び、春季キャンプでスミスの能力を見極めることにした。メッツには走れる選手が少ないので、打撃を強化し、存在感を示したいところだ。

年度	所属チーム	試合数	打数	得点	安打	二塁打	三塁打	本塁打	打点	四球	三振	盗塁	盗塁死	出塁率	OPS	打率
2020	マリナーズ	14	45	2	6	2	0	0	3	2	13	2	0	.170	.348	.133
通算成績		442	1480	198	378	63	27	13	114	134	362	120	34	.325	.686	.255

ー アリ・サンチェス *Ali Sanchez*

キャッチャー 期待度B ルーキー

24歳 1997.1.20生 | 185cm | 91kg | 右投右打 ◆昨季はメジャーで5試合出場 ド2013外メッツ 出ベネズエラ

昨年8月3日にメジャーデビューした、守備力がオールラウンドに高い捕手。とくに強肩でリリースが速いため、盗塁阻止力はトップレベル。また、投手と密にコミュニケーションを取り、リードも的確。フレーミングもうまい。打者としては非力だが、ミートがうまく、選球眼がいいため出塁率が高い。

ー ロニー・モリシオ *Ronny Mauricio*

ショート 期待度B+ ルーキー

20歳 2001.4.4生 | 191cm | 75kg | 右投両打 ◆一昨年は1Aでプレー ド2017外メッツ 出ドミニカ

メッツが14歳の頃から注目し、16歳のとき、契約金210万ドルで入団させた大きな可能性を秘めた内野手。本来のポジションはショートで、グラブさばきがうまく、強肩。打撃面では細い体なのにパワーに恵まれ、広角に飛距離が出る。課題は、スイングが大きくなりがちなこと。走塁はイマイチ。

対左=対左投手打率 対右=対右投手打率 ホ=ホーム打率 ア=アウェー打率 得=得点圏打率 ド=ドラフトデータ 出=出身地 年=年俸
※昨季、マイナーリーグは中止

ナショナル・リーグ……東部地区　*WASHINGTON NATIONALS*

ワシントン・ナショナルズ

◆創　立：1969年
◆本拠地：コロンビア特別区ワシントンD.C.
◆ワールドシリーズ制覇：1回／◆リーグ優勝：1回
◆地区優勝：5回／◆ワイルドカード獲得：1回

主要オーナー マーク・ラーナー（不動産開発会社ラーナー社オーナー）

過去5年成績

年度	勝	負	勝率	ゲーム差	地区順位	ポストシーズン成績
2016	95	67	.586	(8.0)	①	地区シリーズ敗退
2017	97	65	.599	(20.0)	①	地区シリーズ敗退
2018	82	80	.506	8.0	②	―
2019	93	69	.574	4.0	②	ワールドシリーズ制覇
2020	**26**	**34**	**.433**	**9.0**	**④(同率)**	**―**

監督 4 デイヴ・マルティネス *Dave Martinez*

◆年　　齢…………57歳（ニューヨーク州出身）
◆現役時代の経歴…16シーズン　カブス（1986～88）、エクスポズ（1988～91）、レッズ（1992）、ジャイアンツ（1993～94）、ホワイトソックス（1995～97）、デビルレイズ（1998～2000）、カブス（2000）、レンジャーズ（2000）、ブルージェイズ（2000）、ブレーブス（2001）
（外野手）
◆現役通算成績……1918試合　.276　91本　580打点
◆監督経歴…………3シーズン　ナショナルズ（2018～）
◆通算成績…………201勝183敗（勝率.523）

選手を甘やかさない厳格な監督。そのため就任１年目の2018年には、一部の選手との摩擦があった。一昨年、地区２位ながらポストシーズンで勝ち抜き、球団にワールドチャンピオンの称号を初めてもたらした。しかし運を味方にした面も強く、主力が抜けた昨季は監督としての真価が問われるシーズンだったが、寂しい結果に終わっている。現役引退後、レイズとカブスの２球団で、コーチとしてジョー・マドン監督（現エンジェルス監督）に仕え、多くのことを学んだ。

注目コーチ 48 ジム・ヒッキー *Jim Hickey*

新投手コーチ。60歳。若手投手の力を引き出すことに長けている。レイズ投手コーチ時代、当時レイズのベンチコーチだったマルティネス監督と７年間一緒だった。

編成責任者 マイク・リゾ *Mike Rizzo*

61歳。昨年９月４日の試合中、スタンドから審判にヤジを連発。無観客試合だったため、リゾの声は丸聞こえで、退場処分を受けた。元選手だが、メジャー経験はない。

スタジアム ナショナルズ・パーク *Nationals Park*

◆開 場 年…………2008年
◆仕　　様…………天然芝
◆収容能力…………41,339人
◆フェンスの高さ …2.4～3.7m
◆特　　徴…………首都ワシントンD.C.にある球場。レフトスタンド上段に、桜の木が何本も植えられている。ワシントン、リンカーンといった歴代大統領たちの着ぐるみが競走する「プレジデンツ・レース」が、人気アトラクションとなっている。

ヒッターズパーク

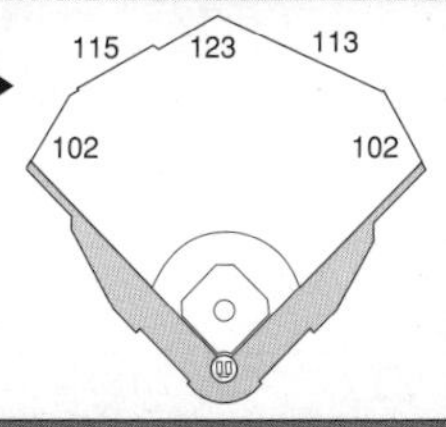

Best Order

［ベストオーダー］

①**トレイ・ターナー**……ショート
②**カイル・シュワーバー**……レフト
③**ホアン・ソト**……ライト
④**ジョシュ・ベル**……DH
⑤**スターリン・カストロ**……セカンド
⑥**ヤン・ゴームス**……キャッチャー
⑦**ライアン・ジマーマン**……ファースト
⑧**ヴィクター・ロブレス**……センター
⑨**カーター・キーブーム**……サード

Depth Chart

［ポジション別選手層・メンバーリスト］

※2021年2月12日時点の候補選手。数字は背番号（開幕前に変更する場合もあり）、右・左等は投・打の順。

※ナショナル・リーグでは今季、DH制が不採用の可能性あり。

センター
16 **ヴィクター・ロブレス［右・右］**
29 ヤディエル・ヘルナンデス［右・左］

レフト
12 **カイル・シュワーバー［右・左］**
17 アンドルー・スティーヴンソン［左・左］
5 ジョシュ・ハリソン［右・右］
22 ホアン・ソト［左・左］

ライト
22 **ホアン・ソト［左・左］**
17 アンドルー・スティーヴンソン［左・左］

ショート
7 **トレイ・ターナー［右・右］**
2 ルイス・ガルシア［右・左］

セカンド
14 **スターリン・カストロ［右・右］**
2 ルイス・ガルシア［右・左］
5 ジョシュ・ハリソン［右・右］

ローテーション
31 マックス・シャーザー［右・右］
37 スティーヴン・ストラスバーグ［右・右］
46 パトリック・コービン［左・左］
34 ジョン・レスター［左・左］
23 エリック・フェディ［右・右］
41 ジョー・ロス［右・右］
50 オースティン・ヴォース［右・右］

サード
8 **カーター・キーブーム［右・右］**
5 ジョシュ・ハリソン［右・右］

ファースト
11 **ライアン・ジマーマン［右・右］**
55 ジョシュ・ベル［右・両］

キャッチャー
10 **ヤン・ゴームス［右・右］**
6 アレックス・アヴィーラ［右・左］

DH
55 **ジョシュ・ベル［右・両］**
11 ライアン・ジマーマン［右・右］

ブルペン
52 ブラッド・ハンド［左・左］CL
44 ダニエル・ハドソン［右・右］
21 タナー・レイニー［右・右］
36 ウィル・ハリス［右・右］
51 ワンダー・スエロ［右・右］
67 カイル・フィネガン［右・右］
33 ライン・ハーパー［右・右］
61 カイル・マゴーウイン［右・右］
59 ベン・ブレイマー［左・左］
40 ロヘリオ・アルメンテロス［右・右］

※CL＝クローザー

日付	対戦相手	日付	対戦相手	日付	対戦相手
4月1・3・4	メッツ	4・5・6	ブレーブス	4・5・6	フィリーズ＊
5・6・7	ブレーブス	7・8・9	ヤンキース＊	8・9	レイズ＊
9・10・11	ドジャース＊	11・12・13	フィリーズ	10・11・12・13	ジャイアンツ
12・13・14	カーディナルス＊	14・15・16	ダイヤモンドバックス＊	14・15・16	パイレーツ
15・16・17・18	ダイヤモンドバックス	17・18・19・20	カブス＊	18・19・20	メッツ
19・20・21	カーディナルス	21・22・23	オリオールズ	22・23	フィリーズ＊
23・24・25	メッツ＊	25・26・27	レッズ	24・25・26・27	マーリンズ＊
27・28	ブルージェイズ＊	28・29・30	ブリュワーズ	29・30	レイズ
30・**5**月1・2	マーリンズ	31・**6**月1・2・3	ブレーブス＊	**7**月1・2・3・4	ドジャース

球団メモ 昨季のチーム被本塁打数94本、WHIP1.52は、どちらもリーグ最下位。DRS（守備で防いだ失点）も大きくマイナスを記録するなど、守備も残念なレベルだった。

Analysis　矢印⬆↗➡↘⬇は、昨季終了時との比較　[戦力分析]

■投手力➡…★★★☆☆【昨年度チーム防御率5.09、リーグ13位】

昨シーズンは投手陣の崩壊が地区最下位の原因になった。シャーザーが5勝4敗と勝ち切れず、ストラスバーグもケガで長期離脱。コービン、サンチェスらも負け越した。ローテーションに不安が残る中、補強は大ベテランのレスターのみ。ストラスバーグが復活しなければ、悲惨なことになる可能性もある。リリーフ陣では出戻りの守護神ハドソンが冴えない成績に終わり、信頼できる軸がいないのが現状。防御率３点台程度を期待できる投手は多いので、大崩れはなさそうだが、勝ち星を増やせるレベルにはない。

■攻撃力↗…★★★★☆【昨年度チーム得点293、リーグ6位】

不振のイートン、テイラー、テイムズに見切りをつけて、ベルとシュワーバーの２人の大砲を獲得。昨季は66本塁打でリーグ10位だったが、底上げは可能だろう。ただ、ゴームスとの併用だったとはいえ、「打てる捕手」のカート・スズキが抜けた穴は簡単には埋まりそうにない。

■守備力➡…★★★★☆【昨年度チーム失策数39、リーグ10位】

内野守備は安定しており、問題なし。外野では新加入のシュワーバーのポジションがカギ。レフトなら何とか守れるが、ライトなら大きな穴になる。

■機動力➡…★★★★☆【昨年度チーム盗塁数33、リーグ5位】

これまで同様に、ターナーが今シーズンも走りまくるだろうが、ロブレスのスピード低下がやや気がかりなところ。マルティネス監督はバント肯定派の指揮官であり、スモールボールを志向している。

2019年のワールドシリーズ制覇から地区最下位に転落。そもそも圧倒的な強さではなかったので、この結果も納得。ターナーとソトが打線の軸だが、そこを支える脇役が微妙。中途半端な補強姿勢では、宝の持ち腐れになってしまいそうだ。

IN　主な入団選手

投手
- ブラッド・ハンド←インディアンズ
- ジョン・レスター←カブス

野手
- ジョシュ・ベル←パイレーツ
- カイル・シュワーバー←カブス
- アレックス・アヴィーラ←ツインズ

OUT　主な退団選手

投手
- アニーバル・サンチェス➡所属先未定

野手
- カート・スズキ➡エンジェルス
- アダム・イートン➡ホワイトソックス
- マイケル・A・テイラー➡ロイヤルズ
- エリック・テイムズ➡巨人
- ハウィー・ケンドリック➡引退

日程	対戦相手	日程	対戦相手	日程	対戦相手
5・6・7・8	パドレス＊	6・7・8	ブレーブス＊	7・8・9	ブレーブス＊
9・10・11	ジャイアンツ＊	10・11・12	メッツ＊	10・11・12	パイレーツ＊
13	オールスターゲーム	13・14・15	ブレーブス	13・14・15	マーリンズ
16・17・18	パドレス	17・18	ブルージェイズ	17・18・19	ロッキーズ
19・20・21	マーリンズ	20・21・22	ブリュワーズ＊	20・21・22	マーリンズ＊
23・24・25	オリオールズ＊	24・25・26	マーリンズ＊	23・24・25・26	レッズ＊
26・27・28・29	フィリーズ＊	27・28・29	メッツ＊	27・28・29	ロッキーズ＊
30・31・**8月**1	カブス	30・31・**9月**1	フィリーズ	**10月**1・2・3	レッドソックス
2・3・4・5	フィリーズ	3・4・5・6	メッツ		

球団メモ　昨年11月の大統領選で、ジョー・バイデンが勝利を確実にすると、すかさず今季開幕戦での始球式を要請し、話題になった。バイデンは野球好きとして知られる。

投 手

MLB選手会役員として歯に衣着せぬ発言

先 発

31 マックス・シャーザー
Max Scherzer

37歳 1984.7.27生 | 191cm | 98kg | 右投右打
◆速球のスピード／150キロ台前半（フォーシーム主体）
◆決め球と持ち球／☆スライダー、◎カッター、◎フォーシーム、○カーブ、○チェンジアップ
◆対左打者被打率／.312 ◆対右打者被打率／.206
◆ホーム防御率／4.42 ◆アウェー防御率／2.93
◆ドラフトデータ／2006①ダイヤモンドバックス
◆出身地／ミズーリ州 ◆年俸／3500万ドル（約36億7500万円）
◆サイ・ヤング賞3回（13、16、17年）、最多勝4回（13、14、16、18年）、最多奪三振3回（16、17、18年）

球威 5
制球 4
緩急 5
守備・牽制 4
度胸 5

サイ・ヤング賞3回、ノーヒットノーラン2回、7年連続オールスター出場。伸び上がるフォーシームと魔球クラスのスライダーを武器に、華々しい実績を積んできたメジャー屈指の実力派右腕。昨季はカッターも冴え、チームトップの5勝をあげたが、防御率は3点台後半。1試合あたりの四球数3.1は、シャーザーらしくない成績だった。最終登板後、「体は9月の感覚だけど、腕はまだ5月の感覚だよ」と語っている。デビューから2019年までの、6～7月の通算防御率は2点台の夏男。つまり、本調子になる前にシーズンが終わってしまったと言いたかったのだろう。しかし、30代後半に差しかかる年齢であり、今季が7年契約の最終年でもある。昨季も十分な成績だったが、どこまで一流の成績を残し続けられるかが焦点。今季は、トレードの噂も数多く流れる1年になるだろう。

ナショナルズの選手代表、MLB選手会の執行役員を務めており、昨年は試合数削減による給料カットの交渉に尽力。日割の給料にすることで一度は合意したが、さらなる給料削減に躍起（やっき）になるMLB機構、シーズン中止でのコストカットを目論（もくろ）む一部のオーナーに対し、ツイッターで「これ以上の給料カットを呑（の）むつもりはない」と表明。全体を見れば選手寿命が長いとは言えないメジャーリーガーを代表し、堂々と権利を主張した。また、MLB機構のルール委員会にも選手代表として参加しており、ワンポイントリリーフ禁止の新ルールも痛烈に批判。怖いものなしの発言を続けている。

カモ R・ホスキンス（フィリーズ）.000（17-0）0本　D・スワンソン（ブレーブス）.182（33-6）0本
苦手 M・コンフォルト（メッツ）.343（35-12）4本　C・ディッカーソン（マーリンズ）.444（9-4）1本

年度	所属チーム	勝利	敗戦	防御率	試合数	先発	セーブ	投球イニング	被安打	失点	自責点	被本塁打	与四球	奪三振	WHIP
2008	ダイヤモンドバックス	0	4	3.05	16	7	0	56.0	48	24	19	5	21	66	1.23
2009	ダイヤモンドバックス	9	11	4.12	30	30	0	170.1	166	94	78	20	63	174	1.34
2010	タイガース	12	11	3.50	31	31	0	195.2	174	84	76	20	70	184	1.25
2011	タイガース	15	9	4.43	33	33	0	195.0	207	101	96	29	56	174	1.35
2012	タイガース	16	7	3.74	32	32	0	187.2	179	82	78	23	60	231	1.27
2013	タイガース	21	3	2.90	32	32	0	214.1	152	73	69	18	56	240	0.97
2014	タイガース	18	5	3.15	33	33	0	220.1	196	80	77	18	63	252	1.18
2015	ナショナルズ	14	12	2.79	33	33	0	228.2	176	74	71	27	34	276	0.92
2016	ナショナルズ	20	7	2.96	34	34	0	228.1	165	77	75	31	56	284	0.97
2017	ナショナルズ	16	6	2.51	31	31	0	200.2	126	62	56	22	55	268	0.90
2018	ナショナルズ	18	7	2.53	33	33	0	220.2	150	66	62	23	51	300	0.91
2019	ナショナルズ	11	7	2.92	27	27	0	172.1	144	59	56	18	33	243	1.03
2020	ナショナルズ	5	4	3.74	12	12	0	67.1	70	30	28	10	23	92	1.38
通算成績		175	93	3.21	377	368	0	2357.1	1953	906	841	264	641	2784	1.10

37 長期契約後に長期離脱 スティーヴン・ストラスバーグ *Stephen Strasburg* 先発

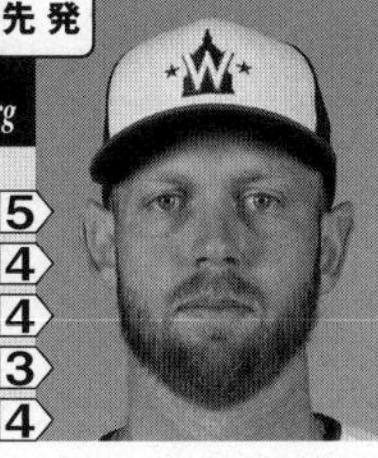

33歳 1988.7.20生 | 196cm | 107kg | 右投右打
◆速球のスピード／150キロ台前半(フォーシーム主体)
◆決め球と持ち球／☆カーブ、☆チェンジアップ、◎フォーシーム、○シンカー、△スライダー
◆対左.400 ◆対右.333 ◆ホ防10.38 ◆ア防13.50
◆ド2009①ナショナルズ ◆出カリフォルニア州 ◆年3500万ドル(約36億7500万円)
◆最多勝1回(19年)、最多奪三振1回(14年)、シルバースラッガー賞1回(12年)

球威5 制球4 緩急4 守備・牽制3 度胸4

2009年のドラフトで全体1位指名を受け、史上最高（当時）の契約金750万ドルを手にした大物。ハイレベルな変化球を操り、ナショナルズの先発の柱に成長。一昨年にはワールドシリーズで2勝をあげ、同シリーズMVPにも輝いた。同年オフには、7年総額2億4500万ドルで契約を更新したが、右手の神経に問題を抱え、昨季はわずか2試合でシーズン終了。8月に手術に踏み切ったが、変化球の投げすぎによる慢性的な過負荷とも言われている。もし復活できなければ、チームの財政に大打撃を与えることになるだろう。

カモ E・インシアーテ(ブレーブス).143(35-5)1本　苦手 R・アクーニャ・ジュニア(ブレーブス).429(14-6)1本

年度	所属チーム	勝利	敗戦	防御率	試合数	先発	セーブ	投球イニング	被安打	失点	自責点	被本塁打	与四球	奪三振	WHIP
2010	ナショナルズ	5	3	2.91	12	12	0	68.0	56	25	22	5	17	92	1.07
2011	ナショナルズ	1	1	1.50	5	5	0	24.0	15	5	4	0	2	24	0.71
2012	ナショナルズ	15	6	3.16	28	28	0	159.1	136	62	56	15	48	197	1.15
2013	ナショナルズ	8	9	3.00	30	30	0	183.0	136	71	61	16	56	191	1.05
2014	ナショナルズ	14	11	3.14	34	34	0	215.0	198	86	75	23	43	242	1.12
2015	ナショナルズ	11	7	3.46	23	23	0	127.1	115	56	49	14	26	155	1.11
2016	ナショナルズ	15	4	3.60	24	24	0	147.2	119	59	59	15	44	183	1.10
2017	ナショナルズ	15	4	2.52	28	28	0	175.1	131	55	49	13	47	204	1.02
2018	ナショナルズ	10	7	3.74	22	22	0	130.0	118	59	54	18	38	156	1.20
2019	ナショナルズ	18	6	3.32	33	33	0	209.0	161	79	77	24	56	251	1.04
2020	ナショナルズ	0	1	10.80	2	2	0	5.0	8	6	6	1	1	2	1.80
通算成績		112	59	3.19	241	241	0	1443.2	1193	563	512	144	378	1697	1.09

46 2019年の最優秀左腕が想定外の大ブレーキ パトリック・コービン *Patrick Corbin* 先発

32歳 1989.7.19生 | 191cm | 95kg | 左投左打
◆速球のスピード／140キロ台中頃(フォーシーム、シンカー)
◆決め球と持ち球／☆スライダー、△フォーシーム、△シンカー、△チェンジアップ、△カーブ
◆対左.262 ◆対右.321 ◆ホ防3.29 ◆ア防6.59
◆ド2009②エンジェルス ◆出ニューヨーク州
◆年2400万ドル(約25億2000万円)

球威3 制球4 緩急3 守備・牽制5 度胸4

超一級品のスライダーを持つ先発左腕。一昨年、シーズン33先発に加え、ワールドシリーズではリリーフでフル回転。最優秀左腕に贈られるウォーレン・スパーン賞を獲得した。昨季も開幕から幸先良く3戦で2勝したが、急にシンカーが落ちない状態におちいり、まさかの大幅負け越し。防御率4点台にとどまったのはスライダーのおかげだが、平均球速が3.7キロも低下していて、全体的な劣化も懸念されている。トランプ支持の姿勢を明確に打ち出しており、大統領選前後には、同氏の発言を盛んにリツイートしていた。

カモ F・フリーマン(ブレーブス).182(33-6)0本　苦手 M・コンフォルト(メッツ).360(25-9)5本

年度	所属チーム	勝利	敗戦	防御率	試合数	先発	セーブ	投球イニング	被安打	失点	自責点	被本塁打	与四球	奪三振	WHIP
2012	ダイヤモンドバックス	6	8	4.54	22	17	1	107.0	117	56	54	14	25	86	1.33
2013	ダイヤモンドバックス	14	8	3.41	32	32	0	208.1	189	81	79	19	54	178	1.17
2015	ダイヤモンドバックス	6	5	3.60	16	16	0	85.0	91	34	34	9	17	78	1.27
2016	ダイヤモンドバックス	5	13	5.15	36	24	1	155.2	177	109	89	24	66	131	1.56
2017	ダイヤモンドバックス	14	13	4.03	33	32	0	189.2	208	97	85	26	61	178	1.42
2018	ダイヤモンドバックス	11	7	3.15	33	33	0	200.0	162	70	70	15	48	246	1.05
2019	ナショナルズ	14	7	3.25	33	33	0	202.0	169	81	73	24	70	238	1.18
2020	ナショナルズ	2	7	4.66	11	11	0	65.2	85	35	34	10	18	60	1.57
通算成績		72	68	3.84	216	198	2	1213.1	1198	563	518	141	359	1195	1.28

対左=対左打者被打率　対右=対右打者被打率　ホ防=ホーム防御率　ア防=アウェー防御率
ド=ドラフトデータ　出=出身地　年=年俸

投手

52 スライダーの自在度を増して最多セーブ
ブラッド・ハンド *Brad Hand*

クローザー　移籍

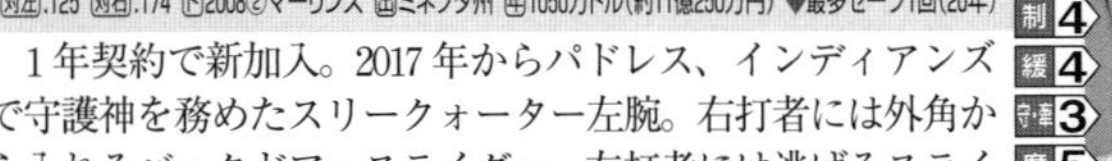

31歳 1990.3.20生 | 191cm | 98kg | 左投左打 速150キロ前後(フォーシーム、ツーシーム主体) 決☆スライダー
対左.125 対右.174 ド2008②マーリンズ 出ミネソタ州 年1050万ドル(約11億250万円) ◆最多セーブ1回(20年)

球4 制4 緩4 守備3 度5

1年契約で新加入。2017年からパドレス、インディアンズで守護神を務めたスリークォーター左腕。右打者には外角から入れるバックドア・スライダー、左打者には逃げるスライダーを決め球にしていたが、19年後半に不調におちいったこともあり、昨季は組み立てをリニューアル。小さなスライダーやタテのスライダーを積極的に混ぜ、新たにツーシームも稼働。着地点をワイドに使うことにより、アメリカン・リーグの最多セーブに輝いた。19年に慈善活動「ヘルピング・ハンズ（救いの手）」を立ち上げ、妻と2人の子供とともに児童施設などを訪問し、交流や寄付を行っている。

年度	所属チーム	勝利	敗戦	防御率	試合数	先発	セーブ	投球イニング	被安打	失点	自責点	被本塁打	与四球	奪三振	WHIP
2020	インディアンズ	2	1	2.05	23	0	16	22.0	13	8	5	0	4	29	0.77
通算成績		26	43	3.65	396	43	105	608.2	526	266	247	63	226	624	1.24

34 200勝への花道を歩む大ベテラン左腕
ジョン・レスター *Jon Lester*

先発　移籍

37歳 1984.1.7生 | 193cm | 109kg | 左投左打 速140キロ台後半(フォーシーム、ツーシーム) 決◎カッター
対左.233 対右.266 ド2002②レッドソックス 出ワシントン州 年500万ドル(約5億2500万円) ◆最多勝1回(18年)

球3 制5 緩3 守備2 度3

これまでに12度の2ケタ勝利をマークしているベテラン左腕。2018年には最多勝を獲得し、衰えぬ実力を見せていたが、その後はやや球威が落ちてきており、オフにカブスが1000万ドルの違約金付きのバイアウト（契約解除）を選択。先発陣の底上げを目指すナショナルズへの移籍が決まった。年齢的に長期的な活躍は見込めないが、打線の出来次第では勝ち越せる実力者。通算200勝まであと7勝にせまっており、ここからが最後の花道になりそうだ。少年時代はサッカーもプレーしており、13歳のとき、イタリアのプロクラブから契約のオファーを受けたことがあるほど。

年度	所属チーム	勝利	敗戦	防御率	試合数	先発	セーブ	投球イニング	被安打	失点	自責点	被本塁打	与四球	奪三振	WHIP
2020	カブス	3	3	5.16	12	12	0	61.0	64	35	35	11	17	42	1.33
通算成績		193	111	3.60	424	423	0	2598.2	2451	1131	1040	269	837	2397	1.27

44 監督からの信頼はいまだ厚いが……
ダニエル・ハドソン *Daniel Hudson*

セットアップ

34歳 1987.3.9生 | 191cm | 98kg | 右投右打 速150キロ台中頃(フォーシーム、シンカー) 決◎フォーシーム
対左.139 対右.244 ド2008⑤ホワイトソックス 出ヴァージニア州 年600万ドル(約6億3000万円)

球3 制3 緩3 守備4 度4

ムラが気になるベテランリリーバー。一昨年7月末にブルージェイズからトレードで加入し、ワールドシリーズ制覇に貢献。しかし昨季は、15セーブ機会で10セーブ、防御率6点台と結果を残せなかった。ただマルティネス監督は、「球自体は良かった」と語っている。事実、フォーシームの被打率1割6分4厘は、キャリアハイ。しかし、圧倒的な成績を残したのは一昨年の後半のみで、フルシーズンのクローザーとしては不安が残る。一昨年のリーグ優勝決定シリーズ第1戦では、史上初となる「ポストシーズンの産休」を取得しており、「家族優先」の歴史を切り開いた先駆者。

年度	所属チーム	勝利	敗戦	防御率	試合数	先発	セーブ	投球イニング	被安打	失点	自責点	被本塁打	与四球	奪三振	WHIP
2020	ナショナルズ	3	2	6.10	21	0	10	20.2	15	15	14	6	11	28	1.26
通算成績		52	37	3.90	400	61	27	713.1	662	347	309	77	234	644	1.26

速=速球のスピード　決=決め球　対左=対左打者被打率　対右=対右打者被打率
ド=ドラフトデータ　出=出身地　年=年俸

21 アウトの半分以上を三振でゲット
タナー・レイニー *Tanner Rainey*

セットアップ クローザー

29歳 1992.12.25生 | 188cm | 107kg | 右投右打 速150キロ台後半(フォーシーム主体) 決☆スライダー
対左.107 対右.128 ド2015②レッズ 出ルイジアナ州 年57万500ドル(約5990万円)+α

球5 制3 緩4 守・牽3 度4

メキメキと力をつけているクローザー候補。一昨年の加入時は目立った戦力ではなかったが、最速163キロのフォーシームと鋭く落ちるスライダーの2球種で三振の山を築き、セットアッパーに名乗りを上げた。昨季も好調をキープし、奪三振率をさらに上げたほか、課題だった四球率も大幅に改善。9月中旬に右腕の張りでシーズンを終えたが、これは起用位置が固まらず、毎試合5回頃から肩を作り始めていた影響も考えられる。次期クローザー待望論も高まっており、状況次第では、今季途中の昇格もあるだろう。現在、投球の幅を広げるため、チェンジアップを習得中。

年度 所属チーム	勝利	敗戦	防御率	試合数	先発	セーブ	投球イニング	被安打	失点	自責点	被本塁打	与四球	奪三振	WHIP
2020 ナショナルズ	1	1	2.66	20	0	0	20.1	8	6	6	4	7	32	0.74
通算成績	3	4	5.47	80	0	0	75.2	53	47	46	14	57	113	1.45

36 遅咲きの鉄腕もそろそろキャリアの曲がり角
ウィル・ハリス *Will Harris*

セットアップ

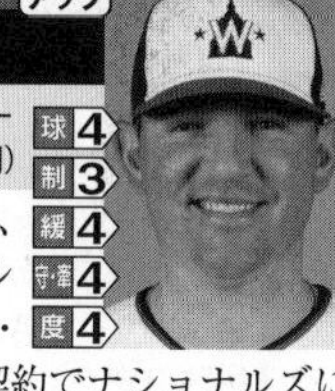

37歳 1984.8.28生 | 193cm | 109kg | 右投右打 速140キロ台中頃(カッター主体) 決◎カッター
対左.343 対右.225 ド2006⑨ロッキーズ 出テキサス州 年800万ドル(約8億4000万円)

球4 制3 緩4 守・牽4 度4

30歳を超えてからアストロズでセットアッパーに定着し、安定した成績を残してきたベテランリリーバー。ナチュラルカッターとパワーカーブの2球種でやり繰りするツーピッチ・ピッチャー。35歳になってようやくFA権を取得し、3年契約でナショナルズに加入したが、移籍1年目の昨季は鼠径部(そけいぶ)の痛みによるIL(故障者リスト)入りもあり、波に乗れず。自慢のパワーカーブも被打率4割1分2厘に落ち込んだ。球威で押すタイプではないが、年齢的にも心配だ。8歳になる娘がいるが、昨年は新型コロナ蔓延(まんえん)による自宅待機のため、初めて娘の誕生日を家で祝うことができた。

年度 所属チーム	勝利	敗戦	防御率	試合数	先発	セーブ	投球イニング	被安打	失点	自責点	被本塁打	与四球	奪三振	WHIP
2020 ナショナルズ	0	1	3.06	20	0	1	17.2	21	9	6	3	9	21	1.70
通算成績	23	19	2.85	439	0	21	414.0	346	144	131	39	111	443	1.10

23 シーズンを戦い抜くために食トレに力を入れる
エリック・フェディ *Erick Fedde*

先発

28歳 1993.2.25生 | 193cm | 91kg | 右投右打 速150キロ前後(シンカー主体) 決◎スライダー
対左.188 対右.278 ド2014①ナショナルズ 出ネヴァダ州 年57万500ドル(約5990万円)+α

球3 制3 緩3 守・牽3 度3

シンカー、スライダー、カッター、チェンジアップの4球種をワイドに投げ分けるグラウンドボーラー。昨季は先発で8試合に登板。徐々に長いイニングを任せられ、最後は2戦連続QSでシーズンを終えた。ここ3年は先発5番手の座を争っているが、防御率4点台に収める能力を持っており、他球団ならば、4番手クラスの評価もあり得る。自他ともに認める課題は、線の細さ。フルシーズンでローテーションに定着するために、朝から大盛りのチャーハンを平らげ、「ある程度の肉」を付けるようにしている。ラスヴェガス高校時代のチームメートに、ブライス・ハーパーがいる。

年度 所属チーム	勝利	敗戦	防御率	試合数	先発	セーブ	投球イニング	被安打	失点	自責点	被本塁打	与四球	奪三振	WHIP
2020 ナショナルズ	2	4	4.29	11	8	0	50.1	47	25	24	10	22	28	1.37
通算成績	8	11	5.10	46	34	0	194.0	208	111	110	34	85	130	1.51

投手

ミドルリリーフ

51 大ベテランの助言で開花した左キラー右腕 ワンダー・スエロ *Wander Suero*

30歳 1991.9.15生 | 193cm | 96kg | 右投右打 速150キロ前後(カッター主体) 決◎カッター
対左.163 対右.289 ド2010外ナショナルズ 出ドミニカ 年57万500ドル(約5990万円)+α

球4 制3 緩3 守備2 度3

投球の約8割がカッターのドミニカ人右腕。2019年前半はカッターのコントロールが定まらず、苦しい投球が続いていたが、同年6月に大ベテランのフェルナンド・ロドニーがチームに加入すると、同郷のよしみで助言を受け、カッターが進化。チーム最多の78試合に登板し、ワールドシリーズ制覇に貢献した。昨季はケガで出遅れたものの、8月上旬に始動すると、カッターを左打者の内角に突き刺し、左キラーぶりも開花。30歳手前で成長の波に乗った。昨季の投手コーチであるポール・メンハートは「チェンジアップもいいものを持っている」と語っており、伸びしろもある。

年度	所属チーム	勝利	敗戦	防御率	試合数	先発	セーブ	投球イニング	被安打	失点	自責点	被本塁打	与四球	奪三振	WHIP
2020	ナショナルズ	2	0	3.80	22	0	0	23.2	20	10	10	1	10	28	1.27
通算成績		12	10	4.10	140	0	1	142.2	127	66	65	10	51	156	1.25

ミドルリリーフ

67 マイナーリーグFAで加入して躍動 カイル・フィネガン *Kyle Finnegan*

30歳 1991.9.4生 | 188cm | 91kg | 右投右打 速150キロ台前半(フォーシーム主体) 決◎スプリッター
対左.179 対右.259 ド2013⑥アスレティックス 出ミシガン州 年57万500ドル(約5990万円)+α

球4 制3 緩3 守備3 度3

2013年のドラフトで、アスレティックスに指名されプロ入りしたが、先発でなかなか芽が出なかった。長い下積みを経て、19年にマイナー(2Aと3A)でリリーフ投手として42試合に登板し、防御率2.31の好成績をマーク。マイナーでの登録日数が6年に達したため、同年オフにマイナーリーグFA権を行使。奪三振能力が高く、なおかつ低年俸で雇えるためプチ争奪戦になったが、メジャー契約を提示したナショナルズへ移籍した。28歳でのメジャーデビューだったが、自信のあるスプリッターを武器に防御率は2点台。球団にとってもフィネガンにとっても、ハッピーな移籍になった。

年度	所属チーム	勝利	敗戦	防御率	試合数	先発	セーブ	投球イニング	被安打	失点	自責点	被本塁打	与四球	奪三振	WHIP
2020	ナショナルズ	1	0	2.92	25	0	0	24.2	21	10	8	2	13	27	1.38
通算成績		1	0	2.92	25	0	0	24.2	21	10	8	2	13	27	1.38

– ジャクソン・ラトレッジ *Jackson Rutledge*

先発 期待度A ルーキー

22歳 1999.4.1生 | 203cm | 113kg | 右投右打 ◆一昨年はルーキー級、1A-、1Aでプレー ド2019①ナショナルズ 出ミズーリ州

2019年のドラフト1巡目(全体17位)。203センチの長身から投げ下ろす最速160キロ超のフォーシームに、スライダー、カーブ、チェンジアップを交えて投げる。19年は1Aを中心に10試合に登板し、27回1/3で防御率2.30。課題の制球も改善してきており、早期のメジャー昇格が濃厚になっている。

59 ベン・ブレイマー *Ben Braymer*

先発リリーフ 期待度C+ ルーキー

27歳 1994.4.28生 | 188cm | 100kg | 左投左打 ◆昨季はメジャーで3試合出場 ド2016⑱ナショナルズ 出ルイジアナ州

2018年に、ナショナルズ傘下の「マイナーリーグ・ピッチャー・オブ・ザ・イヤー」に輝いた先発左腕。昨季メジャーデビューを果たすと3戦目で先発起用され、5回無失点で初勝利もマーク。球速は140キロ台中盤で球威に疑問は残るが、大きなカーブとチェンジアップで、凡フライを打たせる力がある。

速=速球のスピード 決=決め球 対左=対左打者被打率 対右=対右打者被打率
ド=ドラフトデータ 出=出身地 年=年俸 ※昨季、マイナーリーグは中止
※メジャー経験がない投手の「先発」「リリーフ」はマイナーでの役割

野手

2020年代を代表するであろう若き大打者　ライト レフト

22 ホアン・ソト
Juan Soto

23歳　1998.10.25生｜185cm｜100kg｜左投左打

◆対左投手打率／.360(50-18)　◆対右投手打率／.346(104-36)
◆ホーム打率／.333(69-23)　◆アウェー打率／.365(85-31)
◆得点圏打率／.421(38-16)
◆20年のポジション別出場数／レフト=36、ライト=6、DH=5
◆ドラフトデータ／2015㊚ナショナルズ
◆出身地／ドミニカ
◆年俸／850万ドル(約8億9250万円)
◆首位打者1回(20年)、シルバースラッガー賞1回(20年)

ミート5　パワー5　走塁4　守備3　肩3

2018年に19歳でメジャーデビューを果たし、疾風怒濤(しっぷうどとう)の勢いでスター街道を突き進んでいる若き大砲。1年目から22本塁打を放ち、10代での本塁打数歴代2位タイにランクインすると、オフにはMLB選抜の一員として日米野球に参戦。岡田俊哉（中日）、上沢直之（北海道日本ハム）から逆方向の本塁打を叩き込み、日本の野球ファンを戦慄(せんりつ)させた。2年目にはシーズン34本塁打をかっ飛ばし、ポストシーズンでも5本塁打で世界一に貢献。昨季はPCR検査で陽性反応が出たため開幕こそ逃したが、47試合で打率3割5分1厘。ナショナル・リーグ首位打者の最年少記録を塗り替えたほか、出塁率、OPSもリーグ最高。22歳にして最強打者に名乗りを上げた。

パワーと選球眼を兼ね備えているが、まだ完成形ではない。昨季もボール球スイング率を改善し、唯一苦手だったスライダー系の変化球も打率1割9分1厘から4割0分7厘に大幅アップ。怪物がさらなる進化を遂げ、「テッド・ウィリアムズの再来」との評も、現実味を帯びてきた。

スーパースターになったが、まったく気取ったところがなく、明るく笑顔を振りまくムードメーカー。グラウンドを離れれば家族を愛する青年で、恋人の存在を詮索されると「ガールフレンドはママさ！」とジョークを飛ばしている。今年も1月1日に、ツイッターでナショナルズファンに動画でメッセージを贈るなど、ファンサービス精神にもあふれている。

ボールを見逃したあと、相手を見つめながら腰を深く落として地面を慣らし、さらに股間を触るルーティンは「ソト・シャッフル」と呼ばれ、MLB公認ゲーム『MLB The Show』でも再現されたソトの名物。マイナー時代から、相手投手の心に入り込むために続けているが、マルティネス監督は「これはまずい」と思っていた。しかし、ソトの性格や振る舞いによって挑発ではないことが認知され、対戦相手も気にしなくなっている。

カモ　Z・エフリン(フィリーズ).500(18-9)1本　S・アルカンタラ(マーリンズ).412(17-7)2本
苦手　V・ヴェラスケス(フィリーズ).200(5-1)0本　――――

年度	所属チーム	試合数	打数	得点	安打	二塁打	三塁打	本塁打	打点	四球	三振	盗塁	盗塁死	出塁率	OPS	打率
2018	ナショナルズ	116	414	77	121	25	1	22	70	79	99	5	2	.406	.923	.292
2019	ナショナルズ	150	542	110	153	32	5	34	110	108	132	12	1	.401	.949	.282
2020	ナショナルズ	47	154	39	54	14	0	13	37	41	28	6	2	.490	1.185	.351
通算成績		313	1110	226	328	71	6	69	217	228	259	23	5	.415	.972	.295

カモ 苦手 は通算成績

野 手

パワーも手に入れた球界随一の走り屋

ショート

7 トレイ・ターナー *Trea Turner*

28歳 1993.6.30生 | 188cm | 84kg | 右投右打
◆対左投手打率／.375(56-21) ◆対右投手打率／.322(177-57)
◆ホーム打率／.267(120-32) ◆アウェー打率／.407(113-46)
◆得点圏打率／.378(45-17)
◆20年のポジション別出場数／ショート=59
◆ドラフトデータ／2014①パドレス
◆出身地／フロリダ州
◆年俸／1300万ドル(約13億6500万円)
◆盗塁王1回(18年)

ミート 5
パワー 4
走塁 5+
守備 3
肩 3

「メジャー最速の男」と評されるスピードスター。「スタットキャスト」のデータでは、昨季の1秒あたりの走行距離は9.14メートルで、全メジャーリーガーの中で4位タイ。しかし、走攻守を兼ね揃えた「主力」に限定すると、やはり最も見事な韋駄天(いだてん)はターナーになるだろう。

俊足巧打が持ち味で、昨季はナショナル・リーグ4位の打率3割3分5厘をマーク。一時は首位打者のタイトルも見えていた。また、ここ数年は長打力にも磨きがかかっており、昨季はホアン・ソトに次ぐチーム2位の12本塁打をマーク（うち1本はランニングホームラン）。右方向への本塁打も軽々と打てるようになった。2018年のようにケガなくフル出場できれば、今後、シーズン30本塁打も十分あり得る。

以前は首位打者を獲ることが夢と語っていたが、今はセイバーメトリクスの数値を重視しているようで、「打率は私の母にとっては重要でしょう。ちょっぴりオールドスクールな人間なので」と冗談交じりに語っている。

大手タコスチェーンの「タコベル」が大好き。毎年、タコベルはワールドシリーズで誰かが盗塁を決めれば、全米の店舗でタコス1個無料というキャンペーンを行っており、2019年はターナーが盗塁に成功。昨季はチームが低迷し、自宅で観戦することになってしまったが、ツイッター上で「元タコヒーロー」であることを、さかんにアピールしていた。

妻のクリステンさんは元体操選手で、高校時代に全米大会で優勝したこともあるスポーツウーマン。昨年8月、第一子の妊娠をインスタグラムで発表。それまでややバットが湿っていたが、これを機に調子が上向きになり、8月は月間打率4割0分8厘、16試合連続ヒットを記録。すでにベビー用の背番号「7」のユニフォームを用意しており、気合がみなぎっている。

カモ Z・エフリン(フィリーズ).333(18-6)2本　M・フリード(ブレーブス).364(11-4)0本
苦手 V・ヴェラスケス(フィリーズ).000(12-0)0本　A・ノーラ(フィリーズ).184(38-7)0本

年度	所属チーム	試合数	打数	得点	安打	二塁打	三塁打	本塁打	打点	四球	三振	盗塁	盗塁死	出塁率	OPS	打率
2015	ナショナルズ	27	40	5	9	1	0	1	1	4	12	2	2	.295	.620	.225
2016	ナショナルズ	73	307	53	105	14	8	13	40	14	59	33	6	.370	.937	.342
2017	ナショナルズ	98	412	75	117	24	6	11	45	30	80	46	8	.338	.789	.284
2018	ナショナルズ	162	664	103	180	27	6	19	73	69	132	43	9	.344	.760	.271
2019	ナショナルズ	122	521	96	155	37	5	19	57	43	113	35	5	.353	.850	.298
2020	ナショナルズ	59	233	46	78	15	4	12	41	22	36	12	4	.394	.982	.335
通算成績		541	2177	378	644	118	29	75	257	182	432	171	34	.353	.833	.296

野手

10 ヤン・ゴームス Yan Gomes

「やきゅう」で育ったブラジル出身捕手

キャッチャー

34歳 1987.7.19生 | 188cm | 98kg | 右投右打 盗塁阻止率／.100(20-2)

◆対左投手打率／.308 ◆対右投手打率／.277

◆ホーム打率／.281 ◆アウェー打率／.288 ◆得点圏打率／.154

◆20年のポジション別出場数／キャッチャー=30

◆ド2009⑩ブルージェイズ ◆出ブラジル

◆年600万ドル(約6億3000万円) ◆シルバースラッガー賞1回(14年)

ミート3 パワー4 走塁2 守備4 肩5

ナショナルズ

ブラジル人として初めてメジャーリーガーになり、2018年にはオールスターにも選出された「ブラジル野球界の星」。パンチ力のある打撃と強肩に定評があり、19年にナショナルズに加入してからは、カート・スズキと捕手二枚看板を張った。フレーミングにやや難があるが、リードには定評があり、若手投手の教育係を任されることも多い。12歳のときに家族でフロリダに移住するまでは、サンパウロの日系人コミュニティの中で野球をしていた。日本語も単語レベルで少しだけ話せる。父は元プロテニス選手、母は元水泳選手。

カモ A・ノーラ(フィリーズ).375(16-6)2本　苦手 P・ロペス(マーリンズ).000(7-0)0本

年度	所属チーム	試合数	打数	得点	安打	二塁打	三塁打	本塁打	打点	四球	三振	盗塁	盗塁死	出塁率	OPS	打率
2012	ブルージェイズ	43	98	9	20	4	0	4	13	6	32	0	0	.264	.631	.204
2013	インディアンズ	88	293	45	86	18	2	11	38	18	67	2	0	.345	.826	.294
2014	インディアンズ	135	485	61	135	25	3	21	74	24	120	0	0	.313	.785	.278
2015	インディアンズ	95	363	38	84	22	0	12	45	13	104	0	0	.267	.659	.231
2016	インディアンズ	74	251	22	42	11	1	9	34	9	69	0	0	.201	.527	.167
2017	インディアンズ	105	341	43	79	15	0	14	56	31	99	0	0	.309	.708	.232
2018	インディアンズ	112	403	52	107	26	0	16	48	21	119	0	0	.313	.762	.266
2019	ナショナルズ	97	314	36	70	16	0	12	43	38	84	2	0	.316	.704	.223
2020	ナショナルズ	30	109	14	31	6	1	4	13	6	22	1	0	.319	.787	.284
通算成績		779	2657	320	654	143	7	103	364	166	716	5	0	.298	.720	.246

19 ジョシュ・ベル Josh Bell

パワフルな打撃で魅せる両打ちスラッガー

ファースト DH　移籍

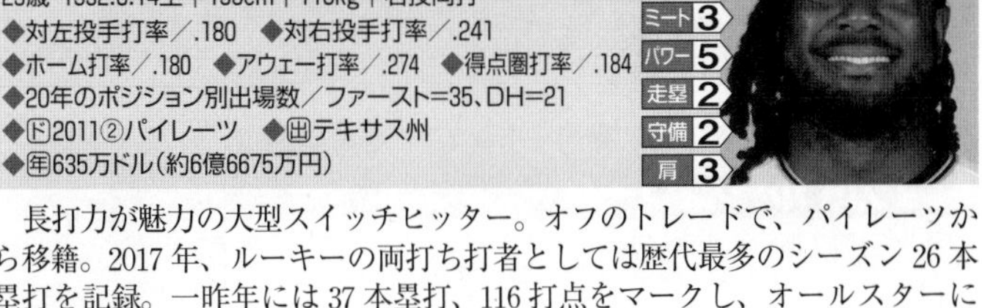

29歳 1992.8.14生 | 193cm | 113kg | 右投両打

◆対左投手打率／.180 ◆対右投手打率／.241

◆ホーム打率／.180 ◆アウェー打率／.274 ◆得点圏打率／.184

◆20年のポジション別出場数／ファースト=35、DH=21

◆ド2011②パイレーツ ◆出テキサス州

◆年635万ドル(約6億6675万円)

ミート3 パワー5 走塁2 守備2 肩3

長打力が魅力の大型スイッチヒッター。オフのトレードで、パイレーツから移籍。2017年、ルーキーの両打ち打者としては歴代最多のシーズン26本塁打を記録。一昨年には37本塁打、116打点をマークし、オールスターにも選出された。だが昨季は、調子の波に乗れないまま、短いシーズンが終了。打率1割8分、2本塁打と苦しんだ対左投手を打ち込めるか否かが、今季に復調を示すためのカギとなる。体の柔軟性を増すために、ヨガを練習に取り入れているが、残念ながらファーストの守備に関する不安は払拭(ふっしょく)できていない。

カモ T・ロアーク(ブルージェイズ).500(10-5)2本　苦手 S・アルカンタラ(マーリンズ).000(7-0)0本

年度	所属チーム	試合数	打数	得点	安打	二塁打	三塁打	本塁打	打点	四球	三振	盗塁	盗塁死	出塁率	OPS	打率
2016	パイレーツ	45	128	18	35	8	0	3	19	21	19	0	1	.368	.775	.273
2017	パイレーツ	159	549	75	140	26	6	26	90	66	117	2	4	.334	.800	.255
2018	パイレーツ	148	501	74	131	31	4	12	62	77	104	2	5	.357	.768	.261
2019	パイレーツ	143	527	94	146	37	3	37	116	74	118	0	1	.367	.936	.277
2020	パイレーツ	57	195	22	44	3	0	8	22	22	59	0	0	.305	.669	.226
通算成績		552	1900	283	496	105	13	86	309	260	417	4	11	.349	.814	.261

ド=ドラフトデータ　出=出身地　年=年俸

16 筋肉増量でゴツくなったが、体のキレが低下?
ヴィクター・ロブレス *Victor Robles*

センター

24歳 1997.5.19生 | 183cm | 93kg | 右投右打 対左.326 対右.180 ホ.146 ア.304 得.200 ド2013外ナショナルズ 出ドミニカ 年57万500ドル(約5990万円)+α

ミ2 パ3 走5 守5 肩5

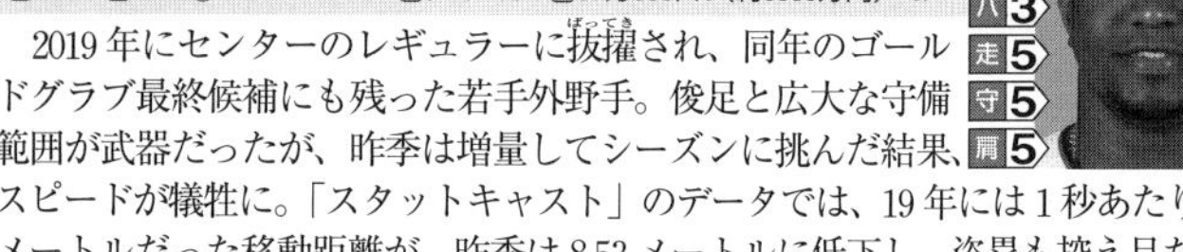

2019年にセンターのレギュラーに抜擢(ばってき)され、同年のゴールドグラブ最終候補にも残った若手外野手。俊足と広大な守備範囲が武器だったが、昨季は増量してシーズンに挑んだ結果、スピードが犠牲に。「スタットキャスト」のデータでは、19年には1秒あたり8.93メートルだった移動距離が、昨季は8.53メートルに低下し、盗塁も控え目だった。俊足の部類であることに変わりないが、首脳陣も心配している。打撃は引っ張り一辺倒で粗いが、そこそこ四球が選べ、うまく死球をもらう技術もあるため、出塁率は絶望的ではない。プッシュバントの名手でもあり、やはりスピードは欲しい。

年度	所属チーム	試合数	打数	得点	安打	二塁打	三塁打	本塁打	打点	四球	三振	盗塁	盗塁死	出塁率	OPS	打率
2020	ナショナルズ	52	168	20	37	5	1	3	15	9	53	4	1	.293	.608	.220
通算成績		241	797	116	199	42	7	23	94	48	211	35	13	.320	.726	.250

8 打撃で苦労しつつも、三塁守備の評判は上々
カーター・キーブーム *Carter Kieboom*

サード

24歳 1997.9.3生 | 188cm | 95kg | 右投右打 対左.343 対右.125 ホ.146 ア.255 得.258 ド2016①ナショナルズ 出ジョージア州 年57万500ドル(約5990万円)+α

ミ2 パ3 走3 守4 肩3

一昨年、3Aで109試合に出場し、打率3割0分3厘、16本塁打、出塁率4割0分9厘を記録し、次世代の中軸候補とも言われる若手内野手。俊敏性(しゅんびんせい)に欠けるため、昨季はサードで起用されたが、元ショートだけあって「中の上」の守備を見せた。打撃はやや苦しんだが、左投手には好相性。早打ちをせず、右投手が相手でもじっくりと四球を選んだ点は、首脳陣からも評価されており、採点は今季に持ち越し。左手の死球骨折でシーズンを終えたが、春季キャンプには問題なく間に合う見込みだ。6歳上の兄スペンサーもナショナルズでメジャーデビューを果たしたが、2019年末に引退した。

年度	所属チーム	試合数	打数	得点	安打	二塁打	三塁打	本塁打	打点	四球	三振	盗塁	盗塁死	出塁率	OPS	打率
2020	ナショナルズ	33	99	15	20	1	0	0	9	17	33	0	1	.344	.556	.202
通算成績		44	138	19	25	1	0	2	11	21	49	0	1	.309	.541	.181

12 パワー自慢の重戦車も、ポジションは満席
カイル・シュワーバー *Kyle Schwarber*

レフト 移籍

28歳 1993.3.5生 | 183cm | 102kg | 右投左打 対左.189 対右.188 ホ.175 ア.205 得.211 ド2014①カブス 出オハイオ州 年1000万ドル(約10億5000万円)

ミ2 パ5 走3 守2 肩4

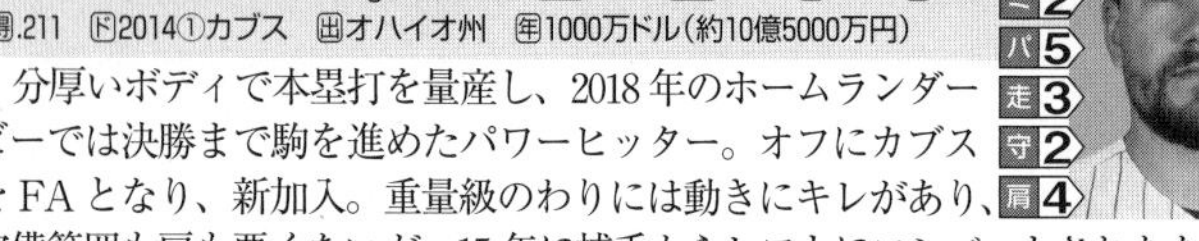

分厚いボディで本塁打を量産し、2018年のホームランダービーでは決勝まで駒を進めたパワーヒッター。オフにカブスをFAとなり、新加入。重量級のわりには動きにキレがあり、守備範囲も肩も悪くないが、15年に捕手からレフトにコンバートされたため凡ミスも多かった。昨季は無失策でようやくレフト守備に慣れてきたものの、ソトと守備位置がかぶる。今季はライトでの起用も予想されるが、なじむまでは割引が必要。高校時代はサイズを生かして、アメフトのラインバッカーとして活躍。また、ダンスと合唱を組み合わせたショー・クワイアのチームの一員でもあった。

年度	所属チーム	試合数	打数	得点	安打	二塁打	三塁打	本塁打	打点	四球	三振	盗塁	盗塁死	出塁率	OPS	打率
2020	カブス	59	191	30	36	6	0	11	24	30	66	1	0	.308	.701	.188
通算成績		551	1806	295	416	71	8	121	279	274	591	11	10	.336	.816	.230

対左=対左投手打率 対右=対右投手打率 ホ=ホーム打率 ア=アウェー打率 得=得点圏打率 ド=ドラフトデータ 出=出身地 年=年俸

野手

14 ようやく勝てるチームに来たのに、骨折で離脱
スターリン・カストロ *Starlin Castro*

セカンド

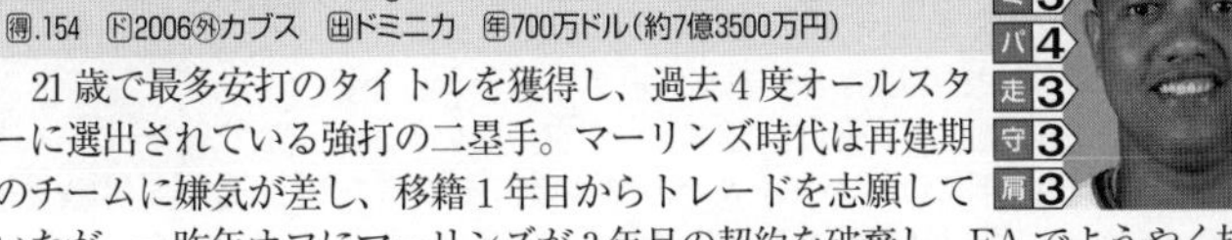

31歳 1990.3.24生 | 188cm | 100kg | 右投右打 対左.500 対右.182 ホ.333 ア.111 得.154 ド2006外カブス 出ドミニカ 年700万ドル(約7億3500万円)

ミ3 バ4 走3 守3 肩3

21歳で最多安打のタイトルを獲得し、過去4度オールスターに選出されている強打の二塁手。マーリンズ時代は再建期のチームに嫌気が差し、移籍1年目からトレードを志願していたが、一昨年オフにマーリンズが3年目の契約を破棄し、FAでようやく放免。ナショナルズと2年契約を結んだ。昨季は主に3番打者を任され、攻守に安定したプレーを見せていたが、8月14日のオリオールズ戦でダイビングキャッチを試みた際、右手首を骨折。わずか16試合の出場に終わった。早打ちのフリースインガーなため、打率のわりに出塁率は低い。本塁打のキャリアハイは、一昨年の22本。

年度	所属チーム	試合数	打数	得点	安打	二塁打	三塁打	本塁打	打点	四球	三振	盗塁	盗塁死	出塁率	OPS	打率
2020	ナショナルズ	16	60	9	16	3	1	2	4	3	13	0	0	.302	.752	.267
通算成績		1486	5833	673	1633	299	40	135	640	312	1046	89	51	.319	.733	.280

2 2000年生まれ初のビッグリーグホーマー
ルイス・ガルシア *Luis Garcia*

セカンド ショート

21歳 2000.5.16生 | 188cm | 96kg | 右投左打 対左.143 対右.323 ホ.190 ア.352 得.293 ド2017外ナショナルズ 出ニューヨーク州 年57万500ドル(約5990万円)+α

ミ3 バ2 走3 守3 肩4

カストロの負傷を受け、昨年8月に飛び級でメジャーへの挑戦権を得た20歳の新星。もともとフットワークやグラブさばきに定評があったが、一昨年後半より打撃も向上。デビュー3戦目でメジャー初本塁打を放った。これは2000年生まれの選手としては、一番乗りの快挙だった。その後もコンスタントにヒットを放ち、9月16日のレイズ戦では、10回表に勝ち越し本塁打も記録。体のサイズ感も十分で、経験を積めば、パワーヒッターになってもおかしくはない。父ルイス・シニアも、1999年にタイガースで8試合に出場したメジャーリーガーで、セカンドとショートを守っていた。

年度	所属チーム	試合数	打数	得点	安打	二塁打	三塁打	本塁打	打点	四球	三振	盗塁	盗塁死	出塁率	OPS	打率
2020	ナショナルズ	40	134	18	37	6	0	2	16	5	29	1	1	.302	.668	.276
通算成績		40	134	18	37	6	0	2	16	5	29	1	1	.302	.668	.276

17 1試合2本塁打で大化けの気配
アンドルー・スティーヴンソン *Andrew Stevenson*

外野手

27歳 1994.6.1生 | 183cm | 87kg | 左投左打 対左.000 対右.375 ホ.333 ア.500 得.500 ド2015②ナショナルズ 出ルイジアナ州 年57万500ドル(約5990万円)+α

ミ4 バ2 走5 守4 肩2

ハイスピードな外野守備がウリのブレイク候補。打撃が非力でメジャーに定着できなかったが、一昨年、メジャーで対右投手用の代打として起用されると、25回の代打起用で19打数8安打、6四死球とすばらしい集中力を見せた。昨季は開幕直後に待機キャンプに送り返されたが、9月中旬に呼び戻されると、12試合連続安打。また、1試合に2本のホームランを飛ばしたり、2回の代打起用でいずれもヒットを放ったりと、きっちり存在感を示した。最近の好調の原因を、本人は「リラックスしてプレーできているからかな」と語っている。セーフティーバントが得意なのもウリ。

年度	所属チーム	試合数	打数	得点	安打	二塁打	三塁打	本塁打	打点	四球	三振	盗塁	盗塁死	出塁率	OPS	打率
2020	ナショナルズ	15	41	11	15	7	1	2	12	5	11	2	0	.447	1.179	.366
通算成績		139	203	29	54	12	2	3	26	24	65	4	2	.348	.737	.266

5 ハッスルプレーが魅力のユーティリティ
ジョシュ・ハリソン *Josh Harrison*

ユーティリティ

34歳 1987.7.8生 | 173cm | 86kg | 右投右打 対左.278 対右.279 ホ.271 ア.290 得.320 ド2008⑥カブス 出オハイオ州 年100万ドル(約1億500万円)

ミ3 パ3 走3 守3 肩3

昨年7月27日に加入したベテランユーティリティ。小柄でコロッとした体型だが、常に全力プレーを怠らないムードメーカーで、2014年には「ハート&ハッスル賞」を受賞。2度のオールスター選出経験もある人気者だ。守備はセカンドがメインだが、見た目以上に守備範囲は広く、サード、ファースト、両翼をそつなくこなす。打撃でもしぶとい右打ちが光り、伏兵の働きができるいぶし銀。マルティネス監督も「彼は大好きなプレーヤーだ!」とほめちぎっており、今季も1年契約でチームに残った。妻ブリトニーさんとの間に2人の娘がおり、一緒にスイーツを作るのが趣味。

年度	所属チーム	試合数	打数	得点	安打	二塁打	三塁打	本塁打	打点	四球	三振	盗塁	盗塁死	出塁率	OPS	打率
2020	ナショナルズ	33	79	11	22	2	0	3	14	6	12	1	2	.352	.769	.278
通算成績		911	3003	384	819	163	28	56	291	132	496	80	31	.314	.715	.273

11 ワールドシリーズ制覇で気持ちに区切り?
ライアン・ジマーマン *Ryan Zimmerman*

ファースト

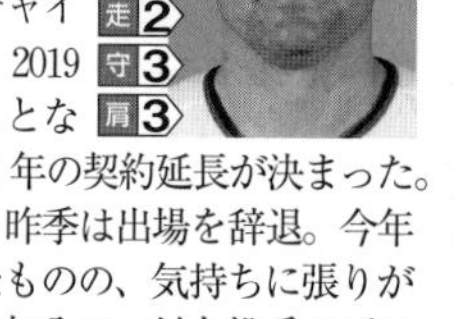

37歳 1984.9.28生 | 191cm | 98kg | 右投右打 ◆昨季メジャー出場なし ド2005①ナショナルズ 出ノースカロライナ州 年100万ドル(約1億500万円) ◆ゴールドグラブ賞1回(09年)、シルバースラッガー賞2回(09、10年)

ミ3 パ4 走2 守3 肩3

抜群のリーダーシップでチームを率いてきたフランチャイズ・ヒーロー。近年は相次ぐケガに悩まされていたが、2019年にチームがワールドシリーズを制覇。同年オフにFAとなり、「再契約できなければ引退する」と表明していたが、1年の契約延長が決まった。しかし、結局新型コロナウイルスへの感染リスクから、昨季は出場を辞退。今年1月下旬になって、さらに1年の契約再延長が決まったものの、気持ちに張りが戻っているのかはやや心配なところ。ジョシュ・ベルの加入で、対左投手のプラトーン起用が濃厚だが、出場機会が減れば、そのまま現役引退の流れになりそうだ。

年度	所属チーム	試合数	打数	得点	安打	二塁打	三塁打	本塁打	打点	四球	三振	盗塁	盗塁死	出塁率	OPS	打率
2019	ナショナルズ	52	171	20	44	9	0	6	27	17	39	0	0	.321	.736	.257
通算成績		1689	6399	936	1784	401	22	270	1015	630	1307	43	16	.343	.818	.279

ー ドルー・メンドーサ *Drew Mendoza*

ファースト 期待度B ルーキー

24歳 1997.10.10生 | 196cm | 104kg | 右投左打 ◆一昨年は1Aでプレー ド2019③ナショナルズ 出フロリダ州

2019年のドラフト3巡目(全体94位)。選球眼のある中距離打者で、フロリダ大学では2年連続で出塁率4割超を記録。大柄だが身体能力は高く、スイングを改造すれば本塁打を量産できるようになると球団は見ている。大学での専攻は統計学。現在もオンラインで受講し、学位取得を目指している。

ー ヤスエル・アントゥーナ *Yasel Antuna*

ユーティリティ 期待度B

22歳 1999.10.26生 | 183cm | 86kg | 右投両打 ◆一昨年はルーキー級でプレー ド2016外ナショナルズ 出ドミニカ

人材が枯渇しているナショナルズのマイナーにおいて、希望の星となっているドミニカ人内野手。トミー・ジョン手術や足のケガの影響で、一昨年はほとんどプレーできなかったが、打撃の潜在能力は、ナショナルズのマイナーでピカイチと評価されている。守備は、守備範囲、肩ともにショートで起用するには不安。

対左=対左投手打率 対右=対右投手打率 ホ=ホーム打率 ア=アウェー打率 得=得点圏打率 ド=ドラフトデータ 出=出身地 年=年俸
※昨季、マイナーリーグは中止

ナショナル・リーグ……中部地区 *CHICAGO CUBS*

シカゴ・カブス

◆創　立：1876年
◆本拠地：イリノイ州シカゴ市
◆ワールドシリーズ制覇：3回／◆リーグ優勝：17回
◆地区優勝：8回／◆ワイルドカード獲得：3回

主要オーナー トム・リケッツ（証券会社TDアメリトレード・ホールディングス取締役）

過去5年成績

年度	勝	負	勝率	ゲーム差	地区順位	ポストシーズン成績
2016	103	58	.640	(17.5)	①	ワールドシリーズ制覇
2017	92	70	.568	(6.0)	①	リーグ優勝決定シリーズ敗退
2018	95	68	.583	1.0	②	ワイルドカードゲーム敗退
2019	84	78	.519	7.0	③	—
2020	**34**	**26**	**.567**	**(3.0)**	①	**ワイルドカードシリーズ敗退**

監　督 3 デイヴィッド・ロス *David Ross*

◆年　　齢…………44歳（ジョージア州出身）
◆現役時代の経歴…15シーズン　ドジャース（2002～04）、（キャッチャー）パイレーツ（2005）、パドレス（2005）、レッズ（2006～08）、レッドソックス（2008）、ブレーブス（2009～12）、レッドソックス（2013～14）、カブス（2015～16）
◆現役通算成績……883試合　.229　106本　314打点
◆監督経歴…………1シーズン　カブス（2020～）
◆通算成績…………34勝26敗（勝率.567）

監督就任１年目の昨季、リーグの最優秀監督賞投票で３位に入った指揮官。現役最後の２シーズンをカブスで過ごし、その後は３年間、解説者や特別顧問としてカブスと密接な関係にあった。そのため監督就任の際、友人のような選手たち相手に、ボスとしての役割が果たせるのかと心配の声もあった。しかし、それは杞憂だった。チームは開幕から白星を積み重ね、見事地区優勝を果たしている。今季の抱負は「遠慮せず、監督としてもっと自分の意見を選手に伝える」。

注目コーチ 19 アンディ・グリーン *Andy Green*

ベンチコーチ。44歳。2016年からパドレスで４シーズン監督を務めたあと、昨季より現職。2007年に日本ハムでプレーし、ダルビッシュ有とチームメートだった。

編成責任者 ジェド・ホイヤー *Jed Hoyer*

48歳。昨年11月、テオ・エプスタイン編成本部長の退任にともない、GMから昇格。ダルビッシュ有をトレードで放出するなど、緊縮財政＆チーム再建に取り組んでいる。

スタジアム リグレー・フィールド *Wrigley Field*

◆開 場 年…………1914年
◆仕　　様…………天然芝
◆収容能力…………41,649人
◆フェンスの高さ …3.5～4.6m
◆特　　徴…………ナショナル・リーグでは最も古い球場。ツタで覆われた外野フェンスの美しさが有名。このツタにボールが飛び込み、取れなくなった場合、特別ルールで二塁打となる。風の影響を受けやすく、打者有利にも投手有利にもなる。

ニュートラルパーク

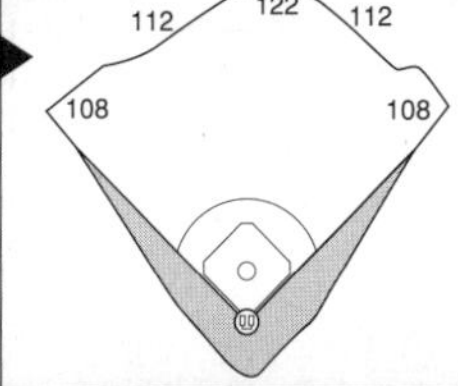

Best Order

[ベストオーダー]

①イアン・ハップ……センター
②アンソニー・リゾ……ファースト
③クリス・ブライアント……サード
④ウィルソン・コントレラス……キャッチャー
⑤ハヴィエア・バエズ……ショート
⑥ジョック・ピーダーソン……レフト
⑦デイヴィッド・ボーティ……DH
⑧ニコ・ホーナー……セカンド
⑨ジェイソン・ヘイワード……ライト

Depth Chart

[ポジション別選手層・メンバーリスト]

※2021年2月12日時点の候補選手。数字は背番号(開幕前に変更する場合もあり)、右・左等は投・打の順。

※ナショナル・リーグでは今季、DH制が不採用の可能性あり。

センター

8 **イアン・ハップ [右・両]**
2 ニコ・ホーナー [右・右]
22 ジェイソン・ヘイワード [左・左]
20 フィリップ・アーヴィン [右・右]

レフト

24 **ジョック・ピーダーソン [左・左]**
8 イアン・ハップ [右・両]
17 クリス・ブライアント [右・右]
20 フィリップ・アーヴィン [右・右]

ライト

22 **ジェイソン・ヘイワード [左・左]**
8 イアン・ハップ [右・両]
20 フィリップ・アーヴィン [右・右]

ショート

9 **ハヴィエア・バエズ [右・右]**
2 ニコ・ホーナー [右・右]
13 デイヴィッド・ボーティ [右・右]

セカンド

2 **ニコ・ホーナー [右・右]**
13 デイヴィッド・ボーティ [右・右]
16 イルデマーロ・ヴァルガス [右・両]

ローテーション

28 カイル・ヘンドリックス [右・右]
— ザック・デイヴィース [右・右]
30 アレック・ミルズ [右・右]
73 アドバート・アルゾレイ [右・右]
72 タイソン・ミラー [右・右]
61 ブレイリン・マルケス [左・左]
32 トレヴァー・ウィリアムズ [右・右]

サード

17 **クリス・ブライアント [右・右]**
13 デイヴィッド・ボーティ [右・右]
16 イルデマーロ・ヴァルガス [右・両]
2 ニコ・ホーナー [右・右]

ファースト

44 **アンソニー・リゾ [左・左]**
17 クリス・ブライアント [右・右]

キャッチャー

40 **ウィルソン・コントレラス [右・右]**
15 オースティン・ローマイン [右・右]
75 ミゲール・アマヤ [右・右]

DH

13 **デヴィット・ボーティ [右・右]**
40 ウィルソン・コントレラス [右・右]

ブルペン

46 クレイグ・キンブル [右・右] CL
50 ローワン・ウィック [右・左]
38 ブラッド・ウィック [左・左]
43 ダン・ウィンクラー [右・右]
56 カイル・ライアン [左・左]
51 デユエイン・アンダーウッド・ジュニア [右・右]
51 ジェイムズ・ノースウッド [右・右]
60 ジェイソン・アダム [右・右]
— ロバート・ストック [右・左]
36 ディロン・マプレス [右・右]
35 ジャスティン・スティール [左・左]
— ジョナサン・ホルダー [右・右]

※CL=クローザー

カブス試合日程……＊はアウェーでの開催

日程	対戦相手
4月1・3・4	パイレーツ
5・6・7	ブリュワーズ
8・10・11	パイレーツ＊
12・13・14	ブリュワーズ＊
16・17・18	ブレーブス
20・21・22	メッツ
23・24・25	ブリュワーズ
26・27・28・29	ブレーブス＊
30・5月1・2	レッズ＊
3・4・5	ドジャース
7・8・9	パイレーツ
11・12	インディアンズ＊
14・15・16	タイガース＊
17・18・19・20	ナショナルズ
21・22・23	カーディナルス＊
25・26・27	パイレーツ＊
28・29・30	レッズ
31・6月1・2	パドレス
3・4・5・6	ジャイアンツ＊
7・8・9	パドレス＊
11・12・13	カーディナルス
14・15・16・17	メッツ＊
18・19・20	マーリンズ
21・22	インディアンズ
24・25・26・27	ドジャース＊
28・29・30	ブリュワーズ＊
7月2・3・4	レッズ＊

球団メモ 昨年11月、本拠地リグレー・フィールドが、アメリカの国定歴史建造物に指定された。球場の指定は、レッドソックスのフェンウェイ・パークに次いで2例目だ。

■投手力⬊…★★★☆☆ 【昨年度チーム防御率3.99、リーグ5位】

年俸総額の削減のため、先発陣を整理。成績が落ちたレスターはともかく、エース級のダルビッシュの放出はかなり痛手でトレード相手のザック・デイヴィースではさすがに穴は埋まらない。信頼できる先発はヘンドリックスのみだ。リリーフ陣では、暫定的な守護神として防御率1点台の好成績を収めたジェフレスがFA市場に出ている。キンブルの不振も続いており、守護神不在で開幕を迎えることが濃厚。厳しい戦いを強いられそうだ。

■攻撃力➡…★★★½☆ 【昨年度チーム得点265、リーグ10位】

コントレラスら、主力にトレードの噂があったが、ひとまず残留が決まり、強力打線の素地はキープ。打線の特長は、地力のある打者がそろっていること。昨年スランプだったハヴィエアとブライアントはある程度復調すると思われるので、チーム得点は悪くても「中の上」レベルには戻るだろう。

■守備力➡…★★★☆☆ 【昨年度チーム失策数30、リーグ2位】

ホーナーが二塁に定着し、内野陣はやや安定。昨季はチーム全体のエラーは少なかったが、遊撃手のバエズと正捕手のコントレラスは調子にムラがあり、崩れ出すとエラーを繰り返す悪癖があるので注意。レフトはエラー癖のあったシュワーバーが抜けたので、少しはマシになる見込み。

■機動力➡…★½☆☆☆ 【昨年度チーム盗塁数24、リーグ8位】

バエズや新加入のアーヴィンは2ケタ盗塁も可能な走力を持っているが、成功率もそこそこなので、積極的に走らせるつもりはないだろう。

傑出した新人の台頭がないため、30歳前後の主力が楽に地位を保っている印象があり、それがチームの活力を削いでいる。球団はそれを打破するため、主砲格のシュワーバーをクビにするという荒療治をやった。この非情の決断は好結果を生むだろう。

IN 主な入団選手

投手
- ザック・デイヴィース⬅パドレス
- ジョナサン・ホルダー⬅ヤンキース
- トレヴァー・ウィリアムズ⬅パイレーツ

野手
- ジョック・ピーダーソン⬅ドジャース
- オースティン・ローマイン⬅タイガース
- フィリップ・アーヴィン⬅マリナーズ

OUT 主な退団選手

投手
- ダルビッシュ有➡パドレス
- ジョン・レスター➡ナショナルズ
- ホセ・キンターナ➡エンジェルス
- タイラー・チャトウッド➡ブルージェイズ

野手
- ヴィクター・カラティーニ➡パドレス
- カイル・シュワーバー➡ナショナルズ

5・6・7・8	フィリーズ	6・7・8	ホワイトソックス	6・7・8	レッズ
9・10・11	カーディナルス	9・10・11・12	ブリュワーズ	10・11・12	ジャイアンツ
13	オールスターゲーム	13・14・15	マーリンズ*	14・15・16	フィリーズ*
16・17・18	ダイヤモンドバックス*	16・17・18	レッズ*	17・18・19	ブリュワーズ*
19・20・21・22	カーディナルス*	20・21・22	ロイヤルズ	21・22	ツインズ
23・24・25	ダイヤモンドバックス	23・24・25	ロッキーズ	24・25・26	カーディナルス
26・27・28・29	レッズ	27・28・29	ホワイトソックス*	28・29・30	パイレーツ*
30・31・**8**月1	ナショナルズ*	31・**9**月1	ツインズ*	**10**月1・2・3	カーディナルス*
3・4・5	ロッキーズ*	2・3・4・5	パイレーツ		

球団メモ 1930年にハック・ウィルソンが叩き出した191打点が、MLBのシーズン記録。ウィルソンは引退後、不遇な生活を送り、1948年に48歳で死去。79年に殿堂入り。

投手

開幕戦で103球の完封劇

先発

28 カイル・ヘンドリックス
Kyle Hendricks

32歳 1989.12.7生 | 191cm | 86kg | 右投右打
◆速球のスピード／140キロ前後(シンカー、フォーシーム)
◆決め球と持ち球／☆シンカー、◎フォーシーム、◎チェンジアップ、◎カーブ
◆対左打者被打率／.209 ◆対右打者被打率／.274
◆ホーム防御率／1.85 ◆アウェー防御率／4.06
◆ドラフトデータ／2011⑧レンジャーズ
◆出身地／カリフォルニア州
◆年俸／1400万ドル(約14億7000万円)
◆最優秀防御率1回(16年)

球威 3
制球 5
緩急 5
守備・牽制 4
度胸 4

球速160キロ級の投手がゴマンといるメジャーリーグにおいて、逆に「遅球」を生かし、超一流に登り詰めようとしているマニアックな投手。平均141キロのシンカーは、ホームプレートの半分ほどスライドしながら落ちる魔球。かと思えば、同速度のフォーシームを高めに突き刺し、平均129キロのチェンジアップ、平均117キロのスローカーブも駆使する。

昨季は開幕投手に選ばれると、ブリュワーズ打線をわずか3安打に抑え、103球で完封勝利。もともと四球が少ない投手だったが、さらに調子を上げ、昨季規定投球回以上を投げた先発投手では、メジャー全体トップの与四球率（9イニングあたりの与四球数）0.89をマークした。ワイルドカードシリーズでの敗戦で途絶えてしまったが、2019年の先発2戦目より、41試合連続で与四球2以下という記録も打ち立てている。

名門ダートマス大学出身のインテリ。ドラフト指名後もオフに通学を続け、2014年に経済学の学士号を取得している。チームメートやファン、メディアから「ザ・プロフェッサー（教授）」と呼ばれているが、学業へのリスペクトだけではなく、技巧派のレジェンドであるグレッグ・マダックスの二つ名と同じというオマージュだ。ヘンドリックス自身もマダックスをお手本にしてきたと語っており、テクニックもピッチングスタイルもかなり近い。100球未満での完封勝利を「マダックス」と呼ぶが、19年にヘンドリックスもマダックスを達成している。100球前後の球数で長いイニングを投げられるため、ブルペン陣に対する貢献度も高い。

父・ジョンさんはプロゴルファー。「あなたがヘンドリックスのお父さんですね」と聞くと、「いいえ、兄です」とジョークで返してくるそうだ。

カモ P・デヤング(カーディナルス).125(32-4)0本 C・イエリッチ(ブリュワーズ).194(31-6)1本
苦手 J・ヴォト(レッズ).367(30-11)3本 J・アブレイユ(ホワイトソックス).563(16-9)1本

年度	所属チーム	勝利	敗戦	防御率	試合数	先発	セーブ	投球イニング	被安打	失点	自責点	被本塁打	与四球	奪三振	WHIP
2014	カブス	7	2	2.46	13	13	0	80.1	72	24	22	4	15	47	1.08
2015	カブス	8	7	3.95	32	32	0	180.0	166	82	79	17	43	167	1.16
2016	カブス	16	8	2.13	31	30	0	190.0	142	53	45	15	44	170	0.98
2017	カブス	7	5	3.03	24	24	0	139.2	126	49	47	17	40	123	1.19
2018	カブス	14	11	3.44	33	33	0	199.0	184	82	76	22	44	161	1.15
2019	カブス	11	10	3.46	30	30	0	177.0	168	78	68	19	32	150	1.13
2020	カブス	6	5	2.88	12	12	0	81.1	73	26	26	10	8	64	1.00
通算成績		69	48	3.12	175	174	0	1047.1	931	394	363	104	226	882	1.10

− ダルビッシュとの交換でカブス入り　先発　移籍
ザック・デイヴィース *Zach Davies*

28歳 1993.2.7生 | 183cm | 82kg | 右投右打
◆速球のスピード／140キロ台前半(カッター)
◆決め球と持ち球／☆チェンジアップ、○シンカー、○カッター、△カーブ
◆対左.171 ◆対右.254 ◆ホ防3.13 ◆ア防2.39
◆ド2011㉖オリオールズ ◆出ワシントン州
◆年863万ドル(約9億615万円)

球威 2　制球 5　緩急 5　守備・牽制 4　度胸 4

ピッチングIQの高さでは最高点が付く頭脳派右腕。ブリュワーズからパドレスに移籍して迎えた昨季は、一度も大崩れすることなく、リーグ5位の防御率をマーク。移籍1年目でエース格の存在になった。しかしオフのトレードで、パドレスがカブスからダルビッシュ有を獲得した際、その交換要員として移籍することになった。速球の威力に欠け、制球力が生命線の打たせて取るタイプなため、好成績を残しても、アナリストたちから過小評価され続けてきた投手。本人はそうした低評価に反発を覚えるようで、「ぼくは自分の投球技術が今どの地点にあるか常に考えて、頭を働かせ続けている。そしてゲームをより深く分析することに、精力を傾けている」と語っている。

カモ K・ニューマン(パイレーツ).125(16-2)0本　苦手 M・カーペンター(カーディナルス).480(25-12)3本

年度	所属チーム	勝利	敗戦	防御率	試合数	先発	セーブ	投球イニング	被安打	失点	自責点	被本塁打	与四球	奪三振	WHIP
2015	ブリュワーズ	3	2	3.71	6	6	0	34.0	26	14	14	2	15	24	1.21
2016	ブリュワーズ	11	7	3.97	28	28	0	163.1	166	79	72	20	38	135	1.25
2017	ブリュワーズ	17	9	3.90	33	33	0	191.1	204	90	83	20	55	124	1.35
2018	ブリュワーズ	2	7	4.77	13	13	0	66.0	67	36	35	8	21	49	1.33
2019	ブリュワーズ	10	7	3.55	31	31	0	159.2	155	73	63	20	51	102	1.29
2020	パドレス	7	4	2.73	12	12	0	69.1	55	26	21	9	19	63	1.07
通算成績		50	36	3.79	123	123	0	683.2	673	318	288	79	199	497	1.28

30 ノーヒットノーラン達成で先発陣での序列アップ　先発
アレック・ミルズ *Alec Mills*

30歳 1991.11.30生 | 193cm | 93kg | 右投右打
◆速球のスピード／140キロ台中頃(ツーシーム、フォーシーム)
◆決め球と持ち球／◎ツーシーム、◎チェンジアップ、◎カーブ、○スライダー、○フォーシーム
◆対左.275 ◆対右.163 ◆ホ防4.40 ◆ア防4.54
◆ド2012㉒ロイヤルズ ◆出テネシー州
◆年57万500ドル(約5990万円)+α

球威 2　制球 4　緩急 3　守備・牽制 4　度胸 3

昨季、ようやく先発5番手に食い込んだ右腕。球速は140キロ台だが、低めへのツーシームと高めへのフォーシームでバットの芯を外す投球が持ち味の技巧派。ストライクゾーンで勝負するため、良い日と悪い日の差がハッキリしているが、昨年9月13日のブリュワーズ戦は大当たり。打球がことごとく野手の正面に飛び、奪三振5、与四球3でノーヒットノーランを達成した。先発ローテーションでの地位を高めているが、悪い日はド真ん中にボールが集まり、長打を浴びる癖もある。現状では比率の低い、チェンジアップやスローカーブを効果的に使えば、一段上の投手にランクアップできるはずだ。

カモ E・スアレス(レッズ).077(13-1)1本　苦手 T・エドマン(カーディナルス).857(7-6)0本

年度	所属チーム	勝利	敗戦	防御率	試合数	先発	セーブ	投球イニング	被安打	失点	自責点	被本塁打	与四球	奪三振	WHIP
2016	ロイヤルズ	0	0	13.50	3	0	0	3.1	3	5	5	0	5	4	2.40
2018	カブス	0	1	4.00	7	2	0	18.0	11	8	8	1	7	23	1.00
2019	カブス	1	0	2.75	9	4	1	36.0	31	11	11	5	11	42	1.17
2020	カブス	5	5	4.48	11	11	0	62.1	53	31	31	13	19	46	1.16
通算成績		6	6	4.14	30	17	1	119.2	98	55	55	19	42	115	1.17

対左＝対左打者被打率　対右＝対右打者被打率　ホ防＝ホーム防御率　ア防＝アウェー防御率
ド＝ドラフトデータ　出＝出身地　年＝年俸

投手

73 アドバート・アルゾレイ Adbert Alzolay

オーディションを勝ち抜き、出番拡大か

先発　ルーキー

26歳 1995.3.1生 | 185cm | 94kg | 右投右打
◆速球のスピード／150キロ台前半(フォーシーム主体)
◆決め球と持ち球／◎スライダー、◎カーブ、○チェンジアップ、○フォーシーム、○ツーシーム
◆対左.219 ◆対右.128 ◆ホ防3.97 ◆ア防1.80
◆ド2012外カブス ◆出ベネズエラ
◆年57万500ドル(約5990万円)+α

球威4　制球2　緩急3　守備・牽制3　度胸3

球団傘下のトップ・プロスペクト（最有望株）に選ばれたこともあるベネズエラ人右腕。150キロ前後のフォーシームとパワーカーブが主体だったが、昨季はスライダーやツーシームを使い、投球のバリエーションを増やした。とくに新たに習得したスライダーは右打者に効果を示しており、スピンレートもメジャー上位に位置する。9月22日のパイレーツ戦では4回7奪三振、27日のホワイトソックス戦では5回8奪三振。シーズンラスト2戦で奪三振能力を証明し、今季のローテーション入りにはずみをつけた。オフには筋トレの様子をツイッターに動画でアップし、心身充実をファンにもアピール。

カモ D・カールソン(カーディナルス).000(3-0)0本　苦手 J・ベル(ナショナルズ).500(4-2)2本

年度	所属チーム	勝利	敗戦	防御率	試合数	先発	セーブ	投球イニング	被安打	失点	自責点	被本塁打	与四球	奪三振	WHIP
2019	カブス	1	1	7.30	4	2	0	12.1	13	10	10	4	9	13	1.78
2020	カブス	1	1	2.95	6	4	0	21.1	12	8	7	1	13	29	1.17
通算成績		2	2	4.54	10	6	0	33.2	25	18	17	5	22	42	1.40

46 クレイグ・キンブル Craig Kimbrel

栄光が過去に消え去りそうな元守護神

クローザー

33歳 1988.5.28生 | 183cm | 98kg | 右投右打
◆速球のスピード／150キロ台中頃(フォーシーム主体)
◆決め球と持ち球／◎フォーシーム、◎ナックルカーブ
◆対左.207 ◆対右.154 ◆ホ防4.50 ◆ア防6.14
◆ド2008③ブレーブス ◆出アラバマ州 ◆年1600万ドル(約16億8000万円)
◆最多セーブ4回(11、12、13、14年)、最優秀救援投手賞2回(14、17年)、新人王(11年)

球威4　制球3　緩急4　守備・牽制2　度胸2

2011年から8年連続で30セーブ以上を記録した、2010年代を代表する豪腕クローザー。約半年の浪人生活を経て、2019年6月にカブスに入団したが、球速とコントロールが急低下。期待を裏切る結果になってしまった。昨季は慣れ親しんだ「46」に背番号を戻したが、開幕から3戦連続で失点を喫して状況は変わらず。フォーシームを痛打される場面は減ったが、四死球で崩れる場面が目立ち、クローザーはおろか、敗戦処理にまでポジションを下げてしまった。それでも奪三振能力はあり、シーズンが進むにつれて球速が回復。9月からは8試合連続無失点かつ無四球で、今季に一縷の望みを残している。

カモ P・ゴールドシュミット(カーディナルス).000(7-0)0本　苦手 J・ベル(ナショナルズ)1.000(3-3)2本

年度	所属チーム	勝利	敗戦	防御率	試合数	先発	セーブ	投球イニング	被安打	失点	自責点	被本塁打	与四球	奪三振	WHIP
2010	ブレーブス	4	0	0.44	21	0	1	20.2	9	2	1	0	16	40	1.21
2011	ブレーブス	4	3	2.10	79	0	46	77.0	48	19	18	3	32	127	1.04
2012	ブレーブス	3	1	1.01	63	0	42	62.2	27	7	7	3	14	116	0.65
2013	ブレーブス	4	3	1.21	68	0	50	67.0	39	10	9	4	20	98	0.88
2014	ブレーブス	0	3	1.61	63	0	47	61.2	30	13	11	2	26	95	0.91
2015	パドレス	4	2	2.58	61	0	39	59.1	40	19	17	6	22	87	1.04
2016	レッドソックス	2	6	3.40	57	0	31	53.0	28	22	20	4	30	83	1.09
2017	レッドソックス	5	0	1.43	67	0	35	69.0	33	11	11	6	14	126	0.68
2018	レッドソックス	5	1	2.74	63	0	42	62.1	31	19	19	7	31	96	0.99
2019	カブス	0	4	6.53	23	0	13	20.2	21	15	15	9	12	30	1.60
2020	カブス	0	1	5.28	18	0	2	15.1	10	9	9	2	12	28	1.43
通算成績		31	24	2.17	583	0	348	568.2	316	146	137	46	229	926	0.96

50 ローワン・ウィック Rowan Wick

野手からコンバートされて開花した変わり種　セットアップ クローザー

29歳 1992.11.9生 | 191cm | 106kg | 右投左打
◆速球のスピード／150キロ台前半（フォーシーム主体）
◆決め球と持ち球／◎フォーシーム、◎ナックルカーブ、○カッター
◆対左.290 ◆対右.243 ◆ホ防2.25 ◆ア防5.06
◆ド2012⑨カーディナルス ◆出カナダ
◆年57万500ドル（約5990万円）＋α

球威5　制球3　緩急3　守備・牽制2　度胸4

2018年のオフにパドレスからトレードで加入。浮き上がるフォーシームで存在感を示し、セットアップも任されるようになったリリーバー。とくに高めへのフォーシームは、バットに当てることも困難。タテ割れのナックルカーブの変化も大きく、ここ2年間で被本塁打1に抑えている点も評価されている。12年にカーディナルスにドラフト指名された際には捕手。外野手に転向した14年には1Aで74試合に出場し、打率2割9分2厘、20本塁打をマークしたが、翌15年に打撃不振におちいり、投手転向を決断。強肩を生かしてグングンと成長し、3年でメジャー昇格を果たした。多くのことを考えるのが苦手で、登板時には常に「アタックモード」と頭の中で唱え続けている。

カモ J・ヴォト（レッズ）.000（4-0）0本　苦手 ——

年度	所属チーム	勝利	敗戦	防御率	試合数	先発	セーブ	投球イニング	被安打	失点	自責点	被本塁打	与四球	奪三振	WHIP
2018	パドレス	0	1	6.48	10	0	0	8.1	13	6	6	1	1	7	1.68
2019	カブス	2	0	2.43	31	0	2	33.1	22	13	9	0	16	35	1.14
2020	カブス	0	1	3.12	19	0	4	17.1	18	6	6	1	6	20	1.38
通算成績		2	2	3.20	60	0	6	59.0	53	25	21	2	23	62	1.29

43 ダン・ウィンクラー Dan Winkler

腕の振りが鋭すぎて過去にはヒジを粉砕骨折　セットアップ

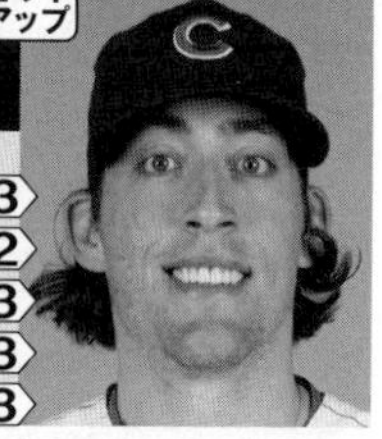

31歳 1990.2.2生 | 191cm | 93kg | 右投右打
◆速球のスピード／140キロ台中頃（カッター主体）
◆決め球と持ち球／◎カッター、◎フォーシーム、○スライダー
◆対左.100 ◆対右.209 ◆ホ防1.64 ◆ア防4.91
◆ド2011⑳ロッキーズ ◆出イリノイ州
◆年90万ドル（約9450万円）

球威3　制球2　緩急3　守備・牽制3　度胸3

ダイナミックなスリークォーターでカッターを投げ込むリリーバー。長い腕を生かし、低めかつ前にリリースポイントを置いているため、体感速度が速い。2016年にはブレーブスで開幕ロースターに入り、ブレイク候補にあげられていたものの、3戦目にマウンド上でヒジを粉砕骨折。気丈にベンチに帰ろうとしたが、痛みのあまり途中でうずくまるほどの大ケガで、右ヒジにプレートとボルトを埋め込んだ。その後は18年にブレーブスで69登板を果たしたが、「負担を減らした」というフォームもあまり変わっているようには見えず、そこそこ抑えるが故障のリスクが高いという評価にとどまっている。

カモ J・ウィンカー（レッズ）.000（4-0）0本　苦手 ——

年度	所属チーム	勝利	敗戦	防御率	試合数	先発	セーブ	投球イニング	被安打	失点	自責点	被本塁打	与四球	奪三振	WHIP
2015	ブレーブス	0	0	10.80	2	0	0	1.2	2	2	2	2	1	2	1.80
2016	ブレーブス	0	0	0.00	3	0	0	2.1	0	0	0	0	1	4	0.43
2017	ブレーブス	1	1	2.51	16	0	0	14.1	7	4	4	1	6	18	0.91
2018	ブレーブス	4	0	3.43	69	0	2	60.1	52	27	23	3	20	69	1.19
2019	ブレーブス	3	1	4.98	27	0	0	21.2	18	14	12	5	11	22	1.34
2020	カブス	0	0	2.95	18	0	0	18.1	11	7	6	3	11	18	1.20
通算成績		8	2	3.56	135	0	2	118.2	90	54	47	14	50	133	1.18

ー ジョナサン・ホルダー *Jonathan Holder*

ヤンキースでブレイクし切らず、新天地で出直し

ミドルリリーフ　移籍

28歳 1993.6.9生 | 188cm | 105kg | 右投右打 速140キロ台後半(フォーシーム主体) 決◎チェンジアップ
対左.350 対右.224 ド2014⑥ヤンキース 出ミシシッピ州 年75万ドル(約7875万円)

球3 制2 緩3 守・牽3 度3

23歳のときにヤンキースでデビューを果たしたリリーフ右腕。メジャー3年目の2018年にはセットアッパーに昇格したが、その後は低迷。オフに戦力外となり、昨年12月、1年75万ドルの契約でカブスに入団した。フォーシームのほかに、チェンジアップ、カーブ、カッターなどを投げるが、昨シーズンは上昇のきっかけになったスライダーをあまり投げておらず、何らかの問題を抱えている可能性も否めない。12歳のときに地元ミシシッピ州ガルフポートでハリケーン・カトリーナに被災。以降、信仰を厚くしており、腕や胸に十字架や旧約聖書の言葉のタトゥーを入れている。

年度	所属チーム	勝利	敗戦	防御率	試合数	先発	セーブ	投球イニング	被安打	失点	自責点	被本塁打	与四球	奪三振	WHIP
2020	ヤンキース	3	0	4.98	18	0	0	21.2	25	13	12	3	11	14	1.66
通算成績		10	6	4.38	157	2	0	176.2	174	94	86	21	53	165	1.28

60 ジェイソン・アダム *Jason Adam*

ようやくメジャー定着が見えてきた苦労人

セットアップ

30歳 1991.8.4生 | 191cm | 104kg | 右投右打 速150キロ台前半(フォーシーム主体) 決◎カーブ
対左.172 対右.190 ド2010⑤ロイヤルズ 出カンザス州 年57万500ドル(約5990万円)+α

球4 制2 緩3 守・牽2 度3

弓を引きしぼるようなフォームから、角度あるフォーシームとドロンと落ちるカーブを繰り出すリリーフ右腕。2014年末に右ヒジの疲労骨折が判明し、ボルトを2本入れる手術を行った。だが、うまく完治せずに再手術に至り、15～16年の丸2年をリハビリに費やしたため、出世が遅れた。18年にロイヤルズでメジャーデビューを果たしてからも、2年連続で所属球団から契約を更新されず、昨年1月に拾われる形でカブスとマイナー契約。手薄になったリリーフ陣の隙を突いて、8月半ばにメジャーに昇格すると、13回2/3で21奪三振をマークし、ようやく契約延長をつかみ取った。

年度	所属チーム	勝利	敗戦	防御率	試合数	先発	セーブ	投球イニング	被安打	失点	自責点	被本塁打	与四球	奪三振	WHIP
2020	カブス	2	1	3.29	13	0	0	13.2	9	7	5	2	8	21	1.24
通算成績		5	4	4.52	67	0	0	67.2	54	37	34	12	33	76	1.29

56 カイル・ライアン *Kyle Ryan*

右バッターも苦にしない変則サウスポー

ミドルリリーフ

30歳 1991.9.25生 | 196cm | 98kg | 左投左打 速140キロ前後(シンカー、カッター) 決◎シンカー
対左.240 対右.286 ド2010⑫タイガース 出フロリダ州 年80万ドル(約8400万円)

球2 制3 緩3 守・牽3 度3

プレートの一塁側を踏み、さらにインステップしてクロスの角度をつける変則の長身サウスポー。ストライクゾーンに入れるカッターと、逃げるシンカーのコンビネーションで、

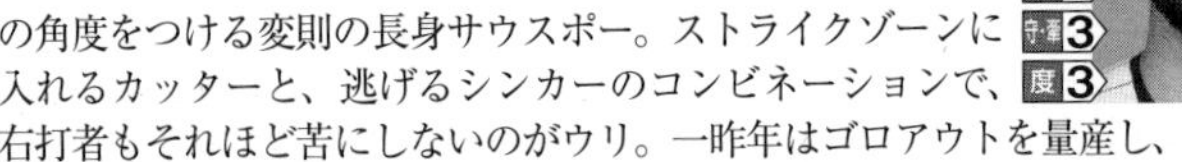

右打者もそれほど苦にしないのがウリ。一昨年はゴロアウトを量産し、重要な場面を任されるようになったが、昨季は被本塁打が多く、波に乗り切れないままシーズンが終わってしまった。一昨年比で平均球速が4～5キロ低下しており、さすがに130キロ台のボールでは、いくら変則派とはいえ、簡単にとらえられてしまう。今シーズンも球速が戻らないとすれば、かなり悲惨な結果が待っているだろう。

年度	所属チーム	勝利	敗戦	防御率	試合数	先発	セーブ	投球イニング	被安打	失点	自責点	被本塁打	与四球	奪三振	WHIP
2020	カブス	1	0	5.17	18	0	1	15.2	16	9	9	5	6	11	1.40
通算成績		13	8	3.87	177	7	1	204.2	198	93	88	21	79	139	1.35

速=速球のスピード 決=決め球 対左=対左打者被打率 対右=対右打者被打率
ド=ドラフトデータ 出=出身地 年=年俸

61 最速164キロを叩き出した期待の新星 ブレイリン・マルケス *Brailyn Marquez*

ロングリリーフ 先発　ルーキー

22歳 1999.1.30生 | 193cm | 84kg | 左投左打 速150キロ台後半(フォーシーム) 決◎フォーシーム 対左1.000 対右.333 ド2015外カブス 出ドミニカ 年57万500ドル(約5990万円)+α

球5 制2 緩2 守・牽2 度2

球団の期待が大きいドミニカ人左腕。一昨年は1Aでプレーし、最速164キロをマーク。昨年9月に早くもメジャーデビューを果たした。初登板となったホワイトソックス戦は緊張もあったのか,2/3回で3四球5失点とホロ苦い結果に。だが,昨年のアメリカン・リーグMVPに輝いたホセ・アブレイユを、振り遅れの三振にしとめる場面もあった。制球もかなりアバウトで、チェンジアップやスライダーも力なく置きにいく形になるなど、課題が山積みだが、スピードは間違いなくスーパースター級。22歳とまだ若く、今後、160キロ前後のボールを連発できるようになる可能性も高い。

年度	所属チーム	勝利	敗戦	防御率	試合数	先発	セーブ	投球イニング	被安打	失点	自責点	被本塁打	与四球	奪三振	WHIP
2020	カブス	0	0	67.50	1	0	0	0.2	2	5	5	0	3	1	7.50
通算成績		0	0	67.50	1	0	0	0.2	2	5	5	0	3	1	7.50

72 先発5番手での起用が検討されている若手 タイソン・ミラー *Tyson Miller*

先発 ロングリリーフ　ルーキー

26歳 1995.7.29生 | 193cm | 102kg | 右投右打 速150キロ前後(フォーシーム) 決◎チェンジアップ 対左.111 対右.143 ド2016④カブス 出カリフォルニア州 年57万500ドル(約5990万円)+α

球2 制4 緩2 守・牽2 度3

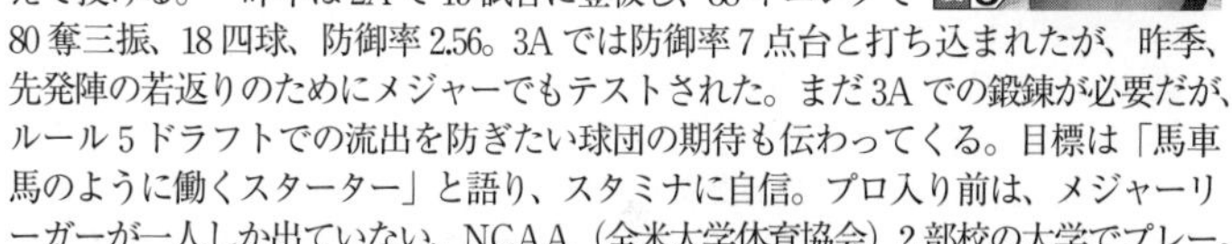

フォームに力感のあるスリークォーター右腕。150キロ台のフォーシームに、スライダー、カーブ、チェンジアップを交えて投げる。一昨年は2Aで15試合に登板し、88イニングで80奪三振、18四球、防御率2.56。3Aでは防御率7点台と打ち込まれたが、昨季、先発陣の若返りのためにメジャーでもテストされた。まだ3Aでの鍛錬が必要だが、ルール5ドラフトでの流出を防ぎたい球団の期待も伝わってくる。目標は「馬車馬のように働くスターター」と語り、スタミナに自信。プロ入り前は、メジャーリーガーが一人しか出ていない、NCAA(全米大学体育協会)2部校の大学でプレー。

年度	所属チーム	勝利	敗戦	防御率	試合数	先発	セーブ	投球イニング	被安打	失点	自責点	被本塁打	与四球	奪三振	WHIP
2020	カブス	0	0	5.40	2	1	0	5.0	2	3	3	1	3	0	1.00
通算成績		0	0	5.40	2	1	0	5.0	2	3	3	1	3	0	1.00

35 ジャスティン・スティール *Justin Steele*

先発　期待度C　ルーキー

26歳 1995.7.11生 | 188cm | 93kg | 左投左打 ◆一昨年は2Aでプレー ド2014⑤カブス 出ミシシッピ州

手薄な左の先発要員として、躍進が期待されている若手。150キロ台前半のフォーシームと大きなカーブ、チェンジアップで投球を組み立てる。一昨年は2Aで11試合に登板し、防御率5.59と苦戦したが、昨夏のサマーキャンプにも呼ばれており、制球を磨けば、上でも通用すると球団は見ている。

— コーリー・アボット *Cory Abbott*

先発　期待度B⁻　ルーキー

26歳 1995.9.20生 | 188cm | 100kg | 右投右打 ◆一昨年は2Aでプレー ド2017②カブス 出カリフォルニア州

150キロ台のフォーシームに、高速スライダー、カーブなどを交えて投げる本格派。2018年には、球団傘下のマイナー最優秀投手に選出された。19年も2Aで奪三振率10.2を記録するなど、順調にステップアップしている。大学時代、ノア・シンダーガードの映像を繰り返し見て、スライダーのレベル向上に努めたという。

※昨季、マイナーリーグは中止
※メジャー経験がない投手の「先発」「リリーフ」はマイナーでの役割

野手

積極的に育てた生え抜きが中軸に定着

センター
レフト
ライト

8 イアン・ハップ
Ian Happ

27歳 1994.8.12生 | 183cm | 93kg | 右投両打

◆対左投手打率／.250(48-12) ◆対右投手打率／.260(150-39)
◆ホーム打率／.243(107-26) ◆アウェー打率／.275(91-25)
◆得点圏打率／.205(39-8)
◆20年のポジション別出場数／センター=51、レフト=28、ライト=7、ファースト=2、DH=1
◆ドラフトデータ／2015①カブス
◆出身地／ペンシルヴァニア州

ミート 3
パワー 5
走塁 4
守備 4
肩 3

カブスが2015年にドラフト1巡目（全体9位）で指名し、17年からメジャーで起用してきた万能型のスイッチヒッター。19年の序盤は打撃不振で3A降格も経験したが、うまく修正し、高い出塁率を残せるようになった。ただし、本塁打のほとんどは左打席に集中しており、昨季は左が11本で、右が1本。右打席はややパンチ力に欠けているが、左打席では力任せではなく柔軟に打球を弾き返し、レフト線へのヒットも多い。「フライボール革命」対策のトレンドである、高めいっぱいのフォーシームもヒットにしてしまうため、攻めどころがあまりない打者に成長している。昨年9月3日のパイレーツ戦では、自打球が右目に直撃したが、大事には至らず、中1日で復帰し、目をはらしながらも2本塁打を放った。

脚力も「中の上」レベルで、ファースト、セカンド、サード、外野全ポジションを守れるユーティリティ性もあるが、昨季はセンターとレフトでの起用が多かった。ド派手なプレーはないものの、外野では後ろ方向への打球にも強く、堅実なプレーができるため、安心して見ていられる。バランス型のプレーヤーとして軌道に乗ったと言ってもいいだろう。

ただ、球団側の評価はそこまで高くないようで、双方ともに年俸調停も辞さない構えのオフだった。ハップはカブスのプレーヤーズユニオン代表も務めており、昨季は他球団を含めた収支の「不透明性」に疑問を呈するなど、経営陣にとっては耳が痛い発言をしてきた。そのことが評価に影響しているかは別として、今季はトレードの噂も流れてきそうだ。

子供の頃から、父キースさんがバッティング投手やノッカーを務め、二人三脚で歩んできた。しかし2016年に、キースさんが脳腫瘍（のうしゅよう）で死去。若くして父を亡くしたが、癌（がん）予防の募金活動や医療施設への慰問などを行い、病気に苦しむ人々を勇気づけようと精力的に活動している。

カモ L·カスティーヨ(レッズ).462(13-6)1本　M·マイコラス(カーディナルス).385(13-5)0本
苦手 T·マーリー(レッズ).000(12-0)0本　B·スーター(ブリュワーズ).143(14-2)0本

年度	所属チーム	試合数	打数	得点	安打	二塁打	三塁打	本塁打	打点	四球	三振	盗塁	盗塁死	出塁率	OPS	打率
2017	カブス	115	364	62	92	17	3	24	68	39	129	8	4	.328	.842	.253
2018	カブス	142	387	56	90	19	2	15	44	70	167	8	4	.353	.761	.233
2019	カブス	58	140	25	37	7	1	11	30	15	39	2	0	.333	.898	.264
2020	カブス	57	198	27	51	11	1	12	28	30	63	1	3	.361	.866	.258
通算成績		372	1089	170	270	54	7	62	170	154	398	19	11	.344	.825	.248

40 ウィルソン・コントレラス Willson Contreras

怖いものなしのバットフリップ常習犯

キャッチャー

29歳 1992.5.13生 | 185cm | 102kg | 右投右打　盗塁阻止率／.320(25-8)
◆対左投手打率／.186　◆対右投手打率／.260
◆ホーム打率／.265　◆アウェー打率／.220　◆得点圏打率／.317
◆20年のポジション別出場数／キャッチャー=41、DH=18
◆Ⓓ2009㊀カブス　◆㊥ベネズエラ
◆㊎665万ドル(約6億9825万円)

ミート3　パワー4　走塁2　守備3　肩5

2018年から2年連続でオールスターに選ばれた強肩強打の捕手。17年から3年連続でリーグワーストの2ケタ失策を記録していたが、昨季は2失策で、パスボールもゼロ。成長を見せたものの、技巧派投手のシンカーをポロポロとこぼす場面も多く、イマイチ信用はできない。言いたいことを言い、やりたいようにやる性格。昨年9月25日の試合では、本塁打後に豪快なバットフリップを見せ、報復死球を受けたが、試合後に「あいつらがオレのことを嫌いならそれで結構」と発言。トラブルメーカーの匂いをただよわせている。

カモ C·マルティネス(カーディナルス).389(18-7)1本　苦手 T·マーリー(レッズ).125(16-2)0本

年度	所属チーム	試合数	打数	得点	安打	二塁打	三塁打	本塁打	打点	四球	三振	盗塁	盗塁死	出塁率	OPS	打率
2016	カブス	76	252	33	71	14	1	12	35	26	67	2	2	.357	.845	.282
2017	カブス	117	377	50	104	21	0	21	74	45	98	5	4	.356	.855	.276
2018	カブス	138	474	50	118	27	5	10	54	53	121	4	1	.339	.730	.249
2019	カブス	105	360	57	98	18	2	24	64	38	102	1	2	.355	.888	.272
2020	カブス	57	189	37	46	10	0	7	26	20	57	1	2	.356	.763	.243
通算成績		493	1652	227	437	90	8	74	253	182	445	13	11	.351	.814	.265

22 ジェイソン・ヘイワード Jason Heyward

ロス監督はルーキー時代から敬愛する師匠

ライト センター

32歳 1989.8.9生 | 196cm | 109kg | 左投左打
◆対左投手打率／.167　◆対右投手打率／.297
◆ホーム打率／.244　◆アウェー打率／.290　◆得点圏打率／.235
◆20年のポジション別出場数／ライト=50　◆Ⓓ2007①ブレーブス
◆㊥ニュージャージー州　◆㊎2100万ドル(約22億500万円)
◆ゴールドグラブ賞5回(12、14、15、16、17年)

ミート3　パワー4　走塁3　守備4　肩4

8年契約の6年目を迎える中距離打者。左投手に弱く、やや期待外れの感も否めないが、ライト守備はなお堅実。明確にプラトーン起用された昨季は、キャリアハイに準ずる出塁率をマーク。最低限の仕事をこなせることを証明した。昨季就任したロス監督は、ルーキー時代にブレーブスで面倒を見てくれた恩人。2016年にカブスで再会した際には、同年で引退する師匠をねぎらい、自腹で遠征先のホテルをすべてスイートルームにグレードアップした。抜群のリーダーシップを生かし、監督の右腕としてチームをまとめ上げる。

カモ C·クール(パイレーツ).500(20-10)1本　苦手 S·グレイ(レッズ).050(20-1)1本

年度	所属チーム	試合数	打数	得点	安打	二塁打	三塁打	本塁打	打点	四球	三振	盗塁	盗塁死	出塁率	OPS	打率
2010	ブレーブス	142	520	83	144	29	5	18	72	91	128	11	6	.393	.849	.277
2011	ブレーブス	128	396	50	90	18	2	14	42	51	93	9	2	.319	.708	.227
2012	ブレーブス	158	587	93	158	30	6	27	82	58	152	21	8	.335	.814	.269
2013	ブレーブス	104	382	67	97	22	1	14	38	48	73	2	4	.349	.776	.254
2014	ブレーブス	149	573	74	155	26	3	11	58	67	98	20	4	.351	.735	.271
2015	カーディナルス	154	547	79	160	33	4	13	60	56	90	23	3	.359	.797	.293
2016	カブス	142	530	61	122	27	1	7	49	54	93	11	4	.306	.631	.230
2017	カブス	126	432	59	112	15	4	11	59	41	67	4	4	.326	.715	.259
2018	カブス	127	440	67	119	23	4	8	57	42	60	1	1	.335	.731	.270
2019	カブス	147	513	78	129	20	4	21	62	68	110	8	3	.343	.772	.251
2020	カブス	50	147	20	39	6	2	6	22	30	37	2	0	.392	.848	.265
通算成績		1427	5067	731	1325	249	36	150	601	606	1001	112	39	.345	.758	.261

野手

17 故障が多く、売り時を逃した可能性も……
クリス・ブライアント *Kris Bryant*

サード レフト

29歳 1992.1.4生 | 196cm | 104kg | 右投右打 対左.286 対右.184 ホ.200 ア.216 得.231 ド2013①カブス 出ネヴァダ州 年1950万ドル(約20億4750万円)
◆MVP1回(16年)、ハンク・アーロン賞1回(16年)、新人王(15年)

ミ2 パ5 走3 守3 肩4

メジャー2年目の2016年に、39本塁打、102打点を叩き出し、ナショナル・リーグのMVPに輝いたスラッガー。18年には一時、スランプにおちいったが、19年には31本塁打をかっ飛ばして復活。昨季は高い出塁率に目をつけたロス監督が打線の目玉として、1番での起用を決めた。しかし開幕から調子が上がらず、いいところなし。8月に左手首を痛めてIL入りしたが、背中、ヒジ、左脇腹などにも故障を抱えている。最近はトレードの噂が絶えなかったが、価値が続落する可能性もある。今年中にFA権を取得する予定なので、今季がカブスでのラストイヤーになるかもしれない。

年度	所属チーム	試合数	打数	得点	安打	二塁打	三塁打	本塁打	打点	四球	三振	盗塁	盗塁死	出塁率	OPS	打率
2020	カブス	34	131	20	27	5	1	4	11	12	40	0	0	.293	.644	.206
通算成績		740	2774	506	778	172	17	142	414	381	773	34	18	.380	.889	.280

44 死球をまったく避けず、相手投手が逆ギレ
アンソニー・リゾ *Anthony Rizzo*

ファースト

32歳 1989.8.8生 | 191cm | 109kg | 左投左打 対左.204 対右.227 ホ.191 ア.258 得.154 ド2007⑥レッドソックス 出フロリダ州 年1450万ドル(約15億2250万円)
◆ゴールドグラブ賞4回(16、18、19、20年)、シルバースラッガー賞1回(16年)、ロベルト・クレメンテ賞1回(17年)

ミ3 パ5 走3 守5 肩3

パワー、選球眼、守備力の、一塁手に必要な三拍子を兼ね備えた生え抜きスター。だが昨季、打撃面はシーズンを通して不振にあえいだ。変化球に強い一方でインハイの速球に弱点があり、しつこいインコース攻めを受けるが、その対策として編み出したのは、死球を避けないこと。通算155死球を受け、3度のリーグ最多死球に輝いて(?)いるが、大きなケガに至ることなく、スタントマン級の受け身を見せている。最近では当てた投手が「避けてない」と逆ギレする場面も増えてきた。マイナー時代に悪性リンパ腫(しゅ)を患(わずら)っており、小児癌(しょうにがん)と戦う子供たちの支援に取り組んでいる。

年度	所属チーム	試合数	打数	得点	安打	二塁打	三塁打	本塁打	打点	四球	三振	盗塁	盗塁死	出塁率	OPS	打率
2020	カブス	58	203	26	45	6	0	11	24	28	38	3	1	.342	.755	.222
通算成績		1265	4617	689	1249	268	18	229	753	609	858	60	34	.372	.857	.271

24 大舞台に強いポストシーズンのヒーロー
ジョック・ピーダーソン *Joc Pederson*

外野手 移籍

29歳 1992.4.21生 | 185cm | 100kg | 左投左打 対左.333 対右.179 ホ.188 ア.192 得.269 ド2010⑪ドジャース 出カリフォルニア州 年450万ドル(約4億7250万円)

ミ2 パ5 走4 守4 肩4

オフにドジャースをFAとなり、カブスに加わったベビーフェイスのハッスルボーイ。ウリは大舞台に強いこと。昨季はレギュラーシーズンでは不振を極め、記録的な低打率(1割9分0厘)に終わった。しかし、ポストシーズンに入ると、お祭り男の本領を発揮、よくタイムリーが出て度々チームの勝利に貢献。ポストシーズンの打率3割8分2厘は、チームベストだった。左投手が苦手なため、プラトーンで使うと生きるタイプ。昨季の不振は変化球、とくにチェンジアップにタイミングが合わなかったことが響いた。守備では、センターで使うと飛球の軌道を読み間違うことがある。

年度	所属チーム	試合数	打数	得点	安打	二塁打	三塁打	本塁打	打点	四球	三振	盗塁	盗塁死	出塁率	OPS	打率
2020	ドジャース	43	121	21	23	4	0	7	16	11	34	1	0	.285	.681	.190
通算成績		748	2153	345	496	112	7	130	303	304	609	17	18	.336	.806	.230

対左=対左投手打率 対右=対右投手打率 ホ=ホーム打率 ア=アウェー打率 得=得点圏打率 ド=ドラフトデータ 出=出身地 年=年俸

野手

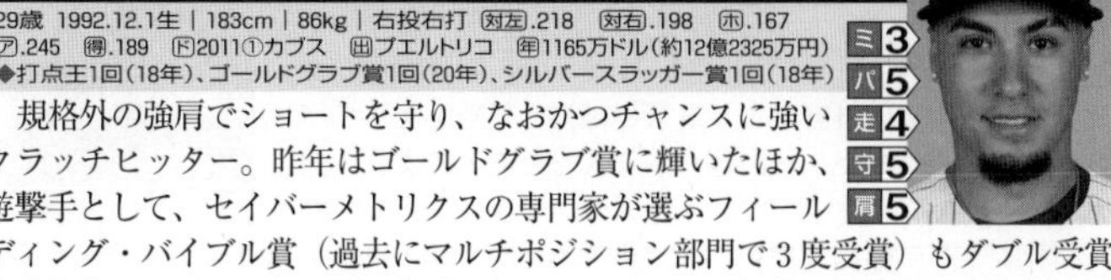

9 ノリノリになったら、誰にも止められない
ハヴィエア・バエズ *Javier Baez*

ショート

29歳 1992.12.1生 | 183cm | 86kg | 右投右打 対左.218 対右.198 ホ.167 ア.245 得.189 ド2011①カブス 出プエルトリコ 年1165万ドル(約12億2325万円)
◆打点王1回(18年)、ゴールドグラブ賞1回(20年)、シルバースラッガー賞1回(18年)

ミ3 パ5 走4 守5 肩5

規格外の強肩でショートを守り、なおかつチャンスに強いクラッチヒッター。昨年はゴールドグラブ賞に輝いたほか、遊撃手として、セイバーメトリクスの専門家が選ぶフィールディング・バイブル賞（過去にマルチポジション部門で3度受賞）もダブル受賞。名実ともにメジャートップの名手になった。しかし、打撃では不振にあえぎ、残念な結果に。ルールの変更によって、試合中に前の打席の映像を確認できなくなり、細かい修正ができなかったのが原因と本人は語っているが、本来、気持ちとノリで打つタイプのフリースインガー。観客が入れば、燃えてくると信じたい。

年度	所属チーム	試合数	打数	得点	安打	二塁打	三塁打	本塁打	打点	四球	三振	盗塁	盗塁死	出塁率	OPS	打率
2020	カブス	59	222	27	45	9	1	8	24	7	75	3	0	.238	.599	.203
通算成績		724	2538	371	671	142	17	118	378	128	769	63	25	.304	.777	.264

13 走者がいるのといないとでは、別人の打撃
デイヴィッド・ボーティ *David Bote*

ユーティリティ

28歳 1993.4.7生 | 185cm | 93kg | 右投右打 対左.122 対右.238 ホ.143 ア.246 得.379 ド2012⑱カブス 出コロラド州 年100万ドル(約1億500万円)

ミ2 パ4 走3 守3 肩3

メジャーデビューから3本のサヨナラ打（うち2本が本塁打）を放っている千両役者。右打ちやセンター返しがうまく、ケースバッティングに長けた仕事人。クリス・ブライアントの代役に選ばれた昨季は、全体の打率こそ2割ジャストだったが、走者ありのシーンでは打率3割0分9厘と勝負強さを発揮した。内野全ポジションと両翼を守れるため、使い勝手も悪くない。今季が5年契約の3年目で、そろそろ玉突きの「突く側」になってもおかしくない。敬虔（けいけん）なクリスチャンで、高校卒業後は牧師を目指しており、ドラフト指名時は、布教と慈善のためのミッションでケニアにいた。

年度	所属チーム	試合数	打数	得点	安打	二塁打	三塁打	本塁打	打点	四球	三振	盗塁	盗塁死	出塁率	OPS	打率
2020	カブス	45	125	15	25	3	1	7	29	17	40	2	0	.303	.711	.200
通算成績		246	612	85	147	29	3	24	103	80	193	10	5	.338	.753	.240

2 スピード出世中の未来のトップバッター
ニコ・ホーナー *Nico Hoerner*

セカンド ショート

24歳 1997.5.13生 | 185cm | 91kg | 右投右打 対左.257 対右.205 ホ.218 ア.226 得.355 ド2018①カブス 出カリフォルニア州 年57万500ドル(約5990万円)+α

ミ3 パ2 走3 守4 肩3

2018年ドラフトでカブスから1巡目に指名された若手内野手。19年に2Aで75試合に出場し、打率2割9分2厘の好成績を記録。同年メジャーデビューを果たし、ナンバーワン・プロスペクトと言われるようになった。シュアでコンパクトな打撃が持ち味で、守備もうまい。昨年は出場機会が少なかったにもかかわらず、セカンドでゴールドグラブ賞のファイナリストになった。首脳陣やフロントはトップバッター候補として育てていくつもりだが、セカンドの候補は多く、しばらくは3Aとメジャーを行き来することになりそうだ。打球角度が上がってくれば、2ケタ本塁打も可能か。

年度	所属チーム	試合数	打数	得点	安打	二塁打	三塁打	本塁打	打点	四球	三振	盗塁	盗塁死	出塁率	OPS	打率
2020	カブス	48	108	19	24	4	0	0	13	12	24	3	2	.312	.571	.222
通算成績		68	186	32	46	5	1	3	30	15	35	3	2	.309	.643	.247

20 フィリップ・アーヴィン *Phillip Ervin*

迫力ある打撃でレギュラー獲得なるか

外野手　移籍

29歳 1992.7.15生 | 178cm | 94kg | 右投右打 対左.122 対右.182 ホ.179 ア.130 得.273 ド2013①レッズ 出アラバマ州 年57万500ドル(約5990万円)+α

ミ2 パ4 走4 守3 肩4

身体能力の高い外野手。レッズでは控え外野手としてパンチ力を見せていたが、秋山翔吾が加入したことにより、押し出される形で昨季途中、マリナーズへ。オフになって、カブスがウエーバー経由で獲得した。脚力も十分で、一昨年にはリーグ4位タイの7三塁打も記録。センターの守備はやや苦手としているが、両翼ならば水準以上の能力がある。キャリアを通して左投手を得意としているが、左右を問わず長打を打てるため、エブリデー・プレーヤーとして使ってみたい逸材。メジャーで出番に恵まれなかった印象もあるが、カブスでチャンスが巡ってくるかもしれない。

年度	所属チーム	試合数	打数	得点	安打	二塁打	三塁打	本塁打	打点	四球	三振	盗塁	盗塁死	出塁率	OPS	打率
2020	レッズ	19	35	5	3	0	0	0	0	6	8	1	0	.238	.324	.086
2020	マリナーズ	18	39	5	8	3	0	0	4	8	14	0	0	.340	.622	.205
2020	2チーム計	37	74	10	11	3	0	0	4	14	22	1	0	.292	.481	.149
通算成績		237	586	75	145	26	8	17	68	56	160	15	5	.322	.728	.247

15 オースティン・ローマイン *Austin Romine*

ヤンキース時代は田中将大の女房役

キャッチャー　移籍

33歳 1988.11.22生 | 185cm | 98kg | 右投右打 盗塁阻止率／.115(26-3) 対左.318 対右.222 ホ.258 ア.221 得.306 ド2007②ヤンキース 出カリフォルニア州 年150万ドル(約1億5750万円)

ミ3 パ3 走2 守4 肩3

今季より新加入。安定した守備力が魅力の中堅捕手。ヤンキース時代には第2捕手を務めていたが、リードのうまさから先発陣の信頼を集め、田中将大の相棒でもあった。肩は平均的だがブロッキングに定評があり、バッティングも捕手としては及第点。昨季はタイガースと1年415万ドルで契約していたが、今季は1年150万ドルとお買い得な印象。脆弱になった投手陣を下支えする存在であり、コントレラスとの競争次第では、1番手に浮上する可能性もある。父ケヴィンはレッドソックスで7年間プレーした外野手で、兄アンドルーもメジャーリーガーという野球一家の出身。

年度	所属チーム	試合数	打数	得点	安打	二塁打	三塁打	本塁打	打点	四球	三振	盗塁	盗塁死	出塁率	OPS	打率
2020	タイガース	37	130	12	31	5	0	2	17	4	47	0	0	.259	.582	.238
通算成績		405	1163	126	278	59	1	27	152	63	298	4	1	.278	.639	.239

75 ミゲール・アマヤ *Miguel Amaya*

キャッチャー　期待度 B+　ルーキー

22歳 1999.3.9生 | 188cm | 104kg | 右投右打 ◆一昨年は1A+でプレー ド2015外カブス 出パナマ

パナマ出身のプロスペクト捕手。まだ1A級の若手ながらフレーミングなどのスキルが高く、メジャーを含めても3～4番手級の評価を受けている。打撃はまだ1Aで打率2割5分程度だが、選球眼とパワーはあり、成長の余地はありそう。メジャーでケガ人続出ならば、早期に出番が来るかもしれない。

ー チェイス・ストランプ *Chase Strumpf*

セカンド　期待度 C　ルーキー

23歳 1998.3.8生 | 185cm | 86kg | 右投右打 ◆一昨年はルーキー級、1A−、1Aでプレー ド2019②カブス 出ジョージア州

2019年のドラフト2巡目（全体64位）。名門UCLAで2年連続打率3割、出塁率4割を達成した巧打者。19年は1A−で26試合に出場し、打率2割9分2厘、出塁率4割0分5厘をマークし、長所を見せた。ポジションはセカンドだが、守備能力は全体的に「平凡」の評価。外野へのコンバートもあり得る。

対左=対左投手打率　対右=対右投手打率　ホ=ホーム打率　ア=アウェー打率　得=得点圏打率
ド=ドラフトデータ　出=出身地　年=年俸
※昨季、マイナーリーグは中止

ナショナル・リーグ……中部地区　*ST. LOUIS CARDINALS*

セントルイス・カーディナルス

◆創　立：1882年
◆本拠地：ミズーリ州セントルイス市
◆ワールドシリーズ制覇：11回／◆リーグ優勝：19回
◆地区優勝：14回／◆ワイルドカード獲得：4回

主要オーナー　ウィリアム・デウィットJr.（スポーツ企業家）

過去5年成績

年度	勝	負	勝率	ゲーム差	地区順位	ポストシーズン成績
2016	86	76	.531	17.5	②	—
2017	83	79	.512	9.0	③	—
2018	88	74	.543	7.5	③	—
2019	91	71	.562	(2.0)	①	リーグ優勝決定シリーズ敗退
2020	**30**	**28**	**.517**	**3.0**	②	**ワイルドカードシリーズ敗退**

監督　8 マイク・シルト *Mike Shildt*

◆年　　齢…………53歳（ノースカロライナ州）
◆現役時代の経歴…メジャーでのプレー経験なし（マイナー経験もなし）
◆監督経歴…………3シーズン　カーディナルス（2018～）
◆通算成績…………162勝127敗（勝率.561）
最優秀監督賞1回（19年）

選手としてのプロ経験がまったくない異色監督。ただ、指導者経験は豊富だ。高校や大学のチームで実績を上げたあと、カーディナルスの組織に入り、スカウト、そしてマイナーの監督やコーチを務め、その育成力が高く評価された。2017年途中からメジャーのコーチに昇格。翌18年途中にマシーニー監督が解任されたあと、ベンチコーチから監督に就任した。周囲によく気を配る温和な性格で、クラブハウスに安心感を与えている。独身だったが、昨年3月に結婚。

注目コーチ　31 マイク・マダックス *Mike Maddux*

投手コーチ。60歳。メジャー4球団でコーチ経験がある。現役時代は主にリリーフで投げ、実働15年で9球団に所属。弟は大投手グレッグ・マダックス（通算355勝）。

編成責任者　ジョン・マゼリアック *John Mozeliak*

52歳。2008年シーズンから編成トップの座にあり、13シーズン連続で負け越しなし。2011年にワールドシリーズ制覇も成し遂げた。ただ、最近のトレードは失敗が多い。

スタジアム　ブッシュ・スタジアム *Busch Stadium*

◆開 場 年…………2006年
◆仕　　様…………天然芝
◆収容能力…………45,494人
◆フェンスの高さ …2.4m
◆特　　徴…………球場サイズは、全体的に大きめ。また、ホームプレートまわりのファウルゾーンが広いので、キャッチャーへのファウルフライが他球場に比べて多い。球場から、セントルイスのシンボルであるゲートウェイ・アーチを望める。

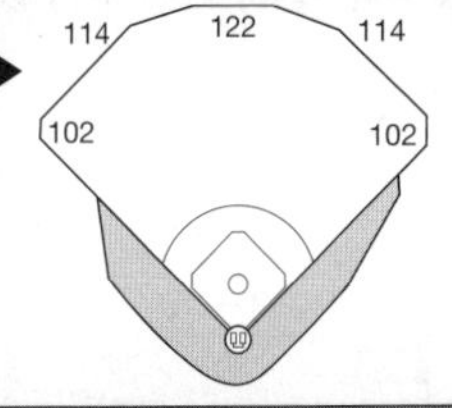

Best Order

[ベストオーダー]

①トミー・エドマン……セカンド
②ポール・デヤング……ショート
③ポール・ゴールドシュミット……ファースト
④ノーラン・アレナード……サード
⑤ディラン・カールソン……ライト
⑥マット・カーペンター……DH
⑦ヤディアー・モリナ……キャッチャー
⑧タイラー・オニール……レフト
⑨ハリソン・ベイダー……センター

Depth Chart

[ポジション別選手層・メンバーリスト]

※2021年2月12日時点の候補選手。数字は背番号(開幕前に変更する場合もあり)、右・左等は投・打の順。

※ナショナル・リーグでは今季、DH制が不採用の可能性あり。

センター
- 48 **ハリソン・ベイダー [右・右]**
- 3 ディラン・カールソン [左・両]
- 35 レイン・トーマス [右・右]

レフト
- 41 **タイラー・オニール [右・右]**
- 35 レイン・トーマス [右・右]
- 3 ディラン・カールソン [左・両]
- 0 オースティン・ディーン [右・右]

ライト
- 3 **ディラン・カールソン [左・両]**
- 35 レイン・トーマス [右・右]
- 3 オースティン・ディーン [右・右]

ショート
- 11 **ポール・デヤング [右・右]**
- 19 トミー・エドマン [右・両]
- 63 エドムンド・ソーサ [右・右]

セカンド
- 19 **トミー・エドマン [右・両]**
- 63 エドムンド・ソーサ [右・右]

ローテーション
- 22 ジャック・フラハティ [右・右]
- 50 アダム・ウェインライト [右・右]
- 39 マイルズ・マイコラス [右・右]
- 33 金廣鉉(キム・グァン・ヒョン) [左・左]
- 29 アレックス・レイエス [右・右]
- ― ダニエル・ポンセデレオン [右・右]
- 18 カルロス・マルティネス [右・右]
- 53 ジョン・ガント [右・右]

サード
- 28 **ノーラン・アレナード [右・右]**
- 13 マット・カーペンター [右・左]
- 19 トミー・エドマン [右・両]

ファースト
- 46 **ポール・ゴールドシュミット [右・右]**
- 34 ジョン・ノゴースキー [左・右]

キャッチャー
- 4 **ヤディアー・モリナ [右・右]**
- 7 アンドルー・キズナー [右・右]
- 66 タイラー・ハイネマン [右・両]

DH
- 13 **マット・カーペンター [右・左]**

ブルペン
- 12 ジョーダン・ヒックス [右・右] CL
- 65 ジオヴァニー・ガイエゴス [右・右] CL
- 92 ヘネシス・カブレラ [左・左]
- 21 アンドルー・ミラー [左・左]
- 56 ライアン・ヘルズリー [右・右]
- 53 ジョン・ガント [右・右]
- 29 アレックス・レイエス [右・右]
- 40 ジェイク・ウッドフォード [右・右]
- ― セス・エレッジ [右・右]
- 44 ジュニア・フェルナンデス [右・右]
- 38 コーディ・ウィトリー [右・右]
- 30 タイラー・ウェッブ [左・左]

※CL=クローザー

カーディナルス試合日程……*はアウェーでの開催

日程	対戦	日程	対戦	日程	対戦
4月1・3・4	レッズ*	3・4・5・6	メッツ	3・4・5・6	レッズ
5・6・7	マーリンズ*	7・8・9	ロッキーズ	8・9	インディアンズ
8・10・11	ブリュワーズ	11・12・13	ブリュワーズ*	11・12・13	カブス*
12・13・14	ナショナルズ	14・15・16	パドレス*	14・15・16	マーリンズ
16・17・18	フィリーズ*	18・19	パイレーツ	17・18・19・20	ブレーブス*
19・20・21	ナショナルズ*	21・22・23	カブス	22・23	タイガース*
23・24・25	レッズ	24・25・26	ホワイトソックス*	24・25・26・27	パイレーツ
26・27・28・29	フィリーズ	27・28・29・30	ダイヤモンドバックス*	28・29・30	ダイヤモンドバックス
30・5月1・2	パイレーツ*	31・6月1・2	ドジャース*	7月1・2・3・4	ロッキーズ*

球団メモ 昨季は新型コロナの影響で、7月末から8月半ばまで試合ができなかった。そのため、8月15日から9月27日までの44日間で、53試合をこなすハードな日程になった。

Analysis　矢印⬆↗➡↘⬇は、昨季終了時との比較　[戦力分析]

■投手力↗…★★★★☆【昨年度チーム防御率3.90、リーグ4位】

昨年から、ローテーションに大きな変更はない。若きエースのフラハティ、再契約した大投手ウェインライト、1年目から大活躍した韓国人左腕の金廣鉉、2018年の最多勝右腕マイコラスなどが名を連ねるローテーションは、リーグ上位。ブルペンにも優秀な投手がそろっており、今季は昨季全休したヒックスも戻ってくる。そして何よりの朗報は、これまで投手陣を好リードで支えたモリナが、チームを出る決断を撤回し、今年もマスクをかぶることだ。

■攻撃力↗…★★★☆☆【昨年度チーム得点240、リーグ14位】

昨季、チーム得点が伸びなかった原因は、何と言っても長打不足。2ケタ本塁打を放った選手が一人もおらず、チーム本塁打数51は、メジャー30球団でワーストだった。これはチーム内でコロナの集団感染が発生し、それが深刻な打撃不振を引き起こしたためだ。しかし打線の地力は平均以上なので、今年は得点力の自然回復が見込める。それに加え、アレナードが加入したことで、得点力は悪くても「中の上」くらいにはなるだろう。

■守備力↗…★★★★★【昨年度チーム失策数33、リーグ4位タイ】

ディフェンスを取りまとめる大捕手モリナが残留したことで、内外野ともに大きな穴が存在せず、安定感はリーグ屈指。サードに、ゴールドグラブ賞を8年連続で受賞しているアレナードが入るのは大きなプラス。

■機動力➡…★★★★☆【昨年度チーム盗塁数18、リーグ13位】

一昨年リーグトップだった盗塁数が昨季は伸びず、成功率も大幅ダウン。

モリナの存在はカーディナルスに勝利をもたらすインフラのようなものだ。それを失わずにすんだことは、大きな意味を持つ。アレナードも司令塔モリナのいるチームでは、生意気な態度はとれない。モリナを称賛しながら地道に勝利に貢献するだろう。

カーディナルス

IN 主な入団選手

投手
とくになし

野手
ノーラン・アレナード⬅ロッキーズ

OUT 主な退団選手

投手
ジョン・ブレビア➡ジャイアンツ

野手
コルテン・ウォン➡ブリュワーズ
デクスター・ファウラー➡エンジェルス
ブラッド・ミラー➡所属先未定

5・6・7	ジャイアンツ*	6・7・8	ロイヤルズ	6・7・8・9	ドジャース
9・10・11	カブス*	10・11・12	パイレーツ*	10・11・12	レッズ
13	オールスターゲーム	13・14・15	ロイヤルズ*	13・14・15	メッツ*
16・17・18	ジャイアンツ	17・18・19	ブリュワーズ	17・18・19	パドレス
19・20・21・22	カブス	20・21・22	パイレーツ	20・21・22・23	ブリュワーズ*
23・24・25	レッズ*	24・25	タイガース	24・25・26	カブス*
27・28	インディアンズ*	26・27・28・29	パイレーツ*	28・29・30	ブリュワーズ
30・31・**8**月1	ツインズ	30・31・**9**月1	レッズ*	**10**月1・2・3	カブス
3・4・5	ブレーブス	3・4・5	ブリュワーズ*		

球団メモ 昨年9月にルー・ブロック（歴代2位の通算938盗塁）、10月にボブ・ギブソン（通算251勝）が死去。背番号「20」「45」はともに、カーディナルスの永久欠番。

投手

4試合連続無失点をやってのけ、波に乗る 先発

33 金廣鉉（キム・グァンヒョン）
Kwang Hyun Kim

33歳 1988.7.22生 | 188cm | 88kg | 左投左打
◆速球のスピード／140キロ台後半（フォーシーム）
◆決め球と持ち球／◎フォーシーム、◎スライダー、△スプリッター、△カーブ
◆対左打者被打率／.192 ◆対右打者被打率／.198
◆ホーム防御率／1.00 ◆アウェー防御率／2.14
◆ドラフトデータ／2020㊕カーディナルス
◆出身地／韓国
◆年俸／400万ドル（約4億2000万円）

球威 3
制球 5
緩急 5
守備・牽制 4
度胸 5

昨年、チームの救世主的存在になった、韓国リーグで136勝の実績があるサウスポー。2年800万ドルの契約で入団した昨季は、開幕ローテーション入りがかなわず、リリーフに回った。出番はすぐに来て、開幕戦で9回にリリーフで登板。味方のエラーもあって2失点したが、初セーブが付いた。その後、チーム内に選手、スタッフ併せてコロナ陽性者が16人出たため、17日間試合がなかった。再開後はダブルヘッダーだらけの超過密スケジュールになったため、それにより先発投手がもう1人必要となり、金廣鉉（キム・グァンヒョン）がローテーション入りすることになったのだ。初先発となったカブス戦は60球が目途だったため、1失点ながら4回途中で降板した。しかし、制限が外れた2度目の登板以降は、速球とスライダーを効果的に組み合わせた打たせて取るピッチングが冴えを見せ、3試合連続自責点ゼロという驚異的な活躍を見せた。その後、腎臓に激しい痛みが走ったため10日間IL（故障者リスト）入りしたが、復帰直後のゲームでまたしても7回を無失点に抑えたため、自責点が付かないイニングは連続24に延びた。

速球は平均時速が147キロ程度だが、通常のグリップで投げても沈む軌道になるナチュラルシンカー。スライダーはタテに変化するタイプと、斜めに変化するタイプを使い分けている。左打者に対しては65%がスライダーで、斜めに変化するタイプを多投。右打者には、時折スプリッターとカーブを交える。長所は、速いテンポで投げ込んで、打者に考える隙を与えないこと。WBC、プレミア12などの日韓戦に度々先発し、侍ジャパン打線に立ちはだかってきたため、日本の野球ファンにもよく知られた存在だ。

以前から強いメジャー志向を持っており、2013年のオフには、所属するSKワイバーンズがポスティングによる移籍を了承。ポスティング公示されると、パドレスが200万ドルを提示して交渉権を得た。しかし、金銭面で合意に至らず、そのときは話が流れてしまった。

カモ N・カステヤノス（レッズ）.000（5-0）0本 L・ウリーアス（ブリュワーズ）.000（5-0）0本
苦手 E・ゴンザレス（パイレーツ）.500（6-3）0本 K・ファーマー（レッズ）1.000（2-2）0本

年度	所属チーム	勝利	敗戦	防御率	試合数	先発	セーブ	投球イニング	被安打	失点	自責点	被本塁打	与四球	奪三振	WHIP
2020	カーディナルス	3	0	1.62	8	7	1	39.0	28	9	7	3	12	24	1.03
通算成績		3	0	1.62	8	7	1	39.0	28	9	7	3	12	24	1.03

22 反レイシズムのメッセージを発信 ジャック・フラハティ *Jack Flaherty*

先発

26歳 1995.10.15生 | 193cm | 102kg | 右投右打
◆速球のスピード／150キロ台前半(フォーシーム、ツーシーム)
◆決め球と持ち球／☆スライダー、◎フォーシーム、◎ツーシーム、○カーブ、○チェンジアップ
◆対左.232 ◆対右.209 ◆ホ防2.67 ◆ア防9.45
◆ド2014①カーディナルス
◆出カリフォルニア州

球威5 制球4 緩急4 守備・牽制3 度胸3

昨季はツキに見放されて散々なシーズンになった若きエース。実力はサイ・ヤング賞を狙えるレベルなのに、防御率が4.91という数字になったのは、9月15日のブリュワーズ戦で、自責点9の大量失点があったため。自責点がそこまで増えたのは、ゲーム中に足首を痛めていたのに、チーム事情（超過密スケジュールによるリリーフ陣の疲弊）を考えて投げ続けたからだ。ポストシーズンでは6回を1失点に抑える好投を見せながら、得点援護が0で負け投手になった。人種差別問題に、ひときわ高い関心を持つ。昨年、米国で人種差別反対の抗議活動が盛り上がりを見せたときには、メジャーリーガーを代表して抗議活動に賛同するメッセージを何度も発信し、注目された。

カモ J・バエズ(カブス).067(15-1)0本　苦手 J・ヴォト(レッズ).500(10-5)0本

年度	所属チーム	勝利	敗戦	防御率	試合数	先発	セーブ	投球イニング	被安打	失点	自責点	被本塁打	与四球	奪三振	WHIP
2017	カーディナルス	0	2	6.33	6	5	0	21.1	23	15	15	4	10	20	1.55
2018	カーディナルス	8	9	3.34	28	28	0	151.0	108	59	56	20	59	182	1.11
2019	カーディナルス	11	8	2.75	33	33	0	196.1	135	62	60	25	55	231	0.97
2020	カーディナルス	4	3	4.91	9	9	0	40.1	33	22	22	6	16	49	1.21
通算成績		23	22	3.37	76	75	0	409.0	299	158	153	55	140	482	1.07

29 ピンチの火消し屋としていい働き アレックス・レイエス *Alex Reyes*

セットアップ ロングリリーフ

27歳 1994.8.29生 | 193cm | 100kg | 右投右打
◆速球のスピード／150キロ台後半(フォーシーム、ツーシーム)
◆決め球と持ち球／◎フォーシーム、○スライダー、○ツーシーム、○カーブ、△チェンジアップ
◆対左.172 ◆対右.214 ◆ホ防5.25 ◆ア防0.00
◆ド2012㊕カーディナルス ◆出ニュージャージー州
◆年90万ドル(約9450万円)

球威5 制球2 緩急4 守備・牽制3 度胸4

3年間故障にさいなまれた末、昨年リリーフで復活したかつてのトップ・プロスペクト（最有望株）。昨季は7月初旬に行われたPCR検査で陽性反応が出て数日隔離されたため、調整が遅れた。さらにチーム内に陽性者が多数出て、17日間試合がなかったため、投げ始めたのは8月15日になってからだった。その後はピンチの火消し屋、セットアッパー、クローザー、ロングリリーフなど様々な役目で使われ、160キロ近い豪速球とカーブ、スライダーを効果的に組み合わせて三振をハイペースで奪い、完全復活を印象づけた。本人は先発を希望しているが、今季も同じ役回りで使われる可能性が高い。結婚は一度もしていないが一児の父で、アレイカちゃんという4歳の娘がいる。

カモ W・コントレラス(カブス).000(6-0)0本　苦手 ———

年度	所属チーム	勝利	敗戦	防御率	試合数	先発	セーブ	投球イニング	被安打	失点	自責点	被本塁打	与四球	奪三振	WHIP
2016	カーディナルス	4	1	1.57	12	5	1	46.0	33	8	8	1	23	52	1.22
2018	カーディナルス	0	0	0.00	1	1	0	4.0	3	0	0	0	2	2	1.25
2019	カーディナルス	0	1	15.00	4	0	0	3.0	2	5	5	1	6	1	2.67
2020	カーディナルス	2	1	3.20	15	1	1	19.2	14	10	7	1	14	27	1.42
通算成績		6	3	2.48	32	7	2	72.2	52	23	20	3	45	82	1.33

対左=対左打者被打率　対右=対右打者被打率　ホ防=ホーム防御率　ア防=アウェー防御率
ド=ドラフトデータ　出=出身地　年=年俸

セットアップ クローザー

65 スライダーで三振を量産
ジオヴァニー・ガイエゴス *Giovanny Gallegos*

30歳 1991.8.14生 | 188cm | 98kg | 右投右打
◆速球のスピード／150キロ前後(フォーシーム主体)
◆決め球と持ち球／☆スライダー、◎フォーシーム
◆対左.158 ◆対右.176 ◆ホ防4.32 ◆ア防2.70
◆ド2011㊊ヤンキース ◆出メキシコ
◆年57万500ドル(約5990万円)＋α

球威 4
制球 3
緩急 4
守備・牽制 4
度胸 3

メキシコ出身のリリーフ右腕。武器はフォーシームとタテに変化するスライダー。昨季はコロナの陽性反応が出たことが響き、開幕に間に合わなかった。しかも復帰してすぐ、今度はチーム内に陽性者が16人出て17日間試合がなかったため、稼働し始めたのは8月中旬になってから。8月末からはクローザーで起用されたが、最初の6度の登板で5失点する荒れようだった。昨季はスライダー依存傾向がさらに増し、全投球の51%をスライダーが占めた。

カモ W·コントレラス(カブス).000(5-0)0本 苦手 K·ブライアント(カブス).500(4-2)0本

年度	所属チーム	勝利	敗戦	防御率	試合数	先発	セーブ	投球イニング	被安打	失点	自責点	被本塁打	与四球	奪三振	WHIP
2017	ヤンキース	0	1	4.87	16	0	0	20.1	21	12	11	3	5	22	1.28
2018	ヤンキース	0	0	4.50	4	0	1	10.0	10	5	5	2	3	10	1.30
2018	カーディナルス	0	0	0.00	2	0	0	1.1	1	0	0	0	0	2	0.75
2018	2チーム計	0	0	3.97	6	0	1	11.1	11	5	5	2	3	12	1.24
2019	カーディナルス	3	2	2.31	66	0	1	74.0	44	19	19	9	16	93	0.81
2020	カーディナルス	2	2	3.60	16	0	4	15.0	9	6	6	1	4	21	0.87
通算成績		5	5	3.06	104	0	6	120.2	85	42	41	15	28	148	0.94

50 39歳の誕生日を122球完投勝利で祝う
先発
アダム・ウェインライト *Adam Wainwright*

40歳 1981.8.30生 | 201cm | 104kg | 右投右打
◆速球のスピード／140キロ台中頃(フォーシーム主体)
◆決め球と持ち球／☆カーブ、○フォーシーム、○シンカー、○カッター、△チェンジアップ
◆対左.217 ◆対右.226 ◆ホ防3.24 ◆ア防3.00
◆ド2000①ブレーブス ◆出ジョージア州 ◆年800万ドル(約8億4000万円)
◆最多勝2回(09、13年)、ゴールドグラブ賞2回(09、13年)、シルバースラッガー賞1回(17年)

球威 2
制球 5
緩急 5
守備・牽制 3
度胸 4

完全復活し、またエース級のピッチングを見せるようになった不死鳥。昨シーズンはチーム内に新型コロナの陽性者が多数出た関係で、8月15日以降、44日間で55試合を戦う超過密スケジュールになった。そのため中4日登板が続いたが、好投を続け、9月20日までは2点台の防御率をキープ。8月30日の誕生日には、完投勝利をやってのけた。オフはジョージアの自宅で過ごすが、14歳、12歳、9歳、5歳の4人の子供は全員娘で、家の中はいつもにぎやか。

カモ D·ラメイヒュー(ヤンキース).071(14-1) 苦手 I·ハップ(カブス).571(14-8)4本

年度	所属チーム	勝利	敗戦	防御率	試合数	先発	セーブ	投球イニング	被安打	失点	自責点	被本塁打	与四球	奪三振	WHIP
2005	カーディナルス	0	0	13.50	2	0	0	2.0	2	3	3	1	1	0	1.50
2006	カーディナルス	2	1	3.12	61	0	3	75.0	64	26	26	6	22	72	1.15
2007	カーディナルス	14	12	3.70	32	32	0	202.0	212	93	83	13	70	136	1.40
2008	カーディナルス	11	3	3.20	20	20	0	132.0	122	51	47	12	34	91	1.18
2009	カーディナルス	19	8	2.63	34	34	0	233.0	216	75	68	17	66	212	1.21
2010	カーディナルス	20	11	2.42	33	33	0	230.1	186	68	62	15	56	213	1.05
2012	カーディナルス	14	13	3.94	32	32	0	198.2	196	96	87	15	52	184	1.25
2013	カーディナルス	19	9	2.94	34	34	0	241.2	223	83	79	15	35	219	1.07
2014	カーディナルス	20	9	2.38	32	32	0	227.0	184	64	60	10	50	179	1.03
2015	カーディナルス	2	1	1.61	7	4	0	28.0	25	7	5	0	4	20	1.04
2016	カーディナルス	13	9	4.62	33	33	0	198.2	220	108	102	22	59	161	1.40
2017	カーディナルス	12	5	5.11	24	23	0	123.1	140	73	70	14	45	96	1.50
2018	カーディナルス	2	4	4.46	8	8	0	40.1	41	21	20	5	18	40	1.46
2019	カーディナルス	14	10	4.19	31	31	0	171.2	181	83	80	22	64	153	1.43
2020	カーディナルス	5	3	3.15	10	10	0	65.2	54	25	23	9	15	54	1.05
通算成績		167	98	3.38	393	326	3	2169.1	2066	876	815	176	591	1830	1.22

対左=対左打者被打率 対右=対右打者被打率 ホ防=ホーム防御率 ア防=アウェー防御率
ド=ドラフトデータ 出=出身地 年=年俸 カモ 苦手 は通算成績

92 制球が安定すれば、クローザーで使える逸材
ヘネシス・カブレラ *Genesis Cabrera*

セットアップ

25歳 1996.10.10生 | 188cm | 82kg | 左投左打 速150キロ台中頃(フォーシーム主体) 決☆カーブ
対左.069 対右.170 ド2013外レイズ 出ドミニカ 年57万500ドル(約5990万円)+α

球5 制2 緩4 守・牽3 度3

荒削りだが、魅力いっぱいのリリーフ左腕。昨季は重要度の高い場面で、使われるケースが増えていた。スリークォーターから投げ込んでくる平均155キロの速球とパワーカーブは、どちらも空振り率の高い一級品。昨季の奪三振率12.90は、リリーフ投手(20イニング以上)ではリーグ10位の数字で、アウトの半分弱を三振で奪っていた。課題は速球のコントロール。昨季は22イニングで与四球が16あるが、75%は速球でストライクを取りにいったのに、ボールになって歩かせたものだ。死球がやたらに多いのは、体を大きく回転させて投げる投球フォームにも原因がある。

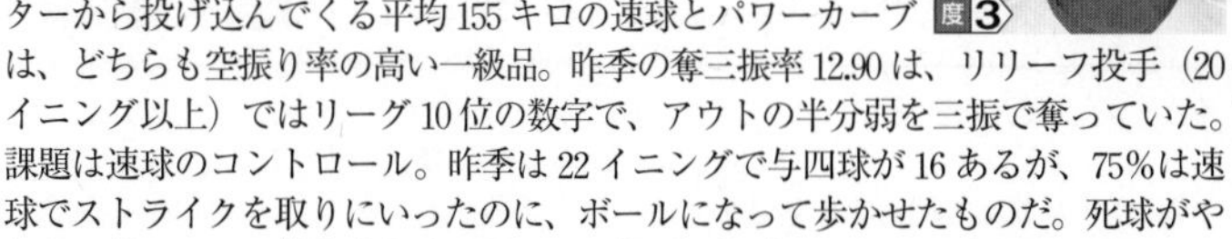

年度	所属チーム	勝利	敗戦	防御率	試合数	先発	セーブ	投球イニング	被安打	失点	自責点	被本塁打	与四球	奪三振	WHIP
2020	カーディナルス	4	1	2.42	19	0	1	22.1	10	9	6	3	16	32	1.16
通算成績		4	3	3.59	32	2	2	42.2	33	25	17	5	27	51	1.41

32 昨年9月の月間防御率2.65は好材料
ダニエル・ポンセデレオン *Daniel Ponce de Leon*

先発 ロングリリーフ

29歳 1992.1.16生 | 191cm | 91kg | 右投右打 速150キロ前後(フォーシーム主体) 決◎フォーシーム
対左.175 対右.207 ド2014⑨カーディナルス 出カリフォルニア州 年57万500ドル(約5990万円)+α

球5 制2 緩3 守・牽4 度3

今季がローテーション定着のラストチャンスかもしれない右腕。昨季、奪三振率が9.6から12.4にアップしたのは、フォーシームの威力が増し、追い込んでから高めに叩き込むと、高確率で空振りの三振を奪えたため。昨季の45奪三振のうち35は、フォーシームで奪ったものだ。ドラフトで4回指名された稀有な存在。1度目は高校卒業時でレイズの24巡目、次はサイプレス短大1年生のときでレッズの38巡目、3度目はヒューストン大学3年生のときでカブスの14巡目、4度目はその翌年、編入したエンブリーリドル航空宇宙大学4年生のときで、カーディナルスが9巡目に指名。

年度	所属チーム	勝利	敗戦	防御率	試合数	先発	セーブ	投球イニング	被安打	失点	自責点	被本塁打	与四球	奪三振	WHIP
2020	カーディナルス	1	3	4.96	9	8	0	32.2	23	18	18	8	20	45	1.32
通算成績		2	7	3.78	33	20	1	114.1	83	49	48	16	59	128	1.24

12 クローザー返り咲きを期待される最速の男
ジョーダン・ヒックス *Jordan Hicks*

クローザー セットアップ

25歳 1996.9.6生 | 188cm | 100kg | 右投右打 速160キロ前後(ツーシーム主体) 決☆ツーシーム
◆昨季メジャー出場なし ド2015③カーディナルス 出テキサス州 年86万ドル(約9030万円)

球5 制2 緩4 守・牽3 度3

168.9キロの速球を投げたことがある豪腕リリーバー。2019年6月にトミー・ジョン手術を受け、昨シーズンは全休。回復が順調だったにもかかわらず、球団は復帰を急がなかった。十分に球速が回復していない状態で復帰させるのは、百害あって一利なしと判断したためだ。待機キャンプではチームメートとの接触を避け、別メニューでリハビリをこなした。これは糖尿病患者で免疫機能が低いため、コロナ感染を防ぐ手立てを講じる必要があったから。糖尿病と診断されたのは高校1年のときで、以来、インスリンを打ちながら選手生活を送っている。(5段階評価は手術前のもの)

年度	所属チーム	勝利	敗戦	防御率	試合数	先発	セーブ	投球イニング	被安打	失点	自責点	被本塁打	与四球	奪三振	WHIP
2019	カーディナルス	2	2	3.14	29	0	14	28.2	16	10	10	2	11	31	0.94
通算成績		5	6	3.47	102	0	20	106.1	75	43	41	4	56	101	1.23

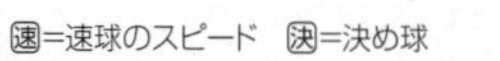
速=速球のスピード 決=決め球

21 速球の威力が落ち、スライダー頼みの片肺飛行に

セットアップ クローザー

アンドルー・ミラー Andrew Miller

36歳 1985.5.21生 | 201cm | 91kg | 左投左打 速140キロ台中頃(フォーシーム、ツーシーム) 決☆スライダー 対左.158 対右.214 ド2006①タイガース 出フロリダ州 年1200万ドル(約12億6000万円) ◆最優秀球援投手賞1回(15年)

球2 制3 緩4 守備4 度4

輝かしいキャリアを誇るリリーフサウスポー。ピッチングはスライダーがメインで全投球の6割を占め、速球は見せ球的に使うことが多くなっている。この5年間で球速が9キロ低下、スピン量もワーストレベルに落ちているため、勝負球に使えなくなっているからだ。衰えが顕著になっているのに、年俸1200万ドルで残留したのは、カーディナルスと交わした契約書に2019、20年の合計登板数が110に達したときは、年俸1200万ドルで契約を1年延長するという条項があるからだ。昨季は60試合に短縮されたため、110試合が87試合に変更され、その結果、9月20日に到達した。

年度	所属チーム	勝利	敗戦	防御率	試合数	先発	セーブ	投球イニング	被安打	失点	自責点	被本塁打	与四球	奪三振	WHIP
2020	カーディナルス	1	1	2.77	16	0	4	13.0	9	4	4	0	5	16	1.08
通算成績		55	55	3.99	572	66	63	793.0	691	394	352	75	367	939	1.33

39 7月に手術を受けたため、昨季は全休

先発

マイルズ・マイコラス Miles Mikolas

33歳 1988.8.23生 | 193cm | 104kg | 右投右打 速150キロ前後(フォーシーム、ツーシーム) 決◎カーブ ◆昨季メジャー出場なし ド2009⑦パドレス 出フロリダ州 年1575万ドル(約16億5375万円) ◆最多勝1回(18年)

球3 制4 緩3 守備4 度3

読売巨人軍に在籍している間にハイレベルな投手に生まれ変わった、日本のファンにおなじみの右腕。昨季は1球も投げられなかったが、これは右前腕(ぜんわん)の屈筋(くっきん)を痛めたのが原因だ。痛みは一昨年のシーズン中に出始め、昨年2月のキャンプ中に悪化。そのためPRP療法(患者の血液から抽出した活性成分を患部に注射して再生を図る治療)を受けることになり、キャンプではほとんど投げられなかった。その後、PRP療法の効果が薄いことがわかり、7月末に痛めた個所の修復手術を受けたため、昨季は全休となった。今季は開幕からローテーション入りして投げる可能性が高い。

年度	所属チーム	勝利	敗戦	防御率	試合数	先発	セーブ	投球イニング	被安打	失点	自責点	被本塁打	与四球	奪三振	WHIP
2019	カーディナルス	9	14	4.16	32	32	0	184.0	193	90	85	27	32	144	1.22
通算成績		31	24	3.82	101	74	0	476.0	475	218	202	55	95	352	1.20

18 コロナの影響で不本意なシーズンに

先発 ロングリリーフ

カルロス・マルティネス Carlos Martinez

30歳 1991.9.21生 | 183cm | 91kg | 右投右打 速150キロ台前半(ツーシーム、フォーシーム) 決◎チェンジアップ 対左.310 対右.388 ド2010㊀カーディナルス 出ドミニカ 年1150万ドル(約12億750万円)

球3 制3 緩4 守備3 度4

崖っぷちに立つ、ハチャメチャなキャラで知られるかつてのエース。2017、18年は開幕投手を務めたが、19年は肩を痛めリリーフに回り、6月からクローザーを務めた。昨年はマイコラスの長期欠場で先発に戻ったが、4カ月遅れの開幕になったため調整がうまくいかず、初登板で6失点。その後、新型コロナに感染。発熱などの症状が出たため、復帰は9月8日になってからだった。その後4試合に先発したが、コロナ感染で体力が落ちたため、4試合で22失点を記録する荒れようで、チームの足を引っ張り続けた。5年契約は今季までなので、何が何でも結果を出さないといけない。

年度	所属チーム	勝利	敗戦	防御率	試合数	先発	セーブ	投球イニング	被安打	失点	自責点	被本塁打	与四球	奪三振	WHIP
2020	カーディナルス	0	3	9.90	5	5	0	20.0	32	26	22	6	10	17	2.10
通算成績		58	43	3.51	258	123	31	884.2	808	375	345	73	337	870	1.29

速=速球のスピード 決=決め球 対左=対左打者被打率 対右=対右打者被打率 ド=ドラフトデータ 出=出身地 年=年俸

56 ライアン・ヘルズリー *Ryan Helsley*

アメリカ先住民の希望の星

ミドルリリーフ

27歳 1994.7.18生 | 188cm | 104kg | 右投右打 速150キロ台中頃(フォーシーム主体) 決◎カーブ 対左.222 対右.160 ド2015⑤カーディナルス 出オクラホマ州 年57万500ドル(約5990万円)+α

球5 制2 緩3 守・牽2 度3

チェロキー先住民出身のメジャーリーガー第1号。一昨年メジャーデビューし、平均球速157.7キロの豪速球とパワーカーブを武器に、目を見張る活躍を見せた。そのため昨季はさらなる飛躍を期待された。しかし8月上旬、新型コロナウイルスの検査で、チーム内に陽性反応を示す選手が続出。ヘルズベリーもその一人で、隔離生活を強いられた。9月1日に復帰後は、体力の低下で速球が棒球になり、9月上旬の4度のリリーフ登板で本塁打を3本も献上し、6失点した。チェロキー族の国「チェロキー・ネーション」の首都タレクアの出身。オフは、タレクアでトレーニングに励む。

年度	所属チーム	勝利	敗戦	防御率	試合数	先発	セーブ	投球イニング	被安打	失点	自責点	被本塁打	与四球	奪三振	WHIP
2020	カーディナルス	1	1	5.25	12	0	1	12.0	8	8	7	3	8	10	1.33
通算成績		3	1	3.51	36	0	1	48.2	42	21	19	8	20	42	1.27

53 ジョン・ガント *John Gant*

課題は走者を背負ったときのピッチング

セットアップ

29歳 1992.8.6生 | 193cm | 91kg | 右投右打 速150キロ台前半(ツーシーム、フォーシーム) 決☆バルカンチェンジ 対左.176 対右.162 ド2011㉑メッツ 出ジョージア州 年210万ドル(約2億2050万円)

球3 制3 緩4 守・牽3 度3

2年連続でポストシーズンのメンバーに入れなかった、ツキのないリリーフ右腕。昨季は主にセットアッパーとして起用され、中指と薬指で挟むバルカンチェンジを武器にハイペースで三振を奪って注目された。しかし9月13日の試合で、投球中に股関節に激痛が走り、降板。25日にも同じことが起き、ポストシーズンの直前に無念のIL入りに。課題は走者を背負うとそっちに気を取られ、制球が甘くなること。バルカンチェンジは中学2年のときに投げ方を教わり、磨きをかけてきたものだ。昨季はスライダーとツーシームの比率を大幅に増やした結果、ゴロ打球の比率が大幅アップ。

年度	所属チーム	勝利	敗戦	防御率	試合数	先発	セーブ	投球イニング	被安打	失点	自責点	被本塁打	与四球	奪三振	WHIP
2020	カーディナルス	0	3	2.40	17	0	0	15.0	9	6	4	0	7	18	1.07
通算成績		19	15	3.80	134	28	3	262.2	222	130	111	24	129	233	1.34

59 ヨハン・オヴィエド *Johan Oviedo*

先発 期待度 B⁻ ルーキー

23歳 1998.3.2生 | 196cm | 111kg | 右投右打 ◆昨季はメジャーで5試合出場 ド2016㊇カーディナルス 出キューバ

キューバを出国後、2016年に契約金190万ドル（約2億円）で入団。昨年8月19日にメジャーデビューして5試合に先発したが、あえなく不合格。合格に必要なことは、制球力の向上と、速球が棒球になる悪癖の修正。ライナーを打たれる比率が高く、それに加えて死球が異様に多いのも気になるところだ。

38 コーディ・ウィトリー *Kodi Whitley*

リリーフ 期待度 B⁻ ルーキー

26歳 1995.2.21生 | 191cm | 100kg | 右投右打 ◆昨季はメジャーで4試合出場 ド2017㉗カーディナルス 出ノースカロライナ州

速球5割、チェンジアップ3割、スライダー2割の比率で投げるリリーフ右腕。昨年メジャーデビューし、4試合に登板。内容が良かったためポストシーズンでも1試合登板機会を与えられた。NCAA（全米大学体育協会）2部校で投げていたため27巡目指名だったが、努力して実質3年でメジャーに到達。

※昨季、マイナーリーグは中止
※メジャー経験がない投手の「先発」「リリーフ」はマイナーでの役割

野手

貢献度抜群のスーパーユーティリティ

ユーティリティ

19 トミー・エドマン *Tommy Edman*

26歳 1995.5.9生 | 178cm | 82kg | 右投両打
◆対左投手打率／.317(41-13) ◆対右投手打率／.233(163-38)
◆ホーム打率／.261(92-24) ◆アウェー打率／.241(112-27)
◆得点圏打率／.279(43-12)
◆20年のポジション別出場数／サード=31、ライト=13、ショート=13、セカンド=8、レフト=8
◆ドラフトデータ／2016⑥カーディナルス
◆出身地／カリフォルニア州
◆年俸／57万500ドル(約5990万円)+α

ミート 4
パワー 4
走塁 4
守備 4
肩 3

昨季は、どのレギュラー選手よりもチームに貢献したスーパーサブ。メジャー2年目の昨シーズンも、内野外野の5つのポジション（サード、ショート、セカンド、レフト、ライト）を兼務するユーティリティとして使われ、どのポジションでも8回以上守備に就いた。長所はどのポジションで使っても、平均レベルかそれ以上の守備を期待できること。とくに内野手として使うと、ファインプレーをよく見せる。昨季はDRS（守備で防いだ失点）がショートで3、サードで2、セカンドで1と、計6つあった。これは昨年ゴールドグラブ賞に輝いたコルテン・ウォン（昨年のカーディナルスの正二塁手）と同じ数字だ。

打撃面では打率が3割0分4厘から2割5分0厘に落ちたが、走者がいる場面では3割2分9厘とよく打ち、打点26はチーム最多だった。カーディナルスはコロナ禍で巨額の赤字を計上しているため、年俸の高いコルテン・ウォンとの契約を見送っており、今季はセカンドのレギュラーとして使われる可能性もある。

母モーリーンさんは、ロサンジェルスで育った韓国系米国人。父ジョンさんは、大学野球で活躍したあと高校の教員になり、ラホーラ郡デイ高校野球チームの監督としてチームの指揮を執(と)った。エドマン家の長男ジョニーが6歳、次男トミーが5歳のとき、父ジョンはサンディエゴの自宅の裏庭にバッティングケージを作って、子供たちにマンツーマンで打撃と守備の指導を開始。その結果､兄弟はハイレベルな球児に成長した。2人とも、高校時代は父のチームに在籍。数学を得意にしていた兄は投手兼スコア記録係、弟は中心選手としてチームを支えた。兄ジョニーは大学でデータ分析を専攻。その後、ツインズの球団職員になり、データ収集と解析を担当している。3歳下の妹エリースも野球のデータ分析畑に進み、大学卒業後、カーディナルスのシステムエンジニアになった。

カモ A･ミルズ(カブス).857(7-6)0本 S･グレイ(レッズ).571(7-4)0本
苦手 T･マーリー(レッズ).111(9-1)0本 K･ヘンドリックス(カブス).167(12-2)0本

年度	所属チーム	試合数	打数	得点	安打	二塁打	三塁打	本塁打	打点	四球	三振	盗塁	盗塁死	出塁率	OPS	打率
2019	カーディナルス	92	326	59	99	17	7	11	36	16	61	15	1	.350	.850	.304
2020	カーディナルス	55	204	29	51	7	1	5	26	16	48	2	4	.317	.685	.250
通算成績		147	530	88	150	24	8	16	62	32	109	17	5	.337	.786	.283

ノルマ・ラインは30本塁打、100打点

ファースト

46 ポール・ゴールドシュミット
Paul Goldschmidt

34歳 1987.9.10生 | 191cm | 100kg | 右投右打

◆対左投手打率／.286(28-8) ◆対右投手打率／.307(163-50)
◆ホーム打率／.297(91-27) ◆アウェー打率／.310(100-31)
◆得点圏打率／.244(41-10)
◆20年のポジション別出場数／ファースト=52、DH=6
◆ドラフトデータ／2009⑧ダイヤモンドバックス
◆出身地／デラウェア州 ◆年俸／2200万ドル(約23億1000万円)
◆本塁打王1回(13年)、打点王1回(13年)、ゴールドグラブ賞3回(13、15、17年)、シルバースラッガー賞4回(13、15、17、18年)、ハンク・アーロン賞1回(13年)

ミート 4
パワー 5
走塁 3
守備 3
肩 3

中学生の頃は四流選手、高校生の頃は三流選手、大学生の頃は二流選手だったが、プロの世界では超一流になり、頂点を極めたスラッガー。中学生の頃に四流選手だったのは、体の小さいやせっぽちの二塁手で、打順は9番が指定席だったからだ。高校生のときも三流選手にとどまったのは、体が急速に大きくなっているのに、それに適合したスイングを身につけることができなかったからだ。そのため大学は野球の強豪校に進むことを希望していたのに、どこからも声がかからず、ただ一校、奨学金付きで誘ってくれた「非強豪校」のテキサス州立大学に進むしかなかった。

同大では2年生のときに打撃に開眼し、本塁打がよく出るようになった。それでも二流選手という評価しか受けられなかったのは、スイングが大きく、プロの世界では通用しないと見なされたからだ。そのため2年連続で18本塁打を記録したのに、ドラフトでは8巡目指名という低い評価しか受けられず、契約金は9万5000ドル（約1000万円）だった。そんな二流選手がプロの世界で頂点を極められたのは、頭脳明晰で、失敗から学ぶ能力が高かったことが大きい。マイナー時代の監督コーチたちは、問題点を指摘するとすぐに理解し、アドバイスを役立てるので教え甲斐があったと、異口同音に称賛している。テキサス州立大学では金融学を専攻したが、勉強をしっかりやったので、通信簿の平均点（GPA）は4点満点の3.8だった。プロ入り後はビジネスマネジメントに興味を持ち、3年間アリゾナのフェニックス大学のオンライン授業を受け、学位を取得している。

カモ C・バーンズ(ブリュワーズ).455(11-5)1本 F・ペラルタ(ブリュワーズ).800(5-4)2本
苦手 S・グレイ(レッズ).000(12-0)0本 L・カスティーヨ(レッズ).150(20-3)2本

年度	所属チーム	試合数	打数	得点	安打	二塁打	三塁打	本塁打	打点	四球	三振	盗塁	盗塁死	出塁率	OPS	打率
2011	ダイヤモンドバックス	48	156	28	39	9	1	8	26	20	53	4	0	.333	.808	.250
2012	ダイヤモンドバックス	145	514	82	147	43	1	20	82	60	130	18	3	.359	.850	.286
2013	ダイヤモンドバックス	160	602	103	182	36	3	36	125	99	145	15	7	.401	.952	.302
2014	ダイヤモンドバックス	109	406	75	122	39	1	19	69	64	110	9	3	.396	.938	.300
2015	ダイヤモンドバックス	159	567	103	182	38	2	33	110	118	151	21	5	.435	1.005	.321
2016	ダイヤモンドバックス	158	579	106	172	33	3	24	95	110	150	32	5	.411	.899	.297
2017	ダイヤモンドバックス	155	558	117	166	34	3	36	120	94	147	18	5	.404	.966	.297
2018	ダイヤモンドバックス	158	593	95	172	35	5	33	83	90	173	7	4	.389	.922	.290
2019	カーディナルス	161	597	97	155	25	1	34	97	78	166	3	1	.346	.821	.260
2020	カーディナルス	58	191	31	58	13	0	6	21	37	43	1	0	.417	.883	.304
通算成績		1311	4763	837	1395	305	20	249	828	770	1268	128	33	.392	.914	.293

願いは10回目のゴールドグラブ賞獲得

キャッチャー

4 ヤディアー・モリナ
Yadier Molina

39歳 1982.7.13生 | 180cm | 102kg | 右投右打 盗塁阻止率／.455(11-5)
◆対左投手打率／.192 ◆対右投手打率／.277
◆ホーム打率／.289 ◆アウェー打率／.226
◆得点圏打率／.267
◆20年のポジション別出場数／キャッチャー=42、ファースト=2
◆ドラフトデータ／2000④カーディナルス
◆出身地／プエルトリコ
◆ゴールドグラブ賞9回(08～15、18年)、シルバースラッガー賞1回(13年)、ロベルト・クレメンテ賞1回(18年)

ミート 3
パワー 3
走塁 2
守備 4
肩 5

40歳まで現役を続けることになったカリスマ捕手。昨季は8月初旬に無症状ながらコロナ陽性と判定され、隔離生活を強いられた。復帰したのは8月20日で、それ以降は手首の痛みと折り合いをつけながらマスクをかぶり、守備の司令塔、若い投手たちの統率役としてチームに多大な貢献をした。一昨年までにゴールドグラブ賞を9回受賞。昨年受賞すると10回となってジョニー・ベンチと並ぶため、受賞を熱望していた。しかし昨年はコロナ禍で、例年のように監督コーチによる投票で決めることができないため、DRSなどのサイバー系の指標に基づいて決められた。そのためモリナは、事前に発表される3人の最終候補に入ることすらできなかった。

本人はこれに不満で、「これはぼくの10回目の受賞を妨げようとするMLBの陰謀だ」とスペイン語で怒りを露(あらわ)にした。直情径行型であるのに加え、ディフェンスではナンバーワンという強烈な自負があるので、こうした反応になったのだろう。しかし彼が最終候補の3人に入れなかったことは十分理解できる。盗塁阻止率は最終候補になった3人（バーンハート、コントレラス、ストーリングス）より勝っているものの、エラーとパスボールの数は彼のほうが多いからだ。モリナはシーズン中にコロナ陽性による隔離があり、万全とは程遠い状態でマスクをかぶっていたのだから、それらが増えるのは致し方ないこと。今季は昨年よりずっとマシな体調でプレーできるので、10回目の受賞がかなうかもしれない。

カモ J・ファミリア(メッツ).556(9-5)0本 T・マーリー(レッズ).471(17-8)2本
苦手 A・チャップマン(ヤンキース).000(9-0)0本 ダルビッシュ有(パドレス).000(7-0)0本

年度	所属チーム	試合数	打数	得点	安打	二塁打	三塁打	本塁打	打点	四球	三振	盗塁	盗塁死	出塁率	OPS	打率
2004	カーディナルス	51	135	12	36	6	0	2	15	13	20	0	1	.267	.329	.684
2005	カーディナルス	114	385	36	97	15	1	8	49	23	30	2	3	.252	.295	.654
2006	カーディナルス	129	417	29	90	26	0	6	49	26	41	1	2	.216	.274	.595
2007	カーディナルス	111	353	30	97	15	0	6	40	34	43	1	1	.275	.340	.708
2008	カーディナルス	124	444	37	135	18	0	7	56	32	29	0	2	.304	.349	.740
2009	カーディナルス	140	481	45	141	23	1	6	54	50	39	9	3	.293	.366	.749
2010	カーディナルス	136	465	34	122	19	0	6	62	42	51	8	4	.262	.329	.671
2011	カーディナルス	139	475	55	145	32	1	14	65	33	44	4	5	.305	.349	.814
2012	カーディナルス	138	505	65	159	28	0	22	76	45	55	12	3	.315	.373	.874
2013	カーディナルス	136	505	68	161	44	0	12	80	30	55	3	2	.319	.359	.836
2014	カーディナルス	110	404	40	114	21	0	7	38	28	55	1	1	.282	.333	.719
2015	カーディナルス	136	488	34	132	23	2	4	61	32	59	3	1	.270	.310	.660
2016	カーディナルス	147	534	56	164	38	1	8	58	39	63	3	2	.307	.360	.787
2017	カーディナルス	136	501	60	137	27	1	18	82	28	74	9	4	.273	.312	.751
2018	カーディナルス	123	459	55	120	20	0	20	74	29	66	4	3	.261	.314	.750
2019	カーディナルス	113	419	45	113	24	0	10	57	23	58	6	0	.270	.312	.711
2020	カーディナルス	42	145	12	38	2	0	4	16	6	21	0	0	.262	.303	.662
通算成績		2025	7115	713	2001	381	7	160	932	513	803	66	37	.281	.333	.737

3 ブレイクの期待が高まる才能の宝庫
ディラン・カールソン *Dylan Carlson*

外野手 ルーキー

23歳 1998.10.23生 | 188cm | 93kg | 左投両打
◆対左投手打率／.182 ◆対右投手打率／.202
◆ホーム打率／.231 ◆アウェー打率／.172 ◆得点圏打率／.222
◆20年のポジション別出場数／ライト=18、センター=17、レフト=10
◆ドラフト2016①カーディナルス ◆出カリフォルニア州
◆年57万500ドル(約5990万円)+α

ミート3 パワー5 走塁3 守備3 肩3

昨年のポストシーズンで、ルーキーながら3試合連続で4番打者に起用された注目の外野手。8月15日にメジャーデビューを果たしたが、メジャーの投手の投球術に翻弄(ほんろう)されて低打率にあえぎ、9月6日に待機キャンプに戻された。しかしそこで再調整して18日に復帰すると、長打を打ちまくり、12試合で11打点を叩き出した。これが評価されて、ポストシーズンでは4番打者に抜擢(ばってき)され、打率3割3分3厘、出塁率5割7分7厘をマーク。カーディナルスでルーキーながらプレーオフで4番打者を務めたのは、スタン・ミュージアル、アルバート・プーホールスに次いで3人目だ。父ジェフさんは、高校野球の強豪エルク・グローヴ高校の監督を19年間務めている野球指導者。カールソンも高校時代はここで父に鍛えられ、ドラフト1巡目指名でプロ入り。

カモ B・シンガー(ロイヤルズ)1.000(2-2)0本 苦手 A・アルゾレイ(カブス).000(3-0)0本

年度	所属チーム	試合数	打数	得点	安打	二塁打	三塁打	本塁打	打点	四球	三振	盗塁	盗塁死	出塁率	OPS	打率
2020	カーディナルス	35	110	11	22	7	1	3	16	8	35	1	1	.252	.616	.200
通算成績		35	110	11	22	7	1	3	16	8	35	1	1	.252	.616	.200

28 ロッキーズの姿勢に不満爆発
ノーラン・アレナード *Nolan Arenado*

サード 移籍

30歳 1991.4.16生 | 188cm | 98kg | 右投右打
◆対左投手打率／.264 ◆対右投手打率／.248
◆ホーム打率／.271 ◆アウェー打率／.227 ◆得点圏打率／.175
◆20年のポジション別出場数／サード=48◆ドラフト2009②ロッキーズ
◆出カリフォルニア州 ◆年3500万ドル(約36億7500万円) ◆本塁打王3回(15、16、18年)、打点王2回(15、16年)、ゴールドグラブ賞8回(13~20年)、シルバースラッガー賞4回(15~18年)

ミート4 パワー5 走塁3 守備5+ 肩5

3度の本塁打王獲得歴があるスラッガー。オフのトレードでロッキーズから移籍した。昨季は左肩を痛めながらも強行出場を続けたため、珍しく打撃の安定感を欠いたが、メジャー随一と言われる三塁守備は衰えず、8年連続でゴールドグラブ賞を受賞した。一昨年の2月に8年契約を結び、ロッキーズ一筋を誓ったが、同年オフ、水面下で球団がトレード話を進めたことに「リスペクトを欠いている」と不満を表明。積極的な補強に乗り出さない姿勢にもイライラを募(つの)らせ、最近はロッキーズに、自身のトレードを要求していた。

カモ 柳賢振(リュ・ヒョンジン)(ブルージェイズ).516(31-16)4本 苦手 前田健太(ツインズ).133(30-4)0本

年度	所属チーム	試合数	打数	得点	安打	二塁打	三塁打	本塁打	打点	四球	三振	盗塁	盗塁死	出塁率	OPS	打率
2013	ロッキーズ	133	486	49	130	29	4	10	52	23	72	2	0	.301	.706	.267
2014	ロッキーズ	111	432	58	124	34	2	18	61	25	58	2	1	.328	.828	.287
2015	ロッキーズ	157	616	97	177	43	4	42	130	34	110	2	5	.323	.898	.287
2016	ロッキーズ	160	618	116	182	35	6	41	133	68	103	2	3	.362	.932	.294
2017	ロッキーズ	159	606	100	187	43	7	37	130	62	106	3	2	.373	.959	.309
2018	ロッキーズ	156	590	104	175	38	2	38	110	73	122	2	2	.374	.935	.297
2019	ロッキーズ	155	588	102	185	31	2	41	118	62	93	3	2	.379	.962	.315
2020	ロッキーズ	48	182	23	46	9	0	8	26	15	20	0	0	.303	.738	.253
通算成績		1079	4118	649	1206	262	27	235	760	362	684	16	15	.349	.890	.293

48 ヒットが出なければ死球で出塁するタイプ

ハリソン・ベイダー *Harrison Bader*

センター

27歳 1994.6.3生 | 183cm | 95kg | 右投右打
◆対左投手打率／.360 ◆対右投手打率／.185
◆ホーム打率／.235 ◆アウェー打率／.218 ◆得点圏打率／.182
◆20年のポジション別出場数／センター=49、DH=1
◆ド2015③カーディナルス ◆出ニューヨーク州
◆年200万ドル(約2億1000万円)

ミート 2
パワー 4
走塁 4
守備 4
肩 5

ハッスルプレーを連発するため、地元のファンに人気がある中堅手。昨季は9番打者として使われることが多かったが、これは足を生かすためというよりは、三振が多すぎるからだ。とくに相手が右投手のときは、追い込まれてから変化球の誘い球が来ると簡単に引っかかっていた。その一方で、ハードな筋トレに励んだ成果が出てパワーアップしており、昨年は長打の出る頻度がチームの誰よりも高かった。守備面では、守備範囲の広さとスーパーキャッチの多さがウリで、一昨年はゴールドグラブ賞の最終候補になった。そのため昨年は同賞の受賞を期待されていたが、最終候補にすら入れなかった。筋トレのやり過ぎで瞬発力が落ち、守備範囲が多少狭くなっているからだ。

カモ K・ライアン(カブス).600(5-3)2本 苦手 ダルビッシュ有(パドレス).000(5-0)0本

年度	所属チーム	試合数	打数	得点	安打	二塁打	三塁打	本塁打	打点	四球	三振	盗塁	盗塁死	出塁率	OPS	打率
2017	カーディナルス	32	85	10	20	3	0	3	10	5	24	2	1	.283	.659	.235
2018	カーディナルス	138	379	61	100	20	2	12	37	31	125	15	3	.334	.756	.264
2019	カーディナルス	128	347	54	71	14	3	12	39	46	117	11	3	.314	.680	.205
2020	カーディナルス	50	106	21	24	7	2	4	11	13	40	3	1	.336	.779	.226
通算成績		348	917	146	215	44	7	31	97	95	306	31	8	.322	.721	.234

11 聡明でピアノも上手な良家のご子息

ポール・デヤング *Paul DeJong*

ショート

28歳 1993.8.2生 | 183cm | 93kg | 右投右打
◆対左投手打率／.125 ◆対右投手打率／.273
◆ホーム打率／.293 ◆アウェー打率／.208 ◆得点圏打率／.343
◆20年のポジション別出場数／ショート=45
◆ド2015④カーディナルス ◆出フロリダ州
◆年400万ドル(約4億2000万円)

ミート 4
パワー 5
走塁 4
守備 4
肩 5

昨年7月末のPCR検査で陽性反応が出て、隔離された選手の一人。復帰後は休みを入れて使うのが原則だが、チーム事情で連日スタメン出場。ヒットもよく出て、一時は打率が3割2分台まで上昇。しかし、休みなしで出場したツケが9月中旬に出て、打率がどんどん低下した。野球選手として大成する基礎を作ってくれたのは両親。息子がポニーリーグに入って野球を本格的に始めると、父キースさんはチームのコーチになって息子の成長を見守り、母アンドレアさんはポニーリーグの球場管理ディレクターになってリーグの活動を支え、のちに理事会のメンバーにもなった。両親は子供に習い事をさせるのが好きで、デヤングは野球と並行して11年間、ピアノも習っていた。

カモ J・デグローム(メッツ).364(11-4)2本 苦手 ダルビッシュ有(パドレス).091(11-1)1本

年度	所属チーム	試合数	打数	得点	安打	二塁打	三塁打	本塁打	打点	四球	三振	盗塁	盗塁死	出塁率	OPS	打率
2017	カーディナルス	108	417	55	119	26	1	25	65	21	124	1	0	.325	.857	.285
2018	カーディナルス	115	436	68	105	25	1	19	68	36	123	1	1	.313	.746	.241
2019	カーディナルス	159	583	97	136	31	1	30	78	62	149	9	5	.318	.762	.233
2020	カーディナルス	45	152	17	38	6	0	3	25	17	50	1	0	.322	.671	.250
通算成績		348	917	146	215	44	7	31	97	95	306	31	8	.322	.721	.234

野手

41 タイラー・オニール *Tyler O'Neill*

バットではなく、グラブで目を見張る貢献

レフト

26歳 1995.6.22生 | 180cm | 91kg | 右投右打 対左.154 対右.177 ホ.167 ア.177 得.176 ド2013③マリナーズ 出カナダ 年57万500ドル(約5990万円)+α ◆ゴールドグラブ賞1回(20年)

ミ1 パ5 走3 守5 肩5

レフトのレギュラーに抜擢された昨季、初のゴールドグラブ賞に輝いたカナダ出身の外野手。昨季のゴールドグラブ賞は、コロナ禍で例年のように監督やコーチの投票で決めることができないため、DRS、UZR など、守備力の高さを評価する新指標の数値で決められた。最終候補はオニール、秋山翔吾、ペラルタの3人だったが、オニールはDRS、UZR がともにメジャー全体のベストだった。一方、打撃面では結果を出せなかった。チーム最多の7本塁打を記録したものの、打率は記録的な低さで推移。シーズン終盤にはスタメンから外され、時々代打で使われながらシーズンを終えている。

年度	所属チーム	試合数	打数	得点	安打	二塁打	三塁打	本塁打	打点	四球	三振	盗塁	盗塁死	出塁率	OPS	打率
2020	カーディナルス	50	139	20	24	5	0	7	19	15	43	3	1	.261	.621	.173
通算成績		171	410	67	94	16	0	21	58	32	153	6	1	.291	.713	.229

13 マット・カーペンター *Matt Carpenter*

年齢的な衰えが急速に進行中

DH サード

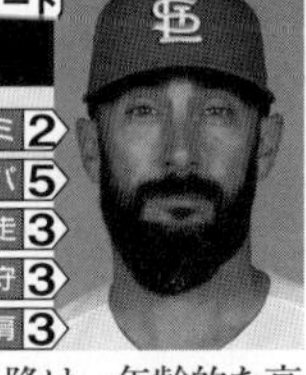

36歳 1985.11.26生 | 193cm | 95kg | 右投左打 対左.190 対右.185 ホ.217 ア.163 得.237 ド2009⑬カーディナルス 出テキサス州 年1850万ドル(約19億4250万円) ◆シルバースラッガー賞1回(13年)

ミ2 パ5 走3 守3 肩3

今年で見納めになりそうな、2010年代の強いカーディナルスを支えてきた個性派内野手。打者としては早打ちせず、失投をじっくり待つタイプ。18年までは速球にめっぽう強く、甘く入った速球を高い確率で本塁打にしていた。しかし19年以降は、年齢的な衰えが急速に進行し、速球が甘いコースに来ても外野席まで運べないことが多くなった。しかし、長年のライバルであるカブス戦になると、闘争心の残り火が往時の打撃をよみがえらせるようで、一発がよく出る。昨年は6本塁打のうち、2本をカブス戦で記録。絶好調だったダルビッシュ（今季パドレス）からも、1本打っている。

年度	所属チーム	試合数	打数	得点	安打	二塁打	三塁打	本塁打	打点	四球	三振	盗塁	盗塁死	出塁率	OPS	打率
2020	カーディナルス	50	140	22	26	6	0	4	24	23	48	0	0	.325	.640	.186
通算成績		1199	4196	734	1118	290	27	152	555	664	995	25	17	.371	.828	.266

35 レイン・トーマス *Lane Thomas*

メジャー定着に再挑戦する外野の成長株

センター ライト

26歳 1995.8.23生 | 183cm | 84kg | 右投右打 対左.125 対右.107 ホ.083 ア.125 得.077 ド2014⑤ブルージェイズ 出テネシー州 年57万500ドル(約5990万円)+α

ミ3 パ3 走4 守4 肩4

7月末のPCR検査で陽性と判定されたあと、復帰まで1カ月かかった不運な外野手。昨季はメジャー定着を期待されていたので、復帰後は10試合ほど先発出場する機会を与えられた。だが、結果を出したいという気持ちが空回りしてスランプとなり、2週間ほどで待機キャンプに送り返された。特別に優れた部分はないが、足、肩、守備力、パワーはどれも平均以上であるため、4人目の外野手にうってつけのタイプ。守備範囲が広く、ジャンプ力もあるため、ポジションはセンターが一番フィットする。カーディナルスの外野は弱体で、とびぬけた存在がいない。チャンスは十分ある。

年度	所属チーム	試合数	打数	得点	安打	二塁打	三塁打	本塁打	打点	四球	三振	盗塁	盗塁死	出塁率	OPS	打率
2020	カーディナルス	18	36	5	4	2	0	1	2	4	13	0	0	.200	.450	.111
通算成績		52	74	11	16	2	1	5	14	8	21	1	1	.310	.782	.216

0 コロナ陽性者の悲哀を身をもって体現
オースティン・ディーン *Austin Dean*

外野手

28歳 1993.10.14生 | 183cm | 98kg | 右投右打 対左.000 対右.333 ホ.250 ア— 得.000 ド2012④マーリンズ 出テキサス州 年57万500ドル(約5990万円)+α

ミ3 パ3 走3 守2 肩3

新天地に来て張り切っていたのに、最後のコロナ陽性者になり3試合しか出番がなかった気の毒な外野手。昨季は開幕メンバーに入れず、タクシースクワッド（随時入れ替え可能な予備選手集団）の一人としてチームに加わることに。7月末、遠征先のミルウォーキーでチーム内に新型コロナ陽性者が出たため、選手、同行者、スタッフすべてが数日間移動を禁じられ、PCR検査を受けた。その期間にルームメートのヘルズリーがキャリアになっていたため、セントルイス帰還後の8月10日に陽性反応が出た。同月末にはプレー可能になるが、その頃には忘れられた存在になっていた。

年度	所属チーム	試合数	打数	得点	安打	二塁打	三塁打	本塁打	打点	四球	三振	盗塁	盗塁死	出塁率	OPS	打率
2020	カーディナルス	3	4	1	1	1	0	0	0	3	2	0	0	.571	1.071	.250
通算成績		101	295	34	66	19	0	10	35	19	71	1	2	.274	.664	.224

7 飼い殺し状態に置かれる、モリナの後継候補
アンドルー・キズナー *Andrew Knizner*

キャッチャー

26歳 1995.2.3生 | 185cm | 102kg | 右投右打 盗塁阻止率／.667(3-2) 対左.200 対右.273 ホ.000 ア.267 得.500 ド2016⑦カーディナルス 出ヴァージニア州 年57万500ドル(約5990万円)+α

ミ3 パ3 走2 守2 肩3

2年前から「ヤディアー・モリナの後継者候補の一人」というタグが付いているが、それに見合った扱いを受けていない気の毒なキャッチャー。モリナとの契約が終了するため、昨季は「その後」に備えてキズナーにまとまった出場機会が与えられると思われた。だが、チームの勝率が5割前後で推移していたため、ポストシーズン進出を果たすには、経験豊富なモリナとウィータースの正副コンビで行くしかなく、キズナーは8試合の出場にとどまった。バッターとして価値があるタイプの捕手で、守備は平均よりやや落ちるレベル。盗塁阻止力は平均レベル。リードはうまいほうだ。

年度	所属チーム	試合数	打数	得点	安打	二塁打	三塁打	本塁打	打点	四球	三振	盗塁	盗塁死	出塁率	OPS	打率
2020	カーディナルス	8	16	1	4	1	0	0	4	0	5	0	0	.235	.548	.250
通算成績		26	69	8	16	3	0	2	11	4	19	2	0	.280	.642	.232

– イヴァン・ヘレーラ *Ivan Herrera*

キャッチャー 期待度 C+ ルーキー

21歳 2000.6.1生 | 180cm | 100kg | 右投右打 ◆一昨年は1A、1A+でプレー ド2016(外)カーディナルス 出パナマ

ヤディアー・モリナの後継候補の中で、最有力と見られているパナマ出身の逸材。16歳のとき、契約金20万ドル（約2100万円）でプロ入り。まだ2A以上でプレーした経験はないが、昨季は7月以降、待機キャンプで中身の濃い訓練を受けて、守備力が格段にレベルアップした。11月には40人枠に入った。

26 ジャスティン・ウィリアムズ *Justin Williams*

ライト レフト 期待度 C ルーキー

26歳 1995.8.20生 | 185cm | 107kg | 右投左打 ◆昨季はメジャーで3試合出場 ド2013②ダイヤモンドバックス 出ルイジアナ州

昨年2年ぶりにメジャーでプレーし、初ヒットも記録した外野手。走攻守すべてで大きなマイナスはないが、突出した能力もなく、メジャー定着の決め手に欠ける。2018年にレイズでメジャーデビュー。ところが、同年オフにテレビを殴って、手を骨折。その後も故障が続き、翌19年はマイナー暮らしだった。

対左=対左投手打率 対右=対右投手打率 ホ=ホーム打率 ア=アウェー打率 得=得点圏打率
ド=ドラフトデータ 出=出身地 年=年俸
※昨季、マイナーリーグは中止

ナショナル・リーグ……中部地区 *CINCINNATI REDS*

シンシナティ・レッズ

◆創　立:1881年
◆本拠地:オハイオ州シンシナティ市

◆ワールドシリーズ制覇:5回/◆リーグ優勝:9回
◆地区優勝:10回/◆ワイルドカード獲得:2回

主要オーナー ロバート・カステリーニ(野菜果物卸売り企業カステリーニ社社長)

過去5年成績

年度	勝	負	勝率	ゲーム差	地区順位	ポストシーズン成績
2016	68	94	.420	35.5	⑤	—
2017	68	94	.420	24.0	⑤	—
2018	67	95	.414	28.5	⑤	—
2019	75	87	.463	16.0	④	—
2020	**31**	**29**	**.517**	**3.0**	③	**ワイルドカードシリーズ敗退**

監　督 25 デイヴィッド・ベル *David Bell*

◆年　　齢…………49歳(オハイオ州出身)
◆現役時代の経歴…12シーズン　インディアンズ(1995)、カーディナルス(サード、セカンド)　(1995~98)、インディアンズ(1998)、マリナーズ(1998~2001)、ジャイアンツ(2002)、フィリーズ(2003~06)、ブリュワーズ(2006)
◆現役通算成績……1403試合　.257　123本　589打点
◆監督経歴…………2シーズン　レッズ(2019~)
◆通算成績…………106勝116敗(勝率.477)

ベースボールファミリー出身の熱血監督。退場が多く、一昨年は8度の退場処分を受けている。昨季も8月29日の試合で、秋山翔吾の頭部付近に投げられた投球に怒って抗議し、退場となった。現役時代は、マリナーズなどでプレーした内野手。イチローがメジャー1年目に、ライトからサードへ矢のような送球をし、ランナーを刺したことがあったが、あの有名な「レーザービーム」をグラブに収め、走者にタッチしたのがベルだった。父、祖父、弟も元メジャーリーガー。

注目コーチ 90 デライノ・デシールズ *Delino DeShields*

一塁ベースコーチ。52歳。現役時代は主に二塁手として活躍。俊足が武器で、通算463盗塁。息子のデライノ・デシールズ(同名)は、昨季、インディアンズでプレー。

編成責任者 ニック・クラール *Nick Krall*

44歳。2003年にスカウトとしてレッズの組織に加わり、順調に出世。2018年にGMとなり、昨年10月、編成トップの座に就いた(GMの肩書はこれまでと変わらず)。

スタジアム グレートアメリカン・ボールパーク *Great American Ball Park*

◆開 場 年…………2003年
◆仕　　様…………天然芝
◆収容能力…………42,319人
◆フェンスの高さ …2.4~3.7m
◆特　　徴…………ホームランが出やすい球場の一つ。昨季のレッズ打線は、チーム打率がナショナル・リーグでワーストだったが、チーム本塁打数はリーグで4番目に多かった。ファウルテリトリーの狭さも、投手にとってはつらい設計の球場。

ヒッターズパーク

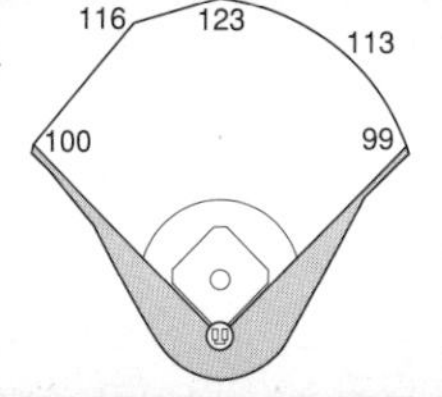

Best Order

[ベストオーダー]

①秋山翔吾……レフト
②ニック・カステヤノス……ライト
③ジョーイ・ヴォト……ファースト
④エウヘイニオ・スアレス……サード
⑤マイク・ムスタカス……セカンド
⑥ジェシー・ウィンカー……DH
⑦ニック・センゼル……センター
⑧ホセ・ガルシア……ショート
⑨タッカー・バーンハート……キャッチャー

Depth Chart

[ポジション別選手層・メンバーリスト]

※2021年2月12日時点の候補選手。数字は背番号(開幕前に変更する場合もあり)、右・左等は投・打の順。

※ナショナル・リーグでは今季、DH制が不採用の可能性あり。

センター

15 ニック・センゼル [右・右]
4 秋山翔吾 [右・左]
21 マイケル・ローレンゼン [右・右]
26 スコット・ハイネマン [右・右]

レフト

4 秋山翔吾 [右・左]
33 ジェシー・ウィンカー [左・左]
44 アリスティーデス・アキーノ [右・右]
34 マーク・ペイトン [左・左]

ライト

2 ニック・カステヤノス [右・右]
33 ジェシー・ウィンカー [左・左]
44 アリスティーデス・アキーノ [右・右]
26 スコット・ハイネマン [右・右]

ショート

38 ホセ・ガルシア [右・右]
17 カイル・ファーマー [右・右]

セカンド

9 マイク・ムスタカス [右・左]
17 カイル・ファーマー [右・右]
0 アレックス・ブランディーノ [右・右]

ローテーション

54 ソニー・グレイ [右・右]
58 ルイス・カスティーヨ [右・右]
30 タイラー・マーリー [右・右]
22 ウェイド・マイリー [左・左]
21 マイケル・ローレンゼン [右・右]
23 ジェフ・ホフマン [右・右]

サード

7 エウヘイニオ・スアレス [右・右]
17 カイル・ファーマー [右・右]

ファースト

19 ジョーイ・ヴォト [右・左]
26 スコット・ハイネマン [右・右]

キャッチャー

16 タッカー・バーンハート [右・左]
37 タイラー・スティーヴンソン [右・右]
17 カイル・ファーマー [右・右]
82 デイヴィー・グルヨン [右・右]

DH

33 ジェシー・ウィンカー [左・左]

ブルペン

63 ショーン・ドゥーリトル [左・左] CL
50 アミール・ギャレット [左・右]
39 ルーカス・シムズ [右・右]
41 ノエ・ラミレス [右・右]
70 ティージェイ・アントーン [右・右]
21 マイケル・ローレンゼン [右・右]
47 セル・ロマーノ [右・左]
23 ジェフ・ホフマン [右・右]
87 ホセ・デレオン [右・右]
55 ブランドン・ベイリー [右・右]
52 エドガー・ガルシア [右・右]
77 アート・ウォーレン [右・右]
49 ヘクター・ペレス [右・右]

※CL=クローザー

レッズ試合日程……＊はアウェーでの開催

日程	対戦
4月1・3・4	カーディナルス
5・6・7	パイレーツ
9・10・11	ダイヤモンドバックス＊
12・13・14	ジャイアンツ＊
16・17・18	インディアンズ
20・21・22	ダイヤモンドバックス
23・24・25	カーディナルス＊
26・27・28	ドジャース＊
30・5月1・2	カブス
4・5	ホワイトソックス
7・8・9	インディアンズ＊
10・11・12	パイレーツ＊
13・14・15・16	ロッキーズ＊
17・18・19・20	ジャイアンツ
21・22・23	ブリュワーズ
25・26・27	ナショナルズ＊
28・29・30	カブス＊
31・6月1・2	フィリーズ
3・4・5・6	カーディナルス＊
8・9・10	ブリュワーズ
11・12・13	ロッキーズ
14・15・16	ブリュワーズ＊
17・18・19・20	パドレス＊
21・22	ツインズ＊
24・25・26・27	ブレーブス
29・30・7月1	パドレス
2・3・4	カブス

球団メモ これまで多くの日本人がメジャーでプレーしているが、昨年、秋山翔吾がプレーするまで、レッズは30球団で唯一、日本人選手が在籍したことのない球団だった。

■投手力↘…★★★½☆ 【昨年度チーム防御率3.84、リーグ2位】

昨季は先発投手陣が好調で、チーム防御率はリーグ2位。サイ・ヤング賞を獲得したバウアーがチームを去ったが、グレイ、カスティーヨともにエース級の実力の持ち主。平均レベルの得点援護があれば、この2人で25勝から30勝をかせぐだろう。3番手のマーリーも成長著しく、ローテーションは「中の上」レベルを維持している。また、9月に先発で好投したローレンゼンが、今季は開幕からローテーションに入って投げる予定だ。一定の期待ができる先発に対し、リリーフは安心できない。守護神イグレシアスをトレードで放出し、昨季途中に加入して好投したブラッドリーもFAでチームを出た。

■攻撃力↗…★★★☆☆ 【昨年度チーム得点243、リーグ13位】

昨季はカステヤノス、ムスタカス、秋山翔吾を補強したが、得点力アップにつながらなかった。しかしカステヤノスとムスタカスのスランプが、2年連続で続くとは考えにくい。秋山も昨季終盤、打撃のリズムをつかんだように見えるので、得点力は「中の上」レベルまで回復する可能性が高い。

■守備力➡…★★★½☆ 【昨年度チーム失策数27、リーグ1位】

ショートが、ガルヴィスからガルシアに変わるのはプラスだ。捕手のバーンハートは昨季、2度目のゴールドグラブ賞を受賞。レフトの秋山もゴールドグラブ賞の候補になった。ファーストを守るヴォトの守備力低下は深刻。

■機動力➡…★★★☆☆ 【昨年度チーム盗塁数29、リーグ6位タイ】

秋山は昨季、チーム最多の7盗塁を記録。スモールボールのスキルも高い。

バウアーが去っても、まだエース級の実力があるグレイとカスティーヨがいるのが一番の強みだ。「投」ではローレンゼン、マーリー、「打」では秋山、ウィンカーにブレイクの可能性がある。このうちの2人が実力を出せれば、90勝に届く可能性も。

IN 主な入団選手

投手
- ショーン・ドゥーリトル⬅ナショナルズ
- ノエ・ラミレス⬅エンジェルス
- エドガー・ガルシア⬅レイズ
- ジェフ・ホフマン⬅ロッキーズ

野手
- スコット・ハイネマン⬅レンジャーズ

OUT 主な退団選手

投手
- トレヴァー・バウアー➡ドジャース
- アーチー・ブラッドリー➡フィリーズ
- アンソニー・デスクラファーニ➡ジャイアンツ
- ライセル・イグレシアス➡エンジェルス

野手
- フレディ・ガルヴィス➡オリオールズ
- カート・カサーリ➡ジャイアンツ

日程	対戦	日程	対戦	日程	対戦
5・6・7	ロイヤルズ＊	5・6・7・8	パイレーツ	6・7・8	カブス＊
8・9・10・11	ブリュワーズ＊	10・11・12	ブレーブス＊	10・11・12	カーディナルス＊
13	オールスターゲーム	13・14・15	フィリーズ＊	14・15・16	パイレーツ＊
16・17・18	ブリュワーズ	16・17・18	カブス	17・18・19	ドジャース
19・20・21	メッツ	19・20・21・22	マーリンズ	20・21・22	パイレーツ
23・24・25	カーディナルス	24・25・26	ブリュワーズ＊	23・24・25・26	ナショナルズ
26・27・28・29	カブス＊	27・28・29	マーリンズ＊	28・29	ホワイトソックス＊
30・31・**8**月1	メッツ＊	30・31・**9**月1	カーディナルス	**10**月1・2・3	パイレーツ＊
3・4	ツインズ	3・4・5	タイガース		

レッズ

球団メモ 1970年代、レッズの中心選手として活躍したジョー・モーガンが昨年10月に死去。享年77。背番号「8」はレッズの永久欠番。75年、76年にリーグMVPを受賞。

投手

17歳のとき信仰に目覚め、酒と大麻を断つ　先発

21 マイケル・ローレンゼン
Michael Lorenzen

29歳 1992.1.4生｜191cm｜100kg｜右投右打
◆速球のスピード／150キロ台中頃(フォーシーム、シンカー)
◆決め球と持ち球／◎フォーシーム、◎スライダー、◎チェンジアップ、○カッター、○カーブ、△シンカー
◆対左打者被打率／.250　◆対右打者被打率／.220
◆ホーム防御率／3.32　◆アウェー防御率／6.00
◆ドラフトデータ／2013①レッズ
◆出身地／カリフォルニア州
◆年俸／443.75万ドル(約4億6594万円)

球威 5
制球 3
緩急 4
守備・牽制 4
度胸 4

今季は開幕から、ローテーション入りして先発で投げる予定のパワーピッチャー。一昨年までは、リリーフ投手と外野手を兼ねるツーウェイ(二刀流)選手として活躍。2018年には打者として打率2割9分0厘、本塁打4、打点10をマークし、満塁ホーマーも打った実績がある。しかし昨季は球団がツーウェイ選手の登録をしなかったため、ほぼ投手専業で使われた。

投手としては開幕からセットアッパーとして起用されたが、序盤は変化球の制球が定まらず大乱調。いきなり3試合連続で一発を食った。その後も四球からピンチを招いて度々失点したため、8月9日時点の防御率は16.88だった。これでは重要度の高い場面では使えないため、ロングリリーフに格下げされた。それを機に、フォーシームとスライダーの割合を大幅に増やしたところ見違えるように安定し、7試合、14イニング失点がなかった。ロングリリーフで好投が続いたため、9月中旬にグレイが故障した際、その穴埋めで先発に回ることになり、2試合に好投。それが評価され、今季はキャンプで先発組に入ることが決まった。

父も母も麻薬と酒の依存症。3人の兄たちも酒に酔ってケンカを繰り返す、家庭崩壊した家で育った。両親が派手な夫婦ゲンカを頻繁(ひんぱん)にやるため、毎週のように警察官が駆けつけ、そのたびに四男坊の彼は恥ずかしい思いをした。彼自身は中学に入る頃にはスポーツ活動で注目されだしていたが、家庭環境の悪さには勝てず、中学校2年生のときから酒と大麻を常用するようになった。だが17歳のとき、キリストの教えを広める人物に出会って改心。悪いものをすべて断ち、野球に専念するようになった。現在は敬虔(けいけん)なクリスチャンで、17年に結婚したキャシー夫人も信仰心の厚い女性。

カモ P・ゴールドシュミット(カーディナルス).167(12-2)0本　G・ポランコ(パイレーツ).167(18-3)0本
苦手 K・ブライアント(カブス).417(21-10)1本　O・アルシア(ブリュワーズ).357(14-5)2本

年度	所属チーム	勝利	敗戦	防御率	試合数	先発	セーブ	投球イニング	被安打	失点	自責点	被本塁打	与四球	奪三振	WHIP
2015	レッズ	4	9	5.40	27	21	0	113.1	131	70	68	18	57	83	1.66
2016	レッズ	2	1	2.88	35	0	0	50.0	41	16	16	5	13	48	1.08
2017	レッズ	8	4	4.45	70	0	2	83.0	78	43	41	9	34	80	1.35
2018	レッズ	4	2	3.11	45	3	1	81.0	78	32	28	6	34	54	1.38
2019	レッズ	1	4	2.92	73	0	7	83.1	68	29	27	9	28	85	1.15
2020	レッズ	3	1	4.28	18	2	0	33.2	30	17	16	3	17	35	1.40
通算成績		22	21	3.97	268	26	10	444.1	426	207	196	50	183	385	1.37

投手

58 ルイス・カスティーヨ *Luis Castillo*

ドミニカ出身者ではナンバーワンの投手に　先発

29歳 1992.12.12生 | 188cm | 91kg | 右投右打
◆速球のスピード／150キロ台中頃〜後半(ツーシーム、フォーシーム)
◆決め球と持ち球／☆チェンジアップ、◎ツーシーム、◎フォーシーム、◎スライダー
◆対左.244 ◆対右.221 ◆ホ防2.05 ◆ア防4.12
◆ド2011㊕ジャイアンツ ◆出ドミニカ
◆年420万ドル(約4億4100万円)

球威5 制球3 緩急5 守備・牽制4 度胸4

尊敬するペドロ・マルティネスと瓜二つになってきた、進化し続ける右腕。昨季は味方の得点援護に極端に恵まれなかったため、負け越してしまったが、防御率、奪三振率、ゴロ打球率は一昨年より良くなっていた。速球の平均スピードも 1.5 キロ上昇し、全体で見るとさらに進化したシーズンになった。一方、一昨年はチェンジアップに磨きがかかり、メジャーリーグ全体で最高のチェンジアップと評価されたが、昨季はチェンジアップの制球が不安定で、浮いて一発を食うケースが度々あった。「MLB.com」が昨年 11 月、「各球団で 2021 年にタイトルを獲得する可能性があるのは誰か？」という記事を掲載したが、レッズは「カスティーヨのサイ・ヤング賞」との予想が出ていた。

カモ T・オニール(カーディナルズ).000(13-0)0本　苦手 I・ハップ(カブス).462(13-6)1本

年度	所属チーム	勝利	敗戦	防御率	試合数	先発	セーブ	投球イニング	被安打	失点	自責点	被本塁打	与四球	奪三振	WHIP
2017	レッズ	3	7	3.12	15	15	0	89.1	64	32	31	11	32	98	1.07
2018	レッズ	10	12	4.30	31	31	0	169.2	158	89	81	28	49	165	1.22
2019	レッズ	15	8	3.40	32	32	0	190.2	139	76	72	22	79	226	1.14
2020	レッズ	4	6	3.21	12	12	0	70.0	62	31	25	5	24	89	1.23
通算成績		32	33	3.62	90	90	0	519.2	423	228	209	66	184	578	1.17

54 ソニー・グレイ *Sonny Gray*

ヤンキースで死にかけたが、レッズで復活　先発

32歳 1989.11.7生 | 178cm | 88kg | 右投右打
◆速球のスピード／150キロ前後(シンカー、フォーシーム)
◆決め球と持ち球／☆シンカー、◎フォーシーム、◎カーブ、○スライダー
◆対左.202 ◆対右.205 ◆ホ防2.90 ◆ア防4.68
◆ド2011①アスレティックス ◆出テネシー州
◆年1000万ドル(約10億5000万円)

球威4 制球3 緩急5 守備・牽制3 度胸4

以前はゴロを量産するタイプだったが、最近は三振をハイペースで奪うようになったベテラン。昨季は開幕投手としてシーズンに入り、8 月末時点の防御率は 1.98。サイ・ヤング賞レースにも加わっていた。しかし 9 月に入って投球が浮き始め、2 試合連続で大量失点したあと、背中の痛みを理由に IL(故障者リスト)入り。10 日で復帰し、2 試合に先発したが、ポストシーズンで投げる機会はなかった。小柄だが、身体能力は高い。高校時代は、秋はアメフトのチームでクォーターバック、春は野球チームでエースとして活躍。

カモ J・ヘイワード(カブス).050(20-1)1本　苦手 T・エドマン(カーディナルス).571(7-4)0本

年度	所属チーム	勝利	敗戦	防御率	試合数	先発	セーブ	投球イニング	被安打	失点	自責点	被本塁打	与四球	奪三振	WHIP
2013	アスレティックス	5	3	2.67	12	10	0	64.0	51	22	19	4	20	67	1.11
2014	アスレティックス	14	10	3.08	33	33	0	219.0	187	84	75	15	74	183	1.19
2015	アスレティックス	14	7	2.73	31	31	0	208.0	166	71	63	17	59	169	1.08
2016	アスレティックス	5	11	5.69	22	22	0	117.0	133	80	74	18	42	94	1.50
2017	アスレティックス	6	5	3.43	16	16	0	97.0	84	48	37	8	30	94	1.18
2017	ヤンキース	4	7	3.72	11	11	0	65.1	55	31	27	11	27	59	1.26
2017	2チーム計	10	12	3.55	27	27	0	162.1	139	79	64	19	57	153	1.21
2018	ヤンキース	11	9	4.90	30	23	0	130.1	138	73	71	14	57	123	1.50
2019	レッズ	11	8	2.87	31	31	0	175.1	122	59	56	17	68	205	1.08
2020	レッズ	5	3	3.70	11	11	0	56.0	42	26	23	4	26	72	1.21
通算成績		75	63	3.54	197	188	0	1132.0	978	494	445	108	403	1066	1.22

対左=対左打者被打率　対右=対右打者被打率　ホ防=ホーム防御率　ア防=アウェー防御率
ド=ドラフトデータ　出=出身地　年=年俸

30 タイラー・マーリー *Tyler Mahle*

制球力が向上すれば、強力な戦力に

先発

27歳 1994.9.29生 | 191cm | 95kg | 右投右打
◆速球のスピード／150キロ台前半(フォーシーム主体)
◆決め球と持ち球／◎フォーシーム、◎カッター、◎スプリッター、○スライダー
◆対左.176 ◆対右.218 ◆ホ防3.03 ◆ア防4.80
◆ド2013⑦レッズ ◆出カリフォルニア州
◆年220万ドル(約2億3100万円)

球威5 制球2 緩急4 守備・牽制4 度胸3

デレク・ジョンソン投手コーチとピッチングの抜本的な改造に取り組み、ハイレベルな投手に生まれ変わった右腕。重点的に取り組んだのは、フォーシームのスピン量を増すことだった。ハードな筋トレに励(はげ)んだ結果、平均2161rpmだったスピン量が2391rpmにアップ。これによりフォーシームが浮き上がる軌道になり、奪三振率とフライ打球の比率が格段に増えた。それに加えカーブを封印し、その分カッターを増やしたことで、左打者に対する被打率が一昨年の2割8分2厘から、1割7分6厘へ劇的に向上した。ただスピン量を増すことに注力した結果、速球をコントロールしにくくなり、与四球率が上昇した。今季これを解決できれば、優秀な先発3番手になるだろう。

カモ I・ハップ(カブス).000(12-0)0本　苦手 K・ヒウラ(ブリュワーズ).750(4-3)2本

年度	所属チーム	勝利	敗戦	防御率	試合数	先発	セーブ	投球イニング	被安打	失点	自責点	被本塁打	与四球	奪三振	WHIP
2017	レッズ	1	2	2.70	4	4	0	20.0	19	6	6	0	11	14	1.50
2018	レッズ	7	9	4.98	23	23	0	112.0	125	68	62	22	53	110	1.59
2019	レッズ	3	12	5.14	25	25	0	129.2	136	82	74	25	34	129	1.31
2020	レッズ	2	2	3.59	10	9	0	47.2	34	21	19	6	21	60	1.15
通算成績		13	25	4.68	62	61	0	309.1	314	177	161	53	119	313	1.40

63 ショーン・ドゥーリトル *Sean Doolittle*

守護神実績は十分だが、衰えは隠せない

クローザー　移籍

35歳 1986.9.26生 | 188cm | 93kg | 左投左打
◆速球のスピード／140キロ台後半(フォーシーム主体)
◆決め球と持ち球／◎フォーシーム、◎スライダー、○チェンジアップ
◆対左.214 ◆対右.375 ◆ホ防10.80 ◆ア防2.08
◆ド2007①アスレティックス ◆出サウスダコタ州
◆年150万ドル(約1億5750万円)

球威3 制球4 緩急2 守備・牽制3 度胸4

レッズの新クローザー候補。2017年7月にナショナルズに加入後、守護神を任され、2年半で75セーブをマーク。全盛期は150キロ台中盤のフォーシームをビシビシ投げ込むパワーピッチャーだったが、一昨季より球速が低下中。右ヒザや右腹斜筋(ふくしゃきん)を痛めていた昨季は、平均が150キロに届かなかった。筋金入りのリベラル派で、ご意見番としても有名。アメリカ民主社会主義者(政党・政治団体)の党員でもあり、夫婦ともどもトランプ前大統領が大嫌い。

カモ N・クルーズ(ツインズ).083(12-1)1本　苦手 W・ラモス(タイガース).667(6-4)0本

年度	所属チーム	勝利	敗戦	防御率	試合数	先発	セーブ	投球イニング	被安打	失点	自責点	被本塁打	与四球	奪三振	WHIP
2012	アスレティックス	2	1	3.04	44	0	1	47.1	40	18	16	3	11	60	1.08
2013	アスレティックス	5	5	3.13	70	0	2	69.0	53	24	24	4	13	60	0.96
2014	アスレティックス	2	4	2.73	61	0	22	62.2	38	19	19	5	8	89	0.73
2015	アスレティックス	1	0	3.95	12	0	4	13.2	12	6	6	1	5	15	1.24
2016	アスレティックス	2	3	3.23	44	0	4	39.0	33	14	14	6	8	45	1.05
2017	アスレティックス	1	0	3.38	23	0	3	21.1	12	8	8	3	2	31	0.66
2017	ナショナルズ	1	0	2.40	30	0	21	30.0	22	10	8	2	8	31	1.00
2017	2チーム計	2	0	2.81	53	0	24	51.1	34	18	16	5	10	62	0.86
2018	ナショナルズ	3	3	1.60	43	0	25	45.0	21	8	8	3	6	60	0.60
2019	ナショナルズ	6	5	4.05	63	0	29	60.0	63	27	27	11	15	66	1.30
2020	ナショナルズ	0	2	5.87	11	0	0	7.2	9	6	5	3	4	6	1.70
通算成績		23	23	3.07	401	0	111	395.2	303	140	135	41	80	463	0.97

対左=対左打者被打率　対右=対右打者被打率　ホ防=ホーム防御率　ア防=アウェー防御率
ド=ドラフトデータ　出=出身地　年=年俸　カモ 苦手 は通算成績

39 将来のクローザー候補に浮上した豪腕
ルーカス・シムズ *Lucas Sims*

セットアップ

27歳 1994.5.10生 | 188cm | 102kg | 右投右打 速150キロ台前半(フォーシーム主体) 決◎スライダー
対左.106 対右.190 ド2012①ブレーブス 出ジョージア州 年57万500ドル(約5990万円)+α

球5 制3 緩4 守・牽3 度4

昨年のポストシーズンゲームで、ブレーブスの強力打線を相手に三振ショーをやってのけ、評価が急上昇している闘争心旺盛なリリーバー。特徴は、一球一球、「ハッハッ」と気合を入れながら投げ込んでくること。球種はフォーシーム、スライダー、カーブ。フォーシームは浮き上がる軌道になるライジングボールで、高めいっぱいに決まると、大半の打者はバットが空を切る。スライダーも一級品。右打者は追い込まれてからこれが来ると、わかっていてもバットが出てしまうことが多い。昨季の課題は、一発を食いすぎるのでそれを大幅に減らすことだったが、これも達成している。

年度 所属チーム	勝利	敗戦	防御率	試合数	先発	セーブ	投球イニング	被安打	失点	自責点	被本塁打	与四球	奪三振	WHIP
2020 レッズ	3	0	2.45	20	0	0	25.2	13	10	7	3	11	34	0.94
通算成績	8	7	4.94	67	14	0	142.0	123	82	78	23	66	151	1.33

レッズ

41 エンジェルスから来た、大谷翔平の親友
ノエ・ラミレス *Noe Ramirez*

ミドルリリーフ

移籍

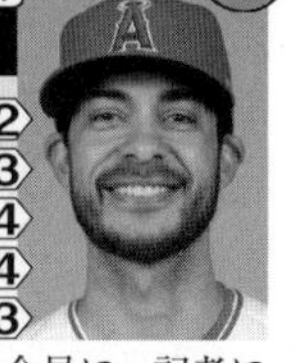

32歳 1989.12.22生 | 191cm | 93kg | 右投右打 速140キロ台前半(フォーシーム主体) 決◎チェンジアップ
対左.273 対右.173 ド2011④レッドソックス 出カリフォルニア州 年117.5万ドル(約1億2338万円)

球2 制3 緩4 守・牽4 度3

オフのトレードでエンジェルスから移籍した、明るい性格のリリーフ右腕。サイドハンド気味の低い腕の位置から、速球、カーブ、チェンジアップを組み合わせて投げる。エンジェルスでは大谷翔平ともたいへん仲が良く、昨年、大谷のオンライン会見に、記者に交じって乱入。オンラインゲームに大谷を誘う一幕があった。子供の頃は、ドジャー・スタジアムのすぐそばで育ったため、ドジャースのファン。とくに、アレックス・コーラ（現レッドソックス監督）とシーザー・イズトゥリスの二遊間コンビに夢中だった。メキシコ系米国人で、自身のルーツにとても誇りを持っている。

年度 所属チーム	勝利	敗戦	防御率	試合数	先発	セーブ	投球イニング	被安打	失点	自責点	被本塁打	与四球	奪三振	WHIP
2020 エンジェルス	1	0	3.00	21	0	0	21.0	15	7	7	2	9	14	1.14
通算成績	13	10	4.18	184	8	1	211.0	184	106	98	35	79	230	1.25

70 ブルドッグメンタリティの成長株
ティージェイ・アントーン *Tejay Antone*

スイングマン

28歳 1993.12.5生 | 193cm | 104kg | 右投右打 速150キロ台前半(シンカー主体) 決◎スライダー
対左.210 対右.119 ド2014⑤レッズ 出テキサス州 年57万500ドル(約5990万円)+α

球3 制3 緩4 守・牽3 度4

昨年7月27日にメジャーデビューし、先発とロングリリーフを兼任するスイングマンとして使われた右腕。シンカーとスライダーを両サイドに投げ分け、ゴロの山を築く技巧派。昨季は先発で4試合、リリーフで9試合に登板したが、先発で投げたときの防御率は3.86、リリーフでは1.90で、リリーフのほうがいい結果が出ている。ウリは、インサイドを果敢につくブルドッグメンタリティ。身体能力が高いのは、父のDNAによるものだ。父トニーさんは、オクラホマ大学が、1975年の全米大学フットボール選手権で優勝したときのメンバーで、春は野球チームで活躍していた。

年度 所属チーム	勝利	敗戦	防御率	試合数	先発	セーブ	投球イニング	被安打	失点	自責点	被本塁打	与四球	奪三振	WHIP
2020 レッズ	0	3	2.80	13	4	0	35.1	20	11	11	4	16	45	1.02
通算成績	0	3	2.80	13	4	0	35.1	20	11	11	4	16	45	1.02

50 アミール・ギャレット *Amir Garrett*

スラムダンク大会で優勝した抜群の身体能力

ミドルリリーフ

29歳 1992.5.3生 | 196cm | 108kg | 左投右打 速150キロ台中頃(フォーシーム、ツーシーム) 決◎スライダー
対左.043 対右.231 ド2011㉒レッズ 出カリフォルニア州 年150万ドル(約1億5750万円)

球5 制3 緩3 守塁3 度3

試合中にヤジられ、相手のベンチに殴り込みをかけたことがある、メジャーリーグきっての武闘派投手。昨季はシーズンを通して制球が安定。防御率、WHIP、被打率、奪三振率などの主要な指標は、すべて自己ベストの数字だった。

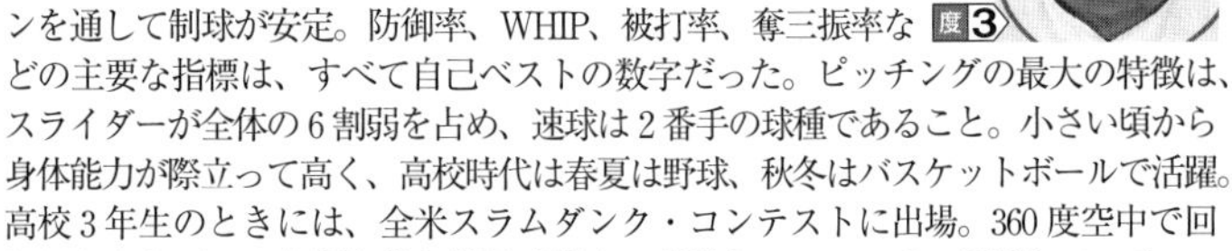

ピッチングの最大の特徴は、スライダーが全体の6割弱を占め、速球は2番手の球種であること。小さい頃から身体能力が際立って高く、高校時代は春夏は野球、秋冬はバスケットボールで活躍。高校3年生のときには、全米スラムダンク・コンテストに出場。360度空中で回転しながらダンクを叩き込む難易度最高の荒業をやってのけ、優勝している。

年度	所属チーム	勝利	敗戦	防御率	試合数	先発	セーブ	投球イニング	被安打	失点	自責点	被本塁打	与四球	奪三振	WHIP
2020	レッズ	1	0	2.45	21	0	1	18.1	10	5	5	4	7	26	0.93
通算成績		10	13	4.89	172	14	1	208.0	184	117	113	42	107	238	1.40

22 ウェイド・マイリー *Wade Miley*

選手生命の終着駅が見えてきたベテラン

先発

35歳 1986.11.13生 | 188cm | 100kg | 左投左打 速140キロ台中頃(フォーシーム、ツーシーム) 決◎カッター
対左.067 対右.341 ド2008①ダイヤモンドバックス 出ルイジアナ州 年800万ドル(約8億4000万円)

球2 制3 緩4 守塁3 度3

レッズが稼働率の高さを評価して、2年1500万ドルで契約したところ、いきなり故障した技巧派サウスポー。箇所は股関節で、ブリュワーズ在籍中にも痛めた古傷だった。このときはすぐに痛みが引き、8月12日に復帰。また先発で使われたが、8月28日に今度は肩の張りでIL入り。9月22日まで復帰できなかった。今季は2年契約の最終年なので、フル稼働し、かつ好成績を出す必要がある。それができなければ、選手生命が終わってしまう。ルイジアナの自然をこよなく愛する南部人。趣味はハンティング。以前は奥さんのケイティさんも猟銃を持って、夫婦で出かけていた。

年度	所属チーム	勝利	敗戦	防御率	試合数	先発	セーブ	投球イニング	被安打	失点	自責点	被本塁打	与四球	奪三振	WHIP
2020	レッズ	0	3	5.65	6	4	0	14.1	15	10	9	1	9	12	1.67
通算成績		85	85	4.24	255	249	0	1418.0	1466	713	668	158	499	1127	1.39

— ヴラディミール・グティエレス *Vladimir Gutierrez*

先発 期待度B⁻ ルーキー

26歳 1995.9.18生 | 185cm | 86kg | 右投右打 ◆一昨年は3Aでプレー ド2016㊡レッズ 出キューバ

キューバ亡命組のチャップマンとイグレシアスを大きな戦力に育てたレッズが、3匹目のドジョウになることを期待している先発投手。キューバのセリエ・ナシオナールで2シーズン、プレーしたあと、2016年9月に脱出して、契約金470万ドル(約5億円)でレッズに入団。チェンジアップが武器。

— ハンター・グリーン *Hunter Greene*

先発 期待度A ルーキー

22歳 1999.8.6生 | 193cm | 98kg | 右投右打 ◆一昨年、昨年は全休 ド2017①レッズ 出カリフォルニア州

ドラフトで、高校生ながら全体2番目で指名された逸材。今季中のメジャー昇格が期待される。武器は160キロ超の豪速球。2018年7月には、フューチャーズゲーム(マイナーのオールスター)で165.9キロを記録。19年4月にトミー・ジョン手術を受けたが、昨年6月には以前の球速に戻っている。

速=速球のスピード 決=決め球 対左=対左打者被打率 対右=対右打者被打率
ド=ドラフトデータ 出=出身地 年=年俸 ※昨季、マイナーリーグは中止
※メジャー経験がない投手の「先発」「リリーフ」はマイナーでの役割

野手

9月は打率3割1分7厘、出塁率4割5分6厘 レフト センター

4 秋山翔吾
Shogo Akiyama

33歳 1988.4.16生 | 183cm | 86kg | 右投左打
◆対左投手打率/.190(21-4) ◆対右投手打率/.254(134-34)
◆ホーム打率/.230(74-17) ◆アウェー打率/.259(81-21)
◆得点圏打率/.304(23-7)
◆20年のポジション別出場数/レフト=36、センター=21、DH=1
◆ドラフトデータ/2011③埼玉西武、2020㊊レッズ
◆出身地/神奈川県
◆年俸/700万ドル(約7億3500万円)

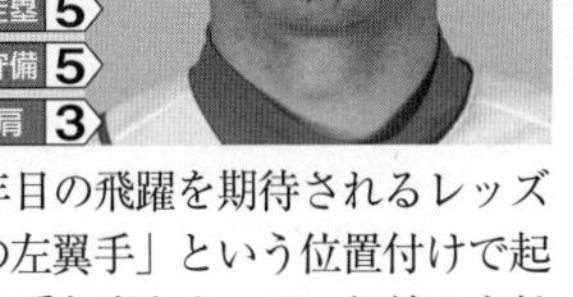

ミート 4
パワー 2
走塁 5
守備 5
肩 3

レッズ

1年目は不完全燃焼に終わったため、2年目の飛躍を期待されるレッズのチャンスメーカー。昨季は、「右投手用の左翼手」という位置付けで起用された。期待されたのは、出塁率の高い1番打者となって、打線の火付け役になることだった。初めてトップバッターで起用されたのは、開幕5戦目の7月28日のことで、それからしばらく相手の先発が右投手の場合は、1番打者に固定された。しかしこのときは、センター返しの強いゴロが、シフトによって三塁手へのゴロになってしまうことが度々あり、チャンスメーカーとして機能しなかった。8月15日のゲームからは、6番打者ないし7番打者で起用されることが多くなるが、立ち直りのきっかけをつかめないまま、打率が低下。一時は打率が1割8分台まで落ちた。

秋山にとって幸いだったのは、外野陣がそろってスランプで、取って代わる者がいなかったことだ。秋山のあとのトップバッターに適材を欠くレッズは、鈍足だが出塁率の高いヴォトを連日、1番打者に起用。しかし、これは明らかに苦肉の策である。秋山が9月8日と9日のゲームで2本ずつ安打を記録すると、秋山をトップバッターに戻した。これを機に秋山は出塁マシンと化す。とくに称賛されたのは、2ストライクを取られたあとの粘りだ。くさいコースに来た投球はカットカットでファウルにするため、相手投手が根負けして四球で出塁するケースが頻繁(ひんぱん)にあった。この2ストライク後の粘りは、相手の先発投手を早めに引きずり降ろす原動力にもなった。その結果、9月の月間打撃成績は、打率3割1分7厘、出塁率4割5分6厘、四球15という目を見張るものになり、今季も同様の活躍を期待されている。守備では主にレフトで起用され、的確にフライの軌道を読んで、最短ルートで落下点に入りキャッチしていた。ピンチに美技を見せて失点を防いだケースも何度かあったため、ゴールドグラブ賞の最終候補にもなったが、受賞はならなかった。

カモ M・ピネダ(ツインズ)1.000(2-2)0本 ダルビッシュ有(パドレス).500(4-2)0本
苦手 B・ウッドラフ(ブリュワーズ).000(8-0)0本 D・ハドソン(カーディナルス).000(7-0)0本

年度	所属チーム	試合数	打数	得点	安打	二塁打	三塁打	本塁打	打点	四球	三振	盗塁	盗塁死	出塁率	OPS	打率
2020	レッズ	54	155	16	38	6	1	0	9	25	34	7	3	.357	.654	.245
通算成績		54	155	16	38	6	1	0	9	25	34	7	3	.357	.654	.245

16 守備で防いだ失点「9」はメジャー最多

キャッチャー

タッカー・バーンハート *Tucker Barnhart*

30歳 1991.1.7生 | 180cm | 87kg | 右投左打 盗塁阻止率／.364(22-8)
◆対左投手打率／.053 ◆対右投手打率／.241
◆ホーム打率／.189 ◆アウェー打率／.222 ◆得点圏打率／.250
◆20年のポジション別出場数／キャッチャー=36、ファースト=2
◆Ⓓ2009⑩レッズ ◆㊥インディアナ州
◆㊎375万ドル(約3億9370万円) ◆ゴールドグラブ賞2回(17、20年)

ミート 2 / パワー 4 / 走塁 2 / 守備 5 / 肩 5

昨年、2度目のゴールドグラブ賞に輝いた、守備力がオールラウンドに高いキャッチャー。昨年はコロナ禍で、選考方法が監督とコーチによる投票から、サイバー系の指標であるDRS（守備で防いだ失点）とDEF（総合的な守備指標）を重視して決める方式に変わった。バーンハートは、DRSがナショナル・リーグの捕手でダントツだったので、これが受賞の決め手になった。昨季はそれ以外の指標も見事で、エラーは0、盗塁阻止率は36.4%でトップレベル。ワイルドピッチを出す頻度（ひんど）も、最少レベルだった。また、リード面ではタイラー・マーリーのブレイクを好リードで支え、グレイとも相性が良かった。

カモ F・ペラルタ(ブリュワーズ).444(9-4)1本 **苦手** C・クール(パイレーツ).143(14-2)0本

年度	所属チーム	試合数	打数	得点	安打	二塁打	三塁打	本塁打	打点	四球	三振	盗塁	盗塁死	出塁率	OPS	打率
2014	レッズ	21	54	3	10	0	0	1	1	4	10	0	0	.241	.482	.185
2015	レッズ	81	242	23	61	9	0	3	18	25	45	0	1	.324	.650	.252
2016	レッズ	115	377	34	97	23	1	7	51	36	72	1	0	.323	.702	.257
2017	レッズ	121	370	26	100	24	2	7	44	42	68	4	0	.347	.750	.270
2018	レッズ	138	460	50	114	21	3	10	46	54	96	0	4	.328	.699	.248
2019	レッズ	114	316	32	73	14	0	11	40	44	83	1	0	.328	.708	.231
2020	レッズ	38	98	10	20	3	0	5	13	12	28	0	0	.291	.679	.204
通算成績		628	1917	178	475	94	6	44	213	217	402	6	5	.326	.698	.248

33 8月に本塁打とヒットの集中豪雨

レフト DH

ジェシー・ウィンカー *Jesse Winker*

28歳 1993.8.17生 | 191cm | 98kg | 左投左打
◆対左投手打率／.265 ◆対右投手打率／.252
◆ホーム打率／.253 ◆アウェー打率／.257 ◆得点圏打率／.269
◆20年のポジション別出場数／DH=37、レフト=15、ライト=1
◆Ⓓ2012①レッズ ◆㊥ニューヨーク州
◆㊎315万ドル(約3億3075万円)

ミート 4 / パワー 4 / 走塁 3 / 守備 4 / 肩 3

調子の波がジェットコースターのように大きい、広角に飛距離が出る強打者。主にDHで起用された昨季は、7月は17打数2安打（打率1割1分8厘）と絶不調。ところが8月に入って突如エンジン全開になり、集中豪雨のようにヒットが出た。8月9日から14日までの5試合は、本塁打も立て続けに7本出たため、8月の月間打率は3割6分9厘、本塁打10というすごい数字になった。しかし9月に入ると魔法が解けたようになり、19試合の出場でヒットが5本しか出ず、月間打率は1割0分4厘というみじめな数字に。打者としての長所は、タイミングの取り方がうまいことと、左投手を苦にしないこと。昨年、守備力が格段に向上。「中の下」から「中の上」にレベルアップした。

カモ A・ハウザー(ブリュワーズ).500(10-5)3本 **苦手** ダルビッシュ有(パドレス).000(12-0)0本

年度	所属チーム	試合数	打数	得点	安打	二塁打	三塁打	本塁打	打点	四球	三振	盗塁	盗塁死	出塁率	OPS	打率
2017	レッズ	47	121	21	36	7	0	7	15	15	24	1	1	.375	.904	.298
2018	レッズ	89	281	38	84	16	0	7	43	49	46	0	0	.405	.836	.299
2019	レッズ	113	338	51	91	17	2	16	38	38	60	0	2	.357	.830	.269
2020	レッズ	54	149	27	38	7	0	12	23	28	46	1	0	.388	.932	.255
通算成績		303	889	137	249	47	2	42	119	130	176	2	3	.380	.859	.280

7 エウヘイニオ・スアレス *Eugenio Suarez*

本塁打を量産する、いぶし銀の打撃職人　サード

30歳 1991.7.18生 | 180cm | 97kg | 右投右打
◆対左投手打率／.176 ◆対右投手打率／.211
◆ホーム打率／.172 ◆アウェー打率／.225 ◆得点圏打率／.262
◆20年のポジション別出場数／サード=57
◆ドラフト2008(外)タイガース ◆出身ベネズエラ
◆年俸1050万ドル（約11億2500万円万円）

ミート3 パワー5 走塁2 守備3 肩4

35本塁打、100打点が当たり前の打者になったレッズの主砲。昨季は開幕が7月下旬にずれ込み、調整に失敗。16打数無安打という最悪のスタートとなり、その後も変化球にタイミングが合わず、打率が低空飛行を続けた。だが、頑(かたく)なにアッパー軌道のスイングを固守しているうちに一発がコンスタントに出るようになった。しっかりした打撃哲学があり、スランプのときは「みんないろんなことにトライするけど、それが一番悪いと思う。シンプルに考え、自分のスイングをすることに徹すれば、結果がついてくる」というのが持論。

カモ M·マイコラス（カーディナルス）.545(11-6)2本　苦手 前田健太（ツインズ）.100(10-1)0本

年度	所属チーム	試合数	打数	得点	安打	二塁打	三塁打	本塁打	打点	四球	三振	盗塁	盗塁死	出塁率	OPS	打率
2014	タイガース	85	244	33	59	9	1	4	23	22	67	3	2	.316	.652	.242
2015	レッズ	97	372	42	104	19	2	13	48	17	94	4	1	.315	.761	.280
2016	レッズ	159	565	78	140	25	2	21	70	51	155	11	5	.317	.728	.248
2017	レッズ	156	534	87	139	25	2	26	82	84	147	4	5	.367	.828	.260
2018	レッズ	143	527	79	149	22	2	34	104	64	142	1	1	.366	.892	.283
2019	レッズ	159	575	87	156	22	2	49	103	70	189	3	2	.358	.930	.271
2020	レッズ	57	198	29	40	8	0	15	38	30	67	2	0	.312	.781	.202
通算成績		856	3015	435	787	130	11	162	468	338	861	28	16	.342	.815	.261

19 ジョーイ・ヴォト *Joey Votto*

不良資産化の一歩手前で踏みとどまるレジェンド　ファースト

38歳 1983.9.10生 | 188cm | 100kg | 右投左打
◆対左投手打率／.178 ◆対右投手打率／.241
◆ホーム打率／.333 ◆アウェー打率／.118 ◆得点圏打率／.161
◆20年のポジション別出場数／ファースト=50、DH=5
◆ドラフト2002②レッズ ◆出身カナダ ◆年俸2500万ドル（約26億2500万円）
◆MVP1回(10年)、ゴールドグラブ賞1回(11年)、ハンク・アーロン賞1回(10年)

ミート3 パワー5 走塁3 守備2 肩3

60試合に短縮されたシーズンでサヨナラ打を2本打ち、勝負強さ健在をアピールしたかつての主砲。昨季は8月初旬、新型コロナに似た症状が出てからスランプになったが、9月になって持ち直し、チームのポストシーズン進出に貢献した。メジャーで最も選球眼のいい打者と評価されてきたが、昨年もボール球に手を出した比率は最小レベル、四球で出塁する頻度(ひんど)もトップレベルだった。2018年、19年は本塁打の生産ペースがかなり落ちていたが、昨季は全盛期のペースに戻っている。懸念されるのは、一塁の守備力の低下だ。

カモ J·フラハティ（カーディナルス）.500(10-5)0本　苦手 K·ライアン（カブス）.111(9-1)0本

年度	所属チーム	試合数	打数	得点	安打	二塁打	三塁打	本塁打	打点	四球	三振	盗塁	盗塁死	出塁率	OPS	打率
2007	レッズ	24	84	11	27	7	0	4	17	5	15	1	0	.360	.907	.321
2008	レッズ	151	526	69	156	32	3	24	84	59	102	7	5	.368	.874	.297
2009	レッズ	131	469	82	151	38	1	25	84	70	106	4	1	.414	.981	.322
2010	レッズ	150	547	106	177	36	2	37	113	91	125	16	5	.424	1.024	.324
2011	レッズ	161	599	101	185	40	3	29	103	110	129	8	6	.416	.947	.309
2012	レッズ	111	374	59	126	44	0	14	56	94	85	5	3	.474	1.041	.337
2013	レッズ	162	581	101	177	30	3	24	73	135	138	6	3	.435	.926	.305
2014	レッズ	62	220	32	56	16	0	6	23	47	49	1	1	.390	.799	.255
2015	レッズ	158	545	95	171	33	2	29	80	143	135	11	3	.459	1.000	.314
2016	レッズ	158	556	101	181	34	2	29	97	108	120	8	1	.434	.985	.326
2017	レッズ	162	559	106	179	34	1	36	100	134	83	5	1	.454	1.032	.320
2018	レッズ	145	503	67	143	28	2	12	67	108	101	2	0	.417	.837	.284
2019	レッズ	142	525	79	137	32	1	15	47	76	123	5	0	.357	.768	.261
2020	レッズ	54	186	32	42	8	0	11	22	37	43	0	0	.354	.800	.226
通算成績		1771	6274	1041	1908	412	20	295	966	1217	1354	79	29	.419	.937	.304

9 マイク・ムスタカス *Mike Moustakas*

コロナ疑似症で試合開始直前にIL入り

セカンド

33歳 1988.9.11生 | 183cm | 102kg | 右投左打
◆対左投手打率／.214 ◆対右投手打率／.237
◆ホーム打率／.236 ◆アウェー打率／.224 ◆得点圏打率／.364
◆20年のポジション別出場数／セカンド=32、ファースト=10、DH=3、サード=2
◆ⓓ2007①ロイヤルズ ◆出カリフォルニア州
◆年1400万ドル(約14億7000万円) ◆カムバック賞1回(17年)

ミート3 パワー5 走塁2 守備3 肩4

天性のリーダーの資質を備えた二塁手。4年6400万ドルの大型契約で入団し、昨季は大いに期待された。だが、2度IL入りし、十分な働きができなかった。最初は7月26日で、新型コロナと同様の症状が出て、試合開始45分前にIL入りした。しかし、PCR検査を2度受けていずれも陰性だったため、数日で復帰。2度目は、守備で太ももを強打したことによるもの。懸念された守備は、派手なプレーこそないが堅実で、シーズンを通してエラーが1つもなかった。

カモ ダルビッシュ有(パドレス).368(19-7)2本 苦手 K·ライアン(カブス).143(7-1)0本

年度	所属チーム	試合数	打数	得点	安打	二塁打	三塁打	本塁打	打点	四球	三振	盗塁	盗塁死	出塁率	OPS	打率
2011	ロイヤルズ	89	338	26	89	18	1	5	30	22	51	2	0	.309	.675	.263
2012	ロイヤルズ	149	563	69	136	34	1	20	73	39	124	5	2	.296	.708	.242
2013	ロイヤルズ	136	472	42	110	26	0	12	42	32	83	2	4	.287	.651	.233
2014	ロイヤルズ	140	457	45	97	21	1	15	54	35	74	1	0	.271	.632	.212
2015	ロイヤルズ	147	549	73	156	34	1	22	82	43	76	1	2	.348	.817	.284
2016	ロイヤルズ	27	104	12	25	6	0	7	13	9	13	0	1	.301	.801	.240
2017	ロイヤルズ	148	555	75	151	24	0	38	85	34	94	0	0	.314	.835	.272
2018	ロイヤルズ	98	378	46	94	21	1	20	62	30	63	3	0	.309	.778	.249
2018	ブリュワーズ	54	195	20	50	12	0	8	33	19	40	1	1	.326	.767	.256
2018	2チーム計	152	573	66	144	33	1	28	95	49	103	4	1	.315	.774	.251
2019	ブリュワーズ	143	523	80	133	30	1	35	87	53	98	3	0	.329	.845	.254
2020	レッズ	44	139	13	32	9	0	8	27	18	36	1	0	.331	.799	.230
通算成績		1175	4273	501	1073	235	6	190	588	334	752	19	10	.310	.753	.251

2 ニック・カステヤノス *Nick Castellanos*

さらなる大型契約ゲットは失敗

ライト

29歳 1992.3.4生 | 193cm | 92kg | 右投右打
◆対左投手打率／.235 ◆対右投手打率／.222
◆ホーム打率／.229 ◆アウェー打率／.221 ◆得点圏打率／.205
◆20年のポジション別出場数／ライト=57、DH=2
◆ⓓ2010①タイガース ◆出フロリダ州
◆年1400万ドル(約14億7000万円)

ミート3 パワー4 走塁2 守備2 肩3

タイガース時代は、長打力はすごいが守備が悪く、商品価値が上がらないプレーヤーだった。これではFA権を得ても2年契約がいいところなので、代理人を辣腕(らつわん)スコット・ボラスに変えたうえで、一昨年の後半、カブスで打ちまくって商品価値を高め、同年オフにレッズと4年6400万ドルで契約した。この契約は、毎年カステヤノス側が希望すれば、退団して他球団と契約できる取り決めになっていたので、昨年好成績を残して退団し、さらに大きな契約をゲットする魂胆だった。しかし、みじめな成績に終わり、夢はついえた。

カモ A·ミルズ(カブス).500(6-3)1本 苦手 ダルビッシュ有(パドレス).091(11-1)0本

年度	所属チーム	試合数	打数	得点	安打	二塁打	三塁打	本塁打	打点	四球	三振	盗塁	盗塁死	出塁率	OPS	打率
2013	タイガース	11	18	1	5	0	0	0	0	0	1	0	0	.278	.556	.278
2014	タイガース	148	533	50	138	31	4	11	66	36	140	2	2	.306	.700	.259
2015	タイガース	154	549	42	140	33	6	15	73	39	152	0	3	.303	.721	.255
2016	タイガース	110	411	54	117	25	4	18	58	28	111	1	1	.331	.827	.285
2017	タイガース	157	614	73	167	36	10	26	101	41	142	4	5	.320	.811	.272
2018	タイガース	157	620	88	185	46	5	23	89	49	151	2	1	.354	.854	.298
2019	タイガース	100	403	57	110	37	3	11	37	31	96	2	1	.328	.790	.273
2019	カブス	51	212	43	68	21	0	16	36	10	47	0	1	.356	1.002	.321
2019	2チーム計	151	615	100	178	58	3	27	73	41	143	2	2	.337	.863	.289
2020	レッズ	60	218	37	49	11	2	14	34	19	69	0	2	.298	.784	.225
通算成績		948	3578	445	979	240	34	134	494	253	909	11	16	.324	.796	.274

15 ニック・センゼル *Nick Senzel*

レッズの育成力の低さを象徴する、迷えるホープ

センター

26歳 1995.6.29生 | 185cm | 93kg | 右投右打 対左.074 対右.256 ホ.174 ア.208 得.313 ド2016①レッズ 出テネシー州 年57万500ドル(約5990万円)+α

ミ2 パ4 走4 守4 肩4

2016年のドラフトで、全体の2番目に指名されたホープ。守備面では進化しているが、打撃面では光明が見えない状態が続いている。レッズは育成力が低く、11年以降のドラフト1巡目指名選手が、一人も主力選手に成長していない。その悪い流れを断ち切ってくれると期待され、一昨年の中盤からセンターのレギュラー格で使われてきた。2年目の昨季は、序盤からヒットが途切れることなく出ていたため、その地位を確立したかに見えたが、8月中旬、股関節の張りにより、IL入り。9月中旬に復帰したが、その後はスランプとなってヒットがほとんど出ず、打率が急降下した。

年度	所属チーム	試合数	打数	得点	安打	二塁打	三塁打	本塁打	打点	四球	三振	盗塁	盗塁死	出塁率	OPS	打率
2020	レッズ	23	70	8	13	6	0	2	8	6	15	2	1	.247	.604	.186
通算成績		127	445	63	109	26	4	14	50	36	116	16	6	.305	.720	.245

38 ホセ・ガルシア *Jose Garcia*

守備力はゴールドグラブ賞を狙えるレベル

ショート　ルーキー

23歳 1998.4.5生 | 188cm | 79kg | 右投右打 対左.300 対右.149 ホ.200 ア.188 得.071 ド2017外レッズ 出キューバ 年57万500ドル(約5990万円)+α

ミ2 パ2 走5 守5 肩5

守備力の高いキューバ産の内野手。今季、ショートのレギュラーの有力候補となっている。キューバ時代はナショナルチームのメンバーだった逸材。レッズはその頃から注目しており、キューバ脱出後の2017年6月に、500万ドルという巨額の契約金を払って入団させた。キューバ時代は二塁手だったが、レッズは遊撃手として育成。一昨年まではマイナーの2A以上でプレーしたことがなかったものの、昨年の待機キャンプで行われた紅白戦でいい働きをしたため、8月27日にメジャーデビュー。打撃不振のガルヴィスに代わってショートに入り、9月中旬まで連日スタメンで起用された。

年度	所属チーム	試合数	打数	得点	安打	二塁打	三塁打	本塁打	打点	四球	三振	盗塁	盗塁死	出塁率	OPS	打率
2020	レッズ	24	67	4	13	0	0	0	2	1	26	1	1	.206	.400	.194
通算成績		24	67	4	13	0	0	0	2	1	26	1	1	.206	.400	.194

17 カイル・ファーマー *Kyle Farmer*

ハッスルプレーを連発するガッツマン

ユーティリティ

31歳 1990.8.17生 | 183cm | 93kg | 右投右打 対左.400 対右.179 ホ.167 ア.325 得.214 ド2013⑧ドジャース 出ジョージア州 年57万500ドル(約5990万円)+α

ミ3 パ3 走3 守3 肩3

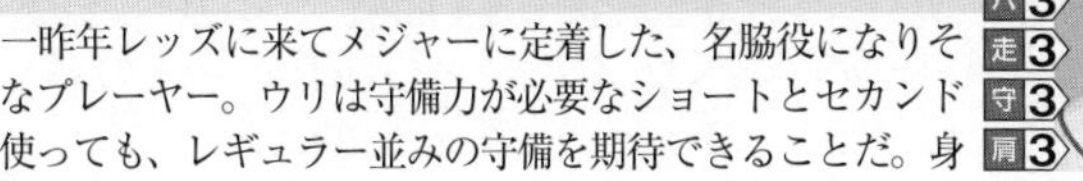

一昨年レッズに来てメジャーに定着した、名脇役になりそうなプレーヤー。ウリは守備力が必要なショートとセカンドで使っても、レギュラー並みの守備を期待できることだ。身体能力が高く、高校時代はアメフトでも活躍している。大学時代に映画のエキストラをしていたことがあり、2009年に公開されたハリウッド映画『ブラインドサイド』(邦題:『しあわせの隠れ場所』)では、アメフトのクォーターバックに扮して登場している。コートニー夫人は同じジョージア出身で、長いブロンドヘアが魅力のサザンベル(南部美人)。結婚前は小児病院の看護師をしていたので、栄養管理も完璧だ。

年度	所属チーム	試合数	打数	得点	安打	二塁打	三塁打	本塁打	打点	四球	三振	盗塁	盗塁死	出塁率	OPS	打率
2020	レッズ	32	64	4	17	3	0	0	4	5	13	1	0	.329	.641	.266
通算成績		188	335	28	81	14	1	9	42	20	90	5	1	.297	.667	.242

対左=対左投手打率　対右=対右投手打率　ホ=ホーム打率　ア=アウェー打率　得=得点圏打率

44 アリスティーデス・アキーノ *Aristides Aquino*

昨年はバットで活躍できず、当たり屋に変身

レフト ライト

27歳 1994.4.22生 | 193cm | 100kg | 右投右打 対左.190 対右.154 ホ.152 ア.214 得.500 ド2011外レッズ 出ドミニカ 年57万500ドル(約5990万円)+α

ミ2 パ5 走3 守2 肩5

2019年8月に突然大爆発して人気者になった長距離砲。昨季はカステヤノスの加入で正右翼手の座を失い、開幕メンバーにも入れなかった。それでも開幕直後、チーム内にPCR検査陽性者が出たため呼び戻され、1週間ほどレフトの控え兼代打要員として使われた。さらに8月末に昇格した際は、まとまった出場機会を与えられたが、長打がほとんど出ず、低打率にあえいだ。それでも何とか出塁したいため、当たり屋に変身。インサイドの厳しいコースに来ると上手に体を当てて、度々出塁していた。ポストシーズンでもこの手口で死球をゲットし、出塁。レッズファンを喜ばせた。

年度	所属チーム	試合数	打数	得点	安打	二塁打	三塁打	本塁打	打点	四球	三振	盗塁	盗塁死	出塁率	OPS	打率
2020	レッズ	23	47	7	8	1	0	2	8	6	18	1	0	.304	.623	.170
通算成績		80	253	38	61	9	0	21	55	22	79	8	0	.312	.838	.241

37 タイラー・スティーヴンソン *Tyler Stephenson*

メジャー初打席でいきなりホームラン

キャッチャー　ルーキー

25歳 1996.8.16生 | 193cm | 102kg | 右投右打 盗塁阻止率／.500(2-1) 対左.111 対右.500 ホ.333 ア.250 得.143 ド2015①レッズ 出ジョージア州 年57万500ドル(約5990万円)+α

ミ3 パ3 走2 守3 肩4

将来、オールスターの常連になるかもしれない若手捕手。メジャーデビューは、途中出場した昨年7月27日のカブス戦。初打席でいきなり本塁打を放ち、周囲の度肝を抜いた。レッズ選手のメジャー初打席初本塁打は、70年ぶりの出来事。また、9月14日のパイレーツ戦では秋山翔吾の代打で登場し、サヨナラ弾を放っている。打撃面の長所は広角に打てること。守備面に対する評価も高く、大柄だが動きは俊敏(しゅんびん)で、肩も強いほうだ。課題はフレーミング技術の向上。周囲の期待は大きく、ベル監督も「今後長きにわたって、レッズの中心選手として活躍するだろう」と予測している。

年度	所属チーム	試合数	打数	得点	安打	二塁打	三塁打	本塁打	打点	四球	三振	盗塁	盗塁死	出塁率	OPS	打率
2020	レッズ	8	17	4	5	0	0	2	6	2	9	0	0	.400	1.047	.294
通算成績		8	17	4	5	0	0	2	6	2	9	0	0	.400	1.047	.294

– マイケル・シアニ *Michael Siani*

センター　期待度 B⁻　ルーキー

22歳 1999.7.16生 | 185cm | 85kg | 左投左打 ◆一昨年は1Aでプレー ド2018④レッズ 出ペンシルヴァニア州

盗塁を量産できるリードオフマン向きの外野手。長所は、学習能力が高いこと。昨年は待機キャンプでの紅白戦に度々出場しているが、スイングが大きくなる悪癖が影をひそめ、コンスタントに安打が出るようになっていた。外野の守備力は全般に高い。強肩で、飛球の軌道を的確に読み、球際にも強い。

– ジョナサン・インディア *Jonathan India*

サード　期待度 C　ルーキー

25歳 1996.12.15生 | 183cm | 91kg | 右投右打 ◆一昨年は1A+、2Aでプレー ド2018①レッズ 出フロリダ州

強豪フロリダ大学でシーズン21本塁打を記録したため、レッズが1巡目指名で獲得。しかしプロ入り後はパワーが落ち、出世が遅れた。そのためレッズの育成力の低さを象徴する存在になったが、昨年待機キャンプで行われた紅白戦で、連日広角にライナーを弾き返す巧打を見せ、また評価が上昇。

対左=対左投手打率　対右=対右投手打率　ホ=ホーム打率　ア=アウェー打率　得=得点圏打率
ド=ドラフトデータ　出=出身地　年=年俸
※昨季、マイナーリーグは中止

ナショナル・リーグ……中部地区 *MILWAUKEE BREWERS*

ミルウォーキー・ブリュワーズ

◆創　立：1969年
◆本拠地：ウィスコンシン州ミルウォーキー市
◆ワールドシリーズ制覇：0回／◆リーグ優勝：1回
◆地区優勝：3回／◆ワイルドカード獲得：3回

主要オーナー マーク・アタナシオ（資産運用会社トラストカンパニー・オブ・ウエスト社共同経営者）

過去5年成績

年度	勝	負	勝率	ゲーム差	地区順位	ポストシーズン成績
2016	73	89	.451	30.5	④	—
2017	86	76	.531	6.0	②	—
2018	96	67	.589	(1.0)	①	リーグ優勝決定シリーズ敗退
2019	89	73	.549	2.0	②	ワイルドカードゲーム敗退
2020	**29**	**31**	**.483**	**5.0**	④	**ワイルドカードシリーズ敗退**

監督 30 クレイグ・カウンセル *Craig Counsell*

◆年　　齢…………51歳（インディアナ州出身）
◆現役時代の経歴…16シーズン　ロッキーズ（1995、97）、マーリンズ（1997〜99）、
（セカンド、ショート）ドジャース（1999）、ダイヤモンドバックス（2000〜03）、ブリュワーズ（2004）、ダイヤモンドバックス（2005〜06）、ブリュワーズ（2007〜11）
◆現役通算成績……1624試合　.255　42本　390打点
◆監督経歴…………6シーズン　ブリュワーズ（2015〜）
◆通算成績…………434勝412敗（勝率.513）

昨年、開幕前に行われたファンが選ぶ「球団歴代監督ベスト」で、１位に輝いた指揮官。だが、プレーオフ枠拡大の恩恵を受け、ポストシーズンには進出できたものの、４年ぶりに負け越す不本意な結果に終わった。ただ、相変わらず接戦での采配は的確で、１点差試合での勝率も高かった。もともと犠打はほとんどやらなかったが、DH制が採用された昨季はとくに顕著で、チームのシーズン犠打数は０。これまでの球団の歴史で、２度以上ポストシーズンに導いた唯一の監督。

注目コーチ 33 スティーヴ・カーセイ *Steve Karsay*

ブルペンコーチ。49歳。現役時代はセットアッパーとして活躍。ヤンキースに在籍した2002年には、故障離脱したマリアーノ・リヴェラに代わってクローザーを務めた。

編成責任者 デイヴィッド・スターンズ *David Stearns*

36歳。アストロズでGM補佐として活躍後、30歳でブリュワーズの編成トップに就任。限られた資金の中で結果を残し続け、高く評価されている。ハーバード大学卒。

スタジアム アメリカン・ファミリー・フィールド *American Family Field*

◆開 場 年…………2001年
◆仕　　様…………天然芝、開閉式屋根付き
◆収容能力…………41,900人
◆フェンスの高さ …2.4m
◆特　　徴…………夏場は気流の関係でボールがよく飛ぶ。とくに、ライト方向へのホームランが出やすい。保険会社「アメリカン・ファミリー・インシュアランス」が命名権を取得し、今季より球場名称が「ミラー・パーク」から変更になっている。

ヒッターズパーク

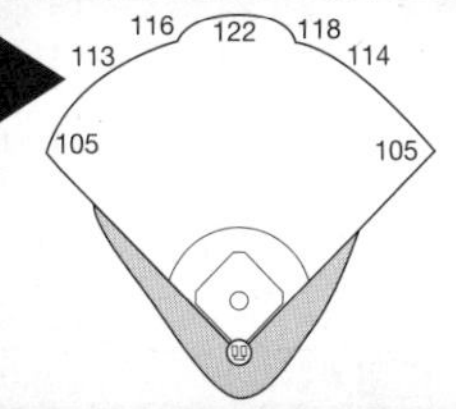

Best Order

[ベストオーダー]

①コルティン・ウォン……セカンド
②ロレンゾ・ケイン……センター
③クリスチャン・イェリッチ……レフト
④ケストン・ヒウラ……ファースト
⑤ダニエル・ヴォーグルバック……DH
⑥オルランド・アルシア……ショート
⑦アヴィサイル・ガルシア……ライト
⑧オマー・ナルヴァエズ……キャッチャー
⑨ルイス・ウリーアス……サード

Depth Chart

[ポジション別選手層・メンバーリスト]

※2021年2月12日時点の候補選手。数字は背番号(開幕前に変更する場合もあり)、右・左等は投・打の順。

※ナショナル・リーグでは今季、DH制が不採用の可能性あり。

レフト

22 **クリスチャン・イェリッチ [右・左]**
15 タイロン・テイラー [右・右]
— ビリー・マッキニー [左・左]
— ティム・ロープス [右・右]

センター

6 **ロレンゾ・ケイン [右・右]**
24 アヴィサイル・ガルシア [右・右]
15 タイロン・テイラー [右・右]
78 コーリー・レイ [左・左]

ライト

24 **アヴィサイル・ガルシア [右・右]**
15 タイロン・テイラー [右・右]
— ティム・ロープス [右・右]

ショート

3 **オルランド・アルシア [右・右]**
2 ルイス・ウリーアス [右・右]
13 マーク・マティアス [右・右]

セカンド

16 **コルテン・ウォン [右・左]**
2 ルイス・ウリーアス [右・右]
13 マーク・マティアス [右・右]
— ティム・ロープス [右・右]

ローテーション

53 ブランドン・ウッドラフ [右・左]
39 コービン・バーンズ [右・右]
37 エイドリアン・ハウザー [右・右]
29 ジョシュ・リンドブロム [右・右]
27 エリック・ラウアー [左・右]

サード

2 **ルイス・ウリーアス [右・右]**
— ダニエル・ロバートソン [右・右]
13 マーク・マティアス [右・右]
— ティム・ロープス [右・右]

ファースト

18 **ケストン・ヒウラ [右・右]**
21 ダニエル・ヴォーグルバック [右・左]
20 デイヴィッド・フレイタス [右・右]

キャッチャー

10 **オマー・ナルヴァエズ [右・左]**
9 マニー・ピーニャ [右・右]
26 ジェイコブ・ノッティンガム [右・右]
20 デイヴィッド・フレイタス [右・右]

DH

21 **ダニエル・ヴォーグルバック [右・左]**
22 クリスチャン・イェリッチ [右・左]
24 アヴィサイル・ガルシア [右・右]

ブルペン

71 ジョシュ・ヘイダー [左・左] CL
38 デヴィン・ウィリアムズ [右・右]
35 ブレント・スーター [左・左]
51 フレディ・ペラルタ [右・右]
57 エリック・ヤードリー [右・右]
43 ドルー・ラスマッセン [右・右]
56 ジャスティン・トパ [右・右]
50 レイ・ブラック [右・右]
54 J.P.ファイアイゼン [右・右]
31 ボビー・ウォール [右・右]
32 フィル・ビクフォード [右・右]
47 アンヘル・ペルドモ [左・左]

※CL=クローザー

ブリュワーズ試合日程……*はアウェーでの開催

4月1・3・4	ツインズ	3・4・5・6	フィリーズ*	3・4・5・6	ダイヤモンドバックス
5・6・7	カブス*	7・8・9	マーリンズ*	8・9・10	レッズ*
8・10・11	カーディナルス*	11・12・13	カーディナルス	11・12・13	パイレーツ
12・13・14	カブス	14・15・16	ブレーブス	14・15・16	レッズ
16・17・18	パイレーツ	18・19	ロイヤルズ*	17・18・19・20	ロッキーズ*
19・20・21	パドレス*	21・22・23	レッズ*	21・22・23	ダイヤモンドバックス*
23・24・25	カブス*	24・25・26・27	パドレス	25・26・27	ロッキーズ
26・27・28	マーリンズ	28・29・30	ナショナルズ*	28・29・30	カブス
29・30・5月1・2	ドジャース	31・6月1	タイガース	7月1・2・3・4	パイレーツ*

球団メモ 背番号「1」が、球団の永久欠番となっている。これは選手ではなく、初代オーナーであるバド・セリグ(前MLBコミッショナー)の功績をたたえ、指定されたもの。

Analysis　矢印⬆⬈➡⬊⬇は、昨季終了時との比較　[戦力分析]

■投手力➡…★★★½☆【昨年度チーム防御率4.16、リーグ6位】

ローテーションは、おそらくバーンズ、ウッドラフ、リンドブロム、ハウザー、ラウアーという顔ぶれになるだろう。「中の上」レベルと評価できる陣容だが、ハウザーとラウアーが一昨年程度まで戻れば、「上」レベルになる可能性がある。リリーフ陣はクローザーがヘイダー、トップセットアッパーが昨シーズン大ブレイクしたデヴィン・ウィリアムズで、8回9回の逃げ切りコンビとしてはメジャーリーグ屈指のレベルだ。

■攻撃力⬈…★★★½☆【昨年度チーム得点247、リーグ12位】

昨年はイェリッチがまさかのスランプ。それに加え、ケインがコロナ感染回避のためオプトアウト（出場辞退）したことで得点力が落ち、チーム得点は一昨年のリーグ9位から、リーグ12位にダウン。今季はこの2人の復調が見込めるので、得点力はかなりアップするだろう。

■守備力⬈…★★★½☆【昨年度チーム失策数35、リーグ7位タイ】

昨年ゴールドグラブ賞に輝いたウォンが今シーズンはセカンドに入り、ヒウラがファーストに回る。ヒウラの守備力はワーストレベルだったので、セカンドがウォンに代わることは大きなプラスになる。

■機動力⬈…★★★☆☆【昨年度チーム盗塁数15、リーグ15位】

一昨年まではチーム盗塁数が毎年100を超えていたが、昨年はケインの不在とイェリッチのスランプなどで、リーグ最少だった。今シーズンはケインの復帰とウォンの加入で、チーム盗塁数が大幅に増えそうだ。

ブリュワーズ

昨年はイェリッチの大スランプとケインのオプトアウトが重なり、負け越して当然の年だった。それなのに接戦で相変わらずの強さを発揮し、なんとか粘り抜いてポストシーズン進出を果たした。このことは選手たちに、大きな自信を与えただろう。

IN　主な入団選手

投手
とくになし

野手
コルテン・ウォン←カーディナルス
ティム・ロープス←マリナーズ
ダニエル・ロバートソン←ジャイアンツ

OUT　主な退団選手

投手
アレックス・クラウディオ➡エンジェルス
コーリー・クネイブル➡ドジャース

野手
ライアン・ブラウン➡所属先未定
ジェッド・ジョーコ➡所属先未定
エリック・ソガード➡所属先未定
ベン・ギャメル➡所属先未定

5·6·7	メッツ＊	6·7·8	ジャイアンツ	6·7·8	フィリーズ
8·9·10·11	レッズ	9·10·11·12	カブス＊	10·11·12	インディアンズ＊
13	オールスターゲーム	13·14·15	パイレーツ＊	14·15	タイガース＊
16·17·18	レッズ＊	17·18·19	カーディナルス＊	17·18·19	カブス
20·21	ロイヤルズ	20·21·22	ナショナルズ	20·21·22·23	カーディナルス
23·24·25	ホワイトソックス	24·25·26	レッズ	24·25·26	メッツ
27·28·29	パイレーツ＊	27·28·29	ツインズ＊	28·29·30	カーディナルス＊
30·31·**8**月1	ブレーブス＊	30·31·**9**月1·2	ジャイアンツ＊	**10**月1·2·3	ドジャース＊
2·3·4	パイレーツ	3·4·5	カーディナルス		

球団メモ　昨季のチーム打率2割2分3厘は、1969年の球団創設以来、ワーストの数字だった。これまでのワーストは1971年の2割2分9厘、ベストは79年の2割8分0厘。

投手

チェンジアップの被打率は0割3分2厘

セットアップ

38 デヴィン・ウィリアムズ
Devin Williams

27歳 1994.9.21生 | 188cm | 91kg | 右投右打
◆速球のスピード／150キロ台中頃(フォーシーム主体)
◆決め球と持ち球／☆チェンジアップ、◎フォーシーム
◆対左打者被打率／.075 ◆対右打者被打率／.111
◆ホーム防御率／0.00 ◆アウェー防御率／0.71
◆ドラフトデータ／2013②ブリュワーズ
◆出身地／ミズーリ州
◆年俸／57万500ドル(約5990万円)＋α
◆最優秀救援投手賞1回(20年)、新人王(20年)

球威 5
制球 4
緩急 5
守備・牽制 3
度胸 4

昨年、チェンジアップを武器に驚異的な活躍を見せ、ナショナル・リーグの最優秀救援投手（トレヴァー・ホフマン賞）と、新人王に選出された逸材。平均球速156キロのフォーシームとチェンジアップだけで投げるツーピッチ・ピッチャーで、以前多投していたスライダーは使わなくなった。

クローザーではないリリーフ投手（昨年の役回りはセットアッパー）が、最優秀救援投手と新人王にダブルで選出されることは、異例中の異例と言っていいが、昨年の数字を見れば納得がいく。三振レート（対戦した打者を三振にしとめた割合）は53.0%で、これは2014年に、アロルディス・チャップマンが作ったメジャーリーグ記録52.5%を塗り替える数字である。また、奪三振率（9イニングあたりの奪三振数）は17.67で、この数字はアウトの3分の2を三振で取っていることを意味する。

三振を奪う強力な武器になったのが、チェンジアップだ。このチェンジアップは、またたく間にメジャーリーグを代表する魔球の一つになった。その特徴を、アナリストのロブ・フリードマンは「スライダーのようなスピンがかかって、スクリューボールのような軌道になり、マリアーノ・リヴェラのカッターのように打つことが困難」と、表現している。

ウィリアムズのチェンジアップは、通常のサークルチェンジ・グリップで投げているのに、強烈なヨコ回転がかかるため、かなりシュート軌道を描きながら落ちることになる。昨年春のキャンプの段階では、このヨコ回転はなかった。そのためオープン戦の防御率は14.40だった。そこでチェンジアップを改良することを決意し、コロナ禍で開幕がのびている間、いろいろ試してリリースする際、人差し指でボールの側面を強く押すようにしたところ、強烈なヨコのスピンがかかるようになった。このチェンジアップは被打率が0割3分2厘で、ほとんど打たれなかったが、それは一球一球スピードと軌道を変えながら投げているからだ。

カモ P・ゴールドシュミット(カーディナルス).000(3-0)0本　W・コントレラス(カブス).000(3-0)0本
苦手 H・ベイダー(カーディナルス).500(4-2)0本　———

年度	所属チーム	勝利	敗戦	防御率	試合数	先発	セーブ	投球イニング	被安打	失点	自責点	被本塁打	与四球	奪三振	WHIP
2019	ブリュワーズ	0	0	3.95	13	0	0	13.2	18	9	6	2	6	14	1.76
2020	ブリュワーズ	4	1	0.33	22	0	0	27.0	8	4	1	1	9	53	0.63
通算成績		4	1	1.55	35	0	0	40.2	26	13	7	3	15	67	1.01

39 一発を食わない投球を追求して大成功 先発
コービン・バーンズ Corbin Burnes

27歳 1994.10.22生 | 191cm | 102kg | 右投右打
◆速球のスピード／150キロ台中頃(ツーシーム、フォーシーム)
◆決め球と持ち球／☆カッター、◎スライダー、◎シンカー、○カーブ、○チェンジアップ、△フォーシーム
◆対左.200 ◆対右.140 ◆ホ防1.40 ◆ア防2.65
◆ド2016④ブリュワーズ ◆出カリフォルニア州
◆年57万500ドル(約5990万円)+α

球威5 制球3 緩急4 守備・牽制2 度胸3

深刻な一発病を乗り越えて、ローテーションの柱となったパワーピッチャー。昨季は7月のキャンプで好調だったが、前年(2019年)の成績が悪すぎたため、先発の6番手という位置付けでシーズンに入り、初めのうちはロングリリーフで使われることが多かった。ローテーション復帰がかなったのは8月中旬のことで、それ以降は昨年から使い出したカッターとシンカーを多投し、被本塁打を最小限に抑え、好投を続けた。それにともない防御率も良くなり、9月9日以降は1点台で推移。9月24日の最終登板で失点しなければ、サイ・ヤング賞候補になる可能性もあったが、3失点して幻に終わった。それでも、一発を食わないことに主眼を置き、ピッチングの組み立てを変えて成功したことは、各方面から称賛され、エースと見なされるようになった。

カモ J・ヴォト(レッズ).000(6-0)0本　苦手 P・ゴールドシュミット(カーディナルス).455(11-5)1本

年度	所属チーム	勝利	敗戦	防御率	試合数	先発	セーブ	投球イニング	被安打	失点	自責点	被本塁打	与四球	奪三振	WHIP
2018	ブリュワーズ	7	0	2.61	30	0	1	38.0	27	11	11	4	11	35	1.00
2019	ブリュワーズ	1	5	8.82	32	4	1	49.0	70	52	48	17	20	70	1.84
2020	ブリュワーズ	4	1	2.11	12	9	0	59.2	37	15	14	2	24	88	1.02
通算成績		12	6	4.48	74	13	2	146.2	134	78	73	23	55	193	1.29

53 負けられない試合で踏ん張れる大黒柱 先発
ブランドン・ウッドラフ Brandon Woodruff

28歳 1993.2.10生 | 193cm | 110kg | 右投左打
◆速球のスピード／150キロ台中頃(シンカー、フォーシーム)
◆決め球と持ち球／☆シンカー、◎フォーシーム、◎スライダー、○チェンジアップ、△カーブ
◆対左.194 ◆対右.220 ◆ホ防3.34 ◆ア防2.79
◆ド2014⑪ブリュワーズ ◆出ミシシッピ州
◆年327.5万ドル(約3億4388万円)

球威5 制球3 緩急4 守備・牽制3 度胸4

昨季は勝ち運に見放されたが、実力はサイ・ヤング賞を狙えるレベルの右腕。称賛されたのは、この試合に負ければポストシーズン進出の望みが遠のく「負けられない試合」で2度、目を見張るピッチングをしたことだ。1度目は、チームが19勝22敗で迎えた9月11日のカブス戦。この試合では強力打線を、7回1安打無失点に抑えた。2度目は、28勝30敗で迎えた9月26日のカーディナルス戦。この試合でも8回を2安打無失点に抑え、チームをポストシーズン圏内に踏みとどまらせた。8月31日には、奥さんのジョーニーさんが第一子を出産。女の子で、カイラー・アリスちゃんと命名している。

カモ 秋山翔吾(レッズ).000(8-0)0本　苦手 J・ウィンカー(レッズ).429(14-6)1本

年度	所属チーム	勝利	敗戦	防御率	試合数	先発	セーブ	投球イニング	被安打	失点	自責点	被本塁打	与四球	奪三振	WHIP
2017	ブリュワーズ	2	3	4.81	8	8	0	43.0	43	23	23	5	14	32	1.33
2018	ブリュワーズ	3	0	3.61	19	4	1	42.1	36	18	17	4	14	47	1.18
2019	ブリュワーズ	11	3	3.62	22	22	0	121.2	109	49	49	12	30	143	1.14
2020	ブリュワーズ	3	5	3.05	13	13	0	73.2	55	26	25	9	18	91	0.99
通算成績		19	11	3.66	62	47	1	280.2	243	116	114	30	76	313	1.14

対左=対左打者被打率　対右=対右打者被打率　ホ防=ホーム防御率　ア防=アウェー防御率
ド=ドラフトデータ　出=出身地　年=年俸

投手

71 トレードの条件が整いつつある大物守護神 クローザー
ジョシュ・ヘイダー *Josh Hader*

27歳 1994.4.7生 | 191cm | 82kg | 左投左打
◆速球のスピード/150キロ台前半(フォーシーム)
◆決め球と持ち球/☆スライダー、○フォーシーム
◆対左.154 ◆対右.115 ◆ホ防6.52 ◆ア防0.96
◆ド2012⑲オリオールズ ◆出メリーランド州
◆年667.5万ドル(約7億88万円) ◆最多セーブ1回(20年)、最優秀救援投手賞2回(18、19年)

球威5 制球3 緩急4 守備・牽制3 度胸3

魔球レベルのスライダーと、風になびくブロンドの長髪がトレードマークの豪腕クローザー。昨年は3年連続の最優秀救援投手賞は逃したが、リーグ最多の13セーブをマークし、存在感を示した。その一方で、オフにはトレードの噂が絶えなかった。立派な実績があるのにトレード話が浮上するのは、速球の投げミスが多くなり、以前のような絶対的守護神ではなくなっているからだ。しかも年俸が年々上がっていく年俸調停期間に入っているため、コストパフォーマンスが悪くなっている。さらに昨年、デヴィン・ウィリアムズが台頭し、後釜もできた。ただ超大物なため、球団は見返り要員を高いレベルに設定しているようだ。すんなりトレードが成立しない可能性もある。

カモ J・バエズ(カブス).143(14-2)0本 苦手 ———

年度	所属チーム	勝利	敗戦	防御率	試合数	先発	セーブ	投球イニング	被安打	失点	自責点	被本塁打	与四球	奪三振	WHIP
2017	ブリュワーズ	2	3	2.08	35	0	0	47.2	25	11	11	4	22	68	0.99
2018	ブリュワーズ	6	1	2.43	55	0	12	81.1	36	23	22	9	30	143	0.81
2019	ブリュワーズ	3	5	2.62	61	0	37	75.2	41	24	22	15	20	138	0.81
2020	ブリュワーズ	1	2	3.79	21	0	13	19.0	8	8	8	3	10	31	0.95
通算成績		12	11	2.54	172	0	62	223.2	110	66	63	31	82	380	0.86

35 ジェイミー・モイヤーに似てきた頭脳派の旗手 スイングマン
ブレント・スーター *Brent Suter*

32歳 1989.8.29生 | 193cm | 97kg | 左投左打
◆速球のスピード/130キロ台後半(フォーシーム、ツーシーム)
◆決め球と持ち球/☆フォーシーム、○シンカー、○スライダー、△チェンジアップ
◆対左.250 ◆対右.241 ◆ホ防2.16 ◆ア防4.20
◆ド2012㉛ブリュワーズ ◆出イリノイ州
◆年150万ドル(約1億5750万円)

球威2 制球4 緩急5 守備・牽制4 度胸5

ピッチングは頭でするものということを教えてくれる、ハーバード大学出身の技巧派サウスポー。昨季もスイングマンとして使われ、ロングリリーフで頻繁(ひんぱん)に登板したほか、ダブルヘッダーの日の第2試合などで、4試合に先発した。ウリはタイミングを外す技術が高いこと。昨季は速球の平均スピードが137.9キロしかなかったが、これは肉体的な衰えでスピードが落ちているのではなく、打者にドンピシャのタイミングで叩かれないよう、遅い速球を最大限に活用しているからだ。打者の目線を狂わすことにも長けているので、同じ左腕の大投手ジェイミー・モイヤーに近づいている印象を受ける。

カモ A・リゾ(カブス).111(18-2)0本 苦手 J・ヴォト(レッズ).455(11-5)0本

年度	所属チーム	勝利	敗戦	防御率	試合数	先発	セーブ	投球イニング	被安打	失点	自責点	被本塁打	与四球	奪三振	WHIP
2016	ブリュワーズ	2	2	3.32	14	2	0	21.2	25	8	8	3	5	15	1.38
2017	ブリュワーズ	3	2	3.42	22	14	0	81.2	83	33	31	8	22	64	1.29
2018	ブリュワーズ	8	7	4.44	20	18	0	101.1	102	55	50	18	19	84	1.19
2019	ブリュワーズ	4	0	0.49	9	0	0	18.1	10	1	1	1	1	15	0.60
2020	ブリュワーズ	2	0	3.13	16	4	0	31.2	30	13	11	4	5	38	1.11
通算成績		19	11	3.57	81	38	0	254.2	250	110	101	34	52	216	1.19

対左=対左打者被打率 対右=対右打者被打率 ホ防=ホーム防御率 ア防=アウェー防御率
ド=ドラフトデータ 出=出身地 年=年俸 カモ 苦手 は通算成績

43 ドルー・ラスマッセン *Drew Rasmussen*

ブリュワーズがギャンブル指名で獲得　ミドルリリーフ

26歳 1995.7.27生 | 185cm | 96kg | 右投右打

◆速球のスピード／150キロ台後半(フォーシーム主体)
◆決め球と持ち球／◎フォーシーム、○スライダー、○カーブ、△チェンジアップ
◆対左.375 ◆対右.167 ◆ホ防1.00 ◆ア防12.79
◆ド2018⑥ブリュワーズ ◆出ワシントン州
◆年57万500ドル(約5990万円)+α

球威5 制球2 緩急3 守備・牽制3 度胸3

昨年8月13日にメジャーデビューしたパワーピッチャー。ハイペースで三振を奪い、ポストシーズンのメンバーにも選ばれた。ピッチングは平均球速157.7キロのフォーシームが主体。スライダー、カーブはメジャーで通用するレベルだが、チェンジアップはイマイチ。大学野球の強豪オレゴン州立大学2年のとき、トミー・ジョン手術を受けたが、翌年（2017年）のドラフトでレイズが1巡目で指名。しかしヒジの状態に問題があるとして獲得を見送られ、4年時もプレーしたが、再度ヒジを痛め2度目のトミー・ジョン手術を受けた。同手術は2度目になると再起できるのは4割くらいになるが、それを承知でブリュワーズが、18年のドラフトで6巡目にギャンブル指名。結果はビンゴで、19年シーズンの半ばから投げ始め、1年でメジャー到達。

カモ K・ニューマン(パイレーツ).000(3-0)0本　苦手 A・フレイジャー(パイレーツ).667(3-2)0本

年度	所属チーム	勝利	敗戦	防御率	試合数	先発	セーブ	投球イニング	被安打	失点	自責点	被本塁打	与四球	奪三振	WHIP
2020	ブリュワーズ	1	0	5.87	12	0	0	15.1	17	10	10	3	9	21	1.70
通算成績		1	0	5.87	12	0	0	15.1	17	10	10	3	9	21	1.70

29 ジョシュ・リンドブロム *Josh Lindblom*

QSどころか5回まで投げ切るのに一苦労　先発

34歳 1987.6.15生 | 193cm | 109kg | 右投右打

◆速球のスピード／140キロ台中頃(フォーシーム主体)
◆決め球と持ち球／◎スライダー、○カッター、○カーブ、○スプリッター、△フォーシーム、△チェンジアップ
◆対左.284 ◆対右.195 ◆ホ防4.24 ◆ア防6.14
◆ド2008②ドジャース ◆出インディアナ州
◆年275万ドル(約2億8875万円)

球威2 制球3 緩急3 守備・牽制3 度胸3

韓国リーグからのUターン1年目は、いいところがまったくなかったベテラン右腕。ブリュワーズがリンドブロムと3年契約したのは、優秀なイニングイーターになる人材と見込んだからだ。イニングイーターというのは、目を見張る好投はしないが、早い回にKOされることもなく、6回くらいまで2～4失点で持ちこたえてくれる投手のこと。昨年のリンドブロムは、左打者を抑える武器がないためいつも球数が多くなり、先発した試合は平均4回 1/3までしか行けず、6回まで投げ切ったケースは一度もなかった。イニング数を伸ばすには、左打者に対する攻め方を抜本的に改める必要がある。

カモ C・ブライアント(カブス).000(3-0)0本　苦手 G・ポランコ(パイレーツ)1.000(2-2)1本

年度	所属チーム	勝利	敗戦	防御率	試合数	先発	セーブ	投球イニング	被安打	失点	自責点	被本塁打	与四球	奪三振	WHIP
2011	ドジャース	1	0	2.73	27	0	0	29.2	21	9	9	0	10	28	1.04
2012	ドジャース	2	2	3.02	48	0	0	47.2	42	16	16	9	18	43	1.26
2012	フィリーズ	1	3	4.63	26	0	1	23.1	19	15	12	4	17	27	1.54
2012	2チーム計	3	5	3.55	74	0	1	71.0	61	31	28	13	35	70	1.35
2013	レンジャーズ	1	3	5.46	8	5	0	31.1	35	19	19	4	11	21	1.47
2014	アスレティックス	0	0	3.86	1	1	0	4.2	5	2	2	1	2	2	1.50
2017	パイレーツ	0	0	7.84	4	0	0	10.1	18	9	9	0	3	10	2.03
2020	ブリュワーズ	2	4	5.16	12	10	0	45.1	42	26	26	6	16	52	1.28
通算成績		7	12	4.35	126	16	1	192.1	182	96	93	24	77	183	1.35

51 フレディ・ペラルタ *Freddy Peralta*

打者の目線を狂わすことに長けた奪三振マシン　ロングリリーフ

25歳 1996.6.4生 | 180cm | 90kg | 右投右打 速150キロ前後(フォーシーム主体) 決☆フォーシーム
対左.186 対右.224 ド2013外マリナーズ 出ドミニカ 年100万ドル(約1億500万円)

球5 制3 緩5 守・牽2 度4

今季は最初からリリーフ専任で使われる可能性が高い、アウトの半分以上を三振で奪う右腕。昨季は先発3番手としてスタートしたが、最初の登板で4失点し、3.0回でKOされたため、再調整後はリリーフで使われるようになった。その後は主に、複数イニングを投げる中継ぎ役として起用され、ハイ・ファストボールを武器に目を見張るペースで三振を奪った。ウインターリーグと春のオープン戦で、新兵器スライダーを多投していたが、コロナ禍で開幕が遅れている間にうまく投げるフィーリングを失い、昨季の公式戦では全投球の5%しか使わなかった。今季は多投する可能性がある。

年度	所属チーム	勝利	敗戦	防御率	試合数	先発	セーブ	投球イニング	被安打	失点	自責点	被本塁打	与四球	奪三振	WHIP
2020	ブリュワーズ	3	1	3.99	15	1	0	29.1	22	14	13	2	12	47	1.16
通算成績		16	8	4.67	70	23	1	192.2	158	109	100	25	89	258	1.28

37 エイドリアン・ハウザー *Adrian Houser*

スイングマンで使うと生きるタイプ　先発

28歳 1993.2.2生 | 191cm | 101kg | 右投右打 速150キロ前後(シンカー、フォーシーム) 決☆シンカー
対左.336 対右.219 ド2011②アストロズ 出オクラホマ州 年57万500ドル(約5990万円)+α

球3 制2 緩3 守・牽3 度2

昨季、初めて開幕から先発ローテーション入りして投げたが、散々な結果に終わった右腕。防御率が5点台になった最大の要因は、得点圏被打率3割7分7厘が示すように、ピンチになると制球が甘くなり、痛打されるケースが多かったからだ。それに加えて、左打者に有効な球種がなく、3割3分6厘という高率で打たれたことも挙げられる。先発で投げたときの通算成績は3勝13敗、防御率4.91という冴えない数字であるのに対し、リリーフでの通算成績は4勝0敗、防御率1.90とかなり見栄えのいい数字になっている。それでも球団は、あくまでも先発で使い続ける方針のようだ。

年度	所属チーム	勝利	敗戦	防御率	試合数	先発	セーブ	投球イニング	被安打	失点	自責点	被本塁打	与四球	奪三振	WHIP
2020	ブリュワーズ	1	6	5.30	12	11	0	56.0	63	41	33	8	21	44	1.50
通算成績		7	13	4.13	56	29	0	183.0	178	95	84	22	67	169	1.34

57 エリック・ヤードリー *Eric Yardley*

独立リーグからスタートした初志貫徹の男　ミドルリリーフ

31歳 1990.8.18生 | 183cm | 77kg | 右投サイドハンド右打 速140キロ台前半(シンカー主体) 決◎シンカー
対左.243 対右.208 ド2013外パドレス 出ワシントン州 年57万500ドル(約5990万円)+α

球3 制4 緩2 守・牽3 度4

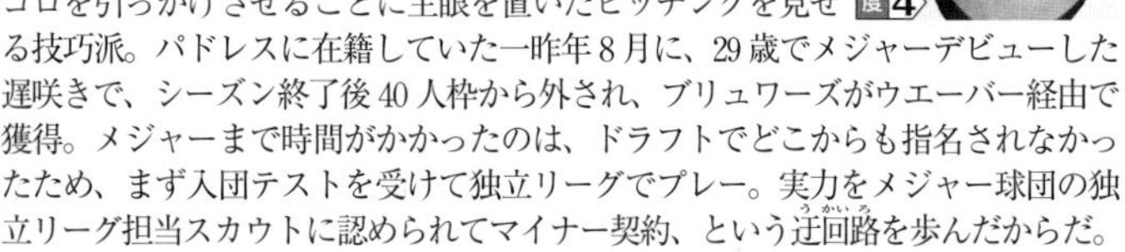

昨年、チーム最多の24試合に登板した、サイドハンドのグラウンドボール投手。シンカーとスライダーを低めに集め、ゴロを引っかけさせることに主眼を置いたピッチングを見せる技巧派。パドレスに在籍していた一昨年8月に、29歳でメジャーデビューした遅咲きで、シーズン終了後40人枠から外され、ブリュワーズがウエーバー経由で獲得。メジャーまで時間がかかったのは、ドラフトでどこからも指名されなかったため、まず入団テストを受けて独立リーグでプレー。実力をメジャー球団の独立リーグ担当スカウトに認められてマイナー契約、という迂回路を歩んだからだ。

年度	所属チーム	勝利	敗戦	防御率	試合数	先発	セーブ	投球イニング	被安打	失点	自責点	被本塁打	与四球	奪三振	WHIP
2020	ブリュワーズ	2	0	1.54	24	0	0	23.1	19	6	4	2	10	19	1.24
通算成績		2	1	1.80	34	0	0	35.0	31	11	7	3	13	26	1.26

速=速球のスピード　決=決め球　対左=対左打者被打率　対右=対右打者被打率
ド=ドラフトデータ　出=出身地　年=年俸

56 ジャスティン・トパ *Justin Topa*

幾多の苦難を乗り越えてきた夢追い人

ミドルリリーフ　ルーキー

30歳 1991.3.7生 | 193cm | 91kg | 右投右打 速150キロ台後半(シンカー) 決◎スライダー
対左.273 対右.211 ド2013⑰パイレーツ 出ニューヨーク州 年57万500ドル(約5990万円)+α

球5 制2 緩4 守備3 度3

昨年9月1日に29歳でメジャーデビューした苦労人。その後は平均158キロのシンカーと鋭く曲がるスライダーを武器に、ハイペースで三振を奪い注目された。大学時代にトミー・ジョン手術を受けたが、4年終了時に17巡目指名でパイレーツに入団。さらに、2015年に2度目のトミー・ジョン手術を受け、再起不能と見られて17年春に解雇された。その後は独立リーグで投げたあと、レンジャーズのマイナーで再起を図るがすぐに解雇され、失業状態に。その後、打撃練習で投げる姿がネット上に拡散したのをきっかけに、ブリュワーズとマイナー契約し、メジャーへの道が開けた。

年度	所属チーム	勝利	敗戦	防御率	試合数	先発	セーブ	投球イニング	被安打	失点	自責点	被本塁打	与四球	奪三振	WHIP
2020	ブリュワーズ	0	1	2.35	6	0	0	7.2	7	3	2	1	0	12	0.91
通算成績		0	1	2.35	6	0	0	7.2	7	3	2	1	0	12	0.91

27 エリック・ラウアー *Eric Lauer*

先発で2回続けて大炎上し、ローテーション落ち

先発

26歳 1995.6.3生 | 191cm | 103kg | 左投右打 速150キロ前後(フォーシーム主体) 決○スライダー
対左.333 対右.351 ド2016①パドレス 出オハイオ州 年57万500ドル(約5990万円)+α

球3 制4 緩4 守備5 度3

7月のキャンプ中にコロナ濃厚接触者として隔離され、すべての歯車が狂ってしまったサウスポー。一定の期間が過ぎても陽性反応が出なかったため、7月26日に復帰したが、開幕前の大事な時期に十分な調整ができなかったツケは大きく、最初の先発試合では3回を投げ、6失点KO。2度目の先発では3回途中までしかもたず、7失点して登録枠から外された。球種でとくに悪かったのは速球で、4割4分4厘（18-8）の高率で打たれていた。チェンジアップも浮いてしまうため、3球投げたうち2球がホームランになった。昨季味わった屈辱を晴らすため、今季は気合が入っている。

年度	所属チーム	勝利	敗戦	防御率	試合数	先発	セーブ	投球イニング	被安打	失点	自責点	被本塁打	与四球	奪三振	WHIP
2020	ブリュワーズ	0	2	13.09	4	2	0	11.0	17	16	16	2	9	12	2.36
通算成績		14	19	4.75	57	54	0	272.2	302	159	144	37	106	250	1.50

― アントワン・ケリー *Antoine Kelly*

先発　期待度B+　ルーキー

22歳 1999.12.5生 | 198cm | 93kg | 左投左打 ◆一昨年はルーキー級、1Aでプレー ド2019②ブリュワーズ 出イリノイ州

将来は、先発の3番手以上になると評価されている注目のサウスポー。速球の威力は、ブリュワーズ傘下のマイナーではナンバーワン。また、スライダーも、「ベスト」の評価を受けている。ウリは、奪三振率が際立って高いことで、三振の大半は速球を高めに投げ込んで奪ったもの。今後の課題は、速球の精度を上げることだ。

― イーサン・スモール *Ethan Small*

先発　期待度B-　ルーキー

24歳 1997.2.14生 | 193cm | 98kg | 左投左打 ◆一昨年はルーキー級、1Aでプレー ド2019①ブリュワーズ 出テネシー州

打者のタイミングを外すことに長けた技巧派のサウスポー。武器は、ブリュワーズ傘下のマイナーでは「ベスト」と評価されるチェンジアップ。速球は144～148キロの範囲で、スピードは平均以下だが、リリースポイントが前にあるため、威力は平均レベル。スライダーとカーブは、改良の余地がある。

※昨季、マイナーリーグは中止
※メジャー経験がない投手の「先発」「リリーフ」はマイナーでの役割

9歳の頃から打撃指導の名人に鍛えられて成長 ファースト

18 ケストン・ヒウラ
Keston Hiura

25歳 1996.8.2生 | 183cm | 92kg | 右投右打
◆対左投手打率／.241(54-13) ◆対右投手打率／.202(163-33)
◆ホーム打率／.198(101-20) ◆アウェー打率／.224(116-26)
◆得点圏打率／.245(49-12)
◆20年のポジション別出場数／セカンド=49、DH=10
◆ドラフトデータ／2017①ブリュワーズ
◆出身地／ペンシルヴァニア州
◆年俸／57万500ドル(約5990万円)+α

ミート 4
パワー 5
走塁 3
守備 2
肩 3

昨シーズンは、2年目のジンクスにさらなる飛躍を阻まれた形になった日系人のスラッガー。それでも本塁打13と打点32は、チーム最多。また、速球に強く、チャンスによく打つといった長所は健在だった。その一方で、三振85はナショナル・リーグで最多の数字だ。ここまで三振が多くなったのは、高めの速球にバットが回ってしまう悪癖が治らないのが最大の理由。スライダーやチェンジアップでタイミングを外されるとうまく対応できず、三振に倒れるケースもかなりある。

セカンドの守備は依然「下」レベル。6失策はメジャーの二塁手の中でワースト3位。DRS（守備で防いだ失点）マイナス8もメジャーの二塁手でワーストだった。今季はポジションがファーストに変わる。

大学時代は、ロサンジェルスのUCアーヴァイン（カリフォルニア大学アーヴァイン校）でプレーし、全米屈指の強打者と評価されるようになった。身体能力では白人や黒人に劣る100%東洋人の血筋（父方はジャパニーズ、母方はチャイニーズ）なのに、本塁打を量産するスラッガーに成長できたのは、9歳の頃から、高名な打撃インストラクター、ショーン・トンプソンの施設に通って指導を受けてきたからだ。トンプソンはカリフォルニア南部では最も知られた打撃インストラクターで、ブリュワーズの主砲だったライアン・ブラウンも教え子の一人である。

トンプソンの指導を受け続けているうちに、ヒウラのスイングはコンパクトで、インサイドアウトに出る理想的なものになった。また、トンプソンの施設では、球種を見分ける訓練や、動体視力を向上させる訓練もしてくれたので、選球眼のいい、空振りの少ない打者に成長できた。ヒウラ自身は、トンプソンのレッスンの一番優れた点について「メンタル面が強くなるような指導を重点的にしてくれたことです」と語っている。

カモ T・マーリー(レッズ).750(4-3)2本 S・ブロールト(パイレーツ).400(10-4)0本
苦手 D・ポンセデレオン(カーディナルス).000(5-0)0本 前田健太(ツインズ).167(6-1)0本

年度	所属チーム	試合数	打数	得点	安打	二塁打	三塁打	本塁打	打点	四球	三振	盗塁	盗塁死	出塁率	OPS	打率
2019	ブリュワーズ	84	314	51	95	23	2	19	49	25	107	9	3	.368	.938	.303
2020	ブリュワーズ	59	217	30	46	4	0	13	32	16	85	3	2	.297	.707	.212
通算成績		143	531	81	141	27	2	32	81	41	192	12	5	.338	.843	.266

野手

スランプがチーム内に伝染

レフト DH

22 クリスチャン・イェリッチ *Christian Yelich*

30歳 1991.12.5生 | 191cm | 88kg | 右投左打
◆対左投手打率／.293(58-17) ◆対右投手打率／.169(142-24)
◆ホーム打率／.247(93-23) ◆アウェー打率／.168(107-18)
◆得点圏打率／.132(38-5)
◆20年のポジション別出場数／レフト=51、DH=7
◆ドラフトデータ／2010①マーリンズ
◆出身地／カリフォルニア州 ◆年俸／1400万ドル(約14億7000万円)
◆MVP1回(18年)、首位打者2回(18、19年)、ゴールドグラブ賞1回(14年)、シルバースラッガー賞3回(16、18、19年)、ハンク・アーロン賞2回(18、19年)

ミート 5 / パワー 5 / 走塁 5 / 守備 3 / 肩 3

昨年はあり得ないレベルのスランプに沈んだため、どのような形でバッティングを立て直すか注目されるブリュワーズの看板選手。昨季は7月のキャンプのときからひどいスランプで、紅白戦の成績は23打数1安打(打率0割4分3厘)、三振13。このスランプは開幕後も続き、最初の6試合は27打数1安打（打率0割3分7厘）で、三振が12もあった。その後、ポツリポツリ長打が出るようになり、打率は2割前後までは戻した。

ファンをいらだたせたのは、イェリッチ自身も、まわりの監督コーチも、スランプの原因を特定できないことだった。一昨年9月、ヒザに自打球を当てて骨折したが、これは完治していた。公表していない故障があるわけでもなかった。一つはっきりしているのは、フォーシームに対しては3割2分8厘なのに、チェンジアップには1割0分5厘、カーブには1割1分4厘で、タイミングまったく合っていないことだった。そのため、タイミングの微妙な狂いがスランプの要因と推測するアナリストもいた。

球団は開幕前、イェリッチの打点を40と見積もっていたが、わずか22打点に終わってしまった。だがイェリッチのスランプは、単にチーム得点が18点少なくなったという次元の話では、終わらなかった。イェリッチが開幕早々スランプにおちいると、それが伝染病のようにチーム内に広がり、大半の打者が低打率にあえぐようになったのだ。その結果、ブリュワーズは得点力が大幅に減少して、苦しい戦いを強いられた。それでいながらポストシーズン進出を果たしたのは、ベテランのライアン・ブラウン、新加入ヴォーグルバックなどが、土壇場の踏ん張りを見せたからだ。

カモ C·キンブル(カブス).500(4-2)2本 M·ウィスラー(ツインズ).643(14-9)0本
苦手 M·ローレンゼン(レッズ).071(14-1)0本 K·ヘンドリックス(カブス).194(31-6)1本

年度	所属チーム	試合数	打数	得点	安打	二塁打	三塁打	本塁打	打点	四球	三振	盗塁	盗塁死	出塁率	OPS	打率
2013	マーリンズ	62	240	34	69	12	1	4	16	31	66	10	0	.370	.766	.288
2014	マーリンズ	144	582	94	165	30	6	9	54	70	137	21	7	.362	.764	.284
2015	マーリンズ	126	476	63	143	30	2	7	44	47	101	16	5	.366	.782	.300
2016	マーリンズ	155	578	78	172	38	3	21	98	72	138	9	4	.376	.859	.298
2017	マーリンズ	156	602	100	170	36	2	18	81	80	137	16	2	.369	.807	.282
2018	ブリュワーズ	147	574	118	187	34	7	36	110	68	135	22	4	.402	1.000	.326
2019	ブリュワーズ	130	489	100	161	29	3	44	97	80	118	30	2	.429	1.100	.329
2020	ブリュワーズ	58	200	39	41	7	1	12	22	46	76	4	2	.356	.786	.205
通算成績		978	3741	626	1108	216	25	151	522	494	908	128	26	.381	.870	.296

3 フリースインガーを卒業してレベルアップ ショート
オルランド・アルシア *Orlando Arcia*

27歳 1994.8.4生 | 183cm | 85kg | 右投右打
◆対左投手打率／.191 ◆対右投手打率／.286
◆ホーム打率／.227 ◆アウェー打率／.286 ◆得点圏打率／.250
◆20年のポジション別出場数／ショート=57、ピッチャー=2、センター=1
◆ⓓ2010㊊ブリュワーズ ◆㊓ベネズエラ
◆㊎200万ドル(約2億1000万円)

ミート 3 パワー 3 走塁 3 守備 3 肩 4

昨年、打者として進化を遂げ、レギュラー陥落の危機を脱した遊撃手。2年連続で出塁率が3割を切り、守備力も低下していたので、球団はトレードでルイス・ウリーアスを獲得し、2人にショートのレギュラーの座を競わせることにした。これに危機感を抱いたアルシアは、万全の状態で春のキャンプに臨み、オープン戦で本塁打を6本打ち注目された。3カ月半の中断後に再開された7月のキャンプ、そして公式戦が開幕してからも好調を維持。新生アルシアを印象づけた。最も変わった点はフリースインガーではなくなったことだ。四球もコンスタントにゲットし、出塁率が平均レベルになった。

カモ L·カスティーヨ(レッズ).393(28-11)0本 苦手 C·マルティネス(カーディナルス).083(12-1)0本

年度	所属チーム	試合数	打数	得点	安打	二塁打	三塁打	本塁打	打点	四球	三振	盗塁	盗塁死	出塁率	OPS	打率
2016	ブリュワーズ	55	201	21	44	10	3	4	17	15	47	8	0	.273	.631	.219
2017	ブリュワーズ	153	506	56	140	17	2	15	53	36	100	14	7	.324	.731	.277
2018	ブリュワーズ	119	348	32	82	16	0	3	30	15	87	7	4	.268	.576	.236
2019	ブリュワーズ	152	494	51	110	16	1	15	59	43	109	8	5	.283	.633	.223
2020	ブリュワーズ	59	173	22	45	10	1	5	20	14	32	2	0	.317	.734	.260
通算成績		538	1722	182	421	69	7	42	179	123	375	39	16	.295	.660	.244

6 ムードメーカーとしても重要なベテラン センター
ロレンゾ・ケイン *Lorenzo Cain*

35歳 1986.4.13生 | 188cm | 98kg | 右投右打
◆対左投手打率／.500 ◆対右投手打率／.286
◆ホーム打率／.333 ◆アウェー打率／.429 ◆得点圏打率／.750
◆20年のポジション別出場数／センター=5
◆ⓓ2004⑰ブリュワーズ ◆㊓ジョージア州
◆㊎1700万ドル(約17億8500万円) ◆ゴールドグラブ賞1回(19年)

ミート 3 パワー 4 走塁 4 守備 4 肩 4

昨季は6試合に出場後、「新型コロナから家族を守る」という理由でオプトアウト（撤退）したスター外野手。その決断をしたのは、ホーム開幕3連戦が、対戦するカーディナルスにコロナ陽性者が多数出たという理由で延期になった直後のことだった。優秀なチャンスメーカー、そしてムードメーカーでもあったので、彼が抜けた痛手は大きかった。今季は5年契約の4年目。残存年俸が3500万ドルあるため、資金力に乏しい球団としては、トレードに出したいのが本音。だが年齢的な衰えが見られるため、実現しそうにない。

カモ S·グレイ(レッズ).429(21-9)0本 苦手 K·ヘンドリックス(カブス).208(24-5)0本

年度	所属チーム	試合数	打数	得点	安打	二塁打	三塁打	本塁打	打点	四球	三振	盗塁	盗塁死	出塁率	OPS	打率
2010	ブリュワーズ	43	147	17	45	11	1	1	13	9	28	7	1	.348	.763	.306
2011	ロイヤルズ	6	22	4	6	1	0	0	1	1	4	0	0	.304	.623	.273
2012	ロイヤルズ	61	222	27	59	9	2	7	31	15	56	10	0	.316	.734	.266
2013	ロイヤルズ	115	399	54	100	21	3	4	46	33	90	14	6	.310	.658	.251
2014	ロイヤルズ	133	471	55	142	29	4	5	53	24	108	28	5	.339	.751	.301
2015	ロイヤルズ	140	551	101	169	34	6	16	72	37	98	28	6	.361	.838	.307
2016	ロイヤルズ	103	397	56	114	19	1	9	56	31	84	14	5	.339	.747	.287
2017	ロイヤルズ	155	584	86	175	27	5	15	49	54	100	26	2	.363	.803	.300
2018	ブリュワーズ	141	539	90	166	25	2	10	38	71	94	30	7	.395	.813	.308
2019	ブリュワーズ	148	562	75	146	30	0	11	48	50	106	18	8	.325	.697	.260
2020	ブリュワーズ	5	18	4	6	1	0	0	2	3	2	0	0	.429	.817	.333
通算成績		1050	3912	569	1128	207	24	78	409	328	770	175	40	.348	.761	.288

21 ダニエル・ヴォーグルバック Daniel Vogelbach

好不調の波の大きさはジェットコースター級

ファースト DH

29歳 1992.12.17生 | 183cm | 122kg | 右投左打
◆対左投手打率／.083 ◆対右投手打率／.223
◆ホーム打率／.240 ◆アウェー打率／.185 ◆得点圏打率／.167
◆20年のポジション別出場数／DH=34、ファースト=2
◆Ⓓ2011②カブス ◆㊝フロリダ州
◆㊎140万ドル(約1億4700万円)

ミート3 パワー5 走塁2 守備2 肩3

体重122キロの巨漢スラッガー。マリナーズで迎えた昨季はスランプで、8月下旬にブルージェイズに移籍するが、2試合に出ただけでクビに。だが、ブリュワーズが9月3日に獲得して使ったところ、いきなりヒットラッシュになり、一発もよく出た。とくに9月20日の試合で放った2アーチは、チームを勝率5割に浮上させる値千金の2本だった。特徴は好不調の波が大きいこと。好調の波に乗った一昨年前半は、21本塁打を放ち、オールスターに選出された。明るいキャラで笑顔を絶やさないため、チームメートに人気がある。

カモ B・ケラー(ロイヤルズ).500(6-3)3本　苦手 W・マイリー(レッズ).143(7-1)1本

年度	所属チーム	試合数	打数	得点	安打	二塁打	三塁打	本塁打	打点	四球	三振	盗塁	盗塁死	出塁率	OPS	打率
2016	マリナーズ	8	12	0	1	0	0	0	0	1	6	0	0	.154	.237	.083
2017	マリナーズ	16	28	0	6	1	0	0	2	3	9	0	0	.290	.540	.214
2018	マリナーズ	37	87	9	18	2	0	4	13	13	26	0	0	.324	.691	.207
2019	マリナーズ	144	462	73	96	17	0	30	76	92	149	0	0	.341	.780	.208
2020	マリナーズ	18	53	3	5	1	0	2	4	11	13	0	0	.250	.476	.094
2020	ブルージェイズ	2	4	0	0	0	0	0	0	1	2	0	0	.200	.200	.000
2020	ブリュワーズ	19	58	13	19	2	0	4	12	8	18	0	0	.418	.987	.328
2020	3チーム計	39	115	16	24	3	0	6	16	20	33	0	0	.331	.722	.209
通算成績		244	704	98	145	23	0	40	107	129	223	0	0	.332	.741	.206

10 オマー・ナルヴァエズ Omar Narvaez

スイングスピードが落ち、打球の初速が低下

キャッチャー

29歳 1992.2.10生 | 180cm | 100kg | 右投左打　盗塁阻止率／.238(21-5)
◆対左投手打率／.211 ◆対右投手打率／.169
◆ホーム打率／.175 ◆アウェー打率／.176 ◆得点圏打率／.364
◆20年のポジション別出場数／キャッチャー=39 ◆Ⓓ2008㊕レイズ
◆㊝ベネズエラ
◆㊎250万ドル(約2億6250万円)

ミート4 パワー4 走塁2 守備2 肩3

ブリュワーズから、ヤスマニ・グランダル級の打撃成績を出せる人材と評価され入団したが、1年目は散々な結果に終わった強打の捕手。打撃面でとくに気になるのは、大きな故障があるわけでもないのに、打球の初速が低下している点。これはスイングスピードが落ちていることに等しく、本塁打の生産ペースは19.5打数に1本から、54打数に1本に落ちてしまった。オフの間、ハードな筋トレに励(はげ)んだようなので、今季、その効果がどの程度出るか注目される。守備力は「下」レベルから「中の下」レベルに上昇した。フレーミングがうまく、昨季の盗塁阻止率(23.8%)も平均よりやや高かった。

カモ J・フラハティ(カーディナルス).429(7-3)1本　苦手 K・ヘンドリックス(カブス).000(11-0)0本

年度	所属チーム	試合数	打数	得点	安打	二塁打	三塁打	本塁打	打点	四球	三振	盗塁	盗塁死	出塁率	OPS	打率
2016	ホワイトソックス	34	101	13	27	4	0	1	10	14	14	0	0	.350	.687	.267
2017	ホワイトソックス	90	253	23	70	10	0	2	14	38	45	0	0	.373	.713	.277
2018	ホワイトソックス	97	280	30	77	14	1	9	30	38	65	0	2	.366	.794	.275
2019	マリナーズ	132	428	63	119	12	0	22	55	47	92	0	0	.353	.813	.278
2020	ブリュワーズ	40	108	8	19	4	0	2	10	16	39	0	0	.294	.562	.176
通算成績		393	1170	137	312	44	1	36	119	153	255	0	2	.355	.753	.267

16 スモールボール適性が高いセカンドの名手
コルテン・ウォン *Kolten Wong*

セカンド　移籍

31歳 1990.10.10生 | 170cm | 84kg | 右投左打 対左.294 対右.259 ホ.241 ア.287 得.389
ド2011①カーディナルス 出ハワイ州 年1800万ドル(約18億9000万円)※3年総額 ◆ゴールドグラブ賞2回(19、20年)

ミ4 パ2 走5 守5 肩3

２年連続でナショナル・リーグのゴールドグラブ賞を受賞した二塁手。両親ともに中国系で体格的には小柄な部類だが、スモールボール巧者の産地であるハワイで磨いた小技や俊敏(しゅんびん)性(せい)を武器に、メジャー屈指の二塁手に登り詰めた。2019年には24盗塁（4盗塁死）と高い盗塁技術も持っており、バントや進塁打も打てる。監督が求める仕事を完(かん)遂(すい)できるチームプレーヤーだが、近年は併殺崩し禁止のルール制定で強打の二塁手が増えてきており、ウォンにとってはやや向かい風。18年のキラウエア火山の溶岩流出で故郷を失った人々に心を寄せており、支援活動に力を入れている。

年度	所属チーム	試合数	打数	得点	安打	二塁打	三塁打	本塁打	打点	四球	三振	盗塁	盗塁死	出塁率	OPS	打率
2020	カーディナルス	53	181	26	48	4	2	1	16	20	30	5	2	.350	.675	.265
通算成績		852	2697	351	703	124	25	53	281	233	463	88	25	.333	.717	.261

2 手の骨折とコロナ陽性のダブルパンチ
ルイス・ウリーアス *Luis Urias*

ユーティリティ

24歳 1997.6.3生 | 175cm | 84kg | 右投右打 対左.265 対右.227 ホ.182 ア.296
得.321 ド2013外パドレス 出メキシコ 年57万500ドル(約5990万円)＋α

ミ4 パ2 走3 守4 肩3

パドレスから移籍して迎えた昨季は、アルシアとショートのレギュラー争いをすると思われた。しかしメキシコのウインターリーグ出場中に手を骨折した影響で、オープン戦には出場できなかった。その後、コロナ禍でキャンプが中断。7月に再開されたが、今度は7月上旬の検査で陽性反応が出たため、復帰できたのは8月10日だった。ウリーアスが出遅れている間、アルシアが好調だったため、復帰後は主にサードで起用された。ただ三塁手としては、守備は申し分ないが、打撃がパワー不足。はまり役はセカンド、ショート、サードをカバーする内野のユーティリティだ。

年度	所属チーム	試合数	打数	得点	安打	二塁打	三塁打	本塁打	打点	四球	三振	盗塁	盗塁死	出塁率	OPS	打率
2020	ブリュワーズ	41	109	11	26	4	1	0	11	10	32	2	2	.308	.602	.239
通算成績		124	372	43	84	13	2	6	40	38	98	3	3	.315	.635	.226

24 不慣れな1番打者で使われ打撃低迷
アビサイル・ガルシア *Avisail Garcia*

ライト

30歳 1991.6.12生 | 193cm | 113kg | 右投右打 対左.291 対右.214 ホ.253 ア.223
得.267 ド2007外タイガース 出ベネズエラ 年1050万ドル(約11億250万円)

ミ3 パ4 走3 守3 肩5

昨季はキャリアワーストの年になったため、巻き返しを図るスラッガー。打撃成績が急落した要因は、7月末にオプトアウト（出場辞退）したロレンゾ・ケインの「1番・センター」を引き継ぐことになったからだ。ガルシアはそれまで1番打者で使われたことがほとんどなく、あれこれ考えながら打席に立つため、思い切りのいいバッティングが消え、本塁打が激減。それでも上手にぶつけられて死球を6つかせいだことが功を奏し、出塁率だけはこの3年間でベストの数字になった。センターの守備は、ケインより多少劣るレベルだった。今季、守備位置は、守り慣れたライトに戻る。

年度	所属チーム	試合数	打数	得点	安打	二塁打	三塁打	本塁打	打点	四球	三振	盗塁	盗塁死	出塁率	OPS	打率
2020	ブリュワーズ	53	181	20	43	10	0	2	15	20	49	1	3	.333	.659	.238
通算成績		816	2973	385	805	123	16	98	389	200	756	37	28	.324	.746	.271

対左=対左投手打率　対右=対右投手打率　ホ=ホーム打率　ア=アウェー打率　得=得点圏打率
ド=ドラフトデータ　出=出身地　年=年俸

9 マニー・ピーニャ *Manny Pina*

メジャー屈指の守備力を備えたベテラン捕手

キャッチャー

34歳 1987.6.5生 | 183cm | 101kg | 右投右打 盗塁阻止率／.556(9-5) 対左.211 対右.250 ホ.500 ア.138 得.200 ド2004外レンジャーズ 出ベネズエラ 年165万ドル(約1億7325万円)

ミ2 パ4 走2 守5 肩5

守備力に定評がある捕手。昨季はヒザの半月板損傷で8月下旬にIL（故障者リスト）入りし、そのままシーズンを終えた。昨季は限られた出場機会ながら、盗塁阻止率55.6%(9-5)をマーク。ワイルドピッチを出す頻度は最少レベルで、エラー、パスボールは0。DRS（守備で防いだ失点）も3あり、後半の欠場がなければ、ゴールドグラブ賞を手にしていたかもしれない。リード面では、昨年もハウザーとの相性が良かった。打者としては、平均以上のパワーがある。上手に体に当てて、死球で出塁することにも長けている。若手の面倒見が良く、人望があって、ファンの人気も高い。

年度	所属チーム	試合数	打数	得点	安打	二塁打	三塁打	本塁打	打点	四球	三振	盗塁	盗塁死	出塁率	OPS	打率
2020	ブリュワーズ	15	39	4	9	1	0	2	5	3	11	0	0	.333	.744	.231
通算成績		334	920	104	235	49	2	29	113	71	219	4	1	.318	.726	.255

26 ジェイコブ・ノッティンガム *Jacob Nottingham*

コービン・バーンズのパーソナル捕手

キャッチャー

26歳 1995.4.3生 | 188cm | 100kg | 右投右打 盗塁阻止率／.250(8-2) 対左.286 対右.147 ホ.174 ア.200 得.333 ド2013⑥アストロズ 出カリフォルニア州 年57万500ドル(約5990万円)+α

ミ2 パ5 走2 守3 肩4

正捕手の座を狙う捕手のホープ。昨季はピーニャのIL入りにともない、8月28日にメジャーに呼ばれ、16試合に先発出場。打撃面では12打数に1本というハイペースで一発を叩き込み、長距離砲の片鱗を見せた。守備面では、盗塁阻止率が25.0%で「中の上」レベルだが、悪送球が多い。ワイルドピッチを出す頻度は平均レベルだが、パスボールがやや多い。リード面ではコービン・バーンズのパーソナル捕手となり、シーズン後半の好調を支えた。バーンズと組んだ6試合の防御率は1.08という目を見張る数字だったため、今季もバーンズとバッテリーを組む機会が多くなるだろう。

年度	所属チーム	試合数	打数	得点	安打	二塁打	三塁打	本塁打	打点	四球	三振	盗塁	盗塁死	出塁率	OPS	打率
2020	ブリュワーズ	20	48	8	9	1	0	4	13	5	20	0	0	.278	.736	.188
通算成績		38	74	11	15	2	0	5	17	9	30	0	0	.306	.738	.203

― ビリー・マッキニー *Billy McKinney*

典型的なファストボール・ヒッター

外野手

27歳 1994.8.23生 | 185cm | 93kg | 左投左打 対左―― 対右.667 ホ.667 ア.000 得.000 ド2013①アスレティックス 出テキサス州 年57万500ドル(約5990万円)+α

ミ3 パ4 走3 守2 肩2

昨年9月にブルージェイズから移籍した外野手。ベン・ギャメルがチームを去ったため、4人目の外野手候補となっている。グラブより、バットで貢献するタイプ。打者としての特徴は、速球にめっぽう強いこと。好調時は早いカウントから速球に的をしぼって打ちにいき、長打をハイペースで生産する。その一方で、変化球への対応力はイマイチ。とくにチェンジアップやカーブでタイミングを外されると、バットが空を切ることが多い。守備は、肩の強さが平均以下で、スピードにも欠ける。そのためセンターで使うには不向きで、レフトが最適ポジション。ファーストにも対応。

年度	所属チーム	試合数	打数	得点	安打	二塁打	三塁打	本塁打	打点	四球	三振	盗塁	盗塁死	出塁率	OPS	打率
2020	ブルージェイズ	2	3	1	2	0	0	0	0	0	0	0	0	.667	1.333	.667
通算成績		124	373	52	86	21	1	18	41	30	106	1	2	.291	.728	.231

15 ワイルドカードシリーズ第2戦で先発出場 タイロン・テイラー *Tyrone Taylor*

外野手 ルーキー

27歳 1994.1.22生 | 183cm | 88kg | 右投右打 対左.250 対右.227 ホ.111 ア.350 得.231 ド2012②ブリュワーズ 出カリフォルニア州 年57万500ドル(約5990万円)+α

ミ2 パ3 走4 守4 肩3

2度の大きなケガを乗り越え、メジャーで活躍するようになった外野手。高校卒業時に行われた2012年のドラフトで、ブリュワーズから2巡目に指名されてプロ入り。15年には、球団の有望新人リストのトップにランクされた。しかし、17年にハムストリングの肉離れ、19年には手首を痛めて、その年の夏場までまともにプレーできない状態が続いた。19年の終盤に、ようやく手首の故障も癒え、その年の9月7日にメジャーデビュー（10打数ながら4安打を記録）。昨季は9月1日にメジャーに呼ばれ、長打がよく出たため評価が上がり、ポストシーズンのメンバーにも抜擢(ばってき)された。

年度	所属チーム	試合数	打数	得点	安打	二塁打	三塁打	本塁打	打点	四球	三振	盗塁	盗塁死	出塁率	OPS	打率
2020	ブリュワーズ	22	38	6	9	4	0	2	6	2	8	0	0	.293	.793	.237
通算成績		37	48	7	13	6	0	2	7	3	9	0	0	.340	.860	.271

10 スモールボールで役に立つ外野のサブ ティム・ロープス *Tim Lopes*

レフト ライト サード 移籍

27歳 1994.6.24生 | 180cm | 82kg | 右投右打 対左.218 対右.250 ホ.212 ア.253 得.270 ド2012⑥マリナーズ 出カリフォルニア州 年57万500ドル(約5990万円)+α

ミ3 パ3 走5 守3 肩3

ブリュワーズが昨年12月に、マリナーズからウエーバー経由で獲得した外野手。バッターとしては、広角にライナーや強いゴロを弾き返すタイプで、二塁打がよく出る。チャンスにも強い。足で貢献することも多く、昨季は盗塁を5回試みてすべて成功している。マイナー時代には35盗塁を記録した年もあるので、盗塁に積極的になれば、15〜20くらいに伸ばせるかもしれない。1歳半年上の兄クリスチャンは、ダイヤモンドバックスの3Aに所属する二塁手。この兄と少年野球のチームに入り、本格的に野球を始め、プロ入り後も、オフになると一緒にトレーニングをこなしてきた。

年度	所属チーム	試合数	打数	得点	安打	二塁打	三塁打	本塁打	打点	四球	三振	盗塁	盗塁死	出塁率	OPS	打率
2020	マリナーズ	46	143	16	34	12	0	2	15	6	34	5	0	.278	.642	.238
通算成績		87	254	27	64	19	0	3	27	21	63	11	3	.315	.678	.252

– マリオ・フェリシアーノ *Mario Feliciano*

キャッチャー 期待度 C+ ルーキー

23歳 1998.11.20生 | 185cm | 91kg | 右投右打 ◆一昨年は1A+、2Aでプレー ド2016②ブリュワーズ 出プエルトリコ

バットで貢献するタイプのキャッチャーのホープ。打者としてはパワーとうまさを併せ持ち、二塁打がよく出る。その一方でカウントを悪くすることが多く、三振が多い。守備面でのウリは、強肩と敏捷性(びんしょうせい)。レシービングとフレーミングもレベルアップしているが、時々、集中力が切れることがある。

78 コーリー・レイ *Corey Ray*

外野手 期待度 C ルーキー

27歳 1994.9.22生 | 183cm | 89kg | 左投左打 ◆一昨年はルーキー級、2A、3Aでプレー ド2016①ブリュワーズ 出イリノイ州

2016年のドラフトで、ブリュワーズが全体の4番目に指名した外野手。18年に手首を痛めて長期間IL入り。復帰後も、スイングスピードが元のレベルに戻らず、苦労した。しかし昨年、マイナーのシーズンが中止されたため、手首の故障も完治。今季はどこも悪くない状態で、春季キャンプに入る。

対左=対左投手打率 対右=対右投手打率 ホ=ホーム打率 ア=アウェー打率 得=得点圏打率 ド=ドラフトデータ 出=出身地 年=年俸
※昨季、マイナーリーグは中止

ナショナル・リーグ……中部地区 *PITTSBURGH PIRATES*

ピッツバーグ・パイレーツ

◆創　立：1882年
◆本拠地：ペンシルヴァニア州ピッツバーグ市
◆ワールドシリーズ制覇：5回／◆リーグ優勝：9回
◆地区優勝：9回／◆ワイルドカード獲得：3回

主要オーナー　ロバート・ナッティング（スポーツ企業家）

過去5年成績

年度	勝	負	勝率	ゲーム差	地区順位	ポストシーズン成績
2016	78	83	.484	25.0	③	—
2017	75	87	.463	17.0	④	—
2018	82	79	.509	13.0	④	—
2019	69	93	.426	22.0	⑤	—
2020	**19**	**41**	**.317**	**15.0**	⑤	—

監　督　17 デレク・シェルトン *Derek Shelton*

◆年　　齢…………51歳（イリノイ州出身）
◆現役時代の経歴…メジャーでのプレー経験なし（キャッチャー）
◆監督経歴…………1シーズン　パイレーツ（2020～）
◆通算成績…………19勝41敗（勝率.317）

就任２年目を迎えるパイレーツ第41代監督。昨季の勝率は両リーグ最低。しかしチームは再建期に入ったばかりで、シェルトンへの非難の声はほとんど聞かれなかった。昨年７月26日の試合では、主審に抗議しようとマスクをしてベンチを飛び出したが、しっかりソーシャルディスタンスを保ちながら抗議。その光景が話題になった。現役時代は捕手で、ヤンキース傘下の1Aで２シーズンだけプレー。同じチームに、大型新人デレク・ジーター（現マーリンズCEO）がいた。

注目コーチ　28 ジョーイ・コーラ *Joey Cora*

三塁ベースコーチ。56歳。現役時代は二塁手。1997年の24試合連続安打は、イチローに破られるまでマリナーズの球団記録。弟のアレックスは現レッドソックス監督。

編成責任者　ベン・チェリントン *Ben Cherington*

47歳。一昨年11月にGM就任。レッドソックスGM時代の2013年に、ワールドシリーズを制覇。祖父リチャード・エバハートは、ピューリッツァー賞受賞歴のある詩人。

スタジアム　PNCパーク *PNC Park*

◆開 場 年…………2001年
◆仕　　様…………天然芝
◆収容能力…………38,747人
◆フェンスの高さ …1.8～6.4m
◆特　　徴…………ライトフェンスの高さが21フィート（6.4メートル）もある。この高さは、偉大な球団OBロベルト・クレメンテの背番号「21」にちなむ。クレメンテはまだ現役だった1972年、慈善活動中の飛行機事故で、命を落としている。

ピッチャーズパーク

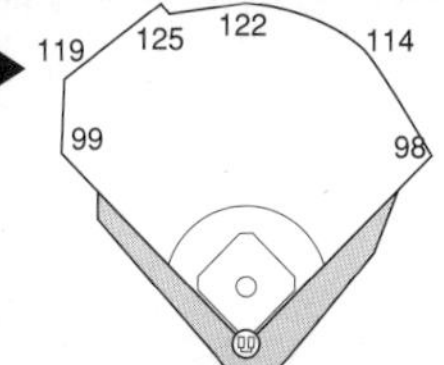

Best Order

［ベストオーダー］

①アダム・フレイジャー……セカンド
②ケブライアン・ヘイズ……サード
③コリン・モラン……DH
④グレゴリー・ポランコ……ライト
⑤ブライアン・レイノルズ……レフト
⑥ジェイコブ・スターリングス……キャッチャー
⑦ケヴィン・ニューマン……ショート
⑧フィリップ・エヴァンス……ファースト
⑨アンソニー・アルフォード……センター

Depth Chart

［ポジション別選手層・メンバーリスト］

※2021年2月12日時点の候補選手。数字は背番号（開幕前に変更する場合もあり）、右・左等は投・打の順。

※ナショナル・リーグでは今季、DH制が不採用の可能性あり。

センター
- 6 **アンソニー・アルフォード［右・右］**
- 3 コール・タッカー［右・両］
- 10 ブライアン・レイノルズ［右・両］
- 14 ジャレド・オリヴァ［右・右］

レフト
- 10 **ブライアン・レイノルズ［右・両］**
- 14 ジャレド・オリヴァ［右・右］
- 26 アダム・フレイジャー［右・左］

ライト
- 25 **グレゴリー・ポランコ［左・左］**
- 3 コール・タッカー［右・両］
- 14 ジャレド・オリヴァ［右・右］

ショート
- 27 **ケヴィン・ニューマン［右・右］**
- 2 エリック・ゴンザレス［右・右］
- 3 コール・タッカー［右・両］
- 24 フィリップ・エヴァンス［右・右］

セカンド
- 26 **アダム・フレイジャー［右・左］**
- 27 ケヴィン・ニューマン［右・右］
- 24 フィリップ・エヴァンス［右・右］
- 3 コール・タッカー［右・両］

ローテーション
- 23 ミッチ・ケラー［右・右］
- 39 チャド・クール［右・右］
- 43 スティーヴン・ブロールト［左・左］
- 34 JTブルベイカー［右・右］
- 44 コーディー・ポンセ［右・右］
- 29 ウィル・クロウ［右・右］
- 50 ミゲール・ヤフーレイ［右・右］

サード
- 13 **ケブライアン・ヘイズ［右・右］**
- 19 コリン・モラン［右・左］
- 2 エリック・ゴンザレス［右・右］
- 24 フィリップ・エヴァンス［右・右］

ファースト
- 24 **フィリップ・エヴァンス［右・右］**
- 19 コリン・モラン［右・左］

キャッチャー
- 58 **ジェイコブ・スターリングス［右・右］**
- 5 マイケル・ペレス［右・左］

DH
- 19 **コリン・モラン［右・左］**
- 25 グレゴリー・ポランコ［左・左］

ブルペン
- 48 リチャード・ロドリゲス［右・右］CL
- 46 クリス・ストラットン［右・右］
- 30 カイル・クリック［右・左］
- 45 マイケル・フェリーズ［右・右］
- 52 クレイ・ホルムズ［右・右］
- 37 エドガー・サンタナ［右・右］
- 32 ジェフ・ハートリーブ［右・右］
- 54 サム・ハワード［左・右］
- 35 オースティン・デイヴィス［左・左］
- 49 ブレイク・シーダリンド［右・右］
- 36 ニック・ミアーズ［右・右］
- 38 タイラー・バシュラー［右・右］
- 56 カーソン・フルマー［右・右］
- 62 ショーン・ポッペン［右・右］

※CL＝クローザー

パイレーツ試合日程……＊はアウェーでの開催

日程	対戦	日程	対戦	日程	対戦
4月1・3・4	カブス＊	3・4・5	パドレス＊	3・4・5・6	マーリンズ
5・6・7	レッズ＊	7・8・9	カブス＊	8・9・10	ドジャース
8・10・11	カブス	10・11・12	レッズ	11・12・13	ブリュワーズ＊
12・13・14・15	パドレス	13・14・15・16	ジャイアンツ	14・15・16	ナショナルズ＊
16・17・18	ブリュワーズ＊	18・19	カーディナルス＊	18・19・20	インディアンズ
20・21・22	タイガース＊	20・21・22・23	ブレーブス＊	22・23	ホワイトソックス
23・24・25	ツインズ＊	25・26・27	カブス	24・25・26・27	カーディナルス＊
27・28	ロイヤルズ	28・29・30	ロッキーズ	28・29・30	ロッキーズ＊
30・**5**月1・2	カーディナルス	31・**6**月1	ロイヤルズ＊	**7**月1・2・3・4	ブリュワーズ

球団メモ 昨季開幕時のチーム総年俸は、メジャー30球団で最下位。それは結果にも表れ、昨季の勝率.317はメジャーワースト、得失点差（－79）はリーグワーストだった。

Analysis　矢印は、昨季終了時との比較　[戦力分析]

■投手力…★★☆☆☆【昨年度チーム防御率4.68、リーグ9位】

マスグローヴ、タイヨンがチームを去り、ケラー、クール、ブロールトらを中心にローテーションを回していくことになるが、正直、勝ち星が負け数を大きく上回るイメージを抱けるピッチャーは不在。若手のブルベイカー、ポンセも可能性は感じるが、大ブレイクを果たせるかは、疑問が残るところだ。リリーフ陣は、先発陣よりもさらに不安。フェリーズ、ストラットン、ハートリーブ、ロドリゲスらで勝ちゲームを拾っていく心積もりだろうが、終盤の競り合いを落とす試合が、頻出(ひんしゅつ)する予感もただよう。

■攻撃力…★★★☆☆【昨年度チーム得点219、リーグ15位】

昨季後半に、彗星の如く登場した新進気鋭ヘイズが、どこまで打線を牽引できるかがポイント。出塁率の高いヘイズをモラン、ポランコ、レイノルズらがホームへと迎え入れる形を数多く作り出したいところだが、大砲ベルの放出が、なんとも痛い。ニューマン、アルフォードらが成長し、ベルの穴を埋めるような活躍ができれば、それなりの得点力は期待できる。

■守備力…★★★★☆【昨年度チーム失策数47、リーグ15位】

抜群の守備力を誇るヘイズ、堅実さが光るニューマンの三遊間、捕手部門のゴールドグラブ賞最終候補に残ったスターリングス、強肩が自慢の中堅手アルフォードと、タレントがそろい、守りから崩れる場面は減りそうだ。

■機動力…★★★☆☆【昨年度チーム盗塁数16、リーグ14位】

ヘイズ、アルフォード、ニューマン、ゴンザレスと、走れる選手は増えた。

パイレーツ

チームは完全に再建期に入っており、オフには投打の主力を次々と放出した。この流れはまだまだ続くと予想され、今季も大負けはまぬがれないだろう。ピッツバーグのファンは、唯一の希望であるヘイズの成長をただ楽しみに見守るしかない。

IN 主な入団選手

投手
とくになし

野手
とくになし

OUT 主な退団選手

投手
ジョー・マスグローヴ➡パドレス
ジェイムソン・タイヨン➡ヤンキース
トレヴァー・ウィリアムズ➡カブス
クリス・アーチャー➡レイズ

野手
ジョシュ・ベル➡ナショナルズ
ホセ・オスーナ➡東京ヤクルト

5・6・7	ブレーブス	5・6・7・8	レッズ*	6・7・8	タイガース
8・9・10・11	メッツ*	10・11・12	カーディナルス	10・11・12	ナショナルズ
13	オールスターゲーム	13・14・15	ブリュワーズ	14・15・16	レッズ
16・17・18	メッツ	16・17・18	ドジャース*	17・18・19	マーリンズ*
19・20・21	ダイヤモンドバックス*	20・21・22	カーディナルス*	20・21・22	レッズ*
23・24・25	ジャイアンツ*	23・24・25	ダイヤモンドバックス	23・24・25・26	フィリーズ*
27・28・29	ブリュワーズ	26・27・28・29	カーディナルス	28・29・30	カブス
30・31・**8**月1	フィリーズ	31・**9**月1	ホワイトソックス*	**10**月1・2・3	レッズ
2・3・4	ブリュワーズ*	2・3・4・5	カブス*		

球団メモ 2008年11月、クリケット選手ら、野球未経験の2名のインド人と選手契約を結び、話題に。のちに映画化もされた。2人とも2A以上でプレーすることなく、引退。

48 クローザーなのに、チーム最多の勝ち星 クローザー

リチャード・ロドリゲス *Richard Rodriguez*

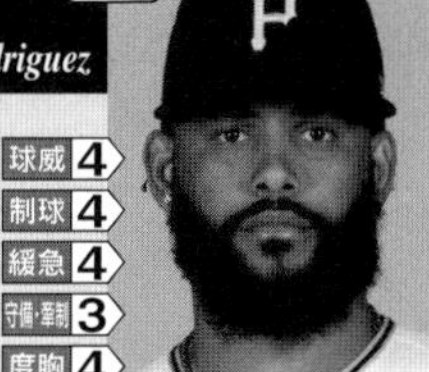

31歳 1990.3.4生 | 193cm | 99kg | 右投右打
◆速球のスピード／140キロ台後半（フォーシーム）
◆決め球と持ち球／◎スライダー
◆対左.140 ◆対右.220 ◆ホ防1.06 ◆ア防7.11
◆ド2010(外)アストロズ ◆出ドミニカ
◆年170万ドル（約1億7850万円）

球威4 制球4 緩急4 守備・牽制3 度胸4

黒々としたあごヒゲが顔の下半分を覆（おお）っている、強面のリリーフ右腕。ピッチングは、ナチュラルシンカーの軌道を描くスピンがきいたフォーシームと、20キロ弱の球速差があるスライダーのコンビネーション。昨年9月6日のカブス戦、9回表を0点で抑えると、その裏に味方打線が逆転サヨナラを演出し、勝ち投手になった。その後、8日のホワイトソックス戦、22日のカブス戦でも、リリーフで勝ち投手になっている。弱小パイレーツを象徴するかのように、このシーズン3勝は、昨季のチーム単独トップの勝ち星だった。ドミニカ出身。尊敬するピッチャーは、母国の英雄ペドロ・マルティネス。

カモ M・ムスタカス（レッズ）.000(8-0)0本　苦手 P・ゴールドシュミット（カーディナルス）.667(6-4)1本

年度	所属チーム	勝利	敗戦	防御率	試合数	先発	セーブ	投球イニング	被安打	失点	自責点	被本塁打	与四球	奪三振	WHIP
2017	オリオールズ	0	0	14.29	5	0	0	5.2	12	9	9	4	3	3	2.65
2018	パイレーツ	4	3	2.47	63	0	0	69.1	55	19	19	5	19	88	1.07
2019	パイレーツ	4	5	3.72	72	0	1	65.1	65	30	27	14	23	63	1.35
2020	パイレーツ	3	2	2.70	24	0	4	23.1	15	8	7	3	5	34	0.86
通算成績		11	10	3.41	164	0	5	163.2	147	66	62	26	50	188	1.20

43 投球内容に進歩見せた「歌うサウスポー」 先発

スティーヴン・ブロールト *Steven Brault*

29歳 1992.4.29生 | 183cm | 88kg | 左投左打
◆速球のスピード／150キロ前後（フォーシーム）
◆決め球と持ち球／◎スライダー、○フォーシーム、○チェンジアップ、△カーブ
◆対左.217 ◆対右.190 ◆ホ防2.73 ◆ア防4.85
◆ド2013⑪オリオールズ ◆出カリフォルニア州
◆年205万ドル（約2億1525万円）

球威3 制球3 緩急3 守備・牽制4 度胸4

打撃の良さに定評がある先発サウスポー。DH制導入のため、昨季は打席には立てなかったが、防御率、WHIP、被打率、被本塁打率を大幅に改善するなど、本業で進歩を示した。シーズン終盤には、被安打2、8奪三振、1失点で完投勝利を収めた9月18日のカーディナルス戦、7回を被安打2、無失点で抑えた9月23日のカブス戦と、2試合連続ですばらしいピッチングを披露。伸びのある直球と切れ味鋭い変化球のコンビネーションを今季も継続できれば、先発陣の柱として働けるはずだ。大学で声楽を学び、オフにはバンドでボーカルを務める。2018年6月には、試合前の国歌独唱も担当した。

カモ P・デヤング（カーディナルス）.133(15-2)0本　苦手 K・ブライアント（カブス）.500(16-8)2本

年度	所属チーム	勝利	敗戦	防御率	試合数	先発	セーブ	投球イニング	被安打	失点	自責点	被本塁打	与四球	奪三振	WHIP
2016	パイレーツ	0	3	4.86	8	7	0	33.1	45	26	18	5	17	29	1.86
2017	パイレーツ	1	0	4.67	11	4	1	34.2	41	21	18	3	14	23	1.59
2018	パイレーツ	6	3	4.61	45	5	0	91.2	84	51	47	10	57	82	1.54
2019	パイレーツ	4	6	5.16	25	19	0	113.1	117	69	65	15	53	100	1.50
2020	パイレーツ	1	3	3.38	11	10	0	42.2	29	17	16	2	22	38	1.20
通算成績		12	15	4.68	100	45	1	315.2	316	184	164	35	163	272	1.52

対左=対左打者被打率　対右=対右打者被打率　ホ防=ホーム防御率　ア防=アウェー防御率
ド=ドラフトデータ　出=出身地　年=年俸　カモ 苦手は通算成績

23 ミッチ・ケラー *Mitch Keller*

大ブレイクも期待できる本格派右腕　先発

25歳 1996.4.4生 | 188cm | 93kg | 右投右打 速150キロ台前半(フォーシーム) 決◎スライダー 対左.179 対右.069 ド2016②パイレーツ 出アイオワ州 年57万500ドル(約5990万円)+α

球4 制3 緩4 守・牽4 度4

今季メジャー3年目を迎える、期待の若手先発右腕。昨季は、自身初登板となった7月26日のカーディナルス戦で5回を被安打2、1失点に抑え、幸先良く1勝目をあげた。その後、IL（故障者リスト）入りしていた時期もあり、勝ち星は重ねられなかったが、9月19日のカーディナルス戦、25日のインディアンス戦では、計11イニングにわたって相手打線をノーヒット（1失点）に抑える快投を見せ、今季の大ブレイクも予感させている。四球の多さは気になるが、速球の球威、スライダー、カーブの切れ味は非凡。兄ジョンも投手で、オリオールズ傘下のマイナーでプレーしていた。

年度 所属チーム	勝利	敗戦	防御率	試合数	先発	セーブ	投球イニング	被安打	失点	自責点	被本塁打	与四球	奪三振	WHIP
2020 パイレーツ	1	1	2.91	5	5	0	21.2	9	7	7	4	18	16	1.25
通算成績	2	6	5.81	16	16	0	69.2	81	48	45	10	34	81	1.65

39 チャド・クール *Chad Kuhl*

ヒジの手術から復帰し、ローテーションを守る　先発

29歳 1992.9.10生 | 191cm | 98kg | 右投右打 速150キロ台前半(フォーシーム、シンカー) 決◎スライダー 対左.196 対右.233 ド2013⑨パイレーツ 出デラウェア州 年213万ドル(約2億2365万円)

球4 制3 緩4 守・牽3 度4

トミー・ジョン手術を経て、昨季に復帰を果たした先発右腕。シンカー、スライダーを低めに集める投球スタイルは、手術前とほぼ変わらず、4点台の防御率、8個強の奪三振率といった数字も、以前と大きな変化はなかった。昨季のベストピッチだったのが、自身のシーズン最終登板にもなった9月24日のカブス戦。7回を投げ、被安打2、無失点というすばらしい内容で、約1カ月ぶりとなる2つ目の勝ち星をマークした。ジョー・バイデン新大統領の選挙区でもあるデラウェア州の出身。妻のアマンダさんは、2016年の「ミス・デラウェア」に選出された、飛び切りの美人だ。

年度 所属チーム	勝利	敗戦	防御率	試合数	先発	セーブ	投球イニング	被安打	失点	自責点	被本塁打	与四球	奪三振	WHIP
2020 パイレーツ	2	3	4.27	11	9	0	46.1	35	26	22	8	28	44	1.36
通算成績	20	23	4.36	72	70	0	359.1	356	188	174	46	153	320	1.42

34 JTブルベイカー *JT Brubaker*

シーズンを通してローテーションを守れるか!?　先発

28歳 1993.11.17生 | 191cm | 84kg | 右投右打 速150キロ前後(シンカー、フォーシーム) 決○スライダー 対左.287 対右.232 ド2015⑥パイレーツ 出オハイオ州 年57万500ドル(約5990万円)+α

球2 制3 緩3 守・牽3 度3

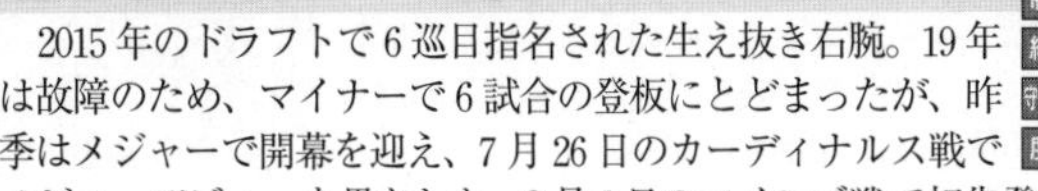

2015年のドラフトで6巡目指名された生え抜き右腕。19年は故障のため、マイナーで6試合の登板にとどまったが、昨季はメジャーで開幕を迎え、7月26日のカーディナルス戦でメジャーデビューを果たした。8月6日のツインズ戦で初先発。その後9試合でスターターを務め、9月3日のカブス戦で初勝利をマークする。微妙に動くシンカー、曲がりの鋭いスライダーを低めに集める投球スタイル。今季は先発ローテーションを守り抜く働きが求められている。年明けのツイッターでは、自らの名前が入ったTシャツ、キャップといった応援グッズを、誇らしげに紹介していた。

年度 所属チーム	勝利	敗戦	防御率	試合数	先発	セーブ	投球イニング	被安打	失点	自責点	被本塁打	与四球	奪三振	WHIP
2020 パイレーツ	1	3	4.94	11	9	0	47.1	48	27	26	6	17	48	1.37
通算成績	1	3	4.94	11	9	0	47.1	48	27	26	6	17	48	1.37

速=速球のスピード　決=決め球

45 昨季は右ヒジ故障で3試合しか投げられず
マイケル・フェリーズ *Michael Feliz*

セットアップ

28歳 1993.6.28生 | 193cm | 109kg | 右投右打 速150キロ台前半(フォーシーム) 決◎フォーシーム
対左.333 対右.667 ド2010外アストロズ 出ドミニカ 年100万ドル(約1億500万円)

球4 制2 緩2 守・牽3 度3

威力ある速球を武器に、高い奪三振率を誇るドミニカ出身右腕。昨季は、3試合目の登板となる8月1日のカブス戦で右前腕(ぜんわん)に違和感を覚え、3人目の対戦打者に初球を投じたところで、マウンドをゆずることになった。当初は10日間のIL入りだったが、右ヒジにPRP療法を施すこととなり、45日間ILに移行、そのままシーズンを終えている。一昨年には自己最高の成績を収め、ブルペン陣を支える役割を果たしたが、昨季は「パイレーツ投手陣完全崩壊」を象徴する一人となってしまった。プロ入り前に禁止薬物使用が発覚し、アスレティックスとの契約が解除された苦い経験を持つ。

年度	所属チーム	勝利	敗戦	防御率	試合数	先発	セーブ	投球イニング	被安打	失点	自責点	被本塁打	与四球	奪三振	WHIP
2020	パイレーツ	0	0	32.40	3	0	0	1.2	4	6	6	1	2	2	3.60
通算成績		17	9	5.16	206	1	0	226.2	214	137	130	38	100	302	1.39

46 速球、変化球ともに豊富なスピン量を誇る
クリス・ストラットン *Chris Stratton*

セットアップ

31歳 1990.8.22生 | 188cm | 95kg | 右投右打 速150キロ前後(フォーシーム) 決◎フォーシーム
対左.204 対右.242 ド2012①ジャイアンツ 出ミシシッピ州 年57万500ドル(約5990万円)+α

球4 制3 緩4 守・牽3 度3

昨季、ナショナル・リーグ3番目の多さとなる27試合に登板し、ブルペンを支えたリリーフ右腕。ジャイアンツ、エンジェルス在籍時は、主に先発を務めていたが、2019年5月にパイレーツへ金銭トレードで移ってからは、中継ぎとして自らの居場所をしっかりと確保している。フォーシームを主体に、スライダー、カーブ、チェンジアップを織り交ぜる投球スタイル。フォーシーム、変化球ともに、メジャー屈指のスピン量を誇っている。昨季、レッズの秋山翔吾とは2度対戦。8月14日の初対決では痛烈な中前打を打たれ、1カ月後の2度目の打席でも手痛い四球を与えてしまった。

年度	所属チーム	勝利	敗戦	防御率	試合数	先発	セーブ	投球イニング	被安打	失点	自責点	被本塁打	与四球	奪三振	WHIP
2020	パイレーツ	2	1	3.90	27	0	0	30.0	26	19	13	3	13	39	1.30
通算成績		18	18	4.79	110	41	1	319.2	342	185	170	41	133	277	1.49

30 不振はチームメートとのケンカが原因?
カイル・クリック *Kyle Crick*

ミドルリリーフ

29歳 1992.11.30生 | 193cm | 102kg | 右投左打 速140キロ台後半(フォーシーム、シンカー) 決○スライダー
対左.375 対右.235 ド2011①ジャイアンツ 出テキサス州 年57万500ドル(約5990万円)+α

球3 制2 緩3 守・牽2 度4

フォーシーム、シンカー、スライダーの3球種で、打者に立ち向かっていくリリーフ右腕。気性の荒さからくる問題行動が多く、2019年9月には、当時チームのクローザーを務めていたヴァスケスとクラブハウス内で大ゲンカ、利き腕である右手人差し指を骨折する大ケガを負ってしまった。汚名返上を期した昨シーズンも、右肩の痛みなどで2度にわたりIL入り。結局、7試合に登板するにとどまった。三振を奪えることが魅力だが、ケンカ沙汰の代償として余儀なくされた右腕手術の影響か、速球の平均速度が、以前に比べて5マイル(約8キロ)ほど落ちた点は大いに気がかりだ。

年度	所属チーム	勝利	敗戦	防御率	試合数	先発	セーブ	投球イニング	被安打	失点	自責点	被本塁打	与四球	奪三振	WHIP
2020	パイレーツ	0	1	1.59	7	0	0	5.2	7	6	1	0	4	7	1.94
通算成績		6	10	3.36	153	0	2	147.1	115	67	55	15	79	161	1.32

速=速球のスピード 決=決め球 対左=対左打者被打率 対右=対右打者被打率
ド=ドラフトデータ 出=出身地 年=年俸

投手

29 ウィル・クロウ *Wil Crowe*

ナショナルズからやって来た期待の若手

ロングリリーフ 先発　移籍　ルーキー

27歳 1994.9.9生 | 188cm | 103kg | 右投右打 速150キロ前後(フォーシーム、ツーシーム) 決○チェンジアップ 対左.538 対右.292 ド2017②ナショナルズ 出テネシー州 年57万500ドル(約5990万円)+α

球3 制2 緩3 守・牽3 度3

パイレーツがオフのトレードで、ジョシュ・ベルを放出した見返りにナショナルズから獲得した右腕。期待の若手として昨年メジャーデビュー。3度先発の機会を与えられたが、いずれも散々な結果に終わった。しかし先発陣の層が薄い球団に来たことで、今年はよりチャンスが増える。本人もそれを理解しており、張り切っている。2019年の春季キャンプで、シャーザー、ストラスバーグ、コービンといった名投手たちと一緒に練習し、学んだことが財産。「彼らの近くにいることは、投球学の博士号を取得するようなもの」と表現している。大学時代にトミー・ジョン手術を経験。

年度	所属チーム	勝利	敗戦	防御率	試合数	先発	セーブ	投球イニング	被安打	失点	自責点	被本塁打	与四球	奪三振	WHIP
2020	ナショナルズ	0	2	11.88	3	3	0	8.1	14	13	11	5	8	8	2.64
通算成績		0	2	11.88	3	3	0	8.1	14	13	11	5	8	8	2.64

パイレーツ

32 ジェフ・ハートリーブ *Geoff Hartlieb*

伸びしろを感じるメジャー3年目右腕

ミドルリリーフ

28歳 1993.12.9生 | 196cm | 107kg | 右投右打 速150キロ台前半(フォーシーム、シンカー) 決◎シンカー 対左.182 対右.222 ド2016㉙パイレーツ 出イリノイ州 年57万500ドル(約5990万円)+α

球4 制2 緩2 守・牽3 度3

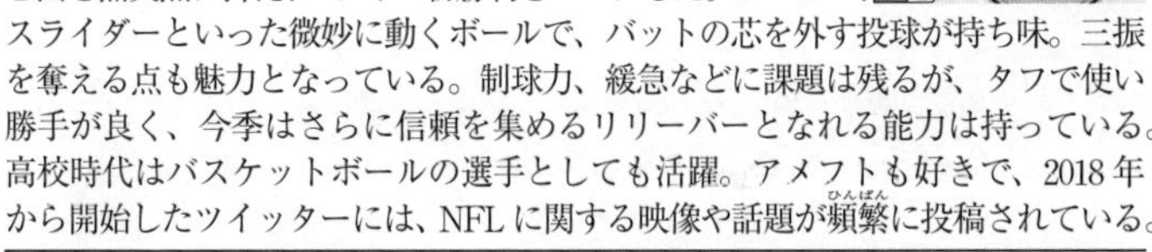

昨季21試合に登板し、厳しいブルペン陣を支えた長身右腕。シーズン初登板となった7月29日のブリュワーズ戦では、2回を無失点に抑え、メジャー初勝利をマークした。シンカー、スライダーといった微妙に動くボールで、バットの芯を外す投球が持ち味。三振を奪える点も魅力となっている。制球力、緩急などに課題は残るが、タフで使い勝手が良く、今季はさらに信頼を集めるリリーバーとなれる能力は持っている。高校時代はバスケットボールの選手としても活躍。アメフトも好きで、2018年から開始したツイッターには、NFLに関する映像や話題が頻繁(ひんぱん)に投稿されている。

年度	所属チーム	勝利	敗戦	防御率	試合数	先発	セーブ	投球イニング	被安打	失点	自責点	被本塁打	与四球	奪三振	WHIP
2020	パイレーツ	1	0	3.63	21	0	0	22.1	16	11	9	1	19	19	1.57
通算成績		1	1	6.91	50	0	0	57.1	68	46	44	9	37	57	1.83

44 コーディ・ポンセ *Cody Ponce*

先発 リリーフ　期待度 C+　ルーキー

27歳 1994.4.25生 | 196cm | 116kg | 右投右打 ◆昨季はメジャーで5試合出場 ド2015②ブリュワーズ 出カリフォルニア州

昨年8月にメジャー初登板を果たした右腕。スピンのきいたフォーシーム、カッターを主体に、カーブとチェンジアップで緩急をつけながら、打者を打ち取っていくスタイル。とくにカッターに対する評価が高い。昨年8月27日のカーディナル戦で、5回2/3を無失点に抑えて、初勝利をマークしている。

49 ブレイク・シーダリンド *Blake Cederlind*

リリーフ　期待度 C　ルーキー

25歳 1996.1.4生 | 193cm | 98kg | 右投右打 ◆昨季はメジャーで5試合出場 ド2016⑤パイレーツ 出カリフォルニア州

150キロ台後半のシンカーと、140キロ台前半のカッターで勝負してくるリリーフ右腕。昨季は7月の検査で新型コロナウイルス陽性と判定されたが、大事には至らず、9月15日のレッズ戦でメジャーデビューを果たした。登板5試合中4戦で、1回を無安打で切り抜ける好リリーフを見せている。

※昨季、マイナーリーグは中止
※メジャー経験がない投手の「先発」「リリーフ」はマイナーでの役割

野手

13 デビューの9月に月間最優秀新人に選出 サード ルーキー
ケブライアン・ヘイズ Ke'Bryan Hayes

24歳 1997.1.28生 | 178cm | 93kg | 右投右打
◆対左投手打率／.500 ◆対右投手打率／.333
◆ホーム打率／.353 ◆アウェー打率／.412 ◆得点圏打率／.364
◆20年のポジション別出場数／サード=24
◆ド2015①パイレーツ ◆出テキサス州
◆年57万500ドル(約5990万円)+α

ミート4 パワー4 走塁4 守備5 肩5

低迷しているチームに希望の火を灯したルーキー三塁手。昨年9月1日のカブス戦でメジャーデビュー。いきなり初安打、初打点となるタイムリー二塁打、さらには初ホームランを放つ大活躍を見せる。その後も好調をキープし、24試合の出場で打率3割7分6厘、5本塁打、11打点、OPS1.124という成績を残した。9月のリーグ月間最優秀新人にも選出。チームのエースだったマスグローヴも、ヘイズの選球眼の良さ、甘い球を確実にしとめる技術の高さに、きわめて高い評価を与えていた。2015年のドラフト1巡目でパイレーツが指名。マイナー時代から守備には定評があり、カテゴリー別に3年連続でゴールドグラブ賞を受賞した。バスケットボールが大好きで、NBAロケッツのジミー・バトラーを尊敬している。父チャーリーは、ジャイアンツ、フィリーズ、ヤンキース、ロッキーズ、そしてパイレーツでもプレーした三塁手だった。

カモ 金廣鉉(キム・グァンヒョン)(カーディナルス).667(3-2)1本　苦手 D・ポンセデレオン(カーディナルス).000(3-0)0本

年度	所属チーム	試合数	打数	得点	安打	二塁打	三塁打	本塁打	打点	四球	三振	盗塁	盗塁死	出塁率	OPS	打率
2020	パイレーツ	24	85	17	32	7	2	5	11	9	20	1	0	.442	1.124	.376
通算成績		24	85	17	32	7	2	5	11	9	20	1	0	.442	1.124	.376

58 ゴールドグラブ賞捕手部門の最終候補に キャッチャー
ジェイコブ・スターリングス Jacob Stallings

32歳 1989.12.22生 | 196cm | 100kg | 右投右打 盗塁阻止率／.250(24-6)
◆対左投手打率／.324 ◆対右投手打率／.220
◆ホーム打率／.254 ◆アウェー打率／.242 ◆得点圏打率／.276
◆20年のポジション別出場数／キャッチャー=42
◆ド2012⑦パイレーツ ◆出テネシー州
◆年57万500ドル(約5990万円)+α

ミート3 パワー3 走塁2 守備4 肩4

堅実な守備と勝負強い打撃がセールスポイントとなる生え抜き捕手。受賞はならなかったが、昨季はゴールドグラブ賞捕手部門の最終候補3人に残った。バッティングのほうでも、9月21日のカブス戦でサヨナラ本塁打を放ったほか、巧みな流し打ちで適時打を記録したり、完全に態勢を崩されながらもなんとかバットに当てて犠牲フライにしたりと、相変わらずのクセモノぶりを発揮している。父ケヴィンさんは、イリノイ州立大学、ピッツバーグ大学のバスケットボールチームでヘッドコーチを務めた名指導者。相手チームを研究して対策を打つ父の姿は、MLB捕手としての良き手本にもなっている。

カモ A・シヴァーリ(インディアンズ).750(4-3)0本　苦手 M・ローレンゼン(レッズ).000(8-0)0本

年度	所属チーム	試合数	打数	得点	安打	二塁打	三塁打	本塁打	打点	四球	三振	盗塁	盗塁死	出塁率	OPS	打率
2016	パイレーツ	5	15	0	6	1	0	0	2	0	4	1	0	.400	.867	.400
2017	パイレーツ	5	14	3	5	2	0	0	3	2	2	0	0	.438	.938	.357
2018	パイレーツ	14	37	2	8	0	0	0	5	3	9	0	0	.268	.485	.216
2019	パイレーツ	71	191	26	50	5	0	6	13	16	40	0	0	.325	.708	.262
2020	パイレーツ	42	125	13	31	7	0	3	18	15	40	0	0	.326	.702	.248
通算成績		137	382	44	100	15	0	9	41	36	95	1	0	.327	.699	.262

野手

26 全打順をこなし、ほぼフル出場果たす
アダム・フレイジャー Adam Frazier

セカンド レフト

30歳 1991.12.14生 | 178cm | 84kg | 右投左打
◆対左投手打率／.200 ◆対右投手打率／.238
◆ホーム打率／.237 ◆アウェー打率／.221 ◆得点圏打率／.214
◆20年のポジション別出場数／セカンド=41、レフト=14、DH=2
◆㋦2013⑥パイレーツ ◆㊉ジョージア州
◆㊎430万ドル(約4億5150万円)

ミート 3 パワー 3 走塁 3 守備 4 肩 3

昨季58試合に出場し、1～9番の全打順を経験した内外野守れるユーティリティ。セカンドの守備には定評があり、2019年には、ゴールドグラブ賞二塁手部門のファイナリストになっている。バッティングでは、二塁打、三塁打の多さが特徴となっていたが、昨季は外野の間を抜けていく鋭いライナーよりも、低めの球をすくい上げてのホームランが目立った。足が遅いわけではないが、盗塁技術は改善の余地が大きく、昨季も4度盗塁を試みて3度失敗している。マイナー時代の15年に、アメリカ代表チームの一員としてプレミア12に参加。大谷翔平や中田翔とともに、ベストナインに選出された。

カモ K・ヘンドリックス(カブス).455(22-10)2本　苦手 ダルビッシュ有(パドレス).091(11-1)0本

年度	所属チーム	試合数	打数	得点	安打	二塁打	三塁打	本塁打	打点	四球	三振	盗塁	盗塁死	出塁率	OPS	打率
2016	パイレーツ	66	146	21	44	8	1	2	11	12	26	4	1	.356	.767	.301
2017	パイレーツ	121	406	55	112	20	6	6	53	36	57	9	5	.344	.743	.276
2018	パイレーツ	113	318	52	88	23	2	10	35	29	53	1	3	.342	.798	.277
2019	パイレーツ	152	554	80	154	33	7	10	50	40	75	5	5	.336	.753	.278
2020	パイレーツ	58	209	22	48	7	0	7	23	17	35	1	3	.297	.661	.230
通算成績		510	1633	230	446	91	16	35	172	134	246	20	17	.336	.749	.273

19 3シーズン連続で2ケタ本塁打を放つ
コリン・モラン Colin Moran

ファースト サード DH

29歳 1992.10.1生 | 193cm | 91kg | 右投左打
◆対左投手打率／.231 ◆対右投手打率／.254
◆ホーム打率／.267 ◆アウェー打率／.221 ◆得点圏打率／.195
◆20年のポジション別出場数／DH=26、ファースト=22、サード=4
◆㋦2013①マーリンズ ◆㊉ニューヨーク州
◆㊎57万500ドル(約5990万円)+α

ミート 3 パワー 4 走塁 2 守備 2 肩 3

3年連続で2ケタ本塁打を放っている、昨季のチーム本塁打王。昨季は開幕から8試合で5本塁打を打ったあと、バットが湿りがちになったが、変化球をすくい上げてライトへ特大の3ランを放った9月26日のレッズ戦、高めの直球をバックスクリーン左へ放り込んだ9月24日のカズス戦など、終盤になって今季に希望が持てる一発を放っている。兄ブライアンはマーリンズでMLBデビューを果たした現役投手、叔父にあたるB.J.サーホフ、リック・サーホフも元メジャーリーガー、さらに祖父ディック・サーホフはNBA選手というスポーツ一家の出身。少年時代は熱烈なオリオールズファンだった。

カモ L・カスティーヨ(レッズ).444(18-8)1本　苦手 ダルビッシュ有(パドレス).111(9-1)0本

年度	所属チーム	試合数	打数	得点	安打	二塁打	三塁打	本塁打	打点	四球	三振	盗塁	盗塁死	出塁率	OPS	打率
2016	アストロズ	9	23	1	3	1	0	0	2	1	8	0	0	.200	.374	.130
2017	アストロズ	7	11	3	4	0	1	1	3	1	1	0	0	.417	1.235	.364
2018	パイレーツ	144	415	49	115	19	1	11	58	39	82	0	2	.340	.747	.277
2019	パイレーツ	149	466	46	129	30	1	13	80	30	117	0	1	.322	.751	.277
2020	パイレーツ	52	178	28	44	10	0	10	23	19	52	0	0	.325	.797	.247
通算成績		361	1093	127	295	60	3	35	166	90	260	0	3	.328	.754	.270

27 ケヴィン・ニューマン Kevin Newman

不運も重なり、壁に当たったドラ1内野手

ショート セカンド

28歳 1993.8.4生 | 183cm | 91kg | 右投右打
◆対左投手打率／.276 ◆対右投手打率／.213
◆ホーム打率／.244 ◆アウェー打率／.200 ◆得点圏打率／.250
◆20年のポジション別出場数／ショート=23、セカンド=20
◆ドラフトデータ2015①パイレーツ ◆出身地カリフォルニア州
◆年俸57万500ドル（約5990万円）＋α

ミート3 パワー3 走塁3 守備4 肩3

2015年ドラフトで1巡目指名された内野手。メジャー2年目の一昨年は、130試合で打率3割0分8厘（リーグ8位）、12本塁打と活躍したが、昨季は不完全燃焼のシーズンとなってしまった。7月31日のカブス戦では、ピッチャー返しの痛烈な打球を放つも、マウンドに立っていたダルビッシュの尻に当たったあと、遊撃手バエズの前に転がり、内野ゴロアウト。9月20日のカーディナルス戦では、荒れ球で知られるヘネシス・カブレラの速球が左ヒザを直撃しIL入りと、運のなさも目立った。だが、打率、OPSともに大幅に数字が下降してしまった打撃を復調させるには、技術的改良が必要だろう。

カモ B・ウッドラフ（ブリュワーズ）.357(14-5)1本　苦手 ダルビッシュ有（パドレス）.000(8-0)0本

年度	所属チーム	試合数	打数	得点	安打	二塁打	三塁打	本塁打	打点	四球	三振	盗塁	盗塁死	出塁率	OPS	打率
2018	パイレーツ	31	91	7	19	2	0	0	6	4	23	0	1	.247	.478	.209
2019	パイレーツ	130	493	61	152	20	6	12	64	28	62	16	8	.353	.800	.308
2020	パイレーツ	44	156	12	35	5	0	1	10	12	21	0	1	.281	.556	.224
通算成績		205	740	80	206	27	6	13	80	44	106	16	10	.325	.709	.278

25 グレゴリー・ポランコ Gregory Polanco

開幕直前にコロナ陽性も、50試合に出場

ライト

30歳 1991.9.14生 | 196cm | 107kg | 左投左打
◆対左投手打率／.139 ◆対右投手打率／.157
◆ホーム打率／.218 ◆アウェー打率／.071 ◆得点圏打率／.118
◆20年のポジション別出場数／ライト=39、DH=8
◆ドラフトデータ2009㊖パイレーツ ◆出身地ドミニカ
◆年俸1100万ドル（約11億5500万円）

ミート2 パワー4 走塁3 守備3 肩2

2017年開催の第4回WBCで、最優秀外野手に選出されたドミニカ出身の左打者。左肩をケガした影響で42試合の出場にとどまった一昨年からの復活を期した昨季は、開幕直前に新型コロナ陽性が判明する波乱の船出となった。だが7月27日以降、計50試合に出場できたことは、一定の収穫を得たと評価できるだろう。ただし、打率、出塁率の低さが示す通り、内容的には大いに物足りなかったことも事実。特大のホームランを放つ打席もあったが、攻走守のいずれにおいても、かつての輝きを取り戻すには至らなかった。今季が契約最終年。首都サンドミンゴ生まれ。ともに警察官の両親を持つ。

カモ C・マルティネス（カーディナルス）.483(29-14)1本　苦手 S・グレイ（レッズ）.000(9-0)0本

年度	所属チーム	試合数	打数	得点	安打	二塁打	三塁打	本塁打	打点	四球	三振	盗塁	盗塁死	出塁率	OPS	打率
2014	パイレーツ	89	277	50	65	9	0	7	33	30	59	14	5	.307	.650	.235
2015	パイレーツ	153	593	83	152	35	6	9	52	55	121	27	10	.320	.701	.256
2016	パイレーツ	144	527	79	136	34	4	22	86	53	119	17	6	.323	.786	.258
2017	パイレーツ	108	379	39	95	20	0	11	35	27	60	8	1	.305	.695	.251
2018	パイレーツ	130	461	75	117	32	6	23	81	61	117	12	2	.340	.839	.254
2019	パイレーツ	42	153	23	37	8	1	6	17	12	49	3	1	.301	.726	.242
2020	パイレーツ	50	157	12	24	6	0	7	22	13	65	3	1	.214	.539	.153
通算成績		716	2547	361	626	144	17	85	326	251	590	84	26	.313	.729	.246

10 ブライアン・レイノルズ *Bryan Reynolds*

ルーキーで大活躍も、昨季は一時停止

レフト センター

26歳 1995.1.27生 | 191cm | 93kg | 右投両打 盗塁阻止率／ 対左.195 対右.188 ホ.250 ア.111 得.220 ド2016②ジャイアンツ 出メリーランド州 年57万500ドル(約5990万円)+α

ミ3 パ4 走3 守3 肩3

逆方向にも大きなホームランを打てる、パワーが魅力のスイッチヒッター。ルーキーイヤーとなった一昨年は、ナショナル・リーグ7位の高打率をマークしたが、昨季は妻の出産のためチームを離れる寸前に、21打数1安打という大スランプにおちいるなど、打撃不振に悩むシーズンとなった。スプリット系への対応がまったくできなかったことが、1割台という低打率に沈んだ原因。ボール球を追いかけすぎて、得意としていた速球への対応も苦しいものとなってしまった。ダルビッシュが大の苦手で、昨季は計5回打席に立ち、1四球を選んだ以外、すべて三振を奪われている。

年度	所属チーム	試合数	打数	得点	安打	二塁打	三塁打	本塁打	打点	四球	三振	盗塁	盗塁死	出塁率	OPS	打率
2020	パイレーツ	55	185	24	35	6	2	7	19	21	57	1	1	.275	.632	.189
通算成績		189	676	107	189	43	6	23	87	67	178	4	3	.349	.812	.280

6 アンソニー・アルフォード *Anthony Alford*

マイナーリーグと大学アメフトでプレー

センター

27歳 1994.7.20生 | 185cm | 95kg | 右投右打 対左.200 対右.222 ホ.267 ア.154 得.182 ド2012③ブルージェイズ 出ミシシッピ州 年57万500ドル(約5990万円)+α

ミ2 パ4 走4 守4 肩5

昨年8月27日に、ブルージェイズから移籍した身体能力の高い外野手。9月6日に右ヒジ骨折でIL入りしてしまったため、移籍後は5試合の出場にとどまったが、9月2日のカブス戦ではセンター左への特大本塁打を含む2安打、4日のレッズ戦では2点タイムリー三塁打を放つなど、印象に残るバッティングを見せた。2012年ドラフトで、3巡目にブルージェイズが指名。大学でアメフトをプレーする許可を得たうえでプロ入りし、ミシシッピ大学ではクォーターバックとして活躍した。14年にアメフトを引退。以降、野球に専念し、17年5月にメジャーデビューを果たした。

年度	所属チーム	試合数	打数	得点	安打	二塁打	三塁打	本塁打	打点	四球	三振	盗塁	盗塁死	出塁率	OPS	打率
2020	ブルージェイズ	13	16	3	3	0	0	1	3	0	7	3	0	.188	.563	.188
2020	パイレーツ	5	12	2	3	0	1	1	4	1	1	0	0	.308	.974	.250
2020	2チーム計	18	28	5	6	0	1	2	7	1	8	3	0	.241	.741	.214
通算成績		51	83	11	14	1	1	3	9	4	31	6	0	.216	.529	.169

2 エリック・ゴンザレス *Erik Gonzalez*

打率は低いが、勝負強さが光る

ユーティリティ

30歳 1991.8.31生 | 191cm | 95kg | 右投右打 対左.304 対右.200 ホ.242 ア.209 得.343 ド2008外インディアンズ 出ドミニカ 年122.5万ドル(約1億2863万円)

ミ2 パ3 走4 守4 肩3

ドミニカ出身のユーティリティ。一昨年はケガに泣かされたが、昨季は60試合中50試合に出場。打率、出塁率に関しては威張れる数字は残せなかったが、自己最多となる20打点をあげたことは、喜ぶべき進歩。9月6日のレッズ戦で、相手クローザーのイグレシアスから打ったサヨナラ犠飛、翌々日のホワイトソックス戦で8回に放った同点適時打など、ここぞの場面で勝負強さを発揮できた点もアピール材料となった。足は速いほうで、内野安打も多いが、盗塁技術はイマイチだ。守備では得意とするショートほか、セカンド、サードで無難な守備を見せ、外野を守ることもある。

年度	所属チーム	試合数	打数	得点	安打	二塁打	三塁打	本塁打	打点	四球	三振	盗塁	盗塁死	出塁率	OPS	打率
2020	パイレーツ	50	181	14	41	13	1	3	20	8	51	2	3	.255	.614	.227
通算成績		265	585	66	146	33	3	9	53	26	167	10	7	.283	.645	.250

対左=対左投手打率 対右=対右投手打率 ホ=ホーム打率 ア=アウェー打率 得=得点圏打率

3 コール・タッカー *Cole Tucker*

走力、守備力が自慢のスイッチヒッター

ユーティリティ

25歳 1996.7.3生 | 191cm | 93kg | 右投両打 対左.258 対右.205 ホ.250 ア.193 得.200 ド2014①パイレーツ 出アリゾナ州 年57万500ドル(約5990万円)+α

ミ2 パ2 走4 守4 肩3

昨季は主に外野手としてプレーした、ショート、セカンドも守れる両打ちのユーティリティ。打撃面ではパワー不足で、改善の余地も大いにあるが、走力、守備力には高い評価が与えられている。アリゾナ州フェニックスの出身で、地元球団であるダイヤモンドバックスの大ファンとして成長した。2014年のドラフトで、パイレーツから1巡目(全体24位)に指名され、プロ入り。遊撃手の弟カーソンも、2020年のドラフトでインディアンズから1巡目に指名(全体23位)されている。オフに、7歳年上の人気女優ヴァネッサ・ハジェンズとの、ロサンジェルス手つなぎデートが報じられた。

年度 所属チーム	試合数	打数	得点	安打	二塁打	三塁打	本塁打	打点	四球	三振	盗塁	盗塁死	出塁率	OPS	打率
2020 パイレーツ	37	109	17	24	3	0	1	8	5	31	1	0	.252	.527	.220
通算成績	93	256	33	55	13	3	3	21	15	71	1	0	.260	.584	.215

24 フィリップ・エヴァンス *Phillip Evans*

メジャー初本塁打の翌日に悲劇が襲う

ユーティリティ　ルーキー

29歳 1992.9.10生 | 178cm | 95kg | 右投右打 対左.429 対右.320 ホ.294 ア.409 得.556 ド2011⑮メッツ 出カリフォルニア州 年57万500ドル(約5990万円)+α

ミ4 パ3 走3 守3 肩3

カブスからFAとなり、2019年オフにマイナー契約でパイレーツ入りした内野手。昨年7月下旬の開幕直前にメジャーに昇格し、25日のカーディナルス戦で、メッツ在籍時以来2年ぶりとなるメジャー出場を果たした。8月7日のタイガーズ戦では、メジャー初本塁打を含む3安打、4打点の大活躍。だが、ファーストの守備に就いていた翌日のゲーム中、ファウルフライを追いかけてライトのポランコと衝突。あごを骨折する大ケガを負ってしまい、そのままシーズン終了となった。OPS.932という数字を残し、ブレイクのきっかけを得ていただけに、何とも痛いアクシデントだった。

年度 所属チーム	試合数	打数	得点	安打	二塁打	三塁打	本塁打	打点	四球	三振	盗塁	盗塁死	出塁率	OPS	打率
2020 パイレーツ	11	39	6	14	2	0	1	9	5	7	0	1	.444	.932	.359
通算成績	45	93	11	27	4	0	1	11	11	23	1	1	.377	.743	.290

61 オニール・クルーズ *Oneil Cruz*

ショート　期待度 A⁻　ルーキー

23歳 1998.10.4生 | 201cm | 95kg | 右投左打 ◆一昨年はルーキー級、1A+、2Aでプレー ド2015㉚ドジャース 出ドミニカ

球団の期待が大きい、長身のドミニカ人ショートストップ。スピード感あふれる走塁と守備、鉄砲肩に加え、長打力が魅力となっている。昨年9月、母国の高速道路で無灯火の3人乗りバイクと衝突。バイクの3人が死亡するアクシデントがあった。父ラファエルも、マイナーリーグでプレーした遊撃手。

14 ジャレド・オリヴァ *Jared Oliva*

外野手　期待度 C⁺　ルーキー

26歳 1995.11.27生 | 188cm | 88kg | 右投右打 ◆昨季はメジャーで6試合出場 ド2017⑦パイレーツ 出カリフォルニア州

昨季9月21日のカブス戦でメジャーデビューを果たした外野手。24日のカブス戦でメジャー初安打、翌日のインディアンズ戦で初盗塁をマークしている。自慢の足を生かすためにも、打撃力に磨きをかけたい。アリゾナ大学出身で、同僚のケヴィン・ニューマンとは、大学でもチームメートだった。

対左=対左投手打率　対右=対右投手打率　ホ=ホーム打率　ア=アウェー打率　得=得点圏打率
ド=ドラフトデータ　出=出身地　年=年俸
※昨季、マイナーリーグは中止

ナショナル・リーグ……西部地区　*LOS ANGELES DODGERS*

ロサンジェルス・ドジャース

◆創　立：1883年
◆本拠地：カリフォルニア州ロサンゼルス市
◆ワールドシリーズ制覇：7回／◆リーグ優勝：24回
◆地区優勝：19回／◆ワイルドカード獲得：2回

主要オーナー マーク・ウォルター(投資会社グッゲンハイム・パートナーズ最高責任者)

過去5年成績

年度	勝	負	勝率	ゲーム差	地区順位	ポストシーズン成績
2016	91	71	.562	(4.0)	①	リーグ優勝決定シリーズ敗退
2017	104	58	.642	(11.0)	①	ワールドシリーズ敗退
2018	92	71	.564	(1.0)	①	ワールドシリーズ敗退
2019	106	56	.654	(21.0)	①	地区シリーズ敗退
2020	**43**	**17**	**.717**	**(6.0)**	①	**ワールドシリーズ制覇**

監　督　30 デイヴ・ロバーツ *Dave Roberts*

◆年　　齢…………49歳(沖縄県出身)
◆現役時代の経歴…10シーズン　インディアンズ(1999～2001)、(センター、レフト) ドジャース(2002～04)、レッドソックス(2004)、パドレス(2005～06)、ジャイアンツ(2007～08)
◆現役通算成績……832試合　.266　23本　213打点
◆監督経歴…………5シーズン　ドジャース(2016～)
◆監督経歴…………436勝273敗(勝率.615)　最優秀監督賞1回(16年)

悲願のワールドシリーズ制覇を成し遂げた日系人監督。2016年から、地区3連覇中のチームの指揮を執ると、スター選手や若手選手たちをうまくまとめ上げ、連覇を継続させた。一昨年には、球団新記録となるシーズン106勝をマークしている。しかし、ワールドチャンピオンには手が届かず、ポストシーズンでは毎年のように、不可解な(結果論も多いが)投手継投が激しい非難にさらされてきた。だが昨季、ようやく大願成就した。1972年、返還直後の沖縄県で誕生。

注目コーチ　88 ボブ・ゲレン *Bob Geren*

ベンチコーチ。60歳。データ分析能力に定評がある。アスレティックスの監督(2007～11年)、メッツのベンチコーチ(2012～15年)を経て、2016年シーズンから現職。

編成責任者　アンドルー・フリードマン *Andrew Friedman*

45歳。昨年2月、トレードでムッキー・ベッツを獲得。これが大成功で、ワールドシリーズ制覇を達成。元レイズGMで、レイズを球団初のワールドシリーズに導いた。

スタジアム　ドジャー・スタジアム *Dodger Stadium*

◆開 場 年…………1962年
◆仕　　様…………天然芝
◆収容能力…………56,000人
◆フェンスの高さ …1.4～2.4m
◆特　　徴…………外野が広く、投手に有利な球場。両翼ポール付近の外野フェンスは、1.4メートルほどの高さしかない。昨年、この球場でオールスターが開催される予定だったが、新型コロナ感染拡大の影響で、オールスター自体が中止になった。

ピッチャーズパーク

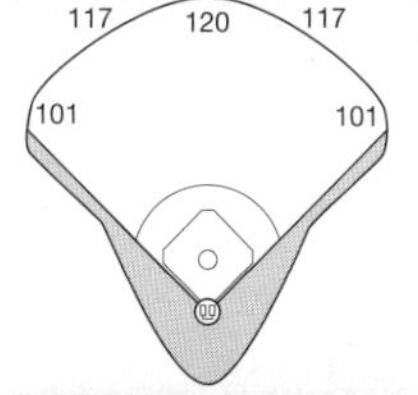

Best Order

[ベストオーダー]

①ムッキー・ベッツ……ライト
②コーリー・シーガー……ショート
③コーディ・ベリンジャー……ファースト
④ウィル・スミス……キャッチャー
⑤マックス・マンシー……DH
⑥ギャヴィン・ラックス……セカンド
⑦AJポロック……レフト
⑧エドウィン・リオス……サード
⑨クリス・テイラー……センター

Depth Chart

[ポジション別選手層・メンバーリスト]

※2021年2月12日時点の候補選手。数字は背番号(開幕前に変更する場合もあり)、右・左等は投・打の順。

※ナショナル・リーグでは今季、DH制が不採用の可能性あり。

センター
3 **クリス・テイラー [右・右]**
35 コーディ・ベリンジャー [左・左]
11 AJポロック [右・右]

レフト
11 **AJポロック [右・右]**
3 クリス・テイラー [右・右]

ライト
50 **ムッキー・ベッツ [右・右]**
3 クリス・テイラー [右・右]

ショート
5 **コーリー・シーガー [右・左]**
3 クリス・テイラー [右・右]
8 ザック・マキンストリー [右・左]

セカンド
9 **ギャヴィン・ラックス [右・左]**
3 クリス・テイラー [右・右]
13 マックス・マンシー [右・左]
8 ザック・マキンストリー [右・左]

ローテーション
22 クレイトン・カーショウ [左・左]
27 トレヴァー・バウアー [右・右]
7 フリオ・ウリーアス [左・左]
21 ウォーカー・ビューラー [右・右]
33 デイヴィッド・プライス [左・左]
85 ダスティン・メイ [右・右]
26 トニー・ゴンソリン [右・右]

サード
43 **エドウィン・リオス [右・左]**
13 マックス・マンシー [右・左]
45 マット・ベイティ [右・左]

ファースト
35 **コーディ・ベリンジャー [左・左]**
13 マックス・マンシー [右・左]
43 エドウィン・リオス [右・左]
45 マット・ベイティ [右・左]

キャッチャー
16 **ウィル・スミス [右・右]**
15 オースティン・バーンズ [右・右]
25 キーバート・ルイーズ [右・両]

DH
13 **マックス・マンシー [右・左]**
11 AJポロック [右・右]

ブルペン
74 ケンリー・ジャンセン [右・両] CL
49 ブレイク・トライネン [右・右]
48 ブルスダー・グラテロル [右・右]
51 ディラン・フローロ [右・左]
56 アダム・コレアレク [左・左]
81 ヴィクター・ゴンザレス [左・左]
17 ジョー・ケリー [右・右]
64 ケイレブ・ファーガソン [左・右]
66 ミッチ・ホワイト [右・右]
ー トミー・ケインリー [右・右]
46 コーリー・クネイブル [右・右]
75 スコット・アレグザンダー [左・左]
ー ギャレット・クレヴィンジャー [左・右]

※CL=クローザー

ドジャース試合日程……＊はアウェーでの開催

4月1・2・3・4	ロッキーズ＊	3・4・5	カブス＊	4・5・6	ブレーブス＊
5・6・7	アスレティックス＊	7・8・9	エンジェルス＊	8・9・10	パイレーツ＊
9・10・11	ナショナルズ	11・12	マリナーズ	11・12・13	レンジャーズ
13・14・15	ロッキーズ	14・15・16	マーリンズ	14・15・16	フィリーズ
16・17・18	パドレス＊	17・18・19・20	ダイヤモンドバックス	18・19・20	ダイヤモンドバックス＊
19・20	マリナーズ＊	21・22・23	ジャイアンツ＊	21・22・23	パドレス＊
22・23・24・25	パドレス	25・26	アストロズ＊	24・25・26・27	カブス
26・27・28	レッズ	27・28・29・30	ジャイアンツ	28・29	ジャイアンツ
29・30・**5**月1・2	ブリュワーズ＊	31・**6**月1・2	カーディナルス	**7**月1・2・3・4	ナショナルズ＊

球団メモ 2013年から、8シーズン連続で地区優勝。7年連続でポストシーズンで敗退していたが、昨季ようやく、32年ぶり7度目となるワールドシリーズ制覇を果たした。

Analysis

矢印⬆↗➡↘⬇は、昨季終了時との比較　**[戦力分析]**

■投手力↗…★★★★★【昨年度チーム防御率3.02、リーグ1位】

昨シーズンの先発防御率は3.29で、ナショナル・リーグのダントツ１位。この強固なローテーションに、昨年のサイ・ヤング賞投手バウアーが加わった。カーショウ、バウアー、ビューラー、ウリーアス、メイ、ゴンソリン、プライスといった顔ぶれになり、さらにレベルアップしている。過密ローテーションなので、プライスの処遇に頭を痛めることになりそうだ。ブルペンはジャンセンがシーズン中に使えなくなる事態を想定して、クローザー経験者のクネイブルとトライネン、火の玉投手グラテロルを後釜候補として用意している。ミドルリリーフにも、人材がそろっている。

■攻撃力➡…★★★★★【昨年度チーム得点349、リーグ1位】

チーム得点がリーグ最多だった打線は、今シーズンもメンバーがほとんど変わっていない。２、３人がスランプにおちいっても、チーム得点はリーグ３位くらいに落ちる程度だろう。昨シーズン不調のベリンジャーとマンシーが復調すれば、得点力がさらにアップする可能性もある。

■守備力➡…★★★★★【昨年度チーム失策数40、リーグ11位タイ】

チーム全体で見るとエラーがやや多く、守備範囲が狭くなっている選手が目につくが、DRS（守備で防いだ失点）はリーグで２番目に多い。

■機動力➡…★★★★★【昨年度チーム盗塁数29、リーグ6位タイ】

昨年ベッツが加入したことで、足をからめた攻撃をする機会が増えた。昨年の29盗塁はリーグ６位タイの数字で、成功率も高かった。

同じ金持ち球団でも、ヤンキースやレッドソックスに比べて選手管理能力に優れ、主力選手の稼働率が高い。育成力も高く、投打の中核をなすのは大半が自前で育てた選手だ。それが強力な底力を生み、昨季のワールドシリーズ制覇へとつながった。

IN　主な入団選手

投手
トレヴァー・バウアー⬅レッズ
コーリー・クネイブル⬅ブリュワーズ
トミー・ケインリー⬅ヤンキース

野手
とくになし

OUT　主な退団選手

投手
アレックス・ウッド➡ジャイアンツ
ペドロ・バエズ➡アストロズ
ディラン・フローロ➡マーリンズ

野手
エンリケ・ヘルナンデス➡レッドソックス
ジョック・ピーダーソン➡カブス
ジャスティン・ターナー➡所属先未定

5･6･7･8	マーリンズ＊	6･7･8	エンジェルス	6･7･8･9	カーディナルス＊
9･10･11	ダイヤモンドバックス	10･11･12	フィリーズ＊	10･11･12	パドレス
13	オールスターゲーム	13･14･15	メッツ＊	13･14･15	ダイヤモンドバックス
16･17･18	ロッキーズ＊	16･17･18	パイレーツ	17･18･19	レッズ＊
19･20･21･22	ジャイアンツ	19･20･21･22	メッツ	21･22･23	ロッキーズ＊
23･24･25	ロッキーズ	24･25･26	パドレス＊	24･25･26	ダイヤモンドバックス＊
27･28･29	ジャイアンツ＊	27･28･29	ロッキーズ	28･29･30	パドレス
30･31･**8**月1	ダイヤモンドバックス＊	30･31･**9**月1	ブレーブス	**10**月1･2･3	ブリュワーズ
3･4	アストロズ	3･4･5	ジャイアンツ＊		

球団メモ　昨年のオールスターはドジャー・スタジアムで行われる予定だったが、新型コロナ感染拡大の影響で中止になった。なお、2022年のオールスターも同球場で開催予定。

投手

ポストシーズンで超人的な活躍

先発

7 フリオ・ウリーアス
Julio Urias

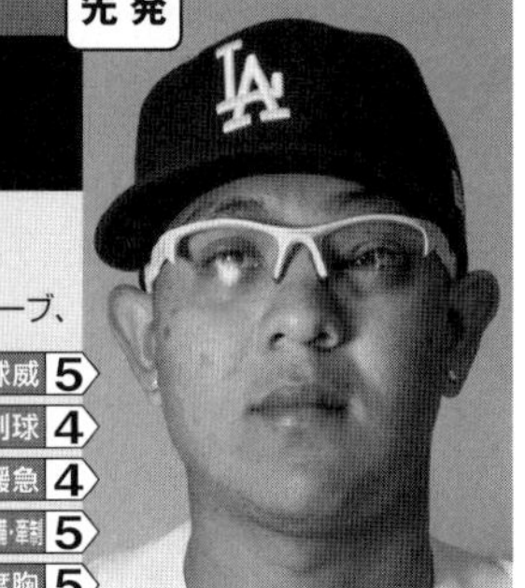

25歳 1996.8.12生 | 183cm | 102kg | 左投左打
◆速球のスピード／150キロ前後（フォーシーム主体）
◆決め球と持ち球／☆フォーシーム、◎スライダー、○カーブ、○チェンジアップ
◆対左打者被打率／.137 ◆対右打者被打率／.247
◆ホーム防御率／2.63 ◆アウェー防御率／4.67
◆ドラフトデータ／2012㊕ドジャース
◆出身地／メキシコ
◆年俸／360万ドル（約3億7800万円）

球威 5
制球 4
緩急 4
守備・牽制 5
度胸 5

ワールドシリーズ制覇のヒーローになった、メキシコ出身の左腕。肩の故障が完治したため昨年はフルシーズン先発で投げ、勝ち運に恵まれず3勝止まりだったが、3点台前半の防御率（3.27）をマークした。ポストシーズンでは先発とリリーフを兼任することになり、リリーフでは「大事な局面で登板するロングリリーフ」という役回りを担った。初登板はワイルドカードシリーズ（対ブリュワーズ）の初戦。1点リードの5回から登板し、3回を無失点に抑え、勝ち投手に。次の出番はパドレスと対戦した地区シリーズ第3戦。1点リードされた2回裏2死満塁・打者タティース・ジュニアという超タフな局面での登板だったが、4球で三振に切って取った。その後も7回2死まで投げ続け、強力打線を1失点（自責点0）に抑え、勝ち投手に。ドジャースが苦戦を強いられたブレーブスとのリーグ優勝決定シリーズでも、ウリーアスだけは好調で第3戦に先発して勝ち投手になり、3勝3敗で迎えた第7戦では、同点で迎えた7回から登板し、9回まで1本のヒットも許さず勝ち投手になった。ワールドシリーズ（対レイズ）の最終戦となった第6戦でも、7回途中から登板して9回終了まで1本もヒットを許さず「胴上げ投手」になったので、昨年のポストシーズンは、ウリーアスが一人でやっているような錯覚を覚える活躍だった。

ただ、残念でならなかったのは、コロナ禍のため、小さい頃からずっと野球の師匠だった父カルロスさんに、自分の雄姿を見せられなかったことだ。左目に良性腫瘍(しゅよう)ができる先天性の疾患(しっかん)を抱えた息子を励(はげ)まし、野球を続けさせたのは父であり、自らブルペン捕手をやりながら、息子を早熟の天才投手に育て上げたのも父だった。メジャーリーガーになった今も、息子は「俺のコーチはオヤジ」と公言している。

カモ C・ウォーカー（ダイヤモンドバックス）.111（9-1）0本 D・ソラーノ（ジャイアンツ）.111（9-1）0本
苦手 N・アレナード（カーディナルズ）.462（13-6）0本 B・ベルト（ジャイアンツ）.357（14-5）2本

年度	所属チーム	勝利	敗戦	防御率	試合数	先発	セーブ	投球イニング	被安打	失点	自責点	被本塁打	与四球	奪三振	WHIP
2016	ドジャース	5	2	3.39	18	15	0	77.0	81	32	29	5	31	84	1.45
2017	ドジャース	0	2	5.40	5	5	0	23.1	23	15	14	1	14	11	1.59
2018	ドジャース	0	0	0.00	3	0	0	4.0	1	0	0	0	0	7	0.25
2019	ドジャース	4	3	2.49	37	8	4	79.2	59	28	22	7	27	85	1.08
2020	ドジャース	3	0	3.27	11	10	0	55.0	45	20	20	5	18	45	1.15
通算成績		12	7	3.20	74	38	4	239.0	209	95	85	18	90	232	1.25

投 手

バーンズをパーソナル捕手にして好結果　先発

22 クレイトン・カーショウ
Clayton Kershaw

33歳 1988.3.19生 | 193cm | 102kg | 左投左打
◆速球のスピード／140キロ台後半(フォーシーム主体)
◆決め球と持ち球／☆スライダー、☆カーブ、◎フォーシーム
◆対左打者被打率／.180　◆対右打者被打率／.199
◆ホーム防御率／3.14　◆アウェー防御率／1.84
◆ドラフトデータ／2006①ドジャース　◆出身地／テキサス州
◆年俸／2333万ドル(約24億4965万円)　◆MVP1回(14年)、サイ・ヤング賞3回(11、13、14年)、最優秀防御率5回(11、12、13、14、17年)、最多勝3回(11、14、17年)、最多奪三振3回(11、13、15年)、ゴールドグラブ賞1回(11年)、ロベルト・クレメンテ賞1回(12年)

球威 5
制球 5
緩急 5
守備・牽制 4
度胸 5

4年間続いた球速の低下に終止符を打ち、ピッチャーとしての自分をオール・リニューアルさせた感がある通算175勝の大投手。自己ベストの防御率1.69を出した2016年には、フォーシームの平均球速が149.8キロあったが、その後、年を追うごとに球速が低下し、19年には145.4キロまで低下した。それにともない、カーブとスライダーの効果も少しずつ落ちていた。その結果、19年には防御率が3点台になり、ビューラーがエースと見なされるようになった。そうした状況は人一倍負けず嫌いなカーショウの心に火をつけ、球速を増すトレーニングに駆り立てた。腰に持病がある彼にとって、過酷な筋トレに取り組むことはかなり勇気のいることだが、ためらうことなく、決断。その結果、フォーシームの平均球速は1.9キロ、アップし、それが昨年の好成績につながった。

こうした自己変革は、今後も継続される可能性が高い。現在のドジャースとの契約は今季限りで終了する。そのあとどの球団と契約するにしろ、4年以上の長期契約をゲットするには、球速が全盛期に近いレベルに戻っていることをアピールする必要があるからだ。

昨季はオースティン・バーンズがカーショウのパーソナル捕手を務め、この2人がバッテリーを組んだ10試合の防御率は、1.85というすばらしい数字になっている。今季もベテランの領域に入ったバーンズが、カーショウのパーソナル捕手を務めることになるだろう。

カモ B・ベルト(ジャイアンツ).065(62-4)0本　W・マイヤーズ(パドレス).125(40-5)0本
苦手 C・ウォーカー(ダイヤモンドバックス).368(19-7)4本　G・ハンプソン(ロッキーズ).400(10-4)1本

年度	所属チーム	勝利	敗戦	防御率	試合数	先発	セーブ	投球イニング	被安打	失点	自責点	被本塁打	与四球	奪三振	WHIP
2008	ドジャース	5	5	4.26	22	21	0	107.2	109	51	51	11	52	100	1.50
2009	ドジャース	8	8	2.79	31	30	0	171.0	119	55	53	7	91	185	1.23
2010	ドジャース	13	10	2.91	32	32	0	204.1	160	73	66	13	81	212	1.18
2011	ドジャース	21	5	2.28	33	33	0	233.1	174	66	59	15	54	248	0.98
2012	ドジャース	14	9	2.53	33	33	0	227.2	170	70	64	16	63	229	1.02
2013	ドジャース	16	9	1.83	33	33	0	236.0	164	55	48	11	52	232	0.92
2014	ドジャース	21	3	1.77	27	27	0	198.1	139	42	39	9	31	239	0.86
2015	ドジャース	16	7	2.13	33	33	0	232.2	163	62	55	15	42	301	0.88
2016	ドジャース	12	4	1.69	21	21	0	149.0	97	31	28	8	11	172	0.72
2017	ドジャース	18	4	2.31	27	27	0	175.0	136	49	45	23	30	202	0.95
2018	ドジャース	9	5	2.73	26	26	0	161.1	139	55	49	17	29	155	1.04
2019	ドジャース	16	5	3.03	29	28	0	178.1	145	63	60	28	41	189	1.04
2020	ドジャース	6	2	2.16	10	10	0	58.1	41	18	14	8	8	62	0.84
通算成績		175	76	2.43	357	354	0	2333.0	1756	690	631	181	585	2526	1.00

投手

先端理論の実践を重ねて成長した高IQ人間

先発

移籍

27 トレヴァー・バウアー

Trevor Bauer

30歳 1991.1.17生 | 185cm | 93kg | 右投右打

◆速球のスピード／150キロ台前半(フォーシーム主体)
◆決め球と持ち球／☆フォーシーム、◎スライダー、◎カーブ、◎カッター、○チェンジアップ
◆対左打者被打率／.170 ◆対右打者被打率／.146
◆ホーム防御率／2.18 ◆アウェー防御率／1.35
◆ドラフトデータ／2011①ダイヤモンドバックス
◆出身地／カリフォルニア州
◆年俸／2800万ドル(約29億4000万円)
◆サイ・ヤング賞1回(20年)、最優秀防御率1回(20年)

球威 5
制球 4
緩急 5
守備・牽制 4
度胸 5

時代の一歩先を行くピッチングのパイオニア。レッズで投げていた昨季、防御率1.73で最優秀防御率のタイトルを獲得。ナショナル・リーグのサイ・ヤング賞に輝いた。オフにFAとなり、ドジャースに3年1億200万ドル(約107億円)で入団。

昨季は出だしから絶好調。緩急自在のピッチングで三振の山を築き、4度目の登板が終了した時点で、失点はソロアーチ2本の2点だけだったが、その後、制球ミスを外野席に運ばれるケースが多くなり、防御率が2点台に落ちた。しかし、「サイ・ヤング賞を取るのはオレだ」と同賞に強い意欲を見せ、最大のライバルであるカブスのダルビッシュ有との直接対決で勝って、フロントランナーに躍り出た。サイ・ヤング賞の最終候補はバウアー、ダルビッシュ、デグロームの3人だったが、投票では30中28の1位票を獲得し、圧勝で同賞に選出されている。

シーズン終了後はFA市場ナンバーワンの投手として注目され、その動向に注目が集まった。メッツも高額な条件を提示し獲得を狙ったが、結局、ドジャースが争奪戦を制している。今季はダルビッシュも同地区パドレスに移籍。リスペクトし合う2人の熱い投げ合いが、また見られそうだ。

IQの高い物理オタクであるため、納得できる理論があると、それを実践して成長してきた異次元の発想をする個性派人間で、日本びいき。NHK-BSの「ワールドスポーツMLB」に何度か出演し、日本では語られない視点でピッチングの面白さを語ったため、日本でも人気がある。

カモ E・ロンゴリア(ジャイアンツ).000(7-0)0本 I・ハップ(カブス).000(11-0)0本
苦手 M・マチャード(パドレス).588(17-10)4本 Y・モンカダ(ホワイトソックス).429(21-9)1本

年度	所属チーム	勝利	敗戦	防御率	試合数	先発	セーブ	投球イニング	被安打	失点	自責点	被本塁打	与四球	奪三振	WHIP
2012	ダイヤモンドバックス	1	2	6.06	4	4	0	16.1	14	13	11	2	13	17	1.65
2013	インディアンズ	1	2	5.29	4	4	0	17.0	15	11	10	3	16	11	1.82
2014	インディアンズ	5	8	4.18	26	26	0	153.0	151	76	71	16	60	143	1.38
2015	インディアンズ	11	12	4.55	31	30	0	176.0	152	90	89	23	79	170	1.31
2016	インディアンズ	12	8	4.26	35	28	0	190.0	179	96	90	20	70	168	1.31
2017	インディアンズ	17	9	4.19	32	31	0	176.1	181	84	82	25	60	196	1.37
2018	インディアンズ	12	6	2.21	28	27	1	175.1	134	51	43	9	57	221	1.09
2019	インディアンズ	9	8	3.79	24	24	0	156.2	127	76	66	22	63	185	1.21
2019	レッズ	2	5	6.39	10	10	0	56.1	57	42	40	12	19	68	1.35
2019	2チーム計	11	13	4.48	34	34	0	213.0	184	118	106	34	82	253	1.25
2020	レッズ	5	4	1.73	11	11	0	73.0	41	17	14	9	17	100	0.79
通算成績		75	64	3.90	205	195	1	1190.0	1051	556	516	141	454	1279	1.26

投手

21 伝家の宝刀ナックルカーブが機能不全に 先発
ウォーカー・ビューラー Walker Buehler

27歳 1994.7.28生｜188cm｜84kg｜右投右打
◆速球のスピード／150キロ台中頃(フォーシーム、ツーシーム)
◆決め球と持ち球／☆フォーシーム、○ツーシーム、○カッター、○スライダー、△ナックルカーブ
◆対左.176 ◆対右.180 ◆ホ防1.31 ◆ア防6.19
◆ド2015①ドジャース ◆出ケンタッキー州
◆年275万ドル(約2億8875万円)

球威5 制球5 緩急5 守備・牽制4 度胸5

昨季は指先にできるマメに悩まされたエース見習い中の右腕。マメの影響が大きかったのはナックルカーブで、抜けて真ん中に入り、痛打されるケースが何度もあった。マメがひどくなった8月下旬にIL(故障者リスト)入り。このときは6日後に戻るも、すぐに状態が悪くなったため9月10日に再度IL入りした。このときは15日間戦列を離れたが、それによってポストシーズンでは万全の状態で投げられるようになり、5試合で2勝0敗、防御率1.80という見事な数字を残している。この2年間でフライ打球の比率が大幅に増え、グラウンドボール・ピッチャーというイメージは過去のものになった。

カモ E・ホズマー(パドレス).077(13-1)0本　苦手 C・ブラックモン(ロッキーズ).389(36-14)2本

年度	所属チーム	勝利	敗戦	防御率	試合数	先発	セーブ	投球イニング	被安打	失点	自責点	被本塁打	与四球	奪三振	WHIP
2017	ドジャース	1	0	7.71	8	0	0	9.1	11	8	8	2	8	12	2.04
2018	ドジャース	8	5	2.62	24	23	0	137.1	95	43	40	12	37	151	0.96
2019	ドジャース	14	4	3.26	30	30	0	182.1	153	77	66	20	37	215	1.04
2020	ドジャース	1	0	3.44	8	8	0	36.2	24	18	14	7	11	42	0.95
通算成績		24	9	3.15	70	61	0	365.2	283	146	128	41	93	420	1.03

49 クローザーには不向きなゴロ志向投手 セットアップ
ブレイク・トライネン Blake Treinen

33歳 1988.6.30生｜196cm｜102kg｜右投右打
◆速球のスピード／150キロ台中頃(シンカー、フォーシーム)
◆決め球と持ち球／◎シンカー、◎スライダー、○カッター、○フォーシーム
◆対左.233 ◆対右.242 ◆ホ防4.05 ◆ア防3.65
◆ド2011⑦アスレティックス ◆出カンザス州
◆年600万ドル(約6億3000万円)

球威5 制球3 緩急3 守備・牽制3 度胸3

新たに2年1750万ドルの契約を交わしたリリーフ右腕。ドジャースが好待遇でトライネンと契約したのは、アスレティックス時代にクローザー経験があるので、ジャンセンに何かあったときの保険になるという読みがあるため。特徴は160キロ近いスピードボールを投げるのに、三振が少ないことだ。これは空振りや三振を狙わず、シンカーとスライダーでゴロを引っかけさせることに主眼を置いているからだ。もう一つの特徴は、一発リスクが低いこと。これはゴロの量産を狙うため、フライ打球が出にくいからだ。

カモ B・ポージー(ジャイアンツ).000(11-0)0本　苦手 W・フローレス(ジャイアンツ).455(11-5)0本

年度	所属チーム	勝利	敗戦	防御率	試合数	先発	セーブ	投球イニング	被安打	失点	自責点	被本塁打	与四球	奪三振	WHIP
2014	ナショナルズ	2	3	2.49	15	7	0	50.2	57	17	14	1	13	30	1.38
2015	ナショナルズ	2	5	3.86	60	0	0	67.2	62	32	29	4	32	65	1.39
2016	ナショナルズ	4	1	2.28	73	0	1	67.0	51	19	17	5	31	63	1.22
2017	ナショナルズ	0	2	5.73	37	0	3	37.2	48	24	24	3	13	32	1.62
2017	アスレティックス	3	4	2.13	35	0	13	38.0	32	11	9	3	12	42	1.16
2017	2チーム計	3	6	3.93	72	0	16	75.2	80	35	33	6	25	74	1.39
2018	アスレティックス	9	2	0.78	68	0	38	80.1	46	12	7	2	21	100	0.83
2019	アスレティックス	6	5	4.91	57	0	16	58.2	58	33	32	9	37	59	1.62
2020	ドジャース	3	3	3.86	27	0	1	25.2	23	15	11	1	8	22	1.21
通算成績		29	25	3.02	372	7	72	425.2	377	163	143	28	167	413	1.28

対左=対左打者被打率　対右=対右打者被打率　ホ防=ホーム防御率　ア防=アウェー防御率
ド=ドラフトデータ　出=出身地　年=年俸

投 手

26 トニー・ゴンソリン *Tony Gonsolin*

理不尽な使い方をされて自信喪失

先発

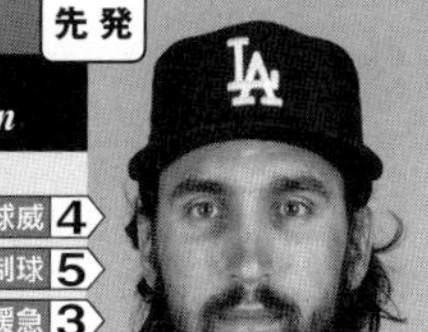

27歳 1994.5.14生 | 191cm | 93kg | 右投右打
◆速球のスピード／150キロ台前半(フォーシーム主体)
◆決め球と持ち球／☆フォーシーム、◎スライダー、△カーブ、△スプリッター
◆対左.179 ◆対右.207 ◆ホ防1.99 ◆ア防2.63
◆ド2016⑨ドジャース ◆出カリフォルニア州
◆年57万500ドル(約5990万円)+α

球威4 制球5 緩急3 守備・牽制4 度胸4

ドジャースはここ数年、先発投手陣を常に過当競争状態に置く方針を貫いており、しばしば理不尽な投手起用が行われるようになった。一昨年までは前田健太が最大の被害者だったが、昨季はこのゴンソリンがつらい思いをした。最初に理不尽な扱いを受けたのは、スポット先発で3試合連続無失点をやってのけたのに、しばらくローテーション入りさせてもらえなかったこと。次の理不尽な扱いは、ゴンソリンが先発予定だった地区シリーズ第4戦がドジャースの3連勝で消滅したあと、調整登板の機会も与えられないまま、「中17日」という登板間隔で、リーグ優勝決定シリーズ第2戦に先発で使われたことだ。予想通り実戦感覚を失っていた彼は大量失点し、KOされた。これで落ち込んだ彼は、その後リリーフで使われるたびに失点し、評価が急落した。

カモ F・タティース・ジュニア(パドレス).000(5-0)0本 苦手 J・プロファー(パドレス).750(4-3)0本

年度	所属チーム	勝利	敗戦	防御率	試合数	先発	セーブ	投球イニング	被安打	失点	自責点	被本塁打	与四球	奪三振	WHIP
2019	ドジャース	4	2	2.93	11	6	1	40.0	26	15	13	4	15	37	1.03
2020	ドジャース	2	2	2.31	9	8	0	46.2	32	13	12	2	7	46	0.84
通算成績		6	4	2.60	20	14	1	86.2	58	28	25	6	22	83	0.92

85 ダスティン・メイ *Dustin May*

シンカーの平均球速は159.3キロ

先発

24歳 1997.9.6生 | 198cm | 82kg | 右投右打
◆速球のスピード／150キロ台後半(シンカー主体)
◆決め球と持ち球／◎カッター、◎シンカー、◎カーブ、○フォーシーム、○チェンジアップ
◆対左.242 ◆対右.198 ◆ホ防2.40 ◆ア防2.77
◆ド2016③ドジャース ◆出テキサス州
◆年57万500ドル(約5990万円)+α

球威5 制球4 緩急3 守備・牽制3 度胸3

赤毛のカーリーヘアがトレードマークの成長著しい右腕。160キロ近いシンカーと、150キロ前後のカッターを主体に投げるパワーピッチャーで、ピッチングの主眼を、三振ではなくゴロを量産することに置いている。シンカーは年を経るごとにスピードがアップしており、昨季は平均球速が159.3キロで、163キロが出たこともあった。カッターはゴロを打たせるだけでなく、空振りが欲しいときの決め球にもなる。昨季は開幕投手に予定されていたカーショウが腰の不調でIL入りしたため、その代役に指名されてシーズン入り。この開幕戦を含め、公式戦では10試合に先発したが、すべて自責点2以内に抑えている。それなのに勝ち星が3つしかないのは、厳格な球数制限が敷かれているため、5回前後までしか行けないケースが多かったからだ。

カモ F・タティース・ジュニア(パドレス).083(12-1)0本 苦手 E・ホズマー(パドレス).500(8-4)0本

年度	所属チーム	勝利	敗戦	防御率	試合数	先発	セーブ	投球イニング	被安打	失点	自責点	被本塁打	与四球	奪三振	WHIP
2019	ドジャース	2	3	3.63	14	4	0	34.2	33	17	14	2	5	32	1.10
2020	ドジャース	3	1	2.57	12	10	0	56.0	45	18	16	9	16	44	1.09
通算成績		5	4	2.98	26	14	0	90.2	78	35	30	11	21	76	1.09

対左=対左打者被打率 対右=対右打者被打率 ホ防=ホーム防御率 ア防=アウェー防御率
ド=ドラフトデータ 出=出身地 年=年俸 カモ 苦手 は通算成績

48 ブルスダー・グラテロル Brusdar Graterol

1月に22歳で結婚した火の玉リリーバー　セットアップ

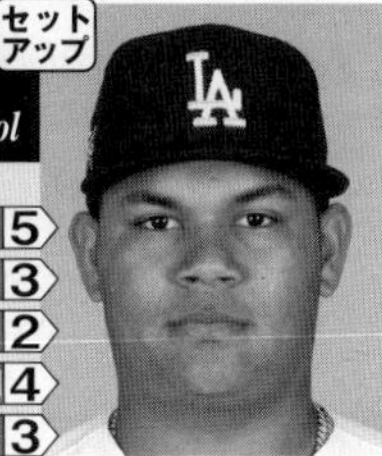

23歳　1998.8.26生｜185cm｜120kg｜右投右打
◆速球のスピード／160キロ前後(シンカー主体)
◆決め球と持ち球／☆高速スライダー、◎シンカー、○フォーシーム
◆対左.360　◆対右.164　◆ホ防3.97　◆ア防2.25
◆ド2014外ツインズ　◆出ベネズエラ
◆年57万500ドル(約5990万円)＋α

球威5　制球3　緩急2　守備・牽制4　度胸3

昨年2月、ドジャースがトレードで前田健太をツインズに放出した際、その見返りに獲得したリリーバー。スリークォーターから、シンカーと高速スライダーを投げ込んでくるゴロを量産するタイプの投手で、ウリはシンカーの平均球速が160.1キロもあること。これは昨年、ゲームで使われた球種の平均スピードとしては最速の数字。それでいて奪三振率が平均よりかなり低いのは、シンカーをゴロを打たせる道具として投げているからだ。高速スライダーは145キロ前後で、ホームベース付近に来てから鋭く変化する威力満点のボールだ。今年1月、フロリダで同じベネズエラ出身のアリソンさんと挙式。これからは奥さんが、夫の重すぎる体重を管理することになるようだ。

カモ A・レンドーン(エンジェルス).000(4-0)0本　苦手 ―――

年度	所属チーム	勝利	敗戦	防御率	試合数	先発	セーブ	投球イニング	被安打	失点	自責点	被本塁打	与四球	奪三振	WHIP
2019	ツインズ	1	1	4.66	10	0	0	9.2	10	5	5	1	2	10	1.24
2020	ドジャース	1	2	3.09	23	2	0	23.1	18	9	8	1	3	13	0.90
通算成績		2	3	3.55	33	2	0	33.0	28	14	13	2	5	23	1.00

46 コーリー・クネイブル Corey Knebel

ジャンセンの後釜になり得る実力者　セットアップ　移籍

30歳　1991.11.26生｜191cm｜102kg｜右投右打
◆速球のスピード／150キロ台前半(フォーシーム主体)
◆決め球と持ち球／◎ナックルカーブ、○フォーシーム
◆対左.290　◆対右.261　◆ホ防4.70　◆ア防7.94
◆ド2013①タイガース　◆出テキサス州
◆年525万ドル(約5億5125万円)

球威3　制球2　緩急3　守備・牽制3　度胸3

オフのトレードでブリュワーズから移籍した、クローザー経験もあるリリーフ右腕。2019年の春季キャンプ中にヒジを痛め、同年4月にトミー・ジョン手術を受けた。その後、回復が順調だったため、昨年7月24日の開幕時にチームに復帰。その日さっそく、1イニング投げた。本人はカムバック賞に意欲的だったが、速球のスピードが手術前に比べて4キロも落ちているため、伝家の宝刀ナックルカーブの効果も半減し、苦しいピッチングが続いた。それにもかかわらずドジャースが獲得したのは、今年4月で手術から2年が経つため、速球のスピードが手術前のレベルに戻ると予測しているからだ。

カモ C・ブラックモン(ロッキーズ).111(9-1)0本　苦手 R・グリチック(ブルージェイズ).500(6-3)1本

年度	所属チーム	勝利	敗戦	防御率	試合数	先発	セーブ	投球イニング	被安打	失点	自責点	被本塁打	与四球	奪三振	WHIP
2014	タイガース	0	0	6.23	8	0	0	8.2	11	7	6	0	3	11	1.62
2015	ブリュワーズ	0	0	3.22	48	0	0	50.1	44	18	18	8	17	58	1.21
2016	ブリュワーズ	1	4	4.68	35	0	2	32.2	32	20	17	3	16	38	1.47
2017	ブリュワーズ	1	4	1.78	76	0	39	76.0	48	15	15	6	40	126	1.16
2018	ブリュワーズ	4	3	3.58	57	0	16	55.1	38	23	22	7	22	88	1.08
2020	ブリュワーズ	0	0	6.08	15	0	0	13.1	15	9	9	4	8	15	1.73
通算成績		6	11	3.31	239	0	57	236.1	188	92	87	28	106	336	1.24

74 ケンリー・ジャンセン *Kenley Jansen*

フライボール革命に敗れて、旬も過ぎたか

クローザー

34歳 1987.9.30生 | 196cm | 120kg | 右投両打 速140キロ台後半(ツーシーム) 決◎カッター
対左.159 対右.261 ド2004外ドジャース 出オランダ領キュラソー島 年2000万ドル(約21億円)
◆最多セーブ1回(17年)、最優秀救援投手賞2回(16、17年)

球3 制3 緩2 守・牽3 度3

カッターを主体にした投球で2012年からチームの守護神を務めるベテラン。通算312セーブをあげ、「300セーブクラブ」の仲間入りを果たしているが、ここ3年は防御率3点台で不安定な投球が続いている。もともとフライボール・ピッチャーであるうえ、投球の大半を占めるカッターがフラットに入ってしまい、長打を浴びるシーンが多くなった。さらに昨季は球速が落ち、150キロを出すのがやっと。何とか持ちこたえているが、今季が契約最終年であり、もしセーブ失敗が重なればスパッとクローザーを降ろされてしまうだろう。不整脈持ちで、2度の心臓手術を経験している。

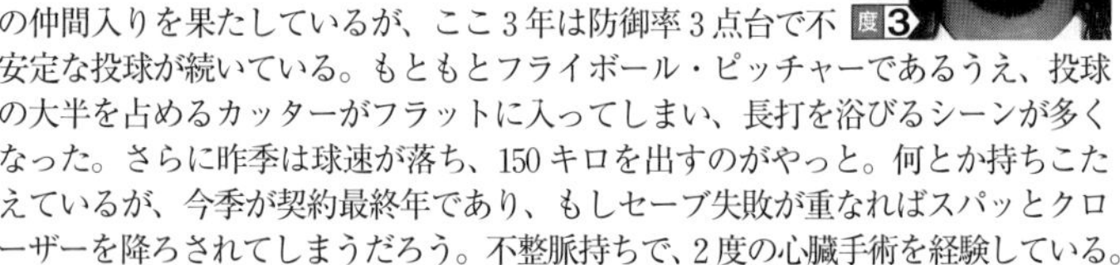

年度	所属チーム	勝利	敗戦	防御率	試合数	先発	セーブ	投球イニング	被安打	失点	自責点	被本塁打	与四球	奪三振	WHIP
2020	ドジャース	3	1	3.33	27	0	11	24.1	19	11	9	2	9	33	1.15
通算成績		33	22	2.39	632	0	312	636.0	414	179	169	59	168	936	0.92

33 デイヴィッド・プライス *David Price*

バーターでやって来たが、コロナで全休

先発

36歳 1985.8.26生 | 196cm | 98kg | 左投左打 速140キロ台後半(フォーシーム、ツーシーム) 決◎フォーシーム
◆昨季メジャー出場なし ド2007①デビルレイズ 出テネシー州 年3200万ドル(約33億6000万円)
◆サイ・ヤング賞1回(12年)、最優秀防御率2回(12、15年)、最多勝1回(12年)、最多奪三振1回(14年)、カムバック賞1回(18年)

球3 制3 緩3 守・牽3 度3

昨季全休した通算150勝のベテラン左腕。昨年2月のトレードでドジャースに来たが、新型コロナウイルスの状況を鑑(かんが)み、給料を放棄してのオプトアウト(出場辞退)を選択した。サイ・ヤング賞、2度の最優秀防御率など、数々のタイトルを獲得し、実績は申し分ない。だが、近年は衰えが見え隠れしており、昨年のトレード移籍もムッキー・ベッツのバーター。ドジャースには有望な若手投手がたくさんいるので、今季、予想外の活躍をして欲しがる球団が出てきた場合、年俸の一部を負担してでもトレードに出し、少しでもいい見返りを獲得したいとフロントは考えているだろう。

年度	所属チーム	勝利	敗戦	防御率	試合数	先発	セーブ	投球イニング	被安打	失点	自責点	被本塁打	与四球	奪三振	WHIP
2019	レッドソックス	7	5	4.28	22	22	0	107.1	109	57	51	15	32	128	1.31
通算成績		150	80	3.31	321	311	0	2029.2	1813	819	746	207	527	1981	1.15

17 ジョー・ケリー *Joe Kelly*

ビーンボールでサイン盗みのアストロズを制裁

セットアップ

33歳 1988.6.9生 | 185cm | 79kg | 右投右打 速150キロ台中頃(フォーシーム。シンカー) 決◎カーブ
対左.235 対右.235 ド2009③カーディナルス 出カリフォルニア州 年850万ドル(約8億9250万円)

球4 制2 緩3 守・牽2 度4

アストロズのサイン盗みに強い憤りを覚え、個人レベルで制裁を加えた行動派投手。制裁は7月28日のアストロズ戦で、6回裏のマウンドに立った際に行われた。まずサイン盗みの最大の受益者とささやかれているアレックス・ブレグマンが打席に入ると、頭をめがけてビーンボールを投げつけて制裁。そのあとカルロス・コレイアにも、頭にビーンボールを投じて制裁。コレイアににらみ返されると、放送禁止用語を浴びせて挑発したため、両軍総出の小競り合いになった。その結果ケリーはコミッショナーから8試合出場停止処分を受けたが、その行動は一部のファンから称賛された。

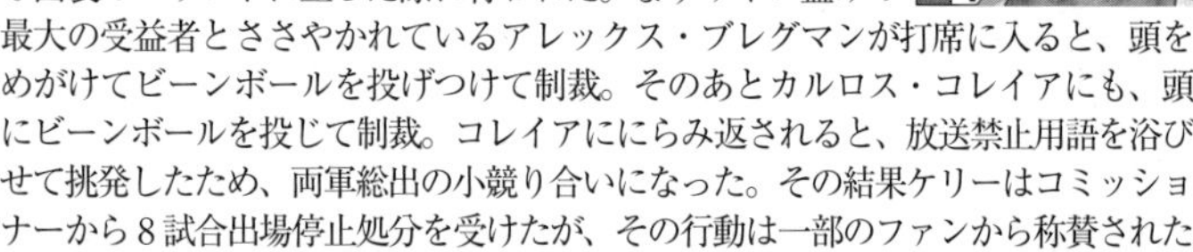

年度	所属チーム	勝利	敗戦	防御率	試合数	先発	セーブ	投球イニング	被安打	失点	自責点	被本塁打	与四球	奪三振	WHIP
2020	ドジャース	0	0	1.80	12	1	0	10.0	8	3	2	0	7	9	1.50
通算成績		48	29	3.89	317	80	3	686.2	669	326	297	61	283	569	1.39

速=速球のスピード 決=決め球 対左=対左打者被打率 対右=対右打者被打率
ド=ドラフトデータ 出=出身地 年=年俸

75 スコット・アレグザンダー *Scott Alexander*

グラウンドボール率メジャー1位の技巧派

ミドルリリーフ

32歳 1989.7.10生 | 188cm | 88kg | 左投左打 速150キロ前後(シンカー主体) 決◎シンカー
対左.056 対右.333 ド2010⑥ロイヤルズ 出カリフォルニア州 年100万ドル(約1億500万円)

球4 制3 緩1 守・牽4 度3

投球のほとんどをシンカーが占めるグラウンドボーラー。そこそこの球速が出ているわりにおじぎする軌道の、独特なシンカーを駆使して内野ゴロを量産。昨季もグラウンドボール率72.7%と、10イニング以上を投げた投手の中ではメジャートップの数字を残した。2018年には73登板を果たしたが、19年に左腕の神経障害で手術を行い、やや登板機会を減らしている。昨年、サマーキャンプ前に新型コロナ検査で陽性が判明。1型糖尿病を患(わずら)っており、健康状態が心配されたが、微熱のみの軽症で一安心。血糖値が安定している限り、リスクは高くないとの医師の判断を受けている。

年度	所属チーム	勝利	敗戦	防御率	試合数	先発	セーブ	投球イニング	被安打	失点	自責点	被本塁打	与四球	奪三振	WHIP
2020	ドジャース	2	0	2.92	13	0	0	12.1	9	6	4	2	9	9	1.46
通算成績		12	7	3.18	193	1	7	189.2	174	74	67	12	81	152	1.34

― トミー・ケインリー *Tommy Kahnle*

本人は2021年中の復帰を模索

セットアップ　移籍

32歳 1989.8.7生 | 185cm | 104kg | 右投右打 速150キロ台後半(フォーシーム) 決◎チェンジアップ
対左.500 対右.000 ド2010⑤ヤンキース 出ニューヨーク州 年75万ドル(約7875万円)

球4 制3 緩3 守・牽3 度3

ドジャースが2022年を見据(みす)えて獲得したリリーフ右腕。19年に速球とチェンジアップを高低に投げ分けるピッチングで三振の山を築いたため、昨季も期待された。しかし1試合に出ただけで、ヒジを痛めてIL入り。ヤンキースのチームドクターの診断を仰いだところ、側副靭帯(そくふくじんたい)が断裂状態であることがわかり、トミー・ジョン手術を勧められた。ケインリーはセカンドオピニオンも聞いたうえで手術を受けた。そのため今年中の復帰は絶望的だが、ケインリーはドジャースが2年契約で迎え入れてくれたことに恩義を感じ、21年中の復帰にこだわっている。(5段階評価は手術前のもの)

年度	所属チーム	勝利	敗戦	防御率	試合数	先発	セーブ	投球イニング	被安打	失点	自責点	被本塁打	与四球	奪三振	WHIP
2020	ヤンキース	0	0	0.00	1	0	0	1.0	1	0	0	0	1	3	2.00
通算成績		9	9	3.82	285	0	4	277.2	225	138	118	28	132	344	1.29

― ジョザイア・グレイ *Josiah Gray*

先発　期待度A　ルーキー

24歳 1997.12.21生 | 185cm | 86kg | 右投右打 ◆一昨年は1A、1A+、2Aでプレー ド2018②レッズ 出ニューヨーク州

今季途中メジャーに呼ばれ、一定の登板機会を与えられると思われる今年度の最有望新人。大学2年生までは弱小校の遊撃手だったが、3年生のとき、強豪校に転学。投手にコンバートされ、瞬(またた)く間にエースにのし上がった。速球は浮き上がる軌道を描く威力満点のボール。ナックルカーブもハイレベル。

66 ミッチ・ホワイト *Mitch White*

リリーフ　期待度B⁻　ルーキー

27歳 1994.12.28生 | 191cm | 95kg | 右投右打 ◆昨季はメジャーで2試合出場 ド2016②ドジャース 出カリフォルニア州

チェンジアップを磨いて左打者を抑えられるようになったため、昨年8月にメジャーデビューを果たした右腕。弱点はフライボール・ピッチャーであるため、一発リスクが高いこと。マイナーではずっと先発だったが、故障しやすいことと制球に波があることを考慮して、メジャーではリリーフ専業に。

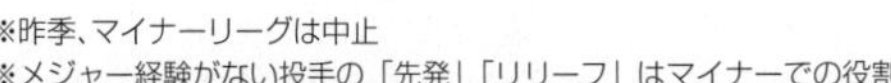
※昨季、マイナーリーグは中止
※メジャー経験がない投手の「先発」「リリーフ」はマイナーでの役割

野手

開幕前日12年383億円の契約にサイン　ライト

50 ムッキー・ベッツ
Mookie Betts

29歳 1992.10.7生 | 175cm | 82kg | 右投右打

◆対左投手打率／.200(55-11)　◆対右投手打率／.323(164-53)
◆ホーム打率／.291(110-32)　◆アウェー打率／.294(109-32)
◆得点圏打率／.439(41-18)
◆20年のポジション別出場数／ライト=52、DH=2、セカンド=1、センター=1
◆ドラフトデータ／2011⑤レッドソックス　◆出身地／テネシー州
◆年俸／1750万ドル（約18億3750万円）　◆MVP1回（18年）、首位打者1回（18年）、ゴールドグラブ賞5回（16〜20年）、シルバースラッガー賞4回（16、18、19、20年）

ミート 5
パワー 5
走塁 5
守備 5
肩 5

昨年2月10日の電撃トレードで、レッドソックスから移籍したスター外野手。昨季はコロナ禍により、4カ月遅れの7月23日に公式戦が始まることになったが、その前日の22日にドジャースから、ベッツと12年3億6500万ドル（約383億円）の長期契約を交わしたという発表があった。これによりベッツは、ドジャースの中心選手というステータスを2032年まで保証されたうえでシーズンに入った。

開幕後は連日ライトで先発出場。初めの1週間ほどは調子が出なかったが、徐々にタイミングが合うようになり、トップバッターに固定された8月中旬以降は一発が快調に出るようになった。8月14日のパドレス戦では、自身6度目となる1試合3ホーマーを記録。8月23日のロッキーズ戦では、ドジャースの選手として初めて1試合2ホーマー2盗塁をやってのけた。結局、レギュラーシーズン終了時には打撃の各部門でハイレベルな数字が並び、実質的な貢献ポイントであるWARは、「ファングラフス版」がリーグ2位、「ベースボールリファレンス版」は1位だった。ただベッツの場合は、レギュラーシーズンでハイレベルな数字を出すのは当たり前のように思われているので、ポストシーズンでどのような働きをするか注目された。結論から言えば、ベッツは最高のチャンスメーカーになることを期待され、ほぼそれに応える働きを見せた。18試合に出場して15得点をマークしたことは、そのことを如実に示している。

シーズン終了後には、ナショナル・リーグMVPの最終候補がフリーマン、ベッツ、マチャードの3人であることが発表され、結果に注目が集まった。しかしベッツは、フリーマンに大差をつけられた2位に終わった。

カモ K・ゴーズマン（ジャイアンツ）.349(43-15)3本　H・マルケス（ロッキーズ）.667(6-4)0本
苦手 K・フリーランド（ロッキーズ）.000(8-0)0本　L・ウィーヴァー（ダイヤモンドバックス）.091(11-1)0本

年度	所属チーム	試合数	打数	得点	安打	二塁打	三塁打	本塁打	打点	四球	三振	盗塁	盗塁死	出塁率	OPS	打率
2014	レッドソックス	52	189	34	55	12	1	5	18	21	31	7	3	.368	.812	.291
2015	レッドソックス	145	597	92	174	42	8	18	77	46	82	21	6	.341	.820	.291
2016	レッドソックス	158	672	122	214	42	5	31	113	49	80	26	4	.363	.897	.318
2017	レッドソックス	153	628	101	166	46	2	24	102	77	79	26	3	.344	.803	.264
2018	レッドソックス	136	520	129	180	47	5	32	80	81	91	30	6	.438	1.078	.346
2019	レッドソックス	150	597	135	176	40	5	29	80	97	101	16	3	.391	.915	.295
2020	ドジャース	55	219	47	64	9	1	16	39	24	38	10	2	.366	.927	.292
通算成績		849	3422	660	1029	238	27	155	509	395	502	136	27	.373	.895	.301

野手

兄カイルと兄弟アーチを実現

ショート

5 コーリー・シーガー *Corey Seager*

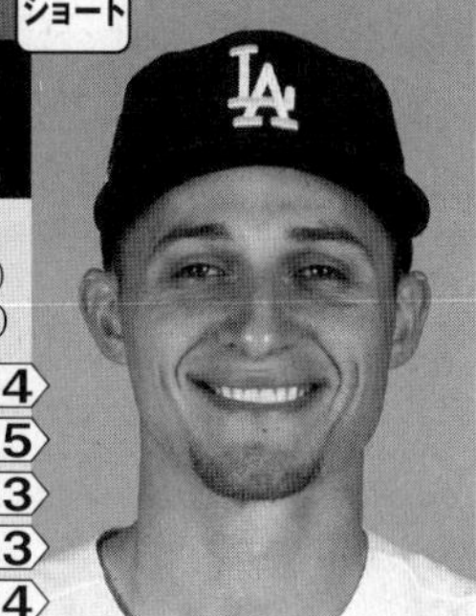

27歳 1994.4.27生 | 193cm | 98kg | 右投左打
◆対左投手打率/.275(69-19) ◆対右投手打率/.322(143-46)
◆ホーム打率/.347(95-33) ◆アウェー打率/.274(117-32)
◆得点圏打率/.279(61-17)
◆20年のポジション別出場数/ショート=43、DH=9
◆ドラフトデータ/2012①ドジャース
◆出身地/ノースカロライナ州
◆年俸/1375万ドル(約14億4375万円)
◆シルバースラッガー賞2回(16、17年)、新人王(16年)

ミート4 パワー5 走塁3 守備3 肩4

ドジャース

昨年、屈辱をバネにして見事によみがえった強打の遊撃手。シーガーが屈辱的な思いに包まれたのは、一昨年のオフに自分の知らないところで球団が、ショートをレベルアップする目的で、インディアンズのリンドーアと自分のトレードを画策していることを知ったからだ。幸いトレードは不調に終わり、シーガーは昨季もショートのレギュラーとしてシーズンに入った。しかしリンドーアよりずっと格下に見られた屈辱はすぐには消えず、ナニクソ魂に火をつける結果になった。昨季、強い打球を打つことに徹したシーガーは、開幕から長打が快調に出て打点を量産。レギュラーシーズンでは、打率(3割0分7厘)、本塁打(15)、打点(41)のすべてが、ナショナル・リーグの10位以内に入った。

好調は、ポストシーズンに入るとさらに加速する。ドジャースが1勝3敗から、3連勝してブレーブスを退(しりぞ)けたリーグ優勝決定シリーズでは、シーガーは7試合で5本塁打、11打点を叩き出してMVPに選出され、さらにワールドシリーズでも、6試合で7得点、5打点を記録し、MVPに輝いた。

コロナ禍の中で行われた2020年シーズンは、シーガーにとって飛躍の年になった。その中で最も楽しい思い出となったのは、8月17日にドジャー・スタジアムで行われた、兄カイルが所属するマリナーズとの試合だ。この試合で、兄のカイルと弟の自分が1本ずつ本塁打を打って、メジャーリーグでは19年ぶりとなる兄弟アーチを実現した。この兄弟アーチに至る過程は、ドジャースのYouTube担当部門が「Backstage Dodger Season 7」という短編動画にまとめて公開しているので、日本でも視聴可能だ。2人は日頃から密に連絡を取り合って、情報をやり取りし合っていることで知られるが、表情に仲の良さがにじみ出ている。

カモ K・フリーランド(ロッキーズ).563(16-9)1本 J・クエト(ジャイアンツ).385(39-15)4本
苦手 D・ポメランツ(パドレス).077(13-1)0本 H・マルケス(ロッキーズ).182(11-2)0本

年度	所属チーム	試合数	打数	得点	安打	二塁打	三塁打	本塁打	打点	四球	三振	盗塁	盗塁死	出塁率	OPS	打率
2015	ドジャース	27	98	17	33	8	1	4	17	14	19	2	0	.425	.986	.337
2016	ドジャース	157	627	105	193	40	5	26	72	54	133	3	3	.365	.877	.308
2017	ドジャース	145	539	85	159	33	0	22	77	67	131	4	2	.375	.854	.295
2018	ドジャース	26	101	13	27	5	1	2	13	11	17	0	0	.348	.744	.267
2019	ドジャース	134	489	82	133	44	1	19	87	44	98	1	0	.335	.817	.272
2020	ドジャース	52	212	38	65	12	1	15	41	17	37	1	0	.358	.943	.307
通算成績		541	2066	340	610	142	9	88	307	207	435	11	5	.362	.863	.295

野手

ダウンイヤーでも値万金の一発

ファースト センター

35 コーディ・ベリンジャー *Cody Bellinger*

26歳 1995.7.13生 | 193cm | 92kg | 左投左打
◆対左投手打率／.216(74-16) ◆対右投手打率／.252(139-35)
◆ホーム打率／.229(96-22) ◆アウェー打率／.248(117-29)
◆得点圏打率／.240(50-12)
◆20年のポジション別出場数／センター=39、ファースト=19、DH=2、ライト=1
◆ドラフトデータ／2013④ドジャース ◆出身地／アリゾナ州
◆年俸／1610万ドル(約16億9050万円)
◆MVP1回(19年)、ゴールドグラブ賞1回(19年)、シルバースラッガー賞1回(19年)、新人王(17年)

ミート 3
パワー 5
走塁 4
守備 5
肩 5

2017年は新人王、19年はMVPと奇数年に大爆発するので、今シーズンはどのような噴火が見られるか注目される波の大きいスラッガー。昨シーズンは出だし不調。タイミングが微妙にズレるため、打っても大半が弱い打球になり、開幕から8試合目を終了した時点の打撃成績は、打率1割3分9厘（36打数5安打）で、本塁打は1本もなかった。

速球に差し込まれるケースが多いことを危惧（きぐ）したロバーツ監督は、一日休ませて気分を入れ替えさせた。それでもしばらくスランプから抜け出せなかったが、8月19日から本塁打とタイムリーが頻繁（ひんぱん）に出るようになった。しかし9月に入ると、また弱い打球が多くなり、2週間本塁打と打点が1つもなかった。9月後半は復調したものの、レギュラーシーズンの打撃成績は、どの部門もキャリア・ローの冴えない数字になった。

ポストシーズンでも半スランプ状態が続いた。しかし、ブレーブス相手のリーグ優勝決定シリーズ第7戦の同点の場面で、元北海道日本ハムのクリス・マーティンから放ったソロアーチは値千金、いや値万金の一撃だった。なぜならこのゲームはウィナー・テイク・オールの一戦であり、この一発がドジャースのワールドシリーズ進出を決めたからだ。

メジャーリーグに多い腰の回転で打つスラッガーの代表格。打者としての長所は、ボールをとらえるポイントが後ろにあるため、球種の見極めが良いこと。インサイドアウトに出るアッパースイングで打つため、低めの投球にめっぽう強い。このスイングは、元メジャーリーガーの父クレイ・ベリンジャーから、野球の基礎を教わっているときに形づくられたものだ。リトルリーグ時代はこの父が監督だったので、実戦を通じて、タイミングの取り方や緊張との向き合い方を教え込まれた。

カモ J・グレイ(ロッキーズ).647(17-11)0本 L・ウィーヴァー(ダイヤモンドバックス).500(8-4)2本
苦手 M・ストラーム(パドレス).000(11-0)0本 C・パダック(パドレス).091(11-1)0本

年度	所属チーム	試合数	打数	得点	安打	二塁打	三塁打	本塁打	打点	四球	三振	盗塁	盗塁死	出塁率	OPS	打率
2017	ドジャース	132	480	87	128	26	4	39	97	64	146	10	3	.352	.933	.267
2018	ドジャース	162	557	84	145	28	7	25	76	69	151	14	1	.343	.814	.260
2019	ドジャース	156	558	121	170	34	3	47	115	95	108	15	5	.406	1.035	.305
2020	ドジャース	56	213	33	51	10	0	12	30	30	42	6	1	.333	.789	.239
通算成績		506	1808	325	494	98	14	123	318	258	447	45	10	.364	.911	.273

16 ウィル・スミス Will Smith

パワーは年25本塁打を期待できるレベル

キャッチャー

26歳 1995.3.28生 | 178cm | 88kg | 右投右打 盗塁阻止率／.190(21-4)
◆対左投手打率／.294 ◆対右投手打率／.288
◆ホーム打率／.297 ◆アウェー打率／.280 ◆得点圏打率／.375
◆20年のポジション別出場数／キャッチャー=34、DH=3
◆ⓓ2016①ドジャース ◆㊞ケンタッキー州
◆㊊57万500ドル(約5990万円)+α

ミート4 パワー5 走塁2 守備3 肩3

長打力がウリのキャッチャー。昨季は正捕手格で起用され、レギュラーシーズンでは34試合に、ポストシーズンでは10試合に捕手として先発出場した。リード面では、ウリーアスのパーソナル捕手を務めてブレイクに貢献。盗塁阻止率は19.0% (21-4) で平均レベルだったが、ボールブロックに難があり、ワイルドピッチを出す頻度(ひんど)は平均より4割くらい高かった。打撃面では、本塁打の出るペースが依然トップレベル。昨年の14.3打数に1本というペースは、ベリンジャーの17.8打数に1本をしのいでいる。勝負強さも光る。昨年は走者なしの場面では2割1分0厘だったが、得点圏打率は3割7分5厘でよくタイムリーが出た。ポストシーズンでは打率が1割8分3厘で不調だったが、チャンスには強く、打点13はチームで3番目に多い数字だ。

カモ R・カステラーニ(ロッキーズ)1.000(2-2)1本 苦手 A・センザテーラ(ロッキーズ).000(8-0)0本

年度	所属チーム	試合数	打数	得点	安打	二塁打	三塁打	本塁打	打点	四球	三振	盗塁	盗塁死	出塁率	OPS	打率
2019	ドジャース	54	170	30	43	9	0	15	42	18	52	2	0	.337	.907	.253
2020	ドジャース	37	114	23	33	9	0	8	25	20	22	0	0	.401	.980	.289
通算成績		91	284	53	76	18	0	23	67	38	74	2	0	.363	.937	.268

11 AJポロック AJ Pollock

620グラムの未熟児誕生で試練の日々

レフト センター

34歳 1987.12.5生 | 185cm | 95kg | 右投右打
◆対左投手打率／.345 ◆対右投手打率／.248
◆ホーム打率／.280 ◆アウェー打率／.272 ◆得点圏打率／.209
◆20年のポジション別出場数／レフト=27、センター=16、DH=13
◆ⓓ2009①ダイヤモンドバックス ◆㊞コネティカット州
◆㊊1500万ドル(約15億7500万円) ◆ゴールドグラブ賞1回(15年)

ミート3 パワー5 走塁4 守備3 肩3

昨年3月19日、妊娠中のケイト夫人が3カ月も早く産気づいて、620グラムの未熟児を出産。赤ちゃんは新生児特定治療室に移され、しばらくそこで育てられることになったが、コロナ感染が拡大していたため、両親でもガラス越しに様子を見ることしかできなかった。赤ちゃんが家に帰れたのは7月25日で、その日は球団の許可を得て試合を欠場。病院に赤ちゃんを引き取りに行った。この出来事はポロックのモチベーションを高めることになり、いつにないペースでアーチを生産。リーグ3位タイの16本塁打を記録した。

カモ K・フリーランド(ロッキーズ).391(23-9)2本 苦手 D・ポメランツ(パドレス).000(8-0)0本

年度	所属チーム	試合数	打数	得点	安打	二塁打	三塁打	本塁打	打点	四球	三振	盗塁	盗塁死	出塁率	OPS	打率
2012	ダイヤモンドバックス	31	81	8	20	4	1	2	8	9	11	1	2	.315	.710	.247
2013	ダイヤモンドバックス	137	443	64	119	28	5	8	38	33	82	12	3	.322	.730	.269
2014	ダイヤモンドバックス	75	265	41	80	19	6	7	24	19	46	14	3	.353	.851	.302
2015	ダイヤモンドバックス	157	609	111	192	39	6	20	76	53	89	39	7	.367	.865	.315
2016	ダイヤモンドバックス	12	41	9	10	0	0	2	4	5	8	4	0	.326	.716	.244
2017	ダイヤモンドバックス	112	425	73	113	33	6	14	49	35	71	20	6	.330	.801	.266
2018	ダイヤモンドバックス	113	413	61	106	21	5	21	65	31	100	13	2	.316	.800	.257
2019	ドジャース	86	308	49	82	15	1	15	47	23	74	5	1	.327	.795	.266
2020	ドジャース	55	196	30	54	9	0	16	34	12	45	2	2	.314	.881	.276
通算成績		778	2781	446	776	168	30	105	345	220	526	110	26	.335	.809	.279

野手

15 捕手防御率2.61はメジャーでベスト

オースティン・バーンズ *Austin Barnes*

キャッチャー

32歳 1989.12.28生 | 178cm | 85kg | 右投右打 盗塁阻止率／.111(18-2)
◆対左投手打率／.224 ◆対右投手打率／.244
◆ホーム打率／.286 ◆アウェー打率／.205 ◆得点圏打率／.091
◆20年のポジション別出場数／キャッチャー=28、DH=1
◆Ⓓ2011⑨マーリンズ
◆出カリフォルニア州

ミート 3 / パワー 2 / 走塁 3 / 守備 4 / 肩 3

昨季はレギュラーシーズンで27試合、ポストシーズンで10試合に捕手として先発出場。カーショウの専属女房役となって復活に貢献したほか、若手のメイ、ゴンソリンからも好投を引き出し、メイと組んだ6試合は防御率が1.90、ゴンソリンと組んだ5試合は防御率が1.74だった。これもあって昨年の捕手防御率は2.61で、200イニング以上マスクをかぶった捕手ではベストの数字だった。盗塁阻止率は平均以下だったが、ボールブロックはうまい。

カモ J・ライルズ(レンジャーズ).800(5-4)0本 苦手 K・フリーランド(ロッキーズ).000(15-0)0本

年度	所属チーム	試合数	打数	得点	安打	二塁打	三塁打	本塁打	打点	四球	三振	盗塁	盗塁死	出塁率	OPS	打率
2015	ドジャース	20	29	4	6	2	0	0	1	6	6	1	0	.361	.637	.207
2016	ドジャース	21	32	3	5	1	0	0	2	5	9	0	0	.270	.458	.156
2017	ドジャース	102	218	35	63	15	2	8	38	39	43	4	1	.408	.895	.289
2018	ドジャース	100	200	32	41	5	0	4	14	31	67	4	3	.329	.619	.205
2019	ドジャース	75	212	28	43	12	1	5	25	23	56	3	0	.293	.633	.203
2020	ドジャース	29	86	14	21	3	0	1	9	13	24	3	0	.353	.667	.244
通算成績		347	777	116	179	38	3	18	89	117	205	15	4	.344	.700	.230

3 レギュラーより役に立つスーパーサブ

クリス・テイラー *Chris Taylor*

ユーティリティ

31歳 1990.8.29生 | 185cm | 89kg | 右投右打
◆対左投手打率／.200 ◆対右投手打率／.296
◆ホーム打率／.333 ◆アウェー打率／.214 ◆得点圏打率／.342
◆20年のポジション別出場数／ショート=20、レフト=19、セカンド=13、センター=6、DH=6 ◆Ⓓ2012⑤マリナーズ
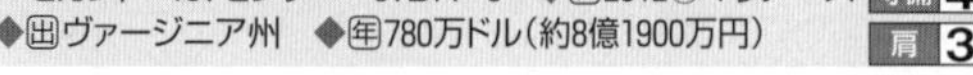
◆出ヴァージニア州 ◆年780万ドル(約8億1900万円)

ミート 3 / パワー 4 / 走塁 4 / 守備 4 / 肩 3

ユニフォームがいつも土で汚れている、ヘッドスライディングがトレードマークのハイエナジー・プレーヤー。昨シーズンは早打ちをやめ、カウントがよくなるまで待てるようになったため出塁率が大幅にアップ、逆にボール球に手を出す比率が最小レベルに減少した。一昨年あたりから、メアリー・ケラーさんという美人弁護士と行動をともにしている。メアリーさんはコロンビア大学を出たあと、南カリフォルニア大学のロースクールで学んだ才媛。両親はともに歯医者さんでハワイで開業している。お父さんは白人、お母さんは日系人。そのためメアリーさんは日本のハーフタレントのような美形だ。

カモ D・ポメランツ(パドレス).417(12-5)3本 苦手 S・オーバーグ(ロッキーズ).000(6-0)0本

年度	所属チーム	試合数	打数	得点	安打	二塁打	三塁打	本塁打	打点	四球	三振	盗塁	盗塁死	出塁率	OPS	打率
2014	マリナーズ	47	136	16	39	8	0	0	9	11	39	5	2	.347	.692	.287
2015	マリナーズ	37	94	9	16	3	1	0	1	6	31	3	2	.220	.443	.170
2016	マリナーズ	2	3	0	1	0	0	0	0	0	2	0	0	.333	.667	.333
2016	ドジャース	34	58	8	12	2	2	1	7	4	13	0	0	.258	.620	.207
2016	2チーム計	36	61	8	13	2	2	1	7	4	15	0	0	.262	.622	.213
2017	ドジャース	140	514	85	148	34	5	21	72	50	142	17	4	.354	.850	.288
2018	ドジャース	155	536	85	136	35	8	17	63	55	178	9	6	.331	.775	.254
2019	ドジャース	124	366	52	96	29	4	12	52	37	115	8	0	.333	.794	.262
2020	ドジャース	56	185	30	50	10	2	8	32	26	55	3	2	.366	.842	.270
通算成績		595	1892	285	498	121	22	59	236	189	575	45	16	.335	.779	.263

野手

13 骨っぽい性格がファンに愛されるテキサス男
マックス・マンシー *Max Muncy*

ファースト DH

31歳 1990.8.25生 | 183cm | 98kg | 右投左打 (対左).239 (対右).169 (ホ).206 (ア).178 (得).163 (ド)2012⑤アスレティックス (出)テキサス州 (年)750万ドル(約7億8750万円)

ミ3 パ5 走3 守3 肩3

レギュラーシーズンのスランプを、ポストシーズンの活躍で埋め合わせした野武士タイプのスラッガー。昨季は7月キャンプの紅白戦で左の薬指に死球を受け、それがあとあと響いてレギュラーシーズンは打率が1割9分2厘という結果に終わった。しかしポストシーズンでは勝負強さをいかんなく発揮。18試合で14打点を叩き出し、チームのワールドシリーズ制覇に貢献した。直情径行型のテキサス人で、頭に血が上りやすいタイプ。一昨年はバムガーナー（当時ジャイアンツ）と目と目で火花を散らしながら怒鳴り合いを演じたが、昨年は相手がパドレスのマチャードに変わった。

年度	所属チーム	試合数	打数	得点	安打	二塁打	三塁打	本塁打	打点	四球	三振	盗塁	盗塁死	出塁率	OPS	打率
2020	ドジャース	58	203	36	39	4	0	12	27	39	60	1	0	.331	.720	.192
通算成績		432	1300	239	307	53	4	87	221	237	395	8	1	.359	.843	.236

ドジャース

9 ロバーツ監督に不振を見抜かれて停滞
ギャヴィン・ラックス *Gavin Lux*

セカンド

24歳 1997.11.23生 | 188cm | 86kg | 右投左打 (対左).100 (対右).189 (ホ).125 (ア).205 (得).250 (ド)2016①ドジャース (出)ウィスコンシン州 (年)57万500ドル(約5990万円)+α

ミ2 パ4 走4 守3 肩4

2019年に2A～3Aで113試合、打率3割4分7厘、26本塁打の好成績を収め、メジャーに昇格。ポストシーズンでも本塁打を放ち、大きな期待が注がれていた若手二塁手。しかし、昨季はサマーキャンプでロバーツ監督が「スイングが乱れている」と指摘し、トレーニングサイト送りに。一部では年俸調停権とFA権の取得を遅らせるための操作だとささやかれたが、確かに調子は悪かった。今季はクリス・テイラーとのプラトーン起用が濃厚。動体視力を生かしたバットコントロールを武器に、改めて実力をアピールしたいところ。送球の安定感向上も、セカンドで生き残るうえでの課題。

年度	所属チーム	試合数	打数	得点	安打	二塁打	三塁打	本塁打	打点	四球	三振	盗塁	盗塁死	出塁率	OPS	打率
2020	ドジャース	19	63	8	11	2	0	3	8	6	19	1	0	.246	.596	.175
通算成績		42	138	20	29	6	1	5	17	13	43	3	0	.278	.655	.210

43 少ないチャンスで実力を示した左の大砲候補
エドウィン・リオス *Edwin Rios*

サード ファースト

27歳 1994.4.21生 | 191cm | 100kg | 右投左打 (対左).313 (対右).233 (ホ).219 (ア).273 (得).313 (ド)2015⑥ドジャース (出)プエルトリコ (年)57万500ドル(約5990万円)+α

ミ3 パ4 走2 守2 肩4

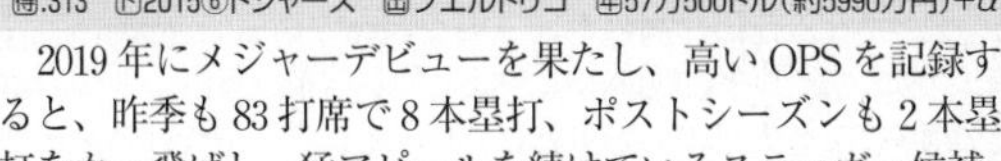

2019年にメジャーデビューを果たし、高いOPSを記録すると、昨季も83打席で8本塁打、ポストシーズンも2本塁打をかっ飛ばし、猛アピールを続けているスラッガー候補。圧倒的な飛距離は出ないが、しなやかにバットに乗せて運ぶタイプ。内角は長打、真ん中はセンター返し、外角は流し打ちと基本に忠実な打撃をする。もう少しパワーが身につけば、センター方向への二塁打もフェンスオーバーに化けるだろう。7月29日のアストロズ戦では、延長13回表に勝ち越し弾を放ったが、タイブレークで二塁にランナーがおり、史上初の「先頭打者によるツーラン」になった。

年度	所属チーム	試合数	打数	得点	安打	二塁打	三塁打	本塁打	打点	四球	三振	盗塁	盗塁死	出塁率	OPS	打率
2020	ドジャース	32	76	13	19	6	0	8	17	4	18	0	0	.301	.946	.250
通算成績		60	123	23	32	8	1	12	25	13	39	0	0	.338	.972	.260

45 スランプでチャンスを逃す マット・ベイティ *Matt Beaty*

ファースト レフト

28歳 1993.4.28生 | 183cm | 98kg | 右投左打 対左.333 対右.205 ホ.167 ア.269 得.385 ド2015⑫ドジャース 出ジョージア州 年57万500ドル(約5990万円)+α

ミ3 パ3 走3 守2 肩3

大きな欠点はないが、メジャー定着の決め手になる能力に欠ける一塁手。一昨年、ルーキーで47打点の活躍をしたため、昨季は大いに期待された。しかもファーストのマンシーがスランプで、出場機会を増やす絶好のチャンスだった。しかし、ベイティはマンシー以上のスランプで打撃成績が低迷。9月上旬に登録枠から外されてしまった。ポストシーズンでは、28人枠の28番目に滑り込んでベンチ入り。最初の出番となったリーグ優勝決定シリーズ第4戦では途中から出場し、2打席連続デッドボールで出塁。バットがダメなら、「当たり屋」となって出塁するプロ根性を見せつけた。

年度	所属チーム	試合数	打数	得点	安打	二塁打	三塁打	本塁打	打点	四球	三振	盗塁	盗塁死	出塁率	OPS	打率
2020	ドジャース	21	50	8	11	1	0	2	5	2	14	0	0	.278	.638	.220
通算成績		120	299	44	77	20	1	11	51	19	47	5	0	.311	.752	.258

25 初打席でいきなり本塁打 キーバート・ルイーズ *Keibert Ruiz*

キャッチャー ルーキー

23歳 1998.7.20生 | 183cm | 102kg | 右投両打 対左— 対右.250 ホ— ア.250 得.000 ド2014外ドジャース 出ベネズエラ 年57万500ドル(約5990万円)+α

ミ4 パ3 走2 守4 肩3

正捕手に成長する要素をフルに備えているキャッチャーのホープ。昨年8月中旬に、ウィル・スミスが首を痛めて短期間IL入りした際、その穴埋めに呼ばれメジャーデビュー。いきなり初打席で、エンジェルスのテヘランからライト席に突き刺さるソロアーチを放って注目された。打者としてのウリは、動体視力がいいため当てるのがうまく、三振が少ないこと。ただ、左打席ではよく長打が出るが、右打席では半減する。身体能力が高く、守備はオールラウンドにうまいが、送球の正確さに欠けるきらいがある。パナマ出身で、16歳のとき、契約金14万ドルでドジャースに入団した。

年度	所属チーム	試合数	打数	得点	安打	二塁打	三塁打	本塁打	打点	四球	三振	盗塁	盗塁死	出塁率	OPS	打率
2020	ドジャース	2	8	1	2	0	0	1	1	0	3	0	0	.250	.875	.250
通算成績		2	8	1	2	0	0	1	1	0	3	0	0	.250	.875	.250

70 DJピータース *DJ Peters*

外野手 期待度 B ルーキー

26歳 1995.12.12生 | 198cm | 102kg | 右投右打 ◆一昨年は2A、3Aでプレー ド2016④ドジャース 出カリフォルニア州

打者としてのウリは、長打の生産力では誰にも負けないこと。その一方で三振が多く確実性に欠けるため、高打率は望めない。守備面での長所は、強肩で球際に強いこと。守備範囲の広さは平均レベル。外野の3つのポジションをそつなくこなすので、4人目の外野手として使うのにうってつけのタイプ。

— コーディ・ホージー *Kody Hoese*

サード 期待度 B ルーキー

24歳 1997.7.13生 | 193cm | 91kg | 右投右打 ◆一昨年はルーキー級、1Aでプレー ド2019①ドジャース 出インディアナ州

球種の見極めが良く、誘い球の変化球にも手を出さないクレバーな打者。平均以上のパワーもあり、将来はメジャーで、毎年20～25本塁打を生産する打者になれる可能性も秘めている。足の速さはイマイチ。サードの守備は、守備範囲の広さは平均的なレベルながら、グラブさばきがうまく、肩も強い。

対左=対左投手打率 対右=対右投手打率 ホ=ホーム打率 ア=アウェー打率 得=得点圏打率 ド=ドラフトデータ 出=出身地 年=年俸
※昨季、マイナーリーグは中止

ナショナル・リーグ……西部地区 *SAN DIEGO PADRES*

サンディエゴ・パドレス

◆創　立：1969年
◆本拠地：カリフォルニア州サンディエゴ市
◆ワールドシリーズ制覇：0回／◆リーグ優勝：2回
◆地区優勝：5回／◆ワイルドカード獲得：1回

主要オーナー ピーター・サイドラー（投資家）

過去5年成績

年度	勝	負	勝率	ゲーム差	地区順位	ポストシーズン成績
2016	68	94	.420	23.0	⑤	—
2017	71	91	.438	33.0	④	—
2018	66	96	.407	25.5	⑤	—
2019	70	92	.432	36.0	⑤	—
2020	**37**	**23**	**.617**	**6.0**	②	**地区シリーズ敗退**

監督 32 ジェイス・ティングラー *Jayce Tingler*

◆年　　齢…………41歳（ミズーリ州出身）
◆現役時代の経歴…メジャーでのプレー経験なし（センター）
◆監督経歴…………1シーズン　パドレス（2020～）
◆通算成績…………37勝23敗（勝率.617）

現役監督では最も小柄（身長173センチ）な監督。就任1年目の昨季、チームを14年ぶりとなるポストシーズンへと導いた。短縮シーズンだったため一概に比較はできないが、シーズン勝率.617は、1969年の球団創設以来、最高の数字だった。ポストシーズン直前に主力先発投手が2人離脱。そのためカーディナルスとのワイルドカードシリーズでは劣勢が予想されたが、地区シリーズ進出をかけた第3戦では、計9人の投手で完封リレー。その継投手腕が称賛された。

注目コーチ 46 ダミオン・イーズリー *Damion Easley*

打撃コーチ・52歳。現役時代は強打の二塁手として活躍。1998年にはシーズン100打点をマークし、その後、「メジャーリーグで最も高給取りな二塁手」にもなった。

編成責任者 A.J.プレラー *A.J. Preller*

44歳。昨季途中のトレード攻勢が奏功し、久々のポストシーズン進出。オフに、トレードでダルビッシュ有、ブレイク・スネルらを獲得し、優勝を狙える布陣を整えた。

スタジアム ペトコ・パーク *Petco Park*

◆開 場 年…………2004年
◆仕　　様…………天然芝
◆収容能力…………40,209人
◆フェンスの高さ …1.2～3.0m
◆特　　徴…………センターからライトにかけてのフェンスが深い位置にあることや、湿気を含んだ海風などの影響で、投手有利となっている。レフトスタンド後方の古いレンガ造りの建物がシンボル。その建物の角が、左翼ポールになっている。

ピッチャーズパーク

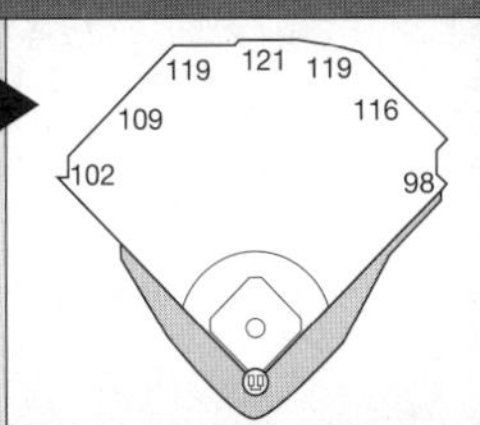

Best Order

[ベストオーダー]

①**トレント・グリシャム**……センター
②**フェルナンド・タティース・ジュニア**……ショート
③**マニー・マチャード**……サード
④**エリック・ホズマー**……ファースト
⑤**ウィル・マイヤーズ**……ライト
⑥**トミー・ファム**……DH
⑦**ジュルキソン・プロファー**……レフト
⑧**ジェイク・クローネンワース**……セカンド
⑨**オースティン・ノーラ**……キャッチャー

Depth Chart

[ポジション別選手層・メンバーリスト]

※2021年2月12日時点の候補選手。数字は背番号(開幕前に変更する場合もあり)、右・左等は投・打の順。

※ナショナル・リーグでは今季、DH制が不採用の可能性あり。

センター
2 **トレント・グリシャム [左・左]**
3 ホルヘ・マテオ [右・右]
5 ブライアン・オグレイディ [右・左]

レフト
10 **ジュリクソン・プロファー [右・両]**
28 トミー・ファム [右・右]
5 ブライアン・オグレイディ [右・左]

ライト
4 **ウィル・マイヤーズ [右・右]**
3 ホルヘ・マテオ [右・右]
5 ブライアン・オグレイディ [右・左]

ショート
23 **フェルナンド・タティース・ジュニア [右・右]**
9 ジェイク・クローネンワース [右・左]
3 ホルヘ・マテオ [右・右]

セカンド
9 **ジェイク・クローネンワース [右・左]**
10 ジュリクソン・プロファー [右・両]
7 金河成(キム・ハソン) [右・右]

ローテーション
11 ダルビッシュ有 [右・右]
22 ブレイク・スネル [左・左]
29 ディネルソン・ラメット [右・右]
44 ジョー・マスグローヴ [右・右]
59 クリス・パダック [右・右]

サード
13 **マニー・マチャード [右・右]**
26 オースティン・ノーラ [右・右]
5 ブライアン・オグレイディ [右・左]

ファースト
30 **エリック・ホズマー [左・左]**
26 オースティン・ノーラ [右・右]
9 ジェイク・クローネンワース [右・左]
5 ブライアン・オグレイディ [右・左]

キャッチャー
26 **オースティン・ノーラ [右・右]**
17 ヴィクター・カラティーニ [右・両]
21 ルイス・キャンプサーノ [右・右]

DH
28 **トミー・ファム [右・右]**
7 金河成(キム・ハソン) [右・右]

ブルペン
15 ドルー・ポメランンツ [左・右] CL
14 エミリオ・パガン [右・左] CL
55 マット・ストラーム [左・右]
36 ピアース・ジョンソン [右・右]
57 ダン・アルタヴィラ [右・右]
25 ティム・ヒル [左・右]
34 クレイグ・スタメン [右・右]
54 オースティン・アダムズ [右・右]
49 ミシェル・バエズ [右・右]
65 ホセ・カスティーヨ [左・左]
45 テイラー・ウィリアムズ [右・両]
8 ハヴィアー・ゲーラ [右・左]
50 エイドリアン・モレホン [左・左]
40 ライアン・ウェザーズ [左・右]

※CL=クローザー

パドレス試合日程……＊はアウェーでの開催

4月1・2・3・4	ダイヤモンドバックス	3・4・5	パイレーツ	3・4・5・6	メッツ
5・6・7	ジャイアンツ	7・8・9	ジャイアンツ＊	7・8・9	カブス
9・10・11	レンジャーズ＊	10・11・12	ロッキーズ＊	11・12・13	メッツ＊
12・13・14・15	パイレーツ＊	14・15・16	カーディナルス	14・15・16	ロッキーズ＊
16・17・18	ドジャース	17・18・19	ロッキーズ	17・18・19・20	レッズ
19・20・21	ブリュワーズ	21・22・23	マリナーズ	21・22・23	ドジャース
22・23・24・25	ドジャース＊	24・25・26・27	ブリュワーズ＊	25・26・27	ダイヤモンドバックス
27・28	ダイヤモンドバックス＊	28・29・30	アストロズ＊	29・30・**7**月1	レッズ＊
30・**5**月1・2	ジャイアンツ	31・**6**月1・2	カブス＊	2・3・4	フィリーズ＊

球団メモ 1969年の球団創設以来、ノーヒッター(無安打試合)を達成した投手が一人も出ていない。メジャー30球団中、ノーヒッター達成者が0人なのは、パドレスだけ。

■**投手力**↗…★★★★½【昨年度チーム防御率3.86、リーグ3位】

オフに積極的な補強を行った結果、ダルビッシュ、スネル、ラメット、マスグローヴ、パダックと連なる強力なローテーションができあがった。先発防御率が、３点台の中盤になりそうな顔ぶれだ。懸念されるのは故障。ラメットとマスグローヴはそのリスクが高い。ブルペンは大きな入れ替えをしなかった。クローザー候補にパガン、ポメランツ、アルタヴィラの名が挙がっているが、アルタヴィラは論外、パガンとポメランツもイマイチの感がある。開幕までに効果的な補強がなければ、逆転負けが多くなるかもしれない。

■**攻撃力**↘…★★★★☆【昨年度チーム得点325、リーグ3位】

一昨年はチーム得点がナショナル・リーグの13位だったが、昨年はタティース・ジュニア、グリシャム、クローネンワース、マイヤーズがそろってブレイクしたことで、３位になった。ただ打線の顔ぶれから考えれば、これはできすぎで、打線の実力はひいき目に見ても「中の上」レベルだろう。

■**守備力**↗…★★★½☆【昨年度チーム失策数33、リーグ4位タイ】

昨シーズン、センターのグリシャムがゴールドグラブ賞を受賞。これに刺激され、チーム全体の守備力が上がる可能性がある。

■**機動力**➡…★★★★☆【昨年度チーム盗塁数55、リーグ1位】

昨季のチーム盗塁数55はリーグトップ。成功率（81%）もトップレベルだった。チーム最多は、タティース・ジュニアの11盗塁。ティングラー監督は送りバントも多用し、19回送りバントのサインを出し、12回成功。

昨年は快進撃を見せたものの、ポストシーズンではドジャースに実力の違いを見せつけられ、あえなく敗退。そこでオフに積極的に動き、ドジャースに対抗できる戦力をそろえた。ドジャースとの直接対決で勝ち越せば、95勝くらいいく可能性がある。

IN　主な入団選手

投手
- ダルビッシュ有←カブス
- ブレイク・スネル←レイズ
- ジョー・マスグローヴ←パイレーツ

野手
- ヴィクター・カラティーニ←カブス
- 金河成（キム・ハソン）←キウム（韓国プロ野球）
- ブライアン・オグレイディ←レイズ

OUT　主な退団選手

投手
- カービー・イェーツ→ブルージェイズ
- ザック・デイヴィース→カブス
- ジョーイ・ルケーシ→メッツ
- ルイス・パティーニョ→レイズ

野手
- フランシスコ・メヒーア→レイズ
- ジェイソン・カストロ→アストロズ

5・6・7・8	ナショナルズ	6・7・8	ダイヤモンドバックス	7・8	エンジェルス
9・10・11	ロッキーズ	9・10・11	マーリンズ	10・11・12	ドジャース＊
13	オールスターゲーム	12・13・14・15	ダイヤモンドバックス＊	13・14・15・16	ジャイアンツ＊
16・17・18	ナショナルズ＊	16・17・18	ロッキーズ＊	17・18・19	カーディナルス＊
19・20・21	ブレーブス＊	20・21・22	フィリーズ	21・22・23	ジャイアンツ
22・23・24・25	マーリンズ＊	24・25・26	ドジャース	24・25・26	ブレーブス
27・28	アスレティックス	27・28	エンジェルス＊	28・29・30	ドジャース＊
29・30・31・**8**月1	ロッキーズ	30・31・**9**月1	ダイヤモンドバックス＊	**10**月1・2・3	ジャイアンツ＊
3・4	アスレティックス＊	3・4・5	アストロズ		

球団メモ　オフに、昨季途中に加入したマイク・クレヴィンジャーと２年契約を結んだ。直後にトミー・ジョン手術を受けているため、今季は全休。来季を見越しての契約だ。

パドレス

投 手

ナショナル・リーグの最多勝に輝く　先発　移籍

11 ダルビッシュ有
Yu Darvish

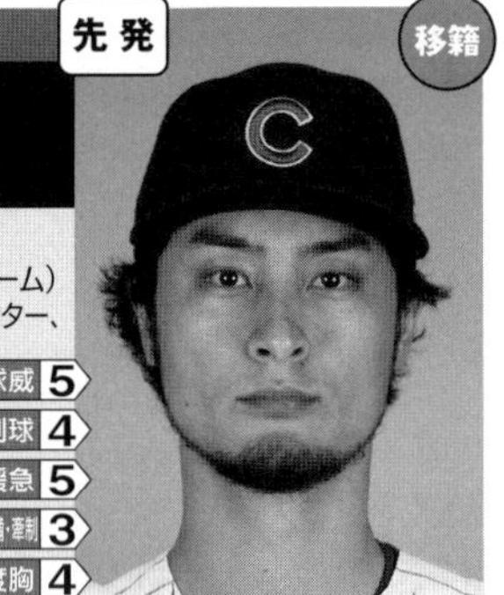

35歳 1986.8.16生 | 196cm | 100kg | 右投右打
◆速球のスピード／(150キロ台前半(フォーシーム、ツーシーム)
◆決め球と持ち球／(☆スライダー、◎ナックルカーブ、◎カッター、◎ツーシーム、○フォーシーム、○カッター、○スプリッター
◆対左打者被打率／.211　◆対右打者被打率／.211
◆ホーム防御率／2.57　◆アウェー防御率／0.45
◆ドラフトデータ／2005①日本ハム、2012㊎レンジャーズ
◆出身地／大阪府
◆年俸／2200万ドル(約23億1000万円)
◆最多勝1回(20年)、最多奪三振1回(13年)

球威 5
制球 4
緩急 5
守備・牽制 3
度胸 4

昨年カブスで目を見張る活躍をしたあと、12月の大型トレードでパドレスに移籍したメジャーリーグを代表する右腕。昨季は12試合すべてカラティーニとバッテリーを組み、初登板のブリュワーズ戦で4回までに3失点して負け投手になると、次のパイレーツ戦では思い切ってスライダーの比率を40%、ナックルカーブを25%に増やした。これが功を奏して6回を2安打無失点に抑える好投。その後もこの2つを多用するピッチングを続けたダルビッシュは、相手打線に付け入る隙を与えず、2度目の登板となったパイレーツ戦から8度目のカーディナルス戦まで、7試合連続で相手打線を1失点以内に抑えた。その結果、9月4日時点の防御率は1.44で、サイ・ヤング賞レースの先頭に立っていた。しかし、同賞争いのライバルであるバウアーとの投げ合いになった次のレッズ戦では、初回ムスタカスに抜けたナックルカーブをライト席に叩き込まれて3点失い、一歩後退した。それでも最終的にQS(10)と勝ち星(8)はナショナル・リーグのトップ、防御率(2.01)は2位、奪三振数(93)は3位で、サイ・ヤング賞の最終候補3人の中にも入ったが、次点に終わった。

速球の平均球速は、好調だった8月中旬には157キロまで上がり、組み合わせて投げる変化球の効果もアップさせる働きをしていた。

カブスがチームでもっとも活躍したダルビッシュをトレードで放出したのは、コロナ禍で200億円以上あった入場料収入がゼロになり、高額年俸選手を放出して、年俸総額を圧縮せざるを得なくなったからだ。

カモ O・アルシア(ブリュワーズ).000(11-0)0本　A・ガルシア(ブリュワーズ).000(10-0)0本
苦手 D・ペラルタ(ダイヤモンドバックス).571(7-4)2本　A・ディッカーソン(ジャイアンツ).500(6-3)1本

年度	所属チーム	勝利	敗戦	防御率	試合数	先発	セーブ	投球イニング	被安打	失点	自責点	被本塁打	与四球	奪三振	WHIP
2012	レンジャーズ	16	9	3.90	29	29	0	191.1	156	89	83	14	89	221	1.28
2013	レンジャーズ	13	9	2.83	32	32	0	209.2	145	68	66	26	80	277	1.07
2014	レンジャーズ	10	7	3.06	22	22	0	144.1	133	54	49	13	49	182	1.26
2016	レンジャーズ	7	5	3.41	17	17	0	100.1	81	43	38	12	31	132	1.12
2017	レンジャーズ	6	9	4.01	22	22	0	137.0	115	63	61	20	45	148	1.17
2017	ドジャース	4	3	3.44	9	9	0	49.2	44	20	19	7	13	61	1.15
2017	2チーム計	10	12	3.86	31	31	0	186.2	159	83	80	27	58	209	1.16
2018	カブス	1	3	4.95	8	8	0	40.0	36	24	22	7	21	49	1.43
2019	カブス	6	8	3.98	31	31	0	178.2	140	82	79	33	56	229	1.10
2020	カブス	8	3	2.01	12	12	0	76.0	59	18	17	5	14	93	0.96
通算成績		71	56	3.47	182	182	0	1127.0	909	461	434	137	398	1392	1.16

投手

スライダーマシンになって頂点を極める　先発

29 ディネルソン・ラメット
Dinelson Lamet

29歳 1992.7.18生 | 191cm | 103kg | 右投右打
◆速球のスピード／150キロ台中頃(フォーシーム主体)
◆決め球と持ち球／☆スライダー、◎フォーシーム、○ツーシーム
◆対左打者被打率／.133　◆対右打者被打率／.196
◆ホーム防御率／1.88　◆アウェー防御率／2.57
◆ドラフトデータ／2014㊖パドレス
◆出身地／ドミニカ
◆年俸／420万ドル(約4億4100万円)

球威 5
制球 3
緩急 5
守備・牽制 3
度胸 4

昨年大化けし、ナショナル・リーグ3位の防御率2.09をマークした豪腕サウスポー。2018年4月にトミー・ジョン手術を受けたため、昨季は本格的なカムバックイヤーだったが、開幕から5試合連続1失点ピッチングを見せて波に乗った。ピッチャーとしての最大の特徴は、スライダーが全投球の5割強を占めるスライダーマシンであることだ。ラメットのスライダーは、早くもメジャーリーグのベスト・スライダーと認識されるようになっており、野球データサイト「ファングラフス」が掲載している球種別の評価でもダントツの評価点が付いている。

スライダーは垂直に変化するタイプと斜めに変化するタイプがあり、前者を左打者に、後者を右打者に使うことが多い。速球もツーシームとフォーシームを使い分けているが、どちらも平均球速が155キロ前後ある威力満点のボール。フォーシームは最大で159キロまで出すことが可能で、狙って空振りを取れることが大きな強みだ。

これほどの逸材なのに、28歳になるまでほとんど名が知られていなかったのは、プロ入りが21歳11カ月のときだったから。ドミニカ人選手は16歳か17歳でプロ入りするのが一般的なので、あり得ないくらい遅いプロ入りである。これは、19歳のとき、フィリーズの入団テストに合格して仮契約まで行ったのに、提出した書類に不備があって流れてしまったことが、そもそもの原因。一時はプロ入りをあきらめかけたが、パドレスが自軍の施設に呼んで練習させてくれたので関係が深まり、22歳になる寸前に契約金10万ドルで入団の運びとなった。昨季終盤、上腕二頭筋(じょうわんにとうきん)(力こぶの筋肉)に強い張りが出てIL(故障者リスト)入りし、ポストシーズンで投げられなかった。オフの間、その治療にPRP療法を受け、改善が見られたので、今シーズンはキャンプから参加できる見込みだ。

カモ B・クロフォード(ジャイアンツ).000(8-0)0本　J・クロフォード(マリナーズ).125(8-1)0本
苦手 K・カルフーン(ダイヤモンドバックス).429(7-3)2本　C・ブラックモン(ロッキーズ).364(11-4)0本

年度	所属チーム	勝利	敗戦	防御率	試合数	先発	セーブ	投球イニング	被安打	失点	自責点	被本塁打	与四球	奪三振	WHIP
2017	パドレス	7	8	4.57	21	21	0	114.1	88	63	58	18	54	139	1.24
2019	パドレス	3	5	4.07	14	14	0	73.0	62	38	33	12	30	105	1.26
2020	パドレス	3	1	2.09	12	12	0	69.0	39	18	16	5	20	93	0.86
通算成績		13	14	3.76	47	47	0	256.1	189	119	107	35	104	337	1.14

22 ブレイク・スネル Blake Snell

変化球はどれもハイレベル

先発　移籍

29歳 1992.12.4生 | 193cm | 102kg | 左投左打

◆速球のスピード／150キロ台前半〜中頃(フォーシーム主体)
◆決め球と持ち球／☆スライダー、◎チェンジアップ、◎カーブ、○フォーシーム
◆対左.217 ◆対右.232 ◆ホ防2.57 ◆ア防3.72
◆ド2011①レイズ ◆出ワシントン州 ◆年1050万ドル(約11億250万円)
◆サイ・ヤング賞1回(18年)、最優秀防御率1回(18年)、最多勝1回(18年)

球威5　制球3　緩急4　守備・牽制4　度胸4

左のエースとしての活躍が期待される、2018年度アメリカン・リーグのサイ・ヤング賞投手。19年春にレイズと5年5000万ドルの契約を交わしたが、コロナ禍でレイズの財政事情が逼迫(ひっぱく)し、トレードの噂が絶えなくなった。そして昨年末、パドレスとの間でトレードが成立。昨シーズンは速球の制球に苦しみ、被本塁打10本のうち、8本は甘く入った速球を打たれている。また与四球18のうち14は、速球が外れて歩かせたものだった。それでも3点台前半の防御率を出せるのは、チェンジアップ、スライダー、カーブがすべてハイレベルで、この3つを主体に組み立てれば十分相手を抑えられるからだ。

カモ E·エスコバー(ダイヤモンドバックス).000(6-0)　苦手 W·フローレス(ジャイアンツ).600(5-3)0本

年度	所属チーム	勝利	敗戦	防御率	試合数	先発	セーブ	投球イニング	被安打	失点	自責点	被本塁打	与四球	奪三振	WHIP
2016	レイズ	6	8	3.54	19	19	0	89.0	93	44	35	5	51	98	1.62
2017	レイズ	5	7	4.04	24	24	0	129.1	113	65	58	15	59	119	1.33
2018	レイズ	21	5	1.89	31	31	0	180.2	112	41	38	16	64	221	0.97
2019	レイズ	6	8	4.29	23	23	0	107.0	96	53	51	14	40	147	1.27
2020	レイズ	4	2	3.24	11	11	0	50.0	42	19	18	10	18	63	1.20
通算成績		42	30	3.24	108	108	0	556.0	456	222	200	60	232	648	1.24

15 ドルー・ポメランツ Drew Pomeranz

リリーフ専任となって好投

セットアップ　クローザー

33歳 1988.11.22生 | 196cm | 112kg | 左投右打

◆速球のスピード／150キロ台前半(フォーシーム主体)
◆決め球と持ち球／☆ナックルカーブ、○フォーシーム
◆対左.143 ◆対右.146 ◆ホ防0.00 ◆ア防3.12
◆ド2010①インディアンズ ◆出テネシー州
◆年600万ドル(約6億3000万円)

球威4　制球3　緩急4　守備・牽制4　度胸4

パドレスに4年ぶりに復帰し、開幕から19試合連続無失点をやってのけたリリーフ左腕。一昨年の後半から、肩の故障リスクを考慮してリリーフ専任になったが、リリーフで投げると速球が5キロ増となり、それにともないナックルカーブの効果も上がるため、この決断は彼を奪三振マシンに変身させた。2016年にキャロラインさんと結婚後、子宝に恵まれなかったが、昨年 9月、妊娠していることが判明した。今年2月のキャンプイン前後にパパになる。

カモ C·シーガー(ドジャース).077(13-1)0本　苦手 C·テイラー(ドジャース).417(12-5)3本

年度	所属チーム	勝利	敗戦	防御率	試合数	先発	セーブ	投球イニング	被安打	失点	自責点	被本塁打	与四球	奪三振	WHIP
2011	ロッキーズ	2	1	5.40	4	4	0	18.1	19	11	11	0	5	13	1.31
2012	ロッキーズ	2	9	4.93	22	22	0	96.2	97	57	53	14	46	83	1.48
2013	ロッキーズ	0	4	6.23	8	4	0	21.2	25	15	15	4	19	19	2.03
2014	アスレティックス	5	4	2.35	20	10	0	69.0	51	22	18	7	26	64	1.12
2015	アスレティックス	5	6	3.66	53	9	3	86.0	71	44	35	8	31	82	1.19
2016	パドレス	8	7	2.47	17	17	0	102.0	67	30	28	8	41	115	1.06
2016	レッドソックス	3	5	4.59	14	13	0	68.2	70	35	35	14	24	71	1.37
2016	2チーム計	11	12	3.32	31	30	0	170.2	137	65	63	22	65	186	1.18
2017	レッドソックス	17	6	3.32	32	32	0	173.2	166	69	64	19	69	174	1.35
2018	レッドソックス	2	6	6.08	26	11	0	74.0	87	53	50	12	44	66	1.77
2019	ジャイアンツ	2	9	5.68	21	17	0	77.2	89	51	49	17	36	92	1.61
2019	ブリュワーズ	0	1	2.39	25	1	2	26.1	16	7	7	4	8	45	0.91
2019	2チーム計	2	10	4.85	46	18	2	104.0	105	58	56	21	44	137	1.43
2020	パドレス	1	0	1.45	20	0	4	18.2	9	3	3	1	10	29	1.02
通算成績		47	58	3.98	262	140	9	832.2	767	397	368	108	359	853	1.35

対左=対左打者被打率　対右=対右打者被打率　ホ防=ホーム防御率　ア防=アウェー防御率
ド=ドラフトデータ　出=出身地　年=年俸　カモ 苦手 は通算成績

投手

36 ピアース・ジョンソン Pierce Johnson

阪神再生工場でメジャーで通用する投手に変身 セットアップ

30歳 1991.5.10生 | 188cm | 92kg | 右投右打
◆速球のスピード／150キロ台中頃(フォーシーム主体)
◆決め球と持ち球／◎カーブ、○フォーシーム
◆対左.087 ◆対右.277 ◆ホ防1.38 ◆ア防5.14
◆ド2012①カブス ◆出コロラド州
◆年200万ドル(約2億1000万円)

球威4 制球4 緩急2 守備・牽制4 度胸4

阪神でプレー後、昨年、パドレスで大輪の花を咲かせたリリーフ右腕。2012年のドラフトで、全体43番目で指名されプロ入り。16年にハムストリング、すね、広背筋(こうはいきん)を次々に痛めたため、先発からリリーフ専任に。それにともない、失投の多いカッターを封印し、球種を速球とカーブだけにしたところ三振をハイペースで奪えるようになり、翌年メジャーデビュー。しかし速球の威力に欠け、制球にも難があるため、メジャーに定着できなかった。1年阪神でプレーしたジョンソンは、腕の振りがコンパクトになり、制球のいい投手に変身。速球も2年前より5キロ速くなっていた。それによりカーブの効果が増し、カーブの使用比率を大幅に増やすことで、奪三振率が格段に向上した。

カモ E・ヘルナンデス(レッドソックス).000(6-0)0本　苦手 C・テイラー(ドジャース).429(7-3)0本

年度	所属チーム	勝利	敗戦	防御率	試合数	先発	セーブ	投球イニング	被安打	失点	自責点	被本塁打	与四球	奪三振	WHIP
2017	カブス	0	0	0.00	1	0	0	1.0	2	2	0	0	1	2	3.00
2018	ジャイアンツ	3	2	5.56	37	0	0	43.2	38	27	27	5	22	36	1.37
2020	パドレス	3	1	2.70	24	0	0	20.0	15	7	6	2	9	27	1.20
通算成績		6	3	4.59	62	0	0	64.2	55	36	33	7	32	65	1.35

25 ティム・ヒル Tim Hill

病魔にもコロナにも打ち勝った夢追い人 セットアップ

31歳 1990.2.10生 | 193cm | 91kg | 左投サイドハンド右打
◆速球のスピード／140キロ台中頃(フォーシーム、ツーシーム)
◆決め球と持ち球／◎ツーシーム、◎スライダー、○フォーシーム
◆対左.225 ◆対右.258 ◆ホ防2.70 ◆ア防9.64
◆ド2014㉜ロイヤルズ ◆出カリフォルニア州
◆年57万500ドル(約5990万円)+α

球威3 制球3 緩急2 守備・牽制4 度胸4

昨年の開幕直前、トレードでロイヤルズから移籍し、期待通りの働きを見せたサイドハンドの変則サウスポー。プロの世界で投げることを夢見て、高校時代から変則フォームで投げていた変わり種。23歳のとき、ドラフトで指名されることを目論(もくろ)んでオクラホマ州の短大に転入。2年目にロイヤルズのスカウトの目に留まって、32巡目で指名された。ところがその翌年、遺伝性の大腸癌(だいちょうがん)が見つかり、摘出手術を受けた。さらに8カ月間、抗癌剤(こうがんざい)治療を受けたため体重が32キロも減少。しかし、リハビリに励(はげ)んで現役に復帰。打者を幻惑するモーションに磨きをかけ、28歳でメジャーデビューがかなった。抗癌剤で免疫力が低下し、コロナ感染時のリスクが高いため、昨年は全休するよう勧められたが、それを拒否してフルシーズン投げ抜いたのは立派。

カモ A・エングル(ホワイトソックス).000(6-0)0本　苦手 T・アンダーソン(ホワイトソックス)1.000(3-3)0本

年度	所属チーム	勝利	敗戦	防御率	試合数	先発	セーブ	投球イニング	被安打	失点	自責点	被本塁打	与四球	奪三振	WHIP
2018	ロイヤルズ	1	4	4.53	70	0	2	45.2	46	28	23	4	14	42	1.31
2019	ロイヤルズ	2	0	3.63	46	0	1	39.2	31	17	16	4	13	39	1.11
2020	パドレス	3	0	4.50	23	0	0	18.0	17	9	9	3	6	20	1.28
通算成績		6	4	4.18	139	0	3	103.1	94	54	48	11	33	101	1.23

44 大ファンだったチームに移籍
ジョー・マスグローヴ *Joe Musgrove*

先発 移籍

29歳 1992.12.4生 | 196cm | 107kg | 右投右打 速140キロ台後半(フォーシーム、ツーシーム) 決◎スライダー
対左.183 対右.281 ド2011①ブルージェイズ 出カリフォルニア州 年445万ドル(約4億6725万円)

球3 制4 緩4 守・牽4 度3

オフのトレードで加入した、昨年のパイレーツ開幕投手。2019年に2ケタ勝利をマークしたが、昨季は8月上旬に右腕を痛めてIL入り。その時点の防御率は13.50というひどい数字で、復帰は9月になってからだった。移籍市場における注目選手で、成績が低迷したことで商品価値が落ちかけたが、シーズン最終2試合（計13イニング）を無失点に抑え、実力を示している。昨季は最大の武器であるスライダーのほか、カーブでも多くの三振を奪った。サンディエゴ郊外の都市で育ち、パドレスの大ファンとして成長。18歳のときには、パドレスのロゴのタトゥーを腕に入れている。

年度	所属チーム	勝利	敗戦	防御率	試合数	先発	セーブ	投球イニング	被安打	失点	自責点	被本塁打	与四球	奪三振	WHIP
2020	パイレーツ	1	5	3.86	8	8	0	39.2	33	17	17	5	16	55	1.24
通算成績		29	38	4.33	108	83	2	496.2	490	258	239	65	122	465	1.23

14 ポストシーズンで圧巻のピッチング
エミリオ・パガン *Emilio Pagan*

セットアップ クローザー

30歳 1991.5.7生 | 188cm | 94kg | 右投左打 速150キロ台前半(フォーシーム主体) 決◎カッター
対左.205 対右.158 ド2013⑩マリナーズ 出サウスカロライナ州 年157万ドル(約1億6485万円)

球3 制4 緩3 守・牽4 度5

プレッシャーのかかる場面ほど力を発揮する強心臓のリリーバー。2019年にレイズでブレイクし、20セーブをマーク。オフのトレードでパドレスに移籍して迎えた昨季は、セットアッパーを務めることになったが、序盤は制球難で、開幕からひと月が経過した時点で防御率は7点台だった。強心臓ぶりをいかんなく発揮し、チームに多大な貢献をしたのはポストシーズン。フォーシームとカッターの制球が安定したため、5試合の登板で1点も許さなかった。弱点はフライボール・ピッチャーであるため、一発を食いやすいこと。昨季はカーブを封印し、速球とカッターだけで投げていた。

年度	所属チーム	勝利	敗戦	防御率	試合数	先発	セーブ	投球イニング	被安打	失点	自責点	被本塁打	与四球	奪三振	WHIP
2020	パドレス	0	1	4.50	22	0	2	22.0	14	11	11	4	9	23	1.05
通算成績		9	7	3.39	177	0	22	204.1	153	80	77	36	49	238	0.99

40 プレーオフでのメジャーデビューは史上2人目
ライアン・ウェザーズ *Ryan Weathers*

先発 ロングリリーフ ルーキー

22歳 1999.12.17生 | 185cm | 104kg | 左投右打 速150キロ台前半(フォーシーム主体) 決◎スライダー
◆メジャーでのプレー経験なし(レギュラーシーズン) ド2018①パドレス 出テネシー州 年57万500ドル(約5990万円)+α

球4 制3 緩3 守・牽2 度4

昨年10月6日の地区シリーズ初戦でメジャーデビューした、ピッチャーのDNAを持って生まれた左腕。父デイヴィッドは、メジャーで19年投げた名のあるリリーフ投手。野球が常に身近にある環境で育ち、高校時代には全米屈指の投手に成長。高校卒業時に、ドラフトで全体7番目に指名された。一昨年まではマイナーの1Aより上で投げたことがなかったが、昨年7月の紅白戦で好投。それが1A+、2A、3Aを飛び越えてのメジャー昇格につながった。度胸も良く、初登板では父デイヴィッドがスタンドで見守る中で、高めに快速球を投げ込み、ベリンジャー、マンシーらドジャースの強打者たちを力でねじ伏せた。球団は将来のエース候補と見なしており、今季は2Aか3Aに戻して先発で経験を積ませてから、改めてメジャーに上げる方針だ。

速=速球のスピード 決=決め球 対左=対左打者被打率 対右=対右打者被打率
ド=ドラフトデータ 出=出身地 年=年俸

59 欠点は速球の失投が多すぎること
クリス・パダック Chris Paddack

先発

25歳 1996.1.8生 | 196cm | 98kg | 右投右打 速150キロ台前半(フォーシーム主体) 決☆チェンジアップ
対左.270 対右.252 ド2015⑧マーリンズ 出テキサス州 年57万500ドル(約5990万円)+α

球4 制3 緩4 守備3 度3

さらなる成長のためには、一発病の克服が不可欠になっている先発右腕。昨季は開幕投手に指名され、張り切ってシーズンを迎えた。開幕戦では6回を無失点に抑える好投。そのため、大勝ちを期待された。しかしその後は速球の制球に苦しむようになり、いい日は無失点に抑えるが、悪い日は6失点する波の大きい展開になった。最大の武器はチェンジアップ。軌道が途中までフォーシームと一緒で見分けがつきにくいうえ、球速差が10キロあってホームベース付近で大きく沈むため、打つのは至難の業。メジャーリーグで最も厄介なチェンジアップの一つに数えられるようになった。

年度 所属チーム	勝利	敗戦	防御率	試合数	先発	セーブ	投球イニング	被安打	失点	自責点	被本塁打	与四球	奪三振	WHIP
2020 パドレス	4	5	4.73	12	12	0	59.0	60	33	31	14	12	58	1.22
通算成績	13	12	3.74	38	38	0	199.2	167	91	83	37	43	211	1.05

50 契約金1100万ドルは球団史上最高額
エイドリアン・モレホン Adrian Morejon

先発 ロングリリーフ

22歳 1999.2.27生 | 180cm | 102kg | 左投左打 速150キロ台後半(フォーシーム主体) 決◎ナックルチェンジ
対左.294 対右.244 ド2016外パドレス 出キューバ 年57万500ドル(約5990万円)+α

球4 制3 緩4 守備3 度3

ローテーション定着を期待されるキューバ産のサウスポー。2014年のU-15世界選手権決勝で、米国チームを相手に完投勝利を飾りヒーローになった。その後、キューバを脱出し、16年に契約金1100万ドル(約12億円)でパドレスに入団。昨季は8月中旬からメジャーで投げ、ショート先発(球数40球前後)とロングリリーフで起用された。まずまずの働きを見せ、ポストシーズンのメンバーにも入っている。球種は平均155キロのフォーシーム、カーブ、ナックルチェンジの3つだったが、昨年からスライダーも使い始めた。ナックルチェンジは、スプリッターと同様の軌道になる。

年度 所属チーム	勝利	敗戦	防御率	試合数	先発	セーブ	投球イニング	被安打	失点	自責点	被本塁打	与四球	奪三振	WHIP
2020 パドレス	2	2	4.66	9	4	0	19.1	20	11	10	7	4	25	1.24
通算成績	2	2	6.26	14	6	0	27.1	35	20	19	8	7	34	1.54

55 タイミングを微妙に外すことに長けたサウスポー
マット・ストラーム Matt Strahm

セットアップ

30歳 1991.11.12生 | 188cm | 86kg | 左投右打 速150キロ前後(フォーシーム主体) 決◎カーブ
対左.116 対右.290 ド2012㉑ロイヤルズ 出ノースダコタ州 年205万ドル(約2億1525万円)

球3 制4 緩4 守備3 度3

左腕投手のワンポイントリリーフが禁止されたあとも、左打者に強いことを評価され、セットアッパーやピンチの火消し役として使われている投手。最大の特徴は、通常のグリップで投げても速球が沈む軌道(ナチュラルシンカー)になること。そのため打者が速球を打ちにいくと、ゴロになることが多い。長所は、コントロールがいいため、無駄なランナーを出さないこと。また、投球モーションを微妙に早くしたり遅くしたりして、打者のタイミングを外すことにも長けている。短所は、カーブを右打者のインサイドに食い込ませようとして、ぶつけてしまうことがよくある点。

年度 所属チーム	勝利	敗戦	防御率	試合数	先発	セーブ	投球イニング	被安打	失点	自責点	被本塁打	与四球	奪三振	WHIP
2020 パドレス	0	1	2.61	19	0	0	20.2	14	6	6	3	4	15	0.87
通算成績	13	23	3.69	151	24	0	253.1	217	109	104	37	80	269	1.17

49 ミシェル・バエズ Michel Baez

リリースポイントが一定しない有望株

ミドルリリーフ

25歳 1996.1.21生 | 203cm | 100kg | 右投右打 速150キロ台前半(フォーシーム主体) 決◎チェンジアップ
対左.300 対右.364 ド2016㊇パドレス 出キューバ 年57万500ドル(約5990万円)+α

球4 制3 緩3 守・牽2 度4

今年こそメジャー定着を狙うキューバ産のリリーフ右腕。典型的なパワーピッチャーで、2メートルを超す長身を利して投げ下ろす速球は角度がつき、かなり威力がある。チェンジアップも落差の大きい一級品。ただ巨体が災いして、投球フォームにブレが生じやすく、それが制球難の原因になっている。キューバ脱出後の2016年12月、契約金300万ドル(約3億2000万円)でパドレスに入団。その後、マイナーの出世階段を順調に駆け上がり、19年7月にメジャーデビュー。昨季は大いに期待されたが、開幕が7月にずれ込んだことで調整に失敗。開幕メンバーに入れず散々な年になった。

年度	所属チーム	勝利	敗戦	防御率	試合数	先発	セーブ	投球イニング	被安打	失点	自責点	被本塁打	与四球	奪三振	WHIP
2020	パドレス	0	0	7.71	3	1	0	4.2	7	4	4	0	2	7	1.93
通算成績		1	1	3.67	27	2	0	34.1	32	14	14	3	16	35	1.40

57 ダン・アルタヴィラ Dan Altavilla

四球連発病が解消されれば、大化けの可能性

ミドルリリーフ

29歳 1992.9.8生 | 180cm | 103kg | 右投右打 速150キロ台中頃(フォーシーム主体) 決◎フォーシーム
対左.250 対右.228 ド2014⑤マリナーズ 出ペンシルヴァニア州 年85万ドル(約8925万円)

球5 制2 緩3 守・牽3 度2

昨年8月末、マリナーズから移籍した荒れ球のリリーフ右腕。160キロ近い速球を投げるため、メジャーに上がった頃は将来のクローザー候補と期待された。しかし制球難が解消されないため、被本塁打と与四球が多い状態が続き、4年たってもメジャーに定着できなかった。5年目の昨季も制球が安定せず、8月末の時点で防御率が7.71だったため見切りをつけられ、トレードで放出された。移籍後は一発を1本も食わなかったことが幸いして、ポストシーズンの最後の1枠に滑り込み、ドジャースとの地区シリーズで2試合に登板した。トレードマークは筋肉の塊のような太い腕。

年度	所属チーム	勝利	敗戦	防御率	試合数	先発	セーブ	投球イニング	被安打	失点	自責点	被本塁打	与四球	奪三振	WHIP
2020	マリナーズ	1	2	7.71	13	0	1	11.2	12	11	10	3	7	14	1.63
2020	パドレス	1	1	3.12	9	0	0	8.2	6	3	3	0	5	10	1.27
2020	2チーム計	2	3	5.75	22	0	1	20.1	18	14	13	3	12	24	1.48
通算成績		8	7	4.00	117	0	1	114.2	92	58	51	15	60	127	1.33

― マッケンジー・ゴア MacKenzie Gore

先発 期待度B+ ルーキー

22歳 1999.2.24生 | 188cm | 89kg | 左投左打 ◆一昨年は1A+、2Aでプレー ド2017①パドレス 出ノースカロライナ州

高校卒業時の2017年ドラフトで、全体の3番目に指名された将来のエース候補。特徴は足をあごの高さまで上げるハイキック投法。球持ちが良く、リリースポイントが前にあるため速球は表示以上に威力がある。今季は2Aか3Aでスタートし、シーズン途中にメジャーに呼ばれる可能性が高い。

― メイソン・トンプソン Mason Thompson

先発 リリーフ 期待度B- ルーキー

23歳 1998.2.20生 | 201cm | 101kg | 右投右打 ◆一昨年はルーキー級、1A+でプレー ド2016③パドレス 出テキサス州

10代前半の頃から、その世代の代表として活躍していた早熟の逸材。トミー・ジョン手術を受けたため、10代後半は思うように投げられず、プロ入り後も故障続きだったが、昨秋の教育リーグでは元気な姿を見せ、リリーバーとしての適性をアピールした。武器は、150キロ台後半の速球とスライダー。

速=速球のスピード 決=決め球 対左=対左打者被打率 対右=対右打者被打率
ド=ドラフトデータ 出=出身地 年=年俸 ※昨季、マイナーリーグは中止
※メジャー経験がない投手の「先発」「リリーフ」はマイナーでの役割

野手

グランドスラムはタティース家のお家芸　ショート

23 フェルナンド・タティース・ジュニア
Fernando Tatis Jr.

22歳 1999.1.2生 | 191cm | 98kg | 右投右打
◆対左投手打率／.242(62-15) ◆対右投手打率／.290(162-47)
◆ホーム打率／.265(113-30) ◆アウェー打率／.288(111-32)
◆得点圏打率／.400(40-16)
◆20年のポジション別出場数／ショート=57、DH=2
◆ドラフトデータ／2015㊇ホワイトソックス
◆出身地／ドミニカ
◆年俸／57万500ドル(約5990万円)+α
◆シルバースラッガー賞1回(20年)

ミート 4
パワー 5
走塁 4
守備 3
肩 4

パドレス

スーパースターへの道を突き進む若きオールラウンド・プレーヤー。メジャー1年目（2019年）は、ハムストリング痛や腰痛で70試合以上欠場したが、昨季は故障がなく、ほぼフル出場。シーズン序盤から快調に一発やタイムリーを放って、チームを上昇気流に乗せる牽引役になった。昨シーズンの本塁打17と得点50はナショナル・リーグ2位、打点45はナショナル・リーグ4位の数字で、MVP投票では4位に入った。

昨年8月17日のレンジャーズ戦では初の満塁アーチを放ったが、このときは多くのメディアが、「グランドスラムはタティース家のお家芸」「グランドスラムのDNAが生んだ一発」といった見出しを付けて報じた。これは父フェルナンド・タティース・シニアが、1イニングに満塁アーチを2本打ったことで知られる人物だからだ。父は現役時代、バットで貢献するタイプの名脇役で、通算113本塁打、448打点を記録。現在はドミニカで、有望選手を育成するキャンプを運営している。そのかたわら息子のパーソナルコーチを務め、シーズン中は毎日、試合後に電話をかけ、息子にアドバイスを送っている。タティース・ジュニアが打者として進化し続けているのは、この父の日々の助言があるからだ。

メジャー1年目の一昨年は、守備で悪送球が14回もあり、守備率がレギュラー級の遊撃手でリーグワーストだった。そのため昨季は守備力の向上が課題になっていたが、オフに守備練習に時間を割いた成果が出て、昨季は悪送球が2回しかなく、守備率が劇的にアップした。

16歳のとき、ホワイトソックスに契約金70万ドルで入団。契約金が並の金額だったのは、小柄でやせっぽちのパワーに欠ける少年だったから。プロ入り後、身長はすぐに5センチ伸びたが、パワーはすぐにつかないため、ホワイトソックスは育成に時間がかかると見なし、マイナー暮らしを始めてわずか3カ月で、パドレスにトレードされた。

カモ M・バムガーナー(ダイヤモンドバックス).545(11-6)2本　M・ケリー(ダイヤモンドバックス).455(11-5)3本
苦手 D・メイ(ドジャース).083(12-1)0本　J・クエト(ジャイアンツ).125(8-1)1本

年度	所属チーム	試合数	打数	得点	安打	二塁打	三塁打	本塁打	打点	四球	三振	盗塁	盗塁死	出塁率	OPS	打率
2019	パドレス	84	334	61	106	13	6	22	53	30	110	16	6	.379	.969	.317
2020	パドレス	59	224	50	62	11	2	17	45	27	61	11	3	.366	.937	.277
通算成績		143	558	111	168	24	8	39	98	57	171	27	9	.374	.956	.301

野手

激高男としても知られるクラッチヒッター　サード

13 マニー・マチャード
Manny Machado

29歳 1992.7.6生 | 191cm | 99kg | 右投右打
◆対左投手打率／.313(64-20) ◆対右投手打率／.300(160-48)
◆ホーム打率／.353(119-42) ◆アウェー打率／.248(105-26)
◆得点圏打率／.381(63-24)
◆20年のポジション別出場数／サード=56、DH=4
◆ドラフトデータ／2010①オリオールズ
◆出身地／フロリダ州
◆年俸／3000万ドル(約31億5000万円)
◆ゴールドグラブ賞2回(13、15年)、シルバースラッガー賞1回(20年)

ミート 4
パワー 5
走塁 4
守備 5
肩 5

10年契約（総額3億ドル）の3年目に入るパドレスの主砲。昨季は得点圏打率が3割8分1厘、満塁時の打率が6割2分5厘でチャンスにめっぽう強く、途切れることなく打点を叩き出し、チームのポストシーズン進出に貢献した。サードの守備もハイレベルで、ゴールドグラブ賞の最終候補になったが、ナショナル・リーグにはアレナードがいるため、受賞には至らなかった。守備で光るのは、強肩と送球の正確さだ。とくにレフト線に来た強いゴロに素早く反応してグラブに収め、一塁に矢のような送球を送ってアウトにするシーンは、トレードマークになっている。

プレーヤーとしての特徴は、感情をコントロールするのが苦手で、すぐにブチ切れること。主審に不利な判定をされると激高し、主審に人差し指を突きつけ放送禁止用語を速射砲のように浴びせるのは、おなじみのシーンだ。過去にはピッチャーの危険球にキレてマウンドに猛ダッシュし、パンチを叩き込んだこともあった。昨年のドジャースとの地区シリーズでは、タティースのセンターへのホームラン性の大飛球をベリンジャーがジャンプ一番捕ってしまったことがあったが、その際、投手のグラテロルがグラブとキャップを放り投げて喜んだのがマチャードの気に障り、ホームプレート付近から「バカヤロー、バカヤロー、バカヤロー」と3度叫んで、「あとで待ってるからな！」とすごみをきかせた。それにドジャースのマンシーが「さっさとベンチに引っ込め、このボケ！」とやり返したのでヒートアップし、一触即発の空気が流れた。パドレスに骨を埋める気になっているため、サンディエゴ郊外のリゾート地に1000万ドルの豪邸を購入。

カモ T·バウアー(ドジャース).588(17-10)4本　L·ウィーヴァー(ダイヤモンドバックス).385(13-5)2本
苦手 M·ケリー(ダイヤモンドバックス).176(17-3)0本　前田健太(ツインズ).143(14-2)1本

年度	所属チーム	試合数	打数	得点	安打	二塁打	三塁打	本塁打	打点	四球	三振	盗塁	盗塁死	出塁率	OPS	打率
2012	オリオールズ	51	191	24	50	8	3	7	26	9	38	2	0	.294	.739	.262
2013	オリオールズ	156	667	88	189	51	3	14	71	29	113	6	7	.314	.746	.283
2014	オリオールズ	82	327	38	91	14	0	12	32	20	68	2	0	.324	.755	.278
2015	オリオールズ	162	633	102	181	30	1	35	86	70	111	20	8	.359	.861	.286
2016	オリオールズ	157	640	105	188	40	1	37	96	48	120	0	3	.343	.876	.294
2017	オリオールズ	156	630	81	163	33	1	33	95	50	115	9	4	.310	.782	.259
2018	オリオールズ	96	365	48	115	21	1	24	65	45	51	8	1	.387	.963	.315
2018	ドジャース	66	267	36	73	14	2	13	42	25	53	6	1	.338	.825	.273
2018	2チーム計	162	632	84	188	35	3	37	107	70	104	14	2	.367	.905	.297
2019	パドレス	156	587	81	150	21	2	32	85	65	128	5	3	.334	.796	.256
2020	パドレス	60	224	44	68	12	1	16	47	26	37	6	3	.370	.950	.304
通算成績		1142	4531	647	1268	244	15	223	645	387	834	64	30	.337	.825	.280

野 手

準新人王になった、大舞台に強いスーパーサブ ユーティリティ

9 ジェイク・クローネンワース *Jake Cronenworth*

27歳 1994.1.21生 | 183cm | 85kg | 右投左打
◆対左投手打率／.218(55-12) ◆対右投手打率／.316(117-37)
◆ホーム打率／.319(91-29) ◆アウェー打率／.247(81-20)
◆得点圏打率／.289(38-11)
◆20年のポジション別出場数／セカンド=38、ショート=11、ファースト=10、サード=1
◆ドラフトデータ／2015⑦レイズ
◆出身地／ミシガン州
◆年俸／57万500ドル(約5990万円)+α

ミート 5 パワー 3 走塁 4 守備 3 肩 3

新天地パドレスでメジャーデビューしたあと、打撃守備の両面で目を見張る活躍を見せた千両役者。八面六臂（はちめんろっぴ）の活躍が認められ、ナショナル・リーグの新人王の選考では最終候補の一人になったが、昨年はデヴィン・ウィリアムズ（ブリュワーズ）が0.33という驚異的な防御率をマークしていたため、次点（フィリーズのアレック・ボームと同ポイント）に終わった。

打者としてのウリは、強心臓で大舞台になるほど力を発揮できること。昨年のポストシーズンでは、パドレスの主力打者たちが気負って本来のバッティングができなかったが、クローネンワースはルーキーながらコンスタントにヒットを放ち、3割8分9厘という高打率をマークした。打撃面のもう一つの長所は、二塁打&三塁打の生産力が高いこと。昨シーズンは9.5打数に1本のペースで生産しているので、今シーズンもフル出場すれば、二塁打と三塁打を併せて40本以上打つ可能性がある。

守備では6つのグラブを使いこなせるのがウリ。昨季はスーパーユーティリティとして使われたため、遠征に出るときは二塁手用、遊撃手用、三塁手用、外野手用、投手用の5つのグラブとファーストミットをバッグに詰め、持ち歩いていた。投手用も用意したのは、一昨年（2019年）、レイズの3Aで7試合にリリーフ登板した実績があるため、敗戦処理の投手として使われる可能性があったからだ。持ち歩くグラブがこれだけ多いと、1つを家に置き忘れることもある。7月26日のメジャーデビュー戦ではホズマーの代走で使われたあと、そのままファーストの守りに就くよう指示されたが、家に忘れてきたので、急遽（きゅうきょ）タイ・フランスから借りて守備に就いた。

寒冷地帯であるミシガン州の出身で、高校時代、冬場はアイスホッケーで活躍したため、下半身が強靭（きょうじん）になった。ミシガン大学では二刀流選手として活躍。投手としては3年間で55試合（うち先発が6試合）に登板、防御率3.34、セーブ23という数字を残している。

カモ 菊池雄星(マリナーズ).667(3-2)0本　J・グレイ(ロッキーズ)1.000(2-2)0本
苦手 T・ゴンソリン(ドジャース).000(5-0)0本　K・フリーランド(ロッキーズ).000(6-0)0本

年度	所属チーム	試合数	打数	得点	安打	二塁打	三塁打	本塁打	打点	四球	三振	盗塁	盗塁死	出塁率	OPS	打率
2020	パドレス	54	172	26	49	15	3	4	20	18	30	3	1	.354	.831	.285
通算成績		54	172	26	49	15	3	4	20	18	30	3	1	.354	.831	.285

パドレス

野手

17 ヴィクター・カラティーニ *Victor Caratini*

打者としても価値がある、ダルビッシュの女房役　キャッチャー　移籍

28歳 1993.8.17生 | 185cm | 98kg | 右投両打　盗塁阻止率／.200(5-1)
◆対左投手打率／.292 ◆対右投手打率／.228
◆ホーム打率／.211 ◆アウェー打率／.271 ◆得点圏打率／.290
◆20年のポジション別出場数／キャッチャー=22、DH=18、ファースト=3
◆ド2013②ブレーブス ◆出プエルトリコ
◆年130万ドル(約1億3650万円)

ミート 3　パワー 3　走塁 2　守備 4　肩 3

12月の大型トレードでカブスから移籍した、ダルビッシュのパーソナル・キャッチャー。昨季はダルビッシュが先発した12試合すべてで女房役を務め、リズム良くサインを出して好投を引き出していた。また、ヘンドリックス、ミルズとも3試合ずつバッテリーを組み、ミルズが9月13日のブリュワーズ戦でノーヒットノーランをやってのけたときは、カラティーニが女房役だった。守備では、盗塁阻止力はイマイチだが、一塁走者を牽制で刺す能力は高い。打者としてはチャンスにめっぽう強く、走者なしの場面では打率1割8分3厘だったが、走者のいる場面では3割0分4厘とよく打っている。

カモ M·マイコラス(カーディナルス).417(12-5)0本　苦手 L·ウィーヴァー(ダイヤモンドバックス).000(4-0)0本

年度	所属チーム	試合数	打数	得点	安打	二塁打	三塁打	本塁打	打点	四球	三振	盗塁	盗塁死	出塁率	OPS	打率
2017	カブス	31	59	6	15	3	0	1	2	4	13	0	0	.333	.689	.254
2018	カブス	76	181	21	42	7	0	2	21	12	42	0	0	.293	.597	.232
2019	カブス	95	244	31	65	11	0	11	34	29	59	1	0	.348	.794	.266
2020	カブス	44	116	10	28	7	0	1	16	12	31	0	1	.333	.661	.241
通算成績		246	600	68	150	28	0	15	73	57	145	1	1	.327	.699	.250

10 ジュリクソン・プロファー *Jurickson Profar*

伸び悩みを完全に脱して新たに3年契約　レフト セカンド

28歳 1993.2.20生 | 183cm | 83kg | 右投両打
◆対左投手打率／.294 ◆対右投手打率／.268
◆ホーム打率／.287 ◆アウェー打率／.269 ◆得点圏打率／.318
◆20年のポジション別出場数／レフト=36、セカンド=17、ライト=2、センター=1、ファースト=1、DH=1 ◆ド2009外レンジャーズ
◆出オランダ領キュラソー島 ◆年350万ドル(約3億6750万円)

ミート 3　パワー 4　走塁 4　守備 3　肩 3

昨季よりパドレスに加入。2018年はレンジャーズでサード、ショートを守り、19年はアスレティックスでセカンドを守ったが、パドレスでは主にレフトで出場。内外野どこでも守れるユーティリティ性が一番のウリだったが、昨季も及第点の出塁率を残し、3年連続3球団でレギュラーの椅子をキープ。新たに3年契約を勝ち取った。19歳でメジャーデビューを果たし、当時は押しも押されもせぬトップ・プロスペクト（最有望株）だったが、その後、肩の故障が重なって伸び悩んできた苦労人。ようやく本領発揮の体勢が整った。

カモ D·プライス(ドジャース).444(9-4)0本　苦手 K·フリーランド(ロッキーズ).000(7-0)0本

年度	所属チーム	試合数	打数	得点	安打	二塁打	三塁打	本塁打	打点	四球	三振	盗塁	盗塁死	出塁率	OPS	打率
2012	レンジャーズ	9	17	2	3	2	0	1	2	0	4	0	0	.176	.647	.176
2013	レンジャーズ	85	286	30	67	11	0	6	26	26	63	2	4	.308	.644	.234
2016	レンジャーズ	90	272	35	65	6	3	5	20	30	61	2	1	.321	.660	.239
2017	レンジャーズ	22	58	8	10	2	0	0	5	9	14	1	1	.294	.501	.172
2018	レンジャーズ	146	524	82	133	35	6	20	77	54	88	10	0	.335	.793	.254
2019	アスレティックス	139	459	65	100	24	2	20	67	48	75	9	1	.301	.711	.218
2020	パドレス	56	180	28	50	6	0	7	25	15	28	7	1	.343	.771	.278
通算成績		547	1796	250	428	86	11	59	222	182	333	31	8	.318	.715	.238

野手

2 トレント・グリシャム *Trent Grisham*

期待されるのは20本塁打20盗塁の同時達成　センター

25歳 1996.11.1生 | 180cm | 102kg | 左投左打
◆対左投手打率／.267 ◆対右投手打率／.245
◆ホーム打率／.225 ◆アウェー打率／.279 ◆得点圏打率／.208
◆20年のポジション別出場数／センター=59
◆ドラフト2015①ブリュワーズ ◆出身テキサス州
◆年俸57万500ドル(約5990万円)+α ◆ゴールドグラブ賞(20年)

ミート3　パワー4　走塁5　守備5　肩3

新天地パドレスで大化けし、センターのレギュラーに出世しただけでなく、ゴールドグラブ賞まで受賞したシンデレラボーイ。高校卒業時にドラフトで1巡目指名を受けてプロ入りしたが、打撃面で伸び悩み、マイナーで3年連続低レベルな打撃成績に終わった。そのためメジャーに上がるチャンスはないと見られていたが、一昨年のシーズン中、グリップを変えたところ強い打球がコンスタントに出始め、メジャーへの道が開けた。打者としての最大のウリは、選球眼とパワーを併せ持つこと。打席では早打ちせず、失投をじっくり待つタイプ。片足を上げて上手にタイミングを取り、変化球にも強い。守備では飛球の軌道を的確に読めるので、最短ルートで落下点に入ることが多い。ジャンプ力があり球際にも強く、ダイビングキャッチもお手のもの。

カモ B・ビーラク(アストロズ)1.000(2-2)2本　苦手 K・フリーランド(ロッキーズ).143(7-1)0本

年度	所属チーム	試合数	打数	得点	安打	二塁打	三塁打	本塁打	打点	四球	三振	盗塁	盗塁死	出塁率	OPS	打率
2019	ブリュワーズ	51	156	24	36	6	2	6	24	20	48	1	0	.328	.738	.231
2020	パドレス	59	215	42	54	8	3	10	26	31	64	10	1	.352	.808	.251
通算成績		110	371	66	90	14	5	16	50	51	112	11	1	.342	.778	.243

4 ウィル・マイヤーズ *Wil Myers*

よみがえったパワーとうまさを併せ持つ打者　ライト

31歳 1990.12.10生 | 191cm | 94kg | 右投右打
◆対左投手打率／.328 ◆対右投手打率／.269
◆ホーム打率／.279 ◆アウェー打率／.299 ◆得点圏打率／.357
◆20年のポジション別出場数／ライト=52、ファースト=2、DH=2
◆ドラフト2009③ロイヤルズ ◆出身ノースカロライナ州
◆年俸2000万ドル(約21億円) ◆新人王(13年)

ミート3　パワー5　走塁4　守備3　肩5

2015年からパドレスに在籍しているが、主砲になりきれないまま存在感が低下していたスラッガー。悪い流れを断つため、昨季はカウントを悪くしないうちに、積極的に打ちにいくようになった。それが奏功し、序盤から長打がかつてないペースで出たため、終わってみるとOPS(強打者度を測る指標)が平均レベルから一気に最高レベルに上昇していた。昨年はシーズンが60試合に短縮されたため、打った本塁打は15本だったが、このうちの2本はグランドスラム、1本はサヨナラのスリーランと、値千金の一発が3本もあった。

カモ J・グレイ(ロッキーズ).359(39-14)3本　苦手 C・カーショウ(ドジャース).125(40-5)0本

年度	所属チーム	試合数	打数	得点	安打	二塁打	三塁打	本塁打	打点	四球	三振	盗塁	盗塁死	出塁率	OPS	打率
2013	レイズ	88	335	50	98	23	0	13	53	33	91	5	2	.354	.831	.293
2014	レイズ	87	325	37	72	14	0	6	35	34	90	6	1	.294	.614	.222
2015	パドレス	60	225	40	57	13	1	8	29	27	55	5	2	.336	.763	.253
2016	パドレス	157	599	99	155	29	4	28	94	68	160	28	6	.336	.797	.259
2017	パドレス	155	567	80	138	29	3	30	74	70	180	20	6	.328	.792	.243
2018	パドレス	83	312	39	79	25	1	11	39	30	94	13	1	.318	.763	.253
2019	パドレス	155	435	58	104	22	1	18	53	51	168	16	7	.321	.739	.239
2020	パドレス	55	198	34	57	14	2	15	40	18	56	2	1	.353	.959	.288
通算成績		840	2996	437	760	169	12	129	417	331	894	95	26	.329	.776	.254

30 エリック・ホズマー *Eric Hosmer*

打点王の期待がかかるクラッチヒッター

ファースト

32歳 1989.10.24生 | 193cm | 103kg | 左投左打
◆対左投手打率／.204 ◆対右投手打率／.330
◆ホーム打率／.263 ◆アウェー打率／.302 ◆得点圏打率／.300
◆20年のポジション別出場数／ファースト=32、DH=5
◆ド2008①ロイヤルズ ◆出フロリダ州 ◆年2000万ドル（約21億円）
◆ゴールドグラブ賞4回（13、14、15、17年）、シルバースラッガー賞1回（17年）

ミート 4 パワー 5 走塁 3 守備 4 肩 4

昨シーズンは7月末に胃炎、9月上旬にはバントを試みて人差し指を骨折するアクシデントがあり、38試合の出場にとどまった。しかしチャンスによくタイムリーが出て、36打点をマーク。この打点の生産ペースは驚異的なレベルで、今シーズンは3ケタの打点を期待されている。パドレスに来て1、2年目はゴロ打球の比率が高すぎたため、昨年は打球を上げることに注力し、長打の出る確率が2割くらいアップした。その一方で左投手に対する相性の悪さは解消されておらず、遠からずプラトーンで使われるようになるかもしれない。

カモ C·カーショウ（ドジャース）.333(27-9)1本　苦手 W·ビューラー（ドジャース）.077(13-1)0本

年度	所属チーム	試合数	打数	得点	安打	二塁打	三塁打	本塁打	打点	四球	三振	盗塁	盗塁死	出塁率	OPS	打率
2011	ロイヤルズ	128	523	66	153	27	3	19	78	34	82	11	5	.334	.799	.293
2012	ロイヤルズ	152	535	65	124	22	2	14	60	56	95	16	1	.304	.663	.232
2013	ロイヤルズ	159	623	86	188	34	3	17	79	51	100	11	4	.353	.801	.302
2014	ロイヤルズ	131	503	54	136	35	1	9	58	35	93	4	2	.318	.716	.270
2015	ロイヤルズ	158	599	98	178	33	5	18	93	61	108	7	3	.363	.822	.297
2016	ロイヤルズ	158	605	80	161	24	1	25	104	57	132	5	3	.328	.761	.266
2017	ロイヤルズ	162	603	98	192	31	1	25	94	66	104	6	1	.385	.882	.318
2018	パドレス	157	613	72	155	31	2	18	69	62	142	7	4	.322	.720	.253
2019	パドレス	160	619	72	164	29	2	22	99	40	163	0	3	.310	.735	.265
2020	パドレス	38	143	23	41	6	0	9	36	9	28	4	0	.333	.851	.287
通算成績		1403	5366	714	1492	272	20	176	770	471	1047	71	26	.336	.771	.278

28 トミー・ファム *Tommy Pham*

ストリップクラブを告訴し、ニュースに

レフト DH

33歳 1988.3.8生 | 185cm | 101kg | 右投右打
◆対左投手打率／.300 ◆対右投手打率／.177
◆ホーム打率／.140 ◆アウェー打率／.271 ◆得点圏打率／.259
◆20年のポジション別出場数／レフト=18、DH=13
◆ド2006⑯カーディナルス ◆出ネヴァダ州
◆年890万ドル（約9億3450万円）

ミート 4 パワー 5 走塁 3 守備 4 肩 4

昨年10月11日に暴漢に襲われ、腰のあたりを刃物で刺され200針縫う手術を受けたため、今季のプレーに影響が出ないか懸念されている不運な外野手。事件が起きたのはサンディエゴにあるストリップクラブで、ファムが店を出て徒歩で駐車場に向かう際、すぐ近くでケンカをしていたグループの一員と思（おぼ）しき者がファムに襲いかかり、地面に押し倒して腰に切りつけた。ファムは事件が起きたのは、ストリップクラブの警備体制に問題があったとして、昨年11月に損害賠償訴訟を起こしたためニュースになった。事件の模様を動画で確認したい方は、「tommy pham strip club」で検索するとよい。

カモ J·ライルズ（レンジャーズ）.500(8-4)1本　苦手 M·バムガーナー（ダイヤモンドバックス）.000(8-0)0本

年度	所属チーム	試合数	打数	得点	安打	二塁打	三塁打	本塁打	打点	四球	三振	盗塁	盗塁死	出塁率	OPS	打率
2014	カーディナルス	6	2	0	0	0	0	0	0	0	2	0	0	.000	.000	.000
2015	カーディナルス	52	153	28	41	7	5	5	18	19	41	2	0	.347	.824	.268
2016	カーディナルス	78	159	26	36	7	0	9	17	20	71	2	2	.324	.764	.226
2017	カーディナルス	128	444	95	136	22	2	23	73	71	117	25	7	.411	.931	.306
2018	カーディナルス	98	351	67	87	11	0	14	41	42	97	10	6	.331	.730	.248
2018	レイズ	39	143	35	49	7	6	7	22	25	43	5	1	.448	1.071	.343
2018	2チーム計	137	494	102	136	18	6	21	63	67	140	15	7	.367	.830	.275
2019	レイズ	145	567	77	155	33	2	21	68	81	123	25	4	.369	.818	.273
2020	パドレス	31	109	13	23	2	0	3	12	15	27	6	0	.312	.624	.211
通算成績		577	1928	341	527	89	15	82	251	273	521	75	20	.369	.832	.273

26 パドレスに来て、守備力が格段に向上
オースティン・ノーラ *Austin Nola*

キャッチャー・ファースト

32歳 1989.12.28生 | 183cm | 89kg | 右投右打 盗塁阻止率/.240(25-6) 対左.192 対右.312 ホ.274 ア.273 得.277 ド2012⑤マーリンズ 出ルイジアナ州 年57万500ドル(約5990万円)+α

ミ4 パ4 走3 守3 肩4

昨年8月末にマリナーズから移籍した、打者としての価値が高いキャッチャー。29歳でメジャーデビューした遅咲きだが、昨季はマリナーズの正捕手トム・マーフィーが故障欠場したため、開幕からスタメンで使われた。しかし打撃面ではよく長打が出て戦力になるものの、守備面では盗塁阻止率が6.7%(15-1)、捕手防御率も5.98と高いため、8月末のトレードで打てる捕手が欲しいパドレスに放出された。パドレスに来たあとのノーラは守備とリード面で冴えを見せ、盗塁阻止率50%(10-5)、捕手防御率2.50という見事な数字を残した。フィリーズのアーロン・ノーラは弟。

年度	所属チーム	試合数	打数	得点	安打	二塁打	三塁打	本塁打	打点	四球	三振	盗塁	盗塁死	出塁率	OPS	打率
2020	マリナーズ	29	98	15	30	5	1	5	19	9	17	0	0	.373	.903	.306
2020	パドレス	19	63	9	14	4	0	2	9	9	17	0	0	.324	.705	.222
2020	2チーム計	48	161	24	44	9	1	7	28	18	34	0	0	.353	.825	.273
通算成績		127	399	61	108	21	2	17	59	41	97	1	0	.347	.808	.271

7 新人王を狙う韓国球界のスター
金河成(キム・ハソン) *Ha-seong Kim*

ユーティリティ ルーキー

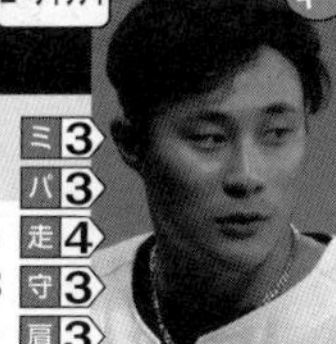

26歳 1995.10.17生 | 175cm | 76kg | 右投右打 ◆メジャーでのプレー経験なし ド2021外パドレス 出韓国 年2800万ドル(約29億4000万円)※4年総額

ミ3 パ3 走4 守3 肩3

4年2800万ドルでパドレス入りした韓国出身のスラッガー。韓国リーグのキウム・ヒーローズでプレーした昨季は、打率3割0分6厘、30本塁打(自己ベスト)、109打点の好成績をマーク。オフに、ポスティングシステムを利用してメジャーへやって来た。韓国では主にショートを守っていたが、パドレスではまず、内野のバックアップ要員としてスタートする見込みだ。今季の目標は、チームのワールドシリーズ制覇と自身の新人王。2019年の「WBSCプレミア12」には、韓国代表チームの一員として参加。日本との決勝戦で、山口俊(現ブルージェイズ)から豪快な一発を放っている。

年度	所属チーム	試合数	打数	得点	安打	二塁打	三塁打	本塁打	打点	四球	三振	盗塁	盗塁死	出塁率	OPS	打率
2020	キウム	138	533	111	163	24	1	30	109	75	68	23	2	.397	.921	.306
通算成績		891	3195	606	940	191	23	133	575	381	502	134	38	.373	.866	.294

63 当たれば飛ぶ、本能で打つタイプ
ホルへ・オーニャ *Jorge Ona*

外野手 ルーキー

25歳 1996.12.31生 | 183cm | 107kg | 右投右打 対左.400 対右.143 ホ.250 ア— 得.250 ド2016外パドレス 出キューバ 年57万500ドル(約5990万円)+α

ミ2 パ5 走2 守2 肩4

昨年9月7日にメジャーデビューした、キューバ亡命組の重戦車。キューバ代表チームの一員として参加した2014年のU-18世界選手権で、打率6割3分6厘をマークしてメジャー球団から注目された。翌年、キューバを脱出後、パドレスに契約金700万ドル(約7億4000万円)で入団。キューバ選手に多い早打ちで、速球に強いタイプ。好調時は速球が来るとすぐに反応し、弾丸ライナーを外野に弾き返す。メジャー6打席目で出た初ホーマーも、低い弾道でレフト席に飛び込んだパワフルな一打だった。その一方、変化球にうまく対応できないことが多い。DHで使うと生きるタイプ。

年度	所属チーム	試合数	打数	得点	安打	二塁打	三塁打	本塁打	打点	四球	三振	盗塁	盗塁死	出塁率	OPS	打率
2020	パドレス	5	12	3	3	1	0	1	2	2	7	0	0	.400	.983	.250
通算成績		5	12	3	3	1	0	1	2	2	7	0	0	.400	.983	.250

対左=対左投手打率 対右=対右投手打率 ホ=ホーム打率 ア=アウェー打率 得=得点圏打率

野手

3 ホルヘ・マテオ *Jorge Mateo*

今季期待されるのは足とバットでの貢献

ユーティリティ　ルーキー

26歳 1995.6.23生 | 183cm | 83kg | 右投右打 対左.176 対右.111 ホ.250 ア.136 得.500 ド2012外ヤンキース 出ドミニカ 年57万500ドル(約5990万円)+α

ミ2 パ3 走4 守4 肩4

昨年8月13日にメジャーデビューしたスーパーサブ。本来のポジションはショート。一番のウリは身体能力が高いため、外野で使ってもセカンドで使っても平均以上の守備を期待できること。2019年に3Aで打撃に開眼、二塁打29、三塁打14、本塁打19を記録して注目されたが、メジャーではピッチャーの高度な投球術に対応できず、試行錯誤しているうちにシーズンが終わってしまった。並外れたスピードを備えているが、メジャーでは投手のモーションをうまく盗めないため、盗塁も1つしかなかった。ただ潜在能力は高いので、使い続けていると大きな戦力になる可能性も。

年度	所属チーム	試合数	打数	得点	安打	二塁打	三塁打	本塁打	打点	四球	三振	盗塁	盗塁死	出塁率	OPS	打率
2020	パドレス	22	26	4	4	3	0	0	2	1	11	1	0	.185	.454	.154
通算成績		22	26	4	4	3	0	0	2	1	11	1	0	.185	.454	.154

5 ブライアン・オグレイディ *Brian O'Grady*

結婚して意気盛んな外野手兼一塁手

外野手 ファースト　移籍　ルーキー

29歳 1992.5.17生 | 188cm | 98kg | 右投左打 対左—— 対右.400 ホ.000 ア.500 得.000 ド2014⑧レッズ 出ペンシルヴァニア州 年65万ドル(約6825万円)

ミ2 パ3 走3 守3 肩3

4人目の外野手の座を狙う新戦力。一昨年、レッズ傘下の3Aで112試合に出場し、打率2割8分0厘、28本塁打、20盗塁をマーク。レッズのマイナーリーグ最優秀選手に選ばれ、メジャーデビューも果たした。だが、レイズに移った昨季は2試合の出場にとどまり、飛躍の年とはならなかった。打撃面の特徴は、ボールをじっくり見ていくタイプのため、三振も多いが、四球での出塁も多いこと。左投手も苦にしない。スピード、外野守備は「平均よりほんの少し上」との評価。守備ではファーストも守れ、こちらも無難にこなす。昨年結婚し、「2021年は最高の年にする」と気合十分。

年度	所属チーム	試合数	打数	得点	安打	二塁打	三塁打	本塁打	打点	四球	三振	盗塁	盗塁死	出塁率	OPS	打率
2020	レイズ	2	5	2	2	1	0	0	0	0	1	1	0	.400	1.000	.400
通算成績		30	47	6	10	3	1	2	3	4	18	1	0	.302	.749	.213

21 ルイス・キャンプサーノ *Luis Campusano*

キャッチャー　期待度 B+　ルーキー

23歳 1998.9.29生 | 180cm | 105kg | 右投右打 ◆昨季はメジャーで1試合出場 ド2017②パドレス 出ジョージア州

将来の正捕手の呼び声が高いキャッチャーのホープ。打者としてのウリは、パワーと選球眼を併せ持っていること。怪力で40オンス(1134グラム)のバットを使いこなしており、将来は中軸を担う打者に成長する可能性がある。守備面ではヒザが柔らかいため、ボールブロックがうまい。肩も強い。

― 加藤豪将 *Gosuke Katoh*

ユーティリティ　期待度 C　移籍　ルーキー

27歳 1994.10.8生 | 185cm | 89kg | 右投左打 ◆一昨年は2A、3Aでプレー ド2013②ヤンキース 出カリフォルニア州

今年27歳という年齢を考えれば、今年がメジャー昇格のラストチャンス。すでに有望株扱いされる年齢ではなくなり、可能性が多少残っているのは、内外野を守るスーパーユーティリティとしての昇格だ。3Aで高打率をキープしていれば、マテオが故障した際にお呼びがかかるかもしれない。

対左=対左投手打率 対右=対右投手打率 ホ=ホーム打率 ア=アウェー打率 得=得点圏打率 ド=ドラフトデータ 出=出身地 年=年俸
※昨季、マイナーリーグは中止

ナショナル・リーグ……西部地区　*SAN FRANCISCO GIANTS*

サンフランシスコ・ジャイアンツ

◆創　立：1883年
◆本拠地：カリフォルニア州サンフランシスコ市
◆ワールドシリーズ制覇：8回／◆リーグ優勝：23回
◆地区優勝：8回／◆ワイルドカード獲得：3回

主要オーナー　ラリー・ベア（スポーツ企業家）

過去5年成績

年度	勝	負	勝率	ゲーム差	地区順位	ポストシーズン成績
2016	87	75	.537	4.0	②	地区シリーズ敗退
2017	64	98	.395	40.0	⑤	—
2018	73	89	.451	18.5	④	—
2019	77	85	.475	29.0	③	—
2020	**29**	**31**	**.483**	**14.0**	③	—

監　督　19 ゲイブ・キャプラー *Gabe Kapler*

◆年　　齢…………46歳（カリフォルニア州出身）
◆現役時代の経歴…12シーズン　タイガース（1998～99）、
（外野手）　レンジャーズ（2000～02）、ロッキーズ（2002～03）、レッドソックス（2003～06）、ブリュワーズ（2008）、レイズ（2009～10）
◆現役通算成績……1104試合　.268　82本　386打点
◆監督経歴…………3シーズン　フィリーズ（2018～19）、ジャイアンツ（2020～）
◆通算成績…………190勝194敗（勝率.495）

日本のジャイアンツでプレーした経験がある、米国のジャイアンツ監督。現役引退後、ドジャースの組織で働き、データ分析能力の高さや健康管理へのアプローチ方法が高く評価されていた。2015年オフには、ドジャース新監督の最終候補にもなっている（就任したのはデイヴ・ロバーツ）。その後、フィリーズの監督になったが、2年で解任となった。MLBの歴史で、8人目のユダヤ系アメリカ人監督。第3回WBC予選では、イスラエル代表チームのコーチを務めた。

注目コーチ　92 アリッサ・ナッケン *Alyssa Nakken*

アシスタントコーチ。31歳。メジャーリーグ史上初の常勤女性コーチ。人数の関係でベンチには入れないが、チームに同行し、選手を健康面・精神面からサポート。

編成責任者　ファーハン・ザイディ *Farhan Zaidi*

45歳。2018年までドジャースのGMを務め、編成トップのアンドルー・フリードマンを支えていた。フィリピン育ちのパキスタン系カナダ人。イスラム教を信仰している。

スタジアム　オラクル・パーク *Oracle Park*

◆開 場 年…………2000年
◆仕　　様…………天然芝
◆収容能力…………41,265人
◆フェンスの高さ …2.4～7.6m
◆特　　徴…………球場の形状や、湿った海風の影響で、ホームランが出にくい。ホームから右翼ポールまでの距離は短いが、その付近のフェンスの高さは7.6メートルもあり、また、右中間も深いことから、左打者にとくに不利な造りとなっている。

ピッチャーズパーク

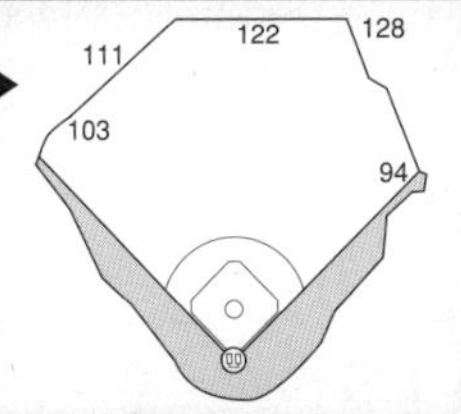

Best Order

［ベストオーダー］

①マイク・ヤストレムスキー……ライト
②ドノヴァン・ソラーノ……セカンド
③アレックス・ディッカーソン……レフト
④バスター・ポージー……キャッチャー
⑤ブランドン・ベルト……ファースト
⑥エヴァン・ロンゴリア……サード
⑦ウィルマー・フローレス……DH
⑧ブランドン・クロフォード……ショート
⑨マウリシオ・デュボン……センター

Depth Chart

［ポジション別選手層・メンバーリスト］

※2021年2月12日時点の候補選手。数字は背番号（開幕前に変更する場合もあり）、右・左等は投・打の順。

※ナショナル・リーグでは今季、DH制が不採用の可能性あり。

センター
- 1 **マウリシオ・デュボン［右・右］**
- 5 マイク・ヤストレムスキー［左・左］

レフト
- 12 **アレックス・ディッカーソン［左・左］**
- 5 マイク・ヤストレムスキー［左・左］
- 33 ダリン・ラフ ［右・右］

ライト
- 5 **マイク・ヤストレムスキー［左・左］**
- 13 オースティン・スレイター［右・右］
- 6 スティーヴン・ダガー［右・左］

ショート
- 35 **ブランドン・クロフォード［右・左］**
- 1 マウリシオ・デュボン ［右・右］
- 7 ドノヴァン・ソラーノ［右・右］

セカンド
- 7 **ドノヴァン・ソラーノ［右・右］**
- 41 ウィルマー・フローレス［右・右］
- 1 マウリシオ・デュボン ［右・右］

ローテーション
- 47 ジョニー・クエト［右・右］
- 34 ケヴィン・ゴーズマン［右・左］
- － アンソニー・デスクラファーニ［右・右］
- 62 ローガン・ウェッブ ［右・右］
- 57 アレックス・ウッド［左・右］
- 38 タイダー・ビーディ［右・右］

サード
- 10 **エヴァン・ロンゴリア［右・右］**
- 3 トミー・ラステーラ［右・左］

ファースト
- 9 **ブランドン・ベルト［左・左］**
- 41 ウィルマー・フローレス［右・右］
- 33 ダリン・ラフ ［右・右］

キャッチャー
- 28 **バスター・ポージー ［右・右］**
- 21 ジョーイ・バート［右・右］
- － カート・カサーリ［右・右］

DH
- 41 **ウィルマー・フローレス［右・右］**
- 13 オースティン・スレイター［右・右］

ブルペン
- 71 タイラー・ロジャーズ［右・右］CL
- 54 レイエス・モロンタ［右・右］
- 45 ケイレブ・バラガー ［左・右］
- 66 ハーリン・ガルシア［左・左］
- 67 サム・セルマン［左・右］
- 58 トレヴァー・ゴット［右・右］
- 64 ショーン・アンダーソン［右・右］
- 60 ワンディ・ペラルタ［左・左］
- － ジョン・ブレビア［右・左］
- 37 マット・ウィスラー［右・右］

※CL＝クローザー

ジャイアンツ試合日程……＊はアウェーでの開催

4月1・2・3	マリナーズ＊	3・4・5	ロッキーズ＊	3・4・5・6	カブス
5・6・7	パドレス＊	7・8・9	パドレス	8・9	レンジャーズ＊
9・10・11	ロッキーズ	10・11	レンジャーズ	10・11・12・13	ナショナルズ＊
12・13・14	レッズ	13・14・15・16	パイレーツ＊	14・15・16・17	ダイヤモンドバックス
16・17・18	マーリンズ＊	17・18・19・20	レッズ＊	18・19・20	フィリーズ
19・20・21	フィリーズ＊	21・22・23	ドジャース	22・23	エンジェルス＊
22・23・24・25	マーリンズ	25・26	ダイヤモンドバックス＊	25・26・27	アスレティックス
26・27・28	ロッキーズ	27・28・29・30	ドジャース＊	28・29	ドジャース＊
30・**5**月1・2	パドレス＊	31・**6**月1	エンジェルス	**7**月1・2・3・4	ダイヤモンドバックス＊

球団メモ 日本人初のメジャーリーガー村上雅則（本書監修）が所属した球団。1964年、65年の2年間で54試合（先発1試合）に投げ、5勝1敗9セーブ、防御率3.43。

Analysis　矢印⬆↗➡↘⬇は、昨季終了時との比較　[戦力分析]

■投手力➡…★★★☆☆【昨年度チーム防御率4.64、リーグ8位】

ゴーズマンの引き留めに成功したのは朗報。サマージャ、アンダーソンらが抜けた先発はデスクラファーニとウッドでまかなうことになる。ただ、チーム防御率向上には若手ウェッブの覚醒が必要。そして、クローザーを誰に任せるのか。ロジャーズが務まらなければ、ウィスラーへのスイッチも視野に入るが、ドジャースやパドレスの強力打線に立ち向かうには心もとない。

■攻撃力↘…★★½☆☆【昨年度チーム得点299、リーグ5位】

伸びしろがないと思われていた打線が、昨季予想に反して活発化したのは、ベテランに加えヤストレムスキーやフローレスらが、軒並み長打を連発したからだ。その理由として「無観客規制にともない、右翼フェンスのタダ観用の風穴を閉じていたため、本拠地内の気流が変わった」という噂がまことしやかに流れた。これが真実で、今季もし開放されれば、元の打者不利球場となってしまうだろう。しかも、昨季とほぼ代わり映えせず高齢化が進む打線に大きな期待はできない。台頭が楽しみな若手もいない。

■守備力➡…★★★½☆【昨年度チーム失策数42、リーグ13位】

内野には名手がそろっており、復帰するポージーも含めてほぼ万全の陣容となる。ただし、年齢による衰えがないことが条件だ。

■機動力➡…★★☆☆☆【昨年度チーム盗塁数19、リーグ12位】

レギュラー候補に足を使える選手は見当たらず、バックアップにしても俊足のスレイター以外は頼りにならない。今季も機動力はほぼないに等しい。

総合評価➡ ★★★☆☆

昨季は世代交代がかなわず、売り出し中の選手がみな「遅咲き」であるため、今季もまたその繰り返しとなる。経験豊富な選手が多く、大崩れをする不安は少ないので、キャプラー監督のデータ分析力で、どこまでライバル2球団に対抗できるか注目。

ジャイアンツ

IN 主な入団選手

投手
- アンソニー・デスクラファーニ←レッズ
- マット・ウィスラー←ツインズ
- アレックス・ウッド←ドジャース
- ジョン・ブレビア←カーディナルス

野手
- カート・カサーリ←レッズ
- トミー・ラステーラ←アスレティックス

OUT 主な退団選手

投手
- ドルー・スマイリー➡ブレーブス
- サム・クーンロッド➡フィリーズ
- タイラー・アンダーソン➡所属先未定
- ジェフ・サマージャ➡所属先未定

野手
- アラミス・ガルシア➡レンジャーズ
- ジャスティン・スモーク➡巨人

5・6・7	カーディナルス	6・7・8	ブリュワーズ*	6・7・8	ロッキーズ*
9・10・11	ナショナルズ	10・11	ダイヤモンドバックス	10・11・12	カブス*
13	オールスターゲーム	12・13・14・15	ロッキーズ	13・14・15・16	パドレス
16・17・18	カーディナルス*	16・17・18	メッツ	17・18・19	ブレーブス
19・20・21・22	ドジャース*	20・21・22	アスレティックス*	21・22・23	パドレス*
23・24・25	パイレーツ	24・25・26	メッツ*	24・25・26	ロッキーズ*
27・28・29	ドジャース	27・28・29	ブレーブス*	28・29・30	ダイヤモンドバックス
30・31・**8**月1	アストロズ	30・31・**9**月1・2	ブリュワーズ	**10**月1・2・3	パドレス
2・3・4・5	ダイヤモンドバックス*	3・4・5	ドジャース		

球団メモ ハンター・ペンス（通算1791安打）が昨季限りで引退。長く主力として活躍し、2度のワールドシリーズ制覇に貢献。昨季、2年ぶりにジャイアンツに復帰していた。

34 高低差で活路を見いだしたエース候補

ケヴィン・ゴーズマン Kevin Gausman

先発

30歳 1991.1.6生 | 188cm | 86kg | 右投左打
◆速球のスピード／150キロ台前半(フォーシーム主体)
◆決め球と持ち球／☆スプリッター、◎フォーシーム
◆対左.217 ◆対右.225 ◆ホ防4.09 ◆ア防3.04
◆ド2012①オリオールズ ◆出コロラド州
◆年1890万ドル(約19億8450万円)

球威4 制球4 緩急2 守備・牽制3 度胸3

カリフォルニアで覚醒(かくせい)した先発右腕。ジャイアンツに移籍した昨季は、持ち前の制球力を生かし、速球をより高めに、生命線であるスプリッターをより低めに投げることで、奪三振率を11.9とトップレベルに到達させた。2018年途中からレッズで担った、リリーフ登板の経験が生きたのだ。オフにその去就が注目されていたが、「クオリファイング・オファー(直前の所属球団が年俸上位125選手の平均額で1年契約を提示。今回は1890万ドル)」を受け入れ、残留。コロラド州センテニアル出身で、少年時代はロッキーズのファン。

カモ K・マーテイ(ダイヤモンドバックス).071(14-1)0本　苦手 M・ベッツ(ドジャース).349(43-15)3本

年度	所属チーム	勝利	敗戦	防御率	試合数	先発	セーブ	投球イニング	被安打	失点	自責点	被本塁打	与四球	奪三振	WHIP
2013	オリオールズ	3	5	5.66	20	5	0	47.2	51	30	30	8	13	49	1.34
2014	オリオールズ	7	7	3.57	20	20	0	113.1	111	48	45	7	38	88	1.31
2015	オリオールズ	4	7	4.25	25	17	0	112.1	109	56	53	17	29	103	1.23
2016	オリオールズ	9	12	3.61	30	30	0	179.2	183	76	72	28	47	174	1.28
2017	オリオールズ	11	12	4.68	34	34	0	186.2	208	99	97	29	71	179	1.49
2018	オリオールズ	5	8	4.43	21	21	0	124.0	139	62	61	21	32	104	1.38
2018	ブレーブス	5	3	2.87	10	10	0	59.2	50	23	19	5	18	44	1.14
2018	2チーム計	10	11	3.92	31	31	0	183.2	189	85	80	26	50	148	1.30
2019	ブレーブス	3	7	6.19	16	16	0	80.0	92	60	55	12	27	85	1.49
2019	レッズ	0	2	4.03	15	1	0	22.1	21	11	10	3	5	29	1.16
2019	2チーム計	3	9	5.72	31	17	0	102.1	113	71	65	15	32	114	1.42
2020	ジャイアンツ	3	3	3.62	12	10	0	59.2	50	26	24	8	16	79	1.11
通算成績		50	66	4.26	203	164	0	985.1	1014	491	466	138	296	934	1.33

ー 新天地で復調を期すスライダー投手

アンソニー・デスクラファーニ Anthony DeSclafani

先発　移籍

31歳 1990.4.18生 | 185cm | 91kg | 右投右打
◆速球のスピード／150キロ台前半(フォーシーム、ツーシーム)
◆決め球と持ち球／◎スライダー、○フォーシーム、○ツーシーム、○カーブ、△チェンジアップ
◆対左.333 ◆対右.255 ◆ホ防15.88 ◆ア防2.82
◆ド2011⑥ブルージェイズ ◆出ニュージャージー州
◆年600万ドル(約6億3000万円)

球威3 制球3 緩急3 守備・牽制3 度胸4

ヒッターズパークから投手有利の本拠地へ移って心機一転の先発右腕。レッズで過ごした昨季はキャリア最悪の成績。肩甲骨(けんこうこつ)周囲を痛めて開幕に出遅れ、3度目の登板で2回9自責点と大炎上。その後、投手泣かせのマウンドで繰り返し手痛い一発を食らい続け、終盤は6年ぶりのブルペンへ。結局ホームで防御率15.88、被出塁率4割1分8厘と散々の内容を残し、ワイルドカードシリーズのロースターから外された。しかしジャイアンツは「本来の投球をすれば十分に使える」と信じて、600万ドルの1年契約に踏み切った。

カモ T・エドマン(カーディナルス).100(10-1)0本　苦手 M・カーペンター(カーディナルス).448(29-13)4本

年度	所属チーム	勝利	敗戦	防御率	試合数	先発	セーブ	投球イニング	被安打	失点	自責点	被本塁打	与四球	奪三振	WHIP
2014	マーリンズ	2	2	6.27	13	5	0	33.0	40	23	23	4	5	26	1.36
2015	レッズ	9	13	4.05	31	31	0	184.2	194	93	83	17	55	151	1.35
2016	レッズ	9	5	3.28	20	20	0	123.1	120	51	45	16	30	105	1.22
2018	レッズ	7	8	4.93	21	21	0	115.0	118	68	63	24	30	108	1.29
2019	レッズ	9	9	3.89	31	31	0	166.2	151	77	72	29	49	167	1.20
2020	レッズ	1	2	7.22	9	7	0	33.2	41	27	27	7	16	25	1.69
通算成績		37	39	4.29	125	115	0	656.1	664	339	313	97	185	582	1.29

対左=対左打者被打率　対右=対右打者被打率　ホ防=ホーム防御率　ア防=アウェー防御率
ド=ドラフトデータ　出=出身地　年=年俸　カモ 苦手 は通算成績

47 ジョニー・クエト *Johnny Cueto*

生地ドミニカで覚悟を決めて出直し　先発

35歳 1986.2.15生｜180cm｜104kg｜右投右打
◆速球のスピード／140キロ台中頃(フォーシーム、ツーシーム)
◆決め球と持ち球／◎ツーシーム、◎チェンジアップ、○カーブ、△フォーシーム
◆対左.265　◆対右.233　◆ホ防6.38　◆ア防4.05
◆ド2004外レッズ　◆出ドミニカ
◆年2100万ドル(約22億500万円)　◆最多奪三振1回(14年)

球威3　制球3　緩急4　守備・牽制4　度胸5

正念場を迎える「クネクネ投法」の実力者。トミー・ジョン手術からの本格復帰シーズンとなった昨季は、開幕投手を務めたものの全般的に低調。とくに終盤はジリ貧におちいり、キャリア最悪、そして2年連続の防御率5点台に終わった。年々速球のスピードが落ちており、昨季は5年前と比べて3キロ以上低下。また、チェンジアップへの依存が強まり、全体の27%と10年前の約3倍に増えた。今季は6年契約の最終年。気合を入れ直すため、オフに出身地サンペドロ・デ・マコリスのチームでウインターリーグに参戦している。

カモ D・ペラルタ(ダイヤモンドバックス).067(15-1)0本　苦手 C・シーガー(ドジャース).385(39-15)4本

年度	所属チーム	勝利	敗戦	防御率	試合数	先発	セーブ	投球イニング	被安打	失点	自責点	被本塁打	与四球	奪三振	WHIP
2008	レッズ	9	14	4.81	31	31	0	174.0	178	101	93	29	68	158	1.41
2009	レッズ	11	11	4.41	30	30	0	171.1	172	90	84	24	61	132	1.36
2010	レッズ	12	7	3.64	31	31	0	185.2	181	79	75	19	56	138	1.28
2011	レッズ	9	5	2.31	24	24	0	156.0	123	51	40	8	47	104	1.09
2012	レッズ	19	9	2.78	33	33	0	217.0	205	73	67	15	49	170	1.17
2013	レッズ	5	2	2.82	11	11	0	60.2	46	20	19	7	18	51	1.05
2014	レッズ	20	9	2.25	34	34	0	243.2	169	69	61	22	65	242	0.96
2015	レッズ	7	6	2.62	19	19	0	130.2	93	42	38	11	29	120	0.93
2015	ロイヤルズ	4	7	4.76	13	13	0	81.1	101	45	43	10	17	56	1.45
2015	2チーム計	11	13	3.44	32	32	0	212.0	194	87	81	21	46	176	1.13
2016	ジャイアンツ	18	5	2.79	32	32	0	219.2	195	71	68	15	45	198	1.09
2017	ジャイアンツ	8	8	4.52	25	25	0	147.1	160	77	74	22	53	136	1.45
2018	ジャイアンツ	3	2	3.23	9	9	0	53.0	46	19	19	8	13	38	1.11
2019	ジャイアンツ	1	2	5.06	4	4	0	16.0	11	9	9	3	9	13	1.25
2020	ジャイアンツ	2	3	5.40	12	12	0	63.1	61	41	38	9	26	56	1.37
通算成績		128	90	3.41	308	308	0	1919.2	1741	787	728	202	556	1612	1.20

71 タイラー・ロジャーズ *Tyler Rogers*

双子そろってのクローザー誕生へ期待大　クローザー

31歳 1990.12.17生｜191cm｜82kg｜右投アンダーハンド右打
◆速球のスピード／130キロ台前半(フォーシーム、シンカー)
◆決め球と持ち球／☆シンカー、◎カーブ、○フォーシーム
◆対左.250　◆対右.292　◆ホ防3.38　◆ア防6.00
◆ド2013⑩ジャイアンツ　◆出コロラド州
◆年57万500ドル(約5990万円)＋α

球威2　制球4　緩急4　守備・牽制4　度胸3

長身を屈曲させて投球する正真正銘のサブマリン。一卵性双生児のテイラー(ツインズ)に遅れること3年、2019年8月にメジャーデビューを果たすと、130キロ台の速球にカーブとシンカーを織り交ぜながら打者を翻弄。昨季はラスト8試合を無失点で切り抜けるなど尻上がりに調子を上げ、結局リーグ最多登板数をマークした。マイナー時代と比べ制球が格段に良くなったこと、下手投げながら左打者を苦にしないことが強み。オフの11月に、ジェニファーさんと結婚。新婚の今季は、いよいよクローザーとして開幕を迎える。

カモ T・ストーリー(ロッキーズ).000(4-0)0本　苦手 M・マチャード(パドレス)1.000(2-2)0本

年度	所属チーム	勝利	敗戦	防御率	試合数	先発	セーブ	投球イニング	被安打	失点	自責点	被本塁打	与四球	奪三振	WHIP
2019	ジャイアンツ	2	0	1.02	17	0	0	17.2	12	3	2	0	3	16	0.85
2020	ジャイアンツ	3	3	4.50	29	0	3	28.0	31	16	14	2	6	27	1.32
通算成績		5	3	3.15	46	0	3	45.2	43	19	16	2	9	43	1.14

58 本塁打病を治せば、再びブルペンエース
トレヴァー・ゴット *Trevor Gott*

セットアップ ミドルリリーフ

29歳 1992.8.26生 | 178cm | 83kg | 右投右打 速150キロ台前半(フォーシーム主体) 決◎カーブ 対左.350 対右.214 ド2013⑥パドレス 出ケンタッキー州 年70万ドル(約7350万円)

球4 制3 緩2 守備4 度4

失った信頼を再び勝ち取りたい速球派右腕。「勝利を呼ぶ男」として覚醒(かくせい)した一昨年の勢いで、クローザーとして開幕を迎えた昨季だったが、8月に3試合連続で大炎上してその座から降ろされた。とくに投手有利の球場で、一昨年0.7だった被本塁打率が5.4に悪化したのはいただけない。おそらくヒジに炎症があったと思われ、それが原因で9月9日にシーズンを終えている。本来は速球の高低差を軸に、高速カーブ、スライダーをコーナーに投げ分けるのが持ち味。春季キャンプの間に体調を整え、低めの制球力を回復させれば、球威は上々なので大事な場面で活躍してくれるはず。

年度	所属チーム	勝利	敗戦	防御率	試合数	先発	セーブ	投球イニング	被安打	失点	自責点	被本塁打	与四球	奪三振	WHIP
2020	ジャイアンツ	1	2	10.03	15	0	4	11.2	13	13	13	7	8	8	1.80
通算成績		13	6	5.01	146	0	5	140.0	133	81	78	18	57	116	1.36

62 ゴロを打たせる技術はもはや一流
ローガン・ウェッブ *Logan Webb*

先発

25歳 1996.11.18生 | 185cm | 100kg | 右投右打 速140キロ台後半(フォーシーム、シンカー) 決◎カーブ 対左.291 対右.284 ド2014④ジャイアンツ 出カリフォルニア州 年57万500ドル(約5990万円)+α

球3 制3 緩4 守備4 度4

次代のエースを目指す若き先発右腕。開幕メジャーの座を勝ち取った昨季は、いきなり強打のドジャース打線を相手に4回1失点と好投してローテーションの一角に食い込んだ。8月半ばに調子を崩して打ち込まれることもあったが、短いシーズンながらその地位を守り通した。速球のスピードは平均的だが、右打者にはシンカーを主体にカーブを織り交ぜ、左打者にはフォーシームとチェンジアップを駆使してしとめる。2019年オフに、少年時代にあこがれていた09年アメリカン・リーグ新人王のアンドルー・ベイリーがチームの投手コーチに就任した際は、興奮を抑え切れなかった。

年度	所属チーム	勝利	敗戦	防御率	試合数	先発	セーブ	投球イニング	被安打	失点	自責点	被本塁打	与四球	奪三振	WHIP
2020	ジャイアンツ	3	4	5.47	13	11	0	54.1	61	38	33	4	24	46	1.56
通算成績		5	7	5.36	21	19	0	94.0	105	63	56	9	38	83	1.52

54 ブルペン強化のために不可欠の豪腕
レイエス・モロンタ *Reyes Moronta*

セットアップ

28歳 1993.1.6生 | 178cm | 120kg | 右投右打 速150キロ台中頃(フォーシーム) 決◎スライダー ◆昨季メジャー出場なし ド2010外ジャイアンツ 出ドミニカ 年57万500ドル(約5990万円)+α

球5 制2 緩3 守備4 度5

完全復活すればブルペンの主役になり得る、ドミニカ出身の豪腕。2019年9月に右肩関節唇(かんせつしん)を痛めて手術を受けたため、昨シーズンは全休してリハビリに専念。夏以降、サクラメントにある球団施設で打撃投手を務めるまでに回復し、同施設が閉鎖されて以降は、春季キャンプに向けて自宅で準備を続けてきた。150キロ台半ばのフォーシームを度胸良く投げ込み、三振を量産するタイプ。デビュー当初はスライダーをほぼ同じ割合で投げ込んでいたが、19年には速球が6割を占めるようになった。未婚ながら、両親とともに3歳になる息子と暮らしている。(5段階評価は手術前のもの)

年度	所属チーム	勝利	敗戦	防御率	試合数	先発	セーブ	投球イニング	被安打	失点	自責点	被本塁打	与四球	奪三振	WHIP
2019	ジャイアンツ	3	7	2.86	56	0	0	56.2	41	19	18	4	33	70	1.31
通算成績		8	9	2.66	132	0	1	128.1	81	41	38	9	73	160	1.20

速=速球のスピード 決=決め球 対左=対左打者被打率 対右=対右打者被打率
ド=ドラフトデータ 出=出身地 年=年俸

37 チームが求めていたブルペンの柱 マット・ウィスラー *Matt Wisler*

セットアップ　移籍

29歳 1992.9.12生 | 191cm | 98kg | 右投右打 速140キロ台後半(フォーシーム主体) 決☆スライダー
対左.121 対右.190 ド2011⑦パドレス 出オハイオ州 年115万ドル(約1億2075万円)

球4 制3 緩4 守・牽3 度4

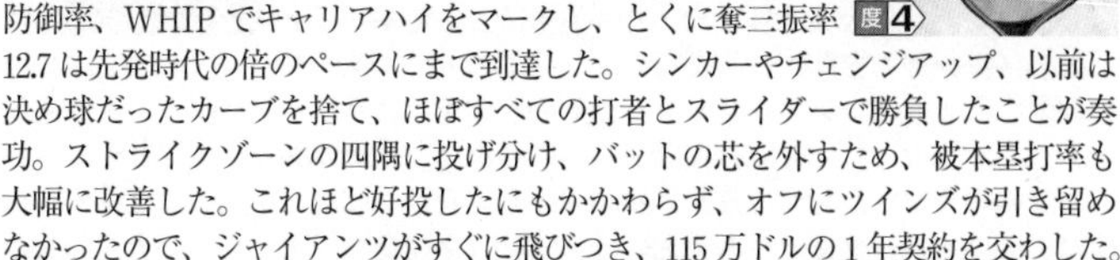

投球の8割以上をスライダーにしたことで、奪三振マシーンへと進化した新加入の右腕。リリーフ転向4年目の昨季は防御率、WHIPでキャリアハイをマークし、とくに奪三振率12.7は先発時代の倍のペースにまで到達した。シンカーやチェンジアップ、以前は決め球だったカーブを捨て、ほぼすべての打者とスライダーで勝負したことが奏功。ストライクゾーンの四隅に投げ分け、バットの芯を外すため、被本塁打率も大幅に改善した。これほど好投したにもかかわらず、オフにツインズが引き留めなかったので、ジャイアンツがすぐに飛びつき、115万ドルの1年契約を交わした。

年度	所属チーム	勝利	敗戦	防御率	試合数	先発	セーブ	投球イニング	被安打	失点	自責点	被本塁打	与四球	奪三振	WHIP
2020	ツインズ	0	1	1.07	18	4	1	25.1	15	3	3	2	14	35	1.14
通算成績		19	28	4.95	147	61	2	414.2	433	237	228	67	139	339	1.38

45 生物学者よりも野球選手の道を選択 ケイレブ・バラガー *Caleb Baragar*

ミドルリリーフ

27歳 1994.4.9生 | 191cm | 98kg | 左投右打 速150キロ前後(フォーシーム主体) 決◎カーブ
対左.161 対右.240 ド2016⑨ジャイアンツ 出ミシガン州 年57万500ドル(約5990万円)+α

球4 制4 緩3 守・牽4 度3

リリーフの中心的存在になり得る速球派左腕。2016年ドラフト9巡目（全体275位）でプロ入り。昨年7月25日、ドジャースの強力打線を2回無安打無失点に抑えて初勝利し、堂々のメジャーデビューを果たした。マイナー時代は主に先発起用だったが、昇格後はすべて救援登板。8月に3試合連続で計8失点するなど失速したが、残り16試合は無失点に切り抜け、役割を全うした。投球の75%が速球で、高めにキレのあるフォーシームを投げ込み空振りを奪うスタイル。インディアナ大学ではヒト生物学を専攻。入団後、野球をやめて、学問の道に戻ることを考えたときもあったという。

年度	所属チーム	勝利	敗戦	防御率	試合数	先発	セーブ	投球イニング	被安打	失点	自責点	被本塁打	与四球	奪三振	WHIP
2020	ジャイアンツ	5	1	4.03	24	1	0	22.1	17	10	10	3	5	19	0.99
通算成績		5	1	4.03	24	1	0	22.1	17	10	10	3	5	19	0.99

66 妹の事故死がきっかけでプロ入り ハーリン・ガルシア *Jarlin Garcia*

ミドルリリーフ

28歳 1993.1.18生 | 191cm | 98kg | 左投左打 速150キロ前後(フォーシーム主体) 決◎スライダー
対左.172 対右.188 ド2010外マーリンズ 出ドミニカ 年95万ドル(約9975万円)

球3 制4 緩3 守・牽4 度3

移籍1年目で見事な結果を残したリリーフ左腕。もともと先発投手として育てられてきたが、球種が限定されているためブルペンに回ることになった。昨季から加入したジャイアンツではほぼ完璧な出来を示し、調停を回避して新たに95万ドルの1年契約を交わした。フォームに威圧感がなく空振りを取りにくいため、奪三振率（6.87）が非常に低いが、スライダーやチェンジアップを低めに集めて、巧みに打たせて取る。ドミニカにいた少年時代はサッカー選手だったが、16歳のときに妹を水の事故で亡くして以来、失意にくれる家族のために、野球で出世すべくプロ入りを決めた。

年度	所属チーム	勝利	敗戦	防御率	試合数	先発	セーブ	投球イニング	被安打	失点	自責点	被本塁打	与四球	奪三振	WHIP
2020	ジャイアンツ	2	1	0.49	19	0	0	18.1	11	6	1	0	7	14	0.98
通算成績		10	8	3.92	169	7	0	188.1	157	89	82	26	68	135	1.19

57 アレックス・ウッド *Alex Wood*

故障が発生しないことを祈るばかり

先発　移籍

30歳 1991.1.12生 | 193cm | 98kg | 左投右打 速140台中頃(フォーシーム主体) 決◎ナックルカーブ
対左.300 対右.306 ド2012②ブレーブス 出ノースカロライナ州 年300万ドル(約3億1500万円)

球2 制3 緩4 守・牽4 度4

新天地で復活を期す変則左腕。2017年にドジャースで17勝をマークして以降、成績が下降の一途をたどっているが、もし健康であれば先発を任せたくなる存在だ。2年ぶりにドジャースに復帰した昨季は先発でスタートしたが、肩を痛めてすぐに離脱。9月に復帰するまでにゴンソリンやメイにその座を奪われリリーフに回り、ポストシーズンでも脇役として4試合に登板するのみだった。ナックルカーブとチェンジアップのキレが生命線で、荒れ球が諸刃の剣となる。問題は定期的に発生する故障だ。ジャイアンツはそれも承知のうえで、今季先発ローテーションを競わせる。

年度	所属チーム	勝利	敗戦	防御率	試合数	先発	セーブ	投球イニング	被安打	失点	自責点	被本塁打	与四球	奪三振	WHIP
2020	ドジャース	0	1	6.39	9	2	0	12.2	17	11	9	2	6	15	1.82
通算成績		53	44	3.45	188	138	0	851.2	805	359	326	81	244	783	1.23

― ジョン・ブレビア *John Brebbia*

ヒジが万全となれば、確実に貴重な戦力

セットアップ　移籍

31歳 1990.5.30生 | 185cm | 91kg | 右投左打 速150キロ台前半(フォーシーム) 決◎スライダー
◆昨季メジャー出場なし ド2011㉚ヤンキース 出マサチューセッツ州 年80万ドル(約8400万円)

球4 制3 緩3 守・牽3 度3

復活を期待してジャイアンツが獲得に踏み切ったリリーフ右腕。メジャー3年目の2019年には、カーディナルスで主にセットアッパーとして大車輪の活躍を見せた、だがその後、右ヒジに故障が発生。昨年6月にトミー・ジョン手術を受けたため、カーディナルスが悩んだ末にリストから外したところ、間隙を縫ってジャイアンツが手に入れた。たとえ今季後半からの登場でも、1年80万ドルならリスクはないと判断したのだ。体調が元通りになれば、大きな戦力になるはず。2018年11月の日米野球では、MLBオールスターチームの一員として来日している。(5段階評価は手術前のもの)

年度	所属チーム	勝利	敗戦	防御率	試合数	先発	セーブ	投球イニング	被安打	失点	自責点	被本塁打	与四球	奪三振	WHIP
2019	カーディナルス	3	4	3.59	66	0	0	72.2	59	31	29	6	27	87	1.18
通算成績		6	7	3.14	161	0	2	175.0	139	64	61	19	54	198	1.10

― タイラー・シアー *Tyler Cyr*

リリーフ　期待度 C　ルーキー

28歳 1993.5.5生 | 185cm | 93kg | 右投右打 ◆一昨年は2A、3Aでプレー ド2015⑩ジャイアンツ 出カリフォルニア州

人手不足のブルペンを維持するために昇格が望まれる右腕。2015年ドラフトの10巡目指名で入団し、19年には2Aと3Aで計38試合に登板。防御率1.97という目覚ましい結果を残して春季キャンプに招待されたものの、ヒザのケガで昇格が見送られていた。今季、満を持してメジャーデビューを迎えそう。

― ショーン・ジェリー *Sean Hjelle*

先発　期待度 B　ルーキー

24歳 1997.5.7生 | 211cm | 103kg | 右投右打 ◆ 一昨年は1A、1A+、2Aでプレー ド2018②ジャイアンツ 出ミネソタ州

登録されればメジャー最長身（211センチ）となるエリート投手。ケンタッキー大学時代にサザンカンファレンス最優秀投手となり、翌2018年にドラフト2巡目で指名され、入団。150キロを超える速球とナックルカーブ、チェンジアップを巧みに駆使する。先発ローテーションに入り込む可能性あり。

対左=対左打者被打率　対右=対右打者被打率
ド=ドラフトデータ　出=出身地　年=年俸　※昨季、マイナーリーグは中止
※メジャー経験がない投手の「先発」「リリーフ」はマイナーでの役割

野手

歴史を引き継ぐ野球ファミリーのDNA

ライト
センター

5 マイク・ヤストレムスキー
Mike Yastrzemski

31歳 1990.8.23生 | 178cm | 81kg | 左投左打

◆対左投手打率／.284(67-19) ◆対右投手打率／.304(125-38)
◆ホーム打率／.302(106-32) ◆アウェー打率／.291(86-25)
◆得点圏打率／.333(42-14)
◆20年のポジション別出場数／ライト=31、センター=24、レフト=8
◆ドラフトデータ／2013⑭オリオールズ
◆出身地／マサチューセッツ州
◆年俸／57万500ドル(約5990万円)＋α

ミート 4
パワー 5
走塁 3
守備 4
肩 3

偉大な祖父を持つ遅咲きの強打者。デビュー2年目の昨季は確実にステップアップを果たし、打点、出塁率でチームトップ、主に1番打者を務めながらリーグ8位のOPSを残すなど、効果的に長打も放った。また、四球率が13.8%もありながら、2球目以内の打率が4割8分7厘と積極的な打撃が結果に結びついた。打者に不利な本拠地オラクル・パークでもよく打ち、7月29日のパドレス戦では場外の海にサヨナラ弾を叩き込んだ。

祖父カールが、レッドソックスで三冠王にも輝いた殿堂入りの名選手なことは有名だが、本人が初めて野球の手ほどきを受けたのは、ホワイトソックス傘下の3Aにまで昇格した亡き父、カール・マイケル・ジュニアからだった。父はマイクが生まれる2年前、27歳のときに引退し、農産物ビジネスで成功。息子には5歳のときからウィッフルボールやティーボールでバッティングを仕込み、自分が成し得なかったメジャーリーガーとなる夢を託していたのだ。ところが、2004年9月、股関節の置換手術後、合併症による血栓（けっせん）が原因で心臓発作を起こしてこの世を去る。43歳の若さだった。当時マイクは14歳、地元ボストンが86年ぶりの「世界一」に沸く数週間前のことである。「父は祖父のように天賦（てんぷ）の才に恵まれていなかった。しかし、だからこそ一層の努力と精神力が必要だということを私に教えてくれた」とマイクは語っている。彼がマイナーで6年間、703試合を費やしてメジャーに昇格したのは2019年5月。父の死から15年後、オリオールズから移籍した直後の、29歳になる日前のことだった。

昨季の成功で自信を得たマイクは「強豪チームと戦えることを証明したし、162試合でもそれができるだろう。サンフランシスコに希望をもたらしたい」と、年齢的に長期契約を結ぶことを躊躇（ちゅうちょ）する球団をよそに、チーム愛を披露している。18年12月に結婚した妻ペイジさんは、ヴァンダービルド大学時代の同期生で元ラクロス選手。まさに「あげまん」である。

カモ L・ウィーヴァー(ダイヤモンドバックス).571(7-4)1本　A・モレホン(パドレス).750(4-3)0本
苦手 J・グレイ(ロッキーズ).154(13-2)0本　A・コレアレク(ドジャース).000(4-0)0本

年度	所属チーム	試合数	打数	得点	安打	二塁打	三塁打	本塁打	打点	四球	三振	盗塁	盗塁死	出塁率	OPS	打率
2019	ジャイアンツ	107	371	64	101	22	3	21	55	32	107	2	4	.334	.852	.272
2020	ジャイアンツ	54	192	39	57	14	4	10	35	30	55	2	1	.400	.968	.297
通算成績		161	563	103	158	36	7	31	90	62	162	4	5	.357	.892	.281

7 30代になって光を放ち始めた小兵

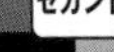

ドノヴァン・ソラーノ *Donovan Solano*

34歳 1987.12.17生 | 173cm | 95kg | 右投右打
◆対左投手打率／.350 ◆対右投手打率／.315
◆ホーム打率／.306 ◆アウェー打率／.354 ◆得点圏打率／.380
◆20年のポジション別出場数／セカンド=45、サード=5、ショート=2
◆ドラフト2005外カーディナルス ◆出コロンビア
◆シルバースラッガー賞1回(20年)

ミート5 パワー3 走塁2 守備4 肩3

打撃を開眼させた巧打の内野手。3年ぶりにメジャーへ復帰して2年目の昨季は、開幕から目を見張る好調ぶりで、20試合を経過するまで打率4割をキープ。終盤にやや失速したが、シルバースラッガー賞を受賞した。広角にライナーを打ち返して安打を量産するスタイルで、早いカウントで勝負するため四球や三振が非常に少ない。守備は、昨季リーグワーストの失策数(11)だったが、グラブさばきは平均以上。ドジャースGM時代の2015年からソラーノに注目していたザイディ編成部長の見立ては、正しかったのだ。

カモ K・フリーランド(ロッキーズ).462(13-6)2本　苦手 J・ウリーアス(ドジャース).111(9-1)0本

年度	所属チーム	試合数	打数	得点	安打	二塁打	三塁打	本塁打	打点	四球	三振	盗塁	盗塁死	出塁率	OPS	打率
2012	マーリンズ	93	285	29	84	11	3	2	28	21	58	7	0	.342	.717	.295
2013	マーリンズ	102	361	33	90	13	1	3	34	23	57	3	1	.305	.621	.249
2014	マーリンズ	111	310	26	78	11	1	3	28	19	61	1	2	.300	.623	.252
2015	マーリンズ	55	90	6	17	3	1	0	7	1	18	0	0	.215	.459	.189
2016	ヤンキース	9	22	5	5	2	0	1	2	1	3	0	0	.261	.715	.227
2019	ジャイアンツ	81	215	27	71	13	1	4	23	10	49	0	1	.360	.815	.330
2020	ジャイアンツ	54	190	22	62	15	1	3	29	10	39	0	0	.365	.828	.326
通算成績		505	1473	148	407	68	8	16	151	85	285	11	4	.321	.687	.276

9 衰え知らずのクリーンアップヒッター

ファースト

ブランドン・ベルト *Brandon Belt*

33歳 1988.4.20生 | 191cm | 105kg | 左投左打
◆対左投手打率／.115 ◆対右投手打率／.350
◆ホーム打率／.383 ◆アウェー打率／.221 ◆得点圏打率／.250
◆20年のポジション別出場数／ファースト=47、DH=1
◆ドラフト2009⑤ジャイアンツ ◆出テキサス州
◆年1600万ドル(約16億8000万円)

ミート4 パワー4 走塁3 守備4 肩3

4番打者として打線を牽引する中軸打者。不調に終わった一昨年から昨季は捲土重来(けんどちょうらい)。左投手に手こずった分、右投手を次々に攻略して、規定打席には届かなかったものの、OPS1.015というすばらしい数字を残した。特徴は、フライボール・ヒッターで、ゴロの割合が極端に低いこと。今季は5年契約の最終年。去る10月に右かかとの手術を受けたので開幕に間に合うか不透明だが、ベンチは頼りにしている。22歳のとき、高校時代からの恋人と結婚。

カモ J・グレイ(ロッキーズ).462(26-12)2本　苦手 C・カーショウ(ドジャース).065(62-4)0本

年度	所属チーム	試合数	打数	得点	安打	二塁打	三塁打	本塁打	打点	四球	三振	盗塁	盗塁死	出塁率	OPS	打率
2011	ジャイアンツ	63	187	21	42	6	1	9	18	20	57	3	2	.306	.718	.225
2012	ジャイアンツ	145	411	47	113	27	6	7	56	54	106	12	2	.360	.781	.275
2013	ジャイアンツ	150	509	76	147	39	4	17	67	52	125	5	2	.360	.841	.289
2014	ジャイアンツ	61	214	30	52	8	0	12	27	18	64	3	1	.306	.755	.243
2015	ジャイアンツ	137	492	73	138	33	5	18	68	56	147	9	3	.356	.834	.280
2016	ジャイアンツ	156	542	77	149	41	8	17	82	104	148	0	4	.394	.868	.275
2017	ジャイアンツ	104	382	63	92	27	3	18	51	66	104	3	2	.355	.823	.241
2018	ジャイアンツ	112	399	50	101	18	2	14	46	49	107	4	0	.342	.756	.253
2019	ジャイアンツ	156	526	76	123	32	3	17	57	83	127	4	3	.339	.742	.234
2020	ジャイアンツ	51	149	25	46	13	1	9	30	30	36	0	0	.425	1.015	.309
通算成績		1135	3811	538	1003	244	33	138	502	532	1021	43	19	.356	.810	.263

28 バスター・ポージー *Buster Posey*

野球より家族を優先して昨季全休

キャッチャー

34歳 1987.3.27生 | 185cm | 97kg | 右投右打
◆昨季メジャー出場なし ◆Ⓓ2008①ジャイアンツ
◆㊞ジョージア州 ◆㊎2140万ドル(約22億4700万円)
◆MVP1回(12年)、首位打者1回(12年)、ゴールドグラブ賞1回(16年)、シルバースラッガー賞4回(12、14、15、17年)、ハンク・アーロン賞1回(12年)、カムバック賞1回(12年)、新人王(10年)

ミート 4 / パワー 3 / 走塁 3 / 守備 5 / 肩 4

1年のブランクを経て復帰する稀代(きだい)の名捕手。コロナ禍に見舞われた昨季、オープン戦で打率4割5分5厘と好調だったにもかかわらず、養子縁組をした双子の女児が、7月に8週間の早産で誕生したため、健康面を考慮して全休する決断を下した。「予定通り生まれていたら、おそらくプレーしていただろう」と本人は語っていた。2018年以降で合計12本塁打、19年はキャリア最低の打撃成績だっただけに、今季の巻き返しに首脳陣は大いに期待している。

カモ C・スミス(ダイヤモンドバックス).800(5-4)0本　苦手 C・カーショウ(ドジャース).221(113-25)3本

年度	所属チーム	試合数	打数	得点	安打	二塁打	三塁打	本塁打	打点	四球	三振	盗塁	盗塁死	出塁率	OPS	打率
2009	ジャイアンツ	7	17	1	2	0	0	0	0	0	4	0	0	.118	.235	.118
2010	ジャイアンツ	108	406	58	124	23	2	18	67	30	55	0	2	.357	.862	.305
2011	ジャイアンツ	45	162	17	46	5	0	4	21	18	30	3	0	.368	.756	.284
2012	ジャイアンツ	148	530	78	178	39	1	24	103	69	96	1	1	.408	.957	.336
2013	ジャイアンツ	148	520	61	153	34	1	15	72	60	70	2	1	.371	.821	.294
2014	ジャイアンツ	147	547	72	170	28	2	22	89	47	69	0	1	.364	.854	.311
2015	ジャイアンツ	150	557	74	177	28	0	19	95	56	52	2	0	.379	.849	.318
2016	ジャイアンツ	146	539	82	155	33	2	14	80	64	68	6	1	.362	.796	.288
2017	ジャイアンツ	140	494	62	158	34	0	12	67	61	66	6	1	.400	.861	.320
2018	ジャイアンツ	105	398	47	113	22	1	5	41	45	53	3	2	.359	.741	.284
2019	ジャイアンツ	114	405	43	104	24	0	7	38	34	71	0	0	.320	.688	.257
通算成績		1258	4575	595	1380	270	9	140	673	484	634	23	9	.370	.826	.302

41 ウィルマー・フローレス *Wilmer Flores*

守備よりも打力で存在感を示す存在

セカンド ファースト DH

30歳 1991.8.6生 | 188cm | 97kg | 右投右打
◆対左投手打率/.274 ◆対右投手打率/.265
◆ホーム打率/.295 ◆アウェー打率/.233 ◆得点圏打率/.274
◆20年のポジション別出場数/DH=21、ファースト=14、セカンド=14、サード=3
◆Ⓓ2007㊕メッツ ◆㊞ベネズエラ
◆㊎300万ドル(約3億1500万円)

ミート 4 / パワー 4 / 走塁 3 / 守備 2 / 肩 3

打撃力を買われて入団し、見事期待に応えた内野手。新天地で迎えた昨季は出場最多の21試合でDH起用され、攻撃面で威力を発揮した。バットコントロールが巧みなうえにスイングスピードが速く、広角にヒットを量産。長打力も披露して打線の中核を担うにふさわしい成績を残した。三振が少ないのも特徴だ。すべての内野ポジションを守る力はあるが、守備範囲が狭いだけに、ナショナル・リーグでDH制が採用されなければ起用法が難しくなる。

カモ C・パダック(パドレス).455(11-5)2本　苦手 K・ジャンセン(ドジャース).000(7-0)0本

年度	所属チーム	試合数	打数	得点	安打	二塁打	三塁打	本塁打	打点	四球	三振	盗塁	盗塁死	出塁率	OPS	打率
2013	メッツ	27	95	8	20	5	0	1	13	5	23	0	0	.248	.542	.211
2014	メッツ	78	259	28	65	13	1	6	29	12	31	1	0	.286	.664	.251
2015	メッツ	137	483	55	127	22	0	16	59	19	63	0	1	.295	.703	.263
2016	メッツ	103	307	38	82	14	0	16	49	23	48	1	1	.319	.788	.267
2017	メッツ	110	336	42	91	17	1	18	52	17	54	1	1	.307	.795	.271
2018	メッツ	126	386	43	103	25	0	11	51	29	42	0	0	.319	.736	.267
2019	ダイヤモンドバックス	89	265	31	84	18	0	9	37	15	31	0	0	.361	.848	.317
2020	ジャイアンツ	55	198	30	53	11	1	12	32	13	36	1	0	.315	.830	.268
通算成績		725	2329	275	625	125	3	89	322	133	328	4	3	.310	.750	.268

35 家族第一主義を貫く、2男2女の父
ブランドン・クロフォード *Brandon Crawford*

ショート

34歳 1987.1.21生 | 185cm | 101kg | 右投左打 対左.226 対右.262 ホ.220 ア.296 得.277 ド2008④ジャイアンツ 出カリフォルニア州 年1500万ドル(約15億7500万円)
◆ゴールドグラブ賞3回(15、16、17年)、シルバースラッガー賞1回(15年)

ミ4 パ3 走3 守5 肩5

攻守両面で輝きを取り戻した名遊撃手。打撃面で大きく成績を落とした一昨年から一転、昨季は長打力を含めて上々の結果を残し、守備でも元気なところを見せていた。大学時代、体操選手として活躍したジャリン夫人との間に、4人の子供(娘2人、息子2人)がいる。キャンプ地であるアリゾナ州スコッツデールに住まいがあり、例年、期間中は自宅から通っていた。しかし昨季はコロナ禍のせいで移動が制限され、シーズン中「少なくとも2週間に一度は家族と過ごす」としていた家庭内ルールも守れず、リモートによって乗り切った。妹の夫はヤンキースのゲリット・コール。

年度	所属チーム	試合数	打数	得点	安打	二塁打	三塁打	本塁打	打点	四球	三振	盗塁	盗塁死	出塁率	OPS	打率
2020	ジャイアンツ	54	172	26	44	12	0	8	28	15	47	1	2	.326	.792	.256
通算成績		1305	4402	509	1099	234	38	106	564	413	984	32	30	.317	.709	.250

12 9月絶好調で契約更新
アレックス・ディッカーソン *Alex Dickerson*

レフト

31歳 1990.5.26生 | 188cm | 103kg | 左投左打 対左.273 対右.300 ホ.319 ア.278 得.257 ド2011③パイレーツ 出カリフォルニア州 年210万ドル(約2億2050万円)

ミ3 パ4 走3 守4 肩3

右投手用の外野手として信頼を勝ち取ったスラッガー。とはいえ元来それほど左投手に弱いわけではなく、昨季は12打席しか対戦していないが、11打数3安打1本塁打1死球と、そこそこの成績を残している。8月14日からの出場12試合でわずか2安打しか打てず、打率を1割台まで落としたが、9月は月間打率4割、6本塁打と爆発。故障明け2年目のシーズンで、首脳陣への猛アピールに成功した。オフに1年210万ドルで契約を更新。今季もまたプラトーン起用で、レフトの守備に就くだろう。パドレスに移籍したダルビッシュ有と相性が良く、6度対戦して1本塁打2二塁打。

年度	所属チーム	試合数	打数	得点	安打	二塁打	三塁打	本塁打	打点	四球	三振	盗塁	盗塁死	出塁率	OPS	打率
2020	ジャイアンツ	52	151	28	45	10	1	10	27	16	30	0	0	.371	.947	.298
通算成績		215	586	96	160	39	6	26	92	55	119	6	2	.342	.835	.273

10 長期低迷に歯止めをかけられるか注目の元主砲
エヴァン・ロンゴリア *Evan Longoria*

サード

36歳 1985.10.7生 | 185cm | 97kg | 右投右打 対左.308 対右.234 ホ.294 ア.202 得.204 ド2006①レイズ 出カリフォルニア州 年1850万ドル(約19億4250万円)
◆ゴールドグラブ賞3回(09、10、17年)、シルバースラッガー賞1回(09年)、新人王(08年)

ミ3 パ4 走3 守4 肩3

打線の中核となるべく移籍して以来3年間、期待に応えていない元一流打者。昨季は右の脇腹の故障で開幕7試合目から出場した。不振続きだった本拠地オラクル・パークでは2割8分6厘、5本塁打とやや復調したものの、無観客だったのでファンへのアピールとはならなかった。とくにチームがポストシーズン進出を争った9月に、打率1割9分8厘と失速したのは痛い。左投手に対する成績は比較的悪くないので、もしこのまま低迷が続くようなら、プラトーン起用があるかもしれない。昨年8月21日、本拠地で行われたダイヤモンドバックス戦で、通算300本塁打を達成。

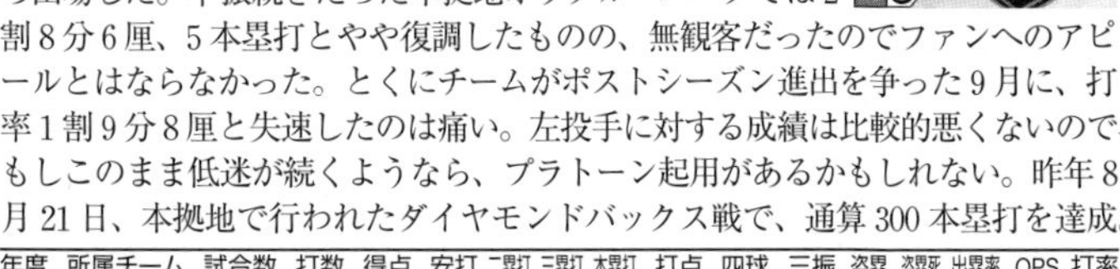

年度	所属チーム	試合数	打数	得点	安打	二塁打	三塁打	本塁打	打点	四球	三振	盗塁	盗塁死	出塁率	OPS	打率
2020	ジャイアンツ	53	193	26	49	10	1	7	28	11	39	0	1	.297	.722	.254
通算成績		1742	6576	916	1752	392	26	304	1043	645	1472	57	18	.334	.807	.266

対左=対左投手打率 対右=対右投手打率 ホ=ホーム打率 ア=アウェー打率 得=得点圏打率 ド=ドラフトデータ 出=出身地 年=年俸

3 30歳を過ぎてから打撃センスが全開
トミー・ラステーラ *Tommy La Stella*

サード　移籍

32歳 1989.1.31生 | 180cm | 82kg | 右投左打 対左.216 対右.303 ホ.302 ア.260 得.306 ド2011⑧ブレーブス 出ニュージャージー州 年200万ドル(約2億1000万円)

ミ4 パ4 走3 守3 肩3

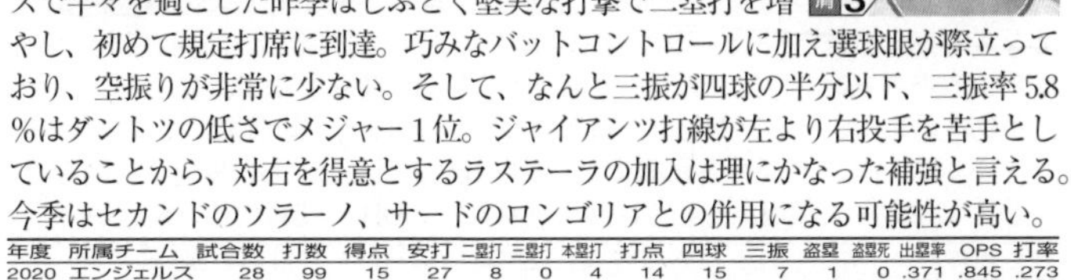

チーム編成に大きなインパクトを与える内野手。突如長打力を発揮した一昨年に続き、エンジェルスとアスレティックスで半々を過ごした昨季はしぶとく堅実な打撃で二塁打を増やし、初めて規定打席に到達。巧みなバットコントロールに加え選球眼が際立っており、空振りが非常に少ない。そして、なんと三振が四球の半分以下、三振率5.8%はダントツの低さでメジャー1位。ジャイアンツ打線が左より右投手を苦手としていることから、対右を得意とするラステーラの加入は理にかなった補強と言える。今季はセカンドのソラーノ、サードのロンゴリアとの併用になる可能性が高い。

年度	所属チーム	試合数	打数	得点	安打	二塁打	三塁打	本塁打	打点	四球	三振	盗塁	盗塁死	出塁率	OPS	打率
2020	エンジェルス	28	99	15	27	8	0	4	14	15	7	1	0	.371	.845	.273
2020	アスレティックス	27	97	16	28	6	2	1	11	12	5	0	0	.369	.792	.289
2020	2チーム計	55	196	31	55	14	2	5	25	27	12	1	0	.370	.819	.281
通算成績		531	1316	164	360	72	4	31	163	143	159	5	3	.349	.754	.274

ー 打者として価値がある、出番の多い控え捕手
カート・カサーリ *Curt Casali*

キャッチャー　移籍

33歳 1988.11.9生 | 188cm | 100kg | 右投右打 盗塁阻止率／.200(10-2) 対左.290 対右.178 ホ.314 ア.146 得.231 ド2011⑩タイガース 出カリフォルニア州 年150万ドル(約1億5750万円)

ミ2 パ5 走2 守3 肩3

3シーズン、レッズで控え捕手を務めたあと、今年1月、ジャイアンツに加わったキャッチャー。打撃面のウリはパワーと選球眼。早打ちせず失投をじっくり待つタイプで、昨季は12.7打数に1本のペースでアーチを生産。これは、レッズの主砲スアレスの生産ペース（13.2打席に1本）をしのぐ数字だった。四球もよくかせげるため、出塁率も高い。守備面では昨季、ワイルドピッチを出す頻度(ひんど)が、一昨年よりも高まったのが気がかり。なお、昨季までレッズでも一緒だったデスクラファーニは、正捕手バーンハートと組むよりも、カサーリと組んだときのほうが防御率は良かった。

年度	所属チーム	試合数	打数	得点	安打	二塁打	三塁打	本塁打	打点	四球	三振	盗塁	盗塁死	出塁率	OPS	打率
2020	レッズ	31	76	10	17	3	0	6	8	14	29	1	0	.366	.866	.224
通算成績		328	831	97	191	41	0	37	105	95	262	1	2	.316	.728	.230

1 外野でつかんだレギュラーの座
マウリシオ・デュボン *Mauricio Dubon*

センター セカンド ショート

27歳 1994.7.19生 | 183cm | 78kg | 右投右打 対左.341 対右.248 ホ.310 ア.233 得.282 ド2013㉖レッドソックス 出ホンジュラス 年57万500ドル(約5990万円)+α

ミ3 パ2 走3 守4 肩3

野球センス抜群のホンジュラス人選手。一昨年の活躍が認められ、昨季は開幕スタメンに名を連ねた。そのときはセカンドで、その後も本職のショートを含めてクロフォードやソラーノと併用されると思いきや、シーズン中盤からは完全にセンターのレギュラーとなった。外野手としての適性もあって好守を連発し、打撃も上向いたからだ。長打を多くは望めないが、下位打順を打つなら申し分ない。10年前に母国から自分を連れ出して、メジャーリーガーになる夢を後押ししてくれた、アンディとサンディのリッチー夫妻（サクラメント在住）への感謝の気持ちを、常に抱いている。

年度	所属チーム	試合数	打数	得点	安打	二塁打	三塁打	本塁打	打点	四球	三振	盗塁	盗塁死	出塁率	OPS	打率
2020	ジャイアンツ	54	157	21	43	4	1	4	19	15	36	2	3	.337	.726	.274
通算成績		84	263	33	72	9	1	8	28	20	56	5	4	.325	.732	.274

野手

33 ダリン・ラフ *Darin Ruf*

韓国では打点王のタイトルを獲得

ファースト レフト

35歳 1986.7.28生 | 188cm | 105kg | 右投右打 対左.259 対右.310 ホ.286 ア.263 得.348 ド2009⑳フィリーズ 出ネブラスカ州 年127.5万ドル(約1億3388万円)

ミ3 パ4 走3 守3 肩3

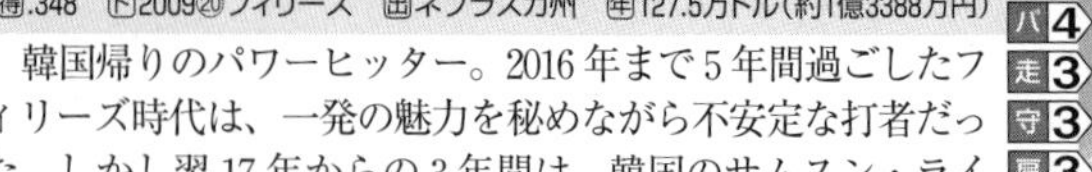

韓国帰りのパワーヒッター。2016年まで5年間過ごしたフィリーズ時代は、一発の魅力を秘めながら不安定な打者だった。しかし翌17年からの3年間は、韓国のサムスン・ライオンズで打棒を爆発させ、通算で打率3割1分3厘、86本塁打、350打点をマーク。昨季は春季キャンプで快音を響かせマイナー契約を勝ち取ると、7月にはメジャー契約を結んでジャイアンツの一員となった。すると、4年前には0.16だった四球/三振率が0.57へ改善されるなど、長打力を発揮しながら、安定感も増した。今季もプラトーン起用、もしくは導入されれば、DHで使われる可能性が高い。

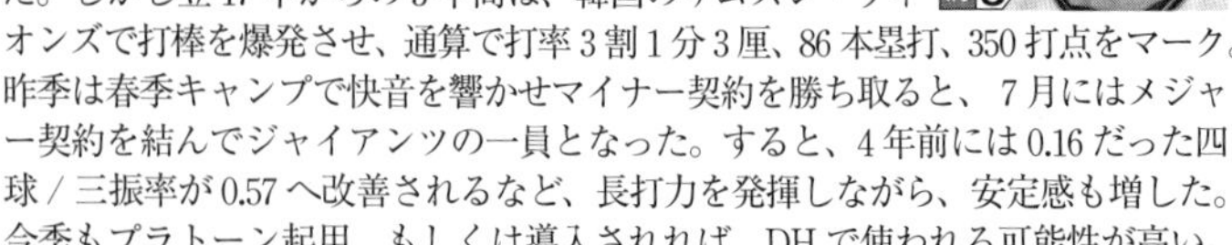

年度	所属チーム	試合数	打数	得点	安打	二塁打	三塁打	本塁打	打点	四球	三振	盗塁	盗塁死	出塁率	OPS	打率
2020	ジャイアンツ	40	87	11	24	6	0	5	18	13	23	1	0	.370	.887	.276
通算成績		326	824	102	201	41	1	40	114	81	252	2	1	.320	.761	.244

13 オースティン・スレイター *Austin Slater*

名門スタンフォード大学出身の万能選手

ユーティリティ

29歳 1992.12.13生 | 185cm | 93kg | 右投右打 対左.316 対右.255 ホ.259 ア.323 得.286 ド2014⑧ジャイアンツ 出フロリダ州 年115万ドル(約1億2075万円)

ミ4 パ3 走4 守3 肩3

打力と機動力を兼ね備え、昨季は第4の外野手としてチームを活性化した存在。8月8日にはドジャースのエース左腕、クレイトン・カーショウから1試合2本塁打を放つなど長打力もあり、盗塁数も増加。しかし8月下旬にヒジと鼠径部(そけいぶ)を痛めて半月離脱し、体調が戻らずに、その後打率を落としたのは悔やまれる。ただ、全般的には右投手からもコンスタントに安打を放ち、対左専門とは言えない印象を与えた。今季はリードオフマンとして、出場機会をさらに増やそうと意気込んでいる。母方の祖父で、1990年代に地元ジャクソンビル市長を務めたエド・オースティンが名付け親。

年度	所属チーム	試合数	打数	得点	安打	二塁打	三塁打	本塁打	打点	四球	三振	盗塁	盗塁死	出塁率	OPS	打率
2020	ジャイアンツ	31	85	18	24	2	1	5	7	16	22	8	1	.408	.914	.282
通算成績		207	569	74	147	20	6	14	67	66	179	16	1	.346	.735	.258

21 ジョーイ・バート *Joey Bart*

キャッチャー 期待度 A ルーキー

25歳 1996.12.15生 | 188cm | 108kg | 右投右打 ◆昨季はメジャーで33試合出場 ド2018①ジャイアンツ 出ジョージア州

2018年ドラフト1巡目(全体2位)指名で入団した期待の捕手。昨季はポージーが全休したため、チャンスがいきなりやって来た。しかし、攻守ともに経験不足を露呈。今季は偉大な先輩からアドバイスを受けながら、成長を期す。入団時の契約金は702.5万ドル(約7億4000万円)で、捕手史上最高額(当時)。

— エリオット・ラモス *Heliot Ramos*

外野手 期待度 B ルーキー

22歳 1999.9.7生 | 183cm | 85kg | 右投右打 ◆一昨年は1A+、2Aでプレー ド2017①ジャイアンツ 出プエルトリコ

2017年ドラフトで1巡目指名された、将来楽しみなプエルトリコ出身の5ツールプレーヤー。昨秋、脇腹を痛めてアリゾナ教育リーグから離脱したが、回復すれば、走攻守で能力の高さを証明していくはずだ。守備ではとくに強肩が魅力。兄のヘンリーも、ジャイアンツのマイナーでプレーする外野手。

対左=対左投手打率 対右=対右投手打率 ホ=ホーム打率 ア=アウェー打率 得=得点圏打率
ド=ドラフトデータ 出=出身地 年=年俸
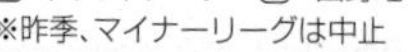
※昨季、マイナーリーグは中止

ナショナル・リーグ……西部地区　*COLORADO ROCKIES*

コロラド・ロッキーズ

◆創　立：1993年
◆本拠地：コロラド州デンバー市
◆ワールドシリーズ制覇：0回／◆リーグ優勝：1回
◆地区優勝：0回／◆ワイルドカード獲得：5回

主要オーナー チャーリー・モンフォート、ディック・モンフォート（スポーツ企業家）

過去5年成績

年度	勝	負	勝率	ゲーム差	地区順位	ポストシーズン成績
2016	75	87	.463	16.0	③	—
2017	87	75	.537	17.0	③	ワイルドカードゲーム敗退
2018	91	72	.558	1.0	②	地区シリーズ敗退
2019	71	91	.438	35.0	④	—
2020	**26**	**34**	**.433**	**17.0**	④	**—**

監　督　10 バド・ブラック *Bud Black*

◆年　　齢…………64歳（カリフォルニア州出身）
◆現役時代の経歴…15シーズン　マリナーズ（1981）、
（ピッチャー）　ロイヤルズ（1982～88）、インディアンズ（1988～90）、ブルージェイズ（1990）、ジャイアンツ（1991～94）、インディアンズ（1995）
◆現役通算成績……398試合　121勝116敗11S　防御率3.84
◆監督経歴…………13シーズン　パドレス（2007～15年）、ロッキーズ（2017～）
◆通算成績…………924勝985敗（勝率.484）　最優秀監督賞1回（10年）

現役監督の中では、唯一の投手出身監督。就任１年目の2017年、翌18年に、チームはポストシーズン進出。1993年の球団創設以来、２年連続でチームをポストシーズンに導いた初の監督となった。チーム防御率も大きく改善したが、一昨年、昨年はチーム防御率がリーグ最下位と、以前の状態に逆戻り。07年から15年途中まで、同地区パドレスの監督を務めた経験があり、08年には選手として井口資仁（ただひと）（現千葉ロッテ監督）がプレーしていた。10年に最優秀監督賞を受賞。

注目コーチ　29 マイク・レドモンド *Mike Redmond*

ベンチコーチ。50歳。現役時代は捕手。投手の力を引き出す能力やリーダーシップに定評があった。マーリンズの監督（2013～15年）を経て、2017年シーズンから現職。

編成責任者　ジェフ・ブリディッチ *Jeff Bridich*

44歳。2014年オフに編成トップに就任も、結果を残せず。チームは再建の時期に来ているが、有効な手を打てず、マイナーの人材も枯渇（こかつ）している。ハーバード大学卒。

スタジアム　クアーズ・フィールド *Coors Field*

◆開 場 年…………1995年
◆仕　　様…………天然芝
◆収容能力…………46,897人
◆フェンスの高さ …2.4～5.2m
◆特　　徴…………打者には天国、投手には地獄な球場。ロッキー山脈ふもとの高地にあるため気圧が低く、その影響でボールがよく飛び、最も得点が入る球場の一つになっている。野手が深めに守るので、長打だけでなく、単打も出やすい。

ヒッターズパーク

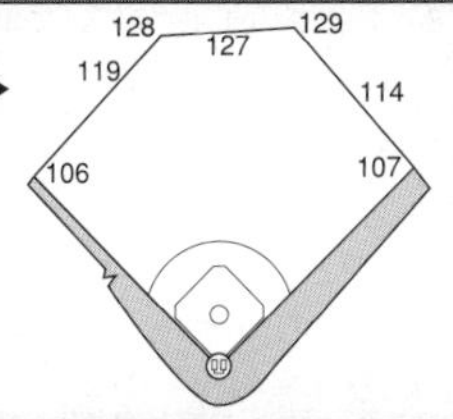

Best Order

[ベストオーダー]

①ライメル・タピア……センター
②トレヴァー・ストーリー……ショート
③チャーリー・ブラックモン……DH
④ライアン・マクマーン……サード
⑤ジョシュ・フエンテス……ファースト
⑥エリアス・ディアス……キャッチャー
⑦イアン・デズモンド……レフト
⑧ブレンダン・ロジャーズ……セカンド
⑨サム・ヒラード……ライト

Depth Chart

[ポジション別選手層・メンバーリスト]

※2021年2月12日時点の候補選手。数字は背番号(開幕前に変更する場合もあり)、右・左等は投・打の順。

※ナショナル・リーグでは今季、DH制が不採用の可能性あり。

センター

15 **ライメル・タピア [左・左]**
1 ギャレット・ハンプソン [右・右]
22 サム・ヒラード [左・左]

レフト

20 **イアン・デズモンド [右・右]**
1 ギャレット・ハンプソン [右・右]
15 ライメル・タピア [左・左]

ライト

22 **サム・ヒラード [左・左]**
19 チャーリー・ブラックモン [左・左]
15 ライメル・タピア [左・左]

ショート

27 **トレヴァー・ストーリー [右・右]**
1 ギャレット・ハンプソン [右・右]

セカンド

7 **ブレンダン・ロジャーズ [右・右]**
1 ギャレット・ハンプソン [右・右]

ローテーション

48 ヘルマン・マルケス [右・右]
21 カイル・フリーランド [左・左]
49 アントニオ・センザテーラ [右・右]
55 ジョン・グレイ [右・右]
26 オースティン・ゴンバー [左・左]
38 ライアン・カステラーニ [右・右]
23 ピーター・ランバート [右・右]

サード

24 **ライアン・マクマーン [右・左]**
1 ギャレット・ハンプソン [右・右]

ファースト

8 **ジョシュ・フエンテス [右・右]**
24 ライアン・マクマーン [右・左]

キャッチャー

35 **エリアス・ディアス [右・右]**
3 ドム・ヌニェス [右・左]

DH

19 **チャーリー・ブラックモン [左・左]**
15 ライメル・タピア [左・左]
20 イアン・デズモンド [右・右]

ブルペン

52 ダニエル・バード [右・右] CL
45 スコット・オーバーグ [右・右]
62 イエンシー・アルモンテ [右・両]
40 タイラー・キンリー [右・右]
29 ロバート・スティーヴンソン [右・右]
64 フィリップ・ディール [左・左]
— ベン・ボウデン [左・左]
60 マイケル・ギヴンズ [右・右]
— ルーカス・ギルブレス [左・左]
56 ヨアン・アイバー [左・左]

※CL=クローザー

ロッキーズ試合日程……＊はアウェーでの開催

4月1・2・3・4	ドジャース	3・4・5	ジャイアンツ	4・5・6	アスレティックス
6・7・8	ダイヤモンドバックス	7・8・9	カーディナルス＊	8・9・10	マーリンズ＊
9・10・11	ジャイアンツ＊	10・11・12	パドレス	11・12・13	レッズ＊
13・14・15	ドジャース＊	13・14・15・16	レッズ	14・15・16	パドレス
16・17・18	メッツ	17・18・19	パドレス＊	17・18・19・20	ブリュワーズ
20・21	アストロズ	21・22・23	ダイヤモンドバックス	22・23	マリナーズ＊
23・24・25	フィリーズ	24・25・26・27	メッツ＊	25・26・27	ブリュワーズ＊
26・27・28	ジャイアンツ＊	28・29・30	パイレーツ＊	28・29・30	パイレーツ
29・30・5月1・2	ダイヤモンドバックス＊	6月1・2・3	レンジャーズ	7月1・2・3・4	カーディナルス

球団メモ 本拠地球場のあるデンバーは、恐竜の化石で有名。球場建設中にもトリケラトプスの化石が見つかった。球団マスコットの「ディンガー」はトリケラトプスがモチーフ。

Analysis 矢印⬆⬈➡⬊⬇は、昨季終了時との比較 [戦力分析]

■投手力➡…★★☆☆☆ 【昨年度チーム防御率5.59、リーグ15位】

昨季はマルケス、センザテーラが防御率3点台の好投を見せ、フリーランドも調子を取り戻して防御率4.33。本拠地クアーズ・フィールドは標高1600メートルに位置するため、打者有利であることを加味すると健闘したと言えるが、それ以外の先発投手はメチャクチャ。リリーフ陣も形になったのは、バード、ギヴンズ、アルモンテの3人のみでパッとしない。メジャーでテストしたプロスペクトたちの質も低く、今季も苦戦が予想される。

■攻撃力⬊…★★★☆☆ 【昨年度チーム得点275、リーグ8位】

ブラックモンを残し、30代のベテランを大放出。ついにチームの顔だったアレナードもトレードに出した。ストーリー、タピア、ブラックモンしか計算できる選手がおらず、昨季リーグ8位だった得点力は大幅にダウンしそう。フエンテス、マクマーンらの開花に望みをかける。

■守備力⬊…★★★☆☆ 【昨年度チーム失策数43、リーグ14位】

内野を引き締めてきた名手アレナードと正捕手のウォルターズが抜けたので、当然評価はダウン。とくにセンター不在が重要課題。マクマーンはサードに移れば、平均以上の数字を残せるだろう。セカンド候補のハンプソン、ロジャーズもそこそこの守備力があるが、名手らしい名手はいない。

■機動力➡…★★★☆☆ 【昨年度チーム盗塁数42、リーグ3位】

昨シーズン、ストーリーが盗塁王を獲得し、タピアも粗削りではあるが走る気は満々。ハンプソンも2ケタ盗塁は確実で、期待できそうだ。

前々から「しっかり補強しろ」と口うるさかったアレナードを放出し、本格的な再建期へ。マルケスとセンザテーラが20代のうちに再建を終わらせたい。今季終了後にストーリーがFAになるが、球団は残留交渉にオールベットしてくれるはずだ。

IN 主な入団選手

投手
ロバート・スティーヴンソン⬅レッズ
オースティン・ゴンバー⬅カーディナルス

野手
とくになし

OUT 主な退団選手

投手
ジェフ・ホフマン➡レッズ

野手
ノーラン・アレナード➡カーディナルス
デイヴィッド・ダール➡レンジャーズ
トニー・ウォルターズ➡パイレーツ
ケヴィン・ピラー➡所属先未定
ダニエル・マーフィー➡引退

6・7・8	ダイヤモンドバックス*	6・7・8	マーリンズ	6・7・8	ジャイアンツ
9・10・11	パドレス*	10・11	アストロズ*	9・10・11・12	フィリーズ*
13	オールスターゲーム	12・13・14・15	ジャイアンツ*	14・15・16	ブレーブス*
16・17・18	ドジャース	16・17・18	パドレス	17・18・19	ナショナルズ*
20・21	マリナーズ	20・21・22	ダイヤモンドバックス	21・22・23	ドジャース
23・24・25	ドジャース*	23・24・25	カブス*	24・25・26	ジャイアンツ
26・27・28	エンジェルス*	27・28・29	ドジャース*	27・28・29	ナショナルズ
29・30・31・**8**月1	パドレス*	30・31・**9**月1	レンジャーズ*	**10**月1・2・3	ダイヤモンドバックス*
3・4・5	カブス	2・3・4・5	ブレーブス		

球団メモ 昨季はブルペンが崩壊状態で、チーム防御率5.59はナショナル・リーグで最も悪い数字。球団の歴史で見ても、1999年のチーム防御率6.01に次ぐ、ひどい数字だ。

48 ヘルマン・マルケス German Marquez

順調に成長を続ける本格派エース

先発

26歳 1995.2.22生 | 185cm | 104kg | 右投右打

◆速球のスピード／150キロ台中頃(フォーシーム主体)

◆決め球と持ち球／☆カーブ、☆スライダー、○フォーシーム、○ツーシーム、○チェンジアップ

◆対左.253 ◆対右.239 ◆ホ防5.68 ◆ア防2.06

◆ド2011外レイズ ◆出ベネズエラ

◆年750万ドル(約7億8750万円) ◆シルバースラッガー賞1回(18年)

球威5 制球5 緩急4 守備・牽制3 度胸4

2017年にフルシーズンで先発ローテーションに入ってから、3年連続で2ケタ勝利をマークした先発右腕。伸びのあるフォーシームとカーブ、スライダーを組み合わせた投球が光る。昨季は負け越してしまったが、16先発で9回のQSを記録しており、14戦で自責点3以下。毎年恒例の「謎の大炎上」も、8月21日のアストロズ戦のみ（5回10失点）に抑えた。昨季は特例でナショナル・リーグもDH制が採用されたが、18年にはシルバースラッガー賞を獲得しており、打力の高さも魅力だ。昨季はベネズエラ人の妻と子供が、ようやくビザを取得。家族の前で投げる喜びとともに、好投を連発した。

カモ F・タティース・ジュニア(パドレス).143(7-1)0本 苦手 E・エスコバー(ダイヤモンドバックス).588(17-10)1本

年度	所属チーム	勝利	敗戦	防御率	試合数	先発	セーブ	投球イニング	被安打	失点	自責点	被本塁打	与四球	奪三振	WHIP
2016	ロッキーズ	1	1	5.23	6	3	0	20.2	28	12	12	2	6	15	1.65
2017	ロッキーズ	11	7	4.39	29	29	0	162.0	174	82	79	25	49	147	1.38
2018	ロッキーズ	14	11	3.77	33	33	0	196.0	179	90	82	24	57	230	1.20
2019	ロッキーズ	12	5	4.76	28	28	0	174.0	174	96	92	29	35	175	1.20
2020	ロッキーズ	4	6	3.75	13	13	0	81.2	78	41	34	6	25	73	1.26
通算成績		42	30	4.24	109	106	0	634.1	633	321	299	86	172	640	1.27

52 ダニエル・バード Daniel Bard

一度は引退するも、劇的カムバック

クローザー

36歳 1985.6.25生 | 193cm | 89kg | 右投右打

◆速球のスピード／150キロ台後半(フォーシーム主体)

◆決め球と持ち球／◎フォーシーム、◎スライダー、△シンカー、△チェンジアップ

◆対左.265 ◆対右.205 ◆ホ防4.26 ◆ア防3.00

◆ド2006①レッドソックス ◆出テキサス州

◆年292.5万ドル(約3億713万円) ◆カムバック賞1回(20年)

球威4 制球4 緩急3 守備・牽制4 度胸4

過去には2年連続でアメリカン・リーグ最多ホールドを記録したこともあるリリーフ右腕。しかし、2012年に制球難を発症。症状は日に日に悪化し、1Aに降格した14年には、打者18人に対して16与四死球という衝撃的な数字を残し、メジャーの舞台から姿を消した。結局、症状は改善せず、18年1月に現役引退を表明し、2月にダイヤモンドバックスのメンタルコーチに就任。そこで若手との対話やキャッチボールを続けるうちに心のもつれが取れ、イップスを克服。昨年2月に現役復帰すると、10年前と同じような160キロ台のフォーシームを投げ込み、7月にメジャー復帰。劇的カムバックを果たした。

カモ E・ホズマー(パドレス).167(6-1)0本 苦手 E・アンドルス(アスレティックス).429(7-3)0本

年度	所属チーム	勝利	敗戦	防御率	試合数	先発	セーブ	投球イニング	被安打	失点	自責点	被本塁打	与四球	奪三振	WHIP
2009	レッドソックス	2	2	3.65	49	0	1	49.1	41	24	20	5	22	63	1.28
2010	レッドソックス	1	2	1.93	73	0	3	74.2	45	18	16	6	30	76	1.00
2011	レッドソックス	2	9	3.33	70	0	1	73.0	46	29	27	5	24	74	0.96
2012	レッドソックス	5	6	6.22	17	10	0	59.1	60	42	41	9	43	38	1.74
2013	レッドソックス	0	0	9.00	2	0	0	1.0	1	1	1	0	2	1	3.00
2020	ロッキーズ	4	2	3.65	23	0	6	24.2	22	10	10	2	10	27	1.30
通算成績		14	21	3.67	234	10	11	282.0	215	124	115	27	131	279	1.23

対左=対左打者被打率 対右=対右打者被打率 ホ防=ホーム防御率 ア防=アウェー防御率
ド=ドラフトデータ 出=出身地 年=年俸 カモ 苦手 は通算成績

21 大不振から少し立ち直った、2018年の17勝左腕
カイル・フリーランド *Kyle Freeland*

先発

28歳 1993.5.14生 | 193cm | 93kg | 左投左打 速150キロ前後(フォーシーム主体) 決◎カッター
対左.279 対右.278 ド2014①ロッキーズ 出コロラド州 年502.5万ドル(約5億2763万円)

球3 制4 緩4 守・牽3 度3

2018年に17勝7敗の好成績を残した先発左腕。同年の防御率2.85は、打者有利のクアーズ・フィールドを本拠地にするロッキーズの歴代記録であり、とんでもない若手投手が現れたとファンは大喜びした。しかし、それも束の間、翌19年には打って変わって大不振におちいり、3勝11敗、防御率6.73。3A降格も経験した。昨季は13試合で2勝3敗と何とか持ち直したが、完全復活とは言えない段階。フォーシームとほぼ同数までチェンジアップを増やし、投球術で急場をしのいだ印象だ。特技はアーチェリー。MLB公式動画企画で、オリンピックメダリストと共演したこともある。

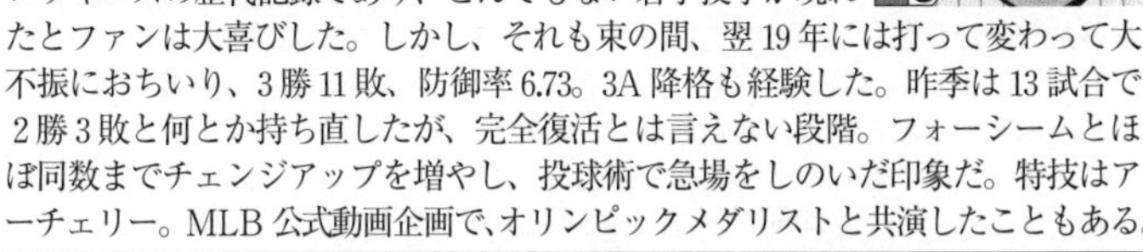

年度 所属チーム	勝利	敗戦	防御率	試合数	先発	セーブ	投球イニング	被安打	失点	自責点	被本塁打	与四球	奪三振	WHIP
2020 ロッキーズ	2	3	4.33	13	13	0	70.2	77	34	34	9	23	46	1.42
通算成績	33	32	4.17	101	96	0	533.1	554	261	247	68	195	405	1.40

49 重いクセ球の威力がアップ
アントニオ・センザテーラ *Antonio Senzatela*

先発

26歳 1995.1.21生 | 185cm | 107kg | 右投右打 速150キロ台前半(フォーシーム主体) 決◎スライダー
対左.247 対右.264 ド2011外ロッキーズ 出ベネズエラ 年300万ドル(約3億1500万円)

球5 制3 緩2 守・牽4 度3

ナチュラルに沈み込むクセ球で打者を押し込むベネズエラ人右腕。一昨年は11勝11敗で2ケタ勝利をあげたが、不安定な投球が目立ち、昨季は試金石となる勝負の年だった。結果は上々。フォーシームの質が上がり、被打率は3割4分9厘から3割0分4厘にまで改善。スライダーも2割6分6厘から1割6分3厘に改善した。また、二塁打を打たれる確率も減り、球威アップが数字に表れた。しかし奪三振率5.0は、規定投球回数に到達した投手の中では両リーグ最低。球威が継続すればいいが、典型的な打たせて取るタイプの投手で、好調と不調が紙一重であることも事実だ。

年度 所属チーム	勝利	敗戦	防御率	試合数	先発	セーブ	投球イニング	被安打	失点	自責点	被本塁打	与四球	奪三振	WHIP
2020 ロッキーズ	5	3	3.44	12	12	0	73.1	71	29	28	9	18	41	1.21
通算成績	32	25	5.00	96	70	0	423.0	454	245	235	56	152	288	1.43

55 オフシーズンの趣味はゴーストハント
ジョン・グレイ *Jon Gray*

先発

30歳 1991.11.5生 | 193cm | 102kg | 右投右打 速150キロ台中頃(フォーシーム主体) 決☆スライダー
対左.265 対右.306 ド2013①ロッキーズ 出オクラホマ州 年600万ドル(約6億3000万円)

球5 制3 緩4 守・牽3 度3

アメリカ先住民のチェロキー族の末裔(まつえい)。シュート気味に切れ込むフォーシームと、タテヨコ自在のスライダーで三振を量産する。体調不良や故障に悩まされながらも、2016年から4年連続で2ケタ勝利をマークした勝ち運を持つ投手。2019年は好投を続けていたが、8月に左足を骨折して離脱。昨季も肩に問題を抱え、復調には至らず。球団は休息とリハビリ次第で良くなると踏んでいるが、今年が契約最終年であり、先発ローテーションの出来次第では放出候補になりそうだ。オフの趣味は、ゴーストハント。K2電磁波計とテープレコーダーを握り、心霊スポットを巡っている。

年度 所属チーム	勝利	敗戦	防御率	試合数	先発	セーブ	投球イニング	被安打	失点	自責点	被本塁打	与四球	奪三振	WHIP
2020 ロッキーズ	2	4	6.69	8	8	0	39.0	45	31	29	6	11	22	1.44
通算成績	45	37	4.59	123	122	0	680.1	690	368	347	84	222	692	1.34

62 イエンシー・アルモンテ *Yency Almonte*

セットポジションでの安定感が課題

ミドルリリーフ

27歳 1994.6.4生 | 196cm | 101kg | 右投両打 速150キロ台前半(フォーシーム主体) 決◎スライダー
対左.264 対右.220 ド2012⑰エンジェルス 出フロリダ州 年57万500ドル(約5990万円)+α

球4 制3 緩3 守牽2 度2

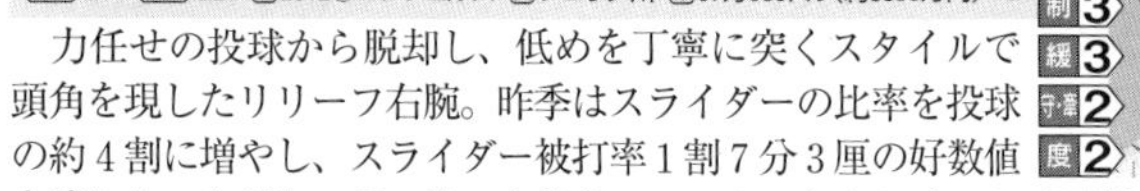

力任せの投球から脱却し、低めを丁寧に突くスタイルで頭角を現したリリーフ右腕。昨季はスライダーの比率を投球の約4割に増やし、スライダー被打率1割7分3厘の好数値を残した。ただし、足の勢いを使うフォームのためクイックは不得意で、走者なしでの被打率1割4分8厘に対し、走者ありでは3割8分1厘に跳ね上がってしまう。未来の守護神候補とも言われているが、重要な場面を任されるようになるには、フォームの修正が必須になるだろう。昨年の感謝祭に、故郷のマイアミでチャリティイベントを開催。「もっと故郷に恩返しをしたい」と意気込んでいる。

年度	所属チーム	勝利	敗戦	防御率	試合数	先発	セーブ	投球イニング	被安打	失点	自責点	被本塁打	与四球	奪三振	WHIP
2020	ロッキーズ	3	0	2.93	24	0	1	27.2	25	13	9	2	6	23	1.12
通算成績		3	1	3.89	66	0	1	76.1	79	40	33	10	24	66	1.35

45 スコット・オーバーグ *Scott Oberg*

昨季は全休も順調なら、ブルペンの柱に

セットアップ

31歳 1990.3.13生 | 188cm | 94kg | 右投右打 速150キロ台前半(フォーシーム主体) 決◎スライダー
◆昨季メジャー出場なし ド2012⑮ロッキーズ 出マサチューセッツ州 年400万ドル(約4億2000万円)

球4 制4 緩3 守牽3 度4

伸びのあるフォーシームとスライダーをリズミカルに投げ込み、打線の援護を呼び込むリリーバー。2018年から2年連続で防御率2点台をマークし、ブルペンの軸に成長を遂げた。しかし、肩からヒジにかけて血栓(けっせん)ができやすい体質(胸郭出口症候群(きょうかくでぐちしょうこうぐん)の一種)であり、昨季は手術のためにシーズンを全休した。大学時代には、歩くのに杖が必要なほどの乾癬性関節炎(かんせんせいかんせつえん)を患(わずら)っており、遺伝子的なアプローチもしたが、検査は問題なし。愛娘とゆっくりと過ごし、復帰に向けて英気を養った。なお、昨秋には練習を再開しており、今年のスプリングトレーニングには十分間に合う見通しだ。

年度	所属チーム	勝利	敗戦	防御率	試合数	先発	セーブ	投球イニング	被安打	失点	自責点	被本塁打	与四球	奪三振	WHIP
2019	ロッキーズ	6	1	2.25	49	0	5	56.0	39	18	14	5	23	58	1.11
通算成績		18	8	3.85	259	0	7	257.1	238	120	110	26	101	234	1.32

60 マイケル・ギヴンズ *Mychal Givens*

対左打者に目途が立てば、クローザー任命も

セットアップ

31歳 1990.5.13生 | 183cm | 104kg | 右投サイドハンド右打 速150キロ台前半(フォーシーム主体) 決◎フォーシーム
対左.172 対右.216 ド2009②オリオールズ 出フロリダ州 年405万ドル(約4億2525万円)

球3 制3 緩4 守牽4 度3

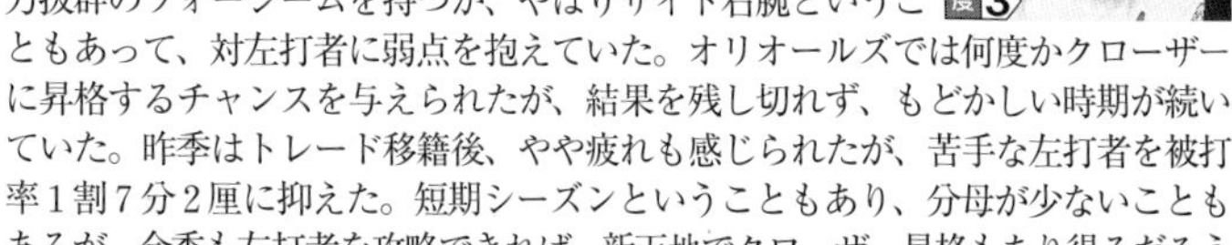

昨年8月30日に、ブルペンの補強としてオリオールズからトレード加入したサイドハンド。バットの上を通り抜ける威力抜群のフォーシームを持つが、やはりサイド右腕ということもあって、対左打者に弱点を抱えていた。オリオールズでは何度かクローザーに昇格するチャンスを与えられたが、結果を残し切れず、もどかしい時期が続いていた。昨季はトレード移籍後、やや疲れも感じられたが、苦手な左打者を被打率1割7分2厘に抑えた。短期シーズンということもあり、分母が少ないこともあるが、今季も左打者を攻略できれば、新天地でクローザー昇格もあり得るだろう。

年度	所属チーム	勝利	敗戦	防御率	試合数	先発	セーブ	投球イニング	被安打	失点	自責点	被本塁打	与四球	奪三振	WHIP
2020	オリオールズ	0	1	1.38	12	0	0	13.0	7	2	2	1	6	19	1.00
2020	ロッキーズ	1	0	6.75	10	0	1	9.1	9	8	7	4	4	6	1.39
2020	2チーム計	1	1	3.63	22	0	1	22.1	16	10	9	5	10	25	1.16
通算成績		21	17	3.41	306	0	21	345.1	262	141	131	39	133	412	1.14

速=速球のスピード 決=決め球 対左=対左打者被打率 対右=対右打者被打率
ド=ドラフトデータ 出=出身地 年=年俸

29 昨季は被本塁打地獄も、新天地で一変に期待
ロバート・スティーヴンソン Robert Stephenson

ミドルリリーフ 移籍

28歳 1993.2.24生 | 191cm | 93kg | 右投右打 速150キロ台前半(フォーシーム主体) 決◎スライダー
対左.263 対右.300 ド2011①レッズ 出カリフォルニア州 年80.5万ドル(約8453万円)

球3 制3 緩4 守・牽2 度3

昨年11月25日にトレードでレッズから加入したリリーフ右腕。もともとはフォーシームにカーブ、チェンジアップを投げるスタンダードな投手だったが、投球の約6割をスライダーにして大化け。一昨年はリリーフで57試合に登板し、WHIP1.04の好成績を収めた。しかし、昨季はフォーシームを狙い打たれ、10イニングで8本塁打を浴びる大乱調。操縦性が高いスライダーが脅威であることは確かだが、一昨年、ロッキーズが打者19人で単打1本に抑え込まれたことから過大評価しているフシもある。新たな本拠地となるクアーズ・フィールドで、逆噴射しなければいいのだが……。

年度	所属チーム	勝利	敗戦	防御率	試合数	先発	セーブ	投球イニング	被安打	失点	自責点	被本塁打	与四球	奪三振	WHIP
2020	レッズ	0	0	9.90	10	0	0	10.0	11	11	11	8	3	13	1.40
通算成績		10	13	5.15	104	22	1	208.0	193	131	119	40	111	222	1.46

26 昨季は先発で投げると防御率0.57
オースティン・ゴンバー Austin Gomber

先発 移籍

28歳 1993.11.23生 | 196cm | 100kg | 左投左打 速150キロ前後(フォーシーム主体) 決◎カーブ
対左.192 対右.189 ド2014④カーディナルス 出フロリダ州 年57万500ドル(約5990万円)+α

球3 制2 緩4 守・牽4 度4

オフのトレードで主砲アレナードを放出した際、カーディナルスから獲得した5選手の一人。昨季は開幕からロングリリーフで使われたが、シーズン終盤になって先発陣に故障者が続出したため、先発で4試合に登板した。先発で投げたときの防御率は0.57、リリーフで投げたときの防御率は3.38で、先発で投げたときのほうがずっと良かった。先発登板の機会が増えそうな今季は、大化けの期待がかかる。マイナー時代から、レイチェル・コトレルさんというブロンド美人と事実婚状態で、2018年には男の子が誕生。そこで順序が逆になったが、一昨年のオフにフロリダで挙式。

年度	所属チーム	勝利	敗戦	防御率	試合数	先発	セーブ	投球イニング	被安打	失点	自責点	被本塁打	与四球	奪三振	WHIP
2020	カーディナルス	1	1	1.86	14	4	0	29	19	6	6	1	15	27	1.17
通算成績		7	3	3.72	43	15	0	104	100	46	43	8	47	94	1.41

ー ライアン・ロリソン Ryan Rolison

先発 期待度 B⁻ ルーキー

24歳 1997.7.11生 | 188cm | 97kg | 左投右打 ◆一昨年は1A、1A+でプレー ド2018①ロッキーズ 出テネシー州

2018年にドラフト1巡目(全体22位)で入団したサウスポー。球速は140キロ台中盤だが、カーブとチェンジアップで巧みに緩急を演出し、三振をかせげる技巧派。とくに曲がり幅の大きいカーブは、すでにメジャーでも通用しそうなレベルだ。一昨年は1A級でプレーしたが、飛び級の抜擢(ばってき)も十分あり得る。

38 ライアン・カステラーニ Ryan Castellani

先発 ロングリリーフ 期待度 C⁺ ルーキー

25歳 1996.4.1生 | 193cm | 99kg | 右投右打 ◆昨季はメジャーで10試合出場 ド2014②ロッキーズ 出アリゾナ州

高校時代からマックス・シャーザーをお手本にしていた右腕。昨年は6月、新型コロナ検査で陽性反応が出たが、幸い無症状でサマーキャンプに合流。負傷したチチ・ゴンザレスの代役としてメジャーデビューを果たした。シャーザーに投球メカニックは似ているが、球速も制球力もまだまだ遠く及ばず。

※昨季、マイナーリーグは中止
※メジャー経験がない投手の「先発」「リリーフ」はマイナーでの役割

野 手

完全無欠に近づきつつある、打てる遊撃手 ショート

27 トレヴァー・ストーリー
Trevor Story

29歳 1992.11.15生 | 188cm | 97kg | 右投右打
◆対左投手打率／.328(64-21) ◆対右投手打率／.275(171-47)
◆ホーム打率／.333(117-39) ◆アウェー打率／.246(118-29)
◆得点圏打率／.207(58-12)
◆20年のポジション別出場数／ショート=57、DH=2
◆ドラフトデータ／2011①ロッキーズ
◆出身地／テキサス州
◆年俸／1750万ドル(約18億3750万円)
◆盗塁王1回(20年)、シルバースラッガー賞2回(18、19年)

ミート 4
パワー 5
走塁 5
守備 5
肩 5

昨季、リーグ最多の15盗塁をマークしたスラッガー。2016年にメジャーデビュー。開幕戦から6試合で7本塁打の大暴れを見せ、最終的に27本塁打をマーク。19年には、遊撃手としてはMLB史上最速の100本塁打を達成した。守備の各種スタッツも相対的にリーグ上位。昨季は珍しくリーグ最多の10失策を献上したが、88刺殺、161補殺、49併殺もいずれもリーグ最多で、エラーは広い守備範囲とチャレンジした結果の裏返し。凡ミスも少なからずあるが、これだけ守ってくれれば、「ご愛敬」といったところだろう。俊足も自慢で、昨年には自身初の盗塁王も獲得。唯一、三振が多いのが欠点だったが、2年目の34.4%から昨季はキャリアハイの24.3%まで三振率を減らしており、四球率の9.3%も同じくキャリアハイ。完全無欠の5ツールプレーヤーに、また一歩近づいた。

テキサス州ダラスの出身で子供の頃はレンジャーズの大ファン。とくに、遊撃手としてオールスターに7度出場したマイケル・ヤングがお気に入りの選手だった。NFLではもちろんダラス・カウボーイズの熱狂的ファンだ。

父ケンさんは元消防士兼救急隊員。ストーリーは「野球選手にならなかったら父と同じ職業に就いていたと思う。職場に連れていってもらったことがあるけど、サイレンが鳴って勇敢に出動する彼らは本当にクールだった」と語っている。母テディさんは、地元の貧困家庭をサポートする団体のCEO。息子を溺愛(できあい)しており、ツイッターは彼の活躍動画で埋め尽くされている。息子の話になると「オー、私の子供」「私たちの子供」と繰り返すので、ストーリーはしばしば「ママズ・ボーイ（マザコン)」と呼ばれるが、「事実、そうだ。彼女は最高のお母さんさ！」と母親への愛情を示している。2018年に結婚した妻マリーさんは、高校時代からの恋人。

カモ M・ストラーム(パドレス).429(7-3)2本 Y・ロペス(ダイヤモンドバックス).714(7-5)1本
苦手 Z・ギャレン(ダイヤモンドバックス).182(11-2)0本 K・ヘンドリックス(カブス).000(10-0)0本

年度	所属チーム	試合数	打数	得点	安打	二塁打	三塁打	本塁打	打点	四球	三振	盗塁	盗塁死	出塁率	OPS	打率
2016	ロッキーズ	97	372	67	101	21	4	27	72	35	130	8	5	.341	.909	.272
2017	ロッキーズ	145	503	68	120	32	3	24	82	49	191	7	2	.308	.765	.239
2018	ロッキーズ	157	598	88	174	42	6	37	108	47	168	27	6	.348	.914	.291
2019	ロッキーズ	145	588	111	173	38	5	35	85	58	174	23	8	.363	.917	.294
2020	ロッキーズ	59	235	41	68	13	4	11	28	24	63	15	3	.355	.874	.289
通算成績		603	2296	375	636	146	22	134	375	213	726	80	24	.343	.877	.277

野手

15 逆方向への打撃に徹して一皮むける
ライメル・タピア Raimel Tapia

外野手

27歳 1994.2.4生 | 191cm | 79kg | 左投左打
◆対左投手打率／.364 ◆対右投手打率／.302
◆ホーム打率／.349 ◆アウェー打率／.296 ◆得点圏打率／.400
◆20年のポジション別出場数／レフト=36、DH=12、ライト=3
◆ドラフト2010外ロッキーズ ◆出ドミニカ
◆年195万ドル(約2億475万円)

ミート5 パワー2 走塁5 守備3 肩3

俊足とガッツあふれるプレーが魅力のドミニカン。2016年のメジャー昇格以降、アグレッシブすぎる大振りで伸び悩んできたが、昨季は打撃スタイルが一変。長打狙いを捨て、逆方向にヒット性の当たりを打つことに徹した結果、強い打球が打てるようになった。打率も初めて3割台に到達し、トップバッターとしての価値を高めている。コロナ禍に際しては、故郷ドミニカに戻り、150を超える家庭に食料やマスクなどを支援。自らはとくに公表していなかったが、SNSで写真が拡散され、善行が世に知られることになった。

カモ Z・ギャレン(ダイヤモンドバックス).600(10-6)0本 苦手 D・ラメット(パドレス).000(8-0)0本

年度	所属チーム	試合数	打数	得点	安打	二塁打	三塁打	本塁打	打点	四球	三振	盗塁	盗塁死	出塁率	OPS	打率
2016	ロッキーズ	22	38	4	10	0	0	0	3	2	11	3	0	.293	.556	.263
2017	ロッキーズ	70	160	27	46	12	2	2	16	8	36	5	2	.329	.754	.288
2018	ロッキーズ	25	25	6	5	2	1	1	6	2	7	0	0	.259	.739	.200
2019	ロッキーズ	138	426	54	117	23	5	9	44	21	100	9	3	.309	.724	.275
2020	ロッキーズ	51	184	26	59	8	2	1	17	14	38	8	2	.369	.772	.321
通算成績		306	833	117	237	45	10	13	86	47	192	25	7	.324	.734	.285

19 ロッキーズの精神的支柱を担うベテラン
チャーリー・ブラックモン Charlie Blackmon

ライト DH

35歳 1986.7.1生 | 191cm | 100kg | 左投左打
◆対左投手打率／.375 ◆対右投手打率／.262
◆ホーム打率／.306 ◆アウェー打率／.300 ◆得点圏打率／.258
◆20年のポジション別出場数／ライト=50、DH=9
◆ドラフト2008②ロッキーズ ◆出テキサス州 ◆年2100万ドル(約22億500万円)
◆首位打者1回(17年)、シルバースラッガー賞2回(16、17年)

ミート5 パワー4 走塁3 守備2 肩3

ワイルドなヒゲ面とは裏腹に、明るくチームを引っ張るムードメーカー。2008年に入団して以降、ロッキーズ一筋のベテランで、ノーラン・アレナードとともにチームの精神的支柱になっていた。昨年6月、新型コロナウイルス検査で陽性が判明。熱や咳などの症状が出たため、健康状態が不安視されていたが、いざ開幕してみれば絶好調。本塁打は少なかったが、持ち前の粘り強い打撃を見せ、打率3割を維持した。近年は脚力が低下しているものの、打撃の安定感はキープ。頼れる好打者という立ち位置は変わっていない。

カモ W・ビューラー(ドジャース).389(36-14)2本 苦手 D・フローロ(ドジャース).000(10-0)0本

年度	所属チーム	試合数	打数	得点	安打	二塁打	三塁打	本塁打	打点	四球	三振	盗塁	盗塁死	出塁率	OPS	打率
2011	ロッキーズ	27	98	9	25	1	0	1	8	3	8	5	1	.277	.573	.255
2012	ロッキーズ	42	113	15	32	8	0	2	9	4	17	1	2	.325	.732	.283
2013	ロッキーズ	82	246	35	76	17	2	6	22	7	49	7	0	.336	.803	.309
2014	ロッキーズ	154	593	82	171	27	3	19	72	31	96	28	10	.335	.775	.288
2015	ロッキーズ	157	614	93	176	31	9	17	58	46	112	43	13	.347	.797	.287
2016	ロッキーズ	143	578	111	187	35	5	29	82	43	102	17	9	.381	.933	.324
2017	ロッキーズ	159	644	137	213	35	14	37	104	65	135	14	10	.399	1.000	.331
2018	ロッキーズ	156	626	119	182	31	7	29	70	59	134	12	4	.358	.860	.291
2019	ロッキーズ	140	580	112	182	42	7	32	86	40	104	2	5	.364	.940	.314
2020	ロッキーズ	59	221	31	67	12	1	6	42	19	44	2	1	.356	.804	.303
通算成績		1119	4313	744	1311	239	48	178	553	317	801	131	55	.360	.865	.304

20 イアン・デズモンド *Ian Desmond*

昨季は父親としての役割を重視して全休

レフト センター

36歳 1985.9.10生 | 191cm | 99kg | 右投右打

◆昨季メジャー出場なし
◆20年のポジション別出場数／ ◆Ⓓ2004③ナショナルズ
◆㊦フロリダ州 ◆㊍800万ドル(約8億4000万円)
◆シルバースラッガー賞3回(12、13、14年)

ミート 3 パワー 4 走塁 3 守備 2 肩 5

過去に20本塁打を6度達成。ナショナルズ時代の2012～14年にかけては、3年連続で遊撃手としてシルバースラッガー賞を獲得した。ロッキーズ移籍後も打撃では存在感を示しているが、コンバート先の外野では気持ちが乗らないようで拙守を連発。今季は一塁での起用も検討されている。昨年は新型コロナウイルスの感染拡大を受け、シーズンを全休。妻が妊娠中で、4人の子供たちも世の中の状況に疑問を感じているとインスタグラムを通じて理由を説明し、父親業優先の決断を下した。今季限りでの引退も噂されている。

カモ M・ウィスラー(ジャイアンツ).455(11-5)1本 **苦手** K・ジャンセン(ドジャース).000(16-0)0本

年度	所属チーム	試合数	打数	得点	安打	二塁打	三塁打	本塁打	打点	四球	三振	盗塁	盗塁死	出塁率	OPS	打率
2009	ナショナルズ	21	82	9	23	7	2	4	12	5	14	1	0	.318	.879	.280
2010	ナショナルズ	154	525	59	141	27	4	10	65	28	109	17	5	.308	.700	.269
2011	ナショナルズ	154	584	65	148	27	5	8	49	35	139	25	10	.298	.656	.253
2012	ナショナルズ	130	513	72	150	33	2	25	73	30	113	21	6	.335	.845	.292
2013	ナショナルズ	158	600	77	168	38	3	20	80	43	145	21	6	.331	.784	.280
2014	ナショナルズ	154	593	73	151	26	3	24	91	46	183	24	5	.313	.743	.255
2015	ナショナルズ	156	583	69	136	27	2	19	62	45	187	13	5	.290	.674	.233
2016	レンジャーズ	156	625	107	178	29	3	22	86	44	160	21	6	.335	.782	.285
2017	ロッキーズ	95	339	47	93	11	1	7	40	24	87	15	4	.326	.701	.274
2018	ロッキーズ	160	555	82	131	21	8	22	88	53	146	20	6	.307	.729	.236
2019	ロッキーズ	140	443	64	113	31	4	20	65	34	119	3	3	.310	.788	.255
通算成績		1478	5442	724	1432	277	37	181	711	387	1402	181	56	.315	.742	.263

24 ライアン・マクマーン *Ryan McMahon*

未来の打線の中核を担う若手スラッガー

サード セカンド

27歳 1994.12.14生 | 188cm | 99kg | 右投左打

◆対左投手打率／.192 ◆対右投手打率／.225
◆ホーム打率／.244 ◆アウェー打率／.186 ◆得点圏打率／.222
◆20年のポジション別出場数／セカンド=33、サード=14、ファースト=12、ショート=2 ◆Ⓓ2013②ロッキーズ
◆㊦カリフォルニア州 ◆㊍237.5万ドル(約2億4693万円)

ミート 2 パワー 5 走塁 3 守備 3 肩 3

昨季、チーム2位の9本塁打を放った左の大砲。一昨年は三振率29.7%、昨季は34.2%を記録しており、粗さは否めないが、内角低めをすくい上げるバッティングは一級品。外角や高めの球に対応できるようになれば、さらに怖い打者になりそうだ。足は遅い部類に入るが、セカンドとファースト守備は無難にこなしている。サードも守れるため、起用の幅は広い。幼少期には、毎日のように裏庭で、母・トレーシーさんとウィッフルボール（親子向けの簡易版野球）をプレー。「サンディ・コーファックスばりのワインドアップで投げる母によって、ずいぶん鍛えられた」とジョークを交えて語っている。

カモ F・モンタス(アスレティックス)1.000(4-4)0本 **苦手** M・バムガーナー(ダイヤモンドバックス).000(8-0)0本

年度	所属チーム	試合数	打数	得点	安打	二塁打	三塁打	本塁打	打点	四球	三振	盗塁	盗塁死	出塁率	OPS	打率
2017	ロッキーズ	17	19	2	3	1	0	0	1	5	5	0	0	.333	.544	.158
2018	ロッキーズ	91	181	17	42	9	1	5	19	18	64	1	0	.307	.683	.232
2019	ロッキーズ	141	480	70	120	22	1	24	83	56	160	5	1	.329	.779	.250
2020	ロッキーズ	52	172	23	37	6	1	9	26	18	66	0	1	.295	.714	.215
通算成績		301	852	112	202	38	3	38	129	97	295	6	2	.318	.740	.237

野手

8 縁故採用から打率3割に登り詰めた男
ジョシュ・フエンテス *Josh Fuentes*

ファースト サード

28歳 1993.2.19生 | 188cm | 95kg | 右投右打 対左.258 対右.328 ホ.383 ア.235 得.286 ド2014外ロッキーズ 出カリフォルニア州 年57万500ドル(約5990万円)+α

ミ3 パ3 走3 守3 肩3

アマチュア時代は無名の存在だったが、いとこであるノーラン・アレナードの伝手で、2014年にドラフト外で入団。縁故採用と思われていたが、マイナーで順調に成長し、18年には3Aで135試合に出場し、打率3割2分7厘をマーク。一昨年、メジャーデビューを果たし、昨季は打率を3割台に乗せた。ファーストでの出場が多いが、本来のポジションはサード。「僕は陰で待っている存在」と常々語っているが、ベンチやクラブハウスのムードメーカーとしても一目置かれている。中学生の頃は丸々と太っていたが、アレナードのドラフト指名に刺激を受け、ダイエットに成功した。

年度	所属チーム	試合数	打数	得点	安打	二塁打	三塁打	本塁打	打点	四球	三振	盗塁	盗塁死	出塁率	OPS	打率
2020	ロッキーズ	30	98	14	30	7	0	2	17	2	29	1	0	.320	.759	.306
通算成績		54	153	22	42	8	0	5	24	3	49	2	0	.289	.714	.275

35 控え捕手として一定の役割を果たす
エリアス・ディアス *Elias Diaz*

キャッチャー

31歳 1990.11.17生 | 185cm | 101kg | 右投右打 盗塁阻止率／.125(8-1) 対左.231 対右.238 ホ.217 ア.244 得.190 ド2009外パイレーツ 出ベネズエラ 年120万ドル(約1億2600万円)

ミ3 パ3 走2 守3 肩3

昨年1月にロッキーズとマイナー契約を結び、7月の開幕直前にメジャー昇格したベネズエラ人捕手。パイレーツ時代も第2捕手の地位を確立していたが、打撃、守備、肩、どこを取っても長所と呼べるほどのものはなく、良く言えば安定、悪く言えば平凡な選手。パイレーツ時代も、2023年までFAでの流出がないため、将来の第1捕手候補と目されていたが、「平凡」と見られ、契約を見送られてしまった。2020年シーズンのオフも去就は不透明だったが、ロッキーズが第1捕手のトニー・ウィルターズを放出した直後に契約を更改。ロッキーズサイドが、「安定」を取った形になった。

年度	所属チーム	試合数	打数	得点	安打	二塁打	三塁打	本塁打	打点	四球	三振	盗塁	盗塁死	出塁率	OPS	打率
2020	ロッキーズ	26	68	4	16	2	0	2	9	5	15	0	0	.288	.641	.235
通算成績		276	817	86	203	42	0	15	91	60	151	1	1	.300	.655	.248

1 パンチ力もあるユーティリティ
ギャレット・ハンプソン *Garrett Hampson*

ユーティリティ

27歳 1994.10.10生 | 180cm | 89kg | 右投右打 対左.212 対右.248 ホ.260 ア.211 得.139 ド2016③ロッキーズ 出ネヴァダ州 年57万500ドル(約5990万円)+α

ミ3 パ3 走4 守4 肩3

俊足が光る、内外野守れる若手野手。一昨年9月に月間打率3割1分8厘、5本塁打、9盗塁の活躍を見せ、期待の若手に名乗りを上げた。昨季もユーティリティ枠の扱いだったが、5本塁打を放ち、セカンド、ショート、センター、レフトの4ポジションを守った。マイナーでは2017年に51盗塁、18年に36盗塁をマークしており、出場と出塁の機会が増えれば、チーム屈指の走り屋になれるポテンシャルを秘めている。昨季途中に打撃フォームを改造し、虎視眈々とスタメン定着を狙う。今季、スタートダッシュに成功すれば、上位打線&セカンドの定位置獲りも可能な位置まで来ている。

年度	所属チーム	試合数	打数	得点	安打	二塁打	三塁打	本塁打	打点	四球	三振	盗塁	盗塁死	出塁率	OPS	打率
2020	ロッキーズ	53	167	25	39	4	3	5	11	13	60	6	1	.287	.671	.234
通算成績		182	506	68	124	16	8	13	42	44	160	23	4	.305	.690	.245

7 ブレンダン・ロジャーズ *Brendan Rodgers*

打撃不振に悩んだトップ・プロスペクト

セカンド ショート

25歳 1996.8.9生 | 183cm | 93kg | 右投右打 対左.111 対右.083 ホ.125 ア.077 得.125 ド2015①ロッキーズ 出フロリダ州 年57万500ドル(約5990万円)+α

ミ3 パ3 走3 守3 肩3

2015年のドラフトで、ロッキーズから1巡目（全体3位）に指名されて入団した期待の大きな選手。マイナー通算387試合で、打率2割9分7厘、66本塁打を記録しており、スイングスピードの速さがウリだ。守備もセカンドならば問題なくこなせる。一昨年5月にメジャーデビュー。同年、右肩の手術を行ったが、球団の期待は変わらず、昨季は8月後半からセカンドのスタメンとしてテストされた。しかし、7試合でわずかヒット2本しか打てず、あえなくテストは打ち切りに。右肩手術後、ウエイトトレーニングに力を入れているが、打撃のバランスを崩している疑いもある。

年度 所属チーム	試合数	打数	得点	安打	二塁打	三塁打	本塁打	打点	四球	三振	盗塁	盗塁死	出塁率	OPS	打率
2020 ロッキーズ	7	21	1	2	1	0	0	2	0	6	0	0	.095	.238	.095
通算成績	32	97	9	19	3	0	0	9	4	33	0	0	.235	.462	.196

22 サム・ヒラード *Sam Hilliard*

打撃コーチがほれ込む潜在能力

外野手

27歳 1994.2.21生 | 196cm | 107kg | 左投左打 対左.194 対右.216 ホ.314 ア.157 得.136 ド2015⑮ロッキーズ 出テキサス州 年57万500ドル(約5990万円)+α

ミ2 パ4 走4 守3 肩4

一昨年、メジャー初安打を初本塁打で飾った左のスラッガー候補。シャープなスイングで強烈なライナーを打ち、甘い球が来ればボールの下をこすってスタンドまで持っていく。三振の多さが欠点だが、走塁や守備も平均以上で、外野全ポジションを無難にこなせるアスレティック能力の高い選手だ。マガダン打撃コーチはその才能にほれ込んでおり、「彼はただのメジャーリーガーではなく、偉大なメジャーリーガーになれる」と太鼓判を押している。現状は外野の4番手だが、積極的に使って育てたい逸材だ。三人兄弟の末っ子で、母タマラさんは1984年の「ミス・テキサス」。

年度 所属チーム	試合数	打数	得点	安打	二塁打	三塁打	本塁打	打点	四球	三振	盗塁	盗塁死	出塁率	OPS	打率
2020 ロッキーズ	36	105	13	22	2	2	6	10	9	42	3	0	.272	.710	.210
通算成績	63	182	26	43	6	4	13	23	18	65	5	0	.308	.836	.236

– ライアン・ヴィレイド *Ryan Vilade*

サード　期待度 C+　ルーキー

22歳 1999.2.18生 | 188cm | 102kg | 右投右打 ◆一昨年は1A+でプレー ド2017②ロッキーズ 出テキサス州

2017年にドラフト2巡目（1巡目の指名権がなかったため、実質1番手）として入団。高校時代には、アメリカ代表にも選ばれた逸材。一昨年は1A+で128試合に出場し、打率3割0分3厘、12本塁打をマークした。ショートがメインだが、将来的にはサードとしてメジャーを狙うことになりそうだ。

– マイケル・トグリア *Michael Toglia*

ファースト　期待度 B−　ルーキー

23歳 1998.8.16生 | 196cm | 102kg | 左投両打 ◆一昨年は1A−でプレー ド2019①ロッキーズ 出アリゾナ州

高校時代は投打二刀流で活躍。2016年ドラフトで、ロッキーズが35巡目で指名したが、進学。大学で好成績を残し、19年に改めて1巡目で指名され入団した。左右両打席で本塁打を打てるパワーと、ファーストの守備力が評価されている。少年時代に所属した野球チームの名も「ロッキーズ」だった。

対左=対左投手打率　対右=対右投手打率　ホ=ホーム打率　ア=アウェー打率　得=得点圏打率
ド=ドラフトデータ　出=出身地　年=年俸
※昨季、マイナーリーグは中止

ナショナル・リーグ……西部地区　*ARIZONA DIAMONDBACKS*

アリゾナ・ダイヤモンドバックス

◆創　立：1998年
◆本拠地：アリゾナ州フェニックス市
◆ワールドシリーズ制覇：1回／◆リーグ優勝：1回
◆地区優勝：5回／◆ワイルドカード獲得：1回

主要オーナー ケン・ケンドリック(ソウトウエア開発企業データテル社会長)

過去5年成績

年度	勝	負	勝率	ゲーム差	地区順位	ポストシーズン成績
2016	69	93	.426	22.0	④	—
2017	93	69	.574	11.0	②	地区シリーズ敗退
2018	82	80	.506	9.5	③	—
2019	85	77	.526	21.0	②	—
2020	**25**	**35**	**.417**	**18.0**	⑤	—

監督　17 トーリ・ロヴロ *Torey Lovullo*

◆年　　齢…………56歳(カリフォルニア州出身)
◆現役時代の経歴…8シーズン　タイガース(1988～89)、
（セカンド）　ヤンキース(1991)、エンジェルス(1993)、マリナーズ(1994)、アスレティックス(1996)、インディアンズ(1998)、フィリーズ(1999)
◆現役通算成績……303試合　.224　15本　60打点
◆監督経歴…………4シーズン　ダイヤモンドバックス(2017～)
◆通算成績…………285勝261敗(勝率.522)　最優秀監督賞1回(17年)

日本でのプレー経験もある監督。就任1年目の2017年、低迷していたチームをポストシーズンに導き、最優秀監督賞を受賞。その後も限られた戦力の中で好成績を収めていたが、昨季は最下位に沈んでしまった。「選手たちを信じる」がモットーで、コミュニケーション能力の高さに定評がある。現役時代の2000年にヤクルトでプレー。29試合の出場で、打率1割9分7厘、1本塁打。チームメートに、その後メジャーで活躍する石井一久（現東北楽天GM兼監督）がいた。

注目コーチ　11 ダネル・コールズ *Darnell Coles*

打撃コーチ。59歳。1996年に中日でプレーし、打率3割0分2厘、29本塁打。翌97年はメジャー復帰も、シーズン途中で阪神入りし、63試合で2割4分2厘、7本塁打。

編成責任者　マイク・ヘイゼン *Mike Hazen*

45歳。2019年オフの補強が不発に終わり、昨季は最下位に沈んだが、球団からの信頼は厚いままだ。名門プリンストン大学卒業後、マイナーで2年間プレー（外野手）。

スタジアム　チェイス・フィールド *Chase Field*

◆開 場 年…………1998年
◆仕　　様…………人工芝、開閉式屋根付き
◆収容能力…………48,686人
◆フェンスの高さ …2.3～7.6m
◆特　　徴…………砂漠地帯にある、打者に有利な球場の一つ。乾燥した空気の影響でボールが飛びやすくなっているので、それを防ぐため、ボールの加湿管理を徹底している。開閉式の屋根は、雨を防ぐためのものではなく、暑さ対策のため。

ヒッターズパーク

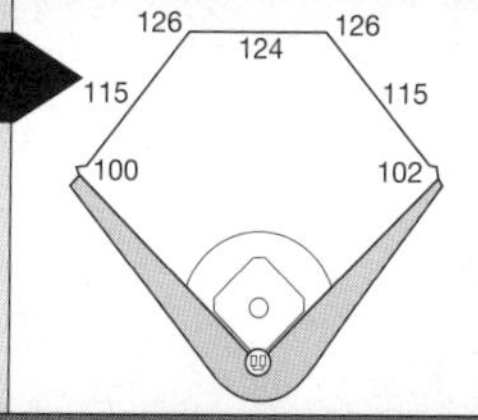

Best Order

［ベストオーダー］

①コール・カルフーン……ライト
②ケテル・マーテイ……セカンド
③クリスチャン・ウォーカー……ファースト
④デイヴィッド・ペラルタ……DH
⑤エドゥアルド・エスコバー……サード
⑥ドールトン・ヴァーショ……センター
⑦ニック・アーメド……ショート
⑧カーソン・ケリー……キャッチャー
⑨ティム・ロカストロ……レフト

Depth Chart

［ポジション別選手層・メンバーリスト］

※2021年2月12日時点の候補選手。数字は背番号（開幕前に変更する場合もあり）、右・左等は投・打の順。

※ナショナル・リーグでは今季、DH制が不採用の可能性あり。

センター
- 12 **ドールトン・ヴァーショ［右・左］**
- 4 ケテル・マーテイ［右・両］
- 16 ティム・ロカストロ［右・右］

レフト
- 16 **ティム・ロカストロ［右・右］**
- 6 デイヴィッド・ペラルタ［左・左］
- 26 ペイヴィン・スミス［左・左］
- 12 ドールトン・ヴァーショ［右・左］

ライト
- 56 **コール・カルフーン［左・左］**
- 16 ティム・ロカストロ［右・右］
- 10 ジョシュ・ロハス［右・左］

ショート
- 13 **ニック・アーメド［右・右］**
- 10 ジョシュ・ロハス［右・左］

セカンド
- 4 **ケテル・マーテイ［右・両］**
- 10 ジョシュ・ロハス［右・左］
- 27 ワイアット・マティーセン［右・右］

ローテーション
- 40 マディソン・バムガーナー［左・右］
- 23 ザック・ギャレン［右・右］
- 24 ルーク・ウィーヴァー［右・右］
- 29 メリル・ケリー［右・右］
- 31 ケイレブ・スミス［左・右］
- 49 アレックス・ヤング［左・左］

サード
- 5 **エドゥアルド・エスコバー［右・両］**
- 27 ワイアット・マティーセン［右・右］
- 10 ジョシュ・ロハス［右・左］

ファースト
- 53 **クリスチャン・ウォーカー［右・右］**
- 26 ペイヴィン・スミス［左・左］
- 21 スティーヴン・ヴォート［右・左］

キャッチャー
- 18 **カーソン・ケリー［右・右］**
- 12 ドールトン・ヴァーショ［右・左］
- 21 スティーヴン・ヴォート［右・左］

DH
- 6 **デイヴィッド・ペラルタ［左・左］**
- 53 クリスチャン・ウォーカー［右・右］

ブルペン
- 58 ステファン・クライトン［右・右］CL
- 48 ホアキム・ソリア［右・右］CL
- 50 ヨアン・ロペス［右・右］
- 64 ケウイー・メラ［右・右］
- 46 ライリー・スミス［右・右］
- 47 トラヴィス・バーゲン［左・左］
- 45 テイラー・クラーク［右・右］
- 57 テイラー・ワイドナー［右・左］
- 37 ケヴィン・ギンケル［右・左］
- 49 アレックス・ヤング［左・左］
- 73 J.B.ブカウスカス［右・右］

※CL=クローザー

ダイヤモンドバックス試合日程……＊はアウェーでの開催

日程	対戦	日程	対戦	日程	対戦
4月1・2・3・4	パドレス＊	4・5・6	マーリンズ＊	3・4・5・6	ブリュワーズ＊
6・7・8	ロッキーズ＊	7・8・9	メッツ＊	8・9	アスレティックス＊
9・10・11	レッズ	10・11・12・13	マーリンズ	11・12・13	エンジェルス
12・13	アスレティックス	14・15・16	ナショナルズ	14・15・16・17	ジャイアンツ＊
15・16・17・18	ナショナルズ＊	17・18・19・20	ドジャース＊	18・19・20	ドジャース
20・21・22	レッズ＊	21・22・23	ロッキーズ＊	21・22・23	ブリュワーズ
23・24・25	ブレーブス＊	25・26	ジャイアンツ	25・26・27	パドレス＊
27・28	パドレス	27・28・29・30	カーディナルス	28・29・30	カーディナルス＊
29・30・**5**月1・2	ロッキーズ	31・**6**月1・2	メッツ	**7**月1・2・3・4	ジャイアンツ

球団メモ デビルレイズ（現レイズ）とともに、1998年に誕生したメジャーで最も若い球団。球団創設4年目にワールドシリーズを制覇。当時のエースはランディ・ジョンソン。

■投手力↘…★★★☆☆☆ 【昨年度チーム防御率4.84、リーグ10位】

昨季途中で去ったレイ、ブラッドリー、チェイフィンをはじめ、マウンドに立たなかったリークやFAとなったロンドーンが退団したわりに、これといった補強もしないまま開幕を迎えることになる。ただ、計算していた投手がその通り働くわけではないことは、上記の面々を見ればわかるし、復活やブレイク劇を見るほうが楽しみでもある。その点、新エースのギャレンの進化に加えバムガーナーの再生、ウィーヴァーの最多敗戦からの復活など、先発陣は期待感がある。一方、リリーフ陣には実績のある投手があまりにも少ない。

■攻撃力➡…★★★☆☆☆ 【昨年度チーム得点269、リーグ9位】

レギュラークラスが軒並み牙を抜かれたような状態におちいった昨季に比べれば、さしたる補強はなくても得点数はアップするだろう。そのためには、エスコバーやマーテイが、激減した本塁打数をV字回復させる必要がある。

■守備力➡…★★★★☆☆ 【昨年度チーム失策数35、リーグ7位タイ】

スターリング・マーテイを昨季途中に手放したので、ケテル・マーテイをまた外野に戻すのか、それともセカンドで起用し続けるのか。名手アーメドをはじめ、ウォーカーやエスコバーらの内野陣に大きな問題はないが、シーズンを通したセンターのやりくりが気になるところだ。

■機動力➡…★★★☆☆ 【昨年度チーム盗塁数23、リーグ9位タイ】

俊足ロカストロを上手に使えば面白くなるが、それだけでは物足りない。外野起用が増えそうなヴァーショの足は意外と効果を発揮するかもしれない。

★★★☆☆

昨季は的確と思われた補強がうまく機能しなかったので、今季はその逆をいくということか。したがって目新しさのない陣容だが、その分総じて上向きになることを期待したい。とはいえ、不安だらけのリリーフ陣を再構築しないと、上位争いは難しい。

IN 主な入団選手

投手

ホアキム・ソリア⬅アスレティックス

野手

とくになし

OUT 主な退団選手

投手

ジュニア・ゲーラ➡所属先未定

ヘクター・ロンドーン➡所属先未定

野手

ケヴィン・クローン➡広島

日程	対戦	日程	対戦	日程	対戦
6・7・8	ロッキーズ	6・7・8	パドレス*	7・8	レンジャーズ
9・10・11	ドジャース*	10・11	ジャイアンツ*	10・11・12	マリナーズ*
13	オールスターゲーム	12・13・14・15	パドレス	13・14・15	ドジャース*
16・17・18	カブス	17・18・19	フィリーズ	17・18・19	アストロズ*
19・20・21	パイレーツ	20・21・22	ロッキーズ*	20・21・22・23	ブレーブス
23・24・25	カブス*	23・24・25	パイレーツ*	24・25・26	ドジャース
27・28	レンジャーズ*	26・27・28・29	フィリーズ*	28・29・30	ジャイアンツ*
30・31・**8**月1	ドジャース	30・31・**9**月1	パドレス	**10**月1・2・3	ロッキーズ
2・3・4・5	ジャイアンツ	3・4・5	マリナーズ		

球団メモ 2012年に、メジャー7年目のシーズンを迎えた斎藤隆（前ヤクルト一軍投手コーチ）が所属。16試合に登板して、防御率は6.75。翌13年、日本球界に復帰した。

23 ザック・ギャレン Zac Gallen

走者も打者もあきれる牽制攻撃

先発

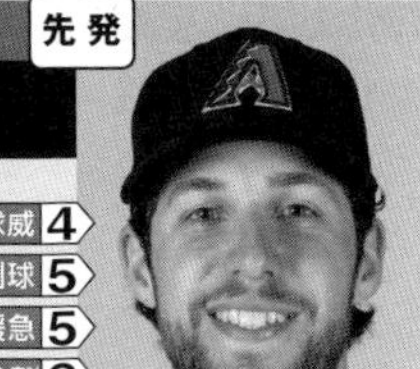

26歳 1995.8.3生 | 188cm | 90kg | 右投右打

◆速球のスピード／140キロ台後半(フォーシーム)
◆決め球と持ち球／☆チェンジアップ、◎フォーシーム、◎カーブ、○カッター
◆対左.213 ◆対右.207 ◆ホ防3.16 ◆ア防2.31
◆ド2016③カーディナルス ◆出ニュージャージー州
◆年57万500ドル(約5990万円)＋α

球威4 制球5 緩急5 守備・牽制3 度胸4

過小評価を覆(くつがえ)したいエース候補。昨季は打線の援護を得られず、3勝に終わったが、速球のほかに、4種類の変化球を低めに集めて空振りとゴロを量産。防御率2.75は、ナショナル・リーグ6位の数字だった。また、9度のQSは、ダルビッシュ有の10に次ぐ、リーグ2位タイの数だ。8月には、デビュー以来、23先発連続で自責点3以下というメジャー新記録を達成している。一方、塁上にランナーがいると気になるようで、昨季の牽制球149回はメジャーでダントツ（2位は53回）だったが、アウトにしたのは0回だった。ピッチングの際は、捕手のサインがよく見えるように、スポーツ眼鏡を着用。

カモ T・ストーリー(ロッキーズ).182(11-2)0本　苦手 C・ブラックモン(ロッキーズ).583(12-7)0本

年度	所属チーム	勝利	敗戦	防御率	試合数	先発	セーブ	投球イニング	被安打	失点	自責点	被本塁打	与四球	奪三振	WHIP
2019	マーリンズ	1	3	2.72	7	7	0	36.1	25	12	11	3	18	43	1.18
2019	ダイヤモンドバックス	2	3	2.89	8	8	0	43.2	37	14	14	5	18	53	1.26
2019	2チーム計	3	6	2.81	15	15	0	80.0	62	26	25	8	36	96	1.23
2020	ダイヤモンドバックス	3	2	2.75	12	12	0	72.0	55	24	22	9	25	82	1.11
通算成績		6	8	2.78	27	27	0	152.0	117	50	47	17	61	178	1.17

40 マディソン・バムガーナー Madison Bumgarner

趣味に興じている場合ではない状況

先発

32歳 1989.8.1生 | 193cm | 116kg | 左投右打

◆速球のスピード／140キロ台前半(フォーシーム)
◆決め球と持ち球／◎カーブ、◎フォーシーム、◎カッター、△チェンジアップ
◆対左.255 ◆対右.285 ◆ホ防5.65 ◆ア防6.91
◆ド2007①ジャイアンツ ◆出ノースカロライナ州
◆年1900万ドル(約19億9500万円) ◆シルバースラッガー賞2回(14、15年)

球威4 制球4 緩急3 守備・牽制4 度胸4

一刻も早く復調しなければならないエース左腕。移籍1年目の昨季は速球のスピードが全盛期から約7キロも減速し、奪三振／与四球率は2.31と半減、WHIPもキャリアワーストだった。ゴロよりもフライを打たれることが増えたせいで、被本塁打率（2.81）も悪化した。変則シーズンだったことで、開幕までの調整ルーティンが狂ったのが要因だと、球団は信じようとしている。昨年2月、「メイソン・サンダース」という偽名で、趣味のロデオ大会に出場したことが発覚。名字は妻アリさんの旧姓で、名はマディソンの短縮形。

カモ C・テイラー(ドジャース).120(25-3)0本　苦手 F・タティース・ジュニア(パドレス).545(11-6)2本

年度	所属チーム	勝利	敗戦	防御率	試合数	先発	セーブ	投球イニング	被安打	失点	自責点	被本塁打	与四球	奪三振	WHIP
2009	ジャイアンツ	0	0	1.80	4	1	0	10.0	8	2	2	2	3	10	1.10
2010	ジャイアンツ	7	6	3.00	18	18	0	111.0	119	40	37	11	26	86	1.31
2011	ジャイアンツ	13	13	3.21	33	33	0	204.2	202	82	73	12	46	191	1.21
2012	ジャイアンツ	16	11	3.37	32	32	0	208.1	183	87	78	23	49	191	1.11
2013	ジャイアンツ	13	9	2.77	31	31	0	201.1	146	68	62	15	62	199	1.03
2014	ジャイアンツ	18	10	2.98	33	33	0	217.1	194	81	72	21	43	219	1.09
2015	ジャイアンツ	18	9	2.93	32	32	0	218.1	181	73	71	21	39	234	1.01
2016	ジャイアンツ	15	9	2.74	34	34	0	226.2	179	79	69	26	54	251	1.03
2017	ジャイアンツ	4	9	3.32	17	17	0	111.0	101	41	41	17	20	101	1.09
2018	ジャイアンツ	6	7	3.26	21	21	0	129.2	118	51	47	14	43	109	1.24
2019	ジャイアンツ	9	9	3.90	34	34	0	207.2	191	99	90	30	43	203	1.13
2020	ダイヤモンドバックス	1	4	6.48	9	9	0	41.2	47	31	30	13	13	30	1.44
通算成績		120	96	3.20	298	295	0	1887.2	1669	734	672	205	441	1824	1.12

対左＝対左打者被打率　対右＝対右打者被打率　ホ防＝ホーム防御率　ア防＝アウェー防御率
ド＝ドラフトデータ　出＝出身地　年＝年俸　カモ 苦手 は通算成績

31 コロナ陽性判定の1カ月後にトレード移籍 先発
ケイレブ・スミス *Caleb Smith*

30歳 1991.7.28生 | 183cm | 93kg | 左投右打
◆速球のスピード／140キロ台後半(フォーシーム)
◆決め球と持ち球／◎フォーシーム、◎スライダー、○チェンジアップ、○カーブ
◆対左.143 ◆対右.118 ◆ホ防1.00 ◆ア防5.40
◆ド2013⑭ヤンキース ◆出テキサス州
◆年146.5万ドル(約1億5383万円)

球威3 制球2 緩急3 守備・牽制3 度胸4

昨季開幕直後の新型コロナウイルスの検査で、陽性判定を受けたマーリンズ17選手の一人。そのため7月25日に一度先発で起用されたあと、隔離生活を強いられることに。8月15日に活動再開が許可されたが、同月31日のトレード期限ギリギリに、スターリング・マーテイがらみの3対1のトレードで、ダイヤモンドバックスへ移籍となった。ピッチングはフォーシームの速球に、スライダー、チェンジアップ、カーブを交えて組み立てる。欠点は、荒れ球で球数が多くなりすぎることと、被本塁打の多さ。一昨年の被本塁打33は、ナショナル・リーグでワーストの数字だった。バッティングが得意。

カモ M・マチャード(パドレス).000(5-0)0本　苦手 B・ポージー(ジャイアンツ).800(5-4)0本

年度	所属チーム	勝利	敗戦	防御率	試合数	先発	セーブ	投球イニング	被安打	失点	自責点	被本塁打	与四球	奪三振	WHIP
2017	ヤンキース	0	1	7.71	9	2	0	18.2	21	16	16	4	10	18	1.66
2018	マーリンズ	5	6	4.19	16	16	0	77.1	63	36	36	10	33	88	1.24
2019	マーリンズ	10	11	4.52	28	28	0	153.1	128	82	77	33	60	168	1.23
2020	マーリンズ	0	0	3.00	1	1	0	3.0	1	1	1	1	6	3	2.33
2020	ダイヤモンドバックス	0	0	2.45	4	3	0	11.0	5	3	3	2	6	12	1.00
2020	2チーム計	0	0	2.57	5	4	0	14.0	6	4	4	3	12	15	1.29
通算成績		15	18	4.55	58	50	0	263.1	218	138	133	50	115	289	1.26

24 昨季はメジャーワーストの9敗 先発
ルーク・ウィーヴァー *Luke Weaver*

28歳 1993.8.21生 | 188cm | 84kg | 右投右打
◆速球のスピード／150キロ前後(フォーシーム主体)
◆決め球と持ち球／◎チェンジアップ、△フォーシーム、△カッター、△カーブ
◆対左.320 ◆対右.265 ◆ホ防6.58 ◆ア防6.58
◆ド2014①カーディナルス ◆出フロリダ州
◆年195万ドル(約2億475万円)

球威2 制球4 緩急4 守備・牽制3 度胸3

復調が待たれている素質十分の2014年ドラフト1巡目（カーディナルス）投手。2019年後半を右前腕(ぜんわん)部の故障で棒に振り、心配された昨季は大負けを喫する不本意な内容だった。投球の8割以上を占める速球と決め球のチェンジアップを狙われて、痛打を浴びるケースが多かったのがその原因。ただ、腕が本調子ではなかったわりにシーズンを通して投げ切れたことは収穫だった。カッターやカーブを磨いて、ストライクゾーンで勝負できるようになれば、十分に先発ローテーションの一角を占めることは可能だ。敬虔(けいけん)なキリスト教徒で、クリスチャンアスリート専門誌に、レギュラーで寄稿している。

カモ W・フローレス(ジャイアンツ).000(7-0)0本　苦手 C・ベリンジャー(ドジャース).500(8-4)2本

年度	所属チーム	勝利	敗戦	防御率	試合数	先発	セーブ	投球イニング	被安打	失点	自責点	被本塁打	与四球	奪三振	WHIP
2016	カーディナルス	1	4	5.70	9	8	0	36.1	46	29	23	7	12	45	1.60
2017	カーディナルス	7	2	3.88	13	10	0	60.1	59	27	26	7	17	72	1.26
2018	カーディナルス	7	11	4.95	30	25	0	136.1	150	83	75	19	54	121	1.50
2019	ダイヤモンドバックス	4	3	2.94	12	12	0	64.1	55	22	21	6	14	69	1.07
2020	ダイヤモンドバックス	1	9	6.58	12	12	0	52.0	63	39	38	10	18	55	1.56
通算成績		20	29	4.71	76	67	0	349.1	373	200	183	49	115	362	1.40

58 低めのコントロールが生命線

ステファン・クライトン *Stefan Crichton*

クローザー

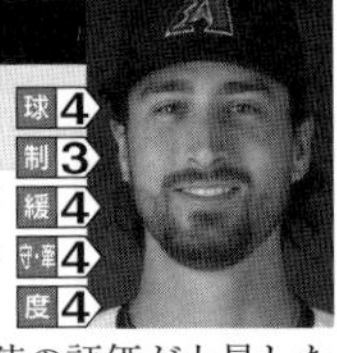

29歳 1992.2.29生 | 191cm | 93kg | 右投右打 速140キロ台後半(ツーシーム) 決◎カーブ 対左.185 対右.246 ド2013㉓オリオールズ 出テキサス州 年57万500ドル(約5990万円)+α

球4 制3 緩4 守・牽4 度4

チャンスを生かして足場を築いたクローザー候補。2013年ドラフト23巡目でオリオールズへ入団し、4年後にメジャーデビューを果たすも結果を残せず、18年にダイヤモンドバックスへ。移籍後、得意の変化球が低めに決まり始め、首脳陣の評価が上昇した。昨季は前任のアーチー・ブラッドリーがチームを去った9月以降、抑えを任され、キャリア初セーブをマーク。ラスト7登板を無失点で切り抜け「テスト」に合格し、今季は晴れて開幕からクローザーとして起用される予定だ。奪三振よりも、投球のほぼすべてを占めるツーシームとカーブで、ゴロアウトを量産するタイプ。

年度	所属チーム	勝利	敗戦	防御率	試合数	先発	セーブ	投球イニング	被安打	失点	自責点	被本塁打	与四球	奪三振	WHIP
2020	ダイヤモンドバックス	2	2	2.42	26	0	5	26.0	22	7	7	1	9	23	1.19
通算成績		3	2	3.93	62	0	5	68.2	71	30	30	6	21	64	1.34

48 メキシコ人最多登板記録を持つ鉄人

ホアキム・ソリア *Joakim Soria*

クローザー セットアップ

移籍

37歳 1984.5.18生 | 191cm | 94kg | 右投右打 速150キロ前後(フォーシーム主体) 決◎フォーシーム 対左.130 対右.250 ド2001(外)ドジャース 出メキシコ 年350万ドル(約3億6750万円)

球4 制4 緩4 守・牽4 度4

1年350万ドルで加入した、メキシコ人として史上最多の732登板を果たしている大ベテラン。スライダー、スプリッター、カーブ、チェンジアップと球種が豊富。2008年、10年にオールスターに出場した頃と比べれば、さすがに衰えは隠せないが、年ごとに球種配分のアップデートを繰り返すことで攻略を許さず、安定した成績を収めてきた頭脳派リリーバー。昨季は一時期の軸だったチェンジアップを大胆に封印し、好成績を生み出した。若手時代の二つ名は「メキシコの処刑人」だったが、「母国に暴力的な印象を与える」と拒否。それ以来、あだ名らしいあだ名が付いていない。

年度	所属チーム	勝利	敗戦	防御率	試合数	先発	セーブ	投球イニング	被安打	失点	自責点	被本塁打	与四球	奪三振	WHIP
2020	アスレティックス	2	2	2.82	22	0	2	22.1	18	8	7	1	10	24	1.25
通算成績		35	41	3.01	732	1	223	725.2	594	258	243	61	219	791	1.12

29 わずか5登板で首脳陣の信頼を獲得

メリル・ケリー *Merrill Kelly*

先発

33歳 1988.10.14生 | 188cm | 95kg | 右投右打 速140キロ台後半(フォーシーム主体) 決◎カッター 対左.173 対右.254 ド2010⑧レイズ 出アリゾナ州 年425万ドル(約4億4625万円)

球3 制4 緩3 守・牽2 度3

期待以上の成果を生み続けている韓国帰りの右腕。昨季は一昨年の活躍を受け、開幕直前に先発5番手の座に滑り込んだ。初登板で7回1死まで無安打投球を続けて初勝利をマークすると、4登板連続でQSを達成。その後、肩関節の神経障害のために8月下旬に戦線離脱するも、望外の好投を見せた。多彩な変化球を低めに投げ分け、抜群の制球力で打ち取るタイプ。昨年9月には胸郭出口症候群(きょうかくでぐちしょうこうぐん)のために手術を受けたが、「思いのほかリハビリは快調だった」と本人が語るように、回復は順調。オフに球団はオプションを行使し、今季もダイヤモンドバックスで投げることになった。

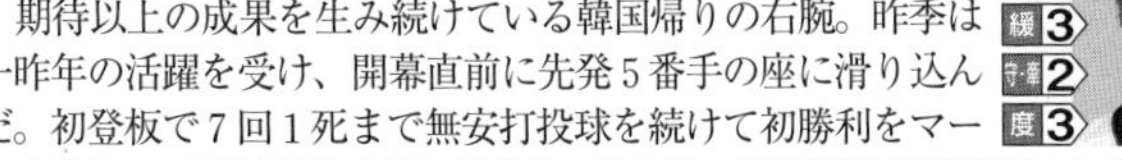

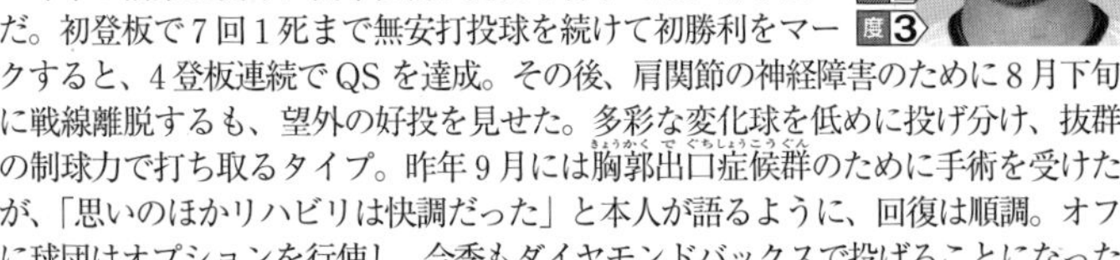

年度	所属チーム	勝利	敗戦	防御率	試合数	先発	セーブ	投球イニング	被安打	失点	自責点	被本塁打	与四球	奪三振	WHIP
2020	ダイヤモンドバックス	3	2	2.59	5	5	0	31.1	26	9	9	5	5	29	0.99
通算成績		16	16	4.15	37	37	0	214.2	210	104	99	34	62	187	1.27

速=速球のスピード 決=決め球 対左=対左打者被打率 対右=対右打者被打率
ド=ドラフトデータ 出=出身地 年=年俸

49 一番の武器はナックルカーブ アレックス・ヤング *Alex Young*

先発 ロングリリーフ

28歳 1993.9.9生 | 191cm | 100kg | 左投左打 速140キロ台後半(フォーシーム、ツーシーム) 決◎カーブ 対左.241 対右.292 ド2015②ダイヤモンドバックス 出オハイオ州 年57万500ドル(約5990万円)+α

球2 制3 緩4 守・牽3 度3

多彩な球種を操るサウスポー。マイナーでは平凡な成績だったが、一昨年6月、先発不足のチーム事情によってメジャー初昇格。すると立て続けに好投し、そのままメジャーに定着してしまった。昨季開幕時はブルペンに回ったが、8月半ばからは先発ローテーションに入って投げている。ただ、リリーフ防御率が4.20であるのに対し、先発防御率は6.03だった。今季も昨季同様、ローテーションから離脱者が出た場合、その代わりに先発で投げることになるだろう。ピッチングは、カッター、フォーシーム、ツーシーム、ナックルカーブ、チェンジアップを組み合わせて投げる。

年度	所属チーム	勝利	敗戦	防御率	試合数	先発	セーブ	投球イニング	被安打	失点	自責点	被本塁打	与四球	奪三振	WHIP
2020	ダイヤモンドバックス	2	4	5.44	15	7	0	46.1	51	30	28	11	14	39	1.40
通算成績		9	9	4.23	32	22	0	129.2	123	70	61	25	41	110	1.26

37 真価が問われる奪三振マシン ケヴィン・ギンケル *Kevin Ginkel*

セットアップ

27歳 1994.3.24生 | 193cm | 107kg | 右投左打 速150キロ台前半(フォーシーム) 決◎スライダー 対左.241 対右.378 ド2016㉒ダイヤモンドバックス 出カリフォルニア州 年57万500ドル(約5990万円)+α

球4 制2 緩3 守・牽2 度3

今季状況によっては、守護神の座が巡ってくるかもしれないリリーフ右腕。2016年に22巡目という低い評価でプロ入りしたが、マイナーの階段を駆け上がり、19年途中に3A昇格。そこで16回2/3で36個の三振（奪三振率19.4）を奪い注目されると、同年8月、メジャー初昇格。25試合で防御率1.48の好成績をマークした。そのため昨季は、クローザーになり得る存在として期待されたが、7月24日の開幕戦で試合をぶち壊す大量失点。その後も制球が定まらず、最後まで不安定な投球が続いた。武器は最速157キロの速球。スライダーも切れ味鋭いが、打者に見極められやすい。

年度	所属チーム	勝利	敗戦	防御率	試合数	先発	セーブ	投球イニング	被安打	失点	自責点	被本塁打	与四球	奪三振	WHIP
2020	ダイヤモンドバックス	0	2	6.75	19	0	1	16.0	21	13	12	3	13	18	2.13
通算成績		3	2	3.57	44	0	3	40.1	36	20	16	5	22	46	1.44

25 コービン・マーティン *Corbin Martin*

先発 期待度A⁻ ルーキー

26歳 1995.12.28生 | 188cm | 103kg | 右投右打 ◆一昨年はメジャーで5試合出場 ド2017②アストロズ 出テキサス州

一昨年5月、アストロズでメジャーデビューしたが、すぐに右ヒジを痛めてトミー・ジョン手術。その直後、グリンキーの交換要員の一人としてアリゾナに来た。ピッチングは150キロ前後のフォーシームの速球に、スライダー、カーブ、チェンジアップを組み合わせる。ヒジの状態はすでに問題ない。

73 J.B.ブカウスカス *J.B. Bukauskas*

先発 リリーフ 期待度B⁻ ルーキー

25歳 1996.10.11生 | 183cm | 95kg | 右投右打 ◆一昨年は2Aでプレー ド2017①アストロズ 出ヴァージニア州

一昨年7月、グリンキーの交換要員の一人として、アストロズからやって来た右腕。ピッチングは150キロ台前半の速球（フォーシーム、ツーシーム）と、スライダーのコンビネーション。14年のドラフトでダイヤモンドバックスが20巡目に指名したが、このときはプロ入りせず、大学に進学している。

※昨季、マイナーリーグは中止
※メジャー経験がない投手の「先発」「リリーフ」はマイナーでの役割

野手

56 コール・カルフーン *Kole Calhoun*

本塁打を打つコツをつかんだ引っ張り屋　ライト

34歳 1987.10.14生 | 178cm | 95kg | 左投左打
◆対左投手打率／.229 ◆対右投手打率／.255
◆ホーム打率／.202 ◆アウェー打率／.248 ◆得点圏打率／.256
◆20年のポジション別出場数／ライト=48、DH=6
◆(ド)2010⑧エンジェルス ◆(出)アリゾナ州
◆(年)800万ドル(約8億4000万円) ◆ゴールドグラブ賞1回(15年)

ミート 2　パワー 5　走塁 4　守備 4　肩 4

故郷アリゾナに移籍して長打力を発揮している、元気いっぱいのスラッガー。地元での１年目となった昨季は、開幕３週間前に新型コロナの陽性判定を受けたが、すぐさま抗体検査で陰性となり事なきを得た。すると打線の主軸を任され、元来のプルヒッターぶりがますます加速。打率は低いものの本塁打、打点をキャリアハイペースで伸ばしていった。とくに９月は８本塁打、21打点の活躍。変化球にうまく対応できたのがその要因だ。新築当時、小学生の頃に訪れ、あこがれだった本拠地球場で、気分良くプレーしている。

カモ D・ラメット(パドレス).429(7-3)2本　**苦手** C・カーショウ(ドジャース).111(18-2)0本

年度	所属チーム	試合数	打数	得点	安打	二塁打	三塁打	本塁打	打点	四球	三振	盗塁	盗塁死	出塁率	OPS	打率
2012	エンジェルス	21	23	2	4	1	0	0	1	2	6	1	0	.240	.457	.174
2013	エンジェルス	58	195	29	55	7	2	8	32	21	41	2	2	.347	.808	.282
2014	エンジェルス	127	493	90	134	31	3	17	58	38	104	5	3	.325	.776	.272
2015	エンジェルス	159	630	78	161	23	2	26	83	45	164	4	1	.308	.731	.256
2016	エンジェルス	157	594	91	161	35	5	18	75	67	118	2	3	.348	.786	.271
2017	エンジェルス	155	569	77	139	23	2	19	71	71	134	5	1	.333	.725	.244
2018	エンジェルス	137	491	71	102	18	2	19	57	53	133	6	2	.283	.652	.208
2019	エンジェルス	152	552	92	128	29	1	33	74	70	162	4	1	.325	.792	.232
2020	ダイヤモンドバックス	54	190	35	43	9	0	16	40	28	50	1	1	.338	.864	.226
通算成績		1020	3737	565	927	176	17	156	491	395	912	30	14	.323	.753	.248

6 デイヴィッド・ペラルタ *David Peralta*

チャンスに強いクラッチヒッター　レフト DH

34歳 1987.8.14生 | 185cm | 100kg | 左投左打
◆対左投手打率／.261 ◆対右投手打率／.312
◆ホーム打率／.320 ◆アウェー打率／.282 ◆得点圏打率／.361
◆20年のポジション別出場数／レフト=45、DH=8
◆(ド)2004(外)カーディナルス ◆(出)ベネズエラ ◆(年)750万ドル(約7億8750万円)
◆ゴールドグラブ賞1回(19年)、シルバースラッガー賞1回(18年)

ミート 4　パワー 4　走塁 2　守備 4　肩 3

チームの得点源として頼りにされている、ベネズエラ出身の看板選手。2200万ドル３年契約の１年目だった昨季は、序盤の不調から徐々に立ち直り、９月は打率３割３分３厘と本来の力を発揮。チャンスに強いのも相変わらずだった。米国の市民権を得ているが、母国への思いは強く、自分と同じ誕生日の３歳になる長女ソフィアちゃんとは、スペイン語で会話している。名前の綴(つづ)りも「Sophia」ではなく、ラテン系である証(あかし)として「Sofia」である。

カモ ダルビッシュ有(パドレス).571(7-4)2本　**苦手** J・クエト(ジャイアンツ).067(15-1)0本

年度	所属チーム	試合数	打数	得点	安打	二塁打	三塁打	本塁打	打点	四球	三振	盗塁	盗塁死	出塁率	OPS	打率
2014	ダイヤモンドバックス	88	329	40	94	12	9	8	36	16	60	6	3	.320	.770	.286
2015	ダイヤモンドバックス	149	462	61	144	26	10	17	78	44	107	9	4	.371	.893	.312
2016	ダイヤモンドバックス	48	171	23	43	9	5	4	15	8	42	2	0	.295	.728	.251
2017	ダイヤモンドバックス	140	525	82	154	31	3	14	57	43	94	8	4	.352	.796	.293
2018	ダイヤモンドバックス	146	560	75	164	25	5	30	87	48	124	4	0	.352	.868	.293
2019	ダイヤモンドバックス	99	382	48	105	29	3	12	57	35	87	0	0	.343	.804	.275
2020	ダイヤモンドバックス	54	203	19	61	10	1	5	34	13	45	1	0	.339	.773	.300
通算成績		724	2632	348	765	142	36	90	364	207	559	30	11	.346	.820	.291

4 今季も内野手としての起用が濃厚
ケテル・マーテイ *Ketel Marte*

セカンド

28歳 1993.10.12生 | 185cm | 95kg | 右投両打
◆対左投手打率/.423 ◆対右投手打率/.233
◆ホーム打率/.269 ◆アウェー打率/.307 ◆得点圏打率/.357
◆20年のポジション別出場数/セカンド=41、センター=3、ショート=2、DH=1
◆ド2010外マリナーズ ◆出ドミニカ
◆年600万ドル(約6億3000万円)

ミート4 パワー4 走塁3 守備4 肩3

内外野ともにレギュラー候補の両打ちの2番打者。打撃が開眼した一昨年がウソのように、昨季は「元通りの成績」に落ち着いた。右打席では打率4割2分3厘と大当たりだったのに、左打席で2割3分3厘と大きく低迷したのが主たる原因。また、四球率が3.6%と極端に悪化したので、出塁率も低調だった。センターとの併用だった一昨年から、スターリング・マーテイの加入でセカンドに固定されたのは良かったが、外野を守るときのほうが打撃は好調だっただけに、今季はどうするのか、球団は編成に苦慮するだろう。

カモ C·パダック(パドレス).500(12-6)0本 苦手 D·プライス(ドジャース).000(7-0)0本

年度	所属チーム	試合数	打数	得点	安打	二塁打	三塁打	本塁打	打点	四球	三振	盗塁	盗塁死	出塁率	OPS	打率
2015	マリナーズ	57	219	25	62	14	3	2	17	24	43	8	4	.351	.753	.283
2016	マリナーズ	119	437	55	113	21	2	1	33	18	84	11	5	.287	.610	.259
2017	ダイヤモンドバックス	73	223	30	58	11	2	5	18	29	37	3	1	.345	.740	.260
2018	ダイヤモンドバックス	153	520	68	135	26	12	14	59	54	79	6	1	.332	.768	.260
2019	ダイヤモンドバックス	144	569	97	187	36	9	32	92	53	86	10	2	.389	.981	.329
2020	ダイヤモンドバックス	45	181	19	52	14	1	2	17	7	21	1	0	.323	.732	.287
通算成績		591	2149	294	607	122	29	56	236	185	350	39	13	.341	.785	.282

5 体重管理の失敗でスイングがにぶる
エドゥアルド・エスコバー *Eduardo Escobar*

サード

32歳 1989.1.5生 | 178cm | 95kg | 右投両打
◆対左投手打率/.213 ◆対右投手打率/.211
◆ホーム打率/.268 ◆アウェー打率/.160 ◆得点圏打率/.213
◆20年のポジション別出場数/サード=47、DH=4、セカンド=3
◆ド2006外ホワイトソックス ◆出ベネズエラ
◆年750万ドル(約7億8750万円)

ミート3 パワー4 走塁3 守備4 肩3

攻守のキープレーヤーとなるスイッチヒッター。昨季はキャリア最高の打撃力を披露した一昨年から、最悪のシーズンへと暗転。強い打球を打ち返せず、飛距離がかなり落ちたせいで本塁打が激減し、中軸としての責任を果たせなかった。開幕が遅れたことで体調管理がうまくいかず、「体重増加が原因でスイングがにぶくなったせい」とロヴロ監督は結論づけている。同時に「チーム不振の責任を背負いすぎるので、もっと肩の力を抜いてほしい」とも。

カモ G·マルケス(ロッキーズ).588(17-10)1本 苦手 C·パダック(パドレス).083(12-1)0本

年度	所属チーム	試合数	打数	得点	安打	二塁打	三塁打	本塁打	打点	四球	三振	盗塁	盗塁死	出塁率	OPS	打率
2011	ホワイトソックス	9	7	0	2	0	0	0	0	0	1	0	0	.286	.571	.286
2012	ホワイトソックス	36	87	14	18	4	1	0	3	9	23	2	0	.281	.557	.207
2012	ツインズ	14	44	4	10	0	0	0	6	2	8	1	0	.271	.498	.227
2012	2チーム計	50	131	18	28	4	1	0	9	11	31	3	0	.278	.537	.214
2013	ツインズ	66	165	23	39	5	2	3	10	11	34	0	2	.282	.628	.236
2014	ツインズ	133	433	52	119	35	2	6	37	24	93	1	1	.315	.721	.275
2015	ツインズ	127	409	48	107	31	4	12	58	28	86	2	3	.309	.754	.262
2016	ツインズ	105	352	32	83	14	2	6	37	21	72	1	3	.280	.618	.236
2017	ツインズ	129	457	62	116	16	5	21	73	33	98	5	1	.309	.758	.254
2018	ツインズ	97	368	45	101	37	3	15	63	34	91	1	3	.338	.852	.274
2018	ダイヤモンドバックス	54	198	30	53	11	0	8	21	18	35	1	1	.327	.772	.268
2018	2チーム計	151	566	75	154	48	3	23	84	52	126	2	4	.334	.824	.272
2019	ダイヤモンドバックス	158	636	94	171	29	10	35	118	50	130	5	1	.320	.831	.269
2020	ダイヤモンドバックス	54	203	22	43	7	3	4	20	15	41	1	0	.270	.605	.212
通算成績		982	3359	426	862	189	32	110	446	245	712	20	15	.308	.739	.257

13 ニック・アーメド Nick Ahmed

打撃向上を目指す、守備の名人

ショート

31歳 1990.3.15生 | 188cm | 91kg | 右投右打
◆対左投手打率／.274 ◆対右投手打率／.263
◆ホーム打率／.276 ◆アウェー打率／.257 ◆得点圏打率／.308
◆20年のポジション別出場数／ショート=57
◆Ⓓ2011②ブレーブス ◆出マサチューセッツ州
◆年750万ドル(約7億8750万円) ◆ゴールドグラブ賞2回(18、19年)

ミート3 パワー3 走塁4 守備5 肩5

守備だけでなく、打撃でも開眼を目指す一流ショートストップ。長打を連発し、キャリアハイの成績を残した一昨年に続いて期待された昨季だったが、開幕から不振におちいり、一時、1割台半ばに打率が落ち込んだ。しかし8月後半から盛り返し、帳尻を合わせている。ショートの守備は、守備範囲がやや狭まり3年連続のゴールドグラブ賞は逃したものの、強肩に加え、素早い送球動作と正確さは依然トップクラスだ。昨年、2歳下の弟マイクが、ダイヤモンドバックスとマイナー契約を交わし、春季キャンプに参加。3月のオープン戦では、兄弟が同じユニフォームで同時に出場する念願がかなった。

カモ A・センザテーラ(ロッキーズ).429(21-9)0本 苦手 J・クエト(ジャイアンツ).083(12-1)0本

年度	所属チーム	試合数	打数	得点	安打	二塁打	三塁打	本塁打	打点	四球	三振	盗塁	盗塁死	出塁率	OPS	打率
2014	ダイヤモンドバックス	25	70	9	14	2	0	1	4	3	10	0	1	.233	.504	.200
2015	ダイヤモンドバックス	134	421	49	95	17	6	9	34	29	81	4	5	.275	.634	.226
2016	ダイヤモンドバックス	90	284	26	62	9	1	4	20	15	58	5	2	.265	.564	.218
2017	ダイヤモンドバックス	53	167	24	42	8	1	6	21	10	39	3	4	.298	.717	.251
2018	ダイヤモンドバックス	153	516	61	121	33	5	16	70	40	109	5	4	.290	.700	.234
2019	ダイヤモンドバックス	158	556	79	141	33	6	19	82	52	113	8	2	.316	.753	.254
2020	ダイヤモンドバックス	57	199	29	53	10	1	5	29	18	46	4	0	.327	.729	.266
通算成績		670	2213	277	528	112	20	60	260	167	456	29	18	.293	.681	.239

53 クリスチャン・ウォーカー Christian Walker

ベンチは本塁打量産に期待

ファースト DH

30歳 1991.3.28生 | 183cm | 95kg | 右投右打
◆対左投手打率／.232 ◆対右投手打率／.284
◆ホーム打率／.254 ◆アウェー打率／.290 ◆得点圏打率／.290
◆20年のポジション別出場数／ファースト=43、DH=14
◆Ⓓ2012④オリオールズ ◆出ペンシルヴァニア州
◆年57万500ドル(約5990万円)+α

ミート3 パワー5 走塁3 守備5 肩3

遅咲きながら、中心打者への道を歩んでいる一塁手。パワーあふれるスイングでブレイクした一昨年に続き、昨季も効果的な役割を果たした。9月に失速さえしなければ、打率3割も可能だった。選球眼がアップすればより怖いバッターとなり、一塁の守備もうまいので、大型契約も夢ではない。同地区ドジャースのエース、クレイトン・カーショウをカモにしているのも頼もしい。フィラデルフィア郊外の出身で、子供の頃からの「熱狂的なフィリーズファン」を自称している。サウスカロライナ大学時代の2010、11年には、カレッジワールドシリーズ連覇に貢献。シリーズ史上最多安打もマークした。

カモ C・カーショウ(ドジャース).368(19-7)4本 苦手 C・パダック(パドレス).111(9-1)0本

年度	所属チーム	試合数	打数	得点	安打	二塁打	三塁打	本塁打	打点	四球	三振	盗塁	盗塁死	出塁率	OPS	打率
2014	オリオールズ	6	18	1	3	1	0	1	1	1	9	0	0	.211	.599	.167
2015	オリオールズ	7	9	0	1	0	0	0	0	3	4	0	0	.333	.444	.111
2017	ダイヤモンドバックス	11	12	2	3	1	0	2	2	1	5	0	0	.400	1.233	.250
2018	ダイヤモンドバックス	37	49	6	8	2	0	3	6	3	22	1	0	.226	.614	.163
2019	ダイヤモンドバックス	152	529	86	137	26	1	29	73	67	155	8	1	.348	.825	.259
2020	ダイヤモンドバックス	57	218	35	59	18	1	7	34	19	50	1	1	.333	.792	.271
通算成績		270	835	130	211	48	2	42	116	94	245	10	2	.335	.801	.253

野手

18 ヤディアー・モリナに見込まれた男
カーソン・ケリー *Carson Kelly*

キャッチャー

27歳 1994.7.14生 | 188cm | 95kg | 右投右打 盗塁阻止率／.050(20-1) 対左.130 対右.276 ホ.279 ア.164 得.367 ド2012②カーディナルス 出イリノイ州 年57万500ドル(約5990万円)+α

ミ3 パ3 走2 守4 肩4

近い将来、メジャーを代表する捕手になる可能性を秘めた逸材。ネックだった打撃面で2019年に開眼し、一流へ近づいたかに見えたが、昨季は悪球に手を出しすぎて出塁率が大きく低下。上位を打つにはまだ実力不足であることを露呈した。トップ・プロスペクト（最有望株）だったカーディナルス時代は、正捕手ヤディアー・モリナに見込まれ、当時監督のマイク・マシーニーの薫陶（くんとう）も受けた。2人の名捕手から、次代を担う後継者と目されていただけに、成長過程を脱して、そろそろ素質を本格的に開花させてほしいところだ。プロ入り前は、内野手兼投手としてプレーしていた。

年度	所属チーム	試合数	打数	得点	安打	二塁打	三塁打	本塁打	打点	四球	三振	盗塁	盗塁死	出塁率	OPS	打率
2020	ダイヤモンドバックス	39	122	11	27	5	0	5	19	6	29	0	0	.264	.649	.221
通算成績		213	553	64	122	28	0	23	76	62	128	0	0	.305	.701	.221

12 走ってマスクもかぶれる便利な選手
ドールトン・ヴァーショ *Daulton Varsho*

センター キャッチャー

25歳 1996.7.2生 | 178cm | 93kg | 右投左打 盗塁阻止率／.143(7-1) 対左.143 対右.212 ホ.224 ア.154 得.125 ド2017②ダイヤモンドバックス 出ウィスコンシン州 年57万500ドル(約5990万円)+α

ミ3 パ4 走4 守4 肩3

マイナーで打棒を爆発させてチャンスをつかんだ有望株。2017年ドラフトの2巡目指名で入団すると、19年には2Aで結果を残し、昨季は開幕直後にメジャー初昇格。第3の捕手としてベンチに控えるかと思いきや、外野手としての起用が中心となった。攻撃面では安打量産とはいかなかったが、9月に入って長打が増えるなど、成長を見せている。外野の守備では主にセンターで出場し、安定した守りを見せていた。今季は果たして、外野一本なのかユーティリティでいくのか。それは今後の補強次第だ。父ゲーリーも元メジャーの外野手で、パイレーツなどで8シーズンプレー。

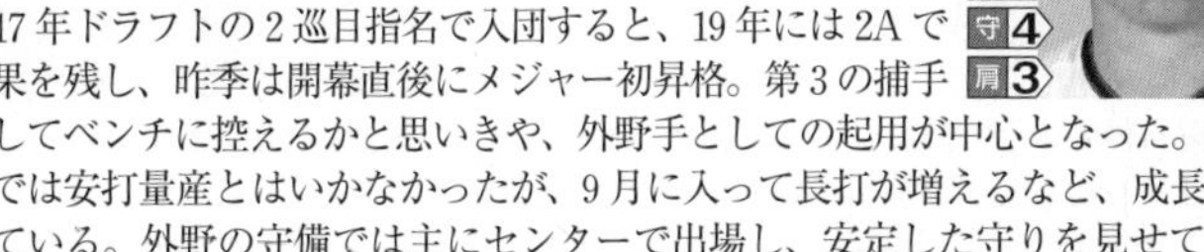

年度	所属チーム	試合数	打数	得点	安打	二塁打	三塁打	本塁打	打点	四球	三振	盗塁	盗塁死	出塁率	OPS	打率
2020	ダイヤモンドバックス	37	101	16	19	5	2	3	9	12	33	3	1	.287	.653	.188
通算成績		37	101	16	19	5	2	3	9	12	33	3	1	.287	.653	.188

ダイヤモンドバックス

21 移籍する先々で人気者となるベテラン
スティーヴン・ヴォート *Stephen Vogt*

キャッチャー

37歳 1984.11.1生 | 183cm | 96kg | 右投左打 盗塁阻止率／.167(18-3) 対左.111 対右.175 ホ.189 ア.143 得.211 ド2007⑫レイズ 出カリフォルニア州 年300万ドル(約3億1500万円)

ミ2 パ3 走2 守3 肩3

2019年オフにジャイアンツからFA移籍。しかし昨季はともにやって来たバムガーナーと、先発バッテリーを組むことは一度もなかった。打撃面ではワーストレベルの三振率が改善せず、まったくいいところがなし。キャリア最低の成績となった。ただ守備面はまずまずで、リード面ではメリル・ケリーと相性が良かった。ロサンゼルス近郊のアズサ・パシフィック大学で出会ったアリッサ夫人との間に、二男一女。夫人は元バスケの名選手で、現役引退後は夫を支えるとともに、ワシントン州内で大学、高校のヘッドコーチを歴任。オフには夫のトレーニングのサポートもしている。

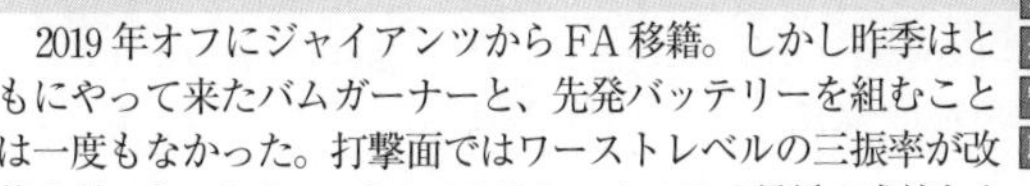

年度	所属チーム	試合数	打数	得点	安打	二塁打	三塁打	本塁打	打点	四球	三振	盗塁	盗塁死	出塁率	OPS	打率
2020	ダイヤモンドバックス	26	72	6	12	5	0	1	7	8	18	0	0	.247	.525	.167
通算成績		646	1970	217	492	111	11	68	265	167	389	4	5	.308	.729	.250

対左=対左投手打率 対右=対右投手打率 ホ=ホーム打率 ア=アウェー打率 得=得点圏打率

16 ティム・ロカストロ *Tim Locastro*

レギュラーで見てみたいワクワクする選手

外野手

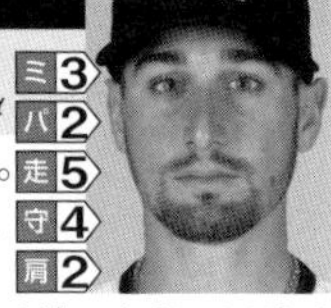

29歳 1992.7.14生 | 185cm | 88kg | 右投右打 対左.224 対右.450 ホ.333 ア.233 得.333 ド2013⑬ブルージェイズ 出ニューヨーク州 年57万500ドル(約5990万円)+α

ミ3 パ2 走5 守4 肩2

打って良し、走って良し、ぶつけられて良しの異能外野手。一昨年は控えにもかかわらず、メジャー4位の22個の死球を食らった。昨季もボールを恐れず打席に立ち、総崩れのシーズンを送っていた打撃陣にあって好調を維持。死球の頻度(ひんど)は減ったが、四球は増え、4割近い出塁率をマークしている。最大の武器は足で、メジャー最速レベルのスピードの持ち主。昨季も盗塁失敗は一度もなく、メジャー通算で盗塁は26、盗塁死は0だ。常時出場できるようになれば、かなりの盗塁をかせげるだろう。外野守備は、肩がやや弱いが、フェンスを恐れないアグレッシブなプレーを見せる。

年度	所属チーム	試合数	打数	得点	安打	二塁打	三塁打	本塁打	打点	四球	三振	盗塁	盗塁死	出塁率	OPS	打率
2020	ダイヤモンドバックス	33	69	15	20	4	1	2	7	8	14	4	0	.395	.859	.290
通算成績		145	293	59	75	17	3	3	24	24	63	26	0	.365	.730	.256

10 ジョシュ・ロハス *Josh Rojas*

あらゆる局面に対応可能

ユーティリティ

27歳 1994.6.30生 | 185cm | 91kg | 右投左打 対左.222 対右.147 ホ.300 ア.122 得.083 ド2017㉖アストロズ 出アリゾナ州 年57万500ドル(約5990万円)+α

ミ3 パ3 走4 守3 肩3

内外野守れる器用さがウリの、ベンチに置いておきたいタイプの万能選手。2019年7月、4対1のトレードで、ザック・グリンキーとの交換要員の一人としてアストロズから移籍。それ以降、外野中心ではあるが、時折セカンド、ショートでも起用されている。19年には2Aと3Aで、打率3割3分2厘、23本塁打をマークしていたが、メジャーではパワー不足の感が否めず、打率も低迷。ただ、選球眼はあるので、出塁率は打率ほど深刻ではない。昨季は8月にメジャーに上がり、9月下旬に腰を痛めるまでバックアップとして働き続けた。左打ちだが、対右投手のほうが結果は出ていない。

年度	所属チーム	試合数	打数	得点	安打	二塁打	三塁打	本塁打	打点	四球	三振	盗塁	盗塁死	出塁率	OPS	打率
2020	ダイヤモンドバックス	17	61	9	11	0	0	0	2	7	16	1	1	.257	.437	.180
通算成績		58	199	26	41	7	0	2	18	25	57	5	3	.295	.567	.206

― ハラルド・ペルドモ *Geraldo Perdomo*

ショート 期待度 A⁻ ルーキー

22歳 1999.10.22生 | 188cm | 84kg | 右投両打 ◆一昨年は1A、1A+でプレー ド2016㊉ダイヤモンドバックス 出ドミニカ

アーメドの有力な後継候補と目されている、ドミニカ出身の内野手。打撃では確実性が高く、三振も少ない。今後、パワーもさらに増していくはずだ。ショートの守備はグラブさばきがうまく、強肩で、打撃よりもさらに評価されている。球団は野球IQの高さも評価。早ければ今季中の昇格もあり得る。

26 ペイヴィン・スミス *Pavin Smith*

ファースト レフト 期待度 C⁺ ルーキー

25歳 1996.2.6生 | 188cm | 95kg | 左投左打 ◆昨季はメジャーで12試合出場 ド2017①ダイヤモンドバックス 出フロリダ州

昨年9月にメジャーデビューした、2017年のドラフト1巡目指名選手（全体7位）。打撃面のウリは、出塁率の高さ。だが、パワー不足な点は否定できず、将来、レギュラー一塁手として起用するには不安が残る。球団は今後、レフトやライトでの出場も増やす方針。一塁の守備は「中の上」レベル。

対左=対左投手打率 対右=対右投手打率 ホ=ホーム打率 ア=アウェー打率 得=得点圏打率 ド=ドラフトデータ 出=出身地 年=年俸
※昨季、マイナーリーグは中止

所属先未定選手

※2021年2月12日時点で、所属先が決まっていない主なプレーヤー

投手

ブルージェイズ移籍後6試合で防御率1.37 先発

タイワン・ウォーカー
Taijuan Walker

29歳 1992.8.13生 | 193cm | 107kg | 右投右打

◆速球のスピード／150キロ前後（フォーシーム主体）
◆決め球と持ち球／◎フォーシーム、◎カッター、◎スプリッター、○カーブ、△シンカー
◆対左打者被打率／.265 ◆対右打者被打率／.178
◆ホーム防御率／2.05 ◆アウェー防御率／3.57
◆ドラフトデータ／2010①マリナーズ
◆出身地／ルイジアナ州

球威 5
制球 3
緩急 3
守備・牽制 4
度胸 4

これまで肩、足、ヒジなどの故障に悩まされ、その才能をなかなかフルに発揮できずにいる右腕。ダイヤモンドバックスで投げていた2018年開幕直後に右ヒジを痛め、トミー・ジョン手術を受けることに。その年は全休で、翌19年も1イニングしかメジャーで投げられなかった。

同年オフ、ダイヤモンドバックスから契約を見送られてしまい、その後も獲得球団が現れなかったことから、昨年2月、公開投球練習の場を設け、各球団のスカウトたちが見守る中、投球を披露した。その結果、古巣マリナーズが1年200万ドルで契約。7月下旬の開幕からローテーションに入って投げ、まずまずの投球を見せていた。だが、本領発揮はここから。8月中旬にブルージェイズへトレードで移籍すると、先発6試合で防御率1.37の好成績をマークし、チームのポストシーズン進出に多大な貢献を果たした。故障リスクの高さはあるが、実力は申し分なく、複数の球団が獲得に興味を示している。17年に長男、昨年11月に次男が誕生。絵本を読んだり、散歩に連れていったりと、子育てを楽しんでいる。

カモ J·カストロ(アストロズ).071(14-1)0本 A·イートン(ホワイトソックス).100(10-1)0本
苦手 M·トラウト(エンジェルス).625(16-10)3本 J·マルティネス(レッドソックス).545(11-6)1本

年度	所属チーム	勝利	敗戦	防御率	試合数	先発	セーブ	投球イニング	被安打	失点	自責点	被本塁打	与四球	奪三振	WHIP
2013	マリナーズ	1	0	3.60	3	3	0	15.0	11	7	6	0	4	12	1.00
2014	マリナーズ	2	3	2.61	8	5	0	38.0	31	12	11	2	18	34	1.29
2015	マリナーズ	11	8	4.56	29	29	0	169.2	163	92	86	25	40	157	1.20
2016	マリナーズ	8	11	4.22	25	25	0	134.1	129	75	63	27	37	119	1.24
2017	ダイヤモンドバックス	9	9	3.49	28	28	0	157.1	148	76	61	17	61	146	1.33
2018	ダイヤモンドバックス	0	0	3.46	3	3	0	13.0	15	5	5	1	5	9	1.54
2019	ダイヤモンドバックス	0	0	0.00	1	1	0	1.0	1	0	0	0	0	1	1.00
2020	マリナーズ	2	2	4.00	5	5	0	27.0	21	13	12	5	8	25	1.07
2020	ブルージェイズ	2	1	1.37	6	6	0	26.1	22	10	4	3	11	25	1.25
2020	2チーム計	4	3	2.70	11	11	0	53.1	43	23	16	8	19	50	1.16
通算成績		35	34	3.84	108	105	0	581.2	541	290	248	80	184	528	1.25

カモ 苦手 は通算成績

球速が低下して市場価値減？

先発

ー ジェイムズ・パクストン *James Paxton*

33歳 1988.11.6生 | 193cm | 103kg | 左投左打

◆速球のスピード／150キロ台前後（ツーシーム、フォーシーム）
◆決め球と持ち球／◎ナックルカーブ、◎フォーシーム、△ツーシーム、△チェンジアップ、△カッター
◆対左.286 ◆対右.283 ◆ホ防6.23 ◆ア防7.36
◆ド2010④マリナーズ ◆出カナダ

球威 4
制球 3
緩急 4
守備・牽制 4
度胸 4

昨季は故障に泣き、わずか1勝に終わった快速左腕。2018年5月8日の敵地ブルージェイズ戦では、カナダ人として初めてカナダの球場でノーヒットノーランを達成。翌19年にはマリナーズからヤンキースに移籍し、15勝6敗、防御率3.82の好成績を残した。だが、昨シーズンは2月に椎間板の手術を受け、長期離脱。7月の開幕には間に合ったが、150キロ台中盤だった球速が約5キロ遅くなっており、8月後半には左前腕を痛めてシーズンを終えている。辣腕の代理人スコット・ボラスでも、好条件の契約を取りつけるのは困難か。

カモ M・チャップマン（アスレティックス）.000（14-0）0本 苦手 J・マルティネス（レッドソックス）.455（22-10）2本

年度	所属チーム	勝利	敗戦	防御率	試合数	先発	セーブ	投球イニング	被安打	失点	自責点	被本塁打	与四球	奪三振	WHIP
2013	マリナーズ	3	0	1.50	4	4	0	24.0	15	5	4	2	7	21	0.92
2014	マリナーズ	6	4	3.04	13	13	0	74.0	60	29	25	3	29	59	1.20
2015	マリナーズ	3	4	3.90	13	13	0	67.0	67	34	29	8	29	56	1.43
2016	マリナーズ	6	7	3.79	20	20	0	121.0	134	62	51	9	24	117	1.31
2017	マリナーズ	12	5	2.98	24	24	0	136.0	113	47	45	9	37	156	1.10
2018	マリナーズ	11	6	3.76	28	28	0	160.1	134	67	67	23	42	208	1.10
2019	ヤンキース	15	6	3.82	29	29	0	150.2	138	71	64	23	55	186	1.28
2020	ヤンキース	1	1	6.64	5	5	0	20.1	23	17	15	4	7	26	1.48
通算成績		57	33	3.58	136	136	0	753.1	684	332	300	81	230	829	1.21

昨季はアスレティックス最多の6勝をマーク

先発

ー マイク・ファイアーズ *Mike Fiers*

36歳 1985.6.15生 | 188cm | 96kg | 右投右打

◆速球のスピード／140キロ台前半（フォーシーム主体）
◆決め球と持ち球／◎カーブ、○フォーシーム、△カッター、△ツーシーム、△スプリッター
◆対左.244 ◆対右.308 ◆ホ防6.20 ◆ア防3.72
◆ド2009㉒ブリュワーズ ◆出フロリダ州

球威 2
制球 5
緩急 4
守備・牽制 3
度胸 4

2019-20年のオフ、アストロズが過去に行っていた不正なサイン盗みが明らかになり、メジャーは大きく揺れていた。この事実を選手としてメディアに証言したのが、15年途中から17年までアストロズにいたファイアーズだった。この証言は勇気ある告発とたたえられた一方、「チームを離れてから暴露するなんて卑怯だ」と、非難する声も選手の一部からあがった。18年途中から昨季まではアスレティックスでプレー。球団は無用なトラブルを避けるため、アストロズ戦には投げさせなかった。今季はアスレティックス残留が濃厚。

カモ W・カルフーン（レンジャーズ）.000（10-0）0本 苦手 大谷翔平（エンジェルス）.583（12-7）0本

年度	所属チーム	勝利	敗戦	防御率	試合数	先発	セーブ	投球イニング	被安打	失点	自責点	被本塁打	与四球	奪三振	WHIP
2011	ブリュワーズ	0	0	0.00	2	0	0	2.0	2	0	0	0	3	2	2.50
2012	ブリュワーズ	9	10	3.74	23	22	0	127.2	125	56	53	12	36	135	1.26
2013	ブリュワーズ	1	4	7.25	11	3	0	22.1	28	20	18	8	6	15	1.52
2014	ブリュワーズ	6	5	2.13	14	10	0	71.2	46	19	17	7	17	76	0.88
2015	ブリュワーズ	5	9	3.89	21	21	0	118.0	117	57	51	14	43	121	1.36
2015	アストロズ	2	1	3.32	10	9	0	62.1	45	26	23	10	21	59	1.06
2015	2チーム計	7	10	3.69	31	30	0	180.1	162	83	74	24	64	180	1.25
2016	アストロズ	11	8	4.48	31	30	0	168.2	187	89	84	26	42	134	1.36
2017	アストロズ	8	10	5.22	29	28	0	153.1	157	95	89	32	62	146	1.43
2018	タイガース	7	6	3.48	21	21	0	119.0	121	49	46	20	26	87	1.24
2018	アスレティックス	5	2	3.74	10	9	0	53.0	45	22	22	12	11	52	1.06
2018	2チーム計	12	8	3.56	31	30	0	172.0	166	71	68	32	37	139	1.18
2019	アスレティックス	15	4	3.90	33	33	0	184.2	166	82	80	30	53	126	1.19
2020	アスレティックス	6	3	4.58	11	11	0	59.0	65	31	30	9	16	37	1.37
通算成績		75	62	4.04	216	197	0	1141.2	1104	546	513	180	336	990	1.26

対左=対左打者被打率 対右=対右打者被打率 ホ防=ホーム防御率 ア防=アウェー防御率
ド=ドラフトデータ 出=出身地 カモ 苦手 は通算成績

ー バットも好調なフェンス際の魔術師 センター
ジャッキー・ブラッドリー・ジュニア *Jackie Bradley Jr.*

31歳 1990.4.19生｜178cm｜89kg｜右投左打

◆対左投手打率／.288 ◆対右投手打率／.280
◆ホーム打率／.290 ◆アウェー打率／.274 ◆得点圏打率／.208
◆20年のポジション別出場数／センター=55
◆Ⓓ2011①レッドソックス ◆㊥ヴァージニア州
◆ゴールドグラブ賞1回(18年)

ミート 3
パワー 4
走塁 4
守備 5
肩 4

名前を略した「JBJ」の愛称で親しまれているセンターの名手。打球の目測がうまく、再三再四のホームランキャッチ、グリーンモンスター登りキャッチで投手陣を救ってきた。打撃はスランプが長い傾向にあり、やや難点があったが、レッドソックスとの契約最終年だった昨季はハッスルし、自己最高の打率、出塁率をマークした。レフト方向への打球には伸びがあり、打者有利の球場ならばもっと本塁打を量産できる。試合中はどんなスーパーキャッチのあとでも飄々としているクールガイだが、普段は笑顔あふれる優しい男。

カモ C・グリーン(ヤンキース).462(13-6)1本 苦手 C・セイル(レッドソックス).091(11-1)0本

年度	所属チーム	試合数	打数	得点	安打	二塁打	三塁打	本塁打	打点	四球	三振	盗塁	盗塁死	出塁率	OPS	打率
2013	レッドソックス	37	95	18	18	5	0	3	10	10	31	2	0	.189	.280	.617
2014	レッドソックス	127	384	45	76	19	2	1	30	31	121	8	0	.198	.265	.531
2015	レッドソックス	74	221	43	55	17	4	10	43	27	69	3	0	.249	.335	.832
2016	レッドソックス	156	558	94	149	30	7	26	87	63	143	9	2	.267	.349	.835
2017	レッドソックス	133	482	58	118	19	3	17	63	48	124	8	3	.245	.323	.726
2018	レッドソックス	144	474	76	111	33	4	13	59	46	137	17	1	.234	.314	.717
2019	レッドソックス	147	494	69	111	28	3	21	62	56	155	8	6	.225	.317	.738
2020	レッドソックス	55	191	32	54	11	0	7	22	23	48	5	2	.283	.364	.814
通算成績		873	2899	435	692	162	23	98	376	304	828	60	14	.239	.321	.732

ー ドジャース残留かと思われたが、再契約に至らず サード
ジャスティン・ターナー *Justin Turner*

37歳 1984.11.23生｜180cm｜92kg｜右投右打

◆対左投手打率／.234 ◆対右投手打率／.340
◆ホーム打率／.373 ◆アウェー打率／.253 ◆得点圏打率／.350
◆20年のポジション別出場数／サード=32、DH=10
◆Ⓓ2006⑦レッズ
◆㊥カリフォルニア州

ミート 5
パワー 4
走塁 3
守備 2
肩 3

長い赤毛がトレードマークの賢人選手。打者としての長所は、①選球眼が良くて出塁率が高い、②チャンスにめっぽう強いクラッチヒッター、③カウントを考えたバッティングができる、④ボール球にほとんど手を出さない、⑤変化球を打つ技術が高い、といった点だ。それ以外にも、若手に親切で助言をいとわない面倒見のいいベテラン、ジョークがうまいチームの空気を良くする兄貴分という顔があり、数字に表れない貢献も大きい価値あるプレーヤー。

カモ K・フリーランド(ロッキーズ).448(29-13)0本 苦手 J・デグローム(メッツ).091(22-2)1本

年度	所属チーム	試合数	打数	得点	安打	二塁打	三塁打	本塁打	打点	四球	三振	盗塁	盗塁死	出塁率	OPS	打率
2009	オリオールズ	12	18	2	3	0	0	0	3	4	3	0	0	.167	.318	.485
2010	オリオールズ	5	9	0	0	0	0	0	0	0	3	0	0	.000	.000	.000
2010	メッツ	4	8	1	1	1	0	0	0	1	0	0	0	.125	.222	.472
2010	2チーム計	9	17	1	1	1	0	0	0	1	3	0	0	.059	.111	.229
2011	メッツ	117	435	49	113	30	0	4	51	39	59	7	2	.260	.334	.690
2012	メッツ	94	171	20	46	13	1	2	19	9	24	1	1	.269	.319	.711
2013	メッツ	86	200	12	56	13	1	2	16	11	34	0	1	.280	.319	.704
2014	ドジャース	109	288	46	98	21	1	7	43	28	58	6	1	.340	.404	.897
2015	ドジャース	126	385	55	113	26	1	16	60	36	71	5	2	.294	.370	.861
2016	ドジャース	151	556	79	153	34	3	27	90	48	107	4	1	.275	.339	.832
2017	ドジャース	130	457	72	147	32	0	21	71	59	56	7	1	.322	.415	.945
2018	ドジャース	103	365	62	114	31	1	14	52	47	54	2	1	.312	.406	.924
2019	ドジャース	135	479	80	139	24	0	27	67	51	88	2	0	.290	.372	.881
2020	ドジャース	42	150	26	46	9	1	4	23	18	26	1	0	.307	.400	.860
通算成績		1114	3521	504	1029	234	9	124	495	351	583	35	10	.292	.369	.838

一 ヤシエル・プイグ *Yasiel Puig*

買い手がつかないメジャーきってのヒール　外野手

30歳 1990.12.7生 | 188cm | 109kg | 右投右打

◆昨季メジャー出場なし
◆Ⓓ2012㊎ドジャース
◆㊥キューバ

ミート3　パワー4　走塁4　守備4　肩5

トラブルメーカーというイメージが定着し、2019-20 年の FA 市場では買い手が付かず、浪人。それでも昨年 7 月にブレーブス入団が決まったが、開幕前に新型コロナの感染が判明。隔離状態に置かれたため、ブレーブス入団は立ち消えになった。その後、トレーニングを積んで状態がいいことをアピールしたうえで FA 市場に臨んだが、レギュラーとして興味を示す球団はなかった。ただ、4 人目の外野手として獲得を検討している人気球団があるようだ。

カモ T·バウアー(ドジャース).625(8-5)1本　苦手 ダルビッシュ有(パドレス).111(9-1)1本

年度	所属チーム	試合数	打数	得点	安打	二塁打	三塁打	本塁打	打点	四球	三振	盗塁	盗塁死	出塁率	OPS	打率
2013	ドジャース	104	382	66	122	21	2	19	42	36	97	11	8	.391	.925	.319
2014	ドジャース	148	558	92	165	37	9	16	69	67	124	11	7	.382	.863	.296
2015	ドジャース	79	282	30	72	12	3	11	38	26	66	3	3	.322	.758	.255
2016	ドジャース	104	334	45	88	14	2	11	45	24	74	5	2	.323	.740	.263
2017	ドジャース	152	499	72	131	24	2	28	74	64	100	15	6	.346	.833	.263
2018	ドジャース	125	405	60	108	21	1	23	63	36	87	15	5	.327	.820	.267
2019	レッズ	100	373	51	94	15	1	22	61	23	89	14	5	.302	.777	.252
2019	インディアンズ	49	182	25	54	15	1	2	23	21	44	5	2	.377	.800	.297
2019	2チーム計	149	555	76	148	30	2	24	84	44	133	19	7	.327	.785	.267
通算成績		861	3015	441	834	159	21	132	415	297	681	79	38	.348	.823	.277

一 ブレット・ガードナー *Brett Gardner*

ヤンキースが2021年のオプションを拒否　外野手

38歳 1983.8.24生 | 180cm | 88kg | 左投左打

◆対左投手打率／.190　◆対右投手打率／.229
◆ホーム打率／.250　◆アウェー打率／.197　◆得点圏打率／.258
◆20年のポジション別出場数／レフト=39、センター=10、DH=1
◆Ⓓ2005③ヤンキース　◆㊥サウスカロライナ州
◆盗塁王1回(11年)、ゴールドグラブ賞1回(16年)

ミート2　パワー3　走塁4　守備3　肩2

選球眼がいいことと、早打ちしないことで知られるヤンキース生え抜きのベテラン外野手。2020 年限りでユニフォームを脱ぐことを表明していたが、37 歳になっても目立った衰えが見られないため、もう 1 年プレーすることを決意。しかし、ヤンキースは「21 年は 1000 万ドルでプレーする」というオプションを拒否したため、FA になった。その後、ヤンキースに 4 人目の外野手として戻ることを考え、球団と交渉に入ったが、首尾よくいかなかった。

カモ ダルビッシュ有(パドレス).429(14-6)4本　苦手 C·カーショウ(ドジャース).000(9-0)0本

年度	所属チーム	試合数	打数	得点	安打	二塁打	三塁打	本塁打	打点	四球	三振	盗塁	盗塁死	出塁率	OPS	打率
2008	ヤンキース	42	127	18	29	5	2	0	16	8	30	13	1	.283	.582	.228
2009	ヤンキース	108	248	48	67	6	6	3	23	26	40	26	5	.345	.724	.270
2010	ヤンキース	150	477	97	132	20	7	5	47	79	101	47	9	.383	.762	.277
2011	ヤンキース	159	510	87	132	19	8	7	36	60	93	49	13	.345	.713	.259
2012	ヤンキース	16	31	7	10	2	0	0	3	5	7	2	2	.417	.804	.323
2013	ヤンキース	145	539	81	147	33	10	8	52	52	127	24	8	.344	.759	.273
2014	ヤンキース	148	555	87	142	25	8	17	58	56	134	21	5	.327	.749	.256
2015	ヤンキース	151	571	94	148	26	3	16	66	68	135	20	5	.343	.742	.259
2016	ヤンキース	148	547	80	143	22	6	7	41	70	106	16	4	.351	.713	.261
2017	ヤンキース	151	594	96	157	26	4	21	63	72	122	23	5	.350	.778	.264
2018	ヤンキース	140	530	95	125	20	7	12	45	65	107	16	2	.322	.690	.236
2019	ヤンキース	141	491	86	123	26	7	28	74	52	108	10	2	.325	.829	.251
2020	ヤンキース	49	130	20	29	5	1	5	15	26	35	3	3	.354	.747	.223
通算成績		1548	5350	896	1384	235	69	129	539	639	1145	270	64	.343	.743	.259

2020年度
MAJOR LEAGUE BASEBALL
最終成績

巻末付録
1

アメリカン・リーグ

東部地区 EAST

順位	チーム名	勝数	負数	勝率	差	打率	得点	本塁打	盗塁	防御率	失策
1位	*レイズ	40	20	.667	ー	.238	289	80	48	3.56	33
2位	*ヤンキース	33	27	.550	7.0	.247	315	94	27	4.35	48
3位	*ブルージェイズ	32	28	.533	8.0	.255	302	88	33	4.60	39
4位	オリオールズ	25	35	.417	15.0	.258	274	77	19	4.51	43
5位	レッドソックス	24	36	.400	16.0	.265	292	81	31	5.58	45

中部地区 CENTRAL

順位	チーム名	勝数	負数	勝率	差	打率	得点	本塁打	盗塁	防御率	失策
1位	*ツインズ	36	24	.600	ー	.242	269	91	14	3.58	20
2位	*インディアンズ	35	25	.583	1.0	.228	248	59	25	3.29	30
2位	*ホワイトソックス	35	25	.583	1.0	.261	306	96	20	3.81	39
4位	ロイヤルズ	26	34	.433	10.0	.244	248	68	49	4.30	31
5位	タイガース	23	35	.397	12.0	.245	249	62	19	5.63	29

西部地区 WEST

順位	チーム名	勝数	負数	勝率	差	打率	得点	本塁打	盗塁	防御率	失策
1位	*アスレティックス	36	24	.600	ー	.225	274	71	26	3.77	26
2位	*アストロズ	29	31	.483	7.0	.240	279	69	22	4.31	20
3位	マリナーズ	27	33	.450	9.0	.226	254	60	50	4.98	23
4位	エンジェルス	26	34	.433	10.0	.248	294	85	21	5.09	32
5位	レンジャーズ	22	38	.367	14.0	.217	224	62	49	5.02	40

ナショナル・リーグ

東部地区 EAST

順位	チーム名	勝数	負数	勝率	差	打率	得点	本塁打	盗塁	防御率	失策
1位	*ブレーブス	35	25	.583	ー	.268	348	103	23	4.41	34
2位	*マーリンズ	31	29	.517	4.0	.244	263	60	51	4.86	40
3位	フィリーズ	28	32	.467	7.0	.257	306	82	35	5.14	36
4位	メッツ	26	34	.433	9.0	.272	286	86	20	4.98	31
4位	ナショナルズ	26	34	.433	9.0	.264	293	66	33	5.09	39

中部地区 CENTRAL

順位	チーム名	勝数	負数	勝率	差	打率	得点	本塁打	盗塁	防御率	失策
1位	*カブス	34	26	.567	ー	.220	265	74	24	3.99	30
2位	*カーディナルス	30	28	.517	3.0	.234	240	51	18	3.90	33
3位	*レッズ	31	29	.517	3.0	.212	243	90	29	3.84	27
4位	*ブリュワーズ	29	31	.483	5.0	.223	247	75	15	4.16	35
5位	パイレーツ	19	41	.317	15.0	.220	219	59	16	4.68	47

西部地区 WEST

順位	チーム名	勝数	負数	勝率	差	打率	得点	本塁打	盗塁	防御率	失策
1位	*ドジャース	43	17	.717	ー	.256	349	118	29	3.02	40
2位	*パドレス	37	23	.617	6.0	.257	325	95	55	3.86	33
3位	ジャイアンツ	29	31	.483	14.0	.263	299	81	19	4.64	42
4位	ロッキーズ	26	34	.433	17.0	.257	275	63	42	5.59	43
5位	ダイヤモンドバックス	25	35	.417	18.0	.241	269	58	23	4.84	35

*はポストシーズン出場チーム。

2020年度 ポストシーズン結果

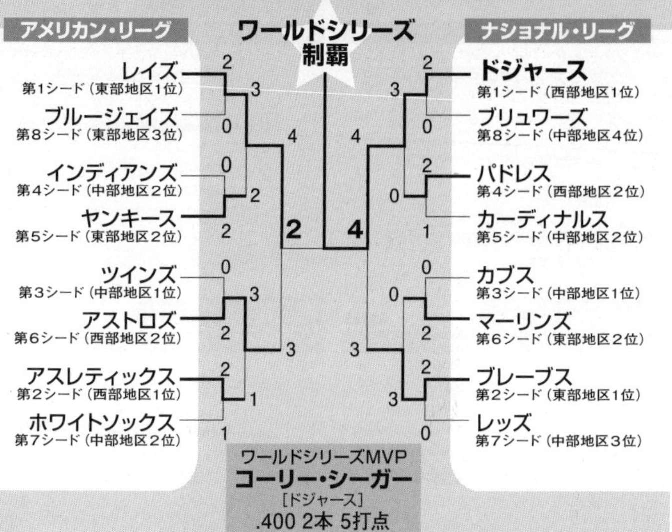

2020年度 タイトル受賞者

アメリカン・リーグ

MVP
MOST VALUABLE PLAYER

ホセ・アブレイユ
[ホワイトソックス]
.317　19本　60打点　0盗塁

サイ・ヤング賞
CY YOUNG AWARD

シェイン・ビーバー
[インディアンズ]
12試合8勝1敗　防御率1.63

新人王
ROOKIE OF THE YEAR

カイル・ルイス
[マリナーズ]
.262　11本　28打点　5盗塁

最優秀監督
MANAGER OF THE YEAR

ケヴィン・キャッシュ
[レイズ]
革新的な采配で、リーグ最高勝率を記録。

ナショナル・リーグ

MVP
MOST VALUABLE PLAYER

フレディ・フリーマン
[ブレーブス]
.341　13本　53打点　2盗塁

サイ・ヤング賞
CY YOUNG AWARD

トレヴァー・バウアー
[レッズ]
11試合5勝4敗　防御率1.73

新人王
ROOKIE OF THE YEAR

デヴィン・ウィリアムズ
[ブリュワーズ]
22試合4勝1敗　防御率0.33

最優秀監督
MANAGER OF THE YEAR

ドン・マティングリー
[マーリンズ]
弱小球団が17年ぶりにポストシーズンへ。

アメリカン・リーグ 投手

勝利 WINS

順位	選手名(チーム名)	勝利
1位	シェイン・ビーバー (インディアンズ)	8
2位	ゲリット・コール (ヤンキース)	7
2位	マルコ・ゴンザレス (マリナーズ)	7
4位	マイク・ファイアーズ (アスレティックス)	6
4位	ランス・リン (レンジャーズ)	6
4位	ダラス・カイクル (ホワイトソックス)	6
4位	ディラン・バンディ (エンジェルス)	6
4位	前田健太 (ツインズ)	6
4位	マット・フォスター (ホワイトソックス)	6
4位	ピート・フェアバンクス (レイズ)	6
4位	ランディ・ドブナック (ツインズ)	6

防御率* EARNED RUN AVERAGE

順位	選手名(チーム名)	防御率
1位	シェイン・ビーバー (インディアンズ)	1.63
2位	ダラス・カイクル (ホワイトソックス)	1.99
3位	クリス・バシット (アスレティックス)	2.29
4位	柳賢振 (リュ・ヒョンジン) (ブルージェイズ)	2.69
5位	前田健太 (ツインズ)	2.70
6位	ゲリット・コール (ヤンキース)	2.84
7位	カルロス・カラスコ (インディアンズ)	2.91
8位	マルコ・ゴンザレス (マリナーズ)	3.10
9位	ディラン・バンディ (エンジェルス)	3.29
10位	ランス・リン (レンジャーズ)	3.32

セーブ SAVES

順位	選手名(チーム名)	セーブ
1位	ブラッド・ハンド (インディアンズ)	16
2位	リーアム・ヘンドリックス (アスレティックス)	14
3位	アレックス・コロメ (ホワイトソックス)	12
3位	ライアン・プレスリー (アストロズ)	12
5位	マット・バーンズ (レッドソックス)	9
5位	テイラー・ロジャーズ (ツインズ)	9
7位	ザック・ブリットン (ヤンキース)	8
7位	ラファエル・モンテーロ (レンジャーズ)	8
9位	アンソニー・バース (ブルージェイズ)	7
9位	トレヴァー・ローゼンソール (ロイヤルズ/パドレス)	7

奪三振 STRIKEOUTS

順位	選手名(チーム名)	奪三振
1位	シェイン・ビーバー (インディアンズ)	122
2位	ルーカス・ジオリート (ホワイトソックス)	97
3位	ゲリット・コール (ヤンキース)	94
4位	タイラー・グラスノウ (レイズ)	91
5位	ランス・リン (レンジャーズ)	89
6位	カルロス・カラスコ (インディアンズ)	82
7位	前田健太 (ツインズ)	80
8位	フランバー・ヴァルデス (アストロズ)	76
9位	ディラン・バンディ (エンジェルス)	72
9位	柳賢振 (リュ・ヒョンジン) (ブルージェイズ)	72

登板試合 GAMES

順位	選手名(チーム名)	試合
1位	スコット・バーロウ (ロイヤルズ)	32
2位	ジミー・コーデロ (ホワイトソックス)	30
3位	ホセ・シスネロ (タイガース)	29
4位	マイク・メイヤーズ (エンジェルス)	29
5位	グレッグ・ホランド (ロイヤルズ)	28
6位	タイ・バトリー (エンジェルス)	27
6位	ピート・フェアバンクス (レイズ)	27
6位	ジョナサン・ヘルナンデス (レンジャーズ)	27
6位	ジェイムズ・カリンチャック (インディアンズ)	27
6位	グレゴリー・ソト (タイガース)	27

登板イニング INNING PITCHED

順位	選手名(チーム名)	イニング
1位	ランス・リン(レンジャーズ)	84
2位	シェイン・ビーバー(インディアンズ)	77⅓
3位	アーロン・シヴァーリ(インディアンズ)	74
4位	ゲリット・コール(ヤンキース)	73
5位	ルーカス・ジオリート(ホワイトソックス)	72⅓
6位	フランバー・ヴァルデス(アストロズ)	70⅔
7位	マルコ・ゴンザレス(マリナーズ)	69⅔
8位	カルロス・カラスコ(インディアンズ)	68
9位	カイル・ギブソン(レンジャーズ)	67⅓
10位	ザック・グリンキー(アストロズ)	67
10位	柳賢振(リュ・ヒョンジン)(ブルージェイズ)	67

奪三振率* STRIKE PER 9 INNINGS

順位	選手名(チーム名)	9イニング平均個
1位	シェイン・ビーバー (インディアンズ)	14.20
2位	ルーカス・ジオリート (ホワイトソックス)	12.07
3位	ゲリット・コール (ヤンキース)	11.59
4位	カルロス・カラスコ (インディアンズ)	10.85
5位	前田健太 (ツインズ)	10.80
6位	ディラン・バンディ (エンジェルス)	9.87
7位	ホセ・ベリオス (ツインズ)	9.71
8位	フランバー・ヴァルデス (アストロズ)	9.68
9位	柳賢振 (リュ・ヒョンジン) (ブルージェイズ)	9.67
10位	ランス・リン (レンジャーズ)	9.54

被打率* OPP BATTING AVG AGAINST

順位	選手名(チーム名)	被打率
1位	シェイン・ビーバー (インディアンズ)	.167
2位	前田健太 (ツインズ)	.168
3位	ルーカス・ジオリート (ホワイトソックス)	.184
4位	ゲリット・コール (ヤンキース)	.197
5位	ランス・リン (レンジャーズ)	.206
6位	ディラン・バンディ (エンジェルス)	.208
7位	ダラス・カイクル (ホワイトソックス)	.218
8位	ブレイディ・シンガー (ロイヤルズ)	.220
9位	カルロス・カラスコ (インディアンズ)	.221
10位	マルコ・ゴンザレス (マリナーズ)	.222

*の付いたランキングは、規定投球回数以上の投手に限る。

アメリカン・リーグ　打者

打率* BATTING AVERAGE

順位	選手名(チーム名)	打率
1位	DJラメイヒュー（ヤンキース）	.364
2位	ティム・アンダーソン（ホワイトソックス）	.322
3位	デイヴィッド・フレッチャー（エンジェルス）	.319
4位	ホセ・アブレイユ（ホワイトソックス）	.317
5位	アレックス・ヴァドゥーゴ（レッドソックス）	.308
6位	ルルデス・グリエル・ジュニア（ブルージェイズ）	.307
7位	ネルソン・クルーズ（ツインズ）	.303
8位	ザンダー・ボーガーツ（レッドソックス）	.300
9位	マイケル・ブラントリー（アストロズ）	.300
10位	ジャイマー・キャンデラリオ（タイガース）	.297

本塁打 HOME RUNS

順位	選手名(チーム名)	本塁打
1位	ルーク・ヴォイト（ヤンキース）	22
2位	ホセ・アブレイユ（ホワイトソックス）	19
3位	マイク・トラウト（エンジェルス）	17
3位	ホセ・ラミレス（インディアンズ）	17
5位	ネルソン・クルーズ（ツインズ）	16
5位	テオスカー・ヘルナンデス（ブルージェイズ）	16
7位	ジョージ・スプリンガー（アストロズ）	14
7位	マット・オルソン（アスレティックス）	14
7位	エロイ・ヒメネス（ホワイトソックス）	14
7位	ブランドン・ラウ（レイズ）	14

打点 RUNS BATTED IN

順位	選手名(チーム名)	打点
1位	ホセ・アブレイユ（ホワイトソックス）	60
2位	ルーク・ヴォイト（ヤンキース）	52
3位	マイク・トラウト（エンジェルス）	46
3位	ホセ・ラミレス（インディアンズ）	46
5位	ラファエル・デヴァース（レッドソックス）	43
6位	エディー・ロザリオ（ツインズ）	42
6位	マット・オルソン（アスレティックス）	42
6位	カイル・タッカー（アストロズ）	42
9位	エロイ・ヒメネス（ホワイトソックス）	41
10位	カイル・シーガー（マリナーズ）	40

OPS* ON-BASE PLUS SLUGGING

順位	選手名(チーム名)	OPS
1位	DJラメイヒュー（ヤンキース）	1.011
2位	ホセ・ラミレス（インディアンズ）	.993
3位	マイク・トラウト（エンジェルス）	.993
4位	ネルソン・クルーズ（ツインズ）	.992
5位	ホセ・アブレイユ（ホワイトソックス）	.987
6位	ルーク・ヴォイト（ヤンキース）	.948
7位	テオスカー・ヘルナンデス（ブルージェイズ）	.919
8位	ブランドン・ラウ（レイズ）	.916
9位	アンソニー・レンドーン（エンジェルス）	.915
10位	ジョージ・スプリンガー（アストロズ）	.899

安打 HITS

順位	選手名(チーム名)	安打
1位	ホセ・アブレイユ(ホワイトソックス)	76
2位	DJラメイヒュー(ヤンキース)	71
3位	ウィット・メリフィールド(ロイヤルズ)	70
4位	ティム・アンダーソン(ホワイトソックス)	67
5位	デイヴィッド・フレッチャー(エンジェルス)	66
6位	シーザー・ヘルナンデス(インディアンズ)	66
7位	ルルデス・グリエル・ジュニア(ブルージェイズ)	64
8位	ホセ・ラミレス(インディアンズ)	64
9位	エロイ・ヒメネス(ホワイトソックス)	63
10位	ハンサー・アルベルト(オリオールズ)	62
10位	マイケル・フランコ(ロイヤルズ)	62
10位	アレックス・ヴァドゥーゴ(レッドソックス)	62

盗塁 STOLEN BASES

順位	選手名(チーム名)	盗塁
1位	アダルベルト・モンデシー(ロイヤルズ)	24
2位	ジョナサン・ヴィアー(マーリンズ、ブルージェイズ)	16
3位	ウィット・メリフィールド(ロイヤルズ)	12
3位	マニュエル・マーゴ(レイズ)	12
3位	ディラン・ムーア(マリナーズ)	12
6位	ホセ・ラミレス(インディアンズ)	10
7位	ルイス・ロバート(ホワイトソックス)	9
8位	ロビー・グロスマン(アスレティックス)	8
8位	ケヴィン・キアマイア(レイズ)	8
8位	ザンダー・ボーガーツ(レッドソックス)	8
8位	ジョーイ・ウェンドル(レイズ)	8
8位	アイザイア・カイナーファレファ(レンジャーズ)	8
8位	レオディ・タヴェラス(レンジャーズ)	8
8位	カイル・タッカー(アストロズ)	8
8位	ヴィクター・レイエス(タイガース)	8

四球 WALKS

順位	選手名(チーム名)	四球
1位	カルロス・サンタナ（レンジャーズ）	47
2位	アーロン・ヒックス（ヤンキース）	41
2位	キャヴァン・ビジオ（ブルージェイズ）	41
4位	アンソニー・レンドーン（エンジェルス）	38
5位	マーク・キャナ（アスレティックス）	37
6位	マイク・トラウト（エンジェルス）	35
7位	マット・オルソン（アスレティックス）	34
7位	カイル・ルイス（マリナーズ）	34
9位	ホセ・ラミレス（インディアンズ）	31
10位	ヤスマニ・グランダル（ホワイトソックス）	30

犠打 SACRIFICE HITS

順位	選手名(チーム名)	犠打
1位	デライノ・デシールズ(インディアンズ)	4
2位	リース・マグワイア(ブルージェイズ)	4
3位	セドリック・マリンズ(オリオールズ)	4
4位	アンドルー・ヴェラスケス(オリオールズ)	4
5位	ダニー・ジャンセン(ブルージェイズ)	3
6位	ニッキー・ロペス(ロイヤルズ)	3
7位	ハンゼル・アルベルト(オリオールズ)	2
7位	アンソニー・ベンブーン(エンジェルス)	2
7位	ダスティン・ガノー(アストロズ)	2
7位	林子偉(リン・ズーウェイ)(レッドソックス)	2
7位	マーティン・マルドナード(アストロズ)	2
7位	アダルベルト・モンデシー(ロイヤルズ)	2
7位	ホルヘ・ポランコ(ツインズ)	2
7位	ルイス・レンヒーフォ(エンジェルス)	2
7位	DJステュワート(オリオールズ)	2

*の付いたランキングは、規定打席以上の打者に限る。

ナショナル・リーグ 投手

勝利 WINS

順位	選手名(チーム名)	勝利
1位	ダルビッシュ有(カブス)	8
2位	マックス・フリード(ブレーブス)	7
2位	ザック・デイヴィース(パドレス)	7
4位	クレイトン・カーショウ(ドジャース)	6
4位	カイル・ヘンドリックス(カブス)	6
6位	パブロ・ロペス(マーリンズ)	6
7位	デイヴィッド・ピーターソン(メッツ)	6
8位	アダム・ウェインライト(カーディナルス)	5
8位	マックス・シャーザー(ナショナルズ)	5
8位	トレヴァー・バウアー(レッズ)	5
8位	ソニー・グレイ(レッズ)	5
8位	アーロン・ノーラ(フィリーズ)	5
8位	アントニオ・センザテーラ(ロッキーズ)	5
8位	アレック・ミルズ(カブス)	5
8位	ケイレブ・バラガー(ジャイアンツ)	5

防御率* EARNED RUN AVERAGE

順位	選手名(チーム名)	防御率
1位	トレヴァー・バウアー(レッズ)	1.73
2位	ダルビッシュ有(カブス)	2.01
3位	ディネルソン・ラメット(パドレス)	2.09
4位	ジェイコブ・デグローム(メッツ)	2.38
5位	ザック・デイヴィース(パドレス)	2.73
6位	ザック・ギャレン(ダイヤモンドバックス)	2.75
7位	カイル・ヘンドリックス(カブス)	2.88
8位	ザック・ウィーラー(フィリーズ)	2.92
9位	ブランドン・ウッドラフ(ブリュワーズ)	3.05
10位	アダム・ウェインライト(カーディナルス)	3.15

セーブ SAVES

順位	選手名(チーム名)	セーブ
1位	ジョシュ・ヘイダー(ブリュワーズ)	13
2位	ブランドン・キンツラー(マーリンズ)	12
3位	マーク・メランソン(ブレーブス)	11
3位	ケンリー・ジャンセン(ドジャース)	11
4位	ダニエル・ハドソン(ナショナルズ)	10
6位	ジェレミー・ジェフレス(カブス)	8
6位	ライセル・イグレシアス(レッズ)	8
8位	ダニエル・バード(ロッキーズ)	6
8位	アーチー・ブラッドリー(ダイヤモンドバックス、レッズ)	6
8位	エドウィン・ディアス(メッツ)	6

奪三振 STRIKEOUTS

順位	選手名(チーム名)	奪三振
1位	ジェイコブ・デグローム(メッツ)	104
2位	トレヴァー・バウアー(レッズ)	100
3位	アーロン・ノーラ(フィリーズ)	96
4位	ダルビッシュ有(カブス)	93
4位	ディネルソン・ラメット(パドレス)	93
6位	マックス・シャーザー(ナショナルズ)	92
7位	ブランドン・ウッドラフ(ブリュワーズ)	91
8位	ルイス・カスティーヨ(レッズ)	89
9位	コービン・バーンズ	88
10位	ザック・ギャレン(ダイヤモンドバックス)	82

登板試合 GAMES

順位	選手名(チーム名)	試合
1位	タイラー・ロジャーズ(ジャイアンツ)	29
2位	ショーン・グリーン(ブレーブス)	28
3位	ケンリー・ジャンセン(ドジャース)	27
3位	クリス・ストラットン(パイレーツ)	27
3位	ブレイク・トライネン(ドジャース)	27
6位	ステファン・クライトン(ダイヤモンドバックス)	26
6位	エドウィン・ディアス(メッツ)	26
6位	カルロス・エステヴェス(ロッキーズ)	26
9位	ジェウリス・ファミリア(メッツ)	25
9位	カイル・フィネガン(ナショナルズ)	25
9位	ディラン・フローロ(ドジャース)	25
9位	ジュニア・ゲーラ(ダイヤモンドバックス)	25
9位	ワンディ・ペラルタ(ジャイアンツ)	25
9位	ニック・ターリー(パイレーツ)	25

登板イニング INNING PITCHED

順位	選手名(チーム名)	イニング
1位	ヘルマン・マルケス(ロッキーズ)	81 2/3
2位	カイル・ヘンドリックス(カブス)	81 1/3
3位	ダルビッシュ有(カブス)	76
4位	ブランドン・ウッドラフ(ブリュワーズ)	73 2/3
5位	アントニオ・センザテーラ(ロッキーズ)	73 1/3
6位	トレヴァー・バウアー(レッズ)	73
7位	ザック・ギャレン(ダイヤモンドバックス)	72
8位	アーロン・ノーラ(フィリーズ)	71 1/3
9位	ザック・ウィーラー(フィリーズ)	71
10位	カイル・フリーランド(ロッキーズ)	70 2/3

奪三振率* STRIKE PER 9 INNINGS

順位	選手名(チーム名)	9イニング平均個
1位	ジェイコブ・デグローム(メッツ)	13.86
2位	トレヴァー・バウアー(レッズ)	12.33
3位	マックス・シャーザー(ナショナルズ)	12.30
4位	ディネルソン・ラメット(パドレス)	12.13
5位	アーロン・ノーラ(フィリーズ)	12.11
6位	ルイス・カスティーヨ(レッズ)	11.44
7位	ブランドン・ウッドラフ(ブリュワーズ)	11.12
8位	ダルビッシュ有(カブス)	11.01
9位	ザック・ギャレン(ダイヤモンドバックス)	10.25
10位	パトリック・コービン(ナショナルズ)	8.22

被打率* OPP BATTING AVG AGAINST

順位	選手名(チーム名)	被打率
1位	トレヴァー・バウアー(レッズ)	.159
2位	ディネルソン・ラメット(パドレス)	.161
3位	ジェイコブ・デグローム(メッツ)	.190
4位	ブランドン・ウッドラフ(ブリュワーズ)	.204
5位	アーロン・ノーラ(フィリーズ)	.205
6位	ザック・ギャレン(ダイヤモンドバックス)	.210
7位	ダルビッシュ有(カブス)	.211
8位	ザック・デイヴィース(パドレス)	.216
9位	アダム・ウェインライト(カーディナルス)	.221
10位	アレック・ミルズ(カブス)	.230

*の付いたランキングは、規定投球回数以上の投手に限る。

ナショナル・リーグ　打者

打率* BATTING AVERAGE

順位	選手名(チーム名)	打率
1位	ホアン・ソト (ナショナルズ)	.351
2位	フレディ・フリーマン (ブレーブス)	.341
3位	マーセル・オズーナ (ブレーブス)	.338
4位	トレイ・ターナー (ナショナルズ)	.335
5位	ドノヴァン・ソラーノ (ジャイアンツ)	.326
6位	マイケル・コンフォルト (メッツ)	.322
7位	ライメル・タピア (ロッキーズ)	.321
8位	ドミニック・スミス (メッツ)	.316
9位	ジェフ・マクニール (メッツ)	.311
10位	コーリー・シーガー (ドジャース)	.307

本塁打 HOME RUNS

順位	選手名(チーム名)	本塁打
1位	マーセル・オズーナ(ブレーブス)	18
2位	フェルナンド・タティース・ジュニア(パドレス)	17
3位	A.J.ポロック(ドジャース)	16
3位	マニー・マチャード(パドレス)	16
3位	コール・カルフーン(ダイヤモンドバックス)	16
3位	アダム・デュヴォール(ブレーブス)	16
3位	ムッキー・ベッツ(ドジャース)	16
3位	ピート・アロンゾ(メッツ)	16
9位	ウィル・マイヤーズ(パドレス)	15
9位	エウヘイニオ・スアレス(レッズ)	15
9位	コーリー・シーガー(ドジャース)	15

打点 RUNS BATTED IN

順位	選手名(チーム名)	打点
1位	マーセル・オズーナ(ブレーブス)	56
2位	フレディ・フリーマン(ブレーブス)	53
3位	マニー・マチャード(パドレス)	47
4位	フェルナンド・タティース・ジュニア(パドレス)	45
5位	チャーリー・ブラックモン(ロッキーズ)	42
5位	ドミニック・スミス(メッツ)	42
7位	コーリー・シーガー(ドジャース)	41
7位	トレイ・ターナー(ナショナルズ)	41
9位	ウィル・マイヤーズ(パドレス)	40
9位	ディディ・グレゴリアス(フィリーズ)	40
9位	コール・カルフーン(ダイヤモンドバックス)	40

OPS* ON-BASE PLUS SLUGGING

順位	選手名(チーム名)	OPS
1位	ホアン・ソト (ナショナルズ)	1.185
2位	フレディ・フリーマン (ブレーブス)	1.102
3位	マーセル・オズーナ (ブレーブス)	1.067
4位	ドミニック・スミス (メッツ)	.993
5位	ロナルド・アクーニャ・ジュニア (ブレーブス)	.987
6位	トレイ・ターナー (ナショナルズ)	.982
7位	マイク・ヤストレムスキー (ジャイアンツ)	.968
8位	ブライス・ハーパー (フィリーズ)	.962
9位	ウィル・マイヤーズ (パドレス)	.959
10位	マニー・マチャード (パドレス)	.950

安打 HITS

順位	選手名(チーム名)	安打
1位	トレイ・ターナー(ナショナルズ)	78
2位	マーセル・オズーナ(ブレーブス)	77
3位	フレディ・フリーマン(ブレーブス)	73
4位	マニー・マチャード(パドレス)	68
4位	トレヴァー・ストーリー(ロッキーズ)	68
4位	チャーリー・ブラックモン(ロッキーズ)	67
7位	コーリー・シーガー(ドジャース)	65
7位	マイケル・コンフォルト(メッツ)	65
7位	ダンズビー・スワンソン(ブレーブス)	65
10位	スターリング・マーテイ(ダイヤモンドバックス、マーリンズ)	64
10位	ムッキー・ベッツ(ドジャース)	64

盗塁 STOLEN BASES

順位	選手名(チーム名)	盗塁
1位	トレヴァー・ストーリー(ロッキーズ)	15
2位	ロマン・クイン(フィリーズ)	12
2位	トレイ・ターナー(ナショナルズ)	12
4位	フェルナンド・タティース・ジュニア(パドレス)	11
5位	スターリング・マーテイ(ダイヤモンドバックス、マーリンズ)	10
5位	ムッキー・ベッツ(ドジャース)	10
5位	トレント・グリシャム(パドレス)	10
8位	ジョナサン・ヴィアー(マーリンズ、ブルージェイズ)	9
8位	ジョン・バーティ(マーリンズ)	9
10位	ブライス・ハーパー(フィリーズ)	8
10位	ライメル・タピア(ロッキーズ)	8
10位	オースティン・スレイター(ジャイアンツ)	8
10位	ロナルド・アクーニャ・ジュニア(ブレーブス)	8
10位	アンドレス・ヒメネス(メッツ)	8

四球 WALKS

順位	選手名(チーム名)	四球
1位	ブライス・ハーパー (フィリーズ)	49
2位	クリスチャン・イェリッチ (ブリュワーズ)	46
3位	フレディ・フリーマン (ブレーブス)	45
4位	ホアン・ソト (ナショナルズ)	41
5位	マックス・マンシー (ドジャース)	39
6位	マーセル・オズーナ (ブレーブス)	38
6位	ロナルド・アクーニャ・ジュニア (ブレーブス)	38
8位	ジョーイ・ヴォト (レッズ)	37
8位	ポール・ゴールドシュミット (カーディナルス)	37
10位	ブランドン・ニモ (メッツ)	33

犠打 SACRIFICE HITS

順位	選手名(チーム名)	犠打
1位	オースティン・ヘッジス(パドレス)	5
2位	アダム・イートン(ナショナルズ)	4
3位	グレッグ・ガルシア(パドレス)	3
3位	ギャレット・ハンプソン(ロッキーズ)	3
3位	アダム・ヘイズリー(フィリーズ)	3
6位	オースティン・バーンズ(ドジャース)	2
6位	ジョン・バーティ(マーリンズ)	2
6位	タイラー・ハイネマン(ジャイアンツ)	2
6位	マグネリス・シエラ(マーリンズ)	2
6位	ジェイコブ・スターリングス(パイレーツ)	2
6位	トニー・ウォルターズ(ロッキーズ)	2
6位	コルテン・ウォン(カーディナルス)	2

*の付いたランキングは、規定打席以上の打者に限る。

ゴールドグラブ賞 Gold Glove Awards

■アメリカン・リーグ

ポジション	選手名(チーム名)	受賞回数
投　手	グリフィン・キャニング（エンジェルス）	初受賞
捕　手	ロベルト・ペレス（インディアンズ）	2度目
一塁手	エヴァン・ホワイト（マリナーズ）	初受賞
二塁手	シーザー・ヘルナンデス（インディアンズ）	初受賞
三塁手	アイザイア・カイナーファレファ（レンジャーズ）	初受賞
遊撃手	J.P.クロフォード（マリナーズ）	初受賞
左翼手	アレックス・ゴードン（ロイヤルズ）	8度目
中堅手	ルイス・ロバート（ホワイトソックス）	初受賞
右翼手	ジョーイ・ギャロ（レンジャーズ）	初受賞

■ナショナル・リーグ

ポジション	選手名(チーム名)	受賞回数
投　手	マックス・フリード（ブレーブス）	初受賞
捕　手	タッカー・バーンハート（レッズ）	2度目
一塁手	アンソニー・リゾ（カブス）	4度目
二塁手	コルテン・ウォン（カーディナルス）	2度目
三塁手	ノーラン・アレナード（ロッキーズ）	8度目
遊撃手	ハヴィエア・バエズ（カブス）	初受賞
左翼手	タイラー・オニール（カーディナルス）	初受賞
中堅手	トレント・グリシャム（パドレス）	初受賞
右翼手	ムッキー・ベッツ（レッドソックス）	5度目

※受賞回数は同ポジション・同リーグとは限らない。

シルバースラッガー賞 Silver Slugger Awards

■アメリカン・リーグ

ポジション	選手名(チーム名)	受賞回数
捕　手	サルヴァドール・ペレス（ロイヤルズ）	3度目
一塁手	ホセ・アブレイユ（ホワイトソックス）	3度目
二塁手	DJラメイヒュー（ヤンキース）	2度目
三塁手	ホセ・ラミレス（インディアンズ）	3度目
遊撃手	ティム・アンダーソン（ホワイトソックス）	初受賞
外野手	マイク・トラウト（エンジェルス）	8度目
外野手	テオスカー・ヘルナンデス（ブルージェイズ）	初受賞
外野手	エロイ・ヒメネス（ホワイトソックス）	初受賞
D　H	ネルソン・クルーズ（ツインズ）	4度目

■ナショナル・リーグ

ポジション	選手名(チーム名)	受賞回数
捕　手	トラヴィス・ダーノウ（ブレーブス）	初受賞
一塁手	フレディ・フリーマン（ブレーブス）	2度目
二塁手	ドノヴァン・ソラーノ（ジャイアンツ）	初受賞
三塁手	マニー・マチャード（パドレス）	初受賞
遊撃手	フェルナンド・タティース・ジュニア（パドレス）	初受賞
外野手	ホアン・ソト（ナショナルズ）	初受賞
外野手	ムーキー・ベッツ（ドジャース）	4度目
外野手	ロナルド・アクーニャ・ジュニア（ブレーブス）	2度目
D　H	マーセル・オズーナ（ブレーブス）	2度目

※受賞回数は同ポジション・同リーグとは限らない。

MAJOR LEAGUE BASEBALL

歴代記録

巻末付録

2

歴代ワールドシリーズ成績

年度	アメリカン・リーグ	成績	ナショナル・リーグ
1903	**ボストン・ピルグリムス**	**5**-3	ピッツバーグ・パイレーツ
1904	ボストン・ピルグリムス	中止(ジャイアンツがボイコット)	ニューヨーク・ジャイアンツ
1905	フィラデルフィア・アスレティックス	1-**4**	**ニューヨーク・ジャイアンツ**
1906	**シカゴ・ホワイトソックス**	**4**-2	シカゴ・カブス
1907	デトロイト・タイガース	0①**4**	**シカゴ・カブス**
1908	デトロイト・タイガース	1-**4**	**シカゴ・カブス**
1909	デトロイト・タイガース	3-**4**	**ピッツバーグ・パイレーツ**
1910	**フィラデルフィア・アスレティックス**	**4**-1	シカゴ・カブス
1911	**フィラデルフィア・アスレティックス**	**4**-2	ニューヨーク・ジャイアンツ
1912	**ボストン・レッドソックス**	**4**①3	ニューヨーク・ジャイアンツ
1913	**フィラデルフィア・アスレティックス**	**4**-1	ニューヨーク・ジャイアンツ
1914	フィラデルフィア・アスレティックス	0-**4**	**ボストン・ブレーブス**
1915	**ボストン・レッドソックス**	**4**-1	フィラデルフィア・フィリーズ
1916	**ボストン・レッドソックス**	**4**-1	ブルックリン・ロビンス
1917	**シカゴ・ホワイトソックス**	**4**-2	ニューヨーク・ジャイアンツ
1918	**ボストン・レッドソックス**	**4**-2	シカゴ・カブス
1919	シカゴ・ホワイトソックス	3-**5**	**シンシナティ・レッズ**
1920	**クリーブランド・インディアンズ**	**5**-2	ブルックリン・ロビンス
1921	ニューヨーク・ヤンキース	3-**5**	**ニューヨーク・ジャイアンツ**
1922	ニューヨーク・ヤンキース	0①**4**	**ニューヨーク・ジャイアンツ**
1923	**ニューヨーク・ヤンキース**	**4**-2	ニューヨーク・ジャイアンツ
1924	**ワシントン・セネタース**	**4**-3	ニューヨーク・ジャイアンツ
1925	ワシントン・セネタース	3-**4**	**ピッツバーグ・パイレーツ**
1926	ニューヨーク・ヤンキース	3-**4**	**セントルイス・カーディナルス**
1927	**ニューヨーク・ヤンキース**	**4**-0	ピッツバーグ・パイレーツ
1928	**ニューヨーク・ヤンキース**	**4**-0	セントルイス・カーディナルス
1929	**フィラデルフィア・アスレティックス**	**4**-1	シカゴ・カブス
1930	**フィラデルフィア・アスレティックス**	**4**-2	セントルイス・カーディナルス
1931	フィラデルフィア・アスレティックス	3-**4**	**セントルイス・カーディナルス**
1932	**ニューヨーク・ヤンキース**	**4**-0	シカゴ・カブス
1933	ワシントン・セネタース	1-**4**	**ニューヨーク・ジャイアンツ**
1934	デトロイト・タイガース	3-**4**	**セントルイス・カーディナルス**
1935	**デトロイト・タイガース**	**4**-2	シカゴ・カブス
1936	**ニューヨーク・ヤンキース**	**4**-2	ニューヨーク・ジャイアンツ
1937	**ニューヨーク・ヤンキース**	**4**-1	ニューヨーク・ジャイアンツ
1938	**ニューヨーク・ヤンキース**	**4**-0	シカゴ・カブス
1939	**ニューヨーク・ヤンキース**	**4**-0	シンシナティ・レッズ
1940	デトロイト・タイガース	3-**4**	**シンシナティ・レッズ**
1941	**ニューヨーク・ヤンキース**	**4**-1	ブルックリン・ドジャース
1942	ニューヨーク・ヤンキース	1-**4**	**セントルイス・カーディナルス**
1943	**ニューヨーク・ヤンキース**	**4**-1	セントルイス・カーディナルス
1944	セントルイス・ブラウンズ	2-**4**	**セントルイス・カーディナルス**
1945	**デトロイト・タイガース**	**4**-3	シカゴ・カブス
1946	ボストン・レッドソックス	3-**4**	**セントルイス・カーディナルス**
1947	**ニューヨーク・ヤンキース**	**4**-3	ブルックリン・ドジャース
1948	**クリーブランド・インディアンズ**	**4**-2	ボストン・ブレーブス
1949	**ニューヨーク・ヤンキース**	**4**-1	ブルックリン・ドジャース
1950	**ニューヨーク・ヤンキース**	**4**-0	フィラデルフィア・フィリーズ
1951	**ニューヨーク・ヤンキース**	**4**-2	ニューヨーク・ジャイアンツ
1952	**ニューヨーク・ヤンキース**	**4**-3	ブルックリン・ドジャース
1953	**ニューヨーク・ヤンキース**	**4**-2	ブルックリン・ドジャース
1954	クリーブランド・インディアンズ	0-**4**	**ニューヨーク・ジャイアンツ**
1955	ニューヨーク・ヤンキース	3-**4**	**ブルックリン・ドジャース**
1956	**ニューヨーク・ヤンキース**	**4**-3	ブルックリン・ドジャース
1957	ニューヨーク・ヤンキース	3-**4**	**ミルウォーキー・ブレーブス**
1958	**ニューヨーク・ヤンキース**	**4**-3	ミルウォーキー・ブレーブス
1959	シカゴ・ホワイトソックス	2-**4**	**ロサンジェルス・ドジャース**
1960	ニューヨーク・ヤンキース	3-**4**	**ピッツバーグ・パイレーツ**
1961	**ニューヨーク・ヤンキース**	**4**-1	シンシナティ・レッズ
1962	**ニューヨーク・ヤンキース**	**4**-3	サンフランシスコ・ジャイアンツ

年度	アメリカン・リーグ	成績	ナショナル・リーグ
1963	ニューヨーク・ヤンキース	0−**4**	**ロサンジェルス・ドジャース**
1964	ニューヨーク・ヤンキース	3−**4**	**セントルイス・カーディナルス**
1965	ミネソタ・ツインズ	3−**4**	**ロサンジェルス・ドジャース**
1966	**ボルティモア・オリオールズ**	**4**−0	ロサンジェルス・ドジャース
1967	ボストン・レッドソックス	3−**4**	**セントルイス・カーディナルス**
1968	**デトロイト・タイガース**	**4**−3	セントルイス・カーディナルス
1969	ボルティモア・オリオールズ	1−**4**	**ニューヨーク・メッツ**
1970	**ボルティモア・オリオールズ**	**4**−1	シンシナティ・レッズ
1971	ボルティモア・オリオールズ	3−**4**	**ピッツバーグ・パイレーツ**
1972	**オークランド・アスレティックス**	**4**−3	シンシナティ・レッズ
1973	**オークランド・アスレティックス**	**4**−3	ニューヨーク・メッツ
1974	**オークランド・アスレティックス**	**4**−1	ロサンジェルス・ドジャース
1975	ボストン・レッドソックス	3−**4**	**シンシナティ・レッズ**
1976	ニューヨーク・ヤンキース	0−**4**	**シンシナティ・レッズ**
1977	**ニューヨーク・ヤンキース**	**4**−2	ロサンジェルス・ドジャース
1978	**ニューヨーク・ヤンキース**	**4**−2	ロサンジェルス・ドジャース
1979	ボルティモア・オリオールズ	3−**4**	**ピッツバーグ・パイレーツ**
1980	カンザスシティ・ロイヤルズ	2−**4**	**フィラデルフィア・フィリーズ**
1981	ニューヨーク・ヤンキース	2−**4**	**ロサンジェルス・ドジャース**
1982	ミルウォーキー・ブリューワーズ	3−**4**	**セントルイス・カーディナルス**
1983	**ボルティモア・オリオールズ**	**4**−1	フィラデルフィア・フィリーズ
1984	**デトロイト・タイガース**	**4**−1	サンディエゴ・パドレス
1985	**カンザスシティ・ロイヤルズ**	**4**−3	セントルイス・カーディナルス
1986	ボストン・レッドソックス	3−**4**	**ニューヨーク・メッツ**
1987	**ミネソタ・ツインズ**	**4**−3	セントルイス・カーディナルス
1988	オークランド・アスレティックス	1−**4**	**ロサンジェルス・ドジャース**
1989	**オークランド・アスレティックス**	**4**−0	サンフランシスコ・ジャイアンツ
1990	オークランド・アスレティックス	0−**4**	**シンシナティ・レッズ**
1991	**ミネソタ・ツインズ**	**4**−3	アトランタ・ブレーブス
1992	**トロント・ブルージェイズ**	**4**−2	アトランタ・ブレーブス
1993	**トロント・ブルージェイズ**	**4**−2	フィラデルフィア・フィリーズ
1994	中止（選手会ストライキのため）		
1995	クリーブランド・インディアンズ	2−**4**	**アトランタ・ブレーブス**
1996	**ニューヨーク・ヤンキース**	**4**−2	アトランタ・ブレーブス
1997	クリーブランド・インディアンズ	3−**4**	**フロリダ・マーリンズ**
1998	**ニューヨーク・ヤンキース**	**4**−0	サンディエゴ・パドレス
1999	**ニューヨーク・ヤンキース**	**4**−0	アトランタ・ブレーブス
2000	**ニューヨーク・ヤンキース**	**4**−1	ニューヨーク・メッツ
2001	ニューヨーク・ヤンキース	3−**4**	**アリゾナ・ダイヤモンドバックス**
2002	**アナハイム・エンジェルス**	**4**−3	サンフランシスコ・ジャイアンツ
2003	ニューヨーク・ヤンキース	2−**4**	**フロリダ・マーリンズ**
2004	**ボストン・レッドソックス**	**4**−0	セントルイス・カーディナルス
2005	**シカゴ・ホワイトソックス**	**4**−0	ヒューストン・アストロズ
2006	デトロイト・タイガース	1−**4**	**セントルイス・カーディナルス**
2007	**ボストン・レッドソックス**	**4**−0	コロラド・ロッキーズ
2008	タンパベイ・レイズ	1−**4**	**フィラデルフィア・フィリーズ**
2009	**ニューヨーク・ヤンキース**	**4**−2	フィラデルフィア・フィリーズ
2010	テキサス・レンジャーズ	1−**4**	**サンフランシスコ・ジャイアンツ**
2011	テキサス・レンジャーズ	3−**4**	**セントルイス・カーディナルス**
2012	デトロイト・タイガース	0−**4**	**サンフランシスコ・ジャイアンツ**
2013	**ボストン・レッドソックス**	**4**−2	セントルイス・カーディナルス
2014	カンザスシティ・ロイヤルズ	3−**4**	**サンフランシスコ・ジャイアンツ**
2015	**カンザスシティ・ロイヤルズ**	**4**−1	ニューヨーク・メッツ
2016	クリーブランド・インディアンズ	3−**4**	**シカゴ・カブス**
2017	**ヒューストン・アストロズ**	**4**−3	ロサンジェルス・ドジャース
2018	**ボストン・レッドソックス**	**4**−1	ロサンジェルス・ドジャース
2019	ヒューストン・アストロズ	3−**4**	**ワシントン・ナショナルズ**
2020	タンパベイ・レイズ	2−**4**	**ロサンジェルス・ドジャース**

※○内の数字は引き分け。1903年、1919年、1920年、1921年は5戦先取。

通算勝利

TOTAL WINS

順位	選手名（チーム名）	勝利
1位	サイ・ヤング（スパイダース→カーディナルス→レッドソックス→ナップス→ラスラーズ）1890〜1911	511
2位	ウォルター・ジョンソン（セネタース）1907〜1927	417
3位	グローバー・アレクサンダー（フィリーズ→カブス→カーディナルス→フィリーズ）1911〜1930	373
3位	クリスティ・マシューソン（ジャイアンツ→レッズ）1900〜1916	373
5位	ウォーレン・スパーン（ブレーブス→メッツ→ジャイアンツ）1942〜1965	363
6位	ジム・ガルヴィン（ブラウンストッキングス→バイソンズ→パイレーツ→カーディナルス）1879〜1892	361
6位	キッド・ニコルズ（ビーンイーターズ→カーディナルス→フィリーズ）1890〜1906	361
8位	グレッグ・マダックス（カブス→ブレーブス→カブス→ドジャース→パドレス→ドジャース）1986〜2008	355
9位	ロジャー・クレメンス（レッドソックス→ブルージェイズ→ヤンキース→アストロズ→ヤンキース）1984〜2007	354
10位	ティム・キーフ（トロージャンズ→メトロポリタンズ→ジャイアンツ→フィリーズ）1880〜1893	342

通算防御率 ※通算2000イニング以上の投手対象

ERA

順位	選手名（チーム名）	防御率
1位	エド・ウォルシュ（ホワイトソックス→ブレーブス）1904〜1917	1.82
2位	アディ・ジョス（ナップス）1902〜1910	1.89
3位	モーデカイ・ブラウン（カーディナルス→カブス→レッズ→テリアズ→ティップトップス→ホエールズ→カブス）1903〜1916	2.06
4位	ジョン・ウォード（グレイズ→ガッサムス→ワンダーズ→グルームス→ジャイアンツ）1878〜1894	2.10
5位	クリスティ・マシューソン（ジャイアンツ→レッズ）1900〜1916	2.13
6位	ルーヴ・ワッデル（カーネルス→パイレーツ→カブス→アスレティックス→ブラウンズ）1897〜1910	2.16
7位	ウォルター・ジョンソン（セネタース）1907〜1927	2.17
8位	トミー・ボンド（アスレティックス→ダークブルース→レッドキャップス→ルビーレッグス→レッズ→フージャーズ）1876〜1884	2.25
9位	ウィル・ホワイト（レッドキャップス→レッズ→ウルバリーンズ→レッドストッキングス）1877〜1886	2.28
9位	エド・ロイルバック（カブス→ドジャース→ペパー→ブレーブス）1905〜1917	2.28

通算セーブ

TOTAL SAVES

順位	選手名（チーム名）	セーブ
1位	マリアーノ・リヴェラ（ヤンキース）1995〜2013	652
2位	トレヴァー・ホフマン（マーリンズ→パドレス→ブリュワーズ）1993〜2010	601
3位	リー・スミス（カブス→レッドソックス→カーディナルス→ヤンキース→オリオールズ→エンジェルス→レッズ→エクスポズ）1980〜1997	478
4位	フランシスコ・ロドリゲス（エンジェルス→メッツ→ブリュワーズ→オリオールズ→ブリュワーズ→タイガース）2002〜2017	437
5位	ジョン・フランコ（レッズ→メッツ→アストロズ）1984〜2005	424
6位	ビリー・ワグナー（アストロズ→フィリーズ→メッツ→レッドソックス→ブレーブス）1995〜2010	422
7位	デニス・エカーズリー（インディアンズ→レッドソックス→カブス→アスレティックス→カーディナルス→レッドソックス）1975〜1998	390
8位	ジョー・ネイサン（ジャイアンツ→ツインズ→レンジャーズ→タイガース）1999〜2016	377
9位	ジョナサン・パペルボン（レッドソックス→フィリーズ→ナショナルズ）2005〜2016	368
10位	ジェフ・リアドン（メッツ→エクスポズ→ツインズ→レッドソックス→ブレーブス→レッズ→ヤンキース）1979〜1994	367

通算奪三振

TOTAL STRIKEOUTS

順位	選手名（チーム名）	奪三振
1位	ノーラン・ライアン（メッツ→エンジェルス→アストロズ→レンジャーズ）1966〜1993	5714
2位	ランディ・ジョンソン（エクスポズ→マリナーズ→アストロズ→ダイヤモンドバックス→ヤンキース→ダイヤモンドバックス→ジャイアンツ）1988〜2009	4875
3位	ロジャー・クレメンス（レッドソックス→ブルージェイズ→ヤンキース→アストロズ→ヤンキース）1984〜2007	4672
4位	スティーヴ・カールトン（カーディナルス→フィリーズ→ジャイアンツ→ホワイトソックス→インディアンズ→ツインズ）1965〜1988	4136
5位	バート・ブライレブン（ツインズ→レンジャーズ→パイレーツ→インディアンズ→ツインズ→エンジェルス）1970〜1992	3701
6位	トム・シーバー（メッツ→レッズ→メッツ→ホワイトソックス→レッドソックス）1967〜1986	3640
7位	ドン・サットン（ドジャース→アストロズ→ブリュワーズ→エンジェルス→ドジャース）1966〜1988	3574
8位	ゲイロード・ペリー（ジャイアンツ→インディアンズ→レンジャーズ→パドレス→レンジャーズ→ヤンキース→ブレーブス→マリナーズ→ロイヤルズ）1962〜1983	3534
9位	ウォルター・ジョンソン（セネタース）1907〜1927	3508
10位	グレッグ・マダックス（カブス→ブレーブス→カブス→ドジャース→パドレス→ドジャース）1986〜2008	3371

通算本塁打

TOTAL HOME RUNS

順位	選手名(チーム名)	本塁打
1位	バリー・ボンズ(パイレーツ→ジャイアンツ) 1986～2007	762
2位	ハンク・アーロン(ブレーブス→ブリュワーズ) 1954～1976	755
3位	ベーブ・ルース(レッドソックス→ヤンキース→ブレーブス) 1914～1935	714
4位	アレックス・ロドリゲス(マリナーズ→レンジャーズ→ヤンキース) 1994～2016	696
5位	*アルバート・プーホールス(カーディナルス→エンジェルス) 2001～	662
6位	ウィリー・メイズ(ジャイアンツ→メッツ) 1951～1973	660
7位	ケン・グリフィーJr.(マリナーズ→レッズ→ホワイトソックス→マリナーズ) 1989～2010	630
8位	ジム・トーミィ(インディアンズ→フィリーズ→ホワイトソックス→ドジャース→ツインズ→インディアンズ→フィリーズ→オリオールズ) 1991～2012	612
9位	サミー・ソーサ(レンジャーズ→ホワイトソックス→カブス→オリオールズ→レンジャーズ) 1989～2007	609
10位	フランク・ロビンソン(レッズ→オリオールズ→ドジャース→エンジェルス→インディアンズ) 1956～1976	586

通算安打

TOTAL HITS

順位	選手名(チーム名)	安打
1位	ピート・ローズ(レッズ→フィリーズ→エクスポズ→レッズ) 1963～1986	4256
2位	タイ・カッブ(タイガース→アスレティックス) 1905～1928	4191
3位	ハンク・アーロン(ブレーブス→ブリュワーズ) 1954～1976	3771
4位	スタン・ミュージアル(カーディナルス) 1941～1963	3630
5位	トリス・スピーカー(レッドソックス→インディアンズ→セネタース→アスレティックス) 1907～1928	3515
6位	デレク・ジーター(ヤンキース) 1995～2014	3465
7位	ホーナス・ワグナー(カーネルズ→パイレーツ) 1897～1917	3430
8位	カール・ヤストレムスキー(レッドソックス) 1961～1983	3419
9位	ポール・モリター(ブルュワーズ→ブルージェイズ→ツインズ) 1978～1998	3319
10位	エディ・コリンズ(アスレティックス→ホワイトソックス→アスレティックス) 1906～1930	3314

通算打点

TOTAL RBIS

順位	選手名(チーム名)	打点
1位	ハンク・アーロン(ブレーブス→ブリュワーズ) 1954～1976	2297
2位	ベーブ・ルース(レッドソックス→ヤンキース→ブレーブス) 1914～1935	2213
3位	アレックス・ロドリゲス(マリナーズ→レンジャーズ→ヤンキース) 1994～2016	2086
4位	*アルバート・プーホールス(カーディナルス→エンジェルス) 2001～	2100
5位	バリー・ボンズ(パイレーツ→ジャイアンツ) 1986～2007	1996
6位	ルー・ゲーリッグ(ヤンキース) 1923～1939	1995
7位	スタン・ミュージアル(カーディナルス) 1941～1963	1951
8位	タイ・カッブ(タイガース→アスレティックス) 1905～1928	1938
9位	ジミー・フォックス(アスレティックス→レッドソックス→カブス→フィリーズ) 1925～1945	1922
10位	エディ・マレー(オリオールズ→ドジャース→メッツ→インディアンズ→オリオールズ→エンジェルス→ドジャース) 1977～1997	1917

通算盗塁

TOTAL STEALS

順位	選手名(チーム名)	盗塁
1位	リッキー・ヘンダーソン(アスレティックス→ヤンキース→アスレティックス→ブルージェイズ→アスレティックス→パドレス→エンジェルス→アスレティックス→メッツ→マリナーズ→パドレス→レッドソックス→ドジャース) 1979～2003	1406
2位	ルー・ブロック(カブス→カーディナルス) 1961～1979	938
3位	ビリー・ハミルトン(カウボーイズ→フィリーズ→ビーンイーターズ) 1888～1901	912
4位	タイ・カッブ(タイガース→アスレティックス) 1905～1928	892
5位	ティム・レインズ(エクスポズ→ホワイトソックス→ヤンキース→アスレティックス→エクスポズ→オリオールズ→マーリンズ) 1979～2002	808
6位	ヴィンス・コールマン(カーディナルス→メッツ→ロイヤルズ→マリナーズ→レッズ→タイガース) 1985～1997	752
7位	エディ・コリンズ(アスレティックス→ホワイトソックス→アスレティックス) 1906～1930	745
8位	アーリー・レイサム(バイソンズ→カーディナルス→パイレーツ→レッズ→カーディナルス→セネタース→ジャイアンツ) 1880～1899, 1909	739
9位	マックス・キャリー(パイレーツ→ロビンズ) 1910～1929	738
10位	ホーナス・ワグナー(カーネルズ→パイレーツ) 1897～1917	722

*は現役選手。

歴代MVP

年度	アメリカン・リーグ	ナショナル・リーグ
1931	レフティ・グローブ（アスレティックス）	フランク・フリッシュ（カーディナルス）
1932	ジミー・フォックス（アスレティックス）	チャック・クライン（フィリーズ）
1933	ジミー・フォックス（アスレティックス）	カール・ハッベル（ジャイアンツ）
1934	ミッキー・コークレーン（タイガース）	ディジー・ディーン（カーディナルス）
1935	ハンク・グリーンバーグ（タイガース）	ギャビー・ハートネット（カブス）
1936	ルー・ゲーリッグ（ヤンキース）	カール・ハッベル（ジャイアンツ）
1937	チャーリー・ゲーリンジャー（タイガース）	ジョー・メドウィック（カーディナルス）
1938	ジミー・フォックス（レッドソックス）	アーニー・ロンバルディ（レッズ）
1939	ジョー・ディマジオ（ヤンキース）	バッキー・ウォルターズ（レッズ）
1940	ハンク・グリーンバーグ（タイガース）	フランク・マコーミック（レッズ）
1941	ジョー・ディマジオ（ヤンキース）	ドルフ・カミリ（ドジャース）
1942	ジョー・ゴードン（ヤンキース）	モート・クーパー（カーディナルス）
1943	スパッド・チャンドラー（ヤンキース）	スタン・ミュージアル（カーディナルス）
1944	ハル・ニューハウザー（タイガース）	マーティ・マリオン（カーディナルス）
1945	ハル・ニューハウザー（タイガース）	フィル・キャバレッタ（カブス）
1946	テッド・ウィリアムズ（レッドソックス）	スタン・ミュージアル（カーディナルス）
1947	ジョー・ディマジオ（ヤンキース）	ボブ・エリオット（ブレーブス）
1948	ルー・ブードロー（インディアンズ）	スタン・ミュージアル（カーディナルス）
1949	テッド・ウィリアムズ（レッドソックス）	ジャッキー・ロビンソン（ドジャース）
1950	フィル・リズート（ヤンキース）	ジム・コンスタンティ（フィリーズ）
1951	ヨギ・ベラ（ヤンキース）	ロイ・キャンパネラ（ドジャース）
1952	ボビー・シャンツ（アスレティックス）	ハンク・サウアー（カブス）
1953	アル・ローゼン（インディアンズ）	ロイ・キャンパネラ（ドジャース）
1954	ヨギ・ベラ（ヤンキース）	ウィリー・メイズ（ジャイアンツ）
1955	ヨギ・ベラ（ヤンキース）	ロイ・キャンパネラ（ドジャース）
1956	ミッキー・マントル（ヤンキース）	ドン・ニューカム（ドジャース）
1957	ミッキー・マントル（ヤンキース）	ハンク・アーロン（ブレーブス）
1958	ジャッキー・ジェンセン（レッドソックス）	アーニー・バンクス（カブス）
1959	ネリー・フォックス（ホワイトソックス）	アーニー・バンクス（カブス）
1960	ロジャー・マリス（ヤンキース）	ディック・グロート（パイレーツ）
1961	ロジャー・マリス（ヤンキース）	フランク・ロビンソン（レッズ）
1962	ミッキー・マントル（ヤンキース）	モーリー・ウィルス（ドジャース）
1963	エルストン・ハワード（ヤンキース）	サンディ・コーファックス（ドジャース）
1964	ブルックス・ロビンソン（オリオールズ）	ケン・ボイヤー（カーディナルス）
1965	ゾイロ・ベルサイエス（ツインズ）	ウィリー・メイズ（ジャイアンツ）
1966	フランク・ロビンソン（オリオールズ）	ロベルト・クレメンテ（パイレーツ）
1967	カール・ヤストレムスキー（レッドソックス）	オルランド・セペダ（カーディナルス）
1968	デニー・マクレーン（タイガース）	ボブ・ギブソン（カーディナルス）
1969	ハーモン・キルブルー（ツインズ）	ウィリー・マッコビー（ジャイアンツ）
1970	ブーグ・パウエル（オリオールズ）	ジョニー・ベンチ（レッズ）
1971	バイダ・ブルー（アスレティックス）	ジョー・トーリ（カーディナルス）
1972	ディック・アレン（ホワイトソックス）	ジョニー・ベンチ（レッズ）
1973	レジー・ジャクソン（アスレティックス）	ピート・ローズ（レッズ）
1974	ジェフ・バローズ（レンジャーズ）	スティーヴ・ガービー（ドジャース）
1975	フレッド・リン（レッドソックス）	ジョー・モーガン（レッズ）
1976	サーマン・マンソン（ヤンキース）	ジョー・モーガン（レッズ）
1977	ロッド・カルー（ツインズ）	ジョージ・フォスター（レッズ）
1978	ジム・ライス（レッドソックス）	デイヴ・パーカー（パイレーツ）
1979	ドン・ベイラー（エンジェルス）	キース・ヘルナンデス（カーディナルス）、ウィリー・スタージェル（パイレーツ）
1980	ジョージ・ブレット（ロイヤルズ）	マイク・シュミット（フィリーズ）
1981	ロリー・フィンガーズ（ブリュワーズ）	マイク・シュミット（フィリーズ）
1982	ロビン・ヨーント（ブリュワーズ）	デール・マーフィー（ブレーブス）
1983	カル・リプケン（オリオールズ）	デール・マーフィー（ブレーブス）
1984	ウィリー・ヘルナンデス（タイガース）	ライン・サンドバーグ（カブス）
1985	ドン・マティングリー（ヤンキース）	ウィリー・マギー（カーディナルス）
1986	ロジャー・クレメンス（レッドソックス）	マイク・シュミット（フィリーズ）
1987	ジョージ・ベル（ブルージェイズ）	アンドレ・ドーソン（カブス）
1988	ホセ・カンセコ（アスレティックス）	カーク・ギブソン（ドジャース）
1989	ロビン・ヨーント（ブリュワーズ）	ケヴィン・ミッチェル（ジャイアンツ）
1990	リッキー・ヘンダーソン（アスレティックス）	バリー・ボンズ（パイレーツ）
1991	カル・リプケン（オリオールズ）	テリー・ペンドルトン（ブレーブス）
1992	デニス・エカーズリー（アスレティックス）	バリー・ボンズ（パイレーツ）
1993	フランク・トーマス（ホワイトソックス）	バリー・ボンズ（ジャイアンツ）
1994	フランク・トーマス（ホワイトソックス）	ジェフ・バグウェル（アストロズ）
1995	モー・ボーン（レッドソックス）	バリー・ラーキン（レッズ）
1996	ホアン・ゴンザレス（レンジャーズ）	ケン・カミネッティ（パドレス）
1997	ケン・グリフィーJr.（マリナーズ）	ラリー・ウォーカー（ロッキーズ）
1998	ホアン・ゴンザレス（レンジャーズ）	サミー・ソーサ（カブス）
1999	イヴァン・ロドリゲス（レンジャーズ）	チッパー・ジョーンズ（ブレーブス）
2000	ジェィソン・ジオンビ（アスレティックス）	ジェフ・ケント（ジャイアンツ）
2001	イチロー（マリナーズ）	バリー・ボンズ（ジャイアンツ）
2002	ミゲール・テハーダ（アスレティックス）	バリー・ボンズ（ジャイアンツ）
2003	アレックス・ロドリゲス（レンジャーズ）	バリー・ボンズ（ジャイアンツ）
2004	ヴラディミール・ゲレーロ（エンジェルス）	バリー・ボンズ（ジャイアンツ）
2005	アレックス・ロドリゲス（ヤンキース）	アルバート・プーホールス（カーディナルス）
2006	ジャスティン・モルノー（ツインズ）	ライアン・ハワード（フィリーズ）
2007	アレックス・ロドリゲス（ヤンキース）	ジミー・ロリンズ（フィリーズ）
2008	ダスティン・ペドロイア（レッドソックス）	アルバート・プーホールス（カーディナルス）
2009	ジョー・マウアー（ツインズ）	アルバート・プーホールス（カーディナルス）
2010	ジョシュ・ハミルトン（レンジャーズ）	ジョーイ・ヴォトー（レッズ）
2011	ジャスティン・ヴァーランダー（タイガース）	ライアン・ブラウン（ブリュワーズ）
2012	ミゲール・カブレラ（タイガース）	バスター・ポージー（ジャイアンツ）
2013	ミゲール・カブレラ（タイガース）	アンドルー・マカッチェン（パイレーツ）
2014	マイク・トラウト（エンジェルス）	クレイトン・カーショウ（ドジャース）
2015	ジョシュ・ドナルドソン（ブルージェイズ）	ブライス・ハーパー（ナショナルズ）
2016	マイク・トラウト（エンジェルス）	クリス・ブライアント（カブス）
2017	ホセ・アルトゥーヴェ（アストロズ）	ジャンカルロ・スタントン（マーリンズ）
2018	ムッキー・ベッツ（レッドソックス）	クリスチャン・イェリッチ（ブリュワーズ）
2019	マイク・トラウト（エンジェルス）	コーディー・ベリンジャー（ドジャース）
2020	ホセ・アブレイユ（ホワイトソックス）	フレディ・フリーマン（ブレーブス）

索引　A to Z

A

B

G

H

I

J

K

L

M

N

O

P

Q

R

S

監修者略歴

村上雅則（むらかみ まさのり）

1944年、山梨県生まれ。法政二高卒。1963年、南海ホークスに入団。64年、サンフランシスコ・ジャイアンツ傘下の1Aフレズノ（カリフォルニア・リーグ）に野球留学。同リーグでの好成績（のちに同リーグの新人王、ベストナイン）を買われ、シーズン途中の9月1日に3階級特進でメジャー（ジャイアンツ）入りを果たし、日本人として初のメジャーリーガーとなる。その年は、1勝1セーブ。翌65年には、主にリリーフで45試合に登板。74回1/3を投げて、4勝1敗8セーブ（防御率3.75）奪三振85という抜群の成績を残した。66年に帰国後は南海、阪神、日本ハムで活躍し、103勝をマーク。のちに算出されたセーブポイントも100を超す。82年に引退後は、日本ハム、ダイエー、西武のコーチ、そしてサンフランシスコ・ジャイアンツの春季キャンプのピッチングコーチ（日本人初のメジャーコーチ）、及び極東スカウトのほか、NHKの解説者などを歴任。現役中も今も、「マッシー」の愛称で多くのファンに親しまれている。2004年、日米交流150周年記念外務大臣表彰を受ける。2012年12月、国連UNHCR協会国連難民親善アスリート就任。著書に、『たった一人の大リーガー』（恒文社）、『ヒット・バイ・ピッチ』（ザ・マサダ）などがある。アメリカでは15年に、同氏を描いた評伝『MASHI』（ROBERT K. FITTS著）も刊行された。

編著者略歴

友成那智（ともなり なち）

1956年、青森県生まれ。上智大卒。学生時代にアメリカで生のゲームに接してメジャーリーグ・マニアとなる。卒業後、雑誌のスポーツ担当編集記者として、日本で活躍する元メジャーリーガーたちと交流。メジャーに関する知識を深める。現在、様々な新聞、雑誌などにメジャーリーグ関連の記事を寄稿する一方、『NHKメジャーリーグガイド』『白夜ムック ウェルカム・メジャーリーグ』『別冊宝島 日本人大リーガー全戦績』等の執筆やプロデュースも手がけている。著書に、イチローのバットなどを作った職人たちをテーマにした『258本をうんだバット』（ポプラ社）。

装　幀　二宮貴子（ジャムスッカ）
本文デザイン　木村ミユキ
写真協力　Getty Images
Major League Baseball/Getty Images
スポーツニッポン新聞社
制作協力　松本 正・北村光二・清水光信（ドット・ライン）
編集協力　鳥羽 唯　佐野之彦　落合初春　関口隆哉　矢島規男
森 真平　山下太郎　出口誠記　長岡伸治（プリンシパル）
編　集　岩崎隆宏（廣済堂出版）

メジャーリーグ・完全データ選手名鑑2021

2021年3月15日　第1版第1刷

監修者　村上雅則
編著者　友成那智
発行者　伊藤岳人
発行所　株式会社 廣済堂出版
〒101-0052　東京都千代田区神田小川町2-3-13 M&Cビル7F
電話　03-6703-0964（編集）
03-6703-0962（販売）
FAX　03-6703-0963（販売）
振替　00180-0-164137
URL　https://www.kosaido-pub.co.jp
印刷所
製本所　株式会社 廣済堂

ISBN978-4-331-52322-3 C0075